本書出版得到國家古籍整理出版專項經費資助

《孫詒讓全集》編纂工作機構

孫詒讓全集

温州經籍志

第一册

潘猛補　點校

中華書局

圖書在版編目(CIP)數據

温州經籍志 /(清)孫詒讓著; 潘猛補點校. —北京: 中華書局,2011.4

(孫詒讓全集)

ISBN 978-7-101-07864-0

Ⅰ. 温… Ⅱ. ①孫… ②潘… Ⅲ. 古籍-圖書目録-温州市 Ⅳ. Z838

中國版本圖書館 CIP 數據核字(2011)第 037055 號

責任編輯:俞國林

孫詒讓全集

温州經籍志

(全四册)

〔清〕孫詒讓 著

許嘉璐 主編

潘猛補 點校

*

中華書局出版發行

(北京市豐臺區太平橋西里 38 號 100073)

http://www.zhbc.com.cn

E-mail:zhbc@zhbc.com.cn

北京天來印務有限公司印刷

*

850×1168 毫米 1/32 · 58 印張 · 8 插頁 · 1350 千字

2011 年 4 月第 1 版 2011 年 4 月北京第 1 次印刷

印數: 1-3000 册 定價: 180.00 元

ISBN 978-7-101-07864-0

孫詒讓全集序

許嘉璐

瑞安孫詒讓先生（一八四八——一九〇八），字仲容，號籀廎，與德清俞曲園樾、餘杭章太炎炳麟並爲清末國學之殿。先生一生著述甚豐，尤以經學、諸子、金石文字爲最。太炎先生贊爲「三百年絶等雙」，不過也。

今逢先生謝世百年，其全集面世，同仁屬序於余，敢不承命？勉爲略陳每讀先生書之感於後，且簡述全集整理出版之始末云。

先生生當末世，華夏板蕩，數試不售，遂淡泊功名，侍父衣言於任所，得請益於當世名儒，繼而靜處鄉里，埋首苦讀撰述。其治學也，博采究極，纖毫不遺；尊古不迷，崇新未癡。其立論也，處高瞻遠，宏通恣肆；折衷允洽，發明中綮。是以其周禮正義、墨子閒詁、札迻諸作，迄無出其右者，雖補之糾之者時現，要皆無傷其爲經典之作也。

先生偏居東南一隅，而中年即已名聲鵲起，然其自序墨子閒詁則曰：

此書最難讀者莫如經、經説四篇。余前以未見皋文先生經説解爲憾，一日得如皋冒鶴亭孝廉廣生書，云武進金湝生運判武祥臧有先生手稿本，急屬鶴亭馳書求段録。金君得書，則自校寫一本寄贈，得之驚喜絫日。余前補定經下篇句讀，頗自矜爲刱獲，不意張先生已先我得之矣。其解善談名理，雖校讎未宷，不無望文生義之失，然固有精論，足補正余書之闕誤者。金、冒兩君惠我不淺矣。既又從姻戚張文伯孝廉之綱許，叚得陽湖楊君保彝經説校注，亦閒有可取，因與張解並删簡補録入册。凡余舊説與兩家闇合者，皆改從之。蓋深喜一得之愚與前賢冥符遥契，固不敢攘善也。

其求書若渴，謙遜揚善，信古道也。子曰：「古之學者爲己，今之學者爲人。」其是之謂乎？先生之爲學，經世致用，一承古哲之遺風。其謂周禮爲周公所作固不足信，然其所以疏之者，亦欲救世。其序曰：

復以海疆多故，世變日亟，睠懷時局，撫卷增喟。私念今之大患在於政教未修，而上下之情睽閡不能相通。……而承學之士，顧徒奉周經漢注爲考證之淵棷，幾何而不以爲已陳之芻狗乎！

其意雖未出洋務人士體用説之囿，然山河陸沉之痛，學者爲考據而考據無益當世之慨，溢於言表，則後之讀其書者得無自省耶？　先生嘗贊執教瑞安之算學家林調梅曰：

鄉里有導師，亮節孤忠，曆算專精衹餘事；

洞淵昌邃學，通理博藝，艱難宏濟仗奇才。

此豈非先生自道歟！　其歿之前歲，鄉人擬壽其甲子，先生自爲啟以謝之，文曰：「竊以世變阽危，既非吾輩酺飲爲樂之時」，己則酬宴亦不備，「惟略備筵資，寄上海中外日報館移充義賑，冀爲諸君造福，藉答雅意」。　其晚歲，既興團防以禦侮，興新學而育才，復倡實業以濟民，其惟國惟民是憂，知行合一，懇懇之情，於今世豈無謂哉！　喜見今時治經學者日增，惟願後來既讀其書兼知其人，既知其人則踐其跡，毋僅句讀、考據爲也。

仲容、曲園、太炎三大師，皆浙人也，潤溉中國學壇乃至於今，亦近世奇事。　然三人所歷所遇則迥異。　太炎嘗游於曲園之門，終以政見而「謝本師」。　仲容雖無所師承，復亦何常師之有，其學實本乾嘉，上承漢唐爾，嘗自言：「少耽文史，恣意流覽，久之，則知凡治古學，師今人不若師古人，故自出家塾，未嘗師事人，蓋以四部古籍具在，善學者自能得師。」

此蓋一生甘苦之言。曲園嘗任朝職近十載；太炎以反清避難東瀛；仲容始則侍父於任所，繼而燕居鄉里數十載。曲園所著春在堂全書五百卷，經史子集莫不有所發明，乃至俚曲野説亦有所及；太炎開創現代語言文字之學，汪洋弘闊，蓋得益於其宣導革命、接觸西學，深研佛理也；仲容則埋首經籍，無所不窺，鉤稽剔抉，索隱探賾。殊途同歸，三人俱爲一代宗師，蓋以浙東遺風所致歟？然近時稱於世者，似仲容不及太炎，曲園又不若仲容。何以故？豈太炎爲革命先驅，知之言之者衆，曲園以保皇而遂隱耶？然今人反可得春在堂全書而讀，太炎章氏叢書惜未能囊括其所著，仲容固有周禮正義、墨子閒詁、札迻、名原、契文舉例諸名作通行於世，散見及未刊者亦夥，固可以仲容之壽不永、未得手自輯之，太炎適值西學蜂擁、再傳者不及繼其志釋之乎？

二〇〇〇年，中國訓詁學會舉辦「孫詒讓國際學術研討會」於瑞安，有感於鄉人遥念之意篤，而治學之風未盡顯於世，著述尚待集成刊行者衆，遂有董理刊印全集之議。幸浙省大倡文化强省戰略，温州瑞安政府慷慨資助——此亦永嘉以來流韻也——中華書局鼎力承印，璐遂與同仁不揣譾陋，勉爲其事，閲數載，終告畢役。參與其事者衆，尤以浙江大學、北京師範大學、復旦大學、上海社會科學院、温州市圖書館、浙江省委黨校諸公出力爲多。董理者、審校者咸揭其名於諸卷，以示後學致力弘揚先賢學術之美耳。

嗚呼，先生之生也，國門已破，無日不有屈辱之約；先生之逝也，光緒慈禧兩日而終，數十年烽火延綿、國學陵替之日至矣。至先生百誕之歲，曙光已現；今先生冥壽届百，則國運昌明，學術日興，先生全集亦得問世。百年一瞬，滄桑如此其劇，静言思之，能不令人撫膺太息哉！

二〇〇八年十二月五日謹敘於日讀一卷書屋

目録

點校説明

温州經籍志三十三卷、外編二卷、辨誤一卷，記載了舊温州所屬永、樂、瑞、平、泰、玉六縣自唐至清道光間温州人或有關温州之著述，計一千七百五十九部（其中佚一千二百一十五部，未見二百七十九部，存二百二十七部，闕三十八部）。此志爲孫詒讓早年之作，他少承父親衣言庭訓，以整理鄉邦文獻爲己任。在其父指導下，自「同治己巳之夏，屬稿伊始，寒暑再更，條緒粗立」。歷時八年，稿曾兩易，至光緒三年方始定稿。復以見聞所域，搜采未宏，撰作徵訪温州遺書約，「託同志良友，代爲搜訪，鈎沈補遺」。然此後「殫心盡力於經子小學，撰述日新且繁，遂不遑董舊著，稿本輟置篋衍，垂卅載」。至民國初年，已蟲蛀頗重，冒廣生曾函請省都督民政長撥款刊刻而未果。後至一九二一年由浙江圖書館予以刊印。從此不脛而走，被推爲近代彙志一郡地方文獻書目之祖。

由於時代所限，見聞難周，孫氏曾自謂「紕繆奪漏，懼勿克免」，其所云「未見」、「已佚」之書，或未加著録之書，往往間有出現。僅至光緒十四年玉海樓建成後，其所藏地方文獻已多達四百六十種，已比編志時多出一倍，更不必説今日藏於各圖書館之温籍之作數量之多了。又由於弱冠之作，其疏誤之處，在所難免，故誤收誤考之書亦時有出現。

此志初稿、再稿、定稿後從玉海樓散出，曾流傳至瑞安金石學家楊紹廉家，故三稿均經楊氏校改。至民國卅五年，籀園圖書館（温州市圖書館前身）以九十萬元購得楊氏藏書，才使此稿歸於公藏。對此董樸垞先生在孫詒讓學記中云：「卅六年十一月，余歸自杭，即至籀園觀書。」「承館員潘國存君出視温州經籍志初稿鈔本，書蠹蝕，幸其中多仲容前輩注語及案語，鈎乙删改，藉見著述方法與用心。間附楊氏校補之句，蓋楊據定稿補之也。愚謂此書雖云初稿，實則幾經改定。其編次分類，按書自成一頁，後加案語，然亦有前已鈔成者，可見非初稿矣。」今温州市圖書館所藏初稿，分爲二十五卷附外編、辨誤。存卷一至七、九至十二、十五至十七、廿二至廿五，共十八卷。藍格十行，行二十四字，左右雙邊，版心下刻「述舊齋正本」；再稿分爲三十三卷，外編一卷，辨誤一卷。僅缺卷二、二十一、三十一。其中卷八爲楊紹廉朱筆鈔配。藍格一行，行二十四字，左右雙邊。定稿藍格二十行，行二十四字，版心中刻「温州經籍志卷」，下刻「籀廎著書之一」，孫詒讓哲嗣延釗眉批，存卷二、五至六、十七至十八、二十三至二十五、三十、三十三、外編二卷。延釗先生因病浙圖刊本之疏牾，於「民國丁卯，檢初、再各稿，謀别録之於家，而里中梓人寥落，難於集事，乃有意先予整理浙刊」，作校勘記四卷，曾部分刊於一九三五年甌風雜誌上，原稿今亦藏温州市圖書館。

此次整理，考慮到再稿本保存比较完整，故采用以其作爲底本，参以初稿、定稿以及孫延釗批校的浙圖刊本，並充分利用孫延釗所撰校勘記。同時除對文字進行校勘外，還就孫詒讓考訂疏誤之處及其云「未見」、「已佚」之書而今存者，略加考辨。以期爲研究温州歷史提供基本完整和較爲翔實的文獻，而不辜負孫詒讓對温州經籍志之一片苦心。

潘猛補　二〇〇六年十月三十日於思適樓

序〔一〕

目録之學，蓋出於古史官簿籍之掌；七略、七録、崇文、文淵，皆述秘閣册府之藏也。古者，行人采書以上於太史。郡國之書疑皆有簿籍可按，特其事逸而莫考耳。劉居巢謂周宋孝王關東風俗傳有墳籍志，爲地志甄録藝文之始。近世都會郡縣之志多沿其例。學非專門，事同枝贅，率蕪陋乏體要。好古之士，或就一郡一邑，考其先哲撰著，雖目録家之支流歟，然自史失其官，學術之寄，惟黌序師儒得以講習。因地甄録，用以辨章原流，是正文字，固大有資於風俗政教，而無戾於古者也。兩浙人文之盛，甲於東南。温州負山而濱海，承學之士，秀偉同於浙西；而質有其文，信守師法，則爲浙以東諸郡之冠。明人姜氏準，曾著東嘉書目，自序謂取舊志之渾列者，析爲四部，「或傳其故叙，或録其制行，或稽其撰輯顛末，品騭臧否」。以所言覈之，似取法馬貴與經籍考，惜其書不傳，無由知其得失。

〔一〕此序底本不載，據校勘記補。

求温州　郡之藝文者，每以爲惜焉。瑞安孫仲容同年，博聞强識，通知古今，承吾師琴西先生過庭之訓，於其鄉文獻，尤所研究，以郡縣舊志之於經籍，疏漏踳駁，無裨考證，而姜氏之書又不傳也，乃討論排比，成書三十六〔一〕卷，得書目一千三百餘家。其部居分合出入，一遵欽定四庫書目，編纂義例則多本馬氏；馬氏所未備者，則宗國朝朱氏經義考。僑寄人士之書，作僞之書，傳疑之書，則納於辨誤。游宦名賢之圖經譜録，則别爲外編。限斷至嚴，考證至博。其附著之詞，於學派升降、文人風尚異同之微，尤詳哉其言之，可謂一郡文獻之幟志矣。壽曾則謂温州學派莫盛於宋。慶曆間，儒志、經行開之，元豐九先生繼之；紹興以後，艮齋、止齋、水心諸公，緒益昌大，天下尊爲永嘉之學。其宗旨在躬行實踐，由明體以達於用，文章風節，皆卓然有所表見，淵源於伊川、考亭，而立於金華、永康之上者也。元以後之學稍微矣，然芬澤濡染，猶能矢音不衰。吾師嘗編永嘉學案以見派别之正。又曰：「欲救今漢學、宋學之弊者，其永嘉乎！」以仲容之賢而好學，而誦法其鄉先生之言，見於撰著者又如此之矜慎，則它日大展儒效，廣永嘉之學於天下，以達於風俗政教者，其必有在也。目録之學云乎哉！

光緒三年春三月，儀徵劉壽曾叙。

〔一〕「六」，底本誤作「七」，徑改。

温州經籍志叙例

郡邑之志經籍者，蓋土訓之騈枝，書録之流裔也。關東風俗之傳，墳籍成篇；北周宋孝王關東風俗傳有墳籍志，見劉知幾史通書志篇。嘉泰會稽之志，遺書有録。方志書目，此其虇蕍，元明舊記，多沿兹作。厥後撰著漸緐，紀載難悉，遂刱專志，別帙單行。簿録之體，不淆釋地；徵文之例，斯爲宏焉。地志書目別爲專書，不知始于何時。黄虞稷千頃堂書目十，有祁承㸁兩浙著作考四十六卷、曹學佺蜀中著作記十卷。周天錫慎江文徵三十八載明永嘉姜準亦有東嘉書目考，諸書均不傳，無由知其體例。洪亮吉更生齋甲集三有邢澍全秦藝文録叙，偁其書仿歷史埶文志而參以經義考之例，今亦未見其書。温州自唐以來，魁儒瑋學，纂述斐然。而圖經所載，廑具書名，不詳崖略，疏屚踳謬，掔討靡資。惟乾隆〔一〕平陽縣志、道光樂清縣志經籍一門略存叙跋，湯成烈咸豐永嘉縣志稿體裁淵雅，其埶文録全用朱氏經義考之例，然所紀者止于一縣，且永嘉諸儒遺書，湯多未見，故亦未能詳備。今特爲補輯，勒成斯編，觕存辜較，兼拾

〔一〕「乾隆」，底本誤作「嘉慶」，徑改。

闕遺。匪敢謂梓桑文籍盡備于斯，然唐宋而後，嘉道以前，凡人尚存者，著述不收，謹遵四庫總目例也。耳目所及者，亦略具矣。

中壘校書，是有別録，釋名辨類，厥體綦詳。後世公私書録，率有解題。自汳宋之崇文，逕熙朝之四庫，目誦所及，殆數十家，大都緐簡攸殊，而軌轍不異。至於篇題之下，畣迻叙跋；目録之外，采證群書，通考經籍一門實刱兹例。朱氏經義考祖述馬書，益恢郛郭，觀其擇撢群藝，研覈臧否，信校讎之總匯，考鏡之淵棷也。此書之作，意存晐備。故輒遠軌鄱陽，近宗秀水。庶廣甄録，用備考稽。

劉略、班埶，類分以六，厥後荀勖刱四部之名，王儉樹七志之目，分別部居，雜而不越。勝朝地志，所紀埶文，多以人次，此例亦不知昉於何書。宋高似孫剡録載戴、阮、王、謝四家著述，各以族姓相次，又與此不同。義類紛舛，實乖史裁。蓋經埶異軌，史子殊原，不有區分，曷資參證。故此編分類，一遵四部。至于子目分合，古録多殊，惟乾隆四庫總目辨識最精，配隸尤當，今之編纂，實奉爲圭臬焉。總目所分子目，其書或温州著述所無者，則依孫星衍廉石居藏書記例，標曰「某類無」。

目録之別存佚，自唐釋智昇開元釋教録始也。朱氏沿厥舊規，增成四目。存佚之外，有曰闕者，篇簡俄空，世無完帙也；有曰未見者，弆藏未絶，購覔則難也。四者旷分，實便檢斠。然存闕並憑目諭，不慮譌踳。惟未見與佚，雖著録有無，足爲左契，而時代遷易，未可刻舟。朱書之例，原始明代，逕于國初，志録所收，若偶未見，並不注佚。今去朱氏幾二百年，上溯勝朝尤爲遼邈。豈無瑋篇珍帙，晦而復顯，昔艱尋購，今則通行。而隱秘之書，湮没已久，傳播殆絶，無事存疑，故此編未見之書，所據藏目，斷自昭代。明人所記，並入佚科。凡明時有刊本者，雖國朝諸目未經著録，亦注「未見」。又黄氏千頃堂書目所收明人書至博，然多存虚目，不必真有藏本。故雖時代匪遥，其不詳卷帙者，並注曰「佚」。更有書匪目睹，而傳帙塙存者，如四庫全書庋儲天府，釋道兩家，各有專藏，釋書據雍正中藏經館所刊龍藏彙記，道書據明白雲霽道藏目録詳注。不必經覽，即定爲存，分别觀之，是在鴻博。

網羅放失，有異鑒臧，書不盡存，目宜徵實。唐修五代經籍志，附注亡書，悉據梁有。梁有者，阮孝緒七録所有也。朱氏經義考所紀卷數，多援史志，實事求是，此爲精例。是編廣意蒐尋，必求審諦。凡隱篇秘笈，久無傳本者，苟著在前録，悉注行間。書目所無，别據它書録入者，亦注所出之書。其據萬曆温州府志、雍正浙江通志及近時府、縣志録者，見明志，則不注近志；見通志，則不注府、縣志，以省緐冗。書名卷帙，校覈異同並放此，用楬采摭之本原，且證隃佚之時代。其見存舊帙，紀述稠疊，博引緐偁，有類旒綴，然如經籍埶文，史家專志，晁、陳、鄭、馬，儲藏古目，以及乾隆四庫，提全書之綱要。晉江千頃，稡五史之闕文。千頃堂書目原本實明史埶文志稿，見朱彝尊明詩綜八十九，及盧文弨抱經堂文集七，其所載書較官撰明史更爲精博，至每類後所附宋、遼、金、元人書，則又以補四史之闕略。

故雖出近代，實目録家要帙也。並鈐鍵埶林，津逮文苑。凡卷帙異同，流傳廣狹，是實足徵，不宜從略。故今凡遇此諸目所收，無論存亡，並爲詳注也。宋志所無者，取倪燦補志；元史無埶文志，亦取錢大昕補志。趙希弁讀書附志本附晁志之後，今亦與晁志一律録入。

古書流傳寖遠，遞更鈔梓，名淆于叓刻，卷異于重編，苟不辨其原流，將至展卷茫昧。此志于見存之書，標題卷數，悉遵舊本，其有新刊重定，篇第差互，則附注下方，使先後昭晰，優劣粲然。至于亡編逸籍，敘録多歧，省易分并，尤難鉤覈。今則據舊目以溯厥初，證群籍以廣其異。名期從朔，卷必徵全，附斠駮文，用資考覈。

彭城史通，首論限斷，地志書目，蓋亦宜然。世俗崇飾人文，恒多假借，總其凡冣，厥有二端：一曰僑寄，一曰依託。蓋郡邑之人，遷徙無常；父子之間，籍貫頓異。如不有界域，則一卷之中，人殊燕越，體例蕪雜，不足取信。此編所收文籍，區別特嚴。大抵自内出者，録父而刪子。如經部録葉味道儀禮解而子部不録葉采近思録注之類。以父尚温産，子則異籍也。自外入者，録子而缺父。如集部録徐璣二薇亭詩，而經部不録徐定春秋解之類。以子已土著，父猶寓公也。至如僞作新編，嫁名前哲，研究既難，采録宜審。今凡遇鈔迻舊籍，塙有主名，如鄭景望蒙齋筆談即鈔葉夢得巖下放言，僞作之類。並擯厥根荄，概從芟發。其有書非襲舊，人實傳疑，如周禮詳説題「王十朋」之類。則始爲綴録，以竢參定。凡此諸類，舊存今削者，更加疏證，別爲辨誤。庶知刊劖有由，異于逞肊棄取。其郡縣志未載，而它書誤題温州人者，亦附辨之，恐後人不考，誤據以補入也。

叙跋之文，雅俗雜糅。宋元古帙，傳播浸希，自非繆悠，悉付掌録。明氏以來，略區存汰，大氐原流綜悉，有資考校，義旨閎眇，足共誦覽，凡此二者，並爲攟采。或有晉士剿剽，雅馴既少；書林衒鬻，題綴猥多，則廑存凡目，用歸簡要。張氏藏書志于習見之書，序跋皆廑存目，今略放其例。〔一〕其有編帙既亡，孤文廑在，則縱有疵纇，不廢迻謄。復以馬、朱兩考，凡録舊文，不詳典據，沾省塗竄，每異本書，偶涉讎勘，輒滋歧牾。今亦依張志之例。凡舊編具在者，並迻寫元文，不削一字，年月繫銜，亦仍其舊貫。凡叙跋文字，從它書采入者，並依朱考，於文首揭著某某叙跋，其據本書甄録者，既備載全文，則姓名已具，故不復冠以某某叙跋之題，亦張氏藏書志例也。〔二〕其有名作孤行、散徵它籍者，則備揭根抵，並著卷篇，庶使覽者得以討原，不難覆檢。至于辨證之語，刺剟叢殘，實難稽覈。朱考概標某曰，尤爲疏略，今則直冠書名，用懲肊造。謝啟昆小學考已有此例，特此書名下兼及卷數，與彼小異耳。有删無改，亦殊專輒。

逯利興而經義濫，風俗敝而小説滋。剬緝埶文，別裁宜審，而千頃書目附制舉於總

〔一〕注文底本原闕，據刻本補。孫眉批：「『要』下空十一格。」

〔二〕注文底本原闕，據刻本補。

集，百川書志入傳奇于別史，榛楛勿翦，宏達所嗤。此編蒐羅務廣，甄擇特嚴，凡此兩門，雖古帙流傳，輒從删汰，若高明琵琶記、項喬義則、劉康祉四書孤嶼草之類，今並不收。庶使野言佹説不淆文史。至于譜諜一類，古志例收，然隋唐以前，崇尚氏族，斜上旁行，悉登官簿。自譜學隃廢，私書緐雜，前剏後修，此分彼合，篇帙日增，不可殫究。故四庫總目不立此目，分韻編姓，帙附類書，舊志于家諜間登一二，今並削之。

詔定官書，雜成衆手，史志所著撰人，或惟主監修、或廑題經進，理無專屬，達例未聞，況復斷地爲書，方隅攸限，凡在兹科，宜從蓋闕。至于游宦名賢，實多載述。如緝之郡記，開編譜之閎規；子温橘録，萃永嘉之珍産。考徵所藉，捊輯須詳。然主客之間，當有畛域，而温州舊志，並與本郡著述相廁，尤爲無例，今別録爲外編一卷，以爲蒐討舊聞之助。

兩漢經儒，學有命氏，劉班所載，師法焯然。朱考凡所標揭，以氏繫名，例雖創立，意則同貫。此編所紀，不盡詁經之書，竊取敬鄉之義，故所稱述，並沿朱例。至朱考薈稡群書，雖區世代，然不標明，易滋淆舛，今各加識别，俾尋覽憭如。一代之人，或有先後，則並據科第、生卒之年略爲排比。千頃堂書目別集一類，悉以科第先後分別著録，然鄉解與會試錯出無緒，遂多重複。今悉依舉人題名爲次，庶可較若畫一。至雍正通志及萬曆、乾隆二府志選舉一門，科榜先後，每多乖異，則並依萬曆府志爲正。諸貢及無科第者，並約其時代附於其後。其有義士逸民，身遘易姓，苟節崇肥遯，則仍繫故朝，若宋林景熙、元朱希晦之類。謹遵四庫總目例也。至于姓氏久湮，事實不著者，則附一代之末，用竢考定，再爲叙次。

寫録之次，馬、朱互異。貴與殫心舊録，故叙跋繫晁、陳之後；錫鬯博綜佚聞，則傳狀冠志目之前。凡此科條，未爲允協，今之寫定，輒爲更張。大抵每書之下，叙跋爲首，目録次之，評議之語又其次也。其有遺事叢談，略綴一二。苟地志已具，則無貴緐徵。凡通志、府縣志有傳者，並不復詳其事蹟。至于申證精奥，規檢譌誤，一得之愚，不敢自秘，殿于末簡，以質大雅。己巳之夏，屬稿伊始，寒暑再更，條緒牣立。凡爲卷三十有三，外編二卷，辨誤一卷附焉。著于録者一千三百餘家，所目見者十一而已。自知徒殫勼集之勤，未窺述作之恉。紕繆奪屚，懼弗克免，用竢方聞，理而董之。

温州經籍志卷一

經部

易類

宋

鮑氏極周易重注

十卷。托克托宋史藝文志一、朱睦㮮授經圖易四、朱彝尊經義考十八。王光藴萬曆温州府志十七作「九卷」。

佚。經義考十八

廣贊

八卷。萬曆温州府志十七

佚。

朱震周易卦圖上：近世楊傑、鮑極論卦變之義。鮑曰：「遯，陰長之卦，邪道並興，聖人易一爻而成無妄，欲以正道止其邪也。」

胡一桂周易啟蒙翼傳中：鮑極周易重注十卷，治平中撰，右司諫鄭獬表進，秘閣校理錢藻序。宣和秘書少監孫近重行改定，取贊附經之末，以全一家之書。極，建昌軍司户。

湯成烈咸豐永嘉縣志二十：按乾隆府、縣志引萬曆府志：周易重注九卷，又廣贊八卷。據胡氏稱「周易重注十卷，宣和中孫近重行改定，取贊附經之末」云云，則贊已併爲一書，即宋志所載十卷者是也。且廣贊亦未必有八卷之多，當是萬曆志誤。

葉適朝散大夫主管沖佑觀鮑公墓誌銘：曾祖極，宿州教授，有聞熙、豐中，翰林學士梁公燾銘其墓。水心文集十六

案：廣贊八卷載於萬曆府志，當本宋元舊志。湯氏永嘉縣志藝文録以宋藝文志及胡氏翼傳不載鮑贊原本，遂竟删之，殊失闕疑之指。今仍録入。

周氏行己易講義浮沚集四

佚。

自叙：易之爲書，伏羲始作八卦，文王因而重之，孔子繫之以辭。於是卦爻彖象之義備，而天地萬物之情見。聖人之憂天下來世其至矣，先天下而開其物，後天下而成其務。是故極其數以定天下之象，著其象以定天下之吉凶。六十四卦，三百八十四爻，皆所以順性命之理，盡變化之道也。散而在野，則有萬殊；統之在道，則無二致。所以「易有太極，是生兩儀」。太極者，道也；兩儀者，陰陽也。陰陽，一道也；太極，無極也。萬物之生，負陰而抱陽，莫不有太極，莫不有兩儀。絪緼交感，變化無窮。形則受其生，神則發其知，情僞出焉，萬緒起焉。易之所以定吉凶，生大業也。故易者，陰陽之道也；卦者，陰陽之物也；爻者，陰陽之動也。卦雖不同，所同者奇耦；爻雖不同，所同者九六。是以六十四卦互爲其體，三百八十四爻互爲其用。遠在八荒之外，近在一身之中，暫於瞬息，微於動靜。莫不有卦之象焉，莫不有爻之義焉。至哉易乎！其道至大而無所繫，其用至神而無不存。時固未始有一，而卦亦未始有定象；事固未始有窮，而爻亦未始有定位。以一時而索卦，則拘而無變，非易也；以一事而明爻，則窒而不通，非易也。知所謂卦爻彖象之義，而不知所謂卦爻彖象之用，亦未爲知易也。由是得之於精神之動，心術之運，與天地同其德，與日月合其明，與四時合其序，與鬼神合其吉凶，然後可以謂之知易也。雖然，易之有卦，易之已然者也；卦之有爻，卦之已見者也。已形已見者，可以言知；未形未見者，不可

以名求。則所謂易者果何如哉？此學者所以當知也。浮沚集四

案：浮沚周博士行己，伊川程子門人。萬曆温州府志理學傳、雍正浙江通志、乾隆永嘉縣志儒林傳並有傳。易講義宋以來書目並未著録，惟其叙見永樂大典本浮沚集四。其卷二經解内有仁者見之謂之仁知者見之謂之知百姓日用而不知故君子之道鮮矣一篇，疑即易講義逸文也。〔一〕

何氏逢原周易解説經義考二十五。王圻續文獻通考一百七十三作「易解説」。

佚。經義考二十五

王十朋何提刑墓誌銘：公諱逢原，字希深，世爲温人。公資穎異。兒時强記博〔二〕覽，落筆驚人〔三〕。擢進士乙科，調秀州司户參軍，未赴。除敕令所删定官，改承奉郎，遷秘書省正字。通判池州。秩滿，除樞密院編修官，兼權左司郎中、起居舍人、中書舍人。除添

〔一〕此序又見二程全書，定爲程頤撰；亦見性理群書句解，定爲朱熹撰。考程頤另有周易程子傳序，此文不見於朱熹集，故當爲周撰無疑。然周行己之序僅爲程傳而作，非其另有講義，此孫氏失察。

〔二〕「博」，底本脱，據梅溪後集二十九補。

〔三〕「落筆驚人」，底本作「落筆語驚人」，「語」衍，據梅溪後集二十九删。

差通判處州。除浙東參議官，改提舉湖北常平茶鹽事。徙知嘉州。除成都路轉運判官。除知夔州，未至，改潼川路提點刑獄事。就差轉運副使。乾道二年，召赴行在，除金部郎中。丐祠，除福建提點刑獄事。以四年三月某日〔一〕卒於官舍，享〔二〕年六十有三。公爲人謙恭樂易，持心近厚，不爲崖異行。長於理學。梅谿後集二十九

案：梅谿後集何提刑墓誌載逢原所著書，無周易解説之目，宋末嚴州分水亦有何逢原，著有易通旨，舊通志及府、縣志於兩人纂述往往互淆。詳辨誤。此書既不見於志，或亦分水何逢原所作。然梅谿後集十三送何希深舍人赴召詩有「平叔淵源易論語」之句，是希深固治易學者。希深有論語集解十卷，別著録。又續文獻通考及經義考於此書下附載希深官秩事蹟，並與梅谿所作墓誌同。今姑據録入，以備參證。

諸葛氏説艮園易説 經義考二十五

佚。經義考二十五

〔一〕「某日」，底本脱，據梅溪後集二十九補。

〔二〕「享」，底本脱，據梅溪後集二十九補。

陳傅良福州長樂縣主簿諸葛公行狀：公故負當世志，學不爲章句訓詁淺事。年且五十，德日加修，講問日加切。余嘗見公暨張淳忠甫夜論學，自叙讀書二十年得一健字。有易、論語説若干卷，碑誌詩文若干卷。止齋文集五十一

案：艮園諸葛主簿説，萬曆温州府志、乾隆永嘉縣志義行傳並有傳。

薛氏季宣古文周易

十二卷。經義考二十六

佚。經義考二十六

書古文周易後：古易經二篇，彖、象、文言、繫辭、説卦、序卦、雜卦總十篇，以參校别異同，定著十二篇，皆已刊正可誦讀也。道隱久矣，書存而著，可即之見道者。聖人之遺經，不幸遭秦絶學，舉煨燼無完書，惟易號數術家，故獨免而傳後。包羲之卦，文王、周公之辭，仲尼之贊，於是乎具在。天豈有意斯文哉，何其保之之固也。它經雖玄妙難擬，要皆自易出也。夫禮、樂，王政之紀綱，詩、書、春秋，其已事也。凡名數、聲音、性命、事物之理，非易無自見也。六經之道，易爲之宗。故它經亡而易傳，不殊其書之存也。假易亡其數卦，其害將可言哉！天之所以相後人何如其切。至於六經，大難之際，迺保易全之。

而人有重不幸者，易師爲之也。夫易之爲書，廣大悉備，盡天地萬物之道者也。辭占象數，皆其一物。而易師者析之以教，雖互有啟發，於義駁矣。易道之隱，其肇茲乎？且八卦條陳，六爻咸列，繫辭其下，易之故也。仲尼贊述其義，未嘗不錯以成文，分繫卦爻，非其旨矣。欲明聖人之意，舍故書何稽乎？是以差次其書，盡復爲古。古文不可得見，故以正隸寫之。判文言爲二篇，象有小大之別。易經無義，不足辨焉。惟文言一篇，舊失其序，雖先儒謂次彖象，或以爲次繫辭，以理言之，皆非其舊。夫乾坤，易之門也。非乾坤無以見易。故以文言起之，而繫之彖辭，象若繫辭之後，恐非必然。先儒所云，蓋即今文以求古也。今文布彖、象卦爻之下，故文言不得不居後，非元在後也。雖然，不敢以己見爲必得，姑從其近是者之次，以待後之明哲，若夫傳注之失得，在所不論。艮齋浪語集二十七。經義考二十六載作「自叙」，誤。

案：艮齋薛文憲公季宣，宋史儒林傳四、萬曆温州府志理學傳、雍正浙江通志、乾隆永嘉縣志名臣傳並有傳。所定古文周易今無傳本，其分合之次，則書後之文尚有可考。蓋上經第一、下經第二、彖辭第三、大象第四、小象第五、乾文言第六、坤文言第七、上繫第八、下繫第九、説卦第十、序卦第十一、雜卦第十二也。考宋時言古易者凡六家，篇次大略相同。其異者，王洙古易本，上下經惟載爻辭，卦辭别爲一篇。晁説之古周易本，其書止八卷，不分卦爻，而彖、象、繫辭亦不分上下篇。最謬者吴仁傑古周易本，以爻辭爲繫辭，以繫辭爲説卦，名爲考古，實則逞臆亂經。最善者吕大防周易古經本，不分卦爻爲二，不併上下彖爲一，在諸本中獨爲復古。孔穎達周易正義一，「一家數十翼云：『上彖一，下彖二，上象三，下象四，上繫五，下繫六，文言七，説卦八，序卦九，雜卦十，鄭學之徒，並用此説。』」吕本與孔所舉悉同。吕祖謙古易，雖云從晁本重定，然實與吕本暗合。朱子作本義即用其本，非無見也。又有程迥古易章句本，篇次分合，一同吕本，惟文言次小象後，則與王、晁本同。艮齋所定本以文言次彖象，用王、晁、程三家本，自序所謂從其近是者之次也。其合上下象爲一，分文言爲二，則與六家之説全異，而與宋初胡旦周易演聖通論本乃適符合，然後叙未舉胡書，蓋寫定時偶未見矣。

宋氏晉之乾坤二卦講義

一卷。樓鑰攻媿集一百九

佚。

樓鑰朝散郎致仕宋君墓誌銘：君諱晉之，正卿其字也，舊名孝先，字舜卿。五季時，處士靖自福之長谿，徙温之樂清，今八葉矣。君弱冠，從梅谿先生王公十朋游。未幾，入太學。登乙科，授迪功郎。汀州司户參軍，移長谿丞，調臨海令，再調光化令，改奉議郎，知奉化縣，授信州通判。秩滿，竟以朝散郎致仕，翩然還家。有古樟蔭蔽甚廣，自號「樟坡居士」。嘉定四年八月終於家。君敏而靜，貫穿百家，不爲艱深之文，明白豐贍，詩辭高勝，淡而實腴，詩文甚多，隨有散佚。今惟乾坤二卦、中庸大學禹貢洪範講義、春秋十二公論各一卷、歷代中興君臣論二卷、擬進萬年書一卷、樟坡集三十卷藏焉。攻媿集一百九

戴氏溪易總説 周易啟蒙翼傳中、授經圖易四並作「周易總義」。又授經圖復出作「周易總説」，萬曆温州府志十七作「易經總説」。

二卷。直齋書録解題一、文獻通考一百七十六、宋史藝文志一、授經圖易四、經義考三十二。

佚。經義考三十二

直齋書録解題一：易總説二卷，端明殿學士永嘉戴溪肖望撰。每卦爲一篇。嘉定初，爲東宮端尹，作此授景獻。

周易啟蒙翼傳中：戴端明周易總義上下二卷，不具卦及卦爻辭，只每卦説一大段。嘉定癸未，其子料院桷刊於秣陵郡學。

宋史儒林傳四：戴溪爲太子詹事，兼秘書監，景獻太子命溪講中庸、大學，復命類易、

詩、書、春秋、論語、孟子、資治通鑑各爲説以進。

案：岷隱戴文端公溪，宋史儒林傳四、萬曆温州府志理學傳、雍正浙江通志、乾隆永嘉縣志儒林傳並有傳。易説，宋史本傳載其爲太子詹事兼秘書監時，承景獻太子命而作。景獻太子詢，甯宗所立太子。見宋史宗室傳三。考無名氏中興館閣續録七官聯門：秘書監戴溪，嘉定三年二月以太子詹事兼，四年四月爲權工部尚書。此書蓋即其時所進也。

林氏應辰易説　經義考三十二

佚。經義考三十二

乾隆平陽縣志十五：林拱辰弟應辰，字渭起，淳熙進士，監尚書六部門。所著有易説、騷解。

戴氏蒙易説　經義考三十二

佚。經義考三十二

案：戴縣尉蒙，朱子弟子。萬曆温州府志理學傳、乾隆永嘉縣志儒林傳並有傳。

朱氏元昇三易備遺

十卷。黄虞稷千頃堂書目一、倪燦宋史藝文志補、四庫全書總目三。

存。成德通志堂經解刊本

中書省照札中書省送到朝請郎新除直秘閣兩浙東路提案刑獄公事家鉉翁狀：鉉翁竊惟義理之學，託象數而傳者也。昔河南程氏倡道於洛，時則邵雍發經世不傳之妙；新安朱氏講學武夷，時則蔡元定明圖、書未發之旨。今其遺編皆在，而世之學者，知讀程、朱之書，而不知窮邵、蔡之學，象數之傳無傳焉。幸而有一人，事此爲事，學此爲學，蓋千百而一二者也。而沈滯下僚，堙厄冗役，無以自振拔於當世。適仕於鉉翁之部内，是用忘分出位，具以名聞。竊見承節郎差處州龍泉、遂昌、慶元縣，建寧府松溪、政和縣巡檢朱元昇，苦心舊學，篤志遺經，獨探象數之傳，自悟羲、黄之藴，著中天歸藏書數萬言，爲圖數十，以述其所自得之學。其説謂：伏羲易，先天學也；黄帝易，中天學也。乾南坤北，離東坎西，震艮巽兑，奠於四隅，而爲八卦。八其八而爲六十四卦者，先天易也。十日十二子，納而爲六十甲者，中天易也。中天，自先天來者也。其名雖異，其理則一。於是以中天六十甲，配先天六十四卦，而六十甲之序，與先天六十四卦之序，自然吻合，不爽錙銖。以是知黄帝作六十甲，所以發先天六十四卦不盡之義，載陰陽五行之功用，被之天下萬世者，中天歸藏易也。孔子於商道而取坤乾，所取者商之歸藏，而中天之易於是乎在。商易名歸藏，而黄帝亦以歸藏爲氏，商易用歸藏，而商之諸君，皆以甲丙、辛壬爲號，以見歸藏之書作於黄帝。而六十甲與先天六十四卦並行者，乃中天歸藏易也。歸藏易自漢初已亡，元昇述其意而爲此書。以自然之數，納自然之音，符自然之象，縱施横設，無一不合，皆元昇所自悟者也。至於邵氏之經世，蔡氏之圖書，與近代諸儒象數之學，皆能洞究其義，爲之折衷。其用功甚勤，其探討甚博，非徒掇拾前人之文字語言爲之講解，漫以學問自見者之比。其人早游場屋有聲，屢舉不第，捨而以右科奮，圖竊升斗之禄，以供菽水之養，身墮右弁，官爲徼巡。而探頤鈎深，臥起不輟，窮壯老堅，真士之有志於學者。而恬於進取，不求人知，人亦未有能知之者。鉉翁將指於粤，始識其人，是用冒犯斧鉞之誅，僭以元昇所學上徹於朝，仰祈萬一之采録。除已具録奏聞，乞特賜甄擢，收之冗散之役，處之校讎之任，使海内學士，知以象數爲學，不惟陳言舊説之是務。其於興起文治，作新斯人，實非小補，伏候指揮。屬官擬欲送中籍記，奉鈞判送，除已籍記外，右報本官照應。咸淳八年六月日。

周禮春官掌三易，一曰連山、二曰歸藏、三曰周易。連山作於伏羲，用於夏；歸藏作於黄帝，用於商；周易作於文王，用於周。一代之興，必有一代之易，雖不相沿襲，而實相貫通。連山首艮，歸藏首坤，周易首乾。其經卦皆八，其别皆六十有四，是數聖人者，豈各出意見以爲斯易哉？龍馬之所呈，神龜之所授，是皆得之天者也。周公相成王，設官分職，命太卜、命簭人，並掌三易。不以周用周易而置連山、歸藏於無用，是天固將以斯易託斯人也。周轍既東，周禮廢闕，天之未喪斯文也，復生孔子爲天下木鐸，黜八索，闡十翼。韋編三絶，而周易繫矣；之杞而得夏時焉，之宋而得坤乾焉，故天下後世，有亡書，無亡言。而連山、歸藏、易傳矣，是天又將以斯易託斯人也。孔子既没，經秦歷漢，連山、歸藏，寂然無聞，惟周易孤行於世。漢儒用心徒勤，著眼不及，或破碎一卦，以直六日七分，或牽强四卦，以管二至二分，或雜之以讖緯之文，或引之於老莊之境，如盲摸象，如管窺天，萬端臆説，千差並起，是何易道之不幸也。天開我宋，五星奎聚，兩曜合璧，異人間生，希夷陳摶以先天一圖傳种放，放傳穆脩，脩傳李之才，之才傳邵子康節。康節以超詣絶塵之資，加以融會淹貫之學，著皇極經世書，包羅萬象，該括三易。本領正大，規模宏遠，是天又將以斯易託斯人也。嗚呼！易固墜也，天固興之；易固晦也，天固彰之。天之心欲以斯易福斯世也昭昭矣！元昇結髮讀書，冥心易學，慨皇王之道，泯泯没没，其不絶者若一綫之繫千鈞也。元昇下無位，上無應，徒以疏賤，抱此勤志，根極理要，鋪陳軌範，掎揭淪墜，顯發幽眇，尚擬補皇王之絶學於千百世之上，存皇王之良法於千百世之下。輒不自揆，本諸河圖、洛書，述三易備遺，因世次而冠以先天、中天、後天之名。庶幾連山、歸藏，得與周易並顯於世，後之人或因此知邵子之心，則知孔子、周公之心與文王、黄帝、伏羲之心；知孔子、周公與文王、黄帝、伏羲之心，則知天之心。咸淳庚午冬至，朱元昇序。

自昔聖智開物，必有爲之先者。聖人有作，天不愛其道，發祥闡靈，無復隱秘。聖人則而象之。天地陰陽之情，始爲天下洩。此河圖、洛書，天所以開聖人，而聖人所以畫卦，以開天下後世也。大傳曰：「河出圖，洛出書，聖人則之。」是圖、書並出於伏羲之世矣。其言河圖示羲，洛書賜禹者，非也。周官掌三易之法，一曰連山、二曰歸藏、三曰周易。其經卦皆八，其別皆六十有四，是八卦已重於伏羲之世矣。其言文王重之者，非也。秦燔六籍，易以卜筮之名得全，然坤乾之義，夏時之等，吾夫子已歎杞宋文獻之不足證，則二書不待至漢而亡久矣。水簷朱公，博極群書，尚友千載，絶識異解，玄感冥契，自初年於邵子之書，有所悟入，著邵易略例若干卷，首明河圖、洛書之辨，以爲孔安國、馬融、鄭康成、關子明諸儒皆謂自一至十爲河圖，自一至九爲洛書，惟劉牧反是，牧非無見而然也。案：春秋緯，河圖之篇有九，洛書之篇有六。河以通乾出天苞，洛以流坤吐地符。河圖本於天，宜得奇數而居先；洛書本於地，宜得偶數而居後，此其所據依以爲左驗者也。由是因往順來逆之八卦，推五行納音以明四十五數之爲河圖；因起震終艮之八卦，推五行生成以明五十五數之爲洛書，而三易之大綱定矣。連山，夏易也，賈公彦謂：「連山作於伏羲，因於夏后氏。」夏后氏之易不可見，即伏羲之易可見矣。夏時之行，自漢太初曆至於今，未之有改。連山之易不可見，即春首純艮之義可見已。説卦曰：「艮，東北之卦也。」萬物之所成終而成始也。又曰：「終萬物、始萬物者，莫盛乎艮。」邵子雖以此一節爲明文王之卦，要之首艮之秘，固已具於所成始、始萬物之兩言，是以述連山象數圖以備夏后氏之易之遺。大傳曰：「顯諸仁，藏諸用。」説卦曰：「乾以君之，坤以藏之。」賈公彦周官疏曰：「歸藏以純坤爲首，萬物莫不歸藏於其中。」案：歸藏，黄帝易也，商人用之。昔黄帝命大橈作甲子，使伶倫〔一〕造律吕。日辰有十干、十二支，而其相乘之數究於六十；律吕有五聲十二律，而其相乘之數亦究於六十。乾老陽之策三十有六，坤老陰之策二十有四，此六十也。震、坎、艮少陽之策三十二，巽、離、兑少陰之策二十八，亦六十也。稽之以納音，定之以策數，已亥爲陰陽之終，子午爲陰陽之始，六甲納音，遇已亥、子午之間，陰陽終始之際，數必交，音必藏。交則生，生之機不息；藏則化，化之跡不露。一象一數，莫不與圖、書合，是以述歸藏象數圖例，備商易之遺。八卦之象不易者四，反易者二，此以六變而成八也。重卦之象不

〔一〕「伶倫」，底本從通志堂刊本作「泠綸」。

易者八，反易者二十有八，此以三十六變而成六十四也，其説尚矣。未有究先天、後天之體用，因象數之合以驗羲、文之合者。乾、坤之體不互，夬姤、剥復具乾、坤之體不互；既濟、未濟具坎、離之體不互，其餘互體爲卦五十六，其説尚矣。未有悉以繇辭、爻辭、彖象之辭證之者，是以演反對互體圖例，備周易之遺。公於三易，可謂補苴隙漏，張皇幽眇，尋墜緒之茫茫，獨旁搜而遠紹者矣。抑公之於圖、書，非求於文公、先生之説異也。先生釋「聖人則之」之義曰：則河圖者虚其中，則洛書者總其實。虚五與十者，太極也；則虚其中者，亦太極也。奇偶之數各二十者，皆兩儀也，以一二三四爲六七八九者四象也，一二三四而含九八七六，縱横十五而互爲七八九六，四象也。析四方之合以爲乾、坤、坎、離，補四隅之空以爲兑、震、巽、艮者，八卦也；四方之正，以爲乾、坤、坎、離；四隅之偏，以爲兑、震、巽、艮，則亦八卦也。且畢之曰，「又安知圖之不爲書，書之不爲圖也邪？」由是觀之，公之説若與文公異，而未嘗不與之合也。備遺既脱稿，當路以之傳聞，悉上送官，籍記後省，而公老矣，亡禄即世。其子起予在丙子歲以示千之，時方干戈搶攘，欲考訂肯綮未皇也。明年，起予即世，仲子起潛獨抱手澤於風波溟涬中十有八年於兹。公遺言：「我書必得能一爲序。」於是繕寫成編，惠而好我，口授手畫，亹亹忘倦。其間視舊書多所補正，猶司馬子長成一家之言於周南執手之後，而太玄可無俟後世之子雲。幸哉有子如此！夫千之少以三禮從公之族子元夫先生游，辱公忘年定交，雖不獲面受此書，請問論著大指，厥既從起潛盡見其書而讀之，竊窺其概，後死不佞，序焉敢辭？起予名士可，世登右科；起潛名士立。癸巳臘月朔，林千之能一序。

連山，包羲先天易也；歸藏，黄帝中天易也；周易，西伯後天易也。是三易也，皆遇孔聖，皆脱秦火，皆厄漢九師也。宋室龍興，五星奎聚，天生大賢於龜馬初出之地，豈偶然哉？余讀經世書而知先天之傳在邵子，讀易傳而知後天之傳在程子，獨怪夫中天，曠千百年餘無傳焉。余尉青田，以王事會水簷朱君於沐鶴溪，公退之暇，出一編書示余，曰三易備遺。其推原歸藏中天之妙，引之於先天，不見先天之爲先；推之於後天〔一〕，不見後天之爲後，是將合邵、程爲一書，獨傳有熊氏不傳之妙也。嗚呼！道之興天也，廢亦天也；其廢而復興，庸非天乎？孔子曰：「我欲觀商道。」是故之宋而不足證也。吾得坤乾焉，使天不生湯於皇風既邈之後，黄帝之道將無傳焉。不生微子於商緒將墜之初，湯之道獨得而傳乎哉！吾想其抱祭器而來歸也。坤乾之道，已得之宋矣。嗚呼！姬轍之東，茫茫禹跡，知有是書者誰也？宋雖有是書，知有是道者誰也？夫子，商人也，乃獨知焉。嗚

〔一〕「天」，底本脱，據通志堂刊本補。

呼！天遺商道於商之後，而必使商人知之，是可以觀天意矣。嗚呼！曠千百餘年，朱君何從而知之乎？其聞之邵、程子乎？聞之有熊氏乎？曰：「聞之天。」時咸淳癸酉四月朔日，後學天台東泉葛寅炎同叟敬書。且繫之以韻語曰：誰鑿混沌竅，龍馬出澄淵。篤生羲文聖，立極先後天。三三羑所演，兩兩山之連。不假人安排，自有天渾全。咸陽烈焰起，斯文獨不煙。中更九師斸，慘於秦火然。言湮道隨裂，爾來千餘年。皇乎鉅宋興，奎聚五珠聯。天子圖出地，復鍾二鉅賢。門外儼立雪，窩中閑弄丸。數加一倍法，書得七分傳。文後不爲後，羲先不爲先。嗚呼中天易，鎖簧透黄軒。厥數則用六，是爲歸藏焉。觀象曆可紀，聆鳳律相宜。芸芸茁九地，終至碩果堅。薛野䲭未乳，鼎湖龍已仙。敦載司徒氏，而把五教權。滔滔祚其海，始達溜涓涓。韜光夏臺出，撥亂南巢遷。執中亦建中，道體無些偏。羲禮兩夾持，以此裕我昆。姓别取諸子，世號遞以干。甲庚至丁乙，天潢衍慶源。不幸辛也虐，竟以甲子顛。牝晨蠱方煽，太白旗已竿。衣寶炎炎裏，道器俱無存。仁哉爾王子，獨抱祭器奔。想偕此書抱，器完道亦完。有客皓其馬，歸作周之藩。俾食豫土毛，一髮千鈞綿。不然之宋叟，胡此得坤乾。我知蒼蒼者，寄道於不言。孔也商之人，宋也商之孫。茫茫宇宙闊，斯道萃一門。粤從兩楹夢，寥寥絶韋編。淺者膠於卜，深者痼於玄。固哉房直日，誕矣雄入泉。八工亮圖法，百賈莊肆錢。皮毛太初曆，糟粕一行禪。天窗兩呼吸，誰契希夷眠。極根一動靜，誰悟濂翁圈。邵程又塵土，河洛空齋漣。翕固張之的，晦乃彰之根。節彼雁南蕩，氣復合真元。攢青華蓋卓，湛碧芙渠妍。石乳膩昏雨，玉紅絢朝暾。孕此古心子，通身太極渾。香和梅月嘯，朱浥花露研。吉凶扣靈蔡，消長聽啼鵑。寂慮那三畫，游神這一環。六十六十四，甲甲卦卦圓。仰接先天後，俯超後天前。中天此中興，亞康節伊川。問君易何在？庭草翠無邊。

夫子既没，迄今七百年間，諸以易名家者，專於理則簡於象數；專於象數則荒於理。因注迷經，因疏迷注，致十翼本旨不白於世，而世之學者果於襲舊，疑於知新，罕研聖人作易之根柢。我先君子述三易備遺，曰：「河出圖，洛出書，聖人則之。」此夫子明作易之根柢也。故言理必考象，言象必考數，理象數無抵牾，然後措諸詞，寫諸圖，自謂得聖人之心於注疏解釋之外，有先儒所未發者。視諸家言易，理自理，象自象，數自數，三易自三易，河圖、洛書自河圖、洛書，判然不相符者不侔矣。噫！此其於易也，功不在名世諸儒下。咸淳庚午，備遺成帙，部使者則堂家先生一見奇其書，用聞於朝。會國督戍事嚴，未皇暇也，送中書省籍記。越三載，先子殁，先兄起予甫繼志纂述，時事且別，多所散失，起予甫亦下世矣。士立弗克肖似，夙夜罔敢懈，惟父兄之志是酬，補遺苴闕，僅完其帙，敬鋟諸梓。非敢曰論撰其前人之美以顯揚之後世也。易之晦也、明也、有時也，人焉得而已諸？時元貞乙未立春日，男士立百拜謹志。

周禮：「太卜掌三易之法，一曰連山，二曰歸藏，三曰周易。其經卦皆八，其別皆六十有四。」杜子春注曰：「連山宓戲，歸藏黃帝」，合周易爲三代之書。連山首艮，夏用之；歸藏首坤，商用之；周易首乾，周用之。孔子歎杞、宋無徵，於杞得夏時，於宋得坤乾。康成注以夏時爲夏四時之書，其存者有小正。坤乾，商陰陽之書，其存者有歸藏。考班固藝文志，歸藏不著於録，康成何從得之？毋亦張霸古文尚書之流乎？隋志有薛貞注歸藏十三卷，至唐已亡。別有司馬膺注，又有連山十卷。宋崇文總目獨存歸藏。初經、齊毋、本蓍三篇，間見諸書所引，頗類諸子百氏之語。愚竊以爲太卜之所掌者三易之筮法，簭人掌三易以辨九簭之名，但有端龜、命蓍、吉凶、悔吝之兆，原無彖爻所繫之辭。孔子所得，或出獻老口授，非有成書，故後世無傳。否則秦政禁書，二易當以卜筮得存，不應不見於西漢也。宋東嘉朱日華氏，精心象數之學，以爲天下有亡書無亡言。因夏時、坤乾之言，即河洛先後天之圖，推五行生成，以明五十五圖〔一〕數之爲洛書，述連山象數圖以備夏易之遺；推五行納音以明四十五數之爲河圖，述歸藏象數圖以備商易之遺；因先天、後天之體

〔一〕「圖」，底本脱，據通志堂刊本補。

用，即象數之合，以證羲、文之合；以繇爻、彖象之辭證互體，演反對互體圖例以備周易之遺，而首之以河圖、洛書之辯。凡爲書十卷。日華中景定辛未武科，官承節郎，差處州龍泉、遂昌、慶元及建寧松溪、政和巡檢。家則堂提刑兩浙，見其書異之。因進於朝，請收之冗散之役，處以校讎之任，時爲咸淳八年之夏。未三年，紀元德祐，不及收用，徒録其書於後省，而宋社屋矣。其子士可、士立先後補成，乞序於同邑林千之以傳之。父子用心於是書可謂勤矣。日華名元昇，温之平陽人。士可登開慶己未武科；千之字能一，舉寶祐癸丑進士，官編修。林霽山贈之以詩，有「大雅凋零尚此翁」句，蓋宋之遺老也。康熙丙辰納蘭成德容若序。通志堂刊本序

黄虞稷千頃堂書目一：朱元昇三易備遺十卷。字日華，永嘉人。咸淳中以右榜官承節郎，差處州龍泉、遂昌、慶元縣，建寧府松溪、政和縣巡檢。述其自得之學爲河圖洛書一卷，連山、歸藏、周易各三卷。浙東提刑家鉉翁奏進其書於朝，未幾宋亡，元昇亦死，其子士可及次子士立卒成之，元元貞乙未士立乃爲刊行。宋史藝文志補與此略同而不及此之詳，今不録。

四庫全書總目三：三易備遺十卷內府藏本，宋朱元昇撰，其子士立補葺。元昇字日華，里貫未詳。惟卷首載咸淳八年兩浙提刑家鉉翁進書狀稱：「承節郎差處州龍泉、遂昌、慶元及建寧松溪、政和巡檢朱元昇。」卷末士立跋稱：「咸淳庚午備遺成帙，則堂家先生用聞

於朝。三載，先子殁」云云，疑其即終於是官。庚午爲咸淳六年，而狀署八年，殆傳寫誤「六」爲「八」歟？其書本河圖洛書一卷、連山三卷、歸藏三卷、周易三卷。元昇自序亦兼言三易，而鉉翁進狀特稱其「著中天歸藏書數萬言」，未詳其故。豈以先天、後天皆儒者所傳述，而中天之説，元昇創之，故標舉見異耶？然干寶周禮注稱「伏羲之易小成爲先天，神農之易中成爲中天，黄帝之易大成爲後天」，則「中天」實亦古名，非新義也。元昇學本邵子，其言河圖、洛書，則祖劉牧；其言連山以卦位配夏時之氣候；其言歸藏以干支之納音配卦爻；其言周易則闡反對、互體之旨。雖未必真合周官太卜之舊，而冥心求索，以求一合，亦可謂好學深思者。過而存之，或亦足備説易者之參考耳。

翁方綱通志堂經解目録：三易備遺十卷，宋東嘉朱元昇撰。自序在咸淳庚午。其書第一卷言河圖洛書，二卷至四卷言連山，五卷至七卷言歸藏，八卷至十一卷言周易。

全祖望補宋元學案七十八：朱元昇字日華，號水簷，平陽人。所著三易備遺家鉉翁表進之，别有邵易略例，今不傳。其言曰：「孔安國、馬融、鄭康成、關子明諸儒皆謂：自一至十爲河圖，自一至九爲洛書。惟劉牧反是，牧非無見而然也。河以通乾出天苞，洛以流坤出地符，河圖本天，宜得奇數；洛書本地，宜得偶數，此其據依以爲左驗者也。由是因往順來逆之八卦，推五行納音，以明四十五數之爲河圖；因起震終艮之八卦，推五行生成，以明五十五數之洛書。而三易之大綱定矣。連山，夏易也，賈公彦謂連山作於伏羲，因於夏后氏，夏易不可見，即羲易可見矣。連山易即春首純艮之義也。説卦曰：「艮，東北之卦也，萬物之所成終而成始也。」又曰：「終萬物、始萬物者，莫盛於艮。」邵子雖以此一節爲明文王之卦，要之首艮之秘已具，此兩言，是以述連山象數圖以備夏后氏易之遺。歸藏黄帝易也，商人用之，黄帝命大橈作甲子，使伶倫造律吕，日辰有十干十二支，而其相承之數究於六十；律吕有五聲十二律，而其相承之數亦究於六十。乾之策三十六，坤之策二十四，此六十也；震、坎、艮之策三十二，巽、離、兑之策二十八，亦六十也。稽之以納音，定之以策數，己亥爲陰陽之終，子午爲陰陽之始。納音遇己亥、子午之間，數必交，音必藏。交則生，生之機不息；藏則化，化之跡不露。一象一數，莫不與圖書合。大傳曰：「顯諸仁，藏諸用。」説卦曰：「乾以君之，坤以藏之。」是以述歸藏象數圖以備商易之遺。卦之象，不易者四，反易者二，此以六變而成八也；重卦之象，不易者八，反易者二十八，此以三十六變而成六十四也，其説尚矣。未有究先天、後天之體用，因象數之合以驗羲文之合者。乾坤之體不互，夬姤、剥復具乾坤之體不互；既濟、未濟具坎離之體不互，其餘互體爲〔一〕卦五

〔一〕「體爲」，底本脱，據宋元學案補。

十六，其説尚矣。未有悉以卦爻彖象之辭證之者，是以演反對卦體圖例，備周易之遺。先生登右科，官政和縣巡檢。長子士可，字起予，亦登右科；次子士立，字起潛，皆能卒業於其父之書。

張惠言讀三易備遺：怪矣哉朱氏之爲易也！曰：「連山者先天也，伏羲易也；歸藏者中天也，黄帝易也；周易者後天也，文王易也。」又曰：「伏羲之卦八八者河圖也，洛書也；黄帝之卦五五者甲子納音也；文王之卦六六者反對也。伏羲之卦六十四，黄帝之卦四十八，文王之卦三十六。伏羲之策萬有一千五百二十；黄帝之策萬有八百；文王之策萬有二千九百六十，衍之當皇極經世一元之數焉。」自以爲出邵氏，尸之若聖人。嗟乎，此豈邵氏之意哉？雖然，由先天之説，其道固可以至於此無怪也。故君子不立異，不倡游言。易圖條辨

案：水簷朱巡檢元昇，乾隆温州府志、乾隆平陽縣志隱逸傳並有傳。其述三易，大恉以圖書爲本。其圖書述意云，本之夫子大傳之辭，而爲之圖與説，推往順來逆八卦之旨，以四十五數爲河圖；推起震終艮八卦之旨，以五十五數爲洛書。若夫關子明以四十五數爲洛書，以五十五數爲河圖，與劉長民所述不同。長民，劉牧字。朱子黜長民之説而是子明。愚也本夫子之辭而符長民，匪曰敢自異於先生長者，亦惟其是而已耳！蓋宗朱子而不爲

苟同者，然河圖之數，古無其文，洛書，漢儒以爲即洪範「初一曰五行」至「畏用六極」六十五字。至宋劉牧易數鈎隱圖始取乾鑿度九宫法爲河圖，而又以生數就成數，依五方圖之爲洛書。後阮逸又互易其名，託之關朗，邵子、朱子皆宗之。是圖、書之義乃陳、邵之易，非孔穎達、李鼎祚諸人所知。水簷乃以之推周官太卜之三易，而譏漢儒爲破碎牽强，不亦異乎？

又案：周天錫慎江文徵三十二載宋眉年三易備遺叙略云：三易者，謂連山易，伏羲易，而夏用之，先天易也；歸藏易，黄帝易，而商用之，中天易也；周易，西伯易，而周用之，後天易也。先天易得康節邵氏而傳，後天易得伊川程氏而傳，獨中天歸藏易，曠千百年餘無傳焉。黄帝命大橈作甲子，使伶倫造律吕，日辰有十干十二支，而其相乘之數究於六十；律吕有五聲十二律，而其相乘之數亦究於六十。乾老陽之策三十有六，坤老陰之策二十有四，此六十也；震、坎、艮，少陽之策三十二，巽、離、兑，少陰之策二十八，亦六十也。稽之以納音，定之以策數。己亥爲陰陽之終，子午爲陰陽之始。六甲納音，遇己亥、子午之間，陰陽、終始之際，數必交，音必藏。交則生，生之機不息；藏則化，化之跡不露。一象一數，莫不與圖書合，是爲歸藏中天之易。平陽朱元昇，於是述連山象數圖例，凡一十八篇，以備夏后之易之遺；述歸藏象數圖例，紀歸藏易曰中天，凡二十篇，以備商易之遺；述周易反對互作圖例，凡二十三篇，以備周易之遺，其文字共十卷，考究甚詳。但中天之説，識者不能無疑也。其文不全，然今所傳通志堂本卷首無此叙，不知周氏何從采之，其云中天之説，識者不能無疑，蓋亦不以水簷之説爲塙也。

邵易略例全祖望補宋元學案七十八

佚。

葉氏味道周易會通經義考三十一

佚。經義考三十一

案：西山葉文修公味道，朱子弟子。宋史儒林傳四、萬曆温州府志理學傳、雍正浙江通志、乾隆永嘉縣志儒林傳並有傳。

林氏起鼇易述古言

二卷。宋史藝文志一、經義考三十七。

佚。經義考三十七

乾隆平陽縣志十二：宋進士題名：寶祐癸丑姚勉榜，林起鼇字孟連，兵部郎中，居蓋竹。起，原誤「啟」，今據乾隆府志正。

案：起鼇嘗知仁和縣潛説友咸淳臨安志五十一及南劍州。宋濂朝京稿一平陽林氏祠學記此書舊志未收，今據宋藝文志補入。

湯氏建周易筮傳經義考三十四

一卷。授徑圖易四。經義考三十四無卷數。

佚。經義考三十四

周易啟蒙翼傳中：湯建周易筮傳，建字達可，號藝堂先生，温州樂清人。交楊慈湖。門人、知惠州趙汝馭作序，淳祐四年刊於郡齋。

案：藝堂湯先生建，萬曆温州府志理學傳、雍正浙江通志〔一〕、道光樂清縣志儒林傳並有傳。

〔一〕「雍正浙江通志、萬曆温州府志」，二書底本誤倒，據體例改。後不再出校注。

戴氏仔易傳經義考三十五

佚。經義考三十五

淩迪知萬姓統譜九十九：戴仔字守鏞，蒙子。嘗以孝廉薦。有云：天分素高，年近四十，即棄去場屋，大肆其力於學，密察於義理之精，考質於古今之載，詩、書、易、周禮、四書，下逮史傳，皆有傳述，迄未嘗一出以自衒，安貧委順，隤如也。

戴氏侗周易家説經義考三十五

佚。經義考十五曰：「未見。」

萬姓統譜九十九：戴侗字仲達，仔弟。登淳祐第。由國子簿守台州，德祐秘書郎召，繼遷軍器少監，亦辭疾不起，年逾八十卒。有易書四書家説、六書故内外篇。

繆氏主一易經精藴千頃堂書目一、倪燦補遼金元藝文志、錢大昕元史藝文志一、經義考四十三。續文獻通考一百七十三作「周易精藴」。萬曆温州府志十七作「易精藴」。

佚。經義考四十三

案：繆處士主一，萬曆温州府志理學傳、雍正浙江通志、乾隆永嘉縣志儒林傳並有傳〔一〕。

鄭氏樸翁易說章祖程白石樵唱注 佚。

案：鄭國正樸翁，萬曆忠節傳、雍正浙江通志義行傳、乾隆平陽縣志忠臣傳並有傳。林景熙霽山集五故國子正鄭公墓誌銘載：所著書有續古雜著二卷，厚倫詩一卷，而無易說。故經義考及舊府、縣志並未著録。惟霽山集一白石樵唱寄鄭宗仁詩末聯云：「見說孤燈雨，年來著易成。」章祖程注：宗仁晚年著易說若干卷。蓋入元以後所作，其卒時或未成書也。

元

葉氏葵易學精微 一卷。忠貞録一

〔一〕光緒永嘉縣志藝文志載：「易經精藴，元繆主一撰。」又儒林傳載：「元繆主一，字天德。延祐間爲郡庠經師。」繆生於宋元易代之際，入元從事教學，當以元朝人著録爲是。據正。

佚。

卓敬葉繼道墓誌銘：公稽古力行，閉户十餘年，玩索群籍，窮探義理，每終日危坐，反身以求誠，超然有得於窮理盡性之要。嘗曰：「予始知道時，思周子不除窗草，張子聽驢鳴與自家意思一般，猶判物我爲二。及見得此理真徹上徹下，與自家道理觸處皆然，方知此是學。」著明辨工程三十七篇，性理粹語、易學精微各一卷，皆精研太極、陰陽、鬼神、性命之奥。忠貞録一

案：繼道葉先生葵，乾隆温州府志、嘉慶瑞安縣志儒林傳並有傳。

陳氏至易傳萬曆温州府志十七

佚。

案：陳處士至，萬曆温州府志文學傳、乾隆平陽縣志文苑傳並有傳。

明

劉氏南金周易集説萬曆温州府志十七

佚。

乾隆永嘉縣志二十：明薦辟，劉南金，明經海州學正。

曾唯東甌詩存十五：劉南金，字貢禹，永嘉人。授本府訓導。

張氏著易經精義 張金吾愛日精廬藏書志三十四

佚。

案：張臨江著，乾隆温州府志、乾隆永嘉縣志文苑傳並有傳。

張氏謙易本義集説 王朝佐東嘉先哲録十

佚。

東嘉先哲録十引徐橫陽文集：吾友同郡張先生謙，潛心易學，篤信朱子本義，反覆研究，蓋亦有年。嘗以明經舉太學正。講授之暇，取諸家之説，剪其繁蕪，撮其精要，間或附以己意，融會貫通，自成一家，附於卦爻本義之下，名曰本義集説。先生學識該洽，又通書蔡氏傳、詩朱子傳。在太學，三經諸生各以所業請益，先生隨問隨答，亹亹忘倦，獲造就者居多，多有著述。予未及盡見爾。案：徐橫陽文集，徐興祖著。

案：張學正謙，永嘉人，東嘉先哲録引易本義集説云：「永嘉張謙。」舊府、縣志人物、選舉兩門並失載。所著易本義集説，經義考亦未著録。今據東嘉先哲録補入。

徐氏興祖易經講義〔一〕雍正浙江通志一百七十七

佚。

案：横陽徐教授興祖，萬曆温州府志理學傳、雍正浙江通志儒林傳、乾隆平陽縣志理學傳並有傳。

朱氏諡易學啟蒙述解萬曆温州府志十七作「周易啟蒙解」，今從明史藝文志一、經義考四十九。

二卷。明史藝文志、經義考四十九。

未見。經義考四十九注曰「存」。

案：朱學正諡，萬曆温州府志理學傳、乾隆永嘉縣志儒林傳並有傳。

張氏文選易經講義續文獻通考一百七十三、經義考五十六。

〔一〕民國平陽縣志經籍志云：「即永嘉張文選所著而誤復出。」當删。

佚。經義考五十六

黄淮翰林庶吉士張士銓墓誌銘：士銓弱冠選充郡庠生，訓導宗起徐先生長於易，士銓居講下受教，心領默契，肆筆爲文，發揮陰陽之妙賾，不逾軌轍。先生喜得佳弟子，同門相親者多資麗澤之益。介庵集十二

案：張翰林文選，萬曆温州府志理學傳、乾隆永嘉縣志儒林傳並有傳。

童氏器易經講意經義考五十一

佚。經義考五十一

案：童鎮遠器，萬曆温州府志、雍正浙江通志循吏傳，乾隆平陽縣志宦業傳並有傳。

朱氏廷譓易經解乾隆温州府志二十七

佚。

案：朱藁城廷譓，雍正浙江通志、乾隆温州府志、乾隆永嘉縣志介節傳並有傳。

方氏繼學河圖衍雍正浙江通志二百四十一

佚。

案：西堂方處士繼學，萬曆温州府志文學傳、雍正浙江通志、乾隆平陽縣志文苑傳並有傳。

戴氏嶅易注 萬曆温州府志十七

佚。

咸豐永嘉縣志二十：案乾隆府志經籍内易注作戴懿撰，縣志作戴嶅，府、縣志選舉表，府學歲貢嘉靖間有戴嶅，是府志經籍志作「戴懿」，誤。萬曆府志藝文門亦作「戴懿」，誤。〔一〕

唐氏璧易經粹説

十卷。嘉靖瑞安縣志九。萬曆温州府志十七、雍正浙江通志二百四十一並無卷數。

佚。

〔一〕戴嶅易注，弘治温州府志十八著録。孫氏定爲嘉靖間歲貢，誤。據弘治温州府志十人物戴蒙傳有幼子嶅，出繼玉山汪氏，終嵊宰。有易注、諸經補義。可見其爲戴蒙子，戴仔、戴侗弟，當爲宋末元初人。

案：唐璧事蹟無考。其著述載嘉靖瑞安縣志藝文門，則必嘉靖以前人也，故附於此。

徐氏時春易義金針乾隆平陽縣志十九

佚。

乾隆平陽縣志十六：徐明作子時春，生員，著有名山藏草、四書玉楮葉、易義金針。

鮑氏嘉藴周易辯疑嘉慶瑞安縣志九

佚。

嘉慶瑞安縣志八：鮑瑋從孫嘉藴，邑庠生，敦孝友，尚氣節，博學能文，著樗庵文集、周易辯疑、治齊要略諸書。

應氏德成周易序卦反對義彙乾隆平陽縣志十九

佚。

案：應桂平德成，乾隆平陽縣志文苑傳有傳。

未見。

鄭氏思恭易學金針 乾隆温州府志二十七

蔣鳴玉序：壬戌之秋，不佞以易應閩闈之聘，經返昆陽九凰七弦之間，聞有太和鄭先生以易名世。明年，復以吏事行部是邑，造廬而問業焉。先生龐眉皓髮，譚易靡倦，反覆憫皇，蓋不勝憂世之思也。余憬然歎仰久之，顧未窺其體易於身，驗易於心者何如？會平、瑞兩令君，交口稱先生雅尚淡穆，不作世人纖趨，不喜世人耽逐。離物自全，憂匪人之比也；一編不輟，憂日昃之離也。其所雜著有瑣語，憂鄉閭也；續用世，憂天下也；三經，憂心術也；四言，憂世法也；仰止，憂前修之湮也；噴飯，憂來學之謬也；纂時令以憂乖沴；存佛種以憂異端。他刻種種，無之非憂，亦無之非易。至於今，世風不古，民貳避趨，而思以金針一綫度人世也。度之以危平易傾之理，而開天下有吉無凶之路者也。是刻也，余向擬以數言弁其首，而劂工未完，至是有家弟參軍鴻便以成書見寄，讀之不獨其解易也，一洗依傍拘泥之陋，而益歎先生之殷憂於是驗矣。夫天下之動，不出凶吉兩途，而貞於一。貞與不貞，辨在幾微之介，憂之早而動，罔勿貞也，不必履盛處優，即陰霾晦冥之候，而吾道之否而泰，困而亨，自有在也，斯一綫之微意也。先生余所事爲經師、人師者，敬爲之叙而復之。崇禎甲申仲秋。乾隆平陽縣志十九乾隆平陽縣志十六：鄭思恭歸休二十餘年，閉户著書，有易學金針、性鑒摘題、左國精髓、東昆仰止録、鄉居瑣語等集二十六種。

案：太和鄭教諭思恭，乾隆平陽縣志文苑傳有傳，載所著書，凡二十六種。今惟時令纂言、東昆仰止録兩書尚存傳鈔本，其他書目見於平陽志藝文門者：曰易學金針、曰左國精髓、曰性鑒摘題、曰鄉居瑣語、曰客窗論世、曰見危長嘯、曰噴飯録、曰筆鋤三刻、曰南雁蕩山志，凡九種；此外尚有並生録，見慎江文徵三十八，三部經演，見何白汲古堂續集，其餘皆不可考。蔣叙稱：太和雜著，其續用世、三經、四言、存佛種四書，平陽縣志藝文門均未收。其所謂三經蓋即三部經演，餘三種所舉書名多係省字，今亦無從覈補，不能分别著録，附識於此，用竢續考。

王氏家春易粹李維楨大泌山房集一百三十

佚。

李維楨題辭：東嘉王幼潛潛心易學，久而有悟，謂孔子言「易有太極，是生兩儀。」知太極從易生，而不言易爲何物。周子曰：「无極而太極。」知易乃无極之謂也。孔子言太極生兩儀，不言所以生。周子言太極動而生陽，動極而静；静而生陰，静極復動。一静一動，互爲其根。分陰分陽，兩儀立焉，而生之説始明。先儒以圖、書之義釋太極，而太極本然之妙，初无形象可擬。至陰陽變合而生五行，始有一二三四五之數。河圖虚中是已，生數極於五，成數極於十，此天地所忌，故虚中不用，避其極也。洛書從横十五，中則實其用，數安得虚？又引朱子本義，伏羲四圖皆出邵氏，自有先天圖，而醫家五運六氣，道家參同、悟真，占卜諸書，無不從此。又謂孔安國言伏羲、神農、黄帝之書，謂之三墳。王輔嗣以重卦爲伏羲，安得謂但有圖無文字？孔子曰：「伏羲氏没，神農氏作耒耜。」蓋取諸益，此神農取伏羲重卦之明驗也。又謂後天八卦方位，即黄帝九宫八卦圖，而邵子云文王，未知孰是？余嘗舉古今諸儒不同之論相質難，幼潛持之甚堅，已付剞劂，粗舉其説大略如此，幸與鴻生鉅儒更裁訂焉。大泌山房集一百三十

案：涵虚王道士家春，乾隆温州府志、乾隆永嘉縣志仙釋並有傳。

佚。

方氏之正大易辯疑　嘉慶瑞安縣志九。乾隆温州府志二十七作「大易辯疑集」。

乾隆温州府志二十：方之正博通經史，尤長於易，著有大易辯疑集。

案：方舉人之正，乾隆温州府志、嘉慶瑞安縣志孝友傳並有傳。

王氏明揚周易偶筆王祚昌王氏園史

佚。

子祚昌王氏園史府君自叙，其略曰：某字某，以字行，别字仲升。自幼多病，十七始向學，二十補郡庠弟子，三十四而餼，六赴省試，不第，慕姚溪致知之學。府君所著蘆江録、論學、周易偶筆、榆枋集詩稿，所纂三先生語録、王陽明、朱晦翁、楊龜山、陸象山語録鈔要，餘雜著社草、歷試草并辛卯本房第一卷各一卷。

曾唯東甌詩存二十五：王明揚，瑞安諸生。〔一〕

案：王仲升爲王玄翼父，事略見玄翼所著園史，蘆江録及豐湖王氏譜略。其自著諸書，舊府、縣志未載，今並據園史補入。

朱氏大輿周易朱傳解義嘉慶瑞安縣志九

佚。

嘉慶瑞安縣志九：周易朱傳解義（東河書目），明朱大輿著，子用光增釋。

〔一〕此條底本原闕，據刻本補。

案：朱大輿周易朱傳解義，嘉慶瑞安縣志據東河書目著録。考周起辛朱默齋墓誌銘瑞安朱氏録本云：「居北郭東河。」默齋竹園類輯七亦有東河小宗譜序。東河書目蓋即朱氏譜書目也。大輿事跡無考。類輯七又有揭寢室文云：「惟我高祖，佑啟後人。篤生我曾，才行邁倫。詒我孫謀，時惟周易。手澤如新，微抉幽剔。」默齋墓誌云：「曾祖文學瑞川公。」不著其名，疑即大輿也。類輯七族叔厚庵先生墓誌銘云：「祖諱德有，考諱用哲。」瑞安縣志載：「大輿子名用光。」則默齋王父行，並以「用」字聯名也。

國朝

王氏祚昌周易敝書

五卷。明史藝文志八、經義考六十二。

闕。遜學齋藏舊鈔本。經義考六十二注曰「存」。

江浦李使君丙子春守城事，即一部周易也。時賊以陰氛相薄，而使君以陽德用事。其蓄機以潛，其持議以正，而定力苞固則全，本之乎剛。迺決勝扼險，坐彈丸中，摧强敵如朽株，尤有變易之用焉。毛修之曰：予齊年善易，其所輯周易敝書，與王玄翼氏共參訂之者，所列諸圖皆有秘授，即單辭拈示，具堪數日思。夫易何常哉！薛子曰：予觀子雲之玄，文中子之中，與近日關中文太清之微，皆取易而變化之者，然而仍口也。若潄書則未嘗少變其位置，而於易之精理奇趣，自然躍露。譬之支子别派分行歧出，而宗子瀁然出數語正之。落花無言，固有心者所玄賞耳！憶幼時見錢啟新先生談易以博，高景逸先生談易以約。約固神游繫表，博尤蒐旨象中。兹得是書，益眷懷當日，且此何時耶？上有文明之主，下有匪躬之臣，震伐利濟，自一邑始。要以是書所觀玩深，而精思奥解，不爲無用之名理，或亦玄翼所交勖也。異日扶陽抑陰，揖宓、姬於四座，拭日俟之矣。内子冬日，武進薛寀題。

少時與王玄翼讀易虎溪，力屏訓詁，日拈一卦，研妙象先，筆追所見，恰得其影，亟投潄篋，不參異同，數月帀事，各出其奇，兩人驚跳，如獲異物，然此不過一時藉以磨耗其少年雄宕自喜之氣，而非遂謂古聖人立象微諦，所得淺，窺隙而强射覆也。其後玄翼探索富，或折諸家學，或衡以獨見。數十年來口食其間，不減當陽左氏之癖，而精誠所至，恍若宇内新奇口出，口會迭更，事變人情物態，無非易理，逗玄翼以口可口之籥，安在善易者不言？夫易既逗之使言，故其言皆掖經詮道，天人性命之微，如兩曜四序，代升循至，不爲狂悖駢拇，自然風光，凡有聽睹，無弗領取，雖言亦未嘗言耳。自漢、魏以來，以易名家者，幾數十百人，而各不相襲，蓋易以象數，原非死局，心無靈氣，則生面弗開。識得天地間自然之易，則言賾不可惡，即不言之嘿而成。彼儒先訓詁及支離覆逆之旨，皆可裨世，而必謂易幸不灰於秦而晦於諸儒，過矣！玄翼識高而學邃，時以易稿就印於予。揆予近著，軌則不拂，而工致較多。今予爲吴令，屬海宇多事，吉凶同患之餘，時進諸子談易，其間有習易者，快所未聞；即不習易者，亦言下有省。於是飛書虎溪山中，具筆札受玄翼所著，點定以佐松麈，間出己意芟補之。而周生麟美者，深契其旨，亟欲壽諸梓，而虛其端，以請爲序其略云。瑞鳳堂主人李維樾撰。

余幼多病，罔所預他事，先子授之易，鈍弗解也。萬曆甲寅，先子棄去，經義考六十二作「世」。迺始痛恨於受易晚，把遺經不忍讀，久之不忍不讀。乃書易一小册，納袖中，炎寒早晏，雨晴岑闃，常變憂欣，庭除逆旅，弗去矣。隨時便記，或一二語，或一二字；或無筆，便以指爪作大小圈或句直點截之，無有文義不可讀，并不可與人讀，冥然意酣。始自〔一〕□□，抵癸亥，其小册應風灰敗矣，題曰：敝書。諸子經義考作「其友」。曰：敝而新之，易道也。因更楮而稍爲之辭，自甲子歲始，蓋雖有文義可讀，然欲索初之不可讀者，亦安復影響哉！丁卯

〔一〕「始自」，底本闕，據周易敝書補。

冬至日，虎溪學人王祚昌。周易敝書記事

祚昌王氏園史：府君曰易六爻須會説，六爻須與象辭會説。諸儒惟建安丘氏同此意。惜乎其淺言之也！諸卦各爲一時，各爲一事，不得重出雷同以冒理概説。又卦變皆自否泰來，自否泰來即自乾坤來也，所謂老變而少不變也。其有偏取一爻義者不在變例。府君論易，幼時頗識一二，詳敝書。

案：王歲貢祚昌，乾隆温州府志、嘉慶瑞安縣志文苑傳並有傳。所著周易敝書五卷，今存舊鈔本三卷，下經中孚以下並闕。卷首題：「瑞安王祚昌著，同邑李維樾參，江浦周麟美校。」薛寀序，直以此書爲李蔭昌所輯。而李敍則云：「間出己意芟補之，而周生麟美欲壽諸梓。」是李特小有增改耳，其全書固玄翼手定也。蔭昌以崇禎甲戌授江浦縣知縣，麟美即其邑人，故得因蔭昌而見此書。其曾否校梓，今亦無可考矣。第一卷爲太極圖説、大衍圖説、卦變圖説，即薛序所謂諸圖皆有秘授者，實則皆易家常義，别無異聞；二卷以下則逐卦爲説，詞旨明淺，間參俗語，蓋猶未脱明人解經之習也。

又案：李敍云「玄翼時以易稿就印於予，揆予近著，軏則不拂，而工致較多。」是蔭昌亦有説易之書，然舊府、縣志並未載，今亦無可考。

史氏尊朱讀易淺解一卷。乾隆温州府志二十七

存。樂清鄭氏刊本

案：格庵史處士尊朱，雍正浙江通志、乾隆温州府志、道光樂清縣志儒林傳並有傳。讀易淺解一卷，附刻本讀書淺解之後。首論乾坤二卦之義，次論六爻義例，則綜諸卦參互求之，持論篤實，視宋元以來推衍圖書者夐乎遠矣。

周氏天錫周易本義翼花蕚樓集

未見。

自序：易不可以解解也，解之淺之乎窺易也。古今解易亡慮數百家，而本朝功令，一以紫陽爲準。余幼時王父手授易解一帙，雖未成書，而字疏句晰，惟精繹本義更不旁溢一語，篋之二十稔矣。去年課兒輩易，鈍不能解，敬仿而增之，間參以考證數則，俾之繇淺入深焉。大易不可以解解也。如塵解也即覓，夫不可解者又安在哉？花蕚樓集

東甌詩存三十六：周天錫，字懋寵，號槫庵，應期子。康熙歲貢，著有花蕚樓詩文集。

林氏如鎬周易説郛乾隆温州府志二十七卷。

存。

陳氏遴周易習本乾隆温州府志二十七

佚。

案：陳茂才遴，參議堯言孫。雍正浙江通志、乾隆温州府志、乾隆永嘉縣志義行傳並有傳。

葉氏廷瑞易經輯要乾隆永嘉縣志二十

佚。

乾隆永嘉縣志二十：雍正五經副貢葉廷瑞，工詩賦，著有易經輯要、尚書總義跋。

張氏元光大易圖演解乾隆温州府志二十人物傳「演」作「衍」，今從二十七經籍志。二卷。乾隆温州府志二十七未見。

乾隆溫州府志二十：張式霈子元光，邑廪生，精易學，著大易圖衍解，將貢成均而卒。

二十七：大易圖演解二卷，永嘉張元光著。

葉氏嘉棆象義別聞　林培厚寶香山館集十七

未見。

林培厚篔林葉公墓誌銘：先生諱嘉棆，字秀林，篔林其別號也。先世自平之葉垟遷城西南半塘，先生幼聰敏，弱冠補郡弟子員，旋食餼，聲雋一黌，爲文蒼莽渾灝，務以氣勝。既屢躓棘闈，遂肆力於詩古文詞，暨六經、諸史、百家之言，尤精於考據，剖析同異，綜覈源流。其持論皆具有卓識，間旁搜古碑、斷碣，表章軼事，補邑乘所未備。初，先生受經於邑進士張中亭先生，復從司諭鄞縣盧月船先生游。二君既宿儒負重望，他交游又皆一時知名士，故其學辨而裁，博而有要。歲己未，以覃恩充鄉貢生。既晚暮不樂仕進，遂築室於文溪之濱，優游嘯詠，額其堂曰「尚志」。晚年益篤學，手不釋卷，或終日靜坐。所著有象義別聞、詩義解頤、删定周頌、禮記類編、周官翊訓、讀左遺言、樂律紀原、改定漢官儀、史論、五代八國表、歷朝兵鈔、方國珍亂郡考、平陽歷朝寇警録、輿圖詳考、東甌建置考、篔林日記、仰止集、臥游百

詠、舞鶴閑吟、尚志堂詩文集、還珠亭日課、晚園小稿、心經臆説、縣志補正等書若干卷，藏於家。寶香山館集十七

鮑氏作雨周易擇言 六卷。

存。瑞安項氏刊本

瑞人民聚族而居，其生齒最繁、世系最久、代有士行者，惟吾宗與鮑氏兩族而已，他姓皆其後起者。吾宗自五代至今，世不乏文士，鮑氏之先有襄陽太守者，功德施於民，仕績爛然。雖著作散佚不多覯，然觀其所設施，經術吏治，概可想見。以是傳諸後人，故其子孫類皆賢明能文章，而雲樓先生於襄陽之裔，尤爲翹楚焉！先生幼負異稟，讀書十行俱下，研精羲象，若有先覺，爲文攻苦，不汲汲於時尚，將以政事文學，繩其祖武，而高才蹇遇，十赴省闈不第。嘉慶壬申歲貢成均，從先生者衆。先生益自奮，日以易義誘掖及門，反覆於陰陽消長之理，洞徹乎吉凶悔吝之原。雖至愚且鈍者無不得解以去。於是先生之道益重，望益尊。成廟紀元之歲，先生年五十，始舉於鄉，知與不知，咸額手慶得人。卒困於禮闈，居都門數載。國家貢舉之例，有以鄉榜三科大挑，分用爲邑令廣文者，先生應選

無所得，始浩然有歸志。時甌人之寓都者，永嘉夏仙槎、張磬庵、暨吾弟几山，同試春官被放，促先生歸。過武林，余方以事羈省垣，偕游吴山，泛舟西湖，詩酒流連，先生神明未衰也。歸里後益講學不輟，鄉校聚星書院延主講席，動必以禮，少長彬彬。鵝湖、鹿洞之規，不是過也。先是邑人許將軍樂山，與先生兒女戚。將軍開府閩中，以禮聘先生入幕，先生往就之，爲之修戎政，革弊章、汰冗卒、舉滯員，條上水利三議、兵法五要，當事採用，閩人至今嘖嘖稱之。蓋先生於書無所不讀，當獨於易性命相依，一身之出處，遇事之疑難，一一卜之於易，白髮危坐，風雨一編，手丹鉛不倦，參彙諸家易説，不斷斷於漢宋門户。注易解六卷，名曰周易擇言。甫竟，而先生遽歸道山。噫！可傷矣。先生殁歷有年所，書藏於家，邑人士索觀弗獲。辛酉之秋，昆匪肆逆，竄擾章安，居民紛逸。聞先生已於十載前，焚香占易預知之，遺言於家，第不敢以臆説惑世，顯暴於簡編，自同於推測之術耳。先生之寡媳，余族女也，習聞先生之訓，挈棄家室，獨攜此書遠遯，坐卧與偕，寇退始返，余聞而嘉之。先生往矣！孱媳孤孫，顯揚未逮。余大懼先生之業將久而就湮也，亟爲躬任厥貲，付諸剞劂，以存鄉先達之澤，以成賢女之志，以快邑人士索觀者之心。易之精蘊，余烏足以知之，第其沉埋案篋，展轉道途，幾有以文字干造物之忌者，而潛德之光，卒免於白蠹紅羊之劫，未始非先生之靈之有以呵護之也。刊成，爰以跋數言於其後云。時同治三年歲次甲子十月既望，同里項傅梅拜識。

案：雲樓鮑先生作雨，道光辛巳舉人，其解易彙漢以來至國朝諸儒之説，擇其精粹而參以己意。大旨主於明人事，闡易理，故所采舊説宋儒居多，荀虞爻象之藴，未及詳也。然其釋説卦「天地定位章」，乃力辯先後天諸圖之妄。云：「邵子曰此伏羲八卦之位，乾南、坤北、離東、坎西、兑居東南、震居東北、巽居西南、艮居西北，於是八卦相交，而成六十四卦。所謂先天之學也，本義用之。愚按：夫子稱八卦成列，既乾一兑二之列，因此重而爲六十四卦，義甚分明，並無分爲乾南、坤北之位，然後以八卦相交，成六十四之説。重卦之法，並不如此。夫子所言八卦方位、時令，備於『帝出乎震章』，並未指爲文王之學，并無先天、後天之名，有何伏羲、文王方位時令之不同？自有天地以來，惟有出震齊巽，方位時令而已，後人何所見而目爲文王後天之學乎？又何所據而造爲伏羲先天之説乎？邵子先天後天之圖，本出方士，乃異端詭託之談，而以亂聖人之經，可乎？夫先天、後天，見於乾五文言，『先』、『後』皆讀去聲。案：此依陸氏釋文爲説，然古音無此分别。方士遂以『先』『後』爲本音，字義且不曉，安知易道？文言以大人創立未有之事爲先天，泛指乘時得位之大人，不必定屬古帝。繫辭首言畫前之易，又云『河出圖，洛出書，聖人則之』。則易道正是後天奉若者，安有所謂先天乎？其尤無理者，乾南坤北之位。夫子明云：『天尊地卑，乾坤定矣。』天形如倚杵，北極高而南極下，地形亦北高而南下，斷無乾反處卑，坤反處高，而可謂之天地定位者也。天地以尊卑爲定位，此夫子本意。若『帝出乎震章』，乾處西北，坤處西南，乃是氣化流行之位，然天樞在西北，日者以亥爲天門，仍合於尊卑之義，未有南北倒置者也。漢、唐以來儒者，並無先後天之説、先後天之圖。聖人未言，後世無傳，方士生數千載後，獨何從而得之？既以伏羲爲先天〔一〕，又以文王爲後天，明以僞造之説駕乎聖經之上，異端之誕妄敢於侮聖如此」云云。其持論明確，與黄氏宗炎、胡氏渭諸人之論同。其他辨正陳、邵術數之學者甚夥，蓋宗法程、朱，而能不囿於門户者。

方氏成珪干常侍易注疏證

二卷。

存。瑞安方氏藏手稿本

自序〔二〕：易爲四聖人書，潔靜精微，鴻生巨儒難言之。然漢代言易者，如孟長卿之卦

〔一〕「天」，底本誤作「世」，徑改。

〔二〕自序底本僅有「易爲四聖人至珪謹叙」提示，全文據刻本補。

氣，京君明之世應飛伏，鄭康成之爻辰，荀慈明之升降，皆淵源有自，豈可以象數小其學哉？令升易義，胚胎孟、京，輔以翼少君六情十二律風角之占，而證諸人事，則專屬水衰木王時，蓋易之興於殷末世，周盛德，「當文王與紂之事」，吾夫子不嘗標舉以示人乎？準是爲言，義自不易，惜全書不獲寓目耳。爰取各本校參，録爲是編，而博采旁搜，爲之疏證，其説解各有原本，有非數言可以通曉，復爲集證以附於後。計三閱月告成。鮮見寡聞，不足發明緒論，而於鴻儒所難言者，輕贊一詞，僭越之誅，無所逃避，尚望窮經者古之君子，恕其狂瞽，有以啟其檮昧焉！　時道光丁酉陽月既望，後學瑞安方成珪謹叙。

林氏鶚易候象像〔一〕

五卷。

存。〔二〕

林用霖先考行狀：府君諱鶚，字景一，一字太沖，別號迂谷山人，浙江温州府泰順縣

〔一〕此條底本原闕，據刻本補。

〔二〕今存道光丁未手稿本，題易候象像通俗占，温州市圖書館藏。此書爲占卜之書，應改歸子部。孫氏僅見行狀所述，未見原書，著録於經部，誤。

人。曾復齋先生主講羅陽書院，特器之，召侍函丈。先後從江西名儒呂月滄、李協莊兩先生游。專心理學，而試輒不售。充壬寅歲貢選，就蘭溪訓導。顯廟以軍務需才，著中外大臣各舉所知。侍郎王公茂蔭以府君名進。奉徵，力辭不起。有所學雖理藴深微，必冥參靜悟，無不得其精要，尤邃於易，旁及符遁、弢鈐、數、音樂，靡不刊其誤，探其源，而會歸易旨。至於音律更有神悟。著有文集十卷、論語額書彙參四卷、琴學存書二卷、易候象像五卷、奇門蠡測五卷、借刊録四卷、先太父年譜二卷、泰順分疆録若干卷，以有待採訪，尚未成書。其已刊者，葬書易悟二卷、陰符箋一卷、學署花木記一卷、望山堂詩集八卷，尚有歸田録二卷，手定於壬申四月，自序數語於卷末，遂不復作。卒於同治甲戌三月，壽八十有三。

温州經籍志卷二

經部

書類

宋

何氏逢原書解經義考八十一

佚。經義考八十一

案：何氏書解，經義考與分水何逢原尚書通旨分別著録。通旨在八十四卷。然梅谿後集二十九何提刑墓誌及舊府、縣志並未載，惟湯氏永嘉志稿藝文録據經義考補録。今亦存之以備考。

八十。

陳氏鵬飛陳博士書解授經圖書四作「尚書解」。〔一〕 三十卷。直齋書録解題二、文獻通考一百七十七、宋史藝文志一、焦竑國史經籍志二、授經圖書四、經義考八十 佚。經義考八十

文獻通考一百七十七，引中興藝文志：紹興時，太學始建，陳鵬飛爲博士，發明理學，爲陳博士書解。

直齋書録解題二：陳博士書解三十卷，禮部郎中永嘉陳鵬飛少南撰。秦檜子熺嘗從之游。在禮部時，熺爲侍郎，文書不應令，鵬飛輒批還之，熺浸不平。鵬飛説書崇政殿，因論春秋母以子貴，言公羊説非是。檜怒，謫惠州以歿。今觀其書，紹興十三年所序，於文侯之命，其言驪山之禍，申侯啟之，平王感申侯之立己，而不知其德之不足以償怨〔二〕。鄭桓公友死於難，而武公復娶於申，君臣如此，而望其振國恥，難矣。嗚呼！其得罪於檜者，豈一端而已哉！

〔一〕底本無「授經圖書四作尚書解」注，據校勘記補。

〔二〕「怨」，底本誤作「怒」，據校勘記改。

葉適陳少南墓誌銘：少南自爲布衣，以經術文辭名當世，教學諸生數百人。其於經不爲章句新説，至君父人倫、世變風俗之際，必反覆詳至而趨於深厚。今世所刊曰詩書傳者是也。水心文集十三

時瀾尚書解序：書説之行於世，無慮數十家，其中顯著者，不過河南程氏、眉山蘇氏與夫陳氏少南、林氏少穎、張氏子韶而已。然程氏温而邃，蘇氏奇而當，陳氏簡而明，林氏博而贍，張氏該而華，皆近世學者之所酷嗜。夏僎尚書解卷首〔一〕

案：陳郎中鵬飛，萬曆温州府志理學傳、雍正浙江通志、乾隆永嘉縣志儒林傳並有傳。所著書解，元董鼎書傳輯録纂注引之。

鄭氏伯熊敷文鄭氏書説

一卷。四庫全書總目十一、經義考八十一。

存。李調元函海刊本、錢儀吉經苑刊本、遜學齋藏舊鈔本。

陳亮序：余聞諸張横渠曰：「尚書最難看，蓋經義考八十一無此字，據龍川集十四補。難得胸臆

〔一〕底本無「夏僎尚書解卷首」，據校勘記補。

如此之大。若祇解文義則不難。自孔安國以下，爲之解者殆百餘家，隨文釋義，人有取焉。凡帝王之所以綱理世變者，蓋未知其何如也。」永嘉鄭公景望，與其徒讀書之餘，因爲之説，其亦異乎諸儒之説矣。至其胸臆之大，則公之所自知與明目者之所能知，而余則姑與從事乎科舉者誦之而已。龍川集十四、經義考八十。今所見舊鈔本、吴省蘭藝海珠塵本、李調元函海本書説並無此序。

雲谷胡氏序：書自孔子刊定，所存僅百篇，帝王之軌範悉備。不幸火於秦，傳注於漢，而堯、舜、禹、湯、文、武傳授之奥旨，與夫皋、益、伊、傅、周、召警戒之微機，雖老師宿儒，皓首窮經，枝辭蔓説，汗牛充棟，曾不能仿佛其萬一，而世無所考證，至於今千有餘歲矣。心本同然，理不終泯。自伊洛諸先生力尋墜緒，遠紹正學，而敷文鄭公得其傳焉，探聖賢之心於千載之上，識孔子之意於百篇之中，雖不章解句釋，而抽關啟鑰，發其精微之藴，深切極至，要皆諸儒議論之所未及，亦可謂深於書者歟！學者於此優游玩味之，則思過半矣。嘉定癸未四月。經義考八十。舊鈔本、藝海珠塵本無此序。函海本則改竄數字，易題「李調元序」，尤爲謬妄，今據經義考正之。

四庫全書總目十一：鄭敷文書説一卷兩淮馬裕家藏本，宋鄭伯熊撰。伯熊字景望，永嘉人。紹興十五年進士，累官吏部郎，兼太子侍讀。進國子司業、宗正少卿，以直龍圖閣出知寧國府，卒謚文肅。其詩文有景望集，今已不傳。此乃所作尚書講義，皆摘其大端而論之。凡二十九條，每條各標題其目。浙江通志稱：「伯能邃於經術，紹興末伊洛之學稍息，伯能復出而振起之。」劉壎隱居通義亦謂：「伯熊明見天理，篤信固守，言與行應。」案：此劉壎引葉適温州新修學記語。蓋永嘉之學自周行己倡於前，伯熊承於後，吕祖謙、陳傅良、葉適等皆奉以爲宗。是書雖爲科舉而作，而尚不汨於俗學。惟誤信書序，謂真孔子所作，故於太甲序則以爲體常盡變，存正明權，得春秋之法；於泰誓序則以爲經稱十三年者誤，當依序作十一年；於洪範序則以爲所稱勝殷殺紂，亦「誅獨夫紂」之義，皆未免牽合舊文，失於考證。然其大端醇正，如釋「作服汝明」則發明服以象德之義，釋「俶擾天紀」則推言天人相應之機。大禹謨言「謙受益，滿招損」，仲虺之誥言「好問則裕，自用則小」皆能反覆推詳，以明其説。於經世立教之義亦頗多闡發，有足採焉。

朱子語類七十九：黄義剛問：「鄭敷文所論甫刑之意，是否？」曰：「便是他們都不去考那贖刑。如古之『金作贖刑』，只是刑之輕者。」又曰：「但是他其中論不可輕於用刑之類，也有許多好説話，不可不知。」案：書説吕刑篇云：「古者重刑無贖。到穆工好巡幸，無財用，遂造贖法，五刑皆有贖。聖人存此篇，所以記法之變。然其間亦多好語，有不輕於用刑底意。先儒論流宥五刑謂刑之重者，金作贖刑，謂刑之輕者。」又曰：「重刑不可贖。金贖者鞭、朴二輕刑耳。」是朱子此論乃取鄭説而申述其意。然語頗隱晦，反類駁難，故録書説原文，俾相證明焉。

案：鄭文肅公伯熊，萬曆温州府志理學傳、雍正浙江通志、乾隆永嘉縣志儒林傳並有傳。所著書説凡二十六條。提要作「二十九條」，誤。以書傳輯録纂注所引永嘉鄭氏説校之悉合。今所見舊鈔本及李氏刊本書耑並題「宋鄭朴撰」，誤也。其書綜論大義，推闡最爲明暢，間亦糾正儒先舊詁。如釋皋陶謨「三就三居」，則駁正鄭康成、王肅及僞孔傳説；釋胤征「俶擾天紀」，則駁正蘇軾書傳説，是也。至其據太誓序「惟十有一年，武王伐殷，一月戊午師渡孟津」，謂經稱十三年，當依序文作「十一年」，並引史記以證之。又謂「一月壬辰」者，蓋武王伐紂之時，已不用商正，其説並精塙。四庫提要譏其誤信書序，謂真孔子所作爲「失於考證」。然今所傳古文尚書雖東晉人僞作，而百篇之序，則西漢時古文、今文兩家皆有之，本無可疑。提要爲紀文達昀所纂，文達力攻古文，復旁及書序，故其言如是，非篤論也。

又案：萬曆温州府志載文肅官秩云：「歷國子司業，宗正少卿。乞外，以龍圖閣知寧國府卒。」龍圖閣上奪「直」字。雍正浙江通志、乾隆永嘉縣志並同。淩迪知萬姓統〔一〕譜一百七則云：「歷

〔一〕「統」，底本誤作「通」，徑改。

黄巖尉，婺州司户。隆興初，召試正字，除太常博士，出爲福建提舉，魏王府司馬，除吏部郎兼太子侍讀，陳騤中興館閣録七：「著作佐郎鄭伯熊，乾道二年六月除，四年六月爲吏部員外郎。」是文肅除吏部郎之前又有著作佐郎之拜。又宋元學案三十二云：「魏王府司馬自劾去，改江西提刑，奉祠，起知婺州，入爲吏部郎。」亦較統譜爲詳。宗正少卿，以直龍圖閣知寧國府。」文肅知寧國府後，移知建寧府卒，見宋元學案。又文肅嘗爲國子丞，見浪語集五鄭景望赴國子丞詩序。並不云「直敷文閣」。然朱子語類載黄義剛問，已稱鄭敷文，吴子良荆谿林下偶談四，亦云：「鄭敷文，大儒也，名伯熊。」此書今所傳鈔刻各本卷耑亦並題敷文鄭氏書説，豈文肅卒後追贈之官乎？宋制諸閣有學士、有直學士、有待制、有直閣，或文肅卒後，復贈敷文閣待制也。

王氏十朋尚書解 陳第世善堂藏書目、續文獻通考一百七十三、經義考八十一。國史經籍志二作「王龜齡書解」。

佚。經義考八十一注曰：「未見」。

汪應辰龍圖閣學士王公墓誌銘：公有尚書春秋論語孟子講義，皆指授學者，未成書也。汪文定集二十二、梅谿集附録

案：梅谿王忠文公十朋，宋史三百八十七、萬曆温州府志理學傳、雍正浙江通志、道光樂清縣志名臣傳並有傳。汪玉山作墓誌載「忠文有尚書講義尚未成書」，而不云有書解。

疑即忠文卒後，門人以尚書講義編定改名也。其書連江陳氏世善堂書目有鈔本，則是書明時尚存，然流傳頗少，故何文淵作梅谿集後序云：「少時讀王先生注釋輯五瑞昭德之致於異姓之邦諸篇，而知先生之學邃於經。宣德庚戌出守温郡，求之，得先生文集而缺注釋經傳之言。」蓋何氏僅據他書所引之語，亦未見其全書也。

薛氏季宣書古文訓萬曆温州府志十七作「書古文訓義」。十六卷。千頃堂書目一、宋史藝文志補、四庫全書總目十三。

存。通志堂經解本

昔者子夏學書，見於孔子，子曰：「商也何爲於書？」子夏對曰：「書之論事也，昭昭如日月之代明，離離如星辰之錯行。上有堯、舜之道，下有三王之義。凡商之所受書於夫子者，志之於心弗敢忘。退而窮居河、濟之間，深山之中，作壤室，編蓬户，彈琴瑟，歌詠先王之風，則可以發憤慨喟，忘己貧賤，有人亦樂之，無人亦樂之，而忽不知憂患與死也。」夫子造然變容曰：「嘻！子殆可與言書矣。雖然，其亦表之而已，未覩其裹也。」顔淵曰：「何謂也？」子曰：「闚其門，而不入其中，覩其奥藏之所在乎？然藏又非難也。丘嘗悉心盡志以入其中，則前有高岸，後有大谿，填填正立而已矣。是故帝典可以觀美，大禹謨、禹貢可以觀事，皋陶謨、益稷可以觀政，洪範可以觀度，六誓可以觀義，五誥可以觀仁，甫刑可以觀戒。通斯七者，書之大義舉矣。」夫子於商之書謂之表，所以語回謂之義，自以填然正立，一時三語若不相侔。然則帝王之書，其不可識矣。君子察於三者而後可以言書。今夫天之昭明，地之博厚，而人之靈於萬物，匹夫匹婦無不固已知之。至於風霆雨霽之迭興，海岳河山之流峙，所以知之蓋鮮。喜怒哀樂出乎爾者，其靜其作，則或自知之不暇。不察乎近，孰明乎遠？不得乎身，何以論古之人？是故以書學書，書而已；遺書學書，非書矣：不以不遺，未足與於書之旨，以而遺之，從之不可，或庶幾乎書之大義云爾！子言之也：書之於事也，遠而不闊，近而不迫，志盡而不怨，辭順而不諂。吾於高宗肜日，見德有報之疾也。苟由其道致其仁，則遠方歸志而致敬焉。於洪範，見君子之不忍言人之惡而質人之美也。發乎中而見乎外以成文者，其惟洪範乎？堯、舜之命受於人，湯、武之命受於天，不讀詩、書、易、春秋，則不知聖人之心，無以別堯、舜之禪、湯、武之伐也。語之不切，見諸言外，斯言之辨，可以觀於艮齋浪語集三十，無此字。虞、夏、商、周之書矣。走之於書，學焉不如子夏，觀焉何敢望回！世無孔子，則將何所取正？述而藏之，以待能者，其浪語集作「則」。庶乎以書觀書者矣。隸古定書最古，孔氏文義，多本伏生之説，唐明皇帝更以正隸改定，而俗儒承詔，文多舛駁，古文是訓，不勞乎是正之也。書序出於孔子，旨自有在，詮次百篇之後，將以歸於古學，好古之癖，走何辭焉？ 昔孔子學琴操，而得文王之形；季子聞樂音，而知其國之政。 讀其書不知其人，可乎？ 故序篇端，論以讀書之法。 永嘉薛季宣。

莊述祖校薛氏書古文訓古文序：述祖欲以古文籀篆參校五經，困於吏事不克就。 尚書自衛包、陳鄂改後，尤多俗字。 薛季宣書古文訓自謂：隸古定書，以考郭忠恕汗簡、夏竦古文四聲韻不盡合，且隸古轉寫失真，亦頗補綴，古文最晚出本也。 晁公武謂：「吕大防得古文尚書本於宋次道、王仲至家」，不識即此本否？ 隸古定書，釋文删改略盡，惟梓材疋云：「斆」古「塗」字，爲梅賾本書，而書古文訓從説文作「敷」。 郭、夏集尚書古文，「斆」無「塗」讀。古文四聲韻引籀韻「塗」作「斆」，在「模韻」。 是諸家所謂古文尚書非隸古矣。 隸古已不可得見，又何論漆書？ 况孔壁舊簡，漢時諸老先生難言之。 今屢經俗儒所更定，猶沿其名曰古文，視之科斗書，則以爲大怪，亦習而不察耳。 古文學久廢，師失其讀，後進穿鑿，日以滋譌。 薛氏以古改隸，非以隸讀古，要好事者所爲。 然古文賴是而廑存，正昌黎所謂「得其據依可講者，間雜小篆羼以俗文」。 今校去其舛駁字畫偏旁，不失六書之義，以拾殘補藝，備小學一家，則余區區慕古之心所庶幾萬一也。 從兄子經饒，精籀篆古文，適余濰陽，遂屬成是編，并寫定以藏諸家塾云。珍藝宧文鈔五四庫全書總目十三：書古文訓十六卷內府藏本，宋薛季宣撰。季宣字士龍，號艮齋，永嘉人。起居舍人徽言之子。紹興二十九年，年甫十七，即從荆南帥辟，寫機宜文字，調鄂州武昌令。以王炎薦，改知常熟縣，入爲大理寺主簿，進大理寺正，知湖州。乾道元年，遷知常州，未上，卒。然宋人多稱爲薛常州，未之詳也。事蹟具宋史儒林傳。是編所載經文，皆以古文奇字書之。案孔壁蝌蚪古文，漢時已佚，無人見其書蹟。後漢書杜林傳稱：「林於西州得漆書古文尚書，常寶愛之，雖遭艱困，握持不離身，出以示衛宏」云云。此言漆書古文之始。又儒林傳曰：「扶風杜林傳古文尚書，同郡賈逵爲之作訓，馬融作傳，鄭玄作解」云云。今賈、馬、鄭之注俱不傳。然考陸德明經典釋文叙録稱馬、鄭所注並伏生所誦，非古文也。隋書經籍志亦稱杜氏所傳與賈、馬、鄭三家所注惟二十九篇，又雜以今文，非孔舊本。然則當時所謂古文，已非今本五十八篇之全矣。郭忠恕作汗簡，所引有古尚書，玉海載後周顯德六年郭忠恕定古文尚書刻版，沈括夢溪筆談稱宋太宗得古本尚書，改「云夢土作乂」爲「云土夢作乂」，均不言所自。晁公武讀書志稱：「古文尚書，吕大防得本於宋次道、王仲至家，以核陸氏釋文，雖有小異同，而大體相類。觀其作字奇古，非字書傳會穿鑿者所能到，學者考之，可以見制字之本」云云，亦不言宋、王之本何來。考顏師古匡謬正俗引古文尚書，「戮」作「翏」、「誓」作「斴」，則唐初即有此書。又册府元龜載天寶三載詔曰：「先王令範〔一〕，莫越於唐虞。上古遺書，實稱於訓、誥。雖百篇奧義，前代或亡，而六體奇文，舊規猶在。但以古先所制，有異於當今；傳寫浸譌，有疑於後學。永言刊革，必在從宜。尚書應是古體文字，並依今字繕寫施行，其舊本仍藏之書府」云云，是宋、王二氏所傳，宋太宗所得，即郭忠恕所見本，忠恕所見，即唐内府本也。然隋志稱「晉世秘書所存，有古文尚書經文，今無有傳者」，是唐初古尚書已亡，玄宗時何以仍在秘府？惟魏江式論書表中稱，所撰古今文字四十篇，采孔氏尚書、五經音注、籀篇、爾雅等書。似其時河北尚有傳本。然經典釋文叙録稱「尚書之字，本爲隸古。既是隸寫古文，則不全爲古字，今宋、齊舊本及徐、李等音所有古字，蓋亦無幾。穿鑿之徒，務欲立異，依傍字部，改變經文，疑惑後生，不可承用」，是式所據者即出此。玄宗秘府所藏正是本耳。陸德明已先辨之，何宋人又紛紛崇尚乎？季宣此本，又以古文筆畫改爲今體，詒讓謹案：東晉古文尚書，孔安國序自稱隸古定，陸德明釋爲隸寫古文。唐宋時所傳古文，雖又非僞孔本。然顏師古諸人所引古文並爲隸體，足證其非篆書。艮齋此本一沿舊本，別無更定，此謂其改古文爲今體，非也。奇形怪態，不可辨識，較篆書之本尤爲駭俗，其訓義亦無甚發明。朱子語類謂其惟於地名上用功，頗中其病。故雖宋人舊帙，今亦

〔一〕「先王令範」，底本誤作「先生今範」，據册府元龜改。

無取焉。

通志堂經解目録：書古文訓十六卷，宋永嘉薛季宣士龍撰，純以古字寫之。何焯曰：「焦氏家藏宋本，今歸東海。」

朱子語類七十八：薛士龍書解，其學問多於地名上著功夫。薛士龍説震澤下有三光入海，疑它會見東南水勢，説得恐是。

陳傅良右奉議郎新權發遣常州薛公行狀：公有書古文訓若干卷，詩性情説若干卷，春秋經解若干卷，旨要一卷，中庸、大學説各一卷，論語小學若干卷，其經説不並依先儒。止齋文集五十一

黄震慈溪黄氏日鈔五：胤征「惟仲康肇位四海」，近世燭湖孫季和主薛常州士龍之説，謂「常州考以地理，羿拒太康，據其都，太康不知所終，仲康乃之洛地自立。今拱州太康縣是也。仲康既在五弟之數，傒於洛汭，不在舊邦，不爲羿所立明矣。是太康失邦自在河北；仲康別立自在河南。仲康没而相繼之，羿使其子澆侵相於河南，相遷於帝丘，後竟滅之。相后方身逃歸有仍，生少康，夏乃中興。」此説與經文「距於河，五弟御其母以從之」説合。

王應麟困學紀聞二：「宅嵎夷」，薛氏曰：「今登州之地。」「洪舒於民」，古文作「洪荼」，薛氏曰：「大爲民荼毒也。」

惠棟九經古義三：尚書中如「方鳩僝功，方施象刑，方告無辜。」漢儒皆引作「旁」。薛宣古文「方」字皆作「匚」，案：惠書舉薛氏名皆誤，單作「宣」。武成「惟一月壬辰旁死魄。」張霸僞武成云「惟一月壬辰旁死霸」。說文曰：「霸，月始生霸然也。承大月二日，承小月三日。從月，䨣聲。」周書「哉生霸」。棟案：今薛宣古文「魄」作「屰」，「屰」古「輗」字，未詳。

案：夏竦古文四聲韻五，入聲二十二陌「屰」字注：「古尚書，丁度集韻十，入聲十九鐸：屰，月始生三日。又二十陌：「霸，月始生。古作屰。」蓋皆本隸古武成也。惟說文三干部「屰」字注云：「不順也，从干，下凵，屰之也。」並非古文「輗」字，惠說誤。

段玉裁古文書撰異序：自唐至今，有集古篆繕寫之尚書，號壁中本。經典釋文叙録曰：「今宋、齊舊本及徐、李等音所有古字，蓋亦無幾。穿鑿之徒，務欲立異，依傍字部，改變經文，疑惑後生，不可承用。」按此則自唐以前，久有此僞書，蓋集說文、字林、魏石經及一切離奇之字爲之傳。至郭忠恕作古文尚書釋文，徐楚金、賈昌胡、夏竦、丁度、宋次道、王仲至、晁公武、宋公序、朱元晦、蔡仲默、王伯厚，皆見之。公武刻石於蜀，薛季宣取爲書古文訓，此書僞中之僞，不足深辨。今或以爲此即僞孔序所謂隸古者亦非也。一堯典

「曰若稽古」，蔡氏沈云：「『曰』、『粤』通，古文作『粤』。云古文者，謂宋時宋次道、王仲至家古文尚書、晁公武刻石蜀中，薛季宣據之爲書古文訓者也。宋人多誤認此爲壁中真本。

以閏月定四時成歲，困學紀聞曰：「晁景迂云：古文『定』作『正』，開元誤作『定』」。玉裁按：晁氏所謂古文即宋次道、王仲至家之古文尚書。薛氏季宣書古文訓作「正」，是也。此竊史記「正」字耳，衛、賈、馬、鄭本自作「定」。

阮元尚書注疏校勘記序：後周顯德六年，郭忠恕校古文尚書上之，宋初仍不甚行，至吕大防得於宋次道、王仲至家，而晁公武取以刻石，薛季宣據以作訓，然後大顯。今按釋文序録云「尚書之字，本爲隸古。既是隸寫古文，則不全爲古字。今宋、齊舊本及徐、李等音所有古字，蓋亦無幾。穿鑿之徒，務欲立異依傍字部改變經文，疑惑後生，不可承〔一〕用。」晁氏讀書志云：「陸德明獨存一二於釋文。」此正與古字無幾之説相合。晁氏又云：「以古文尚書校釋文，雖小有異同而大體相類。」夫釋文所存僅止一二，就此一二之中，復小有異同，則全經不合者，必十之八九，其爲贋本無疑。然觀陸氏之言，則穿鑿立異，自古而然，不獨郭氏也。

〔一〕「承」，底本誤作「寫」，據尚書注疏校勘記序改。

案：艮齋書古文訓所載經文，出於東晉僞古文既行以後。四庫提要及段氏尚書撰異、阮氏尚書校勘記論之詳矣。然此本雖晚出，尚在天寶以前，未經衛包刊改，阮氏疑爲郭忠恕僞作，其説不塙。故書正字，轉藉此存其一二。即以堯典一篇覈之，「曰若稽古」，「曰」作「粵」，與李善文選東都賦注所引合。「曰放勳」「勳」作「勛」，與説文歺部「殂」字注，引「勛乃殂」合。「允恭克讓」，「讓」作「攘」，與漢書藝文志合。「平秩東作」，「秩」作「豑」，與説文豊部注合。「以殷仲春」，「仲」作「中」，與史記五帝本紀合。「平秩南訛」，「訛」作「僞」，與漢書王莽傳及影宋本經典釋文周官音義上合。「寅餞納日」，「餞」作「淺」，與集韻二十八「獮」，引馬融讀合。「鳥獸氄毛」，「氄毛」作「毴髦」，與説文毛部「毴」字注合。「共工方鳩僝功」，「鳩」作「逑」，「僝」作「孱」，與説文辵部「逑」注合。「象恭滔天」，「恭」作「龔」，與漢書王尊傳合。「蕩蕩懷山襄陵」，「懷」作「褱」，與漢書地理志合。「有能俾乂」，「乂」作「⿱辟又」，與説文辟部「⿱辟又」字注合。「明明揚側陋」，「揚」作「敭」、「側」作「仄」，與文選、宋書恩幸傳論注合。若此之類，並根據奥博，或尚魏晉舊文之僅存者，未必盡出於掇拾，倘得振奇好古之士博稽精覈，存其雅正，芟其詭異，勒成一書，不猶瘉於誦衛包、陳鄂諸人展轉改竄之本乎？

又案：此書通志堂所刊本，何氏焯謂出於宋本。其第一卷失第四葉，所缺經文二十三字，遂不可考。其他字形舛誤，往往彼此互異，良由隸寫古文，筆畫奇詭，既非寫官所能摹，復非淺儒所能校，非以説文、古籀及群書援引壁經逸字互相讎覈，不能復隸古之舊也。至段氏撰異，於堯典「宅嵎夷」下曰：「按徐楚金説文繫傳云古文尚書『夷』作『鐵』」，案：見説文繫傳十八山部「嵎」字注。此所云古文尚書者，蓋即後來郭忠恕所定，遞傳至宋次道、王仲至、呂微仲、晁公武、薛季宣者也，從各舊鈔撮而成。此條誤認今文爲古文，不足深辨」云云。今檢此書，作「宅嵎𡰥」。凡此本，「夷」字，並作「𡰥」。繫傳所舉與此不同，當別有所出，段謂即此本，誤矣。

又案：永嘉諸儒，其學問淵奧莫如艮齋。書訓櫽括舊詁，推闡大義，不屑屑於章句，至偶涉考證，則援據郅爲該博。如釋益稷之「嵞山」，援許叔重説，謂即「會稽」。許説見説文屾部嵞字注。釋甘誓之「伮僇」，謂「伮」，囚奴也，即男子入於罪隸。此周官司厲文，鄭注亦引書爲説。釋梓材之「孎婦」，引小爾雅，訓「孎」爲妾婦之賤者，見小爾雅廣義，原文作「屬」，與今文書同，此依隸古經文改也。僞孔傳亦同此説。孔疏未引小爾雅爲證。以別於上之敬寡。釋無逸之「祖甲」，宗鄭康成説，以「祖甲」爲武丁子，斥舊説以「祖甲」爲「太甲」之非，此今文尚書説，見漢書韋玄成傳。本疏引王肅説，太平御覽八十一引帝王世紀及僞孔傳並同。若此諸條，並精塙不刊。至於艮齋生平精究輿地之學，所著地理叢考、九州圖志今並不傳。其訓尚書，凡涉地學，無不剖析詳覈，禹貢山川，尤所致意。雖以三江爲婁江、東江、松江，沿庾、酈之謬説。此酈道元水經注二十八引庾仲初揚都賦説，蔡氏書集傳因之。揚都賦，艮齋誤書爲吴都賦，蔡傳亦不能正也。謂蔡山在雅州嚴道縣，鼇班、鄭之塙詁，此歐陽忞輿地廣記二十成都府路雅州下説，鄭注援漢書地理志以蔡蒙爲一山。蒐摭既多，踳駁不免，然自此以外，則大都精審。厥後蔡仲默作書集傳，所釋地理，大半沿襲薛訓，罕有刊易。朱子雖譏「其多於地名上著功夫」，而所作學校、貢舉私議，臚列諸儒經説，其書十家，薛氏居其一，則未嘗不心折是書矣。

又案：經義考八十一有艮齋、定齋二先生書説三十卷。朱子按：艮齋者，薛氏季宣；定齋者，謝氏諤，不知何人合刻。」謝諤，新喻人。見周必大平園續稿二十八謝公神道碑。據此，是艮齋此書，宋時又有合謝氏書解刻之者，然今未見傳本。經義考八十一又有蕭彧集永嘉先生尚書精意九卷，所謂永嘉先生者不知何人，附識於此。

宋氏晉之禹貢講義一卷。攻媿集一百九

佚。

洪範講義一卷。攻媿集一百九

佚。

陳氏傳良書鈔 國史經籍志二、經義考八十一

佚。經義考八十一注曰：「未見」。

案：止齋陳文節公傅良，宋史儒林傳四、萬曆温州府志理學傳、雍正浙江通志、嘉慶瑞安縣志儒林傳並有傳。

戴氏溪書説 經義考八十三

佚。經義考八十三

案：岷隱書説據宋史本傳，蓋亦嘉定初，應景獻太子命所作。

陳氏梅叟書説 書傳輯録纂注一、國史經籍志二、經義考八十四

佚。經義考八十四

萬曆温州府志十：宋進士，淳熙甲辰衛涇榜，陳梅叟，永嘉人，黄倅。有尚書説。

案：董氏書傳輯録纂注卷首列引用書名有陳氏梅叟書説。

戴氏蒙書説 經義考八十二

佚。經義考八十二

案：經義考九十四，別有戴蒙禹貢辯一卷。續文獻通考一百七十三，無卷數。佚。與陳潛室禹貢辯書名、卷數悉同，而通志、府、縣志並不載，宋以來書目亦未見著録，疑涉陳書而誤載，今不據補入。

陳氏埴禹貢辯

一卷。經義考九十四。續文獻通考一百七十三無卷數。

佚。經義考九十四注曰「未見」。

案：潛室陳先生埴，朱子弟子，萬曆温州府志理學傳、雍正浙江通志、乾隆永嘉縣志儒林傳並有傳。所著禹貢辯今無傳本，惟木鐘集五有論禹貢數條。云：「以禹貢九州之次，考禹治水次第，豈其道里之使然耶？要必有説。問。冀爲帝都，自帝都而左旋，北而東，東而南，南而西，西而北。□永嘉志空格作「此」。紀事之法，非施功次第。答。禹貢既分天下爲九州，又分爲五服，莫是分州爲貢賦設？建服爲諸侯朝見設？問。古以封建治天下，分州以爲經，分服以爲緯。每州爲二百一十，國有方伯、連帥以統之，此其經也。至其朝也則不論州而論服，若各隨道里遠近，爲疏數之限，因四方而分四時，此其緯也。經緯之分錯，所以相持而法難壞。答。禹貢賦法如何？問。九等賦法，不是概以此取民，只是將諸州所管之賦，比較其高下，如此猶今日某路管幾賦一般。若是各以一等取民，則一州之廣，其田豈無肥瘠？如何一律輸賦，便有不均之患。答。今録於此，以見其概。

洪範解

一卷。經義考九十六。續文獻通考一百七十三無卷數。

佚。經義考九十六

書說

二卷。朱子晦庵續集三

佚。

案：經義考及舊府、縣志僅載禹貢辯及洪範解，而不載書說。考晦庵續集三答蔡仲默書云：「陳器之書説二卷，今漫附去。」是其書朱子嘗見之也。今據補入。所謂二卷者，或即禹貢辯、洪範解兩書合爲一帙耳。

戴氏仔書傳經義考八十三

佚。經義考八十三

戴氏侗尚書家説經義考八十三

佚。經義考八十三

孔氏夢斗尚書本義乾隆温州府志二十七

佚。

案：孔通判夢斗，乾隆平陽縣志文苑傳有傳。

繆氏主一書説續文獻通考一百七十三、經義考八十四、元史藝文志一。萬曆温州府志十七作「尚書通考」。

佚。經義考八十四

元

陳氏至書傳乾隆温州府志二十七

佚。

陳氏剛禹貢手鈔

一卷。經義考九十四

佚。經義考九十四

洪範手鈔

一卷。經義考九十六

佚。經義考九十六

案：潛齋陳先生剛，萬曆温州府志理學傳、雍正浙江通志、乾隆平陽縣志理學傳並有傳。

劉氏清尚書古義萬曆温州府志十七

佚。

蔡璞東甌詩集七：劉清，字惟寅，永嘉人。安節先生裔孫。

千頃堂書目二：中庸章句詳説下。劉清，永嘉人。明初隱居不仕。

明

鮑氏麒壁經要略經義考八十八

佚。經義考八十八

案：鮑郎中麒，萬曆温州府志、乾隆平陽縣志宦業傳並有傳。

張氏孚敬金縢辯疑

一卷。經義考九十七。千頃堂書目二無卷數。

佚。經義考九十七注曰「未見」。

案：羅山張文忠公孚敬，明史一百九十六目標張璁、萬曆温州府志宦業傳、雍正浙江通志名臣傳、乾隆永嘉縣志仕績傳並有傳。

蔡氏瓚書經會源乾隆温州府志二十七作「會元」，誤。此依雍正浙江通志二百四十一、乾隆平陽縣志十九。

八卷。雍正浙江通志二百四十一

佚。

案：蔡訓導瓚，乾隆溫州府志循吏傳〔一〕、乾隆平陽縣志孝友傳並有傳。

蔡氏立身删補書經注經義考九十佚。經義考九十注曰「未見」。

案：蔡知州立身，訓導瓚子。乾隆溫州府志循吏傳、乾隆平陽縣志宦業傳並有傳。

葉氏耿尚書翼訓乾隆溫州府志二十七佚。

案：葉處士耿，雍正浙江通志、乾隆溫州府志、乾隆平陽縣志文苑傳並有傳。

國朝

朱氏世杲書經集解九卷。嘉慶瑞安縣志九

〔一〕校勘記云：「檢乾隆府志無蔡瓚傳。」此句似當删。

未見。

嘉慶瑞安縣志七：朱世杲，鴻瞻父，廩生，贈宣平訓導。　九：書經集解九卷，國朝朱世杲撰，禹貢圖歌已梓。

周起辛宣平司訓默齋朱公墓誌銘：先生諱鴻瞻，姓朱氏，世居瑞安之山腰里，二十世祖析居北郭東河，曾祖文學瑞川公，祖華巖公，生先生父東澄公，爲郡文學，翹楚，有隱德，以長繼伯祖華嶽公，後生先生。

案：乾隆温州府志二十七別載禹貢集解注，瑞安朱杲東昇著，通志及瑞安志並無之，蓋即朱世杲書已梓之禹貢圖歌，修志誤複載耳。

葉氏廷瑞尚書總義跋〔一〕乾隆永嘉縣志二十

佚。

孫氏希旦尚書顧命解

〔一〕此爲跋文，非單行書，當刪。

一卷。嘉慶瑞安縣志九

存。家仲父校刊本

此篇注疏及蔡氏集傳之説，多所未安，希旦少嘗讀而疑焉，蓋二十年於兹矣。近因亭林顧氏之説，取經文反覆而推究焉，乃若頗有以得其義。於是遍考經解諸家之説，則見其與注疏、蔡傳初無以異，惟薛氏、吴氏於受同之説，則希旦所自幸以爲得之者，而二家已先言之焉。至於他文尚沿舊義，爰以鄙見竊爲疏解，以俟後之君子。其中文義易曉及蔡傳之所已得者，則不復出云。卷耑小引

某校禮記集解畢，復求先生説經之書於其家，得尚書顧命解一卷。顧命成王崩未葬，君臣皆冕服，又受黄朱、圭幣之獻。宋眉山蘇氏疑焉，謂「使周公在，必不爲此。」晁公武曰：「蘇氏之説，又本於孫氏覺。覺仕元祐時。」而石林葉氏曰：「康王之事，必有不得已而然者，召公權一時之宜，正君臣之分，禮之變，非禮之失也。」止齋陳氏亦以爲召公、畢公皆盛德大老，豈不知禮？蓋見周公以叔父之親，擁戴太子，而流言之變起於兄弟，非公之忠誠，則王室幾摇，故於康王之立特爲非常之禮，以與天下共立新君，使曉然知所定而無疑，其意遠矣。東萊吕氏同此説。蘇氏之論主於守經，而不知天子諸侯之禮與士庶人不同；天子之禮又與諸侯不同。未可援喪服行冠禮及春秋諸侯之禮推之也。葉、陳、吕氏之説，出於達權，

是又不免以後世功利之見，求二帝三王之大經大法，未必其果有合也。且成康之世固周家太平極盛時也，又曷爲有不得已而創此非常之禮哉？朱子以爲易世授受，國之大事，當嚴其禮，此誠千古不刊之論矣。其言王侯以國爲家，先君之喪猶以爲己私喪也，則猶未盡即乎天理人心之安者也。康侯易胡氏又云：是時成王崩，就殯，猶未成服，故用麻冕黼裳入受顧命。已受命，誥諸侯，而後釋冕，反喪服，於是成服而宅憂。不知天子七日而殯，既殯而成服，自乙丑至癸酉凡九日，殯已三日矣，而猶未成服，豈有是哉？此皆求其説不得而强爲之辭者也。亭林顧氏直謂其中有脱簡，詳見日知録。先生讀而韙之，又取經文反覆而推究焉，而其説加備。至於疏解它文，補正舊説所未盡者，皆由參考禮經得之，而益知先生三禮之學，通之諸經而無弗協也。刻禮記集解成，遂以此卷附於後以廣其傳。歐陽子曰：「經非一世之書也，刊正補輯非一人之能也，使學者各極其所見，而明者擇焉以俟聖人之復生也。」至哉言乎！余刻是解，故又備述宋儒之説於此，以俟學者審焉。同治戊辰三月，族子某謹跋。仲父止庵先生跋

案：敬軒孫編修希旦，嘉慶瑞安縣志儒林傳有傳。顧命解據艮齋薛氏書古文訓、草廬吴氏書纂言説，定受同爲禮醮之儀而廣其義。云：「孔傳謂受同以祭，於是後之説者，皆以受同爲祭先王。夫喪中固無祭，若以爲告祭，則亦必有祝以接神，又必有告神之辭，而此

皆無之。蓋此爲成王傳顧命於康王，而非有所告於成王也。何祭之有？」士昏禮「父親醮子而命之」，蓋醮之者，所以禮之也。父將以大事命其子，必先有以禮之。親迎且然，況傳之天下乎？故大保之同所以爲成王禮康王者也。大保爲成王禮康王，猶士昏禮「奠菜老醴婦於房中」之義也。其説根據禮經郅爲明塙。惟疑吉服傳命，釋冕反喪，於禮未合。故從亭林顧氏説，見日知録二謂書文有脱簡，自「狄設黼扆綴衣」以下，當屬之康王之誥。爲明年正月，康王即位，朝諸侯之事，則後學所不能無疑者。班固白虎通義爵篇云：「王者既殯而即繼體之位何？緣民臣之心，不可一日無君也，故先君不可得見，則後君繼體矣。故尚書曰：『王再拜，興對，乃受同瑁』，明爲繼體君也。緣終始之義，一年不可有二君，故尚書曰：『王釋冕，反喪服。吉冕服受同稱王，以接諸侯』，明已繼體爲君也。『釋冕，反喪服』，明未稱王以統事也。不可曠年無君，故踰年乃即位改元，元以名年，年以紀事，君統事見矣，而未發號令也。何以知？踰年即位改元也。春秋傳曰：『以諸侯踰年即位，亦知天子踰年即位也。』春秋曰：『元年春，王正月，公即位，改元位也。王者改元，即事天地；諸侯改元，即事社稷。』王制曰：『夫喪三年不祭，唯祭天地社稷，爲越紼而行事。』春秋傳曰：『天子三年，然後稱王者，謂稱王統事發號令也。』尚書曰：『高宗諒闇三年。』是也。論語曰：『君薨，百官總己以聽於冢宰三年。』緣孝子之心，則三年不忍當也。」故三年除喪，乃即位統事踐阼爲主，南面朝臣下，稱王以發號令也。故天子、諸侯，凡三年即位，終始之義乃備。」以上並通義文。其釋此書爲即繼體之位，於義最精。蓋天下不可一日無君，故於既殯之後一日，即行傳命授位之禮，王制：「天子七日而殯。」鄭康成注曲禮謂：「大夫以上，皆以死之明日數。」今成王以乙丑崩，由丙寅數至癸酉，適得八日，故書疏引鄭書注云：「癸酉蓋大斂之明日。」此經「狄設黼扆綴衣」即蒙上「癸酉伯相命士須材」，故知爲殯後一日。以正大統而杜覬覦，其儀節蓋視踰年即位，稍爲疏略。春秋「定公元年，夏六月癸亥，公之喪，至自乾侯。戊辰，公即位」。公羊、穀梁皆謂「正棺於兩楹之間，然後即位」。定公時，雖權臣執命，而二傳於此無貶詞，亦可證柩在殯，可行即位之禮矣。漢藝文志載尚書脱簡，止有酒誥餘篇，未聞至於此經之義，求之古訓，本無違牾，亦不必定爲脱簡而後可通。亭林命世大儒，編修禮學亦爲吾鄉之冠，然知者千慮，不無一失，故輒陳諍論，竊附康成讚辨二鄭之義焉。近儒陽湖惲敬大雲山房文稿初集二有顧命辨云：「顧氏曰：『未没喪不稱君』，今書曰：『王麻冕黼裳。』是踰年之君也。『卒哭而祔』，今書曰：『諸侯出廟門，俟。』是既祔之後也。『天子七月而葬，同軌畢至』，今書曰：『太保率東方諸侯，畢公率西方諸侯。』是既葬之後也。敬按公羊傳『始終之義，一年不二君，故未葬稱子；臣民之心，不可曠年無君，故踰年稱公。孝子之心，則三年不忍當，故諸侯於封内三年稱子，天子亦然。雖然，顧命者，布之天下，傳之後世者也。即位之首稱子以臨，可乎？文元年春王正月，公即位。定元年夏六月，公之喪至自乾侯，戊辰公即位。是踰年未葬稱公也。昭二十二年夏四月乙丑，天王崩，六月葬，景王、劉子、單子以王猛居於皇，是已葬未踰年稱王也。是故即位不書子，則顧命不得不稱王，逆子釗稱子，王麻冕黼裳稱王，皆禮也。孔氏曰：

『廟門，路寢之門也。成王之殯在焉，故曰「廟」。』且古者寢與廟有同稱焉。爾雅曰：『室有東西廂曰廟。』是也。廟門之説，何疑於既祔乎？蘇氏曰：『諸侯蓋以問疾至者。』顧氏以爲不領於二伯者也。諸侯之説，何疑於既葬乎？抑葬祔之説，顧氏爲踰年即位證也，而於經有不可通者，作謚而葬，葬而祔，禮也。成王，三十七年四月崩，葬當在十一月，葬則舉謚，而曰新陟王，何歟？」惲氏此辨規駁亭林脱節之説，最精塙，故附録之於此。

詩類

宋

陳氏鵬飛**陳氏詩解**

二十卷。晁公武郡齋讀書志二、直齋書録解題二、玉海二十八、文獻通考一百七十九、宋史藝文志一、國史經籍志二、經義考一百五。

未見。經義考一百五

晁公武郡齋讀書志二：陳氏詩解二十卷，右皇朝陳少南撰。

直齋書録解題二：詩解二十卷，陳鵬飛撰。不解商、魯二頌，以爲商頌當闕，而魯頌可廢。

王應麟困學紀聞三下：詩小傳云：「詩有夏正，無周正。七月陳王業、六月北伐、十月之交，刺純陰用事而日食。四月維夏，六月徂暑，言暑之極其至，皆夏正也，而獨謂十月之交爲周正可乎？漢曆幽王無八月朔食，而唐曆則有之。識者疑其傅會而爲此也。」愚案：鄭箋謂「周之十月，夏之八月」，故曆家因之，孫莘老解春秋用鄭説，謂八月秋之分，日食秋分，而詩人醜之，安得曰「分至不爲災也」？蘇子由、陳少南皆以十月爲陽月。朱文公從之。陳少南不取魯頌，然「思無邪」一言，亦在所去乎？

宋元學案四十四：員外陳少南先生鵬飛，解詩則以爲商頌當闕，而魯頌可廢。深寧先生不以爲然。予謂先生是説，蓋亦取尊君抑臣之義有爲言之也。

案：陳氏詩解，錢謙益絳雲樓書目補遺有之。此據舊鈔本絳雲樓書目，粤東伍氏刻本無補遺。是國朝初時尚有傳本，今則不復可得矣。

薛氏季宣詩性情説艮齋浪語集二十七

佚。經義考一百七

反古詩説自序：紹興己卯冬，走初本之詩序，述廣序。越四歲癸未，解官自東鄂，始因其説而次第之，名之反古詩説。或者尤之曰：「詩古無説，今子盡掊先儒之説，而自爲之説，真古之遺説乎？抑亦未能脱於胸臆之私乎？」曰固也，古之無詩説也，三百五篇之義，詩序備矣。由七十子之徒没，經教汩於異端，齊、魯、毛、韓，家自爲説，凱風之義，自孟軻氏已失其傳，由軻而來，於今又二經義考一百七載作「已一」。千祀矣。今之説而謂之古，宜未免乎胸臆之私。人之性情，古猶今也。可以今不如古乎？求之於心，本之於序，是猶古之道也。先儒於此何加焉！棄序而概之先儒，宜今之不如古也。反古之説，於是以戾。然則反古之道，又何疑爲？莊姜之詩不云乎「我思古人，實獲我心」，言志同也。志同而事一，則古今一道爾。天命之謂性，庸有二理哉！是則反古詩説，未爲戾已。記有之曰：「人莫不知苗之碩，莫知子之惡。」言蔽物也。有己而蔽於物，則古之性情與今先儒之説，未知其孰經義考作「能」通？信能復性之初，得心之正，豁蔽以明物，因詩以求序，則反古之説，其殆庶幾乎？艮齋浪語集三十

又書詩性情説後：走述詩反古説，州人項頓用中不吾與，曰：「子今人也，爲古詩傳，安知古之不如今也？而以反古爲説，不亦虚乎？」走初不入其語，久而思之曰：「用中之言，正中吾過。」夫人者中和之萃，性情之所鍾也，邃古方來，其道一而已矣。修其性，見其情，振古如斯，何反古之云説。項規吾過，不亦宜乎？更以「性情」名篇，而書其後曰：情生於性，性本乎天，凡人之情，樂得其欲，六情之發，是皆原於天性者也。先王有禮樂仁義養之於内，慶賞刑威篤之於外，君子各得其性，小人各得其欲。於是時也，君臣吁謨廟堂，尊德樂道；其民養老慈幼，含哺鼓腹。雅頌之作，不過寫心戒勸，告厥成功而已。後王滅

德，而後怨慕興焉。於書，虞之敕天元首，夏之五子之歌；於詩，豳、頌、雅、南，皆是物也。言之不足，至於形容歌詠，有不可以單淺求者，此二南之風，爲先王之高旨。上失其道，監謗既設，道路以目，雅風世變，觸物見志，往往托之鳥獸草木蟲魚，是非盛世之風，有爲爲之也。其發乎情，止乎禮義，吟詠以諷，怨慕之道存焉。仲尼參諸風雅之間，以性情存焉爾，危行言孫，將以順適其性而用之，利遵五諫，以諷爲上，茲其理也。周士賦詩見意，騷人遠取諸物，漢之樂府，託閨情以語君臣之際，流風餘俗，猶有存者。詩家之説，變風變雅，一諸雅正。先王之風，意怨謗爲性情，指斥言爲禮義，近求諸内，自有不能堪其事者，遠又不能參諸楚騷、樂府之意，其何性情之得？而又奚以上通古人之志？用情正性，古猶今也。然則反古之説，未若性情之近也。曰性情説，古人其舍諸！艮齋浪語集二十七

困學紀聞三：太史公云「周道缺而關雎作。」薛士龍曰「關雎作刺之説，是賦其詩者。」

案：艮齋説詩，初爲廣序，紹興癸未，重易稿，改名反古詩説，後又改爲詩性情説，浪語集所載叙跋，自述甚明。經義考一百七載反古詩説注云「一名詩性情説」。且僅録反古詩説叙，而書詩性情説後一篇，竟未采入。疑朱氏所見浪語集或非完本，故於改名之故，未能憭也。反古詩説，據自叙，蓋專宗小序，以訂正異説，反古之名，固不虚耳。項氏疑之，殆亦爲攻擊小序之論者乎？萬曆温州府志十，隆興癸未進士項頔，永嘉人。監大軍倉。

陳氏傅良毛詩解詁 曹叔遠止齋文集叙作「詩訓義」，葉紹翁四朝聞見録甲作「詩傳」，世善堂藏書目録上、續文獻通考一百七十三並作「毛詩解」。今從止齋文集附録蔡幼學行狀。

二十卷。經義考一百七

佚。經義考一百七

四朝聞見録甲：止齋陳氏傅良，字君舉，永嘉人。考亭視爲畏友。考亭先生晚注毛詩，盡去序文，以「彤管」爲淫奔之具、以「城闕」爲偷期之所。止齋得其説而病之，謂「以千七百年女史之彤管與三代之學校，以爲淫奔之具，偷期之所，私竊有所未安」，獨藏其説，不與考亭先生辨。考亭微知其然，嘗移書求其詩説。止齋答以「公近與陸子靜鬬辨無極，又與陳同父爭論王霸矣，且某未嘗注詩，所以説詩者不過與門人學子講義，一云「與門人爲舉子講義」今皆毀棄之矣」，蓋不欲佐陸、陳之辨也。今止齋詩傳方行於世，建安袁氏申儒爲公門人，序其傳末。

蔡幼學寶謨閣待制致仕贈通議大夫陳公行狀：公有毛氏詩解詁二十卷、周禮説三卷、春秋後傳十五卷、左氏章指三十卷，平生篤於學易，當爲之説，而未及就。止齋文集附録

朱子語類八十一問：「器遠、君舉所説詩，謂關雎如何？」曰：「謂后妃自謙不敢當君子，謂如此之淑女，方可爲君子之仇匹。這便是后妃之德。君舉詩言「汝墳」是已被文

王之化者，「江漢」是聞文王之化而未被其下澤者，卻有意思。

陳埴木鐘集六：止齋謂「檜亡爲東周之始，曹亡爲春秋之終，乃以爲聖人繫曹、檜之詩於國風之末。即其思周道思治之語，爲傷無王、無伯之驗。」愚謂周之東遷，豈專關於一檜之亡，而春秋之終，豈專繫於一曹之亡？止齋之言是歟？非歟？案：以上問。詩序出於漢儒，不可憑據。春秋傷無伯之説，亦是説者之談。聖人作春秋，決不解主張伯道。以詩序證春秋，自是船上繫帆。但止齋之言，意謂當無王無霸之時，唯小國滅亡最先，故小國思患最切。是以聖人繫詩作春秋，每於小國觀世變，非謂由此二國致禍也。

困學紀聞三：止齋曰：「國風作而二南之正變矣。邶、鄘、曹、鄶，特微國也，而國風以之終始。蓋邶、鄘自別於衛，而諸侯浸無統紀，及其厭亂思治，追懷先王、先公之世，有如曹、鄶然，君子以爲是二南之可復。世無周公，誰能正之？是故以豳終。」

案：止齋文集三十八答張端士弟三書云：「毛氏詩傳澳汨有年，久欲爲發明之，因附己見其下，且以補吕塾之缺。自今夏落筆，近緣過客，廢矣，未期其成就也。有暇見過，略觀綱目爲佳。」可見止齋治詩恪守毛故，不爲新説，與葉氏四朝聞見録所述，可互證。又弟二書云：「某病軀日衰弱，漸漸了得春秋一書。更侵砌結裹詩傳」。弟四書云：「某近復苦泄瀉，今幸稍愈。以年例論之，如此浸久，是結裹之證也。萬事已置勿論，惟春秋後傳垂成，尚欠删潤，不免就病中勉强。詩説盡豳風，雅、頌亦未落筆，此書又看天命如何耳。」據曹叔遠序止齋文集云未脱稿有詩訓義，則與張書疑即止齋卒年之作。所謂「風、雅、頌尚未落筆者，後未知竟何如也。止齋詩解，明時連江陳氏世善堂書目尚載有鈔本，今則不可復得矣。宋代説詩宗序傳者，自吕祖謙吕氏家塾讀詩記、范處義詩補傳外，廑得止齋此書。乃吕、范兩書今皆尚有傳本，而解詁竟歸散佚，古訓不明，不重可惜哉！

又案：止齋文集三十八答朱元晦弟二書云：「某衰惰之跡，幾自絶於門廡。明正德本誤「廣」，今從陳用光本。而長者□尚教之，便中再拜真翰之貺，感激不可言。□陳本作「承」，明本缺。此先施，豈□陳本作「忘」，明本缺。附報。官事擾擾，及今始遣，辱幸察之，非敢望也。來徵詩説，甚荷□包，所見何稿？豈向時聚徒所爲講義之類，則削稿久矣。年來時時諷誦，偶有興發，或與士友言之，未嘗落筆，誠有之，當於長者有隱耶？又集三十七答胡季隨書云：「近得晦庵書，索詩説，某初無詩説，亦告者之過也。」與此可互證。區區愚見，但以雅、頌之音，□勺明本「勺」上缺一字，陳本作「消鑠」。朱子語類一百二十三〔一〕載作「籥勺」。案：「籥勺群慝」，本漢書禮樂志安世房中歌，語類及明本並不誤。陳本作「消鑠」，蓋臆改。今不從。群慝，訓故意疑當作「章」各本並同。句，付之諸生。尊意以爲如

〔一〕底本無「一百二十三」，據朱子語類補。

何？每懷企慕，三十年間，不在人後。會并差池，未有瞻侍之幸。聞見異同，無從□陳本作「指」，語類作「就」，明本缺。正。間欲以書扣之，念長者前有長樂之爭，後有臨川之辨，□陳本作「至」，語類作「又」，明本缺。如永康往還，動數千言，更相切磋，未見其益，學者轉務夸毗，浸失本指。蓋刻畫太精，頗傷易簡，矜持已甚，反涉吝驕。以此益覺書不能宣。要須請見，究此衷曲耳。不數月還浙，可圖即償此願。尺楮匆匆，但有悁結。」此書足考朱、陳論學異同。正德本文多刓缺，陳本逞臆增改，殊不足據。朱子語類所載亦非全文，今故具録於此，以便考覈。葉氏所述，蓋即指此書。至所稱「以千七百年女史之彤管與三代之學校，爲淫奔之具、偷期之所」等語，則集中未見，或出袁申儒序述止齋語也。其言明確，自可箴考亭之失，而近人當塗夏炘讀詩札記乃深致詆排，以爲止齋傲然自大，且曰：「毛公『彤管』之傳未見成文，其所説『彤管』亦不過御夕進退之法，非關大典；千七百年不知何所指也。又謂朱子以彤管爲『淫奔之具』，不惟集傳無此四字，且『淫奔之具』，果係何具？鄙俚之談，實所未解。又鄭釋『城闕』以爲國人廢業，但好登高。毛公所謂『乘城而見闕』，是也。朱傳輕儇放恣，亦是往來之貌，何嘗以城闕即爲學校之地乎！偷期之所，集傳亦無此語。」以上皆夏氏讀詩札記語。且録朱子年譜節引止齋書，以爲位置之高，不可一世之概，具見言表。今考止齋與朱子原書，詞氣和平，絶無敖睨之語。夏氏未見止齋集，止據節引之語，字句譌奪，不一而足，不復詳考，遽用深譏，不亦謬乎？至毛傳彤管之説，在今雖無可考，然毛公先秦大儒，其述古制必非無徵。況毛詩西漢之末始行，而武帝時董仲舒答牛亨問，已有彤管之説。崔豹古今注下引。劉向本習魯詩，而五經要義説彤管與故訓傳合，歐陽詢藝文類聚十五引。可證毛説自有所本。且左氏定九年傳亦云「靜女之三章，取彤管焉」。雖未明言彤管爲女史之禮，然其非淫褻之物，固無可疑也。夏氏一意尊朱，於毛氏説一則云「未見成文」，再則曰「非關大典」。夫秦漢遺書，百不存一，若皆以「未見成文」，遽興疑難，則漢晉經説不可信者多矣。妃匹者，生民之始，萬福之原。女史記過，尤爲宮闈良法，更不得云「非關大典」也。女史之名，雖始周官，然元公立制，因革參半，彤管之掌，或襲夏商，毛傳：「古后夫人必有女史。」毛公，六國時人，已云古有，則不自周始，可知。大戴禮記保傳篇引青史氏記，亦有女史之文。漢書藝文志：青史子五十七篇，注：「古史官記〔一〕事也。」青史亦非周史官，皆可爲女史之官，起於夏殷之證。千七百者，三代歷年之數耳。夏氏云「不知何指」，毋乃佯爲不解乎？至青衿之城闕，雖非即學校，而闕懸象魏，治教攸關，亦學校中之字。説本陳氏奂毛詩傳疏。故小序以爲刺學校也。集傳於靜女、子衿皆云「淫奔之詩」，「彤管」則云「不知何物」，蓋相贈以結殷勤之意耳，則所謂「以彤管爲淫奔之

〔一〕「記」，底本誤作「掌」，據漢書藝文志改。

具，城闕爲偷期之所」者，未爲誣矣。大抵夏氏之學，喜以尊崇朱子，博正學之名，其所著讀朱質疑，於永嘉之學頗致不滿，説經亦墨守考亭，蓋黨同伐異之論，不足深辨也。

陳氏謙詩解詁 經義考一百八

佚。經義考一百八

案：易庵陳副使謙，宋史三百九十六、萬曆温州府志宦業傳、雍正浙江通志、乾隆永嘉縣志武功傳並有傳。馮云濠校刊宋元學案五十三，副使陳易庵先生謙傳下附引謝山學案札記云：「先生著有續周禮説、續毛詩解、續春秋後傳、續左氏章指、易庵集、永寧編、雁山詩記。」「詩」當作「行」。考易庵詩解詁、周禮説、春秋解各目著録均不云「續止齋書」。萬曆温州府志藝文門載易庵著述，無春秋解，而有春秋後傳、左氏章指，蓋係誤文。觀樓宣獻叙後傳、章指並不云易庵有續編之作，足諭其非矣。全氏札記沿王志之誤。又因詩詁、禮説，書名偶同。而易庵後爲止齋學侶，懸揣其爲賡續而作，實無塙證也。其後謝山補定學案，於易庵小傳止云「著毛詩解詁、周禮説」，皆不著「續」字，其續春秋後傳、左氏章指，則並不列其目。是謝山亦自知其不足據矣。馮氏所引學案札記載永嘉諸儒著述，舛誤至多，今不悉辨也。謹發其凡於此。

林氏拱辰詩傳經義考一百八

佚。經義考一百八

萬曆温州府志十一：林拱辰有詩傳，刊於平江。

案：林安撫拱辰，萬曆温州府志宦業傳、乾隆平陽縣志宦業傳並有傳。宋時平江府屬兩浙西路，浙西提刑提舉於此置司。見祝穆方輿勝覽二。平江府，今江蘇蘇州府。范成大吴郡志七：提舉常平茶鹽事、朝奉郎林拱辰，嘉定元年閏四月到任，二年除直秘閣淮東運判。是拱辰嘗爲浙西提舉。舊府、縣志並未載。詩傳之刻，當在其時矣。

戴氏溪續吕氏家塾讀詩記直齋書録解題二、文獻通考一百七十九並作「岷隱續讀詩記」。授經圖詩四、經義考一百八並作「續讀詩紀」。萬曆温州府志十七作「續詩記」。今從四庫全書總目十五。

三卷。直齋書録解題二、文獻通考一百七十九、宋史藝文志一、四庫全書總目十五。

闕。武英殿擺印本、張海鵬墨海金壺刊本、經苑本。經義考一百八注曰「未見」。

直齋書録解題二：岷隱續讀詩記三卷，戴溪撰。其書出於吕氏之後，謂吕氏於字訓章句已悉，而篇意未貫，故以續記爲名。其實自述己意，亦多不用小序。

四庫全書總目十五：續吕氏家塾讀詩記三卷永樂大典本，宋戴溪所續吕祖謙之書也。

溪，永嘉人。淳熙五年爲别頭省試第一。歷官工部尚書、華文閣學士，卒贈端明殿學士，理宗紹定間賜謚文端。事蹟具宋史儒林傳。傳稱溪字肖望，黄震日鈔亦同。而沈光作溪春秋講義序，稱字少望。震爲溪同時人，不應有誤。溪子椾，刊父遺書，乞光作序，亦不應有誤，或溪有二字歟？溪以吕氏家塾讀詩記取毛傳爲宗，折衷衆説，於名物訓詁最爲詳悉，而篇内微旨，詞外寄託，或有未貫，乃作此書以補之，故以「續記」爲名；實則自述己意，非盡墨守祖謙之説也。其中如謂摽梅爲父母之擇婿，有狐爲國人之憫鰥，甘棠非受民訟，行露非爲侵陵。故書録解題謂其大旨不甚主小序。然皆平心靜氣，玩索詩人之旨，與預存成見，必欲攻毛、鄭而去之者固自有殊。温州志稱溪「平實簡易，求聖賢用心，不爲新奇可喜之説，而識者服其理到」，於此書可見一斑矣。原本三卷，久佚不傳。散見於永樂大典中者尚得十之七八，謹綴緝成帙，仍釐爲三卷。永樂大典詩字一韻，闕卷獨多，其原序、總綱無從補録，則亦姑闕焉。

黄震慈溪黄氏日鈔四：毛詩注釋簡古，鄭氏雖以禮説詩，於人情或不通，及多改字之弊，然亦多有足以裨毛詩之未及者。至孔氏疏義出，而二家之説遂明，本朝伊川與歐、蘇諸公又爲發其理趣，詩益焕然矣。南渡後，李迂仲集諸家爲之辨而去取之。南軒、東萊止集諸家可取者，視李氏爲徑。而東萊之詩記獨行，岷隱戴氏遂爲續詩記。螽斯，戴岷隱云：「螽斯，喻子孫，非喻后妃。」愚按：螽斯「羽振振兮」，是詠子孫，「宜爾子方」，是指后妃。

芣苢，戴氏謂「此詩見一時同輩相與之樂。」此語蓋得其氣象。

有齊季女，諸家以「季女」爲指「大夫妻」，蓋已嫁者也。古注：以爲古者先嫁三月教於公宮，教成祭之。戴岷隱取其説云「與昏義合」。

甘棠，古説謂「召伯聽訟，不欲勞民而就之也。」岷隱謂「召伯行省風俗，偶憩棠下，非必受民訟，亦非有意於不擾」。晦庵、雪山、華谷並合。案：雪山王質著詩總聞、華谷嚴粲著詩緝。

行露，岷隱謂「男有强委聘者，女不從而訟」。引列〔一〕女傳爲證，則詩序侵陵之説殆非也，特不成婚而訟耳。

摽有梅，諸家皆以爲女子之情。岷隱云：「求我庶士，擇婿之詞，父母之心也。」合從之。「不我以，其後也悔」，岷隱云：「不我以，正是置之於無所與事之地，非遇勤勞也。已乃寬釋曰：久當自悔，且有以處我，嘯歌以俟時，不必過爲戚戚也。無所怨尤，此爲賸之美。」愚按：此説得之，諸家皆泥序文。「於嗟洵兮，不我信兮」，古説多未明，惟岷隱云：「自憐其誠切而意不得伸也。」愚按：詩云「洵美且異」，則洵爲誠信之意，岷隱近之。

桑中，自詩序至毛、鄭，至禮記，以桑間濮上爲亡國之音，皆以此詩爲淫奔者之詩。故近世晦庵詩傳、岷隱續詩記、華谷詩緝言人人同。「永

〔一〕「列」，底本誤作「烈」，徑改。

矢弗諼」，程以爲弗忘君，但後章「弗過弗告」處難通。今詩傳、詩緝與岷隱皆謂：「不與世接，弗諼者，不忘此樂也。」「有狐綏綏」，毛以爲「匹行貌」，朱反之，以爲「獨行求匹貌」，李迂仲祖毛説，云：「狐尚匹行，而女乃無夫家」。戴岷隱以「綏綏，爲安閒不迫」，似皆得詩意。諸家祖朱説，而反古説者，特以狐非美物，不欲以綏綏爲安閒言其善狀耳。然恐詩人託物起興，不以此拘也。「心之憂矣，之子無裳」，諸家主古説，以爲婦人欲嫁之辭。岷隱謂：「國人作也，云未有妃耦，猶之可也。」衣帶之屬，無與治之，此可念爾，亦覺優游。得詩人之意。「獻於公所」，晦庵以公爲莊公，華谷遂以爲「叔段在鄭，從莊公出田，暴虎以獻，氣淩其兄」。岷隱曰：「言勇力之士，暴虎以獻於叔也。此詩御中節，射中度，既事而退，意甚閒暇。知暴虎者非指叔言也。」愚按：公所之公，非公侯之公也。段爲京城之主，其所寓即公所也。此句恐合依岷隱説。「匪雞則鳴，蒼蠅之聲」，古説皆謂「賢妃欲其夫之早起，誤以蠅聲爲雞聲」。戴氏曰：「哀公荒淫，雞鳴矣，乃託辭曰：『此蒼蠅之聲爾。』東方明矣，乃託辭曰：『此月出之光爾。』」一以爲賢妃之言，一以爲哀公之言，未知孰是？「東方之日」，諸家皆以日爲喻君，然詩中似無此意。惟戴岷隱云：「男女相奔，不夙則莫。日出，早也，月出，莫也。」此爲近事情。「摻摻女手，可以縫裳」，古説謂「女嫁三月，廟見方執婦功。」女者，未見廟之稱，而使之縫裳，是爲儉急。晦庵亦從之。「特好人提」，

「提」，古説亦以爲新昏之婦，晦庵則以爲大人，云「大人之儀容如此，若無可刺。惟褊心爲可刺耳」。至雪山、岷隱、華谷三家則以古説爲未然。岷隱云：「謂葛屨可以履霜，不計其厚薄。謂女手可以縫裳，不擇其能否。纖夫細兒，矜情衣服，顧影自喜，時亦有之。彼非不楚楚然可愛，惟是褊心是以爲刺也。」無衣詩中之詞，則戴岷隱得之，曰：「己不請命於天子，其大夫乃爲之請命於天子之使。蓋武公自嫌强大，不肯少屈，使其大夫風天子之使而取之，觀其詩詞傲然可憤，豈曰無衣，自詭强盛也。不如子之衣以敵體相輕也。衣者，天子之衣。豈使臣之衣，當是時晉猶未强，非得天子之命服，誠不可以久安，非武公謙辭也。外示强大，中實歉然，真情所見，不可掩也。三味此説，則晉不容不假重於周，又不肯甘心輸情於周。周王之受賂，正墮其奸謀。無衣之詩，尚足爲美也哉！」「載獫歇驕」，諸家皆以爲田犬名，長喙曰獫，短喙曰歇驕。王雪山、嚴華谷、戴岷隱三家以爲「田畢而游園，載獫於輶車，以歇其驕逸」。「矜其車甲」，戴岷隱曰：「襄公志在復讎，婦人閔其君子，無怨詞焉。」「蜉蝣朝生而暮死」，岷隱謂：「非朝生暮死，乃生於土中，朝出而暮死，喻微有浮驕鮮不速亡者。」「一之日，二之日」，岷隱曰：「一日二日，説者以爲周正，豳風先公之事，周未建正也。夫數窮於十，自正月至十月，數之窮也。故詩人以十有一月，謂之一日。自一而數之，避月而言日者，懼其與月相亂也。」愚按：晦翁云「一之日謂斗建子，一陽之月，變月言日，言是月之日也。」二説相參方備。「女心傷悲，殆及公子同歸」，岷隱曰：「此詩三言公子獨以同歸爲女公子，亦恐不然。癡女子睹公子之貴，庶幾與之同歸，亦人情之相念也。」「改歲」，東萊曰：「十月而曰『改歲』，三正之通於民俗尚矣。」岷隱曰：「十一月謂之改歲者，蓋十二辰至於亥而止，復起於子，故謂之改歲，非三正之謂也。」　「周道倭遲，不遑將父」，諸家皆以「將」爲「養」。戴氏曰：「將，非養也。扶持，奉侍之謂。」「靡盬」，戴云：「苦而易敗爲之盬，苟成必易敗，故出使之不可亟歸者，謂王事之不可使易敗也。」庭燎「夜如何其」，古説皆爲宣王夜興而問早晚。戴岷隱曰：「夜如何其，非宣王之問也。詩人見庭燎之光，聞鸞和之聲，知天子之視朝，問夜何時乎？夜猶未央也。」　「爾公爾侯，逸豫無期」，此二句古無成説，東萊以爲「責在位之公侯，曰賢者去朝，時事可知，爾公侯猶逸豫，而不知懼乎？」其説已爲明白。戴岷隱亦云「公侯不以賢才爲念，逸豫無度，賢者不肯留」。「無將大車」，戴云：「詩意未嘗及小人，非悔將小人也。世既亂矣，力微而挽重，無益於事，與『無田甫田』之意同。」「楚楚者茨，言抽其棘。自昔何爲，我蓺黍稷。」岷隱曰：「去茨棘而蓺黍稷。」「陶復陶穴」，古謂陶爲窰，復爲重複之窰，穴爲陶其壤而穴之，言土室也。　蓋謂古公亶父居其窰竈土室之中如此。」愚按：窰竈者，陶瓦之地，非人生所居之地也。王雪山曰：「陶，今之墼也，以陶爲蓋，於其上謂之復；

以陶爲基，於其下謂之穴。此言以土墼爲居也。」戴岷隱曰：「『先陶於復穴，將以營室家。』此言以未有室家而陶瓦也。」二者視古説不同，而稍近人情，覺岷隱之説爲尤近。假樂，諸家以六句爲章，岷隱、華谷以四句爲章，文義甚順。「無不能止」，戴曰「靡有不能而止者」。「陟降庭止」，古以「庭」訓「直」，晦庵以爲「若見其陟降在庭」，義極明白，戴説同。「湯孫」，諸儒皆以湯孫爲指時王之主祭者，岷隱始謂「詩曰『於赫湯孫』，則湯孫不應自誇，遂指爲商世之先王，然下文云『湯孫之將』，則先王豈自奉祭祀耶？樂以悦神，故曰『於赫湯孫，穆穆厥聲』，以侈言其樂之美如飲食云『苾苾芬芬』，以侈言其飲食之美。凡以悦神，非自誇也。武王之祀山川也，自稱有道曾孫，古人初無後世之嫌，直以契合神心而已。」

經義考一百八：戚雄曰：「戴岷隱謂『有狐爲國人憫鰥夫』，則表國人之仁心，固勝於彰寡婦之淫志。其謂『摽有梅，父母之心也。求我庶士，乃擇婿之辭』，至哉言乎！恐聖人復起，不易斯言矣。」

案：岷隱續讀詩記，最爲黄東發所推，明以來久無傳本，乾隆間始從永樂大典輯出。國風缺十二篇，小雅缺十篇，大雅缺五篇，三頌缺四篇。若摽有梅、無衣諸篇，説見於黄氏日鈔者，大典並缺。重輯本始據日鈔補録，蓋其佚者多矣。其書雖云「賡續吕記」，然體例與彼迥異，逐篇各自爲説，不復臚列舊訓，持論醇正，於枝言曲説，芟除殆盡，而反覆闡明，多得詩旨。其間如行露、旄丘兩篇，引列女傳，何彼襛矣篇引左傳杜注，有女同車篇引長樂劉氏説，鼓鍾篇引鄭箋説，亦偶有援證，然寥寥數條，殊不多覯，蓋意在綜貫大義，不以考訂見長也。

詩説

三卷。萬曆温州府志十七

佚。

案：岷隱詩説，嘉定初，應景獻太子命所作，見宋史本傳。萬曆温州府志藝文門載其卷數，與續讀詩記同，則疑詩記乃就詩説稿本，重爲刊定者。惜詩記原序今已不存，無可考核也。經義考不載詩説，蓋朱氏意亦以詩記、詩説爲一書。

錢氏文子白石詩傳

二十卷。直齋書録解題二、文獻通考一百七十九、宋史藝文志一、國史經籍志二、授經圖詩四作「十卷」，經義考一百九引宋志作「三十卷」，並誤。

未見。

魏了翁序：古之言「詩以見志」者，載於魯論、左傳及子思、孟子諸書，與今之爲詩，事實、文義、音韻、章句之不合者蓋十六七。而貫融精粗，耦合事變，不啻自其口出，大抵作者本諸性情之正，而説者亦以發其性情之實，不拘拘於文辭也。自孔孟氏殁，遺言僅存，乃皆去籍焚書之餘，編殘簡脱，師異指殊，歷漢、魏、晉、隋，久而無所統一，上之人思所以救之，於是尚書存孔，三禮存鄭，易非王氏不宗，春秋惟優左、杜，詩專取毛、鄭，士豈無耳目肺腸，而不能以自信也。則寧倍往聖不刊之經，毋違時王所主之傳。所謂傳者，千百家中一人耳，而一時好尚，遂定爲學者之正鵠。佔畢訓故，悉惟其意，違之則曰是非經指也。以他書且不可，況言詩乎？詩之專於毛、鄭，其來已久，舍是誠無所宗。然其間有淺暗拘迫之説，非皆毛、鄭之過。序文自一言而下，皆歷世講師因文起義，傅會穿鑿之説，乃敢與經文錯行，而人不以爲疑。毛傳簡要平實，無臆説，無改字，於序文無所與，猶足以存舊聞，開來哲。至鄭氏，惟序是信，則往往遷就迎合，傳以三禮，彼其於詩於禮，文同而釋異，已且不能以自信也，而流及後世，則皆推之爲不可遷之宗。人知末師之不可盡信，則相與辨序文，正古音，破程、張諸儒，昉以聖賢之意，是正其説。迨我國朝之盛，然後歐、蘇、改字之謬，辟專門隘，各有以自靖自獻。極於近世，吕成公集衆善，存異本；朱文公復古

經義考一百九注曰「存」。

經，主葉韻，然後興觀群怨之旨，可以吟詠體習，庶幾其無遺憾矣。永嘉錢氏，又並去講師增益之説，惟存序首一言，約文述指，篇爲一贊，凡舊説之涉乎矜己、訕上、傷俗害倫者，皆在所不取，題曰錢氏集傳，又别爲詁釋如爾雅類例者，使人便於習讀。始公奉使成都，嘗出以示予。至是門人丁文伯黼，起家守廬陵，將爲板行而屬予題辭。嗚呼！聖人之經猶王室也。二牧三監，九宗五正，相與同心戮力，黜其不衷，疆以周索，雖匪風下泉之弱也，苟有是志，猶足以維持人心，況鉅人儨藩實翰王略！予懼不得與於執事，其何敢辭？錢公名文子，字文季，永嘉人。蚤以明經厉志，有聲庠序，仕至宗正少卿，學術行誼爲士人宗仰云。經義考一百九

喬行簡序：詩者，人心之所存，有感而後發者也。故國風、雅、頌，莫非憂樂怨慕之所形見，言詩者必自夫治道之隆替，詩人之性情而索之，斯足以得其意而達其微。泥諸儒雜出之説，而無優柔自求之功，則其義隱矣。小序之於詩，其説固未必皆不然也。前輩之傳詩，乃有削去而不存者，今白石先生之詩傳，亦獨有取於篇首之一言，豈非前後講師各出己見，間不免於自相背戾，而適以紊亂詩人之意乎！士方入小學時，詩之與序混然於句讀，誦習之初，彼固視之皆經也。迨夫稍通大義，序之説，或主於内，且將牽合詩意以就之，此其爲詩之病痼矣。志於傳授解惑者，苟不爲之拔其本根而去其所先入，安能使之以詩求詩，而自有所

得哉？此殆黜異尊經之意，故雖若失之易而不暇問也。至於他所發明，如世變之，自興而趨廢，人情之懷舊而愴新，或致愛於君而引咎於己，或委順於天而無惡於人者，先生尤致意，然亦不過一章之中釋以數語；一篇之後贊以數辭。而所謂發乎情、止乎禮義者，固已爲之煥然，善逆詩人之志者，豈必待辭費哉！行簡昔嘗從先生游，聽言論，如引岷江下三峽，滔滔乎其無涯也。今是書乃謹嚴簡要如此，則知先生之學自博而之約，歲殊而月異矣。同門湯尹程嘗爲余述先生病革時言，曰「吾於詩傳尚多欲有所更定。」又以見其用功之不已，所詣之益深也。先生姓錢氏，諱文子，字文季，永嘉人。入太學，以兩優解褐，仕至宗正少卿。乾、淳諸老之後，巋然後學宗師。白石，其徒號之也。没今二十餘年，司馬文正公之孫述自尚書郎，出守永嘉，行簡知先生有是書而未廣也，又知郡太守之賢可屬以此。乃訪求於湯尹之姪時大，俾偕詁釋刻諸郡齋云。紹定六年六月朔。經義考一百九

直齋書録解題二：白石詩傳二十卷，宗正少卿、樂清錢文子文季撰。所居白石巖，因以爲號。聚珍板本無「因」字。今據文獻通考增。

詩訓詁授經圖詩四作「詩故訓」。今從宋史藝文志一、經義考一百九。三卷。宋史藝文志一、授經圖詩四、經義考一百九。

未見。經義考一百九注曰「存」。

經義考一百九引徐秉義曰：錢氏詩詁三卷，曰釋天、曰釋地、曰釋山、曰釋水、曰釋人、曰釋言、曰釋禮、曰釋樂、曰釋宫、曰釋器、曰釋車、曰釋服、曰釋食、曰釋禽、曰釋獸、曰釋蟲、曰釋魚、曰釋草、曰釋木，凡一十九門。

案：白石錢少卿文子，沖虚處士朝彦子。萬曆温州府志宦業傳、道光樂清縣志儒林傳並有傳。詩傳訓詁，宋時有廬陵、永嘉兩刻本。其書國初時尚存，絳雲樓書目補遺及經義考並列其目。乾隆以來儲藏之家，於宋元秘籍搜訪不遺餘力，而此二書絶無著録，不知天壤内尚有傳本否？鶴山魏文靖公序，稱其「去講師增益之説，惟存序首一言，約文述旨，篇爲一贊，題曰錢氏集傳。又別爲詁釋，如爾雅類例者，使人便於習讀。」是白石此書亦檃括閎旨，逐篇總釋，與戴氏續讀詩記體例相似，而訓詁字義別纂專書，則較戴記尤爲詳備。其云「篇爲一贊」，疑原書即以篇後總釋目之爲贊。鄭康成有易贊、書贊。孔穎達尚書序正義云：「避其序名，故謂之『贊』。贊者，明也，佐也。佐成序義，明以注解故也。」白石蓋亦竊取斯義。白石別有論語傳贊，以蔡節論語集説所引考之，亦係訓釋之語，是其確證，非必如史家論贊之體也。至魏序云：「題曰錢氏集傳」，而書録解題以下諸家目録，並止稱詩傳，今既未見其書，原本標題「傳」上有「集」字與否，未可臆定也。

案：陸德明毛詩釋文引鄭康成詩譜，謂小序是子夏、毛公合作，至唐成伯璵毛詩指説始云「衆篇小序，子夏惟裁初句，其下皆大毛公自以詩中之意而繫其詞。」其説考之於古，頗爲符合，然未嘗區分優劣也。自北宋邱鑄作周詩集解，只取序中第一句，後句則削之。邱書今不傳，此見鄭樵通志藝文略一。厥後説詩諸家，如蘇轍集傳、李樗詳解並祖其論。白石此書亦惟存序首一言，蓋與邱、蘇、李三家説同。雖信古未篤，然猶瘉於擯棄序傳而以憑虛臆測求風雅之旨者矣。

湯氏建詩衍義 續文獻通考一百七十三、經義考一百八。萬曆温州府志十七作「詩經衍義」。

佚。經義考一百八

戴氏仔詩傳 雍正浙江通志二百四十一

佚。

王氏與之詩説 袁甫蒙齋集十一

佚。

案：東巖王通判與之，萬曆温州府志理學傳、道光樂清縣志儒林傳並有傳。所著詩説，宋以來書目並未著録，舊府、縣志亦不載。惟蒙齋集十一贈王次點弟二序曰：「有關雎、麟趾之意，而後可以行周官之法度，其先儒之確論乎？王君次點作周禮訂義，予猶不獲盡睹全書，且未見次點所述詩説。噫！説關雎、麟趾之詩易耳。關雎、麟趾之化，惟三代聖王能之，後世之漢高皇、唐太宗，尚不足進此。然則周官將何時而可行乎？曰：聖經與天地並，世有否泰，道無終極，有王者作，克己以正本，齊家以範物，宫府一體，朝廷邦國爲一人，左右謦御皆良士，后妃嬪婦無私謁，廢置誅賞盡出於一人，而奇衺不正之習，無纖介奸乎其間。此關雎、麟趾之化，而即周官法度之所由行也。余雖未見詩説，固可以心會矣。」蓋袁氏亦未見其書也。

又案：戴文子浣川集五樂清王次點東巖記：「王君次點，以詩、書、周官、太史、班、范書，東嚮爲人師者二十年。其學長於講説，引類貫倫，歛博歸約，爲文峻潔雄特，下筆不自休。」文子之言如此，亦足徵東巖於周官之外，又治詩、書、三史矣。

明

方氏繼學詩經本旨閣巷陳氏清潁一源集二

佚。

項氏喬詩臆説甌東私録十

佚。

案：甌東項參政喬，萬曆温州府志理學傳、雍正浙江通志、乾隆永嘉縣志文苑傳並有傳。所著詩臆説，舊府、縣志未載，惟初刻甌東私録十載其爲廣東參政時公牘，有爲校正詩經通解事云：「照得詩經，雖有朱子集注，近世説詩者，爲舉業所累，分章析句，截前搭後，以遷就其題目，而詩之本旨遠矣。已經本道與張提學希舉會委從化縣教諭傅暘明、新興縣教諭林章，取少詹事黄泰泉公佐詩旁通、都憲李三洲公義壯詩備忘及本道詩臆説，隨宜損益，合成詩經通解，以示後之讀詩者」云云。是甌東曾著是書，今與傅暘明、林章所輯詩經通解並未見傳本。

夏氏大煇〔一〕詩經漁樵野説

六册。

存。遜學齋藏鈔本

〔一〕「煇」，底本誤作「揮」，據夏逸民先生傳改。

漁樵野説，吾鄉逸民夏氏爲毛詩詳説之也。漢初，言詩者四家，申公先達，故魯詩先立學官；轅固生、韓嬰繼出，異流同源，並行於世。惟毛氏纘緒西河，顯最遲而行益遠。三家漸以衰息，加以鄭箋孔義，辨證精詳，毛詩蓋無遺説矣。是以魏晉以還，儒者咸尊經學，於易、書、禮傳群迭議紛煩，獨於詩未聞歧義。宋儒興，獨尊德性，指心爲師，期以理道求一貫，遂迅掃漢、唐舊疏。詩經始有朱子章句，自後取士者奉爲功令，而毛詩亦衰矣，不知詩序不可廢也。禮經典制殊時，無與於後世，辨者臆説聚訟，朱子不無廓清之功。惟詩主性情，興感無端，言多寄託。毛詩謹守師承，明作詩之毋邪，使人毋以辭惑，此詩之體貞也；原情闡義，卜子夏之言詩也。若韓詩外傳，斷章取義，藉申己説，則詩之用廣也；觸類旁通，端木子之言詩也。朱子削之，望文生義，多以詞害意者，宜乎不厭人心也。夏子前朝遺老，名附乙科，因世難未平，隱居不仕，自號逸民，不欲自以儒自居，故仿蘇公，託之漁樵，其説原本正義，間存朱説，各還其是，而於詩人志意之幽深，情趣之超妙，無不曲搜旁討，略跡傳神，而於二南、國風尤得風人之旨。清言雋辨，匡鼎解頤，殆如斯乎？篇中博採諸家逸説，而同時陳臥子獨多，殆有同志，抑嘗就正者歟？先生當日禦寇靖難，保全鄉里，遺德在人。余久儀其人，今二百餘年矣，子姓式微，手澤無存，此書余子用霖近偶見於他氏，剥蝕幾乎沉没，余幸得而讀之，間有煩冗贅説，不揣固陋，僭爲删節，以成完璧，俟有力者助之刊行，俾知永嘉之學後起尚有人焉，不惟下邑之光也已！同治十年辛未四月既望，鄉後學林鶚太沖父謹序。

歲辛未，泰順老友林太沖廣文，以其邑先輩夏逸民先生所著詩經漁樵野説寄示。先生爲殘明弘光副貢。國變後，希蹤夷、惠，隱居著書。而是書，郡經籍志不著録。董霞樵羅陽詩始采先生古今體詩十四首，謂著有閑園詩草，亦不言有此書，蓋皆未之見也。所説詩一本温柔敦厚之義，能於詩人言外之旨，涵泳尋繹而得之，一洗宋以來宗序、攻序兩家門户之見。至變雅諸篇，尤反覆於小人肆毒，賢者蒙禍，與夫天變民癉之故，不啻痛哭流涕，蓋其身經板蕩，蒿目粃政，故言之深切詳盡如此。此固黍離、麥秀之感，發於衷之不容已，然亦有天下者之殷鑒也。惟間有佻仄纖俗之論，尚未免鍾、譚習氣，則明人説經之通病然爾。先生風節之高，今讀其書猶可想見。而斯編迄今已二百年，迭更寇亂，其子孫猶能保守勿失，亦足覘山中風俗之度，亟爲寫而存之，並書其後，以原書還之太沖，俾歸其後人，尚謀所以刊布之以久其傳哉！同治十一年歲在壬申九月二十三日，止庵退叟孫某某。仲父止庵先生跋

林用霖夏逸民先生傳：逸民者，勝國遺老也。姓夏氏，名大煇，字啟涵。國變後，自號逸民，篤學勵行，困於名場。弘光中，始以副貢入南雍。南都陷，歸隱不仕，著書以自

娱。今所存漁樵詩説其一也。

國朝

朱氏肇濟詩經演注 乾隆温州府志二十七。乾隆永嘉縣志二十「演注」作「講義」。

佚。

乾隆温州府志二十七：詩經演注，永嘉朱肇濟楫如著。

乾隆永嘉縣志二十：康熙癸酉舉人朱肇濟，處州教授，振興學校，士人則之。著有詩經講義。

葉氏嘉楡詩義解頤 賓香山館集十七

未見。

刪定周頌 賓香山館集十七

未見。

温州經籍志卷三

經部

禮類

宋

王氏十朋周禮詳説 經義考一百二十三

佚。經義考一百二十三

丘葵周禮全書：治周禮姓氏：宋王氏十朋，字龜齡，樂清人，有詳説。

經義考一百二十三：王氏十朋周禮詳説，按清源邱氏引之。

案：此書陳、趙諸家書目皆不箸録，汪應辰梅溪墓誌亦不言嘗箸此書。王與之周禮訂義序目有王氏。注曰：「未詳誰氏。」建陽作王狀元詳説刊行，丘葵所引蓋即是書。宋人多稱梅溪爲王狀元，故丘氏輒題爲王十朋耳。經義考一百二十五，别列王氏失名周禮詳説，引王與之説爲證，殊誤。然宋時建陽書林所刊王狀元書甚夥，如東坡詩集注、唐文類集注之類，並託之梅溪。此書今已亡佚，麻沙舊刻容有題梅溪姓名者，兹姑爲録入，而附辯之於此。

又案：周禮詳説以王氏所引考之，其書於三禮制度參差不易治者，並能參互校覈，以求其是，在説禮家尚爲善本。其援引舊説止於王安石、陸佃、王昭禹三家，亦似南宋初人所作，然邱氏屬之梅溪，則不可信。東巖與梅溪同里，豈不知此書爲其所箸，而云未詳誰氏乎？

陳氏堯英周禮説

三卷。雍正浙江通志二百四十二

佚。

案：陳處士堯英，雍正浙江通志、乾隆平陽縣志文苑傳、乾隆温州府志介節傳並有傳。

薛氏季宣周禮釋疑經義考一百二十三作「周禮辨疑」，誤。今從周禮訂義序目。

佚。經義考一百二十三注曰：「未見」。

王與之周禮訂義序目編類姓氏世次：永嘉薛氏季宣，字士隆，有釋疑。　十七：小司徒之經田野，必兼井牧而言，而井牧之法，於遂言之爲加詳。井以九起數，邑以四成之，則制地之數，可於是通行矣。若夫縣都之名，偶同於公卿采地之名，亦非以此爲采地。薛氏之説分明。　三十：大宗伯以脤膰之禮，親兄弟之國。愚案：鄭鍔以祭社稷曰脤，祭宗廟曰膰。是矣。薛氏以腥曰脤，謂社稷用腥；以熟曰膰，謂宗廟主熟。親如兄弟，若祭社稷之脤，祭宗廟之膰，皆當及之。疏如異姓，歸脤而不及膰，則所及者止於社稷之肉。然非兄弟之國，至二王後及異姓爲王所特尊者，亦得與焉。如王使宰孔賜齊侯胙。又曰：宋，先代之後也，天子有事膰焉，又所以廣其福也。

鄭樵六經奧論六：諸侯之地，當如孟子所言；至開方之，則如王制所記。薛常州開方法：百里之國，開方得百里之國四，是謂侯四百里；七十里之國，開方得七十里之國四，是謂伯三百里。四七二十八，二百八十里舉成數曰三百里。五十里之國開方得五十里之國四，是謂子二百里。　案：尚書王制、孟子公孫僑皆謂諸侯爵分五等，地分三等。惟周禮大司徒則有「公五百里，侯四百里，伯三百里，子二百里，男一百里」之文。先儒以爲斥大封疆，從而封建固不可；後人又謂周禮所言五百里，蓋并兼一易、再易與夫附庸山川而言之。孟子所言百里者，舉民賦實數言之也。謂山川林麓不可以食。其說若善而未盡也。五百里封公，自有周禮以來說者紛紛不一，到薛常州「開方二百五十里」之說，無以易。今基田出於司馬法，乃文王治岐之制。孟子曰：「天子之地方千里，公侯方百里。」王制曰：「方千里者，爲方百里者百；方百里者，爲方十里者百。」此孟子所謂方者以縱橫之數計之也。周禮大司徒曰：「公侯五百里四百里。」職方曰：「凡千里之地，以方五百里封公，則四公；以四百里封侯，則六侯。」此薛常州所謂開方者，以四面之數計之也。

案：艮齋周禮釋疑，陳止齋行狀未載其書。蓋艮齋卒後，門人編輯遺說爲之。其散見於王氏訂義者，如「釋司尊彝之九獻」、訂義三十四。「大司樂三大祭之樂」、三十八。「馮相氏之星土」、四十四。「栗氏之鈞律」，七十四。並根據古義，辨析精當。至六經奧論所載封國開方法，訂義五十七夏官職方氏引其說，曰：「千里之方，爲方百里者百；五百里之國爲百里者二十五。四个方百里者二十五，用千里之方一，是方五百里者，不過四公也。」又云：「方四百里則六侯，則是四百里之國，爲方百里者一十六。六个方百里者十六，則爲九十六。是用百里之方，九十六於千里之方，猶餘百里之方四。」又云：「方三百里則十一伯，則是三百里之國，爲方百里者九，以十一个方百里之國爲百里者九十九，於千里之方猶餘百里之方一。」又云：「方二百里則二十五子，以二百里之國爲方百里者四，則二十五个方二百里，用千里之方一百，男則百里而已。此封國之定制也。其餘爲附庸山川者，固見於「大司徒」建邦國之制。鄭氏謂：「九州之界，方七千里。七七四十九，爲方千里四十九。其一爲畿内，餘四十八。八州各有方千里者六，以爲封公、侯、伯、子、男之地，失之矣。鄭氏之見以開方言之，殊不知井田之地，畫爲井形，四圍左右皆有定制，故可以開方言之。若夫先王定九州之制，分疆析壤，各以千里爲州，非如井田之法，周圍貫通，可以開方計之。若曰成周之制，爲方千里者四十九，何成王周公斥地之廣耶？後止齋作周禮説亦用其法，釋大司徒五等之地見訂義十五。曰：「所謂五等諸侯，但言其班爵耳，若夫分土毋過三等，侯百里，伯七十里，子男五十里。自夏商末之有改。」大司馬之法曰：「大國三軍，次國二軍，小國一軍。」由此觀之，雖周亦三等也。而司徒舉四封以言之，則侯四百里，伯三百里，子二百里，而又以益一男之地爲公，以待加地之賞，損一男之地爲男，以待削地之罰。蓋所謂有功者，取於閑田以禄之。削地者歸之閑田。訂義王與之案：「此説謂司徒舉四封言之，其實只是百里、七十里、五十里，乃本薛常州之説。見職方氏以四方周圍共五百里，而一方百二十五里，是公之國方百二十五里，比王制不遠。推而論之，則侯方百里，伯方七十里，子男方五十里，皆可合於王制。惟男之地爲不同，蓋如是説，則男之地，四方周圍共百里，而一方止二十五里，是男之地止方二十五里，又少於王制。所以陳止齋又謂益一男之地爲公，以待加地之賞也。」蓋其意以周官所謂「方五百里、方四百里」皆言邊數，非積數。以通周官與孟子、王制之乖迕，求之古訓，墨子經上云：「方柱隅，四維〔一〕也。」趙嬰周髀算經注云：「方，周匝也。」則艮齋是説亦自可通，然宋人作奥論指爲薛常州開方法，則非也。六經奥論舊本題鄭樵撰。四庫提要辨其非是。按周必大親征録，記樵卒於紹興三十二年，艮齋知常州在乾道九年，時樵卒已久，則此書不出鄭氏明矣。九章算術少廣篇言開方皆論積數，不論邊數。如五百里開方積數二萬五千里，一百二十五里開方積數一萬五千六百二十五里。艮齋博涉不容未憭，且訂義載艮齋説方斥鄭注言開方之非，何嘗別創此爲開方法乎！

又案：訂義大司樂職兩引薛圖，則薛書圖説兼備，訂義序目姓氏艮齋外尚有金華薛氏衡。書中引其説稱薛平仲。此薛圖知爲艮齋書者，訂義大司樂職未引薛平仲説，而艮齋説則多至十餘條可證也。惜書既不傳，而趙、陳諸目又無箸録，無由考其體例也。

陳氏傅良周禮説

三卷。趙希弁讀書附志上、直齋書録解題二、文獻通考一百八十一。宋史藝文志一、授經圖禮四並作「一卷」，國史經籍志一作「十三卷」，並誤。

〔一〕校勘記：「『維』字墨子經上原作『讙』，畢沅云『讙』疑『維』字，此從畢説作『維』。厥後公著閒詁則云：『讙，疑雜之誤。』『雜，匝也』，引吕覽淮南爲證，以爲畢説未確。即此一條觀之，可知公中年以後於志稿未嘗有改易也。」

佚。經義考一百二十三注曰：「未見」。

自序：王道至於周備矣。周之作誥曰：「上下勤恤，惟曰，我受天命，丕若有夏歷年，式勿替有商歷年。」處心積慮，蓋庶幾兼夏、商之祚。訖於暴秦，略如其言。是道也，惟孔孟知之。孔子曰：「周監於二代，鬱鬱乎文哉！吾從周。」孟子亦曰：「周公思兼三王，以施四事。」是故合族以五世，自夏、商用之，至周繫之以姓而弗别，雖百世而婚姻弗通。諸侯以五服，自夏，商用之，至周九州之外，猶以爲夷服、鎮服、蕃服，世一見。嗚呼備矣！後之傷今思古之士，往往謂周文弊。學者尚論三代，要當折衷於孔孟。且夫天命之難諶，非兢畏不能有也；人心之同然，非惻怛不能懷也。文、武、成、康積行累功之勤，誠見於此者。讀書至刑人、殺人、劓刖人，君臣相敕，甚敬甚懼。服念誥教，至於旬時，至於再三。讀詩、南、雅，群臣嘉賓、兄弟朋友、故舊戍役之際，徒一觴豆，皆深致其好，備禮盛樂。以后妃之尊，猶知以酒醴勞慰行役僕馬辛苦。夫苟燕樂之，即詠歌嗟歎之不足，夫苟刑戮之，即戰戰焉有憂色，此非有利爲之也。畏天命焉耳，即人心焉耳。嘗緣詩、書之義，以求文、武、周公、成、康之心，考其行事，尚多見於周禮一書，而傳者失之，見謂非古。彼二鄭諸儒，崎嶇章句，窺測皆薄物細故，而建官分職，關於盛衰，二三大指，悉晦弗著，後學承誤，轉失其真。漢魏而下，號爲興王，頗采周禮，亦無過輿服官名，緣飾淺事，而王道缺焉盡廢。恭惟本朝純用周政，千載一時，爰自藝祖，不忍役一夫之力而養禁旅；不欲使天下一吏得以專政而罷方鎮。制度文爲雖非周舊，而深仁厚澤意已獨至，肆我列聖，浸以寬大，任子及於異姓，取士及於特奏，養兵及於剩員，甚者汙吏有叙復，重辟有奏裁。論議之臣每不快此，而國家世守重於更定。蓋周衰且千載，而詩、書之意於是焉在，豈不盛哉！熙寧用事之臣，經術舛駁，顧以周禮一書理財居半之說，售富强之術，凡開基立國之道，斲喪殆盡，而天下日益多故。迄於夷狄亂華，中原化爲左衽，老生宿儒發憤推咎，以是爲用周禮之禍，抵排不遺力。幸以進士舉，猶列於學官。至論王道不行，古不可復，輒以熙寧嘗試之效藉口，則論著誠不得已也。故有格君心、正朝綱、均國勢説各四篇，而爲之序如此。止齋文集四十進周禮説序

讀書附志上：周禮説三卷，右朝奉郎秘書少監陳傅良所進也。舊刊於止齋文集中，曹叔遠別爲一書而刻之，且爲之説。

直齋書録解題二：周禮説三卷，中書舍人永嘉陳傅良君舉撰。曰格君心、正朝綱、均國勢各四篇。

文獻通考一百八十一：陳君舉周禮説三卷，中興藝文志稱傅良之言曰：「周官之綱領三，養君德、正朝綱、均國勢也。」鄭注之誤三：王制漢儒之言，今以釋周禮；司馬法兵制，

今以證田制；漢官制皆襲秦，今以比周官。徐筠學於傅良，記所口授，而爲書曰微言。傅良爲説十二篇，專論綱領。蔡幼學寶謨閣待制致仕贈通議大夫陳公行狀：光宗受禪，明年，改提點浙西刑獄，過闕，留爲吏部員外郎。論案：當作「輪」。對，上從容嘉納，謂公曰：「卿學問深醇，著書必多，可悉以進也。」遂遷秘書少監。公進周禮説，以格君心、正朝綱、均國勢爲目，目各四篇。止齋文集附録

宋史儒林傳四：除吏部員外郎，輪對，帝從容嘉納且勞之曰：「卿昔安在？朕不見久矣。其以所箸書示朕。」退以周禮説十三篇上之，遷秘書少監。

玉海三十九：紹熙周禮説，三年吏部郎陳傅良進。以格君心、正朝綱、均國勢爲目，目各四篇。

朱子語類八十六：陳君舉説天官之職，如膳羞衣服之官皆屬之。此是治人主之身，此説自是。到得中間有官屬相錯綜處，皆謂聖人有使之相防察之意，這便不是。君舉説井田，道是周禮、王制、孟子三處説皆通。他説千里不平直量四邊，又突出圓算，則是有千二百五十里。説出亦自好看，今考來乃不然。「諸公之地，封疆方五百里。」又云：「凡千里，以方五百里封四公。」則是每個方五百里，甚是分明。陳乃云，方一百二十五里，又以爲合加地、賞田、附庸而言之。據左傳所説：「東至於海，西至於河，南至於穆陵，北至於

無棣」，齊是恁地闊。詩「復周公之宇」，魯是恁地闊。這箇也是勢著恁地。陳君舉卻說只是封疆方五百里，四維每一面只百二十五里；以徑言，則只百二十五里。某說，若恁地，則男國不過似一耆長，如何建國？職方氏說一千里封四伯，一千里封六侯之類，極分明。這一千里，縱横是四箇五百里，便是破開，可以封四箇伯。他那算得國數極定，更無可疑。君舉又卻云，一千里地封四伯，外餘地只存留在那裏。某說，不知存留作甚麽。周禮不言祭地，止於大司樂一處言之。舊見陳君舉亦云：「社稷之祭，乃是祭地。」卻不曾問大司樂祭地祇之事。

葉適黄文叔周禮序：同時永嘉陳君舉亦著周禮説十二篇，蓋嘗獻之紹熙天子，爲科舉家宗尚。君舉素善文叔，論議頗相出入。所以異者，君舉以後準前，由本朝至漢，溯而通之；文叔以前準後，由春秋、戰國至本朝，沿而别之。水心文集十二

吴于良荆溪林下偶談四：陳止齋於成周制度講究甚詳。有周禮説，嘗以進光廟。

周禮訂義序目編類姓氏世次：永嘉陳氏傅良，字君舉。其説有一集及經進四篇。

十七：大約小司徒之法，比司馬法皆是三分之二，實地。鄭氏旁加之説，其演算法則是，但不必謂旁加演算法之人，專治溝洫。陳君舉亦曰：「溝洫之事，歲歲有之，而軍賦不常有，若專以某人治溝洫，某人出軍賦，則不均矣。」二十一：均人公旬陳及之曰：「此所役者，

非師旅行役之事。師旅行役，遠者二三年，近者過時而反。安能以歲三日爲斷？」王制內則云：「五十不從力徵，六十不與服戎。」則力徵豈不與戎事異乎？陳君舉則曰：「古者民年三十而事，六十而免，名在官者三十年，約其在官之齒，而以歲二日爲斷，用之九十日而免，則終身不復役。」其說以之從力徵則善，謂戎事則未可也。二十四：愚案：國服，陳止齋讀「服」如服公事之服，謂民之貸者，還本之後，更以服役公家幾日爲息。徐牧齋讀「服」如侯甸服之服，謂民之貸者，以其服之所出來輸，彼此價值必不等，除得本之外，餘皆爲息。二說俱勝注疏。三十五：典命，孫氏曰案序目云：「孫之宏，山陰人。」在外者數隆，在內者數殺。止齋以爲先王欲抑內重外輕之患，歸於平，故於命數致意焉，餘考之內重外輕，此後世之弊，先王之世，未之聞也。

慈溪黃氏日鈔三十：陳君舉云：「如大史內史，掌六典、八法、八則、八柄之貳，宜屬天官，乃屬春官；大小行人、司儀、掌客，宜屬春官，乃屬秋官；宰夫掌臣民之復逆矣，則大僕、小臣、御僕之掌復逆，宜屬天官，乃屬夏官；宰夫掌治朝之位矣，則司士正朝儀之位，宜屬天官，乃屬夏官；地官掌邦畿之事，凡造都邑，建社稷，設封疆，既悉掌之矣，而掌固、司險、掌疆、候人，又見於夏官；天官掌財賦之事，自天府至掌皮，既悉領之矣，而泉府、廩人、倉人，又見於地官；自膳夫至臘人，不過充君之庖者，悉領於天官，至外朝百官之廩祿，府史、胥徒之稍食，番上、宿衛之給，乃見於地官；自内司服至屨人，凡王宫服飾之用，悉領於天官，而司服、司常、典瑞、巾車之屬，乃見於春官。此其分職皆有不可曉者。」愚按：書作於周而定於孔子，大如「三宅三俊」，書所載也，周官無之；小如「三亳阪尹」，書所載也，周官無之。而此乃至於交互重複，何哉？陳君舉曰：「冢宰一職惟宰製天子左右之人，一則環衛之人，二則供奉飲膳酒漿之人，三則出納財賄之人，四則宫中使令之人。」又曰：「自玉府、内府而下，今皆入内藏庫；自宫人、掌舍而下，今皆入修内司；自醫師、食醫而下，今皆入御藥院；自膳人、庖人而下，今皆屬御前供奉官。」愚按：本朝之制爲簡，但權不屬宰相，宫府不一體耳。

困學紀聞四：鶴山謂：「以末世弊法釋三代令典〔一〕。如以漢算擬邦賦，以莽制擬國服。」止齋謂：「以周禮爲非聖人之書者，以説之者之過也。」

周禮全書：治周禮姓氏，陳氏傅良，字君舉，永嘉人。有講義集説。

案：止齋周禮説，蔡文懿行狀謂爲秘書少監時所進，而不箸其年月。王氏玉海則謂在紹熙三年爲吏部郎時。宋史本傳亦云：「爲吏部郎時上。」而不云紹熙三年。考止齋文集二十吏部員外

〔一〕「典」，底本脱，據困學紀聞補。

郎初對札子後自記云：「是日上殿，讀札子畢，上云：『知卿學問深醇，著書甚多，朕欲一見，可盡進來。』奏：『臣豈敢著書，不過講説舉子所習經義，何足仰塵乙夜之覽。』上云：『經説更好，但隨所有進來。』」云云。據此是止齋進周禮説在除吏部郎時無疑。玉海所載不誤。蔡氏行狀蓋因止齋由吏部郎遷少監，亦在紹熙三年，距進書時爲日不遠，中興館閣續録九官職門：「秘書少監陳傅良，紹熙三年六月除，十二月爲起居舍人。」故偶誤憶耳。至朱子語類謂孝宗時進御，則與狀、傳並不合，不足據也。其書據書録解題舊附刊止齋集中，曹叔遠別刊之，又爲之説。明文淵閣書目二尚有一册完全。今則曹編文集盛行於世，而禮説不可復得矣。

王氏訂義序論引其説云：「讀周禮須熟讀五官目録，次知所屬有定局，更將西漢百官志案：「志」當作「表」。及歷代官志與今官制參考。」蓋其箸書宗旨，欲以周官職掌分合，考後世官制沿革，以究古今之變。故其説多以史志參互證論，而於宋初制度及王氏變法始末，考辨尤悉。永嘉諸儒，本以經制爲宗，止齋爲薛文憲弟子，於井地、軍賦尤爲專門之學，宜其精究治本，非空譚經世者比也。至其詁釋經義，亦多守師説，如説「大司徒建國之制」，見前薛氏周禮釋疑〔一〕下。「外史諸侯無私史」訂義四十五引。諸條，皆與艮齋經説符合，是也。

〔一〕「釋」，底本誤作「辨」，徑改。

又案：中興藝文志謂周禮説十二篇，專論綱領，今以訂義所引核之，其説於名物度數，瑣屑繁碎者，亦多考覈，似不止論綱領。考訂義序目云：陳説有一集，及經進四篇；邱氏全書則云：「有講義集説」，疑止齋進説外，尚有講義之一集，故如釋考工記車制，綜貫群經，釋名辨物，最爲詳審。而於原目所謂「格君心、正朝綱、均國勢」者，則無可附麗，其爲別有一集，殆無疑義。惟邱書譌舛難據，止齋講義別無所見，故此未據補録。至進説本分三目，總十二篇，王氏止云經進四篇，亦未免小誤也。其説「車制」，見訂義七十，通志堂刊本字句譌奪，幾不可讀，周官議疏遂譏其舛誤甚多，而不知其非止齋原文也。今爲録出，并加申證，以詒爲三禮制度之學者。訂義引陳君舉曰：「車制用在輪，故察車自輪始，輪之外鞣爲圍。案：此圍上當奪「牙」字，下同。考工記云：「六分其輪崇，以其一爲之牙圍。」蓋輪鞣謂之牙。牙圍者，牙之圍徑也。止齋偶沿記文，故以牙圍並舉。若單云「圍」，則與轂、股、骹、軫、式、較、軹、轛，諸圍無別，止齋必不如是鹵莽也。圍之中直指湊轂者爲輻，輻之所蓄而利轉者謂之轂，轂裏之大穿謂之賢，轂外之小穿謂之軹，此字當作「軒」。説詳戴震考工記注。此尚沿鄭注之誤。轂中空處謂之藪，轂上橫通通載者謂之軸，疑衍「通」字。軸末以防輪而固謂之牽，軸上橫伏而納輈者謂之轐，轐上所載三面材謂之任正，任正之上謂之軫，輿前掩軓版謂之陰，輿深謂之隊。此當爲「隧」。記云：「參分車廣，去一以爲隧。」鄭司農云：「隧，車深也。」植於輿兩傍謂之輢，蔽風塵謂之茀，橫於兩輢而爲人所憑者謂之式。中繫驂馬内轡處謂之輢。此字當爲「軓」。説文：「軓，車軾前也。」詩小戎「陰靷鋈續」，毛傳：「陰，揜軓也。」正義：「以板木横側車前，陰映此軓，故謂之陰。」兩驂内轡繫於陰，陰軓同處，故此即謂之軓。式下之植從者謂之轛。兩輢之上出於式者謂之較，較之下從者謂之軹，「從」當爲「衡」。記云：「參分較圍，去一以爲軹圍。」注：「軹，輢之植者衡者也，立者爲轛，横者爲軹。」以革輓式，此下當脱「謂之鞎」三字，爾雅釋器：「輿革謂之鞎。」郭注：「以韋靶車軾。」鞎即詩之鞹鞃。以皮覆式謂之韈。以簟衣式謂之此下當奪「禦」字。爾雅：「竹前謂之禦」，注：「以簟衣式。」車軓納轡之環，謂之韈。此當作「車軛納轡之環，謂之轙」。爾雅：「載轡謂之轙。」注：「車軛上環，轡所貫也。」著車之衆環謂之指此當作「捐」。爾雅釋器：「環，謂之捐。」郭注：「著車衆環。」近儒陳奂、龔自珍並謂「捐」即詩之觼。其説甚塙，止齋猶未憭。有曲轐而出，從前稍曲而上謂之軥。上「曲」字疑誤。軥前持衡者謂之頸，頸下衡者謂之衡，衡下兩馬謂之服，兩「衡」字並當作「衡」。考工記注：「衡之長容兩服。」服外兩馬謂之驂，兩服之四轡、兩驂之四轡謂之八轡。兩驂之内轡繫於式；其在手者外轡與服馬之四轡謂之六轡。前繫於衡，後繫於軫，以防驂馬之入者謂之脅驅。驂馬之繫車四條謂之靷。内兩條納於陰者謂之陰靷。外繫於軸者謂之外靷，拘二靷以絆其背者謂之韅。背爲環以管外内轡，謂之游環，削革三就當胸謂之鞶纓，縷金以當盧謂之鍚「縷」當作「鏤」，詩韓奕鄭箋「眉上曰：鍚，刻金飾之，今當盧也。」周禮巾車注：「鍚，馬面當盧。當盧者，當馬之額盧，在眉眼之上。」案：當盧，漢時語，此襲用之，然文義自可通。著鈴於兩鑣謂之鑾，置軫於式謂之和，

「軫」當作「鈴」，詩蓼蕭毛傳：「在軾曰和，在鑣曰鸞。」兩驂内轡謂之勒，此字誤，「勒」爲馬頭絡銜。顔師古急就篇注始謂「在首曰轡，亦謂勒」，至驂馬内轡，則從無此稱。此當爲軜之誤。詩小戎「鋈以觼軜」，毛傳：「軜，驂内轡也。」説文：「軜，驂馬内轡，繫軾前者。」車上之覆則有蓋，蓋之斗謂之部，蓋上撩謂之弓，蓋之小柄謂之達常，大扛長八尺謂之桯，「扛」當爲「杠」。考工記注：「桯，蓋杠也。」此車之通制也。」詩、禮所載車制尚不止此，其爲止齋偶未詳載。或訂義本尚有奪句，原書不存，無可考矣。

陳氏傅良徐氏元德周官制度精華

二十卷。玉海三十九、經義考一百二十三。

佚。經義考一百二十三注曰「未見」。

朱子語類八十六：於丘子服處見陳、徐二先生周禮制度精華。下半册徐元德作，上半册即陳君舉所奏周官説。先生云：「孝宗嘗問君舉：『聞卿博學，不知讀書之法當如何？』陳奏云：『臣生平於周官粗嘗用心推考。今周官數篇已屬稿，容臣退繕寫進呈。』遂寫進御。大概推周官制度已稍詳，然亦有杜撰錯説處，儒用録云：「但説官屬，不悉以類聚，錯綜互見。事必相關處，卻多含糊。或者又謂有互相檢制之意，此尤不然。」如云：「冢宰之職，不特朝廷之事，凡内而天子飲食、服御、宮掖之事無不畢管。蓋冢宰以道詔王，格君心之非，所以如此。」此説固是。

但云：「主客行人之官，合屬春官宗伯，而乃掌於司寇；儒用録云：「大行人司儀掌賓客之事，當屬春官，而乃領於司寇。」土地疆域之事，合掌於司徒，乃掌於司馬，儒用録云：「懷方氏辨正封疆之事，當屬地官，而乃領於司馬。」蓋周家設六官互相檢制之意。」此大不然，何聖人不以君子長者之道待其臣，既任之而復疑之邪？陳、徐周禮制度，講三公宰相處甚詳，然皆是自秦漢以下説起。云：「漢承秦舊，置三公之官。」若仍秦舊，何不只仿秦爲丞相、大尉、御史大夫，卻置司馬、司徒、司空者，何故？蓋他不知前漢諸儒未見孔壁古文尚書有周官一篇，説太師、太傅、太保爲三公爾。

案：徐通州元德，萬曆温州府志理學傳、嘉慶瑞安縣志儒林傳並有傳。周禮制度精華據朱子語類，上半册即止齋周禮説，不知何人合徐書編之。陳説止三卷，以朱子所述推之，則此本録陳乃居二十卷之半，亦足證止齋禮説於進經三卷外，當别有一集。惟王東巖訂義於永嘉諸儒緒論採取甚詳，止齋説尤夥，而徐説竟無一條，序目亦未及其姓名，殊不可解也。

陳氏謙周禮説 經義考一百二十三

佚。經義考一百二十三

楊氏恪周禮辨疑經義考一百二十三

佚。經義考一百二十三

周禮訂義序目編類姓氏世次：永嘉楊氏恪，字謹仲。間有辨疑。

萬曆温州府志十：宋進士淳熙辛丑黄由榜，楊恪，永嘉人，博羅令。

案：訂義序目於楊謹仲、陳及之，並云：「間有辨疑。」則辨疑似非書名。然朱考已著録，今姑仍之。王書所引楊説頗多，考工車制尤詳悉，蓋亦劬學之士也。

陳氏汲周禮辨疑經義考一百二十三

佚。經義考一百二十三

周禮訂義序目編類姓氏世次：永嘉陳氏汲，字及之。間有辨疑。　二十四：愚案：國服，李叔賨欲矯責償出息之説，以息者亦如司徒「以保息六養萬民」，所以保之使生息，非責其利。此説固好，恐非泉府之所能繼，不如陳及之之説曰：「立法不惟以便下，苟下得其利，而官失其物，則非法也。泉府藏物多矣，不賒貸與人，則必至弊壞，歲月既久不可用；賒貸與民，民轉徙於他所，既得其利，異時以元物入官，各貢所有爲息，則官府亦得其便矣。」

慈溪黄氏日鈔三十：陳及之云：「或謂鄉遂設官最冗，六鄉之民不過七萬五千家，今設官至萬八千九百三十人，爲大夫者百八十人；六遂之民亦不過七萬五千家，而設官乃三千九百九十八人，爲大夫者四十人。鄉遂共十五萬家，官吏乃至二萬三千人。十五萬家之所入能幾何，而足以養二萬三千官吏？」愚案：吕氏總計地官公卿、大夫、士通用三十萬夫，府史、胥徒又不預焉，則又不止陳氏所計二萬三千之數而已。使此書果出於周，尚不過尚書、周官一篇之數，況又説之不通如此。

道光樂清縣志十：宋薦舉陳汲，初習制科，晚薦舉不就。

案：訂義引陳及之説，亦多以周官推後世官制，其宗旨與止齋周官説相近，又多補正儒先舊釋。如「宮正比宮中之官府〔一〕次舍」，訂義五。「大府式貢餘財」，訂義十。「内小臣后有好事於四方」，訂義十二。「調人有鬬怒者成之」，訂義二十三。並駁胡五峰説，「大司徒建國」則申王介甫説，訂義十五。「小司徒論徹法」則申張横渠説。辨疑之名殆以此乎？

鄭氏伯謙太平經國之書宋史藝文志一作「太平經國書統集」，經義考一百二十四作「太平經國之書統集」。今從四

〔一〕「之」，底本衍，徑删。

庫全書總目十九。

十一卷。四庫全書總目十九。宋史藝文志一作「七卷」。

存。明高叔嗣刊本、姜時習刊本、通志堂經解刊本、張海鵬學津討原刊本。

先王無自私之心，安家者，所以寧天下也；存我者，所以厚蒼生也。三代以還，人主始自私矣。以天下遺其子孫，故不得不爲久恃無恐之計。然天下猶因其自私之心，而獲少安於其間，至於秦、隋、魏、晉、南北之君，淫荒狂惑，則並與其自私之計而弗念矣。夫有天下，而至於不愛己，固無望其愛民矣。而獨惜夫愛己者之所以及民，亦褊迫淺陋，足以躋時於小康，而不足以憑藉維持於無窮也。三代聖人之紀綱法度、憲章文物，所以本諸身而布諸天下者甚設也。而尤周密詳備於成王、周公之時，彼其處心積慮，上徹乎堯舜，下及乎萬世者也。外不懼天下之謗而私其跡，曰必使我子孫相承而宗祀不絶也；内實達天下之道而公其心，曰必使我君臣相安而禍患不作也。是故兼三王、施四事，夜以繼日，盡吾精神心術而爲之。其兵農以井田，其取民以什一，其教民以鄉遂，其養士以學校，其建官以三百六十，其治天下以封建，其威民以肉刑。大本既立，然後其品節條目，日夜講求而增益之。其上則六典、八法、八則、九柄、九貢、九賦、九式之序；其次則祭祀、朝覲、冠、昏、喪紀、師、田、行役之詳，下至於車旌、圭璧之器，梓匠、輪輿之度，與夫畫繢刮摩磚埴之法；

又其細者，則及於登魚取龍捉鼈之微，畢公所謂克勤小物者，周公亾盡心焉。蓋一而再三申復之，貽謀燕翼，後世豈無辟王，而皆賴前哲以免流彘之難。共和攝政，而天下復如故。龍漦作孽，宗周滅矣，猶能挾鼎璽而東。當戰國之相吞噬，周塊然而處其中，天下猶百餘年而宗主之。至於垂亡臨絶之際，自分而爲東西，其子孫益繆戾乖忤而弗念厥紹。故天下始去周而爲秦，法亡則周亡。天下後世苟有下泉之思治，匪風之思周道，則陳涇、檜亂之極，一變而復見豳風之正。聖人序詩，所以寓其意於十五國風之末也。秦人變古不道，不足深恨。漢氏去三代甚近，而去周爲尤近，不能因其自私之心，而講求周公致太平之跡。惴惴然徒惟得失之重，而操心之危苦，智慮而盡防範，大抵不過爲握持天下之術耳。苟簡目前，非能深長之思、經久之慮也。封君古也，止於行推恩之令；井田古也，止於議名田之法，刑法止於定箠令，軍旅止於京師之南北軍、郡國之都尉，建官則仿秦舊，制禮則雜秦儀，學校則隸太常，而選舉則數路，鄉里則煙火萬里，其淺近功利，已略足以隨世而及民矣。然乍安而忽危，幾亡而僅存，終不足以垂裕而傳後。其當世敏秀奇傑之士，深見遠識，而有志於先王之治者，則或請定經制，或欲退而更化，或願建萬世之長策。每觀王符論漢家失業之民，歲至三十萬，則田賦、鄉里、刑法等制，益知其苟然而已。仲長統欲定吏禄，重三公之權，改税法，更官制，沛然思惟善道，而有易亂爲治之意，論甚美矣。至於請廢封建，復井田、肉刑，亦復講之未精也。唐承八代之衰，太宗之所以造唐者，亦慨然欲庶幾先王之治，而補漢氏之缺，收召豪傑，相與修廢起墜，於貞觀一二十年間，稅爲租庸調，田爲口分世業，兵爲府選，士爲明經進士，官爲七百三十員，天下爲襲封刺史，然亦駁雜而不純粹，疏略而無統紀。未幾兼併不禁，課役不均，更租調爲兩稅，變府兵而爲彍騎，停世襲而爲州縣，不愛名器而爲墨敕斜封。唐之子孫固非善守法者，而立法之初，亦不得不分任其咎。當其弊端未見，天下因其自私而亦得以獲苟安之利。一旦利盡害形，罅隙呈露，則遂以大壞而不得支援矣！宋之元嘉，元魏之泰和，隋之開皇、仁壽，夫豈不爲治安，而言治者不之數，功利在人，及身而止。漢、唐之事何以異此。雖然，漢承亡秦絶學之後，不獨二帝三王之法度無復餘脈，雖五霸七雄區區富强之事亦一埽而無遺。草創之初，大臣無學，方用秦吏，治秦律令圖書，固難責以先王之制度也。唐自元魏北齊以來，受民以田，分民以鄉，先王之制，十已用其一二；繼以蘇綽之在周，約六典以定官制，而府兵之法，亦微有端緒，先王之制，十已用其五六；又繼以隋文帝之富盛，蘇威、高景本「熲」字。之損益，而先王之制，十已用其七八；太宗躡其後而行之，使其深觀詳酌，纖悉委曲，有以補前世之未備，則以唐之治爲周之治，日月可冀也。而僅以若此，此豈無所自哉！世變不古，功利之蟠結於人心，而此書之宏博浩瀚，讀之難曉，而說之易惑也。彼其煨燼於秦火，眨駁於漢儒，好古如武帝，反謂之末世瀆亂不經之書，伏藏泯没於山巖屋壁之間。漢之末年，雖入秘府，竟未嘗一出而試之於治。其後劉歆取以輔王莽，五均六斡，列肆里區皆有徵。天下騷然受其弊，其餘杜氏不過能通其句讀，馬、鄭諸儒亦止於作爲訓詁而已。隋唐之間，文中子講道河汾，頗深識其本末，以爲經制大備，後世有所持循，然徒載之空言，不及見之行事也。唐太宗嘗與群臣語及周禮，而房、杜、魏徵，雖出王氏之門，然本無素業，留宿中書，聚議數日，竟不能定。問及禮樂，復不能對，大本既失，他何望焉。宋朝王氏以儒學起相熙、豐，又嘗一用周禮，而計利太卑，求民太甚，其禍甚於劉歆。伊洛老師、横渠張夫子，固習周公者矣，而又不及究其志。蓋自有周禮以來，若孔子、文中子、伊洛、横渠諸子，則恨不及用；房玄齡、杜如晦、魏徵，則愧不能用；漢之劉氏、宋朝之王氏，則又悔不善用。自漢、唐以至今日，天下之治，所以駁雜而難考、弊壞而不可收者，大抵出於是三者之間也。是以時君世主厭薄儒生，姍笑王制，悉意於淺功近利，就其自私之心，而姑爲目前苟簡之謀，儻可以維持一世足矣，不暇及此宏闊之談也。嗟乎！千載之下，有能起周公之治者，學者所不能而見也；有能講明周公之制者，學者所不能而辭也。修職郎衢州府學教授永嘉鄭伯謙節卿撰。

正德十四年，余以增廣生被試，策問周禮疑信相半之由。余方少，竊聞其概，因以意對曰：「昔孔子之時，周德方衰，而對魯哀公以文武之政布在方策、人存政舉之説，及周益衰。孟軻氏始言諸侯去先王之籍，不得聞其詳。彼所稱方册與籍，豈謂周禮耶！孔子尚思興東周，孟子則直勸齊梁以王，當是時，不但其籍亡，雖有之，固不可爲邪！至荀卿之徒李斯佐秦，遂取經籍，一切焚棄之，後世以爲罪。然使始皇〔一〕并天下爲周武王，李斯有周公之聖，其時欲行周禮能乎？周之興也，深仁厚澤垂十餘世，聖後繼作，禮樂法度，莫不講明，國以爲教，家以爲學，漸被陶融，非一日也。故周立爲天子，頒其政式，放於四海，靡然信從，事若畫一，不俟强勉，其來遠矣。秦則不然，以戰鬬爲功，以干戈爲業，法令已成，習俗已定。方其烹滅諸侯，而六合爲一也。雖有周禮，將安施之，而況後秦者乎？何也？先王之法，至周始備，至秦始滅，去此其會也。後世直用秦爲古耳。秦不復行周禮，明後世之不可行必矣。然則是書可盡廢邪？何爲其然也？三禮莫古於儀，周公所親定者。説文云：『禮之字，從豆，從曲，從示；示，古神祇字。』蓋先王於籩豆神祇之間曲盡其意。於是乎録其升降，等其隆殺，故謂之禮，此其跡也。先王之意有不在是者，周易『觀』之象曰：『盥而不薦，有孚顒若。』先王以其誠敬之心事神，故下觀而化。故傳曰：『聖人以

〔一〕「皇」，鈔本作「王」。

神道設教而天下服矣。』今夫官名之設，內外之辨，崇卑之度，多寡之數，成周致治之具也。而所以致治豈盡於是邪？故善爲治者師其意而已，若周禮者，存之以考可也，其略云耳！」是時南原王先生督學，優之，其年，叔嗣舉於鄉。後三年，得進士，爲考功主事，始好是書，聞人有異本，不憚求之。同縣人按察副使田勤甫氏刊周禮集說，讀其中，往往引太平經國書，可觀取，恨不見其全。他日翰林學士姚維東氏云：「有之。」傳以視叔嗣，録藏於家。後十年而爲嘉靖丙申上冬朔日，刊於山西布政司。大中大夫山西左參政、後學祥符高叔嗣撰。

唐賈公彥敘周禮廢興，言周禮起於成帝劉歆，而成於鄭玄，附麗之者大半。故林孝存以爲武帝知周官末世瀆亂不驗之書，唯有鄭玄遍覽群經，知周禮者乃周公致太平之跡，故能答林碩之論難，使周禮義得條通。易曰：「神而明之，存乎其人。」此之謂也。是言禮貴明義而神化在人。夫三代之法，至周則稱盛備焉。今觀周禮載：「惟王建國，辨方正位，體國經野，設官分職，以爲民極。」是所謂法，誠甚盛備。然自文、武、成、康既殁，治亦漸陵夷於舊。當是時道未墜地，政布在方策，即其變已如此。迨其衰微，秦悉更典，造端思垂萬世，然不二世而亡。漢興多襲秦故，然文景之間，黎民殷富，海宇向風，至與成康比隆。此其治蓋不專在於法，假使文武爲君，周公爲相，雖不作周禮，天下其太平哉！世儒好古，謂不復周禮，終難以語先王之治，規模宏大，條理纖微。然其義止以爲民，民既和，則法制雖陳，而非有所恃。後世先不爲民，民既傷，猶曰法未之嚴；文已深，又從而繁之。由兹之治，雖品式盡仿周禮，天下其能太平哉！故治天下，審法度，在明其義而神化之。苟有爲民之實，奚而不可也。若周禮者，其爲民經慮詳矣。永嘉鄭氏著太平經國書，推言周之爲民而義益大著。然余嘗見嘉靖丙申大梁高使君初刻山西布政司，余乃遍觀焉。明年丁酉，余飭兵潁上，士多藻彦，因出其書託縣尹姜子時習爲翻刻之，與諸士同觀，又明年戊戌五月而翻刻成。冀南孔天胤叙。

四庫全書總目十九：太平經國之書十一卷內府藏本，宋鄭伯謙撰。伯謙字節卿，永嘉人。官修職郎，衢州府學教授。王與之周禮訂義首列宋代説周禮者四十五家，伯謙爲第三十一，居黄度、項安世之間，蓋寧宗、理宗時人。是書發揮周禮之義，其曰太平經國書者，取劉歆「周公致太平之跡」語也。首列四圖：一曰成周官制，一曰秦漢官制，一曰漢南北軍。所圖僅三朝之職掌宿衛，蓋其大意欲以宫中、府中、文事、武事一統於太宰，故惟冠此四圖，明古制也。其書爲目三十：曰教化、奉天、省官、内治、官吏、宰相、官民、官刑、攬權、養民、税賦、節財、保治、考課、賓祭、相體、内外官制、臣職、官民、宫衛、奉養、祭享、愛物、醫官、鹽酒、理財、内帑、會計、内治。其中内外一門、會計一門、又各分爲上下篇，凡論三十二篇，皆以周官制度類聚貫通，設爲問答，推明建官之所以然。多參證後代史事，以明古法之善。其論天官玉府諸職一條，車若水腳氣集頗稱之。然其間命意，間有不可解者，如齊東野語記韓侂胄之敗，殿司夏震尚聲喏於道旁。梅磵詩話記紹定辛卯，臨安大火，九廟俱毁，獨丞相史彌遠賜第以殿司軍救撲而存。故洪咨夔詩有「殿前將軍猛如虎，救得汾陽令公府。祖宗神靈飛上天，痛哉九廟成焦土」之句。其時武統於文，相權可謂重極。而此書宰相一篇尚欲更重其權。又宋人南渡之餘，湖山歌舞，不復措意中原，正宜進「臥薪嘗膽」之戒，而此書奉養一篇，乃深斥漢文帝之節儉爲非，所論皆不可爲訓。毋乃當理宗信任賈似道時，曲學阿世以干進歟？以他篇貫通經義，尚頗有發明。舊本流傳，久行於世，姑節取焉而已。

乾隆温州府志十九：宋進士，紹熙庚戌，余復榜，鄭伯謙，永嘉人。著太平經國書。

車若水腳氣集上：永嘉鄭伯謙云：「天官之職，自玉府、内府而下，今皆收入内藏庫。自宫人、掌舍以下，今皆收入修内司。自醫師、食醫以下，皆入御藥院。自膳人庖人而下，皆入御前供奉。」自漢晉以後，先王所以招使士大夫在宫内者，稍稍推出；卻將天子服食掌於外朝者，稍稍引入。

周禮訂義十七：王氏詳説曰：「畿内用貢法者，以鄉遂及公邑之吏旦夕從事於民耳；

邦國用助法者，諸侯專一國之政，恐其税民無藝耳。都鄙雖在畿内，然實諸侯，此所以用助法。鄭伯謙疑此，『豈有天子之國自税民田，而令諸侯但爲公田而不税哉！』又謂：『周之畿内以及天下諸侯一用貢法税，夫無公田也。公田，商禮也。文王爲商諸侯，其田猶依商禮，至武王得天下，周公攝政，遂變之。』此皆泥於康成采地制，井田異於鄉遂及公邑之説。」

案：鄭節卿太平經國書卷耑繫銜稱：「修職郎衢州州學教授。」考洪咨夔平齋集十八，有大理寺丞鄭伯謙差知常德府提舉常德澧辰沅靖兵馬制。又謝旻江西通志六十四，宋知臨江軍亦有鄭伯謙。是節卿固敭歷州郡，非以教授終也。經國書貫穿全經，綜論大意，雖考證簡略，而平議閎通，殆亦習聞薛、陳諸老緒論者。至其文章精偉浩瀚，尤與水心相近，信乎其爲永嘉之學也。至宰相、奉養二篇，立論偏駁，不無可議。四庫提要疑其當史、賈擅權，曲學阿世，則殊不然。此書自叙雖不箸年月，而節卿舉進士在紹熙庚戌，下距紹定辛卯已四十年，距賈似道擅權爲年尤遠。節卿既非終於教授，則此書之作必在其前矣。

曹氏叔遠周禮地官講議經義考一百二十九

佚。經義考一百二十九

周禮訂義序目編類姓氏世次：永嘉曹氏叔遠，字器遠，有地官遂人至蘽人講義。

案：曹文肅公叔遠，教授逢時子，止齋陳文節公門人。宋史四百十六、萬曆温州府志宦業傳、雍正浙江通志名臣傳、嘉慶瑞安縣志儒林傳並有傳。其地官講義，始遂人終蘽人，蓋意欲專論井地、食貨諸大端，故所述僅此也。經義考一百二十九，既列其目，而一百二十三又出周禮講義，前後緟複。舊通志及府、縣志並沿其誤，今删。

戴氏仔周禮傳 經義考一百二十三

佚。經義考一百二十三

陳氏汪周官集傳 經義考一百二十三作「周官小集」，誤。今從周禮訂義序目。

佚。經義考一百二十三

周禮訂義序目編類姓氏目次：永嘉陳氏汪，字蘊之。集傳中間有數説。

周禮全書治周禮姓氏：陳氏汪，字蘊之，永嘉人。有小集。

道光樂清縣志十：宋國子薦，陳汪，慶元間入太學，授昌州文學。

案：陳氏集傳，周禮全書作「小集」，乃邱氏鈔訂義序目之誤。序目別載永嘉李氏嘉會、山陰孫氏之宏，並注有小集，非陳藴之也。經義考及舊通志、府、縣志並沿其誤，今正之。集傳今不傳，其佚文見訂義者，如「膳夫王燕飲則爲獻主」，引楊龜山説，訂義六[一]。「矢人鍭矢」，引無名氏圖説，證王昭禹詳解。訂義七十七[二]。蓋綜集諸家訓義，故以集傳爲名。據訂義序目云：「間有數説。」則原書不甚自立新義，故王氏所引，亦較止齋、及之兩家爲少也。

王氏與之東巖周禮訂義

八十卷。宋史藝文志一、四庫全書總目十九。

存。通志堂經解刊本

朝奉郎、直焕章閣、權知温州軍州、兼管内勸農事趙汝騰。右臣汝騰、龔準秘省公移，索臣所領樂清縣管下士人王與之周禮訂義以俟聖覽。臣即命工匠，就其家印寫貳本繳納訖。臣竊詳諸經訓解皆有先儒折衷，彙集成書，獨二禮闕。周禮又不幸遭王安石不

[一]「六」，底本誤作「七十七」，據周禮訂義改。
[二]「訂義七十七」，底本脱，據周禮訂義補。

善用以禍天下，學者望而疑之。雖程顥、頤、張載三先生尊信此書，僅有緒言見於語録。近世大儒朱熹，辨明甚至，皆有意表章之，然亦未嘗作爲訓義以行於世。與之以山澤臞儒，乃能編營天下前後儒先講解，或一説之精，或一義之當，蒐獵無遺，間亦自附己見，剖析微眇，是非審確，故參預真德秀擊節是書，爲之序。德秀歿，與之益加意删繁取要，由博得約，今其書益精粹無疵矣。上可以裨聖明之治，下可以釋學者之惑，有功於六典甚多，縉紳韋布爭欲得之，與之刊於家。臣嘗識其人，近來假守，益得之於旦評。履踐無玷，節守不渝，皓首著書數種，周官特其一也，真經明行修之士。臣職在師帥，每欲薦之於朝。適會秘省取其著書，臣用敢以姓名聞，欲望聖旨下秘省，索與之訂義，以備乙夜之觀，仍少加旌異，以風厲天下學者，幸甚。謹録奏聞，伏候敕旨。淳祐二年十二月日，朝奉郎直焕章閣權知温州軍州兼管内勸農事趙汝騰奏。三年正月初六日，奉聖旨下秘書省宣入。十八日奉聖旨降付尚書省，送檢正都司。都司擬上，照得温州布衣王與之，皓首窮經，其書滿家，若周禮訂義最爲精粹。與之守志厲行，無求於世。今秘省取其書，守臣上其名，與獻書自鬻者不同，欲特補一官，以示旌異。四月二十六日奉聖旨，王與之敕授賓州文學，其周禮訂義付秘書省。

周禮之難行於後世也久矣，不惟難行，而又難言。然則終不可行乎？曰：有周公之心然後能行周禮；無周公之心而行之則悖矣。然則終不可言乎？曰：有周公之學然後能言周禮；無周公之學而言之則戾矣。孟子曰：「周公思兼三王，以施四事，其有不合者，仰而思之，夜以繼日，幸而得之，坐以待旦。」公之心，禹、湯、文、武之心；而其學，則禹、湯、文、武之學也。以此之心布而爲政，以此之學箸而爲書，故能爲成周致太平，而爲萬世開太平。蓋自古禍亂之原非一，而大略有四焉：君心縱於逸樂，而群下不敢言也；賢才壅於疏逖，而在位非其人也；元元愁痛而上不聞，蔽耳目之近而遠弗察也；六官之屬，凡能導人主以侈欲者，壹以冢宰統之，三公之論道，師保氏之詔諫，又皆以輔導爲職，而君者立於無過之地矣。士之有德行道藝者，民自興之，而因使長與治焉，修於家者莫不達於朝廷，則人才無陸沈，天官弗私予矣。居民有法，養民有政，斂民有制，刑民有典，舉天下疲癃惸獨，無不樂其生者，又自王畿之近，至於六服之遠，地之相去或千萬里，而情之相通如一家。凡此皆禹、湯、文、武之政。公之所思而得者畢萃於此通志堂本奪「此」字，今據西山文集二十九增。書。非有公之心者其能行，非有公之學者其能言乎？新室盜也，宇文狄也，其所經營皆自私也。志先王之道者莫如唐太宗，然無端身刑家之本，而欲規井田、議封建，宜其卒莫能行也。自劉歆用之既悖，儒者譁而攻之；王安石用之復悖，儒者又譁而攻之，王安石以下十四字，通志堂本奪，今據西山文集補入。曰周禮不可行也。吁！歆之王田，安石之泉府，直竊其一二以自蓋爾，安得累吾聖經邪？　彼何休者，指以爲六國陰謀之書，既幾於非聖無法，而近世之闢荆舒者，又謂其廢孔子之春秋，用劉歆之周禮也，獨不思春秋固出於周禮邪？使周禮常行於天下，則春秋不作矣。　蓋後世之行周禮者，其悖如彼，而言者又其（西山文集作「甚」）。戾如此，故曰：「不惟難行，而又難言也。」鄭、賈諸儒，析名物，辨制度，不爲無功；而聖人微指終莫之睹。　惟洛之程氏、關中之張氏，其所論説，不過數條，獨得聖經精微之藴。蓋程、張之學，公之學也。　有公之學故能得公之心，而是書所賴以明也。　永嘉王君次點，其學本於程、張，而於古今諸儒之説莫不深究，著爲訂義一編，用力甚至，然未以爲足也，方將蚤夜以思，深原作經本指以曉當世，其心抑又仁矣。　以是心而爲是學，周禮一書其遂大明矣。（西山文集下有「乎」字。）　嗚呼！　使是書而果大明，在上者以周公之心行三王之事，則太平之路開，禍亂之源窒，豈空言哉！　予嘉次點之志，故爲序於篇端，而勉使益用力焉。紹定五年閏九月甲戌，建安真德秀書。（經義考一百二十四按：是序又見載劉爚雲莊集。）

東巖王君次點，彙周禮數十家説，衷以己見，爲訂義若干卷，真文忠公既序之矣，又拳拳俾予贅卷後，辭十數不獲，將行，束擔弛日以俟予文，遂勉爲之言。　周禮一書，先儒疑信相半，横渠氏最尊敬之，五峰氏最擯抑之，二説交馳，學者幽冥而罔知所從。　嘗平心思之，周禮真周公書，漢志所謂周官六篇是也。　獨不幸有三可憾：在成周未能爲成書，在後世不得爲全書，此予每深致其惋惜嗟歎之意。何以的知爲周公書？是書之首曰：「惟王建國，辨方正位，體國經野，設官分職，以爲民極。」此言宅洛建官之旨。司徒職曰：「日至之景，尺有五寸，謂之地中，乃建王國。」太宰職曰：「掌建邦之六典，以佐王治邦國。」此演而伸其旨也。洛，天下之中地；六官，太平之盛典。以中地行盛典，此周公佐成王宅洛之本心。周書召誥曰：「旦曰其作大邑，其自時中乂。」洛誥亦曰：「其自時中乂，萬邦咸休。」此周公之心也。又書周官載「六卿」，自冢宰至司空，雖不條陳設屬，亦曰「六卿分職，各率其屬」，大旨與六典合，所以的知爲周公書。然向使周公得輔成王於洛邑，推行其六典，事制曲防之間，文理密察之際，必猶有所改定，庶幾爲成書以詔後世。惜也洛宅未及遷，六典有書未嘗行，可憾一也。仲尼慕周公者也，從周之歎，發於閒居。使得遂其爲東周之志，六典必見於推行，討論潤色益至於大成，備周公之未備者，不在仲尼乎？橫渠氏謂「仲尼繼周，損益可知」，是也。惜明王不興，天下莫能宗之，「不復夢周」之歎方形，而天復不憖遺矣。可憾二也。秦火後，經籍多殘失，禮書爲甚。漢武帝時，河間獻王始得周官於民間，比詩、書最晚出，故武帝詔有禮壞之歎。顔師古謂亡其冬官，補以考工記，有所亡，有所補，非全書也。此伊川氏所謂「禮經多出於掇拾煨燼之餘」，安得句爲之解是也。可憾三也。有是三可憾，則是書之存，於天下後世固足以見周公爲萬世開太平之大旨，然前之既未爲成書，後之又不得爲全書，則不能不使萬世而下，抱不得見周公經制大成之深恨。先儒乃盡歸咎於劉歆，以爲剿入私説，迎合賊莽，不亦甚乎？次點研精覃思十餘年，而訂義成，顯幽闡微，商是確非，其有發先儒所未發者多矣。至其釋周公將整齊六典以爲宅洛計，不幸殁而成王不果遷，規摹不獲究，冬官未嘗亡，錯見於五官中，諸儒不能辨，而補以考工記，則尤有見於是書本末之端的，故予特表出之。嘉熙丁酉夏中伏日，古汴趙汝騰茂實序於卷末。

東巖周禮訂義八十卷，載宋史藝文志。宋之群儒〔一〕，經義最富，獨詮解周禮者寡，見於志者，僅二十有二家而已。蓋自王安石當國，變常平爲青苗，藉口周官泉府之遺，作新經義，以所創新法盡傅著之。又廢春秋，不立學宮。於是與王氏異者，多説春秋而罷言周禮。若潁濱蘇氏、五峰胡氏，殆攻王氏而并及於周禮者與？昔之言周禮者，鄭康成信爲周公致太平之跡，陸陲謂爲群經源本，王仲淹美其經制大備，朱子亦稱其廣大精密，非聖人不能作，則爲先秦古書無可疑焉者。東巖之説，謂「周公將整齊六典，以爲宅洛計，不幸殁，而成王不果遷，規模不獲究。」其説本鄭氏注而暢發之。至云「冬官未嘗亡，錯見於五

〔一〕「儒」，底本脱，據通志堂本補。

官中」，則與臨川俞壽翁合。其編集諸家之説，宋儒自劉仲原父以下凡四十五家，可謂詳且博矣。東巖姓王氏，名與之，字次點，樂清人。從松溪陳氏學，傳六典要旨。其書淳祐初郡守趙汝騰進於朝，付秘書省，特補一官，授賓州文學，終通判泗州，卒年九十有七。康熙丙辰一月，納蘭成德容若序。（通志堂本卷耑序）

陳櫟跋批點周禮訂義：泰定甲子六月七日，敏求寄示禮訂首册，余細觀而深喜〔一〕之，承誘以點校。自後屢借屢換，凡三載始足，點校亦始畢〔二〕。此本刊刻甚拙而多誤，揆之理而可是正者固多，以意會〔三〕者亦不無。齊稷下諸儒有言曰「學問如何觀點書」，又聞前輩有言曰：「校書如掃塵，一面掃，一面生。」由前一説言之，余固不敢以學問自居；由後一説言之，余亦不敢以纖塵自必。敏求其明鑒而恕待之。（定宇文集三）

盧文弨方望溪鍾蔗經刪訂周禮訂義書後：今上登極之初，纂修三禮，望溪先生爲總裁，選通禮學者爲纂修，大興鍾蔗經先生與焉。此周禮訂義，乃宋樂清王與之次點所箸。

〔一〕「觀而深喜」，底本闕，據定宇文集補。
〔二〕「校亦始畢」，底本闕，據定宇文集補。
〔三〕「意會」，底本闕，據定宇文集補。

其用朱筆點勘者，蔗經也；用緑筆審正者，望溪也。別其是非，擇所去取，蔗經先之，望溪成之，間亦有異同焉。偶翻此書，小宰六計弊群吏之治，次點以康成「六事廉爲本」之説爲不然，「廉」猶廉問、廉察也。蔗經不删，亦似有取爾者。意竊疑之，曰聽、曰弊，意已足該，何必變其文而曰廉問其善乎？廉問其能乎？謂察爲廉，經無他比，六計具有功狀，聽之於始，弊之於終，其人已無可匿，何必如後世之寄耳目於人，使爲刺探，而後其真可得耶？記曰：「大臣法，小臣廉」。群吏則小臣爲多矣，而曰廉非所貴乎？且廉訪之字，古亦不作廉。古作「覝」字。惜乎當日不能就蔗經而請正之。乾隆四十六年閏月十一日，後學盧某跋。

抱經堂文集八

四庫全書總目十九：周禮訂義八十卷內府藏本，宋王與之撰。與之字次點，樂清人。淳祐二年六月，行在秘書省準敕訪求書籍，牒温州宣取是編。知温州趙汝騰奏進，特補一官，授賓州文學，後終於通判泗州。此本省牒、州狀、都司看詳及敕旨均録載卷首，蓋猶宋本之舊。前有真德秀序，作於紹定五年壬辰，下距進書時十年。又有趙汝騰後序，作於嘉熙元年丁酉，下距進書時六年。故汝騰奏稱「素識其人」。又稱德秀殁後，與之「益删繁取要，由博得約，其書益精粹無疵也」。所采舊説，凡五十一家。然唐以前僅杜子春、鄭興、鄭衆、鄭玄、崔靈恩、賈公彦等六家，其餘四十五家則皆宋人。凡文集、語録無不搜采。蓋以當代諸儒爲主，古義特附存而已。德秀稱：「鄭、賈諸儒析名物，辨制度，不爲無功，而聖人微旨終莫之睹。惟洛之程氏，關中之張氏，獨得聖經精微之藴。永嘉王君，其學本於程、張」云云。蓋以義理爲本，典制爲末，故所取宋人獨多矣。其注考工記，據古文尚書、周官司空之職，謂冬官未嘗亡，實沿俞庭椿之謬説。汝騰後序亦稱之，殊爲舛誤。然庭椿淆亂五官，臆爲點竄，與之則僅持是論，而不敢移掇經文，視庭椿固爲有間。至其以序官散附諸官，考陸德明經典釋文、晉干寶注周禮，雖先有此例，究事由意創，先儒之所不遵，不得援以爲據也。惟是四十五家之書，今佚其十之八九，僅賴是編以傳。雖貴近賤遠，不及李鼎祚周易集解能存古義，而蒐羅宏富，固亦房審權周易義海之亞矣。又案：邱葵周禮補亡序稱：「嘉熙間，東嘉王次點作周官補遺，由是周禮之六官，始得爲全書。」今本實無補遺，未審别爲一書，或附此書内而佚之。然憑臆改經之説，正以不存爲最善，固無庸深考也。

通志堂經解目録：周禮訂義八十卷，宋樂清王與之次點東巖撰。東巖嘗撰周官補遺，摘取五官之屬，以補冬官。其説始自臨川俞壽翁庭椿復古編，而東巖與清源邱葵繼之。然東巖所著訂義，則以諸屬仍列五官而爲之説也。此書採舊説五十一家，宋儒之説又四十五家，蓋言義理者略備於此。何焯曰：「李中麓、宋本。」

慈溪黃氏日鈔三十：王次點曰：「以周官司空之掌，考〔一〕之司空未可以爲亡也。夫周官言『司空掌邦土、居四民、時地利』，凡經言田萊、溝洫、都邑、涂巷者非『邦土』而何？農、工、商、賈、市、井、里、室、廬者非『居民』而何？桑、麻、穀、粟之所出，山澤、林麓之所生，非『地利』而何？及考小宰言六官設屬，各有六十，今治官之屬六十有三；教官之屬七十有八；禮官之屬七十，政官之屬〔二〕六十有九；刑官之屬六十有七。意者簡編錯雜，先儒莫之能辨，遂以考工記補之。其實司空一官，未嘗亡也。」愚按周禮出於漢末，鄭氏謂：「漢興購求司空篇不得。」恐未可信。今以五官所餘之數，合考工三十之數，自可足本篇六十，而謂「先儒莫之能辨」，此豈難見之事，而先儒莫之能哉？或疑此書正因晚出，故爲錯脱以示其爲古，未知然否？然五官之屬，皆差互不倫，非特司空一官而已也。

柯尚遷周禮全經釋原序：臨川俞庭椿氏，以爲冬官未嘗亡，實雜出於五官之中，著復古編以伸其説。嘉熙間，東嘉王次點又作周禮訂義，以補俞氏之遺。

案：東巖周禮訂義，采摭浩博，爲周官説之淵棷，易祓、王昭禹諸書莫能及也。至其冬

〔一〕「考」，底本原據黃氏日鈔誤作「放」，據周禮訂義改。

〔二〕「七十，政官之屬」，底本脱，據黃氏日鈔補。

官不亡之説，則於考工記篇目略一及之，曰：「愚按：漢儒謂冬官亡，補以考工記，司空果亡乎？以周官司空之掌考之，司空未可以爲亡也。夫周官言『司空掌邦土，居四民，時地利』，凡經言田萊、溝洫、都邑、涂巷者，非『邦土』而何？農、工、商、賈、市、井、里、室、廬者，非居民而何？桑、麻、穀、粟之所出，山澤、林麓之所生，非『地利』而何？及考小宰言六官設屬，各有六十，今治官之屬六十有三，教官之屬七十有九，禮官之屬七十有一，政官之屬六十有六。意者秦火之餘，簡編脱落，司空之屬，錯雜五官之中，先儒莫之能辨，遂以考工記補之。其實司空一官，未嘗亡也。」訂義七十蓋所論者止此而已，其欲移易各官，説見於周禮全書者，別在補遺中。據邱氏説，補遺作於嘉熙間。此書真文忠序作於紹定五年，是補遺之作，在訂義既成之後。柯氏周禮釋原序以訂義、補遺爲一書，並爲嘉熙間作，誤也。至所采舊説五十一家，序目載其姓氏，今録於此，以備參考。漢四家：杜氏子春、鄭氏興、鄭氏衆、鄭氏康成。唐二家，賈氏公彦、崔氏靈恩。案：崔靈恩，實蕭梁人。見梁書儒林傳，東巖以爲唐人，誤。宋四十五家：劉氏敞、臨川王氏安石、南康劉氏恕、明道程氏灝、伊川程氏頤、橫渠張氏載、龜山楊氏時、王氏昭禹、陸氏佃、南城李氏覯、禮圖説未詳誰氏所編、禮庫未詳誰氏、建寧胡氏安國、五峰胡氏宏、陳氏祥道、劉氏彝、方氏慤、三山林氏之奇、三山鄭氏鍔、四明史氏浩、建安朱氏熹、東萊呂氏祖謙、永嘉薛氏季宣、永嘉陳氏傅良、永嘉鄭氏伯熊、劉氏迎、王氏未詳誰氏、永嘉楊氏恪、永嘉陳氏汲、山陰黄氏度、永嘉鄭氏伯謙、括蒼項氏安世、莆陽李氏叔寶、龍泉葉氏適、長沙易氏祓、金華薛氏衡、天台陳氏用之、鄭氏敬仲、廬陵周氏必大、永嘉曹氏叔遠、永嘉林氏椅。案：椅，實非永嘉人。此通志堂本誤刻，説見辯誤。金華趙氏溥、永嘉陳氏汪、永嘉李氏嘉會、山陰孫氏之宏。其書中所引，不列於序目者，尚有胡伸、竇嚴、高閌、徐卿、毛彦清、呂芸閣呂大臨、張南軒張栻、張沂公、陳彦群陳季雅、陳宏父、藍氏、唐氏，及陳暘樂書、尚書精義諸説，又十餘家。搜輯之富，不減衛湜禮記集説。惟剪裁舊説，爲一家言，與衛書之備列衆説同異者異，又間以己見論定是非，亦與衛書之不加論斷者異耳。

周官補遺邱葵周禮全書序

佚。

周禮全書序：宋淳熙間，臨川俞庭椿始著復古編，新安朱氏一見，以爲冬官不亡，考索甚當，鄭、賈以來，皆當斂袵退三舍也。嘉熙間，東嘉王次點又作周官補遺，由是周禮之六官始得爲全書矣。治官之屬，元有六十三。俞庭椿刪出獸人、漁人、鼈人、獸醫、司裘、掌皮、典絲、典枲、染人、追師、屨人十一官；王次點補以春官天府、內宗、外宗、大史、小史、內史、外史、御史八官，正合六十之數。俞庭椿、王次點皆以爲冬官未嘗亡，錯見於五官中。予細考之，果未嘗亡也。真西山、趙庸齋皆以爲次點之訂義有先儒之所未發，謂冬官未嘗亡，諸儒不能辯。　教官之屬，元有七十九。按俞庭椿復古篇，王次點訂義，删出二十二官，不當爲地官之屬。　禮官之屬，元有六十九。按俞庭椿復古篇、王次點訂義，删出十七官，添入鼓人、舞師二官，又添入大行人、小行人、司儀、行夫、掌客、掌訝、掌交七官，正合六十之數。　政官之屬，元有六十九。俞庭椿謂職方氏、土方氏、形方氏、山師、川師、邍師之屬，乃邦土之佐，司空屬官也。又謂弁師與司弓矢、稾人，亦宜以工屬司空，隸司馬，傳訛者也。王次點謂量人一官，司空度地職也。與考工記國人，營國之文無異，亦宜删出。　刑官之屬，元有六十六。俞庭椿謂大行人、小行人、司儀、行夫、掌客、掌訝、掌交七官，當屬春官。王次點謂犬人一官，當屬冬官，環人一官，當與夏官環人合爲一。

秦蕙田五禮通考二百十四：案：王氏所著周禮訂義八十卷，但移序官於每條之前，其餘俱仍經文之舊，未嘗輕有改移。別著周官補遺，證司空非亡，雖亦承俞壽翁之誤，而較之輕改經文者，固有間矣。今補遺一編已無存。

周禮十五圖

一卷。國史經籍志二

佚。

王氏奕周禮答問經義考一百二十五

佚。經義考一百二十五

雍正浙江通志一百八十二：王奕，字子陵，研貫該博，杜門著書，不求聞達。淳祐間，有旨下州，索所著書，太守趙汝騰爲繕進，且薦之朝。奕竟不應。

案：霞碧王山人奕，萬曆温州府志文學傳、雍正浙江通志、嘉慶瑞安縣志文苑傳並有傳。

胡氏一桂古周禮補正續文獻通考一百七十四作「補正古周禮」，今從經義考一百二十五。

一百卷。經義考一百二十五

佚。經義考一百二十五

經義考一百二十五，引王瓚温州府志：胡一桂，字德夫，永嘉人。咸淳庚午領鄉薦。研究姬公經國制度，參訂互考六官錯簡，一旦貫通，遂成補正古周禮一百卷，林千之爲序。學者稱人齋先生。

案：人齋胡鄉貢一桂，萬曆温州府志理學傳、乾隆永嘉縣志儒林傳並有傳。古周禮補正，元以來傳本久佚，林能一序，亦未見。據王志所述，則人齋似亦主俞廷椿等「冬官不亡」之説者。

明

周氏綱周禮補遺乾隆温州府志二十七

佚。

案：玉臺周教諭綱，雍正浙江通志、乾隆温州府志、道光樂清縣志文苑傳並有傳。

國朝

葉氏嘉棆周官翊訓寶香山館集十七

未見。

右周禮

温州經籍志卷四

經部

禮類

宋

張氏淳古禮十七卷。經義考一百三十二作「校定古禮」。直齋書録解題二、文獻通考一百八十並無「校定」二字，今從之。直齋書録解題二、文獻通考一百八十。

未見。經義考一百三十二注曰「佚」。

釋文一卷。直齋書録解題二、文獻通考一百八十。

未見。經義考一百三十二注曰「佚」。

識誤 萬曆温州府志十七作「釋撰」，誤。

三卷。直齋書録解題二、文獻通考一百八十、四庫全書總目二十。宋史藝文志一、授經圖禮四並作「一卷」，誤。

闕。武英殿聚珍版本。經義考一百三十二注曰「佚」。

儀禮未知孰作？或曰周公作之也。孔子、孟子有學禮之言，禮記有讀禮之文，當是時固已有簡牘之傳矣，決非秦漢間筆也。其制度必出於聖人，若曰周公作之，則非淳之所知也。漢時言經則離記，言記則離經，今記附經之後者又誰也。出於孔氏之宅壁者曰禮記，河間獻王之得先秦古書者曰禮記。夫禮者，今之儀禮，記者，今儀禮之記，時未有儀禮之名也，豈漢後學者睹十七篇中有儀有禮，遂合而名之歟？秦暴焚書，禮之見於漢者，猶有古經五十六卷、經七十篇、記百三十一篇。漢之君臣，特不好不尚而已。至宣成世，大小戴，劉向所録止十七篇，十蓋逸其七八。孰謂不好不尚之禍乃甚於秦之焚之也。魯人高堂生傳士禮十七篇，其篇數與今儀禮同，陸德明、賈公彦皆以爲今儀禮。考之西漢藝文志，高堂生之禮，后倉最明，倉以傳大小戴。古經者出魯淹中，多天子、諸侯、卿大夫制，愈於倉等推士禮以致天子。夫如是則高堂生所傳特士禮爾。今儀禮中所謂士禮，有冠、昏、相見、喪、既夕、虞、特、牲饋食七篇，他皆天子、諸侯、卿大夫禮，必非高堂生所傳者，不知賈、陸二子何據而云爾。漢數六經，禮、樂與焉。厥後樂書亡矣，有儀禮在，亦復不取。周禮古矣，然聖人設官分職之書也。至其所用以長以治者，豈能舍儀禮。禮記古矣，然皆釋儀禮之義，若祭義、冠義、昏義、鄉飲酒義、射義、燕義、聘義是也，豈得而先儀禮？班固之論曰：「六經之道同歸，禮樂之用爲急。」固之言必有得於先生長者之緒餘而非臆度也。古者聖王重禮，以之修身，以之齊家，以之治國，以之平天下，以之豐財裕民，以之强兵禦侮，厥後狃於淫靡驕倨苟且之習，不惟緩其所急，亦既廢之。成德致治之具廢，而望學士大夫有日可見之行如三代，國之安富尊榮如三代，所以難也。鄭康成收拾於大小戴及劉向別録中，參以今古之文，定爲之注，其書已不純古矣。陸德明因劉、范二家之音，作爲釋文，劉之本如以「時」爲「旹」，以「糟」爲「蓸」，以「洗」爲「滐」，以「韁」爲「繮」，以「御」爲「衙」，與德明本異矣。德明之本尚非劉本，其可謂純鄭乎？至賈公彦所據作疏之本，又德明所謂「亦作」、「又作」、「或作」之本也。公彦論「鄉飲酒，執觶興洗北面」之句，云「俗本有『盥』字」，聚珍版本注，案：「興洗」，永樂大典原本作「興所」，今據經文改正。然則今之本又公彦所謂「俗本」也。此書之傳，如是而已。歲久而文益訛，既訛而莫之訂，禮之又失，其誰尤乎？乾道七年春，今兩浙轉運判官直秘閣曾公來守是邦，承洊歉之餘，究心於理，務廣上恩，其效續之著，至於風雨時，癘疫息。越明年夏，欲植教本，肇鋟儀禮。孔子曰：「禮儀三百，威儀三千。待其人而後行。」公豈其人也。淳初與謝黔論學曰：謝黔，永嘉謝雩季澤之兄，見樓鑰攻媿集一百九。論語曰：「子所雅言，詩、書執禮。」又曰：「興於詩，立於禮。」又曰：「學詩、學禮，學其在是乎？」相與取詩、禮歸而誦之。數年黔皆終卷，且萃其說，淳敏不類，未能半也。而成歲之漂，黔不克免。淳愴孤陋，其學旋廢。聚珍版本注，案：「『成歲之漂』，未詳其義。據上言『淳初與謝黔論學』，似謂黔終年漂流」。按：「成」當爲「戌」，詳下盧文弨跋，此注説誤。頃攖私喪，閲喪祭之禮，以省所忘，憒憒莫能再讀。公以淳嘗識此書也，命之校之，淳亦幸此書之且有善版也，遽拜不辭。此書初刊於周廣順之三年，復校於顯德之六年。本朝因之，所謂監本者也，而後在京則有巾箱本，在杭則有細字本。渡江以來，嚴人取巾箱本刻之，雖咸有得失，視後來者爲善，此皆淳之所見者也。淳首得嚴本，故以爲據，參以群本，不足則質之疏，質之釋文；疏、釋文又不足則闕之，蓋不敢以謏見斷古經也。監本者，天下後世之所祖；巾箱者，嚴本之所祖。故其有誤則亦辨之，餘則采其所長而已。既畢，裒其所校之字，次爲二卷，以釋文誤字爲一卷，附其後，總三卷，題曰儀禮識誤，豈獨以識儀禮之誤，亦以自識其誤也。儀禮識誤自序

淳於經注，兼辨監本、巾箱本之誤。今至釋文，乃獨不然，非敢略也，懼其煩而已。此本之「及」作「乃」、「旦」作「且」、「土」作「士」、「文」作「丈」之類，改而正之爾，亦不復辯。儀禮識

誤三釋文誤字後附識

朱子記永嘉儀禮誤字：儀禮人所罕讀，難得善本，而鄭注、賈疏之外，先儒舊説，多不復見，陸氏釋文亦甚疏略。近世永嘉張淳忠甫校定印本，又爲一書以識其誤，號爲精密，然亦不能無舛謬。若其經首冠以鄭氏目録，而其開卷第一版士冠禮篇中第三行，即云「主人玄冠朝服，則是於天子諸侯之士，朝服皮弁素積」，此「諸侯」二字按賈疏所載，本在「天子」字上而爲句絶，自釋文所引誤倒其文，而此本因之，遂無文理，不復可讀。蓋日視朝之服，天子皮弁，而諸侯朝服，君臣同之，故鄭氏之意以爲此主人玄冠朝服，則是諸侯之士，若天子之士，則當服皮弁素積，與此不同耳。今釋文既誤倒之，張本又襲其誤而不能正，則未知其讀之如何而爲句，又如何而爲説也。又少牢饋食禮「日用丁己」，乃「戊己」之「己」，故注云「取其令名，自丁寧自變改」，蓋本説文。「改」字從「己」從「攴」，爲己有過攴之則改之義，而下條之注又云「不得丁亥」，則己亥亦可用，其理甚明，而諸本或寫「己」爲「辰巳」之「巳」，釋文遂以祀音，張氏亦不能覺其誤也。其尤甚者，則如鄉射篇「横而奉之」，「奉」或誤寫作「拳」，而釋文遂以權音，每讀令人不覺失笑，張亦不能正而曲從之。推此而言，則其他舛謬計必尚多。病倦不暇細考，姑記此三條，以告觀者耳。蜀中石本尤多誤，於此「己」字三四，乃鑱滅其上體，豈亦疑之而未知所決耶？晦庵大全七十全祖望永嘉張氏古禮序：古禮十七卷、釋文一卷、釋案當作「識」。誤三卷，永嘉張忠甫先生淳所校定也。朱子謂：「儀禮人所罕讀，故善本難得。而鄭注賈疏之外，先儒舊説，多不復見。陸氏釋文亦甚疏略，莫若忠甫之書爲精密，然其中亦不能無舛者。」如謂高堂生所得，乃士禮，而今此説兼有天子、諸侯、卿大夫之禮，則疑其非高堂生所傳，特篇數偶同耳。不知所謂士禮者，特舉首篇以名之，其曰「推而致之天子」，蓋專指冠、昏、喪、祭而言，非朝、聘、燕、享亦屬之所可推也。其於冠禮、玄端亦錯，然校之他本，終爲獨勝。其謂漢初未有儀禮之名，蓋後學者見十七篇中有儀有禮，遂合而名之，則先儒最取其説。目録一卷，詳載大小戴、劉向篇第異同，以古監本、巾箱本、杭細字本、嚴本校定之。乾道中，太守章貢曾逮仲躬刊而行之。宋中興藝文志謂：「儀禮既廢，學者幾不復知有此書，忠甫始識其誤。」則是經在宋當以忠甫爲功臣之首。所謂「親揖讓進退於其間而如見之」者，不在后蒼、大小戴、慶普之下。顧世無昌黎，誰其愛而讀之，宜其書之日以難遇也。永嘉自九先生而後，伊川之學統在焉，其人才極盛。宋史不爲忠甫立傳，故其本末缺然。獨見於陳止齋所作墓誌，乃知其與薛士龍、鄭景望齊名，固乾、淳間一大儒也。五試禮部不中，授特奏名官，棄去養母，或薦之朝，禄以監嶽，忠甫以爲徒費縣官俸，歷三任，不食禄，亦不書考。居母喪，無不與士喪禮合。間爲族姻治喪，亦斷斷持古制，時爲文章銘人墓，有諷有勸，皆不虛書。負其學自刻苦，忍窮以死。爲人嚴重深博，善忍事鎮物，絶有材智，抑不使出，其爲止齋所述如此，攻媿亦嘗述其言曰：「今之仕者，皆非出於古之道，或問之曰，始至則朝拜，遇國忌則引緇黄而薦在天之靈，古有之乎？是以雖貧不願禄也。」嗚呼！忠甫斯言，可謂得禮之精，而能以之自持，豈徒考度數之末文者哉！是書鈔之永樂大典中，乃更爲之序。鮚埼亭集三十一

盧文弨書後：此宋永嘉張淳忠甫之所著也。乾道八年，温州守吏部郎贛曾逮仲躬欲鋟儀禮，託忠甫爲校讎，因裒次所校之字爲二卷，又釋文誤字一卷。朱子謂其所校甚仔細，然亦不能無舛謬。今案：其所校多從釋文之説，釋文與唐開成石經及五經文字、九經字樣，皆不能盡依説文正體，忠甫亦然，如以「刾」爲「刺」，以「宴」爲「宴」，以「筴」爲「策」，以「䅎」爲「穤」之類，實自唐已來相承之舊文，非忠甫始易以俗體也。其士昏禮「捂授」，「捂」字從手。今案：釋文「梧」字從木，既夕篇同，當與枝梧字無異。又燕禮下，「賢」，云「延嫁反」，監本「延」作「廻」。今案：易屯卦下，「賎」，釋文云：「遐嫁反」，它經多同。則延字、廻字皆誤，今通志堂本作「避」，亦非也。又「酏」，以支反，云「攴」當作「皮」。今案周禮酒正、禮記内則、釋文「酏」皆作「以支反」，不當改作「以皮」。又聘禮青豻，云「五旦反」，監本「旦」爲「但」。今案：大射儀亦是「五旦反」，非誤。又有司徹「膮」，云「呼報反」，監本

「報」作「彫」。今案：釋文「膮，許堯反」，與内則音同。「呼報」、「呼彫」皆非也。其所見釋文與今通志堂梓行本多有異同。如士婚禮「之齊肝」，今「齊」字有口旁。既夕禮「燭用蒸」，今「蒸」字下有四點。又「杖笠簑」，今「簑」字從羽，不從竹。又「主人諦」，今「諦」字從口不從言。至此書經轉寫，亦疑有誤者，如聘禮注「嫌擯者一一授之」，云監、杭本以一一爲二。余謂當是以下一爲二。古人語常用一二，作一一者乃後人所改也。又標「言蹽」二字，余案：下校語則此當作「言猶蹽」，脱一「猶」字。又喪服釋文「盛米」注：「盛，笙同。」張云：「注無盛，笙字是已。」又云：「有曰：殷盛也、笙家當也。」余案：「笙家當也」四字，不可曉，亦不見注，「當」誤衍耳。鄞樓鑰大防爲永嘉教官，忠甫常貢直言於樓，樓更親之，嘗問其何以不仕，曰：「今之仕，皆非古之道，如始至則朝拜，遇國忌則引緇黄而薦在天之靈，皆古所無也。」其卒也，陳君舉實銘其墓。此書自序，不知是何年，其云「乾道七年春，今兩浙轉運判官直秘閣曾公來守是邦」云云。曰今，則曾後所遷之官也。若其守温之時，則吏部郎耳。見樓攻媿集。又自序言：「與謝黔論學，戌歲之漂，黔不克免。」案宋史五行志「乾道二年温州海溢」，是年歲在丙戌，忠甫所言，正謂黔以是年漂没而死耳。乃轉寫之誤，以「戌」爲「成」，説者遂以終年漂流解之，何其不能闕疑乃爾。抱經堂文集十二

直齋書録解題二：古禮十七卷、釋文一卷、識誤三卷，永嘉張淳忠甫所校。乾道中，太

守章貢曾逮仲躬刻之。首有目録一卷，載大小戴、劉向篇第異同，以古監本、巾箱本、杭細字本、嚴本校定，識其誤而爲之序，謂高堂生所傳士禮爾，今此書兼有天子、諸侯、卿大夫禮，決非高堂生所傳，其篇數偶同，陸德明、賈公彦皆云然。不知何所據也。

文獻通考一百八十引中興藝文志：儀禮既廢，學者不復誦習，或不知有是書。乾道間，有張淳始訂其訛，爲儀禮識誤。

四庫全書總目二十：儀禮識誤三卷，永樂大典本宋張淳撰。淳字忠甫，永嘉人。是書乃乾道八年兩浙轉運判官直秘閣曾逮刊。儀禮鄭氏注十七卷，陸氏釋文一卷，淳爲之校定，因舉所改字句彙爲一編。其所引據，有周廣順三年及顯德六年刊行之監本，有汴京之巾箱本，有杭之細字本，嚴之重刊巾箱本，參以陸氏釋文、賈氏疏，覈訂異同，最爲詳審。近世久無傳本，故朱彝尊經義考以爲「已佚」。惟永樂大典所載諸條，猶散附經文之後，可以綴録成編。其鄉射、大射二篇，適在永樂大典闕卷中，則不可復考矣。朱子語録有曰：「儀禮人所罕讀，難得善本。而鄭注、賈疏之外，先儒舊説多不復見，陸氏釋文亦甚疏略。近世永嘉張淳忠甫校定印本，又爲一書以識其誤，號爲精密，然亦不能無舛謬。又曰：「張忠甫所校儀禮甚仔細，較他本爲最勝。」今觀其書，株守釋文，往往以習俗相沿之字，轉改六書正體，則朱子所謂「不能無舛謬」者，誠所未免。然是書存而古經漢注之譌文脱句藉以考識，舊槧諸本之不傳於今者，亦藉以得見崖略。其有功於儀禮誠非淺小。今覆加檢勘，各疏明其得失，俾瑜瑕不掩。其原本殘闕數處，亦考訂補輯附於下方。其書宋史藝文志作一卷，而陳振孫書録解題作三卷。考淳自序言：「裒所校之字，次爲二卷，以釋文誤字爲一卷，附其後，總爲三卷」，則宋志「一卷」，爲傳寫之誤明矣。今仍釐爲三卷，存其舊焉。

樓鑰攻媿集七十七：乾道七年，客授東嘉，獲從一時賢士游。忠甫居城南，相見如平生歡。自言舊與其友謝君黔講習，謂易與春秋未易窺測，詩、書執禮，夫子雅言，於是相與讀書、詩。儀禮雖非全書，而禮節具在，自古以爲難讀，而公獨熟復而躬履之。貳卿曾公逮時以吏部典州，取其所校定大字刻之，實爲善本。書陳止齋所作張忠甫墓銘後

朱子儀禮經傳通解目録：劉歆曰：「漢興，魯高堂生傳士禮十七篇。」張淳云「如歆所言，則高堂生所得獨爲士禮，而今儀禮乃有天子、諸侯、大夫之禮，居其大半。疑今儀禮非高堂生之書，但篇數偶同耳。」此則不深考於劉說，所訂之誤，又不察其所謂士禮者，特略舉首篇以名之。其曰推而致於天子者，蓋專指冠、昏、喪、祭而言，若燕、射、朝、聘，則士豈有是禮而可推耶？

朱子語類：張忠父所據儀禮人所罕讀，難得善本，而鄭注賈疏之外，先儒舊説，多不復見，陸氏釋文亦甚疏略。近世永嘉張淳忠甫，校定印本，又爲一書以識其誤，號爲精密，然

亦不能無舛謬。張忠甫所校儀禮甚仔細，然卻於目録中冠禮玄端處便錯了。但此本較他本爲最勝。又謂「漢初未有儀禮之名，疑後學者見十七篇中有儀有禮，遂合而名之」。

盧文弨儀禮詳校凡例：張忠甫識誤一書，專依陸氏釋文以正經注之誤。但唐以來相傳儀禮之本不皆畫一，當日賈氏所據之本，未必皆與陸氏符合，各從其舊可也。

阮氏儀禮注疏校勘記引據各本目録：儀禮識誤，聚珍版本。宋乾道八年曾逮命張淳校刊儀禮，因爲識誤三卷。今刊本未見，惟識誤存焉。其書專宗釋文，意在復古，然所辨或祇係偏旁形體，則六朝時俗書最多，既不足據，且無關語句之異同也。至其精審之處，自不可没，以嚴本爲據，參以監本，及汴京巾箱本、杭細字本，又有湖北漕司本，監本初刊於廣順，復校於顯德，而宋因之。

宋元學案五十二：監嶽張忠甫先生淳，永樂大典中有古禮十七卷、釋文一卷、識誤三卷，則先生所校定也。

案：張監嶽淳，萬曆温州府志義行傳、雍正浙江通志、乾隆永嘉縣志儒林傳並有傳。其校儀禮，據自序云：「乾道七年春，今兩浙轉運判官、直秘閣曾公來守是邦，越明年夏，肇鋟儀禮，命之校之」云云。蓋其書刊於乾道八年，時曾逮守温州，實主其事。是年逮改官兩浙運判。潛説友咸淳臨安志五兩浙轉運題名：「曾逮，乾道八年運判，九年易呂擢。」自序作於逮已改官之後，故有「今兩浙轉運判官」之語。四庫提要謂刊儀禮在逮爲轉運判官時，誤也。識誤哀集衆本，校列岐異，雖墨守陸氏音義，而精覈居多，非毛居正六經正誤所可並論。其所校各本，若廣順、顯德兩監本、京本、杭本、湖北漕司本、開寶釋文，今並亡佚。惟嚴州本僅有傳帙，然亦罕覯，惟藉此書，存其同異。又載顯德監本爲吉觀國所校，亦他書所未及，可補經義考鏤版一門之缺，固爲校讎之學者所宜考覈也。

又案：張氏校刊古禮，朱子儀禮經傳通解及魏了翁儀禮要義引其異文，稱爲温本，今惟存識誤三卷，乃乾隆三十八年從永樂大典録出者。鄉射、大射二篇誤字，在大典缺卷之中，遂無可考，古禮及釋文亦並未録，全氏補宋元學案則謂古禮、釋文、識誤三書，大典皆有之，所作古禮序，亦統舉三書，不云有所缺佚。謝山鈔永樂大典内遺書，據董秉純所編年譜，在乾隆元年初入詞館時，或所見大典，尚無缺卷，古禮及釋文，提要不云存佚，豈以其與今本無甚異同，故不復輯録耶？

葉氏味道儀禮解

二卷。世善堂藏書目録上。經義考一百三十二無卷數。

佚。經義考一百三十二

案：葉文修儀禮解，明時尚存，今則已無傳本矣。南宋初治儀禮者，莫如張忠父。文修爲忠父子甥。朱子語類八十四，載葉賀孫録云：「因問張舅淳，聞其已死，再三稱歎，且詢其子孫能守其家學否。且云：可惜朝廷不舉用之，使典禮儀。」是葉是張之甥也。其禮學，當亦傳之忠父者。

元

葉氏起喪禮會紀虞集道園學古録十一。千頃堂書目二、補遼金元藝文志、經義考一百三十七並作「喪禮會經」。經義考復出，作「會記」，元史藝文志一同，並誤。

佚。經義考一百三十七

虞集跋：先王既遠，禮樂崩壞，秦漢以來諸儒相與綴緝所傳聞而誦説之，使後世猶得稍見緒餘者，則其功也。然其臆説，自爲抵牾，亦不無焉，自非真知聖人之道，不能有所決疑於其間。伊洛諸君子出，然後製作之本蓋庶幾矣。至於朱子，將觀於會通，以行其典禮，故使門人輯爲儀禮經傳通解，其志固將有所爲也。事有弗逮，終身念之，而所謂家禮者，因司馬氏之説，而粗加㮄括，特未成書而世已傳之。其門人楊氏，以其師之遺意爲之記注者，蓋以補其闕也。昔者戴氏之所記，言喪禮者獨多，而楊氏之書，獨喪禮尤備，豈不以人倫之大，死生之際，而凶禮爲最重者乎？小子不敏，竊有意於其遺説之一二，然學未足，而年已邁，而亦未獲少有發明，是以常有感於斯。而永嘉葉起振卿之來京師，出所爲喪禮會紀以示予。其言曰：「昔服親之喪也，或有不得於心則疑於理，有所未盡，求諸家禮，則又見其足以少正於今，而疑其未備合於古，乃博考經傳以爲此書，垂十五年而後成。」振卿時方從事府史，公退之暇，人事盡廢，畢力於斯，故其詳整如此，然猶以爲未足，又將益考其所未至者焉。嗚呼！其志亦可尚矣。觀振卿之恂恂願慤、嚴覈堅苦，悲世俗之衰微，求古昔之廢墜，亦其有見而不能自已，殆非求知於當時以自衒者也！顧不鄙予，而俾與觀焉。予將留振卿以共成其志，而振卿授温陵幕官以出，予雖在成均，會朝廷多禮文之事，亦忽忽不暇，故略叙梗概而歸之。温陵之士尚多先代之遺聞乎？可以參徵，而振卿精神不衰，益加潤色，宜必有不止於斯者，請見於他日尚未晚也。道園學古録十一

千頃堂書目二：葉起喪禮會經，字振卿，永嘉人。虞集爲之跋。

錢大昕十駕齋養新録十四：朱氏經義考禮類有葉起喪禮會記，又有喪禮會經，蓋一書而重出也。據虞伯生序，當作「記」。

明

蔡氏芳喪禮酌宜千頃堂書目二、經義考一百三十七。

佚。經義考一百三十七注曰「未見」。

案：蔡運副芳，萬曆温州府志宦業傳、乾隆平陽縣志介節傳並有傳。

右儀禮

宋

周氏行己禮記講義浮沚集四

佚。

自叙：禮經三百，威儀三千，皆出於性，非僞貌飾情也。鄙夫野人，卒然加敬，逡巡遜卻而不敢受；三尺童子拱而趨市，暴夫悍卒莫敢狎焉。彼非素習於數與，邀譽於人而然也。蓋其所有於性，感物而出者如此。天尊地卑，禮固立矣；類聚群分，禮固行矣。人者，位乎天地之間，立於萬物之上；天地與吾同體也，萬物與吾同氣也。尊卑分類，不設而彰。聖人循此，制爲冠、昏、喪、祭、朝聘、鄉射之禮，以行君臣、父子、兄弟、夫婦、朋友之義。其形而下者，見於飲食器服之用；其形而上者，極於無聲無臭之微。衆人勉之，賢人行之，聖人由之。故所以行其身與其家、與其國、與其天下者，禮治則治，禮亂則亂，禮存則存，禮亡則亡。上自古始，下逮五季，質文不同，罔不由是。然而世有損益，惟周爲備。是以夫子嘗曰：「郁郁乎文哉！吾從周。」逮其弊也，忠信之薄，而情文之繁，林放有禮本之問，而孔子欲先進之從，蓋所以矯正反弊也。然豈禮之過哉？爲禮者之過也。秦氏焚滅典籍，三代禮文大壞。漢興購書，禮記四十九篇，雜出諸儒傳記，不能悉得聖人之旨。考其文義，時有牴牾。然而其文繁，其義博。學者觀之，如適大都之肆，珍珠器帛，隨其所取；如游阿房之宫，千門萬户，隨其所入，博而約之，亦可弗畔。蓋其説也，其粗在應對進退之間，而精在道德性命之要。始於童幼之習，而卒於聖人之歸。惟達古道者，然後能知其言。能知其言，然後能得其理。然則禮之所以爲禮，其則不遠矣。昔者顔子之所以從事，不出於視聽言動之間，而鄉黨之記孔子，多在於動容周旋之際，此學者所當致疑以思，致思以達也。浮沚集四

案：浮沚禮記講義，宋史藝文志及各家書目均未箸録，其叙見永樂大典本浮沚集者，不言何人所箸，當即自纂書也。又本集二有經解十二篇，其九皆説禮記。衛湜禮記集説所采永嘉周氏説皆在其中，疑即講義逸文之僅存者。〔一〕

〔一〕叙又見二程全書河南程氏遺文，據性理群書輯入，定爲程頤作。然衛湜已採，故確定爲周作。

戴氏溪曲禮口義〔一〕二卷。直齋書録解題二、文獻通考一百八十一、宋史藝文志一、國史經籍志二、授經圖禮四、經義考一百四十八。

佚。經義考一百四十八

學記口義〔二〕三卷。宋史藝文志一、經義考一百五十。文獻通考一百八十一、國史經籍志二、授經圖禮四並作二卷。

佚。經義考一百五十

案：岷隱曲禮學記口義，今無傳本。以衛氏禮記集説所引考之，蓋亦綜論禮意，不甚考證名物，與所箸續讀詩記，體例相近。

徐氏自明禮記説萬曆溫州府志十七

〔一〕永嘉菰田戴氏宗譜：曲禮口義作「曲禮辨義」。

〔二〕永嘉菰田戴氏宗譜：學記口義作「學記辨義」。

佚。

黄氏日鈔十六：「次國之上卿」至「下當其下大夫」，此臧宣叔之言，見左氏傳成公三年。永嘉徐氏謂「春秋時，士大夫以爲周制：列國之卿當小國之君，持是藉口，故每以臣而敵君，偃然主盟會而不辭。於是垂隴之盟，三國之君在焉，而士穀專之；新城之盟，九國之君在焉，而趙盾專之。未幾而棐〔一〕林之師，以四國之君會晉大夫而不以爲歉。鞍之戰，以大夫而敵齊侯，溴梁之盟，以大夫而傲其君，皆始於列國之卿當小國之君之説也，而君臣之分紊矣。要之，國雖有小大，君臣之分安可紊也哉？」

禮記集説姓氏：永嘉徐氏自明，字誠甫。

萬曆温州府志十：宋進士，淳熙戊戌姚穎榜，徐自明，永嘉人，太常博士。有禮記説。

案：慥堂徐常博自明，郡縣志無傳。陳昉序宰輔編年録稱「故太常博士徐公，永嘉之經師宿儒，容止靖嚴，言悉中節，行不越矩〔二〕，論箸滿室，蠅頭手筆，無一字不端楷，皆有益於世教」。全文載十三卷。可見其學術大較。禮記説，衛氏集説王制篇所引頗多，他卷則絶

〔一〕「棐」，黄氏日鈔作「樂」。

〔二〕「矩」，底本誤作「規」，據宰輔編年録序改。

無所見，疑所釋止此一篇矣。其説於封建、井地特詳，蓋亦精研經制之學者。

陳氏埴王制章句

一卷。經義考一百四十八

佚。經義考一百四十八注曰「未見」。

葉氏味道祭法宗廟廟享郊祀外傳宋史儒林傳四。萬曆温州府志十七無「廟享」二字，又「祀」作「社」。

佚。

案：葉文修祭法宗廟廟享郊祀外傳，見宋史本傳。考朱子修儀禮經傳通解，以其稿分屬門人編集。晦庵大全集續集一，載與黄直卿書云：「禮書已了。得王朝禮，但欲將冠禮一篇，附疏以爲諸篇之式，分與四明、永嘉並子約、金華吕祖儉字。劉用之諸人，依式附之，庶幾易了。」則文修當亦在分編之列。又語類八十四〔一〕載，葉賀孫文修原名。問：「祭禮附祭儀，如説孝許多，如何來得？」曰：「便是祭禮難附。」因云：「某已衰老。萬一不見此書之

〔一〕「八十四」，底本闕，據朱子語類補。

成，諸公千萬勉力整理。得成此書，所繫甚大」云云。則是文修分編祭禮之塙證。外傳疑即當時所輯稿本，其云「外傳」者，朱子原定禮書篇目：家禮、鄉禮、學禮、邦國禮、王朝禮、喪禮、祭禮之外，尚有大傳、外傳。見晦庵集答李季章、李寶之二書。今通解無此目者，後重定所改也。

繆氏主一禮記通考千頃堂書目二、經義考一百四十二、補遼金元藝文志、元史藝文志一。

佚。經義考一百四十二

鄭氏樸翁禮記正義

一卷。世善堂藏書目録上、千頃堂書目二、經義考一百四十二、宋史藝文志補。

佚。經義考一百四十二注曰「未見」。

明

張氏孚敬禮記章句

八卷。明史藝文志一、國史經籍志二、授經圖禮四、千頃堂書目二、經義考一百四十四。

未見。經義考一百四十四注曰「存」。

自序：孚敬自少業舉子時，即好讀禮經，第觀舊説，多所未安，思欲釐正之，而有所未暇。弘治戊午，以詩經中省試，乃築羅峰書院於五都瑶溪山中，集徒講學，始取而章句之。正德庚辰中禮部試。辛巳，上登極，賜進士。時武宗皇帝嗣孝宗皇帝一十六年矣，賓天無嗣，上以興獻王世子奉太祖高皇帝兄弟終及之訓，入繼大統。朝議以上考孝宗皇帝，而稱興獻王爲叔父，孚敬執禮爭之，舉朝洶洶，至嘉靖四年始定。上鋭志中興，以明聖述作爲己任，如正孔子之祀，定郊廟之儀，與夫耕蠶冠服之制，皆所最先者。而左右匡助以責孚敬。孔子曰：「能以禮讓爲國乎何有？」上固天啟之矣。孚敬自惟薄劣，無以仰副萬一，敢不兢兢乎始終勉之，期以自效。然三千三百，變觀適中，毫釐有差，爲害匪細。此尋常講議，尤不可不求其當已也。然禮莫大於父子之倫，而明王之治天下必本於孝。孚敬既以是上贊聖天子正大光明之治，則疇昔之所好而致力者，似不爲欺世之空文，而或者可以對揚於名教。嘗讀杜甫諸詩，見其忠誠懇惻，乃取其七言近體而訓解之，已，獻於上，而霍宗伯韜諸人，咸謂孚敬當以禮記章句獻。孚敬以爲此，聖經也，可概足已自信而一無所遜哉！於是有所不敢。仍自念平生精力，悉在於是，胡可使之泯滅哉？歲乙未以疾乞歸，未幾朝使復促，因付兒遜業輩校梓，藏於敕建寶綸樓中，以質諸博古君子。張文忠集文稿一。

按經義考一百四十四載此序字句小異，蓋朱氏所删削也。今不備校。

虞氏原璩禮記稽疑

一卷。

佚。

嘉慶瑞安縣志九：禮記稽疑一卷，明虞原璩撰。見環庵集。

案：環庵虞先生原璩，萬曆温州府志義行傳、嘉慶瑞安縣志隱逸傳並有傳。

國朝

孫氏希旦禮記集解

五十卷。嘉慶瑞安縣志九

存。家仲父校刊本

小戴之學，鄭注、孔義而外，宋櫟齋衛氏之書，綜羅最博而無所折衷。黄東發以爲浩瀚，未易遍觀。自元雲莊陳氏集説出，明人樂其簡易，遂列學官，至今承用，然於禮制則援据多疏，禮意則發明未至，學者弗心厭也。我家敬軒先生，乾隆戊戌廷對，以第三人及第。

爲學一宗程、朱，研精覃思，於書無所不窺，旁涉天官、地輿、鍾律、曆算，而致力於三禮尤深，著禮記集解六十一卷，余舅氏雁湖、几山兩先生，屢謀鋟版而未果。咸豐癸丑，某自粵右歸，被朝旨治團於鄉，從其曾孫裕昆發篋出之，則累然巨編。首十卷，几山先生所精校，録藏其副，餘則朱墨雜糅，塗乙紛糾，蓋稿雖屢易，而增改尚多。其間剪紙黏綴，歲久脱落，往往而是。乃索先生所治三禮注疏本及衛氏集説於裕昆所，皆逐字逐句，丹黄已遍，讎勘駁正之説，札記於簡端者幾滿，遂爲之參互考訂，踰歲而清本定，庚申六月開雕，中更寇亂，迄同治戊辰三月始成。集貲鳩工，藉同人之力爲多。夫禮四十九篇，先王之遺制，聖賢之格言，賴是傳焉。而雜出於漢儒之所輯，去聖已遠，各記所聞，其旨不能盡一，於是訓詁家，紛紜聚訟，莫決從違。是書首取鄭注孔義，芟其繁蕪，掇其樞要，下及宋、元以來諸儒之説，靡不博觀約取，苟有未當，裁以己意。其於名物、制度之詳，必求確有根據，而大旨在以經注經，非苟爲異同者也。至其闡明禮意，往復曲暢，必求即乎天理人心之安，則尤篤實正大，粹然程、朱之言也。先生易簀時，年未踰五十，於是書已五易稿。於乎！功亦勤矣。今距先生之卒，不及百年，其在館閣時，清節峻望，無有能道之者，讀是書抑可想見先生之爲人也。族子某謹序。仲父止庵先生序

吾鄉孫敬軒先生，精三禮學，著有禮記集解六十一卷，藏於家。道光癸巳、甲午間，先

伯父雁湖府君與二三同志謀鋟版，命先嚴几山府君先事校勘，纔畢十卷，而兩府君先後捐館。咸豐初年，先生族子琴西、蕖田昆仲，於琪爲中表兄弟，深懼先業之湮，悉心釐訂，集貲開雕，功甫及半，旋遭兵燹，版復毀其五六。今幸掇拾散亡，力完是書，琪亦得與校刊之役，幸藉手以竟先人未卒之志，而又歎文字顯晦有數，造物者猶於將成未成之際，若故阸之，而卒底於成，豈非先生一生精力所在，有必不可泯没者哉！邑後學項琪謹跋。

家大人敬軒先生行狀：先生於諸經尤深於三禮，辛卯以後，始專治小戴注。説有未當，輒以己意爲之詁釋，謂之注疏駁誤。己亥居憂，主中山書院，乃益取宋、元以來諸家之書，推廣其説，爲集解五十卷。其大指在博參衆説以明古義，而不爲詭詞曲論。故論者謂先生之言禮，其於名物、制度考索精詳，可以補漢儒所未及，而深明先王制作〔一〕之意，以即乎人心之所安，則又漢儒所不逮也。然先生常自言「讀禮經當如自親見之而身親行之」，則其著書之旨，蓋可見矣。禮注既成，方欲治周官、儀禮，謂門人曰：「若四分官書事畢，再得從事二十年，當可卒業。」而疾病不及爲矣，非可惜歟？

案：家敬軒先生，當乾隆初，經學大師提倡未盛，先生獨闢涂徑，研精三禮，博考精思，

〔一〕「制作」，底本脱，據遜學齋文鈔補。

於禮經制度，參互研覈，致多心得。其釋戴記、兼綜漢、唐、宋諸儒，及近代顧炎武、戴震之説，擇善而從，無所偏主。校正經文，若曲禮「醢醬處内」，從釋文定作「醢醬」。「豚曰腯肥」，據注及釋文，當作「豚肥」。樂記「志微、噍殺之音作」，據漢書當作「纖微」。「使之行商容而復其位」，據家語當作「使人」。祭法「七代之所更立者，禘、郊、宗、祖」，俗本多作「祖宗」，據孔疏正之，此與唐石經及宋本合。並塙有依據。至於鄭注，間有譌誤，輒爲糾正。如據雜記「女子祔於王母則不配」，又「兄弟之殤則練冠祔」。證殤不限適庶，皆有祔與除服之祭，正曾子問注謂「庶殤不祭」之誤。注説依祭法推之。先生此書則謂「祭法自國語展禽語外，多不可信。」據燕禮無賓酢主君之禮，定郊、特、牲三獻之介君專席而酢焉，謂饗禮，正注以介爲賓，賓爲苟敬，據燕禮爲説之誤。據顧命天子路寢之制與覲禮在廟言「几，俟於東箱」，正玉藻注天子廟及路寢與明堂同制之誤。若此之類，並貫穿經文，推玩得之，不爲意必之説。其餘記文關涉儀禮、周官兩經者，皆一一疏釋其義，注義簡奥。孔、賈兩疏述鄭，或有違盭，亦爲疏通證明。其學求之近代，當與張稷若、江昚修相頡頏。雖禘主人鬼，論襲趙匡；祧非遠廟，義違祭法，不免小有疏舛。然精審之處，終非方靈皋諸人所能及也。原稿本五十卷，仲父止庵先生校刊時，析爲六十一卷，今以五十卷著於録，從其朔也。

葉氏嘉榆禮記類編寶香山館集十七

未見。

右禮記

宋

蘇氏模〔一〕古禮書叙略

一卷。王柏魯齋集五

佚。

王柏跋：古禮書叙略一卷，永嘉蘇太古所編。洞見源委，亦間有發明，可謂有志於學禮者，奈其書亡逸何，每思至此，未嘗不撫卷太息而有遺恨焉。昔韓宣子適魯，見易象與魯春秋，遽曰：「周禮盡在魯矣。」不知當時指何爲周禮，況去籍於戰國，孟子已不得學諸侯之禮而聞其略。以是知周之舊典禮經，不待秦焰而亡之，亦已久矣。河間獻王不知何以得古禮經五十六卷，藏於秘府。班固既見之，乃不登載於八書中，遂至於亡，此尤爲之可

〔一〕「模」，底本闕，考王柏魯齋集二十宋金華令蘇公墓誌銘有「公諱某，字基先。始祖自閩徙温之瑞安，今八世矣。自號愚翁，男三人，長模，博雅有識，兩薦浙漕。」蘇太古其名爲模當補。

恨也。今所謂儀禮十七卷，或謂此止載行禮之威儀，亦非禮之正經，朱子然之。況二戴又儀禮之傳乎？若今之所謂六典之書，胡文定父子謂王莽令劉歆撰，雖諸儒先不以爲然，亦以其來歷不明，與周官不合，且孔孟不曾提出語學者，此爲可疑耳！爲今學者之計，既幸有三先生之經傳集解，且宜研窮精究，未可遽萌編纂之念，因書鄙見而歸之。魯齋集五

案：蘇太古事蹟，舊府、縣志無考。金履祥仁山集一，有送三蘇君序，曰：「愚翁先生蘇公，來官金華，其三秀從焉。長曰太古，仲曰佩韋，季曰會心，皆所以號也。」又卷四有九月初永嘉蘇太古同游金華洞夜宿鹿田寺用杜陵山館詩韻以贈詩。南宋人通稱温人爲永嘉人，蓋用永嘉郡舊稱也。太古不知籍隸何縣。佩文齋書畫譜二十五引王魯齋集：「蘇基先，温之瑞安人。登寶祐癸丑第，初調臨安府浙江稅，終金華令。」萬曆温州府志十，寶祐癸丑進士有蘇文洪，瑞安人。而無基先。仁山集所稱，愚翁先生蘇公，或即基先。然今所見馮如京刊本魯齋集十二卷無此語，俟更求足本考之。又據仁山送序，則太古乃別號，其名惜無可考。

王氏奕三禮會元 雍正浙江通志二百四十二。萬曆温州府志十七「三」作「一」。

佚。

右三禮通義

明

侯氏廷訓六禮纂要

六卷。千頃堂書目二

未見。

千頃堂書目二：侯廷訓六禮纂要六卷，樂清人，正德辛巳進士，雲南按察司僉事。爲進士時，嘗以議大禮被杖。

案：筆山侯僉事廷訓，萬曆温州府志宦業傳、雍正浙江通志循吏傳、道光樂清縣志仕績傳並有傳。

右通禮

宋

盧氏祖皋盧氏正歲會拜録鶴山集

佚。

魏了翁跋：古者比閭族党之法修，則有相保、相愛、相葬、相救、相賙、相賓。若吉凶、賓、射之器服，民不能自爲也，則主集者以里布屋粟之物爲之以給其用，而又屬之讀法，屬之飲酒，以維持護養之，其詳密若此。蓋盈宇宙間，無尺地一民之不相聯絡者，所以共明命而厚同體也，而况於吾宗族乎！「裳裳者華，其葉湑兮。」氣相屬，潤相滋也；「棠棣之華，鄂不韡韡」，體相親，意相承也。士大夫而知此，則上治祖禰，下治子孫，旁治昆弟，由根心以枝葉，必不忍薄其所厚，疏其所親者。自王制壞，敬宗收族之義不明，歷漢、魏以後，雖間有重民族，爭門户，立廟院，修宗會等事，斑斑見於史册，而利欲重，炊親疏厚薄之等，有不得其本心者多矣！先儒所以欲收世族，欲復小宗，欲立譜法，蓋深有感於世道之變者，而卒亦不能行。因同年友盧申之，以其族正歲會拜録相示，歆慕咨歎，使人孝敬之心油油翼翼然不能已。敬以所聞書於下方，且以自勉云。鶴山集

案：蒲江盧少監祖皋，萬曆温州府志文學傳、雍正浙江通志、乾隆永嘉縣志文苑傳並有傳。

周氏端朝冠婚喪祭禮

二卷。宋史藝文志三

佚。

宋史藝文志三：周端朝冠婚喪祭禮二卷，集司馬氏、程氏、吕氏禮。

案：周文忠公端朝，萬曆温州府志理學傳、雍正浙江通志、乾隆永嘉縣志名臣傳並有傳。所著冠婚喪祭禮，僅見宋志，云：「集司馬氏、程氏、吕氏禮。」考宋志有司馬光書儀八卷、又涑水祭儀一卷、吕大防大臨家祭儀一卷、程頤伊川程氏祭儀一卷。忠文所集，當即此數書也。

明

杜氏汝恕家禮纂言二卷。乾隆平陽縣志十九

佚。

乾隆平陽縣志十五：杜德基子汝恕，有文行，能世其家學，遥授太常典簿。所箸有餘閑集四卷、家禮纂言二卷。

李氏倫家禮酌中萬曆温州府志十七。雍正浙江通志二百四十二「中」作「宜」。

佚。

案：李處士倫，萬曆温州府志、道光樂清縣志義行傳並有傳。家禮酌中，見萬曆府

志藝文門，各志本傳並同。雍正通志、乾隆府志及樂清縣志經籍門並載酌宜，萬曆府志別載家禮酌宜注始陽生撰，未知孰是。〔一〕

周氏應期家禮正衡雍正浙江通志二百四十二

佚。

案：止庵周副都應期〔二〕，雍正浙江通志、乾隆温州府志、乾隆永嘉縣志名臣傳並有傳。

右雜禮書

〔一〕弘治温州府志十八載「家禮酌宜，始陽生撰」。隆慶樂清縣志七載「家禮酌宜，李倫著」。而卷六其傳中卻云：「著家禮酌中，考據精確。」可見始陽生即李倫號，其書名當以家禮酌宜爲是。萬曆志兩收，誤。

〔二〕「期」，底本誤作「麒」，徑改。

温州經籍志卷五

經部

春秋類

宋

周氏淳中春秋説約

六卷。經義考一百八十八

佚。經義考一百八十八

葉適故朝散大夫主管建寧府武夷山沖佑觀周先生墓誌銘：先生諱淳中，字仲古。及進士第，乞監潭州南嶽廟。教授全州，以心喪去。又教授廣德軍。滿秩，有咨其賢者，共爲薦，改官，知台州寧海縣。乞監嶽廟去，朝廷將用之，先生辭焉。爲主管淮西安撫司機宜文字。還，授茶陵軍使。已而，遂乞主管台州崇道觀、成都府玉局觀。授淮東安撫司參議官，當上，又乞主管建寧府武夷山沖佑觀。淳熙十六年卒，年六十八。先生温州瑞安縣人，居三港鎮之西。與人盡恭，行高而人不忌。著文集十卷，春秋説約六卷。水心文集十三

王氏十朋春秋解世善堂藏書目録上、續文獻通考一百七十三、經義考一百八十六。

佚。經義考一百八十六

案：汪應辰龍圖閣學士王公墓誌銘梅谿集附録云：「公有春秋講義指授學者，未成書。」梅谿後集二十七經筵講義亦有春秋二條。不云有春秋解。疑門人以梅谿講義遺稿補輯爲之，其書世善堂書目有鈔本，則明時尚存，今未見傳本。

薛氏季宣春秋經解

十二卷。直齋書録解題三、經義考一百八十七。

佚。經義考一百八十七

指要二卷。直齋書録解題三。文獻通考一百八十二、玉海四十、經義考一百八十七並云「經解指要共十四卷」。陳傅良新權發遣常州薛公行狀作「指要一卷」，誤。

佚。

自序：春秋者何？魯史記之名也。史記何以名春秋？春秋，魯曆之所爲更也。何更爾？變周也。何言乎變周？周正建子，以建寅爲正歲，夏時得天，猶用夏也，春秋之序，魯變之也。然則魯變四時之序何？史始官也。加春於建子而爲王正月，建卯之月而爲夏四月，魯史之作也。故凡春秋之序，皆舍周之舊也。曷爲舍周之舊？僭也。僭則春秋何以爲經？春秋反正之經也。禮、易、詩、書始終乎正，春秋紀録不正，所以反之正。反正以其所不正，則五經之教，無時而或替也。春秋常事不書，書變常也。變常則何始於隱公？疾始變也。始變昉於此乎？前此矣。前此則曷爲始於此？託始焉爾。奈何？魯春秋之始也。魯春秋之始何？史之始作於諸侯也。諸侯孰謂？謂隱公也。先王之制，諸侯無史，天子有外史，掌四方之志，而職於周之太史。隱之時也，始更魯曆，而爲魯史。諸侯之有史，其周之衰乎？費誓、秦誓列於周書，甘棠、韓奕編之南、雅，烏在諸侯之有史也。晉乘始於殤叔，案：此指汲冢紀年。秦史作於文公。案：見史記秦本紀。王室之微，諸侯之力政焉爾。然則春秋何取於魯？因也。其因何？因魯之史，記其春秋，仲尼之志也。春秋何以爲仲尼之志？善揚其善，惡書其惡，而無私焉爾。何用見其善善惡惡而無私也？曰直筆以書其事，因事而致其辭，善則善，惡則惡，不爲褒貶抑揚而亂是非之正也。春秋用褒貶爲道，其曰不爲褒貶，何也？褒貶非仲尼之意也。三家者託褒貶以爲傳也。何託褒貶以爲傳？舍褒貶則無以爲傳矣。三傳之所爲褒何也？不知春秋也。三傳何以不知春秋？春秋之教，治棼而不亂，處群而不黨，是是非非，而天下之理歸之矣。不知體要，不存教法，心移於毁譽，而事奪於春秋，則是褒貶之説亂是非之正也。事辭爲教，春秋也。考辭而知其事，因事以觀其理，不能顯白，而待傳以發，曰晦也。晦之爲道，傳之爲經，則事辭之教荒矣。孟軻有言曰：「王者之跡熄而詩亡，詩亡然後春秋作。」平王之東也，變風害雅，五侯擅政，蠻夷亂夏，陪臣柄國，仲尼修春秋以明實録。將以反經之正，典常禮法，無所與存焉，正亂常而還於舊物者也。是故直書以明得失謂之辭，正辭以别是非謂之事。屬辭比事，莫善於春秋。春秋之道，治亂之法也。因史之僭事，亂之本也。事易其常，莫之或止。禮樂崩壞，春秋見之。且夫事有是非，道有邪正，治亂之所從分也。邪正不白，是非不辨，人行其意，其誰能有反。於是列紀以著之，修辭以述之，會盟朝聘之作，師役祠命之行，畋魚游觀之爲，崩薨卒葬之禮，苟失其舊，無不備舉，可行於當世，可示於方來，小人憚焉，君子達焉，則春秋之所用盡在是矣。

其事則齊桓、晉文，昭其義也。其文則史，正其辭也。昭義正辭，則亂臣賊子，云誰之不懼？撥亂世而反之正，春秋之謂也。今夫淺害深，非亂是，新變舊，傳掩經，所謂反常也。經之云正，不累於辭，所謂服仁也。道反常，三傳之失也。服仁守正，復古之道也。經解之造，用經釋經，而歸正於經者也。旨要之謂，辭達而已。君子苟春秋之爲好，不以棄傳爲過，而反求之，春秋之義也。專門墨守，則非下走之所敢知。艮齋語集三十

直齋書録解題三〔一〕：春秋經解十二卷、指要二卷，知常州永嘉薛季宣士龍撰。指要列譜於前，其序專言諸侯無史，天子有外史，掌四方之志，而職於周之太史。隱之時，始更周曆而爲魯史。季宣博學通儒，不事科舉，陳止齋師事之。季宣死當乾道九年，年四十九〔二〕。其爲此書，實紹興三十二年。蓋甫三文獻通考一百八十三〔二〕、經義考一百八十七〔三〕作「二」。十歲云。

朱子語類八十三〔四〕：薛常州解春秋，不知如何率意如此，只是幾日成此文字，如何説諸侯無史？内則尚有「閭史」。又如趙盾、崔杼事，皆史臣所書。

〔一〕「九」，底本脱，據直齋書録解題補。
〔二〕「三」，底本誤作「二」，徑改。
〔三〕「七」，底本脱，據經義考補。
〔四〕「八十三」，底本闕，據朱子語類補。

困學紀聞六：薛士龍春秋旨要序謂「先王之制，諸侯無史，天子有外史，掌四方之志，而職於周之太史。隱之時，始更魯歷而爲魯史。諸侯之有史，其周之衰乎？費誓、秦誓列於周書，甘棠、韓奕編之南、雅，烏在諸侯之有史也。晉乘始於殤叔，秦史作於文公。王室之微，諸侯之力政焉爾。」止齋後傳因之。朱文公以爲「諸侯若無史，外史何所稽考而爲史？古人生子，則閭史書之。閭尚有史，況一國乎！」愚謂酒誥曰：「矧太史友、内史友。」則諸侯有史矣。

虞集道園學古録三十四：六經之傳注，得以脱略凡近，直造精微。如薛常州春秋等書，實傳注之所不可及，而足以發明於遺經者也。送李敬心之永嘉學言序

趙汸春秋左氏傳補注一：薛氏謂「魯曆改冬爲春」，而陳氏用其説於後傳曰：「以夏時冠周月，魯史也。」是蓋知春秋改周時爲不順，而又移其過於魯爾。然謂魯有曆，實劉歆之誤。

案：艮齋春秋經解指要，書録解題以爲紹興三十二年，年三十歲時作。考紹興三十二年，艮齋年二十九歲，非三十歲，疑解題原文三十二年，當作二十三年。三十歲當作二十歲通考及經義考引作「二十歲」，不誤。乃合耳。此二書爲艮齋弱冠時著述浪語集三十五附鄭伯英祭文云：「五代史記，公謂簡略，綴拾舊聞，期於改作。公於是時，年未弱冠，有志史筆，余用駭歎。」是艮齋弱冠時，即殫心纂述之證。故如魯曆改時及諸侯無史諸義，考證未盡精塙。今二書並無傳本，惟止齋春秋後傳，趙汸春秋集傳及左傳補注，間有援引，然寥寥數語，不足推其全書義例也。

陳氏傅良止齋先生春秋後傳讀書附志上「春秋」下，有「左氏」二字，今所見刊本無，蓋涉下章指而誤衍。

十二卷。讀書附志上、直齋書録解題三、宋史藝文志一、四庫全書總目二十七。

存。通志堂經解刊本

春秋後傳補遺

一卷。授經圖春秋四

佚。

左氏章指

三十卷。直齋書録解題三、宋史藝文志一、授經圖春秋四。讀書附志上、國史經籍志二並作「十七卷」。

佚。經義考一百八十七注曰：「未見」。

春秋後傳、左氏章指二書，故中書舍人止齋陳公傅良之所著也。春秋之學，不明久矣。啖、趙之後，至於攻媿集五十一，無此字。本朝，而後有泰山孫先生復，尊王之説彌彰，攻媿集作「顯」。公是劉先生敞權衡、意林等書，訂證尤詳。伊川程先生頤雖無全書，而一序所該，聖人之大法備矣。自王荆公安石之説盛行，此道幾廢。建炎、紹興之初，高宗皇帝復振斯文，胡文定公安國承伊洛之餘，推明斯通志堂本誤「師」，據攻媿集改正。道，勸講經筵，然後其學復傳，學者以爲標準，可謂大全矣。東萊吕公祖謙又有集解行於世，春秋之義殆無餘〔一〕蘊。止齋生於東嘉，天資絶人，誦書屬文，一旦迥出諸老先生上，斂然布衣，聲名四出。六經之説，流行萬里之外，而其學尤深於春秋。鑰非深於此者，嘗涉獵諸公之書，非不明白，然亦不過隨文辨釋，間有前後相爲發明者，亦不見體統所在。鑰自客授之初，即從止齋游，雖不得執經其門，嘗深叩之。同在西掖時，始以隱公後傳數篇相示，因爲道春秋之所以作，左氏之所以有功於經者，其説卓然。且曰：「自余之攻媿集無。有得於此而欲著書，於諸生中擇其能熟誦三傳者，首得蔡君幼學。蔡既壯，攻媿集作「仕」。又得二人焉，曰胡宗、曰周勉。游宦必以一人自隨，遇有所問，其應如響。」而此書未易成也，未幾去國，而鑰亦歸，雖若相忘於江湖，而朋友攻媿集作「友朋」。之來，必以此書爲問。雖親炙之者跪以請，則曰：「此某身後之書也。」既不幸攻媿集此三字作「迨」。卒於嘉泰三年，而此書始出於笥中。攻媿集無此三字。其婿林子燕最得其傳。又四年而後長子師轍與其徒汪龍友以二書來。鑰老矣，如獲希世之珍，屏去它書，窮晝夜讀之，始盡得其大意。嗚呼盛哉！蓋未有此書也。

〔一〕「餘」，攻媿集作「遺」。

先儒以例言春秋者，切切然以爲一言不差，有不同者，則曰攻媿集作「以爲」二字。變例，竊以爲未安。公之書不然，深究經旨，詳閱世變，蓋有所謂隱、桓、攻媿集「桓」皆作「威」，避宋欽宗諱也。通志堂本「桓」、「威」錯出，今悉從集。莊、閔之春秋，有所謂僖、文、宣、成之春秋，有所謂襄、昭、定、哀之春秋，始焉猶知有天子之命，王室猶甚威重。自霸者之令行，諸侯不復知有王矣。桓公之後，齊不競而晉霸；文公既亡，晉不競而楚霸，悼公再霸而又衰，楚興而復微，吳出而盟諸夏，於越入吳，而春秋終矣。自杜征南以來，謂「平王東周之始王，隱公遜國之賢君」，其説甚詳。而公以爲「不爲平王，亦不爲隱公，而爲威王」，其説爲有據依。又其大節目，如「諸侯改元，前所未有，齊魯諸大國，比數世間，有世而無年，至記厲王奔彘，始有紀年。古者諸侯無私史，乘與檮杌、春秋，皆東遷之史也。書齊、鄭盟於石門，以志諸侯之合；書盟於鹹，以志諸侯之散。是春秋之終始也。隱、威、莊之際，惟鄭多特筆；襄、昭、定、哀之際，惟齊多特筆。諸侯專徵，而後千乘之國有弑其君者矣；大夫專將，而後百乘之家有弑其君者矣。宋、魯、衛、陳、蔡爲一黨，齊、鄭爲一黨。公會齊、鄭於中丘，而後諸侯之師衡行於天下。罪莫甚於鄭莊，宋、魯、齊、衛次之。而父子、兄弟之禍亦莫甚於五國，是可爲不臣者之戒矣。齊威公卒，鄭遂朝楚，夏之變夷，鄭爲亂階。侵蔡遂伐楚以志齊威之霸；侵陳遂侵宋以志楚莊之霸，足以見夷夏之盛衰矣。書公孫兹帥師，書公孫敖帥師，書公子季友卒，皆通志堂本誤作「習」，據攻媿集正。見三家之所從始。首止之盟，鄭伯逃歸不盟則書，以其背夏盟也；厲之役，鄭伯逃歸不書，蓋逃楚也；夷夏之辨嚴矣。自隱而下，春秋治在諸侯；自文而下，治在大夫。有天下之辭，有一國之辭，有一人之辭。於干戈無攻媿集此有「所」字。不貶，於玉帛之使則從其爵，勸懲著矣。文十年而狄秦，又三十年而狄鄭，又五十餘年而狄晉。狄鄭猶可也，狄晉甚矣。貶不於攻媿集此下有「其」字。甚，則於事端，餘實録而已矣。」此皆先儒所未發。至「僖之三十一年，四卜郊不從，乃免牲，猶三望，極言魯之用天子禮樂，以明堂位之言爲不然。惠公始乞郊而常通志堂本誤作「當」，據攻媿集正。用，僖公始作頌而通志堂本誤作「所」，據攻媿集正。以郊爲夸，引祝鮀之言爲證。」此尤前所未聞也。若左氏，或以爲非爲經而作，惟公以爲著其不書以見春秋之所書者，皆左氏之力。章指一書，首尾專發此意。昔人以杜征南爲丘明忠臣，然多曲從其説，非忠也。公之章指一書，首尾專發此意。謂「君子曰」者，蓋博采善言，「禮也」者，蓋據史舊文，通志堂本誤作「聞」，據攻媿集正。非必皆合於春秋。或曰後人增益之，或曰後人依倣之，或以凡例義淺而不取，或以例非左氏之意。蓋愛而知其惡者，乃所以爲忠也。又言「莊西元年至七年，及十九年以後訖終篇，多無傳，疑有佚墜」。公之求於傳者詳矣。嗚呼！與止齋游，前後三十年，不得卒業於其門，既興殄瘁之悲，而後得二書，其間尚有欲質疑而不可得，此所以撫卷三歎而不能自已也。開禧三年冬至日，四明樓鑰序。

先生爲後傳，將脱稿而病，期歲而病革，學者有欲速得其書，俾傭書傳寫，其已削者或留其貼於編，增入是正者或揭去弗存也。勉宦江陵還，始得朋友訂正之，然已削者可刊，貼於編而增入是正者不可復求矣。惜哉！勉從先生於桂陽、於衡、於潭，日受經焉。及後傳且就，先生每語友朋，將面授勉，使盡質所疑而後出。已而睽隔函丈，不果質，今訂證猶先生之志云。嘉定元年七月朔日，門人周勉謹書。

止齋春秋傳十二卷，金陵焦太史内閣鈔本也。録之。又假唐太常節鈔本校焉。凡增訂其訛脱，毋慮數十百處。惜也節文，僅得其十之七，不能盡校其全爲可恨耳！萬曆三十六年三月十八日，清常道人識。明趙琦美鈔本春秋後傳跋

讀書附志上：春秋左氏後傳十二卷、春秋左氏章指十七卷，右止齋陳傅良所著也。四明樓忠簡公鑰序其前，清海崔清獻公與之識其後，而刻於維揚郡序。

直齋書録解題三：止齋春秋後傳十二卷，左氏章指三十卷，陳傅良撰。樓參政鑰大防爲之序。大略謂左氏存其所不書，以實其所書。公羊、穀梁以其所書，推見其所不書。而左氏實録矣。此章指之所以作也。聚珍版本無「也」字，今據文獻通考一百八十三增。若其他發明多新説，序文略見之。

刻，字多訛舛。此則勤德堂刊本也。止齋尚有左氏章指一書，俟續求之。

錢曾讀書敏求記一：陳止齋春秋後傳十二卷。此書大旨詳於樓攻媿序中。茶陵所

四庫全書總目二十七：春秋後傳十二卷，兩江總督採進本宋陳傅良撰。傅良字君舉，號止齋，温州瑞安人。乾道八年進士，官至中書舍人、寶謨閣待制，謚文節。事蹟具宋史本傳。是編有其門人周勉跋，稱傅良爲此書「將脱稿而病，學者欲速得其書，俾傭書傳寫。其已削者或留其貼於編，增入是正者或揭去弗存」。是今所傳，已非傅良完本矣。趙汸春秋集傳自序於宋人説春秋者，最推傅良，稱其「以公、穀之説，參之左氏，以其所不書實其所書，以其所書推見其所不書，得學春秋之要。在三傳後卓然名家。而惜其誤以左氏所録爲魯史舊文，而不知策書有體，夫子所據以加筆削者，左氏亦未之見。左氏書首所載『不書』之例皆史法也，非筆削之旨。公羊、穀梁每難疑，以『不書』發義，實與左氏異師，陳氏合而求之，殊失其本。故於左氏所録而經不書者，皆以爲夫子所筆削，則其不合於聖人者亦多」云云。考左氏爲春秋作傳，非爲策書作傳，其所云某故不書者，不得經意或有之，必以爲别發史例，似非事實。况「不修春秋」二條，公羊傳尚有傳聞，不應左氏反不見，恐均不足爲傅良病。惟以公、穀合左氏，爲切中其失耳。自王弼廢象數，而談易者日增，自廢啖助三傳，而談春秋者日盛，故解五經者，惟易與春秋二家著録獨多。空言易騁，兹亦明效

大驗矣。傅良於臆説蜂起之日，獨能根據舊文，研求聖人之微旨。樓鑰序稱其「於諸生中，擇能熟誦三傳者三人，曰蔡幼學、曰胡宗、曰周勉，游宦必以一人自隨，遇有所問，其應如響」。其考究可謂至詳。又其書雖多出新意，而每傳之下，必注曰此據某説，此據某文，其徵引亦爲至博。以是立制，世之枵腹而談褒貶者，庶有豸乎！傅良別有左氏章旨三十卷，樓鑰所序，蓋兼二書言之。朱彝尊經義考注曰「未見」。今永樂大典中尚存梗概，然已殘闕不能成帙，故不復裒録焉。

通志堂經解目録：春秋後傳十二卷，宋陳傅良。從勤德堂刊本鈔寫者也。此書大指詳樓攻媿序。止齋尚有左氏章指一書，應訪求之。

樓鑰寶謨閣待制贈通議大夫陳公神道碑：公博極群書，而於春秋左氏，尤究極聖人制作之本意，左氏翼經之深旨。箸春秋後傳、左氏章指二書。攻媿集九十五〔一〕

木鍾集七：田賦謂計田而出賦，如一夫一井之田，便使出軍賦，不復如邱甸法，又甚於邱甲矣。陳止齋謂「田賦亦家出一兵」。九：春秋之作，始於無王，終於無伯。止齋先生謂「天下之無王，鄭爲之也。天下之無伯，齊爲之也。以其嘗敗王師，故曰無王自鄭始；以其

〔一〕此條底本無，據定稿本補。

嘗伐晉，故曰無伯自齊始」。

困學紀聞一：程子易傳，晚始授門人。止齋春秋後傳，亦曰：「此身後之書。」五：明堂位成王命魯公祀周公以天子之禮樂。春秋意林曰：「魯之有天子禮樂，殆周之末王賜之，非成王也。魯惠公使宰讓請郊廟之禮於天子，天子使史角往，惠公止之，其後在魯，實始爲墨翟之學。使成王之世，魯已郊矣，則惠公奚請？惠公之請也，殆由平王以下乎？」惠公事見吕氏春秋仲春紀。公是始發此論，博而篤矣。石林、止齋皆因之。

趙汸春秋集傳叙：後世學者舍〔一〕三傳則無所師承，故主左氏則非公、穀，主公、穀則非左氏，二者莫能相一。至永嘉陳君舉，始用二家之説，參之左氏，以其所不書實其所書，以其所書推見其所不書，爲得學春秋之要，在三傳後卓然名家。然其所蔽，則遂以左氏所録爲魯史舊文，而不知策書有體，夫子所據以加筆削者，左氏亦未之見也。左氏書首所載不書之例皆史法也，非筆削之旨。公羊、穀梁每難疑以不書發義，實與左氏異師，陳氏合而求之，失其本矣。故於左氏所録而經不書者，皆以爲夫子所削，則其不合於聖人者亦多矣。

春秋左氏傳補注叙：三傳而後説春秋者，惟杜元凱、陳君舉爲有據依。陳氏通二

〔一〕通志堂本無「舍」字。

傳，於左氏以其所書證其所不書，庶幾善求筆削之旨，然不知聖人之法與史法不同，則猶未免於二傳之蔽也。

宋濂春秋屬辭叙：左氏之學既盛行，杜預氏爲之注，其於史例推之頗詳。杜氏之後唯陳傅良氏，因公、穀所舉之書法以考正左傳筆削大義，最爲有徵。趙汸春秋屬辭卷耑

何喬新策府十科摘要：宋之論春秋而成書者無如胡文定公，其次則永嘉陳傅良也。文定之傳，精白而博贍，慷慨而精切。然所失者，信公、穀之太過，求褒貶之太詳，多非本旨。陳氏之論世變，以爲有隱、桓、莊、閔之春秋，有僖、文、宣、成之春秋，有襄、昭、定、哀之春秋。然其於褒貶，以傳之所書而論經之所不書，則傳事又豈一一皆實乎？何文肅公集一

經義考一百八十七：黄淵曰：「陳止齋欲著後傳，於諸生中擇能誦者一人自隨，似不草草。然謂『書王存周』，未免又落窠臼。」張萱曰：「止齋取左傳每段以數語括其大指，間有評駁。」

案：春秋一經，自啖趙以後，説者大抵屏棄三傳，習爲繳繞苛刻，以測經旨。宋南渡後，胡氏傳盛行，三傳之學益微。止齋後傳依經求義，大旨主於本左氏以徵事，參公、穀以明例。故其論左氏則謂著其所不書以見春秋之所書，皆左氏之力，又謂春秋褒貶天下之

君大夫，託魯以寓〔一〕王法，莫備於隱、桓、莊之世。後傳三、莊十六年郳子克卒傳。及有所謂隱、桓、莊、閔之春秋，有所謂僖、文、宣、成之春秋，有所謂襄、昭、定、哀之春秋諸義，並與董子繁露「春秋分十二公爲三等」，楚莊王篇。何氏公羊解詁「張三世」諸例相近。在宋儒説春秋書中，爲最有根據。至傳中精論，如本何、邵公説，謂「惟王者然後改元」。後傳一隱元年傳。據晉少姜卒，公如晉。晉來辭曰：非伉儷者也，謂「古者諸侯不再娶，再娶亦妾也。」後傳一隱元年天王使宰咺來歸惠公仲子之賵傳。據史記六國世表敘，斥秦襄公作西畤祠白帝爲僭，謂「諸侯之有郊禘，爲東遷之僭禮」。後傳五、莊三十一年四卜郊不從乃免牲猶三望傳。並義精理塙，與空談褒貶者異。樓宣獻叙其書，以爲深究經旨，詳閲世變。元趙子常又以爲在三傳之後，卓然名家，信不虚也。後傳，宋以來凡有四本：一維揚本，與左傳章指合刻；見讀書附志上。一永嘉本，郡守施栻所刊；見曹叔遠止齋文集跋。一茶陵本；一勤德堂本，並不知時代。見讀書敏求記。四本今並未見。通行者惟通志堂刊本，然奪誤甚多，不足依據。章指舊與後傳合刊，今則世無完本。四庫提要謂「永樂大典尚存梗概，亦殘闕不能成帙」。然大典秘書，自翰林院藏本外，别無副迻，則即此殘闕者亦復不可見。惟藉趙氏左傳補注所引，稍窺崖略，

〔一〕「寓」，底作誤作「行」，據春秋後傳改。

其説於傳文隱奧多爲疏通證明，以求其義，而五十凡之與義理或有達違者，則亦力爲糾正。不爲依阿回穴之論。雖不必盡確，然於范寧穀梁傳叙所謂「棄其所滯，擇善而從」者，殆庶幾焉！

又案：止齋文集三十八答張端士弟二書云：「某病軀日衰弱，漸漸了得。春秋一書，及未啟手足之前，更加删潤。則自有春秋來未有此書，可藉手見古人無怍。」又弟四書云：「某近復苦泄瀉，今幸稍愈。以年例論之，如此浸久，是結裹之證也。萬事已置勿論，惟春秋後傳垂成，尚欠删潤，不免就病中勉强。」據此是後傳一書，止齋固自信爲不敝之作，且晚年力疾删潤，尤其畢生精力所萃也。

又案：元程端學春秋本義卷首春秋傳名氏，永嘉陳氏下載有章旨、類説、後傳三書。類説，它書别無所見。蔡文懿作行狀及曹叙止齋集紀止齋箸述，亦無此目。不知程氏何所據也。今不據補録，而附識於此。

宋氏晉之春秋十二公論

一卷。攻媿集一百九

佚。

陳氏謙春秋解 續文獻通考一百七十三

佚。

蔡氏幼學春秋解 經義考一百八十四

佚。經義考一百八十四

案：蔡文懿公幼學，陳文節公弟子。宋史儒林傳四、萬曆温州府志理學傳、雍正浙江通志名臣傳、嘉慶瑞安縣志儒林傳並有傳。

葉氏適春秋通説

十三卷。萬曆温州府志十七。

佚。

案：水心葉文定〔一〕公適，宋史儒林傳四、萬曆温州府志理學傳、雍正浙江通志、乾隆永嘉縣志名臣傳、嘉慶瑞安縣志儒林傳並有傳。案：水心本貫處州龍泉，其祖徙瑞安，水心晚年又寓永

〔一〕「文定」，此據葉適墓誌銘，宋史誤爲「忠定」，詳卷二十一案。

嘉，故各志互收之。春秋通説見萬曆温州府志藝文門，宋以來書目皆不著録，其書名卷數並與黄若晦書同，疑萬曆志偶誤以黄書屬水心也。然今未敢臆删，姑録其目以備參考。〔一〕

王氏綽春秋傳紀 宋元學案五十五、萬曆温州府志十七〔二〕、雍正浙江通志二百四十一、乾隆永嘉縣志二〔三〕十三並作「傳記」，乾隆温州府志二十七作「傳説」，今從續文獻通考一百七十三、經義考一百九十。

三卷。經義考一百九十

佚。經義考一百九十

萬姓統譜四十四：王綽，葉水心之畏友。趙尚書汝談等在史館，奏充編校而不就。有春秋傳記經義考一百九十引温州府志作「紀」。及雜文，門人尤端明焴、薛秘書蒙，守建與括，皆爲刊於學。

案：松臺王先生綽，萬曆温州府志文學傳、雍正浙江通志、乾隆永嘉縣志文苑傳並

〔一〕弘治温州府志十八著録，撰者名爲三字墨釘，在此書後即著録習學記言等葉適著作。萬曆志誤連讀而引。當爲黄書，此條當删。

〔二〕萬曆温州府志十七、雍正浙江通志二百四十一，誤倒，按體例改。此類頗多，不再出校注。

〔三〕「二」，底本誤作「六」，徑改。

有傳。

林氏拱辰春秋傳

三十卷。宋史藝文志一、授經圖春秋四、經義考一百八十九。

佚。經義考一百八十九

東嘉先哲録九：林拱辰歷知婺州，廣東經略安撫。有春秋傳刊於婺州。原注：郡志。

戴氏厚春秋經解

三十卷。攻媿集一百七、經義考二百四十三。

佚。經義考二百四十三

樓鑰戴俊仲墓誌銘：乾道七年，余客授東嘉，而戴君俊仲爲録，以文行爲鄉先生。著春秋經解數萬言，能爲詞章，詩清婉有思致。性質粹温，不得而親疏。久處庠校，與之議事，詳審而寡失，故尤與之密。君是時已嘗薦於鄉，五上禮部。至淳熙八年，始以特奏名試，補賀州文學。尋授迪功郎，婺州金華縣尉。光堯慶壽恩，循修職郎。余去官十五年而復假守，而君已得末疾，監潭州南嶽廟，不可出矣。十六年，既以光宗覃恩，循從事郎。余以八月去郡，聞君以十有一月甲申終於家，享年六十有八。經解三十卷，文集號橫蕩類稿五十卷，藏於家。俊仲諱厚，又字長文。攻媿集一百七

案：戴縣尉厚，文瑞公溪從父，舊府、縣志無傳。春秋經解，宋以來書目未經著録，至朱氏經義考始據攻媿所作墓誌收入，然誤單作經解列入群經類中，蓋朱氏但見志末云「經解三十卷」，未及統核全文，故有兹謬。今據攻媿集正之。

戴氏溪春秋講義萬曆溫州府志十七作「春秋説」，今從宋史藝文志一、四庫全書總目二十七。

四卷。宋史藝文志一、四庫全書總目二十七、授經圖春秋四，複出「戴少望春秋講義六卷」，誤。

存。四庫全書本。經義考一百九十注曰「佚」。

經義考一百九十：戴氏溪春秋講義，宋志四卷，王瓚溫州志作「三卷」。

四庫全書總目二十七：春秋講義四卷，永樂大典本宋戴溪撰。溪有續吕氏家塾讀詩〔一〕記，已著録。開禧中，溪爲資善堂説書，累轉太子詹事。時景獻太子命類易、書、春秋、論語、孟子、通鑑各爲説以進。此即其春秋説也。書中如以「齊襄迫紀侯去國」爲託復讎以

〔一〕「詩」，底本誤作「書」，徑改。

欺諸侯，以「秦與楚滅庸」爲由巴蜀通道，以屢書「公如晉至河乃復」爲晉人啟季氏出君之漸，以「定公戊辰即位」爲季氏有不立定公之心，皆具有理解。而時當韓侂胄北伐敗衄，和議再成，故於内修外攘、交鄰經武之道，尤惓惓焉。至卒葬之類並闕而不釋。考宋代於喪服之制避忌頗深，如「何居」居字語出檀弓，禮部韻略即不載，其他可知。溪之不釋此類，蓋當時講幄之禮也。嘉定癸未五月，溪長子桷，鋟木金陵學舍，沈光序之。寶慶丙戌，牛大年復刻於泰州。其序稱是書「期於啟沃君聽，天下學士不可得而聞，蓋非經生訓詁家言，故流傳未廣」。陳氏書録解題不著於録，殆以是歟？宋史藝文志作四卷，王瓚温州志作三卷，朱彝尊經義考注曰「已佚」。今外間絶無傳本，惟永樂大典所采，尚散見各條經文之下，今謹爲裒輯校正。自僖公十四年秋至三十三年，襄公十六年三月至三十一年，永樂大典所闕，則取黄震日鈔所引補之。仍從宋史，釐爲四卷，而每卷又各分上下，其所釋經文，多從左氏，故其間從公、穀者，並附案語於下方焉。

佚。

續春秋口義　咸豐永嘉縣志二十

直齋書録解題三：春秋口義五卷，胡翼之撰。至宣十二年而止，戴岷隱在湖學嘗續之，不傳。

盛如梓庶齋老學叢談上：春王正月，胡文定公謂「以夏時冠月，以周正紀事」。晦庵以爲不如此，然宗之者衆，或謂皆寅正紀事，近世戴岷隱諸公皆是〔一〕此說。

曹氏叔遠春秋書法起例姜準岐海瑣譚集五〔二〕

佚。

岐海瑣譚集五：曹叔遠，紹定四年除權禮部侍郎。明年七月升正禮侍，仍兼侍讀。箸春秋書法起例一編上進。

戴氏栩春秋說續文獻通考一百七十三

佚。

案：浣川戴常博栩，文瑞公溪從孫。雍正浙江通志、乾隆温州府志、乾隆永嘉縣志儒

〔一〕「是」，底本誤作「如」，徑改。

〔二〕此條底本無，據刻本補。

林傳並有傳。

黄氏仲炎春秋通説

十三卷。直齋書録解題三、文獻通考一百八十三、宋史藝文志一、四庫全書總目二十七。

存。通志堂經解刊本

繳進春秋通説表：臣仲炎言，伏以六經統天地，莫非用世之規；萬物聚春秋，尤切治人之道。洪惟烈祖，崇尚斯文。仁宗命昌朝侍講於邇英，曰監戒而不諱；高廟置安國進解於座右，謂喜學以無忘。至若咨輔弼以考三傳之異同，又如因答問而審一言之造化。可見先朝極討論之意，所惜儒臣寡疏暢之功。厥理未彰，兹學幾廢。允賴厲精之上哲，丕承宏遠之前摹。臣仲炎惶恐惶恐，頓首頓首。臣竊以孔聖之修麟經，猶禹功之抑洪水。昏墊不塞，曷臻九叙之歌；亂賊匪除，莫救三綱之壞。即當時之事實，爲異代之鑒觀。昭示燎原，貴防曲突，顧瞻折軸，宜重後轅。雖仍魯史之文，實正周王之位。用全教戒，體極謹嚴。自專門雜褒貶以論經，使後世眩是非而難辨。迄於科舉時文之弊，尤爲戲侮聖人之言。因欲獻諛於今，遂亦虚美於古。晉重耳坐邀萬乘，或善其明君臣之大經；周世子外附諸侯，或嘉其存王室之正統。南宫較藝，首選在兹，下國從風，流弊甚矣。獎崇功利，誇譽詐權。顧此時師友之染濡，莫能擇善；占他日臣工之獻替，必至文奸。臣肄舉業而罔功，抱遺經而永慨。潛心十稔，課稾一編。遠稽孟子之書，近酌朱熹之論。務陳理要，痛翦蕪繁。嗚世儒寡和之音，辟衆傳多岐之礙。强名通説，頗異舊聞。懼微命之填溝，致此書之覆瓿。僭塵間燕，期廣緝熙。兹蓋恭遇皇帝陛下，躬攬大權，作新庶政。聞一善而川決，明四目以天臨。賢路亨通，侈今日雲龍之會；經帷啟沃，變昔時仗馬之瘖。日月就將，海澤浸潤。睠洙泗編年之旨，尚闕申明；念草茅考古之勤，倘垂乙覽。察二霸之駁，而宅心至正；居一王之尊，而立志自强。睹喪敗起於佳兵，則安靖以輯福；推災異由於失德，則兢省以導和。刻桷築臺，深虞侈欲；取田納鼎，永戢貪風。中國盛則何懼荆蠻戎狄之馮陵，家道正則必無仲子文姜之僭濫。以至世變推移之故，物情紛錯之繇，郊雩嘗禘之經，朝聘會盟之節，皆可因文以考，引類而知。息邪説，放淫辭，庶見仲尼之志；求多聞，克永世，用增列聖之光。臣無任瞻天望聖激切屏營之至！臣謹繕寫前件春秋通説，成若干册，囊封隨表繳進以聞。臣仲炎惶恐惶恐，頓首頓首謹言。

經筵講讀奏舉狀：朝奉大夫、權刑部尚書、兼權吏部尚書、兼給事中、兼修玉牒官、兼侍讀臣李鳴復等。右臣鳴復等，聞「蟋蟀俟秋吟，蜉蝣出以陰」，士有懷珍抱美，而老於巖穴之下者，固不能無待文王之興也。仰惟陛下不居之聖，問學日新，經幄就將，靡間寒暑。

臣等猥以春秋舊業，叨塵誦説之員，深懼寡識闕聞，不究終始，無以昭明懲勸，上裨聖聰。伏見温州布衣黄仲炎，折衷是非，事爲之説，證以後代，鑒戒昭然。言古驗今，切於治道。如謂經有教戒，不爲褒貶，足杜儗僭，允爲潛心。吉州布衣龍淼，會萃經傳，科别其條，治亂興衰，本末該貫，評以己見，多所發揮。如謂魯僭紀元，獨承正朔，其於名分，所補良多。二臣於經，可謂勤矣。而其他著述，亦多可稱。鬱弗獲伸，俱老韋布。臣等執經入侍，心有愧焉。竊知二臣已嘗繕寫其書，裝潢申進，欲望聖慈，既垂乙夜之覽，或降付後省，更加閲視，如有可采，甄以寵光。庶幾科舉之外，士之窮經篤古者，不至於遐遺。其於作人之造，風厲多矣。謹録奏聞，伏候敕旨。端平三年七月日，朝請大夫、權尚書禮部侍郎、兼侍講臣游似，朝奉大夫、權刑部尚書、兼權吏部尚書、兼給事中、兼修玉牒官、兼侍讀臣李鳴復。

春秋者，聖人教戒天下之書，非褒貶之書也。何謂教？所書之法是也；何謂戒？所書之事是也。法，聖人所定也。故謂之教；事，衰亂之跡也，爲戒而已矣。彼三傳者，不知其紀事，皆以爲戒也，而曰有褒貶焉。凡春秋書人、書名，或去氏、或去族者，貶惡也；其書爵、書字，或稱族、或稱氏者，褒善也。甚者如日月地名之或書或不書，則皆指曰是褒貶所繫也。質諸此而彼礙，證諸前而後違，或事同而名爵異書，或罪大而族氏不削，於是褒貶之例窮矣。例窮而無以通之，則曲爲之解焉。專門師授，襲陋仍訛。由漢以來，見謂明經者不勝衆多，然大抵爭辨於褒貶之異，究詰於類例之疑，滓重煙深，莫之澄掃，而春秋之大義隱矣。自大義既隱，而或者厭焉，不知歸咎於傳業之失，而曰聖人固爾也。故劉知幾有虚美隱惡之謗，王安石有斷爛朝報之毁，遂使聖人修經之志，更千數百載而弗獲伸於世，豈不悲哉！故曰春秋者，聖人教戒天下之書，非褒貶之書也。昔之善論春秋者，惟孟軻氏、莊周氏爲近之，軻之説曰：「孔子作春秋而亂臣賊子懼」，是以戒言也；周之説曰：「春秋以道名分」，是以教言也。斯二者，庶幾孔子之志也。夫人之所以異於禽獸者，以其有道也。如是而君臣，如是而父子，如是而長幼男女、親疏内外之差等不齊也。叙此者爲禮，順此者爲樂，理此者爲政，防此者爲刑；堯、舜、三王之治，皆是物也。時乎衰周，王政不行，物情放肆，於是紊其叙，乖其順，廢其理，決其防，而天下蕩然矣。孔子有憂之，而無位以行其志，不得已而即吾父母國之史以明之。陳覆轍所以懼後車也，遏人變所以返天常也。霸圖之盛，王跡之熄也；盟會之繁，忠信之薄也。雖有彼善於此者，卒非治世之事也。聖人何褒焉？至於夷狄之陵中國，臣子之奸君父，鬬干戈以濟貪忿之志，悖理道以傷天地之和者，亦何待貶而後見其惡也。若夫筆削有法而訓教存焉，崇王而黜霸，尊君而抑臣，貴華而賤夷，辨禮之非，防亂之始，畏天戒，重民生，爲萬世立治準焉。嗚呼！使後之爲君父、爲臣子、爲夫婦、爲兄弟、爲黨友、爲中國禦夷狄者，由其法，戒其事，則彝倫正而禍亂息矣。余由童至壯，研思是經，嘗眩於舊説，如手棼絲，目暗室，難於解辨。蓋久而後能破之，旁稽記載，互參始末，爲書十有三卷，名曰春秋通説。通説者，去褒貶之茅塞，而通諸教戒之正途也。夫春秋固有以隻字垂法者矣，如加王於正，削吴楚僭號而從其本爵之類是也，而非字字有義也，亦固有所謂例者矣。如書其君歿曰「薨」，外諸侯曰「卒」，內大夫書卒，外大夫不書卒之類是也，此皆通例也。先儒謂左氏非左丘明，丘明乃孔子前輩，故孔子云：「左丘明恥之，丘亦恥之。」先丘明而後己，尊之也。楚左史倚相，能讀三墳、五典、八索、九丘，蓋今左氏傳，即楚左史也。古者史世其官，則傳是書者，倚相之後也。故左傳載楚事，比它國爲特詳，是得其實。公、穀亦莫明其所自來，或云子夏門人，要皆非親受經於聖人者，故於説經首失其義，而其間亦或有得者，穀梁氏爾。若夫具載事實，則左氏尚可考。故當據事以觀經，事或抵牾，難於盡從，則以經爲斷，上以伸仲尼之志，雖以立異取譏於世而不辭也。紹定三年五月朔黄仲炎序。

直齋書録解題三：春秋通説十三卷，永嘉黄仲炎若晦撰。端平中，嘗進之於朝。

四庫全書總目二十七：春秋通説十三卷，兩江總督採進本宋黄仲炎撰。仲炎字若晦，永嘉人。其進是書表稱「肄舉業而罔功」，李鳴復奏舉狀稱「科舉之外，窮經篤古」，蓋老而不第之士也。書成於紹定三年，其奏進則在端平三年。自叙謂：「春秋爲聖人教戒天下之書，非褒貶之書。所書之法爲教，所書之事爲戒。自三傳以褒貶立意，專門師授，仍陋襲訛，由漢以後，類例益岐，大義隱矣。」故其大旨謂直書事蹟，義理自明。於古來經師相傳王不稱天、桓不稱王之類，一切闢之。案朱子語録云：「聖人據實而書，是非得失有言外之意。必於一字一辭間求褒貶所在，竊恐未然。」仲炎表中所云「酌朱熹之論者」蓋本於是。何夢申作吕大圭春秋或問叙謂：「傳春秋者幾百家，大抵以褒貶賞罰爲主。惟或問本朱子而盡斥之。」不知仲炎已先發之矣。中如於「南季來聘」，據三傳、戴記謂「天子無聘諸侯之禮，周禮時聘之説不足信，於「滕薛來朝」，謂「諸侯無私相朝之禮，三傳俱謬」，則過於疑古。以「盟首止」爲王世子立黨制父，則過於深文。以「子同生」爲傳語誤入經文，以「葬蔡桓侯」爲公字之訛，以「同圍齋」爲圍字重寫之誤，疑及正經，亦未免臆爲推測。然如謂季友爲巨姦，竊交宫闈，則成風私事，傳有明文，辭嚴義正，足以爲千古之大防矣。其論胡安國之書曰：「孔子雖因顔淵之問，有取於夏時，不應修春秋而遽有所改定也。」胡安國氏謂春秋以夏正冠月，而朱熹氏非之當矣。孔子之於春秋述舊禮者也。如惡諸侯之强而存天子，疾大夫之逼而存諸侯，憤吴、楚之横而尊中國，此皆臣子所得爲者。若夫更革當代之王制，竊用天子之賞罰，決非孔子意也。夫孔子修春秋，方將以律當時之僭，其可自爲僭哉！其立義明白正大，深得聖人之意，蓋迥非安國所及也。

通志堂經解目録：春秋通説十三卷，宋温州布衣黄仲炎若晦，紹定三年五月自叙。何焯曰：「東海先有鈔本，從黄俞邰處來，仍僞書也。後汲古得李中麓所藏影鈔宋本，用以付刊。

案：黄若晦仲炎，舊府、縣志無考。據李鳴復奏狀稱爲「温州布衣」，而狀末有「甄以寵光」之語，則若晦進書時，鳴復又爲乞恩澤。萬曆府志選舉門，載宋進書補官有永嘉黄叔炎。叔炎即仲炎之誤，藝文門春秋通説亦誤題黄叔炎撰。〔一〕然所補何官則終無可考也。〔二〕通説大旨宗朱子春秋無褒貶之説，故其書於治亂得失，推論明切，又多引後世史事，參互證驗，以闡教戒之旨，雖不必果得聖人筆削之意，然以視孫復諸人，以春秋爲有貶無褒者，其厚薄固有間矣。至如説「考仲子之宫」，則辨「晉臧熹議宣太后宜準春秋考宫之義，別建寢廟，爲知庶母不得附廟，而不知考宫之非禮」。通説一。説「葬我小君敬嬴，雨不克葬」，則謂「喪事有進而無退，既啟殯不爲雨止。喪禮有所謂『潦車蓑笠』者，蓋備雨有具也。今遇雨止，

〔一〕萬曆温州府志藝文門春秋解黄叔炎撰，春秋通説題葉適撰。此注誤，當删。

〔二〕千石王氏宗譜有寶祐五年黄南嶽仲炎挽王致遠詩，可見其卒於宋末，官爲監南嶽。

無備可知。春秋書『雨不克葬』，惡薄其親也」。通説八。其辨證亦殊精博。餘若趙匡、孫覺、胡安國諸人舛戾之説，亦多駁正，固異於枵腹游談者。惟間喜爲新説，如於「夫人姜氏入大夫宗婦覿用幣」，謂「大夫宗婦，乃大夫與宗婦。」不用公羊「大夫妻」之説。通説三。於「新宮災」，謂「别爲新宮」，如晉之「築虒祁」，不用三傳「宣公新主入廟故曰新宮」之説。並斥檀弓以「新宮爲先君之宮」，爲漢儒沿三傳之訛。通説九。於「從祀先公」，謂「從猶承也」，「周廟先公后稷，魯廟太祖周公，今推而上之，承祀后稷」。同於周廟而不從三傳順祀閔僖之説。通説十二。是則故爲立異，違先儒説經家法矣。

又案：通志堂經解目録引何焯語，謂徐氏先得黄虞稷家僞本。今未見其書，未知與經解本異同若何。天乙閣書目一之二載春秋通説一册，無卷數。朱絲欄鈔本，宋黄仲炎撰。黄氏自叙稱十三卷，范氏藏本不分卷，或即義門所謂僞書乎？又續文獻通考一百七十三别載左傳約説百篇，黄仲炎著，他目並無著録，王考舛誤甚多，疑不足據。今不據補入，而附識於此，以備參考。

元

李氏孝光春秋述始道光樂清縣志十一

佚。

陳德永李五峰行狀：公通五經，尤邃於春秋。生平著作有春秋述始，顯微闡幽，足發前賢之秘。侍御史郭幹卿嘗稱之於朝，而天下士大夫始知有公。道光樂清縣志十一

案：五峰李秘丞孝光，元史儒學傳二、萬曆溫州府志文學傳、雍正浙江通志、道光樂清縣志文苑傳並有傳。

陳氏至春秋傳萬曆溫州府志十七。乾隆溫州府志二十七作「春秋傳注」。

佚。

明

蔡氏芳春秋訓義

十一卷。明史藝文志一、國史經籍志二、千頃堂書目二、經義考二百。

未見。經義考二百

千頃堂書目二：蔡芳春秋訓義十一卷。字茂之，浙江平陽人，弘治戊午舉人，福建鹽運司副使。折衷諸傳，而爲是書。

周氏綱左氏觸璜乾隆温州府志二十七

佚。

項氏喬左傳拔尤三卷。甌東私録二

未見。

自序：左氏浮誇，唐韓子有是論矣；近世學文者，又類宗之。然或以艱深文淺近，非獨使人不能句，雖俾其人自讀之，亦莫繹其意脈之所在。自以左氏名家也，不知左氏之文，雖或一字一句，一句一意，然上下接續，脈絡貫通，譬之高山大川然，人徒見其間怪石奇巖，絶潢斷港者〔一〕，若散漫不可紀極，而其一碧萬頃、壁立萬仞之勢，所向自如也。間如大兵壓境，聽一言以解甲，義有所激，雖丐人亦知勇於取焉。此其重禮崇信，猶有先王之遺風矣。嗚呼！是傳其可少耶？某幼癖好之，拔其可法之尤者，手謄三卷：爲叙事、爲辭命、爲議論，竊常展玩，未嘗敢以示人。守廬之五月，會九庠英俊而廪食之，時出以正其

〔一〕明本甌東私録無「者」字。

文藝。諸生曰：「是不可私也。」遂傳之梓，庶使廬陽文體，藉是少變焉耳。然善讀者得之章句之外，其所以謀身謀國者，將無不在，似未可輒以浮誇病之也。甌東私録二

鄭氏楷春秋寫意萬曆温州府志十七

佚。

案：雙溪鄭教諭楷，道光樂清縣志循吏傳有傳。

應氏德成春秋源流紀略一卷。乾隆温州府志二十七

佚。

葉氏耿春秋要略乾隆温州府志二十七

佚。

楊氏毓奇春秋傳衡雍正浙江通志二百四十一

未見。

自序〔一〕：一衡説。衡者，讀四傳而衡之也。四傳尚矣，曷衡？雖然傳且四，曷弗衡？譬一物也，孰輕者？孰重者？匪衡也，輕重傎；一春秋也，此傳之，彼傳之，匪衡也，彼此眩。雖欲弗衡，烏得弗衡諸？故夫四傳者人同，而衡者予獨。予之爲是衡也，不知吾言之是，亦不知吾言之非，第曰衡四傳云爾。一名説。杜預序曰：「史之所記，必表年以首事，年有四時，故錯舉以爲所記之名。」此説也，是名之無所取義者也。抑不聞春生秋肅者天之道，春賞秋刑者王之法，春秋天子之事，刑賞之權衡也。是故舊史記之，只爲紀事之書，孔子修之，即關勸懲之大，天道王法，於是乎在矣。一諱説。傳例有三諱：爲尊者諱，爲親者諱，爲賢者諱。夫諱非直也，經以直教天下後世者，奚諱？雖然，諱也，諱者何？尊、親、賢三者，天下之大綱也。三者得，天下治；三者失，天下亂。臣弑君者，始於不知有尊；子弑父者，始於不知有親；不肖之乘賢，始於不知其爲賢。春秋爲天下不知有三者而作，即烏得不爲三者而諱？是故爲尊者諱，爲親者諱，爲賢者諱，春秋之始也。人由春秋之諱尊知有君，諱親知有父，諱賢知有賢，是春秋之成也。嘉慶瑞安縣志九〔二〕

〔一〕「自序」，嘉慶瑞安縣志九作「弁言」。
〔二〕「嘉慶瑞安縣志九」，底本脱，據刻本補。

朱鴻瞻甌江葉鄒合傳：順治丙戌秋，甌始歸附，瑞士有棄諸生終身爲庶人者，楊毓奇，杜門不出，著春秋傳衡。康熙間年七十餘卒。竹園類輯九

佚。

孫氏林春秋繁露廣義雍正浙江通志二百四十一

自序：余半生日營八股，丘索流略，茫未有涉也。然私竊嚮往，亦好窺一斑，至晚始讀董子繁露諸篇，大約發明春秋而作也。夫左氏傳春秋實爲麟經紀事，非詮疏也。公、穀擬議稍近解釋而多鑿，康侯氏似暢厥旨，終落訓詁。治麟經家，率南指北面之，然揚波助瀾，亦未能取宣尼筆削微言神會之意表也。仲舒氏比伍參例，援事指義，互爲發明，創所未備，可謂繼左功臣，且取詩、易、禮作契參同，非獨以春秋解春秋者。故其文閎深奥渺，自成一家言，洵漢代大儒，唐、宋諸人莫之能武也。余讀其書，頓覺有豁，間抽其義而推廣之，亦以沿流溯源，强作解事，漫向津頭一問爾，作繁露廣義以質慧心之有志當世者。雖然，不以春秋解春秋，故繁露貴而傳；以繁露解繁露，猶爲廣繁露也乎！予持狹而尚曰廣也，人將嗤我也夫！周天錫慎江文徵三十八

乾隆永嘉縣志二十：崇禎府學歲貢孫林，負文望，三中副榜〔一〕，由寧都教諭陞隆安令。通商惠民，修學葺志，士民德之。擢雲州知州，未任卒。著有繁露廣義、安攘三策、越吟草。

東甌詩存二十八：孫林字子榦，永嘉人。崇禎歲貢，官雲州牧。著有越吟草。

國朝

葉氏嘉掄〔二〕讀左遺言 寶香山館集十七

未見。

孝經類

宋

胡氏子實孝經注

二卷。世善堂藏書目録上、經義考二百二十六。

佚。經義考二百二十六注曰「未見」。

〔一〕「榜」，乾隆永嘉縣志作「車」。

〔二〕「掄」，底本誤作「揄」，徑改。

案：胡監簿子實，萬曆温州府志理學傳、雍正浙江通志、乾隆永嘉縣志儒林傳並有傳。

胡氏一桂孝經傳贊續文獻通考一百七十五、經義考二百二十六。

佚。經義考二百二十六注曰「未見」。

元

李氏孝光孝經義疏

一卷。世善堂藏書目録上、經義考二百二十七。

佚。

畫孝經圖

一卷。世善堂藏書目録上、經義考二百二十七。

佚。經義考二百二十七注曰「未見」。

千頃堂書目三：李孝光孝經圖説，至正七年進呈。

王禕等元史一百九十：李孝光，至正七年詔徵隱士，以秘書監著作郎召。與完者圖、執禮哈琅、董立，同應詔赴京師，見帝於宣文閣，進孝經圖説。帝大悦，賜上尊。經義考二百二十七：陸元輔曰：「李季和隱居雁宕山，至正七年應詔，進孝經圖説。」

案：宋濂鑾坡别集五題李伯時畫孝經圖後：「右李公麟所畫孝經圖〔一〕一卷。至正中，著作郎永嘉李孝光進入秘府。」是五峰所進之圖，即伯時畫本也。世善堂書目乃别載五峰畫孝經圖者，蓋義疏本亦録圖附於後，且五峰或有所改定，亦未可知。今故仍箸其目。至元史所載孝經圖説，乃史臣約舉之詞，五峰原書自名義疏。黄氏千頃堂書目、倪氏補遼金元藝文志、錢氏元史藝文志及通志、舊府縣志並録圖説而不録義疏，殊誤。道光樂清縣志藝文門，圖説與義疏並列，尤謬。

國朝

史氏尊朱孝經刊誤淺解一卷。道光樂清縣志十一

存。樂清鄭〔二〕氏刊本

〔一〕「圖」，底本脱，據刻本補。

〔二〕「鄭」，底本闕，據刻本補。

自序：天地生物之心，元也，人得之以爲心而有仁；父母愛子之心，仁也，子得之以爲心而知孝。天、親、仁、孝，一也。盡所以爲子而親悦之，則盡所以爲人而天祐之。若子而不子，則人爲匪人。失其天性，逆天之命矣，罪將安禱乎？此禍福之攸分，而治亂之自始也。治至二帝三王，尚矣。欽明峻德，先親九族。重華升聞，聞以烝乂。禹之幹蠱，弼成五服。湯則聖敬日躋，肇修人紀。文王之爲世子，朝於王季日三。武王周公，所稱達孝者也。是其德之本於孝者一也。孝之爲道，於身焉求之，其不敢毁傷也，則不登高，不臨深，爲能戒逸欲，儆風愆，以强固其身矣。其立身行道也，一舉足不敢忘父母，則所以作肅者本乎是；一出言不敢忘父母，則所以作乂者本乎是；視於無形，聽於無聲，永言孝思，則所以作哲作謀作聖者本乎是；充之而事親而克諧，即事天而休徵也。人本乎天，子本乎親，自天子以至庶人，同以吾親爲身之本，同以孝爲身之德之本，其知愛知敬，乃不慮而知之良知，不學而能之良能，出於性而不容已者。經曰：「愛親者不敢惡於人，敬親者不敢慢於人。」人必愛親而後能愛人，亦至於能愛人，乃盡其所以爲愛親。人必敬親而後能敬人，亦至於能敬人，乃盡其所以爲敬親。天子以愛敬之德教於上，天下以愛敬之德順於下，合四海皆歸於愛敬，而無敢惡慢，則肅肅雍雍，不爭無怨，中和建而禮樂興，禮樂興而教化行，父父子子，君君臣臣，大倫以正，庶務以理，而清寧咸若，災害不生，禍亂不作，司寇之刑可措，司馬之兵可戢，何唐、虞、三代之治不再見哉？甚矣孝之大也。正閨門、順四海、享祖考、格天神，道無踰於此者。自孝道之衰，父子君臣，大倫攸斁，人事失其經，天道亂其序，於是孔子懼而作春秋以救其變，著孝經以道其常。故曰：「志在春秋，行在孝經。」二書原並出者也。古用竹書，易於錯簡，又經秦火，孝經所傳多誤，妄立章名，訓注亦謬。朱子謂其附會蕪雜而失次，文義有不通貫，因爲刪削附會，合經分傳而序次之，覺義理之精深，規模之巨宏遠，一同於大學，是皆爲孔子之言，皆傳於曾子者，又皆以朱子之更定而得其正也。是宜以朱子所定，頒之學宮，合於大學，以命題取士，庶是經大行於世，用致和平之治於無疆也。尊朱不揣固陋，爲之淺解，非能於精意發其萬一，亦曰芻蕘之言，聊備采擇焉云爾。道光樂清縣志十一

賈聲槐序：丁亥秋，樂清鄭生耀廷，以其鄉先輩史格庵先生讀書淺解請爲序。先生深於理學，羽翼紫陽，卓然可傳於後世。原版殘於回祿，鄭生尋舊藏本重鐫之，其志可嘉。今春來謁曰：「先生孝經刊誤淺解可並付梓。」余讀其自序，於天人性命之原，仁孝合一之理，發揮透徹，注解清晰周備，是誠有裨於名教，而爲聖賢之功臣矣。昔夫子以大學授曾子，曾子闡發爲傳。秦漢以後，書多錯簡，朱子更定，分爲十傳，條目井井，與博文約禮大旨相合，後來有疑而議之者過矣。孝經亦夫子所授於曾子者也，始於事親，中於事君，終

於立身，實包乎誠正修齊治平之旨，而力行必先致知，道本一貫也。是書流傳久多錯雜，朱子刊誤，亦分爲傳十章，釋明經義，後二章發經外之義。文從理順，質之先聖而不易。格庵先生解之而曰淺。夫庸言庸行，通乎鬼神，察乎天地，孝經與大學相表裏，四書五經之理，盡包孕其中。淺解也而精深廣大孰能外此乎？孝弟者爲仁之本，仁性也，天也，亦即中也，誠也。太極圖說、西銘，理一分殊，先生爲能觀其通矣。道光戊子孟夏序。道光樂清縣志十一

五經總義類

宋

薛氏徽言經書訓義 乾隆温州府志二十七。乾隆永嘉縣志二十三作「訓解」，續文獻通考一百七十五題「薛季宣」，並誤。

佚。

案：薛舍人徽言，宋史三百七十六、萬曆温州府志忠節傳、雍正浙江通志、乾隆永嘉縣志名臣傳並有傳。

葉氏仲堪六經圖

七卷。直齋書録解題三、文獻通考一百八十五、宋史藝文志一、國史經籍志二、經義考二百四十三。

佚。經義考二百四十三注曰：「未見」。

直齋書録解題三：六經圖七卷，東嘉葉仲堪思文重編。案館閣書目有六卷，昌州布衣楊甲鼎卿所撰，撫州教授毛邦翰復增補之。易七十，今百三十；書五十五，今六十三；詩四十七，今同；周禮六十五，今六十一；禮記四十三，今六十二；春秋二十九，今七十一。然則仲堪蓋又以舊本增損改定者耶？

案：葉思文，舊府、縣志人物門皆不載。考王忠文梅谿後集十八興化簿葉思文吾鄉老先生也比沿檄見訪既别寄詩二十八韻次韻以酬詩，有云：「吾鄉老先生，吏事以儒飾。新篇似庭燎，遠寄箴我癖。把酒欲細論，何時再沿檄。陽春七十首，老鱸萬丈射。招邀屈原魂，收召子厚魄。驚開老病眼，喜見墨妙跡。願公倡斯文，用夏變蠻貊。」又集二十九何提刑墓誌銘亦云：「興化簿葉仲堪以行狀來。」然則思文固以宿儒而屈於末吏者也。其詩文今無存者，吾鄉人幾不能舉其名矣。

鄭氏伯熊六經口義拾遺經義考二百四十三

佚。經義考二百四十三

東嘉先哲録六：鄭伯熊六經口義拾遺、謰語若干卷，皆究極本原，達於事物。原注：見郡志。

曹氏叔遠諸經要解岐海瑣譚集五

佚。

岐海瑣譚集五：曹叔遠有蘧徑集若干卷，諸經要解家塾手編，藏於家。〔一〕

戴氏栩五經説經義考二百四十四

佚。經義考二百四十四

宋元學案五十五：常博戴先生栩，學於水心，得其旨要，故明經之外，亦高於文。嘗云：「詩壞於衛宏之序，春秋誤於公羊之傳，易淆於三聖繫爻彖象之互入，書失於孔壁序傳簡編之相亂，周禮特周公大約之書，當時有未必盡行者。」所著有五經説、諸子辯論、東都要略、戴博士集。

〔一〕底本無此條，楊紹廉據定稿鈔補。

案：戴浣川所著五經説，今無傳本。考浣川集九〔一〕跋朱元剛詩集云：「若夫君所纂余周禮説，及君所自著雜文，俟他日訂正而書之未晚。」所稱「周禮説」，當即在五經説内，而元剛别爲纂録者也。元剛名與籍貫並無可考。浣川集三〔二〕贈朱子文並寄朱元剛二絶注：「朱法曹，余同年進士也。子元剛從余游，近見其詞藻進長」云云。是元剛爲文子門人，故爲纂其經説。

葉氏味道經筵講義 宋史儒林傳四

佚。

姜氏得平詩書遺意

一卷。宋史藝文志一

佚。經義考八十三

案：姜得平，舊府、縣志無考。直齋書録解題三，載「論語本旨一卷，建昌軍教授永嘉

〔一〕「九」，底本誤作「十」，徑改。

〔二〕「三」，底本誤作「一」，徑改。

姜得平撰。」是得平貫永嘉，官至建昌軍教授也。萬曆温州府志十，宋上舍釋褐有姜得年，永嘉人。疑「年」即「平」之誤。楊士奇文淵閣書目三，有「姜德「德」、「得」聲近而誤。平詩書遺意一部，一册，闕」。則此書明時尚有傳本，今則不復可得矣。經義考群經類不載此書，而尚書類八十三卷別載：「姜德「得」誤「德」，與文淵閣書目同。平尚書遺意一卷。」蓋所據書目誤作「尚書」，朱氏遂沿其謬。此書宋志列經解類，必非專釋尚書也。

胡氏子實講義 萬曆温州府志十七。乾隆永嘉縣志二十三作「口義講義」。

佚。

王氏奕六經説 經義考二百四十四

佚。經義考二百四十四

元

陳氏剛五經問難 續文獻通考一百七十五、經義考二百四十六。

佚。經義考二百四十六

趙氏良震易書二經通旨不繫舟漁集十

佚。經義考四十七

陳高序：予友趙君伯起，著易書二經通旨，取經文意義之近似者，比類而條析之，或會而同，或别而異。大而爲天文、地理；細而爲制度、名物；微而爲性命、道德、陰陽、鬼神；以至於先儒之訓詁，凡有所疑，靡不辨決。嗚呼亦勤矣！朝廷設科以明經取士，而試以經義。經義之文，易用程氏、朱氏，書用蔡氏之説。二經及傳疏數十萬言，學者諷誦尋繹，或自少至老，不能究一經，及就試場屋，主司發難，則握筆瞠視，不敢措辭者，往往有焉。趙君獨能研精探賾，貫穿融會，解其肯綮，剖其盤錯，使習是經者得而觀之，如獲指南之車，不待問途而越裳可至，其於答主司之問也何有，然則是編之有益於學者，固不少矣。雖然，士之明經，豈專爲科舉計哉！聖人之道，非經不傳，學者讀聖人之經，則當求聖人之道。是故明吉凶消長之理，知進退存亡之機，而動不違乎時，則深於易者也；觀二帝三王之心，考唐、虞、三代之治，而以之修己治人，則深於書者也。若夫迷溺於文字之支離，而徒以是爲進取之媒者，亦豈趙君之所望於後學也哉！不繫舟漁集十

蘇伯衡東谷先生趙君墓銘：君諱良震，字伯起，别號東谷，於宋宗室鄒勤孝王宗惠爲八世孫。其家平陽則自六世祖武翼大夫、主管台州明道觀士䨱始。銘曰：猗君好學如好

色，讀書不復就枕席。大義毫分仍縷析，尚慮至理未融液。操觚染翰事箸述，經史子籍名法律。搜抉隱蔽訂訛失，書成尊閣富簡册。大明皇帝膺寶曆，旁求賢俊如不及。觀風使者暨邦伯，推挽愈勤辭愈力。癸亥重九後九日，奄兮忽兮簀遽易。壽登七袠又餘七，老成云亡孰矜式？蘇平仲集十四

案：東谷趙先生良震，府、縣志無傳。據蘇平仲所作墓銘，知爲元代遺老，入明隱居不仕，篤學箸書以終者也。易書通旨據陳子上叙，其書蓋研貫程子易傳、朱子易本義、蔡氏書集傳，通其旨要，以便科舉之士者。明以來書目及通志、府、縣志並未箸録，則其佚久矣。經義考四十七易類載易經通旨，而書類無書經通旨，殊爲疏漏。今據不繫舟漁集考正并箸於此。

明

王氏𪗋詩書題斷萬曆温州府志十七

佚。

案：王進士𪗋「𪗋」通志、府、縣志並誤「淵」，今據瑞安王氏録本𪗋自撰壙志正。儒志先生九世孫。萬曆温州府志理學傳、雍正浙江通志、乾隆永嘉縣志儒林傳並有傳。詩書題斷見萬曆府志

藝文門，而雍正通志經籍門別出四書題斷外書，引嘉靖通志，王淵撰，蓋即此書。著録者誤以詩書爲四書耳。今不據補録。

方氏以正五經解 乾隆温州府志二十七

佚。

案：方同知以正，乾隆温州府志循吏傳、乾隆永嘉縣志仕績傳並有傳。

方氏繼學五經辨疑 乾隆温州府志二十七

佚。

戴氏愨諸經補遺 萬曆温州府志十七。乾隆永嘉縣志二十三作「補義」。〔一〕

佚。

〔一〕戴愨爲宋末人，此誤入明，當改。説見前。

國朝

徐氏炯文翔雲經義 四〔一〕卷。

存。樂清徐氏家藏鈔本

唐傳鉎序：學者窮經，所以明義也，豈徒矜博洽、工文詞已哉！自漢以來，聖人治躬、治世之法蕩然無復存者，而其義獨備於經。義苟明，則聖人之心得；聖人之心得，以之治躬而品立，以之治世而風淳。是惟不安凡近，不苟速成，而篤實研求者，可與語其事；亦惟生平從事，而旦暮與共者，可與通其人。余沉潛於經書蓋四十餘年矣，嘗有五經注疏時藝，頗多發明，敢云其義蘊悉得乎？恭逢聖明，歲四十薦於鄉，歲五十捷於春闈，特奉簡命，來涖樂邑，思以端士習、厚民風，仰補聖化於萬一。樂邑僻處山海，其於聖經之義，果人人率由耶！爰立義學，思得篤實之士，明經義以風多士，而樂之人會以翔雲徐君請，則君爲甌江知名士也。迨余與之周旋，益信其爲篤實之士而不負斯席也。君爲人渾渾樸

〔一〕「四」，底本闕，此書温州市圖書館藏鄉著會鈔本，作四卷，據補。

樸，不務紛華，不露圭角，文章亦如之。雖屢困場屋，絶不以窮通得喪變其志，益肆力於古，而詩、書、易、孝經，著有經義。大抵尊經宗注，剖析明白，聖經之義，直抉其奥，復自出機杼，運以古人之筆，非至篤實，何以見義之精如斯與！余役於簿書三四年矣，向之沉潛於心以見諸事者，閲君之書，猶能仿佛一二。夫不安凡近者，其成也不凡；不苟速成者，其成也不朽。海内景從，可捷如響，樂之人士，誠於是編而精研之，則人人窮經，人人明經之義，觀摩漸染，靡不篤行。言乎士品，日益端也；言乎風俗，日益淳也。寧僅博洽文詞之學遠異昔時也哉！聖天子治世之雅化，其精義不外是矣。得人而與之，爲宰者所宜有事也。是爲序。道光樂清縣志十一

施元孚跋：窮經貴實踐，言周孔而行蹠蹻，窮經亦奚爲哉！先生研究六經，窮年兀兀，耄而不倦。所著經義，入堂奥而闡微渺，爲先儒羽翼，爲後學津梁。生平言動，一以經訓爲師，雖不遇於時，而躬行不怠。以此淑身，即以此誨人，不露圭角，而外内斬斬。若先生者，洵無負於窮經矣。今先生往矣，讀其書猶想見其爲人，而竊歎窮經之自有真也。釋耒集四

道光樂清縣志八：徐炯文自號翔雲山人。穎悟好學，弱冠撰詩義一編，理解出人意表，繼撰易書孝經經義、春秋韻語等書，探討理窟，涵演貫通。

案：翔雲徐歲貢烱文，乾隆温州府志、道光樂清縣志文苑傳並有傳。

葉氏浩五經解 嘉慶瑞安縣志九〔一〕

未見。

嘉慶瑞安縣志七：乾隆丙辰歲貢葉浩，品行端方，博通經史。

〔一〕底本此條删，楊紹廉據定稿鈔補。

温州經籍志卷六

經部

四書類

宋

沈氏大廉論語説經義考二百十八

佚。經義考二百十八

直齋書録解題三：五峰論語指南一卷，監南嶽廟胡宏仁仲撰。詳論黄祖舜、沈大廉之説。

案：沈提刑大廉，萬曆温州府志宦業傳、雍正浙江通志、嘉慶瑞安縣志名臣傳並有傳。其所著論語説，今無傳本。惟胡宏五峰集五附録論語指南一卷，其篇目下注云：「證黄祖舜繼道、沈大廉元簡之説。」書中引沈氏説，凡二十一條，其十條並論黄説之優劣，則沈書内當亦采黄説矣。五峰集世無梓本，流傳頗尠，今録所引沈説於此，以傳元簡學術之略，其五峰評語，文繁不及載也。論語指南父在觀其志章，黄氏曰：「有父兄在，如之何其聞斯行之？觀人子之志可也。父殁之後，其志可以施爲，則觀其所行如何耳。君子不忍其親，三年之間，孝子唯恐不及，於父所行之道，或當或否，將有所不暇議，忍改之乎？」沈氏曰：「昔居先君之喪，於哀苦中而得此説，甚以爲合於人情也。」禮之用和爲貴章，沈氏曰：「禮固貴和，小大由之，則過於和矣。不復以禮節之，則不可行，知和而和，不以禮節之，亦不可行者，申上言也。」人而不仁如禮何章，沈氏曰：「不仁者私意横生，何有於禮樂？」禘自既灌而往者吾不欲觀之矣至吾不與祭如不祭二章，黄氏曰：「魯躋僖公，亂昭穆也。既灌之後，所以降神，故不欲觀之。或者不喻而窮其説。孔子爲魯諱，故託以不知而指其掌。其意若曰：明乎上下之分，治天下無難矣。夫祭以誠爲主，今從逆祀，而失昭穆之義，於誠何有？是祭與不祭等矣。此孔子之所不與，若吾與點也之與同。」沈氏曰：「逆祀之説極好，指其掌上，詞已斷矣。下所言，以類記之者也，不必比而同之。與字一説恐未安也。」射不主皮章，黄氏曰：「古者射有五善，不特主皮，兼取禮樂容節也。古者力役之事分而爲二，欲其可法矣。後世徒〔一〕以中皮爲善，强弱無别，同爲一科，故夫子言古之道，以明

〔一〕「徒」，底本誤作「從」，據五峰集改。

今之不然。」沈氏曰：「嘗見趙岐有是説而然之，當無以易也。」唯仁者能好人能惡人章，沈氏曰：「弟子之善記事如此。上言仁者好惡矣，然言能惡人，則或者疑焉，於是復明仁者之心，曰本無所惡也。」人之過也各於其黨章，沈氏曰：「伊尹周公皆是過，乃所以爲仁。」參乎吾道一以貫之章，黄氏曰：「夫子垂世立教，學者宗之，或得其一體，或聞其一言，有稱其博學者，有譽其多能者，皆不能偏觀而熟察之。乃若聖人之道，則聞而知之，傳以心也；默而識之，悟以心也。況其泛應於域中，雖千變萬化未始有窮，而會歸於一心，則天地之純全，萬人之大體，皆其分内耳，所謂一以貫之也。曾子蚤游聖門，省身於内，守之以約，故夫子告之，不待發問而曾子受之不復致疑，可謂相契以心，得於言意之外矣。及其荅門人之問，語之以忠恕者，亦以其違道不遠者告之，使之求諸心而切於踐履者也。蓋忠之爲心，無纖介之私，其毋自欺，亦不欺人也。恕之爲心，無物我之間，其處人亦如其在己也。忠恕生於吾心，則彼已不立，孰爲町畦，將盡己之性以盡物之性，而至於參天地，其於一貫之妙舉積此矣。曾子至是，蓋不容言，而門人之問，不得已而應之。於是形容夫子之道，非忠恕兩言無以明之。使門人而悟曾子之言，則一之名亦不立矣。是道也，曾子之傳於聖人，門人之受於曾子，又未可以淺深論。」沈氏曰：「此論亦鄙見所同，曾子所以告之門人者，則是一轉語也。」宰予晝寢章，黄氏曰：「記曰：『晝居於内，問其疾可也。』君子非有疾不居内，今宰予好内而懷安，無其質矣。教何所施，故孔子深責之。」沈氏曰：「好内之説，竊以爲不然。宰予固不至是，聖人亦不察人之微至是也。但晝而多寢，昏惰無精進，故夫子深責之。」晏平仲善與人交章，黄氏曰：「晏子相齊景公，執國政，孔子久於齊而不能用，徒以交際爲恭，非王公之尊賢也。於此猶善其能全交者，所見夫子之忠恕。」沈氏曰：「此恐只是不没其寔，非有爲而言也。」季文子三思而後行章，沈氏曰：「鄉人林德惠嘗云：時人稱季文子三思而後行，夫子以爲不然，曰如能再思可矣，何望其三乎？如三家之强，文子殆未之思也。」子謂仲弓章，黄氏曰：「此論仲弓之德，不用於天子，必用於諸侯。如牛之騂且角，雖不用於郊，山川亦不舍之矣。鯀殛而禹興，不以其類廢之也。」沈氏曰：「先儒謂指仲弓父之言，非也。斥父稱子，豈聖人之意？人之才德不繫於世類，才者雖不大用必小用，故以郊與山川言之，亦非謂天子諸侯也。」曾子曰以能問於不能章，黄氏曰：「學道未至於無心，非善學也。自問不能至實若虚，無矜伐之心也。犯而不校，無物我之心也。此顔子克己之學。」沈氏曰：「矜伐之心，由物我之心生也。自好問若虚以至不校，皆是無物我之事，不必分也。」子見齊衰者冕衣裳者至顔淵喟然歎曰二章，黄氏曰：「哀敬之道，常存於心，故見之者誠有觸於中，其作也，其趨也，有不期而然矣。蓋夫子平日踐履之道，所謂『無行而不與二三子者』是也。衆人懵不知覺，顔子於此獨有省焉。所以喟然發歎也。蓋嘗論聖人之道，大包六合而小不外乎吾身，遠貫萬古而近不離乎日用。若窮高極眇而求之於渺茫恍惚，其去道益遠矣。顔子既發歎而悟昔日之非，於是吐其胸中所見言之，若曰：人之所以不見道者，以才爲之累也。向也從事於堅高前後之際，矜吾聰明，任吾智力，卒之罔然無得，有若遐志矣。而夫子誘而教之於博學之間，則又欲罷而不能，至是才無所施，聰明智力盡矣。恍然若有見其卓然獨存者，不可以他求也。雖欲從之，又烏得而存之，反之吾身而已。然後知吾之心即聖人之心也，聖人所謂哀敬之道亦吾所體之道也。平居日用之間，吾與聖人豈有二哉？所以四科之列，回爲之冠，聖人之門獨以好學許之也。」沈氏曰：「此論深見顔子學問之道，嘗見一鄉人仿佛此説，謂鑽仰前後之初，求有所見，及夫子誘之於博約之後，不能自已，竭力而進，乃有所見。雖欲從之，末由也已，終不可及。不若此論去聰明智力而有所得之爲妙也。但上文見齊衰者，恐意不相蒙也。」鄉人儺章，黄氏曰：「禮鄉人禓，子朝服而立於阼階，存室神也。儺，即禓也。」沈氏曰：「龜山謂誠意於除厲，此論自佳。先儒謂存室，恐非也。」子貢問曰鄉人皆好之章，沈氏曰：「好惡而唯鄉人是從，未必當也。要當公吾心而察焉，其善惡者，自有見焉可也。孟子言『國人皆曰賢，然後察之，見賢焉，然後用之，』得此也。」此句疑有奪字。君子義以爲質章，沈氏曰：「此非爲學者言，爲立政事言也。以義度宜，事之始也。行之則有節文焉，又出之以孫，民聽不駭戾，守之以信，又久有所成也。若夫爲學者，則敬以直内，乃其本也。」當仁不讓於師章，沈氏曰：「此言爲仁之急如此。值〔一〕當爲之時，師亦不讓，非真不讓也。」生而知之者上也章，黄氏曰：「生知出於天資，如由仁義行是也，故爲上；學而知，則思而後得，如行仁義是也，故次之。」沈氏曰：「行仁義非學也。仁義在我而已，而曰行之，是人與道二也。執柯以伐柯，疑於同矣，而猶以爲遠者，二物故也。道也者不可須臾離也，可離非道也。故知行仁義非學也。生而知之，誠也；學而知之，誠之也。」周公謂魯公曰章，沈氏曰：「君子不施其親，不私於親也。」子游曰子夏之門人小子章，沈氏曰：「理一而已，本末先後，貫爲爲下有奪字。如草木一區之内，種子根莖華實具在，其中人未之見也。下學上達，亦在識之而已。」

陳氏一鶚論語注張九成橫浦文集十八

佚。

萬曆温州府志十：宋進士，紹興壬子張九成榜，陳一鶚，永嘉人，知廣德軍。

〔一〕「值」，底本闕，據五峰集補。

案：陳一鶚，舊府、縣志無傳。横浦集二十〔一〕陳氏考妣墓〔二〕銘稱其字曰開祖，載其官爲左朝散郎，通判紹興軍府事。又云：「開祖博極群書，而一意於聖學。平居睟然，遇事輒斷，不可〔三〕屈以勢。」而周必大平園續稿八，亦言其「嘗爲豫章倅」。其著述則府、縣志皆未載。惟横浦集十八與陳開祖書云「前此拜書，欲求所注論語及韓柳釋音，未蒙見教」云云，知其有此二書，然宋以來書目並未著録，則其佚久矣。

何氏逢原論語集解

十卷。經義考二百十六

佚。經義考二百十六

王十朋何提刑墓誌銘：公長於理學，尤精論語，覃思二十年，每見學者必與講論，有集解十卷，簡嚴明白，超詣處，諸儒所不到，且自序其書曰：「古之學者爲己，今之學者爲人。爲己則能爲人，爲人則兩失之矣。」凡平日臨政遇物，一以所得於書者從事，蓋非苟知之

〔一〕「十」，底本脱，據横浦集補。
〔二〕底本作「墓誌」，「誌」，底本衍，據横浦集删。
〔三〕「可」，底本脱，據横浦集補。

也。梅谿後集二十九

案：何氏論語集解最爲梅溪所推，今傳本久佚，惟蔡氏節論語集説尚引數條。今録出之以見其概。富與貴是人之所欲章曰：「無終食違仁，造次必於是，顛沛必於是。此極言仁之不可離也。」集説二。臧文仲居蔡章曰：「奉一物如此，其識陋矣。」集説三。逸民章曰：「降志辱身，與隱居放言，固非聖人所甚取，至若夷齊，其節高矣。然使後之人一於高，則亦不可。可以爲萬世法而無弊者，其惟聖人之時乎！」集説九。子夏之門人章曰：「子夏之言是初學擇交者也，子張之言是學已成而泛交者也。」集説十。皆梅谿所謂簡嚴明白者，惜所引不多也。

王氏十朋論語解續文獻通考一百七十五

佚。

案：汪玉山作梅溪墓誌云：「有論語講義指授學者，未成書。」詳卷二尚書解下。此論語解疑亦門人輯講義遺稿爲之。

諸葛氏説論語説經義考二百十八。雍正浙江通志二百四十二作「艮園論語説」。

佚。經義考二百十八

薛氏季宣論語少學水心文集二十九、宋史藝文志一、國史經籍志二並作「小學」，誤。今從艮齋浪語集三十、經義考二百十八。

二卷。宋史藝文志一、國史經籍志二、經義考二百十八。

佚。經義考二百十八

自序：推步占天，未足與言天道之至；緡絲測海，未足與窺溟海之深。膚見謏聞，以求聖人之言，我知其無以議爲也。然則聖人之道其終不可學邪？曰：無。句求之則得，不求則不得也。自明其德，道積於厥躬，誠以思之，睿以通之，問學以參之，神而明之，天之高，地之厚，鬼神之盛，遂古方來之遠，將無所藏其用，聖人之道其無以外此。夫魯侯得之喬梓，而周公識其見賢；曾蔵鼓瑟詠雩，而仲尼與之言志。聖人之學果可以意知而事得乎？走於論語之書，願學焉而終身者也。謂其旁通倫類，細淪幽眇，就之而不見，挹之而愈深，雖一本諸人情，曾非力行可到。嘗朝而誦，暮而思，忘寢食而求；但見其源源而泉，混混而淵，灝灝而天；進乎前無以從而後，取諸右無以逢其左，泯泯默默，而未得以臻其極也。卷之有以自樂，行之足以迨時，走於夫子之言，知其一而不知其二矣，强筆少學，識之於書，庶乎它日見之，有以知其不足，戾之斯改，得之斯尚，天未喪道，或將可質諸聖人之門也。曰：以此明孔子之言，則庸敢不知量。艮齋浪語集三十也。不以其身麗衆人之身，必自成其身，其身成而能合乎衆人之身矣，若夫私其身者非也。不以其家累天下之家，必自治其家，其家治而能合乎天下之家矣，若夫私其家者非也。不以其學諉萬世共由之學，必自善其學，其學善而能合乎萬世共由之學矣，若夫私其學者非也。師雖有傳，説雖有本，然而學者必自善。自善則聰明有開也，義理有辨也，德行有新也，推之乎萬世所共由不異矣。謂必用一説一本者，以學爲諉者也；不一説，不一本，而不至乎其所共由者，以學爲私者也。常州先生薛氏著論語小學，教授留君刻於學官，某謹書其後。水心文集二十九

葉適題後：一人之身，衆人之身也；一身之家，天下之家也；一士之學，萬世共由之學

論語直解經義考二百十八。萬曆温州府志十七作「約説」，續文獻通考一百七十五有約説，無少學、直解。

佚。經義考二百十八

自序：巧匠不世生，經義考二百十八作「出」。其法具乎規矩繩墨；聖人不世作，其言在乎禮、易、詩、書。然則禮、易、詩、書暨經義考作「與」。夫規矩繩墨，往之所以貽後，今之所以求古也。即規矩繩墨以爲員方，雖非巧匠，而巧匠之制作於此乎在；由禮、易、詩、書以趣經義考作「趨」。禮義，雖非聖人，而聖人之精誠備於吾身。學者爲道而舍經，猶工人而去其規墨

也，雖有工垂之指，其能制器乎？孔子，聖之至也，顥乎其渾，邈乎其宏，其靜也巛，其動也乾，道貫古今而體之以虚，神偕造化而終之以愚，望之平平，即之峨峨，寂如其若亡，經義考作「忘」。翕如其若存，挹而愈沖，撓而愈清，觀其行則不過乎物，察其言則適當人心，無色無形，既高且明，無墉無隍，肅肅茫茫，止止而安安者歟？盡性而參天者歟？贊焉以辭，猶日而裨螢鑿之竅元，經義考作「死」，別本作「光」，並非。均無事焉，適亡其所存而已。自伏羲至於經義考作「以至」。文公，其時亨，其政行，其言事具乎禮、易、詩、書。曰闇而弗明，得孔子而彌章，非聖人無以知聖人，固莫知其孰賢，傳是道以貽將來，斯其爲集大成。孔氏有春秋、孝經，通禮、易、詩、書，曰經。其弟子門人又雜記其難疑答問之言，別爲論語一書，參乎六經之間。六經固妙且玄，必論語而後行，論語之於六經，其道學之中和，大易之乾坤乎！元龜無窮，指南諸儒，性命仁義之淵源，諸子百家之蹊途，覆載而叢薄之，宜莫此其究且詳也。傳記稱孔子之言衆矣，率多踳駁，疑乎不真，經義考及明鈔本並作「不疑乎貞」，今依別本正。其周而曲當，觸而咸獲，純而靡類，約而兼該者，宜莫近夫經義考作「乎」。論語之書。後之學孔子者，將折中夫六經之奥，返求其性命之正者，舍論語其何稽乎？先儒之傳此書，行乎今者多矣。如川瀆之容流，各極其量而莫不有合焉。其於滄溟也不亦微哉！走誠庸愚，學而未能有得，願法孔子，其素心也研窮此書久矣訖未知其趨向，自求諸己，以求合於前言。

譬諸蟻之緣嵩、烏之沖霄不至，必也亦惟其力之行，經義考作「行之」。又何憚夫穹崇也。敢自信其所自知，筆而釋其句讀，名直解，示無曲説者焉。不事辭文，貴全旨要，分章無取，爲其失於本真，匪敢言傳述，誓將終身於此，庶幾明德之見有補不逮云。艮齋浪語集三十經義考二百十八：論語直解，王瓚温州府志作「約説」。

中庸解經義考一百五十二「解」作「説」，今從艮齋浪語集二十九。一卷。艮齋浪語集二十九。經義考一百五十二無卷數。

存。艮齋浪語集本。經義考一百五十二注曰「佚」。

案：艮齋中庸解一卷，見薛師旦所編浪語集，世無單行本。其説簡當不繁，無宋人講義重複猥淺之病。其釋「素隱行怪」，曰：「揜其素行，行其僻左，以欺世盜名者。」釋「君子之道四，丘未能一焉」，曰：「言行相應，則所謂君子之道者，丘未能一，所以能一之也。」此蓋訓一爲合一之意。釋「序事所以辨賢也」，曰：「序事謂酌獻及儐相執事〔一〕者。」與鄭、孔、程、朱諸儒説並異。其視暖暖姝姝，守一先生之言者，不啻霄壤矣。

〔一〕「事」，底本脱，據浪語集補。

大學解經義考一百五十六「解」作「説」，今從艮齋浪語集二十九。

一卷。艮齋浪語集二十九。經義考一百五十六無卷數。

存。艮齋浪語集本，經義考一百五十六注曰「佚」。

案：大學解一卷，亦見浪語集。艮齋之學，原出伊洛，然説大學，經文不遵程子改定本，其釋「在親民爲近人人之所親愛而辟焉」，諸辟字爲取譬，亦並符鄭義，蓋在同時諸儒中爲獨守故訓，故宋時其書不甚顯。衛氏禮記集説於其説采取亦獨少，惟釋「此之謂自謙」爲謙謙，讀如字則與舊説並異，然亦足備一解也。

又案：陳文節右奉議郎新權發遣常州薛公行狀止齋文集五十一云：「有中庸、大學説各一卷」。經義考據以著録。舊本浪語集載兩書，並作「解」，「説」、「解」同義，無所區別，行狀渾言之耳。今從集本爲正。

宋氏晉之大學講議

一卷。攻媿集一百九

佚。

中庸講義 一卷。攻媿集一百九

佚。

陳氏傅良論孟古義 乾隆温州府志二十七。嘉慶瑞安縣志九並作「經書古義」，今從高儒百川書志二十。

一卷。百川書志二十

未見。

百川書志二十：論孟古義一卷，或曰止齋著，又曰王從之著，未詳孰是。

案：止齋論孟古義，行狀、墓誌皆不載。曹叔遠序止齋集，備述所著，亦無是書，至明高儒百川書志始載其目，而陳獻章白沙集七亦有復鄧御史公輔寄新刻陳君舉論孟古義詩云：「兩漢非三代，人才逐世低。市朝成畫虎，文字笑醯雞。古義昭昭對，終篇短短題。不因歐六一，爭得見昌黎。」是明代又有刻本矣。百川書志云：「又曰王從之著。」王從之爲金王若虚字，若虚，稾城人。金史文藝傳下有傳。然它書載若虚著述亦無是書，又高志録是書不入經部，而入集部別集類，列永嘉八面鋒後，永嘉八面鋒亦不宜入別集，明人書目往往疏舛如是。亦未喻其故。豈其書體例近舉業家之經義，不似注釋經傳之書乎？舊府、縣志載其目，作經書古義，不知何據。鄧刻本或未佚，它日得之，當再爲考定也。

戴氏溪石鼓論語答問國史經籍志二、續文獻通考一百七十、四庫全書總目三十五並作「問答」。三卷。直齋書録解題三、文獻通考一百八十四、宋史藝文志一。存。四庫全書本。經義考二百十八注曰「佚」。

四庫全書總目三十五：石鼓論語問答三卷，江蘇巡撫採進本宋戴溪撰。溪有續呂氏家塾讀詩記，已著録。是書卷首有寶慶元年許復道序，稱淳熙丙午、丁未間，溪領石鼓書院山長，與湘中諸生集所聞而爲此書，朱子嘗一見之，以爲近道。陳振孫書録解題所載與序相符。其書詮釋義理，持論醇正，而考據間有疏舛。如解「緇衣羔裘」節，先加明衣親身，次加中衣，冬則次加裘，裘上加裼衣，裼衣之上加朝服。其説本於崔靈恩，不爲無據。然詩羔裘篇，孔疏謂玉藻「君衣狐白裘，錦衣以裼之」，又云：「以帛裏布，非禮也。」鄭注云：「冕服中衣用素，朝服中衣用布。」若皮弁之下，即以錦衣爲裼，即是以帛裏布，故知中衣在裼衣之上。其文甚明，溪蓋未之深考。又解「吉月必朝服而朝」節，謂玉藻「天子玄端而朝日於東門之外」，不必依鄭注改端爲冕，蓋稱端者通冠冕言之，其説亦據樂記「端冕而聽古樂」。鄭注：「端爲玄衣。」孔疏：「端爲玄冕。凡冕服皆其制，正幅，故稱端也。」然玉藻「天子玄端而朝日於東門之外」，與下文「玄端而居」對舉見異。故朝日元冕即不得通稱玄端，此鄭所以决「冕」之誤爲「端」，溪亦失考也。然訓詁，義理，説經者向别兩家，各有所長，未可偏廢。溪能研究經意，闡發微言，於學者不爲無補。正不必以名物典故相繩矣。

朱子語類：戴少望謂：「顔淵、子路死，聖人觀之人事；鳳鳥不至，河不出圖，聖人察之天理；不復夢見周公，聖人驗之吾身。夫然後知斯道之果不可行，而天之果無意於斯世也。」這意思也發得好。戴少望湖南語説卻平正。

石鼓孟子答問

三卷。直齋書録解題三、文獻通考一百八十四、宋史藝文志四、國史經籍志二、經義考二百三十五。佚。經義考二百三十五

直齋書録解題三：石鼓論語答問三卷、孟子答問三卷，戴溪撰。岷隱初仕衡嶽祠官，領石鼓書院山長，所與諸生講説者也。其説切近明白，故朱晦翁亦稱其近道。

錢氏文子論語傳贊

二十卷。宋史藝文志一、國史經籍志二、經義考二百十九。

佚。經義考二百十九

中庸集傳

一卷。宋史藝文志一、經義考一百五十三。

佚。經義考一百五十三

案：白石中庸集傳、衛氏禮記集説載其數條。如釋「道之不行也」節云：「行當爲明，明當爲行，指「道之不明也」句。文互差。」集説一百二十五。釋「强哉矯」云：「矯，猶抑也。哉，疑辭。强哉矯，猶言强其矯也。君子於中庸，知而行之，非矯抑而然也。」集説一百二十六。釋「素隱行怪」云：「素，猶固也。固隱不仕，又行奇怪之行。」同上。釋「君子素其位而行」，「素亦爲固」云：「安於固然，則道無時而不可行。」集説一百二十八。釋「載華嶽而不重」云：「華，中華也。嶽，四嶽也。謂中華之地，四嶽之山也。」集説一百三十四。釋「無惡於志」云：「志，猶記也。雖有人志之，君子所不惡。」集説一百三十六。並與舊説違異。至於詁「塞」爲「實」「國有道不變塞焉」句，注見集説一百二十六。本鄭注，詁「撮」爲「四圭」「今夫地一撮土之多」句，注見集説一百三十四。本説文，則義皆精塙矣。

孟子傳贊

十四卷。宋史藝文志四、國史經籍志二、經義考二百三十五。

佚。經義考二百三十五

王氏與之論語補義袁甫蒙齋集十五

佚。

袁甫跋：余爲兒時，先正獻言朋友遍四方，俱善論今古，第説論語，罕有契心。余默識之，用力於此書有年矣，後始知不説論語，乃善讀論語者。今觀王君次點所著補義一編，會萃衆説，斷以己意，最爲詳縝，則又欣然曰不説固佳，説亦佳，説猶不説也。噫！得斯旨者，可以讀論語矣。蒙齋集十五，原題「跋王次點論語説」。

案：東巖論語補義，經義考及通志、府、縣志皆不載，今據蒙齋集補收。其書傳本久佚，據袁序所述，其體例當與所著周禮訂義相似。

蔡氏節論語集説

二十卷。經義考二百十九。千頃堂書目三、宋史藝文志補、四庫全書總目三十五並作「十卷」。

存。通志堂經解刊本

進論語集説表：臣節言，臣五月十一日具奏，乞投進所編論語集説，奉聖旨許令投進者，伏以求知行之實，誠莫切於魯論。加講習之功，端有裨於聖學。喜數年之編集，幸一旦之際逢。竊惟洙泗垂訓之書，莫非帝王傳道之要。存心爲大，主敬以勝百邪；克己實難，爲仁以該衆善。能博文而約禮，復篤志而近思。視明聽聰，截然天理人欲之辨；直舉枉錯，判乎君子小人之分。思君位之至艱，畏天命之不易。欲如北辰之衆共，當正南面以篤恭，權不至於下移，禮樂征伐之自出。俗必期於丕變，德禮刑政之並行。常念四海之困窮，用躋群生於富庶。寧非衣而非食，庶足國以足民。放鄭聲，遠佞人，邦政以立；舉逸民，繼絶世，人心攸歸。詳味聖言，悉關后德。豈惟一王之成式，抑亦百代之宏規。兹蓋恭遇皇帝陛下，性本生知，學由時習。洞明一貫之旨，深省四勿之幾。伏願惟精惟一以執中，克勤克儉而無間。體成湯之罪己，簡在帝心；法帝堯之則天，大兹君道。臣干冒天威，無任激切屏營之至。臣所編到論語集説二十卷，繕寫成一十册，用黄羅夾複封全，謹隨表上進以聞。臣節惶懼惶懼，頓首頓首，謹言。淳祐伍年伍月日，朝散郎、試太府卿、兼樞密副都承旨、臣蔡節上表。

晦庵先生嘗語門人曰：「看集注熟了，更看集義，方始無疑。」又曰：「不看集義終是不浹洽。」永嘉蔡先生集説之作，自集義中來，本之明道、伊川二先生，參以晦庵或問，而於晦庵、南軒先生尤得其骨髓。蓋南軒學於五峰先生，又與晦庵相講磨，故語説多精切。是書也，説雖博而所會者約，文雖約而所該者博，大有益於後學，遂請刊於湖頖。淳祐丙午冬至，文學掾姜文龍謹書。

論語集説二十卷，宋朝散郎、試太府卿、兼樞密副都承旨永嘉蔡節編。淳祐五年表進於朝。今作十卷，蓋當日刊於湖頖本已然也。是書宋藝文志不載，諸家藏書目俱未收。予乃購得之，幸矣！永嘉自伊洛諸儒未作，王景山出，發明經藴，述儒志一編。其後則有劉安節元承、鮑若雨商霖、謝天申用休、潘旻子文、周行己恭叔、陳經正貴一暨弟經邦貴叙，其姓名皆入伊洛淵源録中。而著群經説者若陳鵬飛少南、薛季宣士龍、張淳忠甫、葉適正則、戴溪肖望、陳傅良君舉、葉味道知道、錢文子文季、黄仲炎若晦、湯建達可、陳埴潛室、王與之次點，皆有成書著録。諺曰：「温居瀛壖，理學之淵。」不信然歟？顧諸君子之書，或存或亡，不可盡得，予序蔡氏集説而附及之，蓋將以求所未見焉。康熙丙辰夏五，納蘭成德容若序。通志堂刊本序

千頃堂書目三：蔡節論語集説十卷，淳祐五年進表。宋史藝文志補同。

四庫全書總目三十五：論語集説十卷内府藏本，宋蔡節撰。節，永嘉人。始末未

詳。惟書首淳祐五年進表。結銜稱朝散郎試太府卿兼樞密副都承旨，末有淳祐丙午文學掾姜文龍跋，即進書之次年也。其例：於全用一家者則獨書姓名，於參用一兩家者則各注本語之下，集用衆說者則疊書姓名於末，潤色以己意者則曰本某氏，皆謂之曰集，或附己說於後則別曰節謂，節自爲說者謂之曰釋，其互相發明之說則夾注於下，其推闡旁意之說則低一字書之。是時朱子之說已行，故大旨率從集注。其間偶有異同者，如「賢賢易色」，謂賢人之賢，爲之改容更貌。「攻乎異端」，謂攻爲攻擊，害爲反貽吾道之害。案：此鄭汝諧之說。「知其說者之於天下也」，謂知魯之僭禘則名正，名正而天下不難治。「無所取材」，謂無所取桴材。案：此鄭元之說。「不有祝鮀之佞」三句，謂美色尚不足以免禍，惟口才乃可免。「不圖爲樂之至於斯也」，謂韶本揖遜之樂，今乃至於齊國。案：此亦鄭汝諧之說。「五十以學易」，謂夫子是時年未五十，故云加年。「互鄉童子」一章，不作錯簡。「不至於穀」，謂三年不能至於善，則所學已難乎有得。「没偕趨進」，謂進疑作退。「雖疏倉菜羹瓜祭」，謂瓜爲如字，以祭字屬下句。「三嗅而作」，謂嗅疑作歎。案：此徐積之說。「冉有退朝」，謂朝爲從季氏至魯君之朝。「不恒其德」一節，謂別爲一章。「曰今之成人者何必然」，謂爲子路之言。「有馬者借人乘之」，謂即史之闕文，「齊景公有馬千駟」章，連上爲一章。案：此鄭汝諧、錢時二家之說。「太師摯適齊」一章，謂魯君荒於女樂，故樂官散去。其中惟「太師摯」一章，可備一說，餘皆牽强穿鑿。蓋朱子於注易、注詩誠不免有所遺議。至於論語集注，則生平精力具在於斯，其說較他家爲確。務與立異，反至於不中理也。然出入者不過此數條，其餘則皆詮釋簡明，詞約理該，終非胡炳文等所可及焉。

葉適兵部尚書蔡公墓誌銘：子節，迪功郎，浮梁簿。水心文集二十三

案：蔡先生節爲文懿公幼學次子。水心作文懿公墓誌，述其官爲浮梁簿。集說進表繫銜則爲朝散郎試太府卿兼樞密副都承旨。又嘗知慶元府、安吉州、衢州，並見浙江通志一百十五。其字，書傳無所見，惟通志堂經解所刊集說卷首封面一葉署宋蔡仲覺先生著。此據經解初印本，乾隆五十年四庫全書館補刊本無。似節字仲覺，然成德叙則又未言。考節同時建安蔡模，字仲覺，作論語集疏。集說、集疏，書名相近，疑通志刊本偶誤題矣。集說進表稱二十卷，今本十卷，則付梓時重定。據姜跋云：刊於湖頖，當即在知安吉州時。浙江通志載節知安吉州，不云何年。據此知爲淳祐六年也。其書體例清整，訓釋經義，雖多遵朱子集注及張氏癸巳論語說，然於何氏集解及皇、邢兩疏亦多徵引，永嘉諸儒則於錢白石、戴岷隱兩家之說采録頗夥，固非徒鈔語録者也。

曹氏叔遠中庸注疏乾隆温州府志二十七〔一〕

佚。

葉氏味道大學講義續文獻通考一百七十五作「四書大學講義」。一卷。經義考一百五十六

佚。經義考一百五十六

四書説續文獻通考一百七十五、經義考一百五十二。

佚。經義考一百五十二注曰：「未見」。

案：葉文修四書説見宋史本傳，雍正浙江通志經籍門引古括遺芳明鄭宣撰，見四庫全書總目一百九十二〔二〕。有四書語類，龍泉葉賀孫纂。賀孫即文修原名，龍泉則其祖貫，似文修四書説外，别有是書。然本傳及經義考並未載，古括遺芳多謬誤。見四庫提要。此説恐不足

〔一〕「七」，底本誤作「九」，徑改。

〔二〕「二」，底本誤作「一」，徑改。

信。今不據補入。

徐氏寓中庸説

一卷。經義考一百五十二

未見。經義考一百五十二注曰「存」。

宋元學案六十九：徐盤州先生寓，字居父，永嘉人。朱子稱其務學求師，志尚堅確。

案：盤州徐先生寓，朱子弟子。乾隆温州府志儒林傳附載其名作「寓」，黎靖德朱子語類卷首姓氏、萬斯同儒林宗派十、經義考一百五十二、宋元學案六十九並同。晦庵大全集五十八答徐居甫書、止齋文集四十九〔一〕徐武叔墓誌，云：「六子冠、宏、寓、容、寓、定」，西山文集四十五朝請郎通判平江府事包君墓誌銘云：「盤州叟徐君寓所狀事實」，字並作「寓」。以名字相應之例求之，「寓」、「寓」並近居義，不知其孰是也。中庸説，宋以來書目皆不著録，惟經義考注曰「存」，豈曝書亭固有藏本耶？晦庵大全集答徐居甫第二書亦論中庸，並附居父問中庸語。問：「君子之道費而隱」章，答云：「『鳶飛魚躍』是子思吃緊爲

〔一〕「九」，底本脱，徑補。

人處，『必有事焉而勿正心』是孟子吃緊爲人處，皆是要人就此瞥地便見得個天理全體。若未見得，且更虛心涵泳，不可迫切追求，穿鑿注解也。」問：「君子之道，造端乎夫婦。及其至也，察乎天地。蓋夫婦則情意密，而易於陷溺，不於此致謹，則私欲行於玩狎之地，自欺於人所不知之境。人倫大法，雖講於師友之前，亦未保其不壞於幽隱之處。儻知造端之重，隱微之際，恐懼戒謹，則是工夫從裏面做出，以之事父兄、處朋友，皆易爲力而有功矣。」答云：「本只是説至近處，似此推説亦好。」問：「天地之大也，人猶有所憾，恐非謂天能生覆而不能形載，地能形載而不能生覆，人猶有憾處，恐只在於陰陽寒暑之或乖其常，吉凶災祥之或失其宜，品類之枯敗夭折而不得遂其理，此雖天地不能無憾，人固不能無憾於此也。」答云：「既是不可必望其全，便是有未足處。」問：「兩端謂衆論不同之極致，都是就善處説，如斷獄，一人以爲當死，一人以爲當罰，今酌其中而行之否？」答云：「然所謂中，非如子莫之所執也。」問：「『鬼神爲德』，注云：『體物是其爲物之體。』不知此『體』字，是『體用』之體，還復是『體質』之『體』？」答云：「鬼神者，氣之往來也，須有此氣，方有此物，是爲物之體也。」此居父中庸説之僅見者，惜不得竹垞所見本以證其異同也。

包氏定中庸解疑 雍正浙江通志二百四十二

佚。

孟子答問雍正浙江通志二百四十二

佚。

案：包先生定，朱子弟子。雍正浙江通志、乾隆温州府志、乾隆永嘉縣志儒林傳並有傳。

陳氏孜論語發微經義考二百十九

佚。經義考二百十九

真德秀序：「學者所習莫先於論語，而讀論語者莫先於知仁。」先儒有是言矣，然嘗思之：仁者，夫子所罕言，當時門人弟子有問仁者，有問爲仁者，有問人之仁者，大約才十餘章，而夫子所自言者亦復亡幾。學者獨於是焉求之可乎？曰：不然。夫子之所罕言者，仁之體而已。至若求仁之方，爲仁之要，則舉凡二十篇之中莫非是也。姑以首章言之，其論學也，若無與乎仁，然時習之説，以熟乎仁而説也。朋來之樂，以輔乎仁而樂也。至於不知而不愠，則庶幾安乎仁矣。其他所論，有即身而言者，有即事而言者。即身而言，仁之存乎身者也；即事而言，仁之達乎事者也。不特見於言者爲然，凡聖人之動容周旋皆仁之符也。仕止久速，皆仁之則也。學者而有志於仁，舍是將奚先哉！東嘉陳君孜，少而服膺，晚益有見，著爲發微一編，學者重之。或謂此書之指，自河南二先生以來，闡幽析微，亡復餘藴，尚奚君之待邪？是不然，道之妙無窮，而學者於，欲其自得。諸老先生之於此書，闡明之功可謂至矣。然其措意之精深，立言之簡遠，有非後學所可遽窺者。因其所已發而推其所未發，豈非後學之事乎？陳君此編，大略不外乎河洛之傳，而其間亦有所自得者，此其爲可貴也。然聖人之言，窮而測之，益深益遠，有志斯道者，没身而已可也，陳君其尚懋之哉！西山文集二十九。經義考二百十九按：是序又載劉爚雲莊集。

案：陳孜事蹟，舊府、縣志無考。

姜氏得平論語本旨

一卷。直齋書録解題三、文獻通考一百八十四、宋史藝文志一、國史經籍志二、經義考二百十八。

佚。經義考二百十八

直齋書録解題三：論語本旨一卷，建昌軍教授永嘉姜得平撰。

案：文淵閣書目四：「有論語本旨一部，一册，完全。」則此書明時尚存，今則未見傳本。

湯氏建論語解 續文獻通考一百七十五

佚。

戴氏仔四書傳 雍正浙江通志二百四十二

佚。

戴氏侗四書家説 經義考二百五十二

佚。經義考二百五十二

案：戴仲達於易、書、四書並有家説，蓋述其父蒙之遺言而爲之者。乾隆温州府志二十七，於此書外又載戴蒙四書家説；乾隆永嘉縣志二十三，又別載葉味道四書家説，並誤。其書今並不傳。六書故載先人説數條，其論「理、仁、學」三字，綜貫古訓，宣究微言，非瞀儒所能道也。今録之以備家説之逸義。六書故「理」字注：先人曰：「凡物莫不有理。玉理最精，縝密以栗，故理從玉。引而申之，幽深賾隱，天理密察，無所不通。」莊周曰：庖丁解牛，「依乎天理，批大郤，導大窾，技經肯綮之未嘗」，善言天理者也。中庸曰：「文理密察。」易曰：「窮理盡性，以至於命。」密察之謂理，通達之謂道，裁而宜之之謂義。七。「仁」字注：先人曰：「因人而二之爲仁。」孔子曰：「仁者，人也。」人其人之謂仁。𡰥，古文從人省；忎，古文從心，千聲。夫人有是身則有是心，有是心則有是德。有是身而疾痛苛癢之弗知者，肌肉不仁也；有是心而仁義禮知之弗身者，其心不仁也。盡其心，踐其形，肫肫乎其若赤子之肌，仁義禮知切於心，猶疾痛苛癢之切於身也，然後能誠諸身。能誠諸身，然後能人其人；能人其人，斯謂之仁矣。夫心、生物也；仁、生德也。於四旹爲春，於四德爲元，天地之大德也，而人得之以生，故人者天地之心也。天地萬物，人之體也。親疏遠邇，雖有衰序，疾痛苛癢，無不周通也。親親而仁民，仁民而愛物，始於邦家，終於四海者，仁之充也；己欲立而立人，己欲達而達人，能近取譬者，仁之方也。故曰仁者人也，親親爲大。老釋者曰：「死灰其心，槁木其形，忘其身，遺其親，以仁義禮智爲外鑠我，以天地萬物爲芻狗。」幻妄不仁之至也。墨者曰：「愛無差等，視其親猶其鄰之親也。」不仁莫大焉。孟子曰：「仁，人心也。」之二者皆失其心者也。八。「學」字注云：先人曰：「鳥獸之生也，游者則狎於水而不溺，走者則馳於野而不躓，然終於此而已矣。人之生也，自赤子不能求其母，自是以進，皆學焉而後能之；無所不學，則無所不能也。故人子之道，學爲大；君父之道，教爲大。古者子生十歲則入小學，二十而入大學。」傳曰：「子既生不免於水火，保傅之罪也；羈丱成童，不就師傅，父母之罪也；就師學問無方，心志不通，身之罪也」。「學」之文所以从子也。有大人之事，有小人之事。窮理致知，盡己之性以盡人之性，盡人之性以盡物之性，贊天地之化育，與天地參者，大人之事也。學大人之事之謂大學。朱子曰：「學者所以明善而復其初也。」謂學以明善可也，謂學以得其初則否。夫有失而後有復，人生而蒙，其知未啟，其明未融。在易乾之姤，雖有龍德。猶曰「隱而未見，行而未成」。乾之同人曰「學以聚之，問以辨之」，然後德博而化爲龍德之正中焉，雖聖人不能無學也。夫學者所以明其明而迪其知，猶闢門塗而啟牖鄉也。何必曰復乎？九。六書故十三心部「德、性、情」諸字下，仲達自爲説，亦並精奧。文繁，今不録。

林氏公一論語類説

五册。蒙川遺稿四

佚。

劉黻故友林道初察推墓誌銘：公好讀書，經傳子史，歷覽精研，與意會輒筆之，凡有關於修齊治平之大者，寤寐不忘。年二十一與計偕，試南宮不武，益肆其力於學，端靜介特，得伊洛、考亭旨趣最深，伸紙論事，動數千言，大較如行雲流水，而畢根諸理。有録覽十二册、論語類説五册、本朝事實十册，雜文、詩稿手稿各二十卷。蒙川遺稿四案：林學諭公一，萬曆溫州府志文學傳、雍正浙江通志、道光樂清縣志文苑傳並有傳。

繆氏主一四書說乾隆溫州府志二十七

佚。

鄭氏樸翁四書指要千頃堂書目三、宋史藝文志補並作「四書要指」，萬曆溫州府志十七作「四書要旨」。今從續文獻通考一百七十五、世善堂藏書目録上、經義考二百五十三、元史藝文志一。二十卷。世善堂藏書目録上、千頃堂書目三、宋史藝文志補、經義考二百五十三、元史藝文志一。

佚。經義考二百五十三注曰「未見」。

王氏奕論語說雍正浙江通志二百四十二

佚。

孟子說經義考二百三十五

佚。經義考二百三十五

中庸本義一卷。經義考一百五十三

佚。經義考一百五十三

胡氏一桂四書提綱續文獻通考一百七十五、經義考二百五十三。

佚。經義考二百五十三

元

吴氏成夫四書圖續文獻通考一百七十五、經義考二百五十五、元史藝文志一。

佚。經義考二百五十五

案：吴縣丞成夫，萬曆温州府志文學傳、嘉慶瑞安縣志文苑傳並有傳。經義考二百五十五誤作「吴成大」，元史藝文志一又誤作「吴大成」。

趙氏次誠四書考義雍正浙江通志二百四十二

佚。

道光樂清縣志八：趙次誠從平陽章仕堯學，以明經授徒，隱居不仕。嘗考據朱子集注爲書，曰四書考義。

案：雪溪趙先生次誠，萬曆温州府志文學傳、道光樂清縣志儒林傳並有傳。

陳氏剛四書通辨 千頃堂書目三、補遼金元藝文志、經義考二百五十五、元史藝文志一。

佚。經義考二百五十五注曰「未見」。

案：陳公潛四書通辨，明以來久無傳本。惟史文璣四書管窺引其說十餘條，多論胡雲峰四書通之誤，疑專爲辨正胡氏書而作者。〔一〕

史氏伯璿四書管窺 五卷。國史經籍志二、千頃堂書目三、經義考二百五十五。補遼金元藝文志、四庫全書總目三十六、元史藝文志一並作「八卷」。

存。瑞安項氏藏鈔本。經義考二百五十五注曰「未見」。

〔一〕底本無案語，據刻本補。

伯璿幼時〔一〕廢學，歲辛酉春秋二十〔二〕三，始知以書籍自課，自以過時之學，悠緩則莫能有成，於是聚經史百氏之書幾二十種，雜然而日習之，如是者一二年，竟無所得。然後專取四書及書、易數經而熟讀焉，有餘力乃及它書。始焉於諸説有同異處未知所適從也，既而反覆研究，又一二年晃然若有所見，而未敢自信，姑以筆諸各編之首而已。元統改元，遂以四書通、纂疏、集成、輯講四編編首所筆者聚爲一帙。又其後四年，再得發明、考證、叢説三編觀之，輒又以三編所見共爲一帙。維時同志勉其合此二帙而一之者名以管窺，則後至元丙子所序是也。自是以來精力日以耗，目力日以昏，自揆不能復有所發揮於此矣。辛巳秋，又聞新安倪士毅合通〔三〕與發明二編以爲輯釋，意其去取必精當，剖釋必詳明，則愚所述管窺可以覆諸瓿矣。又三年始得見之，則其於二編差謬之小者，雖亦删潤一二，其節目之大者，往往一如其舊，無所可否。於是復取丙子所合之帙而增損之，且以輯釋之不當存者附焉，便遺忘也。愚自温理是書，逮〔四〕今垂三十年，所見編帙

〔一〕「時」，鈔本管窺作「而」。
〔二〕鈔本管窺「十」下有「有」字。
〔三〕底本作「通旨」，「旨」衍，據鈔本管窺删。
〔四〕「逮」，鈔本管窺作「迨」。

不下十數家，而皆無以大相過也如此。今又聞北方顔氏四書通者出，猶未知去取之當否果何如也？噫！世代愈久，編帙愈繁，然能有所別白者絶少，而紊亂之者間又出於其間。吾不知孔、曾、思、孟之言，集注、章句之旨，果何時而盡明於天地之間也？至正丙戌孟夏朔旦，後學史伯璿謹志。此據鈔本管窺卷端所載録入，乾隆平陽縣志十六所載奪誤甚多，兼有改竄，今不備校〔一〕。

陳高序：聖賢之言，夫豈徒言而已哉！道所存也，故凡求道者不可不得於其言。不得其言而欲以明道，譬之適國而不由其途，未有能至焉者矣。然聖賢之於言也，或近而旨遠，或約而義微，大而無乎不周，細而無乎不貫，載諸方册，宏深簡奥，而其理實具於吾心。學者不可以易而觀之，亦不可以僻而求之也。夫以易而觀，則鹵莽而疏略；以僻而求，則穿鑿而牽附。若是則日誦其言而不達其意，其於求道也不亦遠乎？孔、曾、思、孟之書，載道之言也，自朱子爲集注、章句，釋其義理，要其指歸，而其説大明於世。經義考二百五十五誤「下」。其辭詳以密，其趣悠以長，天下學士所共尊信。至於受業私淑之徒，又爲之發其緒餘，演繹增廣，紛然間見而層出，背而違者亦或有焉。文日繁而辨日起，岐愈多而道愈幽，

〔一〕此注文底本脱，楊紹廉鈔補。又「校」，楊誤作「載」，據刻本改。

使讀之者不舍源而尋流，則棄同而即異，君子蓋病之也。吾鄉鄉先生史君文璣，苦求於學，篤信堅守朱子之釋，經義考作「説」。反覆研究，殆三十年，遂取諸家纂輯之編而去取焉。乖戾者折而闢之，隱昧者引而伸之，旁通曲暢，著於簡牘，名曰管窺，抑可謂有功於朱子也已！嗚呼！立異以爲高，好奇以爲尚，爲學之大弊也。管窺之作蓋爲是歟！孟子曰：「博學而詳説之，將以反説約也。」學者由是以明朱子之説，然後自詳而反約，以究聖賢之言，則其爲道也庶幾矣。不繫舟漁集十。〔一〕

千頃堂書目三：史伯璿四書管窺五卷。字文璣，温州平陽人。元時隱居不仕。辨諸説之與朱子相悖者。

四庫全書總目三十六：四書管窺八卷，兩江總督採進本元史伯璿撰。伯璿字文璣，温州平陽人。據此所作管窺外篇成於至元丁未，即元亡之年，計其人當已入明，詒讓謹案：考管窺外篇，序實成於至正庚寅，元亡於至正丁未，時外篇成已十七年矣。此蓋偶據誤文也。然始末不可考矣。是編見於秘閣書目者五册。楊士奇東里集則稱有四册，刻板在永嘉郡學，永嘉葉琮〔二〕知黄州

〔一〕刻本多「鈔本管窺卷端不載」。

〔二〕孫衣言校注云：「知黄州府乃葉宗，作琮誤。」

府，又刊置府學。是明初所行已有二本，然刊本皆散佚不傳〔一〕，故朱彝尊經義考注云「未見」。此本乃毛晉汲古閣舊鈔，大學、中庸、孟子尚全，惟論語闕先進篇以下，蓋傳寫有所佚脱。然量其篇頁，釐而析之，已成八卷。經義考乃作五卷，或誤以五册爲五卷歟？其書引趙順孫四書纂疏、吴真子四書集成、胡炳文四書通、許謙四書叢説、陳櫟四書發明及饒氏、張氏諸説，取其與集注異同者，各加論辨於下。諸説之自相矛盾者，亦爲條列而釐訂之。凡三十年而後成，於朱子之學頗有所闡發。考朱子著述最多，辨説亦最夥，其間有偶然問答未及審核者，有後來考正未及追改者，亦有門人各自記録、潤色增減，或失其本真者，故文集、語録之内，異同矛盾，不一而足，即四書章句集注與或問亦時有牴牾。原書具在，可一一覆按也。當時門人編次，既不敢有所别擇，後來讀朱子書者，遂一字一句奉爲經典，不復究其傳述之真僞與年月之先後，但執所見一條，即據以詆排衆論，紛紜四出，而朱子之本旨轉爲尊信者所淆矣。夫載實而朝，論南宫者有故；越境乃免，惜趙盾者原誣。述孔子之言者，尚不免於舛異，況於朱門弟子，斷不及七十二賢，又安能據其所傳，漫無釐正？伯璿此書，大旨與劉因四書集義精要同。而因但爲之刊

〔一〕臺北「中央圖書館」藏明洪武間刊本二種殘本。

除，伯璿更加以别白。昔朱子嘗憾孔門弟子留家語作病痛，如伯璿者可不謂深得朱子之心歟？

經義考二百五十五：楊士奇曰：「四書管窺四册，永嘉史伯璿文璣著。蓋出饒氏輯講、吴氏集成、胡氏通旨、陳氏發明、金氏考證、許氏叢説、倪氏輯釋之後，其論諸家之失皆平正確的。刻板在永嘉郡學，永嘉葉琮知黄州府，又刊置府學。」

東嘉先哲録十：史伯璿，精究四書，深得朱子之旨，時饒氏輯講、許氏叢説、胡氏通旨、陳氏發明，與朱子背馳者，案：下疑有缺字。乃著四書管窺以辨明之。原注：郡志。

乾隆平陽縣志十四：史伯璿以饒氏輯講、許氏叢説、胡氏通旨、陳氏發明多與朱子背馳，乃著四書管窺内編以辨明之。陳高爲之序，永樂間采入大全。

案：牖巖史先生伯璿，萬曆温州府志理學傳、雍正浙江通志儒林傳、乾隆平陽縣志理學傳並有傳。四書管窺明刊本流傳絶少，儲藏家所傳鈔本亦多殘缺不完。家中父始從邑中項氏假得，見舊鈔足本五册，録副弆之。卷首有大意十二條，自明著書之旨，以下皆依經繫論，撮舉大要，不録全文。凡學、庸、孟子各一册，論語二册。先進以下無缺佚，蓋罕覯之秘笈也。牖巖講學，墨守洛閩。此書之作，意在辨正宋、元間四書説之異於集注者，而駁饒魯輯講、胡炳文四書通者爲尤夥。蓋雙峰之學，本喜與朱子立異，雲峰雖亦服膺朱學，而不能不爲異説所惑，故此編平議獨詳也。雖於集注一編，校文義於錙銖，析語氣於分寸，立論不免繁碎，而釋屙起廢，不怵於新奇之論，猶不失先儒恪遵家法之遺。陳子上序所謂「篤信堅守」者殆無愧焉。〔一〕

陳氏華祖大學審明續文獻通考一百七十五、經義考一百五十七。

佚。經義考一百五十七

中庸提綱續文獻通考一百七十五、經義考一百五十三。

佚。經義考一百五十三

乾隆温州府志二十：陳華祖通尚書，於四書尤多發明。

案：陳檢閲華祖，宋京西湖北宣諭副使謙五世孫。萬曆温州府志文學傳、乾隆永嘉縣志文苑傳並有傳。

〔一〕從「四書管窺」起底本無，楊紹廉據定稿鈔補。

孔氏士璘四書講義雍正浙江通志二百四十二

佚。

蘇伯衡故元温州路同知平陽州事孔公墓誌銘：公之曾大父曰景行，宋從政郎主管禮兵部架閣文字。架閣之子曰士璘，元永嘉學教諭。後以子貴，贈從仕郎曲阜縣尹。曲阜之子曰㲸，以承務郎松江府判官致仕。蘇平仲集十三

乾隆平陽縣志十三：薦舉，孔士璘字玉卿，延祐間授永嘉教諭。

劉氏清大學要旨

一卷。經義考一百五十八。千頃堂書目二無卷數。

佚。經義考一百五十八

案：經義考載大學要旨一卷，標曰「未見」，又復出劉氏清大學要句，標曰「佚」，蓋所據書偶書「旨」爲「句」，遂誤兼采之，今删。

中庸章句詳説

一卷。國史經籍志二、千頃堂書目二、經義考一百五十三。

佚。經義考一百五十四

案：經義考一百五十三載中庸章句詳説一卷，標曰「未見」。一百五十四復出劉氏清中庸詳説，標曰「佚」，亦誤分爲二書。〔一〕

明

徐氏興祖四書訓解 雍正浙江通志一百七十七〔二〕

佚。

朱氏謐四書述義 續文獻通考一百七十五、經義考二百五十六。千頃堂書目三作「述解」。

佚。經義考二百五十六注曰「未見」。〔三〕

〔一〕劉清中庸章句詳説一卷，中庸章次連續説一卷，明嘉靖四十一年朝鮮刻本。可見確爲二書，經義考不誤，僅書名稍異。

〔二〕民國平陽縣志四十八經籍志云：「即永嘉張文選所著而誤復出者，今删。」

〔三〕底本脱注文，據刻本補。

四書輔注 乾隆温州府志二十七

佚。

東嘉先哲録十：朱謐性敏嗜學，與人談論皆極性理之奥，有四書述義、正蒙述解刻梓郡齋。原注：〔一〕府志。

趙氏新四書説約 千頃堂書目三、經義考二百五十六。續文獻通考一百七十五作「約説」。

佚。經義考二百五十六

案：趙修撰新，萬曆温州府志宦業傳、道光樂清縣志介節傳並有傳。

劉氏觀四書通旨

十二卷。萬曆温州府志十七

佚。

乾隆永嘉縣志二十：明辟用劉觀明經，本府學訓。

〔一〕底本「注」下有「並」字，「並」衍，徑删。

案：劉覲字朝揩，永嘉縣人，訓導南金伯子，編修現之兄，嘗典京闈文衡，見黄淮介庵集三劉編修文集序。爲楊東里諸人所器。見李象坤匊庵集選鐫報國録書後。其他事跡無可考。

張氏文選四書訓解續文獻通考一百七十五、經義考二百五十六。

佚。經義考二百五十六

葉氏挺學庸庭訓

二卷。經義考一百六十二。雍正浙江通志二百四十二、乾隆温州府志二十七、乾隆永嘉縣志二十三並作一卷。千頃堂書目二無卷數。

佚。經義考一百六十二注曰「未見」。

案：尚志葉先生挺，萬曆温州府志隱逸傳、雍正浙江通志、乾隆永嘉縣志儒林傳並有傳。

方氏燧學庸集説

六卷。乾隆平陽縣志十六

佚。

案：玉蒼方山人燧，鴻臚卿子深子。乾隆平陽縣志文苑傳有傳。

朱氏諫學庸圖説千頃堂書目二、經義考一百六十二。

佚。經義考一百六十二注曰「未見」。

案：蕩南朱知府諫，萬曆温州府志宦業傳、雍正浙江通志、道光樂清縣志循吏傳並有傳。

朱氏文簡學庸圖説經義考一百六十二

佚。經義考一百六十二注曰「未見」。

案：朱增城文簡，萬曆温州府志宦業傳、雍正浙江通志循吏傳、道光樂清縣志儒林傳並有傳。

張氏漢四書切問雍正浙江通志二百四十二

佚。

乾隆永嘉縣志二十：弘治歲貢張漢，字廷章，博學勵行，貢入監，以親老告歸，杜門不出，學者宗之。

佚。

項氏喬四書臆説甌東私録二

自序：國家以舉業取士，士之既階科第者，或以四書經學爲芻狗者多矣。不知是學具身心性命之奥，所以達之天下國家，繼往聖而開太平者率不外此。一日不談，即口生荆棘，不茅塞於心者罕矣。士之所任者益大，則其所資者益切也，舍是直俗吏焉耳。三洲李先生義壯，乃海内名豪，予與同憲副楚臬，已知其學有淵源，而政有根柢矣。及予謫遷八閩僉事，而先生適長憲，議政之暇，常與予及石崖周子琉、雙華柯子喬、鄮西張子謙共談性命之學。而出其所著正學編、四書邇言、詩經備忘數册以相示。予僭謂「正學編猶有未精，四書邇言精矣而失之太簡，若備忘則精且詳矣，聖門所謂『可與言詩』者也。」公不以予言爲謬。升楚右轄，行中途，驟升貴州都憲，又三柬勸予了性命之學，而索其平生所自得者以相印證。予感先生善於誘人而欲成其美也。是歲正月三日，自省下往攝漳南兵備事，日輿馬中取四書莊誦一番，若有温故知新之味，遂静夜清晨起而筆之。至上杭及初夏，而臆説成稿，然苦與先生隔遠，猶有心所未安者，未敢以成書獻也。適孟冬初旬，先生有便鴻至省，因書此奉復，以見予勇於從教之義。尚擬捧檄終養永嘉山中，繼成詩經臆説以附備忘之末，而今未暇也，他日具書以呈先生，不知先生以爲何如耳。要之謂了此學者，須心體力行，之死無貳，庶幾斯言無忝而可愛以傳也。既用以相須矣，而遂以爲序。甌東私録二

蔡氏瓚四書集講

十卷。雍正浙江通志二百四十二

佚。

徐氏時春四書玉楮葉乾隆平陽縣志十九

佚。

國朝

王氏祚昌四書唾餘

四卷。嘉慶瑞安縣志九

未見。

自序：比歲課兩子讀書，苦其魯，取紫陽氏集注，令熟之。復爲删其旨煩而文泥者，然每與語其要紗，不便曉，曰：「是非可以口舌得也。」余每好讀李卓吾先生評、楊復所先生眼兩書，謂其旨在言外，可以思而得之。因復爲録其至者，並園史中語，而兼以己意。今於言前言後，言左言右，自參之自度之，當忽然有所得也。門人炤如氏見而説之，書一通去，急呼而語之曰：「此唾餘耳！勿泥。」珠樹堂集

案：王玄翼四書唾餘今未見其書。據自序，蓋因李贄、楊起元兩家説，擇其至者，而以其父遺説及己意補綴之。王氏園史亦祚昌著，述其父兄言行，詳第九〔一〕卷。炤如氏，即周處士天鏡字。見乾隆温州府志隱逸傳。珠樹堂集又有奠門人周肇音原注名天鐘。文，注云：「肇音手書余四書唾餘，屬纊之夕，令二弟珍藏以遺其子長漢。」蓋周氏昆弟並師玄翼，亦並嗜此書也。

周氏天錫四書翼注花萼樓集

未見。

〔一〕「九」，底本誤作「八」，徑改。

朱氏鴻瞻四書詳説

六十卷。嘉慶瑞安縣志九

存。

四書贅解自序：余自順治甲午，僦屋邑中西南隅，蒔藂竹爲書舍，邑内外俊秀多從余游。既而廣闢其室，治爲齋者益衆。余非他有所優可爲人資，人之求乎我者，不過欲講明四子經義，工所爲應制舉者而已。雖然，未易副也。自今距昔，歷二十年，講説日繁，滕之口而筆之書，諸弟子互相傳寫，遂成卷帙，題曰四書贅解。其義云何？蓋自紫陽有章句集注，而四子之正經明；文皇命儒臣纂録大全，而章句集注明。制科既久，訓詁日盛，袪其淫於佛老者外，若蔡虚齋之蒙引，林次崖之存疑，張江陵之經筵直解，陳紫峰之淺説，顧麟士之説約，參伍錯綜而大全明。夫諸訓詁由大全而起，苟有得於大全，諸訓詁贅也；大全爲章句集注之疏，苟有得於章句集注，大全贅也；章句集注體會經文，不溢不漏，苟於經文融會貫通，游神言外，契旨象先，雖章句集注亦贅也。而余之解顧欲兼而有之，每書一章，首用講文，效直解、淺説體，芟其繁而補其略，繼以句解，採大全及諸先正之粹，存其要而去其迂，又繼以餘覽，於講文句解，收所不盡者，蒐其遺而求其備。一章之下，合三爲一，亦可離一爲三，而又先總之以字解，别録之爲知新，雖欲不名爲贅，不可得也。夫博學詳説，所以反約，欲徑約而不能，則不可不博以詳，贅奚辭焉？余用是有感矣。孟子曰：「得天下英才而教育之，三樂也。」夫孟子亞聖、天下士，宜以教育天下才爲樂。余鄉閭人也，苟得鄉閭之英俊造就之，校其藝，成理義之文，反之躬，爲實踐之學，詎非快事！經曰：「後生可畏。」又曰：「堯舜人皆可爲。」安知今日鄉里士非即異日天下士乎？是故師不必賢於弟子，弟子不必不如師。他日有驅馳上國，聲名頡頏諸先正間，尚其取此書而釐正之，多不可損，少不可益，俾余不蒙贅名，余寧無厚望焉。時康熙癸丑陽月之吉，書於菉竹南軒。竹園類輯九

霍維騰四書詳説講文序：嘗讀大學衍義曰：「古者聖王設爲學校以教其民。由家及國，大小有序，使其民無不由乎其中而受學焉。而其所以教之之具，則皆因其天賦之秉夷，而爲之品節，以開道而勸勉之也。使其明諸心，修諸身，行於父子、兄弟、夫婦、朋友之間，而推之達乎君臣、上下、人民、事物之際，必無不盡其分焉。及其學之既成，則又興其賢且能者置之列位。是以當此之時，禮義休明，風俗醇厚，而公卿、大夫、列士之選，無不得其人焉。此先王學校之官，所以爲政事之出道德之歸，不可一日廢焉者也。今我聖天子在上，聰明天縱，鑒及乎此，爲之作興文學以風四方，儒教之盛遠邁千古，大小臣工亦莫不以崇學校興教化爲殿最，而司鐸者亦孜孜以啟迪多士爲急務。然能以實學行實政，將

聖賢所著之奧理，發明而誘迪之，使其明諸心，修諸身，行於父子、兄弟、夫婦、朋友，達乎君臣、上下、人民、事物，而無不盡其分者，則罕覯其人。兹於宣邑之司訓朱子表民者，能有是舉，誠令人歎美而不已也。表民籍本羅陽，協秉宣鐸，道宗鄒魯之真，學紹紫陽之派，恂恂卓犖，士皆景式，詎其甫半載而即引疾辭任。忽一日出宣庠遺鐸一編示予，曰：「論、孟皆成書，而首梓學、庸授宣。」予三玩其帙，理明而詞簡，意透而言精，其於明德新民之綱，修齊治平之目，性道修教，戒慎恐懼，動變而至於能化，無息而至於攸遠，靡不章章條縷，詮解至當，人能身體力行，則行於父子、兄弟、夫婦、朋友而有餘，達乎君臣、上下、人民、事物而亦無不足。予因掩卷而歎曰：「朱君不欲仕，猶仕也。」左氏云「太上立德，其次立言，其次立功。」今觀此書，三立具備矣，又安在乎區區形跡爲哉！何以故？表民從容中禮，温厚和平，其德已立；闡明奧旨，啟發後人，其言已立；俾人隱居可以善身，達可以善天下，其功已立。又安在乎區區形跡爲哉！予不覺欣然而樂爲之序。

四書精要字解乾隆温州府志二十七作「四書解字」，誤。

存。

宋鴻序：自制科來詮四子書者，無慮百家。能與大全先儒頡頏者，蒙引、存疑而外，指不多屈。雖云訓詁之學，蓋亦莫不難矣哉！予視篆安固，晤表民朱氏，經學懋焉，其門人爲之梓太極圖淺説，予竊意其篋笥必未罄也。一日出四書詳説語予曰：「此吾不得於時之所爲也。吾資有限而詮又滯，隱居教授歷多年所，日騰口説，故就此，未遇其人而就正焉。敢以請。」予翻閲數四，歎其精詳淵博，無所不備，有講文，陳紫峰淺説不專美矣；有句解，確切精深，益莫之匹，且並章句集注而通解之；又有餘覽，采大全、蒙存之粹，而間斷以己意；又有温知録，謂温故知新，發前人所未發，而其卷端又先有字解二十餘章，合爲一書，分之可作數種，誠哉其詳説也，不詳未可以約也。予簿書鞅掌，猶不忘經生家業，思爲梓之，倉猝未能。因先取字解公世，以俟思全豹者求焉。表民自道曰訓蒙，予曰精要，無以易此矣，遂更題爲四書精要字解云。

嘉慶瑞安縣志九：四書詳説六十卷，國朝朱鴻瞻撰，有字解、句解、講文、知新、餘覽等目，已梓者字解、學庸講文。

周起辛宣平司訓默齋朱公墓誌銘：先生究心關、閩、濂、洛之奥，以昌明道學爲己任。生平所著有太極圖淺説、通書淺説、四書詳説、四書字解、四書温知録、讀史逸評、竹園文集、譜年詩集，俱梓行於世。

案：默齋朱訓導鴻瞻，乾隆温州府志、嘉慶瑞安縣志文苑傳並有傳。其所箸四書詳説，初名贅解，後更名詳説，聞手稿尚存其裔孫副貢鼎家，余未之見也。據贅解自叙及詳説宋叙，全書有講文、句解，餘覽、知新録、宋叙作温知録與自叙異，嘉慶瑞安縣志經籍門亦作「知新」。字解諸目。宋氏取其字解先刊行世，而别題爲四書精要字解。默齋爲宣平訓導時，又自刊學庸講文。乾隆温州府志經籍門載朱鴻瞻學庸講義，即是書，而誤「文」爲「義」也。今據副貢録示舊序，及墓誌著録。字解既有單行刻本，遂並載之。其講文、句解、餘覽等帙既彙入全書，不復分著其目也。

胡氏璜四書彙纂乾隆温州府志二十七

未見。

東甌詩存三十八：胡璜字玉書，瑞安人，康熙歲貢。著有此齋詩稿。

林氏逵四書説

五卷。乾隆温州府志二十七

未見。

乾隆温州府志二十七：四書説五卷，瑞安林逵著。字襄雲。

葉氏浩四書說嘉慶瑞安縣志九

未見。

林氏宗瑛學庸會意

二卷。道光樂清縣志八

未見。

道光樂清縣志八：林宗瑛，號悔庵。居芙蓉。淹貫經史，纂述甚富，皆毀於火，僅存學庸會意二卷。終歲貢。

林氏鶚論語額書彙參〔一〕

卷。

存。

〔一〕此條底本無，楊紹廉據定稿鈔補。

温州經籍志卷七

經部

樂類

明

賀氏序隆逸語八卷。浙江採集遺書總録己集

未見。

王瓚序：余嘗溯觀於太初矣，有理而後有象，有象而後有數。數也者，渾之惟一，析之無極者也。天地之闔闢，古今之因革，萬事之始終，萬化之出入，人物之生，彝倫之序，禮〔一〕

〔一〕「禮」，底本誤作「理」，據弘治温州府志改。

樂之行，治道之成，皆於數乎管焉。數之體顯其象，數之用妙乎理。自河出圖，洛出書，而數呈矣。則而卦之，陳而疇之，衍而蓍之，變而伸之。數之爲用，寖以章章於天下。律有十二，亦起於參天兩地之倚數，獨黄鍾爲律本。黄鍾者，陽聲之始，陽氣之動也。以成之數，忖該之積，十有一律，由是以生；度量權衡，由是以定；六十調與八十四聲，由是以明矣。必聲和氣應而究正其元，然後有以盡其用之妙，否則安能保其無忒也哉？周衰官失，古法淹散。孟堅志律暦，猶爲得之。繼是而後，談者紛紛，甲得乙失，蓋不知其孰爲至當不易之確論。迨蔡氏季通，始推淵源，探微賾，以極其法之機要，而學者卒莫能會其指歸也。余嘗慨古樂之不復，由音律之不正，屢欲勉加鉤索，以審其本末，顧以賦稟蒙愚，展卷復寘，茫如捕影。弘治丁巳秋，邑人賀廷益録其先君子逸庵〔一〕先生逸語八卷抵京師，求余爲之序。余得而觀之，則夫黄鍾所以爲萬事之根本，律吕所以相生配十二辰之理，陰陽消長度數之説，悉據前賢之已言以闡其未言。融徹昭晰，條陳派列，因以歎深林窮谷之際，猶有役志於數學者，烏得不深以爲喜哉？於乎！數也者，聖人所以迪天下後世之要術也。語理而遺數，不知理者也；語數而遺理，不知數者也。然則數學者，其理學之有紀

〔一〕「庵」，底本誤作「安」，徑改。

者乎？逸庵造詣之精，足徵於此，是誠有功於來學矣。廷益懼其老而先志之或泯，特梓而傳之，君子蓋有取焉。我國家稽古興治，制禮作樂，以洗滌千古之陋習，是編固聲樂歷制之助焉。乾隆永嘉縣志二十三

浙江採集遺書總録己集：逸語八卷，天一閣寫本右明永嘉賀隆撰。隆別號逸庵，居永嘉之冰壺里，築別墅於暘嶴。淳樸静朗，用心於内，天人淵邃，討剔周詳，故其明理數，考十二律相生之説爲尤精。

案：賀逸庵序隆事蹟，府、縣志無考。逸語八卷，王序〔一〕載逸庵子廷益梓而傳之，則此書明時曾有鋟板，然世間流傳甚鮮。浙江採集遺書總録有天一閣寫本。天一閣書目卷首載范光甸所録進呈書目亦有逸語一册，是當時實經采進，然四庫總目未列其目，不知何故。總録稱其「明理數十二律相生之説爲尤精」，則逸庵於樂律之學，所得頗深，惜未見其書也。

國朝

葉氏嘉棆樂律紀原寶香山館集十七

〔一〕「序」，底本作「叙」，據刻本改。

未見。

小學類

明

林氏應龍字説　雍正浙江通志二百四十二

佚。

案：九谿林大使應龍，萬曆温州府志翰藝傳、雍正浙江通志、乾隆永嘉縣志文苑傳並有傳。字説各傳作「字海」，然府、縣志經籍門並作「字説」，未知孰是。何白方湯夫傳云：「吾鄉林九谿先生，奥博君子也。其大小篆俱臻神境，秦相斯、堂邑令陽冰後不多讓。」汲古堂集二十六。據此，是九谿固精究篆學者，今其遺蹟既無存者，此書亦未見傳本，可惜也。

右訓詁

宋

謝氏雩正字韻類〔一〕　萬曆温州府志十七、雍正浙江通志二百四十二、乾隆永嘉縣志二十三並誤作「正字類韻」，今依

〔一〕此處底本注「文獻通考一百九十」，據定稿移於「攻媿集一百九」後。

止齋文集四十、攻媿集一百九、文獻通考一百九十。

五卷。攻媿集一百九、文獻通考一百九十無卷數。

佚。

陳傅良序：始余見季澤於外舅張氏，與諸丈人行論事不下氣，於州縣吏長短時事當否，輒誦言之無歉，則謂季澤但悻直耳。久之，見其姻族急難，不得季澤議不決，議決矣而用不足，則或取具於季澤。又久之，州閭至委巷，每事不可無季澤，藉其力者爲多也。季澤雖不愛其力，至意小不合，即以語侵人，或强隨和人意，亦戲笑皆含譏誚。初不以吾有力自喜見毫髮德色，而人亦諒其靡他，不以爲怨。余然後益知季澤。孔子恥巧言令色足恭，思魯狂士而惡鄉原。蓋自周季士大夫貌勝而質衰，氣卑而辨盛，孔子亦既有感於此矣。居今之世，得見如斯人者，吾固有取也。嗚呼！今亡矣。此書季澤所著。其家學長於詩、禮，頗欲有所論次，未就，僅及就此篇。其於字學偏旁訓故，學者易入焉。季澤游學校，登進士第，調台州司户，高郵軍教授，以勞績薦，改秩知福州寧德縣，未滿歲卒。官不足行其志，位不稱其才也。韓昌黎嘗言：「注爾雅蟲魚非磊落人。」歐陽公序韻總亦曰：「儒者莫暇精之，其有精者往往不能乎其他。」余方悲季澤官不足行其志，位不文獻通考一百九十引「不」下有「足」字。稱其才，且懼後之人見此書如二公云云也。「云云」，通考作「之云」。於是

道其平昔大概，序之篇端焉。止齋文集四十

樓〔一〕鑰承議郎謝君墓誌銘：鑰客授東嘉，與諸名士游，獨謝君季澤最爲同好，相與考訂文字，毫髮必計。余既投閑，聞其亡矣。嘉定四年，得其子有開書，以銘爲請，既列君之行實，又以陳君舉序君所著正字韻類五卷來。撫其書爲之傷歎，此真季澤留意之書也。君博學强記，自經子百家之書，皆手自校定，音訓句讀，一一不苟。韻類一書，援據精確，不知者以爲苟然。惟好之者然後信其積學之工。每謂：「使之在天禄校讎之職，必有補於斯文。」然亦不及，此余所以重歎也。攻媿集一百九

案：謝寧德雩，萬曆温州府志義行傳、乾隆永嘉縣志文苑傳並有傳。

佚。

周氏元龜奇字法語霽山集五

林景熙宋朝請大夫太常寺簿知台州周公墓誌銘：公自號蒼巖，雜著八十卷，又喜編纂，有訓鑒大蒐、文苑心嗜、師友四騷、觀史大議、管見類要、詞科類稿、奇字法語各若干

〔一〕「樓」，底本誤作「婁」，徑改。

卷。霽山集五

案：周常簿元龜，萬曆温州府志宦業傳、乾隆平陽縣志名臣傳並有傳。

戴氏侗六書故

三十三卷。千頃堂書目三、補遼金元藝文志、四庫全書總目四十一、元史藝文志一。

存。明張萱刊本、國朝李鼎元刊本。

六書通釋

一卷。元史藝文志一

存。六書故附刊本

侗也聞諸先人曰：「學莫大乎格物。」格物之方，取數多者書也。天地萬物，古今萬事，皆聚於書。書之多，學者常病乎不能盡通。雖然，有文而後有辭，書雖多，總其實，六書而已。六書既通，參伍以變，觸類而長，極文字之變，不能逃焉。故士惟弗學，學必先六書。古之教者，子生十年，始入小學，則教以六書。六書也者，入學之户門。學者之所同先也，以爲小學者過矣。由秦而下，六書之學遂廢，雖有學焉者，往往支離傅會而不適於道。至與曲埶小技，下爲曹伍，故士益不屑，而其學益不講，千載而下，殆無傳焉。夫不明於文而欲通於辭，不通於辭而欲得於意，是聾於律而議樂，盲於度而議器也，亦誣而已矣。先人既以是教於家，且將蘇天爵元文類三十二「將」〔一〕作「欲」。因許氏之遺文，訂其得失，以傳於家塾，而不果成。小子懼先志之墜，爰摭舊聞，輯成三十三卷、通釋一卷，其所不知，固闕如也，卬此「抑」本字。元文類作「即」，誤。其所知，亦焉敢自是乎哉！姑藏家塾，以俟君子。自序

書始乎指事、象形，變而爲轉注、會意、諧聲、假借，謂之六書，文字之本原也。獨立爲文，判合爲字，文立而字孳，天地事物之載，孰有外於是者。自篆籀禪而隸楷行，刀筆廢而毫楮用。傳寫轉易，譌繆滋甚，有求正於六書之故者蓋鮮。合溪戴公侗，獨能探索於千載之下，因許氏遺文，釐其舛忒，弟其部居，傳以義訓，群經子史百家之書莫不爰據，示有徵也。析爲部九，卷三十有三，約而不遺，通而不鑿，父以聯子，子以聯孫，若網在綱，瞭然如示諸掌。噫，亦勤矣！公之父蒙，從學於武夷；兄仔，舉郡孝廉。父子昆弟，自爲師友。是書之成，淵源有自。延祐戊午，予來領郡，命其孫奎，出諸家藏。郡博士與諸儒咸謂是書誠有益於經訓，宜傳以惠後學。予既錢四書與郡志，明年捐俸廩以倡，刻而庋諸閣。徐

〔一〕「將」，底本作「載」，據刻本改。

騎省有言，「非文字無以見聖人之心，非篆籀無以見文字之義。」通經者舍是書何以哉？延祐庚申冬十月，古汴趙鳳儀序。

六書故三十三卷，宋戴侗撰。考姓氏譜，侗字仲達，永嘉人。淳祐中登進士第。由國子監簿守台州。德祐初，由秘書郎遷軍器少監。辭疾不起。是編大旨主於以六書明字義，謂字義明則貫通群籍無不明。凡分九部，盡變説文之部分。其論假借之義，謂前人以「令長」爲假借，不知二字皆從本義而生，非由外假。若「韋」本爲韋背，借爲「韋革」之「韋」；「豆」本爲俎豆，借爲「豆麥」之「豆」。凡義無所因，特借其聲者，然後謂之假借，説最詳辯，於群經子史百家之書，莫不爰據，約而不遺，通而不鑿，誠有益於經訓。前明嶺南張萱曾刻於滸墅，後板歸嶺南，流傳於世者甚少，購之書肆，絶不可得。余在翰林，職司校理，得見宋刻原本，恐其流傳日少，六書之故，無從求正，因手自鈔録，細加讎校，選工重刻，以公同好。案：戴氏此書，成於入元以後，延祐庚申始刊行，安得有宋刻？李氏謂得見宋本讎校重刻，欺人之言也。實止即張萱本重行翻刻，而於每卷首第二行，刓改「明嶺南張萱訂」六字，爲「西蜀李鼎元校刊」耳。其板式，行款與張本分毫不異，書内卷二「晤」字下，卷六「泣」字下，並有張萱附注之語，亦未删去也。時大清乾隆四十九年清和月，西蜀綿州李鼎元墨莊氏書於京邸之師竹齋。李鼎元翻刻張萱本序崔銑六書故後記：正德己〔一〕卯冬，予在京師見六書故於勛部馬溪田伯循所，乃閣本也。約溪田共録之，溪田送予史一人，予自傭三人，封部馬宗堯相一史。録及半，予奔母喪將歸，溪田知予好之，遂以其本贈，今反故牘書者是也，尚缺四卷。已，溪田亦請告還關中，又兩閱歲，予走書告於考功牛西唐道徵。又半年書至，今界方楷書者也。挈正名物，辯析義理，覈而當矣，未之前有。其曰：「辯乎書名，則得立言之凡也；味乎辭助，則得命意之委也。」故曰「未之前有」也。文互楷篆，形錯今古，失之億且鑿。斯其細也，勿以掩其大且精者焉。洹詞五

千頃堂書目三：戴侗六書故三十三卷，延祐六年趙鳳儀序。

四庫全書總目四十一：六書故三十三卷，兩江總督採進本元戴侗撰。考姓譜：侗，字仲達，永嘉人。淳祐中登進士第，由國子監簿守台州。德祐初，由秘書郎遷軍器少監，辭疾不起，其所終則莫之詳矣。是編大旨主於以六書明字義，謂字義明則貫通群籍，理無不明。凡分九部：一曰數、二曰天文、三曰地理、四曰人、五曰動物、六曰植物、七曰工事、八

〔一〕「己」，底本誤作「乙」，校勘記云：「正德無乙卯，考洹詞五亡妻孺人李氏壙誌有曰『己卯冬北上，明年丁先淑人憂』，則此所謂在京師見六書故，當在己卯。」

曰雜、九曰疑。盡變説文之部分，實自侗始。其論假借之義謂：「前人以令長爲假借，不知二字皆從本義而生，非由外假。若韋本爲韋背，借爲韋革之韋；豆本爲俎豆，借爲豆麥之豆。凡義無所因，特借其聲者，然後謂之假借。」説亦頗辯。惟其文皆從鐘鼎，其注既用隸書，又皆改從篆體，非今非古，頗礙施行。元吾邱衍學古編曰：「侗以鐘鼎文編此書，不知者多以爲好，以其字字皆有，不若説文與今不同者多也。形古字今，雜亂無法。鐘鼎偏旁，不能全有，卻只以小篆足之。或一字兩法，人多不知。如[illegible]本音瞏，加宀，不過爲寰字，乃音作官府之官；邨字，不從寸木，乃書爲村，引杜詩『無村眺望賒』爲證，甚誤學者。許氏解字引經，漢時有篆隸，乃得其宜。今侗亦引經，而不能精究經典古字，反以近世差誤等字引作證據。鎊、鍾、鋻、鋸、尿、屎等字，以世俗字作鐘鼎文。卵字解尤爲不典。六書到此爲一厄矣」云云，其詆諆甚至。雖不爲不中其病，然其苦心考據，亦有不可盡泯者。略其紕繆，而取其精要，於六書亦未嘗無所發明也。

浙江採集遺書總録丙集：六書故三十三卷，刊本右元永嘉戴侗撰。分列四百七十九目，各以字母統字子。前有通釋一卷。

虞集六書存古辨誤韻譜叙：至永嘉戴氏父子三世所著六書故，六書之外，設疑一條，以識不可强通者，近世書法之要論也。道園學古録三十一顧炎武詩本音二：邶風匏有苦葉：「有瀰濟盈，有鷕雉鳴。」説文：「鷕，從鳥唯聲。」舊音以水反，傳寫訛爲以小。元戴侗曰：「此章上半句『瀰』與『鷕』協，下半句『盈』與『鳴』協，亦一句而兩韻也。」唐韻正一：「一東弓。」元戴侗六書故曰：「弓」古音，如弘切，而「躳」字從吕。詩「躳」與「宫」、「宗」協，見於雲漢。「弓」與「繩」、「膺」協，見於小戎、采緑，較然不紊，「弓」非「躳」之聲也。按論語「天之歷數在爾躬」，亦與「中」、「窮」、「終」爲韻。

王鳴盛蛾術編十八：宋末戴侗撰六書故三十三卷，盡更説文規模，變爲編類，分作九部：一曰數、二曰天文、三曰地理、四曰人、五曰動物、六曰植物、七曰工事、八曰雜、九曰疑。目下總説云：「書之目四百七十九，其目百八十八爲文，四十五爲疑文，文母也，皆大書；其二百四十五爲字，字子也，皆細書。」愚謂案其目實四百七十八，非九；文百八十九，非八；字二百四十四，非五。

王引之經義述聞三十一：説文云：「鷻，雕也。」引詩曰：「匪鷻匪𪀗。」又云：「𪀗，鷙鳥也，從鳥聲，音與專切。」徐鉉曰：「『屰』，非聲，疑從萑省，今俗別作『鳶』，非是。」戴侗六書故曰：「『𪀗』，非與專之聲，此即『鶚』字，孫音誤也。説文無『鳶』字。」引之謹案：戴説是也。家大人曰：「説文『咢』、『𧊒』、『𪀗』三字，以屰爲聲。則『𪀗』字當與『咢』、『𧊒』

二字同音五各反，祇因小雅四月篇『匪鶉匪鳶』，說文引作『匪鷻匪鳶』，後人遂以『鳶』爲『鳶』，而不知諧聲之不可通也。」玉篇「鳶」次「鳶」下，云「同上」，則已誤讀爲鳶。而廣韻「與專切」内有「鳶」無「鳶」。集韻「逆各切」内「鶚」、「鳶」並見，則韻書尚有不誤者。

段玉裁古文尚書撰異一下：「亮」字不見於説文，今之言小學者，謂爲不可用。考戴氏仲達六書故所引唐本説文皆非作僞，如云「亮，明也。從儿從高省」，是説文「儿部」本有此字，而傳寫佚之。吴志曰「吴主亮，字子明」，蜀志曰「諸葛亮，字孔明」。此字以儿高會意，人居高則可遠眺，故曰明也。爾雅「亮，相也」，古「輔相」與「相視」無二義，「相視」即説文「明也」之訓也。案：明以來小學書關涉此書者甚夥，今擇其足申證戴説者録之，餘不備引也。

案：宋南渡後，諸儒承伊洛遺緒，喜講道德心性，罕有爲六書之學者，永嘉諸先生惟薛文憲研精篆籀，然未嘗著書。謝氏正字韻類，頗爲樓攻媿所推，其書不傳。考攻媿所述，當是干禄字書之類，蓋亦未能綜小學之全也。合溪戴氏，最爲晚出，紹明家學，此書草創，昉於合溪之父蒙，故書中多引先人説，即自序所謂「先人將因許氏遺文，訂其得失，以傳於家塾，而不果成」者也。至所引「伯氏曰」者尤衆，則爲合溪兄仔之説。又有引「季曰」者，蓋合溪更有弟亦治小學，其名無可考。虞道園謂此書爲戴氏父子三世所著，約略言之耳。至書中臚列舊聞，更有外王父及舅氏説，其人亦無可考。所引「舅氏説」數十條，説詩者蓋十之八九，援證多該博，惜不得其姓名。舅氏又或作「舅駟」，疑刊本字誤。〔二〕爲六書故三十三卷。萬姓統譜九十九載此書，作「六書故内外篇」。考自序無内外篇之分，淩説疑誤。自序以爲格物之方，取數多者書，天地萬物，古今萬事，皆聚於書，因欲以六書統物與事之全。故其繫字，雖亦據形類聚，而不用説文始一終亥之部分，别分天文、地理、人事等九類，蓋古來小學家所未有也。其目録後自識云：「凡文象形者十而九。傳寫轉易，或趨簡省，或加繆巧，浸失本真。」又云：「疑於義者，雖先秦古書皆退之；覈於義者，雖後出必進之。」蓋其意欲求文字之本，故篤好古籀，凡鐘鼎銘款與小篆不同者，摻采至悉，務廣文字之用，故兼收俗體，凡玉篇、廣韻、集韻、類篇所載晚出之字，苟不誖於形聲之旨者亦所不遺。其間未免古今雜出，而説者或以爲專主鐘鼎，則不察之論也。其書初出，而吴興吾邱衍作學古編深譏之。學古編之説又見閒居録及盛熙明法書考，因四庫總目已詳載之，故今不復引。考其所論，若官之從[illegible]。合溪自云「據秦權」，然薛尚功鐘鼎款識十八所載秦權，及近代所傳搨本見於阮氏積古齋鐘鼎款識九者，皆無官字。當是據丞相狀綰，「綰」字偏旁，其字薛、阮二書所摹皆從[illegible]，較之小篆從自者少首

〔一〕戴侗有引季弟、外祖父、舅氏説。孫氏云「無可考其姓名」。今據永嘉菰田戴氏宗譜載：戴侗幼弟名愨；外祖父名汪逵，字季路，爲宋汪應辰之次子。汪逵子汪季和無嗣，欽賜俶爲其過繼傳宗，改名爲愨。又書中所引舅氏，或作舅駟，非刊本字誤，駟當爲戴侗之舅汪季良，字子駟，知平陽縣，舅駟當爲子駟之簡稱。

筆。合溪所見搨本，或不甚明晰，意謂「官」、「環」音本同部，而鐘鼎文「環」字乂有作◯◯者，見鐘鼎款識十四載敦。遂變説文宀自會意之説，爲從古文「環」得聲，此與吾氏所舉「卵」字訓解不雅者，皆喜爲新説之過，固不必爲合溪諱也。至「邨」字，在説文爲地名，聚落之義，本爲後出，「村」字與「鎊」字同見玉篇，於形聲尚無不合，即通釋所謂實名通於俚俗，不載則闕於用者。「鍾」本非俗字，特合溪以「鐘」爲「鍾」之別體，則與説文不合。尿即説文之「𡲾」字，合溪以爲從尾無義而改之。吾氏不譏其誤合誤改，則亦未窺其本也。若「鋸」字，則説文所有，本六書之正字；「屎」雖不見於説文，然毛詩、爾雅已有其字，則固不得遺之。至「鑿」字，遍檢此書金部，並無其字，則又不知吾氏何所見而云然矣。平心而論，合溪之講六書，雖瑕瑜互見，而其精識獨造，實能通究原本。通釋一卷闡明體例，尤多微眇之論。如云「名者人治之大者也，文者名治之大者也。文忒則名亂，名亂則實易。名亂而實易，則民聽惑。號令昏，法度舛，禮樂壞而亂益生。君子如欲善治，其必由正名乎！」案：論語：子曰：「必也正名乎？」馬融曰：「正百事之名也。」鄭康成曰：「正名謂正書名。古者曰名，今世曰字。」此論可以會其通。又云：「夫文生於聲者也，有聲而後形之以文，義與聲俱立，非生於文也。生民之始，文字未興也，其類滋，其治繁，而不可以莫之徵也，然後結繩之治興焉；治益繁，巧益生，故有刻畫竹木以爲識者，所謂契也。契不足以盡變，於是象物之形，指事之狀，而刻畫之，以配事物之名，而簡牘刀筆興焉，所謂書也。象形指事猶不足以盡變，轉注會意以益之而猶不足也，無所取之，取諸其聲而已矣。是故各因其類而諧之以其聲。木之形可象也，而其別若松、若柏者不可悉象，故借公以諧松之聲；借白以諧柏之聲；水之形可象也，而其別若江、若河者不可悉象，故借工以諧江之聲，借可以諧河之聲，所謂諧聲也。五者猶不足以盡變，故假借以通之，而後文字之用備焉。六書之義雖不同，皆以形聲而已矣。夫文，聲之象也；聲，氣之鳴也。有其氣則有其聲，有其聲則有其文，聲與文雖出於人，亦各其自然之徵也。有有形而有聲者，有有事而有聲者，有有意而有聲者。有形而有聲者，象其形而聲從之，求其義於形可也；有事而有聲者，指其事而聲從之，求其義於事可也；有意而有聲者，會其意而聲從之，求其義於意可也。是三者雖不求諸聲，猶未失其義也。至於諧聲，則非聲無以辨義矣。雖然，諧聲者猶有宗也。譬若人然，雖不知其名，猶可以知其姓；雖不察其精，抑猶未失其粗者也。至於假借，則不可以形求，不可以事指，不可以意會，不可以類傳，直借彼之聲，以爲此之聲而已耳。求諸其聲則得，求諸其文則惑，不可不知也。周禮九歲則屬瞽、史而諭書名聽聲音。史正書名，瞽協聲音。聲，耳治也；書，目治也。瞽、史協修而後耳目之政不爽，故侗嘗謂「當先叙其聲，次叙其文，次叙其名，然後制作之道備矣。聲形而上者也，文形而下者也，非文則無以著其聲，故先文而繼以聲。聲陽也，文陰也；聲爲經，文爲緯。聲圜而文方，聲備而文不足。」又云：「倜之爲書也，先契以本文，立一以起數，是故數爲首；次二曰天，凡本乎天者皆從上；次三曰地，凡本乎地者皆從下；次四曰人；次五曰動物；次六曰植物；次七曰工事，七者備矣，歸餘於雜，綴疑於末，而六書之道盡焉。」又云：「六書推類而用之，其義最精。昬本爲日之昬；心目之昬，猶日之昬也，或加心與目焉；嫁取者必以昬旹，故因謂之昬，或加女焉。㷓本爲煙火之㷓，日之將入，其色亦然，故謂之㷓黃，楚辭猶作纁黃，或加日焉，帛色之赤㷓者亦然，故謂之㷓，或加系與衣焉；㱃酒者酒氣酣而上行亦謂之㷓，或加酉焉。夫豈不欲人之易知也哉？然而反使學者昧於本義，故言婚者不知其爲用昬旹；言日曛者不知其爲㷓黃；言纁帛者不知其爲㷓黃，言纁帛者不知其爲赤㷓。它如厲疾之厲別作癘，則無以知其爲危厲之疾；厲鬼之厲別作䊪，則無以知其凶厲之鬼；夢厭之厭別作魘，則無以知其由於氣之厭塞；邕且之邕別作癰，則無以知其由氣之邕底；永歌之永別作詠，則無以知其聲猶水之衍永；璀粲之粲別作璨，則無以知其色猶米之精粲。」案：此條所舉諸字，雖或正或俗，不可一例論，然實能推見文字之本，固不必以墨守說文繩之也。又云：「六書始於象形指事，古鐘鼎文猶可見其一二焉。許氏書祖李斯小篆，徒取形勢之整齊，不免增損點畫，移易位置，使人不知制字之本。⊙本象日之圓，而點其中以象日中之微黑；居偏旁之ナ者，橢其形以讓其ㄗ，小篆遂作[illegible]、[illegible]；☽本象初月，闕其□，以孫於日，小篆作□，乃與肉無別；□、□，戴氏所定丘字，如此作，與說文不合。象其峰之隆殺，譌而爲□。□□本象其四足而尾，譌而從巾；□象本象其岐尾，譌而從火。」凡此之類，皆迷失其本文者也。故予考之於古，苟典刑之猶在者，必備著之。若此諸條，皆達於文字之原，非巧辭邪說所可比。吾氏斥爲六書一厄，不已甚乎！

又案：合溪此書，意在采古籀以正小篆之失，故書中之字，形聲多不用篆文。如从其者必作□，从亥者必作□，此並依說文古文。从貝者必作□，从虎者必作□，从蠆丑芥切，與蠆別，俗作蠆，非。者必作□，从委者必作□，此並依鐘鼎文。並與小篆違異。然古文隃失窮於掇拾，遂致偏旁配合。篆、古交錯，其體例不無可議。至於改易許書，動多差牾。如祗、祇不分，萑、藋無辨，梅冢酸果之訓說文「梅，枏也；某，酸果也。」二字異訓，戴氏从俗合之。爭易𠬪厂之形。說文「爭，从𠬪、从厂」，戴氏改爲□，象兩手爭一物，殊誤。若此諸條，疵纇良夥，不獨如吾子行所譏也。然其研精覃思，踰三十年，補闕拾遺，亦多創獲。其說形之精者：如據唐本說文訂謚爲謚，正徐本分爲二字之誤；據金文訂若爲□，从口□聲，□即叒字，而灼切。謂說文「叒」字籀文□即「若」字，正許書「若」字从艸之誤；據秦鐘師毛父卣，證「受」从舟得聲，正小篆「舟」省爲「冂」之誤；據唐本說文及張參五經文字，於「片部」增「爿」字，補許書聲母之闕。其審音之精者：如據金文余作[illegible]，定「舍」字从口仝聲，正説文作從亼、屮口，會意之誤；引季説定「路」从各聲，正徐鉉校説文作从足从各，會意之誤；徐鍇本正作各聲，戴氏未引，殆偶失檢。據李陽冰説，定首、頁爲一字，正孫翺音「頁」爲「胡結切」之誤。據晉語「謡曰佞之見佞，果喪其田」，證「佞」从女仁聲，正徐鉉校説文从女从信省之誤；徐鍇本正作仁聲，戴氏亦失檢。論書傳行皆户郎切，慶皆去羊切，野皆上與切，下皆復五切，皆古本音，正舊説指爲合韻之誤。其説義之精者：如辨經典「饗」爲饗食之饗，因之爲歆饗。亯獻之亯，因之爲亯祀，正古書二字之互淆；論「酉」爲酒醴之通名，借爲丣丣之丣，借義擅之，故又加水，正説文酉專爲辰名之誤。若此諸條，並精塙不刊。明以來綴學之士，如陳第、顧炎武論古音，及近代段玉裁、桂馥、王筠注説文，多襲其説。世儒習聞吾氏之論，於此書罕有津逮，故特楬之，使治小學者無徒以耳食之説，詬病戴氏也。

又案：此書所引唐本説文，今之治小學者習知之，此外尚有蜀本、虫部蜆字注：説文蜀本曰：蜕爲蝶。唐本曰：即繭字。又豆部豐字注：説文徐本从豆象形。唐本曰：从豆从山丰聲，蜀本曰：丰聲，取其高大，是蜀本與唐本、徐本無異。監本，衣部袗字注，監本、蜀本及徐鍇皆作袨。案：書中所引止此一條。尤袤遂初堂書目有舊監本説文，當即此。或云此冢上。士冠禮曰：兄弟畢袗玄，疑指儀禮監本。然張氏儀禮識誤備著監本異同，不云袗作袨也。及李陽冰廣説文金部鍰字注，説文曰：鍰，鋝也。蜀本李陽冰廣説文曰：鍰，六鋝也。疑蜀本説文即李書，書中引李説甚多，皆不云廣説文者，文略也。晁説之參訂許氏文字諸説，並足資斠勘，近獨山莫氏友芝得唐本説文木部之半，箋校刊行，以此書「木部」所引唐本二條覈之，並不合。此書木部栲字注。唐本唐記反。莫本止有竹革，一紐，械字注。唐本説文或説内盛爲器，外盛爲械。莫本作一曰：有盛爲械，無盛爲器。友人歙汪茂才宗沂語余曰：「此乃其鄉一通小學者所僞作，其人彼尚識之，莫號能鑒別古書，乃爲所欺，可弢也。」近人得莫本，多信爲真，慮世之爲讎校之學者，將據以羼改許書，故附識之。莫本每葉十八行，每行上下勾寫二文，行款與二徐大異。唐本字書，今不可見。然石刻五經文字、九經字樣，並不勻排字數。足諭唐宋字書行款不甚相遠。又莫本卷尾附米友仁鑒定跋稱篆法説文六紙。案：唐本在宋時，猶今之明寫本，固非絶無僅有之物，況許書唐本全帙彼時尚有流傳，何得殘賸六紙，遽登秘府，又命詞臣鑒定，其爲僞蹟顯然，莫氏自不察耳。

明

周氏應期正字遺書周天錫慎江詩類六

佚。

案：周止庵所著正字遺書，舊府、縣志未著録。惟慎江詩類六載周茂源有周炤如以其尊人止庵先生正字遺書見示題贈詩炤如，止庵中子天鏡字。云：「鳳德由來不可群，緘縢復見著書勤。十年細燭青藜杖，千載重翻石鼓文。白首丹鉛親自記，後堂絲竹幾回聞。問奇久絶劉棻輩，投閣真應失子雲。」是止庵著述固有此帙。惟「遺書」二字似非原稿標題，今無可考。姑據著録而附識其疑於此。

國朝

周氏鐸字學廣彙乾隆温州府志二十七

佚。

乾隆温州府志二十七：周鐸，字天爲，永嘉人。邑庠有名，以子鳳岐貴，例贈文林郎。

余氏國光俗字

一卷。嘉慶瑞安縣志九

未見。〔一〕

嘉慶瑞安縣志九：俗字一卷，國朝余國光輯，一名曉俗編。

〔一〕温州市圖書館藏傳鈔本，作俗字編。國光字元觀，瑞安人。當補。

洪氏守一俗字編梁章鉅浪跡續談五

一〔一〕卷。

存。

浪跡續談五：温俗於春至時，大户院落及小户門首，皆預折樟樹一小枝，帶葉燒之。並有俚俗咒語名之，曰䒛春。按集韻：「䒛，音談，燎也。」瑞安洪守一重輯俗字編謂：「温人於立春日，焚樟葉，曰䒛春。」

右字書

明

方氏日升古今韻會舉要小補

三十卷。明史藝文志一、千頃堂書目三、四庫全書總目四十四。

存。遜學齋藏明刊本

夫字有三詮：其含精爲義，吐華爲音，精華合而比其節腠爲韻。字有韻若生有姓，而

〔一〕「一」，底本闕，據俗字編補。

祖於六書，諸古文、籀章皆繩武焉。變及篆隸，已駸駸乎數典而忘矣。於是方言、奇字，好者附子雲，馴致俚俗喧卑，幾與竹素分十之一。即象胥氏通譯萬國時，豈有貝典梵文以二三四音鍛爲一字者乎？彼其言不雅馴，而世且曹好之，故以古韻較今，繁簡何啻十百。然譚藝者每言隋唐而上，以字韻專門不數家，若爾雅最古，主義不主音；沈約四聲，斤斤然主於音矣。第爲近體者操繩墨，泛應則否。惟許慎説文猶及見籀書與古經傳音訓，故隨所箋釋，當其簡有繁之用，差足述也。世顧鮮修其業者何？小學廢，肄書名者爲汗漫，稍能事呫嗶守章句，輒得一自好，謂外此靡所用之。倘欲如漢故事，學童十七已上試諷籀書，郡移太史，得以殿最舉劾，有不苦難者無有。故曰：「待其人而後行。」非虚語也。吾師李太史向在史館，雅喜黄氏韻會舉要，頃以參藩疏歸，得塾師方子謙甫，暇與論舉要中闕略數事，因屬以訂益。太史有叔弟本石孝廉，亦博雅好古篤甚，時從臾子謙，三年而草成，以上太史，躬復校定，叙其首。凡字一萬二千六百五十有二，率仍舊不加。惟字或數音，音或數義，必考鏡群書，用黄氏補闕，若中所引據，雖一字訛者、逸者、複者，皆爲詳定。而一切梵俗無當悉汰去，務不詭於雅義。用以上下數千載，殆將前茅爾雅，後勁説文，中權四聲，而庶於古六書也。爲能張全軍以待來者，雖靡曼若辭賦，棼籍若百家，幼眇若樂律，且鼓行無當前矣。迺知吾師乎吾師乎！卻軌數載，猶之梓慶爲鐻，巧專而外滑消，而直諒多聞若子謙，斯亦天性形軀至矣。故能以天合天而進於神，曰小補者自道也。東莞袁昌祚撰。

方子謙少負穎質，從余修舉子業，垂成矣而弗克竟。時時從帖括中取字若某音某義難余，余無以應，始發憤攻六書之學，至忘寢食，弗窮弗止，遂旁通韻語，爲詩歌佳甚。已乃自歎奈何株守一隅，以蠡測海。於是兩謁王弇州公，與語大悅。弇州公不輕許可人，而以高品方干目之。乃入都門，留三年，積所見聞益奇甚，歸而欲著書，若班固之滂喜、蔡邕之勸學篇矣。而會郝仲輿領邑令，爲李太史本寧先生擇有直諒多聞，工詞翰，精八法，可爲外傳者乎？家從父大參公曰：「有之。東西越之士，無以踰吾子謙。」仲輿爲之束裝入楚，從本寧太史游。本寧太史於人間鮮所不讀書，書所受丹鉛者不知充幾棟。子謙與本寧太史語若針芥合。而太史之門有博古好奇如今建陽令周思皇者，相視而笑，莫逆於心，遂大出藏書授子謙，子謙益自發舒，門庭藩溷皆著紙筆，而小補所由作也。往余貳宣城，子謙過郡齋留越月，出視梅禹金。禹金擊節賞歎曰：「此必傳之書，非白帖之比也。」從臾授剞劂，子謙固辭曰：「吾三年而就此，苟有矣，未合也。姑待吾十數年而成未晚也。」遂別去。又五年而思皇舉高第，有事宦游，乃謀諸本寧先生曰：「向者小補之役，子謙爲政，不穀佐之。今者不穀從事簿書錢穀間，無論不暇與子謙討竹素，且恐子謙亦將如田光先生。

夫小補苟合矣，未完也。必待完而後布之通國大都，無乃俟河之清。請先梓以俟諸來者，亦如今日之於黄直翁焉。愚公之移山也祝其子與子之子，而山神亦畏之矣。」於是太史、思皇庚爲叙而刻之建陽。子謙謂余，「是書之成，非本寧、思皇二先生不及此。日升何力之與有？願公志之。」余曰：「有以哉！」夫六書之學非曲藝也。大而皇王周孔相傳之秘密，次而古今成敗得失之林、九流百氏雜家之説，又次而官牘家乘、民生纖委之記，無之而非是也。故學而不得其文義，譬衣者於麻縷，服之而不知出於蒔蓺，食者於稻粱〔一〕，嗜之而不知其出於播獲也。昌黎謂「作文者須稍識字義」，今握管而譚先秦、兩漢、建安、大曆，人多能之；試詰某字、某音、某義，某書所從來，則百人或不能一也。子謙尚欲以貽所不知何人修明其業而益拓之。嗟夫！世乃復有太史、建陽及吾子謙其人者哉！太史又欲爲六書會通，益以具體紀事，意將屬之子謙，而子謙謝不敏。夫子謙業已有緒矣，何難一簣，而不以襄太史爲千載計也。子謙元祖給諫公，爲吾東越聞人；子謙冢嫡，能世其家學。而周思皇用周易魁天下，文章政事，冠冕七閩，海内宗之。若小補大指已在子謙凡例及本寧太史兩叙中，兹不具論。永嘉王光藴撰。

〔一〕「粱」，底本誤作「粱」，徑改。

余初入史館，學爲詩賦而不習韻。客有以黄直翁韻會舉要見遺者，曠若發蒙，以爲可無遺憾。而自病免歸，叔弟頗劇心六書，時舉韻會所脱漏相問難，余不能對。久之，兒就外傅，而得永嘉方子謙。子謙語與叔弟合，余乃屬子謙校讎而附益之，三年而後竣。韻會字凡萬有二千六百五十有二，其不收者不啻倍蓰，而子謙仍之不益也。其言曰：「是書故名舉要，字之要者盡此矣，他即不收可也。獨一字而數音，一音而數義，諸書確有可據，而韻會不收者補之；一字數音，云見某韻，而某韻失收者補之；一字數義，義出某書，有據者補之；有義而無出者仍之，一字而一音者别爲獨音，其字先後之序，一準韻會，其音則以本音爲主，而餘音以平上去入爲序附之，其義則以本義爲主，而餘義附之。此二凡者一準説文；其諸書所載音義或有訛誤則闕之。開卷而縷析叱分，朔原究委，無復疑滯，其韻會豈小補之哉！而子謙特慊然曰：「音義散見群書者，存什一於千百，不佞一手一足之力，固難辦也。」自余有遺憾於韻會，嘗欲悉購海内金石刻與人所未見之書，輯之爲六書會通，首具體，自籀篆以下，凡諸家書法，有纖微不同者，模臨畢備；次别音，次釋義，則仿韻會；又次紀事，則仿韻府群玉。唐以前不得遺，唐以後不得羼也。子謙笑曰：「君如何次道？志大宇宙，勇邁終古矣！人不能得數千户郡，而次道圖作佛。不佞不能小補韻會，而君顧更欲加其上耶？不佞爲此舉，若愚公之移山然，恃夫後有無窮之子孫耳！」余亦謂子謙：

「世識王右軍不識字偏旁，而書名絶代不少損。子雅善臨池，安事此？」子謙曰：「文字之興，原於八卦，重之爲六十四卦，而彖象爻繫卜筮之用不可勝窮。神而明之存乎其人，然而奇耦剛柔之理，吉凶悔吝之繇，必不易也。夫六書猶是也。禮曰：『作者之謂聖，述者之謂明。』不佞於述猶不敢任，而況作乎？君第爲我叙小補之意，如其大者，以俟善作善述之君子。」萬曆丙申夏五，南新市人李維楨撰。

方子謙補韻會十可二三，而余爲之叙，海内人士迫欲得成書。會余起家入蜀，已，入越，已，謫壽春，子謙皆從。舟車萬里，不得多賫書，獨三禮、爾雅、毛詩，捃摭頗詳，其次爲春秋三傳，十可四五，有所增益竄定，輒筆之書，四隅皆滿，幾不可識。周思皇見而謀曰：「此非定本，蓋草也。與其爲一人草，何若爲衆人草。」請先梓之以傳，使人人爲校誤，人人爲拾遺，何所不可。夫鄭國之爲命也，裨諶首草創，不自諱其短，而後討論修飾潤色者，各出所長以相成。是書也，非一家一國之書也，作者亦非欲以自有餘也。良工不示人朴，無乃有市心乎？先生固善子謙言『愚公移山，以俟無窮之子孫』，竊意愚公子孫易窮耳。人孰無子孫，愚公而人俟之，其爲無窮莫大焉。荆人失弓，荆人得之。孔子曰：『去其荆而可矣，得失人所時有也。』何嫌何疑，故大道之行，天下爲公。貨惡其棄於地也，不必藏於己。力惡其不出於身也，不必爲己。爲先生計，無便此者。」余未敢諾，適思皇拜建陽令，建陽故書肆，婦人女子咸工剞劂。思皇沾沾自喜，是書之行信有時乎！抑天欲踐吾言也，敢固以請。余爲之撫卷三歎，昔陸澄語王儉：「僕自少至老，惟好讀書，無他事縈念。公少即鞅掌王事，雖一覽便諳，然卷帙未必勝僕。」後徵事果屈於澄。賈思伯少雖明經，從官廢業。李琰之每休暇，惟閉門讀書。吾不求身後名，但有異見異聞，心之所快，是以搜討，欲罷不能。余既登第，始知讀書而不能購書，不五六年，遂補外吏，蹉跎迄今老矣。幼不强記，老復善忘，過難字以爲快，思誤書而成適，寧復能舊時態耶？是書歷十許年，譬如爲山覆土一簣，又不忍棄之，思皇言是或一道也。因以相付，而具述本情如此，不敢援古人解嘲以諗觀者知余深自訟耳。萬曆甲辰中秋日。李維楨韻會小補再序

韻學本原六書，六書造字之始也。字有體、有音、有義，總之不離古文者近是。古有六書而無韻學。保氏所教，外史所掌，行人所辯，象胥所通，書無不同文，律無不和聲。周易、尚書、禮記、春秋、論語、孝經，簡篇皆古文字，洙泗斷斷，游夏之徒，爲述爾雅以解之。是時經學之統一，而説經以解字，故其旨約而該。古文變爲籀書，再變爲秦篆隸。經籍燔滅，浸淫於刑家矣。漢初六體，古文奇字有存者，課之以尉律，去經遠耳。孔壁之藏書出，六經古文上諸秘府。古文字摹寫音讀皆異。俗師嚣然是今而非古。揚雄作訓纂，蔡邕刻石經，錯以古文，始得其體；孔安國讀之，劉向校之，考正古文，始得其音；鄭玄注之，賈逵

訓之，馬融、服虔諸家傳解之，旁通以古文，始得其義。至許慎檃括經義作説文，六書兼總，條貫號雅馴矣。是時經學之統，散而復一，説字以解經，故其旨雜而不越。江左競風騷，韻始爲專門之學，沈約以四音制韻，自謂靈均以來，此秘未睹，贊道人演之而始明，僧神珙翻切之而益廣，六經古文字叶讀轉注者別爲古韻左次矣。自兹以還，不乏博學好古之士，而書不識字者往往有之，體不解偏旁，讀不解挏馬，説義不解鸖鳩，此與耳食何異？蓋漢以前字在於經，韋編科斗其字簡，一字讀爲數音，以被管弦而有餘；漢以後字在於韻，方言俚俗其字雜，合數音鍛爲一字，譯以梵典而不足。漢以前之説字主於解經，得經之義斯得其字，以一義訓數位，故字易舉；漢以後之説字主於修詞，得韻之字，或不得其義，以一字兼數用，故字易窮。漢以前經有晦字，而説字者有精旨；漢以後韻無脱字，而説字者多牴牾，此不解經之過也。蓋不説字而解經者影響（明刊本誤「嚮」，今依文義正。）也，不解經而説字者杜撰也。吾師本寧先生，博極群書，文章本原六經；介弟孝廉本石，劇心六書，時摘韻會脱漏，與先生往還討論，先生無以難之。已而友人方子謙自於越來，善詩賦書法，説韻會妙有詮辯，語多與本石合。先生曰：「强爲我著書。」爲發架上之卷，置籬間之筆，大蒐舊聞以授子謙。子謙受而櫛文比字，考部定班，字數一準韻會，字體音義一準説文。有一字數音，一字數義，而韻會失收者，校增而竄補之。補音者十之二，補義者十之六，本子史百家補者十之二，本古經傳注補者十之八。上下數千年，出入十三經。反覆箋什序傳、訓故、疏義數十家，一言有合，按例掌記，臚列無遺。先生得之解經，子謙用之説字，該浹精覈，不詭於正。如探罔象玄珠，孔壁古文，粲然具陳。晉唐而後，劉、吴諸家，未易辨也。昔班固志藝文，輯孝經十一家，以爾雅、小爾雅古今字附之篇内，若曰説經解字自一貫爾。史籀、蒼頡諸篇，别爲小學輯之。宋儒晁無咎不得其解，謂「爾雅小學之流，不當附孝經；何支離也？」先生自叙，「三禮、爾雅、毛詩，捃摭最詳；春秋三傳十得四五」，課程於六書，錯綜以經傳，可以解經，可以説字，儒林、文苑合而爲一矣。漢儒去古未遠，學有師承。司馬遷作史記，受經孔安國，故堯典、禹貢、洪範、金縢諸篇，斷以古文爲定。鄭玄注春秋傳未成，道聽服虔注意，玄如小屈，曰：「吾當以所注與君。」遂爲服比注。許慎説文受於賈逵；揚雄訓纂，侯芭受之。諸儒守師説而不變，其學立。先生起家太史氏，校理古經，將修龍門之業，成一代韻史。子謙説字解頤，受經先生，參相考定，研精十年，竟成一家，韻會之有小補，亦春秋傳之有比注也。不佞少從先生學奇字，爲博士業奪去，弗竟學。一行作吏，簿書鞅掌，賈逵之舊文荒矣，棄其學而隱其師。吾爲此懼，手子謙之韻補，師學具在，爲梓於建陽行之，以俟博學好古者考焉。萬曆丙午上元日，雲杜周仕顯書於建陽之日涉園。

錢大昕跋：此書雖因黄公紹之本，而增注倍之，可稱博洽之士。王元美贈詩，「但稱其能詩，奕品在第二。」似淺之乎視子謙。然子謙謁元美金陵時，元美已垂老，其得假館李本寧所，當由元美之力。而此書之成，則元美已不及見矣。潛研堂集二十七

千頃堂書目三：方日升古今韻會小補三十卷。字子謙，永嘉人。萬曆甲辰李維楨等序。

四庫全書總目四十四：韻會小補三十卷，江蘇巡撫採進本明方日升撰。日升，字子謙，永嘉人。萬曆間館於京山李維楨家，成此書，維楨門人周士顯令建陽時刻之。韻會原收一萬二千六百五十二字，是書一從其舊，無所增減；惟每字考其某音爲本音，某義爲本義，其餘音義次第附後。注文多所增益，凡一字有數音者列於前；如止有一音者則云獨音，列於後。若字在他韻而可讀入此韻者則云古讀；可叶入此韻者則云古叶，亦並附於後。其搜討頗勤，於原書之外多有援引辯正，然亦時有譌誤。如一東曈字、橦字、曨字之類，皆引説文，不知爲徐鉉新附字，實説文本書所無。又如韻會稯字注引周禮注：「四秉曰筥，十筥曰稯，十稯曰秅」，不知此儀禮聘禮之文。鍐字注引後漢輿服志金鍐，不知輿服志本作鍐，音亡範切。凡此之類，多未能駁正。其他古音、古讀舛謬尤多。顧炎武音論詆其勞脣吻，費簡册，有甚於前人者，亦非無故云然矣。

浙江採進本遺書總録丙集：韻會小補三十卷，刊本右明永嘉方日升輯。字數悉仍韻會之舊，其音義有未備者，則采説文以下百家説補焉。

顧炎武音論中：四聲之論，雖起於江左，然古人之詩已自有遲疾輕重之分。故平多韻平，仄多韻仄，亦有不儘然者，而上或轉爲平，去或轉爲平上，入或轉爲平上去，則在歌者之抑揚高下而已，故四聲可以並用。今之學者必曰：此字元有三音、有兩音，故可通用，一字之中自有平上去入，今一一取而注之。字愈多，音愈雜，而學者愈迷，不識其本，此所謂大道以多岐亡羊者也。陳氏之書案：此指陳第毛詩古音考。猶扞格於四聲，一一爲之引證，亦所謂「勞脣吻而費簡册」者也，方子謙之小補抑又甚焉。

案：方處士日升，升，曾唯東甌詩存二十八作「昇」，誤。給事祖安七世孫，居温東門康樂里，以文行名里中。見大泌山房集一百七方茂才嚴孺人墓誌。韻會小補三十卷，以黄公紹本補其遺闕，所增異義異音，視原書幾倍，采摭至爲賅博。其刊正譌誤，如黄書謂賫與賷字通用，此據説文二字各有本音本義，辨其不可互通之類，考證亦復詳審。至亭林譏其於古音四聲通用之字，一一詳注，不無繁碎，則其時古音之説，尚未大明。雖精審如陳第，亦不免沿吴棫、楊慎之舊例，未可獨議子謙也。

國朝

周氏鐸韻學正訛乾隆温州府志二十七

佚。

郁氏豫叶韻輯略

四卷。嘉慶瑞安縣志九

未見。〔一〕

東甌詩存四十四：郁豫字誠立，瑞安陶山人。

方氏成珪集韻考正

十卷。

〔一〕楊紹廉批語云：「廉所見洪氏所藏鈔本殘帙，存卷十至十二，凡三卷。卷十去聲，卷十一、卷十二皆入聲，末有補遺五葉，標題稱協韻會通，當即此書，而卷數不合，疑瑞安志或據初稿也。」此書今存蔡氏半醒軒舊鈔本、敬鄉樓鈔本，温州市圖書館藏。

存。瑞安項氏藏手稿本、遜學齋藏鈔本。

集韻在元明之際，其學不顯。書僅以傳，迨國朝秀水朱檢討彝尊，從毛扆斧季家得傳鈔本，曹通政寅刊於揚州。吴門向有影鈔宋槧本，與揚州刻頗異同，差稱善，今宋槧本猝不易覯。此書總字五萬三千五百二十五，具著見司馬氏類篇，類篇少止三百六十字耳。惟即司馬之篇，以研求丁氏之學，互鑒得失，指白是非；則集韻之宋本廬山面目既可以得其真。復參諸經典釋文、説文解字、廣韻、玉篇、博雅，次第焉〔一〕以究之，其於校讎之功過半矣。獨思此書源流雖美，時代匪遥，俗字、俗音不知慎擇者，不一而足。若楚辭天問獸名魁堆，九歎星名九魁。「魁」，一本譌作「鬿」，遂入微韻。漢書酒泉郡樂涫入桓韻矣。「涫」，一本譌作「涫」，兼入東韻。「黟」，一作「黝」，「黟」、「黝」並收於脂。「渜」、一作「濡」，「渜」、「濡」共載於桓。錯繆多乖，仍沿故習，瑕瑜莫辨，取舍需才。更有寫者亂真，淺人改竄，藉資集韻考正群書者，亦不一而足。若尚書堯典「夤淺」，見獮韻，今作「餞」；盤庚「遟任」，見脂韻，今作「遲」。如字本有郇音，箇韻，乃錮切。下引書如五器鄭讀，今釋文不載。釋文經開寶中陳鍔等删改，集韻據開寶以前未經删改之本，尋是根柢，識其條理，辨乎此而後

〔一〕「焉」，底本闕，據集韻考正稿本補。

可讀集韻，而後可讀秦漢晉唐一切聲音訓詁，此固在好學深思、心知其意者也。方君雪齋服官暇日，嗜志於音韻，鑽思於讎對，即依據揚州槧本，以群書校其訛字，成若干卷。雪齋不謂余不敏，而出所作相示。余乃嘉歎其意之摯、功之密，竊自喜志願趨向之所同，爲録其副，而以原稿歸雪齋。因不自度檮昧，與大概校讀集韻之體例，綴諸卷端。道光二十六年歲在丙午秋七月，吴縣吴鍾駿序。

文莫古於説文，韻莫詳於集韻。惟其詳也，故俗體兼收，訛字、訛音，亦不勝屈指，緣當時董其役者，既未必精通小學，而卷帙繁重，館閣令史，又不能致慎於點畫之間，加以繇宋迄今，遞相傳録，陶陰、宵肙，展轉茲多，固勢所必然也。珪前在武林得汪君小米遠孫校本，内多附嚴君厚民杰語，蓋據宋槧本讎對，惜止半部，未覯其全。丙午春，以手校本就正於吴晴舫〔一〕學使，因假得學使與陳頌南侍御用毛斧季〔二〕影鈔宋板同校本，參互考訂〔三〕，知所見之册，與嚴君若合符節〔四〕，其中如去聲十四太殘缺之字，藉以補足，餘亦拾遺糾誤，

〔一〕「舫」，底本誤作「方」，據集韻考正稿本改。

〔二〕「子晉」，底本作「斧季」，據集韻考正稿本改。

〔三〕「參互考訂」，底本脱，據集韻考正稿本補。

〔四〕「嚴君若合符節」，再稿作「厚民本大同小異」，據集韻考正稿本改。

得所據依，誠此生大快事也。前校本，學使已爲作序，並録其副〔一〕以去。兹復重加研討，又增數百條，而前校所未精者並因之更正。惟是校書如掃落葉，終無了期。況案少積書，疏舛自知不免，尚望博雅君子有以匡其謬而覺其迷焉。時道光丁未陬月望日，瑞安方成珪書於四明學舍。

自文字聲音之學盛，由説文而玉篇，由廣韻而集韻，考者遞詳。集韻載陸氏釋文之音讀，與今本異者，可以證宋開寳以前未改之本。段氏注説文，據之以定古音，辨古體。王氏疏廣雅，據之以補闕字、訂譌字。此書之可寳亦已明矣。然而烘、灴經譌，夂夊聲淆，邅遁體乖，升外字別。耑下之眔，爲回水羸下之省；天爲少昊，傳寫既差，校改爲要，引山海經合水之騰魚，入於來需。引地理志羌水之西山，混於蕩水。引方言之鍊鏅爲鍊鏅，鴠鶡爲鶡旦。此由作者之疏，難從顓頊。書中固多類此者不加校正，而後人之緟貤紕謬，爲害不少。雪齋淵博有識，因集韻之所引，尋求元本，並得各善本以校之，復得汪舍人、吴侍郎所校之本以參考之，爲是書訂其譌謬，補其奪漏，名之曰集韻考正。書成於乙巳以前，續改於丙午以後，用功勤而校讎精，集韻自是成完書矣。式三從事此書亦有年所，書成命

〔一〕底本衍，「本」字，據集韻考正稿本删。

讀，用弁數言。道光丁未冬日，定海薇香黄式三序。

錢泰吉校集韻跋：瑞安方雪齋教授成珪，嘗校此書，録請崧甫學使序之，今從四明乞歸矣，惜不及見。其在海昌時，假余所校史記過録未畢，及至四明，屬余録校語以寄。雪齋中年以後亦喜校書，曾校昌黎集及吕氏讀詩記，用力頗勤。老尤矻矻不倦，亦知交中所難得也。甘泉鄉人稿五

案：雪齋方教授成珪，嘉慶戊辰〔一〕舉人，官海寧州學正〔二〕。生平精究蒼雅，尤嗜讎校古籍，官俸所入，盡以購書，身後儲藏數萬卷，散佚殆盡。余嘗見邑中李氏所藏吕氏讀詩記、胡氏所藏困學紀聞，皆先生手自點勘，丹黄戢舂，精審絶倫。又嘗校唐摭言，海甯蔣氏光煦采其精語，刻入斠補隅録中，餘皆湮没不復可物色，於虖悕已！林培厚寶香山館集九：「除夕得方雪齋廣文歲暮懷人詩十二韻舟中依韻奉答卻寄詩注：來札謂有詩三集已付梓，並箋注王右丞詩。」據此是雪齋又有詩集及右丞詩注，然今未見。其稿其書名卷帙均無可考，謹附識於此。其校集韻，初據汪氏遠孫校宋本，正曹寅刊本之誤；後又叚吴學使鍾駿所臧影宋本及陳侍御慶鏞校本，重爲增定；又以丁

〔一〕「嘉慶戊辰」，底本闕，據刻本補正。

〔二〕「海寧州」，底本闕；「學正」，底本作「訓導」，據刻本補正。

氏所引原書訂正譌舛，成考正十卷。先生殁後，其稿本歸余舅祖項几山訓導傅霖，仲父止庵先生從項氏假録其副，因得讀焉。其書考證形聲，郅爲精博。於丁氏原書駁文糾正尤夥。如據漢書功臣侯表瓡讘侯，正十一模「瓠」字注以「瓡」爲「瓠」之誤。據禮記疏丈八尺爲端，左傳注二丈爲端，小爾雅倍丈爲之端，正二十六桓「端」字注作六尺之誤。據廣雅釋器幧頭，逗。帑，逗。幧頭也。又褙爲之袥。句。衽謂之褸。句。衩袊袥褳，膝也。正一先「帑」字注、四十禡「衩」字注，三蕭「褙」字注失其句讀之誤。據曹憲廣雅釋室，庡音〔一〕七賜反，正三燭「庡」字，從束音促之誤。據説文乛小篆「乃」字。𠧪、苟茍「茍」字古文。茍，自急敕也。从芈省，从包省。茍，古文，芈不省，與从艸苟字異。賓宔、眂眂瞋之重文。文異，正十五海「乛」字注，古作𠧪。四十五厚〔二〕「苟」字注，或作茍、茍，曹本誤茍，此依宋本正。二十二稕「賓」字注，古作宔。十七薛「眂」字注〔三〕説曹本誤「視」，此依宋本正。文視，高皃，入翾劣切，合并移易之誤。據莊子庚桑楚篇侗然而來，正一送「侗」字注，引作郭象注之誤。據文選左思吴都賦注：鰐魚如鼉，長三尺，利齒，虎渡河，擊之中，斷，卵如鴨子，正十九鐸以此注繫「鰐」字下之誤。凡此

〔一〕「庡音」，底本誤作「音庡」，徑改。
〔二〕「五厚」，底本誤作「四有」，據集韻考正稿本改。
〔三〕「字注」，底本脱，據校勘記補。

諸條，並精塙不刊，黄叙所舉諸條，今不復著。其他拾遺訂誤，不可枚舉。不徒五支「窽」字，十四賄「㞂」字，十三祭「蔛」字，十四太「蔛」、「瘌」、「籟」、「祋」、「兑」、「剋」各字注於曹本缺文一一補完已也。

右韻書

温州經籍志卷八

史部

正史類

明

朱氏諫宋史辨疑千頃堂書目五佚。

編年類

宋

陳氏傅良建隆編讀書附志上、玉海四十九並作「開基事要」，玉海四十七作「續通鑑節要」。今依直齋書録解題四、文獻通考一百九十三、宋史藝文志二、國史經籍志三。

一卷。直齋書録解題四、文獻通考一百九十三、宋史藝文志二、國史經籍志三。讀書附志上、玉海四十七並作「十卷」。

佚。

嘉邸進讀藝祖通鑑節略自序：本朝國書有日曆、有實録、有正史、有會要、有敕令、有御集、又有百司專行指揮典故之類。三朝以上，又有寶訓。而百家小説、私史與士大夫行狀、誌銘之類，不可勝紀。文獻通考一百九十三作「記」。自李燾作續通鑑，起建隆元年，盡靖康元年，而一代之書，萃見於此，可謂備矣。然篇帙浩繁，文字重併，未爲成書，難以觀覽。今略依漢司馬遷年表大事記、温公司馬光稽古録，與燾舉要，撮取其要，繫以年月。其上譜將相大臣除罷，而記其政事因革於下方。夫學之爲王者事，非若書生務多而求博，雖章句言語皆不忍捨也。誠能考大臣之除罷，而識君子小人進退消長之際；考政事之因革，而識取士養民治軍理財之方，其後治亂成敗，效出於此，斯足以成孝敬、廣聰明矣。故今所節略通鑑，如群臣奏疏與其他言行，與一時誥令出於代言之臣，苟非關於當年治道之大端，即不鈔録。或見於它書，實繫治體，不可不聞，而通鑑偶遺，即據某書添入。至於通鑑登載，萬一有小小違誤，亦略附著其説於下。若夫列聖深仁厚澤，垂裕後人，傳之萬世，尤當循守者，必爲之論，但存本指，不加文采，深有冀於省察也。止齋文集四十讀書附志上：開基事要十卷，右朝奉郎、秘書少監皇子嘉王府贊讀陳傅良所進也。自建隆之初迄開寶之末，亦曰建隆編。曹叔遠序而刻之。

直齋書録解題四：建隆編一卷，陳傅良撰。蓋長編，太祖一朝節略也。隨事考訂，併及累朝始末。慶元初，在經筵所上。

宋史藝文志二：陳傅良建隆編一卷，一名開基事要。

蔡幼學寶謨閣待制致仕贈通議大夫陳公行狀：遷秘書少監，兼實録院檢討官，選兼皇子嘉王府贊讀。公以爲王者之學，經世爲重，祖宗成憲，尤當先知，乃纂次建隆以來行事之要，爲王講誦大指。每至立國規摹，必歷叙累朝因革利害，附見其下，本末粲然，如示諸掌。止齋文集附録〔一〕

荆溪林下偶談四：陳止齋嘗言：「太祖肇基，紀綱法度甚正，可以繼三代。」所著建隆編是也。

李心傳建炎以來朝野雜記乙集十二〔二〕：近歲吕伯恭最爲知古，陳君舉最爲知今。伯

〔一〕「止齋文集附録」，底本脱，據初稿補。

〔二〕「二」，底本誤作「三」，徑改。

恭親作大事記，君舉親作建隆編，世號精密，余嘗考之，皆不免差誤。

玉海四十七：建隆編，陳傅良摭太祖政事，起建隆，迄開寶，書其綱要。又考累朝沿革得失，疏於下，凡以表見立國之初意，以「建隆」命編，蓋繫之始年也。陳傅良續通鑑節要十卷。四十九：陳傅良有開基事要十卷，亦曰建隆編。

案：止齋建隆編，蓋就李氏續通鑑長編藝祖一朝事跡，削繁補闕，繫以論説，其體例具詳自叙。進讀初稿名藝祖通鑑節略，曹叔遠止齋集序則作進讀藝祖皇帝實録，止齋文集七上皇子嘉王生辰詩第三篇末聯云：「慚無爲壽具，獨袖一編書。」注：方講藝祖實録，故及之。亦稱藝祖實録。疑家藏本標題也。至建隆編及開基事要，蓋皆止齋卒後，門人刊行所改題。故陳、趙兩家著録互異，其卷數諸目所載或作一卷，或作十卷。原書今既不存，無可校覈。蔡氏行狀、曹氏止齋集叙及陳録，宋志並云「一卷」，今姑從之。然考李氏長編太祖紀，自建隆，迄開寶，凡十有七卷。止齋此書雖云「節略」，然大臣除罷，政事因革，一一詳載，當非一卷所能盡。趙氏讀書附志所載十卷本，亦即曹器遠所叙刻，疑不能明，未敢臆定。此書明以來傳本久絶，惟文獻通考各門所載宋太祖時事下，附録止齋陳氏語無慮百數十條，與趙希弁所云「隨事考訂并及累朝始末」者悉合，當即從此書采入。其援證平議至爲詳悉，如有好事者從通考鈔出，而依李氏長編紀事先後重爲排比，尚可見其大較也。

又案：止齋此書，讀書附志稱爲秘書少監嘉王府贊讀時所進，則當在紹熙三年。中興館閣續録七：「秘書少監陳傅良，紹熙三年六月除，十二月爲起居舍人。」其兼嘉王府贊讀，當在此時。書録解題則以爲慶元初，在經筵所上。兩説不同。考止齋文集載原叙，首繫「嘉邸進讀」四字，則必非寧宗即位以後所進，蔡氏行狀載止齋纂此書亦在爲秘書少監時，陳説殆偶誤憶也。

讀書譜

一卷。直齋書録解題四、文獻通考一百九十三、國史經籍志三。

佚。

直齋書録解題四：讀書譜一卷，陳傅良撰。自伏羲迄春秋，終以易、書、詩、春秋諸經考世代而附著之。共和而下始有年數。

案：讀書譜今無傳本。考止齋文集三十六答丁子齊第二書云：「下問讀書譜，近方脱稿，自畫易至獲麟，聖賢調度，盡在此卷。若從頭商榷，得到分數，則異時出處定不草草。以此蓋要團欒，如來諭也。書譜又辱爲之叙，文意俱盛，前發藝祖以來諸賢又及邵氏經世書，前輩未曾提掇，中間一二處未穩，更删定方可。」據此則書譜固止齋備用之書也，其不傳也惜哉！丁序亦不可見，惟藉止齋答書知其略耳。

皇朝大事記　曹叔遠止齋文集叙

佚。

王氏自中列代年紀〔一〕　萬曆温州府志十七、雍正浙江通志二百四十三、乾隆平陽縣志十九並作「歷代紀年」，今依宋元學案五十六。

十二卷。　宋元學案五十六

佚。

案：厚軒王知州自中，宋史三百九十、萬曆温州府志宦業傳、雍正浙江通志文苑傳、乾隆平陽縣志名臣傳並有傳。

王氏奕成周大事譜　萬曆温州府志十七。乾隆温州府志二十七「譜」作「記」。

佚。

〔一〕魏了翁鶴山文鈔二十四王公墓誌銘作「歷代年紀」，又著録王政紀原三卷。

明

孔氏克表通鑑綱目附釋千頃堂書目五。楊士奇文淵閣書目六作「通鑑綱目音訓」。

佚。

宋濂序：新安子朱子既釋諸經，患史學失褒貶之義，無以示勸懲，親爲通鑑提要以授弟子天台趙師淵幾道，使著其目。凡例蓋一十九門，總一百三十又三條。凡下有目，目下有類，至詳且悉也。師淵遂據提要，爲綱目五十九卷，朱子重爲之審定。故其中亦頗與凡例弗合。書既成，流布四方，凡例則知者絶少。博學如王文憲公栢，僅獲一見於五十餘年之後，他固可知已。所以尹起莘之著發明，劉有益之解書法，皆想像而爲之辭。徐而察焉，或有未慊於人心者。永嘉孔君克表殊竊病焉。於是曆考義例異同，凡朱子微意，先儒有未發者，及發之而未當者，皆備疏其綱之左。目中音義、事證，及名物度數之屬，亦不可不知，仍取史炤、胡三省、王幼學三家，會粹當作「稡」。群書而折衷之。通成若干卷，名曰通鑑綱目附釋云。濂聞作史者，實原於春秋，雖立言有不同，其編年、紀事則一而已。釋春秋者，不翅數百家，史固非經也，有疑難而不能通者，其尚可略之乎？司馬遷史記，注者一十又四，班固漢史，亦至三十，迨今猶未已也。況朱子上取法春秋，大經大法，皦如日星，文憲公至稱爲續經之作，其又可與諸史例論之乎？孔君之留心於此，誠可謂賢也已。抑又聞是書之成，卷帙浩繁不能無舛訛，李心傳謂「唐肅宗時直脱二年之事，武德八年以後，迄於天祐之季，甲子多差。而周公謹所疏爲尤多」，蓋又不止乎此也。將師淵不暇察耶？抑朱子春秋高而未及悉正之耶？孔君尚有以刊定之，庶幾爲綱目之忠臣也歟！濂侍講禁林，孔君來爲修撰，出以相示。濂爲之驚喜，且謂書世決不可無，特爲序於首簡。彼穿鑿性命，簸弄詞章而無益於人者，視此其亦知愧哉！孔君字正夫，克表其名也，宣聖五十五代孫，至正戊子進士，博通六籍而文又稱之，士林咸推爲巨擘云。鑾坡續集二

千頃堂書目五：孔克表通鑑綱目附釋。字正夫，永嘉人，孔子五十五世孫。元至正戊子進士，官翰林院修撰。

案：孔修撰克表，萬曆温州府志義行傳、乾隆平陽縣志文苑傳並有傳。所著綱目附釋，今無傳本。文淵閣書目載：「孔克表通鑑綱目音訓一部，一册，闕。」當即是書，刊本標題偶異也。

紀事本末類

國朝

葉氏嘉棆方國珍亂郡考寶香山館集十七一卷。〔一〕

未見。

別史類

宋

蔡氏幼學國朝編年政要文獻通考一百九十七作「國史編年政要」，宋史藝文志二作「宋編年政要」，今依通考引中興藝文志、讀書附志上、玉海四十七、國史經籍志三。四十卷。讀書附志上、玉海四十七、文獻通考一百九十七、宋史藝文志二、國史經籍志三。

佚。

〔一〕「一卷」，底本無，據温州市圖書館藏鈔本補。

國朝實録列傳舉要

十二卷。玉海四十七、文獻通考一百九十七、宋史藝文志二。

佚。

皇朝宰輔拜罷録

一卷。文獻通考一百九十七

佚。

續百官公卿表

二十卷。文獻通考一百九十七、宋史藝文志二、國史經籍志三、世善堂藏書目録上。直齋書録解題四作「十卷」。

佚。

續百官表質疑

十卷。直齋書録解題四、文獻通考一百九十七、宋史藝文志二。

佚。

備志文獻通考一百九十七引中興藝文志。

魏了翁百官公卿表序：古者，王朝五史，凡典法策書之事掌焉。若諸侯之有史，僅見於封康叔、封伯禽，而它國無所考。自晉有乘、秦有紀、魯有史，皆私史也。或者其周之東乎！史之綱要，以編年爲本，而厲王以上，諸侯有世而無年。至於共和，則國各紀元，逮其甚也，不稟正朔，而年曆益紊。仲尼因魯史而修春秋，繩以五始之文，不得已也。粤戰國而後，則侯國之史藏在周室者又蕩於秦火。司馬子長，網羅放失，創爲紀傳、世家，自成一家之言。念無所總，壹以寓其經世之意也，則年表作焉。劉秀識之，謂得法於周譜。崔鴻後亦仿其義例，著爲十六國春秋。乃自東漢、魏晉七代以來，史之表俄闕。惟我聖朝歐陽公修爲唐、五代立表，司馬公光復取宋興以來百官公卿爲之表，斷自建隆，訖於治平。近世李公燾因文正公之舊而增修之，訖於靖康。二書亦云備矣。而永嘉蔡公又自治平以訖紹熙，不相襲沿，自爲一表，不惟近接文正之編，亦以遠述太史公之意。其子範，出是書屬叙所以作。予嘗妄謂子長之表，厥義弘遠，而世鮮知之。以劉知幾之博通，猶曰「表以譜列年爵」，則餘人可知。近世惟吕成公獨識此意，其説蓋曰：「三代世表以祖宗爲經，子孫爲緯，以五帝三代皆出於黄帝也。十二諸侯表以下詳列諸侯，以世爲經，以國爲緯，以見親疏之相輔也。至於高祖功臣侯表以下，以國爲經，以年爲緯，則即異姓、同姓始封之多寡，後嗣之興絶，而勳戚之薄厚又可概見。故以惠、景間侯者言之，大小凡九十餘，距建元、太初而後曾幾何時，而始封之裔率已國除。而以宰相封者一，以邊功封者七十，則勳舊至此寧復有存。而窮兵黷武之事，分封子弟之議起矣。百官公卿表取古策書遺法，大事主於上，而公卿百官之進退附焉。一時君臣之職分，不加一辭而得失自見。」嗚呼！如成公所言，則子長之表也豈徒以記譜牒、書官名而已哉！身幽道否，有鬱弗祛，託之空言不若見諸行事以明理亂得失之實，此子長忠愛之心而人不及知也。班孟堅亦子長之亞也，其分同、異姓二表已不識漢初並用親賢，與子長陰寓美刺之意。同姓侯王廢世經國緯之制，王子侯以下廢國經年緯之制，徒識譜系，無關世變。百官表則僅以識沿革拜罷，而事咸無所考。惟外戚恩澤侯表稍有微意，至古今人表則又多刺謬。甚矣載筆之難也！今蔡公手摘大事以附年曆，即熙、豐、祐、聖、靚、政、宣之事以爲經，而上意之好惡，人才之消長，皆可坐見，與僅書拜罷而不著理亂者蓋有不侔。此非深得古策書之意疇能及此？惜其中興以後大事未及記也。昔人謂作史者，必有才、學、識三長。才、學固不易，而有識爲尤難，用敢以舊聞於先儒者識諸篇首。公名幼學，字行之，以明經爲南省進士第一。官終於禮部尚書，謚文懿。表凡二十卷，質疑十卷。鶴山集

文獻通考一百九十七：國史編年政要四十卷、國朝實録列傳舉要十二卷、皇朝宰輔拜

罷録一卷、續百官公卿表二十卷、質疑十卷。（中興藝文志：蔡幼學撰。幼學採國史實録等書，爲國朝編年政要以擬紀，起建隆，訖靖康；又爲國朝實録列傳以擬傳，起國初，止神宗朝；又爲宰輔拜罷録，起建隆，盡紹熙，年經而官緯之；又以司馬光百官公卿表起建隆訖治平，乃爲續表，終紹熙。經緯如宰輔圖，上方書年紀大事，下列官詳記除罷遷卒月日，而大事止及靖康，後未及録，以擬表；又爲備志以擬志，而未成。）

讀書附志上：國朝編年政要四十卷，右兵部尚書太子詹事蔡文懿公幼學所編也。自太祖建隆之元，迄於欽宗靖康之末，祖春秋之法，而參以司馬公舉要曆、吕氏大事記之例，宰輔拜罷表諸年首。其子朝請大夫直秘閣提舉福建路常平義倉茶事篇叙而刻之。

直齋書録解題四：續百官公卿表十卷、質疑十卷，兵部尚書永嘉蔡幼學行之撰。續温公舊書，起熙寧，至靖康。質疑者，考異也。

葉適兵部尚書蔡公墓誌銘：公雖幼，以文顯，無浮巧輕豔之作。既長，益務關教化，養性情。花卉之炫麗，風露之淒爽，不道也。詞命最温厚，亦不自矜貴。惟於國史研貫專一，朱墨義類，刊潤齋整，各就書法。爲續司馬公卿百官表、年曆、大事記、備志、辯疑、編年政要、列傳舉要等百餘篇，今代之完書也。水心文集二十三

玉海四十七：蔡幼學爲續公卿百官表、年曆、大事記、備志、辯疑、編年政要、列傳舉要

等百餘篇。表凡二十卷，質疑十卷，自治平訖紹興五年。（國朝編年政要，蔡幼學，四十卷，起建隆，止靖康，紀政事大略，其體皆編年法，惟每歲先列宰執拜罷爲異。又國朝實録列傳舉要十二卷，起國初，止神宗）。

宋史宰輔表序：元豐間，司馬光嘗叙宋興以來百官公卿沿革除拜，作表上之史館。自是而後，曾鞏、譚世勣、蔡幼學、李燾諸人皆嘗續爲之。儒林傳四：蔡幼學嘗續司馬光公卿百官表、年曆、大事記、備志辯疑、編年政要、列傳舉要凡百餘篇傳於世。

案：蔡文懿編年政要諸書，據通考引中興藝文志本以擬紀、表、志、傳，備一代之史。然文懿卒時，備志尚未成書，諸子以政要等五種分别刊行，故趙、陳諸目著録者，彼有此無，皆非全本，而魏鶴山作續百官公卿表叙亦止舉表及質疑二書，不及他帙。今以文懿初意，六書本牽連而作，謹總著其目於此，不復析百官表入職官類，俾後之考史籍者有所徵焉。

又案：文懿爲止齋高弟，在乾、淳間，其名幾與止齋相埒。然其著述，元以後流傳絶少。續百官公卿表明時連江陳氏世善堂書目尚有著録，今亦不復可得。惟徐氏宋宰輔編年録引其文頗夥，尚有見其梗概。至水心作文懿墓誌及宋史本傳，稱所著尚有年曆、大事記、辯疑。考讀書附志載編年政要祖春秋之法，而參以司馬公舉要曆、吕氏大事記之例，魏氏表叙亦有「今蔡公手摘大事以附年曆」云云，則所謂年曆、大事記者，疑即附編年政要及續百官公卿表二書，非文懿纂述別有此目，辯疑亦即續百官表質疑。水心作誌時，各書或未梓行，故紀列未能明晳，宋史即依葉誌作傳，故亦襲其文，而不知其與藝文志違牾也。

錢氏文子兩漢編 乾隆温州府志二十七。萬曆温州府志十七「編」作「志」。

佚。

戴氏栩東都要略 萬曆温州府志十七

佚。

蔡氏範宋通志〔一〕

〔一〕瑞安莘塍蔡氏譜載陳昉宋實録院修撰宋徽猷閣直學士贈光禄大夫蔡公行狀云：「進所撰國朝通志，公遂以初編百二十册上之。」「國朝通志自帝系、聖學、職官及臣下獻替出處之詳，於后妃、禮樂、書詔、諫議、運曆、祥異、取士、道釋、食貨、閔恤、吏役、刑法、兵防、方域、蕃僞等門，凡千餘卷，實爲當代鉅典。其條例由文懿公從中書舍人陳公傅良游，同在上庠，得之於太史吕公祖謙公所，編輯成先志也。」可知其書名爲國朝通志，卷千餘。其體例亦可略知矣。

五百卷。宋元學案五十三

佚。

葉適兵部尚書蔡公墓誌銘：子範，從政郎，監鎮淮酒庫。水心文集二十三

宋元學案五十三：蔡範字遵甫，文懿第四子，編宋通志五百卷，守衢，化行山峒，終吏部侍郎。

王氏奕西漢通志萬曆温州府志十七

佚。

明

范氏觀考定歷代紀年圖黄介庵集十

佚。

黄淮一齋范處士墓碣銘：處士諱觀，字以光，姓范氏，一齋其別號也。父諱豹，本陳氏子，以母族無嗣，故後之。范之先自閩徙温。處士自少警敏，年十一失所恃，執喪如成人，事父無違禮，事繼母如所生，撫諸弟一以誠。學博文暢，而尤工於詩，人多推獎，處士頗亦

自信。所與游皆時之雅士高僧，有所契輒形於詩，採訪使通政趙公得桂軒詩，歎羨起敬，規具牘，以文學舉，辭不就。其著述有一齋集四卷、注杜詩三百篇、考定歷代紀年圖藏於家。黄介庵集十

國朝

葉氏嘉棆五代八國表寶香山館集十七

未見。

雜史類

宋

張氏闡藩邸聖德事蹟

十卷。周必大平園續稿二十一

佚。

建炎以來朝野雜記乙集一：紹興十二年正月丁丑，制建國公案：建國公即孝宗。加檢校少保，封普安郡王，時年十六。制下，日者尤若納私謂秘書省正字張闡曰：「『普』乃『並』、

『日』二字，合乎易所謂『明兩作離』之象，殆天授也。」原注：張闡記聖德事蹟。

周必大龍圖閣學士左通奉大夫致仕贈少師謚忠簡張公神道碑：壽皇初，開建王府，高選講讀官，朝論舉屬公，遂改禮部郎中兼贊讀。公在王邸，讀資治通鑑至修身治國，必反覆誦説，壽皇每嘉納之。平生行事悉筆於册，五十餘年不少廢。諸子類成文集若干卷、藩邸聖德事蹟十卷、經筵講議故事若干篇、奏議若干卷，並藏於家。

案：張忠簡公闡，宋史三百八十一、萬曆温府志宦業傳、雍正浙江通志、乾隆永嘉縣志名臣傳並有傳。

曹氏叔遠宣和禦寇記事匊庵集選

未見。

李象坤序：永嘉甌脱海外，地望赤城，西接括蒼，南鄰閩之福寧，各界萬山，奸宄易匿。而伏莽流突，以山爲蔓，揭竿一起，甌鮮不被兵。自壬申迨今廿餘稔，予耳予目，厭苦兵鉦，屢率而登陴矣。宣和禦寇，郡令長且委去，劉與石一寒氈，師若弟奮螳臂與攖。俾躪浙東西無堅城之寇獨窘於此撮土，可不云偉男子！記事出曹文肅，叙述頗詳。其所載：劃城中爲八界，則守禦良法莫踰於此。故能摧數萬蟻附之凶，輸攻翟守，卒固吾圉。若予所值則萑苻餘孽，鯨鱷餘喙，偶一竊逞耳。附城陰而辯塵色，沈陴版而析骸炊。世無常亂，亦無常治，謂書生可盡置户外事哉！郡西北有兩公專祠，予每過其側，徘徊不能去，因録文肅原本，附以林霽山祠記，著之於篇，令後人知所考鏡。若夫狃景純「寇不入斗」之讖，則唐之朱、元之孫、之方且儼然吏之矣。寇儼然稱吏，此宣和之禦所以獨雄也。匑庵集選

錢氏文子漢唐事要

二十卷。玉海四十九

佚。

王氏致遠開禧德安守城録

一卷。乾隆永嘉縣志二十三。萬曆温州府志十七、雍正浙江通志二百四十三並無卷數。

存。瑞安王氏録本、遜學齋校刊本。

開禧兵釁既啟，虜悉力闖諸郡。時主諸多以戎帥，不然亦勇將，兵屯至小處猶不下數千，獨安陸以内地故，經理所不到，乃受敵最慘。守雖將家子，懦不解事，幸而得存，則余同年兄王元父之力也。當丁卯之春，虜戀戀無去志，得縋王氏譜本誤「繼」，此據昌谷集改正。者

來言：城中疫癘大作，老且病者，醢貓以侑食。余聞之泣曰：二字昌谷集作「淚下」。「人之愛貓近於愛子，殺貓而甘其味，去相食無幾矣。」既而白此字譜本無，據昌谷集補。之宣府，此下昌谷集多一「又」字。書其事以告於朝曰：「於」字、「曰」字，昌谷集無。「路無安陸，是無鄂渚。自江以南將何所恃。」責同時昌谷集作「同年」。在位者不恤元父盡力之意。朝廷雖知元父忠，顧事又昌谷集作「力」。不暇恤昌谷集作「及」。也。時昌谷集作「以」。列郡無重兵，身不當其昌谷集作「事」。任，受圍者昌谷集無此字。百有八日，遮蔽天塹，困强虜以俟水潦，迄全其城，其用力良苦哉！圍解二十年，元父亦修文地下矣。昔既不自狀其勞，則後於今日者益不足以考其概矣。每切憂之，今監倉君示守城録一編，纖悉具備，列禦寇之法，固足以示訓。若元父之所此下昌谷集多一「以」字。用心，與其所以和衆，上以安其親，此下昌谷集多一「而」字。下以刑其昌谷集作「於」。妻子，講學之明，而用志之堅，有昌谷集作「又」。非文字之所盡者，更在於守城録之外也。嘗論譜本「嘗」作「當」，「論」字在「禧」字下。開禧用兵之時，主事者竊取諸老先生復讎大義，謂簞食迎師者可以立致；謂「六月北伐者，可以圖全」。然此下昌谷集多一「而」字。體統不明，規模不定，吴曦、趙淳、皇甫斌之徒，已受密議，重兵壓敵境，然後此字譜本無，據昌谷集補。迫諸賢以稱王臣，昌谷集作「人」。勢不可辭亦不可止。及乎虜譜本此下衍一「已」字，據昌谷集删。大舉三邊，數千里皆已受敵。宣司擁虚名於内，無一兵可以增益。至董世雄輩以朝命來援，亦傲睨不恤國事，本末倒置之弊譜本誤「敝」，據昌谷集正。一至於此，全安陸而不敗，必有人如元父而後可也。監倉君善繼其志，善述其事，有守城録如此，譜本奪此字，據昌谷集補。可謂元父賢子矣。余素善元父，不但慈恩之契，及守漢陽，倚安陸以爲固，識其受敵之此字昌谷集無。事如録，不謬忠肝義膽固已隱然於録矣。以死自許，卒不得死，不幸而死，元父不昌谷集作「無」。媿也。顔平原、張睢陽以守城著名，一生一死，至今道守城事者，指二公爲稱首，無所輕重，以其事在守城，雖生死猶末也。儒者以忠信爲甲冑，禮義爲幹櫓，置死生於度外，然後可以行志。此又録外之意，不可不考。元父名允初，永嘉人。同年小録中：字茂遠，監倉，君名原誤「字」。致遠。元父以下二十二字，譜本無，據昌谷集補。嘉定甲申孟夏譜本作「復四月」。既望，東滙澤此字昌谷集無。曹彦約序。

自魏崔浩已有「南人善守城」之説，然以余觀之，亦唯其人耳。佛狸飲江，諸郡盡下；世宗南伐，鎮戍迎降。其能力捍堅拒、久而始陷者，特一二城耳。謂「南人善守城」之説，殆不能例言。故余謂：兵無强弱唯所以用，城無堅脆唯所以守。安陸自建炎、紹興以值國家陽九之厄，原誤「危」，今以意改。連遭巨寇，如王在、黨忠、楊進、孔彦舟、董平、趙壽、曹成、李横等相繼攻擾，近者三四日，久至二十日，唯横六十五日乃解。然是時海内雲擾，民人流離，此等迫於饑困，乘時嘯呼轉徙求食，以延一旦之命耳，非有專城掠地之志也。密學陳公守此以策勳名，顧非淺智譾材者所可企望。余讀開禧守城録一編，然此字原誤「前」，今以意改。後知運判王君元父之功亦不在陳下。況陳公之所捍者，一時掘起之剽賊，而君之所捍者，方張之勁虜也。賊之兵少，虜之兵多。陳公受圍，其最久者六十有五日，君受圍乃百有八日。由此觀之，則君視陳公所成就爲尤難。方城中危急之時，君始爲貳，觀其守禦之方、懷撫之略，皆出君紬繹規制，而爲守者殆拱手而蒙成耳！一時對敵，隨機應變，莫不皆有法，而於中最善者，是復收棗陽潰敗之兵，與生得虜將不殺而用其計以成功，尤深得古名將之遺意。崔浩之言至是果信而有徵與！抑亦解難排紛有因乎其人不可常遇與！方寇至之日，君太夫人實在焉。此人情之至難，而君志在徇國，母子相守，寧共原誤「其」，今以意改。仗義俱死，不肯棄義苟生，嗚呼！壯矣哉！近世之論者往往曰：「守節致命，士固當爾！然捍城阽危，曷若聽民出避，而吾獨與壯士俱守弗去可也？」殊不知守城一遭閉圍，當上下一心，大小齊力，左右奔救，厲志堅守，庶能死中得生。苟一聽民出，不唯留者寡助，不能獨存，而人心一摇，淪胥以敗，不可復去，則留者固不可免，而去者亦未必全，彼此均一死耳！而一去一留，孰得孰失？智者於此亦當知所擇矣。孟子曰：「鑿斯池也，築斯城也，與民守之，效死而民弗去。」聖賢立言垂教之意，豈不甚明。君之成功，得非由其母子之間、知義所在，相誓死守弗去，故能以固一城之人，而卻暴至之虜勢歟！

歲在丁卯，余將漕夔門，以蜀亂，原誤「辭」，今以意改。此即指吴曦之叛也。出請兵於荆湖宣閫，甫至江陵，被旨赴行在，過鄂渚，友人項平甫邀余飲酒，得安陸捷書於坐間。是時已知捐軀捍患，忠力不匱爲可敬。尋典武陵，繼改畀帥原誤「師」，今以意改。閫。是時君方拔擢爲守，蓋朝廷始知君之行能絶人，天下亦必知君可倚任於緩急者也。暨余歸蜀，官簿推移，復自東蜀詳刑，將輸湖右。又與君爲代，雖未得一接君之色辭，然尋常書疏往來，情分相與，固已不淺矣。後十有三年，制置上游，而君之子致遠出示此編，余讀之歎曰：昔趙充國征西羌，既還，謂其所善浩星賜原奪此字，據漢書趙充國傳補。曰：「兵事當爲後法，吾老矣，豈嫌伐一時事。不爲陛下明言利害，卒死，誰當復言之者。」蓋古之賢將，拳拳憂國之心，慮後之遠如此，今致遠之爲此録也，豈獨以盡論原本誤「諭」，今以意改。撰顯揚之義，且將留傳於世，俾後之守邊者，視以爲式，其於國家豈曰小補？然則致遠可謂知忠孝之方矣。余故喜爲之序。嘉定甲申冬至，眉山李埴序。

公生於紹興甲戌十二月一日。年二十二，游太學。越三年，中南〔一〕宫選，登進士第。淳熙辛丑黄由榜也。與水雲陳公同年，案：黄介庵集十陳處士宗逸墓誌銘：「永嘉宋愳陳氏，世爲鄉之望

〔一〕「南」，底本闕，據永嘉千石王氏家譜補。

族，其先由閩徙温。宋乾道中有名謙者，號水雲，由甲科仕至寶謨閣待制。」據此則水雲，即陳副使謙也。然水雲，實乾道壬辰黄定榜進士，與王元父並非同年，此文蓋誤。淇老自總角時，受先君遺訓云：「公幼讀書，朝請公每夜燂湯於爐，黎明，公靧面盥手而習誦，勤書如此，宜乎成名筮仕。時爲南康軍司户參軍，趨事謝丞相深甫，理宗皇后祖也。是時謝公爲江東倉行部，即令攝都昌邑事，百姓借留，謝公薦於朝，再調荆湖北路撫幹。剡上改秩，授平江府吴江縣宰。丁朝請公艱，改授臨安府餘杭縣。任滿調德安郡丞，適當敵難，是時母子相依，受圍勢篤。高祖參軍公之墓在西山甸子垟，壙内土湧，墳上磚裂，其文如龜，其兆未卜。及聞捷報，始知患難之來乃功名之會。祖宗之於子孫陰祐而默相者，固先著於不言之表矣。公斯時也，必曰報國、報親、盡忠、盡孝，與其棄城而逃，孰若堅城而守；與其輦母而歸，孰若奉母以待。設有不幸，爲子死孝，爲臣死忠，分内事也。公儒生也而曉戎機，文人也而明武備。幼學壯行，正於斯時見之，夫豈干禄者哉！繼焉將漕此下原衍「守」字，今以意删。鄂渚，不幸太夫人即世，扶柩歸家，沿途祖奠者八十餘。迨撫祥琴，公亦薨逝，乃嘉定甲戌五月一日也。吁惜哉！使公小留於世，吾知朝家柄用矣。淇老曾大父秘校原誤「教」，今以意改。於公爲季父，嘗寶此録爲家傳。丙子，北兵入境，實録猶在。戊寅，因芙蓉巖陳國史拒元兵，「陳國史」即「陳虞之」，事詳萬曆府志忠節傳。數爲騎卒囊括無遺，皆水浸泥封，供原誤「俱」，今以意改。砲石具，文字化爲塵土，奈之何哉？丁酉，侍公之嫡孫漢老，得梓本於家藏，見而筆之，殊慰目。自開禧乙丑至於今有九十三載，屈指三世矣。於原誤「于」，今以意改。乎！士非不如公之明經也，而不能全其忠孝者何哉？官非不如公之守城也，而不能全其封疆者又何哉？明經而全忠孝者固有其人矣；守城而全封疆者則有數人焉？使天命未改，國脈尚延，豈無如公之成功者？故公之身受國恩，固忠孝之驗，亦宗社之靈也。世代屢更，文獻浸遠，懼湮没無傳，遂書此以示子孫，使知公讀書爲起家，本不敢以示人。知我者謂家氈舊物也；不知我者則曰庭花遺曲矣。大德元年丁酉六月朔，從孫原本作「七世祖淇老公」，乃修譜者所改，今依其行輩改正。教諭淇老謹誌。

鐸憶弱冠時，聞五世祖運使允初公有守城録一篇、六世祖提刑致遠公有雜著五篇一書，心切切焉即欲覓而閲之而不可得。歲壬辰，族弟元相家藏宗譜一部，後有守城録附焉，鐸見之懽忻踴躍，喜不自勝，如淘沙得金，掘土得玉也。即取而閲之，復加鈔録，以垂世守，并備副本以防其失。夫允初公生當南宋之際，登淳熙第，累官至荆湖北路運使。開禧丙寅，公時爲德安郡丞，金虜恃割據之勢，率衆圍攻德安，郡守李師尹懦不任事，而委其權於公。公募兵堅守，至百有八日，金虜方退，公子提刑致遠公，及季子提幹致知公共述公績，編成是録，以藏示後世。今觀其録中所載，虜爲鵝車、洞子，公則爇之以火；虜爲對樓、流馬，公則碎之以砲；虜僞爲援兵，則舉密號以覘之；虜利於用馬，則遣强弩以屠之。其地網之設也，而跨城之橋以焚；其栅木之置也，而距堙之卒可捍。他如結索網、制天礮、創木格，伺聽甕，其法多端，難以備述。凡此皆公運籌之妙略，應敵之上策也。於是讀此録者，有以知公之禦敵有隨機應變之略也，有以知公之才智有超出於尋常萬萬也，有以知公之籌畫而萬無一失也，有以知公之處變和以悦衆、誠以待卒也，有以知公之忠義，知有君而不知有身也，有以知公之報國不出張巡、許遠之下也，有以知公之謀略可以補孫、吴之所未備，發韜略之所未盡也。此鐸之所以見之而喜，喜而復加鈔録，而自謂淘沙得金、掘土得玉也。雖然，淘沙得金，無過金焉而已，掘土得玉，無過玉焉而已，金玉爲世之所寶，而鐸之所寶者，則不寶金玉而寶是書也。楚國無以白珩爲寶，而所寶者觀射父、左史倚相耳。其是書之謂與！康熙五十一年壬辰歲臘月望日，十五世孫國鐸序。

右王忠敏公守城録一卷，儲藏家俱不著録。吾鄉郡、縣志尚載其目，今從余中表王仲蘭孝廉家譜中鈔出。余考宋史寧宗紀：「開禧二年十二月戊申，金人圍德安，宋將李師尹拒之。」今觀此録，則虜候騎至城下，實在十一月甲午，次日乙未遂大至合圍，其告急乞師於樞密院則以十二月戊申而郡狀之上必先守將名，故國史因而書之，而不知其守禦之計實皆出於丞也。是役也，以區區孤城僬卒，居荆湖腹心必爭之地，當數十萬凶狡方張之寇，郡將既懦不解事，外援又觀望不前，相持一百八日而不能下，功亦偉矣。乃史傳不詳其事，獨賴此篇之存，其備禦之法固足以示後；而其忠義不折之氣尤足以感發人心。豈惟王氏子孫所當寶哉！夫開禧用兵，南北生靈之禍烈矣，此老成遠識所深痛者也。然使盡得忠誠任事如公者布列邊郡，亦安見夷虜之能逞其志，而恢復大計必不可行於積弱之朝哉！余讀是編，而尤爲之廢書三歎也！同治戊辰二月七日，止庵退叟孫某識。仲父止庵先生跋

案：王提刑致遠，雍正浙江通志、乾隆温州府志、乾隆永嘉縣志義行傳並有傳。開禧德安守城録記其父忠敏公允初守德安事也。開禧二年十一月，金人圍德安府，郡守李師尹懦弱不習兵事，允初時爲通判，凡戰守事，師尹悉以付之允初。爲之招棗陽潰兵二千一百人以爲守，措置多方，出奇制勝。凡被圍者百有八日，金人百計攻之不能破。至二年三月，竟解去。致遠在圍城中，因記其事爲此編。其書世無傳本，宋以來儲藏家亦無著録者，惟瑞安王氏譜尚載其全帙。同治丁卯，家大人從王叔劭孝廉旬宣借録之。其卷首曹彦約序，以永樂大典本昌谷集所載，校之悉合。又記中所紀攻守之具，若鵝車、洞子、對樓諸物與陳規守城機要、見陳規守城録二。趙萬年襄陽守城録所載亦同，又記教授陳之經告急行在事，亦與水心集二十五陳益之墓誌可以互證，信非後人所能僞作也。允初宋史無傳，其守德安事，寧宗紀竟屬之李師尹，不及允初名，非此書尚存，幾不知其守禦之績矣。致

遠所記亦頗詳悉，如記金人犯隨州，隨守雷世忠棄城遁去，德安被圍時，宣撫使檄都統制王期、孫鐸、董世雄等赴援，期等擁兵不進，皆宋史所未載。又記金人以開禧元年十一月壬午破棗陽軍，己丑破隨州，乙未圍德安府，而宋史寧宗紀作「辛巳破棗陽軍，壬午破隨州，十二月戊申圍德安府。」蓋史據奏報之文，固不若致遠目睹者之得其實。則此書卷帙雖少，而可以考正史文之駁誤，正不徒以罕覯見珍也。致遠，省、府志人物傳僅載其義行而歷官未詳，此書卷首繫銜稱「文林郎監襄陽户部大軍倉」。據王世鐸序，則終於提刑。萬曆温州府志宦業傳，王允初傳附載致遠，以父蔭知慈溪縣，累遷湖北提刑，改浙東，知台州，召爲吏部郎，不赴。所載官秩較通志、府縣志義行傳略詳。周天錫慎江文徵四十又載其所作上本郡請謚書，言嘗敬録賞功訓詞及守城始末，乞與定謚，蓋即指此書矣。

又案：王國鐸後序備此録爲致遠及允初季子提幹致知同編，然譜本卷首惟題致遠銜名，曹、李兩叙亦不及致知，國鐸所云或家諜相傳之説，未足據也。

林氏公一本朝事實十册。蒙川遺稿四

佚。

王氏奕復漢録 萬曆温州府志十七

佚。

元〔一〕

無名氏素翁録 嘉慶瑞安縣志九

佚。

嘉慶瑞安縣志九：素翁録，元季人撰，不著姓氏。按：素翁本傳所録多紀時變。按：府、縣志素翁傳無此語。

案：素翁，姓名無考。萬曆温州府志義行傳、嘉慶瑞安縣志隱逸傳並有傳。

明〔二〕

張氏孚敬欽明大獄録

二卷。國史經籍志一、千頃堂書目五、明史藝文志二。

存。儀徵劉氏藏明鈔本、遜學齋藏鈔本。

〔一〕「元」，底本誤作「明」，據校勘記改。

〔二〕「明」，底本無，據校勘記補。

頒布大獄録疏：臣近奉敕諭事理，同先掌刑部事禮部右侍郎桂萼、先掌大理寺事詹事府少詹事方獻夫會問張寅事情。幸賴皇上神明睿斷，事獲就緒，民賴無冤。臣又思永久之圖，欲垂不刊之典。乞候聖斷，刊示中外，其紙札工食，札行本衙門查取，已於本年九月初七日題奉聖旨：「是。欽此。」臣隨將臣等捧到敕諭四道及先後會問招稿，節奉欽依發落事理，繕寫成書，上下二卷，刊印共一千七百部，其名曰欽明大獄録。夫大獄一榜，固足以示刑罰之公。要之，先後招詞之參考，情理曲直之攸歸，則惟此録爲詳備耳。兹謹進呈御覽，其餘欲候命下，分送在京各衙門大小官員，各給一部，仍發仰各該巡按轉行都、布、按三司如式翻刊，分布所屬衙門，一體頒給。俾中外臣工，咸知聖明欽恤之仁，共攄懷德勸忠之念。張文忠集奏疏三

千頃堂書目五：張孚敬欽明大獄録二卷，嘉靖六年九月署都察院事侍郎張璁，以張寅先後獄詞及上所裁定並所賜敕諭，輯録成書。

萬曆野獲編十八：張永嘉暴貴，武定侯郭勛首附之，因得上異寵。妖人李福達一獄，世宗疑御史藉端傾勛，故命璁以兵部侍郎署都察院，吏部侍郎桂萼署刑部，少詹事方獻夫署大理寺，俱議禮新貴人也。三法司之長俱下獄訊治。在事大小諸臣俱抵罪，而張寅與李福達遂判爲二人。上大喜，予二品服，璁即拜相仍掌都察院，彙張寅事爲書名欽明大獄

録，頒示天下。嘉靖六年，妖賊李福達一案，議禮貴人張、桂等爲政，盡反成獄，於時刑部尚書顔頤壽、左都御史聶賢、大理卿湯沐、御史馬録等，或杖死、或戍、或斥，具載欽明大獄録中。

明史十七世宗本紀：嘉靖六年九月壬午頒欽明大獄録於天下。九十四刑法志二：世宗即位，五年，命張璁、桂萼、方獻夫攝三法司，變李福達之獄，欲坐馬録以姦黨律。楊一清力爭，乃戍録，而坐罪者四十餘人。璁等以爲己功，遂請帝編欽明大獄録頒示天下。二百六馬録傳：嘉靖五年，出按山西，而妖賊李福達獄起。福達者，崞人。初坐妖賊王良、李鉞黨，戍山丹衛，逃還更名午。爲清軍御史所勾，再戍山海衛，復逃居洛川，以彌勒教誘愚民邵進禄等爲亂。事覺，進禄伏誅，福達先還家，得免。更姓名曰張寅，往來徐溝間，輸粟，得太原衛指揮使。子大仁、大義、大禮皆冒京師匠籍。用黄白術干武定侯郭勛，勛大信幸。其仇薛良訟於録，按問得實。檄洛川父老雜辯之，益信。勛爲遺書録祈免，録不從，偕巡撫江潮具獄以聞，且劾勛庇奸亂法。章下都察院，都御史聶賢等覆如録奏，力言勛黨逆罪。詔福達父子論死，妻子爲奴，没其産，責勛對狀。勛懼，乞恩，因爲福達代辨。且以議禮觸衆怒爲言，帝心動。勛復乞張璁、桂萼爲援。璁、萼素惡廷臣攻己，亦欲借是舒宿憤，乃謂諸臣内外交結，藉端陷勛，將漸及諸議禮者。帝深入其言。命取福達等至京，下三法司訊。尚書顏頤壽等不敢自堅，乃反前獄，抵良誣告罪。帝以罪不及録，怒甚。命璁、萼、方獻夫分署三法司事，盡下尚書頤壽，侍郎劉玉、王啟，左都御史賢，副都御史劉文莊，僉都御史張潤，大理卿湯沐，少卿徐文華、顧佖，寺丞汪淵獄，嚴刑推問。遂搜録篋，得大學士賈詠、都御史張仲賢、工部侍郎閔楷、御史張英及寺丞淵私書。詠引罪致仕去，仲賢等亦下獄。録不勝刑，自誣故入人罪。萼等乃定爰書，言寅非福達，録等恨勛，構成冤獄，因列諸臣罪名。帝悉從其言。謫戍極邊，遇赦不宥者五人，謫戍邊衛者七人，爲民者十一人，革職閑住者十七人。良抵死，衆證皆戍，寅還職。録以故入人死未决，當徒。帝以爲輕，乃戍廣西南丹衛，遇赦不宥。以萼等平反有功勞，諭之文華殿，賜二品服俸、金帶、銀幣，給三代誥命。遂編欽明大獄録頒示天下，時嘉靖六年九月壬午也。唐樞傳：嘉靖五年進士。授刑部主事。言官以李福達獄交劾郭勛，然不得獄辭要領。樞上疏言：李福達之獄，陛下駁勘再三，誠古帝欽恤盛心。而諸臣負陛下，欺蔽者肆其讒，諂諛者溷其説，畏威者變其辭，訪緝者淆其真。是以陛下惑滋甚而是非牽不能明。望陛下明正福達之罪，庶群奸屏跡，宗社幸甚。疏入，帝大怒，斥爲民。其後欽明大獄録删樞疏不載。

案：欽明大獄録，嘉靖六年九月，孚敬以兵部侍郎署察院事時編進，所載顏頤壽等會鞫李福達等奏，及孚敬與桂萼、方獻夫等覆鞫，分李福達、掌都張寅爲二人，並搜獲大學士賈詠等私書，及議定馬録等罪名諸奏，悉具録全文，並附以批答諭旨。可考見明時瀆讞牘格式；其所載諸臣定罪始末尤足與明史相參證。惟明史馬録傳稱大理少卿徐文華與李璋、李玨、章綸、馬豸等同謫戍極邊，遇赦不宥，據此録則孚敬等初議文華定罪徒四年，以情重奏請發落，詔改發邊衛充軍，與璋等遇赦不宥者不同。文華本傳亦云「遣戍遼陽，遇赦，道卒」，與此録合，則馬録傳偶誤也。又此録載「給事中劉琦，陝西洛川縣人，故得知李福達逃洛川時」事。明史琦附馬録傳，稱洛陽人，亦誤。張文忠集奏進大獄録疏稱「刊印千七百部」，又請令内外各衛門翻刻頒行。明史世宗紀亦稱「嘉靖六年頒此書於天下」，然世間傳本絶少，近時儲藏家惟范氏天一閣書目一尚有著録，兵燹後亦不知存佚。余家藏本，從儀徵劉恭父副貢壽曾所弆明寫本景録，亦罕覯之秘笈也。

王氏光經丙寅紀事乾隆温州府志二十七

佚。

案：黄石王副使光經，乾隆温州府志循吏傳、乾隆永嘉縣志仕績傳並有傳。所著丙寅紀事，今已不傳，不知所記何事。考光經舉萬曆丁未進士，其歷官在天啟間。丙寅爲天啟六年，是年魏忠賢方興大獄，殺周起元、周順昌、高攀龍、繆昌期、李應昇、周宗建、黄尊素諸人，又修三朝要典頒之天下。此書或即紀魏忠賢擅權始末也。

伍氏鼎聖紀綱目乾隆平陽縣志十九

未見。

乾隆平陽縣志十九：聖紀綱目，明伍鼎著，兵道南洙源序。

案：伍鼎事蹟，舊府、縣志無考。南洙源，山東濮州人。康熙八年爲分巡温處道，見乾隆温州府志職官門。則此書國初時尚存，今則未見傳本。

鮑氏端建文遺史嘉慶瑞安縣志九

佚。

案：鮑端，瑞安人，其事蹟無考。

國朝

周氏天錫列朝私紀

三卷。

存。瑞安吴氏〔一〕藏手稿本、遜學齋藏鈔本。

兩朝私紀花萼樓集

佚。

葉氏嘉楡平陽歷朝冦警録寶香山館集十七

未見。

詔令奏議類

宋

劉氏安上劉氏制誥集續文獻通考一百七十六

佚。

〔一〕「吴」，底本闕，據校勘記補。

林氏待聘內外制乾隆平陽縣志十九作「林敷文內制、外制集」，今從尤袤遂初堂書目、宋史藝文志七、國史經籍志五。

十五卷。宋史藝文志七、國史經籍志五。

佚。

案：林待制待聘，雍正浙江通志、乾隆温州府志名臣傳、乾隆平陽縣志宦業傳並有傳。所著內外制，焦氏經籍志著録，疑明時尚有傳本。今惟徐自明宋宰輔編年録十六載紹興十一年岳飛除樞密副使及罷樞密副使兩制。劉一止苕溪集五十五，附載紹興九年一止除給事中制。此外別無所見，可惜也。

何氏逢原外制

二卷。梅溪後集二十九

佚。

陳氏傅良制誥集

五卷。蔡幼學宋故寶謨閣待制致仕贈通議大夫陳公行狀

佚。

案：止齋制誥集五卷，見蔡文懿所作行狀。今本止齋文集載内外制凡九卷。卷十内制，卷十一至卷十八並外制。蓋曹文肅編定時所析也。

蔡氏幼學育德堂外制集萬曆温州府志十七「育德」下無「堂」字。今從直齋書録解題十八、文獻通考二百四十一、國史經籍志五。八卷。直齋書録解題十八、文獻通考二百四十一、國史經籍志五。

佚。〔一〕

内制集三卷。直齋書録解題十八、文獻通考二百四十一、國史經籍志五。

佚。

直齋書録解題十八：育德堂外制集八卷、内制集三卷，兵部尚書永嘉蔡幼學行之撰。成童穎異，從同郡陳傅良君舉學治春秋，年十七，試補上庠，首選，陳反出其下。明年，陳

〔一〕此書臺北「中央圖書館」藏宋寧宗時刻殘本，存卷一至卷五，六册。

改用賦，冠監舉，而幼學爲經魁。又明年，省闈先多士，而傅良亦爲賦魁。一時師弟子雄視場屋，莫不歆豔。

案：蔡文懿内外制今久失傳，宋宰輔編年録二十載：嘉定元年趙汝愚追復觀文殿大學士及嘉定二年史彌遠起復拜右丞相兼樞密使兩制，蓋即從外制集采入也。

劉氏𪉨薇垣制稿劉應奎蒙川遺稿叙

佚。

劉應奎蒙川遺稿叙：先伯氏蒙川先生，生平無他嗜好，惟殫精畢思於文字間，凡所著述與諫坡奏牘、薇垣制稿、經帷納獻若干卷，今皆散落不復見矣。蒙川遺稿卷首

案：蒙川劉忠肅公𪉨，宋史四百五、萬曆温州府志忠節傳、雍正浙江通志忠臣傳、道光樂清縣志忠烈傳並有傳。

王氏埴内外制稿萬曆温州府志十七

佚。

萬曆温州府志十一：王楠孫埴，亦貴顯。

案：萬曆府志藝文門載内外制稿、北山稿，注「王基撰」。「雍正浙江通志、乾隆温州府志經籍門、内外制稿下並同。各志人物傳無王基。惟乾隆永嘉縣志經籍門載北山游集，題「王埴撰」，與萬曆府志人物傳合，今從之。〔一〕

明

張氏孚敬敕諭録

二卷。國史經籍志一、浙江採集遺書總録丁並作「一卷」，千頃堂書目五、明史藝文志二並作「三卷」，今從明刻本。

存。遜學齋藏明刻本

案：敕諭録諸目著録卷數互異。同治乙丑於杭州購得寶綸樓原刻本，實分上下二卷。上卷世宗敕諭三十通，下卷世宗敕諭五通，皇太后誥敕一通。卷首題「少師兼太子太師吏部尚書華蓋殿大學士臣張孚敬謹録」。末題「孫四川龍安府知府臣張汝紀謹輯。光禄寺

〔一〕弘治温州府志十八題「王臯撰」。萬曆志誤爲「王基」。光緒縉雲縣志十二碑碣有「王臯小蓬萊歌」，稱：「予莅邑三載，心甚樂之，去之日爲歌以詒邑人，使刻之石上。」詩末題：「大宋咸淳元年歲在乙丑八月朔日永嘉王臯。」弘治府志十三科舉：「開慶己未周震炎榜，王臺，永，終侍郎。」王臺此名未見其他史書，孫衣言認爲，或即「王臯」之訛，「臺」以形近。宋戴炳壙誌末有「忝眷宣教郎新知處州縉雲縣主管勸農公事兼軍正王臯填諱」一行。王臯字德器。

珍羞署署丞臣張汝經謹閲」。蓋文忠録存稿本而汝紀、汝經等編定付梓者也。

諭對録

三十四卷。明史藝文志二、四庫全書總目五十六、千頃堂書目五。國史經籍志一作「一卷」，誤。存。永嘉張氏藏明刻本。永嘉張氏摘刊本十一卷

賡生也晚，未及事世宗皇帝，第聞之父兄長老譚嘉靖初年事，如嚴郊社日月之祀，正先師稱號之宜，定廟議躬耕，籍清戚畹莊田之濫，汰緹騎禄秩之冗，復功臣勛爵之舊，斂閹寺擅兵之權，赫然中興之烈，於斯爲盛，固世宗之聖神文武獨斷於上哉。而引經援史，斟酌損益，永嘉文忠張公實大有力焉。張公薨垂七十年，而其孫龍安守汝紀、光禄寺丞汝經，裒世宗聖諭及公所登對，録之以傳，問序於賡。賡伏而讀之，竊幸見治世之文，而深有感於君臣相得之盛也。蓋人臣之進言難矣，言而以登對，抑又難矣！何也？進言者持己之所見，直效之上焉已耳。登對則言出於上而應之如射覆，難發於上而剖之如破的。是故沿襲者陋，牽合者鑿，曲從者諛，草野者倨，窘於應卒者拙，窮於條答者疏。張公博極群書，而裁之以精識證嚮今古，剽剥是非，傾儲而出，捷於桴鼓，不襲舛、不鑿空，順而不諛，直而不倨，擬之皋謨説命，實在伯仲間。於是乎知張公之悃款，上格世宗之心，是以言

聽計從，爲中興名佐，厥勛爛焉。賡聞之，琴瑟在御，不鼓不成聲，鐘磬在縣，不考不發響韺。世宗深知文忠，傾心委任，自郊廟宮闈、朝政邊務，以瑣至冠服，不憚反覆相訂，可否相濟，必求叶於度而中於程。其詞旨温醇，藹若父子，諮諏諄切，誼若師友。以故張公略無猜疑，吐露胸中之奇，纚纚若此，向微世宗之謙光下濟，度越世主，又何以盡張公之用耶？伏誦聖諭有曰：「朕凡有諭，内閣言不成文，但以朕之實言，與大臣議論。」大哉王言！雖謙不自聖，而文章之體莫辨於此。夫世之飾鞶帨以炫人耳目者，虚而不實，雖汗牛充棟，無當於用。維兹密勿清嚴之地，上推心而示下，瀝膽而陳。以天下真學問爲天下大經濟。試觀聖謨洋洋之如此，讜論諤諤之如彼，若赤日中天而雲蒸霞絢之擁簇於傍也，若紫微炳曜而星躔宿度之旋繞於外也。無意爲文而文自成焉，廼天下之至文哉！聖帝遺弓，忠臣遺笏，後世猶然寶之，況以洋洋之聖謨，諤諤之讜論，有不信今而傳後者哉！夫張公自釋褐至政府，六年耳，破盈廷之嘖嘖，結聖眷之殷殷，歸而復起者四，恩禮不衰。其褒美概慕，至形之詩章，媲於虞廷之歌，卷阿之什，君臣相得，近古罕儷。維時夙弊未釐，閹人餘黨，握重兵者遍天下，吮人膏血，藉張公一言立收之，束手釋兵柄歸，宇内晏如，此尤其較著者。賡竊有遐思焉：夫自古繼體纘緒之君，恒永言祖訓，著蔡奉之，以守成業而致盛治。而魏相好觀漢故事數條，漢興以來，便宜行事，及賈、董所言，奏請施行，則兹録也，奚啻揚先帝先臣之休美？ 即萬世之聖子神孫、藎臣良弼，其仰而效法焉者將在斯乎！ 將在斯乎！ 時萬曆丁未孟夏既望，光禄大夫、柱國少保兼太子太保、禮部尚書、文淵閣大學士知制誥、經筵總裁玉牒、山陰後學朱賡頓首拜撰。

永嘉張文忠公遇主甚奇，成進士六年而拜相甚速。 旋去旋召，進公孤賜更名、賜銀印記、賜游南城西苑、賜手調藥、賜居第樓院諸額非出宸翰，則出獻皇帝御書。 其前後寵賚，於廷臣無兩，皆謂公以大禮一事中上意而驟貴，而實非也。 肅皇帝性好三代禮樂，述作天縱，顧盼廷臣，鮮有當旨。 夫禮者，文人憚以爲細，而英雄豪傑又笑以爲麤，大臣之學問能麤細俱入，則當顧問，遇盤錯直，迎刃而解耳。 公教授瑶溪，精於三禮，讀書長嘯，以「山中宰相」自負。 一旦遇時遘會，能理奪明主之心，而以辯才杜三事大夫之口，衆日睽睽，談笑自若，即使不言大禮，其議論之快心，精神之透骨，世誰得而抹殺之。 所謂豪士如玉山，千人亦見，萬人亦見矣。 初，公抗議時，桂公萼、方公獻夫、霍公韜，不過緣飾公説以就功名。而舍大禮外，如農蠶有議，祭服有議，禮器有議，樂舞有議，郊社之分合，日月之配享，孔子之易王而師，易像而主，諸君子能創一言否？ 試之少司馬，汰邊方之僨帥，裁冒濫之冗官；試之總憲，決大誣之冤獄，彈不職之屬吏；試之内閣，革鎮守之宦官，復開國之勛爵，平潞州之劇盜，定大同之叛軍，諸君子又能創一言否？ 上禁中不時出片紙，敕小黄門立索回奏，非勢切疾雷，則幾難終日，公援筆隨答，刻期取辦。同官不及謀，外曹不及聞，古典不及考，而分陰寸晷之間，如宿構於平時，咄嗟於俄頃者。宰相須有讀書人，公之謂矣。肅皇帝由藩服入繼大統，此君之變局也。公以一書生抵掌而取相印若寄，又相之變局也。君相之局變，則朝局自不覺與之俱變。議論必更新，制度必更始，非特禮官不能違，即君且不能違也。非特君不能違，即天且不能違也。時也，亦勢也。易革卦之後，繼之以鼎；鼎之後，繼之以震。當鼎革震動之初，老臣宿儒，齟齬焉執已陳之死局，或可或否以摇上心，賴公援引書史，反覆疊難，廷議屈，相權重而少主之威亦伸。孔子得子路而惡言不聞，劉裕失穆之而謂「人輕我」。肅皇帝不倚公，誰倚哉？公終身不治生産，近清；禁絶私交，近正；功成名遂身退，近智。而要公相業不在是。鮑叔之薦管子曰：「其爲人也能不失國柄。」韓魏公平生未嘗以膽許人，是二者惟公實足當之。蓋大臣之事君，威福之柄不可有，是非之柄不可無，後世避威福並避是非，膽不足而國柄與之俱失矣。若張公者，非特肅皇帝救時之宰相，抑亦萬世救宰相之藥石也。而世以議禮一事黷公，其得公者膚耳！此公之奏議，不可不讀也。萬曆甲寅孟夏既望，後學楚人楊鶴頓首拜題。〔一〕

〔一〕楊鶴序爲選張文忠奏對稿叙，應列奏對稿下。

世宗皇帝嗣位，永嘉張文忠公首應之。以初進士用議禮稱旨，召封内擢，六年至首端揆，人皆知公眷遇之隆，聲施之藉，而不知公之取信於宸衷而弼亮乎皇獻者，固如此其不易也。當是時，天子懷達孝之思，而沮於廷臣之議，下之論，合上之意孤。公毅然持繼統之説，排衆嘵而獨伸之，於勢似拂，於機實順，所以受不世之知，而荷非常之眷者，惟其初以言禮顯乎？竊謂公之爲公，匪第在是也。公之難不在於進議廷辯之時，而在於秉政獨任之後；亦不在有順旨如流之美，而在有執諍回天之規。嘗反覆諭對録而伏讀，知上之所以倚畀公者不爲不深，而所以諮詢公者不爲不悉矣。温語無時不旁加，綸札無日不下逮。大而郊祀、耕蠶之宜，顯而廟謁、后妃之册，精而敬一、五箴之注，瑣而冠冕、衣服之制，粗而營建、獻鞠之署。以至先師之廟號，經筵之説書，臺省之敷奏，無今曏遠近隆殺，必得公商榷而後行。朝下而夕具奏，夕上而朝報可。有奉而宣者，有封而請者，有參謀諸衆者，有同列不使預知者，甚若楊少師、張國戚之救中官兵鎮之革，或頓合上意，或屢觸上怒，然唯公得言之，唯天子得聞之，卒俾聖德，與國體俱尊，宿蠹與積疑並刷。蓋公於斯際亦自岌岌矣。聖主負絶人之資，既非臣下之所敢望；而登對多造次之頃，又非擬議之所能及。概俞之慮涉於阿，間咈之懼涉於倨。矧以初進倏重之軀，翺翔於臺鼎密勿之内，舊臣也因之見忌，並進也未必相能。獨公孤立壹意，屹然於天子之左右耳，安得而不難也！大抵公始進，務據禮而敵衆多之口，而一人之主持有定，故進之難適入之易。及公爲相，務尊主以報一心之信，而一人之意向甚淵，故進之易微見其難。然公不違道，亦不迕旨，不避權，亦不顧私，獻替十二年間，天子恒霽威而受之，時稱其爵字别號而不名，賜歸而召還者數數矣。君臣之際，始終兩全。豈非賢相也哉！公歸而後公相者，經濟萬不如公。去公六七十年，四方無貂璫之擾，默受公賜而晏如不知，今宇内始人人扼腕而思公矣。公豈但遇主，蓋亦有天才焉。謂第以言禮取貴，非真知公者也。萬曆乙巳光彦來守郡，公孫龍安守汝紀，大官丞汝經請鋟録以傳，爲之梓而叙之如此。時萬曆三十有四年龍集丙午中秋吉日，後學晉江蔣光彦頓首拜撰。

蓋我明自高皇帝御宇，列祖相承，主聖臣良，超前軼古，懿美不勝指數，而其最超軼今古者兩事：土木之變，於忠肅主郕邸監國，重社稷而輕君，虜勢始折，疆圉晏如，視北狩區區迎駕，歲啖金繒於犬羊之口，成敗奚啻天壤；世廟獻皇事，故相太師張文忠公勒成明倫大典，重繼統而輕繼嗣，卒以力排廷議，發攄聖孝，而一洗濮議千古塵腐之説。蓋二公皆才與誠合，故能回天捧日，創非常而垂不朽云。説者謂臣主之交，功名之會，忠肅遘其變，公遇其常。爲忠肅之所爲難，爲公之所爲易。是徒以言禮一事，豔公遇合之奇，而概未窺公之相業者矣。嘗反覆諭對録，條布縷陳，未易殫述。或章疏披陳而廟算先符其意，或睿謨未發而閣議預啟其衷，或順旨而爲都俞，或獻替而爲吁咈，一切斷大事、決大疑，靡弗先向公處分而後出之聖裁。家禮則尊生概崇殁，國是則朝綱及邊務，詮品則章善癉惡之縣殊，掄材則九列百司之棋布。上觀天道禎祲，下察民生利病，無不以公見若蓍蔡，公言若金石。出入諷議，聽公而行之，其尤大章明赫奕者，乃在遏抑中官，肅清禁寺。當正德之末，貂璫滿天下，中外威福，悉出其手，群臣狼顧脅息，莫可誰何。謇諤之士，仗馬一鳴，斥且死。公習帝英明於目睫，顧盼間以忠言移主意，遂赫然電斷，盡削貂鐺之權，旋太阿倒持之柄而轉之在握。自是百官始得奉職，而黔首庶幾帖席矣。陰陽戾而回和，乾坤否而重泰，公之功在社稷匪淺鮮也。以公相業視忠肅所設施，更爲躪古鑠今，爲宇宙非常之烈，是可以遭際順逆言哉！雖然，君非清心，罔以端萬化；臣非格心，罔以裨君德。世廟心學在乎心箴有釋、四箴有注，而是録所載，引翼之懇，班布之勤，公實以心沃心，有不徒語言論議之投契者矣。故特表而揭之，以識千古明良之美云。萬曆戊申孟秋吉辰，海虞後學陸問禮頓首拜撰。

天下競稱吾師太師張文忠公羅山奏議尚矣，而兹編則未之見也。賢嗣太僕寺丞遜業、中書君遜膚，一日出示，博受讀畢，再拜稽首，颺言曰：明哉我皇上之納諫！婉哉吾師之進諫！主聖臣忠，用是益彰，可爲天下萬世法。乃知焚草之論，視補牘之見遠矣。請梓諸廣示中外。時嘉靖歲在上章閹茂春三月望日，光禄大夫、柱國少師兼太子太師、吏部尚書、侍經筵、門生蒲阪楊博拜手謹跋。

太師張文忠公遭遇奮庸，相業烜赫，夫人所知也；而其贊襄密勿，巽順斡旋，則非夫人所能知也。余謝事，次秦淮，公之賢嗣符臺君出示兹編，屬一言於末簡。旃伏讀而歎曰：公可謂忠矣！公之心至是其曲盡矣。夫人臣之事君也猶事天也，其格君也猶回天也。感動轉移之機豈易乎哉！公際聖明，諫行言聽，真千載一時矣。而是編所載則亦若不無吁咈於都俞之廷者，此爲君之所以難而爲臣之所以不易也。然終公之世，而上之所以霽威以從公者則亦既屢矣。可見公積誠之所致，而天聰明之旁燭無私，居高聽卑，顧人臣之所以事之者何如？嗚呼！若公者豈易得哉！豈易得哉！嘉靖柔兆執徐之歲夏五月上弦，賜進士出身浙江等處提刑按察司副使奉敕提督學校、晚學武進薛應旂謹識。

張銑跋。咸豐三年。摘刊十一卷本卷末，不録。

明太師謚文忠、羅山公乃我六世祖也。以弱冠舉孝廉，鍵户窮經二十餘年，始中禮部試。生平著述甚夥，其已裒校鏤版者，有禮記章句八卷、周禮注疏十二卷、儀禮注疏三卷、壁經講章五卷、杜律訓解六卷、賨綸樓和御制詩二卷、羅峰集三卷、奏對八卷、案：當作「奏對稿十二卷」，辨見後。諭對録三十五卷、詩稿、文稿各七卷，與未付坊刻等書，具藏瑶溪羅峰書院。會前代屢遭倭變，衡宇煨燼殆盡，吾族離鄉而處，既梓本亦僅有存者，孫子幾無繇索考。近於異地獲觀，亟爲購回，懼日久散軼，緣與同志謀，遂再醵金擬登梨棗，奈卷帙殷繁，未易畢鐫。乃取舊本別加類次，析爲十一卷。慫恿授鐵公之族黨，以供繙閲。蓋是集雖不及什之三，而剥落之虞或可少免。其餘藏函俟他日另編，嗣刊以成完書。兹於剞劂既竣，附列原目如左。十六世銘謹誌。十六世孫銘摘刊十一卷本，卷末跋。

四庫全書總目五十六：諭對録三十四卷，浙江汪啟淑家藏本明張孚敬所奉世宗密諭及其奏草也。孚敬，初名璁，字秉用，永嘉人。正德辛巳進士。歷官少師，華蓋殿大學士，謚文忠。事蹟具明史本傳。孚敬以議禮被遇，六年而秉大政，甚爲世所詬病。而世宗始終眷禮不衰，每稱少師蘿山而不名。嘗諭孚敬：「朕有密諭毋泄，朕有御書悉親書。」又仿楊士奇故事，賜孚敬銀章二，以便封奏。前後所奉手敕凡三百八十一道，因彙爲一書，并奏對札子皆隨事附之於後。蓋孚敬既没，其孫汝紀、汝經等所裒輯也。

案：張文忠諭對録三十四卷，自嘉靖六年纂明倫大典，至嘉靖十五年遣官召還，凡世宗諭三百六十二條，附文忠對五百三十一條，別以正德十六年會議興獻王典禮及嘉靖十三年會議獻皇帝祫享太廟諭十二條，對十三條。又大禮或問一篇爲首卷。據朱賡叙，蓋文忠卒後，其孫汝紀等因文忠録本編定。雍正浙江通志二百五十二別載張汝紀諭對録，非也。書末又有附録載嘉靖十六年論張延齡事，凡諭旨五條，對十有五條，原書題記偁

「萬曆續録失編，崇禎初年重輯補梓」者，蓋文忠後裔還有增補矣。文忠在嘉靖初，以議禮驟貴，一時寵遇無與比倫。自大禮大獄外，凡軍國大事，以至郊祀、冠服、制度之更定，無不與議。其論旨、奏札悉載此録。故雖私家之書，而世宗初政，大略十具七八，與敕諭録侈陳恩眷者固是不同。至議張延齡獄，反覆疏陳，亦頗見讜論。明史論張、桂、方、夏諸人立身本末與所言之是非，固兩不相掩，則此録亦讀史者所宜參覈矣。

佚。

周氏文穎綸音録花萼樓集

周天錫書後：臣家自趙宋繇赤岸徙永嘉松臺里，數傳以來，時屬蒙古氏，俱隱不仕。至國初，稍有聞者。迨正統中，聲日隆隆起。歷神、光、熹以及今上，而朱紫簪笏相禪矣。本朝故事：以考最聞，或慶霈所得誥敕，依秩有差，其繇郎署至公卿，以使事行，小有敕，大有論，朝覲者亦如之。臣家被賜者八人；凡得制誥之類二十有五通云。詩曰：「王言如絲，其出如綸。王言如綸，其出如綍。」蓋華衮之寵，有不能勝片言者。臣家自始遷祖至今爲世十，指僅千耳，而被賜八人者，或以身，或以子孫，至於房闥之内，或從夫、或從子、或從孫，皆有以動九重之聽，而寵錫洊至，且起而近天顏、丐天語者猶未艾也。嗚呼！亦幸

矣。敬稽首盥手莊録之，敢藉是對揚天子休命。花蕚樓集

東甌詩存二十六：周文穎，字孺子，永嘉人，萬曆己酉舉人，任新淦令。著有尋樂齋集。

乾隆温州府志十九：萬曆己酉舉人，周文穎，永嘉人，新淦知縣。慈惠不事鞭朴，七年遷衡府長史，邑爲構去思亭。

案：花蕚樓集書綸音録後自注「先水部公命代」，不載水部之名。集又有書宗譜後云：「昔崇禎己巳歲，先王父大參公纂修宗譜，越十年，水部石公再修之。」而李象坤匊庵集選有周石室年伯六袠詩。考匊庵父僉都御史光春，爲萬曆己酉舉人，與長史文穎爲同年生。而匊庵詩有『花封初剖憶鱄鱸，曳得匡雲只自娱』之句，亦與東甌詩存、乾隆府志稱文穎爲新淦令合。則石室爲文穎別號無疑。唯文穎未爲工部官，不知何以有水部之稱也。」〔一〕

〔一〕校勘記：「檢原稿綸音録下引書三條，末有案語一條，此刻僅見引周天錫書後一條，而落後二條及案語。案語在移紙上，占五行之多，惜蠹蝕報破，莫可彌補。兹録原引二條。今檢永嘉縣志二十六有引温州經籍志此則案語，今補録之。」今檢松臺周氏宗譜有：「文胤，字儒子，號石室，郡庠生。治易經，領萬曆己酉鄉薦，天啟丙寅授江西臨江府新淦縣知縣，崇禎庚午左遷楚藩，乙丙隆武改元，啟升工部都水司主事。」「穎」、「胤」音近，「孺」、「儒」形近，當即同一人。其後爲南明工部官。

右詔令

宋

林氏待聘奏議

四卷。乾隆平陽縣志十九。遂初堂書目無卷數。

佚。

張氏闡奏議平園續稿二十一

佚。

經筵講義故事平園續稿二十一

佚。

王氏十朋梅溪奏議

三卷。直齋書録解題二十二。國史經籍志五作「四卷」、百川書志十八作「五卷」，天一閣書目二之一作「二卷」。

未見。

天一閣書目二之一：梅溪奏議二卷，刊本，卷首缺一頁。宋王十朋撰。劉珙共父序，朱子代作。嘉靖七年戊子朱諫序，後十一年樂清兩溪朱元誥序，後曰江陵舊刻二十餘卷，今祇四十餘篇，幸所存皆大有裨於世道者。林居無事，乃手録爲一册，付梓。」末附朱子與梅溪書一卷。

朱子語類百三十九：王龜齡奏議氣象大。

案：梅溪奏議，宋時有單行本，三卷，見書録解題。元以後久無傳本，甬上范氏別有明朱元誥所刻本二卷。其序略云：「江陵舊刻二十餘卷，今只四十餘篇。手録一册，付梓。」其書今亦未見。考明正統本梅溪集首載梅溪奏議四卷，並廷試策爲五卷，百川書志載梅溪奏議五卷，國史經籍志又作「四卷」，蓋皆從本集析出著録。凡四十八篇。元誥所刻，殆即從集本録出。然集本附王聞禮跋云：「先君文集合前、後並奏議五十四卷，紹熙壬子鋟木江陵。」是明槧即從江陵本出，無所謂「二十餘卷」者。且集本奏議内所載，如劾史浩、史正志、龍大淵諸詎製，悉在其中，其末卷並載代它人作奏狀十二通，編録至爲詳備。而後集二十一，別載奏狀十七篇，其六篇今已亡佚，亦附載其目，不當更有缺佚如此之多，朱叙所云未足信也。

薛氏叔似薛恭翼公奏議十卷。萬曆温州府志十七

佚。

案：薛恭翼公叔似，宋史三百九十七，萬曆温州府志宦業傳、雍正浙江通志、乾隆永嘉縣志名臣傳並有傳。

陳氏峴東齋表奏二卷。宋史藝文志七

佚。

案：東齋陳待制峴，萬曆温州府志宦業傳、雍正浙江通志、乾隆平陽縣志名臣傳並有傳。

葉氏味道經筵口奏故事宋史儒林傳八

佚。

劉氏𪎺諫坡奏牘劉應奎蒙川遺稿叙

佚。

經帷納獻蒙川遺稿叙。道光樂清縣志十一作「經帷獻納」，誤。

佚。

明

章氏綸章恭毅公奏議雍正浙江通志二百五十二作「章恭惠公奏議」，誤。今從天一閣書目二之一。

一卷。天一閣書目二之一

未見。

天一閣書目二之一：章恭毅公奏議一卷刊本，首尾殘闕。

進思録

一册。天一閣書目二之一。千頃堂書目三十無卷數。

未見。

天一閣書目二之一：章恭毅公進思録一册刊本，明章綸撰。卷首有氏族實紀，云：「公本吳姓，中更襲章姓，而重於復，至曾孫廣西參議朝鳳入仕籍，始克承先志奏歸本宗。」嘉靖三十七年戊午並刻是集。

案：章恭毅公綸，明史一百六十二、萬曆温州府志忠臣傳、雍正浙江通志、道光樂清縣志名臣傳並有傳。

張氏孚敬奏對稿

十二卷。四庫全書總目五十六

未見。〔一〕

四庫全書總目五十六：奏對稿十二卷，江蘇巡撫採進本明張孚敬撰。孚敬有諭對録，已著録。其諭對録中乃備載世宗密諭，即當時奏草亦並載於中，共三十四卷，篇帙頗夥。是編乃萬曆中巡按浙江御史楊鶴所選。凡十一卷，視原集汰三之二。第十二卷附刻序文

〔一〕東甌張文忠公奏對稿十二卷，明萬曆四十二年楊鶴刻本，此書復旦大學圖書館、温州市圖書館藏。有楊鶴撰序，孫氏誤入諭對録。此書亦非諭對録刪節本，四庫誤。

十九篇，蓋删繁舉要以便流傳。然李綱奏議六十九卷爲世所貴，不病其多而難讀也。田錫奏議一卷爲世所貴，亦非取其少而易竟也。

案：張文忠奏對稿，據集本奏議後張汝紀跋，蓋楊鶴選定，付永嘉縣知縣莊廷臣刻之者。後附雜文二卷，不盡奏疏也。張跋全文載二十六卷，此不贅録。雜文二卷，四庫總目僅云「第十二卷附刻序文十九篇」，疑有疏舛。其書明刻本尚有流傳，余齋偶無其書，竢更訪之。至近時，永嘉張銘摘刊諭對録末附刊奏對稿目一葉，乃僅八卷，且皆奏札無雜文。以集本奏議校之適合。殆張氏妄意奏議即奏對稿，刊時遂誤題耳。奏對稿書既罕見，張氏所刊目易滋疑混，故附辨之。

張文忠公奏議天一閣書目二之一作「羅山奏疏」，萬曆温州府志十七作「羅山奏議」，今從國史經籍志五、千頃堂書目三十。

七卷。國史經籍志五、千頃堂書目三十。

未見。〔一〕

天一閣書目二之一：羅山奏疏七卷，刊本。明太師張某撰。

〔一〕此書當作羅山奏疏，書藏美國國會圖書館。

案：張文忠奏議單行本今未見。惟貞義書院本張文忠公集首爲奏議八卷，末有張汝紀跋云：「先太師奏疏在日已刻，傳佈海内矣。」據此，是單行本刻於文忠未卒已前。焦志及黄、范兩目所著録者即是本也。至集本乃張汝紀所補輯，其第八卷皆嘉靖十年文忠致政後所上奏疏，末綴張遜業進遺疏、謝恤典、請改葬三奏，初刻本蓋皆無之，故較集本少一卷也。

王氏諍滇南奏議 雍正浙江通志二百五十二。王世貞竹巖王公墓表作「滇南奏疏」。

佚。

刑名奏議 雍正浙江通志二百五十二。竹巖王公墓表作「詳刑議」。

佚。

王世貞中憲大夫都察院右僉都御史竹巖王公墓表：王公諍，按雲南久，旌廉吏，懲貪墨，掊豪俠，恤孤煢，揚主威德於萬里外，爲諸方冠，它善事不可勝記。其爲大理，則平劑三尺，所謂賣休買休，曰貧民棄其婦，懲之可爾，奈何付之奸而辱之於司寇？廷辨，上是公，著爲令。所著有滇南奏疏、詳刑議、大學衍義通略若干卷。弇州山人四部續稿十六

案：竹巖王巡撫諍，萬曆温州府志宦業傳、雍正浙江通志名臣傳、乾隆永嘉縣志仕績

傳並有傳。

侯氏傅邦侯君霖疏草乾隆温州府志二十七

佚。

案：侯知府傅邦，二谷布政一元子。乾隆温州府志、道光樂清縣志循吏傳並有傳。侯君霖疏草，府、縣志經籍門並題：侯應賓撰。應賓，爲傅邦子〔一〕，亦見府、縣志循吏傳。然君霖爲傅邦字，則疏草自當爲傅邦所撰，或應賓編次刊行。修志者遂不考而題其名，猶張文忠諭對録舊通志、府志别題張汝紀也。今考定正之。

李氏光春西臺奏議雍正浙江通志二百五十二

佚。

案：李僉都光春，雍正浙江通志、乾隆温州府志名臣傳、道光樂清縣志仕績傳並有傳。西臺奏議久佚不傳，惟慎江文徵十八載劾魏忠賢疏，陳議鯁切，足覘風節，惜所存止此一篇也。

〔一〕應賓爲化邦子、傅邦從子，孫氏誤爲子。據甌海軼聞卷二十七正之。

周氏應期容臺疏稿雍正浙江通志二百五十二

佚。

理屯疏稿雍正浙江通志二百五十二

佚。

李氏維樾紀録薦牘乾隆温州府志二十七

佚。

諫垣奏議乾隆温州府志二十七

佚。〔一〕

〔一〕此書温州市圖書館藏影寫明崇禎十五年刻鈔本，敬鄉樓叢書印入第四輯附有補遺，又藏瑞安項氏水仙亭鈔本，係崇禎十四年奏疏。

掖垣封事 嘉慶瑞安縣志九

佚。

案：素園李給諫維樾，雍正浙江通志武功傳、乾隆温州府志、嘉慶瑞安縣志循吏傳並有傳。

陳氏堯言留省焚餘

一卷。千頃堂書目三十

佚。

案：陳參議堯言，雍正浙江通志、乾隆温州府志、乾隆永嘉縣志名臣傳並有傳。

右奏議

温州經籍志卷九

史　部

傳記類

明

劉氏濬孔顏孟三氏誌六卷。四庫全書總目五十九

未見。

四庫全書總目五十九：孔顏孟三氏誌六卷，兩江總督採進本明劉濬編。濬，永嘉人，成化中官鄒縣教諭。鄒，孟子所生地，孟廟在焉。濬因考證孔、顏、孟三氏世系，以及褒崇諸典，彙輯成書。先以地圖，次以世系、年譜，次以廟制，次以誌事，附述聖於卷後。而前列

提綱一卷，則壬子四月紫陽楊奂所述東游記也。壬子爲元憲宗二年，而濬於壬子下注云：「元憲宗淳祐十二年」，紀年既誤，而又以宋理宗年號移之於元，殊爲疏舛。即此一端，其他可概見矣。

萬曆温州府志十：景泰庚午舉人劉濬，永嘉人，任教諭。

右聖賢

宋

戴氏桷東坡陽羨譜失名少卿戴公行狀

佚。

失名宋故朝請大夫直焕章閣主管沖佑觀永嘉開國男少卿戴公行狀：公諱桷，字敬忠，文端冢子。天才穎拔，博覽傳記，罔達本朝舊典。文端愛其穉悟，凡春秋大旨，當世要務，必劍詔之，故公聞見深卓。以文端恩補承務郎，監龍山税。丁文端憂，免喪辛宜興，秩滿差建康府諸軍粮料院兼本幹辦公事，差行在諸軍審計司，監三省門，除太府寺丞，知高郵軍。踰年，除户部郎官，總領淮西錢粮，就陞太府少卿，除直焕章閣，主管紹興府鴻禧觀，差知婺州，再食沖佑之禄。淳祐癸卯五月卒，年六十有二。公性夷平，乏岸谷，與人交能受盡言。公暇日又閲北盟會編，病其煩舛，欲删正成書，未遂而卒。又以周益公譜坡仙陽羨事未翔實，在宜興訪故老，別具譜。今板置縣齋。永嘉戴氏録本

案：戴少卿栯，文端公溪子，舊府、縣志無傳。所譜東坡陽羨事，亦未著録。今據戴氏所録行狀補入。東坡，元豐八年改汝州團練副使，上書請居常州，報可。後建中靖國元年，自儋耳還，卒於常。事詳宋史三百三十八本傳，及史能之咸淳毗陵志十八。敬忠，嘉定十一年四月以承事郎知宜興。見咸淳毗陵志十故爲譜其事，板置縣齋也。

戴氏仔家傳 東嘉先哲録五

佚。

案：戴守鏞家傳，舊府、縣志未著録，惟東嘉先哲録戴鹽運蒙下引之。其紀鹽運初假閤門舍人戴勳牒，更名壄，應國子試中第，後復舊名應鄉舉事，始末甚詳。蓋其書明時尚存也。

王氏奕武侯遺事 萬曆温州府志十七

佚。

元

林氏萬里馬元師救荒事實　袁桷清容居士集五十

佚。

袁桷書後：司獄永嘉林君萬里，彙次元帥馬公救荒事實一鉅編，俾有言。嗟夫！斂散之法不行於今，爲牧守者亦難矣。因時之凶，復抑其直，是則於商旅奚有望焉？董煟輯救荒書，至盡至美，迄莫能有遵其説而行之者，病在於執一。虚心以求，則今馬公之政其近之矣。林君之編曰：台民四十九萬有奇，其粟率糶者一十四萬七千有奇，糾於富家幾三萬石有奇。當是時，以一郡之民能動於上聽，其出粟至於一十有四萬，非身任其責，所爲文書不大懇切，不能至是。富民遭荒抑損以售，亦必有道。數盈於三萬，則其便不便有不得已而然者也。視瘠而坐弊，仁人之所不忍。邀名以幸成，夫豈仁人之用心。馬公之政集衆思以爲其佐，林君之爲首奉行而不失者，皆公所辟佐吏凡五人，見於所行事實，不復著。記禮之言曰：「三十年之通制，國用量入以爲出。」馬公耆德碩望，將參預於天朝，願以今之所行爲權，而以經制告於廟堂焉則得矣。清容居士集五十

案：林司獄萬里，事跡舊府、縣志無考。

李氏孝光趙魯國公政録陳德永李五峰行狀

佚。

李五峰行狀：公生平著作有趙魯國公政録。魯公才美冠世，逮事七朝，爲國元老，能以禮下公。道光樂清縣志十一

案：趙魯國公，趙世延也。元史一百八十有傳。五峰所作政録，今無傳本，舊府、縣志亦未著録。今據行狀補入。

明

黄氏潮光卓忠貞年譜千頃堂書目十

佚。

千頃堂書目十：卓忠貞年譜，宣德中，卓敬門人黄潮光編。

案：黄學正潮光，萬曆温州府志文學傳、嘉慶瑞安縣志文苑傳並有傳。

章氏玄應章恭毅公年譜

一卷。千頃堂書目十。天一閣書目二之一作「一册」。

未見。

鄧淮序：章恭毅公既没之十有九年，予於郡城建祠肖像以祀之，用表忠節以勵士風也。祠成，卜吉以落之，時公之令子方伯將之廣藩，便道歸，同拜祠下，且出其所作年譜示予，復命識其後。予自少時聞公名，已起敬慕，今叨守公郡。公實郡之第一流，而予又辱方伯公之知愛非一日，其敢辭。竊惟公之孤忠大節，憲宗皇帝謂其「如汲黯之直，范鎮之忠」。今上皇帝又以所奏疏宣付史館，大書特書。本朝諸老如冢宰錢塘倪公，謂其「引君當道，誠得伊、吕之用心者」；内翰雲間錢公謂其「與監察御史鍾同、大理寺少卿廖莊宜同一傳」；閣老西昌尹公謂「漢汲長孺之剛直，宋魯宗道之骨鯁，杜祁公之正氣直節，以公方之無愧」；今閣老西涯李公，謂其「論國家大計，雖身困言屈，一時天下皆知有所謂名義風節」；亞卿方石謝公謂「論立朝大節，未嘗不以公爲首稱」。由是觀之，公之年譜不作可也？然忠節如公，海内有志之士聞之者莫不興起，而況於其子乎？子如方伯公，以文章政事爲時所重，則其於公之言行、生平履歷之詳，又安得不因年而譜之以垂諸不朽乎？道光樂清縣志十一

李東陽序：年譜之作，蓋出於族譜、家乘、碑誌、表狀之餘。譜乘所該，勢不得以備載。傳誌雖爲一人作，亦舉重大而略細微，孝子、慈孫、門生、故吏之志有不能盡者。於是因年而譜之，則自生卒履歷至於言行勳績罔不具録，而凡涉交與，形著述，亦附其下，使後之讀

者不待遠詢博考，而展卷開睫已得其爲人。紀述之書，宜莫有詳焉者矣。然必其人德望之隆重，功業之顯著，惠澤之深厚，足以關氣運，繫風俗，存不虛生而没不爲徒死者，乃可言譜。不然，則繁文縟節惡足以爲重，而必用是爲哉！懷麓堂集無此一百八十四字。

贈南京禮部尚書章恭毅公之卒也，既有狀、有誌，有神道之碑、哀挽之詩。其子玄應爲南京給事中時，嘗自爲年譜一帙，以屬於予請爲序。比以陝西參政入朝，復申前請，予弗能讓也。夫天將昌國家之運，必有忠貞鯁亮之臣出爲世用以播其勳業。即不得用，亦發爲讜言正論，使天理賴之以存，人心恃之以不死，名教立而命脈長，「脈」懷麓堂集作「由」。其進其退，天下所視以爲重，而況死生之際哉！當景泰時，顛危甫定而邦本遽摇。於是有章公者以儀制郎中言復儲事，坐與鍾恭愍公同，同下錦衣衛獄，備極考訊；又與廖恭愍公莊同賜杖。鍾竟死，廖亦遠謫，而公獨在縲絏，幾死者亦數矣。天順初，特擢爲禮部左侍郎，成化中請老致仕而去。方其職在一司，秩不過五品，開口攘臂，論國家大計。雖身困言屈，一時天下皆知有所謂名義、所謂風節，以至於英祖之光復，憲皇之顯紹，神功聖德，鏗鍧炳耀於天地間。而公之身及際其盛，後雖遠處南國，亦隱然爲天下重。微公輩二三人，則名義風節皆未可知，而天下之事去矣。是豈非天之有意於國家億萬載靈長之祚而然哉！觀入獄之時有黄霧四塞之警，屬纊之夕有山頹石壞之異。彼天下之人，紛紛藉藉，群生而旅盡者，固不得而與也。故書生以志其始，書卒以志其終。其間履歷議論，患難寵榮之故，皆備書而不絶。茲譜也誠不可以不作也。士之披覽前史，見忠臣義士起敬興慕，必考其世行而求其爲人，況出本朝，生近歲，風聲義概之所動，耳目之所擊者，因是而求之，豈不足爲廉貪立懦之地哉！譜之作殆非爲一家計也。公奏疏載國史，文章著家集，故譜但存其名不複録，庶他日得以互見云。公諱綸，字大經，温之樂清人。正統己未進士。懷麓堂集至此止，無以下二十五字。玄應，成化乙未進士，以才行世其家。少子玄會，今爲太僕寺主簿。甌乘補十八

千頃堂書目十：章恭毅公年譜一卷，章綸子、南京工科給事中玄應編。

天一閣書目二之一：章恭毅年譜一册刊本，明成化南京禮部侍郎樂清章綸大經氏生卒考，子玄應述。弘治己未長沙李東陽序。

案：曼亭章布政玄應，恭毅公綸子。明史一百六十二附章綸傳。萬曆温州府志宦業傳、雍正浙江通志、道光樂清縣志名臣傳並有傳。

章氏宗孔忠愛遺情録道光樂清縣志十六

未見。

侯一元章千峰墓表：生宗孔，其行廉直，詩清峭，庶幾不愧先生者。道光樂清縣志十六

曾唯東甌詩存二十五：章宗孔，號來源，玄梅子。

章氏希邁闡德編

一卷。道光樂清縣志十一

未見。

道光樂清縣志十一：闡德編一卷，章希邁録。希邁爲玄梅曾孫。是書專述玄梅官湖口治績，始名忠愛遺情録，乃玄梅子宗孔所述，希邁益以侯一元墓表文及舊藏家書五則，易今名。

案：章希邁，湖口知縣，玄梅曾孫，其事蹟府、縣志無考。

張氏汝紀張文忠世家

四〔一〕卷。

存。永嘉張氏重刊本

李光縉序：當肅皇帝踐祚之初，相君張文忠公者，其中興之佐而名世之臣也。人但知

〔一〕「四」，底本闕，據刻本補。

公議禮之合，而不察其執禮之正，鮮不以爲近於阿；人但知公取相之易，而不察其居相之艱，鮮不以爲疑於驟。夫孰知公之所以合而非阿，驟而非易也。當是時，上有欲尊崇興獻帝后之心，而公獨持其繼統非繼嗣之論。在廷之臣，所以呶呶而與公辯者，以公言之弗爲敬皇帝地耳，非昭聖太后所以擁上意也。若非主上深信，其誰〔一〕不詘公之説而謬公之旨。及夫升祔大饗之議起，向之諸臣所爲與公辯者，或默然而無言，又或靡然而慫恿。而公乃深明其然，以爲帝而考之可，帝而宗之則不可，其所爭於全統半統之間，疑若與繼統之論相矛盾，而禮實相成，於帝心不無順拂。雖其後竟亦不知從，而當日沮於其説之正，持於其執之堅，且不得不少輟而姑待也。張昌侯之獄，帝有成心矣，雖延齡有殺人之罪，亦有所不懌於昭聖太后之故。令公而不有危言感動其間，謂昭聖何？謂四咨臣民罪公之言禮何？公是以惓惓以昭聖之春秋高爲言，寧以言觸帝之怒而終不令有殺前朝國舅之名，寧以身蒙帝之譴而終不使有傷昭聖太后之心。至帝出重語以曷止公，竟持論不已，後乃感悟降心〔二〕以聽，悉緩諸當論者，終公於太后之世。延齡得長繫不死，公之力也。

〔一〕「誰」，底本誤作「諸」，據刻本改。
〔二〕「感悟降心」，底本闕，據刻本補。

公〔一〕唯有深明於大一統之義，故始終以全統之説進，有所排衆紛而伸之不爲阿，有所詆衆譭而阻之不爲忤，又有所曲全而庇之不爲私。夫然後天下臣民，不但有以諒公之心，而且怡然釋喙於公當日之議。其若不爲孝宗昭聖地者，乃其深爲孝宗昭聖地者也。公爲相多所興革建明，帝亦多聽之，以中涓鎮宗之官歷二三朝所不能革，公一請而收之如逐腐鼠。其行政不爲不專，受上倚毗不爲不篤。獨考而不宗之請，天子終忤而不合，然亦公没後而復行之。論者謂公在難乎免矣。嗟乎，公所正者統，所持者禮耳。何知禍福，何知榮辱，兹其所謂名世之臣哉！天子大尊顯公，賜第宅里中，又爲之建寶綸樓以藏御札，皆前後相臣所未有。然公歸亦貧甚，公子之家不踰中人産，令不有賜宅以居，公廳事於旋馬何如哉！公之孫二千石太衡君輯公行事，自國史傳而下以及墓銘、傳記之屬彙爲一篇，名曰世家。按史記帝王稱紀，將相文臣稱世家；公中興賢相也，故以世家稱焉。光緒入甌，太衡君命使序之，因僭附於卷後。甌乘補十九〔二〕

〔一〕「也公」，底本闕，據刻本補。

〔二〕道光甲辰重刊本首載李思誠序，全載李光縉後序。據後序文，則此書係李思誠、姜應麟二人所輯而汝紀爲付刊者。孫氏未見刊本，僅從甌乘補移録，李序文句與刊本頗多差異，故據「太衡輯公行事」之語，題作「張汝紀輯」，誤也。

東甌詩存二十四：張汝紀字仲理，號太衡，孚敬孫。

案：張太衡汝紀，文忠公孚敬孫，太僕丞遜業次子。凡文忠所著書，並其所刊行。明塹諭對録卷首，附刊職名，太衡繫銜爲四川龍安府知府，前刑部廣東清吏司郎中，後不知終於何官也。

無名氏東甌繼武編

一卷。謝啟昆廣西通志二百十

未見。廣西通志二百十注曰「存」。

劉康祉序：國家之設州郡，凡以爲民也。而郡之有牧，總群生之命脈，胥槖籥焉。唯是興利除害，爲萬姓計奠安，則民之切於愛戴者，視百年如一日。蓋善政久而彌光，民心彌遠而彌不忘也。初在郡署中，酌泉貨於權衡，而籌無遺筭，聲稱藉甚。旭巖何公，以靈慧之資，豪宕之才，飾爲吏治，未易有以更僕數者。及捧檄而東也，凡所劈畫拊循，所爲御變御常，罔不斤斤可式，舉民生國計若燭照而已試然。當甲寅乙卯之祲，吾甌民内外嚚然，設非公紓徐決策，俾夫家給人足，時事可勝言哉？夫何時以覲行，至爲讒言所中，乃以鹺政移去，百姓擔簦裹粮，赴愬司道，謀爲詣闕訟寃者，不下數千人，至今讀慨惻一疏，令人悵然。未幾而箕斐者尋與汨羅長往，百姓不忍忘公於既去之後也，家尸户祝，相與卜地庀材於衛治之東，肖爲像以奉之，且祝公多福多壽，若華封交口者然，途歌巷舞率萬口無異。迨於今，復謀付之剞劂以示不朽。視前時東園淇竹公時，民情之眷戴於既去者更切。噫！是可以覘公當時之政矣。夫公以弱冠登壇，與其仲公先後蜚聲禮部，才名彪炳，已足震懾一時，公在甌爲民望所歸，而仲之令臨城、良鄉也，赫然聲稱，溢於遐邇，得非家傳世學，業有真修，而措之文章事業，難兄難弟。又得非西粵之山川靈秀，毓於金昆玉季，將爲天下國家造無疆之福，豈僅僅一郡邑小哉！棠棣之碑，馳聲洛下，而小秦大秦不得專美於昔矣。是則百姓之爲公計者，正欲垂之於千百禩之下，俾千百禩之人仰盛德而僅思，猶得晉耿光於簡編也，不其偉哉！行將勒之史册，以慰吾聖天子重民牧之念。不佞嘗閲漢史有何武者，百姓爲之去思不置，蓋公先世之著績者然。爰以繼武名篇，庶幾前後炳燿云。廣西通志二百十

廣西通志二百十：謹按：是編乃何廷相守東甌時有惠政，民誌遺愛而作也。廷相，富川人，萬曆丁未進士。

李氏維樾林氏增志忠貞録

三卷附録一卷。四庫全書總目五十七

存。

四庫全書總目五十七：忠貞録三卷、附録一卷，江蘇巡撫採進本明李維樾、林增志同編。維樾字蔭昌，增志字可任，俱吉州安福人。按：二人並瑞安人，總目云「安福人」，殊誤。是編爲其同里卓敬而作。卷一爲遺稿，凡詩十九首，序二首，誌銘一首，而冠以像贊及遺稿序。卷二、卷三爲後人記載題詠詩文，而附録黄養正、陳茂烈二傳，皆敬鄉人也。然養正爲敬門人，又死於土木之難，其附録爲宜。茂烈於敬別無淵源，而又以棄官養母終於鄉里，其事截然不類，附之忠貞録中，名實舛矣。敬非惟死節慷慨，震耀千古，即於乘燕王來朝之時，密請乘其不意，徙封之於南昌，計亦良善。其疏雖無完本，然劉球所作傳中，尚載其略，不録之於遺稿中，亦編次之疏也。敬在明初，不以詩名，而所作落落有氣格。如五言之「小舟衝浪出，幽鳥背人飛」。七言之「白雲忽去山在户，紅日乍晴人倚欄」。絶句晚眺云：「浣花溪上雙楠木，老杜草堂生夏寒。門外青山三十六，讀書終日倚欄杆。」題山水云：「長松雨過秋聲滿，日日攜琴自往回。安得扁舟乘晚興，載將山色過江來。」栽梅云：「風流東閣題詩客，瀟灑西湖處士家。雪冷江深無夢到，自鋤明月種梅花。」案：張端義貴耳集中載杜小山詩：「惆悵後庭風味別，自鋤明月種梅花。」卓詩蓋用其句。亦皆有致，惜其所傳不多，不能自爲一集，故仍從崔與之集例，入之傳記類焉。

案：林詹事增志，乾隆温州府志、嘉慶瑞安縣志循吏傳並有傳。

劉氏士焜報國録一卷。李象坤匊庵集選

未見。

李象坤書後：遜國忠臣，吾甌惟卓忠貞爲最著。東湖樵夫，則台人爭欲得之，疑案未釋也。編修劉公諱現，永嘉人。其大節見於革除遺事。秀水屠公叔方輯建文彙編，次公名第四焉。乃郡史書弗載，詢之故老，幾同舉漢魏以上事。某獲交公之後人受韜君，一夕偶譚往軼，取彙編讀之，至公名，韜兄蹷然曰：「此吾祖也。」因出宗譜閱之，僅載其服官始末，遺文雲露集可盈寸，覓其感時涕零句，竟楮無有也，則相與手殘帙，揮淚慟哭。蓋公既歿，方、黄之獄未息，其伯氏覲爲楊東里諸人所器，而楊、金舊與公同事稱厚善，哀梓公文，盡削去其觚棱之作，以亟亟全公氏族。孰知公之名反以是掩哉！遺像在幅前，冰澄玉立，肅衣瞻禮，如拜岳鄂王墳，顧松檜皆霜色。韜兄輯報國録，珍諸笥中。壬午，韜兄舉於鄉，而屠公長君弘胤適與同譜，某緣是竊歎節義之氣菌蒸蘭茂，未始孤植也。明年，韜兄遽溘逝。又明年，遭罹國變，感痛時事，向其嗣君索是稿鐫之。昔賢之姓氏，沉埋於蠹簡蟫編中，必欲多方考據以顯其跡，矧當吾世躬親其人哉！乃更有灼爍於時，顧使人凜怯如不欲聞，恐一入目，則終身難化，以即於涼德，則又奚以解也。嗟乎！節義亦何負於人也。今天子中興，首政尊隆惠宗廟號，其一時殉節諸臣靡弗褒録，距建文二百四十二年而論卒定，如公者可以不朽矣。即受韜君修文地下〔一〕，亦可含毫而粲然矣。崇禎甲申長至日，同郡後學李某識。䋣庵集選

乾隆温州府志十九：明崇禎壬午舉人，劉士焜，永嘉人。閉户著書，時人重其學行。

東甌詩存三十：劉士焜字受弢，永嘉人，崇禎壬午舉人。

國朝

佚。

李氏象坤林侍宸傳記䋣庵集選

自序：帝王侈志神仙，寵幸方士，幾幾乎失天下，類以秦皇、漢武並稱，二君寔皆蓋世

〔一〕「下」，底本誤作「上」，據䋣庵集選改。

姿，視區區宇内不足竟其雄心，遂遠而求諸蓬瀛、弱水，併吞六諸侯，遣兩將軍横行絶塞，與訪求神仙同一旨也。宣和，一庸主耳，昵翰墨古器，嗜花石，樂臺苑，如一富貴家韻子弟，而寵幸林歲昌，位壓兩府，史稱：「每建大齋醮，靈素升高正坐，帝設幄其側，其徒秩郎大夫十等擬殿閣，美衣玉食幾二萬人。」何爲者耶？乃當日亦無禪云亭、浮海若之豪舉，僅僅改天下宮觀，建壇授籙已耳。即其好神僊，亦了不易庸主規模，而靖康之禍埒諸望夷，俱再傳而及。旨哉帝王自有萬世不易之經！棄經常，習方伎，丹砂定以裂軀，靈壇定以屋社，輕信禍輕，重信禍重，千輪一轍也。然靈素當日亦只以小術對付庸主，不逮徐福、欒大、五利諸人之荒誕，奔走群望，騾天下而繹騷之，次亦不聞進烹鉛煉汞房中嫚褻之術，而稽首元祐黨碑，遭巨憝嗾逐，奉身勇退。即其受嗾爲建議遷都，亦似預識有北轅之釁者，素即非真僊，自是哲幾之士。予故列而論之，以國史郡乘爲正傳，他撰爲外傳，其條載諸書者輯爲遺事，統名曰林侍宸傳記，夫豈曰傳其人哉！匊庵集選

案：匊庵李歲貢象坤，乾隆温州府志、道光樂清縣志文苑傳並有傳。

徐氏炯文王忠文年譜

一卷。道光樂清縣志十一

存。梅溪文集附刊本

案：徐翔雲梅溪年譜附刻唐傳甡重編梅溪集之首。其書首尾僅五葉，止據宋史本傳及汪玉山所作墓誌，按年排次，間及集中詩文歲月，然殊疏略，不足資考覈也。

林氏大椿劉蒙川年譜

一卷。蒙川遺稿卷首

存。蒙川遺稿附印本

案：恒軒林先生大椿，樂清人，篤學工詩，與家大人善。道光〔一〕間樂清修志，其摻采之力爲多。屢試不得舉，以歲貢終。其著述多未究，惟詩二集，門人梓行之。咸豐丁巳，樂清劉氏以聚珍板重印蒙川遺稿，先生任校勘之役，乃次忠肅遺事爲譜，俾附印以行。其考忠肅率太學生上書論陳垓、蔡榮，爲淳祐十一年事，在上書攻丁大全之前，以訂宋史本傳之誤，考證頗爲精核。惟中興館閣續録九，載忠肅咸淳二年三月以太學博士召試館職，四月除正字，三年正月以正字除校書郎。遺稿四、林道初墓誌作於二年十月，亦自題「國

〔一〕「道光」，底本誤作「咸豐」，徑改。此誤頗多，不再出校注。

子正字劉某」，與館閣續録正合。此譜誤以除正字繫之三年，則失之不考。謹附訂之，俾考忠肅遺事者有所稽焉。

右名人

宋

何氏紘莆陽人物志

三卷。直齋書録解題七、文獻通考一百九十九。佚。

直齋書録解題七：莆陽人物志三卷，知興化軍永嘉林紘文伯撰。以圖志不敘人物，故特爲是編。莆壤地褊小，而人物特盛。

郝玉麟福建通志三十：興化府名宦，何紘字文伯，永嘉人。慶元二年知軍事，才敏給，爲政審先後，奴隸走卒，各得其所。嘗作人物志，創平潭〔一〕橋，新桂籍堂。

萬曆温州府志十：宋進士，紹興庚辰梁克家榜，何紘，永嘉人，興化守。

〔一〕「潭」，底本闕，據刻本補。

録蓋字誤。

案：「何紘」，書録解題作「林紘」。文獻通考引同。福建通志作「何紘」，與府、縣志合，陳

佚。

薛氏凝之伊洛源流譜俞文豹吹劍録外集

吹劍録外集：永嘉玉成先生薛季常疑之，作伊洛源流譜，自孔子、子思、顔、曾、孟子，至濂溪周子以下，凡九十餘傳。慶元間，書始成而學禁正嚴，攻媿先生題其端曰：「趙元鎮相業甚偉，其學不無所傳授。夫豈知自盛行之際，而乃翻謄撰造，出奇見新，自附於朱文公門人之列，案：趙元鎮，忠簡公鼎也。忠簡在相位，以表章程學爲己任，遂有託程門弟子以求進者。事見李心傳道命録。攻媿云「朱文公」，必是字誤。朱與樓同時，在趙後遠甚。攻媿不宜不辨也。欺愚後輩，以資干禄釣名者之具。不然，何張宣公、薛常州季宣、吕成公講解、語録，書坊中寂不見耶？蓋玉成以吾道方屯，恐數十年後老成彫喪，後生小子，不知根柢，耳濡目染，日變而不復還，故作此書。」案：今攻媿集不載此序。水心挽之曰：「乾坤未放虚空壞，蠻貊猶須事業成。」永嘉玉成薛先生曰：「先覺之士如周子、二程子、張横渠、楊、謝、游、胡、晦庵、南軒皆於學道之初，出入老釋百氏，然後有所覺也。」

林景熙二薛先生文集序：薛氏世學蓋三百年。最後玉成公學於慈湖楊敬仲，刊華據

實，猶程門緒餘。僞學禁興，隻手衛道，著伊洛源流，各爲譜傳。書成而更化，生人之類不爲夷狄禽獸，吾道力也。霽山集五

案：玉成薛先生凝之，萬曆温州府志義行傳、乾隆平陽縣志孝友傳並有傳。其名吹劍録外集作「疑之」，與府、縣志不同，未知孰是？〔一〕平陽縣志理學傳別載薛玉成，據霽山集爲傳。蓋誤以玉成爲別一人。雍正浙江通志經籍門又別載伊洛淵源，引南雁蕩志，彦時孫，玉成著，尤謬。今據吹劍録外集考正之。

葉氏適名臣事纂

九卷。宋史藝文志六

佚。

元

葉氏葵濂洛宗派

〔一〕鮑洋薛氏譜有薛玉成壙誌，云：「有宋玉成薛先生之墓，諱凝之，字季常。以紹興十一年生，嘉定七年卒，祖諱彦時。堂曰玉成，自號南湖老農，人尊而稱之皆曰玉成老先生。」據此，作「凝」是。

六卷。忠貞録一

佚。

逸民傳忠貞録一

佚。

卓敬葉繼道先生墓誌銘：晚復作逸民傳，未就，而公已捐賓客矣。忠貞録一

明

方氏繼學兩浙人物志清穎一源集二

佚。

王氏朝佐東嘉先哲録

二十卷。明史藝文志二、千頃堂書目十、四庫全書總目六十一。

存。翰林院儲明刊本、遜學齋藏影明鈔本。

先儒程正叔嘗曰：「周公没，百世無善治；孟軻死，千載無真儒。」然軻亦有云：「古之

人窮則獨善其身，達則兼善天下。」即是以觀，則善治固真儒分内事耳。使之得時以行其志，鎮定調齊，精采所注，而治效自别；否則亦足以立懦敦薄，而馨風遠被，不徒汩没無聞而已也。然所以爲真儒者，厥究維何？孔子曰：「志於道。」蓋道命於天，性於人，而殊途於事物，志矣而自得焉。則藴之爲德行，措之爲事業，發之爲文章，激之揚之爲氣節忠義，隨厥所施而無不善，是則所謂真儒也。吾温舊名東嘉，負山而瀕海，清淑所鍾，人物之生，其來尚矣。晉唐以前，志載無考，迨乎有宋，氣化特盛，若王儒志倡鳴道學於伊洛未作之先，林塘奥講明春秋於王氏新學之際。厥後真儒，彬彬輩出，或以道學顯，或以功業著，或以文章鳴，或以氣節忠義見，炳然粹然，瑩無瑕纇，其氣象如何耶？使上有如是之君，下皆如是之臣，尚何善治之不可復哉！特所遇之時，所處之地不同，故所就亦不同，而其道未始不同也。諸公之出處大節，載籍之中間見迭出，在在可稽，然散而不屬，雜而弗著，鄉之後學罔繇詳考，率莫自知吾温人物若此其盛，亦將何所觀感而興起哉！譬則鄧林之木，大盈之積，人皆知其爲材且實矣；使散而置之，抑孰知其爲一方一庫之所産所有而駭異之耶？今南京虞部員外郎平陽王君廷望，慨然歎曰：「誦其詩，讀其書，論其世，吾儒事也。況生長其地，見聞所逮者乎！」乃於公務之暇，窮搜遍閲，經書子史，傳記集録，所述言行，若論斷許可之辭，足爲後學矜式者，彚次裒輯，萃爲一編，名之曰東嘉先哲録。既自爲首引，捐俸鍥梓，與學者共之矣。以斅亦郡人也，復命贅一言於末簡，斅觀其采擇審，證據明，品藻當，散者以集，雜者以純，不費辭説，而一郡儒先之行實，森然在目，其立志也高，而用心也勤矣。詩云：「高山仰止，景行行止。」廷望君之謂也。顧斅無似，於道罔聞知，然景仰先哲，竊亦有志未能而願學者。因不揣，謹書以自幸云。正德元年歲在丙寅季冬初吉，賜進士出身承德郎南京吏部文選司主事後學瑞安季斅拜書。

士生斯世，常患乎不多聞，多聞常患乎泛濫而無所依歸也。晉阮瞻作無鬼論，梁通事舍人作文心雕龍，用心苦矣。然去道已遠，而於世何所關乎？誠使反其心而用之，大可以羽翼經傳，續諸已往；小可以紀載事物，昭示無窮。而乃爾忽其所重而用心於所輕，舍其切於己者而徇夫爲諸人者，是可惜也。南京虞部員外郎王君廷望有志於明斯道，公暇輒蒐輯温之昔今名公儒碩，德望功業與夫節行文學之足以垂世者，彙成一録，爲卷二十。首之以先達，次之以名儒，曰名臣、曰忠臣、曰孝子居其中，而氣節、詞章終焉，題曰東嘉先哲録。一郡之文獻，於此焉足徵矣。間辱以示暘，暘深嘉君之用心不苟，而又以慶夫是邦之賢人君子有所遇也。君天資迥絶，博聞强識，自其弱冠時，吾郡王憲副資博，已稱爲天下士不置。筮仕以來，又能清白一心，無負厥職。其取重於公卿而見推於士夫，有由然矣。是録也，直其仕優之一耳。然於此可以見山川之靈秀焉，可以見風俗〔一〕之淳美焉，可以見斯文之元氣一脈未嘗斷絶焉。而東嘉之先哲，所賴不朽者，實在於此。視彼泛用其心者，果孰得而孰失哉！昔人謂夷、齊雖賢，得夫子而名益彰。王君願學夫子者也，諸先哲之目有不瞑於泉下乎！雖然，王君之志，懼斯文之泯也，固非以求是於當時也。而暘獨云云者，亦秉彝好德之誠，觸於所見而不可遏云。正德丁卯春正月既望，樂安鄒暘書於南京之翰林院。

四庫全書總目六十一：東嘉先哲録二十卷，浙江鮑士恭家藏本明王朝佐撰。朝佐字廷望，浙江平陽人。弘治丙辰進士，官南京工部員外郎。是編刻於正德初。蒐輯温州先賢事實，分類凡八：曰先達、曰程子門人、曰朱子門人、曰名儒、曰名臣、曰孝子、曰氣節、曰詞章。晉、唐以來紀載無考，故所録託始於宋焉。

案：王員外朝佐，雍正浙江通志、乾隆温州府志、乾隆平陽縣志介節傳並有傳：明史藝文志二作「王佐」，誤也。東嘉先哲録二十卷，世間傳帙頗少。余家所藏者從翰林院所儲明刊本影寫。每卷皆有標題，卷一，先達三人：王儒志開祖、林塘奥石、蔡八行元康；卷二，程子門人五人：周博士行己、劉起居安節、劉侍御安上、鮑敬亭若雨、沈先生躬行；卷三，程

〔一〕「俗」，底本誤作「浴」，據東嘉先哲録改。

子門人七人：許忠簡景衡、陳先生經正、陳迪功經邦、謝先生天申、潘先生旻、戴臨江述、趙尚書霄，附楊氏門人一人：宋尚書之才；卷四，朱子門人四人：葉秘書味道、陳潛室埴、徐先生寓、徐先生容；卷五，朱子門人九人：林龍圖湜、蔡先生懇、沈先生僩、錢先生木之、曹文肅叔遠、周先生僩〔一〕、戴鹽運蒙、黄先生顯子、蔣先生叔蒙，附張氏門人一人：周郡倅去非；卷六，名儒二人：薛常州季宣、鄭龍圖伯熊；卷七，名儒二人：陳文節傅良、蔡文懿幼學；卷八，名儒二人：葉文定適、戴文端溪；卷九，名儒六人：張監嶽〔二〕淳、陳秘書鵬飛、薛恭翼叔似、林婺州拱辰、徐潮州定、葉先生仲堪；卷十，名儒十四人：朱先生黼、徐教授元德、王東巖與之、錢少卿文子、姜教授得平、陳先生季雅、黄先生仲炎、吕先生大圭、薛先生據、章先生仕堯、史先生伯璿、徐教授興祖、張學正謙、朱學正謐；卷十一名臣二人：王忠文十朋、王自中；此卷明本缺二葉，王氏事跡僅存後半，目録亦不存。原本標目不可考。卷十二，名臣四人：陳侍郎棆、薛起居徽言、張忠簡闡、吴尚書表臣；卷十三，名臣三人：婁察院寅亮、徐忠文誼、蔡知閤必勝；卷十四，名臣三人：周侍郎端朝、林樞密略、劉參政黻；卷十五，名臣四人：曹文恭豳、周蒼巖元龜、章恭毅綸、韓運使偉；此卷尾缺數葉目，亦不存，

〔一〕「周先生僩」，底本闕，據東嘉先哲録補。
〔二〕「嶽」，底本誤作「獄」，徑改。

不知韓氏後尚有何人也。卷十六，忠臣八人：此卷首缺二葉，據存者數之。薛良顯。標目存缺葉内不可考。潘進士方、侯節毅畐、徐正將臻、桂鎮撫完澤、彭忠愍庭堅、張庸；標目在缺葉内不可考。周樞密誠德；卷十七，忠臣五人：林霽山景熙、鄭學正樸翁、陳録事高、陳侍講達、卓侍郎敬；卷十八，孝子七人：陳孝門侃、仰孝廉忻、陳孝子宗、周孝子樂、張孝子端、張孝子正、陳孝子序；卷十九，氣節八人：陳連江彦才、何提刑逢原、顧錢塘岡、徐省元履、徐少卿瑄、林進士則祖、徐狀元儼夫、金上舍九萬；卷二十，詞章十一人：倪司勳濤、林太常季仲、潘轉庵檉、趙靈秀師秀、徐照、徐璣、翁卷附。李秘書孝光、汪桐陽鼎新、鄭處士昂、高都事明、林長史温、蘇編修伯衡、季恥庵應祈；總一百十一人。於宋元兩代及明成、弘以前魁儒碩彦，幾於掺輯無遺。所采載籍，自正史列傳以及地志、誌狀、並臚列舊文，不加釐改，且一一詳其出處。其體裁淵雅，在明人書中，頗不易觀。至所引鄉先達遺著，若戴仔家傳、章嘉平陽州志、徐興祖横陽文集、張謙易本義集説、章恭毅文集之類，今並散佚，僅籍是録存其一二。惟明槧本缺葉甚夥，王自中、薛良顯、張庸、金九萬諸録並殘缺不完，又季序謂「王氏自爲首引」，而今所見本，有凡例，而無自序，無從覓足本補正爲可惜耳！至於網羅既富，舛駁亦復不免。如林湜，福州長溪人，晚居平陽松山。見水心集十九。徐定，泉州晉江人，寓永嘉。見水心集十二。吕大圭，泉州南安人，見成德春秋或問叙，此沿春秋大全之誤。倪濤，廣德軍人。見宋史文苑傳六，濤父自永嘉徙廣德，故或題永嘉倪濤。自林湜至倪濤並詳辨誤。蘇伯衡，金華人。見明史文苑傳一，此録亦云。並誤行收入，於例殊不合。又載王東巖著述，誤列北宋亳州道士王與之祭鼎儀範，見宋史禮志，説詳辨誤。雖小有疵纇，不害其全書之精審也。

侯氏廷訓忠孝編二谷山人集九

佚。

南安道源録二谷山人集九

佚。

侯一元先僉事公行略：先君所著有六禮纂要、筆山小稿、侯氏宗譜、忠義集、忠孝編、泗志備遺、北嶽編、南安道源録及漳南志諸書，而治泗、治雄、社倉、義倉、沙河、學田、青龍橋道上、永糧圖，皆有述録。二谷山人集九

案：筆山侯僉事所著書十有七種。舊府、縣志惟六禮纂要、筆山小稿、泗志備遺三種已經著録，餘並不載。今據二谷集九補録忠義集等五書。其治泗、治雄以下各書，事略所載書名未全，且皆短書瑣記，無關考證，今與侯氏宗譜並置不録。附識於此，以補地志之闕。

蔡氏瓚歷代人物志略雍正浙江通志二百四十四作「歷朝人物志略」，今從千頃堂書目十。

六卷。千頃堂書目十

未見。

明名臣録略乾隆平陽縣志十九作「皇明名臣録略」，今從千頃堂書目十。

二卷。千頃堂書目十

未見。

應氏德成古今名臣言行録乾隆温州府志二十七

佚。

陳氏挺東甌鄉賢贊清潁一源集二

佚。

清潁一源集二：陳挺字佳傳，號筠川。所著有筠川類稿及東甌鄉賢贊。

鄭氏思恭東昆仰止録八卷。乾隆平陽縣志十九

未見。

思恭東昆仰止録賦：緊古嵒之龍嵸，江瀛潤於始陽。萃山川之佳麗，羌流峙於吾鄉。孕堪輿之葢葟，毓人文而發祥。惚先後之賢哲，洵玄圃之琳琅。值素王之既坳，辟大莫之不暘。非援儒而入墨，即逃墨以歸楊。俾斯理之晦蝕，迄千載而不彰。自蔡公之崛起，倡理學於一方。誠默契乎道體，掃百家之荒唐。迨後賢之接踵，游程、朱之門牆。嗣當年之盛熾，溯振古而采昌。樹標的於庭幃，敦孝友於一堂。或象賢而善述，或幹蠱以流芳。效鴒原之急難，崇克讓於安常。修庸行於家庭，著忠義於嵒廊。矢精白於皦日，竭匪躬以匡勷。養剛大之正氣，配道義而激昂。批龍鱗而不恤，蹈鼎鑊以何妨。雖天性之固然，由文學之輝煌。黜辭章之陋習，窮理義於毫芒。類花繁而錦燦，埒玉立而珠藏。成天地之經緯，絢黼黻以玄黄。時發揮於政事，展經綸於撐腸。訏謨建于上國，化理效於列邦。勒旗常之駿烈，遺尸祝之庚桑。著中外之碩畫，同金甌於不亡。庶文學之不虛，託豎立以闡揚。樹清正之雅操，若蘭馨而蕙香。葆太白而不淄，杜曲徑以自防。嚴取予於一介，辨義利於微茫。紛內美而藻雪，遵由庚以趨蹌。薄高誼於雲日，利萬物而包荒。周里閈之緩

急，恒指囷而發倉。揮千金而不顧，同河潤之汪洋。幸遘遇而顯庸，作清廟之圭璋。時遯世而隱逸，樂泌水以相羊。可攤書於洞裏，可著足於嵓傍。貽道術於後昆，標節概於無疆。庶廉頑而立懦，豈沮溺之雁行。概諸賢之懿範，若綱舉而目張。會衆理之一貫，由淵泉而濫觴。隨所寓而著名，非彼短而此長。嗟余年之方耆，徒玩愒於詞章。失景行於往哲，苦迷津而無梁。仿野史之末議，借秉燭之餘光。涉載籍而博討，標先賢於縹囊。附祖父於末簡，冀紹明於不忘。愧管窺而蠡測，俟取材於大方。冀仰止乎百世，俾終焉以允臧。重曰：惟混茫之初辟兮，合萬彙而生焉。獨人心之玄覺兮，實衆妙之淵源。自斯文之既喪兮，悼吾道之不傳。睹先正之濟美兮，慶吾鄉之多賢。窮性命以砥行兮，揭斯理於中天。考文獻與會略兮，或僅録其詩篇。余獨詳其懿行兮，纂仰止之遺編。方鴻寶於枕中兮，效作則於韋弦。吾不知老之將至兮，斯補過於無𠍴。庶昕夕之把玩兮，恍諸賢之參前。倘無忝於古人兮，日孜孜以勉旃。聽韶華之荏苒兮，聊優游以窮年。乾隆平陽縣志十九

案：鄭太和著東昆仰止録，以紀平陽一邑文獻。其書乾隆間尚存，〔一〕張南英修平陽志，多據其書。見平陽志凡例。今則不知存佚。平陽志經籍門載太和自作賦一篇，編纂體例

〔一〕此書今有清鈔本（鈐楊潤生印記）、敬鄉樓鈔本、鄉著會鈔本。

尚見大略。今亦附録之，仿經義考一百八十一，劉易春秋經解下載韓琦詩例也。

未見。

並生録 慎江文徵三十八

自序：並生録者，録並余而生者也。耳目所及，幾於百年，偶以同文，並生茲土，余得而録之，凡四十又九人，科名顯晦勿論也。夫人受天地之氣以生，百年瞬息耳。唯導迎朝氣，以爲人生之幹，則風期骨體，卓然有以自立，庶幾無忝所生焉。嘗覽宋之季矣，生於斯者，含毫振彩，爲文章樹赤幟，亡慮什伯。而遠師程、朱，以理學砥礪，如陳公經正輩；枕戈待旦，以忠誠許國，如黄公友輩；批鱗敢諫，士論翕宗，如林公則祖輩；桀桀人寰，亦更僕未盡。辟之陶匏異器而諧音，黼黻異章而麗彩，非地之偶靈也，亦由鴻師宗匠，儀的於前；疊肖重賢，濯磨於後。今則寥寥甚矣。鱗之潛猶是淵也，顧濤非不怒，而奮鬣揚鬐一息千里者，鮮其人矣；鳥之棲猶是柯也，顧風非不迅，而振翎厲翮一摶六月者，鮮其人矣。天之生人，抑厚於昔而薄於今歟？或者曰：「驥之絶塵也怒於駒，不幸而縶於伏櫪；鵬之摩空也捷於雛，不幸而頓於榆枋。士固有具絶塵摩空之骨，而知遇希闊、河清難俟者。」余謂無是。人生骨性不自消磨，則猶然駒之雛之也。夫孺子捕鶉，且止且飛，知其無益，而頓趾攣足，從之不休，未滿志耳，故古人式怒蛙。余老矣，不能爲駒驥雛鶻，能禁其不爲蛙鳴也哉！且作昂藏之志，不使卑庸暮氣得以昏之，亦以告後余而生者。慎江文徵三十八

佚。

姜氏準東嘉人物志慎江文徵三十八

雍正浙江通志一百八十二：姜準博綜群籍，尤悉甌中典故，著書二十七種。

案：艮峰姜處士準，雍正浙江通志、乾隆温州府志、乾隆永嘉縣志文苑傳並有傳，皆稱所著書有二十七種，然各志經籍門所著録者，廑海族譜一種。今於慎江文徵别得東嘉教職世表、東嘉科第年表二書自叙。又據科第表叙，知復有人物志之作，足爲熟悉典故之證。曾唯廣雁蕩山志，亦載有瑣談一書，見十五卷。合之廑及五種，其餘並無可考。〔一〕又府、縣志艮峰傳附載：同時有梅應期著書六十餘種。今廣稽志集，一無所見。文獻陯替，不惟簡帙就湮，即篇目亦無從摎討，良可慨也。謹附識於此，覬留心掌故者共尋訪焉。

〔一〕生平見四庫禁毀書叢刊影印劉康祉（玄受）識匡齋全集明故文學艮峰姜先生墓誌銘。

無名氏東嘉姓譜乾隆温州府志二十七
四卷。
未見。
乾隆温州府志二十七：東嘉姓譜四卷，鹿田子輯。不知氏里。
案：東嘉姓譜，舊府、縣志稱爲鹿田子輯，不知何許人也。其書今亦未見，查爲仁、萬鶚注絶妙好詞：卷一、盧祖皋，卷三、薛夢桂下，並引其語，則其書流傳未絶，當尚可尋訪也。〔一〕

國朝

王氏祚昌王氏園史周天錫樗庵日鈔
存。樗庵日鈔寫本
祚昌曰：園史，哀思也。先子心寖府君之學，未及著於世而遂没。孤不肖，恐遂泯闕罔傳焉。妣懿行媲於古人，姊及其夫子章，孝義感動於鄉，是府君之教行於一家之驗也。

〔一〕臺北「中央圖書館」藏舊鈔本，題「明鹿田子輯」。鹿田子或即鹿田，爲周天錫之號，天錫生當明季清初，輯録温州文獻頗多，殆爲此書之輯者。

孔子曰：「是亦爲政，奚其爲爲政。」其此之謂歟？ 夏蟲噪林風木哀，予偶筆一二，名爲園史，庶他日傳狀一籍也。 謹志。 府君生於嘉靖乙卯三月廿二日，卒於萬曆甲寅八月二十日，享年六十。 府君没，妣遂寡飲食，姊妹哭府君，先後從之。 妣遂病，未及大祥繼没。 嗚呼！ 尚可言哉！ 尚可言哉！ 妣生於嘉靖壬戌六月初二日，卒於萬曆丙辰六月十一日。伯兄履昌敬奉窆於梅隴祖丘之右。 二志均未及詳。 除服，伯兄學日進，事來則應，過輒已。 冠婚二弟，不以家冗相煩，詩文超然自得，當有知者。 兄弟痛考妣之没，輒用以雋先生爲儀表。 門下知名者多，至如陳君國祥、鮑君德純，尤終食不忘府君之教，勤用勸勉，有過無諱。 陳君事父母稱色養，兄弟愉愉如也。 久要不改，足備惇懿。 病卒，弟姪均預夢，一日皆自遠至。 今其族里卒神事之。 季弟文筆頗藻，癸酉爲本房所賞，頗好聲律有韻之言，又嘗謂人曰：「家有文中子，倘得自附無功。」諸門士切規之，以爲非府君之志。 祚昌椎魯猶昔，惰而無成，斯行之諭，百不一進。 私念當世名公卿，輒能推高其先行，使名德不湮。 府君實學實行，不獲著見於世。 太史公曰：「顔淵雖賢，附驥尾而名益顯，修身砥行，不附青雲之士，烏能施於後世哉！」可用深歎，雖芝蘭生於深山，不以無人不芳，不足爲府君軒輊。 然而不孝之罪，安能逭於萬一哉！ 敬録大略，名爲園史，附於周易潎書之後。 大人先生有愍其不孝，賜之傳狀，使讀易者人人明著府君之學，則府君不泯矣，它非所敢望也。 時崇禎甲戌六月初八日，中男祚昌敬志。

案：王玄翼園史，記其父某字仲升，號心寰，其名無考。母蔡氏言行，而附以兄履昌，及女兄遺事，條舉件繫，頗爲詳悉。手稿久佚，故府、縣志並未著録。余所見者周懋寵樗庵日鈔録本，凡二十六條，不知是玄翼全書否也？

周氏天錫敬梓録花蕚樓集

佚。

自序：曩讀古人書，遇可喜、可驚、可歌、可泣之事，輒流連擊節不自禁云。顧蹟湮弗可索也，地違弗可接也。弗可索，弗可接，以爲未必有是也。以爲未必有是，而可喜、可驚、可歌、可泣之情悠然逝矣。父母之邦，故老之傳，耳聞目見，確如也。每有所獲，輒書而投之陶甕中，閑取讀之，其蹟不湮也，其地不違也。可喜、可驚、可歌、可泣則果如是矣。詩不云乎：「維桑與梓，必恭敬止。」恭矣敬矣，又寧直喜之、驚之、歌之、泣之而已哉！花蕚樓集

慎江獻徵花蕚樓集〔一〕

〔一〕此條底本闕，楊紹廉據定稿鈔補。

佚。

周氏家録花蕚樓集〔一〕

佚。

朱氏鴻瞻景行録竹園類輯四

佚。

自序：予取明代賢人布衣太學生之流，及職官之至小者，撮爲景行録，各施論斷。乃喟然歎興曰：「學之不可有誤也如是夫！學之不可有誤也如是夫！」三代而下，既用科目取士，士之爲學，豈必舍科第弗取，棄舉子業勿事哉！第其心惟知有科第，若非科第不足以成名，誤矣！不知不由科第而成名尤盛於科第者，未嘗無人焉。惟知工爲應制文，苟且剿襲，以投時好，誤矣！不知天下古今有當讀之書，有當明之理，有當識之事，舍此弗圖，即於制科已失其實。雖倖陟春官三百人之列，與草木同腐已耳，奚貴

〔一〕此條底本闕，楊紹廉據定稿鈔補。

焉！況乎科第得失，制之由命，命苟得，雖懋古學，違時好，志弗在科第，而科第亦弗舍之也。若不當得，而徒竭一生精力，從事於呫嗶鉛槧之間，不務實功，不求實獲，至於老死牖下，碌碌庸暗，罔所聞知，不亦大可惜哉！是以蚤知之士，不待事過後悔，便當於少小時，立定厥志，期作百代人物。當讀之書罔弗博，當明之理罔弗窮，當識之事罔弗考，特立而獨行，嘐嘐而進取，不僅以一科第畢我生平之學。試觀茲數公者，其位至微，其人至卑，其名至美，其業至大，曷嘗有待於科第？而亦豈徒科第者之所能及哉！詩曰：「高山仰止，景行行止。」予心竊嚮往之。録取明代，爲其近而易於興起也云爾。竹園類輯四

右總録

宋

陸氏維則海神靈應録一卷。直齋書録解題七、文獻通考一百九十九。

佚。

直齋書録解題七：海神録應録一卷，永嘉貢士陸維則撰，太守韓彦直子温爲之序。初

元祐中，太守直龍圖閣范峋夢海神曰：「吾唐李德裕也。」郡城東北隅海仙壇之上有廟，初不知其爲何代人。峋明日往謁其像，即夢中所見。自是多響應。然封爵訓詞惟曰「海神」而已。

案：陸維則事蹟無考。韓彦直，蘄忠武王世忠子，見宋史三百六十四，其以大中大夫知温州，萬曆温州府志秩官門列於淳熙間。則維則南宋初人也。

陳氏昉雲萍録 文天祥文山集〔一〕

佚。

文天祥題詞：公守建陽，人和政成。皇曰來歸，從橐斯榮。我時在館，望公珮珩。公不我遐，我德公誠。公録班如，友朋公卿。維公下士，敬附氏名。文山集

案：節齋陳清惠公昉，萬曆温州府志宦業傳、雍正浙江通志、乾隆平陽縣志名臣傳並有傳。

〔一〕據夏承燾天風閣學詞日記云：「此如今之紀念册，而非著作，宋人集中不少。仲容先生誤以入録。」此條似當删。

夏氏元鼎南嶽遇師始末四庫全書總目一百四十七「始」作「本」，今從溯庵集選。

一卷。溯庵集選

未見。〔一〕

李象坤序：南嶽遇師始末一卷，宋西域〔二〕真人夏元鼎撰，附於金丹詩訣之後。元鼎字宗禹，吾郡永嘉人，嗜學淹貫，自負其才。當南宋初造，慨然有唾手燕雲志，宛轉赴帥幕。比御命使僞齊，備極艱瘁以病，病而習吐納法良效，乃解組從簪裳。志稱其後無疾端坐逝。逝之日，鄉人在閩見之。寄書歸，類真得仙者。鍾離翁不得逞於吐蕃，遂從碧眼胡僧訊鸞鶴，將毋同與。緣是竊悟神仙自是血性男子事，亦自是血性男子梦尾事，奚必編木膚，茹草實，自齠齔已然，始云童真入道哉！郡之西十里，岑崟清美，元鼎昔歸隱其中，地即名夏僊，予每游焉，所著陰符、藥鏡、悟真諸講解，俱秘不傳。然三復茲編，天之滓，道之髓，可烹煉而取之矣。溯庵集選

〔一〕此書今存四庫全書存目叢書所收金丹詩訣下卷末。國家圖書館藏明刻寶顏堂彙秘笈四十二種本，作南嶽遇師本末。中國醫籍通考二著録於方論二，並云此書「蓋爲道家吐納養生之法」。温州經籍志編入傳記雜録内，誤。

〔二〕「域」，溯庵集選作「城」。

四庫全書總目一百四十七：金丹詩訣二卷，舊本題唐純陽真人吕巖撰，宋雲峰散人夏元鼎編。元鼎，即作陰符經講義者也。下卷末附南嶽遇師本末，亦題夏元鼎編述。元鼎遇赤城周真人指示得道事，考蓬萊鼓吹附録稱：「元鼎博極群書，屢試不第。應賈、許二帥幕，出入兵間。至上饒，夜感異夢，棄官入道，至南嶽祝融峰，得遇異人傳授。」亦道家荒誕之言，不足信也。

案：雲峰夏道士元鼎，萬曆温州府志、雍正浙江通志、乾隆永嘉縣志仙釋傳並有傳。

明

項氏喬甌東政録千頃堂書目十

未見。

案：嘉靖辛亥廣東初刻十卷本甌東私録，末二卷標曰政類，凡甌東爲撫州、廬州、河間知府，及爲湖廣按察副使、福建按察僉事、廣東參政等官，所行公牘悉在焉。明年别刻於南雄，則推官劉僊重爲編定，以私録專載講學之語，分歷官、公牘，别爲政録，即此本也。詳十七卷甌東私録下。然刻本今未之見，卷數亦無可考。

葉氏承遇筮仕録雍正浙江通志二百四十四

佚。

案：葉莆田承遇，萬曆温州府志宦業傳、雍正浙江通志、乾隆永嘉縣志循吏傳並有傳。

戴氏賞惠愛録二谷山人近稿五

佚。

續愛録二谷山人近稿五

佚。

玉陽録二谷山人近稿五

佚。

惠庠義田録二谷山人近稿五

佚。

當陽學課録二谷山人近稿五

佚。

侯一元湖廣當陽學諭金峰戴先生墓誌銘：嘉靖丙午選貢，授廣東惠州府學訓導。至則揭示諸生修己所宜，又爲置義田以餔貧士，轉爲湖廣當陽教諭。所著有惠愛、玉陽、續愛、惠庠義田、當陽學課諸録、歸田稿、見聞雜著。二谷山人近稿五

案：金峰戴教諭賞，乾隆温州府志、乾隆永嘉縣志文苑傳並有傳。

張氏陽春江北恤刑録乾隆温州府志二十七

佚。

案：張尤溪陽春，雍正浙江通志、乾隆温州府志、乾隆永嘉縣志介節傳並有傳。

周氏一奎平黎一箸乾隆温州府志二十七

佚。

佐惠半班乾隆温州府志二十七

佚。

案：玄六周知州一奎，乾隆温州府志循吏傳、乾隆永嘉縣志仕績傳並有傳。

周氏應期江州計過録雍正浙江通志二百五十二

佚。

李氏維樾折沖紀述乾隆温州府志二十七

佚。

右雜録

史鈔類

宋

王氏十朋唐書詳節文淵閣書目五

佚。

文淵閣書目五：王十朋唐書詳節一部，二册，闕。

陳氏傅良西漢史鈔十七卷。文獻通考二百、世善堂藏書目録上。

佚。

文獻通考二百：西漢史鈔十七卷。中興藝文志：陳傅良撰。指摘精要，裨正闕誤，如制度始末因革，則條其大意，遺其煩碎，而一代之興衰、治體、人才、紀綱、風俗亦略矣。「略」字下疑奪一字。

葉氏適葉學士唐史鈔十卷。宋史藝文志二

佚。

案：宋魏仲舉五百家注音辨昌黎文集，卷首列所收評論詁訓音釋諸儒名氏云：「永嘉葉氏名適，字正則，議論見唐鈔。」魏書之例，凡云某人議論見某書者，並其人自著之書。如王得臣，云「議論見麈史」；沈括，云「議論見筆談」之類。而史志及各書目所載水心撰述，並無唐鈔之名，惟宋史藝文志二，有葉學士唐史鈔十卷，注云：「不知名。」考水心官終寶文閣學士，故宋人多稱爲葉學士，所著書亦以爲標題。章俊卿群書考索續集十三、引水心賢良進卷稱「葉學士進卷」。

明黎諒水心集跋述所得書本亦有題葉學士文集者，是其證也。然則葉學士唐史鈔殆即魏仲舉所謂唐鈔也。宋志所載者，蓋宋時書肆之本，故僅題「葉學士」，而不箸姓名耳。

載記類

宋

薛氏季宣十國紀年通譜艮齋浪語集三十佚。

自序：事明於一疑於衆，舉其類則疑者明。三代以前，萬國分治，書之典誥，何其明且約也。蓋天下車同軌、書同文、行同倫，萬國之政繫於一人，四海之大猶一身，上下之禮明，中外之治均，比屋可封，人亡異情，載筆之臣何所記？修律度量衡，然猶未免於時守而同之也。周德衰，王跡熄，徐楚僭叛，征伐行於諸侯，正朔不稟於京師。國異政，家殊俗，變風競作，聲詩異編，春秋常事不書，類以舉其疑也。太史公譜共和以來爲十二諸侯六國年表，稽古之士得以考見焉。漢世宗紀年建元，爲國家者循以爲故。時疑世變，自爲聲教者往往各名「年紀」，二君並世，則行事異而正朔疑矣。不明其類，曷舉其疑，十國判於唐衰，一於天宋，中更五代，時並異書，讀其傳者，不習其時，常以爲病。

劉恕紀年載述，假日名甲子繫之年，舉衆明疑，一其類矣。至於參考異邦之事，則尚有臨軸而廢卷者，爲之旁行譜系，列其歲紀，舉疑明類，輔成劉氏之闕。先唐改元天祐，而蜀獨以天復名年，通譜之書，從此而斷，迄於平晉，凡七十有六年。年殊朔別，用通譜於左方。

艮齋浪語集三十

時令類

明

應氏德成時令記 乾隆温州府志二十七

佚。

鄭氏思恭月令纂言 乾隆温州府志二十七。乾隆平陽縣志十九作「時令纂言」。

佚。〔一〕

〔一〕温州市圖書館藏舊鈔本，題：「園居時令纂言四卷。」乾隆温州府志藝文門亦作「時令纂言」，作「月」字誤。

國朝

林氏占春月令合纂雍正浙江通志二百四十四

佚。

案：林教授占春，雍正浙江通志、乾隆温州府志、乾隆永嘉縣志文苑傳並有傳。

余氏國光歲事通續編嘉慶瑞安縣志九

未見。

孫詒讓全集

温州經籍志

第二册

潘猛補 點校

中華書局

温州經籍志卷十

史部

地理類上

宋

薛氏季宣薛常州地理叢考一卷。宋史藝文志三

佚〔一〕。

〔一〕温州市圖書館藏玉海樓鈔本以文廷式從永樂大典中輯録本傳寫。

九州圖志千頃堂書目八、宋史藝文志補。朱子語類二作「九域圖」。

佚。

朱子語類二：李德七十九載作「得」。之問：「薛常州九域圖如何？」曰：「其書細碎不是著書手段。」七十九亦載此語。七十九：薛常州作地志不載揚、豫二州。先生曰：「此二州所經歷，見古今不同，難下手，故不作。諸葛誠之要補之，以只見册子上底故也。」

案：艮齋浪語集二十四：答陳君舉第二書云：「八州圖，別後都不暇料理。」又第三書云：「州圖納去，荆南交二紙，鈔畢希蚤寄示。揚、冀草具未補；梁州和夷，未曾釋地；幽、雍都未下手。幽經却備，幸而不爲事奪，一兩月間莫可成矣。」書内有「旋聞上庠中補，喜之不寐」之語。蔡幼學止齋行狀載：乾道六年，從薛公晉陵，其秋入太學。則艮齋書必是秋所寄。其後三年，艮齋即卒。止齋作行狀載其著述，云「九州圖志止若干卷」，則終未成書，故揚、豫仍闕。朱子謂「一州難下手，故不作」，非艮齋意也。

又案：九州圖志，黎氏編朱子語類作「九域圖」，注引學蒙録，作「九域志」。見語類七十九。考宋王存有元豐九域志，艮齋不宜襲其名。千頃堂書目及宋史藝文志補並作「九州圖志」，與陳止齋所作行狀同，蓋得其實，今從之。

王氏奕釋漢地理志萬曆温州府志十七

佚。

國朝

林氏占春輿志合璧

佚。

葉氏嘉棆輿圖詳考寶香山館集十七

未見。

右總志

宋

黎氏靖德沙陽志萬姓統譜十四〔一〕

佚。

〔一〕此條底本無，據刻本補。

萬姓統譜十四：黎靖德，永嘉人。嘉祐間爲沙縣主簿，攝縣事，清謹善理繁劇，博學能文詞，嘗修沙陽志。

福建通志九十三：宋沙縣主簿黎靖德，嘉祐間任，嘗攝縣事，清謹博文，纂修邑志。

張氏季樗濠梁志

三卷。直齋書録解題八、文獻通考二百五。

佚。

直齋書録解題八：濠梁志三卷，郡守永嘉張季樗撰。時嘉泰初元。

案：張州守季樗，忠簡公闡子。雍正浙江通志、乾隆温州府志、乾隆永嘉縣志循吏傳並有傳。方輿勝覽四十八：淮西路濠州郡名曰「濠梁」。凡祝書所謂郡名，大都當時雅俗相沿之稱，或襲郡縣舊名，或舉山川勝蹟，故有一地而郡名三四者，並以備詩文箋牘之用，非宋時實嘗置此郡也。下浮光、江陽、盱江，並仿此。張延卿自知光州與商廷昌易濠州，後改知和州。開禧兵釁起罷歸。事詳水心集二十六故中散大夫提舉武夷山沖佑觀張公行狀。此志即其在濠時所撰也。

陳氏謙永寧編

十五卷。宋史藝文志三、直齋書録解題八、文獻通考二百四、國史經籍志三。

佚。

王象之輿地碑目一：永寧編，陳謙所述。留元剛序云：「是編非取夫搜摭新故，誇詡形勝而已。事變之會，風俗之趨，蓋將有考焉。觀叙州，自晉以來，守凡幾人？孰賢孰否？觀叙人，自國朝以來，作者幾人？孰先孰後？熙寧而後所易兵制，善於古否？建炎而後，所增賦税，鈔本碑目作「税賦」，今從車氏刊本。安於民否？水利何爲而便？役法何爲而病？是非得失之跡，興廢鈔本碑目作「廢興」。沿革之由，安危理亂，於是乎在，一言去取，萬世取信。」案：非全文。

直齋書録解題八：永寧編十五卷，待制郡人陳謙益之撰。漢分章安之東甌鄉爲永寧，今永嘉四邑是也，故以名編。時嘉定九年留元剛茂潛爲太守。

讀書附志上：永寧編十五卷，右嘉定中守留元剛序，陳謙所述也。叙州、叙縣、叙山、叙川、叙賦、叙役、叙兵、叙人、叙産、叙遺，凡十一類。

案：陳易庵永寧編，成於嘉定九年，即易庵卒年也。易庵卒於嘉定九年八月，年七十三。見水心集二十五朝請大夫提舉江州太平興國宫陳公墓誌銘。其目見讀書附志者，始叙州，終叙遺，凡十一門。方輿勝覽九：瑞安府、山川、雁蕩山下，引叙山云云。蓋即此書叙山篇文也。

戴氏溪清源志世善堂藏書目録上，「源」下有「山」字，誤衍。

七卷。直齋書録解題八、文獻通考二百五。

佚。

直齋書録解題八：清源志七卷，通判州事永嘉戴溪肖望撰。時慶元己未太守信安劉潁也。

案：宋泉州清源郡平海軍節度，屬福建路。見宋史地理志五。宋史本傳載：「文端升博士，除慶元府通判，未行，改宗正簿，累官兵部郎官。」不云嘗通判泉州。考文端除宗正簿，在慶元二年二月。見中興館閣續録九，實録院檢討官下。其除兵部郎官，在開禧二年七月。見中興館閣續録八，秘書郎下。其修清源志，陳録謂在慶元己未，則其倅泉，當在爲宗正簿之後、兵部郎官之前。兵部郎官之前，尚有秘書郎之除，在開禧二年三月。亦見館閣續録。本傳所叙官秩，不無删削耳。清源志，明文淵閣書目十九、世善堂書目上，並有其書，今則久無傳本。惟王氏輿地紀勝一百三十，泉州一卷，略引數條。其體例無可考也。

徐氏自明零陵志

十卷。直齋書録解題八、文獻通考二百五、宋史藝文志三。

佚。

直齋書録解題八：零陵志十卷，郡守徐自明，嘉定己卯重修。

案：宋永州零陵郡軍事，屬荆湖南路。見宋史地理志四。徐慥堂知永州在嘉定十年十二月。見史能之毗陵志八。零陵志成於嘉定己卯，蓋除官後二年也。宋宰輔編年録陳昉跋云：「慥堂終零陵郡守。」輿地紀勝五十六永州碑記載有：「零陵志張埏序，不著撰人。」未知即此書否。宋志三，張埏零陵志十卷，與徐書並收。

浮光圖志

三卷。宋史藝文志三

佚。

案：方輿勝覽五十：「淮西路光州，郡名曰浮光。」慥堂所著圖志見宋史藝文志，疑嘗官光州也。

張氏聲道岳陽乙志

三卷。直齋書録解題八、文獻通考二百五。

佚。

直齋書録解題八：岳陽志甲二卷，乙三卷。甲集建安馬子嚴莊父、乙集永嘉張聲道聲之所修，皆郡守也。

中興館閣續録七：秘書丞張聲道，字聲之，温州瑞安人。淳熙十一年衛涇榜進士出身，治書。開禧元年十二月除，二年四月罷。八：秘書郎張聲道開禧元年九月除，十二月爲丞。

嘉慶瑞安縣志七：宋進士，淳熙甲辰衛涇榜，張聲道，湖南提刑。通志、府志「道」並誤「遒」。

案：宋岳州岳陽軍節度，屬荆湖北路。見宋史地理志四。張聲之守岳州時代無考〔一〕。明文淵閣書目十九，有岳陽志六册，未知即甲乙志否？

陳氏峴南海志阮元廣東通志一百九十一作「南海縣志」，誤。今從宋史藝文志三。十三卷。宋史藝文志三

〔一〕張國淦據永樂大典輯鈔本，作一卷。孫氏云「張聲之守岳州，時代無考」，據張氏考定，張聲道於嘉定十三年知岳州。此志爲其官岳州時所編。

佚。

自序：九州之志，見於墳典之初，慎江文徵三十二無此二字。至周誦訓文徵無此二字。職方文徵此下有「氏」字。所掌，事益加詳，其文徵無。由來古矣。方文徵無。是時南越地尚文徵作「所處」。荒外；文徵作「服」。宜爲文徵無此二字。闊絶亡傳。自漢以來固因已亡間於此三字文徵作「埒」。中邦，而文徵作「爲」。南海實文徵無。一都會。文徵無。蓋嘗總攝五莞，號軍府之盛，其地望重矣。文徵作「綦重」。宋興，混并文徵作「一」。六合，迄於兹二字文徵作「今」。二百四十餘年，民物歲滋，文徵作「民阜物滋」。聲教日洽，人之文徵無。視之所謂若東西州焉文徵無。者，誠可睹不誣。五字文徵作「殆不誣云」。顧若文徵無。昔方志之傳，其文徵無。存者蓋鮮，文徵作「渺」。近時圖述，復多缺略。文徵作「佚」。或所録率猥醜，文徵作「鄙猥」。覽者病焉。因委郡文學文徵二字作「士」。齊琥、監鹽倉季端仁，相與纂輯，文徵作「輯之」。訪之耆老，參以舊聞，文徵無此二句。考質文徵作「訂」。彙次，凡閲月數四，文徵作「凡四閲月」。以成書文徵下有「者」字。告。視前頗二字文徵作「昔」。有倫且加詳矣。自文徵無。余來文徵無。莅兹土，見城觀室屋文徵作「屋室」。暨夫二字文徵作「洎」。名跡故實，二字文徵無。率荒圮二字文徵作「茀」。弗治，壕渠表裏亦皆四字文徵無。堙遏。名存而文徵無。實喪。每竊興文徵無。歎。於是補文徵作「葺」。弊支傾，是建是辟，文徵作「斥」。問文徵作「詢」。民所利病，三字文徵作「噫嘻出入」。與之規爲。凡其文徵無。力所文徵無。可强弗敢有文徵無。愛也。若夫文徵作「惟是」。習俗之文徵無。龐雜，鬥文徵作「好」。競之蕃多，三字文徵作「尚侈」。雖嶺海之會，三字文徵作「表」。居勢使然。司牧者文徵無。得盡文徵無。辭其責乎？然力有豐薄，事有易難，文徵作「難易」。期月而可，茲由聖哲論也。六字文徵作「衷諸聖言」。賈誼有言：二字文徵作「曰」。移風易俗，使人回心而向文徵作「嚮」。道。類晨俗吏之文徵無。所能爲，則豈余克任哉？姑述厥志，以俟夫文徵無。後之君子。文徵此下有「嘉定二年十一月辛卯日」十字。

廣東通志一百九十一

廣東通志二百三十六：陳峴以大中大夫集英殿修撰，嘉定元年知廣州軍州事兼管內勸農使、充廣南東路經略安撫使、馬步軍都總管，帥廣三年，政務寬簡，民甚德之。嘗以政暇，委州文學齊琥、監鹽倉季端仁編南海志。凡都會名跡湮遏弗彰者，皆補書之，成一方信史，凡十三卷云。

曹氏叔遠永嘉譜宋史藝文志三「譜」作「志」，誤，今從直齋書録解題八、文獻通考二百四、宋史四百十六、國史經籍志三。

二十四卷。直齋書録解題八、文獻通考二百四、宋史藝文志三、國史經籍志三。

佚。

直齋書録解題八：永嘉譜二十四卷，禮部侍郎、郡人曹叔遠器遠撰。曰年譜、地譜、名譜、人譜。時紹熙三年，太守宛陵孫楙屬器遠哀集，創爲義例如此。器遠庚戌進士，蓋初第時也。

宋史四百十六：曹叔遠嘗編永嘉譜，識者謂其有史才。

吴仁傑離騒草木疏四：永嘉譜有慈竹、石竹、綿筀竹、茅竹〔一〕、篙〔二〕筞竹、雙〔三〕竹、亶竹、木亶竹、慈孝〔四〕竹、粘翠竹、苦油竹、蘆棲竹、大箴竹一曰月〔五〕竹、公孫竹、方竹、紫竹、江南竹、斑〔六〕竹、湘江竹。

案：曹文肅永嘉譜區分四目，在古地志中寔爲創例。其所謂年譜者，蓋以志建置、沿革諸大事，並編年紀之；其所謂地譜者，蓋以志山川、疆域、名勝、古蹟；其所謂人譜者，蓋

〔一〕「竹」，底本誤作「木」，據離騒草木疏改。

〔二〕「篙」，離騒草木疏作「菡」。

〔三〕「雙」，底本闕，據離騒草木疏補。

〔四〕「慈孝」，底本闕，據離騒草木疏補。

〔五〕「月」，底本闕，據離騒草木疏補。

〔六〕「斑」，底本誤作「班」，據離騒草木疏改。

以志官師、除罷、選舉、人物；惟名譜不得其義，不知所志何事也〔一〕。其書明文淵閣書目有十册。周天錫慎江詩類一，録謝靈運北亭往松陽始發至三州、讀書齋詩下附邵少文邵建章字。云：「右三詩，見宋永嘉譜。康樂集中不載，近馮惟訥詩紀亦遺之。」是此書明末尚存，今則不可復得矣。

江陽譜

八册。文淵閣書目十九。輿地紀勝一百五十三無册數。

未見。

輿地紀勝一百五十三：潼川府路瀘州碑記：「江陽譜，永嘉曹叔遠編集。」

四庫全書總目八十一：宋朝事實二十卷，宋李攸撰。陳振孫書録解題稱其官爲承議郎，而不詳其里貫。江陽譜稱「政和初，編輯西山圖經、九域志等書。瀘帥孫羲叟招原注：下闕文。書上轉三官，張浚入朝約與俱，以家事辭。」其書據江陽譜，蓋上起建隆，下迄宣和，凡六十卷。其三十卷先聞於時，後以餘三十卷上之，因語觸秦檜，寢其書不報，故晁、陳二

〔一〕孫延釗以爲「名譜以及物譜，志物産等。吴仁傑離騷草木疏所引者或書名譜中。」

家書目俱作三十卷，與譜相合。

案：方輿勝覽六十二：潼川府路瀘州，郡名曰江陽。宋史四百十六本傳載文肅嘗通判涪州，後守遂寧，未嘗官瀘州，蓋史文缺略。江陽譜，明文淵閣書目尚有著録。四庫提要、宋朝事實下亦引其語，不注出處，疑永樂大典内尚載其書也。

周氏端朝桂陽志

五卷。宋史藝文志三

佚。

案：宋桂陽軍，屬荆湖南路。見宋史地理志四。周文忠嘗爲桂陽軍教授，見通志、府、縣志人物傳。故爲修志。輿地紀勝六十一：桂陽軍碑記載：桂陽志，教授鄭伸〔一〕編。與文忠志别。明文淵閣書目十九，有「桂陽志三册」，一部，「二册」，不知即文忠書否也。

林氏英發景陵志

〔一〕「伸」，底本誤作「紳」，據輿地紀勝改。

十四卷。宋史藝文志三

佚。

讀書附志上：景陵志十四卷。右嘉定庚辰郡文學林英發修，詩文集附焉。唐陸鴻漸、皮日休、陸龜蒙，皇朝朱昂、宋祁、晏殊、吴育、楊徽之、蘇紳、石延年、王禹偁、張耒，諸公之作爲多。

趙宏恩江南通志一百七十二：太倉州流寓，宋林英發，永嘉人，贅居嘉定，知建昌縣，戡定洞寇，擢知壽昌軍，趙與簒嘗師事之。卒葬蘇州穹窿山。

案：宋復州景陵郡防禦屬荆湖北路。見宋史地理志四。林氏此志，舊通志、府縣志並未著録。今據宋志補入。

姜氏得平盱江續志

十卷。宋史藝文志三

佚。

案：方輿勝覽二十一：江西路建昌軍，郡名曰盱江。直齋書録解題三載「得平官建昌軍教授」，詳卷六論語本旨下。故爲修志。然書録解題八載，「盱江續志十卷，慶元五年三山陳岐修。」郡守也，其書卷數與姜志同，或姜志即由陳岐主修；或姜志之成，在陳志之後，遂沿續志之名，均未可知也。明文淵閣書目十九，有「盱江後志五册，不著撰人」，亦不知即是書否？

蔡氏範黄巖志

十六卷。直齋書録解題八、文獻通考二百五。

佚。

直齋書録解題八：黄巖志十六卷，知縣永嘉蔡範蓮當作「遵」。甫撰。嘉定甲申。

案：蔡遵甫以嘉定十五年知黄巖縣。見陳耆卿嘉定赤城志十一。陳録謂黄巖志成於嘉定甲申，則十七年，猶在黄巖也。

元

章氏嘉夏氏開先温州路志

二十卷。雍正浙江通志二百五十三。文淵閣書目十九、元史藝文志二並作「十册」。

佚。

萬曆温州府志十二：章嘉嘗修温州路志，時永嘉有夏開先者，世著儒業，治喪不用浮屠，鄉里尊之，與嘉同事纂修。

案：章德元、夏開先所修温州路志，明文淵書目有其書，今未見傳本〔一〕。

章氏嘉東甌志

十册。文淵閣書目十九

佚。

萬姓統譜四十九：章嘉，至大庚戌修温州路志，延祐己未自翰林還里，重修東甌志。

雍正浙江通志二百五十三：東甌志延祐間修，見任敬温州府圖志序。

天台郡志雍正浙江通志二百五十三。文淵閣書目十九，不著撰人。

十册。文淵閣書目十九。元史藝文志二，無册數。

佚。

〔一〕夏開先字景妝，永嘉人。見弘治温州府志十章嘉傳。

永嘉縣志林霽山集拾遺

佚。

乾隆永嘉縣志二十三：永嘉縣志，元教諭平陽章嘉德元修。見林景熙平陽州志序。

案：章德元所修永嘉縣志，見林霽山平陽州志序。通志、府縣志並據著録。尹廷高玉井樵唱中有章春谷編永嘉志成詩。考明文淵閣書目十九，有「温州路永寧志八册，又永寧志一册」，舊通志、府縣志所載元時地志，别無所謂永寧志者，疑即章志，本以漢縣名書，與陳氏永寧編相類。霽山平陽州志叙，據當時縣名言之，故曰永嘉縣志耳。今附識於此，於外編不復録永寧志，以省繁綴。

瑞安州志林霽山集拾遺

佚。

平陽州志元史藝文志二

佚。

林景熙序：平陽舊無志。何以無志也？温屬縣也。土地、人民、政賦附見於永寧編、永嘉譜者往往而略。元貞元年，以縣五萬有奇户升中州，仍隸於温。廼選良二千石暨其佐，奉宣休德，以惠我人。昔沿今創，今繁昔簡，無志可乎？朝廷嘗下郡縣，遍采圖牒，以成大一統之志。然摭星宿，遺羲娥，不備不實，其何以信？判官皮侯元，飲冰食蘗，以詩、書飾政，覽形勢，稽典籍，方有志兹事。會前永嘉教諭章嘉德元修永嘉縣志成，捧路檄來補平陽、瑞安二屬州志。侯喜曰：「此予欲爲而未遂者也。子生長是州，好古博雅，其得辭？」以告同僚長以下，皆喜，乃廪館之，共筆札。德元祖述編、譜，搜舊聞，訪殘刻，山林遺録，官府近制，無不博詢旁采，增昔所無，續今所有，而定去取於侯。其友前西安教諭陳天佑孝章，相與彙集，手鈔窮日夜，不爲無助。志於是成，咸曰「勤哉！」繼而謝公振孫來守是州，捐俸率先鋟之。夫事有若迂而實有功，雖非簿書期會之所急，而實教化風俗之所關，志是也。周有外史，以掌四方之志；而杞宋不足徵，夫子亦傷文獻之無存。今仕是州者，或數千里而來，山川易險，典禮廢興，一披此志，瞭然在目。由是參酌其政事，調和其土俗，使民不棄所便而駭於所未嘗習，斯亦可附于〔一〕古良史，俗吏固不識也。德元以侯令屬予叙，於是乎書。大德丁未重陽，前釋褐進士林景熙序。林霽山集拾遺

〔一〕「于」，底本誤作「千」，據弘治温州府志改。

雍正浙江通志二百五十三：平陽州志，大德丁未判官皮元延永嘉教諭章嘉德元修，西安教諭陳天佑相與彙集，州守謝振孫鋟，林景熙序。

案：平陽州志，王氏東嘉先哲録引之。蓋其書明時尚存。

明

徐氏興祖張氏升温州府圖志雍正浙江通志二百五十三

佚。

任敬叙：皇帝龍興江左，肇造區夏，薄海内外靡不臣服。嘗俾天下郡縣〔一〕具圖志進上，其事甚重也。予承命來守於温二年矣，庶務煩劇，未遑他及。洪武十一年夏，會省部以修圖志責成郡縣，於是屬府學教授徐宗起、永嘉縣學訓導張升，集四邑之耆年宿學，相與采摭，討論考究延祐東甌志而續補其所未備者。矧革命之後，治化一新，凡所損益在所當紀者乎。夫疆里、山川、人民、社稷、田賦、土産、事實、沿革，此爲政者所宜周知，不可不録。而人物消長，風俗盛衰，尤關於教化之得失，又安得而後之哉！常考自東晉置郡以

〔一〕「郡縣」，底本脱，據萬曆温州府志補。

來爲之守者，如王羲之之治尚慈惠，謝靈運之招士講書，由是人知自愛向學，民風一變。沿及李唐，人材稍出，至於趙宋，元豐、淳熙之間，道學淵懿，文物之盛，庶幾乎鄒魯之風矣！迨及有元，餘韻尚存，推原其自，雖氣運使然，亦承流宣化者代有其人也。方今聖朝慎選守令，興舉學校，政將化民成俗，以臻〔一〕三代之治。予雖不敏，敢不奉揚德意。故是志之成，命工鋟梓而序其卷端，使後之牧民於斯者得以觀焉。則思因其俗而善導之，不但求資於聞見之博而已也。於是乎書。萬曆温州府志十五

雍正浙江通志二百五十三：温州府圖志，洪武十一年，郡守任敬屬府學教授徐宗起、永嘉縣學訓導張升采摭續補。

乾隆温州府志十七：明永嘉縣學訓導張升，永嘉人。

案：張升事蹟無考，後爲温州府學教授，亦見府志職官門。其與徐横陽同修温州府圖志，久佚。據任叙，蓋以章氏東甌志爲藍本，而續補其未備者。千頃堂書目七載此書，題任敬名，誤也。

又案：明文淵閣書目十九：「温州府志十二册，不著撰人。」此目編於正統六年，所載

〔一〕「臻」，底本作「成」，據萬曆温州府志改。

温州府志疑即徐、張圖志也。

方氏燧平陽縣志乾隆平陽縣志十九

佚。

乾隆平陽縣志十九：平陽縣志，明正統中令〔一〕章惠延邑人方燧修。

案：方志，乾隆温州府志經籍門云：「明宣德間，知平陽縣全椒章惠編輯。」平陽縣志則以爲惠延方燧修。人物門燧本傳亦同。蓋惠爲主修，故府志遂題其名，此書實出方玉蒼手也。又萬曆温州府志治行傳云：「章惠，宣德八年，知平陽。」平陽志載此志爲正統間修，蓋惠正統初猶在任，修志自在正統時。府志據其官之年，故云「宣德間」，今並以平陽志爲正。

孔氏彦雍平陽縣志與包瑜同修。十卷。乾隆平陽縣志十九

〔一〕「令」，底本誤作「全」，據乾隆平陽縣志改。

未見。

乾隆平陽縣志十二：成化戊子舉人孔彥雍，鐸從子，唐山知縣，修平陽縣志。十九：平陽縣志十卷，弘治壬子，令王約延青田包瑜、邑人孔彥雍同修。

雍正浙江通志一百七十七：包瑜字希賢，青田人。由舉人任教諭，撰述甚多。

陳氏宣河南府志

十二册。千頃堂書目七

未見。

千頃堂書目七：陳宣河南郡志十二册，弘治乙未修。宣，河南府知府。

案：潛齋陳參政宣，雍正浙江通志介節傳、萬曆温州府志、乾隆平陽縣志宦業傳並有傳。

王氏瓚温州府志

二十二卷。千頃堂書目七、天一閣書目二之二。明史藝文志二作「二十三卷」。

未見。

自叙〔一〕：太一既判，兩儀位矣。形而上者謂之道，形而下者謂之器。器體夫道，道行乎其中而綱維之，是形而下者可紀，形而上者實在焉。先王疆理天下，物其土宜達其志而通其欲，齊其政而修其教，未有外道而冒爲者。禹别九州，定其山川，分其圻界，條其物産，辨其貢賦。周則夏官掌九州之圖以知山林川澤之阻，地官掌方志以知地俗，春官以星土辨封域，秋官掌圖地以辨財用、九穀、六畜之數，司徒掌土地、人民之詳以佐王安擾邦國，冢宰實領其事，而亦總爲史官之職。其即事即物，有條有倫，孰非道之著也。遷、固、任、陸而下，有志輿地者衆矣，君子猶或議之，則志事豈易言哉！温爲東甌古壤，在浙東極處，枕江界溟，天設奇勝，危峰層巒，環控四境，蟠幽宅阻，一巨都會，民風土俗之良尚矣。載籍有紀，蓋起於晉，如永嘉記是已。繼是爲圖經、爲志、爲譜、爲編，作者疊興，歲久湮毁。皇明洪武己未，任守敬一修之。然所紀悉啟運初務，未及重熙累洽之盛也。況當詳而略，當約而泛，其亦奚所鈎考以爲政化資哉！弘治庚申，吉水鄧侯安濟來知郡事，諏察民俗，崇邁文教，鋭有志於編纂，方勤撫綏，未遑也。越三年，治洽民和，郡以無事，爰命瓚等於南塘日新寺緣舊志而輯理之。侯時臨閲焉，商訂得失，酌量去取，删繁就簡，黜駁

〔一〕底本僅有提示「自叙至三月。萬曆温州府志十七」，内容據萬曆温州府志十五補。

登純，振鴻纖而罔漏，貫曒昧而畢舉，凡六越月而成編。總爲二十二卷，卷爲之叙，則鄙意欲以識顛末示警發也。雖然，志所紀者，若郡邑、城池、形勝、風俗、山川、土産、賦役、學校、公署、宦職、科第、人物，爲類不一，皆器也。由器撰道，存乎其人，是故有郡邑則有治之之道，有城池則有守之之道，有形勝則有壯之之道，有風俗則有敦之之道，有山川則有位之之道，有土産則有育之之道，有賦役則有均之之道，有學校則有教之之道，有公署則有居之之道，有宦職則有蒞之之道，有科第則有興之之道，有人物則有重之、成之之道。器不能無道而自淑，道不能無器而自行也。吏斯土者，依於道以制器；生於斯長於斯者，依於道以爲器；重其所以恢閎見聞，開廓智慮，舍志曷觀哉？觀紀事之文，而妙會言意之表，真知夫道器之不相離，以勵其職分之當然，則志之助與爲大。斯鄧侯輯志之本心歟！瓚備員史官之後，而又生長於境内，則輯志固其職也。識陋才疏，愧無以副，而還朝戒期，則其勢宜弗能精以詳也。補正闕疵而嗣理之，瓚於博洽君子有厚望焉。同事者，鄉貢進士蔡君芳；參詳其事者，同知李侯增、通判李侯塘、推官何侯鼎、指揮陳侯璠。弘治十六年癸亥歲春二月丁巳日上丁日，賜進士及弟翰林院編修，甌濱王瓚書。萬曆温州府志十五

鄧淮叙：今天下十有三省，而浙爲首；浙十有一郡，而温獨遠。温之去浙千有餘里，枕閩福，控台栝，實東南沃壤。倚山爲城，環海爲池，有五邑爲之聯屬，有三衛八守禦所交

錯布列爲之保障。際海之外皆裔邦居之，是郡雖遠，而關繫則重矣。今也山不裂石，海不揚波，民安於田里，而吏安於職守者，豈非我明天子御極，聖德廣被，海宇廓清而致然耶？撫今思昔，可深慨者：自胡元入主中國〔一〕，天下淪胥左衽矣〔二〕。及方國珍據海上，温更被其荼毒，斯民之不幸一至此哉！我太祖高皇帝再造華夏，重整冠裳，驅元主於沙漠〔三〕，降方氏於海隅，夫然後温之舊染污習一切除去，維新善俗油然奮興，式克至於今日，神功聖德，昭揭宇宙，高三王而過五帝矣！故淮來守此郡〔四〕，即欲求方氏面縛之所，想像其形容，以彰我聖祖功德，使海隅日出皆知休養生息，涵煦百年之深者，幸生大明之世，亦郡臣之體然也。夫以一郡之小，而清朝〔五〕之治體關焉，生民之休戚判焉，郡志其可不修耶？郡故有志，簡或脱漏，詳〔六〕或繁複，覽閱之際，淆雜可厭。於是謀諸王太史思獻，重加編

〔一〕「胡元入主」，底本作「元主」，據弘治温州府志改。
〔二〕「左衽矣」，底本脱，據弘治温州府志補。
〔三〕「重整冠裳，驅元主於沙漠」，底本脱，據弘治温州府志補。
〔四〕「郡」，底本作「邦」，據弘治温州府志改。
〔五〕「朝」，底本作「明」，據弘治温州府志改。
〔六〕「詳」，底本誤作「辭」，據弘治温州府志改。

輯。思獻郡人，蓋有不得辭其責者。況嘗修國史、修會典，而何有於兹哉！淮無似，自登第以來，周旋民事二十餘年，剖符於温，又若與山川、人民、社稷相默契者，是志之修，實維素心憤僭據而感皇仁，凡以爲是民也。公務之暇，參詳其去取，删定其可否，務適〔一〕損益之中，而得乎紀載之要，文雖簡而意必該，名一存而實必副。由建郡以迄於〔二〕今，其山川之美，人物之盛，道學之懿，政績之詳，本末精粗，一以貫之而無遺矣。展卷舉目，了然具〔三〕見，庶幾吾郡人士知今之所以安於太平無事者，皆上之賜，且因一郡以知天下也。弘治十六年癸亥春三月戊辰朔，賜進士第中順大夫、温州府知府、吉水鄧淮書於鹿城書院〔四〕。萬曆温州府志十五

千頃堂書目七：王瓚温州府志二十二卷，弘治癸亥修。

天一閣書目二之二：温州府志二十二卷，刊本。明弘治癸亥，郡人王瓚編集并序，知府鄧淮序。

〔一〕「適」，底本誤作「實」，據弘治温州府志改。
〔二〕「於」，底本脱，據弘治温州府志補。
〔三〕「具」，底本誤作「其」，據弘治温州府志改。
〔四〕「弘治」以下文字底本無，據弘治温州府志補。

案：王文定公瓚，萬曆温州府志宦業傳、雍正浙江通志、乾隆永嘉縣志名臣傳並有傳。温州府志修於弘治十六年，乾隆温州府志作「弘治癸卯」，誤。癸卯爲成化十九年，弘治無癸卯也。文定官編修時也。范氏書目有明刊本，今未之見。經義考屢引其書以校，萬曆府志皆不及其詳核，惜傳本罕覯，不得一補近時諸志之疏略也。

張氏孚敬温州府志

八卷。國史經籍志三、千頃堂書目七、天一閣書目二之二。

未見。

自叙：父子、君臣，人之大倫也。舍此言治，皆苟而已。温，古揚州之域，比宋遂稱「小鄒魯」。我朝皇上嗣位，朝議率宋濮王故事，以皇上考孝宗、叔興獻皇帝，舉朝力爭。余曰此倫理綱常攸繫，獨上疏，上親覽之曰：「此論一出，吾父子可終完也。」此議遂定，漢、宋俱成陋習矣。禮成，余忝官黄閣十年，以老病乞休。覩舊志深有憾焉！夫吾温城池、風俗、山川、人物與夫宫室、丘墓、書目、詩文之類間有可觀者，采録之孰有大於明倫者哉？千百年之下孰有過於此者哉？書此作郡志序。張文忠集文稿一

天一閣書目二之二：温州府志八卷，刊本。明嘉靖丁酉邑人張孚敬修并序。

案：張文忠府志，范氏書目亦有之。其書承王志之後，而卷數乃不及王志之半，蓋吾鄉地志之簡陋自此始矣。其自叙見本集，於志中義例及纂修緣起悉未論及，顧沾沾焉以議禮自矜，尤爲非體。蓋文忠之學，長於論辨而疏於考證。志乘雖卑，要亦具體正史，非擅三長不副兹選，未可任意刊削，自矜簡要也。

侯氏廷訓泗志備遺

三卷。天一閣書目二之二

未見。

天一閣書目二之二：泗志備遺三卷，刊本。明嘉靖泗州判官侯廷訓撰并序、唐龍序。

案：侯筆山嘉靖甲申坐作大禮辨，謫判泗州。詳二谷文集九先僉事公行略。泗志備遺即其時所修。千頃堂書目六載：「汪應軫泗州志十二卷，又泗州備遺志二卷。正德中爲庶吉士，以疏諫南巡出知泗州時編。」其時適與筆山相當，疑即侯書。黄目誤冢泗州志，遂并備遺屬之應軫也。慎江文徵三十三有侯廷訓泗志帝蹟序。帝蹟蓋此書子目之一。

漳南志二谷山人集九

佚。

侯一元先僉事公行略：庚子案：嘉靖十九年。陞福建按察僉事，整飭漳南兵備。漳南故無志，故實靡所託。先君迺以暇日旁摎遠討爲之志。米鹽纖悉，因圖狀其溪谷委折、道塗紆直扼塞處，陰寓馬將軍聚米以貽來者。二谷山人集九

朱氏綽瑞安縣志

十卷。明刊本。千頃堂書目七無卷數。

存。瑞安項氏藏本

瑞安志成，劉侯畿以奔走書介邑博歐陽熙暨纂述四子過廬請叙。余言不文奚取哉？然侯舉盛事，余亦竊附以傳，寧辭？夫自列國有史，掌於周官，備於職方，志之來尚矣。孔子歎文獻無徵，而於夏殷之禮懼託空言，是以春秋垂憲百王而取徵魯史足矣。若瑞之文獻則亦有不可泯者：恭叔篤行，水心正學，忠定如陳學士，貞烈如卓侍郎，道德文章代有稱述。而山川增重，今昔增輝，不有紀述，則宦游者於何遠稽以爲政？而後治者於何尚友以爲學？偉哉斯舉！蓋有得於政教之本。夏殷之故，彰美傳盛而損益可知者也，矧瑞自國初纂述附於郡志，永樂以後百四十年殆闕文焉。匪侯之毅然修舉，諸君子協贊以成，如老成典刑何！是故輿地

志而形勝昭，建置志而封域定，田賦志而供輸經，職官志而宦業辨，祠祀志而祀典崇，兵防志而海虞飭，選舉以鼇仕路，人物以表英傑，藝文以彰往跡，古蹟遺事以備鑒觀。至於因革之精，存取之核，例陳變叙，使人知褒戒之嚴，凜然崇善黜邪，有魯史泣麟之遺意，然則是志之修，於文獻不重有徵，而後來事事者得無師憑而興起者乎！先是督學阮公、郡守龔公實爲之倡。温凡五邑，而瑞志獨先竣梓，若其論述精信，卓然成書，可與外史列傳並垂不朽，則尤不可誣。侯吴邑人，以進士宰瑞，百廢具興，志殆其一事焉。後有述者，吾知其可書矣。若鄉大夫通政使周令、同知蔡琳、黄思親，博集睹記，於纂述有裨，而飾事修詞則四子朱綽、吴鎮、秦激、林翰、蔡芳云〔一〕。嘉靖乙卯仲春既望，〔二〕賜進士出身、通奉大夫、山西左布政使〔三〕、樂清趙廷松識。

雍正浙江通志二百五十三：瑞安縣志，嘉靖乙卯邑令劉畿延邑諸生朱綽等修。

乾隆温州府志十九：嘉靖瑞安歲貢朱綽，華亭教諭。案：嘉慶瑞安縣志十七〔四〕嘉靖丁巳歲貢朱焯，「綽」誤作「焯」。

〔一〕「若鄉大夫」以下文字底本無，據嘉靖瑞安縣志補。

〔二〕「既望」，底本作「穀旦」，據嘉靖瑞安縣志改。

〔三〕「通奉大夫山西左布政使」，底本無，據嘉靖瑞安縣志補。

〔四〕「七」，底本誤作「九」，徑改。

案：千頃堂書目七：「劉畿瑞安縣志，嘉靖乙卯修。」即此書。畿以縣令主修，故黄目遂題其名。

侯氏〔元〕樂清縣志

七卷。千頃堂書目七

存。樂清林氏藏本

予叨役兹土工課，日坐簿書堆中，而於教民之大務，恒切切焉而未逮，殊愧乎委質之初心。一日，諸生持邑志來見，則自永樂迄今，曠未修訂，法制之沿革，財賦之盈縮，政理之張弛，人才之隆替，風俗之淳澆，悵然其無足徵也。嗟乎！志固一邑之史也，公好、公惡之具也，若是曷以興民乎？時方伯二谷翁致政杜門，德誼孚鄉評，文章名海内，肅延之西塔之巔，掄諸儒翼相之，更寒暑而始竣。先之以壤地而水利興焉，次之以宫室而學校要焉，次之以財用而貢輸急焉，次之以人物而名臣、碩儒、孝子、悌弟、貞婦闡焉，終之以賾類而老釋、方伎區以别焉。是可以興矣！夫人莫不有好惡之真心，語其天體之微，固非百姓所與知，而其日用之間忽然萌，惻然動，沛然達，自有不容遏者。况樂清山海奇迴，仕多忠亮剴靖之臣，校多宏介孤貞之士，民多磊落峻特之耆，昔人以「東南鄒魯」稱，信非誣已！及其流也，爲健訟，爲矯亢，爲同波相激，爲同勢相挺，然其平實常直之心，每依傍其氣質而出，故獨於真心爲最近。予治之，即撓法以活其所愛，曲法以滅其所憎，不可也。雖然，其視蕩平正直之極，尚隔層壤，茲欲就真性之近而以天矩歸之，則是編不既備乎？是故因公是以興其真好之心，于以力於爲善、力於行仁；因公非以興其真惡之心，于以力於祛惡、力於芟暴。有率此真好真惡公之於一家，則一家以睦；率此真好真惡公之於一鄉，則一鄉以寧；率此真好真惡公之於上下前後左右，則上下前後左右以順〔一〕。夫狂狷鄉愿，誠僞辨也，而必謹所習，循樸俠；佞名實分也，而必審所尚，德行正；行本末懸也，而必識所從。內健外順，內柔外剛；君子小人之塗也，而必定所趨，崇樽節、明退讓；迪小子、聽彝訓，由生理者也；持霸心、負雄氣、競流俗、爭生理者也；而必擇所安〔二〕，惟茂根幹以削枝蔓，惟守簡淡以黜華炫，惟還顓侗以脱呶囂，惟甘哀抑以恥掩著。庶幾舍茇舍而登巨廈，離蹊徑而游康莊，何幸而與民相期以有成哉！斯固予之意也；非予之意也，志之意也；非志之意也，即爾百姓日用之心也。隆慶六年壬申季夏穀旦，賜進士樂清縣知縣、婺

〔一〕「有率此」以下文字底本無，據隆慶樂清縣志補。
〔二〕「崇樽節」以下文字底本無，據隆慶樂清縣志補。

源胡用賓書。

自昔君子，膺受任寄，畏天閔人，早夜孜孜，蘄以自靖其心，全所付畀已爾，豈以垂聲哉？其必筆之書者，何也？蓋其仁之無窮也。仁無窮，故其心亦與之無窮。自我而孜孜者，不自我而止也。故列國必有史，郡邑必有志，而必咨故實，魯侯所以爲孝也。必告新，令尹〔一〕子文所以爲忠也。故曰：前事，後事之師也。在則人，亡則書，而左氏靳齊豹之無名，史遷希青雲之有附，則非其指矣。雖然，庸非教哉！夫狂夫瞿樊柳，言有防也；莊獄變楚語，言有瀆也。故君子不自坊而常憲令以峻坊，不自名而常竹帛以勸名。華袞、鈇鉞之辭，亦君子之所以厲世磨鈍而成其亹亹者也。故君子舉之必可書也，書之必可庸也。輪轅飾而可以行遠者，其惟志乎！余以謏聞，蒲柳憂生，桃蟲思毖，筆札之事失之久矣。間惟信古傳舊，因人成事。而樂邑者又吾父母之邦也，民刓物恥，幸際今令煦以深仁，奉侍御寬民之規，遵中丞畫一之矩，拊循劬勸，四載一日，乃始喟焉懼於文獻之闕，請之郡伯，挈百五十載之墜緒，授之鄙夫。受命之日，茫然靡依，爰及諸儒，除館西岑，旁咨久之，稍有端緒，分卷而校，夫既咸秩，余特整齊之耳。然猶曠時累月，始克成編，吁其難

〔一〕「尹」，底本脱，據隆慶樂清縣志補。

哉！蓋同事有狷介而靳名者則曉之以西山蹈仁之心，有旁通而欲多與者則抑之以孝慈不改之義，有退而自嫌者則宏之以鄆讙龜陰之書，有雅而務簡者則開之以鼠坻牛埸之利，有綺而務斧藻者則弭之以棘猴木鳶之竅。期於文正事核，以副吾侯仁天下後世之心而已。雖裒成衆腋，而襪靡長綫，能無挂漏衡決之虞哉！觀者取節焉可也。時隆慶壬申季夏之望，江西布政使司左布政使、邑人侯一元舜舉甫撰。

佚。

翼志七書二谷山人近稿一

自叙：書何以言翼志也？樂清志既成，不逞者從而摇之，則爲影響之詞以誣之，雖有膠庠諸君子鳴鼓之攻與察院各道鈇鉞之辭，而猶不已也！夫誣余可也，誣余親酷矣，猶可也，而誣一邑之書，其可哉？昔人有就熏胥而不愠，甘髡刖以成典者，誠誼重於身也。孟子曰：「豈好辨哉！余不得已也，非辭而翊之，觀者能無眩乎哉！」是故兩造備而單詞始清矣。雖然，不以畏其志而徒以服其詞，雖廓如乎，猶吾愧也。嗟乎！是余之罪也夫，是余之罪也夫！萬曆元年暮春十日。二谷山人近稿一

案：二谷侯布政一元，僉事廷訓子，萬曆温州府志宦業傳、雍正浙江通志、道光樂清縣

志文苑傳並有傳。所修樂清志，林歲貢大椿有明槧本，道光樂清志所載明以前事多本之，歲貢卒後，所藏書家人秘之，不肯借人，余未之見也。其志人物傳後有論，見道光樂清縣志。在地志中頗爲創例，其考證亦詳核，在明代志乘最爲佳本。千頃堂書目七載，胡用賓樂清縣志七卷，隆慶壬申修，即此書。用賓以邑令主修，故誤題其名也。雍正浙江通志二百五十三、乾隆温州府志二十七，誤同。

平陽縣志

八卷。千頃堂書目七

未見。

自序：夫彰往察來，辨方類族，以爲己則可興可觀，以從政則推陳致新，以博物則多識弘〔一〕受，隨所酌而無弗盈者，其惟史乎？蓋自有名物以來，方策所垂，大抵皆史也。自卜筮禮樂，皆先王爲治之跡，而後世之史亦有之。以其陳常斯謂之經，以其抒情斯謂之志，而其有牖於民，有裨於政，則一而已。夫自封建廢，而列國之史亡，於是乎有志。而俗吏

〔一〕「弘」，底本闕，據乾隆平陽縣志補。

多急近功，或藐焉而弗事，或事之而挂漏、而衡決。顧惟斧藻其治，前於後喁，熏心乎虚美而闊略於故實，不幾於竅言乎哉！余嘗同病子雲，悔其少作，屬以易言之責，怛焉内訟，因矢勿爲，屏筆且久。一日，平陽大夫少龍朱侯，手其邑故新之志，造余言曰：「竊聞君子之毖于言也，若羲之之誓仕也，不敢請矣。雖然，此國之故也，而既具矣，因而輯之以惠後人，不亦可乎？且吾太府張公，碩人也。下車未幾而仁覆五邑，光之舉也，實請以來，願毋辭。」余乃唯唯受而讀之，則既具矣。于是稍爲整齊次第，述而不作。既成視之，曰：志其庶幾哉！是故觀於輿地而慎阸塞，重河渠，是酇侯所以造漢，史白所以流惠也。觀于廨宇而思東野之馭焉，則士茁之畜君也。觀于食貨而思足寒之傷焉，則尹鐸之寬民也。觀于官師而思繩焉，則蕭、曹之規隨也。觀于人物而思貢焉，則燕相之舉燭也。觀於秩祀而思毖焉，則重黎之非彝也。觀于外志、于藝文而旁通焉，則子雲之鉛書、子山之石語，亦於是在焉。吾聞朱大夫爲治甚廉而能，平陽之政夫既咸秩，而不忘乎國之故，思有以貽其後人，仁之屬也。既序以歸大夫，則大夫以憂去，而視之成者，乃我別駕萬公。公之仁明，當世鮮儷，而斯邑乃得仍其休澤焉，謂非厚幸哉？於是乎書。時隆慶辛未十月既望。（乾隆平陽縣志十九）

朱東光序：夫志徒紀述已哉？固將經制軌事禆政庇民乎！斯亦紐之史籍，可以勸戒已。方余釋褐，而當今天子更化，嚮意乎吏治，則弘〔一〕慎薪槱，掄簡銅墨，廼余菲薄，叨命是邦。既至而見四野之廣饒，五穀之蕃殖，意其俗則柔剛之間也。曰是土膏而民愿者也，宜易治。徐而察之而實不然。蓋邑罹于寇，困于賦，漸靡于時，余兢兢焉求其情，問所疾苦，以條利弊息耗，至耳目所不及者，則茫然莫余相也。嘗慨以爲誠得志籍具備，則披圖按紀，流盻可盡；清煖寒熱，舉手救人以及我黎庶，不亦利且易哉？于是乎竊懷斯志。而幸際諸當道上公，咸仁閔威震，規策保釐。于時寇難既遠，海瀕獲乂，而我太府張公則湛恩元元，滲漉下邑，余得以稟法思治，爾氓亦可云小塈，乃因暇日蒐羅故實，摭葺成編，請於府公而就方伯二谷先生正焉。蓋先生志文與道聞于國人，無幾何，則削繁刈浮，緒正而事核。爰屬季氏，校付梓人。夫既序述詳矣，顧余以爲輿地、廨宇、食貨、官師、人物、秩祀、外志、藝文八者，皆政之跡而民之故也。乃其要則在官師乎？夫官師得其人，則形勝足恃而風可移也，述遵以時而農可富也，其士也賢，其祀也虔，篤其實而文可書也。不然，而或非其人，則地不改也而四境駭政焉，堂非不高也而向隅者有焉，田非不腴也而耕獲者瘠焉。俗習交偷，民祇弗乎，雖空文奚爲？此廼余所以思昔賢、

〔一〕「弘」，底本闕，據乾隆平陽縣志補。

俟來者。語云：「不習吏，視成事。」又云：「前事不忘後事師。」夫善者既以惡吾弗逮也，其不善者能勿懼焉肖之乎？斯勸戒之誼已。夫民瘼已深，余非弗隱也，而拙于療治。斯志也，譬之集古方書以俟後賢君子，平陽之民其庶永有瘳乎？隆慶辛未秋日。平陽縣志十九

萬民華序：昆陽有志，其來舊矣。浦城朱公踵而修之，繼斯任者，惟拊恤困窮、休養生息是急。于志之修，均未遑也。予暇時取卷展閲，斷簡者十有四，慨非全書，遍求家藏，久而未得。今幸得之梓人舊本，命工急刻以永其傳。或謂年深志舊，官之美最當書，邑之興革當覈。不今之續，久且湮矣。予以勤政在己，品騭在人，公論在後世，藉令飭浮誇之辭，褒有位〔一〕之美則悖；表章先哲，稽察民風，增損時事不當其實則謬；名曰全書，非信史也，于志載奚裨焉！予惟補其闕略而纂修之，筆削之公以俟君子。乾隆平陽縣志十九

千頃堂書目七：侯一元平陽縣志八卷，隆慶辛未修，邑人。案：侯一元，樂清人。此誤。

雍正浙江通志二百五十三：平陽縣志八卷，隆慶辛未，邑令朱東光聘邑人侯一元修。

此亦沿千頃堂書目之誤。萬曆庚寅，邑令萬民華補。

〔一〕「位」，底本闕，據乾隆平陽縣志補。

乾隆〔一〕平陽縣志十九：平陽縣志八卷，隆慶三十年，令朱東光延永嘉侯一元修。「永嘉」當作「樂清」。平陽縣志前志八卷，萬曆庚寅令萬民華補遺重刻〔二〕。

案：萬志，平陽縣志經籍門別爲一條，以其叙覈之，蓋以舊志覆刊，略有增補，未嘗別爲編纂，今並附其叙於此，外編不更録其目，庶免淆惑。

侯氏一元、一麐泰順縣志

八卷。千頃堂書目七

未見。

甚哉故實之有裨於治也！是故紀事則先民程焉；紀言則大猷經焉。夫自八書啟前，十志踵後，良史之後，希複彬彬嫻于文質。余以其要在實録，而不爲竅言則幾矣。今天下郡邑之志則古列國之史也。温郡五邑，惟泰順爲新造，又最僻遠，其民顓蒙。夫邑新則前無所承，遠則聲教難浹，顓蒙則人文不著，而欲有所述，固不易哉！長人者不廑廑于一時

〔一〕「乾隆」，底本闕，據乾隆平陽縣志補。
〔二〕「刻」，底本誤作「補」，據乾隆平陽縣志改。

之功，而欲有以遺其後人，舍志則無可爲者矣。余從臺中奉命來守茲郡，夙夜兢兢，亦惟是求聞前人之故，與凡民情土欲之宜，視其已事而因革之，察民所便而調順之，俾相安於無事斯已矣。泰順故有志，而其文蕪瑣，余無觀焉。一日王令克家持其所輯新志請序。閲之，則更歷士大夫數賢之手，而義例序述亦既燦然備矣，余復奚言？竊以爲提封千里有守，守者，吏民之本也。疏壤百里曰令，令尤親民者也。然則助守宣化，安土息民，宜莫如良令。良令既得矣，廼余心亦豈能一息而忘彼民哉！坐一堂之上而照千里之外，不出晷刻之間而知百世之事，則於志焉取之。如王令者，非真能助我爲理者耶！泰順之事咸就注措，又正其籍思以善後，是故睹建置之故而得綏俗之要焉，察息耗之數而得阜民之方焉，詳興墜之事而得損益之宜焉，覽風氣之異而得調劑之術焉，孰謂仕，政事而已？而稽古禮文，則一切未遑哉！廼若保釐旬宣，則本之三臺藩臬、守巡諸明公之烈，時際雍熙，民載寧壹，余所以得與諸令長寡過於天下者也。敢不相勖，期以有成，因爲之序云爾。萬曆元年歲癸酉孟夏月之吉旦，浙江温州府知府楊邦憲撰。雍正泰順縣志卷首

稗官氏曰：余觀於泰順之志，而知仁人之孳孳其民也。傳有之曰：「視官家視民子，亶然哉！」蓋志也者，志也。余觀古今之變，趨時之吏未有不傳舍其官、鄙夷其民者也。夫誠仁人也，則天下孰非其家也，中國孰非其人也？而誠家也，則何瘠而弗營也？誠子

也，則何侗而弗穀也？故夫治家而其田、其宅、其倉廩、其禮節、其行與事，則舉有籍焉，𢿌則改爲之焉；而治邑也，獨可仍陋而裕蠱乎哉！吾温五邑，惟泰順最小，地最僻，事最簡，民最醇。凡吏於斯者，廉如公綽，無弗優也。至東瀛王侯爲之，則尤優優焉其若以函牛之鼎之烹雞也。於是當路廉侯才侯，常使剸五邑之劇，車轍結於郡中，方時清明，兩臺暨守巡諸公佈德於上，而太府楊公承流於下，循良之政光絶後先，郡寮師師侯得靈，承益以無事。於是廼按其邑之志，故多草略，則一輯而新之，又屬余及弟譽執筆而潤色之。於是邑治燦然若指諸掌，而侯之所以經紀其民者亦略可睹矣。嗟嗟乎思深哉！其有仁人之隱憂乎！夫始斯地也，以阻壤也，劇寇之所保也，獷民之所歸也，是故立之邑焉以鬬治也。而本之國之有寇也，則有致之者也，民之獷也，有毆之者也，故反政而由舊焉，斯長治之術也。而不然者，則曩歲之莒岡，寇又有保之者矣，斯其明效也。且五邑之民恃險岨而不賓者，豈鮮哉？又烏得盡畫疆而治之乎？故有以聯屬之則四夷爲守，而無之也則舟中敵國，轂下羌夷，彼吴子、馬卿之言可毋念哉！是故志之且以彰往，且以鏡來，斯王侯之心也。夫仁人之心，萬物一體者也。故一毛之拔痛於膚，一指之搯傷於心，而謂泰順之治其可仍陋而裕蠱乎哉？夫以汲孺之忠，蕭倩之賢也，而薄淮陽，下馮翊，猶不免介然於外内、崇庳之間也，而猶汲汲焉若理其家，而正其籍也，斯不有隱痛者著於其心而不可去哉！是可書也。而余兄弟不敏，實辱命焉，將附驥而千里也，其又能不喜且幸哉！是爲序。萬曆元年癸酉六月朔日，郡人侯一元撰。雍正泰順縣志卷首

曩歲，嘉靖乙卯，余執役閩闈，與王子光振僭有一日之雅，嗣是往來燕邸，累與談當世務，輒爽闓磊落，不屑庸庸以隨世。隆慶三載，擢吾浙泰順令，果爾上下交孚，聞望隆洽。余益嘉其與疇昔相許者爲不左，然而未得其詳。萬曆癸酉春，予游雁蕩，抵甌城，光振亦適以公務至，邀余游覽仙巖，徘徊舊話，已迺出所修縣志稿示余，並乞一言，以附於志。予閱之，其事核，其文炳，其義精矣，夫復何言？余惟方今海内郡邑或無志而創，與志久而重輯者何限，顧志特記事之跡云耳。修之者必端其本而後可以信，可以傳，世固有炫華藻以美觀聽，而卒無當於實用者，有治無善狀，而徒托文人以爲重者，甚有假修志以文其奸者，始若煌煌簡册，而未幾即束之高閣，衹以來有識者之誚，所謂輪轅飾，而人弗庸者非耶？迺今泰順志其庶矣乎！自光振來令兹邑，廉以律己，儉以省費，恕以明刑，崇學校、行鄉約以移風，復巡司、封礦洞以防寇。諸凡利民者，罔不殫力圖維，至如民舍，偶起妖氛，必爲之躬虔祭告，務令奠居迺已，其一念勤懇爲民之心，歷三載猶一日，即父兄之于子弟何加焉，而民亦依依然直以父兄視之。猶之血氣周流一身，無一息不相通貫者也。無論本邑，凡各邑紛劇，諸當道咸借理之，而光振曾無二心。一日余寓僧舍，光振訪余，出，

旁有鄉民嘖嘖私語，曰：「好父母、好父母。」余詰之，渠曰：「吾爲永嘉邊海農，向苦船稅重，尤苦無船之稅，賴王侯理艘事，廉知其弊，亟爲力陳當道，無船之稅始豁，而每船亦減稅若干，民用生生，去將紀之以石。」諺有云：「路人口是碑。」詎不信然！詎不信然！此固一野史也，志所不及載，而實志之本也。精神心術發於事而寓於志，後之令覽斯志而想見其風采，能不惕然省、油然興起乎！志而信，信而傳，傳而大有裨於治，徒志云乎哉！光振拜手稽首曰：「泰民之寧，諸當道之綱紀輯綏也。克家何方之有？泰志之成，侯大夫昆季及諸賢之釐正討論也。克家何知之有？」余謂持是心而不倦，推之天下可也。遂直述其事，以綴諸末簡云。萬曆癸酉季夏月吉，池州知府尹士龍撰。雍正泰順縣志卷首

泰順巖邑也，景泰初始創之。舊有志，嘉靖以來迄今越四十餘載，政事之興革，財賦之損益，户籍之息耗，風俗之淳漓，吏治之良否，人才之消長，精祲之靜盪，勢移事易，而歲不同矣，志其可以已乎！余令兹土，亦且三載，上則恪守聖明之法，中則遵踐循良之故，下則講求斯民之瘼。雖以余之拙，而爾氓亦且安余。迺者海波晏如，桴鼓弗作，則由我大中丞方公之威德，代巡蕭公之激揚，暨守巡徐公、華公之保釐詰兵，文武維憲，而我太府楊公之敷治甫數月也。五邑歸仁，一時百執事莫敢不共，遐邇底定，余亦獲以稟法於下。政暇，則舉邑之故屬鄉大夫士張君慶暘、毛子一蘭、胡子良工釐輯成帙，曰輿地、曰廨宇、曰

賦役、曰祀典、曰官師、曰人物、曰雜志、曰藝文，凡八卷若干言。既成，以請于方伯二谷侯先生暨其季舜昭氏訂正删潤，甫逾月而吾泰之志亦遂斌斌乎其告成矣。不佞敢無一言以諗同志哉！竊以爲志者匪徒辭焉已也，蓋觀於輿地而思今昔險夷之異，安危之機，不可以不辯也。有輿地，而後有廨宇，是故居其居則思理其人；理其人則莫急於平賦輕徭者矣。如何而厚下安宅，如何而浚沚崇垣也，而可弗圖乎？明則人，幽則神，事不同而理同也，於是乎有祀典，而今昔之職是者舉可察矣。其廉墨也而民之腴瘠繫焉，其能否也而民之理亂繫焉，而後來之法戒咸於是在矣。出則仕，處則士，斯受之以人物焉，而昔之賢傑，則今之茂才之所導而先路也，可弗勖乎？雜志者，諸志之遺也。藝文者，諸志之闡也。是故米鹽纖務，疏列條附，阨塞疆壤，開卷指掌。迺若德教則有時乎先於法，保障則有時乎豫於兵。何也？亦猶犯險阻之托乎犀車良馬，而絶江河之資乎輕舟便檝也，取其急務而已夫！余披之故牒，訊之父老，而得舊令尹之忠於余者不淺也。余其奈何墮舊令尹〔一〕之績而弗續之，以告鼎來之令於斯者乎？覽斯志者，庶知余之非敢僭也云爾。萬曆癸酉七月朔日，知縣王克家撰。雍正泰順縣志首卷

〔一〕「尹」，底本脱，據雍正泰順縣志補。

千頃堂書目七：侯一元、侯一麟泰順縣志八卷，萬曆癸酉修，樂清縣人。

雍正浙江通志二百五十三：泰順縣志八卷，萬曆癸酉，邑令王克家延樂清侯一元、侯一麐修。案：癸酉爲萬曆元年，府志作「癸丑」誤。

東甌詩存二十四：侯一麐字舜昭，一元弟，著有龍門集。

案：萬曆泰順縣志，泰順林縣丞用霖語余曰：「邑中某氏舊有藏本，今歸他姓，不知尚可物色否？」

何氏格沂州志

四卷。千頃堂書目七、天一閣書目二之二。

未見。

自序：州有志，遵制書也。君肇之綱，其言簡以宏；臣疏之目，其言析以核，古制也。

謹按：大明一統志之志京師也，分類有六：曰壇廟、曰山陵、曰城池、曰苑囿、曰文職公署、曰武職公署。其志天下府州縣也，分類二十有一：曰建置沿革、曰郡名、曰形勝、曰風俗、曰山川、曰土産、曰藩封、曰公署、曰學校、曰書院、曰宮室、曰橋梁、曰寺觀、曰祠廟、曰陵墓、曰古蹟、曰名宦、曰人物、曰流寓、曰列女、曰仙釋，不書城池壇廟，俾凡紀述之臣例京師也。臣竊師其義以志沂州也，於類二十有一，中補附十有六：曰星野，量天分地，休咎攸司，謹於郡名下附焉；曰疆域，天朝割制，屬之守臣，謹於風俗下附焉；曰丁田賦役，歲時不愆，用稽勤施，附於土產；曰帝王、曰后妃，藩封類也，謹附其下；曰職官，名而不紀，清議存也，曰附於公署；曰科貢，譽髦斯士，邦家之楨；曰坊市，俊民用章，表厥宅里；曰兵防，天下文明，袛修武備，附於書院；曰外傳，道不加修，潰于中路；曰災祥，守臣之應；曰別傳，人道之變，政爲之機；曰藝文、曰遺文，東魯文獻具在也；謹附仙釋下終焉。合之凡爲類三十有七，非敢作也。君肇綱，臣疏目也。慎江文徵三十三

天一閣書目二之二：沂州府志四卷，明知州何格修并序。案：「府」字誤增，明時沂爲州，屬兗州府。

萬曆溫州府志十：嘉靖甲午舉人何格，應天中式，任沂州知州，瑞安人。

王氏叔果永嘉縣志

十卷。千頃堂書目七。乾隆永嘉縣志二十三作「九卷」。

未見〔一〕。

〔一〕日本尊經閣文庫藏。現收入稀見中國地方志彙刊中，中國書店出版。九卷。

自叙：古者諸侯之邦必有史；今邑之疆域，視古侯邦庶務叢焉，民風、吏治、人才出焉，志以紀之，其史之遺乎！志與史體殊而用一。是故其事貴核，其辭貴雅，其義貴正而嚴，匪是則眩衆歎觀而不足以鑒省，奚取於志哉？永嘉爲附郭邑，宋元以來代有述者，率統於郡志。嘗見太平謝文肅公有永嘉志序，而未睹其書，吾鄉王文定公，弘治間作郡志，迄今踰六十載，其間人事世變夥矣。雖嗣有纂輯，亦多廢而不傳。予家食頃暇，懼文獻無徵，欲有效於鄉邦，而友人王拱甫氏則嘗受郡公之命，從事於兹而未就緒，爰相與纘訂，別爲例，作九志，不敢局煩餽，不使衆聞知，假館於白塔僧舍，屬兒輩編輯。書成，乃質於鄉達諸公以祈是正。顧詞義蕪陋，且多所僭踰，竊懼不免於歎而徼罪焉爾。邑侯程景山公覽而善之，曰：「吾聞入國問俗，學古入官。是編固政之紀也。豈惟文獻攸徵哉？」請屬諸梓人，以爲從政者覽焉，遂畀之。乾隆永嘉縣志二十三

程文著叙：古者列國各有史官，皆茂選時獻如晉董狐、楚左史倚相之倫，是以春秋之書概多實録。仲尼得因爲經以垂教戒。自郡縣之制興，始咸總於朝廷，而外史無專職，碩人、瑰士迺始因漢八志爲省郡州縣等志，職非世守，任不盡賢，於是有萎蔓紛華、樸陋無彩，制作紛紜，而醜好始多類矣。著承乏永嘉，至則求舊典而考民風。時鄉先生憲使西華王公適有新編，既三閱歲，始得受而卒業，則歎曰：「秩然有序，粲然有文。若斯志也，可以

語不朽矣。」夫志以地肇，故首輿地；地有沿革，故次建置；治以生民，故次食貨；民非神莫主，非官不治也，故次祠祀、次秩官；於是乎制科立，而賢俊興焉，故次選舉、次人物；即復有當志而非其正者，則以外志、雜志終焉。夫序者，申厥緒者也，非序則端弗明；論者，闡厥義者也，非論則徵弗顯；贊者，敷厥善者也，非贊則美弗彰。九志陳而三制備，夫然後故實明而鑒省昭矣。故曰：若斯志也，可以語不朽也。雖然，予竊有大懼焉，夫志莫非予事也。今既三年矣，風俗增偷則愧輿地，學志不宏則愧建置，催科政拙則愧食貨，民福未臻則愧祠祀，宦跡不著則愧秩官，若其選舉人物之彬彬者，固山川之毓奇而昔賢之教在也，曷足以逭余責哉！予行有日，弗可追矣。謹序刻之以俾後之君子。乾隆永嘉縣志二十三

乾隆永嘉縣志二十三：永嘉縣志九卷，嘉靖丙寅，邑人廣東按察司副使王叔果修，邑令程文著刊。

案：西華王副使叔果，萬曆温州府志理學傳、雍正浙江通志、乾隆永嘉縣志儒林傳並有傳。

温州經籍志卷十一

史部

地理類中

明

王氏光藴温州府志十八卷。四庫全書總目七十四、千頃堂書目七。

存。遜學齋藏明槧本

東甌爲郡，内錯萬山，外連大海，重岡複嶺，蓊薈盤鬱，而風濤迅速，倏忽千里。海上諸夷，若在門户，戎心叵〔一〕測，桴鼓時聞。甌雖僻在一隅，寔當東南要害。其牽綴彈壓，關

〔一〕「叵」，底本誤作「巨」，據刻本改。

繫十倍它州也。歷觀往牒，東甌君長，七閩南越，皆據有疆土，南面稱孤。宋季播遷，於焉駐蹕，遂議遷都，事雖不果，而地重可知已。且也林木芻粟魚鼈之饒，牢盤之利，甲於他郡。其民無不衣被文綺，吹竽鼓瑟，六博蹴踘，呰窳不事事而好游閑。往時島夷蚋集，毋亦醯以致之。以地則重若彼，以民則饒且怠，若此，惕侮予之詠，待暴客之來，海波雖揚，户牖不撤，甚哉！甌之不可忘備，自宋元而已然矣。我國家特設重兵，牙制棋列，藩臬大吏建旄開府其中，飭防訓士，厥有司存，蓋巍然一重鎮也。經制備矣，而紀載缺焉。余不佞，嚮守是邦，悵舊志之闕佚而思一編輯之。鞅掌簿書，不遑咨訪，則貽書王宣州若其弟憲副君，請受簡。無何，不佞遷秩浙西，則又貽書守劉君若林君請決筴。無何，而不佞以右轄復治兵東甌矣。於時王君適謝宣州，憲副亦以八蜀還里，於是守陳君繼至，慨然董其事，相與分局編摩，殫心校核，而宣州君實載筆於兹，期年而告成事。弘治以來九十餘年之蔀覆，一朝具發。不惟觀法備，而諸所沿革悉陳，鴻鉅並列，足稱信史。真千載之一時矣！按郡故有志，然〔一〕或詳於民事而略於兵，或分志於五邑而略於郡。不佞卒業是編，則輿地幅員之廣狹，建置祠事之廢興，户口食貨之登耗，官師文獻之汙隆，

〔一〕「然」，底本闕，據刻本補。

犁然具焉。至若尺籍應募之士幾何人？峙儲之粟支幾何歲？艟艨艅艎幾何具？弓矢〔一〕之張，刀劍之鐔，鉞斧之緊，其厲何若？水陸犀甲，布列何所？地圖轘轅之險，可以絶道、阨關、設伏以裨金湯者何在？歲時簡校步伐〔二〕、驅馭兵將之術何施？烽燧一舉，援枹而前，直可以按籍而稽，借籌而算。余不佞，職在疆場，故於此篇三致意焉。後之人求折衝於樽俎，則方策具在矣。是役也，郡邑大夫及鄉縉紳，僉謂不佞實始終之，若天假其會也，而屬余序諸首簡。余惟採摭筆削實三太守及鄉先生之力爲多，余何敢獨掠。然予從事茲土，前後十許年，經畫兵民粗有緒理，不敢矯附削草之聲，而自託於趙營平〔三〕不嫌伐勞之義，其亦可藉以少報塞乎？則不敢讓，因諾而爲之序。萬曆三十二年夏四月上澣之吉，賜進士出身、通奉大夫、浙江布政使司右布政使兼按察司僉事、奉敕整飭浙東兵備、前知温州府事、丹陽湯日昭撰。

昔我太祖高皇帝定寰宇，畫邦國，於海邊諸郡經制獨詳，而尤莫詳於甌。輔以三衛九所，翼以三關九營，樓櫓甲兵，星布雲屯，豈非以甌爲東南重鎮，全浙所恃以輕重哉！余

〔一〕「矢」，底本闕，據刻本補。
〔二〕「伐」，底本誤作「代」，據刻本改。
〔三〕「平」，底本闕，據刻本補。

觀夫東甌勝狀，複嶺重崗，環若列幛，崇崖峭壁，屹〔一〕若指戟，長江滙其北，大河經其南，周遭迴伏，若血脈之穿貫，襟帶之拖束。以故明初盛時，端人正士，朋興輩出，與海内英賢競〔二〕爽游斯地者，或以文章風流著，或以節概勳名著，彪彪炳炳，令人執鞭有餘慕焉，夫非以地靈相協應耶？以經制之備若此，山水之奇若此，文物之盛又若此，是焉可以無志？甌固有志，其來舊矣。然自弘治以迄於今，越百年而不修，其間沿革損益、殘缺散失者多不可執以爲信，志或幾乎廢矣。於時當事者非不有概於中，率謙讓而未遑，即或搜緝編摩，見有次第，竟未卒業，豈志之成固有待耶？余舊宣州也，至於是邦，則與謝家玉樹後先重逢，謂非此生厚幸？適王宣州季宣，以所修志相質，余喜遘其會而樂觀其成，遂欣然直任之不辭。昔夫子志夏殷之禮，傷杞宋之無徵，非獨其記事缺也，爲其所以綱紀世道、維持人心者湮没而不存也。以今觀之，甌志非不詳於紀載，然山川有定位，幅員有定界，賦役兵戎有定額，宮廟廨宇有定制，秩祀典禮有定規，例不可以不志，即志有不備，各有司存不失尺寸。夫國於天地，有與立焉，要其所以長存而不朽者，不在是也。乃若官師之得

〔一〕「屹」，底本脱，據刻本補。
〔二〕「競」，底本闕，據刻本補。

失，人物之盛衰，忠孝義節之微顯，風俗習尚之淳漓，則所關於世道人心者甚大。是故收之不可不廣，而品之不可不精。蓋典刑既遠則清徽不顯；揚扢溟涬，則法戒具存。睹斯志也將必有勃然興，鰓然恐，瞿然而更〔一〕化者矣。子貢所謂「道未墜地，賢識其大」者此也，是一國之信史也。是役也，方伯湯公實經始之，前守劉公與林君相繼肆力，雖參互考訂非出一人，然始終載筆者宣州，始終董成者則湯公也。稿既具矣，余不能贊〔二〕一詞，惟其可爲綱紀維持者，惓惓與宣州協力商榷焉，諸固不暇及也。志成付梓，爲序弁其端。萬曆三十二年甲辰冬十一月既望，賜進士第、中憲大夫、知温州府事、漳浦陳公相撰。

余受符東甌，甫下車，考政問俗，惟條晰興革利病是亟。適郡之新志成，請序於余。余披閱之，纚纚具矣。開局編摩，前三守及一二薦紳爲之，余後至，不任載筆，亦不敢受勞，但及覩厥成，不復贊一辭也。余因是竊思之：夫魯，天子之事，守春秋亦魯國之志，仲尼因之作經，寓法於褒貶進退以爲華衮斧鉞，考所筆削，書地爵名氏，不過隱、桓、定、哀、間赴告策，書征伐會盟之事，當時則載，非時則已，未嘗遠引旁涉，上記軒轅，下考夏殷。

〔一〕「更」，底本闕，據刻本補。
〔二〕「贊」，底本闕，據刻本補。

杞宋之無徵，但闕之而已，蓋其慎也。網羅天下放失舊聞，上下千載勒成一編，太史遷始爲之。班孟堅稱其不虛美，不隱惡，然至於是非之際，猶以爲頗謬聖人，有遺論焉。大氐搜囊太多則考覈難據；推略益遠則瑕瑜失真。傳信闕疑，雖生當聖人之後，尚有所存説而不敢盡，乃欲以一人之臆見，一時之懸斷，令終古及今行事皆詳而無略，皆得而無失，鮮不誤矣。夫若斯乎實録之難也，故與其强執而信之，不若姑俟而疑之；與其訂燕郢於往昔，不如慎亥豕於今日。兹掌斯事者紹正之大都云。余按：東甌舊有志，始自漢、晉，迄於明興，數千年間，一郡遺文古事，靡不畢集，博矣！舛踳故有，雅馴亦多。乃弘治以後之書缺焉。薦紳先生問以弘、正軼事，往往難言，顧弗深考，竟弗傳，或時時見於他説，多不可信。是以當事者有慨於中，思一編輯之。從始事底卒業，竭六七年校讎力，約煩補遺，於舊有加，今告成書矣。夫此東甌地耳，錯山帶海，滙江經河如故也，要害何常之有？漢時爲東海王稱孤竊據之都，宋時爲天子駐翠華之所，而今但東南名郡，藩大吏與二千石所建旄設軾而治百姓者也。郡邑亦何常之有？或屬會稽郡，或屬臨海郡，或爲永嘉郡，又或名縉州不置郡，或廢括州爲永嘉，或廢永嘉復括州，唐人置温州，屬越，宋因之，後改爲瑞安府，而今則以郡名温，永嘉、瑞安俱隸邑也。吏治亦何常之有？王逸少、謝康樂兩君子其著者，春草也，不流連乎？出游賦詩，不廢閣乎？而今守若令但兢兢奉三尺，救過不贍，何暇論繩墨之外也。廢興乘乎勢，沿革因乎時，變通存乎人，夫亦表時紀事而已。今無暇詳引，請言其概。往者弘、正之際，甌稱治郡矣。恬熙承平，民不知兵，三衛九所，星布雲屯，但具〔一〕設，令有備耳，彼一時也。嘉靖之季，島夷内訌，縣薄城下，相顧無兵，内地被其蹂躪後，是以有增營增募、多置樓船軍之議。隆、萬以來，海波復靜，軍士但坐食仰給縣官，費月餉歲支無以繼，近是以有言汰、言練、罷應募兵之議，然而已設者終不可罷，糜費者竟莫能省也。昔苦無兵，兵以强，今稱有兵，兵以脆，此其故可思也。一謠俗也，昔何以樸，今何以靡？一文伎也，昔何以馴，今何以雕？一訟獄也，昔何以簡，今何以煩？一供億也，昔何以減？今何以增？一財賦也，昔何弗而有餘？今何節而不足？當亦輓近世通變得失之林也。按之舊事，何必盡同，仲尼修魯史，但口授其弟子，爲有所譏刺、褒諱、挹損不可書見。太史公言漢廷事有所表見，多不虛，如其指也亦少褒矣；往往於封禪、平準諸書中微見其刺，使人深思而自得之。今史氏貶法盡廢絀不用，大率治行志、人物志所稱，有賢賢無賤不肖，乃近古長厚不非大夫、不招人過之意。夫借勸以爲懲，舉一而風百，褒予不虛，奬溢無爽，礪世摩俗，宜若可爲矣。仲尼論政，布在方策，此其大略也。

〔一〕「具」，底本誤作「其」，據刻本改。

寧能無失，存之以俟君子。一郡權變，近俗易行，有足采者，班孟堅謬史遷，其自著漢書反貽人目睫之論，滋議之難一也。蓋自古歎之，余何敢知！但且政此爲方策矣。萬曆三十三年乙巳冬十二月既望，賜進士出身、中憲大夫、知温州府事、前南京户部、四川清吏司郎中、晉江蔣光彦撰。

東甌新志成，郡守吴航林繼衡觀之，首閲輿地，見沿革，曰：世代之遷變也若是乎？後來繼今，紛更且安窮也。及分野，曰：誰謂温遠？是有牽牛之分於天，其尚毖於機祥之徵。及疆域山川，曰：此於浙其最東者歟？控閩引括，枕江界溟，嶂巒四塞，沃腴千里，太平之雄鎮，草昧之狡窟也。及橋梁津渡，曰：温水國也，匪是民蔑〔一〕濟矣！然而渡可虞也，慎〔二〕飭之耳。及風俗，曰：懿哉！人勤於力，省於事，知恥自愛，浸淫於儒，則誠小鄒魯也。試問闤闠，其亦尚有敬鬼信巫者乎？其亦尚有火瘞溺女者乎？有司化導，鄉哲儀型，可以幡然變矣。閲建置及學校，曰：國家以此鑪也範温士而鑄之，肖而範，故大可用也；無若躍冶，然人且以爲不祥。及郵舍，曰：嗟乎！是世之苦於横擾而勢莫禁者。温

〔一〕「蔑」，底本闕，據刻本補。
〔二〕「慎」，底本闕，據刻本補。

僻在隅，可以少安。閱祠祀，曰：夫血食者以報且以〔一〕勸，匪是者宜毁。彼宜廬不廬，反日熾何耶？閱食貨〔二〕，曰：昔先王任土作貢，十一而賦，三日而役，國足而民有餘。今物産非加蕃，土田非加拓，生齒非加夥，然而誅求之額倍蓰他日，叫囂隳突，雞犬靡寧。且東南民力久稱竭矣，一温安得獨裕？吾儕司牧，無爲保障是爲，豈其朝夕繭絲，攘肌及骨以爲愉快，令皮盡而毛無傅也。閱兵防，曰：思深哉信國之籌邊乎！扼要而屯，星羅棋佈，鯨鯢揚波，虎豹固在山也。如盡得練韜鈐、挾忠烈者，表裏掎角之，何憂於島夷！閱秩官，曰：此莫非天工，代之而曠之乎夫誰敢？閱治行曰：赫乎偉哉！心苟在民，風流治，恪勤亦治，廉厲治，寬和亦治。吾與二三有司，請於王、謝以下諸君子自擇而慎處一焉。毋第豔羨筆墨山水之娱取誚效矉也。閱選舉，曰：科目非古也。逌觀温名碩蔑不繇是。夫敷奏以言，明試以功，亦猶行古之道乎，焉用多歧，其以滋味倖竇也。閱人物，曰：山英川靈，其泄於是乎！道德、勳烈、節行、文章，如雨如雲，此暉彼暎，彪炳當年，焜燿來禩，生是邦也，夫亦其有景心景，斯奮斯肖矣！及列女，曰：此夫妾婦而丈夫者耶！奈何世

〔一〕「以」，底本闕，據刻本補。

〔二〕「貨」，底本闕，據刻本補。

有丈夫而妾婦者也，可愧已！及方技、仙釋曰：道之所不載也，然而郡有之矣。存而勿論可也。閱藝文，曰：人以言傳，言以人傳，兩者皆不朽而人重矣。閱雜志及遺事，曰：悲夫航海之役，有心哉文山乎！天若再宋，温亦趙家之即墨也。方氏何人？其欲爲摇乎？勢窮就獮，祗遺錢氏三王嗤耳！是么麽竊據之前車也，志及此詳矣，間蓋有見而不議者焉。是志也，監弘治癸亥志而删潤之，增以正、嘉、慶，歷百年之蹟，幾易裘葛而始脱稿，爲卷凡十有八。前郡守京口湯公創其議，大梁劉公嗣其志，鄉大夫玉洞王公光藴、省庵王公繼明董其裁，博士余君承蘭、陳君大奎、弟子員周子恭、戴宗璠等共其事，而先今郡丞羅君應台、陳君禹謨、别駕王君錫命、彭君創基、司理朱君道相，則偕不佞樂其成者也。遂並叙之。萬曆二十八年秋九月既望。

自昔有國必有史，秦人裂國而爲郡，史遂闕焉。後之君子更而爲志，其紀録略與史同。而史有專官，世相及也。志惟有位者之所委畀，更數十載而始一修之。其所重者在於品藻人倫，昭示衡鑒，使世有所勸而懲焉。史以官爲守，故得善惡並書，以信其筆行其直。志徒載筆近史，而非若史之有專官也。其所書者，非郡邑大夫則鄉之先達，亦不得不少諱矣。故自好之士往往嫌引自託而避不爲志，而使一郡之經制典籍放失泯没而漫無可考，則亦豈細故耶？夫子作春秋，以匹夫而用一王之法以繩列國之諸侯，然不以爲避者其有以自信也。士君子誦法先王，稱引孔氏，高論千古，而隳宗國之盛美不傳，廢賢守相之業不述，亦不廣矣。吾温故有志，其可考者始於宋永嘉譜。至我明洪武初有圖經志，弘治間而宗伯王文定公瓚始更爲之，迄今百年矣。萬曆壬辰，京口湯侯來守吾郡，方議修輯，尋以遷秩行。大梁劉侯繼之，進博士弟子而諏焉。東甌古稱鄒魯，惟是文學爲彬彬，諸君子鼓篋膠庠，淵源具在，今文獻之謂何？爰命啟局，各殫其所聞知，踰一期而志成，爲卷凡十有八，既秩然矣。會侯移守畿輔，而繼以長樂林侯，按成書而手自款摘，寄不佞蘊於宣州郡齋惟執事之正之也。蘊謝不敏，而會宅憂山居，林侯請益力，且以先大夫之有永嘉志也，曰：無以予小子召公是似。蘊惟郡志之輯殆踰百年，宗儒鉅公代有作者，豈其獨有難焉而令蕪廢至今，則具不佞前所指矣。使不佞必引避，誰當卒不避者？乃受而卒業。稍爲整齊詮次，間爲論著以發其義。蓋因乎成書者十九，而附以臆説者十一。要以原本山川，綜覈民物，兵刑、賦役，焯有成規，典則文章，昭然並舉。大都一稟於令甲，而酌以時宜，秩王章，明法守，敦本尚實，以蕃衛民，使教化有裨焉，亦庶幾矣。蓋百餘年而先後沿革、是非興壞之跡瞭然也。長人者而衷以爲治。都人士景行高山，有餘師焉。東甌之文獻，其不亦有徵乎哉！書既成，而會湯侯以右轄治兵於甌，以其始之未竟而樂今之有成也，更手校而正之。清漳陳侯以加諸梓。自丁酉首事幾十年以俟今晉江蔣侯而工始克竣觀成焉。吁其難哉！然不佞竊有懼焉。馬遷史籍，千載擅場，而孟堅猶將求多儒者律令春秋，猥繩百氏，多愛不忍以病子長，衆口之難調久矣。不佞惡敢望遷，而謬承兹役，徽惠郡侯暨諸博士以幸成籍，所掛漏而衡決者爲不少矣。世有辭焉，烏以藉口。惟平生斤斤繩墨，自信靡他，袒焉示人，以受群射。不佞何心，以都人士之心爲心耳！抑不佞之有兹役也，因鄉國之故實以牘而存之，非不佞自以爲私也。集鄉國之群彦以筆而成之，非不佞自以爲能也。蓋居是邦而操觚能言之士皆與有責焉。乃不佞僭承之，不佞之罪也。而東甌文獻幾佚矣，因以不墜，是不佞之罪。不佞之所安而不敢以爲避也。將有博雅君子，篤古自信，嗣成一家之言，比於春秋，以維世教，則是編也，其以先草創備遺忘，不亦可乎哉！庸書以爲叙。萬曆三十三年乙巳秋九月，郡人王光藴季宣甫頓首書。

四庫全書總目七十四：萬曆温州府志十八卷，兩淮鹽政採進本。明王光藴撰。光藴，字季宣，温州人。官至寧國府同知。是編成於萬曆丁巳。凡爲類十二，爲目七十四〔一〕，頗多舛略。如形勝門祇略叙舊志數行，而梁邱遲永嘉郡教所稱「控山帶海」云云，祝穆方輿勝覽所稱「郡當甌越之衝」云云，皆未之載，此皆失諸眉睫之前。學校門祇載梅溪、雁山兩書

〔一〕校勘記：「檢家藏本卷首列十一類，七十二目。」四庫全書總目誤。

院，而永嘉書院之建於宋時，載於王圻續文獻通考者，亦不及詳，其挂漏可想。又治行志中分郡良吏、邑良吏爲二門，體例亦嫌繁碎也。

雍正浙江通志二百五十三：温州府志十八卷，萬曆乙巳（乾隆温州府志二十七作「己巳」誤。）右〔一〕布政前知府事丹陽湯日昭總修，黄岡陳大奎、吴縣余（府志作「柰」。）承蘭、郡人王光蘊、王繼明纂修。

案：王郡丞光蘊，乾隆温州府志循吏傳、乾隆永嘉縣志仕績傳並有傳。萬曆温州府志卷首題：郡守湯日昭總修，訓導陳大奎、教諭余承蘭、郡人王光蘊、王繼明纂修。據季宣自序，則倡修始於日昭，而定本則出季宣手。通志題「陳、余諸人同修」蓋偶未審。志凡分十一類，首輿地、次建置、次祠祀、次食貨、次兵戎、次秩官、次治行、次選舉、次人物、次藝文，而終以雜志。季宣爲西華副使子，家學淵原，世傳文譽，故此書體裁尚爲淵雅，凡例稱弘治以前大都仍舊，稍稍删潤之，正德以後則據五邑新志，又采永嘉譜所載故實，舊志遺脱者以補之。故其書中雖小小疏舛所不能無，而校之近時康熙、乾隆諸志則終爲近古，砭訛補闕，漁獵不窮。況永嘉譜明以後久佚，王文定所修正德志今亦罕覯。此志既以兩書爲藍本，故所紀宋、元以前舊聞佚事尤多有根據，不似流俗地志憑虚臆造，不可究詰。年代

〔一〕「右」，底本誤作「有」，徑改。

浸遠，傳播絶稀，印帙偶存，誠吾鄉之寶笈也。至四庫總目以學校門失收元「永嘉書院」一事，議其挂漏，考此志、古蹟門蓋已載入。因明時書院已廢，故於學校門不復紀述，修書諸公於全志先後義例未及詳檢，故有此論矣〔一〕。

永嘉縣志

十七卷。乾隆永嘉縣志二十三

未見。

自叙：夫志猶史也。古者列國有史，世史職之。太〔二〕史遷守父之業，於陰陽、儒、墨、名、法〔三〕、道德靡不究其要指，博咨諏而精考核，斐然成一家言。叔皮傳心史籍，緯以國典，孟堅嗣爲漢書，繄長龍門，故古今史家，二氏稱嚆矢焉。迨世史職廢，而後世藝文之士率爲野史、私乘以備史官採擇，庶幾古遺法也。永嘉志故無考，嘉靖末，先君輯九志，摭故實，羅散逸，纚纚乎備矣。刻板近毁，蘊竊傷之。又念往爲志迄今幾四十年，時積事夥，失

〔一〕底本無案語，據刻本補。
〔二〕「太」，底本誤作「大」，徑改。
〔三〕「法」，底本誤作「流」，徑改。

今不續，後將多佚，矧手澤具在哉！ 頃受校郡志，稍稍悉顛末，隨奉同安林侯之命，遂於退食暇，按前志鈔而續之，間補其略，而仍舊者什五。 夫予之續是志也，非敢自附世業而曰纂述有加於前也。 惟徵科雜需，往苦煩蠹，自均平經賦，而疲困甦；島夷奔突，往虞瘖毒，自海防戒嚴而寇患息；人物著傳，往以世概次，而獨行罕述，今類仿諸志，列以品目，碩彦既表，而韋布砥行者亦附施於没世。 總之遹追先猷而慨於世法，徵之見聞而副在掌故。勉卒業乎父書，亦徼靈於山川也與！ 雖然，蘊不能無懼焉！ 志之用所以昭往訓來，輔政教之所不逮也。 顧往蹟易溷，名言孔訛，載之不審，不可謂昭；影附聲傳，不可謂審。 於志實有缺，亦何訓之能爲！ 先君學行軌於先程，前所爲志主於嚴正，爲鄉邦所信傳非一日矣。 蘊固陋蕪淺，愧不能有所闡述，而繆事鑒觀，僭於論説，則深以昭往訓來爲兢兢。 爰屬讎校，付之剞劂，庶以嗣前修而備遺亡焉耳！ 如曰：「良弓良冶，世受箕裘」，以竊比史氏，小子何敢承？ 敬以釐正俟之邦人君子。乾隆永嘉縣志二十三

姚永濟敘：永嘉山水秀甲東南，蓋自謝客游覽篇章與巖洞暎發，土沃壤厚，風美俗淳。余聞之父老，無論家詩書、户花竹，士大夫彬彬禮讓，即閭左負販相貿易，亦温其詞色，恥呶呶競價，行人值昏暮，或避風雨驟而入人家，父兄子弟悉出勞苦，次第供具，不必有平生半面也。 黔首嚴事官長，凛凛畏三尺，村翁田父訓子侄，恒以早輸税、急公家爲務，有頭白

不識縣門者。余心雅慕其土風，頃乃從東陽移官永嘉，而喜可知也。始余聞人言：東陽俗澆甚，好鬬健訟，號巖邑。比余下車，殊不爾。余壹以慈和簡易治之，東陽元元與余游於太上之風。乃永嘉之俗故淳，而余以治東陽者治之，日可坐而登於理。夫澆與淳亦何常之有？視上之人所以風之者。邑故有志，創自西華王先生，其子季宣君重修焉。法嚴格正，事核辭宣，則犁然矣。邦士大夫以余濫竽令長，屬一言弁首。余所知邑土風淳美，至其山川迴合，建置沿革，人物臧否，吏治污隆，則良史之不律章章焉。簿領傖父烏能贊一辭！見循良則飲冰，見苛墨則探湯，是令事也。自康樂品永嘉山川後，風流文采照暎林壑，詞人韻士接踵至今，烈烈焉標韻勝矣。然於吏治之污隆、黔首之利病則邈不相關也者，東西漢傳循吏不纂入文學，傳文學不纂入吏治，要各有所重焉。乃今觀循吏之列，在志中者班班矣，是我曹後來者之師表也。余爲吏言吏，故獨詳焉以此。乾隆永嘉縣志二十三

李維楨寧國郡丞王公墓表：公所輯永嘉縣志、温州府志，有良史才。縣志則繼西華公成者。大泌山房集一百四

乾隆永嘉縣志二十三：永嘉縣志十七卷，萬曆庚子，邑人寧國府同知王光蘊修。

陳氏彥生續平陽縣志乾隆温州府志二十七

佚。

乾隆平陽縣志十九：續平陽縣志，嘉靖中，邑人陳彥生補輯。

案：雨巖陳教授彥生，乾隆平陽縣志文苑傳有傳。

蔡氏立身青陽縣志千頃堂書目六

佚。〔一〕

項氏維聰高淳縣志

十四卷。乾隆高淳縣志〔二〕

未見。

自叙：余視淳三載許，徼天之幸亦三載稔。邑父老子弟相勖以常業，雞犬無恙，桑麻蔚然。顧而喜曰：「邑實庇余，余何能庇邑？」居無事事，取舊志讀之，慨然歎焉，此誰非吾

〔一〕臺北「中央圖書館」藏萬曆二十二年刊本，六卷，附圖。

〔二〕「乾隆高淳縣志」，底本無，據刻本補。

民之利病勸戒所繫，而脱略乃爾，將何以重一方、光千祼也？於是秦生尚賓、陳生毓靈、吴生山巍輩詣余以重修請。余謝不敏，然於義、於時非所敢辭。遂擇日開局，講編摩之役，隸都邑者諏諸耆里，隸學校者諏諸青衿，隸故實者諏諸縉紳先生，各出所聞，裒以膚見，而授簡於吾鄉張君子檯以總其事。近期志成，余以邑長當序簡首。序曰：邑有志所以紀載往跡，助流政教也；志久而議修，所以備因革，著時變也。桑田滄海陵谷亦以遞遷，大輅椎輪質文乘而異尚，爲政者可膠一定之柱、刻中流之舟乎！夫政之因也以時，時之趨也以漸，趨不可已也，亦不可極也，爭乎時者禁之不趨也，任乎時者逐之而趨也。故爲政者不禁其趨，亦不逐其趨。察乎時之所以來，導乎時之所以往，非詳核於今昔因革之故，其道靡由矣。今嘗三復斯志，而有慨於淳之因革也。因不必論，論其革者。官、民二田也。昔殊糧，今則一矣。馬塲，昔種馬，今改而租矣。漕米，國計也，昔本，今折矣。鹽法，民利也，昔用單，今改食矣。寺田，緇流左藏也，昔坐享，而今且輸公矣。他如户減也，因而減里，事省也，并以省官。揆情而宜，度勢而順。窮則變，變則通，而淳民晏如也。此非更張之善者乎？乃可爲扼腕者：曩者黑螟爲崇陽侯佐之蕩，淳産十餘萬，原野蕭瑟，至不可支，邇年以來，復多傳派，今閲歲額，如神宫監米豆、光禄太倉折色諸費，皆故籍所不載、先世所未起者。田土則昔有而今無，供億則昔無而今有，誰實生厲，貽之梗乎？是用列之條款，別以新增。後之人讀而維之，即未能蠲新税以復舊制，亦不至開蟻穴以徇末流，庶幾亦隨時拯溺之策耳，抑余猶杞慮焉！故老爲余言文皇帝時齊尚書泰，仕而見誅，人以儒諱，里巷非襏襫則褦襶，無咿唔者；二百年來，家弦户誦，依然鄒魯，彬彬文學矣。嘉隆之際，俗尚醇悃，民環堵而居，大布之衣；而今易以爽塏，彫其桷棁，被絲而曳縞者，且絡繹道路也。俗故負氣，見犯則較交手，令尹之庭易爲輸服耳，而今稍稍習規避矣。以質若彼，以文若此，時則使然。夫盛者衰之因，微者積之始，吾未知詩、書、禮、樂之不爲浮靡噍矢也，吾未知弘廠鮮麗之不爲淫泆前茅也，吾未知聰利巧便之不爲知故赤幟也。因時之宜，挽趨之極，其在令是邑者與二三君子共圖之哉！此余修志意也。若夫名賢孅行，貞女芳標，清修拔俗之操，慷慨好施之誼，人有獨擅，善有殊稱，亦各鉅細無遺，詳略互見。總之與善何害，從寬毀譽，吾無其心，知罪亦聽之矣。覽是志者外驪黄而得之。是爲序。萬曆三十四年丙午，永嘉項維聰撰。乾隆高淳縣志卷首

張子檯叙：往余輯建平志，建平君曰：「缺文例也。志大凡而可蒐羅，稍疏不無挂漏焉。」迺項令君目之，謂亦足備一方典。因閲高淳舊志，大以脱略爲慨，遂馳函邀余授筆札之役。余至，以更修大指請，則曰：「長世字民，務在析利弊。欲析利弊，必考興革。淳自分壤來百有餘年，其間事變屢遷若滄桑然，不辨而紀於籍，蔑以鏡俗求理矣。」語詳令君自

爲序中。余歎曰：令君其大有造於淳至此乎！夫奉藩守宇者，率以刑獄、錢穀，期會簿書日不暇給，稽古理文似非切務，即事纂修，又惟袚飾厥章，用垂名氏。其於吏治民艱不必盡晰也。亦多軌跡可遵，里閭懾然安乂，無煩更要束也者，而淳則可異矣。儒風民俗，奢儉質文之趨，既若狂瀾之莫砥，其甚者，滔天巨浸，息壤難堙，産没民流，日朘月削，此還定安集之不遑，而徵求之額且迭增也。令君謂「田土則昔有而今無，供億則昔無而今有」，此尤其扼腕痛悼之最切者。蓋力能挽者，既不顧利害，以身肩之，而格於時勢之不可爲，則務爲憫恤。若所云催科中撫字者而未已也，悉列於籍，用詔將來。興革而利，則永永宜仍；興革而弊，則亟當圖罷。寓深慨於微詞，於民瘼三致意焉，皆令君所授指也。令君英風霞爽，才轢古今，以鴻藻魁南宫，出綰銅墨，潔齊冬冰，恩湛春露，撫綏之餘，猶塵靡騁之慮，冀後之治淳者按籍而究，時艱隨力拯救，猶之令君在事也。甘棠蔽芾，樾蔭依然，所流惠於淳者寧有涯矣！則是舉也實此邑不可已之要典，匪直具文也，即翰墨爲勳績矣。不者山川方域猶故也，建設儀文有昔規也，食貨獻程循用無改也，往牒已載，何復更爲？第余智囿挈瓶，藝慚驅墨，編摩無術，竊擬輪轅。所幸邑有名公碩彦，各勤採獵，開廣聞見，集衆美以俾余；而飾陋翦蕪，提掇領要，則攝柄於令君。余僅爲次第之如此，及斯役竣，爲天文志者二，地理志者一十有一，人事志者二十有三，總一十有四卷。極知觚骰，貽誚大方。然記事述情，視建志稍詳矣。明年，令君遷南水衡，余再訪之白下，會刻成，爲識顛末於末簡。萬曆丁未孟夏朔，鄞人張子檯序。乾隆高淳縣志卷首

姚鼐江寧府志二十七：項維聰字聽所，浙江永嘉人。萬曆時知高淳縣，勤政惠民，榜其署曰「冰壺」，暇日課士不倦，文教丕振。纂修邑志，克備三長，士民思之，特爲祠祀。

案：項巡道維聰，乾隆温州府志循吏傳、乾隆永嘉縣志仕績傳並有傳。

秦氏激瑞安縣志備遺

二卷。千頃堂書目七

未見。

千頃堂書目七：秦激瑞安縣志備遺二卷，萬曆乙亥修，邑人。

雍正浙江通志二百五十三：瑞安縣志備遺上下卷，萬曆乙亥，邑令周悠延邑人秦激續修，人物不立傳。

嘉慶瑞安縣志八：秦激嘉靖甲寅預修邑志，獨爲當事所委重〔一〕，萬曆乙亥復專館續

〔一〕「重」，底本闕，據嘉慶瑞安縣志補。

修二卷，才學識兼長，人莫能及。

案：愼齋秦教授激，乾隆温州府志、嘉慶瑞安縣志文苑傳並有傳。

李氏維樾江浦縣志十二卷。千頃堂書目六

未見。

姚鼐江寧府志二十七：李維樾，浙江瑞安人，崇禎間任江浦令，捍禦流寇，著有成績，勸輸振荒，德政在民，重修縣志，最爲嚴簡，足稱良吏，祀忠烈祠。

鮑氏武瑞安文獻拾存千頃堂書目七

佚。

東甌詩存三十：鮑武，瑞安人，崇禎薦辟。

包氏大方周氏家俊泰順縣志八卷。千頃堂書目七未見。

今上癸酉歲，羅陽涂侯以重輯邑志問序於余。夫邑之志，猶古列國之史也，言足垂不朽者言之，余則何敢。雖然，羅陽之有侯與侯之有是書，都人士之幸也，又何敢無言？竊惟甌之邑五，而羅陽介在閩、括，景皇帝時，議者以其荒僻，而風教阻焉，割安固、横陽幽遐之鄉而胙之邑，時則俗淳龐而事簡率，有所記載，其大凡已汔前癸酉神宗改元之初，令王侯始著爲新志，庶幾淳龐者文而簡率者具矣。然而文物可興而不離枝鹿，經制可立而不離草昧。陳詩納賈如通邑大都，能乎哉！豈其風氣域之而振勵蓋有漸也。至於今涂侯來宰兹邑，侯豫章奇材也，治爲五邑冠，淬精振勵，百廢具舉，疆理視昔愈以飭，户口視昔愈以蕃，沿革利弊視昔愈以核。而當群黎遍德而士魁賢書，今日之羅陽蒸然大變矣。於是集鄉紳弟子員等而賡爲之，公餘之暇，相與參訂商榷，及癸酉而告竣焉。距王侯之治羅陽時六甲復週矣。時之巧於遘，亦山川之靈有待而錫之侯也。是編之作豈偶然乎哉？余嘗慨今日之吏屑屑於簿書期會筐篋之中，傳舍其官，以報成勞足矣。其能以文章飾吏治上下二百餘年之典故，求其信今傳後，不爲杞宋之無徵，嗚呼難言矣！且自軍興日侈，東南之杼柚蕭然，羅陽崎嶇於重巒複嶂中，民力幾何，頃郡城桴鼓屢警，邑之壯役移其大半以爲郡衛。庚癸一呼，輒盼盼而索屬邑之賦，此時良司撫綏之未能，而遑計其官。乃侯愛民如子，蒿目焦思，救罷起瘠，以副聖天子子惠元元之意，又出其餘力以勒成鉅典。嗟乎！斯豈徒俗吏所可辦，即廉能異等，其克兼之乎？是編也，廬井、庠序、軍師、食貨之類，罔不纖悉一新。後之君子，瞭若指掌，踵而行之，綽有成憲矣。然則，侯之政二百年來所希覯之治，兹之集二百年來所不可缺之典，不佞獲觀厥成，喜可知也。庸書以爲之序。崇禎六年癸酉嘉平吉旦，東嘉周應期撰。雍正泰順縣志卷首

包大方序。崇禎六年。不録。

周家俊序。崇禎六年。不録。

易應昌序。崇禎六年。不録〔一〕。

千頃堂書目七：包大方、周克俊泰順縣志八卷，崇禎癸酉修，邑人。

雍正浙江通志二百五十三：泰順縣志八卷，崇禎癸酉，邑令涂鼎鼐延邑人包大方、周克俊等修。

雍正泰順縣志七：泰昌恩貢包大方，字子義，六都泗溪人。任常熟縣丞，陞宣州經歷。

案：周同知家俊，乾隆温州府志仕績傳、雍正泰順縣志宦業傳並有傳。千頃堂書目作克俊。

〔一〕底本原録包大方、周家俊、易應昌三序全文，後删。此處據刻本補。

「周克俊」，誤。通志同

國朝

林氏占春周氏天錫永嘉縣志十四卷。雍正浙江通志二百五十三

未見〔一〕。

鄭廷俊敘：今天下車書一同，共球四集，三代以來，幅員廣大，未有如昭代之盛者也。永嘉爲古郡名，考之曩昔，在兩浙中山川秀麗，疆域豐饒，魚鹽輻輳，頗稱樂土。典午以來，如孫興公、王逸少、顏延之、謝康樂諸君，皆以儒雅風流，薰陶習俗。嗣是碩佐名賢後先踵起，至今有「小鄒魯」之稱。余不敏，忝宰兹邑，值閩變恢復之後，駭鹿初歸，哀鴻甫集，雖山川如故也，疆域如故也，而人物荒涼，財賦蕭索，戎馬雲屯，羽檄雨下，芻茭糗粻，日疲供億。昔之所謂沃壤，今之所謂瘠土矣。余撫此兵燹遺墟，而簿書鞅掌，庶務蝟紛，戴星出入，不辭勞瘁。公餘稍暇，欲搜舊邑志而瀏覽之，但舊志修於明萬曆間，距今八十

〔一〕國家圖書館藏康熙三十年刻本。

餘載。前者散佚失次，後者遺漏無傳，致令風徽歇絶，盛事不彰，亦邑有司之責也。時癸丑，聖天子命修通志，頒行郡縣，前令關西馬君暨邑博士樊君，聘鄉貢林君占春、周君天錫輩編輯成稿，草創未備，余徇衆請，再聘名儒入局考訂，删其繁，增其缺略，詞簡而核，義約而該，於以紹往訓來，扶風礪俗，垂諸不朽，庶幾其有裨於邑治云。帙成授梓，乞鄉先達弁之，先達咸以余司民牧，自應在吏言吏，因不避固陋，援不律而序之。惟冀當事諸公鏡甌情事，思以綏殘疆而恤疲民，究利弊而圖興革，庶孫、王、顔、謝之永嘉，或可復見於今日也夫！乾隆永嘉縣志二十三

雍正浙江通志二百五十三：永嘉縣志十四卷，康熙癸丑，知縣馬琾聘邑人林占春、周天錫修。壬戌，知縣鄭廷俊續修，王錫琯序。

乾隆永嘉縣志二十：康熙歲貢周天錫著瞿〔一〕溪集，康熙時重修邑志。

案：康熙永嘉志今未見其書。據鄭廷俊叙推之，蓋馬忠勤琾本延周樗庵、林雪庵二人纂輯，草稿既成，後馬徇耿藩之難，事遂中輟，廷俊既蒞任，重爲增删刊行，然俗吏喜以刊修志乘爲己名，往往有修補版片，一字不易，而輒添序跋累累，自稱補續者。廷俊叙中

〔一〕「瞿」，底本闕，據校勘記補。

所云，真僞蓋未可知，今仍以周、林原書著録，外編亦不復録鄭志，俾無繁複。其通志所稱王錫琯序，今亦未見，俟更訪録焉。

林氏允輯鮑氏易樂清縣志

八卷。雍正浙江通志二百五十三

未見〔一〕。

徐化民叙：郡邑之有志尚矣，紀星野、疆域，紀風俗、人物，凡繫於兹土者靡不紀。大之同於歌豳營洛之文，而纖悉畢陳，期其適用，猶足位乎山經、水注之列，故作者必求爲可傳。予壬戌三月涖樂，詢邑乘尚闕，購得舊志，知爲二谷侯先生所裒撰，止於前之隆慶。其後百餘年事蹟，幸明經林、鮑、李三君，徐、梁二庠生，先已集公所次第增修。蓋當癸丑年，皇上以聖紹聖俾天下郡縣各纂集志書，彙於省以成通志，進諸史館，以備蒐采之資。續因弭變，專講戎事，遂暫緩焉，而邑志亦竟未成帙。今仰賴天威，四方底定，朝陛賡歌，田野樂豫，邦國遠近之志靡不竭蹶告成，以答兹休命。樂邑雖小，亦已繕録以進，乃謀剞

〔一〕中科院南京地理研究所藏康熙三十年刻本。

厥之，役五閱月而功始成。予忝長此邑，雖無纂述功，不敢辭，不敏因爲之言曰：夫國史陳善惡以重勸懲，法取大備，而志則載美遺慝，蓋欲使人人樂教變俗，自見聖賢之心，非徒陳説古人古事已也。故有天文以明天道，有封壤以著地道，夫人知之，而不知紀天地所以表人之始也。人固秉天地之氣以生者也，由是而政教、而典禮、而儒賢、而忠孝，乃所以立人極也。三極之道備，天下之事盡矣。孰謂蕞爾邑遂可遁於此理之外乎？顧予觀志所載土風民俗，即作者已微有疵焉。如佞佛事鬼，巫風也，人而能見天地正大之情有是乎？溺女停喪，嚚習也，人而能全天地仁孝之性有是乎？好訟使氣，悍俗也，人而能全天地中和之德有是乎？見義不爲，薄俗也，人而能體天地淳厚之心有是乎？若夫科名之盛衰，文事之興廢，雖因乎時會，要亦天地之所鍾也。則夫文藻於星緯，精氣應山川，孰非人所自致歟？考諸前代，若宋之王梅溪、趙德成、陳質甫、劉蒙川，名行功烈，炳炳不磨；明則有范時雨、鄭逢時、高肅政、陳宗獻諸君子，皆才德矯然傑出者；而忠節如章恭毅，著述如侯方伯，尤千秋人望，豈徒稱美兹土已乎？讀者亦可幡然而興起矣。雖然，今日者，言乎正俗則月吉有講，言乎育才則訓士有章。上而中丞、牧伯諸公，時時宣天子德，整飭規條，振興文教，樂雖山陬海澨，何嘗不在王化鈞陶之中；即予以庸拙吏，奉公循職，硜守三年，朝行夜思，亦未嘗不以君子長者厚望於此邦士氓也。然徒有移風易俗之志，而竟無振蠱起衰之才。司馬氏云：「使人回心嚮道，非俗吏所能爲。」其信然乎？其信然乎？予惟以不負所學者始終自矢，以俟後有大賢，力躋兹邑於淳古而已矣。姑述其略如此，予之心則固可閔也。是爲序。康熙二十四年乙丑季秋之望，邗江徐化民雨蒼撰。道光樂清縣志卷首

道光樂清縣志十一：順治辛卯府學歲貢鮑易、康熙歲貢林允輯。十一：樂清縣志八卷，國朝康熙乙丑邑令徐化民聘邑人林允輯、鮑易等修。

案：康熙樂清縣志，縣令徐化民主修，林允輯、鮑易纂輯。通志、府志並題徐化民名，誤。

呂氏弘誥平陽縣志

十二卷。雍正浙江通志二百五十三

未見。

金以埈叙：邑之有志，邑之史也。國家覆載無私，朔南皆訖，尋橦度索之國，圖籍奄歸；出日戴斗之區，梯航並至。矧兹揚州近地，貢賦總秸，於是乎在。而舊志既毀，掌故闕焉，有司之過也。埈故不揆檮昧，與邑之諸君子圖之，而新志遂成。序曰：夫平陽爲於越之域，而東甌邊徼也。有晉太康間置始陽縣，隸永嘉郡。歷五季及唐爲横陽，吴越錢氏改

爲平陽，元元貞間陞爲州，迨明初仍爲縣曰平陽。我朝因之，而名始定。斗牛當吴越分野，考諸天官、唐一行星紀不舛。王公設險，形勝是依，瀕海襟江。四鄰之封，犬牙參錯。群山合沓，四面繚繞，而鳴山形止勢聚，爲縣扆座。其川無慮數十，滙爲縣南明堂。余將於鳴山築樓，藝樹以培風氣，濬其明堂淤滓以緩衆流，志有待也。雁蕩、玉倉，秀拔甲東南，斯一邑之勝乎？食土之毛，氣候以授人事，平陽所産，秔蔬菽枲而已。舉網擊鮮，厥多海錯，羹魚飯稻，男耒耜而婦女紅，出作入息，帝力何有，斯則善矣。故首志輿地焉。城墉濠塹所以衛民也，草茇廳事所以庇身居正也，官次圮而廨宇壞，將有構葺，費無出焉。夫士何養乎？養於學也。宫牆丹碧，宸翰昭回，新鄉獻祠設義學，館師儒，而激勸寓弦誦之業，鼓篋萃止者斌斌濟濟與！東甌夙號「小鄒魯」，士風嚮學，鄉有校而家有塾，藏書則皮，瞻匱則田，余有志焉。街市無千金之貨、鹽筴之饒、富賈重商之集，而都鄙瀕海，潮汐斥鹵，塘埭陡門所以禦鹹蓄淡，粒我蒸民，莫非其力。築舥艚工竣，漸及鵝壢、錢倉埭閘，維吾民不憚暫勞，已成者修，未成者舉，補於未崩，築於未壞，則永有秋矣。坊表具瞻，津梁利濟，置郵傳命，病涉徒杠；倉之有積儲，待補助也，穀頓僧宇，陳而腐，賠償不訾，余蓋扼腕，故次志建置焉。黄册之造，往弊未剔，藝賦恒徵，小民黽勉樂輸矣，力役之徭，果盡均平覈實否？况平陽遷展訖兹，招徠墾闢，丈量難行。若客寄佃莊，不特令苦催科、政拙也，厝火薪下之虞，官民均受其病，無能霍除，故貢賦志焉。民間習俗淳樸，士者好學問，婦女勤紡織，大較美矣。間有狺狺喜爭，不戒終訟；婚娶論財，徼福淫祠，聽於巫覡；孀婦之貞，親屬奪嫁；咨諏砭俗，安得耳提而家諭之？故次之以風俗。令長佩銅墨，統百務，蒼生之愉戚懸其躬，丞尉它職毗而佐之，絳帷皋比，矜式繫焉。又皆仰禄公家，靖共之謂何，而或敢尸素耶？彤牙畫戟，介胄兜牟，干城是寄，故次之以職官。而述其姓名：在位之循良，捍患有治狀者，去而人思之，歷宋、元、明迨我朝，合令、丞、簿、尉、師儒、桓武，得六十三人，未爲寥寥也。然必卓犖絶倫，施實德於民，而人始頌慕無窮焉，故次之以治行。山川社稷，明神正直，以忠以勞、以義以文者，廟之壇之，蒸禴不忒。若奔走牲犧，供給淫祠，甌俗好鬼，未易變者，欲定民志，故次之以秩祀。海區浩蕩，甌閩要害，鯨波伏莽，安瀾弭戢，然苞桑之繫，可不念哉！營制斥堠，星羅棋布，我疆我里，遹重幅員，故次之以防圉。賓興計偕，竹箭苞菁、楩楠之材，不涉其途，無以刷羽奮跡。然或以經術、以薦辟、以博洽、以掾銓，雖異軌殊途乎？要亦網羅所及也，故繫之以選舉。今夫鄉獻之薪傳理學，其任道也重矣；忠義之慷慨攖難，其履蹇也順矣；宦業之展采敭歷，其惠濟也弘矣。文學則摛掞斧藻之蔚也，武烈則捍衛禦侮之貞也，孝友之篤斐天彝，行誼之禔躬粹美，隱逸則邃壑孤崖之致，流寓則景星威鳳之儀，若夫方技雖小道，亦標逸韻，而列女則矢志靡他，寒冰凜雪之介也，此皆可以儀型士彙，維閑世風，志而佚若人也，焉用志爲？ 故繫之以人物。文以載道，不朽與功德同，况篇成琬琰，字挾風霜，有爲其人與地而作者，非空言比，其誰可廢？ 故繫之以藝文。所謂望邑，必有先古之遺焉。平陽雖小，介在海東，建邑千載，其來逖矣。白楊老柏，丘墓所封；虚寂玄幻，别傳仙釋；龍湫丹井，祇林紺宇，浮屠、黄老之徒所憑藉也。祲祥時變，詭奇軼事，書之足以廣異聞，麟經不遺六鷁，大易象著玄黄，乾德坤垠，不能有純無雜也，故繫之以雜志終焉。客謂余曰：「平陽蕞爾一隅，志之撰述微矣。惟是昭往詔來，前有徵而後有鏡，詳匪蔓，信匪誣，則可謂云爾已矣。」埈曰：志者，志也，殆與諸君子重有志於斯也。夫載紀傳述上所沿革，下所患苦，剷畫釐厝，犂然具備。如余者，兩載濫竽，瞿瞿汲汲，蓋有志焉。苟鑒於兹，而規畫經理，百廢具興，民實受利，令實遂志，庶幾少逭咎愆乎？ 是諸君子重有榮施於余也。豈不重哉？ 豈不重哉？ 乾隆平陽縣志十九

雍正浙江通志二百五十三：平陽縣志十二卷，康熙戊戌乾隆温州府志作「甲戌」〔一〕。知縣

〔一〕楊紹廉批：「廉藏有殘本。第一卷，按此書，以順治初年所修爲藍本，並參訂萬曆、弘治兩志，惜未得窺其全豹也。」按刊本叙末署云：「時康熙三十三年歲在甲戌秋九月重九日文林郎知平陽事遼左金以埈撰。」嘉慶通志、乾隆平陽縣志亦並作「甲戌」，雍正通志誤，當改。國家圖書館藏康熙三十三年刻本，金以埈、吕弘誥等纂修，十二卷。

金以埈府志作「浚」，誤。延邑人呂弘誥等修。

案：呂歲貢弘誥，乾隆平陽縣志文苑傳有傳。

章氏起鴻瑞安縣志

十卷。雍正浙江通志二百五十三

未見。〔一〕

雍正浙江通志二百五十三：瑞安縣志十卷，康熙辛未知縣范永盛延邑人章起鴻等修。

乾隆温州府志二十七：瑞安縣志十卷，康熙辛未令范永盛延邑人章起鴻等修，乾隆己巳訓導章昱續修。

嘉慶瑞安縣志七：康熙壬戌歲貢章起鴻。

案：周起辛宣平司訓默齋朱公墓誌銘：「康熙丙寅，瑞侯范公永盛敦請纂修邑志，序次詳略，釐然一正。」則康熙瑞安志，朱默齋亦與分纂也。府志又載「章昱續修」，據瑞安志

〔一〕校勘記：「檢家藏有刻本，卷首載纂修姓氏：鑒定知縣襄平宋鴻，總裁知縣三韓范永盛監修教諭桐鄉王香，訓導富陽華山，纂修邑貢生章起鴻、朱鴻瞻。宋鴻有序，又有知縣洛陽黄諫序。卷一輿地志、卷二建置志、卷三田賦志、卷四職官志、卷五祠祀志、卷六兵防志、卷七選舉志、卷八人物志、卷九藝文志、卷十雜誌。」

則章志別爲一書，今録於外編。府志附康熙志下，殊嫌淆混。

張氏南英平陽縣志

十二卷。〔一〕乾隆温州府志二十七

存。

前志閲今六十餘年矣。余生壬午，前二十年戲逐夢夢也；後三十年，南北分馳，羈跡異鄉，計所聞所見不過二十餘年事耳。乾隆丙寅，同邑蔡君世源，與余有修輯邑志之約。明年，蔡以官之昌化，不果。日月易駛，近十餘年矣。同學老成半皆凋落，而野老耕氓又俱不諳當世務，詢之軼事，茫茫聵聵而獻亡矣。越丙子，江左徐侯以少年名進士來宰是邑。甫下車，即慨然以修志爲己任。余知侯景前型，憲後來，以大布德澤於民也。適錢塘孫君謙來自幕中，侯訪余與之偕，迺分纂其事。侯購邑遺書，三閲月一無應者，僅得廢本數卷。於戲！文又亡矣。余瞿然曰：「當吾世而不襄厥事，不唯前志魚魯漫漶澌盡，而且本朝百年以來列

〔一〕乾隆平陽縣志二十卷首一卷，乾隆二十三年刻本，國家圖書館、温州市圖書館藏。孫氏作「十二卷」，沿乾隆府志經籍門之誤。

聖功德、大經大法，湮没勿彰，余滋罪焉。因思二十餘年之聞見，尚足以資掌故，而存什一於千百，未必非蠹簡有靈也。遂與孫君昕夕搜討，補其舊，增其新。閲一寒暑，彙爲二十卷。間附卮言，亦居今志古、訪賢哲之蹤、陳興廢之跡、流連感慨、所不得已之辭也。若夫生長明盛，詠歌太平，潤色鴻業，又予小臣不辭揚厲者矣。稿成，上之侯，侯復一一訂之，親爲之序，俟受裁於太史杭公以付梓。是役也，以數十年不急之務，幸侯而觀其成。向使余與一二同志拾殘舉墜，不經大匠繩墨，即自成一家言，甚懼偭規軼矩，與野史同譏，此士大夫所羞稱也，則侯之功不可泯也。迺詳其始終於末。乾隆戊寅四月望前，邑人張南英謹跋。

乾隆温州府志二十七：平陽縣志十二卷，乾隆己卯，知縣徐恕延邑人張南英修。

余氏國光東甌遺志嘉慶瑞安縣志九

未見。

葉氏嘉棆東甌建置考寳香山館集十九〔一〕

〔一〕温州市圖書館藏鈔本一卷，作「東甌郡縣建置沿革考」。

未見。

平陽縣志補正 寶香山館集十七

未見。

鮑氏作雨張氏振夔樂清縣志 十六卷。

存。道光甲午刊本[一]

伊古載籍，足以囊括寰宇，極洪纖鉅細，而無不朗若眉列者，其惟史乎？史之所載，上而天文、五行，下而地理、職方。禮書、樂書以明人道，平準、食貨以驗物情，可興可觀，可歌可泣，胥於是乎在。士君子得珥筆雍容，廁身修明之列，其亦足矣！余性好讀史，而學淺才疏，又甫捷南宮，遽膺民社，末由從史官之後，私心憾焉。歲在乙亥，自孝豐調任樂清。樂邑繁劇，日勞勞於簿書錢穀之末，學殖幾落矣。即而披覽圖籍，取邑志而閱之，不

〔一〕底本無，刻本作「道光丁亥刊本」，據温州市圖書館藏道光丙戌修，甲午刻本改。

禁喟然曰：嗚呼！此即一邑之史也。夫史之所載，周於四海，而志之所及，囿於一隅，若不可同年而語。然由邑以達於府，由府而達於省，由省以達於一統，事有相因，理同一貫，志在修明者從而留意焉，亦當代得失之林也，何必史。顧樂邑之有志始於宋淳熙間。其後有元樂清令馮君修之，又其後有明邑人侯二谷修之。前後相去，多者二百餘年，少者亦百數十年，事多缺如。本朝啟運，文治聿新。康熙癸丑，命天下郡縣各纂集志書，將以上諸當宁。邑令徐君奉文修緝，宜若可觀。顧其時三藩甫定，兵燹之後，文獻難徵，故爲書亦多闕略。又自此以迄於今百四十載，久未重緝，不特損益廢興無從稽考，而且孝子順孫漸埋没於蔓草荒煙之下，義夫節婦幽魂莫慰，此有心風教者所爲掩卷而太息也。余久欲修之而未暇。癸未歲，爰與邑中諸君子謀，延請瑞邑名孝廉鮑雲樓先生就其書而續訂之，草創未就，余適陞任乍川，然雖道里相隔，此心未嘗一日忘也。歲丙戌，書始告成，諸君子郵寄來示，余受其書而讀焉。首輿地，終雜志，中別爲十二門，義例一準史法。凡天地、人物莫不詳著於篇，有善必彰，無孅〔一〕不表。而所謂孝子順孫、義夫節婦者，亦諮詢採訪，罔或遺漏，潛德幽光，久而彌顯，其有裨於世道人心者豈少哉！異日朝廷開國史館，命儒臣

〔一〕「孅」，底本誤作「微」，據道光樂清縣志改。

博採圖經並蒐羅佚事以備纂修，是編當必有可取者，真可通於史矣！余既喜其書之有成，而因以歎其用心之良苦也，於是乎言。時在道光六年，歲次丙戌季冬上澣，賜進士出身、誥授奉政大夫、署浙江嚴州府事、嘉興府海防同知、前樂清縣知縣加三級、陽春劉榮玠撰。

歲丁亥，門下士鄭生燿廷以新修樂清縣志屬余序，且告余曰：「吾邑志乘明以前久佚，所存者惟國朝康熙二十四年重修之本，其時奉文纂輯迫於程期，又掇拾兵燹之餘，率多闕誤，越今百四十餘年矣。文獻無徵，徒深慨歎，後訪得明隆慶志，爲邑前輩侯二谷方伯所修，體裁較密，文亦稍詳，始請之邑侯，商及同志，延同郡鮑雲樓、張磬庵兩先生總其事，諸同人旁搜博采，閱三載，書乃告成，蓋修志之難如此。而或且議之，謂『近代以來郡邑志不啻充棟，新城王尚書獨推康對山之武功爲最，以其文簡而事覈也。樂清舊志一册，今卷帙數倍於前，繁簡何懸殊歟？』不知對山之志武功，總目七篇，雖一邑之志，實自成一家之書，故與他志體例有別，且志以網羅文獻爲宗，非徒以簡爲貴也。吾邑瀕海負山，地廣而僻，志久未修，學校之興廢，人物之盛衰，田賦、兵制之損益，職官、選舉之隆替，忠清、節孝之流傳，聞見異辭，謬訛承襲，斷無容簡且率者。蓋修志之難而不敢憚其難也如此。」余謂：「生之言誠然，抑更有進焉。樂在宋、元、明時，人文蔚起，著述甚富，近則板籍銷亡，斷簡殘編收藏無幾，久之而數典忘祖，並前哲之嘉言懿行盡付之過眼雲煙，墜緒茫茫誰執其咎？是志之不得不修，修之不得不詳，窮源竟委，折衷一是，以信今而傳後，誠諸君子之盛心，而尚可以繁簡論哉！」余因摭生言而識之，以見修志難，而修樂清志尤難者如此。道光丁亥仲冬，温州府儒學教授海昌陸景華撰。

賈聲槐序。道光七年。不録。

高際盛序。道光丁亥。不録。

王丹壁序。道光戊子。不録〔一〕。

家大人永嘉張先生墓誌銘：先生名振夔，字慶安，號磬庵。世居永嘉場，嘉慶戊寅舉人，道光丙戌大挑一等。改教職官，終鎮海教諭，其卒時年六十有九。先生幼慧，喜讀書，自少志操特異。既舉鄉試，連會試不第。居京師，不輕與人交，獨與青田端木先生子彝及吾邑鮑先生往來論學，嘗謂「治經之道宜取古人之言有裨世用者，博涉而精考之，以自儲其材，使大可致於朝廷，小亦可濟一鄉一邑。無妄分漢、宋，徒資排擊。」又謂「諸經史及古人詩文辭皆足以增長學識，不必專守性理語録。」蓋先生爲學通博，其旨如此。

〔一〕底本原録賈聲槐、高際盛、王丹壁三序全文，後删。此處楊紹廉據定稿補。

案：道光樂清縣志分十二門，曰輿地、曰規制、曰學校、曰田賦、曰兵制、曰職官、曰人物、曰選舉、曰藝文、曰風俗、曰物産、曰雜志。每門又各分子目，大抵以隆慶侯志爲本，而參以省、府各志，及先哲文集，補其未備，體例頗爲詳整，輿地門山川一卷，尤爲精審。凡例謂府、縣舊志，紀山皆似嶧山，未免失實。兹特仿太平志叙山皆循次第，綱師禹貢，目師山經，獨蜀繹嶧，區以別矣。叙水，則用酈道元水經注，一綫貫串，兼用齊次風水道提綱，別列支流於後以清麋目。今覆按其書，知非虚語也。餘若沿革表，鈎稽史志，糾正俗説，物産志博徵倉、雅，附綴方言，職官、選舉兩門，亦能考證列朝制度，條舉件繫，雜而不越。在吾鄉地志中，足稱善本。自湯成烈永嘉志稿外莫能與方駕也。雖其間小有疏舛，如謂「漢東部侯官即東部都尉」，而不知其當爲東侯官。説見惠棟後漢書補注二十。謂「樂成之義，取大樂正造士，七年小成，九年大成」，而不知永嘉郡記書字或作「城」。詳外編永嘉郡記叙。以祭鼎儀范爲王東巖作，而不知其爲亳州道士王與之所著。説詳辨誤。考木榴嶼即玉環，不知其又名地肺山。徐堅初學記五，引永嘉郡記、謝靈運游名山志。他若人物門有鄭涔傳，藝文門載潘翼著述，均誤收流寓。若此諸條，尚待補正，然其大體則無可議也。

黄氏漢甌乘補

二十卷。

存。永嘉黃氏藏手稿本

人生同此賦畀，而嗜好各殊。然專泥詩書，未免性之近於偏也；止談鄉俗，未免見之拘於墟也。漢少習舉子業，緣家貧，嘗效闞澤傭書，既而橐筆四方，聊餬予口。第自愧溝瞀無識，蓮幕濫竽，而結習未忘，每於晦明風雨，手一編弗輟。間嘗見諸書有載及吾甌輿地、人物、故事，輒爲筆之簡端。邇來游地既廣，閱書頗多，而所得筆於簡端者愈夥。積久成帙，因溯古及今，次第編輯而釐訂之，得若干卷，名曰甌乘補。蓋以補郡邑乘津逮所未及，且視舊乘中所遺佚者得十之五六，異同者十之二三，餘或類涉鄙瑣怪誕，爲先正所不屑取，詎可概以津逮未及論耶？而漢則敬深桑梓，一草一木弗敢蹂躪而又廢棄之。故識大識小所宜兼收而並蓄，以備他日士大夫修志去取，是亦李肇作國史補、章愍作吳事類補之遺意也。後此有所見聞，更當攟拾而續補焉，夫豈止於此哉？雖然，士生斯世，弗克奮志努力，充其學問經濟以補世用，顧乃歷碌風塵，蹉跎歲月，僅僅以剽竊群書爲務，爲有識者所哂，抑又何取焉！茲不揣冒昧，爰即是編以質諸博雅君子，未悉許可否也？倘不以在鄉言鄉，囿於淺近者譏漢，則鄙懷宜何如欣幸耶！時道光二十二年歲在壬寅仲春，小若山人黃漢自序。

物以夥而易散，事歷久而就湮，古今同此慨也。然欲一弭其憾，使殘者完，逸者聚，非補不爲功。漢儒補樂記，考工補冬官，束廣微補亡詩，韓昌黎補許傳，補之功鉅矣哉！浙之東甌，開於漢，著於晉，盛於唐宋，自昔號「小鄒魯」。其山川之奇特，人文之蔚興，生聚之蕃衍，物産之富饒，代有通籍以記之。通著者，所以補史氏之不逮也。雖然，可補者豈惟史策哉！功德施於人，聲名著於世，膾炙衆口，稱道不衰，年即遠，無庸補也。下此善於鄉，賢於族，烈於家，當時盛稱，過而闃寂，縉紳不及知，父老不及舉，留待後人，搜而補之，往往然也，甌豈獨不然！戊戌秋仲，余蒞兹土，辨利弊，禦寇盜，勸文學，崇善良，日孜孜焉求有補於風俗人心，而未暇尋章摘句，較訛刊謬，已五稔於斯矣。邑有黄生者，淹雅士也。來脩相見禮，坐譚之頃，探懷呈所輯書編，曰甌乘補，請序於余，公餘卒閱之，舉多闡發幽光，道揚善類，博採他説以補郡邑所未載，蓋亦心乎義而勤於學者矣。噫！斯人也，余特不知其能補以言而即能補以行否也？且不知其能補後人之修乘而亦能補余之治甌否也？然觀其書，推其心，可想見其爲人。是爲序。時道光壬寅嘉平月，甌括觀察使者皖江陶士霖題。

案：鶴樓黄秋明〔一〕漢，永嘉人。〔二〕甌乘補二十卷，皆記温州舊聞，爲郡縣志所未收者，

〔一〕「秋明」，底本闕，據校勘記補。

〔二〕底本原有「生」字並前闕二字，以補功名。黄漢棄舉業，無功名，故删。

按時代先後排次，惟經籍、物産、藝文仍以類聚，其採自他書者，皆節録原文，間附評論。至近代軼事，得諸傳聞者亦注某人述，其採摭尚爲不苟。惟考證未精，如永嘉，漢爲永寧，遂并魏長孫澄封永寧伯、鄭孝穆封永寧侯亦收入。不知拓跋版圖不及江表也。五代錢鏐改横陽爲平陽，遂并梁李彦封平陽伯亦載入，不知唐以前無平陽縣也。他如以宜春劉靜春爲樂清劉文肅公，詳辨誤。以丹陽洪興祖爲温州洪慶善，洪慶善，見洪邁夷堅甲〔一〕志。若此之類，考古疏舛，不可枚舉。惟於國初以來軼聞瑣事，紀録頗多，可爲續修志乘之資。其詩文七卷，亦多府縣志所未載，雖不盡注出處，體例不無可議，要亦有裨文獻之書也。

右都會郡縣

宋

曹氏叔遠修復李渠志謝旻江西通志十五

佚。

江西通志十五：袁州西南十里有李渠，引仰山水入城，唐刺史李將順鑿，邦人利之，目

〔一〕「邁」，底本誤作「适」；「甲」，原闕，據校勘記補改。

曰李渠。宋淳熙十年，州守曹訓命工加濬，並刊圖經，所載李渠事，龕於疏泉亭壁，歷久愈湮。寶慶三年，直華文閣曹叔遠知州事，亟議修復，其浚治次第，由陂頭至西城下，復由西城渠口至貢院，入江處減水溝凡三，接水溝凡三，大小斗計三十有七，大小橋計二十有七，皆係李渠所經。其役夫條目，設立渠長、陂户、甲户，爲法最良。雖代遠勢殊，固不得而略也。凡役夫，每旦畢集於庭，十五夫分爲一甲，別以色旗，分渠以二丈爲限，每二丈用役夫一甲或二甲，視渠難易以定多寡；中留二丈，以次更竣，使役夫不相貿亂，工役有所稽考，每甲督以一卒，兩甲總以一胥。不時委官至役所檢察。其傭金一視市直，遇晚親自給散，吏不得預毫髮。遠近聞之，荷鍤而至者日幾千夫。方春小民艱食，賴此以濟者甚衆。至治陂及築新隄則付之陂户，以其習熟陂事故也，傭金亦與役夫等，委宜春丞徐徹、尉余紹、貢士李發給之。渠在郊外者，闊約一丈、深約三尺。唯茂林路旁極深，其在城内者闊皆三尺以上，深約六七尺。渠水雖已流通，又慮向後或有侵占淤塞，及陂頭長隄有衝決等事，州郡未即知覺，須得有公心好義之士，常加覺[一]察，知以告州郡，修整施行，然後可以永久，迺選請州士十員爲渠長，專修任其事。渠長之稱見唐志。陂户乃佃氓，自沙陂而上至官陂，受此渠溉田者，爲之計

[一]「覺」，底本誤作「學」，徑改。

六十餘人，而甲首六人，甲首每歲輪著六人。遇有小小損壞衝決去處，本保即報知渠長，令甲長首喚集陂户自行修整，如所費或重，則十渠長參酌申官助之。

甲户自城西至東城，凡李渠所經，近二百家，今令五家結爲一甲，互相糾察，不許侵壞淤塞。如棄糞除、破缶及架廚、溜溷於渠上者，皆有禁。三甲内又擇一人爲甲首，常切點檢，遇有此等及渠岸頹圮之類，甲首即報知渠長，遣人監視修濬，違者申官督治。內有甲首隱而不告，或因他人報知，罪其甲首。

開濬李渠，功力浩大，今已周全，最緊要是渠水到西城下㪷口一帶堤岸，日前常被城下壕塘租賃人，不時盜掘放水以至侵壞，及填塞作住屋，或據渠作廚廁等，使一城官渠之水斷阻不通。今於城下起蓋官亭一座，臨李渠作朝夕照管處所，是亭前分水湖地付貢士李發掌管。並令專壹檢察李渠入城下㪷口一帶水流通塞等事，基界南自萍實橋下，東至渠上官亭，西連益州塘路，西下平地一段，至易監税莊屋前，北至新立堤岸爲界。以上五條曹叔遠修復李渠志。

案：曹文肅李渠志，宋以來書目並未著録，惟雍正江西通志節録逸文五條，猶見當時規畫大略。宋史藝文志二別載陳哲夫李渠志一卷，其與曹志不知孰先孰後也。

明〔一〕

王氏叔杲三吴水利考八册。絳雲樓書目四

未見。

李維楨福建布政使司右參政王公墓誌銘：公備兵蘇、松、常、鎮四郡，故習吴事，上海防運道利害，凡十餘條，而采漕政所宜興廢，著書曰三吴水利考，吴人奉爲挈令。大泌山房集八十

絳雲樓書目四：三吴水利考八册，陳景雲注，兵使王叔杲纂。實倩俞處士仲蔚爲之。見王司寇仲蔚小傳。

右河渠

宋

陳氏武江東地利論

〔一〕「明」，底本脱，據體例補。

一卷。四庫全書總目七十五

存。翰林院儲永樂大典本

四庫全書總目七十五：江東地利論一卷，永樂大典本。宋陳武撰。武，始末未詳。所論凡十篇。首論東南北古昔爲最盛，次論南北勝負之勢，次論東南地勢在江淮，次論西南地勢在巴蜀，次論合淝、濡須攻守之要衝，次論襄漢、荆南上流之重鎮，次論襄陽爲江陵捍蔽，次論壽春爲江東捍蔽，次論西臨關隴，東瞰青齊以取中原，次論中外盛衰在於天時。大抵亦與江東十鑒相表裏，蓋宋南渡後人人能爲是言也。

案：陳知州武，乾隆温州府志名臣傳、嘉慶瑞安縣志儒林傳並有傳。

右邊防

温州經籍志卷十二

史部

地理類下

宋

陳氏謙雁山行記

一卷。直齋書録解題八、文獻通考二百六。

佚。

直齋書録解題八：雁山行記一卷，永嘉陳謙撰。嘉定己巳游山，直至絶頂，得所謂雁蕩者，前人並〔一〕未之識也。然繼其後者，亦未有聞焉。

〔一〕「並」，底本作「蓋」，據直齋書録解題改。

曾唯廣雁蕩山志二十八：陳謙雁蕩編：雁蕩山巖巒奇怪，難以殫述，大概此山數百里，谷邃峰疊，行不能遍。東西谷列十八寺，自黄巖東來，先經雙峰石梁院，次登謝公嶺，入東谷，經靈峰、淨名、靈巖、能仁寺，而東谷盡矣。自能仁，分徑入西谷，經羅漢、石門、淩雲、寶冠院，而西谷盡矣。若自樂清縣入山，則反是。今游山者，率至道傍寺而止，僧厭客喜，穢惡不芟，故奇勝之蕪没者甚衆，如所謂「雁蕩」，不惟不到，亦不識也；不惟行者不識，寺僧、山樵亦不識也。有客捫磴披險，至其處始見蕩，歸著行記，於是人知有蕩矣。

案：陳易庵雁山行記，元以後久佚。廣雁蕩山志所引雁蕩編，疑行記與永寧編之佚文，然明胡汝寧雁山志未載，未知曾氏何所據也？

陽明洞天圖經

二卷。世善堂藏書目録上

佚。

元

李氏孝光雁山十記萬曆温州府志十七無「十」字。

一卷。千頃堂書目八、補遼金元藝文志、元史藝文志二。

存。五峰集本

案：雁山十記，見錢杲所輯五峰集及萬曆雁山志四。一、始入雁山觀石梁記，二、游靈峰洞記，三、暮入靈巖記，四、靈巖二奇記，五、訪欽禪師過馬鞍嶺記，六、大龍湫記，七、宿能仁寺東庵記，八、游惠上人開西谷記，九、雁名山記，十、秋游雁蕩記。其靈巖二奇記末云：「宋英宗時，有居人行湫水上，見老父手弄藥一丸，大如橡栗，語之曰『爾爲我持此獻天子』。忽復不見，詣郡言狀，郡驛上言〔一〕，天子遣中使持香來。於是雁山名始在天下。」考此事亦見薛艮齋雁蕩山賦注云：「係元豐五年，僧道親所遇。道親至都，聞神宗不豫。萬曆雁山志二，作「仁宗」，誤。詣都省言狀，上聞而取之，命中臣梁從政以焚香至雁蕩山，訪老人，無所見。事見實録。」是此事在神宗元豐間，非英宗時。五峰得之傳述，未考薛賦，故不能得其詳實也。廣雁蕩山志二十八，引蔡襄龍壽丹記所載與薛賦注同。然蔡忠惠集未載，不知何據。

〔一〕「言」，五峰集作「之」。

明

釋〔一〕永昇雁山志潘潢雁山志叙作「雁山集」，今從千頃堂書目八。一卷。千頃堂書目八

未見。

千頃堂書目八：釋永昇雁山志一卷，明初僧。

案：永昇雁山志，潘潢志叙作「集」。施元孚志自叙亦云：「兹山之志，始於明初釋永昇之集。然山之景物未之志也。」似永昇書專載詩文，與山志體異。然今未見其書，姑依黄目入地理類以竢博考。

又案：顧氏元詩選癸集癸下載：陳太希瀑布詩云「見僧永昇雁山志」，則此書康熙間尚有傳本。

侯氏廷訓北岳編二谷山人集九

〔一〕底本「釋」下有「氏」字，「氏」衍，徑删。

未見。

案：天一閣書目二之二，有「北岳編三卷，明御史施山序，不著撰人。」未知即是書否？

明史藝文志二、千頃堂書目八有婁虛心北嶽編五卷，與侯書異。

朱氏諫雁山志四卷。明史藝文志二、千頃堂書目八、述古堂書目三。

未見。

自序：雁山瀕海，高出霄漢間，東南望閩粤，西北連四明、天台以接栝蒼，其發原固不知其所始也。其趾之盡，垂入海嶠，斷崖千尺，下臨巨浸。自浙以東，凡山之名勝奥邃者，必首稱焉。唐一行畫天下山川爲南北二戒，以南戒盡於雁蕩，豈謂巴蜀、湖南之山，趨金陵，度錢塘而歸宿結秀於是〔一〕耶？他山泉石之奇者，或以一二得擅名於寰宇中，獨兹山累至千百，尚未有既，豈造物者藏無盡藏於遐方僻壤之區，待時而洩耶？則知風氣之開闢有漸，至是而盡發於南服也。夫天作高山，奠爲五嶽，效靈育物之功，紀載於典籍者嘗

〔一〕「是」，底本闕，據雁山志補。

昭昭矣。宜乎享珪瓚之黄流，而勤先王之祭告也。雁山之峻極峭拔，無讓乎五嶽之尊崇，神龍攸宅，時出雨雲，群峰駢列，飛瀑交流，轉步瞬息，百態呈現，較於五嶽，而幽邃之景或多過焉。自晉、唐以來，始得列號於輿圖，則以地出偏方，居非中土，去先王望秩之跡或遠耳。夫以天地所覆幬者，大而觀之，則崑崙以東，積石以南，際於海隅，何者非吾中原之地，爲先王聲教之所覃被者耶？不幸而有蔽翳阻塞，非山川之不逭也。顧聲教之所沾被有未贍耳。歷世多而幅員廣，然後向之蔽者日以開，塞者日以通。故雖薄海塗泥之鄉，名山絶境，亦得以通舟車，萃衣裳〔一〕，招士夫以遨游，託文字以張皇，而盡洩其秘蘊。此雁山之所以名天下者，沿至我朝而益著也。吾嘗考夫一統志矣，浙下名山，若天目、會稽、四明、天台、金華，歷歷可數而見，較其秀異，誠未有如雁蕩焉者。國志録其概，郡乘未盡其詳，四方之人亦徒知其名而未竟其實也。古人云：「緊絆芒鞋行一月，仿佛得見皮膚耳。」諫也幸竊兹山形勝之餘，託處於南趾之麓，藉桑榆以卒歲，郤外慮而夷猶，故能發剔幽眇，補葺舊志以爲是編。其有未備者，以俟後之同志焉。胡汝寧雁山志四

潘潢序：雁山集一卷，國初僧永昇編次，詳略無法，猥雜僞作不足徵。至是大夫蕩南朱公

〔一〕「裳」，雁山志作「冠」。

自吉安〔一〕歸老山中，搜落選幽，凡得殘碑缺簡，賢儒父老之所傳述，合如干簡，勒成四卷，號雁山志。以余謬當兹邑宜敘〔二〕。敘曰：夫雁山可不謂名勝已乎！甌海東西，巖谷、泉洞、島渚、卉石、臺榭、殿廡，耀乎嶄然，何啻什百，何啻什百〔三〕，獨稱雁蕩，雁蕩之生久矣！其間投足而游、聚廬而處者，何啻什百，獨劉器之、焦伯强、王龜齡、章大經數大君子，一言一行，具書在志，其餘曾不得列姓焉。若夫謝公之蠟屐，實未一至，騷人顧嘖嘖〔四〕好言靈運，至於今不廢，然則物所託於不朽，信自有足恃耶！易有之：「天在山中，大畜。君子以多識前言往行，以畜其德。」志者識也，賢者識其大者，言欲純事，書欲純理，其足以自蓄如此，志固宜。不賢者竊識其瑰奇登眺之小而已，蓋前此嘗有留連兹土者，忘其國恤而逐世娛，百姓廢耕桑治道，牽轡〔五〕奔走絶命，其意猶以爲未足，民由是疾視厥山，或相與目爲尤物。嗚呼，此豈山之性哉！初，子朱子、子張子，偕游南嶽，酬唱終日，動中倫慮，猶乃凜然深懼喪志，卒定約而去。及康侯胡先生過衡，愛其雄秀，望

〔一〕「安」，雁山志作「郡」。
〔二〕「敘」，底本闕，據雁山志補。
〔三〕「百」，底本誤作「伯」，據雁山志改。
〔四〕「嘖嘖」，雁山志作「唧唧」。
〔五〕「轡」，雁山志作「馬」。

而不登，曰「非職事所在」。晚居山下五年，竟亦不出也。夫張弛在道〔一〕而不在物，游息以道而不以己，樂山如是，人豈有病之者哉？詩云：「高山仰止，景行行止。」雖不能至，余心嚮往之。時嘉靖己亥秋八月之吉，新安樸溪潘潢序。胡汝寧雁山志卷耑

潘倣序：踰浙水以東多名山，東南近海山尤秀絶。天台、四明、雁蕩、天姥皆爲天下大觀，而選幽探奇，類以雁山爲首。前典漫漶無所考，蕩南朱先生今始克志之，而於鍾靈以名世者，顯晦、利鈍、大小〔二〕，類以傳輯，間嘗閲之，恍然重有所感焉。其奇峰疊嶂，谽谺巉巇，立者如植，蹲者如傴，起而迎者如奔，背而去者如逝，邐迤者如舞。目左右接不暇，蓮花諸峰也，其勵拔有如此者。其雲崟、煙龕、雪岩、風洞，如迸筍垂乳，如綴珠懸旒，如神剜鬼鑿，如複道，如陶穴，如蟠螭，如刻畫雲鳥，火藻波瀾之狀，龍湫諸谷也，其空洞有如此者。其川源觱沸而溢，如洄、如洑、如震、如泝，其清可酌，其湍可濯，其勝可亭，其流可百折而東赴於溟渤，劍鋒諸泉也，其雄渾淵澄有如此者。勵拔者存乎介，於是乎有獨立不懼者出，如章恭毅公者先之矣；空洞者存乎通，於是乎有守玄抱虚者出，如夏元鼎者先之

〔一〕「道」，雁山志作「時」。

〔二〕「大小」，雁山志作「小大」。

矣；雄渾淵澄者存乎知，於是乎有旁行不流者出，如李孝光者先之矣。先之也者，先之也。豈天地精華之氣，將秘伏於古而乃蓄洩於今耶！吾將以俟之，吾將以稽蕩南君之考成也。否則天下山川，泉石之勝不少如雁蕩者，其何以爲天下之大觀。予與蕩南爲舊同寅，會間出是編以商〔一〕可否，謂予〔二〕宜叙諸首，〔三〕弗獲辭，遂叙如右。胡汝寧雁山志四

千頃堂書目八：朱諫雁山志四卷，嘉靖己亥〔四〕修。乾隆温州府志二十七作「乙亥」誤。

四庫全書總目七十六：雁山志四卷，浙江汪啟淑家藏本。明朱諫撰。諫號蕩南，樂清人。弘治丙辰進士，官至吉安府知府。雁蕩山在温州府，跨樂清、平陽二縣。案：雁蕩山跨樂清及台州黄巖二縣界，其在平陽者別爲南雁蕩，與樂清中隔永嘉、瑞安二縣，無由相跨也。此合兩雁蕩山爲一，故有兹誤。於古無稱。自宋太平興國中，始有僧居之，奇秀甲於浙東。明初僧永昇者，始輯爲雁山集一卷，編次無法。嘉靖己亥，諫因舊本搜討，增爲四卷，列三十二門，樂清知縣徽州潘潢序

〔一〕「商」，雁山志作「相」。

〔二〕「予」，雁山志作「余」。

〔三〕此处雁山志多「予」字。

〔四〕臺北「中央圖書館」藏嘉靖五年刻本。據王重民中國善本書提要補編載：按「是志纂成於嘉靖五年。別本有嘉靖十八年潘潢序，諸家遂誤爲十八年修。」

之。萬曆辛巳知州南昌胡汝寧爲翻雕，而以續得詩文冠於卷前，殊爲猥雜。

案：同治辛未四月，余以應禮部試在都，假得翰林院所儲四庫全書底本數種，内有明刊雁山志四卷，驗其册面印記，即乾隆三十八年十一月浙江巡撫三寶所進汪啟淑家藏本也。其體例與提要所述同，細驗之，實萬曆辛巳胡汝寧重編本。惟卷首載潘潢所作，朱志叙一篇，據汝寧自叙，則本在末簡，而汝寧因其議論醇正，移冠卷耑者。胡叙見外編，雁山志下。而朱志自叙及潘倣叙則仍在四卷序記中，然則汝寧匪僅翻刻，實改編矣。提要誤據潘叙，未及詳考，遂認爲朱志原本，誤也。今列潘志於外編，而附訂提要之誤於此。

章氏玄梅雁山志續集

二卷。千頃堂書目八、述古堂書目三。

未見。

侯一元序：叙曰：自昔通方遠覽之士，曷嘗廢觀游哉！夫既孜孜飭其本務矣，然而張弛〔一〕勞佚，必有所寄。是以襄城命駕，彌劭皇道；卷阿馳〔二〕馭，無累王業。而夏諺於焉

〔一〕「張弛」，明本二谷山人集作「弛張」。
〔二〕「馳」，明本二谷山人集作「弛」。

顒首，周民以之子來，上下俱欲，莫以爲病。至史遷用周覽抉奇，謝傅以邱壑宏望，咸獵精乎觀物之間，斯又益矣。方今天下名勝類有圖牒，然多偉其所見，墨守一隅。至談吾樂雁山，皆云並難具美。良以四谷秀巫山之雲，蓉溪含武夷之曲，雁湖蕩具區之波，龍湫下匡廬之瀑，是以謝公之屐，千里來臻，輶軒之使，以爲茇舍，莫不激賞盈襟，形於篇什。以故前志蒐録，輒成巨卷；後賢繼起，復遍崖碣。允哉〔一〕山川之遇也。嘉靖乙巳，吾邑侯歐陽先生至自西蜀，蜀故多奇，而先生沖襟雅有五嶽之尚，既下車問俗，一至雁山，即歎其巨麗冠絶東維，而追昔所游以爲未至，人謂先生且日命習池之駕，暢滁山之飲，而先生事已，即旋樂而弗留。無何，值歲洊饑，海有劫寇，縣官調度兵食，以憂民日不暇給，蓋積歲乃定，而先生之不至雁山且〔二〕久。丁未秋，御史河東裴公來巡，弭〔三〕節兹山，爰有登高之賦，於是海平野闢，先生幸以無事，稟法於下，廼從寓目佳麗，諷詠篇撰，嚮者之樂，始復在懷，慨然自以不易得也。爰屬千峰章先生并裒近作，斷自前志，蒐其所遺，以爲續集。既成，視余與諸生徐子世鑣校而傳焉。嗟乎！息游之道，通於有政，觀侯循行勞來，張爲弛前；講

〔一〕「哉」，底本作「矣」，據明本二谷山人集改。

〔二〕「且」，底本作「已」，據明本二谷山人集改。

〔三〕「弭」，明本二谷山人集作「彌」。

藝宣和，佚爲勞後；文武之道，不其該與！侯又嘗言：天下盛衰於雁山有占，以爲雁山之聞〔一〕自晉始也，及唐而微，宋初盛時猶未甚顯，雁山之顯乃當宋室之南，於是金碧被峰巒，而山之名勝始爭衡上國矣。將不以偏安之國，貴游所湊，而一統之世，車軌遠之乎！我國家奠極北方，雁山遠日且萬里，則雲構復圮，緇黃流散，至於今，草中乃臥大爨鑊焉，固其理也。游者徒知想故事之榮華，弔山靈之憔悴，曾不知景員之奠殷、崧高之蕃周也。深哉觀乎，其有天下之慮矣！斯集之成，亦以羽翼往記，貽之方來，俾範冶則不淫於逸，論世則不泯其文，所謂舉而必書以觀後嗣者，豈徒鋪張靡麗勸百而已哉？余故不辭，校而叙之。二谷山人集三

案：千峰章知縣玄梅，萬曆温州府志宦業傳、道光樂清縣志文苑傳並有傳。千頃堂書目八作「吳元梅」，依章朝鳳復姓後改題也。

王氏應辰仙巖志

六卷。四庫全書總目七十六、千頃堂書目八作「四卷」。

〔一〕「聞」，底本作「開」，據明本二谷山人集改。

未見。

四庫全書總目七十六：仙巖志六卷，兩淮馬裕家藏本。明王應辰撰。應辰自署曰舉人，不著里貫。考太學題名碑，有隆慶辛未進士王應辰，信陽人。去作此書時僅十六年，未知即其人否也。案：應辰，永嘉人，嘉靖歲貢，上海訓導。總目疑爲信陽人，蓋偶失考。仙巖山在浙江瑞安縣境，爲道書第二十六福地。嘉靖壬戌兵部郎中永嘉王叔杲屬應辰爲此編。首載圖景，次録詩文，序次尚頗簡潔。

案：海壇王訓導應辰，萬曆温州府志文學傳、雍正浙江通志、乾隆永嘉縣志文苑傳並有傳。

陳氏玼南雁蕩志

二卷。千頃堂書目八

未見。

千頃堂書目八：陳玼南雁蕩志二卷，嘉靖丙辰修，邑人。

乾隆平陽縣志十四：陳奎四世孫，玼字瑞光，積學有士行，會昌教諭。有古山集。

雍正浙江通志二百五十三：南雁蕩志上下卷，嘉靖丙辰邑人陳玼重修，陳文源會輯。

「源」，乾隆温州府志作「元」，乾隆平陽縣志作「原」〔一〕。

蔡氏立身九華山志六卷。千頃堂書目八、述古堂書目三。

未見。

何氏白雁山十景記汲古堂集二十四。廣雁蕩山志十三作「雁蕩山十記」。

存。汲古堂集本

自叙：雁蕩於予爲家山也，俯仰二十年，所屝〔二〕屨凡六至。昔人謂「雁山旁魄邃敻，山靈不自愛其秘，我得濟之以勝具，一月聚糧之，廑得皮膚耳。」審是，則非乘蹻徑度者，終不能窺其蕃乎！予獨爲不然。若縋海者業擿，招涼明月而出，無論紫貝、明璣已，藉令冥

〔一〕民國平陽縣志四十八經籍志載：「明陳玭、陳文源南雁蕩志五卷。邑中久佚，今從日本東京圖書館鈔得嘉靖三十六年刻本。題邑人昆山陳玭重修，下澇陳文源會編。今存鈔本。」所云鈔本，今亦未見。考是志著録應爲陳文源續南雁蕩山志，陳玭等參訂。通志、府縣志均作陳玭重修，陳文源輯，未是。

〔二〕「屝」，底本誤作「扉」，據汲古堂集改。

搜遯覽，勝有踰於龍湫、靈巖之大者乎！余曩游，當其遐矚吁駭之際，極欲有所述，顧賦範者如彼其瑰麗，此則方幅卑卑，兩者不相值而難於名狀，輒憚而止。已，從它所見紀載，政不必雅馴，及稱所經歷，犁然有當於予心，乃復自悔，曩即不文，豈不賢乎忞忞夢境耶？王昭文文學嘗侍其先公駕而遨，乃撮其大者得十景歸，屬妻生圖之毫素，持以示予。予披閱數四，嘉其赫蹏僅盈咫而所挾甚宏。予乃置身其間，若可覆探也者，豈古人所謂「撫琴動操，衆山皆響」者非耶？乃知予嚮也動與物交，謀於目者其機淺；今也靜與物遇，會於中者其機深。圖之不可已也如是夫！退而抒其昔所經歷，撰爲十記，即不文弗論也。乃若丹青其舌，組繡其詞，則有國初李著作五峰先生諸記在。汲古堂集二十三

案：何无咎雁山十景記蓋擬李五峰十記而作者，其文載汲古堂集二十四。一能仁寺、二大龍湫、三靈巖、四龍鼻水、五淨名水簾谷、六靈峰洞、七東洞、八梅雨巖、九石門潭、十石梁洞。

陳氏允默玉甑峰志道光樂清縣志十一

佚。

何白序：震旦山川，自五嶽外，閎奇博大，不可名狀，即令拍章亥之肩，乘蹻橫騖，未易殫窮，而況眇爾囿於樊陔之內，一生能著幾緉屐，而欲極其俶儻汗漫之觀乎？故墨卿學

士不得不託之圖經以資宏覽，是則志之不可已也如此。昔郭景純、謝靈運，標韻高超，曠對山水。景純注山海經，詮引秘跡；靈運所在登陟，雅有高篇。之二公者皆涉吾土，郭以扞城至，謝以出守至，而雁蕩、玉甑尚在闇曶。惜山靈不以舉售韻人爲恨也。迨唐宋間，雁蕩以詎那顯，玉甑以少和顯。於是裹糧者接跡，而名勝聞於東維矣。雁蕩志成於國初，而玉甑尚闕如。玉甑之麓陳君允默，旁蒐群邑山經，并裒先世所傳，與邇來發覽諸什，輯而成志，乞余校刻，其意良足尚已。嗟乎！舉世稠濁，菑於利欲中，即翠微一掬，寒泉半泓，足以涼熱中而滌塵胃，矧飛流、峭壁、古洞、奇峰高聳風雲之表，遠眺蓬壺之天，乍挹之可以汰練神明，默存之則九州五嶽皆我籬廡間物，寧必乘蹻横鶩，而後侈天游哉！志既竣，傳之通都，俾閱者不暇搴裳濡足，藉以卧游而資宏覽，則陳君不獨有功於兹山已也。

道光樂清縣志十一

案：陳允默事蹟無考。何无咎叙，今所傳汲古堂集及續集殘本並無之。樂清志所載或據足本續集采入也。千頃堂書目八有陳崇雅玉甑峰志十卷，疑非此書。〔一〕

〔一〕光緒樂清縣志增案：「陳允默爲崇雅字，邑諸生，居九都玉甑山下，所輯玉甑峰志何丹邱序。書今尚存，猶及見。孫仲容温州經籍志云：『千頃堂書目有陳崇雅玉甑峰志，書、人不同，疑非此書。』而實爲一書，一作允默、一作崇雅，不同故疑之也。」楊紹廉按：「樂清鄭氏有崇禎原刊本，標題稱白石玉甑峰志十卷，與千頃堂書目合。」

蔣氏國輔重修雁山志千頃堂書目八

佚。

道光樂清縣志十：萬曆歲貢，蔣國輔。

鄭氏思恭南雁山志

五卷。乾隆温州府志二十七

未見。

案：鄭氏南雁山志，今未見傳本。述古堂書目二，有南雁蕩山志五卷一本，無撰人，蓋即是書。

釋道瑞仙巖志萬曆温州府志十七

佚。

案：道瑞，舊府、縣志仙釋傳未載，仙巖志載萬曆府志藝文門。蓋萬曆以前仙巖僧也。

今故附於此〔一〕。

無名氏〔二〕雁蕩圖經廣雁蕩山志二十六

佚。

焦竑序：雁山名勝甲一方，往有繪爲圖者不甚稱，登覽題詠之集亦多軼而不存。玉洞山人生於其地，而濟勝之具與品題之才蓋佹兼之。暇日，同友人梁進甫歷覽山中，挾繪事者貌其大都而躬指授之，撮其景之最者各爲一圖以標其勝。每圖爲記，而題詠之什附焉，題曰雁山圖經。曰能仁寺、曰大龍湫、曰靈巖寺、曰龍鼻水、曰靈峰洞、曰淨名、曰東洞、曰梅雨巖、曰石門潭、曰石梁洞，圖凡十，詩凡若干篇。予觀宋袁采、元李孝光歷游兹山，具

〔一〕此書弘治温州府志十八著録。其人，張揚仙岩山志考云：「其詩散見於佛彦寺志一和宋之才韻題云：道瑞號奇祥，又和李介山韻題奇祥瑞，實即一人也。是猶其以釋逆川智順，一稱爲逆川順之例。兹以柳文斐訪仙岩道瑞上人詩考之，文斐爲李信子。李東陽中書舍人柳公墓誌銘云：『長相以字行，曰文斐，陰陽訓術。文斐之卒，後孺人一月。』又云：『孺人卒於弘治庚戌十二月十六日。』然則文斐之卒當在次年辛亥。由此推之，道瑞當生於成化、弘治之間，若在萬曆以前，則柳氏不及見矣。」

〔二〕王光藴號玉洞。據何白雁山十景記云：「王昭文文學嘗侍其先公駕而遨，乃撮其大者得十景，歸屬婁生圖之毫素。」此十景與圖經十景正合，王昭文爲光藴子，此玉洞山人爲王光藴無疑。當補其姓名。

有圖記，而近世陸文裕公言之尤備。然山之佳絶處，往往深阻敻絶，非冥搜者不能盡得之。古人云：「緊絆芒鞋行一月，仿佛得見皮膚耳！」況託之毫楮間，而可以罄其美哉？今圖經雖略，而能撮其勝會，令宿覽者可以討論其奇，臥游者可以想像其處，亦一快也。嘗聞潘柱史有言：「雁山有勵拔、有空洞、有雄渾淵澄。」勵拔者如介，空洞者如通，雄渾淵澄者如旁行不滯，各舉其人以當之。斯又出丹青題詠之外矣。山人世以道學名，予知不愧斯語也。因並及之。廣雁蕩山志二十六

王氏光美雁山四記

一卷。乾隆永嘉縣志二十三

存。雁山集寫本

乾隆温州府志二十：王叔杲子光美，鴻臚寺丞。

東甌詩存二十五：王光美，字季中，號玉蒼，永嘉人。例貢，任光禄寺署正。著有白鹿社諸草。

案：王玉蒼雁山四記編入所著雁山集。一、霉雨巖記，二、大龍湫記，三、靈巖寺記，四、靈峰洞記，蓋玉蒼于萬曆丙戌十月偕句吳朱在明、張邦粹，樂清何无咎、梁進父同游雁

山，既歸，作此以紀勝游云。

國朝

方氏尚惠雁山〔一〕紀游二卷。乾隆温州府志二十七

未見。

林西仲序：名山待人而傳，猶名〔二〕人之待人而傳。曲士手持一卷，日〔三〕呻吟几席中，不復知有山川奇勝，拘於趣也；樵童牧豎，常往來於奇勝，而又不能爲文以傳，拘於才也；名山名人相遭之不易如此。欒成方子丹崖，善屬文，以所居密邇雁山，往來探其奇勝，各著有記，筆致横絶，仿佛柳州諸作，且逐景繫以詩句，如王摩詰輞川别墅與裴蜀州各賦二十首，辭意高妙。三訪余於西泠，持以相質。余窺其胸次落落，具有邱壑之趣，且其欣賞摹畫無不曲盡也。是集出，則雁山實藉方子以傳，而方子亦以傳雁山者自傳。所謂相遭

〔一〕「山」，底本誤作「蕩」，徑改。
〔二〕「名」，底本誤作「各」，徑改。
〔三〕「日」，底本誤作「曰」，徑改。

不易者，且相得益彰矣。譆！登高作賦，遇物能名，舍方子其誰屬耶？因泚筆而弁其首。道光樂清縣志十一

乾隆温州府志二十七：雁山紀游二卷，樂清方尚惠著，林雲銘評。

廣雁蕩山志十三：方尚惠字駿侯，居澱川，自稱逍遥子。時游四谷，各〔一〕誌以詩，爲雁山游記及〔二〕詩共二百餘首，晉安林西仲爲之序。

李氏象坤重輯雁蕩山志

二十二卷。乾隆温州府志二十七

未見。〔三〕

初稿自序：歲己巳，予髪覆額，從家大人走二靈、龍湫，三日而觀止，吮毫記所爲游，雨花戴夫子見而哈之，指予胸應繡五嶽。顧其時追隨父兄，不能率意孤邁，罔所欲往，已而

〔一〕「各」，底本誤作「名」，徑改。

〔二〕底本「及」下有「時」字，「時」衍，徑删。

〔三〕浙江大學圖書館藏二十五卷，存十一卷（一至十一），康熙四十七年初稿本。温州市圖書館藏鄉著會鈔本。此書初稿爲二十五卷，重輯本爲二十二卷。

録李五峰十記洎宋元諸人詩雜帖括笥中，夜涼月潔〔一〕，就窗前松枝隙讀數過，輒自分作名山牛馬走矣。甲戌，陳山人〔二〕元者從豫章來，雅負山水癖，游則與偕，搜奇剔異，較己已三倍之，如寶冠之石梁瀑布、真濟之已西岩壑，皆圖譜不載，而水簾谷底仙人橋，不知何年誣爲新月洞，百計綷腰而上，墜巨〔三〕石於右，躍而透左，以出行道，岩豐上儉下，石磴正繞儉處，千萬年雨雪不能至，天然廊廡也。雁湖與龍湫隔山伏而復起，蕩水南出爲大龍湫，不遇予，誰爲訂此訛〔四〕？因發念：予筆墨略有聞，必以銀斑玉管了當茲山事。嗣後凡遇詩若文與茲山稍涉，輒片〔五〕蕉録之。頻年兵革，伏匿奔竄，七尺之外不復有。兼以硯田蕪穢，語人間讀書事，即汗浹於背。今歲偶過〔六〕山中，攢峰散瀑，一一遍訊，雖水石乎，絶似亂後逢懿親，語喇喇不休。神明假令予便，趁此散髮茲丘，一鋤一笠，種斗大蹲鴟作飯。既憶蕩頂有石室一間，倦則齁鼾於内，已業天福天矣，而更蹙鼻紅塵，效魚噞呷，胡爲也。

〔一〕「潔」，匑庵集選作「矛」，底本誤作「子」，今從雁山志稿志初稿本。
〔二〕雁山志稿志初稿本無「山人」二字。
〔三〕「巨」，依匑庵集選作「豆」，今從雁山志稿志。
〔四〕此處雁山志稿志多「也」字。
〔五〕「片」，底本闕，據雁山志稿志補。
〔六〕「過」，底本脱，據雁山志稿志補。

不能，則區區文字緣敢寒盟耶？　求永昇雁山集不可得，乃就嘉靖先、續刻，益以聞見所收，手自繕寫。　起孟夏之望，迄季夏上澣，凡得賦四，詩六百零一，序記、雜文七十三。　又別爲撰志、志〔一〕餘七種，共二十五卷，顔曰雁蕩山志稿，示未竟也。　斗室蟫伏，暇則閲之。自甌江達芙蓉港二百里，風雨晦冥，山河聯噎，舉不能間予與兹山之神明於片刻，則此編不爲無功。　若曰名山業也，則非盡讀古今〔二〕名人著述，遍洗山中石上苔蘚、摩殘繹斷，終無逃漏萬之譏。　予雖愚，豈其敢？　戊子夏日，花村竺民李某書〔三〕。匑庵集選

重輯自序：曩予戊子輯雁山志稿十五卷，蓋集束髮以來所録雁蕩山詩若文，合諸嘉靖先、續二志，彙而成帙，詩不分類，人各爲編，序記則以年代爲次。　舊志無賦，予所收則四首。　他如李五峰諸全詩俱百計致之，似皆有山靈之助焉！　今又閲二紀矣，星霜愈歷則篇帙愈增，亦勢使然也。　獨以有明文章極盛於嘉隆已後，而皆先、續二志所未及，今乃僅取乘傳貴人榜而揭於寺楣者以塞隆萬以〔四〕來之白，烏乎可？　以故聞書即借，遇篇必登。　但

〔一〕「志」，底本誤作「二」，據雁山志稿志改。
〔二〕「古今」，底本誤作「天人」，據雁山志稿志改。
〔三〕「某書」，雁山志稿志作「象坤識」。
〔四〕「以」，底本誤作「已」，徑改。

甌處窪僻，非上國車書輻輳，即諸宦或同琴鶴載歸者，亦未能盡二酉之秘。故雖積有若干帙，終不敢視爲可竣。己酉，韓秋嵓先生山游，蒐及志乘，謬獎予戊子舊本。予因請先生精加論次。今夏稍暇，乃並邇年所録附於前書，迎薰風複寫之。起季夏，迄仲秋，共得詩七百三十二首，序記、雜文百九首，勒爲二十二卷，而古今名人之作，亦纚纚差備矣。夫云雁山顯於宋，非也。川流山峙，自開闢而已具，即薛寺正賦注引隋圖經，謂唐以〔一〕前無雁山可乎？特其書不傳耳！如人本乎祖必自渾敦氏始也，然必有子亢宗著爲譜牒，其族始顯。宋太平興國始建十八剎，因而有諸人之記詠，因而有諸家之編纂，而雁山始傳。猶夫廬陵、眉山起，而以九世、十三世之法譜其宗而族始著也。然則兹編其可忽乎哉？乃雁山又與他山不同，僻處一隅〔二〕，非果殊尤絶異何以爭衡上國？故予嘗以東甌王之從諸侯入關，一宿覺之振錫六祖，王景山之開先濂洛，皆靈異所特鍾，合雁山而四之者也。後之覽斯編者，其亦税駕兹山，斯不駭吾言爲河漢也夫！廣雁蕩山志二十六〔三〕

廣雁蕩山志凡例：國朝李象坤專采詩文，施元孚編蕺山景，惜未付梓。

〔一〕「以」，底本誤作「已」，徑改。
〔二〕「隅」，底本誤作「偶」，徑改。
〔三〕「廣雁蕩山志二十六」，底本無，據刻本補。

南雁蕩志芻庵集選

佚。

自序：南雁蕩在平陽南徼，郡僻、邑僻、鄉又僻，山窮海逼，乃結構一異區，其峰巒洞壑之美，視北雁殆雁行也。吴錢氏錫爲高緇願齊香火地，裂平邑之賦繕之，精藍林立，錢有庫，綿有坳，茶若鹽有亭，慮無不極盛一時，乃後此七八百年，更閟爲猱猿之穴何耶？山内有大魁峰，云邑中將掇鼎甲，則卿雲施其巔。南宋平邑掄大魁者二十有三人，施雲不爽。且云一時人文俱潛鱗養角其地，始一旦破壁去。若然，則山應益顯而胡以閟也？予辛未冬撰杖往，匆匆過黄公洞，軋於勢，不得行而歸。今又十七年矣，山靈絶人，幾埒之畸人貞女，抑又何耶？是夏輯雁蕩志，以次及兹山。購舊本讀之，如微宗撰家乘，不能舉高曾名字，顧羅集著人層層奕葉輝於望族。蓋平俗矜氏族，其時執筆者，謂即掄魁之裔，遂取唐宋來顯人鉅卿宦於斯、産於斯者，人繫以一〔一〕詩不缺，他不具論，而至以詩浼。唐人焉可誣也。然予亦更不削去，祇益以聞見所收，手繕成帙，賢者閲之自辨，愚者且將欣動於顯公鉅卿經游之地，而或動游思焉。獨其編中自擬援墨歸儒於某人，改某禪室爲某書

〔一〕底本「一」下有「時」字，「時」衍，徑刪。

室，某某讀書某庵中，某庵以某時廢，郡邑某公某公主之，時賢某承之，皆特筆備書，不能不棄册三歎也。往予至山外，耳諸上人：環山皆賜産，折入豪右，故山中諸寺悉壞。游人非裹糗不得往，即往而荆藤粗大可柱，無攘剔者，僅一捫仙姑洞，燒松明薦草榻已爾〔一〕。然則「卿雲冠峰頂」直兹山自孕一輩富貴兒孫，以耗損清名令德，遂使神區異蹟不得齒列圖經，靡繇入宇内名人之胸以發其游興，可惋也已。然人物代遷，山靈如故，人益其愚，山守其智，予異日定發憤鼓勇，陟明王之峰，窺仙姑之洞，遍搜藤道竹坡，月牖雲關之勝，以洗發此山真面目。毋云李生筆墨孱弱如其人，了不肯擔荷也。戊子秋日，过庵李某書。匊庵集選

釋佛彦、佛皋仙巖寺志

十卷。乾隆温州府志二十七

未見。

乾隆温州府志二十七：仙巖寺志十卷，康熙二十四年寺僧佛彦彙訂，佛皋增輯〔二〕。

〔一〕「爾」，匊庵集選作「耳」。

〔二〕今存康熙二十四年刊本，國家圖書館、清華大學圖書館、瑞安玉海樓等處藏。清釋佛彦撰，佛皋增輯。佛彦字範遠，瑞安鍾氏子，仙岩寺僧。佛皋，仙岩寺僧。

楊氏森秀雁山志四卷。道光樂清縣志十一

未見。

案：芝峰楊中書森秀，乾隆温州府志、道光樂清縣志文苑傳並有傳。

薛氏〔一〕英雁蕩山志東甌詩存三十九

未見。

案：雪堂薛教諭英，漁村侯處士思炳子，出繼薛氏。乾隆温州府志、道光樂清縣志文苑傳並有傳。東甌詩存載其告致歸里留别蕭山諸君子詩雪堂嘗爲蕭山教諭。注云：「手輯雁蕩山志，時謀付梓。」是雪堂著有此書，然府、縣志並未著録，今亦未見印本，疑當時仍未梓行矣。

施氏元孚雁山志

〔一〕此處底本僅注「添薛氏一條」，内容據刻本補。

十三卷。道光樂清縣志十一

未見。

自序：夫前人之書，後人不得損益之，損益者妄；而亦有不得不損益之，不損益者怠。妄不可也，怠亦不可也。雁蕩山，東南絶勝也。跨百里之壤，羅三百六十之景，雖僻處海堧，望秩禮缺，然而收南戒之山川，鍾東維之秀氣，其形勝當不在五嶽下。而輶軒笻杖，游客頻來，誠使勿恃勢以擾民，勿溺情以喪志，則長官可節其弛張以適於政，學士可發其志氣以深於學，僊〔一〕客騷人可以破孤悶而平其心，幽人逸士可以暢天機而廣其志。其亦有資於人，當亦在天台、武夷、廬阜、羅浮諸山之上。夫以絶勝之區，有關人世，而游者之多且久，則所以考真蹟、徵文獻者，其書當成於早，乃至今猶略而未備，不可謂非宇宙内之缺典也。兹山之志，始於明初釋永昇之集，然山之景物未之志也。志之自蕩南朱先生始，厥後章千峰、侯二谷二先生爲裒續集，而胡邑侯汝寧合而刻之，第朱志於湫、泉、洞、谷等祇四十餘景，稍爲疏釋，詳者祇五六景，即今龍湫、龍鼻、劍泉、風洞、石門潭是也。若峰與巖石二百餘景，祇載其名，外此百餘景曾不得挂名其上，是固略而未備者也。蓋先生以達官

〔一〕「僊」，底本誤作「遷」，徑改。

歸老，不能著屐[一]窮搜，此自序所以有「俟後人」之語也。況當胡侯合刻，已削其人物無遺，其後翻刻者三，於三先生所採瑰製，擯削幾盡，登者多猥僞之作，甚至書法顛倒，不堪寓目，則其書之不可不損益也，寧待問哉？嗟夫！世有人工粉飾之景，尚備志以誇厥美；雁蕩爲名山之最，而所以志之者，反僅僅如是。且自有宋開山迄於明之中葉五百六十餘年，始得蕩南先生之志。自蕩南至今又二百二十餘年，竟無承其意而補其缺遺者，棄文獻而負山靈，不亦可慨也哉！豈人世繁華之事爲人所共趨，而淡漠之事爲人所共棄與？蓋以爲此者，非稔知其景者不能爲，非閒適無累者不及爲。彼長官之迫於官守，與邑君子或勤於學、或終於官者，既不得暇，而他鄉游客，略寓目而去矣。惟幽人逸士，閑且稔知，而又或勢有所阻，夫是以遲之久而莫爲之，志且久而莫爲之補也。然而茲山之志，卒不得以數者之故，聽其缺遺而不爲從事也。孚生長斯邦，駑鈍之材，既無所用於世，而性耽山水，尤愛茲山，不時酣游，奥曠之景罔不畢覽。方弱冠時，輒怪斯志之缺，時望有人焉修之[二]以慰素願。乃俟之數十年而卒不遇其人，於心甚恨。欲自起爲之，而苦短於才，欲置

[一]「著屐」，刻本作「穿穴」。
[二]「之」，刻本作「輯」。

而再俟後人，又懼後人終不得如余之閑，且無余之癖而嫻習者。於是竊不自揆，以其所見，參之史乘，質之傳聞，於圖則以景易寺，於景則次而釋之，物産酌其舊，寺宇增其新，綴以山村，附以城堡，羅見聞以著故事，考文獻以補藝文，因舊志而損益之，非敢妄也。凡以求遂蕩南先生遺意，以成兹山實録，全宇内之典，而不敢怠焉耳！書既成，分十有三卷，雖於形勝大端未有裨補，而景物畢備，人事文章畢録，則山之聲色性情恍然在目，士大夫來游者，固可藉爲博取之資以暢其登臨之益〔一〕；即不游者，亦可藉爲臥游之具而弗虞缺略也。至於撰述之不雅，選擇之未精，世之君子庶其有以教余乎！釋耒集一

廣雁蕩山志十三：施元孚，字德交，號六洲。樂清人，諸生。屢試不售，以詩文自娱，性耽山水，寢食雁山者二十餘年，輯有雁山志十三卷，考覈詳晰，可稱山史。

白石山志

五卷。道光樂清縣志十一

〔一〕「益」，刻本作「興」。

未見[一]。

自序：雁蕩爲東南絶勝，而白石次之，兩山皆在吾邑，而白石尤近吾家。余於雍正庚戌游白石，於乾隆癸亥游雁蕩，嗣是屢游兩山，每以兩山之志缺而不備，竊以爲恨。歲戊寅，余不自量，撰輯雁蕩志十三卷。至歲戊子，白石陳與京復以白石志爲請。明春，遂與君[二]偕往山中，遍搜幽巖絶壑，剔斷碑之班蘚，刮摩崖之層苔。既又博稽典故，旁採傳聞，取舊志修飾之。於山圖外別其類爲五：曰山水[三]、曰物産、曰寺觀、曰故事、曰藝文，分爲五卷，命子珽録之。然余於此復有慨焉，初余之游白石也，自以窮通有數，而鈍駑之才不堪應世，行將盡窮宇内名山，當亦人生快事，故時謂其游爲鵬程初徙[四]，願甚奢也。乃貧病交加，蹉跎歲月，數十年來所游如雁蕩諸山，祇此甌、閩、吴、越之奇，而其間如天台、武夷，至今尚未託足。光陰荏苒，而吾年已老，自兹以往雖不乏得隴望蜀之思，然精力疲而步履艱，則

[一] 楊紹廉按：「是書原五卷，未刻，至光緒七年陳肆得其手鈔本，編分六卷，及戴咸弼叙並作圖。卷一山水，卷二寺觀，卷三至卷五藝文，卷六物産並藝文補遺。肆又補輯金石附於卷末。刻成毁于火，余藏有印本，其自叙與釋未集所載字句略有不同。」

[二] 「君」，底本闕，據刻本補。

[三] 「水」，刻本作「景」。

[四] 「徙」，底本誤作「徒」，據白石山志改。

若九州五岳、廬阜、武當、羅浮、峨眉諸奇，勢必不能復至，而祇向故山中拾翠尋芳，頻爲之志。是昔所謂鵬程初徙者，今徒爲倦飛還鳥，饒舌中林耳！嗟夫！夫山水幽閒之樂，迺人世棄擲而莫爭者，顧余嗜之而卒不遂所願，豈非數哉！此余所以終不能無恨於心也！而陳君則曰：「子雖有遺恨乎？然世之抱恨如子者不少，彼能游我所未游，而未必能游我所已游，得一志焉覽之，則可藉爲臥游之資者，自可以舒其未游之恨。然則此志與雁蕩志於吾輩雖無所裨，而於世當不無少助云。」余於是又感其言，因書以遺君，而付之剞劂氏。釋末集一

曾氏唯廣雁蕩山志二十八卷附游法一卷。

存。永嘉曾氏刊本

謂雁山無志乎？曰有；謂雁山有志乎？曰無。隋之圖經失傳已久，案：隋圖經見五代經籍志，乃地輿總志，非雁山志也。此殊不考。嗣後未見專書。惟續文獻通考載元李五峰十記一卷，論者謂可當雁山一部小史，然不得竟謂之志也。明初釋永昇始編雁山集一卷，濮溪潘氏譏其詳略無法，不足徵。嘉靖間，朱蕩南輯雁山志四卷，僅傳其略，雖得章千峰、侯二谷爲裒續集，猶未詳也。國初李匊庵博採詩文，施六洲考覈山景，可謂詳矣。後有作者，豈能出其

圍範？於此而語人曰雁山無志，其誰聽之？夫所謂志者以傳信也，稍有不實即不得稱爲信史，矧承訛附會，種種舛謬，若是其甚乎？予游屐屢經，端居多暇，思合諸志而彙輯之，正在采摭間，聞樂邑廣文先生四明范藕萍先有所纂，假以參觀，略者詳之，蕪者除之，析爲三十卷。脱稿後復就正同里友人程養齋，再加釐訂。於是雁山真面目始露，坐客見之躍然起曰：「舊志以雁山爲宋開，雁湖爲湫源，謝嶺爲康樂，拾唾相傳已千百年於兹矣。今一旦發矇振聵，耳目一新，山靈稱快，即謂雁山向未有志，志自今始可也。」予應之曰：「若非前人輯有成書，予又何所憑藉？辨别真贋，譬琢玉焉。昔之人雖經椎鑿，未離乎璞也。譬揀金焉，昔之人雖加淘汰，未盡其沙也。予特不敢以璞爲玉，以沙爲金耳。亦豈能舍璞而求玉，舍沙而求金乎？訂傳聞之誤，搜隱秘之蹤，因舊志而廣之，敢云作哉？」客哂而退，即名吾書曰廣雁蕩山志。乾隆五十有四年歲在己酉重陽前五日，鹿城曾唯識於依綠園之入畫樓。

雁蕩，周迴百八十里之洞天也，自開闢以來，閟靈慳奇，雖以康樂鑿山開勝，而僅得其外郛之斤竹。古人疑以爲海水漱齧，沙去而石骨留，亦善狀其玲瓏嶔硊之致矣。然而峰峰皆如鬼工雕鐫，形態萬變，而無不酷肖，似爲帝釋真靈之幻戲，不可思議者也。予於乾隆丁未仲冬按試浙東，自台之温，由大荆出芙蓉，取道山中，不迂半程，然所涉覽僅得石梁、靈峰、靈巖、馬鞍及四十九盤嶺耳。晷短力卻，雖龍湫之瀑未暇窺也，何論雁池。輒爲詩九首識之。已而，樂清教諭范君鉽以所輯雁山志示予，曰：「初得施生元孚志稿，較以明朱諫舊志，後永嘉曾君近堂復出國朝明經李匊庵本，參互考訂，鈔爲三十卷，可謂備矣。」夫玆山以險僻得全其天巧，而無人工穿鑿之故奇。然讀侯一元雁山供億之議，則尤物尚足以累民，可不慎哉！游之勇者莫勍於徐宏祖，或梯而上絶壁，或縋而臨深谷，梯窮濟以木，木窮復濟以梯，梯木俱窮，則引繩揉樹，幾與飛猱角勝矣。乃見雁湖之頂，窪者不啻六焉。其水分墮於南北，皆與龍湫無涉。龍湫乃出常雲峰北絶頂之南夾塢中，此其源也。欲窮玆山之勝，非飛仙畸人不能瞰其肺腑矣。昔蓮池大師，游天台，欲往雁蕩，以惜人力不累行。好奇者得是書而卒讀之，亦可以爲臥游之一助云爾。乾隆五十四年歲在己酉立夏日，吏部右侍郎、浙江學政、大興朱珪叙於東甌試院。

張愼和序。乾隆辛亥。不録。

高樹勳序。乾隆五十五年。不録。

范鉽跋。不録〔一〕。

〔一〕底本原録張、高、范序跋，後删。此據浮簽補。

案：近堂曾〔一〕唯，字岸棲，永嘉人。喜蒐輯温州文獻，嘗著東甌詩存四十六卷，已别著録。廣雁蕩山志以朱蕩南、李匊庵、施六洲諸志參合編訂，在雁山志中最爲完備。首爲圖二十七，卷一爲山總，卷二至卷十一〔二〕爲山水，十二爲物産，十三爲寓賢，十四爲方外，十五爲紀異，十六至二十八並爲藝文，而以游法一卷終焉。其凡例謂舊志有三大誤，一、誤聽筆談宋開之説，置隋志唐蹟於不問；二、誤認大湫出自雁湖，不知内外異谷隔嶺；三、誤傳謝嶺爲靈運所經，而嶺東謝家嶴，未經詳究。相沿已久，習焉不察。其考訂亦頗精審。惟據薛艮齋賦注引隋圖經。薛賦見浪語集三，曾氏此志十六亦載之，惟注多删削，當據集本校補。謂隋時已有雁山圖經，不知薛所引者，乃郎蔚之隋諸州圖經集，見隋書經籍志。太平御覽、太平寰宇記諸書所引甚夥，並稱隋圖經。非雁山專志。其考雁蕩開山，不始于宋，僅引隋志芙蓉山及舊志「明時掘得昭明太子碑」之説，昭明碑今未見拓本，以志中所載考之，恐尚不塙。不知太平御覽引永嘉郡記三原灣、三京亭二條，三原灣，即三京亭，「原」、「京」字通。太平寰宇記亦載樂清縣三京灣，薛艮齋賦注謂即今照膽溪。足爲晉宋時雁山已顯之塙證。他如藝文一門，采摭既多，舛迕尤衆，如沈括雁蕩山記乃夢溪筆談二十四

〔一〕此處原空兩字，備填官秩。

〔二〕「一」，底本脱，據校勘記補。

「論雁山」一則，本非記文；袁采雁蕩山記乃章望之記，明人依薛艮齋賦掇拾妄題；詳外編。陶望齡雁蕩紀游乃游台蕩路程之半篇，見歇庵集十三。若此之類，猶未脱地志家之習也。

右山川

明

釋宏斌江心志千頃堂書目八

佚。

邵銅序：永嘉江中孤嶼，雲樹參差，宫闕巍焕，憑虚屹立於金鼇背上，而四顧紅塵，咫尺隔斷，儼然海上蓬萊也。予嘗耳而慕之者，非一日矣〔一〕。今春，余以烏臺遷守兹地，公退之暇，每過其所，穹堂奥殿、傑閣修廊，勢若浮於江上，往來登覽之美，咸萃於兹焉。一日住持思佶謁余官舍，拜而請曰：「江心之勝，歷代以來二字孤嶼志無。詞人韻士形諸二字孤嶼志無。題詠者多矣。惜乎未之刊刻以傳於世，兹特裒輯古今先後詩文凡若干篇，成一巨帙，題曰江心志，敢丐一言以序之，實徼大惠而不敢忘也。」余謂：「山川雄偉秀特之觀〔二〕，

〔一〕「矣」，底本作依孤嶼志作「已」，據校勘記改。

〔二〕「觀」，底本作依孤嶼志作「氣」，據校勘記改。

僻在江陬海澨，而使空虛寂靜者坐以守之，其實智巧之所營構，而善察幽勝者之所專美也。」今思佶釋孤嶼志無〔一〕氏。能孤嶼志作「而」。不拘於其法，從游文士大夫間，異乎緇流遠甚，其於研窮宗旨之餘，孜孜汲汲，採録名賢佳什，以垂示久遠，其用心亦勤矣哉！余故不咈其意，書於編簡之首，用以永其傳於無窮者孤嶼志無。也！乾隆永嘉縣志二十三

千頃堂書目八：釋宏斌江心志，成化初修。

案：宏斌，府、縣志仙釋傳未載，王暘谷敘萬曆江心志云：「成化初寺僧。」

佚。

王氏叔杲暘湖小志半山藏稿〔二〕

王叔杲序：郡郭之西鄉多山水，而暘湖爲最勝。余仲氏陽德甫爲諸生時，過其地，愛而購之，稍稍芟夷，闢蹊圃，旋治爲墅。墅成，而亭臺、池徑、木石諸景遂擅稱焉。四方薦紳先生樂道其勝，積之得記文詩歌若干篇，仲氏彙爲小志，梓而藏之山中。始暘湖未爲墅

〔一〕「孤嶼志無」，底本誤在「氏」後，據校勘記改。

〔二〕「半山藏稿」，底本無，據校勘記補。

也，葘畬灌莽，耕犁蒙翳，迨地靈天啟，仲氏抉其奇秀，環湖之境盡四時朝昏之觀，飛蓋輕舟户屨常滿。遂使海野一區名聞吴越間，然則山水亦有遇哉！顧墅之治爲隱計也，隱而志以文之何也？李愿盤谷得韓子贈言，聲施百世，而賀監鑒湖亦以詠歌託之不朽，余兄弟幸反初服，投閒林泉，魚鳧游泳，雲水徜徉，日取高賢所嘗題品者，嘯歌其間，庶幾〔一〕盤谷、鑒湖矣。噫！此暘湖所以志也，亦將永矢於弗諼也歟！半山藏稿〔二〕

佚。

吴氏子恕平陽會館録乾隆温州府志二十七

劉師召序：四方來游京國者，鄉有會，會有館，豈漫然細事哉？蓋人情合異爲同，而敦睦於千里之外者，期以聯涣也。取同於異而定趨於羈旅之間，期以合志也。故各别其郡邑以名，亦倣之周人司會也。設是皆情之莫已者。昆陽去京國頗遠，舊有會而無館，衆常落落，莫以示聯。萬曆間，吴君少石、彭君東崖謀創之，而葉君西屏、陳君一洲以及諸同

〔一〕底本「幾」下有「哉」字，半山藏稿無，據删。

〔二〕「半山藏稿」，底本無，據校勘記補。

會者，咸協乃志，遂得合力鳩貲以構之，歷〔一〕兹辛巳春，始克有濟。少石子恐久而易忽，乃攜宿定規約，往質於魯橋子，乞一言以志不忘，其慮周矣。魯橋子曰：「予盍言哉？緣會致情，規約備矣；緣規昭訓，序跋載矣，予盍言哉？吾人幸生宇宙間，天地萬物本爲一體，而況合氣同類者乎？四海内外本若同胞，而況合郡同里者乎？一體同胞已有休戚，而況同游京國又同旦暮者乎？今諸君推兹一體同胞之念，感此同游旦暮之情，固當思相望以迪和，相摩以符愛，相資以懿美矣。其萃斯館也，果以盍簪駢首爲歡乎？抑以投分款忱爲契乎？果以銜杯執袂爲樂乎？抑以篤敬敦雅爲趨乎？果以拂規飾過爲尚乎？抑以長善翊良爲得乎？果以叢傲侈放爲達乎？抑以恤患戚虞爲急乎？果以陽合陰離爲詭乎？抑以賈澆嚮利爲誠乎？是必崇信秉義，輯志保終，庶幾足以稱仁乎斯會，而侈榮乎斯館矣。蓋反覆不一者，人之情也；變易不定者，天之時也；貞固有恒者，信義之道也。苟無貞固之志，而徒任其反覆變易於其時與情焉，則未有不以游衍爲蹤、幻化爲業者矣。於會乎何有？於館乎何取哉？諸君胥念諸！」少石子聞之曰：「可儆有衆以賈不怠矣。」西屏子曰：「可紀厥館以圖永徽矣。」魯橋子曾司教昆陽，實有匡直輔翼之責，誼不容

〔一〕「歷」，底本闕，據校勘記補。

辭。爰次前言以爲之記，館居碾子胡同，業出姜氏，退有室，出有堂。前門傍軒基，竟百武有奇，若擴而宏其規，又視來者。時萬曆辛巳三月。乾隆平陽縣志十九

陳經言序：曩予游輦下，見吾昆鄉會之舉也。來有迓，去有遺，吉有慶，患有恤，歲時節序之有讌私，朝覲給由行取，陞遷之有公舉，萬里天涯，賓至如歸，會之有關於鄉誼也豈淺尠哉！而會之有館尚有待焉，余嘗爲同鄉歉之。歲戊寅，予以吏事趨南巢，吴君少石、葉君西屏、彭君東崖、陳君一洲以書寓予巢水之上，謂館且垂成，然不無賴於諸君子者，予曰：「然。」爰出俸餘以完榱桷。越明年而館成，再明年，予轉官西粤，且得告東歸矣。彭君東崖過余草堂，謂曰：「館之成，君之志也。能無一言以俟後之君子？」予思夫鄉之有會，所以親同鄉也，然有非會之所能親者；會之有館，所以合同方也，然有非館之所能合者。先民有言：「創業易，守成難。」夫開創難也而古人易之，守成易也而古人難之。此何以故？蓋開創之難，難在人力一時之難也；守成之難，難在人心千百世之難也。前之所難，諸君子既身任之矣，後之君子其亦思前此締造之艱，而慮將來慎守之不易也乎？度禮而動，循義而舉，合慮而行，毋以一人之賢智先焉。遵是道也，雖千百世無難也。如其不然，貌合而心則已離，跡親而情則已疏，雖館亦逆旅也，雖會猶燕越也，豈今日諸君子之心哉？敢以是爲同鄉告。萬曆乙酉三月。乾隆平陽縣志十九

乾隆平陽縣志十五：吴昂，歷官大理寺正，工部郎中，生平孝友好義，創立會館于京師以待鄉戚，人咸德之。子子恕，字〔一〕聞忠，號思石，以父蔭授上林苑監典簿。剛介負氣節，以忤當事，謫丞儀真，有政聲，時總河大司空潘季馴治河，子恕經畫有方，民樂趨事。工竣疏薦，晉賓州判，多惠政，以母老乞歸，卒年七十有八。

王氏光蘊江心志

六卷。千頃堂書目八、述古堂書目三。

未見。

王叔杲序：甌故稱山水郡，其峙大三字孤嶼志無。江中有孤嶼志無。孤嶼，孤嶼志下有「旁」字。夾兩山，勝狀金焦，孤嶼志作「鼇」。東西建孤嶼志作「雙」。浮屠，中爲寺。孤嶼志作「佛廬」二字。自唐迄今，間〔二〕廢而興。成化初，寺僧宏斌輯江心志，詮次無法。頃予修舉廢墜，語從子蘊爲志。志成，序曰：甌之山，奇勝無如雁蕩，峰泉澗谷、靈峭萬狀，然宅幽而阻，或脅息不可

〔一〕「字」，底本誤作「子」，徑改。
〔二〕「間」，底本脱，據校勘記補。

上，且贏糧艱負，梵宮日廢，非好奇與有力者罕至；孤嶼麗江上，煙波爲鄰，市郭相望，游人或興發則振衣而往。孤嶼志無。一筏可航，釃酒擊鮮，杖頭易辦，朝昏風月之境，用之無禁而取之不勞，視搜孤嶼志作「探」。奇抉勝於深崖峻谷者，蓋相絶也。昔袁絢從蘇長公游金山，適中秋一碧無際，加江流傾孤嶼志作「瀕」。湧，月色如晝，遂登妙高臺，令絢放歌。予每於孤嶼欣賞斯景，若撫謝亭而懷康樂，摩宋翰而感靖康，拭文碑而弔信國，展卓祠而哀忠貞。後先聲蹟，焜焜爲江山生色。而盱衡擊節，憑虛四顧，吹臺引子晉之笙，華蓋想容成之室，象浦追襄陽之詠，白鹿溯記室之蹤，靈峰繡錯，景光滿目，又未嘗不徘徊而孤嶼志無。興思也。嗟夫！天地積水，大千土堆，江山人天之觀，皆幻境也。釋氏語云：「著境起生滅，如水有波浪，卻爲此岸；離境無生滅，如水常流通，即爲彼岸。」此其旨通於吾道。予嘗憩江心，齋居靜觀，憮然有悟焉。然則所志秀靈與古今遺事，蓋莫非明心見道之助也。或謂名山水惟空寂者主之，可以永託。彼山水永託者有在，覽斯志可以觀哉！乾隆永嘉縣志二十三

陸問禮序：東甌山水佳勝，甲於越地，而孤嶼居一焉。孤嶼在大江中，一峼嶁青螺髻耳。而險峭横絶，四顧空奇，雙窣堵波直挂青漢，憑巔遠矚，則雲物吞吐，魚龍出没，變現無際，足蕩人心胸。又以近接甌城，方舟可涉，故高賢曠士，古德名緇，游蹤所至，無不攜謝朓驚人詩來，搔首欲問青天。昔時謝康樂、孟襄陽輩，品題邱壑，點綴江山，流傳勝概，

並託山靈，此志所由纂也。予祖古松公，叨守兹郡，惠政洽人，衆心思慕，至今弗諼。予又承乏東嘉，克繩先軌，父老追崇曩蹟，爲建一祠於孤嶼之麓以祀予祖，予時來瞻謁，停車登眺，心殊樂之。昔羊叔子愛峴山風景，酣意游適，至謂人曰：「吾百歲後魂魄猶應登此。」後人見峴山碑每爲墮淚。杜預征南紀功，手摹二碑，一置萬山之上，一沉萬山之下，欲使滄桑雖變，此碑常在。予即不敢步二公後塵，而祖孫兄弟後先宦轍，似與東甌山水有緣，得分江心片席地爲五馬尸祝之場，則斯嶼也，雖謂予祖之峴首可也。庶幾託此志以不朽，無用沉碑萬山爲矣。孤嶼志六

重修江心志自記：予讀水經，凡江海類稱奇觀，而江中有靈區浮巨浸如仙山者，若京口金焦、南粤海珠及吾甌孤嶼三山則尤奇已。三山皆以寺名，金焦峭立，俯瞰驚濤多異狀，而地不夷展；海珠麗平崖，而淺隘四遠鮮山；孤嶼則深廣明秀，百雉屏列，千峰掩映，西塔盤危磴而上下，視江流浩淼蕩飃。東塔踞大阜，錐卓繁陰密翠中，靚秀爲叢林冠，梵宫樓閣，金碧相輝，引望九斗山如列掌上，潮平月午，空明無際，燈火起郭外，錯若繁星，與漁燈相間，游人率戴〔一〕月而渡，四時朝昏，光景變幻，視金焦、海珠甲之，庶幾方壺絶境也。

〔一〕「戴」，孤嶼志作「载」。

頃從同志游，家參政暘谷公語不佞藴曰：「玆山標靈寓内，且忠賢俎豆在，故所建置吾相諸大夫新之矣，惜無志籍殊爲缺典，爾其圖之。」不佞無似，乃稽古蹟，裒輯古今詩文爲志六卷。夫金焦當要津，緣處士焦光以名；孤嶼雖介僻壤，謝康樂、文文山、王梅溪與我明卓忠貞輩樹之風聲，大地諸天託以不朽。然則是志也信乎其不可已也，豈徒侈江海奇觀已哉？　孤嶼志五

乾隆温州府志二十七：江心志六卷，萬曆庚寅王光藴輯。

陳氏陛江心寺

六卷。　乾隆永嘉縣志二十三

未見。

顧言序：東甌故以山水擅勝，其福地洞天如二雁、二若、天台、吹臺諸山，所在著奇，然皆幽僻深阻，游者艱焉。孤嶼去郡城才數百武，雙塔排空，地横江上，儼若浮大海一臥槎，與潮汐相波蕩，游人估客所必經者，而登眺稱便，説者謂孤嶼靈秀，仿佛潤州之金焦，然金焦爲余所習游地，其聳拔詭麗，向背變幻，似於金焦，所獨賞孤嶼之夷曠，隔絶囂塵，翛然自遠，若語寒暑陰晴，雲物吞吐，大概與金焦共得驚流怒湍之助爲多焉。其名六代以前不

甚著，自經靈運之品題，少陵、襄陽輩之賡詠，海內益知東甌之有孤嶼者矣。更宋而思陵駐蹕，宸翰騫騰，信國羈棲，辭章昭揭，最後如我明卓忠貞與陸郡伯之祖孫兄弟，以其勁節、惠政，豎碑列字，共詑不朽，孤嶼之爭勝金焦者其以是乎！誰謂江山不以人重哉？孤嶼舊有志，所載諸古蹟、名賢、僧寮、祠宇及詩文略具，而庠士如陳生陛者又增輯所未備而重梓之。復以余承乏茲土，繆以其序見屬。余不能辭，聊爲次其大都者如此。乾隆永嘉縣志二十三

周之夫跋：東甌多名山水不具論。直去城數百武有江心寺，幽蒨宏敞，山光爲樹色暎帶，潮音與梵唄爭響，四美備矣。刹上名賢祠宇亦不具論。稍近者爲陸古松先生祠，先生某年爲温州守，温人至今尸祝勿替；最近者爲今大觀察衷虛陸先生生祠，先生舊爲永嘉令有聲，以治行第一徵，又與古松先生爲耳孫，蓋盛事也。之夫抵守任之先一日，以待吉泊舟招提前，爲之登岸眺覽，拜兩陸先生祠下，徘徊久之，旋偕儕耦集飲其上，成二詩別去。嗣是便簿書奔走，寖溲半廢，同人道於牛馬，馴至陰陽之患，浹旬不瘳，歸志已決，逢萌之冠不日掛矣。非獨厭此俗吏，大段與山靈無緣也。竊謂古松陸先生猶然守耳，何以令温之人如周人之思召公，清德徽猷，誠難縷指，要亦以其時雍容太平，譬之神爵、五鳳間五單于解辮，庶民安其田里而無愁歎之聲，而黄潁川乃以循良特聞，致足述也。今之爲守者異

於是，進退維谷，笑啼俱不敢，救過不給而欲膏澤下於民，此實難矣。長才異能，方圓兩畫，世豈無人？倘猶然中人以上乎，則非之夫不佞之所能知也。君子於此可以觀世焉。故因諸生陳陛之以志見示，遂不辭而題其後，爲東甌之大作家嚆矢〔一〕。乾隆永嘉縣志二十三

乾隆永嘉縣志二十三：江心志六卷，天啟〔二〕丙寅，郡諸生陳陛陸之輯，温處道副使江陰顧言序，郡守西陵周之夫跋。

東甌詩存二十九：陳陛字君納，永嘉人。

國朝

釋〔三〕元奇江心志十二卷。四庫全書總目七十七

存。

彭始摶敘：予嘗讀謝康樂詠江中孤嶼，至「亂流趨正絶，孤嶼媚中川」，心竊慕之，顧蠟

〔一〕「矢」，底本誤作「矣」，徑改。
〔二〕「天」，底本誤作「大」，徑改。
〔三〕底本「釋」下有「氏」字，「氏」衍，徑删。

屐尚未及也。迨歲丁亥，奉命校士東甌，公餘偕永邑楊令君放棹中流，爲孤嶼之游，列坐兩峰間，樓閣崢嶸，金碧璀璨，水雲環繞，樹木交映，遠迓子晉之臺，近接容成之洞，驪珠出海，閃爍千尋，蜃氣淩空，變幻萬狀。至其屼立萬頃煙波中，吞吐雲霞，呼吸潮汐，四壁空浮，一塵不染，更是海上蓬萊；方將與十洲三島相爲鼎峙，令人歎觀止矣。徘徊移晷，寺僧月川〔一〕煮茗相獻。因言此地夙稱東南勝區〔二〕，登眺棲息，代有高賢，即思陵駐蹕後，往來尤多名流，向有舊志，滄桑幾更，無復有存。邇來編集所遺，且於近世諸名公游覽佳什蒐羅補續，爰成十有二卷，付之剞劂，工已竣矣，願乞片言以弁其首。予思震旦山川，閎奇博大，不可縷指，若東甌自洞天福地外，所爲孤嶼者，洵〔三〕非易遘，顧可令其不彰乎？矧圖經具列，俾探奇攬勝輩不俟驂鸞駕鶴，而可挾爲臥游之具也耶！月川〔四〕不惜己費，爲孤嶼謀不朽，其功匪小，予雖不及如謝公之高吟絕唱，而憑眺之下，又烏可無一辭以贊其成也哉？是爲序。孤嶼志六

〔一〕江心志有「禪師」二字。
〔二〕「區」，江心志作「第一」。
〔三〕「洵」，江心志作「亦」。
〔四〕「月川」，江心志作「至月川禪師」。

裴國楨序：東嘉山水，奇勝〔一〕不可言，而孤嶼踞匯江中〔二〕，傍睨郡城，與九斗相向，屼然與岳陽之君山、潤州之金焦、震澤之洞庭爭奇海内。而孤嶼得謝客一詩膾炙人口，其相傳更遠，名流眺覽，爭觴詠其地，摇筆賦詩，代有盛事。顧志或缺，如殘碑臥碣，剥蝕於荒煙蔓草、迅風甚雨之中，可歎也。月川上人卓錫孤嶼之江心寺有年矣，慨然〔三〕以修志自〔四〕任，歷數寒暑〔五〕，編綴成帙，梓成，乞序於余。嗚呼！上人不專事梵唄，以錫飛棒喝相矜尚，而獨有志於志乘，口吟手披，力爲蒐羅，俾名流勝蹟〔六〕悉藉以傳不朽〔七〕。後之君子覽斯集者〔八〕，恍然如坐孤嶼，與山靈相揖讓也。又豈獨謝客一詩爲千秋之絶調也哉？是爲序。孤嶼志六

〔一〕「勝」，江心志作「秀」。
〔二〕江心志有「心」字。
〔三〕江心志有「惘是書之無成」。
〔四〕「自」，江心志作「力」。
〔五〕江心志有「而」字。
〔六〕「勝蹟」，江心志作「歌詠」。
〔七〕江心志有「其功於吾儒」。
〔八〕「者」，江心志作「之詩若文」。

四庫全書總目七十七：江心志十二卷，浙江巡撫採進本。國朝釋元奇撰。江心寺在温州府北永嘉江中，即謝靈運詩所謂「亂流趨正絶，孤嶼媚中川」者也，宋高宗嘗幸其地，稱爲名勝。明釋宏斌、郡人王暘谷始創爲之志，元奇因舊本重加編輯。凡紀蹟一卷、敕書一卷、藝文八卷、世系雜記二卷。

乾隆永嘉縣志二十三：江心志十卷，康熙乙酉，住山釋元奇月川編集，郡守燕山趙恒、雲中裴國楨序。

陳氏舜咨孤嶼志 八卷。

存。嘉慶戊辰〔一〕刊本

余覽郡志經籍，鄉先輩撰述纂輯有名者夥矣。今訪求其書，則皆亡佚散墜，百不遺一。即鋟版偶存，而美粹與踳駮時復不相掩，豈向之亡佚散墜者皆此類乎？惜乎終不得一見之也！江心寺者，孤嶼中大刹也。江心志數册獨存於寺衲之手，而舛謬非完書，嘗

〔一〕「辰」，底本誤作「申」，徑改。

戲與客談：若江心寺志可直名江心志，則志護國寺可稱護國志，志太平寺可稱太平志、志開元寺可稱開元志。舉世聵聵當不知是何物，衹在此一字去留間。況其中玄黄謬叙，岨峿不安，珪璋甑窑〔一〕之錯見也哉！夫孤嶼著自六朝，歷唐至宋而益顯，其間時主之宸翰〔二〕，高賢之屐齒，名流之題詠，遺蹟多有。後之薄游斯土者，流連風物，憑弔古今，每不勝世運推移之感、賢哲存亡之慨焉！夫豈徒山川清曠，梵刹儼雅，足供登覽已哉？則是志亦探討者所必資，而榛蕪滿眼，安所須此。余掩關多暇，不揣弇陋，謬爲增損釐訂之，而附益以時彦藻翰，重命剞劂。若夫後之亡佚散墜也，余不得而知也。嘉慶戊辰〔三〕古重陽，永嘉陳舜咨。

楊兆鶴序。嘉慶丁卯。不録〔四〕。

咸豐永嘉縣志十三：陳舜咨，嘉慶六年辛酉科拔貢。

案：陳拔〔五〕貢舜咨，號春堤，永嘉人。所編孤嶼志以釋元〔六〕奇江心志爲藍本，因舊志

〔一〕「窑」，底本闕，據孤嶼志補。
〔二〕「翰」，底本闕，據孤嶼志補。
〔三〕「辰」，底本誤作「申」，徑改。
〔四〕底本原録楊兆鶴序，後删。此處據刻本補。
〔五〕「拔」，底本誤作「歲」，據刻本改。
〔六〕「元」，底本誤作「月」，徑改。

名不雅馴，取謝靈運詩語，改題其書。卷首爲勝蹟，餘則皆藝文。於舊志略有增删，亦〔一〕間附考訂。如辨林伯庸即林教授常，釋法幢即林中允增志，亦較舊志稍爲精審也。

又案：此書雖以孤嶼爲名，然體例多沿江心舊志，書中於梵宇興廢及禪宗志傳，紀録特詳，亦與山志微異。故今仍與江心志同列古蹟，不復改隸山川爾〔二〕。

右古蹟

宋

王氏十朋會稽三賦一卷。四庫全書總目七十作「三卷」。今從宋刊本。明南逢吉注四卷。存。陳春湖海樓叢書本、道光乙未杜氏仿宋大字本。

會稽之山川風物載於圖經、地志者固不少也。然人一一泛觀則興易盡，屑屑徧讀則神且疲，儻非有所去取，纂次成文，焉能資於玩繹。紹興間，詹事王公以射策魁多士，入官

〔一〕「因舊志名不雅馴，取謝靈運詩語，改題其書。卷首爲勝蹟，餘則皆藝文。於舊志略有增删，亦間附考訂」，底本作「略有增删，其卷首爲勝蹟，餘則皆藝文。書中間有考訂」。據刻本改。

〔二〕又案此條底本無，據刻本補。

越幕，贊治之暇，乃於圖志掇其赫奕之事跡，志謂地輿志之類，今賦注所引皆會稽志一書，非先生作賦之前所有者。加以舊傳新睹可紀之事，從類鋪張，著爲風俗賦，以抑揚品藻寓於答問，其事實，其辭贍，旨趣明暢，字字淵源，誠爲傑作。公之究心，可謂平章風物之宗主，其有光於吾鄉者大矣。及賦民事堂、蓬萊閣，文皆醇正，語亦高妙，其有見於奉君命紀勝概者備矣。吁！昔人所言「擲地作金聲」者豈得專其美哉？竊惟風俗一賦，雖有剡溪周君之注，惟以表出山川事物爲意，而公之文章以經史百家之言盤屈於筆下者，殊未究其根柢。曁民事、蓬萊之作，其注又闕然無聞，遂使覽者惜其未備。鑄平日嗜公之文，至於成癖，由是不揆蕪淺，輒皆爲之注。雖未必一一盡得公本意，且以補周君遺闕。至其間固有闕略、詳備之不齊者，然而意各有所謂，闕，謂故闕不注者，如西子、王室、風騷、遺跡、德教、民事、啜茗之類是也。略，謂出處非一，而只取一二書爲注者，如話言、處子、多士、舞干戚、一統、甄陶、九重之類是也。大率事涉於隱者則從詳備；目熟乎見者則從闕略。蓋非徒事夫繁文而貴夫有以證明也。李善注文選云：「諸引文證皆舉先以明後，以示有所祖述。」愚今注賦亦本此意。然間有於事不切者，恐其繁冗，不敢悉取。如「黄冠」不引禮記之文，而引唐書是也。若夫士大夫居是邦游是境，則是賦也不可以不知。其或外此者，苟能一目，則不必上會稽，探禹穴，不必投剡中，登天姥，其若耶、雲門又不必青鞋布襪也。或欲宦於此，則鏡湖、秦望之游，亦不必月三四焉，況人才、風俗與夫登覽之勝，班班靡不具在，俾盛傳於世，豈曰小補哉！凡讀〔一〕之者，嘗患乎奇字之爲梗，從而爲釋音區布於句讀之下，凡檢類篇、集韻無見者，則據夏英公古文四聲韻爲音，故其中有特該出處者也。庶幾不俟討論，可以助眼過電而口傾河也。區區注釋之意於是乎并書。時嘉定歲在丁丑日長至，愚齋史鑄序。宋史鑄注本，卷耑序，四庫全書總目作「跋」，誤。

會稽山水清淑，君子之仕於斯，其登高而賦多矣。其傳者：江左以〔二〕來於唐爲微之蘭亭絶唱，宋龜齡三賦而已。微之自言嘗行乎紅市中，聞村校諸童所習詩皆樂天與己篇什，當時所稱元和體者。蓋至於禁省、觀寺、郵候牆壁無不書，王公、妾婦、牛童馬走無不道。其一時流傳之廣，自有篇章以來未有及之者。然至於今，而考問其遺甿，其能識蘭亭絶唱之名者，有之而亦寡矣。而龜齡風俗等賦迺更流傳，髫秀之童無不上口，其家傳户習，殆似元和之誦微之也。夫微之見賞於當代，龜齡不替於後來也，敢謂文字之優劣？意其人功德於越有醲薄與！然考樂天所爲狀，稱微之觀察浙東，下車即奏罷淡蚶之貢課，人築陂塘，貯水以溉苗，爲越永利，八年而後去，其功德在民不少矣。龜齡擢第試民，一陪幕辦〔三〕，俄有

〔一〕「讀」，底本誤作「瀆」，據會稽三賦改。
〔二〕「以」，依南注本作「已」。
〔三〕「辦」，底本誤作「辨」，徑改。

秘書之召，未嘗三年淹也。即其以天語名堂「民事」，作賦不過曰：「我以其餓踣流亡之狀告諸使君焉」而已，不然則悲鑒湖之侵削，傷和買之莫償，歎酤榷之奪于有力焉而已，非有馬偍堰水之功，任延、張霸尚賢之化也。奚以使斯民久而思誦其遺文，膾炙而不忍釋也。蓋龜齡履繩踐準，伉直自致，其出處本末絶無瑕疵；微之峭直致稱，中見廢斥，迺援左貂以升，驟至爰立，故儒衡託諷於揮蠅，裴令激言於平賊，當時人情亦略可見，況乎百世以後，而責遺民以謳吟思慕，尚可冀乎！宜乎元和才子之名爲龜齡所聳慕，而竟至於不忍言也。嗚呼！孰謂文章與人不相倚爲重、相乘爲久近耶？然則龜齡三賦殆將與會稽山水共此天壤，吾又安知其所窮？若夫南公解故於渭南，則又會稽之盛事，龜齡之功臣，亦將與是三賦俱稱不朽於天壤者也。郡人陶望齡撰。明南逢吉注本序

此書自宋刻外，一刻於明，應成、弘間刊本。再刻於國朝，嘉慶中蕭山陳春編入湖海樓叢書。陳刻出影宋鈔本，第所據本有漫漶闕葉，仍用明刻補苴，未盡善也。是本嘉定舊槧，吴中朱臥庵、姚江張羅山皆有收藏印記，近歸同里小雲巢沈氏，字體明爐可喜，無不全不備之憾，因仿摹付梓以復舊觀。元書或留墨臺，亦間有譌奪，不欲輒改，附勘於後焉。道光丁酉季秋山陰蕺陽居士杜春生校畢并識。山陰杜氏重刊宋本史注卷末跋

南逢吉後序。明刊南逢吉注本。不録。

淩弘憲序。明刊南逢吉注本。不録〔一〕。

四庫全書總目七十：會稽三賦三卷，禮部尚書曹秀先家藏本。宋王十朋撰。十朋字龜齡，樂清人。紹興二十七年進士第一，官至龍圖閣學士，謚文忠。事蹟具宋史本傳。所著有梅溪集。此賦三篇，又於集外别行。一曰會稽風俗賦。仿三都賦之體，歷叙其地山川、物産、人物、古蹟。一曰民事堂賦。民事堂者，紹興中添差簽判廳之公堂也。元借寓小能仁寺，歲久圮廢，十朋始重建於車水坊。一曰蓬萊閣賦。其閣以元稹詩「謫居猶得住蓬萊」句得名。皆在會稽，故統名曰會稽三賦。初，嵊縣周世則嘗爲注會稽風俗賦，郡人史鑄病其不詳，又爲增注，並注後二賦。末有嘉定丁丑鑄自跋。十朋文章典雅，足以標舉兹邦之勝，鑄以當時之人注當時之作，耳聞目睹，言必有徵，視後人想像考索者，亦特爲詳贍。且所引無非宋以前書，尤非近時地志杜撰故實、牽合名勝者可比。與十朋之賦相輔而行，亦劉逵、張載分注三都之亞也。

案：會稽風俗賦、民事堂賦、蓬萊閣賦皆紹興戊寅冬梅谿爲越州添差簽判時所作。詳史注。周世則爲注會稽風俗賦，梅谿後集一所載是也。至嘉定丁丑，史鑄即周注增其未

〔一〕原録南逢吉後序、淩弘憲序，後删。此處據刻本補。

備，又補注民事堂、蓬萊閣兩賦，是爲今時所傳單行本。據民事堂賦「寬公私之債負兮」注：按梅溪集中作「積負」云云。則史氏未作注之前，三賦已與集本別行，特不知何時刊佈耳。史注援據甚詳博，所載賦文與明槧集本異同尤夥。如「昔」作「昝」，「僕」作「蹼」，「宅」作「厇」，「善」作「譱」之類，即史叙所云奇字，集本並爲校者改竄。他如風俗賦「龍樓翼而乾峙」，「乾峙」不作「屹峙」；蓬萊閣賦「暢幽懷於廫廓」，「廫廓」不作「廖閣」，並足刊正集本譌誤，不弟箋釋精核也。宋刊本三賦一册，不分卷。四庫總目作「三卷」，蓋館中所析，今從宋本著録。

又案：此書別有明南逢吉注本，分爲四卷。萬姓統譜六十五，南逢吉字元貞，渭南人。嘉靖戊寅進士，歷提學副使。其注即隱括史注爲之，別無考證，明刻本又附陶望齡評，尤鄙淺不足論。因三賦史注外有此別本，故附識之。南注別有李錫齡惜陰軒叢書本，不載陶評。

薛氏季宣武昌土俗編

二卷。直齋書録解題八、文獻通考二百五、國史經籍志三。

佚。

自序：武昌爲邑舊矣，肇自孫吴建國。爲郡爲州，進而督藩，降而邑縣，官司未嘗改也，山川未始變也。物名稱號，多因時而革者，雖邑之父老，間或不忘其故。它州考古之士，將無所稽據焉。仲謀、陶、庾之風聲，幾何而不泯也。不有書志，其何以傳？武昌記舊有成書，世久不見，中更俶擾，並與圖經而失之。近縣令唐時，顧遺墜之罔收，倩故家子雷某追録圖經中事，收拾采綴，十舉四三，訛謬不倫，比比而是。名都要會，世所共聞，舊事前〔一〕修，來者斯問，端倪不對，負愧多矣。儒行屨方以知地里，況令長之職官乎？故走本記披圖，旁求稗説，參諸故老，訂以前言，附見土風，成武昌土俗編二卷。俾邑之游者不必問，問者不必語，開卷略舉，以代煩言，爲省事之一端，用備遺亡云爾。至於兼收遺佚以成土地之圖，上裨天子之司徒，則吾豈敢！艮齋浪語集三十

又書武昌士俗編叙：明鈔本如是，疑當作「後」。武昌士俗編鋟木於紹興壬午。走既才庸學寡，加縣出兵荒餘燼，無藏書以考閲往事，士非耆舊，無所質疑。姑盡所知，搜羅野老之説，草創編秩，垂被代而出之。凡聞見之所未周，或知之而未悉，皆不及著。其間名號更易，不可究知，當去反留、當書反闕者，一書之内夫豈不有！自求其失，則所未逮。故書編目，求取正於當來，惟乃仁人矜此愚昧，擿瑕補過，易視聽於傳疑，使走不以此爲妄人，

〔一〕「前」，底本誤作「所」，據浪語集改。

乃朝夕庶幾焉者。六月庚午，書於筠鄉書舍。艮齋浪語集三十

直齋書録解題：武昌土俗編二卷，武昌令永嘉薛季宣撰。記一縣之書頗詳，紹興辛巳、壬午間也。其邑今爲壽昌軍。

周氏去非嶺外代答十卷。直齋書録解題八、文獻通考二百五、四庫全書總目七十。

存。知不足齋叢書本

入國問俗，禮也，矧嘗仕，焉而不能舉其要。廣右二十五郡，俗多夷風，而疆以戎索。海北郡二十有一，其列于西南方者，蜿蜒若長蛇，實與夷中六詔、安南爲境。海之南郡，又内包黎、僚，遠接黄支之外。僕試尉桂林，分教寧越，蓋長邊首尾之邦，疆場之事，經國之具，荒忽誕漫之俗，瑰詭譎怪之産，耳目所治，與得諸學士大夫之緒談者，亦云廣矣。蓋嘗隨事筆記，得四百餘條，秩滿束擔東歸，邂逅與他書棄遺，置勿復稱也。迺親故相勞苦，問以絶域事，驟莫知所對者，蓋數數然。至觸事而談，或能筆其一二，事類多而臆得者浸廣。晚得范石湖桂海虞衡志，又於藥裹得所鈔名數，因次序之，凡二百九十四條。應酬倦矣，有復問僕，用以代答。雖然，異時訓方氏其將有考於斯！淳熙戊戌冬十月五日，永嘉周

去非直夫記。

讀書附志下：嶺外代答十卷，右周去非直夫記。廣右二十五郡疆埸之事，經國之具，荒忽誕漫之俗，瑰詭譎怪之産，耳目所治，與得諸學士大夫之緒談者四百條云。

直齋書録解題八：嶺外代答十卷，永嘉周去非直夫撰。去非，癸未進士。至郡倅。所記皆廣西事。

四庫全書總目七十：嶺外代答十卷，永樂大典本。宋周去非撰。去非字直夫，永嘉人，隆興癸未進士。淳熙中，官桂林通判〔一〕。是書即作於桂林代歸之後。自序謂本范成大桂海虞衡志，而益以耳目所見聞，録存二百九十四條。蓋因有問嶺外事者，倦於應酬，書此示之，故曰「代答」。原本分二十門，今有標題者凡十九，一門存其子目，而佚其總綱，所言則軍制户籍之事也。其書條分縷析，視嵇含、劉恂、段公路諸書叙述爲詳。所紀西南諸夷，多據當時譯者之辭，音字未免舛譌。而邊帥、法制、財計諸門，實足補正史所未備。不但紀土風、物産，徒爲談助已也。書録解題及宋史藝文志並作十卷。永樂大典所載並爲二

〔一〕四庫所云去非官桂林通判，誤。據自序其爲桂林寧越教授。樓鑰祭周直夫文等言之甚明。四庫又云，宋史藝文志並作「十卷」，查宋史藝文志未見著録，四庫亦誤。

卷，蓋非其舊。今從原目仍析爲十卷云。

宋元學案七十一：通判周先生去非，永嘉人，浮沚先生族孫也。學於南軒，嘗從之桂林。有嶺外代答十卷，所記皆桂林事也。成隆興癸未進士，通判紹興府。

案：周直夫嶺外代答，凡二十門：一地理、二邊帥、三外國、五風土、六法制、七財計、八器用、九服用、十食用、十一香、十二樂器、十三寶貨、十四金石、十五花木、十六禽獸、十七蟲魚、十八古跡、十九蠻俗、二十志異。惟第四門缺其目。據自叙，蓋其初筆記本四百餘條，後次序删并爲二百九十四條。讀書附志撮録自叙，麈舉初記條數，誤也。其書叙廣西諸州沿革風土，最爲詳悉。所載外國則多得之傳聞。自粤中互市，番夷及宋時貢獻之國外，皆未能詳審，蓋海外輿地，自古茫昧，不止直夫此書也。

國朝

周氏天錫慎江史逸四卷。花萼樓集

未見。

自叙：史逸者何？郡邑史之逸也。蓋聞諸陶徵士，齊二客、魯兩生，史並失其名，爲之浩歎。然彼獨行君子耳！吳公，雒陽知己，名亦翳焉，龍門於天子父僅稱太公。於戲！誰責哉？余喜談梓里事，偶有睹記，輒筆存之，間參郡邑史，十闕其五，因喟然作史之難也！冬青行，灼灼霽山集中，別紀强附之玉潛；東湖樵夫，樂産也，移而台；耳目之近且然矣。余爲此懼，摭拾舊聞，彙而成帙，題曰史逸。卣梁彝蓋，見即寶之，不無望後之逸余逸者。花萼樓集

又序：史何逸乎？郡邑史之逸也。夫薦紳先生既科條之矣，間多漏脱，則以立例淺，編纂迫，渺見寡聞，而博雅之君子弗進也。家[一]必有乘，邦必有史，今廢草野賢才不稱，略名卿高士，良有司之業不載，識者悼焉。陵谷後，余志不自得，婆娑漫淫，慨然而喟，則取古今史，省直志考之，而賢才、良有司與所論著，十三四逸矣。乃依[二]往例，采舊聞整齊成帙，命曰史逸，蓋歷十二年所云。夫賢賢賤不肖，史也，俾後之君子勸、小人懼，余何敢任？唯取闡幽顯微之義，别疑明是之旨，紹往昔，告來者，述聖漢以來，至萬曆己酉止。傳曰：史失而求之野，後之覽者，或有以知其志之所存。書成，藏紫芝山麓，副在花萼樓，

〔一〕「家」，底本誤作「乘」，據花萼樓集改。

〔二〕「依」，底本誤作「伊」，據花萼樓集改。

凡四卷。花萼樓集

梓聞私紀花萼樓集

佚。

梓聞彙紀花萼樓集

佚。

右雜記

國朝〔一〕

林氏鴻道燕游記竹園類輯九。嘉慶瑞安縣志九「記」作「草」，誤。

佚。

朱鴻瞻跋：康熙壬子，予始以資貢偕履吉氏束裝廷試，出武林，自越而吳而魯以抵於燕。其間山川鉅異之區，險阻要害之處，古今人物故蹟之遺，以及大江以北廣漠之鄉，田

〔一〕「國朝」，底本脱，據體例補。

可畫井，戰可製車，黃河之有故道，清淮之底安瀾，與夫風俗之美惡，政治之得失，未嘗不於日夕解鞍，沽酒對酌，拍案悲歌，唏嘘指畫，且又兩人相得，意遠興賒，吟鞭所指，懷古之篇，覽勝之作，風雨雞鳴，所懷所至有賦。而履吉氏性尤敏，長於强記，凡所歷勝蹟及里程，旬日月餘之外追溯而數之如指諸掌，因彙爲兹編。予懼夫世之觀者，徒以是爲履吉氏多，而不知其經濟之撰、奚囊之富，固不盡此區區間也。故書數言以附於末。竹園類輯九

朱鴻增司訓坦齋林公墓誌銘：公諱鴻道，字履吉，坦齋其號也。雅留心經濟，屢舉於鄉不第。晚以明經薦補常山訓，秉道章教不遺餘力。繼攝縣篆，益振興釐，則弊絶風清，以疾卒於官。瑞安朱氏録本

嘉慶瑞安縣志七：康熙壬子歲貢，林鴻道。　九[一]：燕游草，林鴻道撰，見竹園類輯。

右游記

元

周氏達觀真臘風土記

一卷。四庫全書總目七十一、千頃堂書目八、補遼金元藝文志、元史藝文志二。

〔一〕「九」，底本脱，據嘉慶瑞安縣志補。

存。吴琯古今逸史本、陸楫古今説海本、瑞安許氏刊巾箱本。

總叙：真臘國或稱占臘，其國自稱曰甘孛智。今聖朝按西番經，名其國曰澉浦只，蓋亦甘孛智之近音也。自温州開洋，行丁未針。歷閩、廣海外諸州港口，過七洲洋，經交趾洋到占城。又自占城順風可半月到真蒲，乃其境也。又自真蒲行坤申針，過崑崙洋，入港。港凡數十，惟第四港可入，其餘悉以沙淺故不通巨舟。然而彌望皆修藤古木，黄沙白葦，倉卒未易辨認，故舟人以尋港爲難事。自港口北行，順水可半月，抵其地曰查南，乃其屬郡也。又自查南换小舟，順水可十餘日，過半路村、佛村，渡淡洋，可抵其地曰干傍，取城五十里。按諸番志稱其地廣七千里。其國北抵占城半月程，西南距暹羅半月程，南距番禺十日程，其東則大海也。舊爲通商往來之國。聖朝誕膺天命，奄有四海。唆都元帥之置省占城也，嘗遣一虎符萬户，一金牌千户，同到本國，竟爲拘執不返。元貞之乙未六月，聖天子遣使招諭，俾余從行。以次年丙申二月離明州，二十日自温州港口開洋，三月十五日抵占城。中途朔風不利，秋七月始至，遂得臣服。至大德丁酉六月回舟，八月十二日抵四明泊岸。其風土國事之詳，雖不能盡知，然其大略亦可見矣。

洪守一跋。瑞安許氏刊本，不録〔一〕。

〔一〕「洪守一跋。瑞安許氏刊本，不録」，底本無，據刻本補。

讀書敏求記二：周達觀案：「達」原誤「建」，今改。下同。真臘風土記一卷。達觀自元貞乙未隨使招諭真臘，至大德丁酉始歸，述其風土國事甚詳。是册從元鈔校録。説海中刻者牴牾錯落，十脱六七，幾不成書矣。

四庫全書總目七十一：真臘風土記一卷，浙江范懋柱家天一閣藏本。元周達觀撰。達觀，温州人。真臘本南海中小國，爲扶南之屬，其後漸以强盛，自隋書始見於外國傳，唐宋二史並皆紀録，而朝貢不常至。故所載風土、方物往往疏略不備。元成宗元貞元年乙未，遣使招諭其國，達觀隨行，至大德元年丁酉乃歸。首尾三年，諳悉其俗。因記所聞見爲此書，凡四十則。文義頗爲賅贍，惟第三十六則内記澶倫神譴一事，不以爲天道之常，而歸功於佛，則所見殊陋。然元史不立真臘傳，得此而本末詳具，猶可以補其佚闕。是固宜存備參訂，作職方之外紀者矣。達觀作是書成，以示吾邱衍。衍爲題詩，推挹甚至。見衍所作竹素山房詩集中，蓋衍亦服其叙述之工云。

郎仁寶七修彙稿：真臘國在占城之西南，元成帝時遣永嘉周達觀招諭之，往返一年半，悉得其國之風俗、道里、海物、土産，一一紀焉，名曰真臘風土記。

案：周草庭真臘風土記，元貞元年隨使諭真臘時所作。其事元史無考，然其總叙所述甚明。七修彙稿謂草庭獨奉使，非也。總叙載唆都元帥置省占城，嘗遣一虎符萬户，一金牌千户，同到本國，竟爲拘執不返。考元史占城傳「至元十九年，命左丞唆都等即其地立省，既而負固不服，招真臘國使速魯蠻請往招諭」云云。所謂招真臘國使者，或即此金牌千户也。至元貞招諭，則史所不載，僅賴此考其叛服大略矣。

又案：萬曆温州府志藝文門别載周達觀滇臘記聞，雍正浙江通志經籍門作「滇臘紀聞」。明以來書目並無著録，疑真臘風土記一名真臘紀聞，傳寫又誤「真」爲「滇」，遂分爲二書，乾隆府、縣志經籍門並沿其誤。今删之。

李氏至剛耽羅志略三卷。千頃堂書目八、補遼金元藝文志、元史藝文志二。

佚。

貝瓊後序：耽羅距中國萬里，而不載於史，蓋以荒遠略之也。至正二十五年，樞密院掾曹永嘉李至剛，從副使帖木兒卜花公往守其地。明年，奉詔還京師，至剛以疾不得俱，乃留松江，因記所歷山川形勢，民風土産，編而成集，釐爲三卷，題曰耽羅志略，將鋟梓，鐵崖楊公既爲叙其端矣，復求余説。余伏而讀之，因撫卷歎曰：炎漢之興，張騫以郎應募，出隴西，留匈奴中十年，後亡至大宛，爲發導驛抵康居，傳月氏，從月氏至大夏，竟不得其要領。歲餘歸漢，爲天子言之，未能有如耽羅之爲詳也。司馬相如之通西南夷，至用兵而克之邛、筰、冉、駹、斯榆之君，雖請内屬，而長老且言其不爲用者。由是觀之，國朝受命百年，四方萬國咸在天光日華之下，雖遐陬僻壤，窮山絶島，亦不得而外焉。故至剛得與大臣涉海萬里而鎮撫其民，未始頓一兵，遺一鏃，爲國家病。則視歷代之盛，實有過之者，而是編尤足補紀録之缺，使列之輿地，中國之士不待身經目識，而已悉海内之境若過鴨緑窺扶桑也。於是乎書。貝清江文集七

千頃堂書目八：李至剛耽羅志略三卷。永嘉人，樞密院秘書。

右外紀

温州經籍志卷十三

史部

職官類

宋

季氏光弼唐宰輔編年録攻媿集一百佚。

樓鑰知嵊縣季君墓誌銘：皇帝即位之六年四月戊辰朔，日有食之，君摭光武十事備論以進，目曰美芹，文簡而旨深，意篤而言婉。有旨：「季光弼所獻文字，有補治道，可與循兩資。」君一日聞西府除目愀然曰：「樞莞與中書並立，繫朝廷輕重，其可忽諸！」遂考唐之宰相，起自武德裴寂，終於天祐楊涉，作編年録。論説二百五十有五，去取抑揚，皆有微意。苟位之非據，假以隆名，雖元勳如郭子儀亦不得預，讀者爲之聳歎。君字觀國，居平陽之桂源。紹興二十七年登進士，授左迪功郎，調福州福清縣主簿。授臨安府鹽官主簿，陞左從政郎。特旨授左儒林郎，充邵州教授，授福州寧德縣丞，改通直郎，知紹興府嵊縣，磨勘轉奉議郎。卒於縣治，年五十有七。銘曰：唐三百年，曰宰曰輔。泛論其尤，姚、宋、房、杜。君獨究觀，一一論著。忠邪畛分，咸有旨趣。位非其據，勳如汾陽而不與；事有責備，德如晉公而不恕。上可以發潛德而誅奸諛，下可以垂世鑒而切時務。攻媿集一百

陳氏傅良皇朝百官公卿拜罷譜曹叔遠止齋文集叙

佚。

徐氏自明宋宰輔編年録宋史藝文志二無「宋」字，文淵閣書目六「宋」下有「朝」字，今從四庫全書總目七十九。

二十卷。宋史藝文志二、四庫全書總目七十九。

存。遜學齋藏明萬曆戊午吕邦耀刊本

本朝大詔令：登載相麻不及執政之制，宰輔拜罷録僅紀歲月名氏而揚廷之命無述焉，

覽者病之。故太常博士徐君自明纂成宋朝宰輔編年録二十卷，首起建隆庚申，至於嘉定乙亥，凡二百五十餘年。本之以長編繫年録，緯之以大詔令、拜罷録，與夫玉堂制草諸書，而一時黜陟之由，群公評品之論，奉常行實之考，旁引曲彙，靡有漏略，其用心亦勤矣。夫一代之盛則有一代之元勳碩輔，鉅德豐功銘於烝□〔一〕彝鼎，書於旂常竹帛，固不待贊述。其間賢佞進退，正邪消長，關於世道泰否者，瞭然一覽之頃，辭令云乎哉！彼齊魯大臣，史失其名，漢相列傳，獨書免册。是編也，其亦足爲信史羽翼歟！君之子居誼宰永陽，有廉稱，輟奉鋟梓於學，可謂能成先志者。我宋億萬年無疆惟休，臣亦有無窮之聞，續而書之未有艾云。寶祐丁巳清明，寶章閣學士、通議大夫、提舉隆興府玉隆萬壽宫、嘉興縣開國子、食邑六百户陸德輿序。

永嘉徐常博自明作宋朝宰輔編年録，其子永陽邑大夫居誼刊之於梓，謁序於予。予曰：宰輔者，安危治亂之所寄也。漢四百年稱蕭、曹、丙、魏，唐三百年稱房、杜、姚、宋，豈不戛戛乎其難矣哉！國朝自建隆以至嘉祐，趙韓王普、李公昉、宋公琪、張公齊賢、呂公蒙正、呂公端、李公沆、向公敏中、畢公士安、寇公準、李公迪、王公旦、王公曾、晏公殊、杜

〔一〕明刊本宋宰輔編年録空一格，蓋闕一字，底本誤連，據改。

公衍、富公弼、文潞公彦博、韓忠獻王琦，又何其彬彬然盛也。中間不幸而王安石相，奸庸相繼，庸則陳升之、吴充、韓絳，奸則王珪、蔡確、韓縝。元祐更化，幸而有司馬文正公光、吕正獻公公著、范忠宣公純仁數人，又不幸而章子厚相，奸凶復相繼，蔡京過於章子厚，王黼過於蔡京，若曾布、趙挺之、何執中、劉正夫、余深、鄭居中，微不及子〔一〕厚、京、黼。造禍者奸，成禍者庸，禍極於吴敏、何㮚輩而不可制矣。若二人者，又奸庸相半者也。嗟夫！人耶？天耶？天將開建隆以來之治，故名臣相項背；天將兆靖康之禍，故奸凶接武。李忠定公綱，言驗於疏水，功驗於圍城，高皇帝以其爲命世之英而相之，不越七十有五日，間之者黄潛善也。忠定，邵武人，潛善亦邵武人，並生而並相，豈非天乎？潛善罷，忠定亦竟不得志。趙公鼎、張公浚，忠定之亞也，相皆不得久，而久於其位者，秦檜也。忠定、張、趙，虜所惡也；檜，虜所喜也。其久其近，天意可知矣。自後相有可稱者，陳公康伯、陳公俊卿、趙公汝愚而已。中興而後，又何其太寥落耶？侂冑之徒，則世目以爲京、檜者也。賢者則不得久，而侂冑之徒，皆得久於其位，此豈人耶？予嘗論三代而上，伊、傅、周、召，皆以儒者相，大儒如孔子，不過攝相而已。孔子而後，以儒得相者惟司馬文正公，豈非盛

〔一〕「子」，底本原依明刊本宋宰輔編年録作「于」，徑改。

哉？然亦不得久，向若神宗以所以待安石者早相司馬公及程公顥，天下豈不被儒相之福耶？論皇宋宰輔者，每爲之三太息！常博之爲是録也，於美惡皆不没其實，賢於世之類書多矣。寶祐五年五月日，龍圖閣學士、朝奉大夫、新知西外宗正事趙缺。

故太常博士徐公，永嘉之經師宿儒，容止靖嚴，言悉中節，行不越矩，論著滿室，蠅頭手筆，無一字不端楷，皆有益於世教。其録宰輔也，昉時年十八九，執册應對其間，粗審顛末。後三十餘歲，欲板於三山郡齋而未果。會公之子居誼來宰永福，政成，能以俸金刻之縣學，爲一代之盛典，可敬也。公字誠甫，號慥堂，終零陵郡守云。寶祐五年五月五日，朝散郎、集英殿修撰、提舉建寧府、武夷山沖佑觀、永嘉縣開國男、食邑三百户、賜紫金魚袋陳昉謹書。

司馬温公既體春秋左氏傳爲編年一書，又欲仿班史叙宋興以來百官沿革、公卿除拜，作百官公卿表以便省覽。今觀徐公編年惟及宰輔而百官不及，則於省覽爲尤便。宋朝歷代名德，佈滿百職，輝映史册，先後相望，温公猶思表而出之，夫豈不足於夷考，而公之編年曰姑舍是，非略也。媲諸作室之工，書於楝者惟都料匠與副之，而梓人不與焉。公之編年意或以是。夫大臣之進退臧否，國之否泰繫焉，關涉至大。故公之爲此書也，自建隆庚申訖嘉定乙亥，其間元臣碩輔，誥命所褒，建議所否，出處之顛末，德業之污隆，長編、繫年所不載，拜罷録、年表所不具，而雜出於他書，旁搜遠括，靡有遺棄，釐爲卷帙，用工雖勤，然操其樞要，舉其宏綱，賢於勞而寡要者遠矣。談者咸謂是書之成，可觀世道。吁！豈惟是哉！觀慶曆之盛，則杜、富、韓、范之事業在所勉，觀熙豐之事，則荆舒之學在所懲。下不負所學，則景行先哲，區别邪正，以丕寅亮之規；上不負吾君，則追法前猷，吹齏往轍，益謹乎若時登庸之道。則是書有補於世，所以續皇家萬億年無疆之休，自此編年始，真作宋一經者也。公諱自明，嘗爲太常博士。子居誼，宰永陽，以廉名。鳴琴之暇，取家藏之秘鋟於邑序，使垂世懿範不至無傳，厥功不在編年下。寶祐丁巳八月朔，中奉大夫、福建路轉運判官章鑄序。

古之爲史者，雖自成一家言哉，然莫不有所本。司馬氏之作史記，其自序謂：「網羅放失舊聞」，「述故事而整齊其世傳。」故世本、戰國策、楚漢春秋，皆見於其書。孟堅前漢，既承父彪之業，襲遷史之舊，而王商、賈逵、劉向、歆所著無不具在。雖稱製作之工，如英莖咸韶，然其所漁獵者亦夥矣。此無他，創立統紀，裁成大體，可以獨見詣而蒐羅遺逸，協厥異同，非一人一書所可頓盡，理固然也。宋有國三百餘年，英君誼辟代作，賢人君子滿天下，其事業不可使鬱而不彰、晦而不明，而禮樂制度、兵食律令又皆今世之所因以爲損益者，尤經世考治之士所欲講也。然上承五季之極弊，下遭裔夷之疊盛，南北分裂，世變滋多，兼其治尚文，其俗競辯，法令數更，議論樊然淆亂，視之漢、唐，尤難考焉。顧不幸而爲之史者，雜出於元世諸臣，漫無統紀，雖篇章浩瀚，關大義者不及十二三，而挂一漏萬，往往而是。故欲整飭宋事以備一代成書，而比於法後王之義以爲世訓，非舉前史改弦而更張之不可。然則廣搜旁證，雖稗官野記所不宜廢，而況其大者乎！宰輔編年録者，宋徐自明氏所著，起建隆，訖嘉定，一代用事之臣，委寄輕重，人品忠佞，與政事所由成壞具在。而其所采群説，間出史氏所未及。顧其書久不行世，今駕部王公得之焦太史先生，督學吕公又得其遺闕於宗正伯榮氏，詫以爲延津之合，遂校而刻焉。余觀吕公樂談宋事，每娓娓不能自休；而王公方欲更定前史，勒成一書，其志蓋不直使兹録之行世而已。儻亦司馬氏網羅之遺意，而兹其吉光之一羽乎哉！余與聞其旨，故得而具論之如此云。萬曆戊午六月望日，河南左布政使、高安陳邦瞻序。

官制至唐宋之間紊矣，而宰執爲甚。始唐因隋制，以三省長官尚書令、中書令、侍中，爲真相之任，而品位崇高。中葉以後不復獨授，故常以他官兼宰相，或稱參預朝政、參議朝政，則參知政事之始也。自僕射李靖以疾，間日至中書門下平章事，而平章事之名昉焉。李勣以詹事同中書門下三品，而同三品之名昉焉。自是以降，或稍有更定，要以二名爲準。晚世頗兼衆職，用兵則爲節度使，崇儒則爲大學士，理財則領度支鹽鐵轉運。至太清宫諸使皆宰相兼攝，以百揆之尊分理庶職之務，相體輕矣。宋制大率因唐初，惟同平章事爲真相，皆以三省之貳或他官貴要者充其任。又有昭文、集賢二大學士監修國史，以近密示重，而二三相臣次第居之。至神宗元豐間，詳定新制，革平章之名爲尚書左右僕射，各兼門下中書侍郎，行侍中中書令事以通三省之政。而又别置門下中書侍郎、尚書左右丞爲僕射之佐，實即參知政事也。徽宗政和中，狥蔡京意，改左右僕射爲太少宰，正公相位，元豐之制大壞。南渡建炎中乃復其舊，乾道中直稱左右丞相，以終宋之世。其最隆者爲平章軍國重事，而或兼樞密使、禦營使、制國用使都督諸路軍馬，皆因時取名，而責實寡效。其軒輊疑信之端，惟時君之所命之，不在於名之新、員之衆也。然獨以樞密院本兵柄，與宰相並稱兩府，則舊無此制，雖兵民判若兩途，真、仁而後，實皆儒臣專任，間有武勳授者，百之一二而已。其原本唐宦官之職，朱梁名崇政院，最爲親臣。後漢乾祐中除樞密使，遂降麻比宰相。宋因而不改，有使、有副，有知院、有同知、有簽書，其兼官叙進兩府，略同執國之政，均可以宰輔稱者也。宋自太祖以至徽、欽，有實録無編年。神宗嘗命陳繹作二府拜罷録。元豐中，司馬温公取宋興以來百官進退歲月爲年表，上之史館。是後曾鞏、譚世勣、明刊本誤「講」，今據宋史三百五十七改。蔡幼學、李燾諸人紀述不一，而辭簡事略，未有傳者。比見宋太常博士永嘉徐自明所纂本朝宰輔編年録，二十卷，起建隆庚申，止嘉定乙亥，凡二百五十餘年。兩府大臣名氏、爵里、封拜、罷免，犂然備具，而當時黜陟之由，世主頗正之跡，據事直書，孅惡自見，以至時賢評品，家乘野録，悉識其要者。余遍考宋史及近世柯氏新編、唐氏左編諸書，似猶未睹，不無遺漏，固可以補其闕而參其異也。若夫麻辭、制誥、密札、内批，一一該存，雖事涉曖刺，文未雅馴，使人疑怪憤悒，不可爲解，信乎趙甡遺史之論曰：「一人之身，拜相之辭如此其美，罷政之辭如此其惡，議者謂本朝進退人才之弊，專尚文華，遂失真實。」斯言得之矣！第取其詳贍，探其賾隱，亦博採者所不廢也。余嘗反覆宋事始末，究於一統中自陷於播遷，卒淪胥於澌滅，所由得國之幸，立國之弱，亡國之酷，皆非前代所有，而其人才自開創以迄亂亡，亦皆大遜於前代。總之以粉飾自侈，以虛假自愚，則習尚之偏適以自害而已。故輒爲之語曰：「宋之人才負宋之天下；宋之習尚負宋之人才。」此語期可俟之百世而未暇言其詳也。是書也，鈔本得之焦太史先生處，中間字句訛缺甚多，仍其舊文，不敢臆改。而孝宗一卷全缺，惜非完本，但作者苦心不宜泯没，故付之剞劂氏。而董正之者，駕部損仲王公，周藩伯榮宗正也。萬曆戊午又四月望日，河南督學副使都人吕邦耀序。

萬卷堂者，伯榮藏書之所也。

萬卷堂書目，已自卷帙浩煩，覽之終日不能竟，書可知矣。書目中所有者，或梓本、或鈔本，皆善本也。而漏卷、漏葉及錯亂之甚者，則寘之敝篋中，有其書而無其目。編年録梓完，已裝成帙矣。適月之六日，伯榮曬書於萬卷堂下，偶檢敝篋，於亂書中得是書焉。因漏逸三卷，故沉埋敝篋，而新刻所逸之十七卷、十八卷，則宛然在也。噫！奇矣哉！始也索之於千里之外，失之於一室之内；今也得之於一室之内，合之於千里之外。其始也孰秘之？今也孰現之耶？豈非造物者有數存乎其間耶？天生神物，終當合耳。此事之奇，何讓豐城劍也。然畢竟合之於伯榮，豈文獻之家即造物之所注耶？固知宇内奇事未有不天人參焉者也。六月望日，吕邦耀撰。明刊本吕邦耀又序

宋宰輔編年録，宋太常徐誠甫纂也。起太祖建隆庚申，終寧宗嘉定乙亥，凡二十卷，二百五十餘年。内逸十七、十八二卷，孝宗一朝凡二十七年。先是不佞以諸史之中，無如宋史煩猥，不揆凡陋，欲删潤之以成一代之興。而家鮮藏書，多假之南北交游，求李氏長編久之不可得，金陵焦漪園太史寄是録至，鈔本也，吕九如督學見而善之，遂校梓以傳。有宋一代人主卜相之故，宰臣謀國之概，人之賢奸，世之治亂具是矣。兹不論。不佞反覆是編，而深有歎於學術之關於相業者重也。宋氏三百年間，維時宰執趙、吕當締創之初，富、韓佐嘉祐之盛，趙忠簡之匡贊思陵，趙忠定之翊戴嘉王，皆勳在王府，夐乎盛矣！獨怪裕陵之於臨川，君臣千載，將大有爲，而勦周禮國服、丘乘之緒説，更張法制，擯棄元老，意將駕周、孔之上，而術反出管、商之下。嗣以蔡卞陰賊，章惇凶悖，而蔡京假紹述熙豐以劫持

上下，遂至四海横流，二帝蒙塵。嗚呼！靖康之禍，咎將誰執？此其以學術之誤遂誤天下者也。六飛南狩，檜爲虜諜，首絀專門之學。逮侂胄以傳道語言之勞，遂竊大權，芟除宗臣，設禁僞學，而士有變衣冠名他師者，吁已甚矣！侂胄既殛，彌遠擅國，理宗雖亟事褒崇，然近棄真、魏，而遠慕周、程，信所謂「日進前而不御，遥聞聲而相思」者也。馴至似道以不學之浪子，跛扈冥恣而宋社屋矣。此又以學術之亡遂亡天下者也。究觀宋氏一代之事，而知宰臣不可以不學，其學不可以失正。故太祖肇基，即曰：「宰相須用讀書人。」蓋宰臣之佐萬幾，不達於古今之大凡，不諳於祖宗之成憲，而冒焉秉國之鈞〔一〕，何遠猷之是經乎？然學術未正，則引經以傳其奸，尤甚於蔑學以騁其臆者，此君實、子直諸賢之所以爲時碩輔，而介甫、元長諸人之禍國未已也。學術之關於相業豈不重哉！抑不獨學術也，而文章亦關乎世運。試讀太平、慶曆之間訓詞典則，猶得王言之體，而蔡京、王黼、陳自强、史彌遠之徒，每下一制輒數百言，稷、契、皋、夔曾未足擬，甚至「昆命元龜」之語，有識寒心焉。彼其相業又何如哉！書成而脱誤甚多，無從質正，讀者病之。督學公遍檢史傳，相與商訂，校既者僅十之五，他姑闕之以俟善本。然是書引證不妄，編緝有倫，即所述

〔一〕「鈞」，底本原依明刊本宋宰輔編年録作「均」，徑改。

如文潞公閒金奇錦，及朱勝非閒居録，王次翁叙紀之類，頗有詆訾諸賢者，想爾時有此議論亦不能盡廢也，因並及之。河南王惟儉撰。

有宋一代，於宰執之拜罷也，皆有制詞，蓋用漢策命、唐宣麻故事。故徐太常之録宰輔編年也，於制詞獨詳。然一人之身，夷、跖頓異；一君之命，衮、鉞互乖，則制詞固亦有不足據者。且率先期鎖院，外廷莫知，而代言者拘於演綸之體，或過爲希合，或肆爲睚眦，有溢詞焉。求如蘇氏草惠卿之切事，既不多得，而「昆命元龜」之語與董司馬之「允執厥中」又何異乎？歷觀宋代命相，較之往古，異者有二，而善者亦有三。商自阿衡之外，仲虺右相，而周官冢宰之下，少宰具焉。以至漢左右相，皆相也。御史大夫號亞相，司農號計相，從時推重耳。而宋自平章之下有參知樞密，名爲執政，則宰執分矣。西樞本兵仍沿五代，宣、徽兩院亦號政府，非軍務倥傯，人主有命，而宰臣不釐樞務，則兵民又分矣。然訖漢而後，未有正宰臣之名者，而三省長官，或虚而不拜，或用爲贈官。孝宗定丞相之稱，終宋不變，此官名之確也。前代誅戮大臣，略無顧惜，漢之劉屈氂、翟方進，唐之元載、楊炎，皆地居股肱，身膏斧鑕。而宋則終始優禮，雖元憝巨奸，僅投嶺海，即侂胄之殛，非出帝意，此禮遇之美也。兩漢雖有相臣，而朝權所在，乃大將軍耳。宋則大權在握，舒卷任意。如韓魏公出守忠之敕，文潞公誅告變之卒，及張魏公之宣撫川陝，生殺黜陟，人主委心聽之，此事權之重也。然概閲是編，而竊歎奸回之多幸，而忠良之多不幸也。趙韓王而後，三入相者如吕文穆諸人，率以名碩爲時隆棟，而蔡京窮凶亦四躋台躔。宰臣極隆之禮，文潞公之平章，唯事於重。吕申公之平章，不去於同。侂胄何人，禮過二老，止平章五字乎！且韓王霸府舊僚，功在締構，固宜獨相十年。其後申公諸賢多不過數年，或逾年耳。至蔡京則先後十有八年，秦檜則先後十有九年，而獨相者十有七年，史彌遠獨相者二十四年，皆醜正黨邪，稔禍階厲。乃司馬入朝曾不數月，李綱柄國僅六十餘日，而趙忠簡、趙忠定諸賢，皆席不及暖，而寘身瘴鄉，覊魂炎徼。千載之下，使人撫遺奸而裂眥，弔孤忠而灑涕，何忠良之多不幸，而奸回之多幸也。果天意乎？抑人事乎？余誠難言其故矣！大梁朱勤莢撰。

馮盛明序。萬曆戊午。不録。

孟習孔序。不録。

錢大昕跋：宰輔編年録二十卷，起建隆庚申，訖嘉定乙亥，首尾賅備，永嘉徐自明所撰。寶祐丁巳，子居誼知永福縣，鐫板縣學。序之者，寶章閣學士陸德輿、龍圖閣學士、知西外宗正事趙□□、集英殿修撰陳昉、福建轉運判官章鑄，凡四人。予家所藏，則明萬曆戊午河南督學副使吕邦耀刊本也。自明字誠甫，號慥堂，官太常博士，終零陵郡守。予讀都氏練川圖經載南宋知縣有金華徐自明，與誠甫同姓名而籍貫異。計其時代亦稍後，蓋別是一人。猶之知嘉定縣者有錢塘楊萬里，非誠齋也；知平江府者有永嘉陳均，非平甫也；知南海縣者有晉江王應麟，非厚齋也。潛研堂文集二十八

四庫全書總目七十九：宋宰輔編年録二十卷，兩淮鹽政採進本。宋徐自明撰。自明字誠甫，號慥堂，永嘉人。嘗官太常博士，終零陵郡守。初，北宋時神宗命陳繹爲拜罷圖一卷、樞府拜罷録一卷。元豐間司馬光復作百官公卿拜罷年表十五卷。其後曾鞏、譚世勣、蔡幼學、李燾各有撰述，而不能無所闕略。自明因摭拾舊事，補其遺漏，續作此書。以宋世官制，中書、樞密爲二府，俱宰輔之職，故自平章事、參知政事、樞密使、知樞密院事、同知簽書樞密院事，皆著其名位，而詳其除罷黜陟之由。編年繫日，起建隆戊午，迄嘉定乙亥，大都本之通鑑長編、繫年要録、丁未録、東都事略，而又旁採他書以附益之。本末賅具，最爲詳核。又據宋朝大詔令、玉堂制草，備録其鎖院制詞，更有裨於文獻。以宋史宰輔年表互相考校，如建隆元年趙普拜樞副，此録在八月甲申，而年表在戊子；太平興國四年石熙載拜簽樞，此録在正月庚寅，而年表在癸巳；太平興國八年宋琪拜參政，此録在三月庚申，而年表在癸亥；雍熙三年辛仲甫拜參政，此録在六月戊戌，而年表在甲辰。此類極多，亦足爲讀史者考異之助。至宋世所降麻制，例載某人所行之詞，此録間存姓名，亦可備掌

故。其中如熙寧四年陳升之起復入相制乃元絳之詞，載於宋文鑑中，以升之力辭不拜，其事未行，並其制詞不録是也。至如端拱元年呂蒙正拜相制爲李沆之詞，治平二年文彦博除樞密使制、熙寧二年陳升之拜相制，皆爲王珪之詞，元符三年，曾布拜相制爲曾肇之詞，亦並見於宋文鑑，而此反闕注，皆不免有所挂漏。然二百五十年間，賢奸進退，畢具是編，於以考國政而備官箴，亦可云諳習典故者矣。寶祐間，自明子居誼宰永福，嘗刻之縣學，後漸亡佚。明嘉靖間大興呂邦耀始得鈔本於焦竑家，而闕其兩卷。後周藩宗室勤美，以所藏殘本補足，復梓以傳，蓋亦僅存之本也。

案：徐慥堂宋宰輔編年録，始建隆，迄嘉定，宰輔除罷及制詞事跡，一一詳載，其足校宋史宰輔表之誤者甚夥。如淳化五年寇準自諫議大夫知青州除參政，表作自守同知樞密院事除，不知準於四年罷副樞，未嘗更守官也。元祐元年安燾自副樞除樞使，給舍封還，燾亦堅辭，詔依舊任，至二年六月又有樞使之除。表但載燾進知樞密院事，不載仍舊任一節，則二年之復除爲無因矣。建炎三年，盧益除尚書左丞，以奉使金國辭行，以本職罷提舉崇福宫，高宗紀一：「益未拜，罷爲資政殿學士。」亦不詳辭使金事。紹興十五年，秦熺除樞院，力請依李淑故事避親，罷爲資政殿學士，此二事表並書除而不書罷。其餘年、月、日、名，與表文歧異者，尤不可枚數，不徒四庫提要所舉數條也。至於援引宋代史籍，若遺史、日曆、丁未録、拜罷録諸書，今並不傳，亦藉是存其崖略。李燾長編今本缺徽、欽兩朝，此録所引尚有數條可補其缺。誠有宋一代典故之淵椒也。

又案：此録終於嘉定八年乙亥，考陳叙謂「慥堂終零陵守」，不詳何年。直齋書録解題八載慥堂修零陵志在嘉定己卯。則嘉定十二年，慥堂猶無恙。此録終乙亥者，蓋屬草時偶爾輟筆，遂未賡續也。慥堂諳習典故，猶有乾淳遺老之風，而志乘荒略，不詳其事跡。爰略爲考覈，俾讀此録者，可以論其世焉。

元

陳氏剛歷代官制説 千頃堂書目九、補遼金元藝文志、元史藝文志二

佚。

明

王氏朝佐主事考 乾隆温州府志二十七

佚。

姜氏準東嘉教職世表 慎江文徵三十八

佚。

自叙：唐以前并官制無考矣，宋崇寧中郡縣始立學，惟州設教授，屬縣俱以令佐兼領學事。景定三年，縣學始置主學一人。咸淳元年，漕司選請學正、學録、直學各一人，學諭四人，長諭八人。曰選請，則非朝除也。其嘗職是者，今亦無得而稽焉。元路學置教授一人，有學正、學行、學規，有學録糾不如規者。至元初，署請學官主善，縣學置教諭一人，選請訓導二人。元初未設科舉〔一〕，士人往往假校書爲入仕之途，雖非朝除，亦榮選也。國朝定制，府學置教授一人，訓導四人；縣學置教諭一人，訓導二人，皆朝除。今亦如治官例，各爲一表，其有聲績者，别爲列傳。嗚呼！治教，政之大者也，父師之任也。職是而稱，德莫厚焉，恩莫隆焉。其有未稱任，負凉德，父師之名莫之與易矣，可不慎哉。！慎江文徵三十八

右官制

應氏德成服官龜鑒録乾隆温州府志二十七。乾隆平陽縣志十九作「服官蓍鑒録」。

〔一〕「舉」，底本原依慎江文徵作「學」，徑改。

佚。

右官箴

政書類

宋

陳氏傅良皇朝財賦兵防秩官志稿曹叔遠止齋文集叙

佚。

錢氏文子漢唐制度文淵閣書目四

佚。

案：漢唐制度，宋元書目從無著録，惟明文淵閣書目四載有「一部，一册，闕。」疑即漢唐事要，傳本標題偶異耳。然明内府本今已不存，無從決其是否。姑分著其目於雜史、政書兩類中，以備考核。

右通制

宋

張氏叔椿五禮新儀十五卷。宋史藝文志三[一]佚。

周必大龍圖閣學士張公神道碑：子叔椿，朝散大夫，江西轉運判官。平園續稿二十一

盧憲嘉定鎮江志十五：宋太守張叔椿，華文閣學士，中大夫。慶元五年五月到，十月致仕。

乾隆温州府志十九：宋進士，隆興癸未木待問榜，張叔椿，永嘉人。吏部尚書，鎮江守。

案：張知府叔椿，忠簡公闡叔子。樓鑰知復州張公墓誌銘云：「公之弟春卿，以華文閣學士知鎮江。」則叔椿字春卿也。復州，名仲梓。墓誌見攻媿集一百四。

[一]「三」，底本誤作「二」，徑改。

明

蔡氏芳大祀志千頃堂書目二

佚。

張氏孚敬大禮要略

二卷。明史藝文志二、千頃堂書目五。

未見。

進大禮要略疏：臣仰惟恭穆獻皇帝尊號廟祀，典禮成備，前者翰林院侍講學士方獻夫，集諸臣奏議，禮部尚書席書爲之纂要，上請頒布矣。皇上欲重其事，復敕館閣儒臣纂爲全書。臣愚俾與有事，不能無言焉。竊以此禮之失非今日也，自漢、宋諸君失之矣；此禮之爭非今日也，自漢、宋諸臣爭之矣；皇上之改非改今日也，改漢、宋諸君也；臣等之諍非諍今日也，諍漢、宋諸臣也。是宜皇上之欲爲全書以昭一代君臣之行也。夫前之集議成於禮部，猶從案牘之文，有司之書也；今之全書出於史館，宜從典則之體，天子之書也。有司之書，所以行於一時，以曉凡愚，不可遽廢也；天子之書，所以傳於萬世，以著令典，不可苟爲也。伏乞皇上嚴諭館閣，開誠布公，必放史書凡例，以年月日爲綱，凡於大禮有關者，每事必書，每書必實。至於諸臣奏議，如禮者必采其精，不如禮者亦存其概，備載聖斷以裁成之，以見非天子不議禮，其權非臣下所得而竊之者也。昔唐有開元禮，宋有開寶禮，所載多制度儀文而已，曾有如今日嘉靖之禮，經綸天下之大經，立天下之大本者乎！若但因仍案牘之文，未免有失典則之體，疑非美則愛、愛則傳焉者也。皇上所定之禮，出於漢、唐、宋之上，而所成之書，肯出其下乎？臣自建議以來，履歷所知，無敢自欺，輯爲要略，誠有不得已焉者也。謹用繕寫成編，裝爲二部，一備聖覽，一付史館采焉。又疏：臣等伏承聖諭：「大禮書或有分毫未全，亦宜添入。」又伏承召入文華殿，面諭：「大禮書未備，特命纂修，傳之萬世，用心纂修。」臣等學乏三長，愚無一得，夙夜不遑，懼無以彰聖孝、答明命也。臣曾以履歷所知，輯爲要略，凡百九條，上乞聖裁，已奉欽依：「送付史館，以備纂述，欽此。」然此乃臣一人聞見而已。竊謂斯禮之爲書也，舉三代之隆，垂百王之法，取之不可不廣，擇之不可不精。如奉迎皇上，及皇上初辭藩府、寢墓、車駕發安陸等儀，皆奉迎及從駕諸臣所知也。又如皇上令内閣詳論大禮，其節次御批及執奏之詞、召對之語，皆内閣大臣所知也。又如皇上以大禮未定，孝心未遂，五年有成，兩宫無間，皆内監外廷老成諸臣所知也。是誠皇上至德要道，真宜傳之萬世，不可不謹書備録者也。臣續考事實，增爲要略，凡百三十五條，敬謀棗鍥，用代鈔謄，裝潢〔一〕成部，再乞聖裁。候命下之日，於凡所宜咨問諸臣，各給一部，令以所知，限旬月間如例開詳，送赴史館以備采擇，庶乎集衆見以成全書矣。張文忠集奏疏三

自序：大禮要略撮大禮之要而舉其略者也。夫大禮之爲書也，博之宜無不信，約之宜無不該，故知要可以會通，因略可以致詳無難矣。臣孚敬伏讀聖諭：「皇考恭穆獻皇帝尊號已定，世廟已成，所議典禮不可無一全書。」又諭：「大禮者，乃天子之禮；書册者，乃一代君臣之行也。重其事，所以命官纂集，其曰命官，還用建禮之臣掌其文意。」大哉皇言乎！一哉皇心乎！此誠明王大孝爲法萬世者也。昔孔子作春秋，必先明五霸之功罪則事有統理。夫春秋，魯一國史也；今大禮之書，爲天子之禮，一代君臣之行也，是宜聖心有在而欲爲全書也。臣孚敬實爲迂愚之儒，嘗從建議之後每事必書，固將有待焉者。兹仰承德意，罔敢或遑，於是輯爲要略，亦惟明夫統理而已。庶同志者於是乎會通，於是乎致詳，其於大禮全書，未必無少補云。張文忠集文稿一

千頃堂書目五：張孚敬大禮要略二卷，嘉靖六年編進。

〔一〕「潢」，底本誤作「演」，徑改。

乘輿冕服圖説

一卷。明史藝文志二

未見。

明史輿服志二：嘉靖八年，諭閣臣張璁：「衮冕有革帶，今何不用？」璁對曰：「按陳祥道禮書，古革帶、大帶，皆謂之鞶。革帶以繫佩韍，然後加以大帶；而笏搢於二帶之間。夫革帶前繫韍，後繫綬，左右繫珮，自古冕弁恒用之。今惟不用革帶，以至前後佩服皆無所繫，遂附屬裳要之間，失古制矣。」帝曰：「冕服祀天地，享祖宗，若闕革帶，非齊明盛服之意。及觀會典載蔽膝用羅，上織火、山、龍三章，並大帶緣用錦，皆與今所服不合。卿可並革帶繫蔽膝、佩、綬之式，詳考繪圖以進。」藝文志二：乘輿冕服圖説一卷。嘉靖間考古衣冠之制，張璁爲注説。

千頃堂書目九：乘輿冕服圖説一册，嘉靖八年　月，上諭大學士張璁，謂古者上衣下裳，不相掩覆，今依通掩其裳，且古裳如帷幔，今止兩幅，均非禮制。命更定之，因分十二章，衣裳各六。璁考自古有虞及周以下之制，爲説繪圖以進。

武弁服制圖説

千頃堂書目九作「乘輿武弁服制圖」，今從明史藝文志二。

一卷。明史藝文志二、千頃堂書目九。

未見。

明史輿服志二：嘉靖八年諭閣臣張璁云：「會典紀親征、類禡之祭，皆具武弁服，不可不備。」璁對：「周禮有韋弁，謂以韎爲弁，又以爲衣裳。國朝視古損益，有皮弁之制。今武弁當如皮弁，但皮弁以黑紗冒之。武弁當以絳紗冒之。」隨具圖以進。帝報曰：「覽圖有韠形，但無繫處。冠制古象上尖，今皮弁則圓。朕惟上鋭取其輕利，當如古制。又衣裳韠舄皆赤色，何謂？且佩綬俱無，於祭用之可乎？」璁對：「自古服冕弁俱用革帶，以前繫韍，後繫綬。韋弁之韠，正繫於革帶耳。武事尚威烈，故色純用赤。」帝復報璁：「冠服、衣裳、韠舄俱如古制，增革帶、佩綬及圭。」藝文志二：武弁服制圖說一卷，親征冠服之制，張璁爲注說。

千頃堂書目九：乘輿武弁服制圖一卷，上又謂璁，凡乘輿親征，有類造宜禡之祭，當具載武弁服，令考古制繪圖以進，璁爲之注說。

玄端冠服圖說千頃堂書目九無「說」字，今從明史藝文志二。一卷。明史藝文志二、千頃堂書目九。

未見。

明史輿服志二：嘉靖七年，更定燕弁服。初，帝以燕居冠服尚沿習俗，諭張璁考古帝王燕居法服之制。璁乃采禮書「玄端深衣」之文，圖注以進。帝爲參定其制，諭璁詳議。璁言：「古者冕服之外，玄端深衣，其用最廣。玄端自天子達於士，國家之命服也。深衣自天子達於庶人，聖賢之法服也。今以〔一〕玄端加文飾，不易舊制，深衣易黄色，不離中衣，誠得帝王損益時中之道。」藝文志二：玄端冠服圖説一卷，燕居冠服之制，張璁爲注説。千頃堂書目九：玄端冠服圖一卷，嘉靖七年，上製燕居之冠曰燕弁，服曰玄端，并深衣帶履，大學士張璁繪圖，爲説以進。

案：諭對録四載嘉靖七年正月二十日諭：「昨得卿圖注燕居冠服式一册，朕甚嘉悦」云云。則此書嘉靖七年正月所進也。

保和冠服圖説四庫全書總目八十三、千頃堂書目九並無「説」字，今從明史藝文志二。一卷。明史藝文志二、四庫全書總目八十三、千頃堂書目九。

〔一〕「以」，底本誤作「之」，據明史改。

未見。

明史輿服志二：嘉靖七年，諭禮部：「朕仿古玄端，自爲燕弁冠服，更制忠靜冠服，錫於有位，而宗室諸王制猶未備。今酌燕弁及忠靜冠之制，復爲式具圖，命曰保和冠服。自郡王長子以上，其式已明。鎮國將軍以下至奉國中尉及長史、審理、紀善、教授、伴讀，俱用忠靜冠服。其以圖説頒示諸王府，如敕遵行。」藝文志二：保和冠服圖説一卷，宗室冠服之制，張璁爲注説。

千頃堂書目九：御製保和冠服圖一卷，嘉靖七年，光澤王奏請冠服之式，上命大學士張璁以燕弁爲準，參考隆殺，以賜宗室，璁爲圖説以進。

四庫全書總目八十三：保和冠服圖一卷，浙江范懋柱家天一閣藏本。明張璁撰。璁有諭對録，已著録。是書作於嘉靖七年，在璁未更名以前，故仍題原名。先是世宗命璁製燕弁冠服爲燕居所御，又製忠靜冠服以錫有位。會光澤王請宗室冠服式，命以燕弁爲準。定爲此圖，而敕璁爲之説。前有諭旨及璁序。其冠，親王九襊，世子八襊，郡王七襊。服用青身青緣，前後方龍補。襯用深衣玉色。帶用青表、緑裏、緑緣。履用皂，緑結白襪。其鎮國將軍至奉國中尉，左右長史至伴讀，咸從忠靜冠服，以品官之制服之。其儀賓則不預焉。名曰保和，言各得其分則和也。其冠圖爲前後左右四面，服圖爲前後二面。較三禮諸圖繪一面者爲詳，可爲繪圖之式云。

案：諭對録五，載嘉靖七年閏十月初七日奏：「臣伏承欽定保和冠服製式，謹遵奉著爲圖説一册進覽，伏乞聖裁。」又載世宗諭：「注説甚精」云云，即此書也。

忠靖冠服圖説千頃堂書目十五

未見。

明史輿服志三：嘉靖七年，既定燕居法服之制，閣臣張璁因言：「品官燕居之服未有明制，詭異之徒競爲奇服以亂典章。乞更法古玄端，别爲簡易之制昭布天下，使貴賤有等。」帝因復製忠靜冠服圖頒禮部，敕諭之曰：「祖宗稽古定制，品官朝祭之服各有等差。比來衣服詭異，上下無辨，民志何由定。朕因酌古玄端之制更名『忠靜』。庶幾乎進思盡忠、退思補過焉，朕已著爲圖説，如式製造。」禮部以圖説頒佈天下，如敕奉行。

案：忠靖冠服圖説一卷，明史藝文志未著録，輿服志載嘉靖七年詔云：「朕自撰圖説。」則似爲世宗御定。然千頃堂書目十五載無名氏古今彙説六十卷，其第三十八卷内有此書，注云：「張璁」。與明志不合。黄目卷九，儀注類不載此書。考諭對録五載文忠嘉靖七年三月初十日奏：「前承聖諭製忠靖冠服，警於在位，容臣將原爲圖説再加參定進覽。」又載三月二十一日奏，亦有「伏乞於所藏内閣圖説，少易數字，爲改定飾冠金綫事。仍容進覽裁定」之語，是忠靖冠服圖説塙出文忠手，彙説所題當不誤。刊本今雖未見，謹據黄目録入，以補史志之闕。

郊祀考議 一卷。百川書志二

未見。

議郊祀疏：臣欽承聖制：「以太祖高皇帝始建圜丘、方丘以祀天地，後定合祭之禮，恐上下之分、陰陽之義未得，朕心叵疑。」仰見皇上事天誠敬，發於淵衷，必有不能自安者矣。兹勤明問，謀及卿士，又仰見皇上溥采公議，慎重之至也。臣嘗聞書曰：「爾有嘉謀嘉猷則入告爾后於内，爾乃順之於外，曰斯謀斯猷，惟我后之德。」臣愚濫叨輔導，無嘉謀嘉猷入告皇上，裨萬分一，又不能順之於外，使斯謀斯猷，稱我皇上之德，對揚休命，實臣之罪也。臣觀丘濬大學衍義補所論，雖出從周之心，然不能以己意隂壞唐、虞、三代典禮，雖知禮者有見，而衆人則未免惑焉，此臣考議之所以不容已也。夫非天子不議禮，恭惟聖祖爲一代創業之主，禮樂制度誠如聖制，爲子孫者雖億萬世所當謹守勿違者也。夫敬天法祖，其道一而已矣。臣伏願皇上以不愆不忘之心，盡善繼善述之孝，斟酌古今，慎重典禮，則聖祖神孫光於先後矣。謹以所録考議一册進覽，惟聖明垂察焉。張文忠集奏疏六

百川書志二：郊祀考議一卷，嘉靖九年，謹身殿大學士張璁進。今名孚敬。

明史禮志一：世宗以制禮作樂自任。其更定之大者，如分祀天地，復朝日夕於東西郊，罷二祖並配，以及祈穀、大雩，享先蠶，祭聖師，易至聖先師號，皆能折衷於古。當〔一〕時將順之臣各爲之説。今其存者若郊祀考議，則張孚敬所進者也。二：嘉靖九年，世宗既定明倫大典，益覃思制作之事，乃問大學士張璁：「書稱『燔柴祭天』，又曰『類於上帝』，孝經曰『郊祀后稷以配天，宗祀文王於明堂以配上帝』，以形體主宰之異言也。朱子謂：『祭之於壇謂之天，祭之屋下謂之帝。』今大祀有殿，是屋下之祭帝耳，未見有祭天之禮也。況上帝皇地祇合祭一處，亦非專祭上帝。」璁言：「國初遵古禮，分祭大地，後又合祀。說者謂大祀殿下壇上屋，屋即明堂，壇即圜丘，列聖相承，亦孔子從周之意。」帝復諭璁：「二至分祀，萬代不易之禮。今大祀殿擬周明堂或近矣，以爲即圜丘實無謂也。」璁乃備述周禮及宋陳襄、蘇軾、劉安世、程頤所議分合異同以對。且言祖制已定，無敢輕議。會給事中夏

〔一〕「當」，底本誤作「一」，據明史禮志改。

言請舉親蠶禮。帝以古者天子親耕南郊，皇后親蠶北郊，適與所議郊祀相表裏，因令璁諭言陳郊議，敕禮部令群臣各陳所見。璁因録上郊祀考議一册。

正先師孔子祀典集議雍正浙江通志二百五十二引澹生堂書目作「文廟集議」，今從千頃堂書目三。

一卷。千頃堂書目三

未見。

明史禮志四：嘉靖九年，大學士張璁言：「先師祀典有當更正者。叔梁紇乃孔子之父，顏路、曾晳、孔鯉乃顏、曾、子思之父，三子配享廟廷，紇及諸父從祀兩廡，原聖賢之心豈安？請於大成殿後別立室祀叔梁紇，而以顏路、曾晳、孔鯉配之。」帝以爲然。因言：「聖人尊天與尊親同。今籩豆十二，牲用犢，全用祀天儀，亦非正禮。其謚號、章服悉宜改正。」璁緣帝意，言：「孔子宜稱先聖先師，不稱王。祀宇宜稱廟，不稱殿。祀宜用木主，其塑像宜毁。籩豆用十，樂用六佾。配位公侯伯之號宜削，止稱先賢先儒。其從祀申黨、公伯寮、秦冉等十二人宜罷，林放、蘧瑗等六人宜各祀於其鄉，后蒼、王通、歐陽修、胡瑗、蔡元定宜從祀。」帝命禮部會翰林諸臣議。璁因作正孔子廟祀典或問奏之。帝以爲議論詳正，並令禮部集議。

姜氏準東嘉科第年表慎江文徵三十八

未見。

自序：進士科始於隋，雖以言取人，與前代德業、孝廉、中正諸科較實行者不同。然一概以法，而請囑之弊無容焉。因空言而獲實用，視較實行而卒徇空名者，固未知其孰優劣也。矧「敷奏以言」固唐、虞遺法乎。記曰：「或以德舉，或以言揚。」其來舊矣。漢左雄奏諸舉孝廉者，儒生試家法，文吏課箋奏。蓋亦知空名之難憑，用此以窒請囑之門也。空言不猶愈於空名矣乎！至若鄉舉，在宋爲漕試，謂之發解，第階之解送南宫耳，非階之入仕也。不第，令再試；屢舉不第，然後有推恩之典焉。則又賜同進士出身，謂之特奏名，不復繫諸鄉舉矣。元時亦然。至我朝，鄉舉始爲入仕之途，然人才往往繇是而出，則又一代之新制也。夫既試之三場，糊名易書，公較閱之，亦已密矣，復令再試，不已煩乎！是固不若今制之爲善也。唐進士，舊志僅載二人。兹斷自宋始，各以代叙爲名表，而因以歷官綴焉。其顯著者别入人物志，續以我朝鄉舉，各爲名表，一如進士之例。慎江文徵三十八

東嘉諸科年表慎江文徵三十八

未見。

之亦獨難。時人語曰：「焚香取進士，瞋[一]目待明經。」況其他乎？蓋進士詩賦、策論、經義、雜文無一不備，明經則惟帖書、墨義而已，不通則殿，舉之特重，以其甚易也。曰九經、曰五經、曰開元禮、曰三史、曰三禮、曰三傳、曰學究、曰明法。盡然而屢屈於試，憫而收用，則謂之「特奏名」。至有因循不學，祇欲積舉以應令，則又不能無耄鈍之士雜出其間，外是又有賢良方正、經學優深、詳閑吏理三科。元祐立經明行修科。景德天聖之際，復置博通墳、典、明於體用、軍謀宏遠、書判拔萃等科。大觀元年，詔立八行，而制科亦舉罷靡常矣。雖富公諸賢亦階此進，豈能必其名實皆符哉！故三代德行之選，非至治之隆莫能行也。然則陶熔人物，而網羅其材彥，以幹濟一世之事，我朝之制，固自足以得士。惟得人以行之則善矣，惡在廣開倖途也。慎江文徵三十八

自序：宋以科舉取士，有進士、有諸科、有武舉、又有制科、童子。惟進士爲極重，而試

國朝

余氏國光選舉彙考嘉慶瑞安縣志九

〔一〕「瞋」，底本依慎江文徵作「嗔」，徑改。

佚。

右典禮

宋

彭氏仲剛須知三卷。陳耆卿嘉定赤城志十一

佚。

嘉定赤城志十一：縣令題名：臨海縣，淳熙四年，彭仲剛，治聲甚著。人謂可以繼顏度。按：顏度以乾道元年知臨海，有異政，亦見陳志同卷。著須知三卷，廣諭俗五篇。

案：彭提舉仲剛，萬曆温州府志宦業傳、雍正浙江通志循吏傳、乾隆平陽縣志宦績傳並有傳。所著須知三〔一〕卷，見陳篔窗赤城志，不詳其著書之旨。據晦庵大全集八十四彭監丞集跋云：詳二十〔二〕卷「以按事至台，聞臨海士民稱彭君之政不容口。既又得其所爲户口財賦之書讀之，益知彭君之志，不但爲百里規模而已也。」然則篔窗所稱，殆即朱子所見

〔一〕「三」，底本誤作「二」，徑改。

〔二〕「二十」，底本誤作「十六」，徑改。

户口財賦之書，以其爲邦計所關，郡縣守令所宜知，故題曰須知也。

明

王氏珽洲課條例千頃堂書目九作「蘆政條例」，今從四庫全書總目八十四。一卷。四庫全書總目八十四、千頃堂書目九。

未見。

四庫全書總目八十四：洲課條例一卷，兩淮鹽政採進本。明王珽撰。珽，始末未詳。其作此書時，則官南京工部營繕司員外郎也。明代自鎮江至九江，沿江洲課皆隸南京工部。後以其有影射吞占之弊，復設官以董之。明史食貨志未詳其法，蓋以其併入地糧内也。是編乃嘉靖中，珽爲督理時所輯。首載敕諭及課銀數目取用條例；次載準奏事例八條、部司酌議事宜九條，可以考見一時之制。千頃堂書目載蘆政條例一卷，不著撰人，注曰「嘉靖己酉南京工部營繕司主事惠安莊朝賓序刊」。此書有朝賓序，與黄虞稷所載合。殆即一書面異名，蓋「洲課」即「蘆政」也。

東甌詩存二十：王珽，字中白，瓚子，官工部郎中。

右邦計

宋

薛氏季宣漢兵制萬曆温州府志十七

佚。

陳氏傅良歷代兵制

八卷。四庫全書總目八十二、千頃堂書目十三、宋史藝文志補並作「六卷」。

存。張海鵬刊墨海金壺本、錢熙祚刊守山閣叢書本、莊肇麟刊長恩〔一〕書室叢書本。

千頃堂書目十三：陳傅良歷代兵制六卷，一作「八卷」。宋史藝文志補同。

四庫全書總目八十二：歷代兵制八卷，浙江范懋柱家天一閣藏本。宋陳傅良撰。傅良有春秋傳，已著録。是書上溯成周鄉遂之法，及春秋、秦、漢、唐以來歷代兵制之得失，於宋代言之尤詳。如太祖躬定軍制，親衛殿禁，戍守更疊，京師府畿，内外相維，發兵轉餉捕盜之制，皆能撮舉其大旨。其總論之中，謂「祖宗時兵雖少而至精，逮咸平後，邊境之兵增至六

〔一〕「恩」，底本誤作「安」，徑改。

十萬。皇祐初，兵已一百四十一萬，謂之兵而不知戰。給漕輓、服工役、繕河防、供寢廟、養國馬者皆兵也，疲老而坐食，前世之兵未有猥多如今日者。總户口歲入之數，而以百萬之兵計之，無慮十户而資一廂兵，十萬而給一散卒。其兵職衛士之給又浮費數倍，何得而不大蹙」云云，其言至爲深切。蓋傅良當南宋之時，目睹主弱兵驕之害，故著爲是書，追言致弊之本，可謂切於時務者矣。

案：歷代兵制，蔡幼學止齋行狀不載，惟曹叔遠止齋集序載：「止齋著述未脱稿者有周漢以來兵制。」當即此書。今所見常熟張氏、金山錢氏、新昌莊氏諸刊本，前後均無序跋。第一卷周至秦兵制，第二卷兩漢兵制，第三卷三國晉兵制，第四卷南朝兵制，第五卷北朝兵制，第六卷唐兵制，第七卷五代兵制，第八卷宋兵制。並鈎鉅史志，條舉件繫，間附平議，尤爲通博。大旨謂成周鄉遂及唐初府兵之制爲最善，次則諸葛亮治蜀、王猛治秦、蘇綽輔宇文泰治魏，其立制亦尚近古，故詳臚規制，用資參覈。其兵制之不善者，則秦、新以兵多而驟亡，東漢以兵少而不振，唐之中葉府兵壞而藩鎮宦官之禍並興，亦皆深原覆敗之所由以垂炯鑒。至其言宋代兵制，則極論南渡之後兵多財匱之患，而以祖宗之時兵少而精爲不可及，信乎有用之言也。其第三卷三國兵制，後附八陣圖贊，乃薛艮齋作。今見浪語集卷三十二。疑止齋或嘗録其稿，後門人編次此書，誤以爲止齋自作，遂一并録入耳。

又案：宋史藝文志六載陳傅良漢兵制一卷，而歷代兵制則不著録，蓋作史者偶見兵制殘本，未及詳考耳。非止齋别有漢兵制一書也。舊府、縣志以漢兵制與歷代兵制並録，殊誤，今删之。

錢氏文子補漢兵志直齋書録解題十二、文獻通考二百二十一作「補漢兵制」，誤，今從宋史藝文志六。一卷。直齋書録解題十二、文獻通考二百二十一、宋史藝文志六、四庫全書總日八十二。

存。乾隆己丑盛百二刊本、鮑氏知不足齋叢書本。

漢兵志，永嘉白石先生往爲大都授時所著。予少小執經師從，曾備討閲，因獲聞纂集之大旨。初，藝祖開基，次第剗削五代僭僞，收其精兵聚於京師，天下既平，而已聚之兵不可復散，遂定都汴京以便漕運，始倚兵以固國，而不及天下之形勢。嘗自歎曰：「不出百年，天下民力殫矣。」固已逆知後世以兵爲病也，然當時徒見兵聚而精，不知其後兵聚而不可復用。蓋自太宗既平太原，欲遂取幽、燕而不克，自是歲有契丹之擾。澶淵之役僅能罷兵爲和，而西夏之叛終莫得其要領。尋至永樂之衄，極爲中原之變，所在戰卒望風奔潰，訖未聞一戰之獲。渡江以來，稍自振刷，和議既成，尋復廢弛。數十年來，天下無事，衣糧犒賞不可少殺，生息長養，而貪將黠吏得以浸容其奸。故老弱者難汰，虚籍者難覈。安坐無事則驕，驕則難用；久聚而法弛則悍，悍則難制。生息繁而衣給有限則貧，貧則思亂，征行調發之日稀，不閑臨陣決戰之術則怯，怯則棄甲曳兵而走。今自京師禁衛，江上諸屯，諸州廂禁，邊上戍守，往往以百萬爲額，而未嘗可用也。夫以天下不及承平之半，而養百萬無用之卒，凡今天下嗷嗷，行一切之術，網羅天下之遺利以竭生民之力。而楮幣茶鹽之法日益敝壞，皆爲此也。抑可久而不知變乎？於虖！此先生所以拳拳有意於漢家之遺制也。謹按漢制調民有限，無常役之歲，則與今日老弱虚籍者異。按：補兵制，首當知用民之目，蓋漢法：民二十始傅。二十三爲正卒，五十六免，通爲三十六年。自始傅爲更卒，歲一月，止於三十有六月，即今廂軍備廝役者是；爲衛士止一歲，即今禁衛扈從者是；爲材官騎士止一歲，即今禁軍備戰守者是；戍邊三日，即今更遣戍卒者是。漢之用民，止此四條。夫以民之爲生，除其少與老，中間三十有六年之間，藉其强壯之日而用之，又不過兩歲。及三十有六月，加以戍邊，通爲五歲有三日耳。其勢老弱虚籍自無所容於其間，夫兵不常役，則佚而不怨。在官之日少，則有餘力而不疲。故漢兵所向未嘗敗衄，横行於四夷，而匈奴卒於摧敗破滅，款塞奉國珍來朝闕下，近古未嘗有也。其與今日常有四夷之憂異矣走露風。案：此陳氏自注，今並録之。當知「知」字，李本無，鮑本有。夏炘景紫堂文集七書陳元粹補漢兵志序後云：謂漢之用兵除其少與老，中間三十六年之間，自始傅爲更卒，歲一月，止於三十有六月，則不然。案：原書云：「漢法民二十始傅，自始傅爲更卒，歲一月，正卒爲衛士一歲，材官騎士一歲。董仲舒曰：秦法：月爲更卒已復爲正，漢興循而未改。」是二十三歲後應爲材官騎士者，謂之正卒，一生當役兩歲耳。其自二十始傅，至二十三爲更卒時，此三年中每年當役一月，所謂月爲更卒也。陳氏三十六月之説，倍其師説。有事檄召，事已罷歸，無聚食之費，則與今日竭民力以養兵者異。按：高帝十年征陳豨，上曰：「吾以羽檄徵天下兵，未有至者。」是年淮南王布反，檄諸侯兵，上自將以擊布。孝武云：「吾初即位，不欲出虎符發兵郡國。」齊哀王謀發兵，中尉魏勃給召平曰：「王欲發兵，非有漢虎符驗也。」高帝紀：「五年夏五月，既誅項羽，兵皆罷歸家。」則知漢法兵皆散於郡國，有事則以虎符檄召而用之。事已皆罷歸家，無復養兵之費矣。衣齎自備，無供億之勞，則與今日春秋衣賜不時激李本作「邀」。賞者異。按賈誼傳曰：「漢淮南吏民，繇役往來長安者，自悉而補。中道衣敝，錢用諸費稱此。」貨殖傳曰：「長安中列侯封君，行從軍旅，齎貸子錢家。」則知漢兵雖以征行調發，衣齎猶自備，而況無事而歲科和買，供給春秋二衣乎？賈誼傳「傳」字，李本無，鮑本有。近地調發，無遠征之勞；不立素將，無擁兵專制之虞。按唐杜佑通典云：「兵制可採，唯有漢氏。或有四夷侵軼，則從中命將，發五營騎士，六郡良家，貳師樓船，伏波下瀨，咸因事立稱，畢事則省。雖衛、霍勳高績重，身奉朝請，兵皆散歸。」都試課殿最，無驕蹇難用之患。故自文帝李本作「漢文」。以來，與民休息，經常不耗，則減田租，弛山澤。文帝二年，賜天下民田租之半。十三年除田租税。後元六年，弛山澤。尋至太倉之粟，陳陳相因，都内之錢，貫朽而不可校，皆不養兵之效也。誠使稍取漢制，斟酌劑量，參而行於今日，以救其極敝，不十年間，國力可紓，民力可裕，其效猶指諸掌，夫亦何憚而不爲？嗟夫！先生乃老矣，方力疾匄休，築室深山中，尚羊物外，以書史泉石自娛，將終身焉，此志邈矣。顧每以予講肄滋久，謦策蘊奥，粗可與語理道者，其素相期待者遠矣。然予亦偃蹇半世，安於靜退，未嘗出位而思，豈敢輒言兵事，而先生憂國之心，與所著書，要不可不與有志於斯世者共之也。雖然，其事大體重，關繫宏遠，要在成順致利，不駭民聽。其條目次第，固非一端。初，先生更欲編次漢調兵弛役、尺藉伍符、金鼓旗幟及凡兵間調度别爲一書，未果。蓋漢兵最近古，其規模尤精密，而史闕其文，姑採摭群書，先志李本作「誌」。其大節，而其纖悉未能盡載此書也。先生名文子，字文季，世居樂邑白石山下，因自號李本此下有「曰」字。白石山人云。嘉定甲戌謹序。門人奉議郎知江州瑞昌縣主管勸農營田公事兼買納茶場陳元粹撰。

白石先生補兵志，大抵喜漢法之近古，傷後世養兵之費廣、擁兵之權專也。余曩從先生游，得見此書，即手鈔爲家藏，且以訓族里，思與好學之士共之。忽得刊本於同門友瑞昌陳令君，則知令君之志與余同，能以先生之書傳諸遠，於天下後世經生學士尤有補云。嘉定乙亥端午日，門人奉議郎權淮南路轉運判官兼淮南東路提點刑獄公事、池陽王大昌書。大昌於是年九月鋟板漕廨，益廣其傳。

宋懲五代之弊，收天下甲兵悉萃京師，名曰「禁軍」。開寶入籍十九萬三千，不爲不多矣。至道增至三十五萬八千，天禧增至四十三萬一千，慶曆增至八十二萬六千，治平以降迄於元豐，稍爲裁減，尚六十餘萬。徽宗將一童貫，而禁軍闕額二十四萬，靖康之禍，按籍止存三萬人而已，無一夫可驅之戰者，遂以不支；高宗將一張浚，富平、符離之敗，棄師累十萬，乃莫有正其罪者，尚可言兵事乎？欒清錢文子，見南渡兵食之冗濫也，以漢制不失寓兵於農遺意，而班史無志，因以補之。書僅一卷，言近而旨遠，辭約而義該，此非曝書亭集四十五，此下有「低頭拱手」四字。高談性命之學者所能括也。文子字文季，紹熙三年由上舍釋褐出身，以吏部員外郎兼國史院編修官，歷宗正少卿。退居白石山下，自號白石山人。故所輯詩傳及是編皆以白石著録，不知者疑是姜夔書，誤矣。卷首有陳元粹序，後有王大昌跋，皆其弟子。跋稱嘉定中鋟板於淮南漕廨。予所鈔者虞山錢曾藏本也。秀水朱彝尊識。

宋錢氏補漢兵志，與熊氏補後漢書年表，皆有功於班、范，所宜附刻正史者也。而馬貴與經籍考，列錢氏書於諸子兵家之中，又「志」作「制」，蓋據書録解題採取，實未見其書耳。予所藏即竹垞先生所鈔虞山錢氏本，亥豕之誤不一而足。益都李子南澗、淄川高子木欣有嗜古癖，遞爲校勘，尚欲訪求熊方年表，不可急得。恐此隻本易失，先以鋟板。予感二子稽古之勤，立心之遠也，爲附數語於後，至作者本意，前人已詳，不復贅云。乾隆三十四年己丑五月，秀水盛百二識。盛〔一〕本卷末跋

〔一〕「盛」，底本誤作「李」，徑改。

右補漢兵志一卷，宋樂清錢文子撰，門人陳元粹爲之注，蓋以補班史之闕，而實有慨於南渡後兵食冗濫，思復漢制以救其弊，其憂國之心深矣。當嘉定甲戌乙亥間，瑞昌淮南一再版行，閱世〔一〕既深，流傳漸寡。予以重值購於吴江沈氏，反覆班、范二書，詳加讎比，正訛補闕，頗於陳注有小補焉，鋟梓家塾，再廣其傳。考直齋書録解題，建安王王合器之，亦有兩漢兵志一卷，又吕夏卿修唐史，别著兵志三篇，戒其子弟勿妄傳，吾家吏部好藏書，就其家苦求得之。著録晁氏讀書志，惜未得與此書並行耳。先生字文季，號白石山人，歷官始末，詳具竹垞先生跋中，録次左方，不更贅云。乾隆己亥十月既望，得閒居士鮑廷博識。鮑本卷末跋

夏炘跋：補漢兵志一卷，宋錢氏文子所著也。考博而文簡，辭約而旨賅，反覆於兩漢兵志之源流，而不言所以著書之意。其門人陳元粹作序，述其師纂集之大旨，因南宋養兵太多而國用虚耗，於是溯源漢制，見古者寓兵於農之意猶存，錢氏之用心可謂苦矣。考漢初兵皆更代，無久屯之制，武帝時始有屯兵，與宋世無異。然武帝增七校尉，一校尉所領兵，多者千餘人，合七校尉不滿萬人，較宋慶曆之間增至八十二萬四千者，猶太倉之一粟

〔一〕「世」，底本脱，據鮑跋補。

矣，宜錢氏有味乎其言之也。錢氏官止少卿，力疾丐休，養疴於白石山中，而立說著書，不忘國家如此，豈世俗訓詁辭章之學所可同日語哉！景紫堂文集七

四庫全書總目八十二：補漢兵志一卷，浙江巡撫採進本。宋錢文子撰。文子字文季，樂清人。紹熙三年由上舍釋褐出身，以吏部員外郎兼國史院編修官，歷宗正少卿。後退居白石山下，自號「白石山人」。宋初懲五代之弊，收天下甲兵悉萃京師，謂之禁軍，輾轉增益至於八十餘萬，而虛名冒濫，實無可用之兵。南渡以後，倉皇補苴，招聚彌多，而冗費亦彌甚。文子以漢承三代之後，去古未遠，猶有寓兵於農之意，而班史無志，因摭其本紀、列傳及諸志之中載及兵制者，裒而編之，附以考證論斷以成此書。卷首有其門人陳元粹序，述其作書之意甚詳。蓋爲宋事立議，非爲漢書補亡也。朱彝尊跋稱其言近而旨遠，詞約而義該，非低頭拱手高談性命之學者所能。然兵農既分以後，其勢不可復合。必欲强復古制，不約以軍律則兵不足恃，必約以軍律則兵未練而農先擾。故三代以下，但可以屯種之法寓農於兵，不能以井田之制寓兵於農。文子所論，所謂言之則成理而試之則不可行者。即以宋事而論，數十萬之衆久已仰食於官，如一旦汰之歸農，勢不能靖，惟有聚爲賊盜耳。如以漸而損之，則兵未能遽化爲農，農又未能遽化爲兵，倉卒有事，何以禦之？此又明知其弊而不能驟革者也。以所論切中宋制之弊，而又可補漢志之闕，故仍録之以備參考。

文獻通考載此書作補漢兵制，與此本不同。然文子明言班書無兵志，則作補兵志審矣，通考蓋傳寫訛也。

王鳴盛十七史商榷十一：補漢兵志一卷，宋宗正少卿、樂清錢文子文季撰。門人奉議郎知江州瑞昌縣主管勸農營田公事陳元粹序。近日盛百二、李文藻刻之。班氏於刑志中帶叙兵事，草草數語，全不詳備。文子生千載之下，亦不過從漢書中紬繹而得。假令班氏欲志其詳，何難委曲如繪，惜乎略之。唐兵制之善與漢同，但其後内爲宦官所竊，外爲方鎮所據，初制固不然，惜史亦略也。宋廂軍、禁軍，何嘗不仿漢、唐，惟養兵冗濫，漢、唐所無耳。文子考古以諷時，有心哉！

案：補漢兵志，錢白石采兩漢兵制散見於史記、前、後兩書及漢官儀諸書者爲之。每條之下各采所據之書以爲之注。鮑廷博跋指爲陳注，非也。陳元粹叙雖有注，然志注實白石自作。叙述詳雅，注中援證尤博。如「五大夫復家」條，據漢書食貨志晁錯奏云：「令民入粟受爵至五大夫以上，迺復一人。」謂鄭康成注周禮「卿大夫貴者皆舍」云：「若今宗室關内侯皆復。」爲後漢改法：爵二十級至關内侯乃復。據胡建傳：北軍有監軍御史，又劉屈氂傳：戾太子召監北軍使者任安發北軍兵，謂監北軍使者與監軍御史職號略同，爲天漢以後更名。「北軍正、正丞掌軍法」條注，據史記司馬穰苴傳：「監軍莊賈後至，穰苴召軍正問曰：軍法，期而後至者云何？」證軍正爲古官主軍法者。「武帝置七校」條，引晉灼説：「百官表凡八校尉，云七校者，胡騎不常置。」駁之云：「胡騎自武宣後屢見諸傳，至光武始並長水，豈得不在數中？所謂七校者，蓋中壘系北軍，非武帝初置，自屯騎以下爲七校也。」其考證精核多類此，非徒排比舊文，掇拾亡逸而已。其書宋時永嘉陳元粹刻於瑞昌，池陽王大昌復刻於淮南漕廨，二人皆白石弟子。此書卷首有綱目二頁，即元粹所補也。

明〔一〕

項氏喬福建屯誌一卷。乾隆永嘉縣志二十三

佚。

乾隆永嘉縣志二十三：項喬福建屯誌一卷，嘉靖戊申纂，時官按察司僉事。

王氏叔果京營紀半山藏稿

〔一〕「明」，底本脱，據體例補。

佚。

自序：我國家兵制，自太祖高皇帝膺天眷命以肇造於前，成祖文皇帝定鼎燕都以纘承於後。二聖繼作，憲古立法，黄虞以降，稱兵制之善者莫加焉。其在京師，初立五軍營，繼立三千營、神機營，爲三大營。時元戎宿將雲合影從，勁卒健馬星屯蝟集，蓋不可以億萬計。嗣是重熙累洽，海内銷兵，尺籍雖存，營伍漸減。景泰年間，三營不可用矣，遂選爲十二團營。團營不可用矣，又選爲兩官廳。日改歲易，弊端百出。我皇上應運中興，念京營之極弊，虞醜虜之方張，爰咨舊典，大奮乾綱，上復二祖三營之舊，兼用周人六師之規，欽定三營，分設諸將，統兵之外加以備兵，往所謂十二團營兩官廳與各哨掖煩瑣名目，盡行罷革，百餘年之叢奸積蠹一時頓清。將有定員，軍有定數，操練有法，征調有期，大聖人之制作可傳萬年，以爲久安長治之策者也。顧十餘年間，因時損益，稍有不同，恐將來建議靡察根要，或致紛更，有失聖明初意，臣謹備考國初以來兵制之詳，及我皇上欽定三營之制，編勒成書，以備一代之典章，爲萬世之成憲。嗚呼！書詁戎兵，詩鞠師旅，當陰雨之未形，而綢繆桑土之至計。庶修攘其永賴太平其無疆矣。半山藏稿

王世貞王副憲西華公誌略：始謁選，授兵部職方主事，尋遷其司員外郎，遂遷郎中。有請修戎政志者，例以史官充之。大司馬楊襄毅公請以屬公，書成進之，曰京營紀弇州史料

後集十六

右軍政

明

陳氏璋比部招擬萬曆温州府志十七「擬」作「議」，今從明史藝文志二、千頃堂書目十。二卷。明史藝文志二、千頃堂書目十。佚〔一〕。

道光樂清縣志八：陳璋，登弘治乙丑進士，授刑部主事。曰：「士不讀書謂之廢學，官不讀律謂之曠官。」乃研求法意，至忘寢食，律有疑難，親爲注解，有比部招擬一卷，持法者常師用之。

案：省齋陳侍郎璋，郎中鈍孫〔二〕。萬曆温州府志宦業傳、雍正浙江通志、道光樂清縣志名臣傳並有傳。

右法令

〔一〕臺北傅斯年圖書館藏明鈔本，國家圖書館藏民國二十四年上海大東書局石印本。

〔二〕據陳氏家譜，璋爲鈍曾孫，作「孫」誤。

考工無

目録類

明

佚。

姜氏準東嘉書目考慎江文徵三十八

自序：古人著書立言，非徒文也。蓋將窮理闡經，於以羽翼大道而矯正支流也。是故文不載道是謂徒作，典籍雖具，胥用無裨，弗貴焉。吾鄉先正，通明理學者莫盛於宋，其發揮理學，撰述成書亦莫盛於宋。沿及昭代，世不乏人，著述之富，郁郁乎埒二酉而軼兩京矣。然而仰屋梁而有作者，慨桓譚之無人；借梨棗而行遠者，恨昭裔之不再。銷於蟲鼠，毁於兵燹，潰腐於風雨之侵淩，棄遺於婦豎之剪裂，名存實喪，百僅二三，殆其然也。夫告朔廢而羊存，夫子猶欲藉存羊以復禮，矧典章殘缺，書目足徵，有如後起之士，循名求書，因書求理，則涉獵荒遠，轉接精魂，俯仰感興於風簷夜案者，未知其淺深也。將謂餼羊非禮之存，而書目非道之寄歟？取舊志之渾列者，析經、子、史、集彙而爲四。或傳其故序，或録其制行，或稽其撰輯顛末，品騭臧否，庸綴諸目之下，其亡可考者缺之，不敢誣也。嗚呼！識道有人，文武不墜，文獻

稱足，夏殷能言是編也，自審於古之作者示今傳後之志庶幾無負矣。慎江文徵三十八

右經籍

金石無

史評類

宋〔一〕

林氏之奇史評萬曆温州府志十七

佚。

案：林教授之奇，與侯官林拙齋同姓名。雍正浙江通志、乾隆温州府志、乾隆平陽縣志文苑傳並有傳。

通鑑集議萬曆温州府志十七。雍正浙江通志二百四十三「議」作「義」。

佚。

〔一〕「宋」，底本脱，據體例補。

薛氏季宣資治通鑑約説陳傅良右奉議郎新權發遣常州薛公行狀

佚。

戴氏溪通鑑筆議萬曆温州府志十七。乾隆永嘉縣志二十三作「通鑑博議」。

佚。

案：岷隱爲詹事，奉景獻太子命講資治通鑑，爲説以進。見宋史本傳。詳卷一易總説下。王霆震古文集成前集所引諸儒評點，有戴溪筆議，蓋即此書也。

陳氏季雅兩漢博議萬曆温州府志十七作「西漢博議」，誤。今從讀書附志上、宋史藝文志二、文獻通考二百。十四卷。宋史藝文志二、文獻通考二百。讀書附志上作「二十卷」。

佚〔一〕。

讀書附志上：兩漢博議二十卷，右陳季雅彦群所撰也。

文獻通考二百：西漢史鈔十七卷、兩漢博議十四卷。中興藝文志：陳傅良撰，指摘精

〔一〕温州市圖書館藏敬鄉樓鈔本，依天一閣藏舊鈔本謄録。敬鄉樓叢書第四輯印本。

要，裨正闕誤。博議陳季雅所撰，關涉尤大。

漢唐論斷 雍正浙江通志二百四十三

佚。

案：陳教授季雅，萬曆温州府志文學傳、雍正浙江通志、乾隆永嘉縣志文苑傳並有傳。

薛氏仲庚續通鑑論 水心文集十二

佚。

東甌詩集四：薛仲庚，字子長，永嘉人，析居瑞安李奥，博學宏辭。

案：薛子長，東甌詩集云：永嘉人，居瑞安。乾隆府志選舉門宋薦舉有薛仲庚，樂清人。萬曆温州府志未注籍貫。乾隆平陽縣志經籍門亦載「續通鑑論」，疑誤。又詩集云「博學宏辭」，考王應麟詞學指南，備載詞科題名，無仲庚名，詩集蓋不足據。子長與陳文節、葉文定〔一〕同時，止齋集三十六有答薛子長書云：「某衰惰，何足與語今古，而左右獨見推遜，以

〔一〕「葉文定」，底本誤作「葉忠定」，據卷二十一注改。

所著南北之際義例爲惠，且下問其然否。老矣，交游彫落，願依文義當爲「顧」，各本並誤。方得三益，豈非天閔其窮，以此厚幸之耶！感激過望，所論晉非南遷，元魏無淩逼中原之暴，而其亡以六鎮。齊、梁、陳之暴興，北齊之後斃，向者亦嘗見此意，往往不能發，今幸筆力先明之，胸中了然，甚盛甚盛！至於君臣譜系，尤足考其細故，不謂晚年得此奇特，宜前輩所歎也。方令兒輩傳寫一本，旦夕即納上。左右議論，誠淵源於正則，要其所到，又有過人者，近宗簡遞示吴門書稿，讀之益爽然自失。徐復自念鄉閭學問，將趨於弊，非時流之過，必得温厚爾雅之言以殿其末，則吾輩皆賴以免，足下其人也。願言勉之，扶此墜緒。」所謂「南北之際義例」，蓋即在續通鑑論之内。又謂「子長議論淵源正則」，考水心集六送薛子長詩，有「薛生靜而敏，器宇絶幼願。能文乃天資，脱穎酬始願」云語，則子長爲水心門人無疑。其議論奇特，蓋得水心之傳者，故止齋推之如此，惜其書竟無傳也。

朱氏黼紀年備遺

一百卷。文獻通考一百九十三、國史經籍志三。

佚。

葉適序：孔子没，統紀之學廢，漢以來經、史、文詞裂而爲三，它小道雜出，不可勝數，殫聰明於微淺，自謂巧智，不足以成德而人材壞矣。王通、二司馬，緝遺緒，綜世變，使君臣德合以起治道，其粗細廣略不同，而問學統紀之辨不可雜也。平陽朱黼，因通鑑、稽古録，章別論著，始堯舜，迄五代，三千餘篇，述吕武、王莽、曹丕、朱温，皆削其紀年以從正統，曰「吾爲書之志也」，書法無大於此矣。報讎明恥，貴夏賤夷其次也。凡民人家國之用，制度等威之異，皆爲説以處之。衆言之淆亂，則折而一之。訛謬之相承，則釐而正之。南北華戎之離合，爭奪之碎，人所厭簡，亦備論之。該括既多而條目衆矣。所以存世次，觀興壞，本經訓，原事實，芟理蕪蔓，顯發精隱，扶樹正義，搜舉墜逸。不以華爲辨，不以意爲覺，無偏駁之説，無新特之論。反而約之，知其能費而隱也；時而措之，知其能曲通考引作「典」。而當也。嗚呼！此豈非學者之所當盡其心歟？何後世用力者之難而成功者之寡也。自董仲舒推明孔氏，猶不能無譏，況馬、鄭、王肅之倫哉！故余於此書竊有歎焉。所謂復而不厭，不知老之將至者，幾是歟？黼字文昭。初，陳公君舉未壯講學，文昭年差次，最先進。及後來取名官，弁冕接踵。而文昭蓬累耕南蕩上，山水疊重，聲跡落落，人不知其能傳陳公之業也。一旦此書出，義理所會，寶藏充斥，遂爲成學，而陳公卒久矣。相與論舊事，追念愴然。然則文昭豈徒以博習自是而已哉？後有欲知陳公者，於此書求之可也。水心文集十二

紀年統紀論 雍正浙江通志二百四十三、乾隆温州府志二十七、乾隆平陽縣志九並無「紀」字，今從直齋書録解題四、文獻通考一百九十三

一卷。直齋書録解題四、文獻通考一百九十三。

佚。

直齋書録解題四：紀年統紀論一卷，永嘉朱黼文昭撰。黼從陳止齋學，嘗著紀聚珍板本誤「記」，今據文獻通考改正。年備遺，起陶唐，終顯德，爲百卷，蓋亦本通鑑、稽古録而擷其中論正統者，爲統紀論。是編葉水心序之。案：此即指紀年備遺序，非水心別序統紀論也。

三國六朝五代紀年總辨

二十八卷〔一〕。四庫全書總目八十九

存。

朱彝尊序：永嘉先生者，宋平陽布衣朱黼文昭也。陳君舉講學東甌，文昭年相差次，

〔一〕南京圖書館藏清鈔本，清丁丙跋，題永嘉先生三國六朝五代總辨，二十八卷，缺卷十七。臺北「中央圖書館」藏清乾隆三十九年江蘇巡撫進呈影宋鈔本，四册。日本靜嘉堂文庫藏明末汲古閣影寫宋刻本。

首著録門下。又與葉正則定交，二公出仕，文昭奉母楊，躬耕南雁蕩山。君舉謂其屢舉不第，而業益修；謝客深居，而士益附。續史家之緒，論撰不休。正則美其有賢母，教以篇章，書成百卷。又言其獨釣孤耘，蜑浦蠻村，蓋遁世之士也。所著紀年備遺百卷，正則作序，謂其本通鑑、稽古録，而以吕雉、王莽、曹丕、武曌、朱温皆削去紀年，義理所會，無偏駁之説，斯長於識者已。今之存者，特三國六朝五代偏安本末二十八卷，目録四卷，開禧丁卯錦溪吴焕然景仲序之，非足本也。當日文昭母楊，年八十有六而終，實教之筆削，見正則輓詩，此彤管所當特書者，而府、縣志不書，於是乎書。曝書亭集三十五

四庫全書總目八十九：三國六朝五代紀年總辨二十八卷，江蘇蔣曾瑩家藏本。不著撰人名氏。惟前有開禧丁卯吴焕然序，稱「魏君仲舉比求到永嘉朱先生三國六朝五代紀年總辨，循通鑑，案前史，而爲之辨論，詞語警拔。侍郎葉公正則亦稱此書事理融會，今昔貫通」云云。案文獻通考載紀年統論一卷、紀年備遺一百卷，永嘉朱黼撰，引陳振孫書録解題，謂其起陶唐，終顯德，與此本不符。又載葉適序，稱其書三千餘篇，述吕武、王莽、曹丕、朱温，皆削其紀年。今此本三國始於漢昭烈帝章武元年，不列曹丕；五代始於唐天祐四年迄十九年，下接後唐同光元年，不列朱温，其例又復相合。考魏仲舉乃建陽書賈，今所傳五百家注韓柳文集即出其家，蓋以刻書射利者。又吴焕然序，首以用兵立言，中復有

「靈旗北指，請君封侯之秋」語。蓋開禧丁卯，正韓侂胄肇釁敗盟之時，時方競講北征，故仲舉於紀年備遺之中，摘刊割據戰伐之二十八卷，以備程試答策之用。觀序末有「上可發前人未盡之藴，下可以爲學者進取之階」語，則書肆之曲投時局以求速售，其大旨了然著矣。卷端冠以三國、兩晉、南北朝、五代世系與地理攻守之圖，又甲子紀元總要一卷，於曹丕、朱温皆紀其年號，與本書乖剌。知亦仲舉所加，非黼之舊也。案平陽縣志：「黼字文昭，隱居南蕩山，終於布衣。嘗受業陳傅良之門。傅良喜議論，有止齋論祖一書，爲當時舉子所重。故黼亦研心史事，以作是編。」其原書雖不可盡睹，然二十八卷之中大抵憤南渡之積弱，違心立論，强作大言。謂南可併北，北不可以併南。侂胄輕舉攻金，浮動者譁然和之，卒召敗衄，未必非黼等偏僻之説有以熒惑衆聽矣。

案：朱處士黼，陳文節公弟子。萬曆温州府志文學傳、乾隆平陽縣志理學傳並有傳。

周氏元龜觀史大議林霽山集五

佚。

胡氏子實習史管見萬曆温州府志十七

佚。

梅氏時舉通鑑新議雍正浙江通志二百四十三、乾隆温州府志二十七。乾隆永嘉縣志二十三「議」作「義」。

佚。

萬曆温州府志十二：梅時舉精於史學，著通鑑新議，剖析精微，多前賢所未發。

案：梅處士時舉，萬曆温州府志文學傳、雍正浙江通志、乾隆永嘉縣志文苑傳並有傳。

何氏務實史議萬曆温州府志十七

佚。

乾隆平陽縣志十三：宋賢良方正科何務實，進史議，凡三伏闕上書。

元

陳氏剛歷代帝王正閏圖説千頃堂書目四、補遼金元藝文志、元史藝文志二。萬曆温州府志十七作「述歷代正閏圖説」，雍正浙江通志二百四十三、乾隆温州府志二十七、乾隆平陽縣志十九〔一〕並作「歷代正閏圖説」。

〔一〕「十九」，底本誤作「九」，徑改。

佚。

國朝

史氏尊朱史論乾隆温州府志二十七

佚。

李氏象坤史逸乾隆温州府志二十七

佚。

朱氏鴻瞻讀史逸評周起辛宣平司訓默齋朱公墓誌銘

佚。

葉氏嘉檎史論賓香山館集十七

未見。

温州經籍志卷十四

子部

儒家類

宋

王氏開祖儒志編宋史藝文志四〔一〕無「編」字，今從四庫全書總目九十一。

一卷。宋史藝文志四〔二〕、四庫全書總目九十一。存。乾隆壬申童基刊本

伯衡年十二三，側聞鄉之達尊言宋時永嘉人物之盛、道術之懿，固莫加于乾淳之際。

〔一〕「四」，底本誤作「三」，據宋史藝文志改。

〔二〕「四」，底本誤作「三」，據宋史藝文志改。

尚論其所由來，實出皇祐賢良王公景山，且盛稱公學術議論文章卓然過人。伯衡私念公之在宋，仕不登于朝，化不行于國，而數百年（蘇平仲集十作「載」）。之下，言濬斯道之源者屬之公焉，必有大過人者矣。自是會永嘉學士大夫，輒從問公遺書，皆以爲高文大册，散落無存，間存一二，（集作「二三」〔一〕）。亦不多見，伯衡未嘗不歎惋久之。茲過永嘉，辱友公九世孫淵，始得見其家藏儒志編若干首，劉屯田、戴惟嶽二墓文。觀是書，雖不能盡知公，因文以求義，因跡以求用，亦足以得其緒餘矣〔二〕。於戲！慶曆之前固有斯人乎？鄉達尊豈歎我〔三〕哉？使假之以年，究極高妙，得志當時，則其道不既昌大矣乎？談者安得謂六經群聖人之道至濂溪、横渠、明道、伊川諸子出而後復明？又安得謂五代文詞之習至歐陽永叔、尹師魯、梅聖俞、蘇子美諸公作而後丕變也？惜乎！公年三十有二（集作「一」）。而遽卒，（集作「瘁」）。庸非天乎！雖然，揚子雲有言：「存則人，亡則書。」而近世胡汲仲又廣之曰：「千古聖賢之道，由斯文〔四〕而知之；後乎千古，亦將由斯文而知今之道。」夫上下千古，其

〔一〕「集作二三」，據蘇平仲文集實作「一二」，此注似當删。
〔二〕「矣」，蘇平仲文集作「已」。
〔三〕「歎我」，蘇平仲文集作「我歎」。
〔四〕「文」，蘇平仲文集作「人」。

人不相及矣。必於其書而知其道焉。則公之遺書何可以不傳也？淵圖重刻以嘉惠承學，不亦宜乎？抑豈不以學術之在一家一邦，不若公之天下也歟？此君子之用心也，伯衡既幸得見，少償素願。又重淵克承家學，無愧爲人後，忘其寡陋，識于篇末而翹翹望焉。洪武庚戌春三月甲子，翰林院國史編修致仕、眉山蘇伯衡識。

士有起于鄒魯不傳之後，濂洛未倡之先，卓有所知而能自立于世者，其豪傑之士矣乎！道之在天下未嘗亡，而託于人者不能不墜，是故因人而覺者易，先民而知者難。昔韓退之著原道，而謂「軻死不得其傳」，程子謂其「非卓然見其所傳者語不及此」，而以「豪傑之士」稱之，然退之不過因文以致道，力求所未至，而有所得焉者也。矧能真見天人性命之理、入道勝復之功，措之言語文字之間，平正精實，先得周子易通之近似，如永嘉先哲王氏景山者，不謂之「豪傑之士」可乎？景山舉進士，以所如者不合，退與其徒講明理學，所著僅存者此編，尤復闕略失次。司教清源諸葛文敏參諸王氏譜諜中，手自校正，間以示予。予謂自孟軻氏之説不傳，儒者之言，大勢凡三變：在戰國之時，秦、漢之間，若孫、吴、蘇、張、范、蔡、荀、列之徒，韓、李、陸、賈、劉、班，下至嚴安、徐樂之輩，不求知道養德以充其内，惟務騁辭炫術以競乎外，君子羞之，然猶皆必先有其實，而後託之于言也；再變而至宋玉、相如、王褒、揚雄之流，則一以浮華爲尚，沿及隋唐，愈衰愈下，徒託空言而無實矣；

三變而唐韓愈氏、宋歐陽氏，先後相望，號于一世，儒者宗之，其言不爲無見，但未免以文章明道裂爲兩物，卒不能復乎古也。五星聚奎，文運天作，濂溪者出，建圖著書，闡發幽秘，即斯人日用常行之際，示學者窮理盡性之歸，上接洙泗，下啟伊洛者，孟氏之後一人而已。景山前此而起，無所觀望倚藉，而能不以近代儒宗之所習者爲師，超然心領神會于千載之上，言皆治國修身之要。見匪扣盤捫燭之爲如斯人者，豈易得哉！其言曰：「孟子以來，道學不明，吾欲述堯舜之道，論文武之治，杜淫邪之路，闢皇極之門。」非有所見而能爲是言哉！所恨在門無高弟，不能使其説行于當時，復壓于程、朱之書，遂不顯于後世。而胤嗣之賢者，又不知珍守其説于家，卒致舛訛晦蝕，幾失其真。撫卷之餘，豈勝感歎！循顧何人？而足爲公輕重哉！竊禄是邦，表章乃職，故不敢不竭此心。敬序諸首，鋟梓以傳，而自不知其爲固陋也。弘治己〔一〕未八月中秋日，新安汪循序。

宋王氏景山先生，永嘉人也。登進士，不樂仕進，隱居東山之麓，聚徒講學，卓然爲甌邦道學開山祖。其著作僅存儒志編一書，私心嚮往，今始得而讀之也。先生旁搜遠紹，以斯道爲己任，其致力也，以復性爲宗，以立誠爲要，躬行實踐，歸于心得，故能舉天人性命

〔一〕「己」，底本誤作「乙」，弘治無乙未，據改。

之旨，剖析精微，如道家常日用事也。先生當洙泗既遥，伊洛未起，墜緒茫茫，江河日下，夫豈樂自尊其説而爲是編耶？抑有不得已于言者耶？蓋自道學失傳，而人心之害至于錮蔽而莫之救也。或以衣食亂其心，或以利害攖其念，擾擾于内，痞痹不能休。至嚮明物接，我心復爲擾擾者引之而去，無所主持，虚靈之體，日就汩没。不至失其本心不止，而惛惛者猶據是爲性之所近。嗚呼！性分中惡有如是之擾攘者爲哉！亦見其惑矣！是學術之憂即世道之憂也。先生有云：「有人焉，中夜息于幽室之中，我心之清明者還矣。孝弟忠信，生于此時。較之孟子『雞鳴平旦』之説者，實相爲表裏。」又云：「君子處則其心安，出則其道尊，無他，不欺而已矣。儒者莫要于不欺其心耳。」不自欺其心，必不忍欺其君父，欺其百姓。一誠所積，物相感而化之。然則是編之闡明道學，關乎世道人心者豈淺鮮哉！先生資警而養粹，德充而道光，使天假之年，何難參伊洛諸君之座，論者似不能無憾。然學者守其一二語，可終身行之不盡，先生不朽之業不具在是乎哉！是編也，覓諸藏書之家無有存者，郡庠黄生之升偶得之農家，服膺弗失。郡司訓童君基爲捐清俸，重鐫以壽諸世，其篤于嗜古有足尚者，用是不辭固陋而爲之跋。乾隆十七年歲次壬申清和之望，前温州守、後學金洪銓拜手題。乾隆重刊本跋

宗案：四庫全書提要，儒志編與唐仲蒙子、素履子、宋家範、帝學諸書並列儒家。案

云：以上諸儒皆在濂洛未出以前，其學主於修己治人，無所謂理氣心性之微妙也。其説不過誦法聖人，未嘗别尊一先生號召天下也，併録之以見儒家之初軌焉。簡明目録亦稱其持論篤實。竊謂周程而後，言理學者大抵率雜以禪學，甚至朱陸互爭，糾紛不已。是編不啟斯弊，或疑其入理不深，正其去道未遠也。雖所言無多，不迥出語録、語類等上哉！板舊藏府學廨，爲校補其缺頁，繫以目次，并跋而存之。咸豐元年辛亥上元日，秀水金衍宗謹識。咸豐重修本跋

許及之叙：賢良王景山儒志編一卷，先生名開祖，字景山，永嘉人。少藴閎博有大志。皇祐初，以所業進，召試至京。以後時而歸，築室城東隅，盡焚舊作，絶意進取。日與門弟子論道考德爲事，多所著述，書成終不肯出。獨儒志一書，爲門弟子默記，轉相授受。故永嘉之學，言宗師者首王賢良焉。惜其書所傳未廣，某每介介，近得番易洪公紫微本〔一〕，與某所藏互異，乃移札友人新喻王欽若子善，裒鄉中所藏數本，參加訂正，刊之臨江郡庠。因謂誦詩讀書，當知其人，不但識姓名而已也。揚子雲作太玄擬易，自謂「後世復有子雲必好之」。子雲之書，要不必謂其似易，即使稍不戾于易，天下後世皆子雲也。豈必有子

〔一〕「本」，底本原依慎江文徵無，據文義補。

雲者出，獨得而好之耶？孰復是書，立言衛道，大抵似孟子，先生若有心者。夫閉門造車，天下合轍，苟於道無悖，雖百世俟聖人可也。否則子誠齊人之譏，予豈得而辭哉！慎江文徵三十一。舊刊本無此叙，今補録於此。

張振夔題後：余讀儒志編既卒業，始省智之於賢者，聖人之於天道，信乎其有命也。當宋慶曆間，伊洛未作，吾甌有景山王先生，先於僻壤，而能心領神會，於聖賢之學，奮然以復性爲宗。雖所著僅遺一編，其中昌明宗旨似不及伊洛之奥衍，然其論學無過高之言，論政無過迂之談，論人無過刻之求，固醇乎其醇者也。惜其短命與復聖同，因喟然而思孟子之言，以爲智之於賢者或充實而未光輝，聖之於天道或一間而未達，兩者皆有自然之功候，不可以智力究竟，而此身忽焉以逝，豈非命哉！昔陳待制撰學業傳，謂是編最末章，則有「孟子以來道學不明。吾欲述堯舜之道，論文武之治，杜淫邪之路，闢皇極之門，吾畏諸天者也。吾何敢已哉！」其自負如是。今童司訓鐫本，其末章乃莊周之爲道，而此缺焉不載，是首尾未完備也。又按金太守跋亦云：「是編覓諸諸藏書家無有存者，黄茂才之升偶得之農家。」知其晦蝕於覆瓿之間久矣。夫以先生之夙慧，具兼人之進取，自弱冠發明經藴，已歸於實踐自省。使天假之年，積其仰高鑽堅之力，裕以瞬存息養之功，雖周、程、張、朱奚讓焉！乃卒年三十二，所著之書，又闕略失次。自前明蘇伯衡、諸葛文敏等，先後訪諸王氏家藏，參以譜牒，猶脱略若是。暨今七百有餘歲，欲尋墜緒之茫茫，難已！雖然，學者但因今之所存，求其昔之所爲教，果得其一二言以自課，將終身行之，尚有未盡，亦何庸過求備也。予竊怪夫世之干求仕進者，其形質之堅强過先生遠甚。幸而富貴遂其欲，且享高年至耄耋，君子固以爲有命。然一旦溘然以殁，易世之後，鄉人無復舉其姓氏。而先生以弱脆之質，方壯遂殞，歷今七百餘載，猶儼然在人耳目間者，豈非富貴壽考，極其耳目口鼻四肢之奉，不過百年銷滅無存，若復性立誠，一時縱限於修短之命，而性理之所潛孚默感者愈遠而彌芳，如先生者宜乎君子不謂之命也。顧予猶殷殷然歎之者，徒以吾甌有先生其人，當道學晦塞之時，獨能唱爲此編，爲周、程、張、朱嚆矢，而今甌之儒者罕能聞知而興起焉。此則予所爲低徊慨歎，而不能自已者矣。介軒文鈔八

四庫全書總目九十一：儒志編一卷，浙江巡撫採進本。宋王開祖撰。開祖字景山，永嘉人。皇祐五年進士，試秘書省校書郎，佐處州麗水縣。既而退居郡城東山，設塾授徒，年僅三十二而卒。其著作亦多湮没。是編乃爲講學之語，舊無刊本，據其原序，乃明王循〔一〕守永嘉時案：循乃知縣，見乾隆温州府志十七，此云守誤。始爲蒐訪遺佚，編輯成帙。因當時有「儒志

〔一〕「汪循」，四庫全書誤爲「王循」，孫氏糾誤未盡也。

先生」之稱，故題曰儒志編。然考宋史藝文志儒家類中，有王開祖儒志一卷，則非循之所輯，或原本殘闕，循爲釐訂而刻之歟？其書久湮復出，真僞雖不可考，然當時濂洛之説猶未大盛，講學者各尊所聞。孫復號爲名儒，而尊重揚雄爲模範。司馬光三朝耆宿，亦疑孟子而重揚雄。開祖獨不涉歧趨，相與講明孔孟之道。雖其説輾轉流傳，未必無所附益，而風微人往，越數百年，官是土者猶爲掇拾其殘帙，要必有所受之，固異乎王通中説出於子孫之夸飾者矣。循字進之，休寧人。弘治丙辰進士，官至順天府通判。所著有仁峰集，今未見傳本，不知存佚，惟此書尚行於世云。

浙江採集遺書總録己集：儒志編一卷，刊本。右宋秘書省校書郎永嘉王開祖撰。按：開祖皇祐中進士，卒時年三十二，學者稱儒志先生。此書載宋藝文志。

陳謙儒志先生學業傳：皇祐賢良儒志先生王景山，諱開祖，皇祐五年，中第三甲進士第。皤然不調而歸，盡焚舊作，縱觀經史百家之書，考别差殊，與學者共講之，席下常數百人，尊之曰儒志先生。未幾而卒，年三十二。其所著書多不出，惟儒志一編，門弟子傳習。今其書首章言「復者性之宅，無妄者誠之原。」又曰：「學者離性而言情，奚情之不惡。」又曰：「使孔子用於當時，六經之道不若今之著矣。」旨意若此者衆，君子評其爲知德之奥。最末章曰：「由孟子以來，道學不明。吾欲述堯舜之道，論文武之治，杜淫邪之路，闢皇極之門，吾畏諸天者也。吾何敢已哉！」是其自負豈淺淺哉！當慶曆皇祐間，宋興未百年，經術道微，伊洛先生未作，景山獨能研精覃思，發明經藴，倡鳴「道學」二字，著之話言，此永嘉理學開山祖也，不幸有則亡之歎。後四十餘年，伊洛儒宗始出，從游諸公還鄉轉相授受，理學益行，而濫觴亦有自焉。本書附録

項喬甌東私録五：吾鄉王景山倡道學于伊洛未出之先，其儒志所編，類先得伊洛肯綮，後來鄉人游程門有元豐九先生，游朱門有慶元六君子，實景山氏啟之，今皆祀于鹿城書院。

案：儒志王秘校開祖，萬曆温州府志理學傳、雍正浙江通志、乾隆永嘉縣志儒林傳並有傳。儒志編今本總一百十條，乾隆間教授童基刊本，附劉屯田、戴惟岳墓誌兩篇。基識其後云：「右墓誌二篇，不載弘治刻本，基從其裔孫永邑廩生王應銓所藏家譜見之，云淳祐間，東甌文學天台陳雷、三山周俌兩先生，刻儒志編于學宫，獲先生所著戴、劉二墓誌，咸附篇末，基故仍之」云云。是此書宋末刊本即附此二志，故蘇跋亦及之。但不知許涉齋臨江郡庠刊本何如耳？至陳傳所載此書末章，今本無之，則弘治重刊時，已闕略失次，故不無佚脱也。此書闡明義理，醇正精切，頗近法言、申鑒，至每條之末，多引詩以暢其旨，又與説苑、新序相似。惟其説經頗多新説，如謂「詩『匪直也人，秉心塞淵，騋牝三千。』

匪直，不正也。塞淵者，不達乎禮也。天子之馬三千，備國用也，而諸侯有之，自僭也。」爲不與齊桓。又「『古公亶父，來朝走馬。』來朝者，是請命而來。」爲太王遷岐必請命于天子。皆與漢、唐舊詁迥異。又謂周禮不禁奔者，及復讎非「周公之心」。繫辭「河出圖，洛出書，聖人則之，幽贊神明而生蓍」，非「聖人之言」。若此諸條，立論未免太奇，然以視王充之問孔、刺孟，則固不侔矣。

許氏景亮治說乾隆温州府志二十作「治統」誤，今從浮沚集七。

二十篇。浮沚集七

佚。

周行己許少明墓誌銘：先生凡三上禮部，而名不登于仕籍，顧且老矣。無以行其義，爲治說二十篇，奏闕下，皆當世之要務。久之不報，浩浩然有歸志，曰：「君臣之義，不可廢也。遇不遇命也。」遂卜居邑之東山，躬耕晦跡，不復進取。浮沚集七

案：許處士景亮，忠簡公景衡兄。萬曆温州府志、嘉慶瑞安縣志隱逸傳並有傳。

劉氏安節伊川先生語録

一卷。二程遺書十八

存。二程遺書本

予官吉之永豐簿，沿檄至臨川，見劉元承之子縣丞誠。家大人曰：「劉元承之子，名誠，見許橫塘十九劉公宣義墓誌及劉左史集卷末横塘所爲元承墓誌。」此作「誠」誤。〔一〕問其父所録伊川先生語石門吕氏刊本作「説」，今依元至治刊本。蒙示以元承手編，伏讀歎仰，因乞傳以歸。建炎元年十月晦日，庵山陳淵謹書。二程遺書十八

朱子河南程氏遺書目録：伊川先生語四，劉元承手編。劉安節字元承，永嘉人。所記元祐五年遭喪後，紹聖四年遷謫前事。延平陳淵幾叟得之於元承之子，有題誌在後。二程遺書卷首

謝上蔡語録下：昔從明道伊川學者，多有語録，二劉各録得數册。

高閌伊洛辨：伊川先生議論不事文采，豈有意于傳遠哉！然猶班班可考者，以有劉元承之徒口爲傳授故也。劉左史集附録

案：劉左史安節，伊川程子弟子，萬曆温州府志理學傳、雍正浙江通志、乾隆永嘉縣志

〔一〕此注底本删，據校勘記補。

儒林傳並有傳。所録伊川語，朱子編入二程遺書卷十八，世無單行本。故宋以來書目及地志皆不載其目，今據遺書補入。

又案：二程遺書目録第十七卷，伊川先生語三，注云：「本無篇名，不知何人所記。」或曰「永嘉周行己恭叔」，或曰「永嘉劉安節元承」，或云「關中學者所記」，皆不能明也。蓋此篇之出於周、劉兩先生，本屬傳聞之詞，朱子亦不能定也。今不録其目而附識於此，以備參考。

佚。

鮑氏若雨程門問答録世善堂藏書目録上

朱子伊洛淵源録十四：鮑商霖名若雨，永嘉人，有答問數條，及録伊川語一卷，今見文集遺書。

河南程氏遺書目録：伊川先生語九，鮑若雨録。永嘉人，字汝霖，一云商霖。二程遺書卷首

萬姓統譜八十四：鮑若雨從伊川程先生學，有問答六章。

案：敬亭鮑先生若雨，伊川程子弟子，萬曆温州府志理學傳、雍正浙江通志、乾隆永嘉縣志儒林傳並有傳。所著程門問答録，明時尚存，今則不復有傳本矣。然伊川文集五，載有答鮑若雨書，并答問六條，而鮑氏所録伊川語一卷，朱子亦收入二程遺書卷二十三，問

答録雖不可見，想所載者亦不過如是耳。此鄭漁仲所謂「書名亡而實不亡」者也。

又案：河南程氏文集五〔一〕所載伊川答鮑若雨書，後具載答問之語，今并録于此以見其概。商霖書云：「疑難六，謹寫拜呈，伏乞詳賜指諭。若雨拜覆。」問：「佛氏輪回之説，凡爲善者死則復生爲善人，爲惡者死則變而爲禽獸之類。雖無此實應，竊恐有此理。何則？凡稟沖氣以生者未始不同。聖人先得人之所同者而踐履之，故能保全太和。至死其氣冥會於中和之所，造化之中，自然有復生爲人之理；愚者平居作惡，而沖氣已喪。至死其氣則會於繆戾之所，造化之中，自然有爲禽獸之理。故曰恐有此理也。」答：「夫子曰：『未知生，焉知死？』知生則知死矣，能原始則能要終矣。」問：「易曰：『陰陽不測之謂神。』又曰：『神妙萬物而爲言。』觀此則佛氏所謂鬼神者妄矣。然『祖考來格』、『敬鬼神而遠之』之説，則似乎有佛氏所謂『意者，氣類感應處便是來格，但當致呂本作「至」，今依元本。誠，不當褻近，近得卻有也。』不知此説如何？」答：「潛心久當自明。」問：「孟子曰：『其爲氣也，至大至剛；以直養而無害，則塞于天地之間。』嘗謂凡人氣量窄狹，只爲私心隔斷。苟以直養而無害，則無私心，苟無私心，則志氣自然廣大，充塞于天地之間。氣象有可以

〔一〕「五」，底本誤作「九」，徑改。

意會而莫能狀者，此所謂難言也。或謂塞于天地之間，只是到處去得，此言似無氣味。」答：「如是涵養。」問：「樂正子見孟子，孟子曰：『子亦來見我乎？』云云。觀此一篇，都無聖人氣象。或謂樂正子從子敖有激而云，不得不然。」答：「此無疑，真孟子之言。」問：「『今之成人者何必然？見利思義，見危授命，久要不忘平生之言，亦可以爲成人矣。』此言是子路説耶？孔子説耶？」答：「仲尼言。」問：「孟子曰：『不孝有三，無後爲大。』所謂二不孝何如？説者謂陷父於不義，與家貧親老不求禄仕，竊恐不然。」答：「何以知不然？所謂禄仕，凡所以養皆同。」

仰氏忻訓蒙規鑒萬曆温州府志十七。乾隆温州府志二十七「鑒」作「戒」。

十二卷。萬曆温州府志十七

佚。

案：仰八行忻，宋史四百五十六孝義傳、萬曆温州府志、雍正浙江通志、乾隆永嘉縣志孝友傳並有傳。

張氏煇草堂語録〔一〕千頃堂書目十一、補遼金元藝文志

佚。

萬曆温州府志十一：張煇自六經、諸子書、歷代史記下至百家之説，皆通習，辨析精微，論議亹亹，嘗摭古人行事，斷以己意，曰草堂語録，人稱草堂先生。

案：草堂張學録煇，萬曆温州府志理學傳、雍正浙江通志、乾隆永嘉縣志儒林傳並有傳。千頃堂書目十一、補遼金元藝文志並以爲元人，誤。

林氏幹淵通

四十八篇。萬姓統譜六十四

佚。

覃思

十三篇。萬姓統譜六十四

〔一〕據石本劉嗣明撰宋故國子小學録張公墓誌張煇作張輝，草堂語録作草堂録，卷作五十卷。

佚。

萬姓統譜六十四：林幹，崇寧初，士皆以舍法論秀登名，幹獨不仕舉業，屏跡田里，閉門著書，居木櫂山，因號木櫂子。著淵通四十八篇，以仿老子道德經，著覃思十三篇，以仿揚子法言，其他著述頗多。

道光樂清縣志八：林幹著淵通四十八篇，擬老子道德經，著覃思十三篇，擬揚子法言，其他著述頗多。邑令鮑輝遺書云：「閣下之文，湯湯如長江大河。」讀覃思第六篇，或問言行，曰：「流凝猛伏，涉凝觸伏，則知自古聖人治心養性盡於此矣。」淵通一書，理義精微，非晚學所能窺其涯俟。

案：木櫂林處士幹，萬曆温州府志文學傳、道光樂清縣志隱逸傳並有傳。

蔣氏行簡樞言

五十篇。水心文集十八

佚。

葉適朝議大夫知處州蔣公墓誌銘：公知海鹽縣。還朝，裒平生著書五十篇，號樞言，上之，執政愛其文，曰：「院轄選也。」公不顧去。初，河南郭忠孝子雍，遯居長陽山。公將

出峽，來見於白羊，極言天人性命。或爲著白羊問答行於世。水心文集十八

案：蔣知州行簡，萬曆温州府志宦業傳、雍正浙江通志、乾隆永嘉縣志循吏傳並有傳。

佚。〔一〕

王氏十朋家政集　道光樂清縣志十四

自序：有公家之政，有私家之政。士君子達而見用，有爵位於朝，外則行公家之政，以澤生民；内則修私家之政，以化子孫。至若窮而未通，藏而未用也，公家之政雖不得行，私家之政不得不修。孝經曰：「居家以理，故治可移於官。」大學之書曰：「欲治其國者，先齊其家。」又曰：「身修而後家齊，家齊而後國治。」然則士君子欲修身行道，以治天下國家者，必自私家之政始。語曰：「子奚不爲政？」子曰：「書云，孝乎惟孝，友於兄弟，施於有政。是亦爲政，奚其爲爲政？」夫子之言，蓋私家之政也。然則士君子欲修私家之政者，非若今之世俗豪强富有之家，兼貧弱之民以肥私家，廣置良田美宅，以爲子孫之計；又非若候

〔一〕此書今存。初刻于王十朋孫王仲龍知福寧縣令時。樂清四都梅溪村王余友藏。樂清左原王氏宗譜内收有鈔本，今上海古籍出版社王十朋全集收録全文。孫氏録王十朋家政集自序一篇，未録撰寫歲月。今印本序末載「紹興癸亥三月二十五日，孝堂泣血書。」

時轉物，販賤賣貴，與閭閻競錐刀之末，商賈爭什一之利也；又非欲身執勞苦，父子力作，如陶朱公與民並耕而食，如許子爲老農老圃之事也。古人有言曰：「一年之計莫如植穀；十年之計莫如植木；百年之計莫如植德。」易曰：「積善之家，必有餘慶；積不善之家，必有餘殃。」又曰：「善人富謂之賞，惡人富謂之殃。」語曰：「未若貧而樂，富而好禮者也。」然則士君子欲修一家之政者，非求富益之也，植德而已爾，積善而已爾，好禮而已爾。父子欲其孝慈，兄弟欲其友愛，夫婦欲其敬順，宗族欲其和睦，帷薄欲其潔修，門闌欲其清白，男子欲其知書，女子欲其習業，親戚欲其往來，賓朋欲其交接，祭祀欲其潔豐，用度欲其節儉，貨物欲其無私，出納欲其明白，奴婢欲其整肅，農桑欲其知務，官租欲其早輸，私債欲其不負，府庫欲其充實，米鹽欲其檢察，有無欲其相通，凶荒欲其相周，交易欲其廉平，施予欲其均一，憂樂欲其知時，吉凶欲其知變，忿怒欲其含忍，過惡欲其隱諱，戲玩欲其有節，飲酒欲其不亂，衣服欲其無侈，器皿欲其無奢，簿書欲其謹嚴，庭宇欲其修治，文籍欲其無毁，門壁欲其無污，穢惡欲其不談，嫌疑欲其知避，事上欲其無諂，待下欲其無傲，責罰欲其有禮，鞭笞欲其不苛，疾病欲其相扶，患難欲其相恤，喜慶欲其相賀，死亡欲其相哀。如是而行之，則家道修明，内外無怨，上天降祥，子孫逢吉。移之於一官，則一官之政理，移之於天下國家，則天下國家之政理。嗚呼！有家君子，其可不修一家之政乎？家政不修，其可治天下國家之事乎？十朋始祖自錢塘而來，蓋七世矣。雖家寒微，無德可紀；然自高曾以來，皆孝順慈善，至今鄰里父老尚能道之。迨我大父，天資淳樸，長者人也。以孝敬奉先，以謹厚持身，以勤儉興家，以詩書教子，山林有木以給材用，園圃有桑以給衣服，有田三百畝以支伏臘之費。有賢配以修其内政，有四男以供其子職。倉箱充實，門户阜昌，享年六十有六，以吉善終，亦可謂積德之報矣。至我先人，以士易農，篤志好學，至老不倦，雖偃蹇無成，不獲有爲於世，然施之一家，良有可觀者焉。爲子則能孝其親矣，爲兄則能友其弟矣，爲夫則能和其婦矣，爲父則能教其子矣。閨門之内，上下和睦，與鄉黨鄰里之間，無怨無惡，身死之日，雖行道之人，無不咨嗟歎息。嗚呼！其可謂善人君子矣。十朋不肖，大懼不能奉義方之教，以獲不孝之罪。於是採古聖賢之明訓，與歷代史傳所載，仁人義士、孝子慈孫前言往行之可法者，及吾先祖先君疇昔所行之跡，所言之事，編爲一書，名曰家政集，以爲修身治家之法，且以告二弟及後世爲吾子孫者，終身奉之，世世守之，庶使君子之澤百世不斬云。道光樂清縣志十四。按梅溪前後集不載此序。

劉氏愈內治詳覽艮齋浪語集三十四

佚。

薛季宣劉進之行狀：君雖布衣，常有經濟大志，讀書講論，事緒紛遝不暫休，聞國有難，戚然憂形於色。今皇帝即阼，詔書求直言，君以今方邊興，取守方略，要有人言之，至如内治所不可緩，著書曰内治詳覽以進，陳自治之策，在清其源，凡十數條，皆切治道。奏下三省看詳不報，君曰：「臣言雖微，有補聖治，顧主上未深察耳。」復因郡置録進。後朝廷施行數事，大略與君論合。艮齋浪語集三十四

案：無相劉學正愈，萬曆温州府志、雍正浙江通志、乾隆永嘉縣志義行傳並有傳。

王氏自中王政紀原〔一〕魏了翁鶴山文鈔二十四王公墓誌銘

三卷。魏了翁鶴山文鈔二十四王公墓誌銘。

佚。

陳氏堯英清朝政序水心文集十八

佚。

〔一〕底本僅有浮簽云：「王政紀原見萬曆志。此書遍查未得，宜補入此卷。」萬曆志無著録，據定稿補。

葉適陳秀伯墓誌銘：平陽豪士陳君堯英，少有大志。紹興六年上書登聞，陳策十二；明年正月再上清朝政序，序亦十二，語益切；三月復上兵書，指畫利害尤急。高宗異之，令政事堂召問。君既不以求和爲是，而書語侵中書，執政固〔一〕不喜，奏罷之，君不悔也。水心文集十八

繆氏夢達女訓

二卷。乾隆平陽縣志十九。萬曆温州府志十七無卷數。

佚。

案：繆安撫夢達，乾隆平陽縣志文苑傳有傳。

薛氏凝〔二〕之族箴乾隆平陽縣志十九

佚。

自序：喪禮之廢久矣，恤由之喪，哀公使孺悲之孔子學士喪禮，士喪禮於是乎書。夫

〔一〕「固」，底本無，據水心文集補。

〔二〕「凝」，底本作「疑」，徑改。

士喪禮非獨廢矣，用下僭上，故上下均一等耳，而亦不自知孰爲士？孰爲公卿大夫也？予未爲習禮者，知禮之不可廢而有意於古耳。咀味前書，悼歎當世，於是援經據義，以鍼砭其膏肓之疾，定其可指者二十有七事，可指曰死其親者七，倍其親者四，違經者十，徇俗者六。曰：何謂死其親？曰：始死不復，大斂不用三日，斂而不讀祝，酬而不奠，未葬先立主先祔，將葬不朝祖，既葬不迎返，是謂死其親也。何以謂倍其親？曰：世久而未葬者先釋服，與未葬而卒宿於內，既葬者不虞不返哭，是謂倍其親也。何謂違經？曰：成服者不以日數，哭臨不爲位，不爲喪次，不用脯醢，不用素器，未喪不讀喪禮，既喪不讀祭禮，葬不以時，葬用樂，衰用墨。何謂徇俗？闕文孔子曰：「之死而致死之，不仁而不可爲也。之死而致生之，不知而不可爲也。」然則死其親者，可以爲孝子乎？子游曰：「人死斯惡之矣。無能也，斯倍之矣。」是故置絞衾設蔞翣，謂使人勿惡也。始死，脯醢奠之；將行，遣而奠之；既葬而食之，謂使人勿倍也。然而倍其親者，亦可以爲孝子乎？若違經而徇俗者，疑于孝無損而沿用鄙俚，則不稱于情文。記曰：「禮有微情者，有徑情而直行之，戎狄之道也。」而情文不稱，亦戎狄之道耳。於是欲善族焉，作族箴。乾隆平陽縣志十九

劉氏軫詮心指要千頃堂書目十一、宋史藝文志補

佚。

乾隆平陽縣志十四：劉軫隱居不仕，潛心克己之學，嘗誡其子天益曰：「忤心而能樂處，則忤者終順也。快心而不預防，則快者終害也。怒將以加人，過怒適以自傷也。能將以致譽，矜能適以招謗也。寧靜若不及事，立事之本也。巧慧若可以成德，敗德之基也。凡此皆非淺心所能知，必思之求之而後得。」所著有詮心指要二萬餘言。

案：劉處士軫，萬曆温州府志、乾隆平陽縣志理學傳並有傳。

佚。

葉氏適荀揚問答千頃堂書目十一作「葉適荀揚問答外編」，宋史藝文志補又作「外稿」，並誤。今從萬曆温州府志十七。

案：葉水心荀揚問答，宋藝文志補作「外稿」。雍正浙江通志及乾隆温州府志、嘉慶瑞安縣志並因之。考直齋書録解題，載水心别集有外稿六卷，其書今存。詳二十一卷水心先生别集下。檢其篇第，無所謂荀揚問答者，疑諸目或因它書叙水心撰述，以問答、外稿牽連並列，遂誤合爲一書。惟萬曆温州府志藝文門以荀揚問答著録，蓋得其實，今從之。水心習學記言四十二論二子甚詳，雖無問答之語，然其大旨可見也。

曹氏綷家訓四戒 嘉慶瑞安縣志九

佚。

案：曹處士綷，文肅公叔遠從兄，萬曆温州府志、雍正浙江通志、嘉慶瑞安縣志義行傳並有傳。

陳氏埴潛室陳先生木鐘集十一卷。四庫全書總目九十二、千頃堂書目三、宋史藝文志補。

存。遜學齋藏明弘治刊本、温州府學新刊本。

志曰：「善問者如攻堅木，善待問者如撞鐘。」朋友講習，不可以無問也，問則不可以無復。今之不善問者，徒先其所難，後其所易，取其節目之堅，乃欲一斧而薪之，不少徐徐以待其自解，則匠石從旁而竊笑之矣。至其待人之問者，或小叩之而大鳴，或大叩之而小鳴，不待其再至，而亟盡其餘聲，或餘之未盡，而恣其人之更端焉。然則是鐘也，其必州鳩氏之所棄者乎！余非待問者，顧諸友方持班氏之斧以運成風之巧，乃欲以空中之物隨酢焉，其不哆然肆、黯然啞者幾希矣。或曰：空故能聲，虛故能應，壞木之竅穴，而萬籟出焉，物固有然者矣。余有感於斯言也，取二物，因命之曰木鐘焉。子幸有以問余，余方以問子。永嘉潛室陳埴題。

今天下之文集繁矣，而木鐘集則予未之見也。以予之未見而又欲刻之，無乃益其繁耶？顧予少時翻閱五經及孔孟性理諸書，凡諸儒之有發明經旨者必具列其姓氏，而潛室陳氏與焉，予既已知有其人，而亦與聞其言矣，但未知其言之具載於木鐘集。比者假守温郡，躬祀諸儒，乃知先生實郡人，而其所遺木鐘集猶有存者，郡有斯人而有斯集，表而出之，郡守事也，郡守責也。矧斯集之不傳久矣，後之學者，如予之未見亦多矣。刻之于梓，使皆得而見之者，予心也；體予心而刻之者，瑞安令高君賓也。若賓者，可謂知先生、知木鐘集者，可嘉也。至如斯集之命名，則自有先生之題詞具在，兹可略。弘治十四年辛酉春三月甲子，賜進士、中順大夫、温州府知府、吉水鄧淮書于鹿城書院。

太守鄧侯守温始逾年，道洽政成，百廢具興。以温多先哲，若潛室陳先生輩皆親炙程朱之門，而上承孔孟之緒者，乃歷考其人，作書院以崇祀之。其有遺書逸稿足以發明斯道者，必梓行以嘉惠後學，若木鐘集者其一也。先生所著不止是集，於今可見者纔此編耳。其言雖已散見群經，而板之失傳已久，人幾不知有是書矣。侯既訪而得之，乃以命賓，俾重鋟梓以廣其傳焉。夫書以載道，道不可廢，則書不可以不傳，然固有不載乎道者矣。不載乎道而不之傳可也；載乎道矣而不得其傳，君子其能已哉！矧兹集之爲書，根據六經，羽翼傳注，剖析微奥，精入秋毫，於古聖賢所以立言垂訓之旨，發之殆盡。蓋真可謂載道之器，而天下之所不容無者。然由宋以來三百年於此，卒無有能衍其傳以溥之於世，豈亦有待於今日乎？賓也承乏是邦，既得以敬拜先生於祠下，又因吾侯之教，得先生之書而讀之，幸亦大矣。顧惟遺編，中多訛闕，欲丐善本以考正而補完之，旁求累月，卒不可得，亦惟付之太息而已。夫以先生之鄉，流風餘韻，在人未泯，而此集已無存者，而況於四方於異日乎？此而不傳，則自是而往，抑又可知矣。然則侯之此舉，豈小補哉！嗚呼！此賓之所以踴躍用命而不自計其力也。時弘治辛酉夏六月丁丑朔又六日，後學江陰高賓謹序。

聖賢之垂教也，博學繼以審問，切問先於近思。在學記曰：「知不足能自反，知困能自强。」惟教學本有相長之幾，故傳道、解惑胥於問乎是賴。勉齋謂朱子從游之士，迭誦所習以質其疑，意有未喻，則委曲告之；問有未切，則反覆戒之。蓋學者因問以求其間，教者因問以致其詳，詳辨而間無不達焉，間得而理無不精焉，則試讀潛室先生木鐘集而得之矣。先生爲宋名儒，嘗從朱子於武夷，所見超卓。所著禹貢辨洪範解王制章句等書，皆未及覯。紹定間趙善湘建明道書院，辟主講席，四方就學者數百人。而是集爲前明東甌守鄧公淮訪求遺稿，刊於郡齋。藏版已無復存，同治癸亥歲，余來守是郡，考獻徵文，輒樂得先正遺書而讀之，而所見惟葉氏水心集、王氏儒志編梅溪集數種。夙知是集已奉採入四庫全書，而先生桑梓之邦，竟無一能追仰曩哲，珍守遺編。學術之不明，趨嚮之失準，深用感喟，因亟思補鐫是書。會瑞安孫琴西觀察主講紫陽書院，既從丁松生大令索得舊本，郵寄示余，且謂是集初鋟賴有吉水鄧公，今君亦籍隸豫章，能爲重謀剞劂，自明迄今，相望遥遥，後先輝映，亦佳話也。余重韙之，爰與中山院長孫蕖田學士，互相商榷，即屬永嘉王復齋廣文專司校理，篇幅字體，悉仍舊版，閱四月告成。余維古今著述，惟足以發明斯道者爲可誦可法耳。彼博洽者未精審擇，專一者未集大成。是集本末具舉，體用兼賅，卷帙無多，而内聖外王之學備，且復詞少理暢，語約事舉，綱振條析，冰解的破，譬諸馬君論事，無一言可損益者。是非根據經史，研窮理道，其能於古聖賢立言垂訓之旨，剖析微奥如此哉！學者得是編而誦討之，不啻與先生一堂晤對，辨難質疑，由是觸類引伸，旁參曲證，誠如魏鶴山之言曰：「千數百年，習浮踵漏莫知其説者，至是脱然若沈疴之間，大寐而醒，將鐘不待叩，居然聲入心通焉。其斯爲可誦可法之道，非即爲可傳不可廢之書耶！」抑余聞之東甌夙號「海濱鄒魯」，宋時理學尤盛，元明以來，儒林文苑歷多傳人，及兹教澤寖衰，師承易失，將欲鼓舞而振興之，則既以是刻誌景仰前賢之深意，即以是刻示引進後學之規模，不又重有望於多士之能講肄服習，胥以是書爲圭臬之奉哉！同治六年十月，浙江補用道、知温州府事、江右陳思燏書。温州新刊本卷首序。

四庫全書總目九十二：木鐘集十一卷，浙江巡撫採集本。宋陳埴撰。埴字器之，永嘉人。嘗舉進士，授通直郎，致仕。其學出於朱子。永樂中修五經大全所稱潛室陳氏即埴也。是編雖以集爲名，而實則所作語録。凡論語一卷、孟子一卷、六經總論一卷、周易一卷、尚書一卷、毛詩一卷、周禮一卷、禮記一卷、春秋一卷、近思雜問一卷、史一卷。其説大學、中庸列禮記之中，蓋其時四書章句集注雖成，猶私家之書，未懸於國學之功令，故仍從古本。史論惟及漢唐，則伊洛之傳不以史學爲重，偶然及之，非專門也。其體例皆先設問而答之。故卷首自序謂：「取禮善問者如攻堅木；善待問者如撞鐘義，名曰木鐘。」刊帙久佚。明弘治十四年，温州知府鄧淮始得舊本重刊。自第五卷至十一卷，皆題曰：「某卷下。」疑或各佚其上半卷，而核其所列，則書始二典，詩始比興賦，春秋始隱元年，近思雜問始理氣，史始漢，皆不似尚有前文。惟周禮不始天官，而始「府史」，禮記不始曲禮，而始王制，似有所佚。然「府史」之名先見於序官，而王制亦禮記第三篇，即從此託始亦無不可。宋本既不可見，姑闕所疑焉可矣。

宋元學案六十五：通直陳潛室先生埴，少師水心，後從文公學。其言「善問者如攻堅木，善待問者如撞鐘。朋友講習，不可以無問也，問則不可以無復。今之不善問者，徒先其所難，後其所易，取其節目之堅，乃欲一斧而薪之，不少徐徐以待其自解，則匠石從旁而竊笑之矣。至其待人之問者，或小叩之而大鳴，或大叩之而小鳴，不待其再至，而亟盡其餘聲；或餘之未盡，而恣其人之更端焉。然則是鐘也，其必州鳩氏之所棄者乎？」故集其答問弟子之問者，名之曰木鐘集。其四端説，即文公之答其所問者，而轉以之答其弟子之問，蓋能墨守師説者也。

經義考二百四十四：按潛室陳氏木鐘集，一論語、二孟子、三六經總論、四易、五書、六詩、七周禮、八禮記、九春秋，附以近思雜問、漢唐史各一卷。

案：潛室先生爲朱門高弟，木鐘集皆及門人問答語，大都闡述師説。然其學頗淵博，如禮樂曆算及漢、唐制度，莫不該貫；文亦雅馴，無語録家鄙俚之語。原目凡十有一。據卷九論閏法，引左傳正義語云：「已寫在六經總論中。」則書中篇目悉潛室所手定也。然其中有彼此互見者，如卷七「成周鄉學國學之異」，與八卷「王制建學法」略同；卷八「還宫之法」與同卷「律吕還相爲宫之法」略同；又「十二律上下相生法」與十卷「十二律相生」條略同；十一卷「考漢選舉法」與同卷又「漢舉選二字疑互易。法」略同；又「漢武帝虚外事内，據下當作「虚内事外」，明刊本誤。漢祚幾亡，何以列在七制」與同卷「武帝虚内事外，漢祚幾亡，安得預七制之列」條略同。則疑門人編次時，各隨所聞録之，潛室雖自爲閲定，亦偶未删除。

宋元以來儒先語録往往有此，未足異也。又卷四「數往者順，知來者逆」條注：先生嘗曰：「易有十義，看卦象、卦德、卦位、卦時、卦義、卦變，看爻比，應承乘。」此門人補注之證。

吴氏叔沅家訓四誡萬曆温州府志十七。乾隆温州府志二十七、嘉慶瑞安縣志九「誡」並作「戒」。

佚。

案：吴江山叔沅，萬曆温州府志忠節傳、雍正浙江通志、嘉慶瑞安縣志忠臣傳並有傳。

葉氏味道朱子語録雍正浙江通志二百四十五。萬曆温州府志十七作「輯次朱子語録」。

佚。

朱子語録姓氏：葉賀孫，字味道，括蒼人，居永嘉。辛亥以後所聞。池録七、八、九、十、十一。黎靖德朱子語類卷首

案：葉文修朱子語録，黎靖德謂「辛亥以後所聞」。考辛亥爲紹熙二年，時朱子方以知漳州罷奉祠居建陽。宋史本傳謂味道「師事朱熹，試禮部第一。時僞學禁行，味道對策無所避」，「既下第，復從熹于武夷山中。」即其時也。此録宋以來無單行本，惟嘉定乙亥李道傳輯朱子語録四十三卷，刻于池州，曰池録，内載葉録凡四卷。池録今不傳，而黎氏所編

語類首卷所載甚明。雍正浙江通志據何鏜括蒼彙記謂「葉録四十三卷」，府、縣志同。則以池録全書，並屬之文修，殊誤。今據語類著録於此，而删其卷數，俾覽者無疑焉。

薛氏據孔子集語

二十卷。林霽山集五、國史經籍志二。四庫全書總目九十二、經義考二百七十八、讀書敏求記一並作「二卷」。

存。明范欽天一閣二十種奇書本、鍾人傑唐宋叢書本、乾隆丁巳衍聖公孔廣棨刊本。

中書省看詳所進孔子集語狀：太中大夫尚書刑部侍郎兼給事中兼太子諭德徐經孫、朝議大夫中書舍人兼國子司業常挺、通議大夫尚書兵部侍郎兼中書舍人兼直學士院兼侍講劉克莊等，準尚書省送下朝奉大夫秘書監兼太子侍讀謝子强等狀，申乞爲收藏迪功郎浙東提舉司稽山書院山長薛據所進孔子集語，令本省看詳，克莊切見近世伊洛門人各記其師弟子問答之語，謂之語録，或者又纂輯諸家所記，彙次爲朱氏、張氏語略，不厭其詳且盡也。論語一書，乃孔門高弟記其師弟子問答之語。然孔氏之言滿天下，薛據采摭夫子之語不載於家語與夫莊周、列禦寇、荀卿所未録，或散於諸子百家之書者，集爲二十篇，名曰集語，其尊師嗜學之志賢于學伊洛者遠矣。此書有益學者，委可嘉尚，如蒙激賞，念其行誼之美、著書之勤非泛泛比。察克莊等惓惓公舉之意，見之擢用，可爲尊經立行者之勸，仍將所進孔子集語付秘書省收藏。克莊等不勝幸甚，伏候指揮。景定元年五月十三日。尚書省札：「薛據行誼之美，著書之勤，特與陞擢差遣，其所進孔子集語，付秘書省。」

聖人之道至大矣，其猶天乎？三光二氣經其常，雷霆風雨霜露緯其變，斯人由之而不自知，知之而莫能盡。子曰：「予欲無言，吾無行而不與二三子者。」然則當時鑽仰之淵騫，蓋亦僅得之耳目所接耳。及夫逍遥曳杖之歌作，而金聲玉振之響不嗣，則其一話一言之記載，尚左尚右之仿佛，轉相授受，奚止百家？漢承嫚秦滅學之後，逮景武之世，其去孔子未遠也，去曾子未遠也，去子思、孟子又未遠也。董仲舒對策獨推明孔氏，令學者知所統一。方是時有韓嬰者，與董生齊名，學詩，著詩内外傳數萬言，多引孔子言行以爲之證。仲舒所引悉與論語合，嬰所載頗與荀子同。又有曾子、大戴禮、孔叢子，所取可謂備而傳之矣。及長，讀左氏、公羊、穀梁、荀卿、列禦寇、韓嬰、劉向等書，其所記者益衆，惑滋甚焉。設以爲孔子没，諸弟子追思料簡，止以學而以下二十篇爲確耶？則此非君子之言，齊東野人之語，當時蓋擇之精矣。豈傳僞者哉！遂取諸書所載，裒而聚之，日累月積，寖成篇帙。而見於曾子、大戴記、孔叢子、家語四全書與夫載於左氏、莊周、列禦寇、荀卿者皆不與，而錯見於漢儒諸書者録之。其草創也，訂之丞相克齋游先生。先生曰：「嘻！夥哉！子勉成之。」時禮部侍郎蘧徑、東畎二曹先生，十餘年間列官秘府，遂得借書以閱。辛卯火，秘書之藏逸矣，古書有不得盡見者，屬南宫下第，乃詮次此書爲二十篇，題曰集語，以畢其志。世有得而讀之者，其猶兑之戈、和之弓、垂之竹矢在金櫝云。淳祐丙午孟夏庚申朔，永嘉薛據叔容父序。

吴萊讀孔子集語：自孔子殁，學者言人人殊。當戰國之時，遂有孟氏之學，荀卿之學，世子、宓子賤、漆雕開、公孫尼子之學。蓋惟孟氏之學本於曾子子思而獨得其宗。至於荀卿則知一反孟氏，而復以人性之善者爲惡。豈不遠吾聖人之道哉？然而周人世碩又謂「人性有善有惡，而恒在乎所養」，且作養書一篇。宓子賤、漆雕開、公孫尼子之徒實出於吾聖人之門，一倡群和，而告子勝復持與孟軻爲辨。雖以漢世大儒董仲舒、劉向、揚雄，徒能反覆乎善與不善之間，而終無以究吾聖人之實然者。聖人之道則已久爲天下裂矣。孔子在時，東郭子嘗問於子貢，頗疑聖人之門爲雜，子貢則曰：夫子之設科也，以待天下之學者，檃栝之間多曲木，砥礪之旁多頑鈍，是以雜也。然則聖人之門，有以德行進，有以政事顯，有以言語行，有以文學著，門弟子各以其性之所近、學之所就，而往教於其國。聖人在時，固不至如東郭子之論其雜也。然而聖人殁而微言絶，異端起而大義乖，吾於是而後知東郭子之論，蓋出於聖人既殁之後，而深慮夫戰國諸子之自相矛盾也。自相矛盾，非聖人教之若是其雜也，學者自雜之也。嗚呼！一曲而邪説，百家而横議，曾不悟其厚誣聖人，而欲求暢其一己之私，納之于聖人之域，鑿空而無所繫著，傅會而徒爲曼衍，聖人之道，豈其若是？ 聖人之遺言佚語，則已參差四出而不可致詰。 是故名家苛嬈而煩碎，言聖人必先於正名；法家深礉而慘刻，言聖人可以殺而不殺；漁父、盜跖肆爲譏訕，讖圖、卦緯過於妖譎，將其心自恥其文辭之淫妄，義理之膚淺，吾不託之聖人則不足以信天下後世；天下後世又未必不以此而或疑聖人之門爲雜也。 老聃言道德，世之清淨寡欲無爲者多託之老聃；蘇秦、張儀言縱横，世之游説熒蠱世主者多託之蘇秦、張儀。 此其僞亦何所不有，宜學者反以是惑也。 然而聖人之言，記諸論語，垂在六經，是其一體一用，妙道精義之發，昭然若揭日月而行諸天也，又豈戰國諸子所得而易雜者哉！ 雖然，孔子家語初出魏王肅家，觀其言且與大、小戴禮相出入，而王肅嘗持以難鄭玄，世之儒者，猶或疑之而不盡信，蓋慎之也。 況今永嘉薛據所次孔子集語，或本於戰國諸子，或載於西漢老儒，雖若聖人之遺言佚語，賴此而僅存，吾恐天下後世學者之滋惑也。 書以識之，苟或謂吾如劉子玄之疑古者，吾知慎焉而已矣。 淵穎集六

讀書敏求記一：孔子集語二卷，淳祐丙午，稽山書院山長薛據裒聚孔子集語成二十篇，其所引尚書大傳、金樓子等書，今皆不可得見。 方山吴岫藏書多舊人鈔本，此其一也。

四庫全書總目九十二：孔子集語三卷，兩江總督採進本。 宋薛據撰。 據字叔容，永嘉人。 官至

浙東常平提舉〔一〕。林德暘霽山集有二薛先生文集序曰：「薛氏世學蓋三百年。玉成公學於慈湖楊敬仲，刊華據實，猶程門緒餘。僞學禁興，隻手衛道，著伊洛源流，各爲譜傳。又以弓冶授其子。叔容公志巨集力毅，負荷千年，念聖遠言湮，爲孔子集語二十卷。」即是書也。此本但分二十篇，僅有三卷，殆舊以一篇爲一卷，後人并之歟？所列書凡三十餘種，其凡例謂曾子、大戴禮、孔叢子、孔子家語四全書及左氏、莊子、荀子、列子概不採及，惟見於他古書者採之。然孔子世家列在正史，不僻於孔叢、家語，且既云不録大戴禮記，而顏叔子第十二乃又引其一條，亦自亂其例。至引說文「黍可爲酒，禾入水也」、「一貫三爲王」、「推一合十爲士」等語，并數條爲一條，義不相貫，尤爲失倫。他若韓非子說林下、內儲說上、內儲說下、外儲說左上、外儲說右下、難一、難三諸篇，可採者幾二十條，而此書所引僅三條。若淮南子主術訓謬稱訓齊俗訓道應訓人間訓泰俗訓諸篇，所可採者不下十餘條，而此所引者亦僅三條，則其餘挂漏可以概知。又文翔鳳雲夢藥溪談摘其五酉一條，引搜神記而諱其所出，又僞「五酉」爲「五酋」，則駁雜舛錯亦所不免。特所録尚多秦漢古書，殘篇斷句或可藉此以僅存，故考古者亦不能廢焉。

〔一〕四庫提要云薛據「官至浙東常平提舉」，實爲誤讀劉克莊等進書狀所致。據宋黃震祭鎮江薛節幹等文，可知其卒任於淮東總領所幹辦官。其是以迪功郎、初官未仕時，任稽山書院山長，由浙東提舉司舉進孔子集語後，被委任此官。提舉其爲推薦者，非薛據之職明矣。

案：薛提舉據，萬曆温州府志文學傳、雍正浙江通志、乾隆平陽縣志文苑傳並有傳。孔子集語二十篇，皆以篇首數位爲目，曰：易者弟一、子貢弟二、孔子御弟三、持盈弟四、子觀弟五、公父文伯弟六、六藝弟七、依賢〔一〕弟八、漆雕氏弟九、楚昭王弟十，以上十篇今本爲卷上。子出衛弟十一、顔叔子弟十二、齊侯問弟十三、文王弟十四、齊桓公弟十五、公索氏弟十六、子夏〔二〕問弟十七、楚伐陳弟十八、孔子先弟十九、曾子弟二十。以上十篇今本爲卷下。原本篇各爲卷，今本二卷則後人所并也。每條皆注所出書，惟弟十九篇「五酉」一條，不注，蓋鈔本偶奪去耳。文氏謂諱其所出，則弟二十篇引搜神記「曾子從仲尼」一條，不諱所出，何獨於此諱之乎？惟内所引書，如孝經鈎命決、樂動聲儀、帝王世紀、尸子、申子諸書，宋代已佚，薛氏不宜尚得見之，當係從類書轉録。又弟十篇引説苑「子曰以容取人」一條，弟二十篇引新序「孔子曰孝弟之事」一條，檢二書皆無其文，蓋今本説苑、新序不無缺佚，薛氏所見者或尚爲完帙也。

宅揆成鑒

〔一〕「賢」，底本誤作「質」，據孔子集語改。

〔二〕「夏」，底本誤作「貢」，據孔子集語改。

二十二卷。霽山集五。雍正浙江通志二百四十三作「二十三卷」。

佚。

東嘉先哲録十：薛據嘗采諸子百家裨官緯紀之書，輯爲孔子集語二十卷，又摭古今輔相經略開濟之學，稡爲宅揆成鑒一編。二書既成，中書舍人劉克莊、秘書監謝子强見而愛之，率同列進之朝。略云：「藩垣置筆，華皓不衰。上可裨乙夜之覽觀，次可實崇文之藏貯。」其爲時賢賞激如此。原注：見郡志。

采薇天保末議

二卷。霽山集五

佚。

劉氏𪏭濂洛論語

十卷。宋史四百五、經義考二百七十八。

佚。經義考二百七十八

宋史四百五本傳：淳祐十年，試入太學，時丁大全方爲臺屬，劾奏丞相董槐，迫逐去國，將奪其位。䲛率同舍生伏闕上書，大概言朝廷進退大臣，須當以禮。書上忤執政，送南安軍安置。䲛至南安，盡取濂洛諸子之書，摘其精切之語，輯〔一〕成書十卷，名曰濂洛論語。

案：經義考二百十三載：周子惇頤論語附考云：「按樂清劉氏䲛蒙川集録目中，載〔二〕濂溪論語序文，疑當日有是書矣。」考今所見蒙川遺稿四卷本無此目。朱子所見本，目雖存而文亦佚。然濂溪論語向無著録者，當即濂洛論語之序，寫官誤書「洛」作「溪」耳，俟更求足本蒙川集覈之。

〔一〕「輯」，底本誤作「集」，據宋史改。

〔二〕「載」下底本有「有」字，「有」衍，據經義考删。

温州經籍志卷十五

子部

儒家類

元

史氏伯璿管窺外篇二卷。四庫全書總目四十三。千頃堂書目十一、補遼金元藝文志、元史藝文志三並作「五卷」，誤。

存。雍正乙亥平陽吕氏刊本

始愚既述管窺於四書，亦欲以是施於他常所讀之書而未果也。因循老矣，多病之餘，精力耗而目力昏矣。精力耗則向之得於師友者莫之記憶，非一日矣；目力昏則向之得於方册者失於温理，非一日矣。廢置荒棄一至於此，自揆餘齡，於儒者之學必不能再有所窺測而得言之矣。今同志則莫予諒也，往往多有縱搜其舊聞以爲編者，愚雖不敏，自知稍明，又何敢妄有所述，以取誚讓於當代有識之士哉！至正丁亥春，始因朋友有所問辨，輒録之以備遺忘，且以爲他日就正有道之張本也。歲月既久，積累成册，題曰管窺外篇。蓋欲與所述於四書者有別耳。但其所辨之事，或大或小，或泛或切，雜然而舉，初無倫類，則以一時之言，多臆度附會之私，無考覈研究之實，未必有可觀也。故但因所録以爲編，而亦不敢漫爲之次第也。後三年，歲庚寅仲秋之望，後學東昆史伯璿文璣序。

吾鄉文璣史先生，爲一代大儒。所著四書管窺大意，及管窺外篇，發聖賢之奥，探造化之賾，學者宗焉。今其書久失，其散見於四書大全、性理大全者，不過存什一於千百耳。間嘗論列往哲，不禁文獻無徵之歎。康熙癸酉冬，同學管振林仁子過先生故里，見廢祠中遺碣，剔蘚辨認，隨録其文以歸。誥敬讀之，益深景仰，因與劉中介於石、程鵬飛萬，多方購求其書，幸得劉洪典瑶函手鈔管窺外篇一帙，如獲天球弘璧，正在徵金授梓間，而飛萬物故，竊懼綿力難支，適當事有邑志之修，余三人暨王欽佩帝允、陳聖道開來咸與厥任，昕夕在局，談及前事，欣有同心，而管元林仁表、倪戩伯允、丘夢麟雲祥、黄雲岫軼青、王靈露允湛、周繼芳奕如、舍姪肇溪復以類應，遂得并力爲之，十閱月而梓竣，共計六萬五千餘言，鏤資費四十餘貫文，助梓者悉登姓氏。嗚呼！先生之流風遺韻，淪浹於人者如此其深以遠也。篇中有魯魚亙錯處，間或引據改正，仍注明原本字樣於其下，蓋其慎也。同人快初志之獲，遂屬紀其由，然則斯舉也，豈僅備一邑之典籍已哉！蓋精微義蘊散寄於是，願與學者共珍之。乙亥秋七月朔，後學呂弘誥謹書。雍正平陽刻本卷末刻管窺外篇紀事

王靈露跋。雍正甲寅。不録。〔一〕

四庫全書總目九十三：管窺外篇二卷，浙江鮑士恭家藏本。元史伯璿撰。伯璿有四書管窺，已著録。是書成於至元丁未，蓋繼管窺而作，皆條記友人問答以闡發其餘義。大抵皆辨證之文，不主於詮釋文句，故曰外篇，實即伯璿之語録。經義考四書類中，惟列管窺而不載此書，蓋由於此，非彝尊疏漏也。然管窺所論，猶僅與胡炳文、陳櫟之流參稽同異。此書於天文、曆算、地理、田制言之頗詳，多有所援據考證，則較炳文及櫟見聞稍博，尚非暖暖姝姝守一家之語録者。惟論天象，疑月、星本自有光，不待日以受光之類，未免仍涉臆斷。是則宋元間儒者之積習消除未盡耳。自明以來未有刊本。康熙乙亥，其邑人呂弘誥始以付梓。雍正壬子，王靈露等復續補成之，乃得行於世云。

浙江採集遺書總録己集：管窺外篇二卷，刊本。右元平陽史伯璿撰。有後三年自序，

〔一〕底本原録王跋，後删。此楊紹廉補。

云「始愚既述管窺於四書，亦欲以是施於他常所讀之書而未果也。至正丁亥春，因朋友有所問辨，輒録之以備遺忘，既積成册，題曰外篇，蓋欲與所述於四書者有別耳。上卷多言天文、地理，下卷則皆經、史、儒説也。

東嘉先哲録十：史伯璿又著管窺外篇，論諸經、史、天文、地理、古今制度名物，學者傳誦焉。原注：郡志。

鄭瑗井觀瑣言中：平陽史氏伯璿，亦近代博考精思之士，然揣摩太甚，反成傅會，所著管窺外篇，其持論多無一定之見。如論天地，既謂「天屬氣，地屬形，形實氣虛，氣能載形，虛能載實」，而主邵子「有限無涯」之説矣；復謂「天亦有非虛非實之體，以範圍之，内爲勁氣所充，上爲三光所麗」，既主朱子「天外無水地下是水載」之言，而謂「天包水，水載地，地浮於水上矣」；復疑地「不免有隨氣與水而動之患，必不能久浮而不沈」，而謂「南樞入地處，必有所根著，與天體相貫通」。論月食既疑先儒「月爲日中暗處所射」之説，而主張衡「暗虛」之説，以爲暗虛只是大地之影矣；復疑「影當倍形，如此則月光常爲地影所蔽，失光之時必多」，而謂「對日之衝，與太陽遠處，往往自有幽暗之象在焉」。既謂「天大地小，地遮日之光不盡，日光散出地外，而月常受之以爲明」，是本沈括「月本無光，日耀之乃光」之言矣；復謂「月與星皆是有光，且月體半晦，月常面日，如臣主敬君，此其光所以有盈虧之異」。論置閏，既謂「置一閏而有餘，則留所餘之分以起後閏，置兩閏而不足，則借下年之日以終前閏矣」，復謂「置閏之内年，其餘分未必無餘，而不可有所欠」。論日月之運，既主横渠「天與日用皆左旋」之説，而謂「日月與天同運，但不及其健則漸退而反右矣」；復自背其説，而有二人同行之喻，謂「曆家右轉之説，自有源流，未可以先儒所學之大而小之」。凡此等處屢言屢變，乍彼乍此，進退皆無所據。其曰「天有範圍，地有根著」，則近於無稽[一]之妄談，而淪於小智之私矣。臣敬君與二人同行之譬，尤爲不達事理。大抵天地、日月之理，雖亦格物窮理者所當理會，然既未可目擊，難以遥度，則不如姑以先儒所已言者爲據，暫且放過，而於天理、人事之切近者致詳焉可也。

案：史文璣管窺外篇，皆辨論朱子易本義、通鑑綱目、蔡沈書傳、許謙四書叢説諸書之語，其説於天文、曆算特詳，若所考書傳日法閏法，疏通證明，塙有依據，雖所援證皆宋元以來習見之書，未能遠稽史志，然在講學家亦可謂淵雅之士矣。又如考正書傳召誥周官康王之誥諸篇之誤舛，校列程氏增廣性理字訓白本、注本之同異，辯覈亦致精審，固異於虚譚誠敬，擯棄書傳者也。

陳氏剛性理會元二集

[一]「稽」，底本誤作「得」，據校勘記改。

四十六卷。國史經籍志四上、千頃堂書目十一、元史藝文志三。

佚。

案：陳公潛性理會元，今無傳本。所謂二集者，或會元本有一集，公潛賡續裒輯，別爲此書，抑公潛書自有前後二集，著録者未爲分析，皆未可定。史氏管窺外篇下，引性理會元二條，並采朱子説。考公潛爲胡石塘長孺弟子，時代與史文璣相接，或即此書也。明文淵閣書目四有性理會元一部，五册，完全。無二集之目，未知即陳書否？

趙氏次誠聖賢道統圖萬曆温州府志十七

佚。

萬曆温州府志十二：趙次誠歷叙聖賢傳心之要，上自伏羲，下及朱子，纂成一圖。

孔氏晥政略

五篇。乾隆平陽縣志十九

佚。

雍正浙江通志一百九十三：孔晥隱居養親，有經略使至，延見，上政略五篇，言天下利害，使嘉納之。

案：孔照磨皖，雍正浙江通志、乾隆温州府志、乾隆平陽縣志隱逸傳並有傳。

葉氏葵性理粹語一卷。忠貞録一

佚。

異端辯忠貞録一

佚。

治平策略二十四篇。忠貞録一

佚。

明辯工程

三十七篇。忠貞録一

佚。

卓敬葉繼道墓誌銘：先生著明辯工程三十七篇，性理粹語、易學精微各一卷，皆精研太極、陰陽、鬼神、性命之奥，又述濂洛宗派六卷，異端辯三十七條，嘉慶瑞安縣志作「三十七篇」，誤。〔一〕括之以理，證之以聖賢之大道。治平策略二十四篇，所言皆鑿鑿有經濟。忠貞録一

劉氏清尊本録 萬曆温州府志十七

佚。

明

卓氏敬性理發明 乾隆温州府志二十七作「周子通書邵子經世發明」，今從萬曆温州府志十七、雍正浙江通志二百四十五、嘉慶瑞安縣志九。十卷。萬曆温州府志十七

佚。

〔一〕「嘉慶瑞安縣志作三十七篇誤」，底本誤作「乾隆瑞安縣志作三十七篇」，據校勘記改補。

劉球卓忠貞傳：公博學，尤邃性理，有遺書十卷，發明周子通書、邵子經世之學。忠貞録

案：卓忠毅公敬，明史一百四十一、萬曆温州府志忠節傳、雍正浙江通志、嘉慶瑞安縣志忠臣傳並有傳。

佚。

黄氏淮自省録千頃堂書目十一

千頃堂書目十一：黄淮自省録在獄中作。

陳敬宗明故榮禄大夫少保户部尚書兼武英殿大學士謚文簡黄公墓誌銘：永樂癸巳，車駕再巡狩，公留守，時漢王潛蓄奪嫡之志，忌公獨深，日夜窺伺間隙，流言監國之過，公遂不免。一滯十年。處困中惟日賦詩以自遣，形於詩者無非引咎責躬之言，名曰省愆集；又即人情變態之機寓之於言，名曰自省録。程敏政明文衡八十九

鄭曉吾學編八：少保黄文簡公淮，永樂十二年坐奉表迎上不敬，逮詔獄凡十年，獄中有省愆集、自省録〔一〕。

〔一〕此句底本無，楊紹廉補録。

案：介庵黄文簡公淮，明史一百四十七、萬曆温州府志宦業傳、雍正浙江通志、乾隆永嘉縣志名臣傳並有傳。

梅氏頤養正蒙求乾隆永嘉縣志二十三。萬曆温州府志十七〔一〕作「養正蒙求編」。

未見。

自序：古者八歲教之以灑掃應對進退之節，禮樂射御書數之文，所以涵養德性於幼稚之時，而下學上達之理無不在也。及其長也，自致知格物以至於修齊治平，由家國以及於天下。是以古之君子，少而學之有素，長而施之於是，無不可者，又推而至於參天地贊化育之道，舉不外乎是矣。嗚呼！今之人自蒙童至於成人，養之弗端，口不道先王之法言，身不服先王之德行，是故愈趨而愈下，日薄日媮，豈三光五嶽之氣不全，而人心昧昧若是，天理亦從而不能昭昭邪？非邪？抑耳塗目惑，惟利之趨，先王之道其不泯滅而無聞者幸矣。天之未喪斯文也，故濂、洛、關、閩諸先生者出，拯人心於壞亂之餘，闡人文於將墜之日，諄諄切切，而所以梯航乎後學者惟恐不及，此教之所以立，而君臣、父子、夫婦、長幼

〔一〕「萬曆温州府志十七」，底本誤作「乾隆温州府志二十七」，據浮簽改。

之道粲然復明於世，何其幸邪？斯道也，又不能家喻户曉，又有昧於所學而不知所以爲教者，唯詞章淺技之是攻，篆籀末學之是尚，朝講暮習者不過如此。而於所謂天理人心之説，蔑不知爲何事；三綱五常之道，又視爲常談，則望其如古之人，自小學以進乎修齊治平，以底乎參贊化〔一〕育者，吾知其不能也明矣。頣賴先人之餘緒，少而知學，長無以成，每於聖賢道德之格言與夫日用彝倫之至理，蓋嘗竊有聞焉。積之之久，亦粗識夫天理人欲之分，公私義利之辨，而於濂、洛以來諸夫子之遺言，竊得以知所趨向而心究焉。輒於暇日編次諸夫子及近代大儒箴銘贊訓之作，繼之以七君子之贊終焉。蓋欲使人誦其名，耳熟而心慕焉。繕寫成卷，率以四言爲則，兼有韻語，庶用便於童習，意者欲其自僮幼時口誦斯文，長而從先生長者求問其義，則能知夫聖賢所以爲學之方，而尊德性道問學之事亦未必不從是而有得焉，亦足以養正於蒙矣。易曰：「蒙以養正，聖功也。」又曰：「童蒙求我，匪我求童蒙。」敢竊取其義而名之曰養正蒙求云。乾隆永嘉縣志二十三

東甌續〔二〕集六：梅頣字昌年，號甦庵，永嘉人。以明經薦，任都昌主簿，遷夔州判官。

〔一〕「化」，底本誤作「位」，徑改。

〔二〕「續」，底本誤作「詩」，徑改。

朱氏謚正蒙述解千頃堂書目十一。續文獻通考一百七十八無「述」字。〔一〕

佚。

太極圖解

一卷。雍正浙江通志二百四十一。千頃堂書目十一無卷數。

佚。

西銘解萬曆温州府志十七

佚。

庸言集萬曆温州府志十七

佚。

〔一〕底本無「續文獻通考一百七十八無述字」句，楊紹廉補録。

孔氏希直考圖書譜

二卷。乾隆平陽縣志十九

未見。

乾隆平陽縣志十二：洪武歲貢孔希直，彭澤丞。

任氏道遜太極心性圖説千頃堂書目十一

佚。

雲山樵語千頃堂書目十一。嘉慶瑞安縣志八作「集雲山樵語録」，雍正浙江通志二百四十五題「尹道遜」，誤。

佚。

案：任太常道遜，萬曆温州府志翰藝傳、雍正浙江通志、嘉慶瑞安縣志文苑傳並有傳。

葉氏挺理氣圖説千頃堂書目十一

佚。

楊氏（譓）修行録（乾隆溫州府志二十七）

佚。

發蒙備用（雍正浙江通志二百四十五）

佚。

楊氏族規（雍正浙江通志二百四十五）

佚。

蘆江鄉約（雍正浙江通志二百四十五）

佚。

新婦戒（乾隆平陽縣志十九）

佚。

乾隆平陽縣志十四：楊譓，專志聖賢之學，其居室左書周子志伊學顏篇，右書張思叔座右銘。謂正家自内始，作新婦戒；由家而族，作楊氏族規；由族而鄉，作蘆江鄉約；又作發蒙備用以教童子。

案：楊處士譓，萬曆温州府志文學傳、乾隆平陽縣志理學傳並有傳。

周氏令志善集千頃堂書目二十一

佚。

嘉慶瑞安縣志九：志善集，周令撰。姚江孫陞曰：「公棄科舉文字，專邃理學，每以聖賢爲師，置功過簿志善集，晝之所爲，夜必焚香告之天。

案：周通政令，萬曆温州府志翰藝傳、雍正浙江通志、嘉慶瑞安縣志文苑傳並有傳。

王氏瓚正教編

一卷。國史經籍志四上、百川書志三、千頃堂書目十一。

未見。

百川書志三：正教編一卷，明武宗朝兩京國子祭酒永嘉王瓚，讀五經及體行十一箴以示天下諸生。

案：王文定正教編，千頃堂書目十五載：「無名氏廣説郛卷二十六、三續百川學海甲集一，並刻此書。」則明時梓本甚多，然今未見傳帙。

方氏繼學心學膚見　清穎一源集二

佚。

王氏澈王氏族約　千頃堂書目十一

一卷。

存。　遜學齋藏鈔本

洪垣序〔一〕：浙之稱大家者，惟浦江鄭氏，蓋以義規爲可尚云。其謹樸循禮，制〔二〕度嚴密，雖爲一家之訓，而國脈民風繫焉。然民風之正，以士風倡之，予歎不可復見矣。今少參東崖王公，推予民範之意，廣宗約，首諸鄉邦，以祀事聯族黨，以族黨修禮義，以禮義閑内治，以内治施有

〔一〕底本僅有「洪垣序『浙之』至『試矣。萬曆温州府志十五』」提示，全文據刻本補。

〔二〕「制」，萬曆温州府志作「劑」。

政，以有政措官刑而杲國憲，率皆約乎體要以循吾衷，洽諸人人而不可倦，豈非重士以爲民俗倡也。夫古者宗法立則風俗淳，忠義出而朝廷尊。至唐顔氏猶以家訓維大節，成社稷之勳。今兹約之行也，其古宗法之遺與！簡而易從，曲而可則，故不出家而天下平者，用此道也。豈獨吾郡乎哉？昔宓不齊謂孔子曰：「自予得五人而單父治。」張詠之守益州也，亦因張逵、李畋輩之學行而一州之學者知勸。今予得王氏，而民範有不行者哉！予兹試矣。萬曆温州府志十五

王世貞王副憲西華公誌略：公諱叔果，永嘉人。東崖公仕至福建布政使右參議，年四十餘始舉。公既長，補博士弟子，薦鄉書，罷會試歸，讀書山中，其學益邃。時東崖公方樹先祠，輯世譜，飭宗法，公佐其成而詳爲之説，世所傳王氏約者也。弇州史料後集十六

侯一元東崖王先生小傳：先生徘徊郎署者十年，乃始陞爲福建參議。是時二親並大耋，適告歸，因遂不赴。如修譜牒，建宗祠，著族約，不以節嗇故儉其親，不以菲廢禮者，固先生庸行也。二谷山人近稿五

案：東崖王參議澈，萬曆温州府志宦業傳〔一〕、乾隆永嘉縣志仕績傳並有傳。所著族約凡十篇，一祠儀、二餕儀、三簡任、四籍考、五彙訓、六冠昏、七喪祭、八内治、九嘉言、十

〔一〕「宦業傳」，底本脱，據刻本補。

善行，皆斟酌古今，根據禮典於敬宗收族之道，言之至悉。今永嘉王族姓蕃盛，歲時尚遵行此約不替，亦義門鄭氏之流亞也。

王氏勳檢身集乾隆温州府志二十七

佚。

乾隆温州府志二十：王勳弱冠即有志聖賢，精思力踐，有聲庠序，録先正格言及所自得者，曰檢身集，用自鏡考。

案：王處士勳，萬曆温州府志、乾隆永嘉縣志義行傳並有傳。

項氏喬甌東私録

六卷。千頃堂書目十二、明史藝文志三。

存。遜學齋藏明嘉靖壬子刊本

人情明於觀人而暗於觀己，故於人之不知而作者，類能指其紕漏而正其非；至於己，有所作，則公然不知其非而以示人也。義理玄微，又安知人之非我，不猶我之非人乎？語曰：「家有敝帚，享之千金。」不自見之患也。予質魯，頗知好學，所至胸中略有悟處，必札記之，雖夜必興，雖不敢謂不可易，而不肯自遺，故語無倫次亦無文，録成四帙，不敢自以爲是，尚期就正於有道者，而名之曰私録云。其文録、政録，則已達之知舊，行之省郡矣，不敢言私也。時嘉靖三十一年壬子春正月哉生明，永嘉項喬叙於廣之南雄公署。

予拙稿十册，原總名曰私録。劉儓推官校取關繫理學者爲私録，餘名文録、政録云。拙稿嘉靖戊申梓於漳南上杭，名曰甌東稿略，凡四册，窗友張滄江純嘗校正之。辛亥續梓於東粵紫薇垣，凡十册，總名曰甌東私録，則從化教諭傅陽明、新寧教諭林章與香山教諭張天叙各校之，而張天叙規正處亦多。三洲李都憲、翰林修撰同年羅念庵俱已爲之序矣。壬子至南雄，以示推官劉儓。儓仕而優於學者，請類所自得關繫理學者爲私録。謂文已達之知舊，政已行之省府，匪私矣，類爲文録、政録云。予是之，遂於篇章斷續增減，分而爲三，似便觀覽。惟私録四書疑無章次，序而改梓，則二三子之責也。嘉靖三十一年壬子正月三日，書於南雄公署。

洪先與甌東項君同登第，數相見於相國張公之門，間論學，嘿嘿注視無酬語，已而授南部以去。故事：銓司視南北有輕重，規便者多方取援，君故與相國連姻，顧不一藉手。比在告，道出儀真，疫癘大作，親交無或過者。君在分司，爲之館穀，日坐榻上問安否，蓋自是始知君。每遇縉紳，輒問其行事，莫不嘖嘖誦述，如敦彝之古，雲犧闇然；如山岳之重，林卉鬱然；如雷霆之迅，伏蟄醒然；益自信知君不謬。而又因君推之，以爲利害不能回者，其人必足以遠致而大受，可無疑也。然身以憂罪，前後臥田里且二十年，雖欲面質所學，竟不可得。自己酉至辛亥，凡兩見，傾倒不能舍。已而，遺以私録十册，俾訂可否，則見君之生平，無問職之勞佚、境之順逆，咸資經義以自輔。而於心思所得，出處所經，與夫見聞所及，日有札記，以庶幾古人精思而力踐者。既未嘗主一家之言以拒衆善，亦未嘗成一家之言以剿衆説。達意以爲辭，無所飾也；據理以爲見，無所擇也。讀之者，雖未與接，而亦可以知其爲人。洪先至是徒抱過時之悲，且疑知君猶未盡矣。雖然，自致知窮理之辨出而學日分，徑趨者惡考索之寡要，務博者疑存守之拘方。門户既殊，讎論益遠，君於二者宜有鑒別，且以爲有先後邪？且以爲並進邪？且以爲皆似是而非邪？抑其利害不能回，與行事之可誦述者，得之天而堅於學邪？抑學之所在，有不止於是録邪？君嘗以著述爲諷，是時亦復嘿嘿注視無酬語。數年以來，既有少契於經義，而因覺力踐之愈難，故寧無汎應，不可一日而釋卷；寧無多識，不可一息而罔生。蓋今而後乃能以身取益於君，而又悔昔之孤陋，未能一言爲君益也。君二子文焕、文蔚，年少而質美，足以繼志，書來以是録爲問，有厚望焉，遂序其平生以復。或言録中語激切近於憤世，析理間出同異，統紀未一，則謂之曰：「此賢者所同，衆人弗識也。」君誠知存守所在，進進不已，安知終無損益時耶？嘉靖壬子正月〔一〕二日，賜進士及第、前左春坊右贊善兼翰林院修撰、經筵講官、吉水念庵羅洪先謹書。

張自烈正字通戌〔二〕：「霉」，項甌東曰：「江南以三月爲迎梅雨，五月爲送梅雨。」或言古語「黄梅時節家家雨」，故云〔三〕。張蒙溪謂「梅」當作「霉」，雨中暑氣也。霉雨善汙衣服，故又云「霉涴」，言其爲霉所壞也。按埤雅、風土記皆作「梅雨」，霉義與黴〔四〕通。

案：甌東私録十卷本，合雜文及論學札記、文移、公牘爲一編，嘉靖辛亥刻於廣東，時甌東方爲廣東參政也。明年又刻於南雄，則推官劉㦂別爲編次，以論學文字爲私録六卷，餘爲文録、政録。今十卷本，瑞安項氏有明刻本；後刻六卷本，予家有之，而文録、政録則並未見。今兩存其目，以初刻本隸別集，而著劉編本於儒家，從其實也。其書弟一卷皆論學之文，而附以風水辨及策問問答。弟二、弟三兩卷，爲四書疑上下篇，疑即所謂四書臆説者。詳卷六〔五〕。弟四卷則與友人論學書，末又附録歐陽德、羅洪先論學書八篇。弟五卷爲

〔一〕底本依明本無「月」字，據刻本補。
〔二〕「戌」，底本闕，據正字通補。
〔三〕底本無「故云」，據正字通補。
〔四〕「黴」，底本誤作「衡」，徑改。
〔五〕「六」，底本誤作「五」，徑改。

雜著上，皆論經、史、子、集札記之語。弟六卷爲雜著下，則皆記時事，不必皆關涉理學也。以十卷本校之，序次固爲碩異，篇第亦略有增益，不徒薈萃類次，易於尋覽也。甌東之學，宗尚姚江，又與聶豹、羅洪先、歐陽德諸人往還講習，故此録持論，大指多與陽明符合。其謂朱子著述極多，而格物求放心，尊德性頭腦去處，却覺差異，録一論古今諸儒理學。亦不滿於宋儒。然其論學札記，兼重問學，與姚江末流入於狂禪者迥異。若謂陳白沙能妙悟而失之禪，録一論理學。陽明謂良知即天理，而遺却良能。蓋矯枉而不覺其言之過。録四答李三洲論格致之學。王龍溪水西沖玄會言以「戒慎恐懼是本體，不睹不聞是工夫」，決非陽明之言，録四寄羅念庵論學。並砭鍼不遺餘力。蓋學有心得，非依草附本，隨聲附和者也。至其論周禮，主俞遷椿等「冬官不亡」之説，録一論六經四書大旨。論大學古本，謂未見其是，録四答李三洲。又謂瘐死即楚茨詩朱注：露積曰瘐之義，録五雜著上。不知爾雅釋訓有「瘐，瘐病也」之詁，説文無「瘐」字，爾雅釋文本，今作「庾」。考古不無疏舛，然講學與治經詁字，宋元以來涂轍久異，固未足爲甌東病矣。

又案：私録四，有與南雄劉推官論學書，初刻十卷本無。注：名僊，浙之壽昌人，選貢生。甌東書云：「初見我兄，論政外未敢以問學相聞，及見張子正蒙釋義，因與談朱子、陽明之學，方知洞然於此，直如蠶絲牛毛，雖海内素以講學名家者，未能過也。乃取私録十册求教正焉」云云。則僊亦爲陽明之學者，故爲甌東編録此書。今所見本答李三洲都憲論格致之學，及答友人論真一之學兩書，並有僊評語，即編刻時所加也。

又案：私録四，又有請歐陽南野禮侍論學書南野即歐陽德别號，此書十卷本亦無。云：「喬雖不及陽明之門，於陽明之言極知尊信。然於『至良知』三字，竊以爲矯弊之言；於『知行合一』四字，終亦不敢信其爲千古不易之論。蓋以中庸序三知於三行之先，大學以自修對道學，孟子以智爲始條理，聖爲終條理惑之也。常以陽明之旨，參之四書，似有不能貫通者，故嘗於舉業詳説中，謂知之正所以行之，心之存處即是行也。自撰『知行合一』一段，自謂未必非陽明之意也。此並答李三洲格物書，及評晦庵、陽明處，與平生所妄自信者，皆已具於私録，謹具一部奉上。其中關繫理學者又另具四册，乞公遍加覽觀，痛加點竄於其上。」此足見甌東論學，於陽明亦不爲苟同。其所謂「私録關繫理學另具四册」者，即指後刻六卷本，甌東書云四册者，以册計之，與卷數不相涉也。

項氏家訓甌東私録八

存。甌東私録本

自序：家難而天下易，自天子達於庶人一也。然必先其難而後可及其易。予家居，既立祠堂，修族譜，仍作訓詔族人者以此。然訓雖四十七條，要皆推廣聖諭六句之意。其有不共，國有常刑。吾族人不念家訓，獨不念國法乎？念哉念哉！毋使我諉之於難也哉！雖然，家不有本乎？身修而後家齊，反身之吉，言有物而行有恒者，豈異人任之？嗚呼！人生不滿百年，豈敢虚度？天理萬古一日，何代無人？予子文焕，請壽諸梓，人給一編以便傳習，庶幾勿替！引之作訓序。甌東私録二

案：項氏家訓單刻本未見，其編入初刻甌東私録第八卷者，首題「嘉靖辛丑三月望日撰」，據族譜叙，蓋甌東嘉靖戊戌以廬州守丁母婁氏憂，服闋後，經理祠堂，因作訓以戒族人，首七條，録太祖訓辭六語而衍其義；次爲自作訓辭四十條，自設立族長、族正，以至祭葬、嫁娶之制，及一切誡約，無不詳載；後又有附訓上下篇，自叙未載。上篇爲王陽明諭俗語四條及續訓五條、普門張氏族約二十六條；下篇爲嘉靖庚子初立祠堂記及族譜叙、祠論、添蓋祠堂記四篇，蓋後來續增也。其間如從横渠張子説，宗子不立長而立賢，參酌古今，頗爲詳備，惟訓辭多爲俚語，則以意求通俗，故不事文飾也。

張氏純普門張氏族約甌東私録八

闕。樗庵日鈔寫本

案：滄江張知府純，文忠公孚敬從子，萬曆温州府志宦業傳、乾隆永嘉縣志仕績傳並

有傳。所著族約，舊府、縣志並未著録。惟周懋寵樗庵日鈔録其文二十有七條，分三目：曰辯賢約，則定擇族長、族之年長者爲之。族獻、通知古今行誼可則者爲之。族正能執禮法不任私意者爲之。及立宗子諸事；曰月旦約，則議立祠祀始祖以下，及以族之賢者配食之禮；曰立春約，則春祭之禮節也。甌東私録八：項氏家訓後附録二十六條，則皆訓俗法語，爲樗庵日鈔所未載。蓋周鈔所録各書，多節取精要，不載全帙。甌東采附家訓，則又專鈔訓俗格言，凡儀制規條，並從删削。然兩互相茵補，所佚蓋亦少矣。約中所定禮制，大旨宗朱子家禮，而參以大明集禮及永嘉鄉俗，斟酌參定，條理嚴整。私録所載尤多精語，甌東識其後，亦謂其援引故事切當人情云〔一〕。

佚。

陳氏輅格致要領 萬曆温州府志十七

道光樂清縣志八：陳斐子乃輅，有父風，著有格致要領、詩林廣記。案：「乃」字疑衍〔二〕。

〔一〕普門張氏聞見録五列祖書目著録爲「四卷」，當補。

〔二〕據康熙樂清縣志五：「陳斐子輅，有父風。」「乃」確衍。

侯氏一元二谷讀書記三卷。曹溶學海類編。四庫全書總目九十六作「二卷」。

存。學海類編本、二谷山人集附刻本。

四庫全書總目九十六：二谷讀書記二卷，編修程晉芳家藏本。明侯一元撰。一元字舜舉，樂清人。嘉靖戊戌進士，官至江西布政使。此編乃其讀書雜記，多推闡四書之義，大抵前人所已言。中間謂「陽明之學遺却格致本旨」，又謂「朱子談理過於分析，陽明起而病之，由於相激而成」。亦頗有見也。

案：二谷讀書記，余所見者凡二本，一曹溶學海類編刻本，分上中下三卷，凡六十三條；一明刻本，編入二谷山人集爲第七、第八〔一〕二册，分名理、論學、傳習、尚友、道術、擬議、義命、觀物八篇，而不分卷，其條數多於曹本，不啻十倍。類編所刊書，往往多删削不完，此亦其一矣。四庫所著録者，似即曹本。總目雜家類學海類編下亦稱編修程晉芳家藏本，與此同。然總目又作二卷，疑刊本字誤。此記論性理十之六七，而經史大義及老莊諸子、唐宋詩文，亦間有平議，曹本所採者，偶多論四書語，總目遂謂多推闡四書之義，實不然也。

〔一〕「第七、第八」，底本誤作「第八、第九」，徑改。

又案：總目所舉論朱王學派二條，明槧本並在論學篇，今録於此，以見二谷論學之略。記云：「陽明先生之説格物即是誠意，分别意、知、物三目，而加誠致格之功，以爲能格斯謂之致，斯謂之誠，於義甚密，於理亦通。但遺卻格致本旨，而並博文擇善、聞見問學等語一切掃除，創爲之説，遂使誦詩讀書、親師取友、聞見之知皆不得爲良知，則自羲農立教以來萬古所未有也。恐自學知以下人品受害不小。」右論陽明格致之説。又云：「朱子踐履處無可議，至其説理，則或過於分析，陽明先生起而病之，蓋亦朱子之忠臣也。第矯枉之過，遂以格物爲行，凡語、孟所示求道之方，一切以己意説之，誤高明於猖狂，拘凡近於孤陋。譬之藥焉，去病之功固偉，而戕賊吾身亦不小矣。」右論朱子之學。此外，論二程、象山、慈湖及陽明傳習録之語甚夥，文繁不能悉録也。其論學不甚取陽明，而説大學則遵古本，以朱子補格致傳爲非，在明儒中可謂超然中立，無所依傍者矣。至其援洪範稽疑主龜不主筮、周禮大事卜小事筮，證左傳筮短龜長，非謂據一時所占之短長。又據文選注引通俗文「幘導」曰簪，證玉導之爲簪，以駁正楊慎丹鉛録説，則偶涉考證。然寥寥數條，非其所專意也。

王氏諍大學衍義通略經義考一百六十無「通」字，今從四庫全書總目九十五。

三十一卷。四庫全書總目九十五。經義考一百六十無卷數。

存。經義考一百六十注曰：「未見」。

四庫全書總目九十五：大學衍義通略三十一卷，内府藏本。明王諍編。諍號竹巖，永嘉人，嘉靖庚戌進士，官至右僉都御史，巡撫貴州。其書取楊廉大學衍義節略、邱濬大學衍義補合爲一編，凡節略十卷，補略二十一卷，間亦釋字證義，取便檢閲，無所闡明。

金氏昭按痛編〔一〕一卷。

存。遜學齋藏鈔本

余生迂以拙，動多詿咎，咎即覺，覺輒疾書，揭諸座右以自鏡，期毋再蹈。久之懲去什一，閑嘗取先生書讀之，往往有默契餘衷者，歎曰：嗟乎！是誠古方書矣，餘疾日其有瘳哉！因分類銓次，痛爲檢身之一助。謂其中癖窾，猶良醫按痛而砭也，爰竊此義，以命編。觀者幸毋以豹管見嗤云。自叙

〔一〕此條底本無，楊紹廉補録。

王氏應辰省言半山藏稿

佚。

王叔果故上海訓導海壇王公墓誌銘：公蚤歲肆力詞章，晚乃遜志聖學，於白沙、陽明二先生之學，大端歸指日究而心賞焉。所著語録有省言。半山藏稿

蔡氏瓚通書便覽

二卷。乾隆温州府志二十七

佚。

李氏維樾格言集要乾隆温州府志二十七

佚。

瑞鳳堂講録乾隆温州府志二十七

佚。

張氏德明治平録道光樂清縣志十一

佚。

案：毅宇張參政德明，雍正浙江通志、乾隆温州府志、道光樂清縣志循吏傳並有傳。

王氏家春〔一〕太極圖説雍正浙江通志二百四十一

佚。

王氏欽豫翼正初編乾隆温州府志二十七無「初」字，今從鈔本。

九卷。乾隆温州府志二十七無卷數，今從鈔本。

存〔二〕。永嘉王氏家藏鈔本

〔一〕「家春」又作「嘉春」。

〔二〕校勘記：「檢家藏有傳録本五册。卷一名文一，分詔、表、疏、封事、書、奏、對六目；卷二名文二，分策、議、論三目；卷三名文三，分原、辨、説、書四目；卷四名文四，分序、記二目；卷五名文五，分書跋、雜文二目，附公移；卷六傳略，自齊范鎮至明葉廣彬，凡四十四人；卷七雜記上，曰紀事；卷八雜記下，曰紀言，附補遺；卷九别録，而以自著文五篇終焉，輯鈔者並皆著入辟佛之言；卷首有王維夔序，題翼正編、經德録總序。」

愚始解章句，目未逾論、孟之書，已心疑所謂佛者，宜不容於辨邪説之孟子。及稍誦古文詞，見有若傅太史、狄梁公、韓吏部之抗疏，歐陽文忠之論著，皆毅乎力攻之，於是益躍然而信曰：佛之見闢於吾儒若〔一〕是乎？然則繼數子而起者，豈無人乎？自是有所寓目，多心識之。竊見佛説愚人，既深骨髓，歷昔至今，幾不可致詰，然雖昏塞〔二〕之極，要必有人焉力爭其惑，而正道卒不泯没，此見上天護道之心之至，而聖賢面目未嘗不寄靈口辨間。故孟子曰：「能言距楊墨者，聖人之徒。」誠深有見焉，而惓惓致望於後之立言者與？今天下家挾靈蛇，人推班馬，儒之盛莫有逾於斯者矣。乃佛氏鼓三寸之舌，若不勞餘力，奄然掩而驅之，然則儒之衰孰有甚於斯者乎？使爲吾儒者，果能正色昌言，而卓然信守其是，彼雖黠亦誰能掩之。今觀其説無生、談上乘者，盡吾黨聰明人也。顧乃讓先覺而弗居，惟慧業以自命，至於氓之蚩蚩，壹醉日富〔三〕，紛然亂政之書充斥於寰内，天下不見吾儒面目久矣。間有伸正論以排邪説，則鮮〔四〕不訝而詬之曰：「此不祥之人也，此必得罪當世

〔一〕「若」，傳録本作「如」。
〔二〕「塞」，底本誤作「寒」，據刻本改。
〔三〕「富」，傳録本作「當」。
〔四〕「鮮」，底本闕，據校勘記補。

者也。」嗟嗟，習俗已成，何能驟易？雖復敝舌腐脣，嘵嘵乎自爭理勝，又誰爲信之？無已，莫若求之方策，亟噓其不死之精神以覺我原初之面目，大抵〔一〕豪傑之生，必領扶輿之正氣，使得時而行志，則天下快睹其風猷。其若潛而弗躍，著書明道以終其身，亦百世凜〔二〕其斧鉞。以是上下古今，貴自王公，下迄韋布，各有毅然持正者。或出之胸臆所發攄，或見於行事所紀載，煌煌編册，總皆其精神之所寓，而正氣亦乘乎其間。故雖世易人遐，運歷否塞，猶能使後之人，從風簷展對間，時見其慷慨唏噓〔三〕，雙眸炯炯，豈非方策中誠有不得掩者哉？學者恒苦卷帙浩繁，且篇章散錯，一覽難悉，是以多有偉議孤踪，致埋没於蠹簡而莫之睹，此非復異學之能蝕其靈也。表章羽翼，方待乎人，自傳太史撰高識傳，寥寥近千載，其書恨不得見。近代如羅氏困知記、胡氏居業録諸書，於儒佛邪正之分，胥判若觀火，要距闢之功多，而表章之義容未盡焉。愚也感懷往哲，嘗願得一人焉，纘太史公遺意，博集古今諸持正者，舉一言一行，罔致銷沈，令讀者不越一編之中，而面目精神了了具睹，顧未能旦夕遇也。亡何，感事激衷不能自已，乃即就笥中所有粗爲鈔集，黽勉

〔一〕「抵」，傳録本作「都」。

〔二〕「百世凜」，底本原作「百百世□」，衍「百」，闕「凜」，據校勘記删補。

〔三〕「唏噓」，傳録本作「噓欷」。

數月，致忘寢食。既卒業，竊自詫曰：「甚矣哉！予之誣也。架不富萬軸書，目不十行俱下，身不繫聖賢之籍，僅僅此數十篇中，憑一時之漁獵，而妄希羽翼之功臣，不亦過乎！」既而曰：「是或未必爲予罪也。」夫葵邱會而周室尊，大澤盟而豪傑起，功有偏局，事有先幾，大抵然矣。大德大賢不世出，徒扼腕而謝不敏，天下事幾能俟河之清哉！時叔文虎、得人，姪鄰喜共贊襄之，愚終以淺陋自嫌，稿成不忍終棄，則又以批訂屬鄰喜，而叔得人加删削焉。於是此書面目約有可觀，明知漏萬無辭，姑竊附於「不賢者識小」之義，題曰翼正初編。志發端云：嗟嗟，元黄之戰久矣，白晝而或晦冥，夷狄而或攘統，數或出於不可知。然晝之不得指爲夜也，夷之不得指爲夏也，則萬萬無能易者。詩曰：「彼疏斯粺〔一〕，胡不自替。」夫秉正以遏邪，司世者之責也；表前徽〔二〕以惠後學，則吾輩羽翼之大端也。世不乏深心博識之人，尚益裒所見以廣愚志，以成一代未備之書，先正有靈，其默牖之。嗚呼！愚其能忘情於斯人！文虎名至彪，得人名萬昌，鄰喜名起元。天啟丁卯孟冬之朔，東嘉後學王欽豫與謙甫識。

〔一〕「粺」，底本誤作「稗」，據校勘記改。
〔二〕「徽」，底本闕，據校勘記補。

經德録五卷。乾隆温州府志二十七無卷數，今從鈔本。

存。永嘉王氏家藏鈔本

言行所以動天地，爲所動者，理之相足耳，天地則何心之有？吾人姑弗遐觀千載，即就身所及見而言之，凡所爲可喜、可怖、可羡、可矜之情狀，十年以前，所遷流者幾何人？至十年以後，其榮落者又幾何事？則當身之鏡不越此而得之矣。命運雖有不齊，大抵繇己，怨尤者甚多，而衆人爲之歎天道之無知者絶少，何哉〔一〕？豈非各肖其氣類之自取而無所於爽耶？嗟乎！使造物者之於人，刻刻而督之，瑟瑟而償之，算彼付此，不遺銖兩，則穹然者何其勞，而聖窮賢夭又何以説也。然要其所歸，而可必即於不可必之中，古之人之辨此者，豈不詳以切哉！今天下之言可喜、可怖、可羡、可矜者，洋洋散見佛乘中，溺而信焉者咸是也。有高明者不能不疑之，疑之誠是矣。惜其念締於所向，不能明遏其繇然，而一二仁恕君子，又每持曉世之言爲彼道護之。護之曰：「佛善爲宏闊高廣之言以誘人，是終以此中苦心爲佛之所獨有也。」以愚觀之，其所洋洋而言者未必佛之所本有，未嘗儒

〔一〕「哉」，傳録本作「則」。

之所本無。夫佛言之而宏闊高廣者，以儒言之反親切而不欺，則惟盡之以殃、慶二端而已矣。先民自有戒，豈必西來哉？然有識者又不必以此歸之儒，而直歸之民生之日用，則雖田夫村婦，皆可以情之所到，事之所極，迓有赫於目前，所謂吾爲其可必，而天無不可問也。不貸能於占畢，不借絢於聲華，其斯以爲經德乎！自專理之氏好以理勝，則恥陳徵應，懼或眩焉，然降祥降殃，何代無之？雖有戾人，不能不感於其故也。翊正者其有憂患乎？謂斯理可安於固然，必形諸語言，而以某事配某事，其褻吾翊正也實甚。獨無奈溺於異者，盡移其趨避之情，誤而用之於彼教，則必卑卑乎視正不足爲。正之不爲，翊於何有？是安得不明天人之通以道之也？予叔父蓋曰：「世方且樂言報應，吾亦與之爲報應。然而應吾之所應，報吾之所報，與彼之云者大逕庭矣。繇吾之所録而觀之，則天之所在，期翊正之全力在焉耳。嗟嗟！哲人有言，惟君相爲能造命，非其因之謂歟！」又曰：「一節之至，可薄雲霄而動星象，非其果之謂歟？」故歸本言行之指，固夙備於前編，茲更以證其不誣耳。叔父督元爲序，元廼妄序之如此。倘同志者更見之，當曰元也多言。乙亥冬十月姪〔一〕起元序。

〔一〕「姪」，底本誤作「王」，據傳録本改。

案：王處士欽豫，乾隆温州府志、乾隆永嘉縣志隱逸傳並有傳。

史氏君實格物辯道光樂清縣志十一〔一〕

佚。

案：蘭齋史處士君實，乾隆温州府志、道光樂清縣志孝友傳並有傳。

吕氏仲璞格言乾隆温州府志二十七

佚。

案：吕寺丞仲璞，乾隆温州府志、道光樂清縣志義行傳並有傳。

王氏明揚蘆江録王氏園史

佚。

〔一〕「道光樂清縣志十一」，底本無，據刻本補。格物辯見道光樂清縣志藝文，爲千字短文，無單行本行世，縣志誤收，孫氏照録，當删。

三先生語録王氏園史

佚。

語録鈔要王氏園史

佚。

案：王仲升所著蘆江録，皆論學語，嘗纂楊龜山及朱子、陸象山、王陽明語録鈔要，又纂三先生語録，並見王玄翼所著園史。詳卷一周易偶筆下。所謂三先生者，不知何人也。

陳氏昌言著孔篇竹園類輯四。乾隆温州府志二十七、嘉慶瑞安縣志九「篇」並作「編」。

佚。

朱鴻瞻序：昔李翱爲幽懷賦，以唐失河北爲憂，歐陽子讀之，怪時之人不能憂，又禁他人使不得憂，謂使翱生此世，見今之事，則其憂又甚。嗚呼！今之時去歐陽子之時，又加遠矣，人不惟不憂，又且樂憂。夫有憂而樂，爲憂必大，何今之人見之不蚤而慮之不長也。予師聖可陳先生作著孔篇曰：「士紳佞佛，甚爲可憂。」方今可憂之事，其大者不可一二舉，何先生獨一事佛之爲鰓鰓哉！雖然，佛不足憂，而佞佛者之足以召憂爲可憂也。先生嘗與某論世事歎曰：士爲四民之長，奈何以則傚之身而崇非聖之法，因憮然念前代若梁武臺城之辱，道君北轅之釁，信先生之言不謬矣。英宗朝，京師内外建寺二百餘區。景泰間，駕猶議幸，故學生姚顯抗疏，詞尤凜凜，是時國威猶振，而己巳之變，幾爲靖康，則先生之言尤信。今方天子聖明，表章孝經、小學，黜邪説陂行〔一〕，萬無梁、宋諸君之慮，而士大夫獨習爲泄泄，惟事佛之惟謹，今日爲某會，明日爲某供，自京師達於州縣，莫不宫寺翬飛，幢幡霞竪，跡其所爲，已非憂國者之所宜事，而況機有相召，士紳佞佛，其應亦能禍人國乎！則先生之言幸而不中斯可也。此先生著孔篇之所以獨謂可憂者也。嗚呼！翺之憂也以唐之河北，歐陽子之憂也以宋之西夏，先生之憂雖止一事佛，而唐宋之憂已殷然在其意中。嗚呼！何今之人見之不早而慮之不長也。崇禎壬午孟春序。竹園類輯四

朱鴻瞻陳聖可先生傳：陳先生昌言，字聖可，隱居瑞安峴山之下，以文行勖後進。邑之學者多師尊之。事親孝，友於兄弟，與朋友交以誠，爲文辭樸率而典則，笑言不妄，智識明達，不信佛、老之學。崇禎間士大夫佞佛尤盛，先生歎曰：「事佛，於愚夫婦猶之可也，士大夫誦法孔子，吾甚患焉，則效必衆而職業不修，天下事不壞於若輩，吾不信也。」因奮爲

〔一〕「説陂行」，底本闕，據刻本補。

著孔篇，取孟子「楊墨息」之義，以爲孟子欲著聖，則闢楊墨以著之。今吾欲息邪，則著孔子以息之。而揭其卷首曰：「士紳佞佛，甚爲可憂。」不數年遂有甲申之變，時人始信其言，而先生亦太息以爲不幸而中。弘光以後，先生幽居憤悶，一發於詩。順治丁亥冬十月，邑有負芻之禍，平是難者夷及平人，先生亦不幸遇害，年五十八。竹園類輯八

國朝

陳氏光前靜觀齋心書乾隆溫州府志二十七

未見。

案：陳教授光前，永嘉人。乾隆溫州府志義行傳有傳。

史氏尊朱學則圖説乾隆溫州府志二十七

存。讀書淺解本

讀書淺解

四卷。道光樂清縣志十一

存。樂清鄭氏刊本

吾甌號小鄒魯，蓋自趙宋時，理學名儒輩出，王景山、林介夫兩先生則肇端於濂洛未啟之先，而元豐之九先生與夫六君子皆接踵而起，親游程朱之門而登其閫奥，所著之書，如儒志編、近思録、木鍾集之類，亦皆炳炳琅琅，輔經籍而行，如日星之並麗於天也。元、明已後，頗歎寂寥，蓋苞〔一〕符藴秀，别有宣洩，誠如王文定所稱，志仕宦者冀合時文之式，務應酬者惟事詩藻片牘之能，鮮有爲理性之學者矣。二酉史翁，生當明季，時姚江之説盛行，而翁獨尊信考亭，爲著格物辨，現登浙志，可窺豹一斑。而格庵先生，則翁之哲嗣也。生而聰穎，不類凡童，翁異之，期以理學正傳，特命今名。蚤歲餼上庠，步趨先民，動循規矩，如鷟群一鶴，以次將貢入成均，輒棄去。結廬於永之泉山竹隈水滙間，講學授徒，從游者數百人。先生憫俗儒不知爲學之要與立德之本，乃作學則圖説并孝經淺解，刊刻行世，其津梯後學之意至矣。而平居與諸弟子講論之要旨，悉筆於書。原帙頗多，先生復日删月汰，存若干卷，總名曰讀書淺解。戊辰冬，先生忽兆兩楹之變，及門取遺編付之梓，屬家季董剞劂，予從而讀之，喜其切實精要，足以發明聖學，而竊歎濂、洛、關、閩之

〔一〕「苞」，底本作「包」，據傳録本改。

傳賴先生以不墜也。嗚呼！是書行而先生之教澤於是乎廣矣！時康熙己巳立夏日，同學匊庵李象坤拜題。

昔周子著通書，原名易通，發明動靜通復之旨，而一本於誠。程子定性書引「艮止」之義，言動靜不失其時，而以自私用智爲戒，自私用智皆由於不知窮理，而所行皆妄。是濂、洛之所闡發皆備體用，兼知行而非有頓悟之境，遺棄問學也。朱子居敬窮理，於大學補、格物傳，實本程子九條之義，明善誠身，相資而不可偏廢，中正通達，紫陽所以集諸儒之大成而直接孔孟也。同時陸象山之學，曰靜、曰悟、曰覺、曰本體光明，流於虛寂。朱子力辨其非，真西山、金仁山以及元之許魯齋、明之薛敬軒，皆淵源考亭，所傳正矣。自姚江講致良知之學，謂無善無惡心之體，與象山「心即是理」之説若異，而宗旨實同。以格物爲格去物欲，其傳習録横詆朱子，又復改朱子初年之書以爲晚年之書；謂與象山有合，援儒於釋，其徒龍溪、心齋和之，支離猖狂，蔓延而不可解，學術之害豈淺哉！胡敬齋已力辯之，而未能遏其流。我朝文教昌隆，四書用朱子章句集注，陸稼書先生三魚堂文集辨別朱、陸之同異、真僞，而於陽明尤排斥不遺餘力，其爲是非昭然矣。今秋樂清鄭生耀廷，以其鄉前輩史格庵先生讀書淺解請爲序，而重鐫之。余展閱其書，凡五卷，案：讀書淺解本四卷。此云五卷者並附刻讀易淺解一卷計之耳。推闡大學、中庸、孝經及周易乾坤二卦之旨，約而精，切而實，多心得之言，而發前人所未發，大概羽翼考亭。其第四卷則斥傳習録之乖謬，甚爲辨晰，先生與稼書先生同時，甌郡去平湖千餘里，其所學若不謀而合。嗚呼！其可敬也歟？其可傳也歟？時道光丁亥孟秋，樂陵賈聲槐序。

謹案：讀書淺解四卷、讀易淺解一卷，梓行未久而板毁。吾鄉周公時煌恪遵樸學，故僅傳一册，實爲圭臬，後獨授之項子維仁。道光壬午春，耀廷過果園，條舉經義，皆歎講書多門户，惜無統括大歸。項子乃出是書，囑爲刊刻。顧譾陋不足闡前徽，逾五載，艮山夫子觀察吾甌，言精理奥，學有本源，時重修邑乘，甫脱稿，同人以丐序便並呈是書請定，付之剞劂氏。耀廷喜是書之有傳，於文爲儉，通經爲長也。工既竣，因略書顛末如左。時道光七年九月，鄉後學鄭耀廷謹誌。

案：史格庵讀書淺解四卷，弟一卷爲學則圖説，列天命、人倫及中庸、博學、審問、慎思、明辯、篤行諸目爲圖而附以説；弟二、弟三兩卷，皆雜記論學語，其言大都醇正明白，不爲語録鄙俚之談；其弟四卷專辯姚江之學，臚列傳習録之語而辨正之，詞氣和平，足覘學養，不至如陳建學蔀通辯之横加詆斥也。乾隆温州府志經籍門載於經部尚書類，又失其卷數，今補正之。

通書淺説乾隆温州府志二十七〔一〕

未見。

太極圖説解乾隆温州府志二十七

佚。

朱氏鴻瞻太極圖淺説二卷〔二〕。嘉慶瑞安縣志九

存。瑞安朱氏刊本

通書淺説乾隆温州府志二十七

佚〔三〕。

〔一〕府志並未載史氏有此書，是條當删。

〔二〕書僅一卷，後附通書淺識，後人誤合爲一書，當作卷一。

〔三〕刻本尚存，附太極圖淺説後。

佚。

佛法金湯辨竹園類輯四

自序：客有持苞鴻居士佛法金湯書示余者，余覽之未畢，不覺囅然笑曰：佛法也，而何以金湯爲哉！金湯也，而尚足爲佛法哉！吾儒之道，如天之覆乎其上，地之載乎其下，不治防畛，不分封域，聽人之嬉游其間，由焉而不覺，逃焉而不能。莫爲之守，無得而毁之；莫爲之圉，無得而外之。豈必沾沾然崇其墉，曰此金城也；濬其壕，曰此湯池也。患人之毁之而爲之守，虞人之外之而爲之圉哉！且彼之所謂金湯者，非金湯也。以我觀之，甚瑕耳！譬若僻遠小夷，負其險阻，自外王化，而王者亦聽其不通聲教已耳。孔子曰：「攻乎異端，斯害也已。」明高祖爲之説曰：「攻，如攻城之攻；已，止也。」以彼之瑕，用我之攻，寧待賢者之雄軍哉！即如余之至愚無識，亦能一鼓而下之矣。遂奮然逐條而爲之辨焉。居士者，袁先生黄也。時歲壬午，書於昆陽龍山之書舍。竹園類輯四

周起辛宣平司訓默齋朱公墓誌銘：先生尤究心關、閩、濂、洛之奥，以昌明道學爲己任，闢異端，作佛法金湯辯。瑞安朱氏録本

葉氏浩五倫懿範嘉慶瑞安縣志九

佚。

朱氏士晟浮屠治喪家誡嘉慶瑞安縣志九

佚。

嘉慶瑞安縣志九：浮屠治喪家誡，國朝朱士晟撰，見東河書目。

案：朱士晟爲默齋訓導從子，默齋譜年詩集竹園類輯十末附士晟編詩述指，具述默齋編詩之意，蓋能傳其學者。周起辛作默齋墓誌，載默齋戒家人喪事勿用浮屠，而默齋自作大母徐氏行狀竹園類輯七亦云：「素不信浮屠。」其治曾大父及大父喪也，葬祭如禮，有議以浮屠送終者即斥之，其戒後人之送己亦如此。士晟所編家誡殆即此耳。

温州經籍志卷十六

子部

兵家類

宋

鮑氏極平戎書萬曆温州府志十七

佚。

薛氏季宣校定風後握奇經

一卷。直齋書録解題十二、文獻通考二百二十一、世善堂藏書目録下。

存。艮齋浪語集本

自叙：風後握奇經三百八十四字，續圖三百十五字，合標題七百九字，以衆本武經總要陣法，銓次傳著成章，而存異文於下，已繕寫可讀。始走游新都魚復，觀覽武侯八陣石圖，愛其文同先天易圖，每恨陣法未能詳究。聞成都唐棋盤市，雖章仇兼瓊經始，而多得武侯遺意。履其市道繩直，閭井交貫，百工類處，技別爲行，識者曉知。乍然入者，至於盡日迷不能去，方悟李衛公言：「古八陣龍虎蛇鳥之爲旗，法前古服章之辨」，爲并識之，得握奇經讀之，而八陣之勢判然矣。前聞袁隱君先生論六花陣法，明於八陣、握奇，然後知其源本，從來六、八之陣不同，實方圓之數耳。觸類而長，奇正庸有窮乎？握奇經舊傳風后受之玄女，用佐黄帝殺蚩尤於涿鹿之野。荒唐之説無所考信。漢志兵陰陽家書有風后，劉歆、班固已言依託。觀公孫丞相注釋，則非所謂書十三篇、圖二卷者，先秦典籍，類皆口以傳授，反復其義，未易以晚出浮僞訾也。七略兵家四種，軍禮司馬法存者尚百五十五篇，吴孫子八十二篇、圖九卷，齊孫子八十九篇，圖四卷，自神農、黄帝、伊尹、太公、范蠡、大夫種、吴起、魏公子、廣武君、韓信、項羽諸家，其書具在，略皆亡矣。今獨孫子十三篇者，爲兵權謀之祖。論形勢者本握奇經，權謀在人，奇詭焉用，形勢、紀綱、軍政，爲天下者尚有取焉，又隱不章，可爲懊歎。舊文奥密，尚多錯綜微辭，傳寫不倫，頗難誦習。李筌繪爲八陣，既爲不知而作，武經雖存寫本，不無訛以傳訛。惟武侯八陣石圖最爲有徵。走得馬隆贊述，多所發明，遂爲詮定其文，並繪陣圖於後。竊詳古人存諸口訣之意，不敢妄疏條章，合圖贊以窮經，可以自得之矣。艮齋浪語集三十

直齋書録解題十二：風后握奇經一卷，永嘉薛士龍季宣校定。自晉馬隆三百八十四字，續圖三百十五字，合標題七百字。又有馬隆贊、述，多所發明，并寫陣圖於後。馬隆本「奇」作「機」。

案：艮齋所校握奇經，今無單行本，惟浪語集第三十卷，尚載其全帙，明人漢魏叢書所刊者，係從高似孫子略弟一卷鈔出，每句下所注異同，與艮齋校語一一符合。考似孫，宋慶元間人，嘗獻詩侫韓侂胄，爲陳振孫所譏，見直齋書録解題二十。其人在艮齋後，蓋即竊艮齋本爲己校，而諱其所自。故子略此經序，竟不及艮齋本也。其間偶有異同，如高本經文後有「八陣總述」四字爲一行，又有「晉平虜將軍西平太守封奉高侯加授東羌校尉馬隆總述」二十三字爲一行，艮齋本止題「馬隆總述」四字。又高本「奇兵贊」在「飛龍、翔鳥、蛇蟠、虎翼四陣」後，艮齋本移於四陣前。艮齋自注云：「舊在正陳下，移此以便乎讀。」此又高據別本改艮齋本以掩其剽竊之跡也。艮齋校語精詳，高本亦多所删削，然今所傳握奇，大抵皆高本，目録家不復知其爲艮齋舊校，故略辨之以發高氏之覆，且使世之欲見握奇善本者，知於浪語集求之耳。

又案：陳文節右奉議郎新權發遣常州薛公行狀止齋文集五十一載艮齋所校書，握奇經外尚有陰符經、山海經、古文道德經、焦贛易林、劉恕十國紀年、莊綽揲蓍譜、林勛本政書、姚寬漢書正異諸書，蓋皆流覽之際，偶下丹鉛，既非别垂定本，無庸〔一〕一一著録。萬曆温州府志藝文門於艮齋著述，附載校讎陰符經、山海經二種乾隆永嘉縣志同。殊可不必，今以握奇讎勘精詳，且陳録已載，故加甄采，餘並不登，用祛繁綴。

陳氏堯英兵書萬曆温州府志十七

佚。

案：陳秀伯兵書，紹興七年三月所上。見水心集墓誌。詳十四〔二〕卷清朝政序下。

王氏自中孫子新略注萬曆温州府志十七作「孫子新略前後序」、雍正浙江通志二百四十七、乾隆温州府志二十七並作「孫子新略」，無「注」字，今從宋元學案五十六。

〔一〕「無庸」，底本作「不必」，楊紹廉據定稿改。

〔二〕「四」，底本誤作「二」，徑改。

二卷。宋元學案五十六〔一〕

佚。

陳氏直中孫子發微止齋文集四十

佚。

自序：陳傅良代作。自六經之道散而諸子作，蓋各有所長，而知兵未有過孫子者。春秋之季，天下將趨於戰國矣。故武之書多權謀，儒者輒擯勿道，間有好其書者，又往往爲之章句訓解。夫兵事尚變，而欲以訓詁求之，不亦陋乎！余自乾道乙酉不干有司之

〔一〕民國平陽縣志四十九經籍志著録爲「孫子新略三卷」，謂「雍正通志、乾隆府縣志並無卷數。周必大書稿作『孫武新略三卷』，宋元學案作『孫子新略注二卷』。今名從通志，卷數從書稿。」又有按語一則：「按鶴山文鈔宋故籍田令知信州王公墓誌銘云：『嘗注孫子新略前後序，並歷代年紀十二卷。』萬曆府志作孫子新略前後序本此，宋元學案作孫子新略注亦本此。今考益公書稿云：『又蒙函教甚寵，且不鄙，示以孫武新略三卷。』則信州所注孫子書，固名新略，而非別爲新略之注矣。書稿又云：『昔杜牧之憤四郊多壘，嘗注此書，自爲序。序所以爲作者之意，今足下之心，牧之之心也。序有權衡之謂，思過半矣。尚欲僕挂名經端，何哉？』觀此則信州此書，固自爲序。鶴山原文，蓋以前後序並爲句，非連下歷代年紀爲十二卷也。萬曆府志、宋元學案所摘書名皆誤。」

試，端居深念，今復歲矣。蓋所觀六經、孔孟二氏之遺書，由漢以來諸儒發明之者略備，余未能有所增益。間讀十三篇，尚多餘意，因以所聞於先君子與渡江諸將議論兵間事，與己見推武之説，附次其下。嗟乎！方天子明聖養晦於外，而虜酋盜中原者五六十載矣。士大夫懷安，顧恥言兵，然則余是書亦有爲爲之也。止齋文集四十。原注：「代陳頤剛作。」

案：陳直中字頤剛，籍貫事跡，舊府、縣志無考。惟陳止齋集四十，分韻送王德修詩序，載松風軒分韻送行，會者十有四人，皆吾鄉人也，而頤剛與焉。其所著孫子發微，舊志亦未著録，惟止齋代作叙，尚見集中，今據補入。又止齋集六，有陳頤剛注孫子許拾遺贈詩用韻寄之詩，許拾遺謂許深父及之，涉齋集十一寄頤剛詩有「注成兵法有奇志，閑過壯年應苦心」之句。即指此書也。又有酬陳頤剛詩云：「憂世還當路，論兵有路家。」薛艮齋浪語集二十四與鄭景望書云：「陳頤剛比相會，云曾屢拜書，便問望報以一二字，戒以事勿輕舉，凡百寬裕沈審，必令内外無間爲貴。」是頤剛亦與乾、淳諸老往還講學者，不徒喜譚兵也。

戴氏溪將鑒論斷宋史藝文志六、續文獻通考二百七十九並作「歷代將鑒博議」，百川書志四作「將鑒博議論斷」，今從四庫全書總目一百。

十卷。宋史藝文志六、四庫全書總目一百。

未見。

四庫全書總目一百：將鑒論斷十卷，兩淮鹽政採進本。舊本題宋戴少望撰。考沈光作戴溪岷隱春秋傳序，稱其字曰少望，則此書當爲溪作。然溪以淳熙五年登第，開禧中尚官資善堂説書，而此書自序題紹興辛酉，爲高宗十一年，下距其登第之歲三十八年，距開禧元年更六十五年。溪不應如是之老壽，疑別一人其名偶與溪字同也〔一〕。是書採輯古來善用兵者，始於孫武，終於郭崇韜，凡九十三人，各以時代爲次。每人之下皆以一語標目，評其得失，而反覆論其所以然。大抵多爲南渡後時事而發。如第一條詆孫武之徒能滅楚，終於恃强以亡吴，蓋隱以比金兵破汴之事。第二條稱范蠡能復吴仇，爲春秋大夫稱一，則又隱激諸將恢復之心。而耿弇一條，竇憲一條，尤三致意焉。然大旨主於尚仁義，賤權謀，尊儒者，抑武臣，至以能讀三略之書者始可以立功。則又衣冠而拯焚溺，與南渡事勢迥乎不合矣。此本爲宋麻沙版，明武定侯郭勛嘗重刻之。前有正德十年達賓序，題曰將鑒博

〔一〕據橋頭戴氏宗譜有葉適戴溪行狀云其生於紹興甲子，可證四庫提要所云「疑別一人，其名偶與溪字同也」。故此條似當刪。

議，與宋版不同。考永樂大典已引爲將鑒博議，則其來久矣。

井觀瑣言中〔一〕：太公六韜、黄石公三略、李衛公問對，皆僞書也。宋戴少望作將鑒論斷，乃極稱三略通於道而適於用，可以立功而保身，且謂其中多知足戒貪之語，張良得之，用以成名，謂問對之書，興廢得失，事宜情實，兵家術法，燦然畢舉，皆可垂範將來。以予觀之，問對之書雖僞，然必出於有學識謀略者之手；三略純是剽竊老氏遺意，迂緩支離，不適於用，其「知足戒貪」等語，蓋因子房之明哲而爲之辭，非子房反有得於此也。如曰「高鳥死，良弓藏；敵國滅，謀臣亡。」亡者謂廢其威，奪其權也。皆取諸舊史，而附會之痕跡，宛然可見。而戴亟稱之，無乃未之思與？

復仇對 續文獻通考一百七十九

佚。

蔡氏卓林氏翬安邊史鑒

〔一〕「中」，底本誤作「上」，徑改。

一百九十六卷。雍正浙江通志二百四十四

佚。

乾隆平陽縣志十三：宋上書補官，林翚，字元翊。端平間，伏闕上書，賜免解，令修進安邊史鑒。補福州文學，廣東經略。

案：蔡卓事跡無考，萬曆府志選舉門載元試國子，有其名，或卓入元後曾應試，或卓試國子在宋時，府志以爲元人，均未可定也〔一〕。

明

趙氏士楨神器譜千頃堂書目十三神器譜上有「東嘉」二字，今從明刊本。一卷。千頃堂書目十三作「四卷」，今從明刊本。

存。遜學齋藏明刊本

恭進神器疏：文華殿中書臣趙士楨謹奏：爲恭進制勝利器以振國威以彰天討事。臣歷稽載籍，五兵慘烈無如鬱攸，然其用法，唯預蓄毒藥，藏之車箱，相其林木茂密，舟櫓鈎

〔一〕弘治溫州府志十八著録此書。撰者爲墨釘三字，接著録「石雲詩集蔡卓撰」。萬曆志誤連續而將上書歸蔡撰，其實蔡與此書無涉，其名當删。

連之處，因風縱發，以求得志而已。未聞製器置機，用藥發彈，命中方寸，從〔一〕遠殺人，以寡制衆，以弱攻强，爲物細而取效廣，用力少而成功多，又有出於古法之上者。我太祖高皇帝肇造區夏，成祖文皇帝三犁虜庭，建置神機諸營，專習槍炮，以都督焦玉輩掌管，是以武功超邁前王，威嚴遠震殊俗，列聖相承，四海康阜。弘、正之間，虜漸生心；世廟之時，倭更猖獗，皆緣衣袽不戒，桑土罔徹，舊制弛而强弱之勢殊也。臣生長海濱，少經倭患，自琉球告變海外，許儀厚密報閩中。臣静言思之，四裔酋長尚知輸款，絶域流人不忘故國。乃臣策名清時，濫竽侍從，苟無以報憂辱之分，是夷酋縶旅之不若矣！頻年以來，遍詢胡宗憲、戚繼光二臣部曲，俱稱倭之長技在銃，鋒刃未交，心膽已怯。臣因思兵家倍數及先後著之説，一意講求神器，欲期邊吏禦敵，恁藉勢焰，先挫凶鋒，然後易於接戰。既得西洋銃於游擊將軍陳寅，又得嚕蜜番銃於錦衣衛指揮朵思麻。臣條上用兵八害，内及番銃，已經兵部議覆製造，奉有明旨。但題覆疏内，令京營具式，咨送工部。京營原無此式，何從咨送？臣謹製造十有餘門，俱各試較停妥，敬以二式四門，並臣參酌佛郎機番銃之間，造掣電銃二門；損益鳥銃、三眼銃之間，造迅雷銃一座，通共六門一座，再抒得銃緣由，繪圖打放

〔一〕「從」，底本闕，據神器譜補。

式樣，恭進御前。伏乞皇上敕下工部，以臣存留在寓者爲式成造，不但可以防倭，然亦足以制虜。臣又聞思麻言其本國神器酋長，秩要職專，非藝精不預兹選；演習打放，即寒暑不爲少輟。前日經理奏報，亦稱倭奴絶食之時，惟放銃者給米，餘皆任其枵腹，蓋重之也。是以兩國假威神器，稱雄東西。夫神器匠作主造，將吏主用，士卒服習，必須彼此知制之工拙，上下明用之利鈍，乃顯器利。中國承平日久，土苴兹器，每每令庸工造之，庸將主之，庸兵習之；造者不盡其制，主者不究其用，習者不臻其妙。因循玩愒，人自爲心，彼此推諉，浪造浪用。更有宇下柔脆，冀藉進取，市井庸流，思借覓利，不解前人製作，唯圖駭目易售，添足畫蛇，弄巧成拙，坐致不效。乃當事者不鏡其敵，反咎銃爲不便不利，甘棄以資敵，我則寧受其害，昏昏夢境而不自覺。臣創爲此説，恭進兹器，不知臣者，非疑臣爲干進，則薄臣爲喜事。然臣之心不得已者有四：臣隱憂明時，師老財詘，將吏未見戮力，南北不肯同仇，禍結兵連，靡所底止，深信神器之利，用之有方，足以挫賊凶鋒，則息肩有望，除之有素，堪稱不餉之兵，則勞費可節，庶幾不留不處，中外民力少蘇。故亟亟盡芹曝之忱者一也；兵部令京營具樣，轉咨工部，京營雖訪之於臣，萬一製造、打放兩不如法，使在廷之臣反得議臣之後，誚臣虛誑。則臣區區狗馬一念終不白於天下矣，不得不預鳴於皇上之前者二也；思麻攜帶神器，度雪嶺，涉洹河，逾昆侖，重譯獻獅，以修職貢，寒暑八更，始達都下，皇祖官思麻而不發，未必非天心默相以遺陛下，爲制服倭奴之具，使陛下今日神武布昭於夷夏者也。迄今四十餘年，年已七十有四，都中人士，罕有一問之者。臣既廉知其器，若不奏明於皇上之前，其式不得推廣，其技罔敢演習，必致湮没，甚屬可惜！我中國雖以德勝，不嗜殺人，有事征討，必期果於殺，斯足以止其殺。既宜以殺止，殺又安得不用此以收全勝之功哉！故臣不得不喋喋者三也；攻戰之具，原非臣下私家可蓄之物，既以爲國而制，當即明之於朝。若緣人微言輕之故，相機遘會，爰決進止，是務作用以覬諧俗、挾權謀以赴功名者流，臣甚恥之，不得不仰瀆宸嚴者四也。臣以遲暮之年，資與時左，且術疏趨附，孤蹤寡援，自知明甚。然猶殫竭心力，甘受非笑，不畏危機，哆口言兵，身可死而心不肯灰，將以愧天下之爲人臣營營身謀、泄泄國事者耳！臣實無他希冀也。神器制用，臣數年之前即與戚繼光舊日材官林芳聲、呂慨、楊鑒、陳録、高風、葉子高輩朝夕講究；近復證之思麻、陳寅，利鈍洞然，方敢成造恭進，尤非臣一己逞臆杜撰者，干冒天威，不勝戰慄悚息之至。爲此具本親齎奏聞。萬曆二十六年五月初二日上。初四日奉聖旨：「圖器著進覽，這所奏，該部看了來説。」

兹編竣事，客有謂楨曰：「伎倆止爾，遼豕黔驢，人將笑之。」楨曰：不然，倭中長兵，未聞有兩，只以器精，兼之服習，便可制人。今日政患其多，戰陣間不能盡用耳。兵貴精，不貴多，亦曾有解於心否？仲升平平，畢竟何似？不笑不足以爲道，楨審之熟矣。先生請

質之丈人、長子。自跋

夫用兵之道，雷動風舉，後發而先至，離合鄉背，變化無常，以輕疾制敵者也。漢志「權謀」十三家，二百五十九篇；「技巧」十三家，百九十九篇，兼形勢，包陰陽，習手足，便器械，積機關，以立攻守之勝。種分區别，莫不備載，獨無火攻一〔一〕篇。漢唐名將，用火攻勝者甚衆，近代火〔二〕器則愈多而愈無實用矣。惟少保戚公神解斯旨，著論甚悉，以鳥銃爲最善，今北邊終不服習，視此若贅龐然。余友趙常吉數上書策倭，又極言用兵之害，深謀遠慮，出自胸懷。所製神器，輕疾遠過倭銃，繪圖著説，悉臻妙理，可謂良工苦心矣。嗚呼！余世蒙國恩，濫竽偏裨，不能殫精竭智，輸能明時以報所受。常吉持槖簪筆，無疆埸之寄，三軍之任，乃憂國忘家，義奮敵愾，斯神人之所歆羡，觀聽之所煒曄者也。常吉書成，並所製諸器，獻之當宁。或人譏其爲好名，余曰不然。昔趙營平振旅還，客説其歸功兩將軍。營平曰：「吾年老矣，豈嫌伐一時事以欺明主哉！兵勢國之大事，當爲後法。老臣不以餘命壹爲陛下明言兵之利害。卒死，誰當復言之者。」余讀其傳，未嘗不泫然歎忠臣謀國之

〔一〕「一」，底本闕，據神器譜補。
〔二〕「火」，底本闕，據神器譜補。

遠如此。夫報德以德，報怨以直，今天下不幸有事，賢者宜同心戮力，奮由直道，如是則島夷可滅，强國不犯之道也。若皆以越俎爲嫌，容容後福，此人臣不忠之利，國家何賴焉！余故重嘉常吉之志，敬題數語，且以識余之深愧云。萬曆戊戌夏四月，京城巡捕左參將、汝南王延世書。

續神器譜　一卷。存。遜學齋藏明刊本

兵，陰道也，我能往，寇亦能往，斯語亦前聞之矣。乃神器陽言無隱者何？蓋緣蠢爾島夷，敢於仰抗王師，蹂躪屬藩者以此。六年之間，大兵再舉，經費千萬，竟未能席捲無餘。彈丸黑子之地，必待天威震怒，氛祲潛消，然後挈而還之李氏者亦以此。陽言無隱，不過望師貞丈人，加其倍數，以備緩急之時反以制之勝之，非昧於彼我兩能之説也。中國水陸神器有戰具、攻具、守具、伏具，倭奴專精鳥銃。二三百步之外，嚕蜜諸器足先制賊，紙甲軟牌盡可自衛。鳥銃雖精，遽難迫我，但近聞對馬島大鳥銃，有佛郎機之烈，更能命中，則又出常技之上，似非牌甲可禦，不惟後日患之，前時二三驍將，間爲所困，緣是畢慮竭愚，用長筒加厚，仍著照門照星，納子銃於筒後，不令敞口泄氣，有佛郎機之便而準則過之；有大鳥銃之準而便則過之。對壘之際，敵一舉放，我已三四發彈，是以便勝之也。若置輕車之上，有車數兩，陸續衝擊，猛烈之勢足埒大將軍，而離合縱横，進退俯仰，較大將軍殊爲輕便。倭既以鳥名銃，兹器奮擊飛揚，可以制之，名曰鷹揚。倭見我兵舉銃，輒伏地上，因制疊筒，一經機發火燃，下上彈既並出，雖伏奚避，名曰震疊。北方馬上用三眼銃以禦虜騎，虜頗畏之，然放畢舉以搏擊，頭重起艱，利害相半，兼之甚難討準，往往虚發。因變其制，用照星短床，後尾鈎著鞓帶，左手執銃對敵，右手懸刀燃火，放畢爲盾，舉刀迎敵，馬上可備，出奇摧〔一〕堅，步下極便伏路急擊，名曰翼虎。取西洋筒之輕加之以狠，嚕密機之快加之以巧，日本床之便加之以穩，用備趨利遠道，名曰三長。兵以正合，以奇勝。山林之間，村落之内，勢難用衆，陡然遇敵，神氣牽於顧盼，手足拘於忙迫，發銃不中，恐被賊窘，制爲雙機，常留其一，使奇正各於一器，可以自相犄角，名曰奇勝。兹譜有五，通前爲九，再加一二疇囊大器，付之有能之將，神明變通，制輕車拒馬傘以自衛，儲陰雨可用之器以濟其短，車後以步卒隨宜結陣，防敵死鬥急擊，騎兵各帶弓矢，間攜翼虎，以備逐北出

〔一〕「摧」，底本誤作「挫」，據神器譜改。

奇。奇正相因，短長相衛，車徒相習，遲速相濟，進則無前，退則難迫，真百戰不殆之術也。爰具圖式，用告同仇，凡裝飽打放，架勢並床機，前譜已備者，兹不載列。萬曆戊戌仲秋吉旦，東嘉趙士楨題。

臨淵羨魚，不如退而結網。年來虞倭虞虜，不求制馭之策，楨竊惑焉。爰作二譜，毋乃望邊吏結網以臨淵乎！非好事而妄爲之也。自跋

自昔談兵，必較長技於兩壘，得長者勝，與均勝負均，藉令掩其長而巧獨擅，則勝算在我。故曰「知彼知己，百戰百勝。」自倭奴起海上，刀陣之外，最毒火器，蹂躪歲久，屍成京觀，吴越人漸習其技，破刀陣皆有法，而又仿效其火器以擊賊，賊始敗衊去不來。第其於器工巧便習，終有弗及，是其長技猶在賊也。屬者妖魁席捲倭衆，吞剪我與國，懸軍遠救，戕在剥床，頻年煩頓，師老財匱。當是時，海内志士蓋臣紛起而談兵，莫不嗔目語難，大率張空拳擁梠氣耳，我友趙中舍常吉，獨能刻意戰陣，彙納百家皆得其奧戕，又以賊長技在火器，而不能掩其長，是兩鬭者以如韋之手披强頰也，有自仆耳。因散金結客，窮搜冥思，苦堅生慧，巧熟兩湊，搜得嚕蜜番銃、水西洋鳥銃，皆中國所未傳，武庫所未有者，而參合倭器，創制鷹揚炮，尊之曰神器。古人先勝後戰，亦恃此以往，兵事固不盡此，而此足以制其死命矣。先後著有譜、有續譜，而續譜較譜益精，再擬奏御，求自附于傅介子、張騫立功

異域之義，而皆闕於柄者，曾不能飛流萬彈，貫賊胸腹於豕突鴟張，海内扼腕人人矣。夫流波在聽，不必子野，成風運斤，不必輪扁，世人貴遠賤近，必謂常吉裒衣文士，爹口談天，終非把刀剪手，便相忽易，不知文武吉甫、詩書郤穀，原非介胄，而不龜之藥千乘，遇風之壺千金，制人之術固不在多也。世人貴遠固矣，夫制器莫如古人，宜其思竭，乃今有倭器，古所不逮；今又有神器，倭所不逮。即如諸名家陣法，皆是古法，變而制爲己陣，何有窮也？故凡祖一器，創一藝，皆是開山行輩，宜百世享祀者也，其人不易窺測矣。或乃謂蚩蚩之謀，不過悦草；熊羆眼直，惡人横目；彼方購蜃氣樓臺，而此乃奮射潮强弩，固宜其齟齬不入也，則予惑滋甚。葵不欲衛足乎？皮之不存，毛將安傅也？常吉曝直蘭臺，紫泥待詔，載筆榮遇，自足尊高，而越俎談兵，千金坐散，語必髮上指，腸爲九迴而肱經三折也，竟何爲者？魯女捨其織而憂國，晉宰不共匕而知防，女子、小人尚知忠憤，況根心負氣，而可盡茅靡波流也！雖然，兵事尚秘，言必去梯，奈何以法所禁書而班布方册，不虞有倒持太阿之誚乎？豈不以道既不行，而遂欲如虞卿著書詔人也！予謂常吉身雖陸沈，而道可坐進，語不云乎：「良賈不與人爭價，而謹司時。」博者之用梟，可握則握，當食則食，世事好推移，其具在我，時至而鼇翻虎變，俄頃間矣！己亥孟夏既望，楚人王同軌撰。

案：後湖趙舍人士楨，道光樂清縣志書翰傳有傳。所著神器譜一卷、續譜一卷，並萬曆戊戌所進，黄氏千頃堂書目作「四卷」，疑常吉別有增定足本也。前譜爲槍四：曰嚕蜜、曰西洋、曰掣電、曰迅雷；續譜爲槍五：曰鷹揚、曰震疊、曰三長、曰翼虎、曰奇勝，並繪其形制及施放、鑄造法式，各爲之圖，而附以説。其西洋槍則得之游擊將軍陳寅；嚕密槍則得之錦衣衛指揮朵思麻；掣電、迅雷諸槍，則常吉以己意增損制之者。陳寅，乾隆平陽縣志武功傳有傳。云：萬曆間以將才薦，官至總兵，惟不云嘗爲游擊將軍。未知即此人否？朵思麻無考。常吉進疏稱，「思麻攜帶神器，度雪嶺，涉洹河，逾昆侖，重譯獻獅，皇祖官思麻而不發，迄今四十餘年，年已七十有四」云云，則思麻爲西域人之留中國者。考明史西域傳四，魯迷去中國絶遠，嘉靖三年遣使獻獅子、西牛。嚕蜜、魯迷，譯音相近，思麻殆即是時入貢使臣也。又錢曾讀書敏求記三，載火攻大全一卷，未知撰自何人，稱李承勳、朱騰擢、趙士楨並負笈其門，隨才授藝。以此譜考之，彼書或出陳寅及朵思麻手也。火器之利，權輿元氏，明之中葉，製造益精；此譜所載，足見其概。然我朝嘉道以來，西北諸夷，互市海上，所制火器，機巧百出。此書在明時爲最精之矩式，在今日則已陳之芻狗矣。

又案：常吉此書，明史及舊通志、府、縣志並未著録。明以來兵家書亦無論及者，惟焦勖火攻挈要序云：「火攻專書，惟趙氏藏書，海外火攻神器圖説，其中法則規制，悉皆西洋正傳。」所稱趙氏藏書，疑即此譜也。

備邊屯田車銃議

三卷。

存。吴省蘭刊藝海珠塵本

文華殿中書、臣趙士楨謹奏：爲恭進防邊奇器，並陳末議，以張國威、以裕國用事。臣本草茅，幸際聖明，承乏清切之地，供奉筆硯之間，分量既滿飲河，榮遇復踰涯涘，自宜雌伏，敢望雄飛。惟此狗馬竭忠酬恩之志，憂盛虞明之心，由挫抑而愈鋭愈堅，即毫末不忍居人之後。竊見歷年國家不經之費適與帑藏匱乏相值，抑廑聖心，憂切宵旰，臣夙夜思維，究其所以，乃知武事不講使然。因窮竭心力，矢志咨諏，頗得經國要領，敬將所製車銃繪圖著説，並抒屯田、車銃二議，恭進御前。倘蒙用臣屯田之議，每歲太倉可贏百萬；用臣車銃之議，每歲額費可省百萬。非臣創自今日，臣九年之前請開天津各處之田；六年之前請用神器，具式恭進，奉聖旨：「圖器著進覽，這所奏，該部看了來説，欽此。」至今不行題覆。近見巡撫汪應蛟奏稱天津開田有效，則臣屯田之言幸驗矣。巡按楊宏科極口退敵全賴嚕蜜等銃，臣請用神器之言幸驗矣。兼之敵使入京之時，臣請募南北丁壯二萬，乘屯田之機，訓練以防有事。不行題覆，卒致征調騷騷，坐費太倉千萬。及敵人負約議戰，臣審朝鮮形勢，疏請省騎用步。兵部覆題，不妨鐵騎並用。泗川之役，爲騎所累，致損人馬一萬七千有奇，並陸續倒死官馬數萬，是又足徵臣言不幸之驗。大都宇内財力兵力，雖與國初不同，若得善於用兵用財之人悉心料理，即倉卒亦易措辦，惟神器一節非歲月不能遽成。臣感時觸衷，輒敢敬申前説，伏望皇上敕下户、兵、工三部及都察院並協理戎政尚書，詳加會議屯田之策、車銃之法。如果富强有裨，先從京營教習，然後行之九邊。如係誇詡虚無、捕捉風影，治臣欺誑之罪。如以錢糧不敷，臣見東事方起之時，錦衣指揮許浚祥疏請捐銀五千以助軍餉，事平尚未輸納。又查先年備倭營請銀三萬，營伍裁革，尚有餘銀見貯府庫，盡足以供一營三五千人車銃之費。是又鞏固神京、建威消萌一大機構也，爲此具本，親齎奏聞。無徵不信，臣既紬二議並車銃恭進。總之望經國者於節財之流較之，開財之源尤宜加意。然節財之源究竟機要在乎詰戎，詰戎機要在乎節制除器。兵家節制，臣無軍旅之寄，末由自見。惟器械制用，目擊征討無策，數年之間，因害求利，得臻神理。謹臚陳諸器以徵臣言非誑，敢爲身名計哉！敢爲身名計哉！臣士楨謹跋。車銃圖跋

狡倭入寇之道，鄭若曾籌海圖編亦云詳矣。臣緣兹書成于世廟季年，東北朝鮮之路似乎闕略，謹案此路，不候風汛順逆，惟憑潮汐往來，較我東南，十百其易。臣特表而出之。今釁端萌矣，必得虜在目中，方能決勝千里，肩安攘之寄者，宜爲因時轉圜之圖，無作刻舟求劍之策，斯狡謀可伐，否則毫釐之差難免千里之謬。倘謂倭强難制，臣聞漢人有

言：「匈奴不足當中國大縣」，倭奴亦然。只緣醜類生長金革，兵民不分，倭奴專尚刀銃，虜人專重騎射，刀銃、騎射精工，可以結歡酋長，推重部落，獵取富貴，猶吾中國士人之習舉業，舉業見售，便可高出當世，坐致青雲，建樹勳伐等耳，安得其人不驍勁于吾人戰？推類至此，當軸秉樞，倘肯移謀身之心，以之謀國，聊爲斡旋之機，文事與武事交重，使髫髦斯士期赴功名之會者，亦各文藝與武藝兼習，即不能兼而有之，似當求青衿懷經國之具，免罝有干城之才者，方克顯庸。我中國之强百倍醜類矣，何但禦之邊塞，防之海濱，即囊括沙漠，吞吸滄溟，自有其人，特不屑耳，又何難制爲患哉？臣趙士楨謹跋。（倭情屯田議跋）

臣觀邇來海内縉紳士庶，談東事者，靡不謂狡倭盜邊之路南易而北難，殊不知百年之前，朝鮮强盛，足以抗倭，是我之外藩一何固也。在中國又有平江伯陳瑄迎擊於琉球海上，出洋千里，逐北追奔數千餘里，直至朝鮮界上，燔毁沉溺，幾無噍類。廣甯伯劉江望海窩之戰，倭奴精鋭數千一時駢首就戮，竟使片帆不返，是内之威靈氣焰又何盛也！朝鮮積弱於章句，繼以效顰，流連光景，遺棄政事，濫觴以至荒淫沉湎，陵夷濁亂，召此板蕩播遷之禍，兹者奄奄殘息，不能復振。是我藩籬盡撤矣。兼之世遠人亡，陳、劉二臣之威名亦既渺邈無聞矣。數年用兵，將之才略，兵之技能，器之利鈍，倭更知之審矣。縱使原無大志，亦當狡焉生心。北來海道之易，已備議中，又非南中春分以後海中東高西低、浪頭來順去逆，秋分以後西高東低，浪頭去順來逆，一歲風汛有當防不防之期，審時度勢，難易情形，臣知之甚明，見之甚真，既紬末議，復繪圖略如左。罔恤嫌怨，甘犯忌諱，惟不忍見此耽延推諉，苟安目前，任遺難制之敵于君父，釀成後日之憂而不顧。惟皇上俯賜詳覽，疆場幸甚！藩服幸甚！中國朝鮮日本形勢圖略引

千頃堂書目二十六：趙士禎，當作「楨」。號後湖，永嘉人，太學生，中書舍人。

案：備邊屯田車銃議南匯吴省蘭藝海珠塵所刊者凡三卷。上卷爲防邊車銃議，中卷爲車銃圖，下卷爲倭情屯田議。其大旨謂用兵之道，當以車自衛，以槍殺敵，故其議極陳車銃之利；圖則載車上命中銃炮火器七種：曰鷹揚炮、曰軒轅槍、曰嚕蜜槍、曰九頭鳥、曰旋機翼虎〔一〕、曰掣電、曰火箭溜〔二〕。又戰酣連發並備敵衝突銃二種：曰連銃、曰百子佛郎機。又輔車士卒火器十種：曰三眼槍、曰雙頭槍〔三〕、曰三神擋、曰電光劍、曰藜花鎗〔四〕、曰天蓬鏟、曰火箭刀溜形、曰步下翼虎銃、曰鍁銃、曰钁銃。又車圖則分

〔一〕「虎」，底本誤作「火」，據神器譜改。
〔二〕「箭」，底本誤作「剪」，據神器譜改。
〔三〕「槍」，底本誤作「銃」，據神器譜改。
〔四〕「鎗」，底本誤作「銃」，據神器譜改。

車之裏面、外面，輪轅前沖、後殿、左翼、右衛、左斜沖、右斜沖、左後殿、右後殿，各爲之圖。屯田議則請召募南北丁壯，以屯于遼左、永平、天津、登萊沿海抛荒地土。後附中國朝鮮日本形勢圖略。其屯田議跋自云「書成於世廟季年」，車銃議末又云「臣謹於萬曆二十五年條上用兵八害内及番銃，蒙兵部覆題，令京營具式轉咨工部製造。奉聖旨，是京營無式，臣敬捐貲造銃四樣，於二十六年五月内具本恭進。奉聖旨：『圖器著進覽。這所奏該部看了來説。』至今未奉題奏。」云云。蓋其書成於進神器譜之後也。

又案：趙常吉事跡，樂清縣志所載未詳，惟萬曆野獲編二十三載其善八法，以布衣召入直文華殿。江陵奪情，杖諸諫者於闕下，趙故與艾、沈者公善，因楚服橐饘，持黑羊股調護於血肉中，以此知名。喜談兵事，工〔一〕騎射，講火器，屢上疏請自效，不報。見公卿臺諫，抗不爲禮，亦奇士也。趙初得官鴻臚寺主簿，晉中書舍人以歿。足見常吉風節梗概。又劉若愚酌中志二，紀萬曆癸卯妖書事云：皦生光正法後數年，京都中皆曰：「妖書是東嘉趙士楨所作。」士楨倜儻有大志，歷任文華殿中書舍人，每留心邊務，交游頗廣，妖書獄

〔一〕「工」，底本誤作「上」，徑改。

興，即託病不出，及皦犯正法之後，始敢出門，然興味闌珊，絶無平昔造鳥銃，議車銃、議屯田一往豪氣，及得病頻死，亦屢見生光現形索命，卒至不起。野獲編補遺三則辨其不然。然酌中志稱常吉造鳥銃、議車陣、議屯田，則正與此二書合，故撮録之，用備考證焉〔一〕。

李氏維樾折沖紀述 乾隆温州府志二十七〔二〕

佚。

法家類

元

王氏與無冤録 千頃堂書目十作「王乘撰」，萬曆温州府志十七、雍正浙江通志二百四十四作「王淵撰」，並誤。今從四

〔一〕千頃堂、澹生堂二目，載神器譜並作四卷，神器譜一卷、續一卷、或問一卷、防虜軍銃一卷、車銃圖一卷、倭情屯田議一卷、中國朝鮮日本形勢圖略一卷，今藏北京大學圖書館、上海圖書館。上海圖書館、南京圖書館、遼寧省圖書館藏日本文化五年（一八〇八）刻本，日本清水正德校，作「五卷」。蓋與車銃議合爲一書，士楨又遞有增補也。

〔二〕卷九傳記類已著録，此重見，當删。

庫全書總目一百一。

二卷。四庫全書總目一百一、元史藝文志二〔一〕。千頃堂書目十、孫星衍孫氏祠堂書目内編二、平津館鑒藏書記補遺並作「一卷」。

存。格致叢書本、全椒吴氏刊本。

治獄，重事也。治獄之道，惟檢屍爲至難，毫釐之差，生死繫焉。定驗不明，雖善於聽斷者，亦未如之何已。昔宋惠父念獄情之失，由定驗之誤，曾編洗冤録，趙逸齋又訂平冤録。吁！冤而至於洗、至於平，猶鑿龍門以決澎湃，固不若長江安流，滔滔晝夜而無聲也。欽惟聖朝慎於庶獄，敬明乃罰，天下無冤民，當不啻美於漢。余濫叨案牘之寄，歷試檢覆之難，因觀洗冤、平冤二録，互有損益，遂以省部見降考試程式爲持循之本，參考〔二〕異同，分門别類。凡檢驗格例，序於卷首，遵而行之，庶幾謹之於始，民自不冤，僭目曰無冤録。若夫承流宣化，道德齊禮，仰副聖天子無刑之化，則既進於古治矣，是編亦奚以爲！至大改元，歲在戊申長至日，東甌王與書於儒志山舍。

千頃堂書目十：王乘無冤録一卷，永嘉人；一稱羊角山叟。

〔一〕「二」，底本誤作「三」，徑改。

〔二〕「考」，底本誤作「政」，徑改。

四庫全書總目一百一：無冤録二卷，浙江巡撫採進本。不著撰人名氏，亦無序跋。永樂大典載此書，題元王與撰。與，不知何許人。卷中自稱昔任鹽官，檢二孕婦事，蓋嘗官海鹽縣令。永樂大典載其自序一篇，題至大改元之歲，是武宗戊申年作也。所載多至元、元貞、大德間官牒條格，又多引平冤録、洗冤録之文，而稍爲駁正。上卷皆官吏之章程，下卷皆屍傷之辨别。其論銀釵試毒，非真則觸穢色必變。論自縊、勒死之分，皆發二録所未發，至今猶遵用之。至上卷駁洗冤録食顙在前、氣顙在後之誤，而下卷自割條中乃仍用洗冤録一寸七分食、氣系並斷，一寸五分食系斷、氣系微破之説，則亦未爲精密矣。〔一〕

平津館鑒藏書記補遺：寫本新刻無冤録一卷，題錢唐胡文焕德甫校。前有洪武十七年羊角山叟序，稱東甌王氏作。據四庫全書所收本，是元王與撰。永樂大典有自序一篇，題「至大改元之歲」，此本無之，庫本作「二卷」，此本並作「一卷」。

〔一〕四庫提要云王與「嘗官海鹽縣令」實誤。據元史地理志，鹽官在元爲州名，屬杭州路，即爲海寧。海鹽屬嘉興路。其官非縣令，僅爲鹽官州提檢察牘。爲誤讀書中「昔任鹽官」一語所致，當改。作書時間提要又云：「題至大改元之歲，是武宗戊申年作也。」亦誤。書中自述有「予昔在鹽官案牒，至治三年春……」，至治三年爲西元一三二三年，而至大元年爲一三〇八年，成書之年反比書中所云昔任鹽官三年提前十五年之久。此書當爲其致仕後之作。疑至大爲後至元之誤。

顧廣圻重刻宋元檢驗三録後序：宋代始有檢驗之書，然自内恕録等皆亡佚無考。其存者莫先於淳熙間宋慈惠父洗冤集録，向得元槧本，丁卯歲爲孫淵如觀察摹刻於江寧，附唐律疏議後以行，旋又得無名氏平冤録、元東甌王氏無冤録二種，皆舊鈔本，乃并取三録，合成一編。適觀察以戊辰秋請假南下，用舉告之，謀別刊而未果也。今年夏，謁山尊學士於紫陽書院，語次索觀，曰：「是不可使無傳。」遂附刻焉。考前乎此，明胡文焕格致叢書中已嘗三録並刊，然所據未精，訛脱累累，且其本亦艱數覯，今因勝之遠甚，而一編單行，人盡可得，想觀察知是舉也，必同其快然矣。思適齋集八

佚。

欽恤集李孝光樂清縣尹王公行狀

趙許序：天以春生萬物，肅之以秋；聖人以德化萬民，齊之以刑。故五刑之用，必曰天討；而四方司政，亦曰天牧。天齊於民，敬逆天命，惟克天德，具嚴天威，甫刑一書，無一言不歸之天者。以天人治天民，則淫用非彝，亦惟敬忌而已。敬則有所不忽，忌則有所不敢。嗚呼！刑一成而不可變者也，不敬不忌，則刑罰不中，則民無所措手足矣。古者盛時畫像而民不犯，後世刑書、刑統、律令、格例，事爲之制，曲爲之防，然法立而姦生，令行

而詐起，禁網密而生氣促，法如牛毛，而犯法如蝟毛。何哉？非良折獄，惟佞折獄，不因法以原情，乃任情以弄法，其害不可勝言矣。彼蒼者天，謂之何哉！余來永嘉，寓於泮水之東，鄰有王與之者，癯然一儒叟也。聞闔門之中，弦誦不絶聲，遂遣子就學焉，而未知其明於刑也。暇日出示一篇名欽恤集，而序之曰：「情有萬殊，法有萬變，獄貴得情，刑慎過制。」又曰：「善用刑者不移情就法。」有味其言，適印我心。顧余一生讀書不讀律，今老矣，濫任簡孚之責，每焚香對越，丹筆躊躇，凜乎天地之臨，鬼神之質，朝夕冰兢，欲寡其過，庶中正而未能也。今往何監於刑書乎？胥占察辭，本乎誠信，此不唯其書，惟其人，非與之不足以語此。延祐改元壬寅暮春，西川趙許岳甫書於郡治。瑞安王氏録本

佚。

刑名通義 李仲謀序

李仲謀序：嘗讀康叔之誥，甫刑之訓，其言刑期無刑之旨，藹乎仁人之用心也。唐虞畫像，鄭鑄刑書，其事雖殊，冀民之不犯則一而已。近世崇尚儒術，習譚孔孟者，往往羞稱申韓，若知爲治之本矣。然刑不能以不用，廼斷義法律，輒取辨於臨時，甚可慨也。今之爲吏治者，必以通制爲宗，然於起義措辭，或有所不諳焉。永嘉王君與之，生宋之季世，孫

業於儒，元興始由儒而從事於吏，深病世之爲吏者，惟務刻深而疏於理，取古今法律之文，徵諸經傳而研究其義，犁然有得於心。公卿大夫事有疑難，輒從君辨解，有補於吏治。既難以更僕，復慮不能遍以語諸人也。遂集通例比類，作無冤録以明檢覆之法式，作欽恤録以辨刑殺之情罪。既老，復作是編，名曰刑名通義，以補二集之遺闕，多方訓迪，不憚精詳，將以救爲吏者之失焉。余得君稿而觀之，見其分章明白，據古證今，無非發明好生之大德，重倫紀而崇禮化，忠厚惻怛之心，藹然見於言外，可謂有補於孔孟之教者，殆不可以申韓之書例觀也。抑君由吏入官，致政邑宰，澤及子孫，行年〔一〕八十有三，而步履不衰，亦可見忠厚之報矣。因敬序之。至正三年龍集癸未清明日，臨川李仲謀書於永嘉之郡學。

瑞安王氏録本

禮防書 樂清縣尹王公行狀

佚。

李孝光故承直郎温州路樂清縣尹致仕王公行狀：公諱與，字與之。皇祐賢良方正儒

〔一〕「年」下底本有「年」字，「年」衍，徑刪。

志先生，四傳至樞密承旨勝，勝子計議至道，至道子右文殿修撰益大，即公父也。自少有成人志，問學窮日夜，尤注意於法律。弱冠，用部使者劉公牧之推擇爲郡功曹，涖事勤敏，守、丞憚之。歷處州麗水、衢州開化、徽州黟三縣典史，陞杭州路鹽官州提控案牘。行省左丞相脱驩公擢爲理問所提控案牘，省臣凡有疑獄，靡不屬公讞焉。輒多所平反，擿奸發伏，抑强扶弱，政化洽和。改處州路總管知事，轉湖州録事。不上請老於朝，遂以承直郎温州路樂清縣尹致仕。至正六年十月終於家，年八十有六。公既明於律，且歷仕有得，作無寃録、欽恤集、禮防書行於世，從政者多取法焉。瑞安王氏録本

農家類無

醫家類

宋

王氏執中鍼灸資生經七卷。讀書附志上、四庫全書總目一百三。

存。

銅人、明堂，黄帝、岐伯、鬼臾區留以活天下後世。自隔藤透膚之妙無傳，乃謂是能絶筋腕傷〔一〕血肉，至望而畏之，有〔二〕疾則甘心於庸醫百藥之俱試。不〔三〕知病在巔者，必灸風池、風府〔四〕，非桂枝輩所能攻；病在臂者，必灸刺鳩門，非枳實輩所能下。遂至於束手無策，豈不謬哉？近世朱肱、龐安常〔五〕，俱爲鍼〔六〕法，許〔七〕知可亦謂病當以刺愈，三衢鄒握虎〔八〕以治法〔九〕爲鍼灸科歌括，古聖賢活人之言賴以相傳。今東嘉王叔權又取三百六十穴，間留巔末，行分類别，以穴對病，凡百病之説切於理，久已乏見得於心者。聖人指鍼灸之書，至是始略備；古聖賢活人之意，至是始無遺憾，傳謂爲人子者不可不學醫。余親歲八十，精健力强，非賴此書耶？因併醫術世傑訂證可傳見者十有八條，鋟木庾司以補

〔一〕「傷」，底本誤作「傍」，據鍼灸資生經改。
〔二〕「有」，底本誤作「爲」，據鍼灸資生經改。
〔三〕「不」，底本誤作「須」，據鍼灸資生經改。
〔四〕「府」，底本誤作「病」，據鍼灸資生經改。
〔五〕「常」，底本誤作「上」，據鍼灸資生經改。
〔六〕「鍼」，底本誤作「藏」，據鍼灸資生經改。
〔七〕「許」，底本誤作「諄」，據鍼灸資生經改。
〔八〕「三衢鄒握虎」，底本誤作「三術鄒挺帝」，據鍼灸資生經改。
〔九〕「治」，底本誤作「活」，據鍼灸資生經改。

累代之闕。時嘉定庚辰孟夏朔，承議郎〔一〕提舉淮南東路常平茶鹽等事徐正卿序。

余得倅澧陽，暇日見文籍之目有灸經，後親故惠書，及士夫之經從者，多以印置此書爲託，扣其所以，乃前郡博士王君執中之所編著也。求其版則亡之矣。豈好事者攜之以去，或守藏者不謹而散逸之耶？然是經流傳既久，豈無存者？冥加搜訪，竟未得之。憶篋中有淮東庾使徐君正卿所刊鍼灸資生經，取而視之，其序引歷述東嘉王叔權發明編類之功，且謂「鍼灸之書，至是始略備；古聖賢活人之意，至是始無遺憾。」則知王君之用心亦仁且至矣。所謂叔權者，其王君之字歟？一日出示醫諭劉澐。劉一見驚且喜曰：「王君所刊，正此書也。今之刻畫精緻，視昔有加。」究所繇來，蓋徐君嘗主民曹於是邦，得此書歸而刊之耳。吁！是經也，王君首刊之澧陽，今不復存；徐君繼刊之海陵，其存與否，又未可知。版之不存，則二君之志，將遂湮微，豈不惜哉！余負丞於此，適攜以偕，殆非偶然者？亟命工鋟梓以廣其傳，使是書得不泯絶，其於衛生，豈曰小補！紹定四年四月望，朝散郎、澧陽郡丞趙綸序。

讀書附志上：鍼灸資生經七卷，右王執中所編也。執中，東嘉人。嘗爲從政郎澧州教

〔一〕「承議郎」，底本誤作「季濛節」，據鍼灸資生經改。

授云。

四庫全書總目一百三：鍼灸資生經七卷，兩淮鹽政採進本。舊本題葉氏廣勤堂新刊。蓋麻沙本也。不著撰人名氏。前有嘉定庚辰徐正卿初刊序，稱「東嘉王叔權作」，又有紹定四年趙綸重刊序，稱「澧陽郡博士王執中作」，而疑叔權爲執中字，以字義推之，其説是也。其書第一卷總載諸穴，二卷至末分論諸證。經緯相資，各有條理，頗爲明白易曉。舊本冠以徽宗崇寧中陳承、裴宗元、陳師文等校奏醫書一表，與序與書皆不相應。考裴宗元、陳師文等即校正太平惠民和劑局方之人，殆書賈移他書進表置之卷端，欲以官書取重歟？然宋代官書，自有王惟德銅人鍼灸經，曷可誣也。

萬曆温州府志十：宋進士，乾道己丑鄭僑榜，王執中，瑞安人，將作丞。

張氏聲道産科大通論方一卷。國史經籍志四下

佚。

經驗方宋慈洗冤集録五

佚。

洗冤集録五：推官宋琢，定驗兩處殺傷，氣偶未絶，亟令保甲各取葱白熱鍋炒熟，遍傅傷處，繼而呻吟，再易葱而傷者無痛矣。曾以語樂平知縣鮑旂，及再會，鮑曰：「葱白甚妙。」樂平人好鬭多傷，每有殺傷公事，未暇詰問，先將葱白傅傷損處，活人甚多，大辟爲之減少。出張聲道經驗方。

王氏碩易簡方宋史藝文志六「碩」訛「磧」，今從直齋書録解題十三。一卷。直齋書録解題十三、宋史藝文志六。

佚。〔一〕

直齋書録解題十三：易簡方一卷，永嘉王碩德膚撰，增損方三十首，㕮咀藥三十品，市肆常貨圓子藥十種，以爲倉卒應用之備，其書盛行於世。

案：文淵閣書目十五：醫書有「易簡方一部二册，一部一册，並闕。」當即此書。

〔一〕大連市圖書館藏日本寬延元年重刻宋四明楊氏純德堂本，南京圖書館藏日本文化十四年刻本，温州市圖書館藏清光緒二十四年瑞安孫氏重刻本。

屠氏鵬四時治要方讀書附志一、文淵閣書目十五並無「方」字，今從直齋書録解題十三。

一卷。直齋書録解題十三、讀書附志一、世善堂藏書目録下。

佚。

直齋書録解題十三：四時治要方一卷，永嘉屠鵬時舉撰。專爲時疾瘧痢、吐瀉、傷寒之類，雜病不與焉。

讀書附志上：四時治要一卷，右永嘉屠鵬字時舉所著。戴文端公溪爲之跋。

明

項氏昕脾胃後論千頃堂書目十四

佚。

戴良序：昔者黄帝之論四時，以養胃氣爲之本；伊尹之製十大方，以守中氣爲之先；叔和之評三部脈，以得胃氣爲之主。蓋脾胃居乎人之中而土配之，自餘四藏，則分居於上下，而爲木、火、金、水也。木、火、金、水資乎土，土病則木、火、金、水皆從而病矣。是故天之邪傷乎人之上，地之邪傷乎人之下，而中焉之受傷，則以水穀寒熱之邪，人所自致者焉。中而不傷，雖有天地之邪，且無自而入之，則脾胃者豈不爲百病之所始哉？脾胃爲百病之始，世醫不能辨之久矣。至金李明之始大明斯理，著爲脾胃論一書，蓋傑然於當時者也。然其所言，止及内傷之一事，其他諸證，則未暇以詳。及永嘉項君彦昌，自丱歲習醫，得外大父杜曉村之家傳，後拜明善韓先生於越上，仝父戴先生於金陵，而又師事陳白雲爲最久。遂以所聞於諸君子與平日之自得，用之而有徵驗者，作爲脾胃後論若干言，凡内外傷之有關於脾胃而爲病者，莫不條舉而縷述之，仍以對病之方與夫臨時加減之法繫於後，信有以補東垣之未備，而衛生家可一覽而見矣。彦昌與余交最厚，因攜至海上，乞一言爲叙引。竊謂醫之爲學，自唐令列之執技之流，而吾儒罕言之。世之習此者，不過靳靳焉知守一定之方書，以幸其病之偶中，不復深探遠索，上求聖賢之意，以明夫陰陽造化之會歸。至於近世先知先覺之士迭起而發明之，學者既有以知夫前日之爲陋，遂或徒誦一家成説以爲高，而又不能博極群言，采擇衆議，以資論治之權變，甚者至於屏棄古方，附會臆見，輾轉以相迷，而其爲患反有甚於前日之爲陋者。嗚呼！是豈聖賢惠慈生民之本意哉？彦昌家故業儒，而其所與游者又皆世之大儒先生，故其爲醫自素、難諸經而下，無言之不習，無理之不窮，上既明夫陰陽造化之精微，下復究乎論治之權變，庶幾一掃二者之弊，而爲醫家之大成矣。其爲此論，以三墳古書爲主，本以秦、漢、唐、宋諸賢所論爲羽翼，以古今名方爲格法，正而不迂，奇而不僻，博而無餘，約而無闕，是殆識證之元龜，治病之指南

也與！序而歸之，余固不能以苟辭也。彦昌名昕，博學多能，雖音律繪畫之事，亦皆優入閫奥，爲世所稱云。九靈山房集二十一

佚。

醫原九靈山房集十九〔一〕

戴良抱一翁傳：抱一翁者，東嘉人也。今居越上，姓項氏，名昕，字彦章，晚更自號抱一翁。翁自幼聰敏好方數，外大父杜曉村世業醫，常奉父命謁，受其書讀之，年未成童，已暗誦岐、扁、素、難、王叔和脈經。稍長，學易趙穆仲、葉見山所，後以母病，醫誤投藥死，痛之，乃益厲志醫術，欲盡受他禁方。聞越大儒韓明善先生爲方善也，遂往拜之，盡得所藏方論甚富。後更諧陳白雲受五論奇胲，歷試其説皆精良。會金華朱彦修來越，出金源劉河間、張戴人、李東垣諸書示之，翁獨疑古方不可治今病之論，亟往錢塘見陸簡靜叩之，始悔古今同一矩度也。後又往浙右見葛可久，論劉、張之學，又往建鄴見戴仝父，仝父亦是郡儒者，爲撰五運六氣機要若干篇授翁。太醫院使張廷玉善撟引、按摩，甚奇，非世之所

〔一〕「十九」，底本誤作「二十一」，據九靈山房集改。

聞也，翁亦得見事之，盡其伎。於是爲人治診病，決死生，無不立驗。門人學子懼其老且衰也，力請著書以貽後，乃作脾胃後論，以補東垣之未備。其略曰：或問：「脾胃之有虚寒信乎？」曰：脾胃乃百病之源，然每惡寒而喜熱。寒者，陰氣盛，陽氣微也；熱者，陽氣盛，陰氣微也。而所以致夫陰陽之微盛者，脾胃之虚故也，甚則陰陽孤立而死矣。經曰：「有者爲實，無者爲虚。故氣併則無血，血併則無氣，氣血俱失，故爲虚。」又曰：「陰甚生内寒，厥氣上逆，寒氣積於胸，不得瀉；瀉則温氣散，寒氣獨留，故中寒也。」又曰：「邪氣盛則實，精氣奪則虚，故陰勝而爲實。」靈樞曰：「風雨寒熱不能獨傷人，有猝然逢疾風暴寒而不能病者。」蓋無虚不能獨傷其人，此必因虚邪之風，與身形兩虚相感，乃客其形矣。此脾胃虚寒之説也。又問：「河間謂惡寒戰慄皆屬於熱。然脾胃虚寒，亦有惡寒而戰慄者何邪？」曰：風寒之邪始居於表，表有寒邪則外惡寒，因其入裏與邪氣相搏，故戰慄也。邪氣勝則熱發於外，故戰慄愈不惡寒而反惡熱，脈必洪滑數盛。此蓋以實熱而致惡寒戰慄者也。至於脾胃虚弱，傳化失常，榮衛俱虚，不任風寒，内外之邪，易以傷之。經曰：「因身之虚，逢天之虚，兩虚相感，其氣至骨。」又曰：「陽虚生外寒。」又曰：「陰盛生内寒。」又曰：「陽受氣于上焦，以温皮膚分肉之間。今寒在外則上焦不通，上焦不通則寒氣獨留於外，脈必沉遲而弱。此虚寒而致戰慄者也。」熱淫於内，治以甘寒，河間所論是也。寒淫於内，治以辛熱，上文所論是也。二者所因各不同，又可執一而言哉！又問：「戰慄鼓頷及諸噤鼓慄，如喪神守，皆屬於熱。河間謂熱之極，反有水化制之。故其治法專主甘寒以發其鬱，資水以制火也。然與治瘧之戰慄鼓頷，可得同其法與！」曰：戰慄鼓頷皆屬於熱，此經首章之言，言熱之一端也。比及後章，言瘧之始發，陽氣併於陰，陽虛陰盛，而外無氣，故先寒慄，陰氣逆極，則陽復出，陽與陰復併於外，則陰虛陽實，故先熱。又曰：温瘧者先傷於風而後傷於寒。夫寒者，陰氣也。風者，陽氣也。瘧之寒熱戰慄鼓頷者，以上下交爭，虛實交作，陰陽相移也。逆調論曰：「人非常熱常温，而爲煩熱者何也？」岐伯曰：「以陰氣少，陽氣勝也。」「人身非常寒而寒從中生者何也？」岐伯曰：「陽氣少而陰氣多也。」此皆不可專主於熱矣。明理論則分戰慄於内外之診，戰者身爲戰摇，慄者心戰。又曰：陰中於邪，必内慄也。表氣虛微，内氣不守，故使邪中於陰，正氣虛弱故成慄。戰者正氣勝，慄者邪氣勝，鼓頷者邪入陽明，故鼓頷爲戰之輕者，其有森然而寒，聳然而振，是名曰振。而振亦戰之輕者，由是而觀，發熱而戰慄者，陰虛而陽盛也，法當補陰而抑陽。不熱而戰慄鼓頷者，陰盛而陽虛也，法當助陽而抑陰。至若寒熱交爭，陰陽相移，又當從之逆之，其始則同，其終則異，資取化源，追之、迎之、調之，而爲之治可也。豈可專以其寒言之，舉一而遺十哉！

又問：「胸鬲堅滿痞痛，東垣謂之不足而中氣内傷，法當補其中而益其氣。河間、戴人則以爲諸逆上衝，諸溼腫滿，諸氣郁冒瞀，皆溼火爲病，法當瀉火，在上則湧之，在下則竭之。張長沙又以爲邪氣所留，而以辛温之劑開發蕩散之，何三者治法之不同邪？」曰：治有從本者，有從標者，有不從標本而從中治者；證有虚實，脈有逆從，其始雖殊，其歸一理也。經曰：「天之四令無形，風、寒、暑、溼也；地之四令有形，饑、飽、勞、逸也。」東垣以胸腹堅滿等證，皆爲飲食七情所致，而謂之内傷。蓋以中氣不足，諸邪得以留之。經曰：「邪之所湊，其氣必虚。」是已，其脈必弦濇虚遲，故治以補中益氣，使中氣既盛，則邪氣可不戰而屈矣。此拔本塞源之論，蓋治其本者也。河間、戴人以爲可湧可竭者，是治其有形之邪；其脈必洪實沉滑，必當去其有形之物，而中氣可復，又必資水以制火，而陰陽自和。蓋治其標者也。至若長沙，直以邪氣留之於中焦，必以辛温之劑，散其無形之邪。經曰：「寒則氣聚，熱則氣散。」舉痛論曰：「諸痛爲寒」是也。其脈必虚浮遲濇，故以發鬱開結之劑主之。蓋從中治者也。知乎此，則三者之法斷不可以偏廢，而近世宗三家者往往自相詆毁，而有南醫北醫之不同，決不肯以寒涼施之於南方，辛熱施之於北方，何其自嗇之若是與？經曰：「病當問其起居。」固言地方之不同矣。然治寒以熱，治熱以寒，微者逆之，甚者從之，要在臨時變通消息以爲治，安可限以南北之分，而有寒熱之敻異哉！又問：「原病式以溼熱留飲否隔而傳化失常，甚則霍亂吐下，又以爲諸痛乃熱鬱於内，故爲堅痛，不可以言寒，又以爲急痛者，因寒之極，而乃凝沍而爲痛。如是則所謂霍亂吐下而心腹絞痛者當作熱論乎？抑作寒治乎？」曰：吐下之作，罕有不由脾胃感之，蓋胃爲水穀之海，受天之氣、地之味，精悍薰蒸，而成氣血，以營養四旁，往往因其燮理失宜，風寒燥溼之邪得以乘伏錯亂於其間，風爲百病之始，而春爲温風，夏爲陽風，秋爲涼風，冬爲寒風。風也者，天地之氣也。寒風即天地之寒氣。經曰：「歲土不及，風乃大行。化氣不令，草木茂榮。飄揺而甚，民病飧泄霍亂，斯固陰陽錯亂之所致矣。」其有食飲過制，七情内鬱，則溼飲否隔，遂使陰陽不得升降，塞而不通，陽併於陰，陰併於陽，揮霍變亂，水穀沸騰，而爲吐下霍亂，此皆溼熱留飲致之然也。若夫堅痛爲熱，本指瘡瘍，皆屬心火。心主熱化，故痛屬熱，即不以寒言。至於急痛因寒，乃舉痛論諸痛爲寒之説。經曰：「寒淫於内，以辛熱散之，佐以苦寒。」長沙以辛熱之劑，散其錯亂風寒之氣，良以此耳。凡所臨證，固當察物之陰陽，驗人之虚實，不可專以爲有熱而無寒，不可專以爲有寒而無熱，斯蓋折衷之道也。其於爲醫，或在杭、或在鄞、或在閩。在杭爲府史，爲肅政府書吏，在鄞爲帥府令史，在閩爲行中書、掾行臺，一皆以醫見辟諸貴人，而非所尚也。翁喜辭章，善音律，工繪畫，而獨以醫顯。所著書有竹齋小稿及脾胃後論，别撰醫原若干卷，議論宏贍，未及成。論曰：「抱一翁爲醫四十年，其所已人病、生人之死甚衆。至於立言以垂世，則取諸先覺之説折衷之而一本於經。

貫微達幽，不失細小，備矣。豈非宣暢曲解古之良醫也與！九靈山房集十九

翁氏應祥内經直指乾隆温州府志二十七

佚。

萬曆温州府志十三：翁應祥精於脈理，篤信古方書，所著有内經直指，尚書尹公臺爲之叙。

案：翁處士應祥，萬曆温州府志、道光樂清縣志方技傳並有傳。

杜氏德基醫藥啟蒙乾隆温州府志二十七

佚。

案：杜處士德基，乾隆平陽縣志孝友傳有傳。

温州經籍志卷十七

子部

天文演算法類

宋

王氏奕補正漢天文志萬曆温州府志十七

佚。

元

陳氏剛渾天儀説萬曆温州府志十七。續文獻通考一百七十九作「渾儀圖」。

佚。

明

章氏元梅天文圖歌一卷。侯一元章千峰墓表

佚。

侯一元章千峰墓表：所著天文圖歌凡一卷、雁山續集二卷、千家詩注一十八卷。道光樂清縣志十六

右推步

算書無

術數類

數學無

占候無

宋

朱氏失名陰陽精義

二十篇。文獻通考二〔一〕百二十、國史經籍志四下。萬曆温州府志十七、雍正浙江通志二百四十七並作「二十卷」，誤。

佚。

葉適序：朱伯起從鄭公景望學，而與景元爲友。景元材豪，然鄭公愛伯起質醇，以爲近道，自有聞見及得意於簡編，多以語伯起。鄭氏園住〔二〕城南甚陋，景元侍兄晨出，料檢花藥，過伯起，群在語連日夜，掐芥原韭，燎塘鱗而罾之。曰：「羹芼如是足矣。」鄭公不登禁從死，景元老爲選人亦死。伯起失二公，閉門漠漠，晚進遇之，瞠目戛如也。酷嗜地理，說山如啖⿱⺈冈。文獻通考二〔三〕百二十引作「蔗」。浮海葬妻大芙蓉，云：「後百年當驗。」著書二十篇，論原起乘止尤詳。二鄭因是喜陰陽家。余嘗怪蘇公子瞻居陽羨而葬嵩山，一身豈能應四方山川通考作「水」。之求；近時朱公元晦，聽蔡季通預卜藏穴，通考作「壽藏」。門人裹糗通考作「糧」。行紼，六日始至，乃知好奇者固通人大儒之常患也。始，陳公君舉欲爲伯起序其書，不果。嗚呼！伯起不惡伎，俛然欲以此書自名，誠知之審歟！余特載其師友源流，用爲書首。水心文集十二

〔一〕「二」，底本誤作「一」，徑改。

〔二〕「住」，底本作「在」，據水心文集改。

〔三〕「二」，底本誤作「一」，徑改。

篇，曰陰陽精義，陳君舉欲爲之序，不果。水心序之。宋元學案三十二：朱先生伯起，師鄭景望，而與景元爲友，嗜地理學，著書二十

案：朱伯起，鄭文肅公伯熊弟子，其名及事跡並無考。

明

項氏喬風水辨一卷。千頃堂書目十三

存。甌東私録本

案：風水辨一篇，見初刻甌東私録弟三卷，篇目下自注：「初，予葬母婁氏於慈湖北村，談風水者謂將不利於冢子冢婦，冢婦之家過於驚恐，故作此辨。」後附論風水語録三條、陰陽論一篇，其書力闢堪輿之説，援經據古，反覆辨證，足以鍼砭流俗，故同時講學諸儒，如唐順之、羅洪先、歐陽德、黄佐等並深取之。見論風水語録。據千頃堂書目當是蓋有單刊本，今未見傳帙，惟附編私録者，猶存於世云〔一〕。

〔一〕風水辨並見甌東私録别刻六卷本私録卷卷一。單行本據中國古籍善本書目十七著録：宅葬書十一種十一卷，清鈔本，收有風水辨一卷。宅葬書十一種有清顧廣圻跋，今歸國家圖書館。

國朝

楊氏孚吉地理折中

二卷。沈德潛歸愚文鈔十一

未見。

沈德潛叙：葬者藏也。人子之葬其親，所以妥先人之靈魄，非爲生者求福澤也。周禮「家人掌公墓之兆域。」注：「公墓，君墓也。」「墓大夫掌凡邦墓之地域。」注：「邦中之墓，萬民所葬地也。」古者墓地同處，分其地使有區域，而墓大夫居其中之室以守之，非如後世人自求地，家自置守也。其時稽疑者付之筮人、卜人，而後世陰陽拘忌之說不聞焉。禮「天子七月而葬，諸侯五月、大夫三月、士踰月。」必如後世堪輿家言，則七月至踰月中，安得遇善地并吉日也。且葬孔子者係子貢之徒，而孔子萬世王祀遠而彌昌，古來帝王陵寢蔑以過之，而子貢之徒未嘗徇陰陽拘忌以葬其師也。至晉郭璞始有葬經，璞既著書，必無舍善地以葬其親者，而王敦之亂，禍不旋踵，即其效可睹矣。後世葬師，又竄易其書以僞亂真，紛紜著述者多如牛毛，眩惑是非，皆以禍福動人而實以營己之利。雖有孝子慈孫，莫能大破其邪説，以求遂其必誠必信，勿之有悔之初心，吁可歎也！永嘉楊子孚吉著地理折中一書，大義本郭氏葬經，而指其竄易之謬，又折衷於司馬温公、朱子、劉誠意伯諸儒論説。凡上下二卷，其中測水脈，度地氣，正基兆，循禮法，一歸儒者之言，俾爲子孫者誠信焉而勿之有悔，誠習俗之鍼砭也。是書出而授之學者，傳之都邑欲葬其親者，守先王之禮，而又參考楊子上下諸篇，庶無惑於榮利以暴露其先人者！歸愚文鈔十一

案：楊孚吉事跡無考。

林氏鶚葬書易悟〔一〕二卷。

存。泰順林氏刊本

右相宅相墓

占卜無

〔一〕底本無此條，據刻本補。

元

鄭氏希誠玄妙經解一卷。浙江採集遺書總録庚集

存。星命溯源本

四庫全書總目一百九：星命溯源五卷，浙江范懋柱家天一閣藏本。〔一〕不著編輯者名氏。第一卷爲通玄遺書，雜録唐張果之説，凡三篇。第二卷爲果老問答，稱明李憕遇張果所口授，凡四篇。第三卷爲玄妙經解，稱張果撰，元鄭希誠注。第四卷爲觀星要訣。第五卷爲觀星心傳口訣補遺。均不云誰作。詳其題詞，似要訣爲鄭希誠編，補遺又術士掇拾，增希誠所未備也。希誠自署其官曰主簿，其籍曰瑞安，其號曰滄洲，始末未詳。

浙江採集遺書總録庚集：通玄先生五星論一卷，玄妙經解一卷，寫本。右書論官命五星，相傳是唐玄宗時，張果所撰。其經解係元主簿瑞安滄洲〔二〕鄭希誠所釋，末附鄭氏觀星口訣，則希誠所著。

〔一〕「浙江范懋柱家天一閣藏本」，底本脱，據刻本補。

〔二〕「洲」，底本誤作「州」，徑改。

鄭氏星案嘉慶瑞安縣志九

存。陸位果老星宗本

命之理微，聖人所罕言也。後世專是以名家者，不啻十數。獨通玄經傳，自唐之張果折衷群言，視諸家最中肯綮。厥後得其傳者，寥寥無聞。胡元時，浙温之安固鄭希誠氏，曾遇異人，授以通玄之學，用諸禄命，發多奇中，人因神之，乃拾其批辭，彙而成編。有得之者，秘録珍藏，不啻隋珠卞玉，其所推休咎，纖悉不爽，視之通玄，若合符節。予聞窮星象之理，無踰於通玄；得通玄之傳，無逾於鄭氏。兹集也，稽象緯以卜終身，考限度以知流歲，得失窮通，罔不咸備。凡鄭氏之精藴，得諸通玄者，此其盡述之矣。善學者玩索而有得焉，則由是以進果老之閫域，將綽綽乎有餘裕已。予不私其有而廣其傳，故不自揣其蕪陋，謾書以序諸首。居士陸位識。

嘉慶瑞安縣志九：鄭氏星案，元鄭希誠撰。見果老星宗。

案：滄洲鄭主簿希誠，萬曆温州府志、雍正浙江通志、嘉慶瑞安縣志方技傳並有傳。所著玄妙經解，四庫全書著録，然世無梓本，余亦未見。惟明人所編果老星宗卷十，附鄭氏星案四十條，詞句頗淺俗，蓋傳其術者掇拾所推星命録存之者。然萬曆府志稱希誠書不傳，今所撰占詞七十二張行世，則與星宗所載不合。術數家言，輾轉傳授，往往傳託羼竄，不可究詰。今姑依嘉慶瑞安縣志録存其目，其是否出希誠手，則無可考也。

右命書相書

宋

薛氏季宣遁甲龍圖四卷。艮齋浪語集三十佚。

自序：河圖戴九履一，左三右七；二四爲肩，六八爲足，五爲心腹，聖人則之而易象興，是以帝出乎震，震、東方之卦也；齊乎巽，巽、東南也；相見乎離，離、南方之卦也；致役乎坤，坤、地也；説言乎兑，兑、正秋也；戰乎乾，乾、西北之卦也；勞乎坎，坎、正北方之卦也；成言乎艮，艮、東北之卦也；參天兩地，錯綜以變，八卦相盪，當期直日，而三才六位，歲時氣節具焉。遁甲者，遁此者也。故有直符九星以斡九宫，直使八門以周八卦。三奇者，三材之象也；六儀者，六位之象也；陰陽逆順，推盪也；天地加臨，錯綜也。黄帝之局，千有八十，乾九坤六之用也；太公之局，七十有二，月卦時訓之候也；留侯四皓之局，一十有八，參兩成卦之變也；聖人制局，流遁以體天地之撰，闡陰陽之理，見鬼神之情狀，而擬諸其形容，示人以榘範也。上士得之可以明造化，中士得之可以則陰陽，下士得之可以命吉凶。蔽者爲之，任天數而人事棄焉，因終與之并廢，得意忘象，顧若是乎！陰陽家者流，所以得罪於通人之論也。帝堯平秩四序，有虞齊政玉衡，夏南巡，祁寒北守，豈無天道，通乎人事而已。漢之成、哀、桓〔一〕、靈，不改高帝之時令，莽、卓之不順焉，同歸於敗。故曰：「非陰陽之罪也。」至於請師大道，寫符辟兵則繆矣。明乎天地之性者，不可罔以非類。術家之論，自有吉凶反戾，非盡知畢議所能通者，天人之際，姑用其參，無及泥焉可也。周公之制周禮，雖如書方貫椩，射夭殺神，祝詛祈禳，術之甚膚淺者尚皆有取，諸儒廢焉過矣。世之言遁甲者多淪於怪。其書與術，今顧傳於星官、卜祝之流，兵家時或論焉，薦紳先生蓋所不究。走豈仰知天道，然觀其數，真聖人之遺術也。稡其方論，去其誣泰幸甚！成書四卷，推原所自，命曰遁甲龍圖云。艮齋浪語集三十

國朝

王氏祚昌奇門一掌編嘉慶瑞安縣志九

〔一〕「桓」，底本作「亘」，據浪語集改。

佚。

林氏鴨奇門蠡測[一]五卷。

存。

右陰陽五行

藝術類

明

姜氏立綱東溪書法一卷。千頃堂書目三

存。文苑堂刻本

[一] 底本無此條，據刻本補。

右書法者，乃太僕寺卿姜立綱先生之筆也。觀其點畫形體，端莊嚴肅，士大夫品其有正人君子立朝之象，噫！豈虚譽哉？後之君子，即此是學，因其筆而得其心法，其心正則筆正如正人君子，則其爲益不小矣。豈特爲六藝之一而已哉？前翰林院待詔、將仕佐郎兼修國史長洲文徵明跋。

案：東溪姜少卿立綱，萬曆温州府志翰藝傳、嘉慶瑞安縣志文苑傳並有傳。今所見書法一卷，題曰永嘉姜立綱著，蓋即千頃堂書目所載東溪書法也。余所見墨本，末有「文苑堂勒石」五字，不知何時所刻。書首列永字圖、八法八病六書圖，嘉慶瑞安縣志本傳，今鄉所藏立綱遺筆及八法一卷，疑即此永字八法也。大抵臨池常語，無所考證。後爲字式百二十四條，則又別立名目，各書八字爲式，若官宫等字則謂之乾覆，且里諸字則謂之坤載之類，每條又各附小注，則多論用筆之法，其中標目既不雅馴，注語又復舛陋，遂至月傍則月肉不分，趨衣則衣示無辨，月傍、趨衣，並原書所標名目。解解分爲兩形，閒間昧其一體，使果出東溪之手，不宜謬陋至此，殆明時書肆無識之徒，以其名重而假託之歟！觀其字式内「崇正」一條，注云：「崇正，姜公法也。姜公字畫不苟，如正人端士立朝，嚴整流動，學者心契而宗之」云云，則此書不出東溪，其明證矣。原本後有文衡山跋，詞旨俚淺，爲甫田集所不載，殆與本書同出一手僞託，以其流傳既久，姑爲録入，而附辨之於此。

楷法大成一卷。胡文焕格致叢書存。格致叢書本

右書畫

琴譜無

篆刻無

明

林氏應龍適情録二十卷。明史藝文志三、千頃堂書目十五、四庫全書總目一百十四。

未見。

四庫全書總目一百十四：適情録二十卷，浙江范懋柱家天一閣藏本。明林應龍編。應龍字翔之，永嘉人，嘗充禮部儒士。是書成於嘉靖乙酉，前八卷載日本僧虛中所傳弈譜三百八十四圖，第九卷以下爲外篇、補遺、圖説，則應龍所蒐輯也。

棋史二卷。千頃堂書目十五、明史藝文志三。

未見。

陳氏謙壽弈書則易乾隆温州府志二十七

佚。

案：陳處士謙壽，乾隆温州府志、乾隆永嘉縣志方技傳並有傳。

國朝

葉氏嘉棆改定漢官儀寶香山館集十七

未見。

案：葉質林改定漢官儀，見林敏齋所作墓誌，其稿今未見，以意推之，蓋以宋劉攽漢官儀所定除罷、賞罰義例及博采貴賤，或未允當，重爲更定者。劉書今有歙鮑氏刊本。非改應仲遠漢官儀及衛敬仲漢官舊儀也。

右雜技

譜録類

器物無

食譜無

明

姜氏準海族譜乾隆温州府志二十七

佚。

吴氏彦匡花史〔一〕十卷。四庫全書總目一百十六

存。遜學齋藏手稿本

四庫全書總目一百十六：花史十卷，内府藏本。明吴彦匡撰。彦匡爵里未詳。是書蓋本常熟蔣養庵花編、松江曹介人花品二書，推而廣之，得百有餘種。每一花爲一類，各加

〔一〕底本無此條，校勘記：「得書於光緒戊寅，似在再稿寫成之後也。此殆校刊者嘗聞余家有此藏本遂爲增入歟？」據刻本補。

神品、妙品、佳品、能品、具品、逸品標目，附以前人遺事及詠花詩歌。大都以意爲之，所品第不必皆確也。

黄氏漢貓苑
二〔一〕卷。
存。永嘉黄氏刊本

林氏鶚學署花木記〔二〕
一卷。
存。泰順林氏刊本

右草木鳥獸蟲魚

〔一〕「二」，底本闕，此書清史稿藝文志作一卷，温州市圖書館又藏永嘉區鄉著會鈔本，作二卷，民國九年上海廣益書局本亦作二卷。據補。

〔二〕底本無此條，據刻本補。

雜家類

宋

宋氏之才三餘録艮齋浪語集三十四

佚。

薛季宣宋侍郎行狀：家有雲海後集、三餘録、詞林合如干卷。艮齋浪語集二十四

案：雲海宋侍郎之才，萬曆温州府志宦業傳、雍正浙江通志儒林傳、乾隆平陽縣志理學傳並有傳。

葉氏適習學記言序目

五十卷。直齋書録解題十、文獻通考二百十四、四庫全書總目一百十七。宋史藝文志四作「四十五卷」。

存。遜學齋藏明秦四麟鈔本、祥符周氏藏明葉道轂鈔本。

習學記言序目者，龍泉葉先生所述也。初，先生輯録經史百氏條目，名習學記言，未有論述。自金陵歸，閒研玩群書，更十六寒暑，迺成序目五十卷。子寀既以先志編次，諗

今越帥新安汪公，鋟木郡齋，又囑之弘揭其大指於書首。竊聞學必待習而成，因所習而記焉，稽合乎孔氏之本統者也。夫去聖綿邈，百家競起，孰不曰「道術有在於此」？獨先生之書能稽合乎孔氏之本統者，何也？蓋學失其統久矣，漢唐諸儒皆推宗孟軻氏，謂其能嗣孔子，至本朝關洛驟興，始稱子思得之曾子，孟軻本之子思，是爲孔門之要傳。近世張、吕、朱氏二三鉅公，益加探討，名人秀士鮮不從風而靡。先生後出，異識超曠，不假梯級，謂洙、泗所講，前世帝王之典籍賴以存，開物成務之倫紀賴以著；易彖象，仲尼親筆也。十翼則訛矣；詩、書，義理所聚也，中庸、大學則後矣；曾子不在四科之目，曰「參也魯」；以孟軻能嗣孔子，未爲過也，捨孔子而宗孟軻，則於本統離矣。故根柢六經，折衷諸子，剖析秦、漢，訖於五季，以吕氏文鑒終焉。其致道成德之要，如渴飲饑食之切於日用也；指治摘亂之幾，如刺腧中肓之速於起疾也；推跡世道之升降，品目人材之短長，皆若繩準而銖稱之，前聖之緒業可續，後儒之浮論盡廢。其切理會心，冰消日朗，無異親造孔室之閫深，繼有宗廟百官之美富，故曰稽合乎孔氏之本統者也。至於憂時慮國，不捨食息，思爲康濟，常追恨唐初務廣地而兆夷狄内侵之禍，中世廢府兵而縣官受養兵之患，本朝承平，未遑悛定。矧以舊虜垂亡，邊方數警，筆墨將絶，遂爲後總，特秘而未傳。嗚呼！誰能知先生之若心哉！然賈誼分封之策，至武帝卒能寬同姓之憂；烏重嗣欲殺節鎮之權，我宋實用以弭五代之禍。舉天下之勢變而通之，存乎其人而已。先生之書所望於後人者，豈易量哉！之弘之序是書，固不容無所表見於斯也。嘉定十六年十月□□〔一〕日，門人山陰孫之弘序。

余曩得林德叟所傳水心習學記言前後兩帙：一自書、詩、春秋三經，歷代史別本「史」下有「記」字。訖五代史，大抵備史法之醇疵，集時政之得失，所關於世道者甚大；一自易、禮、論、孟、五經、諸子訖吕氏文鑒，大抵究物理之顯微，著文理之盛衰，所關於世教者尤切。今孫偉夫攜至一本，乃用諸經史子前後排比次第，聚爲一書，總五十卷，發以序文，諗余鋟板郡齋。工未竟，趙振文來，具道水心著述前後，與余所得於德叟者同。余嘗反覆紬繹其故，此分彼合，要皆不爲無意，讀者幸葉鈔本作「必」。有考焉。德叟名居安，瑞安人；偉夫名之弘，餘姚人；振文名汝鐸，今居樂清；皆水心高弟云。癸未良月望日，新安汪綱仲舉父書。

余好嗜與人殊，所讀之書，意見不欲從風而靡，每有所思，必推古人立言之旨與其時世之汙隆相會，即孟子所云論世也。癸卯之冬，檢水心先生習學記言序目，爲之一再觀。其得失參半，于宋人中頗爲不入頹流者矣。然自孟子以下，咸有疵責，不細推其所以然之

〔一〕□□，底本原無，據習學記言補。

故而發明之，而務以我爲是，而古人胥受裁焉，此宋人之大病也。余非故爲好異，特欲推崇古人以不負乎好學深思之旨，則有獲矣；後之學者，能以我爲然乎？因有所感，故誌於此。南昜道轂。葉氏寫本跋

直齋書録解題十：習學記言五十卷，寶文閣學士龍泉葉適正則撰。自六經、諸史、子以及文鑒，皆有論説，大抵務爲新奇，無所蹈襲，其文刻削精工，而義理未得爲純明正大也。自孔子之外，古今百家，隨其淺深，咸有遺論，無得免者，而獨於近世所傳子華子，篤信推崇之，以爲真與孔子同時，可與六經並考，而不悟其爲僞也。且既曰「其書甚古，而文與今人相近」，則亦知之矣。遠自七略，下及隋唐、國史諸志、李邯鄲諸家書目，皆未之有，豈不足以驗其非古，出於近世好事能文者之所爲，而反謂「孟、荀以來無道之者，蓋望而棄之也」，不亦惑乎！

四庫全書總目一百十七：習學記言五十卷，浙江巡撫採進本。宋葉適撰。適字正則，自號水心居士，永嘉人。淳熙五年進士，官至寶文閣學士，謚忠定〔一〕。其書乃輯録經史百氏，各爲論述，條列成編。凡經十四卷，諸子七卷，史二十五卷，文鑒四卷。所論喜爲新奇，不

〔一〕「忠定」，爲「文定」之誤，詳卷二十一。

屑摭拾陳語，故陳振孫書録解題謂「其文刻峭精工，而義理未得爲純明正大」；劉克莊爲趙虚齋作注莊子序，亦稱其「講學析理，多異先儒」。今觀其書，如謂「太極先兩儀」等語爲「文淺義陋」，謂檀弓「膚率於義理而嗇縮於文詞」，謂孟子「子産不知爲政」、「仲尼不爲已甚」、「語皆未當」，此類誠不免於駭俗。然如論「讀詩者專溺舊文，不得詩意；盡去本序，其失愈多」，言國語非左氏所作，以及考子思生卒年月，斥漢人言洪範五行災異之非，皆能確有所見，足與其雄辯之才相副。至於論唐史諸條，往往爲宋事而發，於治亂通變之原，言之最悉，其識尤未易及。特當宋之末世，方恪守洛閩之言，而適獨不免於同異，故振孫等不滿之耳。

宋元學案五十四：宗羲案，黄溍言「葉正則推鄭景望、周恭叔以達於程氏，若與呂氏同所自出；至其根柢六經，折衷諸子，凡所論述，無一合于呂氏，其傳之久且不廢者，直文而已，學固勿與焉」，蓋直目水心爲文士。以余論之，水心異識超曠，不假梯級，謂「洙泗所講，前世帝王之典籍賴以存，開物成務之倫紀賴以著」；「易象象夫子親筆也，十翼則訛矣；詩、書義理所聚也，中庸、大學則後矣，曾子不在四科之目，曰參也魯，以孟軻能嗣孔子，未爲過也，舍孔子而宗孟軻〔一〕，則於本統離矣。」其意欲廢後儒之浮論，所言不無過高，

〔一〕「軻」，底本作「子」，據宋元學案改。

以言乎疵則有之；若云其概無所聞，則亦墮于浮論矣。

經義考二百四十三：黄百家曰：「習學記言存於今者，序目而已。内説經共十四卷，易四卷，書一卷，詩一卷，周禮、儀禮合一卷，禮記一卷，春秋一卷，左氏傳二卷，國語一卷，論語一卷，孟子一卷，若記言原本不知若干卷，惜乎不得見矣。」是書前有山陰孫之弘序，葉氏門人。

案：水心習學記言序目，孫之弘叙謂：「初，先生輯録經史百家條目，名習學記言，未有論述，自金陵歸，間研玩群書，更十六寒暑，迺成序目五十卷。」考景定建康志十四，「開禧二年四月二十二日，朝請大夫、寶謨閣待制、江東安撫使葉適知府事，三年七月，召赴行在。」宋史儒林傳四，「韓侂胄誅，中丞雷孝友劾適附侂胄用兵，遂奪職奉祠。」寧宗紀二，「開禧三年十二月己酉，落葉適寶文閣待制。」嘉定十六年卒，年七十四。」則此五十卷者，乃水心絶筆之書也。水心論學，在宋時自爲一家，不惟與洛閩異趨，即於薛文憲、陳文節平生所素與講習者，亦不爲苟同。此書論辨縱横，説經則於繫辭、禮記檀弓、孔子閒居、中庸、大學，咸有遺議；論史則不滿於史遷、班固，論文則不滿於韓愈、曾鞏；其詆苛前人，信不免太過。然其論太極先後天，及尚書、論語、大學無錯簡，則在講學家爲不聒于衆咻者。至于諸史自戰國策、史記迄唐書，諸子自老子、荀子迄兵家七書，靡不該覽綜貫，抉其義藴，其淹博尤非陋儒所敢望，未可以陳伯玉所論遽譏其偏駁也。

又案：汪跋謂：「所見凡二本，一本分前後兩帙，出於林居安；一本合編爲五十卷。」孫叙謂：「水心子寀所編次，汪氏據以刊行。」今世藏書家展轉傳鈔，皆出汪本，林本遂不復傳。然以汪氏所述推之，林本先後分合義例，不甚可解，固不若孫本之精整。然今本書末，亦有「學生林居安校正」一行，則汪刊雖依孫本，亦經林氏手校矣。又四十六卷末孫氏附記云：「按諸子書，惟莊、列、文中子不及論述，先生嘗答之弘書云：『記言序目孫卿後僅有四卷，如莊、列諸書，雖熟商量，莫知所以命筆，只得且放過，從此且欲將文鑑結尾作了當去。』又云：『莊、列、文中子，向本欲先下手，爲其當條理處太多，不勝筆墨，頗若煩碎，合爲一論，則又貫穿未易。』」此二書，黎諒編水心集未載。是此書終文鑑，水心手定本，固已如是。至云荀卿後有四卷，則與今本又不合。今本荀子在四十四卷，後四十五卷管子，四十六卷孫、吳、司馬法、六韜、三略、尉繚子、李靖問對，四十七至五十卷並文鑑，凡六卷。疑葉寀及門人編定時，或有分并矣。又直齋書録解題一，載水心門人建安袁聘儒述釋葉氏易說一卷，即述釋記言說易之語。詳辨誤。其書今未見，附識于此。

李氏之彦東谷所見

一卷。四庫全書總目一百二十四、千頃堂書目十一、宋史藝文志補。

存。左邽百川學海本。曹溶學海類編本題「東谷隨筆」。

百川書志九：李東谷所見一卷，宋永嘉東谷李之彦撰，凡三十事。

四庫全書總目一百二十四：東谷所見一卷，內府藏本。宋李之彦撰。之彦，永嘉人。東谷其所自號。書中「教導」一條，稱：「游湖海五十年，教公卿大夫之子孫屢矣，教尋常白屋之類亦多。」則老塾師也。是書凡十三〔一〕則，皆憤世嫉俗，詞怨以怒。末載「太行山戲語」一條，謂「是非不必與世人辨」，蓋其篇中之寓意。前有自序，題「咸淳戊辰小春」，正宋政弊極之時也。

案：李之彦事跡無考，東谷所見一卷，皆論當時風俗、時政之敝，文義頗明淺，殆偶爾記識，非有意撰述也。惟載「永嘉科舉極狼狽，只緣多試一日，以至士子多謄公本，只書義終場，自有三萬三千餘卷」云云。足見宋時吾鄉士人得解之難，此外無可采者。

戴氏栩諸子辨論　雍正浙江通志二百四十六

〔一〕四庫提要云十三則，誤。实三十則，當改。

佚。

明

張氏純存愚録千頃堂書目二十三作「存愚集」，誤。今從四庫全書總目一百二十四。一卷。四庫全書總目一百二十四

存。翰林院儲明刊本、遜學齋藏明影鈔本。

存愚者，滄江張子之日録也。張子之學嘗博矣，而反約焉。是故仰觀俯察，閎究旁通，有所遠覽深識，札以記之〔一〕，積之既久，遂盈緗帙，鏡省繩法，將于斯乎在爾！甌東項先生，一見是書，亟稱之曰：「是爲不落言筌，超然獨詣，可傳也。」於是其二子遂刻諸家塾以傳。嗟乎！學而求諸其心而已。博者，博此者也；約者，約此者也。聖賢之學，求諸于一而無遺；俗儒之學，求諸乎萬而不足。此學之所以日離也。今世稱學者靡不淹貫，究其旨趣，剿説雷同，能自得者或寡矣。夫是之謂書肆，廼張子之見則誠異是，不汨精神以求諸聖，外合聞見而通諸心，故其書之所言，雖天文、地理、人事、物情，莫不各臻至理，擬議

〔一〕「札以記之」，底本誤作「札記以之」，據存愚録改。

詮擇，一不詭於聖人。噫！豈易得哉？由斯博約，可以會夫一矣。而書曰存愚，尤見其歉然而不自足。充斯志也，雖聖賢同歸可也。嘉靖丙午冬日，同志生體齋王應辰序。

夫學非徒博也，必也貫乎道；言非徒飾也，必也濟乎義。任口耳之末，而雕辭繪語以爲工，其學也吾以爲書肆，其言也吾以爲説鈴。是尚奚取焉？滄江先生博物洽聞，究心大業，暇日讀書，有會於心，隨札記之，積而成帙，間出以示果曰：「斯一得之愚，存之以備考爾。」果受讀而歎曰：「美哉！辨而確，易而藏，博而知，服道之修而義之藏也。是故發明聖真，闡示彝則，教學宜矣。綜述徽言，覈稽往蹟，鑒戒著矣。揚榷政體，疏觀造化，俯仰備矣。以至詩詞有評，典禮有考，多識於品彙俗尚之微，道器貫矣。脱牿見聞，洞昭靈識，何其學之貞而言之雋也。昔東發黄先生汎覽載籍，厥有日鈔，西山真文忠公讀書有記，要皆紀其所自得者，若劉賓客之嘉話、吴宜齋之野乘、龍光子之葆光録，其言嵬瑣而鮮經，好事者猶競傳之以助抵掌，然則是編之作，掩跡三子矣。其與日鈔、讀書記並傳，復奚喙耶？果從弟叔本，先生之館甥也，請付梓人，是用序之，以弁諸首簡。嘉靖丙午孟冬朔，後學王叔果識。

四庫全書總目一百二十四：存愚録一卷，浙江范懋柱家天一閣藏本。明張純撰。純，永嘉人。嘉靖戊子舉人，官至南康府知府。是編雖自稱尊崇道學，然實無所發明。至以王制五祀爲金、木、水、火、土，又以鬼怪不經之事雜入卷中以解經傳，亦殊失醇正也。

浙江採集遺書總録己集：存愚録一册，刊本。右明永嘉張純撰。前半論性學、史評兼及詩品，後以雜説綴焉。

甌東私録五：張滄江純云：「中庸鬼神，即世俗所謂鬼神，故下言使天下之人以承祭祀，注引解太闊，雖是鬼神，恐失立言之意。大抵古人欲人敬畏，必深言不可欺處以警省之。」此説最是，亦可以證易「況於鬼神」之義。「人心惟危，道心惟微」。朱子謂「人心生於形氣之私，道心原於性命之正。」然性命與形氣原不相離，人心與道心原不並立。道心既常爲一身之主，則一身之所主者皆道心也。安得謂之人心？陽明子却曰：「心，一也。未雜於人僞謂之道心，雜以人僞謂之人心。人心之得其正者即道心；道心之失其正者即人心。初非有二心也。」夫既曰「雜以人僞謂之人心」矣，安有人僞復得其正而可爲道心者乎？況仁，人心也，聖賢經傳未有唤人僞爲人心者。善乎吾友張純曰：「人心惟危，蓋曰大凡人之一心，其惟危也，何也？道心微妙難見，苟無精一之功，則欲心乘之，未有不亡者，不亦惟危乎？説箇道心，即有箇欲心，不必以人心對道心四字爲句，如古詩句然，豈拘於對舉耶？」此似可破千古之疑，書之以俟后聖云。

案：張滄江存愚録，明刊本卷耑止題曰「存愚」，而王體齋叙標目則有「録」字，自相違異，未喻其故。其書不分門目，大都論學者十之五六，雖匙精語，然當心學横流之際，能祖述先儒，不爲新説所淆，即不失爲篤實，未可以無所發明概譏之也。至考論經史及唐宋詩文，則考證未博，如謂飲器爵象鳳皇，宋趙鼎、李綱淫侈諸條，並多舛謬，其後半册多節録先儒言行及古書名物、制度，既無論斷，又不著所出書，體例亦嫌龐雜，疑滄江手稿，本隨時札記以備遺忘，諸子刊布時，失于删正也。又慎江文徵六十一載滄江所作五誡五篇，其文亦見此録，然無五誡之目，文句異同亦夥，其爲周氏即據此録采入而有所羼削，抑滄江此文别有定本編入文集，均未可定也。

又案：四庫提要譏此録以王制五祀爲金、木、水、火、土，考此録本作穀、水、火、金、木，又泛論五祀，不主王制，與提要不同，余所見翰林院儲明刊本，即乾隆間浙江巡撫采進天一閣本，提要所云蓋偶誤也。

國朝

李氏錫瑞子甑子 乾隆温州府志二十七〔一〕

〔一〕浮簽云：「李删，入别集。」乾隆温州府志選舉志十九作：「李世瑞集。」乾隆永嘉縣志選舉亦同，而此作「李錫瑞子甑子」，人名誤，書名誤，歸類亦誤，當删。

佚。

右雜學

宋

陳氏昉潁川語小二卷。四庫全書總目一百十八

存。錢氏守山閣叢書本

四庫全書總目一百十八：潁川語小二卷，永樂大典本。案：潁川語小，宋史藝文志及諸家書目皆不著録。其散見永樂大典中者，惟題爲陳叔方撰，而不著時代。書中稱呂祖謙爲呂成公。考宋史列傳，祖謙卒，未得謚，至理宗時始追爵開封伯，賜謚曰成。則是書在理宗以後矣。周密癸辛雜識載有叔方二事，稱其字曰節齋。宋無名氏詩家鼎臠載有節齋陳昉叔方宮詞一首，在趙葵之後，王邁之前；宋詩紀事亦稱「陳昉，字叔方，號節齋，温州平陽人。以父任入官，累除吏部尚書，端明殿學士。卒謚清惠。」此一陳叔方也。又倪瓚清閟閣集有與陳叔方書二首，鄭元祐僑吴集有元故慎獨處士陳君墓誌銘一首，稱「吴有隱君子曰陳君叔方，其名曰植，爲宋遺民，寧極先生陳深之子。」此又一陳叔方也。是書無一字

及元事，其宋之陳昉所撰歟？ 其考究典籍異同，朝廷掌故，酷似洪邁容齋隨筆。 其論文多辨别經史句法，又頗似陳騤文則。 其中疏舛之處，如謂「履端爲閏月之名」，則未考左傳疏、史記注。 謂「叵羅不知何器」，則未考北史祖珽傳及李白、岑參詩。 謂「只」字毛詩以外别無所出，則未考楚詞大招。 謂「鉈尾訛爲獺尾，由黄幡綽」，則未考王建詩及王得臣塵史。 謂「林逋詩『郭索鈎輈』，用本草語」，則未考揚子法言及李群玉詩。 較之王觀國學林、王應麟困學紀聞皆爲少遜。 然大致考據詳核，如「辨女媧補天」非鍊石，則取張湛之説；辨同姓不同氏，則從許慎之論，以及名稱字義、沿訛襲謬而不知者，皆一一訂證，尤足以砭流俗之非。 較之誌俳諧、述神怪者，有益多矣。 裒而録之，亦考證家之所取裁也。 叔方舊本卷帙無徵，今即永樂大典所存者，略以類從，編爲二卷。

案：陳節齋潁川語小，宋以來書目及府、縣志並未著録，惟永樂大典内尚載其文，題：陳叔方撰。 蓋明初傳本，不著撰人。 纂修者僅據叙、跋所舉姓氏，不暇詳考，遂題爲陳叔方也。今本前後無叙、跋，蓋明人删之。 今以其書核之，其論葉文定進卷、趙紫芝詩，及仰孝子忻同姓圖，皆涉温州文獻。 四庫提要定爲節齋作，最爲精審。 至書中辨證經史字義，援據亦至詳博，如論詩「景行行止」，非企慕之義，斥唐明皇孝經注序「景行先哲」之誤。 「誕彌厥月」，「誕」訓「大」，非訓生育；彌月爲滿十月，不可用賀生子滿月。 若此之類，並足鍼砭流俗沿襲之謬。又謂兄弟之子爲姪，蓋取字林音義作「丈乙切」呼之。字林，南宋時猶存，見書録解題三。亦有裨考證，雖卷帙不多，在宋元説部書中，亦可謂有根柢者矣。惟云温爲永嘉郡，俚俗因西有嘉州，或稱永嘉爲東嘉，爲未詳考，則不知唐高祖武德四年曾置東嘉州。見唐書地理志。至近儒洪齮孫補梁疆域志一，據太平寰宇記之羨文，謂梁時置東嘉州，則謬説也。又論姓氏一條，引許氏云：「族者，氏之別名也。姓者，所以統繫百世使〔一〕不別也。氏者，所以別子孫之所自出也」等語。乃史記五帝本紀集解引鄭康成駁許慎五經異義説，叔方引作許説，蓋是筆誤，提要亦未辨正，故附訂之。

周氏元龜管見要略霽山集五〔二〕

佚。

王氏奕多識録萬曆温州府志十七

〔一〕「使」，底本誤作「之」，據史記改。

〔二〕民國平陽縣志作「管見類要」，霽山集亦同，孫氏偶誤。

佚。

蔣氏炎經史補遺千頃堂書目十一、宋史藝文志補

佚。

萬曆温州府志十：宋進書補官蔣炎，永嘉人。

右雜考

宋

鄭氏伯熊讉語東嘉先哲録六

佚。

記聞東嘉先哲録六

佚。

東嘉先哲録六：鄭伯熊六經口義拾遺、讉語若干卷，皆究極本原，達於事物，記聞若干卷，前輩楷模及時人美惡，凡涉理道者畢載。原注：見郡志。

李氏季可松窗百說一卷。阮元揅經室外集五

存。知不足齋叢書本

余昔識李君於鄉里，知其爲博學有識君子也。別數年，復遇之於臨安，出所撰松窗百說以見示，事多而詞簡，議論一出於正。如辨文王不傾商政，諸葛孔明盡臣道，有若似孔子不以貌，雋不疑詭辭以抗衆，魏武帝宣言以欺人，韓退之不服硫黃，釋寶誌妖妄，仙家不壽考，士自負爲不幸，皆大有益於風教，前輩議論所不及也。宋子京作唐史，至贊杜牧曰：「牧論天下兵，謂上策莫如先自治。賢矣哉！」牧以一言之當，見賢于宋，今李君百說皆善，又賢於牧一等矣。惜乎世未有知之者！紹興丁丑五月十九日，東嘉王十朋書。案：梅溪前、後集不載。

文至於自得，而直遂其意之所詣，非自處甚固者不能。始余以職事造王府，時見李公談古今，論詩文，意超然甚樂，直自視古人爲無愧也。余曰：「是殆自得而所處甚固者。」及觀其松窗百說，信然。公之學不務進取，故淡然而自適；文不追時好，故悠然而自放。其辭辯，其論詳，使其更閱賢智，則必度越諸子，古人實云，余於李公亦云。紹興丁丑杪冬，拙齋葉謙亨父書。

季可論王霸大略，踔厲百家，至於藝文乃餘事，從游二十年，未嘗有過失，茲予平生所欽服也。百説之作，易取鷦賦，其仁義經綸渟涵之意，自當有知者。戊寅八日，覬重書。

案：此跋文有奪誤。

士之處世，懷卓絶之才、王佐之器，不幸無位，其英略有所不能施設，恥没世而無所聞，故託言以見志，李君季可松窗百説是也。大略以採摭經傳爲文，據正闢邪爲意，去非釋疑，一歸諸理，余與李君相處，談古今治亂，人物賢愚，故事優劣，迨兵家衆藝，莫不纖微至當。又仰服其行已無所戾，歎息贊之而不愧云。戊寅驚蟄前五日，環衛宗室居廣書。

李季可來見，入門下馬，標宇軒秀，意必有所涵蓄者。坐定，出松窗百説，退而觀之，知其積於中者多矣。紹興戊寅重午日，贛川曾幾書。

鄉里士陶冶富鄭公、司馬温公、邵康節諸鉅人之餘風，大概已與天下異，松窗乃復傑出。其説簡而盡，曲而通，洞見事情，有補於世，前賢未之及也。大任辱在後進，喜而欽之，特授工以傳，且少慰回首嵩洛之意云。紹興戊寅下元日，尹大任書。

右松窗百説一卷，南宋紹興間永嘉李季可撰。極爲王公梅溪所賞，以唐杜牧擬之。同時諸賢又各題識其後。行都尹大任以其有補世教，爲之梓行，蓋亦一時聞人百家之緒論也。然稽之志乘，既不列其名，訪之藏書家，均不著於録。以故楮數十餘番，沈薶於蠹簡敗篋中，積六百餘年之久，卒能不絶於世，非其卓論宏議，自足以不朽。夫豈一二占畢之士所能爲之力哉？然續其墜緒，益衍其傳，後之學者，固當任其責也。顧以傳鈔既久，訛誤相承，風葉滿庭，掃除有待，此在覽者或能諒之，所惜出之稍晚，未經四庫全書採録，俾藏之天府，垂示無窮，不無珠遺滄海之慨爾！嘉慶癸亥十一月五日，歙鮑廷博識于知不足齋。

揅經室外集五：松窗百説一卷，提要：宋李季可撰。季可，永嘉人。摭拾古今事實，而各爲論説，凡百條。王十朋極稱賞之，謂其有益風教，比於唐之杜牧。紹興年間，尹大任爲之付梓。考之志乘，及各藏書家均未著録。書中直書所見，以采摭經史爲文，據正排異爲意，同時如葉謙、曾幾、趙居廣諸人均有題跋。此從舊鈔影寫。

案：松窗百説每條皆有標目，内惟史誤一條，言嘗得晉開運中進士小録，其第十二人李若愚，三代官秩名諱與五代史差互，爲略涉考證；「暎山紅」一條，言白鶴寺前溪頭有折暎山紅花過者，謂人曰：「山中見此甚佳，置之軒窗、几硯則不然。」爲偶載瑣事，餘則皆評論古人，辨析事理，議論尚爲醇正。季可事跡無考，據卷末尹大任跋云：「鄉里士陶冶富鄭公、司馬温公、邵康節諸鉅人之餘風，大概已與天下異，松窗乃復傑出。」然則季可豈中原故家，避亂南遷者乎！然今所見鮑氏知不足齋本，卷端題：東嘉李季可撰，則又似非流寓者。但不知阮文達所見舊鈔本何如耳〔一〕？

彭氏仲剛諭俗續編嘉定赤城志十一作「廣諭俗」，今從宋史藝文志四。

一卷。宋史藝文志四

存。四庫全書本

四庫全書總目一百二十一：琴堂諭俗編二卷，永樂大典本。案：宋史藝文志載鄭至道諭俗編一卷，彭仲剛諭俗續一卷。雖相因而作，實各自爲書。此本爲宜豐令應俊輯二家之書爲一編，而又爲之補論。其末擇交游一篇，又元人左祥所增入，以拾原書之遺者也。其書大抵採摭經史故事，關於倫常日用者，旁證曲論以示勸戒，故曰「諭俗」。文義頗涉於鄙俚，然本爲鄉里愚民設，不爲士大夫設，故取其淺近易明，可以家諭户曉。以文章工拙論之，則乖著書之本意矣。

案：彭氏續諭俗五篇，一曰崇忠信、二曰崇儉素、三曰戒忿爭、四曰謹户田、五曰修陰德，與鄭至道諭俗七篇並見陳耆卿赤城志三十七。蓋鄭書作於爲天台令時，彭書作於爲

〔一〕史浩跋李季可百説云：「季可，洛人，居錢塘城中。」曾流寓温州。

臨海令時，並台州良吏也。四庫本〔一〕則從永樂大典輯出，已經後人增補矣。其言剴切明白，可以警世，崇儉素、戒忿爭、謹户田三篇尤足針砭流俗。如曰「人能崇尚儉素，則一身之奉易供，而一歲之計可給，既免稱貸舉息、俯仰之求，又且省事寡過，安樂無事。故富者能儉則可以長保，貧者能儉則可以無饑寒。」崇儉素。「一朝之忿可以亡身及親，錐刀之爭可以破家蕩業，故忿爭不可以不戒也。俗語云：『得忍且忍，得戒且戒。不忍不戒，小事成大。』於其欲爭之初，則且忍之。果所侵有利害，徐以理懇問之，不從，而後徐訟之於官可也。若蒙官司見直，行之稍峻，亦當委曲以全鄰里之義。」戒忿爭。「分析財産，務在和平，寧〔二〕可崇篤親屬，損己分以資骨肉，不可爭訴州縣，竭家資以奉吏胥〔三〕。」謹户田。雖常語，實至言也。

元

曹氏理孫心遠齋筆記萬曆温州府志十七

〔一〕四庫全書本與赤城志本文字間有異同。如崇儉素，四庫本「崇」作「尚」；修陰德，四庫本「修」作「積」。

〔二〕「寧」，底本作「能」，據赤城志改。

〔三〕「吏胥」，底本作「胥吏」，據赤城志改。

佚。

案：曹處士理孫，萬曆温州府志文學傳、雍正浙江通志、嘉慶瑞安縣志文苑傳並有傳。

葉氏葵鏡清紀拙忠貞録一

佚。

治平策略忠貞録一〔一〕

佚。

明

劉氏翼鑒誣録萬曆温州府志十七

佚。

東甌續集七：劉翼字容直，號古愚，永嘉人。

〔一〕此書儒家類已著録，此條當删。

張氏孚敬靈雪編一卷。千頃堂書目五

未見。〔一〕

王氏湖樗散齋筆記千頃堂書目十二

佚。

案：王處士湖，乾隆温州府志、乾隆永嘉縣志隱逸傳並有傳。

項氏文焕亦與堂漫録雍正浙江通志二百四十六

佚。

案：項文焕，甌東先生喬伯子，其事蹟無考。〔二〕

〔一〕此書當係張爲嘉靖八年十一月天降雪而撰，見諭對録卷十二。並在其纂寫温州府志卷七書日中著録。

〔二〕陳文燭二酉園文集十三孤嶼山人項思堯墓表，言其事跡甚詳。

張氏鳴鸞游初子筆記

三卷。千頃堂書目十二

佚。

東越筆記

存。欅庵日鈔寫本

案：張教諭鳴鸞，南康知府純子，萬曆温州府志宦業傳、乾隆永嘉縣志仕績傳並有傳。東越筆記見周氏欅庵日鈔者，凡五十三條，不知是全帙否？其書喜論心性，然多涉禪宗，如云「一悟之後，萬緣皆空；一空之時，萬事皆實。諸幻盡滅，覺心不動，照體獨立，物我皆如。」皆虚寂之譚，不若滄江存愚録之醇篤也。

又案：東越筆記，通志及永嘉縣志經籍門均未著録，惟府志載東越手柬注「一作筆記」，今以周鈔筆記覈之，則張書自名筆記，手柬蓋别爲一書，今分别著録，而附訂之於此〔一〕。

〔一〕潘士藻闇然堂類纂六引爲「張東越手記」。其所引逆母之報爲欅庵日鈔所無。可見日鈔本非爲全帙，或爲手柬之文。

王氏光緒《經籍志》卷十六 獻晉録雍正浙江通志二百四十六

佚。

案：王景濟獻晉録，書久不傳，惟通志及府、縣志經籍門尚載其目，其書大旨及獻晉之義，均不可考。惟府志循吏傳稱景濟「嘗以刑部郎恤刑山西，豁疑辟二百三人。」疑「獻」當爲「讞」。録中所紀，即恤刑山西時事也。然各目皆作「獻晉」，今亦未敢臆改。謹附其説于此，俟更考焉。

姜氏準岐海瑣譚集曾唯雁蕩山志二十八

十六卷。

存。永嘉張氏藏手稿本、遜學齋藏鈔本

案：姜平仲岐海瑣譚集，從永嘉張氏藏本傳録，前後無叙跋，專紀温州一郡宋、元、明三朝文獻。其曰岐海者，取山海經海内南經：「甌居海中」郭璞注語也。所録佚文舊事，凡五百餘條，采摭頗爲繁富，其所引宋、元古籍，若永嘉譜之類，多今所未見之書，至於有明一代，見聞既近，捋述尤詳。惟喜譚神怪，間涉猥俗，文筆宂拙，亦其一疵。其采自它書者，於出處或注或否，體例亦爲未純，然當文獻散缺之餘，得此一編以補亡校異，就一郡而

言，亦可謂考證之淵椒矣。〔一〕

陳氏錦席珍録 乾隆平陽縣志十九

佚。

案：陳副貢錦，乾隆平陽縣志文苑傳有傳，稱其所著有席珍録，漢壽亭、荆州議、樟木龍湫説。荆州議以下不似書名，疑所作雜文篇目也。

邵氏建章偲聞録 雍正浙江通志二百四十六

四卷。

未見。

續偲聞録 黄漢甌乘補六

未見。

〔一〕底本原案語删，據刻本補。

東甌詩存二十八：邵建章字少文，號青門，永嘉諸生。著有維寶堂詩集。

案：邵少文偲聞續録，黄氏甌乘補所引凡二條，皆魯監國時兵事。

鄭氏思恭客窗論世乾隆平陽縣志十九

佚。

見危長嘯乾隆平陽縣志十九

佚。

施氏元任山窗論略乾隆平陽縣志十九

佚。

乾隆平陽縣志十二：崇禎歲貢施元任，字天覺，居城内。荔浦令，築土城以禦隘賊〔一〕，邑人立碑紀德。

〔一〕「賊」，底本誤作「賦」，據乾隆平陽縣志改。

李氏倫林下迂談隨筆乾隆温州府志二十七。道光樂清縣志十一無「隨筆」二字。

佚。

自家機杼道光樂清縣志十一

佚。

何氏堅玉華子

存。樗庵日鈔寫本

東甌詩存二十五：何堅字子固，永嘉人，魯府審理。

案：玉華子二十三條，見周懋寵所輯樗庵日鈔，寥寥兩葉，疑非全帙。其書雜論陰陽五行之理，未臻精眇。舊通志、府、縣志並未著録。

梅氏應時松窗半豹慎江文徵三十六

佚。

青牛心印慎江文徵三十六

佚。

案：梅應時，事蹟無考。松窗半豹、青牛心印二書見慎江文徵。所載一解集自叙云：「於身心神髓，頗饒詮解。」疑亦揚明季心學之波者。

項氏繼科清華閣筆談雍正浙江通志二百四十六

佚。

案：項繼科，永嘉人。其事蹟時代，府、縣志無考。

國朝

周氏天錫竹懶新著施閏章矩齋雜記

未見。

矩齋雜記：傳奇荆釵記醜詆孫汝權。按汝權，宋名進士，有文集，尚氣誼，王梅溪先生好友也。梅溪劾史浩八罪，汝權慫慂之，史氏切齒，故入傳奇，謬其事以汙之。温州周天錫，字懋寵，嘗辯其誣，見竹懶新著。

樗庵私紀　花尃樓集

佚。〔一〕

樗庵彙紀　花尃樓集

佚。

楊氏森秀芝峰筆記　乾隆温州府志二十七

佚。

案：芝峰楊中書森秀，乾隆温州府志、道光樂清縣志文苑傳並有傳。

錢氏存諧秋鳴雜録　道光樂清縣志八

佚。

〔一〕北京大學圖書館藏作樗庵私志不分卷，手稿本。孫殿起販書偶記續編七地理類載：「樗庵私志，底稿本，無序目，原編次作五卷，所記載皆温州掌故，而于明朝之事尤多。」

案：中雁錢訓導存諧，道光樂清縣志介節傳有傳。

鄭氏汝楫雙槐軒暇筆甌乘補九

未見。

咸豐永嘉縣志十二：進士表，道光〔一〕六年丙戌科，鄭汝楫，山東平原令。

王氏朝清雨窗瑣録甌乘補七〔二〕

未見。

葉氏嘉棆篔林日記寶香山館集十七

未見。

〔一〕「道光」，底本誤作「嘉慶」，徑改。

〔二〕「七」，底本誤作「六」，徑改。

金氏璋漱芳齋巵言[一]四卷。存。遜學齋藏鈔本

胡呈序：昔劉知幾纂史通、劉勰撰文心雕龍，二書爲千古論史譚藝之祖，後人踵之，遂分史評、詩文話兩門，分隸史部、集部，始於宋，盛於明。國朝諸老亦各有著述，漁洋山人撰池北偶談、蠶談、獻、談藝，其目凡八。自史事、詩文外，更參以瑣記。其例蓋昉諸宋人説部，非漁洋所創也。東甌金左峨先生，深於詩學，所著翠微山房稿醇而能肆，矩矱不失大家，使世有漁洋其人者，吾知其參盤敦於蠶尾山前，當無愧色。又熟於史傳，能貫串二十四家言，自抒偉論。是編上卷爲史評，下卷爲詩話，其間瑣記、逸事，參以十之三四，自題曰巵言，示謙耳。窺作者之意，殆在踵王氏之後塵，駸駸以臻夫劉氏之閫奥歟？時道光己酉中秋前五日。

林氏鶚歸田録[二]

〔一〕此條底本無，楊紹廉補録。

〔二〕此條底本無，楊紹廉補録。

二卷。

存。

借刊録〔一〕四卷。

存。

右雜説

明

項氏文蔚清適編乾隆温州府志二十七〔二〕

佚。

案：項文蔚，甌東先生喬仲子，其事蹟無考。

〔一〕此條底本無，楊紹廉補録。

〔二〕底本原無出處，據體例補。

佚。

戴氏宗璠〔一〕清適編汲古堂續集

何白題詞〔二〕：吾友戴子魯，世居夏仙山中，舊爲仙人夏元鼎修真處也。子魯選勝爲園，因山高下雜置臺榭，古木入雲，清池貯月，翛然霞外之致。少與子封仲氏讀書園中，博極群籍，間遇清言韻語〔三〕，輒手札記，久之成帙，題曰清適編。余嘗謂人必有出世之標，超然獨立于物表，然後可以語經世。舉世火〔四〕宅欲焰熾然，而我靈府泊然，不爲彼焰所着，沛然應之，則何事不了。下此則溺于紛華，汩汩忘返。譬彼長夏，行烈日中，渴吻生塵，脅息歎絶，脱若披襟，長林之下，蔭茂樹，濯寒泉，溯泠風，寧有不洒然爽然者乎？然則吾人泉石煙霞之趣，何可一日不談也！今子魯謁選北行，當攜此帙俱往，長安輪蹄喧豗〔五〕之會，東華軟紅塵，堀堁漲天，又無拳石勺水以沃内熱。當其熱時，子魯不妨人授一編，不待

〔一〕「宗璠」，底本闕，據康熙永嘉縣志十三著録「清適編戴宗璠」補。
〔二〕題詞，底本誤作「序」，據汲古堂續集改。
〔三〕「間遇清言韻語」，底本誤作「聞遇清言韻詩」，據汲古堂續集改。
〔四〕「火」，底本誤作「史」，據汲古堂續集改。
〔五〕「豗」，底本闕，據汲古堂續集補。

窺濠濮，而林水之趣宛在几案，大足消其澒㴐〔一〕塵坌之氣，則子魯贈人之寶，當不啻西國青泥珠矣！汲古堂續集

包氏幼白玉石新編甌乘補十二〔二〕

佚。

甌乘補十二：玉石新編，（慎江文類）永嘉包幼白著。

案：包幼白，時代無考。

國朝

周氏天錫問古別編花萼樓集

佚。

〔一〕「㴐」，底本闕，據汲本堂續集補。

〔二〕此條底本無，楊紹廉補録。包厥初，乾隆温州府志方技傳，云：「字幼白，永嘉人。性聰慧，從國手陳少南游，遂精書畫印章。」其名厥初，爲明末人。孫氏失檢。

問古餘編花蓴樓集

佚。

問古逸編花蓴樓集

佚。

問古奇編花蓴樓集

闕。瑞安吴氏〔一〕藏手稿本

案：周樗庵問古奇編手稿一册，藏瑞安吴〔二〕氏。前後殘缺，不知全書若干册也。皆撮録唐宋以來評品金石書畫之語，間附舊聞，無所考證。

問古私編花蓴樓集

〔一〕「瑞安吴氏」，底本誤作「瑞氏氏」，據校勘記補正。

〔二〕「吴」，底本闕，據校勘記補。

佚。

問古新編　花萼樓集

佚。〔一〕

問古支編　花萼樓集

佚。

右雜品

宋

曹氏叔遠家塾手編　岐海瑣譚集五〔二〕

〔一〕校勘記：「檢家藏有問古新編十卷之三，殘帙一厚册，亦手稿本也。案：本志所載吴氏舊藏樗庵遺著名手稿，今皆在余家，而獨未見問古奇編。又案：前葉奇編下案語中所云，核之新編，無不適合。竊意公或偶新編誤作奇編耶？然奇編下原著『闕』字，並注及案語各行，似當移綴此目之下。此『佚』字當改置彼下矣，姑志其疑。」温州市圖書館藏鄉著會鈔本。原十卷，今存七至十卷。

〔二〕此條底本無，楊紹廉補録。

佚。

周氏元龜訓鑒大蒐霽山集五

佚。

國朝

周氏天錫樗庵日鈔

一册。

闕。瑞安吴〔一〕氏藏手稿本、遜學齋藏鈔本。

案：樗庵日鈔手稿一册，亦藏瑞安吴〔二〕氏，皆集録鄉先哲遺著。首有缺葉，原本不知若干種。今所存者，王祚昌大衍圖附卦變、馬一騰心識源流圖説、何堅玉華子、張鳴鸞東越筆記、王祚昌園史、釋玄覺證道歌、釋時蔚參禪警語、清涼唐無著禪師傳、馬一騰阿彌陀經十詠、無名氏永嘉合溪戴氏祭規、菰田戴氏宗譜凡例、張純張氏族約凡十二種，多罕覯之

〔一〕「吴」，底本闕，據校勘記補。

〔二〕「吴」，底本闕，據校勘記補。

帙，惟於各書原文間有删節，首尾不全具耳。

方氏飛鴻廣談助

二十卷。嘉慶瑞安縣志九

未見。

嘉慶瑞安縣志七：乾隆甲戌歲貢方飛鴻，品學兼優，從游者衆。

郁氏豫鈍筆叢鈔

七十卷。嘉慶瑞安縣志九作「五十卷」，今從項氏藏本。〔一〕

存。瑞安項氏藏鈔本

士人既不出而有爲，則當思潛修一室，自淑淑人，斯其事不可泯没，即其人亦因之不朽。而或乃高自位置，睥〔二〕睨一切，借山棲谷，汲以自藏，而於己毫無所事〔三〕事，則徒然

〔一〕温州市圖書館藏項氏水仙亭鈔寫本、永嘉鄉著會鈔本，並作「五十四卷」。項氏几山筆記云：「叢鈔原七十卷，惜佚去十四卷。閩霞浦西洋陳氏有二十卷本，蓋其初稿也。」此書著録卷數各有不同。

〔二〕「睥」，底本誤作「睨」，據鈔本鈍筆叢鈔改。

〔三〕「事」，底本闕，據校勘記補。

食粟。此程子所謂「天地間一蠹也」。況乎事物有萬，載籍極博，窮年考覈，不能得其萬一而窺其底蘊，何乃束〔一〕之高閣，束而不觀，無怪其中心憒憒懵然不知所適從也。且余聞南史稱王鈞自序云：「余少好書，雖習見皆疏記，無慮百千卷，未嘗假手於人，後重省覽，歡忻倍深。」尤延之遂初堂書目，李太史燾跋之曰：「延之於書靡不觀，觀書靡不記，每公退閉户手鈔不輟。一日言于余曰：『吾所鈔書，今若干卷，將彙而目之，饑讀之以當肉，寒讀之以當衾，孤寂讀之以當朋友，幽獨讀之以當金石琴瑟。』」甚矣哉！古人之好學也。余友郁子逸凡，心地光明，學問淵博，與余晤對談心，往來頻數，素稱莫逆，即余所集東甌詩存，賴其廣爲搜羅。比年來，愛福泉山水之勝，竟遷居就之，余深恨晨夕不克相親，乃不意其平日吟詠之暇，博覽群書有得，隨札記之，經歷年歲，遂成鈍筆叢鈔一帙。而乞序於余，余以衰老荒陋辭勿獲。及披讀其書，分門别類，于古今禮樂制度，服物采章，奇聞異事，眼花撩亂，悉原原本本，究其繁賾而疏其由來，雖常見習聞，一經指引，輒如創獲。則是書爲故跡之相仍，不啻新機之來會，洵足爲後學益智糉也。郁子之淑己淑人，其嘉〔二〕惠盛心，誠不

〔一〕「束」，底本闕，據校勘記補。
〔二〕「嘉」，底本闕，據校勘記補。

可泯没哉！余因慫恿其授梓，公同好以垂不朽，庶不似蔡中郎之談〔一〕助，徒秘之枕中以自私也。是爲序。乾隆五十二年歲次丁未仲春月清明前三日，姻家眷弟余國光頓首拜撰於觀海山房。

余秉資遲鈍，不善記憶，讀古人書，偶〔二〕有心得，輒隨筆記之，積月累日，漸成卷帙。乾隆丙午歲，爰分類重加繕寫，爲卷凡七十。夫載籍極博，不能盡覽，著作如林，安敢追蹤，但披覽之下，雲煙過眼，惟恐久而忘也。故不得不藉手鈔之力。書既成，名曰鈍筆叢鈔，蓋取段柯古「快眼不如鈍筆」之語，觸類引伸，不敢多贅云。自叙

右雜纂

明

鄭氏思恭筆鋤三刻乾隆平陽縣志十九

佚。

〔一〕「談」，底本闕，據校勘記補。

〔二〕「偶」，底本闕，據刻本補。

國朝

周氏天錫永嘉叢書花萼樓集

佚。

右雜編

温州經籍志卷十八

子部

類書類

宋

戴氏迅晉史屬辭三卷。直齋書録解題十四

佚。

直齋書録解題十四：晉史屬辭三卷，永嘉戴迅簡之撰。用蒙求體以類箸事。元祐癸酉歲也。

萬曆温州府志十一：戴述弟迅，字幾仲，俱以文學稱。案：志所載字，與書録解題異，未知孰是。

案：戴簡之爲戴明仲弟。其學行、仕履，府、縣志不詳。考戴文子浣川集十處州通判戴君墓誌銘：「臨江教授與公曾祖中散大夫迅爲伯仲，訂經諏史，文辭大振。」中散蓋簡之所積之階，然其歷官終無可考。明文淵閣書目六載「戴遜晉史屬辭一部一册，闕。」則此書明時尚存。「迅」作「遜」，形聲相近而誤。

潘氏朝卿經史事統 止齋文集四十九

佚。

陳傅良承事郎潘公墓誌銘：公諱朝卿，字春卿，某先君子與故侍講陳公鵬飛少南爲輩行，以諸叔父從之學。叔父亟稱同舍生永嘉潘公。公學不但爲舉子業，會撮古今爲書，號經史事統。然試有司，輒不利。秦太師之專也，其子少保者，亦在永嘉時同舍生也，案：少保謂秦熺。熺從陳少南學。見水心集十三陳少南墓誌銘。嘗從容諷公附己，公謝不就。子雷煥，乾道壬辰進士。公以子遇慶典，累封承事郎致仕。止齋文集四十九

無名氏永嘉先生八面鋒

十三卷。千頃堂書目三十二、宋史藝文志補。

存。明刊本、湖海樓叢書本、坊刻巾箱本。

以事論事而不曲於事，策上體也。古之人大抵皆然，而宋尤盛。永嘉先生生丁其時，又以不羈之才、不次之學、不世之見濟之。是以作爲籌策，以鳴國家之盛者，尤杰拔焉。淳熙中制，以其無所不該，觸之即解，因賜以是名，且令就試士人持一册爲風簷一日之助，始家傳人誦，與六經並軼。嗚呼！先生之文非常儒所能及也。其見於用之異乎人宜哉！惜乎用未久而元運興，竟零落於兵火。縉紳縫掖曷由見之？偶得高太史季迪館閣本，因録之爲緗帙重。舊有止齋序，今亡之。山西道監察御史姑蘇張益識。

八面鋒一書，宋嘗有板刻，第云「永嘉先生」，而不著其氏名，考之宋陳傅良君舉、葉適正則，當時皆稱永嘉先生。相傳此爲君舉所撰，或曰葉氏爲之。今觀其間多君舉平日之語，其爲陳氏無疑也。山東僉憲袁公大倫，嘗以監察御史出按吴中，偶獲其本，謂有益於場屋之士，手授吴江令劉侯濟民。侯俾儒士盧雍校其訛謬，捐俸刻之。宋南渡後，經學之盛以永嘉爲首。穆每覽陳氏論議，未嘗不歎其高妙，以爲文人之雄，如是書者誠天下之奇寶。學者誦習玩味，挾之文戰，所謂千萬人吾往，孰敢犯其鋒耶？穆辱袁公之知，而侯爲同年進士，故識刻之歲月，以見是書之行，袁公與侯之功也。弘治癸亥七月十日，吴人都穆記。

百川書志二十：八面鋒十三卷，宋永嘉先生撰。都穆云即陳傅良君舉也。凡九十三則。

四庫全書總目一百三十五：永嘉八面鋒十三卷，浙江鮑士恭家藏本。不著撰人名氏。卷末有明弘治癸亥都穆跋，謂：「宋時常有版刻，第云永嘉先生。考陳傅良、葉適當時皆稱永嘉先生。相傳此爲傅良所撰，或曰葉氏爲之。今觀其間多傅良平日之語，其爲陳氏無疑」云云。案宋史傅良本傳，載所撰有詩解詁、周禮説、春秋傳、左氏章指行於世，不載此書。其爲果出傅良與否，别無顯證。然觀其第二卷中稱：「今之勸農，不必責于江浙，而當責於兩淮。大江以北，黄茅白葦，薈蔚盈目。」又稱：「太上皇朝隅官爲民害，太上皇毅然罷之。」第三卷稱「國朝熙寧中」，則固確然爲南宋書。其魯桓不作魯威，犯欽宗諱，魏徵不作魏證，犯仁宗嫌名。蓋明人重刻所改也。其書凡提綱八十有八，每綱又各有子目，皆預擬程試答策之用，非欲著書，故不署名耳。宋人好持議論，亦一代之風尚。而要其大旨，不失醇正。永嘉之學，倡自吕祖謙，和以葉適及傅良，遂于南宋諸儒别爲一派。朱子頗以涉於事功爲疑，然事功主於經世，功利主於自私，二者似一而實二，未可盡斥永嘉爲霸術。且聖人之道，有體有用；天下之勢，有緩有急。陳亮上孝宗疏所謂「風痹不知痛癢」者，未嘗不中薄視事功之病，亦未可盡斥永嘉爲俗學也。是編雖科舉之書，專言時務，亦何嘗涉申、韓、商、孔之術哉？

案：南宋人稱温州諸儒，並曰永嘉先生，不徒陳、葉二公。如蕭彧集永嘉先生尚書精意，則似指薛艮齋季宣；吴焕然刻永嘉先生三國六朝五代紀年總辨，則指朱文昭黼。八面又云：「今就試士人持一册，爲風簷一日之助」，則尤非事實。宋代試士，禁懷挾書策，豈有是哉？都元敬謂其間多陳止齋平日語，然余以止齋集核之，亦無所見，惟卷一大體立則不恤小弊篇内「唐世之法，嚴於治人臣而簡於人主之身，偏於四境而不及乎其家」一條，明人所刻止齋奥論一、唐制度紀綱如何篇有之，元敬所言或即指此歟？張序謂舊有止齋序，今亡之，正德本止齋集亦無，疑不足信。

鋒出於何人，無可考證。名不雅馴，疑出書肆所題。張益謂是淳熙中賜名，殊不足據。

林氏公一録覽 十二册。蒙川遺稿四

佚。

元

曹氏理孫讀經史要略類編〔一〕續文獻通考一百八十三、千頃堂書目十一

佚。

〔一〕弘治温州府志十八著録爲讀經史要略類編杜詩訣，而嘉靖瑞安縣志明確著録爲讀經史要略、類編杜詩訣。「類編」二字屬後。

明

劉氏南金事物提綱萬曆温州府志十七

佚。

鍾氏清新編纂圖增類群書類要事林廣記

前集十卷、後集十卷。平津館鑒藏書記一

未見。

平津館鑒藏書記一：新編纂圖增類群書類要事林廣記前集十卷、後集十卷，前有序文，稱：「閩方伯瑞安鍾公景清取事林廣記是定其舊本而增新焉。」後不書年月、姓名，不知何人所撰。書中曰大元者，原書也。曰大明、曰國朝者，明人所續也。大略與事文類聚相同。黑口，板每葉廿六行，行廿三字，收藏有「傳是樓」朱文長印，「昆山徐氏鑒藏」朱文長印，「乾學」朱文方印，「徐健庵」白文方印，「昆山徐氏乾學健庵藏書」白文方印。

東甌續〔一〕集八：鍾清字景清，瑞安人，由進士官至福建布政。

〔一〕「續」，底本誤作「詩」，徑改。

案：鍾景清增編事林廣記，明時有刊本，然今未見。千頃堂書目十五有纂圖增注群書類要事林廣記四十卷，書名卷數並與孫氏所見小異，未知即一書否？

蔡氏瓚格致集六十卷。乾隆温州府志二十七

佚。

徐氏應用蒙求注解乾隆平陽縣志十九

佚。

案：徐教授應用，竇應知縣祺子。乾隆平陽縣志宦業傳有傳。

鄭氏思恭性鑒摘題乾隆平陽縣志十九

佚。

國朝

林氏墩篁帝系指蒙嘉慶瑞安縣志九

佚。

嘉慶瑞安縣志九：帝系指蒙，國朝林墩篁撰，陸象震序。

案：林墩篁事蹟，府、縣志無考。陸象震，順治丁酉舉人。見乾隆温州府志選舉門。

張氏超英閨姓儷語乾隆平陽縣志十九題「張越英」，誤。〔一〕

存。

乾隆平陽縣志十二：康熙庚子科舉人張超英，字晉錫，居觀美。秀水縣教諭。

余氏學禮姓氏箋林

五卷。嘉慶瑞安縣志九。縣志十仕績〔二〕傳作「四卷」。

〔一〕題「張越英」，不誤。作張超英著，誤。兄超英爲之序。温州市圖書館藏鄉著會鈔本，作閨姓類集儷語四卷。

〔二〕「仕績」，底本誤作「循吏」，據瑞安縣志改。

未見。

案：釋繼忠，萬曆〔一〕温州府志、乾隆永嘉縣志仙釋傳並有傳。

釋忠告辨正論 道光樂清縣志十一

佚。

諸經通義 道光樂清縣志十一

佚。

案：釋忠告道光樂清縣志釋老志有傳。縣志經籍門告作「谷」，疑誤。〔二〕

釋處元輔贊記

三卷。乾隆温州府志二十六

〔一〕「萬曆」，底本誤作「乾隆」，據刻本改。

〔二〕永樂樂清縣志八傳作「忠告」。「谷」，形近誤。

未見。

義例隨釋[一]六卷。乾隆温州府志二十七

未見。

乾隆温州府志二十六：處元著輔贊記三卷、義例隨釋六卷，發明荆溪宗旨，學者宗焉。

案：釋處元，乾隆温州府志、乾隆永嘉縣志仙釋傳並有傳。

釋德純上堂語録道光樂清縣志十一

佚。

案：釋德純，道光樂清縣志釋老志有傳。

鮑氏埜宗紀萬曆温州府志十七「宗」作「宋」誤。

〔一〕此書收入續藏經第二編第四套，續藏經目録著録，作「止觀義例隨釋」。

百篇。水心文集十二。文獻通考二百二十七無篇數。

佚。

葉適序：佛學由可至能自爲宗，其説蔓肆數千萬言，永嘉鮑埜删擇要語，定著百篇。此非佛之學然也，中國之學爲佛者然也。佛學入中國，其書具在，學之者固病其難而弗省也。有胡僧教以盡棄舊書不用，即己爲佛而已！學之者又疑其誕而未從也；獨可、璨數人大喜，決從之，故流行至今。嗚呼！佛之果非己乎？余不得而知也；己之果爲佛乎？余不得而知也。余所知者，中國之人畔佛之學而自爲學，倒佛之言而自爲言，皆自以爲己即佛，而甚者至以爲過於佛也。是中國人之罪，非佛「非佛」下通考二百二十七有「之」字。過也。今夫儒者不然，於佛之學不敢言，曰異國之學也；於佛之書不敢觀，曰異國之書也。彼夷術狄技，絶之易爾。不幸以吾中國之人爲非佛之學，以吾中國文字爲非佛之書，行於不可行，立於不可立，草野倨侮，廣博茫昧，儒者智不能知，力不能救也。則中國之人，非佛非己，蕩逸縱恣，終於不返矣，是不足爲大戚歟！余嘗問埜：「儒之於佛，强者愠，弱者眩，皆莫之睨，子以何道知之，又爲之分高而别下，取要而舍煩哉？」埜曰：「無道也，悟而已矣」。其爲是宗者，亦曰：「無道也，悟而已矣。」余聞而通考無此字。愈悲。夫「不憤不啟，不悱不發」，故曰「亦可以弗畔矣」。今悟而遂畔之，庸知非迷之大乎！雖然，考之於其書，則信

悟矣。水心文集十二

葉適劉夫人墓誌銘：宜人姓劉氏，夫鮑潚，朝散大夫，知融州。子埜，寧德縣尉。案：十六朝散大夫主管沖佑觀鮑公墓誌銘：「子迪功郎興化縣尉埜。」始，清卿喜禪學，趺坐辟觀，湛慧凝寂。而埜□□□□古今宗説，蔓衍數百千卷，横豎案上，脈理斷絶，手〔一〕下勘點，曰「某話墮，某未圓。」山袍野衲爲不請之友，所造詣人莫測也。水心文集十七

東甌詩集四：鮑埜，字份甫，號鼇川，永嘉城南人。

釋元復武林西湖高僧事略與錢塘僧元敬同撰。

一卷。四庫全書總目一百四十五

存。

四庫全書總目一百四十五：武林西湖高僧事略一卷，浙江巡撫採進本。宋僧元敬、元復同撰。初，西湖僧了性，採自晉至宋高僧卓錫錢塘者二十四人，建閣祀之，功未竟而去。元敬嗣蒧其事，因屬東嘉僧元復摭二十四人行實爲此書。後又續得六人，元敬補爲傳贊。

〔一〕「手」，底本闕，據水心文集補。

寶祐丙辰，吴郡莫子文爲之序。

案：釋元復，府、縣志無考。

釋曇賁宗鏡録撮要

一卷。天一閣書目三之二

未見。

天一閣書目三之二：宗鏡録撮要一卷，宋盧芥湛後序云：永明壽禪師宗鏡録，文字浩博，學者望涯而返，東嘉曇賁上人百掇一二，名曰撮要。

案：釋曇賁，府、縣志無考。

釋覺秀語録道光樂清縣志十六

佚。

案：釋覺秀，道光樂清縣志釋老志有傳。

元

釋道衡禪門宗派圖九靈山房集十三

佚。

人天眼目九靈山房集十三

佚。

禪海集九靈山房集十三

佚。

戴良序：永嘉有沙門曰道衡平公，冥心禪悦，深通内典，乃以去古既遠，淳風日澆，末法羼提，寖失其本，遂廣輯群書，發明斯事，綿歷十載，始克成編，所謂釋門宗派圖、人天眼目，亦既模印以行。後復以諸尊宿語，去華存實，補綴類聚，曰提綱、曰上堂、曰小參、曰訓示語、曰拈古、曰頌古、曰贊、曰偈、曰書問、曰疏語、曰小佛事。洎六祖檀經、馬祖四家語，合若干卷，名之曰禪海集，蓋取馬祖「禪歸海」語。於是道衡居吴日久，余以非才，竊禄於吴，朝夕與道衡游，獲知述作之大概，道衡將繡諸梓，遂俾序其篇端。余嘗聞諸學佛之人，曰釋迦二十八傳爲達摩，入中國爲初祖。初祖相承至忍大師，而秀與能分南北宗。南宗既爲六祖，弟子日盛，至馬祖大興禪教，尊其道者，益衍迤盛大，他宗莫及也。然皆有機緣訓示之語，弟子編而集之，分爲五宗。宋景德間，吴僧道原採掇成書，曰傳燈録，禪宗之書，蓋昉諸此。自是以後，又有續燈、廣燈、五燈會元、宗鏡録、僧寶傳、宗門統要諸書者出，富哉其爲言矣！然自南渡以迄我元，諸尊宿之道行法言，散漫諸方，未有輯而爲書者，而況比年以來，兵火四起，所至蕩焚，妙旨元規，不絶如綫，疑似幾微之失，將何所折衷哉？此道衡之書，所以不可不作也。然必名之以禪海者，禪言其静，而海言其性也。佛氏以見性爲學，而性之不能見者，動累之也。是故駐動謂之静，能静則明，明則性可見矣；性可見，則通乎佛矣，故禪海者，誠學佛之要書也。其編輯之富，述作之精，雖與傳燈諸書並傳可也。然非上根大器之人，其亦孰得而知哉！於此而不知，則舍禪海而入苦海，豈道衡意哉？余非知佛學者，姑誦所聞以爲序，使後之人觀之，其亦有所感悟也矣。道衡俗姓葉氏，祝髮鎮江之金山，禪教二書，靡不畢通，間亦旁習儒言，其於諸子百家，多所涉獵，然最善作詩，有所謂半間集傳諸學者云。九靈山房集十三

釋省初五門禪

一卷。雍正浙江通志二百四十六

未見。

案：釋省初，萬曆温州府志、雍正浙江通志、乾隆永嘉縣志仙釋傳並有傳。

釋法樞鐵關和尚語録二卷。乾隆永嘉縣志二十三

佚。〔一〕

案：妙覺真空大師法樞，乾隆温州府志、乾隆平陽縣志仙釋傳並有傳。法樞，平陽人。語録，平陽志經籍門不著録，而永嘉志載入，蓋兩失之。

明

釋時蔚萬峰語録顧嗣立元詩選癸集壬上

佚。〔二〕

元詩選癸集壬上：萬峰禪師時蔚，一生未嘗讀書，惟以深悟自得。其徒普壽等輯萬峰

〔一〕温州市圖書館藏敬鄉樓節録宗門寶積録鈔本。民國平陽縣志四十九經籍志載：「元釋法樞二會録，虞集塔銘。乾隆永嘉縣志作『鐵關和尚語録』。今存一卷，見宗門寶積録卷三十三。」

〔二〕此書臺北「中央圖書館」藏明崇禎間姑蘇萬應鵬刊本，作一卷，題萬峰和尚語録，明釋普壽編。

語録傳世。

案：萬峰禪師時蔚，乾隆温州府志仙釋傳、道光樂清縣志釋老志並有傳。萬峰語録今未見，周氏欆庵日鈔有時蔚參禪警語一篇，疑即從語録鈔入也。

釋智順五會語宋濂鑾坡後集十

佚。

善財南詢華藏海因緣鑾坡後集三。明史藝文志三、千頃堂書目十六並作「善才五十三參論」。一卷。明史藝文志三、千頃堂書目十六。

未見。

宋濂序：沙門那道輝，以其師淨慈禪師所著善財南詢華藏海因緣一卷示予，先集經以備其事，次作偈以釋其義，不待詳分科段，遍閱疏鈔，而經旨瞭然自明。嗚呼！可謂善談雜華者已。夫雜華之宗，以言乎性，則太虛洞然而無物；以言乎相，則萬象森然而駢列。所謂森然者，即行布也，一而萬者也。所謂洞然者，即圓融也，萬而一者也。圓融不礙行布，故一爲萬而不見其少，行布不礙圓融，故萬爲一而不見其多，此其大較也。然而善財之見文殊，根本之智已得，畢乎一者也。而差別之知未圓，欲見乎萬者也。今姑舉其略而陳之，則所不舉者可推而見矣。凡其所參五十又三，或順或逆，或小或大，或淺或深，皆各有所證。其登妙高峰，不見德雲，而於別峰相見，示法普見也。見善住空中，變化隨念而至，明法無礙也。見海幢放種種光，光中皆有種種奇勝，示法無盡也。見勝熱婆羅門登山投火，得寂靜樂，明法無怖也。見自在主修學書、數、算、印、療病、建宅、練藥及農、賈等業，示法之巧也。見無厭足王決囚可駭，及觀宮殿，皆是衆寶之所合成，明法如幻也。見遍行外道，調伏九十六衆，離諸異見，示法普觀也。見婆須蜜女，身出光明，照諸衆生，令離貪欲，明法無染也。見德生童子、有德童女，證入大悲大智，示法幻住也。見大莊嚴園、毗盧樓閣，慈氏領諸菩薩從他方來，彈指一聲，樓閣門開，善財即入。見一樓閣中，有一切諸妙樓閣，一一樓閣中，皆有慈氏；一一慈氏前，皆有善財；一一善財，皆悉合掌。回顧一善財之身，遍入一切善財身內；一切善財身，皆攝舊一昔時身內，互遍互融，互攝互入，如燈鏡交光，重重無盡。善財既證此一切境界莊嚴藏解脱門，文殊逐舒金臂，過一百一十餘城，按善財頂，告以法解雖已周而行未圓之故。於是往見普賢，在如來前，一一毛孔出種種佛刹諸微妙事，善財見身在普賢身中，交光互現，一切不思議事悉皆成就。嗚呼！善財前之所歷者，行布也；後之所證者，圓融也。非圓融不足以見體統之全，非行布不足以昭發用之盛。圓融，體用雙泯者也；行布，則因用而各顯其體者也。其後之所證，莫知爲之先；前之所得，莫知爲之後；二之則非也。是知盡十方刹土皆是善財，盡十方刹土皆是文殊，盡十萬刹土皆是一大香水海。孰爲行布，孰爲圓融哉？苟謂其無所證入乎？則於涉歷無微不探也。苟謂其有所證入乎？則性本圓明，初無一法之可得也。至矣妙矣！蔑以加矣！雖然，經旨宏深，非有識者爲之開明，初機之士何自而知？佛國師之下頌而白此者，凡十人，禪師蓋後出而益奇者也。或曰：以偈釋經，可乎？曰：如來説經，長行之後，必以偈重宣之。善慧大士用偈釋金剛經，而後世箋經家多效之，何爲而不可也？禪師名智順，字逆川，温之瑞安人，鐵關樞公，入室弟子也。出世温之雅山，繼主福之東禪雪峰，今住持前刹云。鑾坡後集四

宋濂佛性圓辯禪師淨慈順公逆川瘞塔碑銘：師更衣入禪，走閩之天寶山，參鐵關樞公，授師以心要，遵而行之，又聞千巖長禪師鳴道烏傷伏龍山，師往叩之，其所酬應者皆涉理路，飄然東歸，燃指作發願文，細書於紳，必欲見道乃已。師有五會語若干卷，善財五十三參偈一卷，皆傳於世。鑾坡後集十

案：佛性圓辯禪師智順，萬曆温州府志、雍正浙江通志、嘉慶瑞安縣志仙釋傳並有傳。所著五會語及善財五十三參偈明史藝文志、千頃堂書目並作「論」。名善財南詢華藏海因緣者，並

見宋文憲集，善財五十三參見華嚴經入法界品，此蓋集經文别爲偈以詮釋之。乾隆温州府志、嘉慶瑞安縣志經籍門、五會語作「五會館」，又不知塔銘所載善財五十三參偈本名善財南詢華藏海因緣，且析爲二書，曰善財五十三卷，偈一卷，謬誤可欬。今謹據宋文憲集考正之。

釋慧照語録

佚。

案：釋慧照，雍正浙江通志、乾隆温州府志、乾隆永嘉縣志仙釋傳並有傳。永嘉縣志「照」作「昭」誤。

釋受紹圓覺懺法 乾隆温州府志二十七

佚。

心經義語 乾隆温州府志二十七

佚。

案：釋受紹，乾隆温州府志、乾隆永嘉縣志仙釋傳並有傳。

馬氏一騰心識源流圖説

存。樗庵日鈔寫本

蓋有一物而總聖凡之關，貫世出世間之路者，識是也。識者何？心是也。或因如來訶斥識心爲生死本旨，寂滅性爲涅槃門，遂依傍語言，實以爲識外有性，性外有識，欲抒識海，以見性源，此其意雖主於剿絶，而顢〔一〕頇斷滅之病，實陰受之而不自知。噫！人無識心，則頑冥癡暗，比於木石，何能冥通圓應，超六凡而躋四聖乎？不知祗此一點靈明，就其爲萬法之體則曰性，爲一身之主則曰心，能分別一切則曰識，因有分別而繫焉則曰念，馳焉則曰想，溺焉則曰情，圖度焉則曰意。分别實無分別，而假之以爲用，則曰智，猶之數尺之帛，舒之則爲巾，縮之則爲結，若因識心之變，遂欲泯絶之，不能出其體而得其用，何異於見帛之結，而别求巾之用也。此依傍之過也。永嘉云：「分别亦非意。」一語道破識性性識之機。學人能就識心窮其原委，則於作聖作凡，以至聖中之聖，凡中之凡，俱如幻師

〔一〕「顢」，底本誤作「顢」，徑改。

於種種幻事，若作若止，若諸變異，目中止一所作之物耳。不然，名實未虧，祈向自惑，昧四聖之真腳跟，駭六凡之假面目，何能出入生死以自利利人乎？余入室弟子，若而人俱於蒲團上打破陰魔區宇，余猶慮其細惑未除，能了性而不能了識，能作聖而不能作凡，失吾永嘉「分别非意」宗旨，故重作圖説，以諦訣之。若生死關頭悟之，圖表則如耽源，秘而傳之，如仰山笑而焚之亦可，慎勿輕示非人，自取按圖之誚云。天啟壬戌春三月之吉，永嘉僧摩居士馬一騰識。

何白馬居士墓銘：師諱一騰，字僧摩，自號恰恰道人。慧業文心俱稱第一，早受戒于天台無盡法師。辨才絶世，隨機説法，前後所著心識源流圖説，從上諸老，未嘗拈出。門人林可任，召入翰林，乃以今上保舉功令請師勉出，及入都門，都門人士以及海内諸名俊向往者日益衆，覿面酬機，善巧接物，若飲衢尊，無不隨量滿足。需次久之，偶示微疾，遂上疏乞求還山。卒于崇禎丁丑，居世五十有八。汲古堂續集

乾隆永嘉縣志二十：明辟用馬一騰，保舉州縣。

案：馬僧摩心識源流圖説，見周氏樗庵日鈔，凡爲圖十，曰：識之源、識之精、識之相、識之轉、識之結、識之變、識之用、識之返、識之能、識之盡，圖後各附以説。其圖詭異不可究詰，説則皆禪宗虚寂之譚。僧摩事蹟，府、縣志無考。明釋傳燈永嘉集注叙馬僧摩居

士，永嘉之繼起者也。意謂「微余天台雲仍，莫能盡大師止觀之旨，故不遠致書，索余注，出其用意亦可謂之勤矣」云云。蓋僧摩深耽禪悦，故此書純闡佛理也。

國朝

周氏天錫釋乘花萼樓集

佚。

葉氏嘉棆心經臆説寶香山館集十七

未見。

道家類

宋

林氏靈素歸正議

九卷。郡齋讀書志十六、文獻通考二百二十五。

佚。

郡齋讀書志十六：歸正議九卷，右皇朝林靈素撰。駁佛書中非道家者。

濟度金書目録〔一〕

一卷。白雲霽道藏目録詳注二

存。道藏本

道藏目録詳注二：威儀類，「民」字號，濟度金書目録一卷，洞微高士開光救苦真人甯全真授，靈寶通玄弘教水南先生林靈素編。

案：林侍宸靈素，宋史方技傳下、萬曆温州府志仙釋傳、乾隆永嘉縣志方技傳並有傳。道藏目録詳注此書後載靈寶領教濟度金書三百二十卷，皆符籙科儀之類，此其目也。趙與時賓退録一，引耿延僖所作林靈素傳云：「靈素被旨修道書，改正諸家醮儀，校讎丹經靈篇，删修注解。」濟度金書疑即所修諸家醮儀也。

〔一〕此書題爲元林靈真所編，實元明間道流根據林靈真原書增補而成。道藏目録詳注二誤爲林靈素，孫氏誤録，當改。靈寶領教濟度金書三百二十卷，入道藏。

上清靈寶濟度大成全書

四十卷。天一閣書目三之二

未見。

天一閣書目三之二：上清靈寶濟度大成全書四十卷，林靈素撰，周思得重修。

案：上清靈寶濟度大成全書，道藏未收；天一閣藏本，今亦未見。疑即濟度金書之節本也。〔一〕

釋景宣莊子注解

三十三卷。萬曆雁山志二。乾隆温州府志二十七作「注莊三十二卷」，誤。

佚。

〔一〕孫云：「疑即濟度金書之節本也。」此説誤，書名誤，著者誤。此書美國哈佛大學哈佛燕京圖書館中文善本書志著録爲上清靈寶濟度大成金書四十卷，明周思得輯，明宣德七年楊震宗刻本。此書與林靈素無涉，與林靈真有關。楊震宗後序云：「以所傳靈虚宗師符章奥旨，集爲全書三卷，散施四方，與同志者共。猶慮未廣，復以水南林先生修撰濟度之書，參以平昔所用諸品科范校讎成帙。」上海圖書館、天津圖書館等五館，臺北「中央圖書館」及美國普林斯敦大學葛思德東方圖書館亦有入藏。

萬曆雁山志二：景宣平生喜讀莊子，自爲注解，凡三十三卷，又能究極性命道德之説。

案：釋景宣，雍正浙江通志、乾隆温州府志仙釋傳、道光樂清縣志釋老志並有傳。

湯氏建道德經解續文獻通考一百七十九

佚。

謝氏守灝老子解

一卷。萬曆温州府志十七

佚。

混元聖紀止齋文集四十作「老子實録」，水心文集二十九作「混元皇帝實録」，攻媿集七十一、嘉慶瑞安縣志九並作「混元實録」，峴泉集二作「太上混元實録」，萬曆温州府志十七作「混元實録」，乾隆永嘉縣志二十三作「混元録」，今從道藏目録詳注三。

九卷。道藏目録詳注三。萬曆温州府志十七、乾隆永嘉縣志二十三、嘉慶瑞安縣志九並作「十二卷」。

存。道藏本

陳傅良序：懷英嘗爲舉子，知推尊孔氏矣。已而脱儒冠去爲道士，以其推尊孔氏者尊老子，於是爲書若干卷。自開闢以來，凡老子名跡變化及其遺事，言散見於百家，摭拾詮次無遺，謂之實録。嗚呼！何其專且博也，則誠有功於道家者。儒者筮仕，即不得專志於書。雖專志於書，往往不暇崎嶇及世次年月也。或有暇及此，又不敢不務差擇，則拘於六經而不得騁，故吾夫子之道與天地相爲無窮。夫人推尊之，顧未有如懷英此書者，向使懷英幸卒舊業，不去爲道士，則此書將爲孔氏作，其有功何如哉！雖然，昔太史公嘗作孔子世家，蓋有志於此矣。説者反曰：夫子之道與天地相爲無窮，且必與戰國若漢封君較久長者，則世家似不宜作。孔氏之子孫輯所逮聞，作家語、孔叢子二三書，儒者亦弗甚稱道。至羵羊楛矢，稍欲以誇大聖人，又或以語神怪不取也。然則使懷英幸卒舊學，不去爲道士，將爲書尊孔氏，則庶以六經斷百氏，必不得騁其博如此。余是以歎息於懷英，其不幸而不得自託於孔子也夫？其亦幸而得自託於老子也夫？故因以爲序云。懷英姓謝氏，名守灝，永嘉人，余同舍生也。止齋文集四十，原題「謝懷英老子實録序」。

樓鑰跋：道家者流，出於老氏，而支分派別，去本寖疏。道藏之書，雜取百家，士之有聞於世者，多以拜章役鬼，煉氣爊金爲能，此皆燕齊方士之餘，去本又遠矣。觀妙本儒生，學道於皇甫清虛，蓋知尊老子者。博極書傳，薈萃成編，窮搜約取，自號實録。且言凡十六變之説，事跡隱晦，其餘間見紀傳，不載時代者不述。與夫放光、見瑞〔一〕、示夢、傳言、靈驗等事，非化身下降者亦不復載，庶幾傳世不誣。然青羊白衛之靈跡，瓊臺玉局之奇祥，此類尚多，果皆實歟？嘗誦公是先生之言曰：「蒼茫六合外，渺莽三皇初。近既未必有，遠亦非必無。」信如斯言，安知其非實也。攻媿集七十一，原題：跋謝觀妙混元實録。

葉適題後：世儒固病老子之徒矜大老氏，今謝懷英此書，矜大尤甚。欲自使其徒尊誦之可爾，懷英故爲士人，將以示其爲士者則可乎？余觀司馬遷老子傳，言孔子歎服老子，隱而著書，莫知所終，言老子二百歲，又以太史儋即老子，又言老子子孫至漢有仕宦者。蓋其隱顯不常，變化難名，自周以來記之矣，何必道士也！天地，定位也；人物，定形也；壽夭貴賤，可約而推也；愛惡苦樂，可狎而齊也；此世論也。人之爲天地，天地之爲人，統氣御形而謂之道者，非世論也，學者存之而已。水心文集二十九原題「題謝道士混元皇帝實録後」。

張宇初序：道之立教，先天地爲之始，而後天地不知其終也。其始於太上世，惟傳黄帝時，號廣成子，帝嘗往問道崆峒山，後乃鑄鼎成丹而上升矣。及考之傳記，見之他書，皆曰生於殷，爲周柱下史，後轉爲守藏史，積八十餘年。太史公謂二百餘年時，稱隱君子，謚曰聃。孔子至

〔一〕「瑞」，底本誤作「端」，據攻媿集改。

周，嘗問禮焉。周衰去而之秦，過函谷關，關令尹喜，候氣而迎之，强爲著書，乃述道德上下篇以傳世云。按氏族之書，或謂周氏李乾娶於益，壽氏女嬰敷生子耳，字伯陽。又謂：李氏出高陽氏，子庭堅，爲堯大理，以官命氏，爲理氏。其後李徵妻挈和氏逃罪於紂，食木子得全，遂改曰李。又謂李靈飛得道，妻尹氏，生老子，諱弘元，字曜靈，或曰伯陽，或曰老萊子，或曰太史儋，其説非一，若黄帝之先，自三皇開闢之初已有之，而相傳歷代應化神變動百千劫而不息，是實録之作也，其必有考焉。夫神之無方，可先後、可有無，其視千百載猶一息，故不可以形測以跡求也。是故以不可言謂之道，以無名觀天地之始，以無欲觀其妙，故處無爲之事，行不言之教，以不爭不盜而使民無知無欲，此周衰將以厚俗拯化，以還乎素樸而已矣。使當是時俗流化薄而復訓以有名、有欲、有爲、有言之道，又焉知乎曲所以全，枉所以直，窪所以盈，弊所以新也哉！以是乃鎮之以無名之樸，不知孰爲道？孰爲仁義？則復古矣。故其言行於秦虐之餘，漢興以清靜濟之，猶水之解炎也。此先黄老而後六經也乎！蓋以一時之尚而言之，其謂老子所貴道，虛無因應變化於無爲，故著書辭稱微妙難識，良有以焉。後之君天下者，代師而用之、見之，其緒餘者秘之爲天經洞録，發之爲靈書隱訣，修之於身可以登真躡景，施之於人可以濟世利物，是乃兼乎内聖外王之道焉。若拘夫鴻生碩士之説，一以莊、列，若散道德放論，要亦歸之自然，因雜之申、韓刑名之流，直有不可者也，矧甚則以浮誕空寂病之乎？然實録之所紀載，詳備若此。豈得一出於私所尊大，以取惑於世，而能傳之之久若是哉？今皇上以天授仁聖，自有寰宇，首注道德上下篇，是資以清静之治矣。吾道之幸，孰有加焉？洪武十五年設道録司，吾山曹君希鳴實職焉。希鳴以道行誠篤，日承寵光，度越前代，是豈非有以贊清静無爲之化而然哉？暇日考訂是録，壽梓以廣其傳，間屬叙其端，顧某忝竊是懼，豈容述其首，然而神化玄通之道，六合之外聖人存而勿論，於斯見矣。謹爲之序。峴泉集二，原題「太上混元實録序」。

白雲霽道藏目録詳注三：譜録類，「與」字號，混元聖紀卷一之九，宋觀復大師高士謝守灝編。論太上老君乃大道之宗祖，三才之根本，隨方設教，歷劫爲師，隱顯有無，罔得而測，如是垂世立教，應現之跡，昭昭然若日月，其可無紀述乎？幸高士謝君，備考仙鑒、總仙傳、猶龍傳、列仙諸傳，編成八百二十章，名曰混元聖紀。

太上老君年譜要略道藏目録詳注三

存。道藏本

道藏目録詳注三：「敬」字號，太上老君年譜要略，永嘉謝守灝編集。譜考太上在天皇時降世，號「通玄天師」起，以至三皇、五帝、夏、商、周、秦，漢、晉、宋，歷代爲帝王師，顯跡年譜要略紀。

太上老君金書内序道藏目録詳注三〔一〕

存。道藏本

道藏目録詳注三：「敬」字號，太上老君金書内序與要略二篇，同卷。

太上混元老子史略

三卷。道藏目録詳注三

存。道藏本

道藏目録詳注三：「敬」字號，太上混元老子史略三卷，謝守灝編。言太上老君，乃應號治世，爲上三皇師、中三皇師、下三皇師、五帝師，從開闢至虞舜間，爲師不絶，經二百七十五萬八千四百餘年，老君嘗命宛委山之神玄夷使者，受禹玉書編，得治水之述，登位統天之道，述紀斯篇也。

〔一〕此書非謝所作，道藏提要著録曰：「不著撰人，乃玄師所撰，至晚在南宋初已行世。」因此書在道藏中列于謝氏三種書中間，又不著撰人，故有此誤，當删。

夏氏元鼎陰符經講義千頃堂書目十六作「陰符經注」，今從道藏目録詳注一、四庫全書總目一百四十六。四卷。道藏目録詳注一、四庫全書總目百四十六。千頃堂書目十六作「三卷」。

存。道藏本

道藏目録詳注一：玉訣類，「藏」字號，黄帝陰符經講義卷一之四，共三卷。雲峰散人夏元鼎宗禹撰。言陰陽。

四庫全書總目一百四十六：陰符經講義四卷，浙江巡撫採進本。宋夏元鼎撰。元鼎字宗禹，自號雲峰散人，永嘉人。是編以丹法釋陰符之旨，卷末附内外三關圖、日月聖功圖、奇器萬象圖、三教歸一圖、先天後天圖、上下鵲橋圖、七十二候圖、五行生成圖，各繫以説。案：漢志，道家、神仙家截然兩派。陰符三百八十四字，本李筌自撰而自注之。筌注不言爐火，則爲道家之言，而非神仙家言可知。後人注筌之書，乃不用筌之自注，郢書燕説，殆類鑿空。然參同契不言易，陳摶引以言易，遂自爲一家。陰符經不言丹，此書引以言丹，亦遂自爲一家。遞相傳授，而不能廢，故今於陰符一書録六家之注以存其初義，復録此書以備其旁支，所謂從同，同也。其餘衍此兩派者，則不更録焉。二氏之書，姑存崖略而已，不必一一窮其説也。是書前有寶慶二年樓昉序，稱「元鼎少從永嘉諸老游，好觀陰符，未盡解。後遇至人於祝融峰頂，若有所授者。後取陰符讀之，章斷句析，援筆立成，若有神物陰來相助」云云。蓋方術家務神其説，往往如是也。又有寶慶丙戌留元剛雲峰入藥鏡箋序一篇，及元鼎自記、自序二篇，寶慶丁亥王九萬後序一篇。俞琰席上腐談稱元鼎注陰符、藥鏡、悟真三書，真西山爲之序，與諸序所言悉合。今未見其入藥鏡、悟真篇二注，而此本已無德秀序，殆傳寫佚之。然德秀西山文集亦不載其文，則莫喻何故矣。案：俞氏所稱真西山序，蓋指悟真篇講義跋也。西山文集三十五有其文，此誤。

悟真篇講義 萬曆温州府志十七「講」作「廣」誤。今從道藏目録詳注一、千頃堂書目十六。七卷。道藏目録詳注一、千頃堂書目十六。

存。道藏本

真德秀跋：天台真人張平叔，作悟真詩百餘篇行於世，識者謂參同之後，纔有此書。予間中雖頗涉獵，然未能識其妙處。雲峰夏宗禹自東嘉來游幔亭，示余所謂悟真講義，章剖句析，讀之使人涣然無疑。顧方掩關謝賓客，不能從君從容咨叩以盡其妙。然聞君之爲人，材智磊落。蓋嘗入山東幕府，奉檄走燕齊間，功名之志鋭甚，年未五十，遽欲捐棄軒冕，從安期、羡門爲海山汗漫游，其太蚤計矣。予頃聞道家言學仙至難，唯大忠大孝，不俟修煉而得，其説眇茫荒忽，未易測知。然使天上真有仙人，必忠臣孝子爲之，非可倖而致也。今以君之材，雖不求用世，將有不吾置者，勉爲明時植立功業，報國榮家，忠孝兩盡，然後從君鼻祖夏黄公戲橘中，遨商山，無不可者。君又有陰符講義諸書，留茂潛、樓暘叔已爲之序引，故不復云。西山文集三十五

崔公入藥鏡解　千頃堂書目十六。萬曆温州府志十七無「入」字。

佚。

劉克莊跋：真誥載：「古帝王聖賢多爲僊，惟祖龍劉季至今在地下爲某官，其説以爲英雄多殺，永不得僊。」余讀則深悲焉。然傳記所述僊者多自俠士劍客中來，世言鍾離公亦故將，豈度世輕舉，乃慷慨烈丈夫之事，非婉孌兒女之所能辦哉！余以真誥之言推之，天道惡殺，好殺者違天，違天者不祥。李廣殺降，終身不侯。欲侯不可，況欲僊乎？永嘉夏君元鼎，頃事賈制置〔一〕，涉宣勞於山東、河北，既而棄官學道。觀其所注三書，皆遁世之學也，深於道矣。余獨問君向在兵間，曾殺人否？非疑君之殺也，俱害君之僊也。君歷舉某事某事，皆談笑脱人於死者，使世無僊，則已有僊，非君其誰爲之？及與君抵掌論

〔一〕「置」，底本誤作「直」，徑改。

兵，頗右武安君。間語楚臺畔寇，又欲盡僇之而後已。噫！是猶有用世之心也，昧者疑其合於兵法而離於僊道矣。惟余知君非果於遁世者，方今三邊宿師，四郊多壘，國家物色豪傑，弘濟艱難，君不得已出而用世，必不肯坑趙卒，必不肯盡僇山東人，然後大藥可成，三書可傳矣。後村大全集。原題跋夏元鼎悟真篇陰符經入藥鏡注。

周氏無所金丹直指

一卷。道藏目録詳注四、天一閣書目三之二。

存。道藏本

道藏目録詳注四：太玄部，「夫」字號，金丹直指一卷，永嘉周無所注十六頌〔一〕，皆重玄密語。

天一閣書目三之二：金丹直指一卷，藍絲欄鈔本。宋永嘉周無所述，並序云：「余著金丹十六頌，直言性命之奥，故以直指言。余自幼學時，與世異好，慕道既切，訪師益廣。淳祐壬寅年，遇赤城林君自然，以丹法授余，又拉余往拜其師李真人，片言之間，盡得金火返還之要，余迺遍走叢林，請益諸老，繼聞宗陽碧虚方先生，得紫陽張真人之傳。已酉仲春，挾

〔一〕「周無所」，應爲「周無所住」。周無所住，被誤爲「周無所注」，應改正。

直指訪之，足始跨門，心已相照。益自信直指所言不妄。

案：周無所事蹟，府、縣志無考。

元

周氏恢靜觀策範成真集注萬曆温州府志十七

佚。

案：周道士恢，萬曆温州府志、雍正浙江通志、嘉慶瑞安縣志仙釋傳並有傳。

明

王氏嘉春陰符經注雍正浙江通志二百四十五

佚。

道德經注雍正浙江通志二百四十五。大泌山房集一百三十作「道德經合易解」。

未見。

李維楨題王逸士像册：東嘉王涵虚道人，絶意婚宦，專精老、易，滅動心，不滅照心；凝空心，不凝住心。行年七十有奇，朱顔鬢髮，雙瞳烱然，望而知其爲神仙中人。余嘗讀其易粹篇〔一〕、道德經合易解，與之上下論議，悉其生平貞白，淮南鴻寶之訣，太乙遁甲之書，九章曆象之術，太倉〔二〕素問之方，靡不精詣。大泌山房集一百三十

參同契注 雍正浙江通志二百四十五

佚。

悟真篇注 雍正浙江通志二百四十五

佚。

維教正論 雍正浙江通志二百四十五

佚。

乾隆温州府志二十五〔三〕：王涵虚潛心老、易，遍游五嶽，禁足武當，注道德經，李本寧爲之序。尋復著太極圖說、易粹篇，注參同契、悟真篇、陰符經、維教正論、道德經注，板散

〔一〕「篇」，底本誤作「編」，據大泌山房集改。
〔二〕「倉」，底本闕，據大泌山房集補。
〔三〕「五」，底本誤作「六」，徑改。

逸，永嘉令韓則愈，補而梓之。

鄭氏思恭三部經演汲古堂續集

佚。

何白序：横陽鄭允之先生，少以淵潁奥博之資，嶽嶽諸文學之中，婁躓棘闈，中歲以掌故乞一氈于〔一〕婺。於書多所采綜，類皆嘉言瑰行，足秉道軌物，有裨於風教者也。他若稗官談説，輒棄去，以爲野狐之誕日，滋祖龍之灰燼，此物汗牛馬，吾安用哉？舊從長安邸中，得太乙真人三字經，僅六言，一曰忍、二曰方便、三曰依本分。爆然曰：「此太上微言而寓於庸，寔三教之總持也。從塵情最痛切處扎錐，第下士心浮氣粗，鮮不以庸而忽之者。忽則不入，欲其體認力行以臻於道階，難矣。」於是捃集群書〔二〕，闡明經旨，每部各詮四義，彙繫以古今善敗之事，命曰三部經演，出以示余。若析酲之冷風，喚蟄之荐霆也。余爲足之以言曰：彼以横加，我以理折，狂焰燎原，遇空則歇，演忍辱；物無妄

〔一〕「於」，底本誤作「子」，據汲古堂續集改。

〔二〕「捃集群書」，底本誤作「据集郡書」，據汲古堂續集改。

取，黷貨殞身，禍福之判，義利攸分，演忍貪〔一〕；水以致禍，斧能伐性，不見所欲，惟以正勝，演忍慾；君子欲訥，吉人寡辭，磨兜三緘，展也吾師，演忍口；天以方便，樹牧牧民，由饑由溺，若瘝在身，演居官；方以示臬，便以通情，各得其所，始自家庭，演處〔二〕家；舉一切世間，求不得留〔三〕，捨所難捨，是曰無我，演涉世；一切含靈，咸具我性，以調御方，各全正命，演及物；功以驕隳，名懼虛附，安素守命，常敵我貞，演功名〔四〕；鬼瞰高明，聖戒雕峻，居高者危，惟道是〔五〕潤，演第宅；服御之原，分予有數，恣欲不哀，終逼神惡，演衣食；衆庶馮生，各授厥職，過計妄求，祇詒伊戚，演生計。書成出示余，余卒業，竊歎曰：真人作大醫醫〔六〕王，憫世受病最深處，提一要語，語近旨遠，信所謂「三歲孩子說得出，八十老翁行不得，政坐不知服此藥耳。」讀允之此演，洵若名家醫〔七〕案，既證之已往之驗，令人

〔一〕「貪」，底本誤作「人」，據汲古堂續集改。
〔二〕「處」，底本誤作「居」，據汲古堂續集改。
〔三〕「留」，底本闕，據汲古堂續集補。
〔四〕「驕隳，名懼虛附，安素守命，常敵我貞，演功名」底本脱，據汲古堂續集補。
〔五〕「是」下底本有「淵」字，「淵」衍，據汲古堂續集删。
〔六〕「醫」，底本誤作「翳」，據汲古堂續集改。
〔七〕「醫」，底本誤作「翳」，據汲古堂續集改。

按方對症，隨悟隨瘳，豈非國手衛生經哉！夫以國手而淹寒氈，用違其才，不無不遇之慨。雖然，使此書行海内，令人人無瘥札夭歹昏之患，則所濟之仁廣，與賢相埒，不遇奚慨！汲古堂續集

陳氏一球悟空編

佚。

道光樂清縣志八：崇禎初，群奄用事，民苦横征。巡按御史趙繼鼎聞一球名，詢以利病，痛哭陳時事二十條上朝，官吏皆得罪。是時群奸身陷刑章，怨入骨髓，乃指一球著悟空編爲左道，蝴蝶夢爲謗書，羅織成獄，竟有鎮樂之戍〔一〕。

國朝

葉氏浩老子莊子不知篇嘉慶瑞安縣志九

佚。

〔一〕此條僅浮簽「咸豐樂清縣志八：崇禎初，群奄用事，民苦至得罪是時群奸至之戍。」據刻本補。

林氏鶚陰符箋[一]一卷。存。泰順林氏刊本

[一]底本原無，據刻本補。

孫詒讓全集

温州經籍志

第三册

潘猛補 點校

中華書局

温州經籍志卷十九

集部

楚辭類

宋

林氏應辰龍岡楚辭説五卷。直齋書録解題十五、文獻通考二百三十、國史經籍志五。

佚。

直齋書録解題十五：龍岡楚辭説五卷，永嘉林應辰渭起撰。以離騷章分段釋爲二十段，九歌、九章諸篇亦隨長短分之。其推屈子不死於汨羅，比諸浮海居夷之意，其説甚新而有理。以爲離騷一篇辭雖哀痛而意則宏放，與夫直情徑行、勇於蹈河者不可同日語；且其興寄高遠，登昆侖、歷閬風、指西海、陟陞皇，皆寓言也。世儒不以爲實，顧獨信其從彭咸葬魚腹以爲實者，何哉？然沈湘之事，傳自司馬遷，賈誼、揚雄皆未嘗有異説，漢去戰國未遠，決非虚語也。

別集類

唐

釋晉光晉光上人詩〔一〕一卷。宋史藝文志八

佚。

案：釋晉光，雍正浙江通志、乾隆温州府志、乾隆永嘉縣志仙釋傳並有傳。

〔一〕宋高僧傳三十後唐明州國寧寺晉光傳云：「有朝賢贈歌詩，吴内翰、羅江東隱等五十家，僅成一集。」是書見宋史藝文志八，而卷八爲總集類，可見是書即爲朝賢贈詩集，非指晉光本人詩集，孫氏誤録。

宋

釋本先竹林集宋史藝文志七作「僧本先集」，今從崇文總目四、通志六十七、宋史藝文志四。十卷。通志六十七。崇文總目四、宋史藝文志四、又七重見，並作「一卷」。佚。

雍正浙江通志二百一：本先，祥符元年二月，謂門弟子如晝曰：「爲我造塔。」塔成而寂。如晝奉其所著竹林集十卷詣闕上進，詔藏秘閣。

案：釋本先，雍正浙江通志、萬曆温州府志、乾隆永嘉縣志仙釋傳並有傳。本先，崇文總目四作「本宣」，誤。

朱氏聳〔一〕隱清堂集乾隆温州府志二十。府志二十七經籍門「清」作「情」，誤。佚。

〔一〕據永嘉珍川朱氏宗譜云：「諱聳，初字介甫。康熙府志載公名聳，誤矣。公隱於合山，作合山游數千言，改字合山，號獻愉。著有隱清堂集。郡守周延儁問饋不受。配劉氏，子一，墓厝溹下隱清亭側。」可見朱聳爲是。

合山游集　乾隆温州府志二十七。萬曆温州府志十七、雍正浙江通志二百四十九、乾隆永嘉縣志二十三並誤題「朱贇」。

佚。

乾隆温州府志二十：朱聳隱於江北合山，穴巖以居，作合山游數千言，有隱清堂集。

案：朱處士聳，萬曆温州府志、乾隆永嘉縣志隱逸傳並有傳。

釋惠雲詩　許景衡横塘集二十

佚。

許景衡跋：世傳九釋詩多佳句，而吾鄉惠雲復與之同時，正其輩流也。又其所與游多聞人，若魏野、林逋輩，而其名獨不傳。惜哉！妙悟、從諫，其曾孫也，以其遺墨傳諸士大夫間，當有巨公顯人爲之題品，則復爲不朽矣。

案：釋惠雲，舊府、縣志無考。

釋懷賢文集　淮海集三十六

五卷。

佚。

秦觀圓通禪師行狀：師操行卓越，又多才藝，工於詩。所著詩頌文集凡五卷，又撰次其自少至老出處之跡一篇，號稺耄典記以自見云。淮海集三十六

案：圓通禪師懷賢，雍正浙江通志、乾隆温州府志、乾隆永嘉縣志仙釋傳並有傳。

林氏石塘奥集萬曆温州府志十七。乾隆温州府志二十七、嘉慶瑞安縣志九「奥」並作「嶴」。

佚。

三游集萬曆温州府志十七

佚。

萬曆温州府志十一：林石躬耕養母，郡丞趙、邑令朱著同謁其母，或偕石游山水間，所至唱和，有三游集。

案：塘奥林先生石，萬曆温州府志理學傳、雍正浙江通志、嘉慶瑞安縣志儒林傳並有傳。

周氏行己浮沚先生集

十六卷。直齋書録解題十七、文獻通考二百三十七。四庫全書總目一百五十五，存八卷。

闕。武英殿擺印重輯九〔一〕卷本

後集三卷。直齋書録解題十七、文獻通考二百三十七。宋史藝文志七、國史經籍志五，並載周行己集十九卷，蓋合前後集計之。

佚。

周博士文集十卷。宋史藝文志七。宋元學案三十二作「三十卷」。

佚。

盧文弨跋：周恭叔名行己，永嘉人。宋元祐六年進士，官至秘書省正字，出知樂清縣，鄉人相沿稱其初授之官爲周博士云。早從伊川程子游，而集中有與釋門往來文字，闌入

〔一〕「九」，底本誤作「八」，據刻本改。

彼家之言，其學似未盡醇。若因其推崇眉陽爲文伯，以爲能化去洛蜀門户之見，則於釋氏又若何置論哉！其在太學，以同學生馮參行至孝，而師事之，爲群士所怪，笑勿恤也。其教授於鄉也，謂禮義之所始在於正容體，齊顔色，順辭令。學有齋揖，弟子每朝必揖其師，此愛敬之道也，其可廢乎？乾隆四十七年三月朔日，在晉陽書。抱經堂文集十一

直齋書録解題十七：浮沚先生集十六卷、後集三卷。秘書省正字永嘉周行己恭叔撰。十七入太學，有盛名，師事程伊川。元祐六年進士，爲太學博士，聚珍板本作爲「博士太學」，今據文獻通考二百三十七乙。以親老歸，教授其鄉，再入爲館職，復出作縣。永嘉學問所從出也。鄉人至今稱周博士。集序，林越文獻通考作「鉞」〔一〕。撰，言爲秘書郎，則不然。先祖妣，先生之第三女，先君子其自出也，故知其本末。所居謝池坊有浮沚書院。

四庫全書總目一百五十五：浮沚集八卷，永樂大典本。宋周行己撰。行己字恭叔，永嘉人。元祐六年進士，官至秘書省正字，出知樂清縣。陳振孫書録解題稱其爲「太學博士，以親老歸，教授其鄉，再入爲館職，復出作縣，鄉人至今稱周博士」。蓋相沿稱其初

〔一〕弘治温州府志十八著録：「浮沚文集三十卷，周行己撰，林鉞序。」而直齋書録解題「鉞」作「越」，非是，當從文獻通考。

授之官也。振孫載浮沚先生集十六卷、後集三卷，宋史藝文志載周行己集十九卷，正合前、後兩集之數，而又別出周博士集十卷，已相牴牾。萬曆温州府志又稱行己集凡三十卷，更參錯不符。考振孫之祖母，即行己之第三女，振孫所記當必不誤，宋史及温州志均傳訛也。行己早從伊川程子游，傳其緒論，實開永嘉學派之先。集中有上宰相書云：「少慕存心養性之説，於周、孔、佛、老無所不求，而未嘗有意於進取。」又有上祭酒書云：「十五學屬文，十七補太學諸生，學科舉。又二年，讀書益見道理，於是學古人之修德立行」云云。觀所自叙，其生平學問梗概可以略見，則發爲文章，明白淳實，粹然爲儒者之言，固有由也。且行己之學雖出程氏，而與曾鞏、黄庭堅、晁説之、秦觀、李之儀、左譽諸人皆相倡和。集中寄魯直學士一詩，稱「當今文伯眉陽蘇，新詞的皪垂明珠」，於蘇軾亦極傾倒，絶不立洛蜀門户之見，故耳濡目染，詩文亦皆嫻雅有法，尤講學家所難能矣。集久失傳，今從永樂大典所載，蒐羅排比，共得八卷，較之原編，十幾得五，尚足見其大凡也。

宋元學案〔一〕三十二：正字周浮沚先生行己所著有周博士集三十卷，予從永樂大典得

〔一〕「宋」，底本誤作「宗」，徑改。

見之，其文蓋學東坡者。

韓淲澗泉日記下：周恭叔行己，文字温淡，但時有莊老與程氏之説相背，詩亦好。

萬姓統譜五十五：丁瑜，永嘉人，世元孫，昌期從兄，以樂善好施聞於鄉。有君子長者之風，子如其父，弟如其兄，子孫世守鄉黨所法，而瑜尤長者。事見周恭叔、朱元晦文集。

案：永樂大典本浮沚集凡文七卷、詩二卷，如歷代名臣奏議二百十三所載論增修法度奏、東嘉先哲録二所引劉安上墓誌、慎江文徵〔一〕四所載代郭守賀元圭表、陳遇春甌栝文録一所載包端睦忠孝傳、東甌詩集一所録絶境亭詩，浮沚集失收詩文尚夥，此特舉其略。今並未收。又書録解題謂集有林越序，此本亦無之，則其散佚者多矣。浮沚講學本伊川，文章則軌步眉山，此集雖不完而瑋文奥筆，猶見梗概。若上皇帝書第二篇集一纚纚數千言，極陳時政之得失，暢達雄偉，酷類東坡論事之文，其戴明仲墓誌銘集七全録戴迅行狀，及林定哀詞，不削一字，惟於首尾略加論斷。哀詞，本爲韻語，亦遂不復作銘，則又體格奇創，足補金石例者。困學紀聞二十僅舉跋秦璽文一篇，未足盡浮沚之文也。

〔一〕「徵」，底本誤作「類」，徑改。

又案：文淵閣書目九，有「周博士文集一部、四册，全」，則明初所傳不止浮沚前後集矣。其書止十卷，蓋不及浮沚集之完備，故永樂時修大典不載其本也。〔一〕

萬氏規東平先生文集萬姓統譜一〔二〕百作「東平生文集」，乾隆温州府志二十七作「東平集」，雍正浙江通志二百四十八、道光樂清縣志十一並作「東平先生集」。今從萬曆温州府志十七。十三卷。萬姓統譜一百

佚。

萬姓統譜〔三〕一百：萬規有東平生文集十三卷。

案：東平萬經行規，萬曆温州府志、雍正浙江通志義行傳、道光樂清縣志儒林傳並有傳。

〔一〕内閣藏書目録三載：「周博士文集四册，全，莫詳其名。」孫氏云永樂大典「不載其本」，此説亦非是。檢永樂大典有引周博士集十六條，如卷一萬四千五十「祭」字韻，引周博士集有祭二十叔文一篇，爲浮沚集所無。可證周博士集和浮沚集同在大典之中，宋元學案所云不誣。

〔二〕「一」，底本誤作「二」，徑改。

〔三〕「統」，底本誤作「通」，徑改。

釋處嚴潛澗集　一卷。梅溪前集十七。前集二十潛澗嚴闍黎塔銘作「二卷」。

佚。

王十朋序：某始總角，見祖母賈常道其兄嚴闍黎之爲人，必繼之以欷歔涕泣，某幼而未識之也。及稍成童，出游鄉校，見先輩老成，多能道其事，且稱其文翰俱妙，不獨冠絶於其徒，往往吾儒中亦鮮能及者。某時既聞其言而得其爲人，且私慕之，恨乎生之晚不及一見焉。迨今又十年餘，始獲見其詩文。嗚呼！師真非常人，惜乎遯跡於桑門，無賢士大夫與之游，推揚而夸大之，遂使其名泯滅而無聞。某見古之隱者，逃名而名益彰，晦身而身益顯，是無他，有賢士大夫推揚而夸大之也。佛之徒，本無求於世，真所謂逃名而晦身者。然古之高僧，皆能垂名於不朽，蓋其所與游盡當世知名之士，如晉、宋、李唐道林、道安、惠遠、惠休、文暢、皎然之徒，其所與游則王逸少、謝安石、習鑿齒、謝靈運、鮑明遠、柳子厚、韋應物諸公，皆一時選，議論所加，天下以爲輕重，遂能使潛幽隱遁之跡，藹然發揮於當世，而垂耀於無窮。以師之聰明高學，卓然過人，使得王、謝之徒與之游，假其吹嘘獎拔之力，則聲名振世，未必不如古之高人也。師嘗作温州開元天王殿記，文詞雄偉，膾炙人口，有俞清老者，一時名士，見而歎服，以書來告曰：「不意今人中復見古人也。」然其人譽望，非安石、逸少諸公比，亦不能成師之名。師少出游江湖，歷遍山川，飛錫帝都，振衣嵩、洛，覽古人之遺跡，徘徊於其間。然其志節甚高，未嘗自屈以求王公大人之知己，其言有曰：「古之桑門上首，與士大夫游，非求之也，道自合焉爾。」既而還東嘉，隱潛潤，誅茅結廬於山林間，賦詩鼓琴以自娱，顧世莫已知者，其詩有「欲言重歎無余和」之句，某一讀而三悲之。師之殁，今二十三年矣。平生製述甚多，旋已遺亡。某頃游明慶，訪師之舊廬，而求其遺文。師之弟子曰宗要者，某之叔父也，得其古律詩雜文，通數十篇，爲一卷，出以相示。某既自五歲而知師之名，十歲而愛慕其爲人，又歎其不遇知己而没世無聞，今喜見其文如見其人，遂丐以歸。又自顧晚學小子，無聲名勢力可以動人，能重師之文於世，姑叙而藏之，以俟知者。師名處嚴，字伯威。其詩醇，重典實，不尚浮靡，他文皆如之。紹興甲寅仲冬望日序。梅溪前集十七原題「潛潤嚴闍黎文集序」。

王十朋潛潤嚴闍黎塔銘：師博學，詩文尤典重。元祐間，還永嘉，寓淨光、大雲、開元諸寺。時開元建護國天王殿，命師作記，文辭雄偉，太守范公見之，稱歎良久，命刻石行於世。元符初，歸故山，誅茅結廬，自號潛潤。明慶自創業幾七百年，無文蹟可考，師首爲撰記並書之，時稱二絕。平生製述甚多，稾隨毁失，圓寂後，弟子收拾遺文，編成二卷。人有得其片紙，皆寶藏之，其文翰見重於人如此。梅溪前集二十王十朋跋嚴伯威墨蹟：僧嚴公，予祖母賈氏兄也。博通儒學，尤工詩文，識者謂不減惠勤、道潛之流，第無知己如歐、蘇二鉅公耳。游戲翰墨，亦極其妙，每片紙出，人爭寶之。有集曰潛澗。梅溪後集二十七

案：潛澗釋處嚴，萬曆温州府志、雍正浙江通志仙釋傳、道光樂清縣志釋老志並有傳。

許氏景衡横塘集

三十卷。直齋書録解題十八、文獻通考二百三十八、宋史藝文志七、國史經籍志五。四庫全書總目一百五十六，存二十卷。

闕。遜學齋藏重輯二十卷鈔本

直齋書録解題十八：横塘集三十卷。尚書右丞瑞安許景衡少伊撰。亦嘗從程氏學。建炎初爲執政，與黄、汪不合，罷。建議渡江幸建康，言者以爲非是。及下還京之詔，景衡以憂卒於瓜州。未幾，虜騎奄至淮揚，倉卒南渡。

四庫全書總目一百五十六：横塘集二十卷。永樂大典本。宋許景衡撰。景衡字少伊，温州瑞安人。登元祐九年進士，宣和中召爲監察御史，遷殿中侍御史。欽宗即位，以左正言召，累遷中書舍人。高宗朝，至尚書右丞，罷爲資政殿大學士，提舉洞霄宮，卒謚忠簡，事蹟

具宋史本傳。景衡雖源出洛學，而立身剛直，不與賈、易諸人囂爭門户。其文章坦白光明，粹然一出於正。在徽宗時即極言財力匱乏，請罷花石綱運，爲王黼所中而去。及從高宗在揚州，又與黄潛善不協，借渡江之議斥逐而死。雖厄於權倖，屢起屢躓，而終始不撓。今集中所存奏議，如論童貫誤國、辯宗澤無過、論王安中不當自便、乞寬恤東南諸札子，皆誠意懇摯，剴切詳明。其他亦多關繫國家大計，雖當時不能盡用其説，而史稱既没之後，高宗每念其遇事敢言，追思不置，亦足見其忠愛之忱有以感乎於平素也。至其詩篇，乃吐言清拔，不露伉厲之氣，如「玉樽浮蟻一樣白，青眼與山相對横」諸句，殊饒風調。胡仔漁隱叢話謂「寇準詩含思淒婉，富於音情，殊不類其爲人，今景衡亦然。」蓋詩性情，義存比興，固不必定爲濂洛風雅之派而後謂之正人也。宋史藝文志載横塘集三十卷，書録解題亦同。自明以來，傳本久絶。今從永樂大典中採掇裒綴，以次排纂，釐爲二十卷。朱子語録嘗稱：「陳少陽事，其詳見許右丞哀詞中」，今已不睹是篇，則鉅製鴻裁，佚者不少，其幸而存者，彌宜寶貴矣！

陳耆卿嘉定赤城志十二：黄巖縣尉許景衡，紹聖三年至，永嘉人。從伊川先生學。建炎初歷尚書右丞，資政殿學士，謚忠簡。有横塘集刊於郡齋。

補宋元學案三十二：忠簡許横塘先生景衡，所著有横塘集三十卷，余從永樂大典中曾見之。

陳傅良承事郎潘公墓誌銘：大父彥先墓誌，在忠簡許公景衡少伊集中。止齋文集四十九

案：橫塘許忠簡公景衡，伊川程子門人。宋史三百六十三、萬曆温州府志、雍正浙江通志名臣傳、嘉慶瑞安縣志儒林傳並有傳。橫塘集，宋時有台州刻本，明中葉以後久佚，乾隆時修四庫全書，從永樂大典輯出，乃復傳於世。然大典本佚缺頗多，故如東甌詩集一所載寸碧亭截句、重輯本始據詩集補入。林表民赤城集十七所載委羽左居士集跋、劉左史集附録所載劉安節墓誌，及止齋所稱潘彥先墓誌今並未見，至朱子語録所記許右丞陳少陽哀詞，四庫提要指爲橫塘佚文，考周必大平園續稿十一跋歐陽澈哀詞謂「陳少陽哀詞爲許崧老所作，崧老乃許翰字。翰，建炎初亦爲尚書右丞。翰，宋史三百六十三有傳。故朱子亦稱爲許右丞，非橫塘作也。元豐九先生，惟橫塘仕宦最達，勳德亦最盛。此集雖出散佚之餘，然較之劉左史、給諫兩集，卷帙已多數倍，札子三卷，足見一時讜論，其論宗澤、劾童貫諸疏，並集九。雖本傳已撮録數語，然不及此之詳。他如乞罷治汪叔詹知太平州、罷詹度赴行在兩札子，並集十一。則又本傳所未載，藉此補其缺略。其餘詩文亦皆粹然道德之言，若答義仲一書集十五。力辯韓退之別傳載退之奉佛之誣，詞嚴義正，尤足熄邪説也。

又案：全謝山補宋元學案三十二載：「橫塘論學四言詩一篇，凡四十八言。」檢集中所載詩六卷，並無此作，而卷十八温州瑞安遷縣學碑末繫歌詩，此數語乃在其中，蓋謝山屬

稿時，從大典節録此數語，而忘著其目，後補題偶誤憶耳。今附正之，俾覽者無誤據爲集本佚文也。

劉氏安節劉左史文集四卷。直齋書録解題十七、文獻通考二百三十八。宋史藝文志七作「五卷」，誤。存。遜學齋藏鈔本、同治癸酉新刊本。

元祐、紹聖間，程先生講學伊洛，東南之士多從之游，而爲永嘉倡者，太學博士周公、起居郎、給事中二劉公也。嗟夫！人不可不知學，學不可不知道，世之口先王行市人者，其誰曰不知學哉！學而不知道，文字章句之間，聲音笑貌之末，外浮而内不實，言出而行不逮，非學也。假學以文奸，飾學以欺人者也，是其自謀別本作「媒」。寵利，與之俱汨爾。別本作「耳」。禍福得喪之衡，別本作「衡」。安有所存者耶？夷考三公之出處，時右新學，違而之他，甘心擯黜，曾是師伊川爲苟賤別本作「爲苟貧賤」，今據舊鈔本改。者，別本作「乎」。阻家大人曰：按「阻」乃「祖」之誤，左史集附録許忠簡劉元承墓誌云：「鄒公浩以右正言得罪，公與其所厚數輩追路勞勉之。」所謂祖也。鄒志完於譸張旁出之時，挫蔡京於焰勢方張之日，不移不詘，何恃能爾？講學之功大矣。不然，以位達，以文名，前後相望也。而學者於三公則祠遺像而矜式，誦空言而則仿，別本作「慕」。亦反其本而已矣。留元剛。

葉適題後：按周博士集，元豐時，永嘉同游太學者，蔣元中、沈彬老、劉元承、劉元禮、許少伊、戴明仲、趙彦昭、張子充，所謂「不滿十人，而皆經行修明爲四方學者敬服」者也。紹興末，州始祠周公及二劉公於學，號三先生。余觀自古堯舜舊都，魯衛故國，莫不因前代師友之教，流風相接，使其後生有所考信。今永嘉徒以僻遠下州，見聞最晚，而九人者，乃能達志開道，蔚爲之前，豈非俊豪先覺之士也哉！然百餘年間，緒言遺論，稍已墜失，而吾儕淺陋，不及識知者多矣。幸其猶有存者，豈可不爲之勤重玩繹之歟！水心文集二十九題二劉文集後

曩從劉考功公戢，借鈔二劉長史合集，元禮止得半部而已。康熙壬午，福州林孝廉吉人以鈔本見寄乃得全。竹垞老人識。朱彝尊鈔本跋

直齋書録解題十七：劉左史集四卷，起居郎永嘉劉安節元承撰。與從弟安上皆嘗事二程，同游太學，號二劉。安節，元符三年進士，爲察官左史，晚知宣州以殁。

四庫全書總目一百五十五：劉左史集四卷，浙江鮑士恭家藏本。宋劉安節撰，安節字元承，永嘉人。元符三年進士，官至起居郎，擢太常少卿，出知饒州，遷知宣州，卒於官。是集不知何人所編，前有留元剛序，標題雖稱劉左史集，而其文始終以周孚、劉安上與安節

並稱，謂之三先生，又只言其氣節而無一字及文集，莫之詳也。案：留元剛叙，爲二劉集合刻，其所稱周博士，乃指周行己，非周孚，此蓋偶失檢也。其編次頗無法，首以奏議，次以表，次以疏狀是矣。而以功德疏入之疏狀，則爲失倫。又次以應酬諸啟冠墓銘之前，又次以祭文、青詞，冠經義、論策之前，則顛倒尤甚。終以漁樵問對，其名與世傳邵子書同，核其文亦皆相合。考晁公武讀書志曰：「漁樵問對一卷，皇朝邵雍撰。設爲問答以論陰陽化育之端、性命道德之奥，邵氏言其祖之書也，當考」云云，則漁樵問對有謂出自邵子者，有謂邵子之祖者，均不云安節所撰，不知何人編入集中。然以太極圖歸鶴林寺僧壽涯，以先天圖歸華山道士陳摶，儒者皆斷斷爭之，以此書歸於安節，而儒者未嘗駁其非，或亦疑以傳疑歟？安節出伊川程子之門，其生平略見卷末附録上蔡語録三則及許景衡所作祭文、墓誌中。其文章亦明白質實，不失爲儒者之言，經義尤明白條暢，蓋當時太學之程式，後來八比之權輿也。凡周禮十一篇、論語三篇、孟子二篇、中庸一篇。其中庸一篇介孟子二篇之中，蓋繕寫偶失其次。周禮第四篇，前闕四行，以文義考之，其題當爲時見曰會，其佚文三行，則不可復補矣。

宋元學案三十二：知州大劉先生安節，所著有劉左史集四卷，非足本也。

案：劉左史集四卷，經義論策居其半，餘表啟諸駢文，亦多率爾應俗之作，然若奏疏兩篇，及祭林介夫文諸作，未嘗不足見立朝風節及元豐學派也。其末所附漁樵問答，提要據晁氏讀書志定爲邵氏遺書。考黄氏日鈔三十三載：施孫碩所編伊川至論〔一〕内，亦録此書，則又有謂出伊川程子者，其源流真贋蓋不可考。左史爲程門高弟，嘗録伊川語，或因此書爲伊洛之緒言，亦手寫以備省覽。諸子編集時，誤以爲左史自著，遂並收入耳。

劉氏安上劉給諫文集直齋書録解題十八、文獻通考二百三十八、四庫全書總目一百五十五並作「劉給事集」，萬曆温州府志十七作「劉元禮文集」，今從舊鈔本。五卷。直齋書録解題十八、文獻通考二百三十八。宋史藝文志七作「四卷」，萬曆温州府志七作「三十卷」，並誤。

存。遂學齋藏鈔本、同治癸酉新刊本。

按：本傳行狀，有詩五百篇，制誥雜文三十卷，中更兵毁，釐其存者爲五卷。無名氏卷末題字。

直齋書録解題十八：劉給事集五卷，給事中劉安上元禮撰。紹聖四年登第，歷臺諫，掖垣瑣闥，以次對，歷三郡而終。集中有彈蔡京疏。

四庫全書總目一百五十五：劉給事集五卷。浙江鮑士恭家藏本。宋劉安上撰。安上字元禮，

〔一〕「論」，底本誤作「書」，據黄氏日鈔改。

永嘉人。紹聖四年進士丙科，由錢塘尉歷擢殿中侍御史，疏劾蔡京，不報，復與石公弼等廷論之，坐是浮沈外郡者十六年。晚知舒州，乞祠，得提舉鴻慶宫。靖康元年致仕，建炎二年卒於家。據薛嘉言作安上行狀，稱其有詩五百首，制誥、雜文三十卷，篇帙頗富。然焦竑國史經籍志載劉安上集實止五卷，與此本相合。蓋兵燬之餘，後人掇拾而成，非其原本矣。宋史藝文志作四卷，則當由刊本舛譌，以五爲四耳。自明以來，流傳甚少，朱彝尊自潁州劉體仁家借鈔，僅得其半，後得福州林佶鈔本，始足成之。其詩醞釀未深，而格意在中晚唐間，頗見風致，文筆亦修潔自好，無粗獷拉雜之習，蓋不惟風節足重，即文章亦不在元祐諸人後矣。

薛嘉言行狀：公爲文典重有法，尤工五言，晚更平淡，渾然天成，無斧斤跡。有詩五百篇，制誥雜文三十卷，藏於家。劉給諫集附録

宋元學案三十二：給事小劉先生安上，所著有劉給事集三十卷，今止五卷，非足本。

案：劉知州安上、左史安節從弟，伊川程子門人。萬曆温州府志理學傳、雍正浙江通志、乾隆永嘉縣志儒林傳並有傳。劉給事集，書録解題、文獻通考及四庫提要所載並同。然余家藏盧氏抱經堂鈔本，及所見豐順〔一〕丁氏、嘉興陸氏諸鈔本並作「劉給諫集」。給事、

〔一〕「豐順」，底本誤作「順德」，徑改。

給諫義同，或陳、馬諸目偶誤書與〔一〕？薛嘉言行狀謂有詩五百篇，制誥雜文三十卷。此謂先生卒時家藏稿本。宋元學案謂「劉給事集三十卷」，即本此。然薛氏行狀無劉給事集之稱，宋時所傳給事集亦別無三十卷之本，學案所云未免小誤。今集本，僅詩六十五篇，文一百四十篇〔二〕，蓋所存者止十之一二。然如彈蔡京諸疏，讜論忠言，猶見梗概，其他詩文，亦各體具備，不若左史集之半屬經義也。又卷二載蘇轍追復端明學士贈宣奉大夫制有云：「處訏謨之地，非堯舜不陳；居退食之私，以孔孟自樂。」其推美甚至，亦無洛蜀門户之見，與賈易諸人紛爭詬詆者，區以別矣。

戴氏述歸去來集 萬曆温州府志十七

佚。

周行己戴明仲墓誌銘：明仲，中元符三年進士第，調婺州東陽縣主簿，州徙君監銀冶，君以去辭，弗獲，因慨然賦歸去來詩十首以自見，投檄而去。浮沚集七

〔一〕是集書名，宋、明人以及清四庫全書著録爲劉給事集，孫詒讓謂從舊鈔本，作劉給諫集。今人祝尚書云：「安上官至給事中，當時蓋以此名集。宋代給事中僅有駁正權，而與諫官有別；清代給事中與御史同爲諫官，故又稱『給諫』。改『給事集』爲『給諫集』，蓋以清代官制，失當，當以宋人著録作劉給事集爲是。」

〔二〕「詩六十五篇，文一百四十篇」，底本誤作「詩六十四篇，文二百六十篇」，據校勘記改。

案：戴教授述，伊川程子門人。萬曆温州府志理學傳、雍正浙江通志、乾隆永嘉縣志儒林傳並有傳。

鮑氏若雨敬亭文集萬曆温州府志十七〔一〕

佚。

黄氏友黄徽猷詩集乾隆温州府志二十七

佚。

案：黄直閣友，宋史忠義傳七、萬曆温州府志忠節傳、雍正浙江通志、乾隆平陽縣志忠臣傳並有傳。

錢氏簫臺詩道光樂清縣志十一作「簫臺詩集」，今從平園續稿九。

三卷。平園續稿九

〔一〕「萬曆温州府志十七」，底本誤作「萬曆浙江通志二百四十八」，徑改。

佚。

周必大跋：「永嘉錢君文子序其曾祖姑簫臺詩三卷，刻版醴陵縣治，復求跋語。予觀詩三百篇，有當時婦人女子所賦，而後世文人或不能及，蓋發乎情，止乎禮義之難也。景祐中，歐陽文忠公序謝希孟詩云：『隱約深厚，守禮不自放，有古幽閒淑女之風，欲引而進之衛、莊、姜、許、穆夫人之列。』請以斯言附諸卷末。嘉泰元年九月二十四日。」平園續稿九

案：平園續稿三十八：沖虛居士錢君墓碣載：「永嘉錢氏出忠懿王諸孫輯，輯生尚，尚生沿，沿生恬，恬生潔，潔生忠卿，忠卿生沖虛居士朝彦。居士四子：宏，字文子，今以宣教郎知潭州醴陵縣。」則簫臺詩當爲沖虛祖潔女兄弟所著。又慶元黨禁載：「慶元二年六月，言者論三十年來僞學顯行，場屋之權盡歸其党，所謂狀元、省元、兩優釋褐者，非其私徒，即其親故，望詔大臣審察其所學而後除授。宣教郎錢文子，時以太學兩優釋褐，一任回，當召試，徑就部注潭州醴陵知縣而去，時人稱之。」周跋謂簫臺詩刻版醴陵縣治，蓋即白石爲知縣時矣。

仰氏忻永嘉百題詩集〔一〕千頃堂書目八

〔一〕弘治温州府志十八著録爲：「永嘉百詠題詩集，仰忻撰。」書名、人名與千頃堂書目異，當以弘治志爲是。

佚。

案：仰八行，永嘉百題詩集，原書久佚，惟趙諫東甌續集二載有南湖詩云：「酒旗翻野色，漁棹弄秋光。百里荷花境，曾圖入帝鄉。」蓋百題之一也。

林氏幹進卷

五十篇。萬曆温州府志十七

佚。

陳氏㮯無相居士集〔一〕

十六卷。宋史藝文志七

佚。

案：陳安撫㮯，宋史三百七十七、萬曆温州府志宦業傳、雍正浙江通志、乾隆平陽縣志

〔一〕弘治温州府志十八著録：「無相居士集，陳㮯撰。」宋史藝文志作陳㮯文集。續文獻通考作無相居士文集，無卷數。吴泳有序，稱陳侍郎文集。

名臣傳並有傳。

林氏季仲竹軒雜著十五卷。直齋書録解題十八、國史經籍志五。四庫全書總目一百五十八，存六卷。闕。遜學齋藏重輯六卷鈔本

直齋書録解題十八：竹軒雜著十五卷，太常少卿永嘉林季仲懿成撰。以趙元鎮薦入朝，奏疏沮和議，得罪。仲熊、叔豹、季狸，其弟也，皆知名。

四庫全書總目一百五十八：竹軒雜著六卷，永樂大典本。宋林季仲撰。季仲字懿成，永嘉人。登進士第，歷官太常少卿，知婺州，自號蘆山老人〔一〕。嘗僑居暨陽，集中文又自稱濟南林某者，蓋其祖貫也。宋史不爲立傳，其行事不可概見。惟陳振孫書録解題稱「季仲以趙鼎薦入朝，奏疏沮和議得罪，仲熊、叔豹、季狸其弟也，皆知名」云云。今案集中與趙仆射書有「相公過聽，引而置諸朝，鹿鹿三年，蔑有報稱」之語，與趙鼎薦引之説合。惟沮和議一疏，已

〔一〕考竹軒雜著卷六蘇詔君贈王道士詩後署「紹興丁丑夏至後七日蘆川老人書」。可見四庫提要誤「川」爲「山」。然而所謂「蘆川老人」，其實爲張元幹別號，此文張元幹蘆川歸來集卷九已收録。此文實非林季仲作，而是張元幹作。四庫輯編竹軒雜著時誤收，應剔除。所謂林季仲自號蘆山老人，實爲錯上加錯。

不見於集中，其得罪貶謫之事遂略有弗顯。集中又有祭德和弟、察和弟諸文，據所云同祖所出兄弟八人者，知其兄弟甚多，而仲熊、叔豹之名亦已不可復考。然宋史趙鼎傳稱鼎之再相，嘗奏言：「今清議所與，如劉大本、胡寅、吕本中、常同、林季仲之流，陛下能用之乎？」是季仲在紹興中實負清流重望，故集中札子雖所存無幾，而多力持正論，深切時弊之言。其趙鼎南遷以後所與簡牘數篇，無不反覆慰藉，詞意諄摯，交道之篤，尤可概見。又庚溪詩話稱：「季仲頗喜爲詩，語佳而意新。」今觀所作，雖邊幅稍狹，已近江湖一派，而筆力挺拔，其清雋亦可喜也。集本十五卷，世久失傳，論宋代人物者，或不能知其姓氏。今從永樂大典中搜輯編綴，釐爲詩二卷，文四卷，用存其概。且爲略考本末，附著於此，俾不至無聞於後焉。

宋元學案三十二：直閣林竹軒先生季仲、運副林先生叔豹兄弟，遺書不傳。然嘗見直閣送虞仲琳詩云：「儒生底用苦知書，學到根源物物無。曾了當年多一唯，顔淵終日只如愚。水流萬壑心無競，月落千山影自孤。把手沙頭莫言別，與君原不隔江湖。」則已開象山宗旨矣。

案：竹軒林知州季仲，萬曆温州府志宦業傳、雍正浙江通志、乾隆永嘉縣志名臣傳並有傳。案：竹軒雜著，今所傳永樂大典輯出本，殘缺不完。庚溪詩話所舉送會稽虞仲琳七律，今見第一卷，題作「贈虞教授別」；又題赤松山皇初平祠二截句，今見第二卷，作郊行感懷四首之二，字句尤多違異，以文義考之，皆以集本爲勝。蓋陳氏僅據傳録詩卷采之，大典所載乃其定本也。又沮和議一疏，陳伯玉所見集本有之，大典失采，四庫總目以不見爲恨。今檢徐夢莘三朝北盟會編一百八十九載：「紹興八年十二月，三省檢正諸房文字林季仲奏札曰：『臣聞古語有曰「乳彘搏虎，伏鷄搏狸」，夫彘非虎之敵，其能搏之者，發於感之誠也。金人肆爲暴虐，以吞噬中原，自今觀之誠强矣。然中原之地尚數千里，帶甲之士無慮百萬，亦何至如是之弱哉！嘗試號於衆曰：金人殺而父兄，繫而子女，燔而廬舍，取而財寶，是爲不共戴天之仇也。必思有以報之，則俯仰之間，氣必百倍，以此衆戰，誰能禦之。今世之説者不然，曰天命如此其如何？而釋老報應之説又從而蠱之，縉紳士大夫卒以爲然，往來受囚，延頸待刃，爲之甘心焉。嗚呼！能洗是恥，猶有餘恥；能雪是冤，猶有餘冤矣！且人事盡而後可以言命，四夷交侵，必因小雅之廢。小雅之廢，命耶？人耶？外攘夷狄，必由政事之修。政事之修，命耶？人耶？如以命而已矣，則賢材不必求，政刑不必用，將帥士卒不必選練，軍馬器械不必選備，以待命之將興可矣。故李泌以謂君相不可言命，惟當修人事而已矣。吴王闔閭之敗也，謂其子曰：「夫差，而忘越王之傷而父乎？」卒能破越於夫椒。越王句踐之敗也，喟然歎曰：「吾終此乎？」卒能滅吴於姑蘇。區區吴、越發於感憤，猶能以危爲安，以亡爲存，況以天下之大、億兆之衆，乘其怒心而爲之，何遽不爲福乎？建炎二年冬，臣蒙恩召還揚州，聞之道路，未知信否。』且云：『陛下中秋對月，酒初行，愴然泣下，乃命撤酒。臣以是知陛下之心無一日不在此也。舉斯心以感人之心，赫斯怒以激衆之怒，養以沉潛，待時而動，則克復宗社，取舊物以還中原，亦何難之有？臣未填溝壑，庶幾或見之。』」忠言讜論，佚而復存，附録之以補閣本之缺。

蕭氏振蕭德起文集雍正浙江通志二百四十八作「蕭振文集」，今從乾隆温州府志二十七。〔一〕

二十卷。宋史三百八十

佚。

宋史三百八十：蕭振有文集二十卷。

案：蕭制置振，宋史三百八十、萬曆温州府志宦業傳、雍正浙江通志、乾隆平陽縣志名臣傳並有傳。

宋氏之才雲海弊帚續文獻通考一百八十、萬曆温州府志十七、乾隆平陽縣志十九「弊」並作「敝」，縣志又有「集」字〔二〕，

〔一〕乾隆平陽縣志作「蕭侍郎集」。

〔二〕乾隆平陽縣志無「集」字，孫注誤，當删。

今從艮齋浪語集三十四。

五十卷。艮齋浪語集三十四、續文獻通考一百八十。

佚。

雲海後集 艮齋浪語集三十四

佚。

薛季宣宋侍郎行狀：有自次文五十卷，曰雲海弊帚。雲海，公之居士號也。家有雲海後集、三餘録、詞林合如干卷。艮齋浪語集三十四

案：文選五十二魏文帝典論語曰：「家有弊帚，享之千金。」李善注引東觀漢記：光武讓吴漢詔不云里語。雲海集名，蓋取諸此。續文獻通考經籍考作「敝帚」，舊府、縣志因之，義雖可通，然與文選不合。今據浪語集正之。

陳氏彥才陳用中詩集 乾隆温州府志二十七

佚。

朱子跋陳大夫詩：常人之情，少有一善，則自視哆然若有餘，而其責報也欿然常若有

所不足，所以善日消而惡日長，卒以陷溺於利欲之横流而不自知也。大夫陳公，廉靖自守，不肯屈意權門，寧俯首於下僚，終身而不悔。比其晚歲，僅以年勞得官其世，而所以省身知足之意，見於短章者乃如此，其志念之所存與庸者遠矣。嗚呼！子孫之賢，其亦深而敬守之也哉！慶元己未十一月既望，新安朱熹識。晦庵文集八十四。案：是跋集本不著姓名，詳其文意，亦似題詠小詩，不類全集跋語，然乾隆府志已收其文，今姑録入，而附識其疑於此。

乾隆温州府志二十七：陳用中詩集，陳彦才著，朱晦翁跋。

案：陳知州彦才，萬曆温州府志宦業傳、雍正浙江通志誤作「嚴州人」。乾隆平陽縣志介節傳並有傳。

張氏闡張忠簡文集萬曆温州府志十七

佚。

王十朋梅溪後集六孝感井詩注：予家有井稍大，俗稱「大井王家」。宣和壬寅秋，先祖有疾思鯽魚，時暑不可致，先人釣於井而得之，井素無魚，蓋孝感也。張大猷秘書挽先人詩云：「玄鯽隨鈎誠養親。」張後爲工部尚書。

佚。

釋宗覺簫峰集雍正浙江通志二百四十八

雍正浙江通志二百一：宗覺戒律甚嚴，尤善文章，所著有簫峰集。

案：釋宗覺，萬曆温州府志、雍正浙江通志仙釋傳、道光樂清縣志釋老志並有傳。宗覺以詩與王梅溪相倡和，梅谿前集二寄僧覺無象詩有「我昔居鹿巖，時來潛澗游。西坡訪覺老，終日爲遲留」。「論詩出古律，有唱無不酬。篇章溢縑素，錦繡爛然浮。此老豈易得，當於前輩求」云云。其推重之甚至，後附載覺無象和詩云：「少年詞賦客，昔與山翁游。暫抑驊騮姿，聊伴鹽車留。幽坡賞春色，明月同高秋。君才如鮑照〔一〕，顧我非湯休。木桃時一投，瓊瑶三四酬。可憐横海鱗，尺水難沉浮。飄然拂袖去，形影那容求。早莫哦君詩，書空復搔頭。邇來三年餘，擬君薦經由。長篇忽見遺，頓覺驅煩愀。君馬何大駛，追蹤謫僊流。錦繡滿腸胃，詞人孰能儔。故將西子容，來貽嫫姆羞。行看復坐吟，終日如鞫輈。安得君書齋，移來近前陬。論文與談笑，一釋老者憂。春禽晝聒聒，窗風夜颼颼。懷君不成寐，頻驚節物遒。君文已造妙，君德當慎修。謁帝明光宫，隋珠那暗投。」格律醇

〔一〕「照」，底本誤作「昭」，據梅谿集改。

雅，宜梅溪之俯首也。東甌詩集續集及近人東甌詩存並無宗覺詩，故録於此，以見其概。

佚。

薛氏徽言薛右史遺編十卷。艮齋浪語集三十三

子季宣書後：先君右史遺編手澤二策，先兄將仕手鈔一策，使事録二策，議和奏草一卷，遺表一篇，裒成一編，通行狀爲十卷。不天幼失怙恃，初先君下世，當秦相檜柄國，伯父司封爲君行狀，雖書法不隱，於事不敢加詳。先兄集録遺書，懼爲家族之禍，故如議和札子、請岳相飛書之類，皆别篋藏貯，有待而出，某不能知也。不幸先兄蚤世，某罪大惡深，徒知寶藏已録之書，不意尚多遺落。旋歸自蜀，始能遍閲家書，於棄紙中得前書手澤一策，及議和奏草。奏草亦先君手澤，書首已不可見，雖號天自痛，計無所及矣。大懼先君之烈由我而墜，於是會爲一帙，以便子孫之藏，且待太史之求，編諸墳典。初，君授南劍州司法，光堯壽聖太上皇帝幸甌浦，丞相趙公鼎以中司扈從，君以書見，丞相乃讀而懷之，曰：「公以諫臣望鼎，鼎何辭焉？」即席而言，及於聖學，丞相盛稱：上在戎馬，猶不廢讀資治通鑑。君曰：「是固聖上美事，然聞知之非艱，行之惟艱，信能監古今之治亂而行，天下

大幸。」丞相愕曰：「久矣！鼎之不聞是言也。」留坐而語，不知屨前其席。明年，丞相簽書西府，首薦君，以國士登對，論君子小人之事，議建方鎮以安邊鄙，皆略蒙施用。時上春秋鼎盛，儲嗣未立，君首陳大計，頗見開納。同里婁公寅亮爲監察御史，聞而繼之，其言尤勁。大略謂本朝傳國十帝，而大統三絶，太祖有國而太宗享之；天意人心，未必不爲是也。上曰：「太祖舍其子而立其弟，朕之所師也。」是故擇後之議，不及於太宗諸孫。皇上之後太宗，實根諸此。君自以爲言之不若婁也，常寫其章而自誦之。方計議樞庭，常攝户部郎事，禁省須錢四百萬泛用，君執奏稱旨，用是有湖南之行。衡永阻饑，君留上供漕粟振濟，全活巨億計，盜賊以清。王太尉瓔討楊幺，君知王不知舟楫間事，上奏委瓔邊塞。時岳相以偏將戍洪吉，君一見知其人，表飛可清湖湘，後成敗如君策。君之在都司也，獄有父盜子財，子不知而殺之者，有司當以夜入人家，登時殺之勿論，君駁之，以爲子之弑父，寧論曲直？況父入子家，非人家，盜出困窮，子之孝養何在？抵以大逆，議者然之。和議興，屬秦相陰植黨與，凡議論異己者皆斥去之。君一再言不從，因不復論。秦不知其異，故自趙丞相以下皆出，而君獨留。丞相之行，送者惟君與郎官二輩，丞相欲論秦一罔上事，君以義止之。丞相行，舉手而戲曰：「鼎行，如公寧復留此。」君徐應之曰：「未可量也。」秦聞頗悦，召君致謝。君曰：「趙丞相於某厚，爲之謀，安敢不忠。」故秦不復疑。及侍從旅對榻前，君列其非是，因面疏秦曰：「偷安固位，於相君私計則便，然以虜賊臣辱君父，忘宗廟之大耻，於心安乎？」與之廷辯移晷，因得疾以歸，自作遺占，猶詆秦計甚斥。君常喜道「清心省事，約己便民」二句，及上斯其奏，首論及之，舊事：右史終，有致事遺表恩澤，秦因沮壞成法，更爲新制。君之大節蓋如此。其他細務，在它人爲可稱，於君爲不足道者，皆不復著。嗚呼！先君逝矣，煢煢孤子，獨季宣在，何修何事，可以繼志承先？惟有收拾遺書，裨補行狀之闕，昭晰始終之節，差可以無愧。抑嘗聞司馬文正之簡吕由庚曰：「子孫正當發揮前烈，垂之不朽。今日不録申史院，則先公事業遂汨没矣。」又嘗聞李蘩爲泌家傳，其間不無溢美。後世既疑其妄，先人實事因並疑之。子孫之愛先人，政不當如此，是則先人之志不可以不發，事之詳略不可以一豪加也。故某書此，續諸行狀、遺編之後，俾後之觀者，得以互見焉。二書已詳，則不復叙。隆興元年正月甲子，孤某泣血書。艮齋浪語集三十三，原題書先右史遺編。

佚。

遺編別録艮齋浪語集三十三

子季宣叙：孤某既次先君右史文箽，集録遺編，患其未能備詳，求諸緗帙，又得遇事勤書及癸丑續記一策，續記多記奏雜稿，行草相間，往往斤削塗竄，不可盡識，字字尋繹，始頗可通，去其複重，抄其要切之語，編諸書末，以爲遺編别録，俟有它求而得，將以備後録云。嗚呼！先君之言，亦少詳矣。方其以道屈信於吕、趙、張、秦數相之間，其立朝誠節，見諸事業者，遺編、行狀，固已略舉。至於先君出處、交承師友之際，所以切磨麗澤，相期於三代之道者，别録見爲多焉。某罪逆至深，先君遺書求不能蚤，不知續記之類，其亡幾何，悔不可追矣。顧惟不敏，奉先君之餘業，兢兢栗栗，惟恐失墜，如臨絶壑而無憑依。繼述之方，知以遺書從事而已，而今而後，其能免夫！後之子孫，觀此先作，無忘乃祖之烈，以時次其家集，毋若我之不孝焉。負罪而書，不悟漣洳之丹臆也。某謹叙。艮齋浪語集三十三

薛嘉言行狀：君少孤警穎。既長，能自立，力學刻苦，窮晝夜弗懈，遂博通經。薛季宣箋：「先君從文定胡公安國學，有上胡侍讀咨目三通，在遺編别録第一卷。」解褐，授南劍州司法。會車駕幸永嘉，君以書謁中司趙公，詆一時用事者，趙公大稱賞，以國士期之。箋：「時吕相頤浩柄國，趙相鼎爲中丞。君貽以書，趙相立讀，即卷而懷之曰：『公以諫臣望鼎，何辭焉！』既而趙相彈劾吕相之欲臣敵，立御營使，責諫臣事，得太上褒語。趙相謝曰：『三者非臣所及，温士薛某，爲臣言之。』明日繳上其書。見遺編第二卷。」趙遷樞相，力薦君。蒙召對，以强志勤政及君子小人爲言，頗合旨。改左承奉郎，充樞密院計議官。箋：「渡江之初，邊障不立，君稱建立方鎮以固羅落。當時採納，置鎮撫使於淮甸、荆、襄間。後並兩淮，分鎮置宣撫使。君復請並上游以一其制。置鎮並上游置帥、强志勤政及論君子小人，其札並見遺編第三卷。」紹興二年，權

監察御史，宣諭湖南。箋：「時宣諭五使，皆給親札御寶之歷，使按舉必書。將發，君上薛宣换縣故事：視縣劇易，易置令長。請詔郡縣，政事有失於詿誤而未正於法者，財用有出於敷斂而未見於用者，刑獄有過於平允而陷於深重者，御史未至，並許自陳改正。惡心不悛，雖寘死地，可勿恤。奏可。御寶歷序，在遺編第五卷。跋尾語尤鯁切，在第九卷。换縣宥過札子，在第三卷。」入境布宣德，揭示教條。箋：「約束榜牒，在遺編第五卷。」奏本路不便於民者十事，乞委憲司覺察違戾。箋：「十事：一曰户口逃亡，不爲開落；二曰産去税存，貧民受弊；三曰秋苗受納，巧取多門；四曰高估官産，吏私其利；五曰人户避役，親在其居；六曰鄉村聚徒，教習律令；七曰差役愆期，科敷保正；八曰公吏溢額，作過多端；九曰人户陳狀，科補助錢；十曰開剥死牛，邀求百出。印榜奏事，在遺編第七卷。」且請岳飛綏定湖南及鄰境，給韓京營田，免全州隸廣西節制，乞選岳守與潭、鼎腹背制幺賊。箋：「江西、湖南接壤，盜賊出没其間。君奏岳飛御軍嚴肅，請以兩路盜賊並委之，江賊彭鐵大就君請降。岳掩其懈，擊之，大獲。君悦，表其功狀。時全州屬湖南、廣西二路，潭州益陽縣割入鼎州，君奏罷之。選岳守事，見討楊幺語中；乞委岳侯兩路盜賊給韓京營田奏在遺編第六卷。岳侯破彭鐵大事、論全州奏，在第八卷。益陽奏，在第九卷。」論郴、道、永、桂陽丁米均敷見存一丁至石餘者，並帶糴之弊。箋：「丁米前例，口賦四斗均敷以承平丁帳。科於亂後，君既蠲其敷數，遂奏：『計口之賦，貧富一等，富者寬裕，貧者重困。均之田畝，則又偏苦上户。』謂宜履畝分口算之半以就均一，寬貧下帶糴之米。湖南一路舊有之名糴而未嘗給錢，多或兼倍正賦，州縣受納，必先糴而後租，民不供命，但能充糴而已。常賦之入，至一縣歲不迨三分者，良民偏受其弊，實無補於縣官。又有和糴夫米，並受納米樣斗斛紐耗倉例，把算擡斛斗面銷鈔之米，水程裝綱縻費脚乘修籠夫米價錢户帖及牛倒死買醋錢、均敷黄麴麴引錢、紬輕夏税帖納錢、陳狀補助錢等，其他名數尚不一。君奏州縣受納收耗，與當遠而近輸者，得收腳錢如條例，餘一切罷之，憲司糾違禁者。丁米奏在遺編第七卷。帶糴奏、約束榜在第八卷，放丁米罷交納增收水腳錢榜在第九卷。」時田荒糴貴，命州縣區處賑糶，且請存留漕司上供錢斛，賑濟郴、道、桂陽三州，罷營繕等費。箋：「牒止遏糴、遏牛、營繕，約飭諸縣，括荒閑田畝，勸課富家開墾，曉民生放種本收息，官爲催理。又命上户糶米接濟，給曆稽其多寡，高者免役，其次免罪。論遏糴遏牛請撥上供賑糶奏在遺編第六卷，勸課奏在第七卷，存留上供支米賑濟自刻三奏、生放種本榜在第八卷，罷帥司營繕奏、諭民糶米榜在第九卷。」薦本路憲吕祉、郴守趙不群、全倅劉延年、前衡倅趙伯牛、統制官吴錫等，朝廷皆召用。箋：「道倅鄭安恭，元祐大臣雍之子。紹興初，曹成據州，殺略慘酷，十室九虚。安恭攝郡，能勞徠安輯之。明年猺人大出，安恭率衆討捕，逼逐山谷，賊窮請命。提刑司檢法官文浩，先知寧遠縣，有循良稱。安撫司統制官韓京，樸忠善戰，破郴賊李冬至、虔賊鍾超、胡元奭等兵皆數萬，如孔彦舟餘黨及永興土寇王蓋天、游寇賀潮等，亦皆不減數千人。吴錫號吴野叉，威名甚著，猺人楊再興反，攻圍武岡軍，出没八年，爲錫所破，窮追數百里，焚其廬落甚衆。君爲録奏其事，皆功見一時者。薦吕祉章在遺編第六卷。韓京、趙不群、文浩、鄭安恭章在第七卷，劉延年、趙伯牛章在第九卷。惟吴錫奏家亡其藁。按：使事録奏狀以千文爲號，不應遺落，必還朝所上章也。其破楊再興事見第八卷請委岳飛綏定盜賊奏中。」初抵茶陵縣，慮囚有以平人爲劫盜者，片言折之。審知官吏冒賞之冤，立下吏痛治，爲直之，人稱神明。箋：「初，縣人高大被劫戕死，其夕，李方、陳一家亦被盜，巡尉捕未獲。高大家人疑賀大、譚世績等實殺高大。縣尉何夔收辭所連逮上縣，並以陳一、李方事鞫之，鍛煉成獄。君閲成案，洞見其冤，移獄安仁，遂直其事，活無罪九人。至安仁，慮七殺三人獄，以痕傷在左，欵辭在右，及前後異詞爲斷。二奏在遺編第六卷。」論漕臣措置州縣，日納移用等錢，苛斂且縱吏門下姦贓，請繩治。又按發知桂陽及永、邵三守、常寧令等不法，祁陽令等妄殺，按贓吏之尤者，械送獄。箋：「轉運判官王淮，賦錢移用，系諸州日納緡錢二千。郡縣去國既遠，又當積亂之後，守宰貪縱，遂成風俗。郡守和璟其尤者，群下有『五毒』、『三諂』之目。衡陽令王括，邵陽謝微、祁陽褚稹，皆專恣昏墨，民不堪命，號曰三陽。括先以贓敗死，微、稹有謝一褚二之稱。微及茶陵令譚知柔先有召命，君留不遣，按治其姦，皆無所貫。平陽尉靳成贓露亡去，因荷項屬吏。知寧遠縣張雍，懦不勝任，東安令李威遠，前坐罷軟對移；清湘令譚觀光、耒陽丞李煒，咸剛勁有守，曉習吏治。君請以觀光易雍，煒易威遠，仍不理遺闕。論王淮及權運判趙志之罪。按和璟武岡權尉李端愨巡檢劉清奏在遺編第九卷；靳成譚知柔及監税沈銓常甯監税王載平陽權令李發並桂陽簽判權監陳如塤對移奏在第七卷；永守黃升推官俞梅等並謝微褚稹及其主簿嚴徹常寧令阮冠衡陽尉楊祖堯高攄奏在第八卷；衡州録參詹勉奏在第六卷；換縣章在第九卷。」以論潭帥非其人，忤權貴意。既還，權發遣興國軍。箋：「前此李相綱爲湖南大使，軍民頗服其威信。李以言罷，折樞密彦質代之。君奏：『綱至數月，稍見成效。至於彦質事未可知。夫以未可知之事，而易已試之效，臣竊惜之。』是時帥司軍弗不支，漕司艱于出納，漸致猜阻，君請漕司濟其軍用。楊幺僭皇太子，憑藉湖水爲亂，君知岳侯忠略可任，奏請藉以討賊，必可肅清湖外。朝廷方督帥司以幺賊事，君奏：『賊中乏食，必因漲水侵肆，已與帥臣彦質定議，屯兵要津，使其進不得掠，退無所給，一兩月間，其勢必窮。然後鼎州攻其前，本軍制其後，計窮而來，不戰可屈，此上策也。使賊不離平原，官軍四合，其平已久。正以波濤浩渺，水勢已漲，賊軍輕利，飄去猋來，初無定止，官舟不葺，又無水軍。較彼己之短長，計時勢之利害，私憂過計，願無欲速。且請精擇岳守，量事應副，以張潭、鼎犄角，水勢已落，可以必取。』又奏：『比發本路荆南兵援鼎州，師次城下，不給之糧，各引而歸，實無所補。止付岳飛以賊，可保成功。』朝廷已遣王瓔之師，君知瓔不知舟楫間事，歸對密請委璦荆襄備禦。又奏：『賊軍舟楫便利，善長鈎，貫泅没，與之從事于波濤間，恐非官軍之便。』璦軍竟以水戰困於搭鈎致敗。君之行也，上諭君訪山林不仕賢者。長沙黎明字才翁，以孝友信義著稱，其學問有淵源，自胡文定諸公咸所推重。君歸奏曰：『惟此可以克賊。』君去而明卒，事不果行。論易帥章在遺編第六卷；論帥漕支費及楊幺事宜在第九卷；請用岳侯討賊奏在第八卷；論王璦楊幺二札在第三卷；薦黎明奏札在遺編别録第一卷。遺編自六卷至九卷，皆湖南使事，號使事録，疏其大者於此。又有使回奏札，在遺編並别録。」以比部郎官召。後虜騎次淮右，車駕幸建康，扈從以行。方倉卒進發，先駐蹕平江，及春還臨安。一時事宜，人情敵勢，知無不言。箋：「平江建康奏議札目，並在遺編第三、第四卷、别録第一卷。」遷起居舍人，首以申嚴歐陽修、王贄所請，令賜對臣寮。少留殿門，候記注官出，面録聖語及親奉德音。事干教化、禮樂、刑政爲世典法者，並備録關報記注官。箋：「論記注奏札，在遺編第二卷。」金使至，許還徽宗梓宫及母后、河南地。時無故請和，朝士皆知不可而無以拒之。君位螭坳，直前面奏，及侍從同對，辯論尤切，因感疾。箋：「趙相凡三入，君皆勸以事功難就，唐姚崇要説明皇十事，可以爲法，趙不能用。議和奏議，今多亡佚，所存畫一，亦亡其首，在遺編第三卷；議王倫使事、白堂二札，在第四卷。其論梓宫事曰：『萬里梓宫，真僞孰辯。』以姚崇勸趙相稟目，在别録第一卷。」紹興九年正月卒。君天性忠鯁，獻替甚多，今皇帝即阼初，君以布衣上書言時政，曰國勢、曰邊防、曰刑賞、曰巡幸、曰財用、曰官吏，凡六事。箋：「書在遺編第一卷。」既仕於朝，首請擇賢宗室立爲皇嗣。箋：「太上皇春秋富，群臣未有啟擇後議者，君首陳大計，以爲太子天下本，本不立，則幹易摇。前代計不早定，致禍亂者不勝數。而立子以公爲法後世者，莫如仁宗皇帝。今戎狄侵陵，社稷綴旒，萬萬曩日。陛下仁聖，遠追先烈，宗社大計安知不已定於淵衷，須請而行耳。臣是以不顧死亡，申此愚直，願陛下斷自聖意，無惑群言，以幸天下。太上虚納，上虞丞婁寅亮繼之，立後之意始定。無幾，事又中寢。君乃因星變上書論國本曰：『側聞小臣婁寅亮，建言乞擇宗室之子育之後宫，以待皇嗣之降。陛下不謀不卜，即日召對，所以寵録之甚厚。繼有旨召子清、子英、子唐入侍。此命一出，萬口稱慶，謂即施行矣，而子清、子英，一見而止，子唐未聞促召，士衆失望，不曉所以。若謂姿非英物，不足以備拊育，則子唐者不應不與之進；若以所閲之子已足充選，則二子不應遣還。竊料小人無深謀遠慮，獨不能堪目前之情，熒惑陛下已成之志，則春秋鼎盛，子孫千億之語，必陳於前，願陛下尚念祖宗基業之重，鑒仁祖克意之法，無徇宦官、女子之情。且仁祖末年，天下寧謐，人心安固，設有非常，孰敢異論？今日之事，其勢云何？此實有識所以寒心，不知所出也。』已而上意遂決。書別見奏札，在遺編第三卷。」勸大臣和協濟功，乞宰相不親細務，又摭陸宣公奏議可酌取以救時者，如減兵之冗食，蠲法之撓人，省官之不急，去物之無用，罷事之非要五事。箋：「白堂二札，見遺編第四卷，五事書在第二卷。」紹興元年，詔以星變訪闕失，乃上書言所當深憂者三：曰國本未立、曰佞倖未去、曰國論未定。且曰：「憂其所不足憂，而忘其所當深憂，此又大可憂者也！」其言皆切中時宜。箋：「當時連上二書，其第二書專諫營繕，並見遺編第一卷。」初聞徽宗諱，時議軍國事，遽欲遵用以日易月除喪。君建議終制，成上之美，識者韙之。箋：「論國服札子，在遺編第四卷。」

艮齋浪語集三十三

案：薛右史遺編，宋以後久無傳本，惟浪語集先大夫行狀箋載其篇目、卷第頗詳，故撮録之。庶知艮齋家學之所自焉。

何氏逢原文集

二十卷。梅溪後集二十九

佚。

王十朋何提刑墓誌銘：公善屬文，清峻遒麗，雖倉猝應用，必自己出，不剽竊前人語。尤長於詩，有晉宋味，有文集二十卷。梅溪後集二十九

陳氏鵬飛管見集

十卷。水心集十三

佚。

陳傅良承事郎潘公墓誌銘：某先君子與故侍講陳公鵬飛少南爲輩行，以諸叔父從之學。少南之門，授經數百人，叔父亟稱同舍生，則曰永嘉二潘公。少南每過先君子，則館于叔父之心遠堂，嘗賦詩焉。諸父下世而詩不存。某蓋晚而後識公，因道兒時所聞語，恨不記所謂心遠堂詩者，公欣然爲誦之。公父安中墓誌在少南集中。止齋文集四十九

羅浮集

二卷。水心集十三。輿地紀勝九十九、續文獻通考一百八十並作「十卷」。

佚。

輿地紀勝九十九：廣南東路惠州官吏陳鵬飛，字少南，永嘉人也。以言事謫死惠州，有羅浮集十卷。林艾軒曰：「於宇宙爲第一流，孤立潔處，不容於時。」

朱子語類一百三十二：問：「陳少南詩如何？」曰：「亦間有好處，然疏，又爲之甚輕易。」

案：輿地紀勝、續文獻通考載羅浮集十卷，而無管見集，與水心陳少南墓誌不合。通志、府、縣志經籍門並與紀勝、通考同，不知何據。

鄭氏伯熊鄭景望集

三十卷。直齋書録解題十八、文獻通考二百四十、宋史藝文志七、國史經籍志五。

佚。

周必大跋鄭景望詩卷：言道學者薄詞章，近世則然。景望龍圖通經篤行，見謂儒宗，而其詩句乃綽有晉唐名勝之遺風，胸中所養亦可知矣。自其云亡，不特永嘉學者深惜之，

中外士大夫皆惜之，而予以舊友同〔一〕僚尤惜之。淳熙十二年十月十日。省齋文稿十八

朱子語類七十九：近日蔡行之送得鄭景望文集來，略看數篇，見得學者讀書，不去子細看正意，便從外面說是與非，如鄭文亦和平純正，氣象雖好，然所說文字處，卻是先立箇己見，便都說從那上去，所以昏了〔二〕正意。如說「伊尹放太甲」，三五板只說箇「放」字，謂小序所謂「放」字正伊尹之罪，「思庸」二字所以雪伊尹之過，此皆是閒說，正是伊尹至誠懇惻告戒太甲處，卻都不說。此不可謂善讀書，學者不可不知也。

周禮訂義序目編類姓氏、世次：永嘉鄭氏伯熊，字景望，文集中有數說。

方回瀛奎律髓二十：毛滂，字澤民，爲杭州法曹，任滿已去，抵富陽，有惜分飛詞，爲東坡所賞，追還久之，以此知名，後乃出京卞之門。詞佳於詩，東堂集亦惟此紅梅花詩爲最。所至庖饌奢侈，有王武子之風味。其事見鄭景望集中。

案：鄭文肅集據朱子語類疑亦蔡文懿所刊。文懿爲文肅弟伯英婿，嘗刊歸愚翁集，見吳子良荆溪林下偶談二，詳二十〔三〕卷歸愚翁集下。或並刊文肅集也。至朱子所舉「說伊尹放太甲」一

〔一〕「同」，底本誤作「嘗」，據省齋文稿改。

〔二〕「了」，底本誤作「子」，據朱子語類改。

〔三〕「二十」，底本誤作「十六」，徑改。

條，見今所傳鄭敷文書説，蓋書説雖有單行本，集本亦載之也。文淵閣書目九，有「鄭景望集一部、一册，闕。」則此書明時尚存，今則未見傳本。

鄭景望雜著陳亮龍川集十四

佚。

陳亮序：尚書郎鄭公景望，永嘉道德之望也。朋友間有得其平時所與其徒考論古今之文，見其議論宏博，讀之窮日夜不厭，又欲鋟木以與從事於科舉者共之。余因語之曰：「公之行己以吕申公、范淳夫爲法，論事以賈誼、陸贄爲準，而惓惓斯世，若有隱憂則又學乎孔孟者也。是直其譚論之餘，或昔然而今不儘然者，毋乃反以累公乎！」其人曰：「苟足以移科舉骩骳之文、不根之論，是某等之心，而識者豈必以是而盡求公哉？」余不能禁，乃取今上即位之初，其所上陳丞相書以附於後。余，永康陳亮也。龍川集十四

劉氏鎮待評集道光樂清縣志十一

佚。

王十朋序：昔人有遠行者，將由越而之燕，膏車秣馬，志在一日而千里也。馳十日，猶

未離乎越，回首南望，自以爲遠矣，俯仰前塗，猶在萬里之外。於是益馳前，又十日，去越而適吴，過吴而至楚，回首南望，益以爲遠，而前途猶未能十之一也。又過楚而至宋，又至乎魏，又至乎河洛之間，其途始半矣。又益馳，遂遠而至乎秦，又遠至乎趙，南望益遠。又益北馳，遂一日果至乎燕，然後解車休馬，徜徉四顧，自謂天下之至遠者，吾已盡行之矣，今雖欲不止而行，亦無所之也。及問燕之人，且謂過燕而北，又有遠於自越而之燕者。行者始歎息，知天下之遠，有窮平生之力，終不能至者也。昔漢有張騫者，最善行，嘗持使節通西域，泛靈槎，窮河源，此其遠又不止乎自越之燕而已。由是又知天下之遠，固有人跡所不及者。然能力行而不已，則亦無所不至也。予嘗以行者而喻學者，竊謂學之源流甚遠，固非一日可至，苟能自進不已，積一日之力，以至乎千萬日，超乎遠大之域矣。今之學者，憚其遠而難至也，是以中道而畫，亦猶行者未越境而回車，望吴、楚之郊猶未之見，又惡睹古人窮其至遠者乎！吾友劉方叔，年甚少，氣甚鋭，好學問而工辭章，所謂日進而不已者。吾前年邂逅於簫峰之下，一見如故，遂出詩篇以相示。吾固知方叔可喜人也，自是每見之，必示予以所作，其詞益加於前，予益歎服。今春訪予，又示予以待評集，其間詩賦小詞，無慮百篇，體兼古律，愈新愈奇。至前日又見其集，益增新制於其間，比今春所見，又加數等。予三年間，見方叔之進如此，日進不已，將何所不至也。方叔之集既名曰待評，又命予序之，意欲待予文而評其當否也。予欲評方叔昔日之詩耶？今日過之遠矣。欲評今日之詩耶？方叔之進將不如此而已，予未可評也。方叔之詩，譬夫行者，將不止燕趙之間，異日昇崑崙之巔，乘高風而飄襟裾者。予固以此而望乎方叔，方叔亦當以此而自志乎！姑勉之。梅溪前集十七

案：劉通判鎮，萬曆温州府志宦業傳、雍正浙江通志、道光樂清縣志循吏傳並有傳。

徐氏履徐省元集萬曆温州府志十七〔一〕

佚。

案：徐通判履，萬曆温州府志宦業傳、雍正浙江通志、嘉慶瑞安縣志介節傳並有傳。

周氏淳中文集嘉慶瑞安縣志九作「周仲古文集」，今從水心文集十三，不著集名。

十卷。水心文集十三

佚。

〔一〕「萬曆温州府志十七」，底本誤作「浙江通志二百四十八」，徑改。

温州經籍志卷二十

集部

别集類

宋

王氏十朋梅谿先生文集五十四卷。四庫全書總目一百五十九。汪應辰龍圖閣學士王公墓誌銘、史鑄會稽三賦注並作「五十卷」，朱子梅谿集序、文獻通考二百四十並作「三十二卷」。唐傳鉎重編宋王忠文公文集二十四卷、詩集二十六卷。存。遜學齋藏明正統庚申何濵刊本，又雍正戊申唐傳鉎重編王忠文公文集詩集本。

知人之難，堯舜以爲病，而孔子亦有聽言觀行之戒。魏齊賢、葉芬聖宋五百家大全文粹作「言」。然以予觀之，此特爲小人設耳，若皆君子，則何難知之有哉！蓋天地之間，有自然之理。

凡陽必剛，剛必明，明則易知；凡陰必柔，柔必暗，暗則難測。故聖人作易，遂以陽爲君子，陰爲小人，其所以通幽明之故，類萬物之情者，雖百世不能易也。予嘗竊推易説以觀天下之人。凡其光明正大，疏暢洞達如青天白日，如高山大川，如雷霆之爲威而雨露之爲澤，如龍虎之爲猛而麟鳳之爲祥，磊磊落落，無纖芥可疑者，必君子也；而其依阿淟涊，回互隱伏，糾結如蛇蚓，瑣細如蟣虱，如鬼蜮狐蠱，如盜賊詛祝，閃倏狡獪，不可方物者，必小人也。君子小人之極既定於内，則其形於外者，（文粹作「也」。）雖言談舉止之微，無不發見，而況於事業文章之際，尤所謂粲然者。彼小人者雖曰難知，而亦豈得而（文粹無。）逃哉？於是又嘗求之古人以驗其説，則於漢得丞相諸葛忠武侯，於唐得工部杜先生、尚書顔文忠公、侍郎韓文公，於本朝得故參知政事范文正公。此五君子，（文粹下有「者」字。）其所遭不同，所立亦異，然求（明刻本奪此字，今據晦庵文集增，文粹亦有。）其心則皆所謂光明正大，疏暢洞達，磊磊落落，而不可掩者也。其見於功業文章，下至字畫之微，蓋（文粹有「亦」字。）可以望之而得其爲（文粹無。）人。求之今人，則如（明刻本誤「於」，今據晦庵文集正，文粹同。）太子詹事王公龜齡，其亦庶幾乎此（文粹無。）者矣。公始以諸生對策庭中，一日數萬言，被遇（文粹無此二字。）太上皇帝親擢以冠多士，遂取其言施行之。及佐諸侯，入册府，事今上皇旁於初潛，又皆以忠言直節有所裨補。上亦雅敬信之，登極之初，即召以爲侍御史，納用其説。公知上意以必復土疆、必雪饑恥爲己任，其所言者，莫非修德行政，任賢討軍之實，而於分別邪正之際，尤致意焉。尋以邊兵失律，廷議不咸，文粹作「和」。上疏自劾，除吏部侍郎，不拜去。爲數郡，布上恩，恤民隱，蚤夜孜孜，如饑渴嗜欲之切於己。去之日，民思之如父母。其處閨門，居鄉黨，則又親親敬故，文粹作「長」。隆文粹作「謹」。信義，務敦樸，雖家人孺子，亦文粹下有「皆」字。藹然有忠厚廉文粹作「謙」。遜之風。平居無所嗜好，顧喜爲詩。渾厚質直，懇惻條暢，如其爲人，不爲浮靡之文，論事取文粹無。極己意。然其規模宏闊，骨骼開張，出入變化，俊偉神速，世之盡力於文字者，往往反不能及。其他片言半簡，雖或出於脫口肆筆之餘，亦無不以仁義忠孝爲歸，而皆出於肺腑之誠。然非有所勉强慕倣而爲之也，蓋其所稟於天者，純乎陽德剛明之氣。是以其心光明正大，疏暢洞達，無有隱蔽，而見於事業文章者，文粹無。一皆如此。海內有志之士，聞其名，誦其言，觀其行而得其心，無不斂衽心服。至於小人，雖以一時趨向之殊，或敢文粹作「欲」。巧爲謗詆，然其極口，不過以爲迂闊近名，不切時務，至其文粹作「於」。大節之偉然者，則不能有毫髮文粹此下有「之」字。點污也。然則公於五君子者，跡雖未必皆同，而心實似之。故自布衣時，嘗和韓詩數十百篇，守番文粹作「饒」。及夔，則又適在葛、杜、顏、范之遺墟，皆嘗新其祠宇，以致歆文粹作「欽」。慕之意，蓋亦每自比焉。嗚呼！公之必爲君子，蓋不待孔、孟、堯、舜文粹作「堯舜孔子」。而知之矣。予昔官中秘，直西省，皆得與公爲寮，辱公知顧甚厚。及來守建康，則文粹作「距」。公殁幾十年，而其子聞詩適官府下，相與道舊，感慨歔欷。一日出公遺文三十二文粹無此字，疑誤奪。卷，屬予叙之，予蓋三復焉，而拊卷太息也。公之行事，今某官文粹、集「官」作「秘閣修撰」。莫侯子齊既狀之，而故端明殿學士汪公聖錫取以誌其墓矣。故予因不復著，獨論其心如此，列於篇端，以告天下之士。使有以識其所謂光明正大，疏暢洞達者，言之凜凜，初未嘗隨死而亡也。以是勝私起懦，而相與師文粹作「思」。慕其萬一。在朝廷則以犯顔納文粹作「極」。諫爲忠，仕州縣則以勤事愛民爲職。内外交修，不遺餘力，使君德日躋于上，民生日遂于下，國步安强，隱然真有恢復之勢。則公雖云亡，而其精爽之可畏者，爲無憾文粹作「無所憾」。於九原文粹作「京」。矣。嗚呼！其亦可悲也夫！聞詩亦好學有立，能守其家文粹下有「法」字。云。右劉珙序，朱子代作。見晦庵大全集七十五。明大順壬午，温守周瑛録出補刊文粹末，有「年月日，建安劉珙序」八字，蓋從宋本梅谿集采入。今故備校其異文如右。

余來守温，每於公暇，輒誦梅谿王忠文公遺文，因之有得於心，以爲政事之資者多矣。公之文集，舊有刊本，而朱文公代劉共父爲序，論其心爲特詳，歲久版壞。前守何公文淵、劉公謙相繼掇拾於蠹腐之餘，重爲刊版，盛傳於今。而少保黄文簡公淮爲序，則兼論其道也。文公之序載於大全集中，惜重刊者遺之，余爲表而冠諸卷端，使人知公之文章事業皆本於道，而道又本於心也。噫！知公之心者莫如文公，文公天下萬世人物之衡鑒也，則其序可得而遺哉！天順六年冬十月朔旦，賜進士出身、中憲大夫、温州府知府莆田周琰識。明刻本劉叙後識語

道在天下，無物不備，無時不然，本之於民彝，達之於事業，昭昭乎不可泯也。然而不著之於文章，垂之於訓典，曷足以扶世立教，化今而傳後？是故古之聖賢，立德、立功、立言，不可偏廢也。嗣是而繼作者，世豈無其人歟？温郡梅谿先生王公十朋，家食時敏於力學，博究經史，旁通傳記百家，由博反約，擇精守固。其於天理民彝之懿，忠孝立身之本，體認真切，凝然以斯道自任。紹興間對策大廷，日盈萬言，援經證據，切中時病，高宗親擢首選，試以民事，僉判紹興府。自後歷官侍從、臺諫，出知饒、夔、湖、泉四大郡，入爲太子詹事，以龍圖閣學士致仕。每爲權要忌嫉，而執德不回。粤在侍從臺諫時，屢上奏疏，其於君臣父子之大倫，國家之權柄，賞罰之當否，時事之得失，臣僚之邪正，衆論之是非，民情之休戚，軍政之利害，時幾之審決，虜讎之不可不復，國耻之不可不雪，剖析詳明，論議鯁直，皆足以闡聖道，垂世教，惜乎當時不能盡用也。其爲郡時，布上恩，恤民隱，導掖撫摩，直欲底之於平康之域，身在外服而心存朝廷，漢唐循吏，殆不是過。其著爲雜文詩歌，率皆渾厚雅淳，和平坦蕩，不離於道德仁義。紫陽朱夫子謂其「稟乎天者，純乎陽

德，剛明之氣，是以其心光明正大，疏暢洞達，如青天白日，而見於事業文章者，一皆如此。」確哉至論也！蓋其爲當代之立德、立功、立言，可謂無愧者矣。後之人雖欲無傳，其可得乎？文集舊嘗鏤板，歲久寖廢。郡之前太守何公文淵訪於其家，得録本若干卷，殘缺錯亂，不可緝理。會陞除侍郎而去，然其心未嘗忘也。未幾，前御史劉公謙繼守是郡，旁求博訪，乃得其刻本於黄巖士族蔡玄丌家，命郡學教授何潚重加訂正，鳩工刊刻，用廣其傳。贊成其事者，貳守徐公恕，通判劉公寬，推官宫公安暨邑宰周紀等，與有力焉。於乎！公之心，畏天憫世之心也；公之道，聖賢所傳之道也。不幸阻於人事之變遷，迫於氣運之衰微，而不得卒就其志，徒託空言於編簡之中，其亦可悲也夫！披閲是編者，因其言以求其心，因其心而達諸用，可以致君爲堯舜，可以躋治於隆平，使人皆知吾儒之道有功於斯世，豈曰小補云乎哉！淮故不揆鄙陋，而僭爲之序。正統五年夏四月望日，榮禄大夫、少保、户部尚書兼武英殿大學士、知制誥、國史總裁同郡黄淮書。

右先君文集，合前、後並奏議五十四卷。紹熙壬子，聞禮録木江陵，歸藏於家。痛念先君即世二十有一年矣，不肖孤家貧力弱，日夜抱遺書以泣，一旦懼溘先朝露，無以贖不孝罪。會兄聞詩假守浮光，以俸餘命聞禮董其役，始事於暮春，訖工於中秋。先君正大之學，忠憤之氣，愛君憂國之誠，仁民愛物之念，庶幾一展卷而盡見之。職校正，迪功郎謝汝能，鄉貢進士任炎。其間闕亡者，異時爲別集云。男宣教郎、充荆湖北路營田使司幹辦公事、賜緋魚袋聞禮謹書。

余少時讀尚書，觀王十朋先生注釋輯五瑞昭德之致於異姓之邦諸篇，而知先生之學邃於經；及讀丹墀獨對諸書，觀先生之論五帝名號位次等事，而知先生之學長於策；又閲氏族大全姓氏，觀先生自警之詩曰：「室明室暗兩奚疑，方寸須存不可欺。莫問天高鬼神惡，直須先要自家知。」而知先生之學嚴於治己。時欲求先生之文全集一觀，用發志意，市無鬻者，常以爲憾。宣德庚戌歲，余由憲臺出守温郡。温郡乃先生所居之鄉也，余於先生玄孫孟明處，求得先生文集共十帙，而缺注釋經傳之言。意其言之附諸經傳者，書坊板行，而先生不録於家故也。然余之所得，又多破損脱落，而有不可讀者。於是給紙筆，付與永嘉儒士王宜嘉補其缺略，更加圈點，而欲重爲刊刻。越數月，值今上皇帝嗣登寶位，召余入爲秋官侍郎，於先生文集未及刊行，而心常怏怏。幸吾從姪何瀠子方選除温州府學教授，將行，余以兹事屬之，子方曰：「敢不如命。」温州又得監察御史浚儀劉公自牧而爲郡守，暨諸同僚皆好文字，各出月俸以資工費，刊刻完成。吾少保黄先生既爲首序，子方又請余而爲後序。夫日月之光華，星辰之炫耀，天之文也；川嶽之流峙，草木之秀毓，地之文也；吟詠爲詩歌，發言爲經傳，人之文也。先生之文，光耀之若日星，雄健之如川嶽，發揮仁義道德而無餘藴，真當時之傑然者也，其可傳示天下後世的矣。太守劉公發身賢科，持己廉潔，爲郡數年，教化大行，政治修舉，而無事之可爲矣，乃專用力於斯文，其出於尋常者萬萬矣。又得郡庠分教廣信張君受、永嘉徐君參、婁君昕、福建柳君廣而協心考校，皆可敬也。正統庚申臘月朔後五日，賜進士、嘉議大夫、行在刑部右侍郎、前温州府守、廣昌何文淵序。

明正統本後序

梅谿王忠文公，乃朱子所稱光明正大，磊落君子人也。吾夫子以得見君子斯可，而魯論二十篇中，其別白君子小人之分，立心行事之間，特爲詳盡。蓋君子者，道德極其純粹，心術惟其坦蕩，而由其中之所藴，發爲功業文章，皆一以貫之者也。余曩讀朱子斯序，本易之陰陽以立言，而以陽爲君子，剛明易知；陰爲小人，柔暗難測。於古今聽言觀行之道，固已洞抉微茫，而因慨然想見忠文公之爲人，心竊嚮慕不置。公蓋浙東之樂清人也。余奉命觀察是邦，適有海疆之役，往來樂邑，徘徊公之故里，訪其子孫，寥落罕有聞者。購求遺書，久之始得薛孝廉英家藏舊本，取而讀之，自廷對萬言以及奏議、詩文、雜箸，莫不剴切詳明，疏暢洞達，一本諸道德之歸，而闡發其心術之微，洵乎其稟於天者，純乎陽德剛明之氣。是以其心無所隱蔽，而見於事業文章者皆如此。乃益歎朱子所稱君子人者爲不虚，而昔人謂知公之心者莫如文公，非阿所好也。第集中字畫多漫漶滅没，幾不可卒讀，魯魚亥豕，訛謞頗多。方擬得善本校讎而梓行之，庶遂曩時嚮往景行之志，遷延未果。邑宰唐君人岸始至，即裒新其書院，以教其鄉之人，兹復得護觀風徐公貽以文集一本，因悉心勘訂，付之剞人，而忠文公遺書遂巋然足以垂世行遠。嗚呼！古鄉先生殁而祭於社者，蓋其道德功業文章，生足薰沐善良風而廉頑立懦，故特祀於其鄉，俾千百世若親炙然者。今忠文公之君子卓卓矣，其發爲功業文章，讀其書想見其爲人。樂之人士咸慕效其先之鄉先生，而亦步趨焉，將一鄉之人不皆化爲君子乎？由一鄉以推於國與天下，而群知參三才而爲人者，必爲陽剛，無爲陰暗，胥自克於光明正大之途，以力爲君子，而不流於小人汙下之歸，其裨益世教，夫豈淺哉？余嘉斯集之有成，謹掇拾朱子之遺言，而叙數語於簡末，畀之唐君以告來者。若夫公生平出處，大節、政事之可法傳者，具見集中，抑前人之述備矣，故不復贅云。雍正六年孟冬初澣，分巡浙東使者、琅琊後學王斂福書。雍正戊申唐傳鉎重編五十卷本卷耑序

芮復傳序。雍正六年。唐傳鉎重編本。以下並不録。

唐傳鉎序。雍正戊申。重編本

王鶴齡跋。唐傳鉎重編本

徐炯文跋。唐傳鉎重編本

林培跋雍正己酉。唐傳鉎重編本

直齋書録解題十八：梅谿集三十二卷、續集五卷聚珍板本注：按梅谿集下原本無卷數，今據文獻通考補正。詹事樂清王十朋龜齡撰。丁丑大魁，立朝剛正，劉珙作序。聚珍板本注：按末句原本脱去，今據文獻通考增入。

四庫全書總目一百五十九：梅谿集五十四卷，兵部侍郎紀昀家藏本。宋王十朋撰。十朋有會稽三賦已著録。是集爲正統五年温州教授何灇所校，知府劉謙刻之，黄淮爲序。凡奏議五卷，而冠以廷試策，前集二十卷，後集二十九卷，而附以汪應辰所作墓誌。後有紹熙壬子其子宣教郎聞禮跋，稱文集，合前、後並奏議五十四卷，與此本合。而文獻通考作梅谿集三十二卷，續集五卷，並載劉珙之序。今無此序，卷數更多寡不符。汪應辰墓誌則稱梅谿前、後集五十卷，與此本亦不相應。疑珙所序者初稿，應辰所誌者晚年續增之稿，而此本則十朋没後，其子聞詩、聞禮所編次之定稿也。觀應辰稱尚書、春秋、論語、孟子講義皆未成書，而此本後集第二十七卷中，載春秋、論語講義數條，則爲蒐輯續入明矣。十朋立朝剛直，爲當代偉人。應辰稱其於文專尚理致，不爲浮虚靡麗之詞，其論事章疏，意之所至，展發傾盡，無所回隱，尤條鬯明白。珙稱其詩渾厚質直，懇惻條暢，如其爲人。今觀全集，淳淳穆穆，有元祐之遺風。二人所言良非溢美。曹安讕言長語僅稱其祭漢昭烈帝、諸葛亮、杜甫文各數語，未足以盡十朋也。

羅大經鶴林玉露十三：王梅谿守泉，會邑宰勉以詩云：「九重天子愛民深，令尹宜懷惻隱心。今日黄堂一杯酒，使君端爲庶民斟。」邑宰皆感動。　十六：王龜齡年四十七魁天下，以書報其弟夢齡、昌齡曰：「今日唱名，蒙恩賜進士及第，惜二親不見，痛不可言。嫂及聞詩、聞禮可以此示之。」詩、禮，其二子也。於十數字之間，上念二親，而不以科名爲喜；特報二弟，而不以妻子爲先，孝友之意皆在焉。爲御史，首彈史丞相浩乞專用張浚，上爲出浩帥紹興。龜齡又上疏，言舜去四凶，未聞使之爲十二牧。與胡邦衡並爲左右史，相得最歡。奏補先弟而後子。嘗賦不欺詩云：「室明室暗兩奚疑，方寸常存不可欺。莫問天高鬼神惡，要須先畏自家知。」

韋居安梅磵詩話上：王公袞吉老，會稽山陰人，紹興甲戌登進士第，仕至左司郎中。盜劫其母墓，獄成，盜不死，吉老手殺之。詣州自言。兄宣子請納所居官以贖其罪。時梅谿王公十朋爲簽幕，賦詩以美之云：「臣子大節孝與忠，父母仇讎天下同。賢哉會稽王孝子，感慨有古烈士風。松楸一夕盜破塚，親獲鼠輩聞之公。有司守法貸其命，孝子銜恨無終窮。誰謂書生膽如許，貌若尪羸中甚武。手斬凶人提髑髏，請死伸冤詣公府。君不見齊襄内行世所羞，春秋賢之緣復讎。又不見子胥鞭屍報父怨，太史爲之作佳傳。君今枕戈志已伸，更須移孝爲忠臣。他年當作傅介子，誓斬樓蘭雪國恥。」詩紀其實也。

案：梅谿前、後集並奏議五十四卷，紹熙壬子王聞禮編刊。前集詩八卷，皆編年排纂，始宣和乙巳，前集一：有宣和乙巳冬大雪次表叔賈元實韻詩，徐炯文梅谿王忠文公年譜：「宣和七年乙巳，公十四歲。」終紹興丁丑春。前集八春日游西湖詩題下注云：丁丑。登第以前之作，而附以和韓詩及詠古詩各一卷，文十卷，則分體編次，與詩不同。後集詩十九卷，始丁丑二月二十一日集英殿賜第詩，終乾道庚寅自泉州奉祠歸里後諸作；文九卷，分體與前集同。惟以賦三篇，即會稽三賦，有單行本，詳卷十二。別爲一卷，冠詩之前，則與前集賦與雜文合編者不同耳。集後附聞禮跋云：「其間闕亡者，異時爲別集。」是此兩集之外，亦尚有佚作，故第二十一卷表狀內，辭免侍御史狀以下六篇，雖載于目録而文並不存。真西山梅谿續集叙西山集二十四，詳後梅谿續集下。所稱勸農、戒訟諸文，則目亦未載。又周益公張忠簡神道碑平園續稿二十一云：「王公十朋嘗爲行狀。」今集中亦無其文。然別集曾否編定，今不可考。宋史藝文志所載後集一卷，及西山所刊續集，元明以後亦無傳帙，梅谿遺著終以此二集爲完本矣。

又案：梅谿集，汪應辰所作墓誌及會稽三賦注並云「五十卷」。朱子代劉珙序及文獻通考並云「三十二卷」。直齋書録解題雖載是集，而永樂大典本卷數已缺。閣本據通考補入，故不引。又國史經籍志五，載梅谿集四十九卷，蓋不數奏議五卷也。今本五十四卷，與王聞禮跋合。四庫總目疑三十二卷本爲梅谿初稿，五十卷本爲晚年所增定，五十四卷本爲梅谿子聞詩、聞禮等所編次之定本。然朱子代劉珙作序在汪玉山作墓誌之後，何以汪所述者乃晚年定本，朱所見者反係初稿乎？代遠年湮，三本違異之故，未可臆決，姑闕疑焉可也。至雍正間，樂清所刊王忠文公詩文集，經邑令唐傳鉎重編，取前、後集攙合移易爲五十卷，詩則易編年爲分體，遂至先後貿亂，不復可識别。如後集十二江月亭二絶正統本原題如是。本一時所作，唐因一爲五言，一爲七言，遂改其篇題，分隷兩卷，使宋明以來舊本面目不復可見，其謬妄可不必辨，至於承訛臆改，展卷皆是。梅谿集本，此爲一戹。後有重刊者，必宜復正統本五十四卷之舊也。

南游集二卷。宋史藝文志七

佚。

後集一卷。宋史藝文志七

佚。

案：梅谿南游集，蓋乾道四年八月除知泉州，至六年奉祠去官三年中所作詩文。今本梅谿後集十七卷至二十卷，凡詩二百七十餘篇，皆其時作，若真西山續集叙所舉宴邑宰及中知、安靜堂諸篇並在焉。後集十七。蓋王聞禮編集時，已全部收入。宋志所載殆即西山所云泉州郡齋版本，惟志于南游集下又載「後集一卷，案：梅谿後集二十九卷，與此不同。」此一卷者，疑即南游集之後帙也。宋志不載梅谿集亦其疏也。

梅谿續集

五卷。直齋書録解題十八、文獻通考二百四十。

佚。

真德秀跋：慶元中，某竊第來歸，鄉之儒先楊君明遠出一編曰南游集以示某，曰：「此永嘉詹事王公之所作也。」某時尚少，未悉公行事本末，然嘗誦晦庵先生所爲梅谿集序，則已知公爲一代正人矣。及得此編，益加鄉慕，宦游二十載，率齎以自隨，若宴邑宰與中和、安靜堂等詩，口之熟焉。嘉定丁丑，蒙恩假守，獲繼公躅於四十七年之後，邦人父老語及公者必感激涕零，蕘夫牧兒亦知有所謂王侍郎也。公何以獲此於人哉？蔽之以一言曰：

「誠而已矣。」蓋公之爲人，襟度精明，表裏純一。其立朝事君，空臆盡言，攖龍鱗而不悔者，此誠也；居官牧民，矜憐摩撫，若父母之於赤子者，此誠也。至於爲詩與文，絶去雕琢，渾然天質，一登臨，一燕賞，以至賦一卉木，題一巖石，惓惓忠篤之意亦隨寓焉。嗚呼賢哉！宜泉人之詠歎而不忘也。集版藏之郡齋，歲久浸或刓缺，屬議刊整，而郡士林君彬之爲某言：公勸農、戒訟等文猶有未見於集者，而公之孫夔，通守莆中，亦出公書問三十餘通，皆在泉時作，前輩流風日以益遠，雖弄翰戲墨猶當勤勤收拾，而況藹然仁義之言皆有補於世教者乎？因並刻之，命曰梅谿續集，使來者得以覽觀焉。己卯九月己亥，建安真某記。西山文集三十四

案：真文忠所刊梅谿續集，明以後久佚，至前集五宋孝先示讀自寬集復用前韻詩自注：「『老去悲秋强自寬』，少陵九日詩也。予老境失幼子，逢秋益悲，凡所以自寬者一寓於詩也。録自中秋以前古律詩數十篇，目曰自寬集。」蓋紹興壬寅五月，梅谿喪幼子孟丙，事見同卷哭孟丙詩序。其時所作詩卷偶題此名，今本梅谿集蓋已全録其詩，故不復著其目。謹附識於此。

杜詩集注

十本。季振宜延令宋板書目

未見。〔一〕

王狀元集注分類東坡先生詩四庫全書總目一百五十四作「東坡詩集注」，今從平津館鑒藏書記。

二十五卷。述古堂藏書目二、平津館鑒藏書記。四庫全書總目一百五十四作「三十二卷」。

存。遜學齋藏明刊本

昔秦延君注「堯典」二字至十餘萬言，而君子譏其繁；丁子襄注周易一書才二三萬言，而君子恨其略。訓注之學，古今所難，自非集衆人之長，殆未易得其全體。況東坡先生之英才絶識，卓冠一世，平生斟酌經傳，貫穿子史，下至小説、雜記、佛經、道書、古詩、方言，莫不必究，故雖天地之造化，古今之興替，風俗之消長，與夫山川、草木、禽獸、鱗介、昆蟲之屬，亦皆洞其機而貫其妙，積而爲胸中之文，不啻如長江大河，汪洋閎肆，變化萬狀，則凡波瀾於一吟一詠之間者，詎可以一二人之學，而窺其涯涘哉！予舊得公詩八注十注，而事之載者十未能五，故常有窺豹之歎。近於暇日搜諸家之釋，裒而一之，剗繁剔冗，所

〔一〕今存宋刻本，書名王狀元集注編年杜陵詩史三十二卷，唐杜甫撰，題宋王十朋集注。國家圖書館藏。

存者幾百人，庶幾於公之詩有光。雖然，自八而十，自十而百，固非略矣。而亦未敢以繁言，蓋以一人而肩烏獲之任，則折筋絶體之不暇。一旦而均之百人，雖未能舂容乎通衢，張王乎大都，而北燕南越，亦不難到，此則百注之意也。若夫必待讀遍天下書，然後答盡韓公策，則又望諸後人焉。永嘉王十朋龜齡撰。

四庫全書總目一百五十四：東坡詩集注三十二卷，少詹事陸費墀家藏本。舊本題宋王十朋撰。十朋有會稽三賦已著録。是集前有趙夔序，稱分五十類。此本實止二十九類，蓋有所合併。十朋序題百家注，此本所引數亦不足，則猶杜詩稱千家注，韓、柳文稱五百家注也。其分類頗多顛舛，如芙蓉城詩入古跡，虎兒詩入詠史之類，不可殫數，不但以畫魚歌入書畫，爲查慎行東坡詩補注所譏，其注爲邵長蘅所掊擊者凡三十八條，至作正譌一卷冠所校施注之首。考十朋梅谿前集載序八篇，後集載序三篇，獨無此序。又有讀蘇文三則，亦無一字及蘇詩。梅谿集爲其子聞詩、聞禮所編，十朋著述搜輯無遺，不應獨漏此序。又趙夔序稱：「崇寧間，僕年志於學，逮今三十年，一字一句，推究來歷，必欲見其用事之處。頃者赴調京師，繼復守官，累與小坡叔黨游從至熟，叩其所未知者，叔黨亦能爲僕言之」云云。考宋史載軾知杭州，蘇過年十九，其時在元祐五六年間。又稱過没時年五十二，則當在宣和五六年間。若從崇寧元年下推三十年，已爲紹興元年，過之没七八年矣，夔安能見過而問之？則並夔序亦出依託。核書中體例，與杜詩千家注相同，殆必一時書肆所爲，借十朋之名以行耳。然長蘅摘其體例三失，而云中間援引詳明，展卷瞭如者僅僅及半，則疏漏〔一〕者不過十之五，未可全廢。其於施注所闕十二卷，亦云參酌王注，徵引群書以補之，則未嘗不於此注取材。大抵創始者難工，繼事者易密，邵注正王注之譌，查注又摘邵注之誤，今觀查注亦譌漏尚多。考證之學不可窮盡，難執一家以廢其餘，録存是書，亦足資讀蘇詩者之旁參也。

平津館鑒藏書記一：增刊校正王狀元集注分類東坡先生詩廿五卷，題宋禮部尚書端明殿學士兼侍讀學士贈太師謚文忠公蘇軾，廬陵須溪劉辰翁批點。前有東坡先生詩序王十朋一篇，趙公夔一篇。集注姓氏題「狀元王公十朋龜齡纂集。」後有「廬陵□□□□原刻羼去。書堂新刊」十字長木印。東坡紀年録題仙溪傅藻編纂目録一卷，黑口板，每葉廿四行，行廿一字，旁有黑圈點，注中有增刊者，用黑蓋子别之，亦間載批語。邵長蘅作王注正譌，謂此書非十朋所作。四庫全書王氏注本三十二卷，分廿九類，此本分七十六類，與天禄琳琅本同。而内府本姓氏後長木印，作「汪氏誠意齋集書堂新刊」十字，與此本又異。

〔一〕「漏」，底本誤作「陋」，據四庫提要改。

收藏有「退翁」白文方印，「虛寂齋」朱文方印。

邵長蘅注蘇例言：永嘉王氏注，孤行最久，幾于家有其書，顧其失大要有三，不能曲爲諱也。一曰分門別類失之陋。西蜀趙堯卿夔舊序，自言此書分五十門，金華吕氏省爲三十二門，而王氏因之。其間篇章割裂，首尾衡決，有一人一時之酬贈，而强分數卷者，有一題數詩，而强分數卷者，玩其標目，了無意義，且就分門之中，亦必顛倒次第，晚年之詩，或雜於少作，鳳翔之什，可廁於嶺南。每一繙閱，輒爲惛惛，讀未數篇，遽思掩卷，此弊最甚，所當急爲疏瀹。一曰不著書名失之疏。王注所引故事，不標出某書，十之四五；僅著書名，不標篇名者，又居什一。中間援引詳明，俾覽者展卷瞭如，廑廑及半耳。如此注詩，寧免疏漏之誚。一曰增改舊文失之妄。王本所引，每因蘇詩句字，有改竄古詩以傅會之者，有改竄子史他書以傅會之者，魯魚亥豕，觸手紛然，其顯然謬誤者疏録如干條，名曰王注正譌，附例言後。王注正譌：分類蘇詩注三十二卷，舊刻永嘉王十朋龜齡纂集。注中引用故事，謬誤實多，有極淺陋可爲失笑者。王龜齡爲南渡名臣，其所注蘇詩，雖云百家，必經一手采輯，何至紕繆乃爾。愚意當是賈人俗本，版寫淆譌，而後生耳食，沿踵至今，釋氏所謂可憐愍者。會予有訂讎之役，乃稍加是正，隨手繙得如干條，略疏出處，件繫之如左，其他譌處尚多，不及枚舉。

趙克宜蘇詩評注彙鈔凡例：王龜齡所輯注，其姓氏可考者，豫章則黄庭堅魯直、黄少度、洪朋龜父、洪芻駒父、洪炎玉父、李錞希聲；彭城則陳師道無己、陳希仲；廬陵則陳元龍少章、胡銓邦衡、劉辰翁須溪；温陵則陳知柔體仁、陳孔光德溥；齊安則潘大臨邠老、潘大觀仲達；臨川則謝逸無逸、謝邁幼槃、汪革信民、饒節德操、程天祐、程縯季長；臨安則李堯祖唐卿；建昌則李彭商老、李厚德載；玉山則汪涓養源、汪洋聖錫；饒州則汪藻彦章；荆南則高荷子勉；仙井則韓駒子蒼、楊符信祖；蘄春則夏倪均父；蘄陽則林敏功子仁、林敏中子敬；永嘉則林季任明仲、林致約、張器先、薛士昭伯宣、蔣元肅、萬先之、萬申之、萬大年、項用中、宋彦材、周成祖、葉思文、葉飛卿、甄雲卿龍友、丁鎮叔、丁惠安、賈岩老、王十朋龜齡、王壽朋夢齡、王百朋昌齡；高郵則秦觀少章；歷陽則張孝祥安國；漢陽則張栻欽夫；苕溪則胡仔元任；西蜀則趙夔堯卿、趙次公彦材、孫倬瞻民、宋援正輔；宗室則趙若拙、趙元序；建安則劉子翬彦沖、劉珙共父、何覬人表；丹陽則蘇庠養直、吴憲知叔、吴季南；仙居則吴芾明可、吴少雲；會稽則孫彦忠；開封則孫皜子尚、馮方員仲、江端本子之、王直方立之；興化則龔茂良實之；烏程則芮煜國華、朱邦翰；繡川則喻叔奇、毛叔度；瑞安則沈希皋敦謨、曹夢良；清豐則晁沖之叔用；南豐則曾紆公袞；吴興則崔雍肅之、劉燾無言；洪州則徐俯師川、徐持晦、鹿何伯可，師尹民瞻、任居實文儒；仙溪則傅濚薦可；東萊則呂本中居仁、呂祖謙伯恭；陽翟則元動不伐；汝陰則王銍性之；邵武則黄中；羊城則王宗稷、僧祖可正平、善權巽中。注中或稱名、或稱姓、或稱字，總編於此，以備檢閲。

案：梅谿以大魁起家，名德冠一世，其遺書流播，學者爭相傳誦。故宋時建陽書林所刊王狀元書極多，如周禮詳説、見周禮訂義首卷。唐書詳節、見文淵閣書目五。杜詩集注、見前。唐文類集注見季滄葦書目。及蘇詩集注並託之梅谿以射利。如此注援引舊説，劉須溪辰翁亦爲一家，考辰翁景定壬戌廷試入丙第，爲濂溪書院山長，宋亡不復出。見四庫全書總目一百六十五。梅谿當南宋初，安得已引其説。此爲不出梅谿手之明證。四庫提要僅據梅谿前、後集不載此注自叙爲疑，尚未得其要領也。至邵長蘅正譌，謂賈人俗木，版寫淆譌，則又不然。注中所引百家舊注，温州人凡二十二家，其餘姓名亦大半見於梅谿集者，則其作書時，固立意假託梅谿，況又冠以自叙，名字彰灼，非由版刻偶誤，亦可知矣。至此書元刊本二十五卷，分七十二類。余於都中書肆嘗一見之，其本較明刊三十二卷本迥勝，然其書既出依託，分類尤無義例，故不復列其異同。注中疏舛甚多，邵氏正譌，已舉大略。其書已附刊施注蘇詩之首，今亦不復詳論云。

季氏失名季仲默詩梅谿後集二十七

佚。

王十朋跋：仲默，予姑之子也，與予同年生，少予二十日。自總角同筆硯，相得最甚。弱冠從林先生師禹於金溪，時大梁孫皓子尚游吾鄉，年少有俊才，能歌詩，予二人辱與之交，遂各出所作詩編爲集。閲歲既久，謂已失之。至隆興甲申夏四月壬戌，予兒聞詩暴蠹書，得舊稿遺墨如故，而子尚在鬼録已二十餘年，仲默化去亦一星終矣。予流涕讀之，仲默詩雖不多，然皆憂國傷時，慷慨奇男子語，使天假之年，有禄位於朝，攄其素藴，決不爲脂韋軟熟輩也。舊游從者八人，有八叟之號，仲默號勁叟，其後劉銓全之、鎮方叔、毛宏叔度、與予皆相繼塵忝禄位〔一〕，仲默才氣不在人下，獨不霑一命而死。悲夫！予因録其詩詞，凡二十六首，及予和仲默與孫子尚、姜渭叟二詩於後，示其子徽，俾家藏之，以貽後人。梅谿後集二十七跋

吳氏松年江湖集宋元學案三十二

佚。

宋元學案三十二：吳松年字公叔，湛然先生表臣子也。少年工於文，時以爲有孫覿、

〔一〕「禄位」，底本無，據四庫全書梅谿後集補。

汪藻之風。張忠獻公謂之曰：「士當爲有用之學，不必苦心詞章。」因令與其子敬夫游。以任子累官明州通判，朝臣爭薦之，除將作監丞，江西安撫司參議，尋知南劍州，以答天意、固民心爲對，再知潭州，未之官而卒。先生風神高邁，談論傾座，超然如唐晉問人物，好古樂道，經明行修，不競於進，愨而談，介而通，於兄弟尤友愛，最與王忠文公十朋、鄭文肅公伯熊、芟軒、東萊諸公善，所著有江湖集。

劉氏愈詩詞襍著艮齋浪語集三十四

佚。

曹氏逢時橘林集

十卷。乾隆温州府志二十七

佚。

案：曹教授逢時，萬曆温州府志文學傳、雍正浙江通志、嘉慶瑞安縣志、道光樂清縣志文苑傳並有傳。逢時本貫瑞安，晚遷樂清，故兩志並有傳。

錢氏朝彦沖虚集乾隆温州府志二十七作「沖虚齋集」，非。今從平園續稿三十八、千頃堂書目十七。二十卷。千頃堂書目十七

佚。

周必大沖虚居士錢君墓碣：朝彦晚喜道家説，自號沖虚居士，作詩不求工，而語有塵外趣，有沖虚集二十卷。平園續稿三十八

案：沖虚錢處士朝彦，萬曆温州府志、道光樂清縣志隱逸傳並有傳。千頃堂書目作明初人，非。雍正浙江通志經籍門亦沿其誤。

徐氏泳横槊醉稿止齋文集四十一。萬曆温州府志十七「醉稿」下有「詩集」二字。

佚。

陳傅良跋：世多謂書生不知兵，謂書生不知兵，猶言孫武不善屬文耳。今觀武書十三篇，蓋與考工記、穀梁子相上下，吾友徐薦伯登武舉第，一日示余横槊醉稿，余讀已，喜薦伯慷慨有烈丈夫氣，其詩詞視唐諸子矻矻弄篇章者多哉！當今諸公如見薦伯詩，亦可解文武二途之惑。止齋文集四十一

樓鑰跋：上馬能擊賊，下馬作露版，古人惟以許傅修期。薦伯儒者，由右學以奮，論議

慷慨，談兵如流，擊賊何足言。讀其詩，頓挫清厲，有壯士橫槊之氣，倚馬而作露版有餘矣。修期何人哉！攻媿集七十

乾隆平陽縣志十二：宋武科，紹興丁丑趙應熊榜，徐泳，水軍統領，興化巡檢，忠訓郎。有橫槊醉稿。

鄭氏伯英歸愚翁集二十六卷。直齋書録解題十八、文獻通考二百四十、宋史藝文志七、國史經籍志五

佚。

葉適序：余嘗歎章、蔡氏擅事，秦檜終成之，更五六十年，閉塞經史，滅絶理義，天下以佞諛鄙淺成俗，豈惟聖賢之常道隱，民彝並喪矣。於斯時也，士能以古人源流，前輩出處，終始執守，慨焉力行，爲後生率，非瓌傑特起者乎？吾永嘉二鄭公是已。蓋其長曰伯熊，字景望；季曰伯英，字景元。大鄭公恂恂，少而德成，經爲人師，深厚悃愊，無一指不本於仁義，無一言不關於廊廟；而景元俊健果決，論事憤發，思得其志，則必欲盡洗紹聖以來弊政，復還祖宗之舊，非隨時默默苟爲禄仕者也。景望徇道寂寞，視退如進，官至宗正少卿而止。初，景元中進士第四人，少卿喜而笑曰：「子一日先我矣。」然既任秀州判官，遂以

親辭，終其身二十餘年不復仕，朝廷亦卒不徵用。何者？諸公貴人知其才大氣剛，中心畏之，方以其自重不浪出無能害己爲幸，而不暇以廢格科目摧折名士爲己責故也，豈不悲哉！自二鄭公後，儒豪接踵，而永嘉與爲多，然皆兄事景元。方其家居，得朋友，通共有無，並坐接席，不知歲月遷改，自謂如華胥至樂。故其講習見聞尤精，而片辭半簡，必獨出肺腑，不規倣衆作也。夫孔翠鸞鳳，矜其華采，顧影自耀，爲世珍惜，是既然矣。若夫蛟龍之興雲雨，則雷電皆至，霮霸百里，豈區區然露小技衒細巧而足哉！余懼覽者未察，因次其本末如左。水心文集十二

直齋書録解題十八：歸愚翁集二十六卷，秀州判官鄭伯英景元撰。近世永嘉學者推二鄭。伯熊，紹興乙丑進士，自隆興初爲館職、王府、東宫，官至少司成、宗正卿。聚珍板本作「鄉」，今據文獻通考改。用矣，每少不合，輒乞去。卒於建寧守。伯英，癸未甲科第四人，以親養，三十年不調，竟不出。二人皆豪傑之士也。

荆溪林下偶談四：永嘉鄭敷文大儒也，名伯熊，字景望；其弟名伯英，字景元，負氣尚義之士也，登甲科爲第四名，以母老不肯仕宦，奉嶽祠養母不出者二十年。紹興末，上中興急務書十篇，極言秦檜之罪，文亦豪健浩博，諸公忌而畏之，孝廟朝無人爲提拔，景元亦不屑求用。晚自號歸愚翁。有歸愚集，其婿蔡行之帥閩，爲之鋟版三山。永嘉稱敷文爲

大鄭公，景元爲小鄭公，一時英俊皆推尊之。

案：鄭判官伯英，文肅公伯熊弟，雍正浙江通志、乾隆温州府志、乾隆永嘉縣志義行傳並有傳。

薛氏季宣艮齋先生薛常州浪語集

三十五卷。四庫全書總目一百六十、千頃堂書目二十九、宋史藝文志補。

存。遜學齋藏鈔本、同治壬申刊本。

乾道以來，六十年間，學士大夫皆知宗薛常州經制之學，而其遺文，世獨以未見爲恨。蓋叔祖常州，得歲四十，所爲文雖富，而猶有未脱稿者。先叔建安簿沄早世，其孤又幼，篋中書因秘不復啟。頃華文曹太博持節東川，嘗取奏札及簡牘等刊於蜀矣，而亦憾不得其全書。師旦自外府丞出守臨汝，至既數月，事稍閑，因令師石弟從其家發篋中書，詮次得三十有五卷而鋟諸梓。此獨篋中所存者耳，遺軼尚多焉。夫學之爲道，循本至末，由粗入精，必正心誠意而後可以治國平天下，雖灑掃應對而道存焉，未嘗可離爲二也。儒者不作，眩高者騖於空無，故言道而不及物；循實者囿於名數，故言物而不及道。二者歧分，則學不足以應世用而反爲儒者累。嗟乎！古今常有之理，孔孟非有二説。顧在人宏而用之何如耳！叔祖常州，好學夙成，高明縝密，於書無不讀，必略短而取長；於事無不悟，必通今而據古。每以口耳之習爲學者之戒，凡有得於殘篇斷簡，必參驗訂審，不至於理融不已也。其立朝大節，難進易退，孜孜然惟以進賢去不肖爲務。奉使淮堧，首正奸欺之罪，而以忠實報上，出守苕霅，抗論經總制錢非法，不忍重爲民困，卒以不合而歸，則死矣。蓋叔祖之學，有根、有葉、有源、有流，本末精粗，内外如一，不變今，不泥古，措之事業，無非實學實理也。其古所謂儒者歟！觀先生之文，可以概見矣。寶慶二年八月日，姪孫朝請大夫、知撫州軍州兼管内勸農營田事師旦書於仁壽堂。

詒讓代家大人跋：南北宋間，吾鄉學派，元豐九先生昌之，鄭敷文、薛右史賡之。敷文之學，出於周博士行己，接鄉先生之傳。右史之學，出於胡文定公安國。師法雖不同，而導原伊洛，流派則一。故其學類皆通經學古，可施於世用。永嘉經制之儒，所以能綜經義治事之全者，諸先生爲之導也。敷文之學，没而無傳。右史之學，傳於其子艮齋先生，益稽核考索，以求製作之原，甄綜道藝，究極微眇，遂卓然自爲一家。其没也，止齋陳先生實傳其學，其爲先生行狀有曰：「公涖事惟謹，宅心惟平，其燕私坐必危然，立必嶷然，其寡欲信於家，行〔一〕

〔一〕「行」，底本脱，據校勘記補。

推於鄉，正直聞世，而居無以逾衆人。自六經之外，歷代史、天官、地理、兵、刑、農、末至於隱書、小説，靡不搜研采獲。尤邃於古封建、井田、鄉遂、司馬之制，務通於今。」止齋之言如此。於乎！可不謂盛歟？自止齋没，而先生之緒絶而弗續。元明以來，晦蝕益甚。遺書雖流傳未絶，儒者幾不能舉其凡目。舊學衰息，甚可痛也。我朝勃興，文治之盛，超邁前古。於是姚江黄氏、甬上全氏，修定宋元兩朝學案，始表章吾鄉學術，列爲五派，而以先生及止齋爲永嘉諸儒之宗。然先生遺書存於世者，自書古文訓外，更無梓本。故綴學之士，猶不能研索綜貫，以探經制之精，先生之學明而未融，此非儒者之不幸歟？乾嘉以來，鉅儒輩出，而性理經術，各守其家法，不相假借，漢宋之間，蓋斷斷如也。某曩在京師，與方聞之士論當時門户之弊，常以爲欲綜漢宋之長而通其區畛者，莫如以永嘉之學。嘗欲勼集鄉先哲遺文，廣爲傳播，以昌厥緒而未逮也。既而東南大亂，承學之士日即於蕪陋，而達官貴人有以武功起家者，遂奮其私臆之論，以爲勝朝流寇之禍，萌蘖於姚江；道咸以來，粤匪之亂，由於乾嘉之經學。鄉曲之士，眩惑其説，莫知所適從。今相國合肥李公有憂之，以爲此邪詖之説而荒蔑之原也，思欲刊佈儒先遺書以救其弊。某頃官江東，箋牘之暇，輒以先生遺集爲請。相國覽而善之，遂捐俸屬桂薌亭觀察刊之金陵書局，而以其版歸某。使浙中學士大夫得讀先生之遺集，而世之有志於永嘉之學者，亦有津逮。則相國是舉也，實古今學術升降之樞轄，豈徒吾鄉先哲之幸哉！是集，宋寶慶間先生從孫師旦始編定刊行於世，明以來印本殆絶。今所據以校刊者，錢唐丁大令丙所藏明鈔殘本，及朱宗丞學勤所藏舊鈔本也。刊既成，謹述先生學業傳授之略與相國嘉惠來學之意，以詔讀者。同治壬申十二月，後學瑞安孫某謹序。

四庫全書總目一百六十：浪語集三十五卷，兩淮馬裕家藏本。宋薛季宣撰。季宣有書古文訓，已著録。季宣少師事袁溉，傳河南程氏之學，晚復與朱子、吕祖謙等相往來，多所商榷。然朱子喜談心性，而季宣則兼重事功，所見微異。其後陳傅良、葉適等遞相祖述，而永嘉之學遂别爲一派。蓋周行己開其源，而季宣導其流也。其歷官所至，調輯兵民，興除利弊，皆灼有成績，在講學之家可稱有體有用者矣。平生著書甚夥，有古文周易、古詩説、案：當作反古詩説。書古文訓、春秋經解、春秋指要、論語直解、小學諸書，自書古文訓以外，今多亡佚。其中庸大學解及考正握奇經，則今尚載於集中。蓋季宣學問最爲淹雅，自六經、諸史、天官、地理、兵農、樂律、鄉遂、司馬之法以至於隱書、小説、名物、象數之細，靡不搜採研貫，故其持論明晰，考古詳核，不必依傍儒先餘緒，而立説精確，卓然自成一家。於詩則頗工七言，極踔厲縱横之致。惜其年止四十，得壽不永，又覃思考證，不甚專心於詞翰，故遺稿止此。然即所存者觀之，其精深閎肆已足陵跨餘子矣。其集乃寶慶二年其姪孫知撫州事旦案：當作「師旦」，下同。所編次刊行，旦所作後序尚存。而自明以來刻本遂絶，藏書家輾轉傳鈔，譌脱頗甚。謹重爲校正，而卷帙則悉仍其舊焉。

困學紀聞十八：薛士龍詩：「左角蠻攻觸，南柯檀伐槐。」的對也。

案：艮齋浪語集三十五卷。末一卷爲祭文、挽詩、志狀之屬。寶慶間，艮齋從孫師旦所編。師旦爲艮齋伯父弼曾孫，見水心集二十二故知廣州敷文閣待制薛公墓誌銘。舊鈔本跋，「旦」上脱「師」字，四庫全書遂承其誤，江西通志四十六、宋知撫州有薛思旦，則又誤「師」爲「思」。明以來梓本久佚，藏書家展轉傳鈔，脱誤最甚。同治辛未，家大人命詒讓參合各本，精校付刊，復録其異同，爲札記□卷，然其訛缺尚未能盡補正也。艮齋之學，精博爲永嘉諸儒之冠，故此集叙記諸作，綜貫經史，卓然名家。奏札、書牘，暢達時務，尤徵經世之略。惟詩歌間有率易之作，非其至者耳。其他雜箸，若校定握機經及大學中庸説，世並無單行本，亦藉此集以傳。至薛師旦後叙稱華文曹太傅持節東川，曹叔遠嘗爲太學博士，見止齋文集叙。宋史四百十六本傳，載嘗守遂甯，蓋即此所謂「持節東川」也。嘗取奏札及簡牘等刊於蜀，其書宋以來書目並未箸録，今亦未見傳本。

許氏及之許右府涉齋詩集宋史藝文志七作「許及之文集」，今從國史經籍志五、千頃堂書目二十九。三十卷。宋史藝文志七、國史經籍志五。千頃堂書目二十九作「二十卷」，四庫全書總目一百五十九，存十八卷。

闕。遜學齋藏重輯十八卷鈔本

涉齋課稿

九卷。宋史藝文志七

佚。

家大人跋：許深甫涉齋集十八卷，四庫全書據永樂大典舊題許綸，考定爲及之作，援據甚確，而疑及之初名綸，其後更名，或史未及詳。今按集中有綸子以筠名齋詩，又有與盧次夔直學投贈詩，云「盧之父有師法，方訓長孫鑄，而次夔近繹子屈致教參孫發蒙。」綸、繹皆從系旁，蓋以偏旁聯名，則綸固及之子也。宋元人編輯文集，往往但題某官某先生集，而繫編者姓名於其次，此集必許綸所編，明人録詩時未及深考，因以爲綸作，而校修四庫書者，亦沿其誤耳。四庫書目言宋藝文志：涉齋集三十卷、涉齋課稿九卷，焦竑經籍志：許右府涉齋集三十卷，此必宋刻舊題。今摭拾殘賸編爲十八卷。蓋視藝文志所載已佚其半，然在南宋吾鄉諸先輩中傳詩之多，亦無過於深父者矣。四庫書目又言其爲詩瓣香王安石，氣體高亮，遠過江湖詩派之刻畫瑣碎。今按其所作七言古詩，用意妙遠者，幾非後人所能驟然領略，其他古詩亦皆排奡峭厲，在南宋詩人中當爲健者，不但超越江湖一派。惟近體詩篇幅淺狹，殊乏深意，則所謂下筆稍易者耳。此集僅有四庫本，今年予在京師，居南横街同年袁筱塢學士所，與翁叔平庶子同巷，偶屬庶子覓鄉先生集，庶子以此集見示，蓋法時帆祭酒詩龕所藏四庫副本。既命友人録副，復爲校勘所疑者，仍以歸之庶子。深父依附韓平原，宋史所載頗爲可醜，然頗記周密齊東野語言趙師羼、許及之諂媚侂胄之事，皆怨家誣之，不足深信。但侂胄盛時，吾鄉諸正人如徐子宜、陳止齋、薛象先、陳壽南輩皆遭貶斥，而深父乃反擢官至知樞密院，則附託實所不免。意文士急功近名，亦如柳子厚之於王叔文，特宋史言之太甚耳。予以其爲鄉先生書，甚喜得之，而其詩用功之深，尤有令予不能漠然者。然而文字之託，亦惡可已哉！同治七年八月二十四日，臨清舟中書。

四庫全書總目一百五十九：涉齋集十八卷，永樂大典本。案：涉齋集，永樂大典原題許綸撰。案集中王晦叔惠聽雨圖詩序，自稱永嘉人，字深父，而諸書不載其人。考宋史許及之傳云：「及之字深甫，温州永嘉人。隆興元年進士，累官至知樞密院事。」與自序永嘉人合。藝文志載許及之文集三十卷、涉齋課稿九卷，與今本「涉齋」之名合。焦竑經籍志載許右府涉齋集三十卷，宋人稱樞密爲「右府」，與及之本傳官知樞密院又合。則此集當爲及之所撰。又宋史寧宗本紀，紹熙四年六月，遣許及之賀金主生辰，金史交聘表亦同。今集中使金之時，一一具在。本傳稱及之嘗爲宗正簿，今集中亦有題玉牒所壁間詩，則此集出於及之，尤證佐鑿然。永樂大典所題不知何據，或及之初名綸，史偶未載更名事歟？此集世無傳本，今摭拾殘賸，編爲十八卷。觀其讀王文公詩絶句曰：「文章與世爲師範，經術於時起世讎。少讀公詩頭已白，只應無奈句風流。」知其瓣香在王安石。安石之文平挹歐、蘇，而詩在北宋諸家之中其名稍亞，然早年鍛煉熔鑄，工力至深。瀛奎律髓引司馬光之言，稱其「晚年諸作，華妙精深」，殆非虛譽。是集雖下筆稍易，未能青出於藍，而氣體高亮，要自琅琅盈耳，較宋末江湖詩派刻畫瑣屑者，過之遠矣。

案：涉齋許樞密及之，宋史三百九十四、萬曆温州府志宦業傳並有傳。涉齋集，永樂大典本誤題許綸，四庫提要及家大人跋考之詳矣。集卷十七，有題漕司涉齋詩，考宋史本傳，紹熙元年除淮南運判兼淮東提刑，則涉齋當即爲淮南運判時官廨齋額，後遂以名集也。集十一和潘德久詩，注：廟堂許以江西漕節。本傳不載，謝旻江西通志職官門亦無，疑初有是議，後又改除也。涉齋少歷清要，與同時名流文燕最盛，如與楊萬里、袁説友諸人酬贈諸詩，今並見集中，永嘉詩人，則與潘轉庵桯倡和尤夥，其次韻至六七疊不已，足見一時文字之樂。徒以晚節依阿，遂蒙大詬，然其文采富豔，自夥不可掩。其卒時，水心葉文定公爲作挽詩兩章，亦深致推挹，見水心集八，許相國挽詞。蓋非徒鄉曲之私矣。

又案：宋史藝文志載許及之文集三十卷，焦氏經籍志及千頃堂書目並作許右府涉齋詩集三十卷，考文淵閣書目十，載許涉齋詩集一部，七册，殘缺。是明時所傳涉齋集塙係詩集，故永樂大典所録，亦有詩無文，宋志所載未足據也。

北征紀行詩集東甌續集二

佚。

東甌續集二：許及之，永嘉人，字深甫，登隆興癸未第，官至樞密院參知政事。有北征紀行詩集行世。

案：北征紀行詩集，蓋涉齋紹熙四年使金時所作。永樂大典本涉齋集十六、十七、十八，三卷，所載七言絶句紀北方驛程者，凡數十篇，蓋即此集内詩。又卷十一有袁性之自號爲湖山遺老，曩和予北征絶句，因與其族人赴舉，復見訪坐間求書湖山隱居扁榜因爲著語詩，亦此集多絶句之證也。

又案：東甌續集二，載涉齋湯婆子、廢冢兩詩，並與北征無涉。〔一〕蓋紀行集明時已無傳本，趙氏轉從它書采入。至大典本涉齋集並不載此二詩，則明人編録時不無佚奪。故今所存詩，以宋志卷數覈之，幾缺四之一也。

宋氏晉之樟坡集

〔一〕湯婆子、廢冢兩詩爲許棐撰，與及之無涉，東甌續集誤收。

三十卷。攻媿集一百九

佚。

歷代中興君臣論一卷。攻媿集一百九

佚。

擬進萬言書一卷。攻媿集一百九

佚。

王氏栩合齋集萬曆温州府志十七「集」上有「文」字。今從直齋書録解題十八、文獻通考二百四十五、國史經籍志五。十六卷。直齋書録解題十八、文獻通考二百四十五、國史經籍志五。

佚。

真德秀跋：嘉定初元，公入爲吏部兼西府掾，俄遷少司成，又遷少蓬，兼史事。某始以校文侍公於禮闈，既又再侍於太學補試所。未幾，遂周旋道山群玉間。公時年六十五六，鬚眉皓白，顔如渥丹，風度粹然，語笑有味。居一日，同舍食已俱出，獨公與留茂潛及某在，茂潛極言贓吏之害，謂當舉行舊典，黥隸没入之，始快物論。某亦深贊其言，竊視公有若微哂者。頃之，茂潛退，某獨留，從容請曰：「鄉者之言，得無未合理道，願幸教我。」公笑曰：「二公俱盛年，不當專持一切之論。」時雖未盡悟公意，固知必有謂也。其後獲觀過江諸賢議論，乃知國初權宜時出之政，姑以洗五季汙習，自中世後，寢不復行，故紹聖、崇寧間，章、蔡諸人不得借此以網善類。然後知公精識遠慮，真有前輩風流，而恨前者言之易也。因思更化初，方大治權臣支黨，公獨懇懇以泰道包荒爲言，蓋與前説指意略同。使公得位與時，盡行所志，則其均調消息之功，必能深爲國家元氣之助，奈何一斥不復，而死隨之！吁可歎已！紹定己丑，屏伏山樊，公之子爚，以所刊家集來示，反覆盡卷，追憶道山對語時，距今二十有二載矣。驚歲月之不留，慨典刑之益遠，愴然久之，輒用筆於篇末，庶覽者不獨知公之文，且有以識公之志云。西山文集三十五。原題跋王秘監文集。

劉克莊跋：義理至伊洛，文字至永嘉，無餘藴矣。止齋、水心諸名人之作，皆以窮巧極麗擅天下。合齋之文，獨古澹平粹，不待窮巧極麗，亦擅天下。自止齋、水心一輩人皆尊事之，猶袁、郭之稱黄憲，嵇、阮之伏山濤也。蓋其言議風旨，有在於文字之外者矣。後村

大全集

直齋書録解題十八：合齋集十六卷，秘書少監永嘉王柟木叔撰。乾道丙戌進士，在永嘉諸老，最爲先登。其容貌偉然，襟韻灑然，雖不以文自鳴，而諸老皆推敬之。

王秘監集萬曆温州府志十七、乾隆永嘉縣志二十三，「集」上並有「詩」字，今從直齋書録解題二十、文獻通考二百四十五。四卷。直齋書録解題二十、文獻通考二百四十五。

佚。

葉適王木叔詩序：初，木叔仕二十餘年，未嘗覓舉，予屢言於執政，不省。闕榜有義烏丞，徑取以歸，家人更誚詰，不暇顧也。其在天台，與錢丞相象祖甚相厚，至是適來守，委一州聽所爲。素介，無私昵語，錢公尤嚴憚，故雖當國，不敢以驟用累之。觀集中送錢郎中被召諸篇，大意可見矣。木叔不喜唐詩，謂其格卑而氣弱，近歲唐詩方盛行，聞者皆以爲疑。夫爭妍鬭巧，極外物之變態，唐人所長也；反求於内，不足以定其志之所止，唐人所短也。木叔之評，其可忽諸！水心文集十二

案：合齋王秘監柟，萬曆温州府志宧業傳、雍正浙江通志、乾隆永嘉縣志循吏傳並有傳。王秘監集，書録解題入詩集類，與合齋集入别集類者不同。蓋詩文分爲二集也。

佚。

彭氏仲剛彭監丞集晦庵大全集八十四

朱子跋：余頃使浙東時，諸郡民以保伍之役不便，相與自言者衆，獨台之臨海爲無有。問其故，則曰：「前此縣令彭君，視其聚落之貧富，而稍正定其疆理，使貧里得免頻役之苦，以故皆樂趨事，無所爲訴。」余念聚落貧富之不均，最爲役法大害，間者雖設歇役年歲倍半之差，而猶有所不通。今彭君所行，雖律令所無有，然亦非有禁也，真可謂得法外意矣。間頗推其法於他郡縣，人果皆以爲便。後以按事至台，留甚久，聞臨海士民稱彭君之政不容口，曰：「吾邑數年之前，惟顔侍郎度，爲有去思。而近歲乃得彭君，其惠愛惻怛酷相似，而綜理詳密殆過之。」既又得其所爲户口財賦之書讀之，益知彭君之志，不但爲百里規模而已也。然余自是罷歸不復出者累年，亦聞彭君登朝出守，持使者節而竟不及試以卒，每深以爲恨也。慶元己未，君之中表林生補，持此集及葉卿所撰墓銘過余。三復感歎，因書疇昔所聞以附焉，以爲有志於民者尚有取也。三月丁丑既望，新安朱熹書。晦庵大全集八十四

繆氏夢達瓊筦雜著

三卷。乾隆平陽縣志十九

佚。

晉康雜著　三卷。乾隆平陽縣志十九。乾隆温州府志二十七作「繆元德瓊管晉康雜著四卷」。

游淮集　十卷。萬曆温州府志十七

佚。

案：繆夢達瓊筦、晉康雜著及游淮集，見萬曆温州府志藝文門。而乾隆温州府志經籍門並作繆元德著。考乾隆平陽縣志文苑傳載：「繆夢達知昭信軍瓊州，武經大夫，瓊筦安撫，改知德慶府。所著有游淮集十卷，瓊筦、晉康雜著各三卷，女訓二卷。」經籍門同。宋史地理志六，廣南東路德慶府爲晉康郡軍事。縣志載夢達嘗知德慶府，與晉康雜著書名相應。然廣東通志十六職官表宋知德慶府有繆夢遠，注「武翼大夫」，非夢達。夢遠爲夢達弟，乾道丙戌武科，知英德府，見平陽縣志十二。知瓊州亦無繆夢達，至游淮集則通志亦題「繆元德」。乾隆平陽縣志十二，宋進士淳祐甲辰留夢炎，繆正臣，知吉安州。彼此岐迕，無從校覈。今姑依萬曆府志、乾

隆縣志並題夢達，俟更考焉。〔一〕

陳氏傅良止齋先生文集

五十一卷、附録一卷。文獻通考二百四十一、宋史藝文志七並作「五十二卷」，直齋書録解題十八作「五十三卷」，今從四庫全書總目一百五十九。宋三山本五十卷，明安正堂本並爲二十八卷。國朝林上梓本分陳文節公詩集五卷、文集十九卷，陳用光本同，不别著録。

存。遜學齋藏明正德丙寅〔二〕林長繁刊本、嘉靖辛卯安正堂刊本、乾隆丙寅〔三〕林上梓刊本、道光甲午陳用光刊本。

〔一〕民國平陽縣志五十經籍志有案語，其云：「今案瓊莞晉康雜著及游淮集，乾隆縣志皆作繆夢達著，雍正浙江通志、乾隆温州府志據萬曆府志，以淮游集爲繆元德著。又據南雁蕩志以瓊莞晉康雜著亦繆元德著。考元德壙志於清道光間出土，所叙仕宦足跡並不及廣南。而本志繆夢達傳，知昭信軍瓊州、武經大夫、瓊管安撫，改知德慶府。考宋史地理志廣南東路德慶府爲晉康郡軍事，正與夢達書名合。此兩雜著，而應照乾隆縣志定爲繆夢達著作。南雁蕩志影響附會，不足據也。若游淮集之爲繆元德作，考壙志所叙宦績，有『授安豐軍霍邱縣主簿』一語，其地正當淮流，與游淮書名正合。萬曆府志所言自非無據，亦應據定爲繆元德著。唯廣東通志職官表知德慶府，乃繆夢遠，非夢達，與本志不合。然舊志無以雜著爲夢達作者，不敢據以臆改。至温州經籍志稱萬曆府志，以游淮集爲繆夢達作，與浙江通志、乾隆府志所據不同，未知何故。未見原書，姑三占而從二焉。」

〔二〕「丙寅」，底本誤作「乙」，據校勘記改。

〔三〕「丙寅」，底本誤作「乙」，據校勘記改。

先生稟抱天穎，研盡學力，據六經奥會，執九經百家之轡，俾環向以趨於一。披剔文義，躪藉衆糾，究明帝王經世宏模，而放于秦漢以下治亂興衰之故。獨揭源要，不牽多歧，由是彰往考來，默察當世丕平之機，深抱大業；至於化裁推行，不動聲色，使人回心而向道者，其綱領條目，靡不該具。蓋嘗忘寢廢食，審玩孰復，庶幾對越天地，百世以俟後聖而不惑也。雖言論未孚，幾進輒沮，而志念回皇，與物委蛇，左推右挽，旁接廣誘，其任重道遠，終老未嘗一日敢忘於斯焉。嗚呼！盛矣。鄒魯之統緒，河洛之承續，千載以來，不知其能幾見也。執經户外，方屨闐集，片言落筆，傳誦震響，場屋相師，而紹興之文丕變，則肇於隆興之癸未。屏居梅潭，危坐覃思，超詣絶軼，學成道尊，則遂於乾道之丁亥。博交遍驗，洞礙融窒，對策初第，懇蓋獨到，則盛於乾道之壬辰。官太學，倅閩府，詆劾卻掃，勤十寒暑，紬繹文獻，宏綱具舉，則備於淳熙之丁未。起守桂監，持節湖南，疏滌拊摩，民信有古，百年之思，鬱乎湘山，則驗於紹熙舊本並誤「興」，今以意改。之庚戌。召對光宗，驟遇獎用，侍立代言，贊翊儲邸，次第藴畫，庶將發揮，則箸於紹熙之癸丑。宛轉極諫，傍徨乞身，龍飛急召，十旬乃罷，爰抒舊志，著於訓傳，疾疢漸臻，梁木竟殞，則終於嘉泰之癸亥。叔遠夙蒙挈策，俾窺津涯，蒿幹鷃羽，惕負大賜。適當新義川漲，群文蝟興，疇昔剏析，而致孤條之靡鬱，砥途之失榛乎！是用敬輯遺稿，寄諸琬琰，儻開後哲，庶勿淪墜。剏韋布眩慕，影響徧傳，或混幼作，或雜真贗，詭題叢帙，誕彌遐陬，輪耀掩汙，理合釐別。故今裒次，斷自梅潭丁亥之後，凡爲歌辭、古律詩、内外制、奏狀、札子、表、啟、書簡、序、記、雜著、祭文、墓誌、行狀，總五十一卷，即先生燕坐之齋以爲集名。若成書，則有讀書譜二卷，春秋後傳十二卷，左氏章指三十卷，周禮進説三卷，進讀藝祖皇帝實録一卷。未脱稿，則有詩訓義、周漢以來兵制、皇朝大事記、皇朝百官公卿拜罷譜、皇朝財賦兵防秩官志稿，别自爲編，附識其目，庸熄淆亂。先生名傅良，字君舉，世系歷官具見於神道碑、墓誌銘、行狀云。嘉定戊辰，門人承直郎太學博士曹叔遠謹序。

先生春秋後傳諸書，今參知政事樓公既屬永嘉守施公栻刊寘郡齋矣。惟文集舊未成編，蓋俗所傳如南城集之類皆幼作，先生每悔焉，故叔遠所詮次，斷自梅潭丁亥以後，抑先生意云爾。而裒搜衆録，參別唯久，至嘉定戊辰始就緒，又不揆輒陳述先生問學獨出之旨，人所未及知者，僭爲序文，冠諸篇端。樓公復以屬郡守楊公簡續刊之，楊謝不能。郡博士徐公鳳慨然曰：「是吾志也，吾起慕敬於兹久。」久乃與前吏部侍郎蔡公幼學更加訂定，即廩士羨緡數萬，亟成之。於是後學咸得觀先生全文，而樓公美意始無憾焉，徐公之賜厚矣。徐公，建安人。弱冠登進士第，以親老不調者十餘年。初官永嘉，搢紳逢掖，稱賢無異詞，而又汲汲然懼儒先遺文之汩其傳，而無以私淑諸人也，是真可爲人師矣。嘉定癸酉三月，門人承直郎新荆湖北路轉運司幹辦公事曹叔遠謹再識于集左。

儒者之所難，曰德、曰功、曰言而已。三者克具，斯爲儒者之盛。遠而有以恢弘魯鄒所傳之緒，近而有以昭闡濂洛未啟之機，尚論其世有足徵者，此止齋陳文節公所以不可及也。公少以斯文爲己任，强學篤志，弗得弗舍。其從鄭景望、薛季宣也，以克己兢業爲要。其友張欽夫、吕伯恭也，則交致夫持敬集義之功。涵養於致知之際，躬行於自得之餘。剛毅樂易，孝友恭肅，融澈混成，莫測涯涘，是能立德者矣。其教人也，誘掖不倦，四方景從，士習丕變，隨才有造。其仕於外也，事無細鉅，一裁以義，勸善革奸，縮用溥利，卓越之績，傳不絶書。其在朝也，正色讜論，直前極陳，扶翊大政，匡持君德。欲進忠賢，則黄冕仲、朱元晦之遷改，不與書行。欲摧權奸，則率逢原、張子仁、陳源之除目，繳駁論奏。苟裨社稷，奮不顧身，是能立功者矣。讀書有譜，六經有論，建隆有編，毛詩有解詁，春秋有後傳，左氏有章旨，周禮有進説，制誥有集，皇宋有大事記，進讀有藝祖實録，周漢以來有兵制，著書明道，簡册充棟，是能立言者矣。功在人，德、言在己，三者相須以爲用者也。瓚幸生公之鄉，屢嘗誦讀遺文而私淑之，茫乎如陰陽之闔闢也，浩乎如河海之潤潏也，燦乎如日星之炳耀也，油乎如風雲之流行也。雄偉而不放，精深而不晦，馳軼而不迫，起伏斂縱，愈出愈駛，引古質今，滌冗爲新，錯綜萬務，體悉人情，而歸宿於至理。蓋不獨繩矩之具，而精粗隱顯，皆可以適天下之用。自有文字以來，學士大夫竦企傾動，固其時乎！非有本者，其孰能之？公淹貫六經，包括百氏，洞徹天人之奥，而於歷代經制大法，與夫當世制度沿革失得之故，稽驗鈎索，委曲該洽，此豈泛然雕飭，以鶩於虚言者邪？公文散載於群書，遐陬寡陋，未見有統彙爲全帙者。瓚近於秘閣録出公集五十二卷，則向所嘗誦讀者，百無一二存焉。蓋曹公所編，止自梅潭丁亥之歲，而他作不入也。弘治乙丑，侍御史同年澤州張君伯純往巡浙中，因論鄉哲，而於公尤致嚮慕。瓚遂出示公集，伯純喜曰：「璡求公文久矣！而莫獲見之，是行未廣也，請得梓之以傳。」且欲彙拾散逸，以爲外集。伯純積學善文，風裁峻整，在公若有宿契焉者，宜其樂公之制作行於時也。瀕行，屬瓚序於集後，瓚何人，乃敢序公文哉！况樓、蔡、水心諸公紀述備矣，聊摭立德、立功、立言之實，以寓泰山喬嶽企仰之意。然公名高招忌，行方取詆，君眷未幾而輒沮，道術略伸而復斥，不肯少貶以從流俗，而所謂立功者未能充滿其志，而國運寖以衰下矣。可勝歎哉！天佑斯文，而使公之制作復行於時，固世教之所關也。弘治十八年，歲在乙丑，夏四月既望，賜進士及第、翰林院編修、文林郎、經筵國史官、鄉後學王瓚謹序。明正德本序

長繁少游泮庠，學作文字時，有同志者語及古有止齋之文可法，求其本弗獲，抑疑其言爲未足徵，遂置之。去秋，轉官於温，過杭謁欽差侍御张公，蒙以止齋之文見示，且語之

曰：「是文今亦罕得，鈔於内翰，可梓行於世以傳。」長繁以先生之文，素所願見而不可得者，遂欣躍拜領。出至道次，舟中披而閲之，見先生之文，平淡簡古，有行雲流水之勢；冠冕佩玉之聲，無陳腐，無險怪，又非所謂徒飾者，真可法也。而前同志者之言於是乎徵。乃作而歎曰：「自六經之後，世之以文自鳴者多矣，求其如先生之文者竟不多得，惜乎得之不早也。使非吾侍御張公善於知文，其宅心公溥，則是文恐不得見矣。嗚呼！今日得見先生之文，長繁之幸也，抑後學之幸也，萬世斯文之幸也。」遂篋至温，謀諸僚友，咸樂捐俸，共市梓以壽其傳。既訖工，輒僭書於末以記其所自云。若夫先生之名氏暨出處履歷，有行狀已識之詳，王内翰先生已序其端，故不復贅。正德改元春三月既望，賜進士第、同知温州府事、莆田後學侯山林長繁書。正德本跋

余少時讀宋詩鈔，見其叙止齋詩，謂文節陳公之學，研精經史，貫穿百氏。因從外大父吴橙齋先生尋暢樓藏書得觀全集，復於崑山徐氏通志堂所刻經解中，一窺春秋後傳，企其學，且慕其人。乾隆癸亥，余適司教瑞安。邑爲公故里，冀得盡見公之著述，而老友林慕橋方宰嘉定解組歸田，亦可晨夕晤言，心竊幸之。至則慕橋居距學舍不數武，過從不間風雨，獨公所著書，不特未見者無有，即藏弆文集之家亦可屈指數。輒歎邑儒先著述，其湮没不傳者何限。一日，慕橋手一編視余曰：「此止齋集也。邑人士久欲重雕，迄今未果。

倘有同心，盍其成之。」按：止齋集初刻於宋嘉定戊辰，公門人曹博士叔遠編爲五十一卷。文獻通考引陳氏書録解題曰：「三山本五十卷。」蓋蔡行之曾刻於三山也。再刻於明孝宗朝乙丑。永嘉王宗伯瓚益以樓攻媿、蔡行之、葉水心三先生神道碑、行狀、墓誌銘，復附公民論雜著八篇，爲五十二卷。宋刻本在明時，民間已無傳，王宗伯從秘閣鈔得刻之，業多缺誤，距今又二百四十年，過此日愈久，則散軼愈甚，今幸邑士大夫重加剞劂，俾先儒著述藉以不朽。余亦得廁校讐之末，闕疑正訛，不敢妄意竄易，以失其真。至公之學術經濟及立朝本末，見於國史、碑銘甚備，非後學所能置喙，故第記其重刻緣起於簡末。慕橋十年前司教鄞縣，與余爲同僚，屢相見西子湖頭，今復搜訪先儒遺集，有同志焉。而公集再刻於明乙丑，案：乙丑係弘治十八年，王文定作序之歲也。是集實非文定所刊，乃正德元年温守林長繁所刊，林序具存，可考也。此誤。茲亦開雕於乙丑秋仲，疑有若或使之者焉。因並誌之。乾隆十有一年丙寅秋七月，海昌後學陳世修識於横舍東軒。重編陳文節公詩文集跋

林上梓跋。重編陳文節公詩文集跋。不録。

南宋陳文節公，有體有用之儒也。余治春秋，於宋元諸儒，取文節及高抑崇、張元德、趙子常之説爲多，而於文節、子常則服膺尤切。嘗以未見文節之左氏章旨及文集爲憾。比按試温州，得乾隆年間所刻文節文集，喜其創獲，惜字多漫漶闕誤，未爲善本。乃與海帆中丞

謀重刻，中丞亟喜從之，屬錢生士雲爲校訂。錢生購得明正德本，爲正其訛誤，補其闕佚。若改正德本之四十年爲十四年，紹興爲紹熙，家大人曰：「曹叔遠序中『紹熙』仍作『紹興』，何耶？」則參考歷代帝王年表甲子而得之，尤爲詳審可喜也。文節之學行及其文詩之醇雅典茂，爲永嘉學者之冠，讀其書者當自得之。四庫全書提要言左氏章旨存於永樂大典者，已殘闕不能成帙，余他時當校正補刻之。比又得趙子常文集六卷，亦思與重刻也。樓攻媿序文節集瑞安項氏傳霖校云：「序後傳、章指語，非集序也。」稱「其於諸生中擇能熟誦三傳者三人，曰蔡幼學、胡宗、周勉，游宦必以一人自隨，遇有所聞，其應如響。」此可見文節考究之詳，當時諸生能務實學之習。惜三人文字無從見，不能知其學行之所至也。刻文節集既成，余爲序其緣起，因附著之，以致其愾慕云。道光十四年仲夏月既望，督學使者新城後學陳用光謹序。陳用光重刊本序

南宋時，爲經濟之學者，推陳止齋、葉水心、陳同甫，而止齋之學較同甫爲醇篤，其文亦較水心爲高峻。水心集則乾隆年間雷翠庭副憲已爲重刻矣。止齋集之乾隆本，已多漫漶闕誤，新城陳石士學使屬余爲重刻之。余讀四庫全書提要，稱永嘉自周行己傳程子之學。及南渡，陳傅良、葉適爲巨擘。宋史本傳稱：「永嘉鄭伯熊、薛季宣皆以學行聞，伯熊於古人經制治法，討論尤精，傅良皆師事之，而得季宣之學爲多。」周行己浮沚集有武英殿聚珍板本。伯熊集未之見，季宣浪語集，學使已從莊芝階孝廉仲方寫得副本。如有餉余伯熊集者，

余他日當謀校刻鄭、薛二先生之書也。抑提要言，止齋春秋後傳有其門人周勉跋，稱傳良爲此書，將脱稿而病，學者欲速得其書，俾庸書傳寫，其已削者，或留其帖於編，增入是正者，或揭去弗存。是今所傳，已非完本。學使他日能校正詳著之，豈非止齋所深嘉而樂與之者乎？夫纂述經訓，推闡儒先緒論以勸導士子，余與學使蓋皆有其責。故著之序，以諗諸學使云。道光十四年季夏月既望，撫浙使者訥音後學富呢揚阿謹序。陳用光重刊本序

甲午春，讀書紫陽別墅，陳石士、富海帆兩夫子命校宋陳文節公文集。是書始刊於宋，再刊於明，迄國朝陳勉之先生重刊行世，家大人曰：「乾隆本爲邑人林景橋大令上梓所刊，陳勉之僅與校勘耳。」此言勉之重刊，誤。稱爲善本。而焉烏亥豕在所不免，如集中墓誌云「開禧元年原作「嘉泰三年」，今從項氏傳霖校改。三月庚寅」，樓攻媿神道碑原作「蔡幼之行狀」，今從項氏校改。項氏曰：「蔡幼學字行之，作行狀，紀葬日，正作庚寅，與墓誌同。」作庚申，以曆法推之，是年三月爲戊子朔，則無庚申明甚。行狀云「夫人先公八年卒」，神道碑原作「墓誌」，今從項氏校改。又作「九年」。考陳氏家乘及張夫人壙志，皆云夫人卒於慶元元年，則九年當作八年矣。他如「別項封椿」，集中或作「今」、或作「令」、或作「別」，按文獻通考與文節奏疏諸書皆作「別項」家大人曰：「按『令』當作『另』，『項』今公牘文字當作『另項』，然集中仍作『令項』，何也？」凡此舛錯，乾隆本蓋承明宋本之訛也。因就管窺所及，重加校正，其訛無可徵、闕無可補者，仍照正德、乾隆兩本鐫刊，不敢少爲

竄易焉。道光十四年季夏月，長興後學錢士雲謹跋。陳用光重刊本跋

錢士雲又跋。道光十四年。陳用光重刊本跋。不録。

盧鎬跋：余年二十四五時，從謝山全大史處借讀止齋集，最愛其歌詩醇古，經腴充滿，而亡友范子冬齋亦酷嗜之，手鈔口誦，舉筆輒奉爲圭臬。太史没後，此書不得復見，碌碌三十年，亦未暇尋訪。既官於甌，思購之瑞邑，而書板適於癸巳初冬遭毁，因不〔一〕復可得。乃以止齋春秋後傳從孝廉余君永森易得此册。乙未十月望前寓於郡城，風雨瀟瀟，時一展卷，如隔夢寐，舊學荒蕪，愧無以慰我故人也。宋元學案五十三王梓材補録

直齋書録解題十八：止齋集五十三卷，聚珍板本注：按文獻通考作「五十二卷」。中書舍人永嘉陳傅良君舉撰。三山本五十卷。

四庫全書總目一百五十九：止齋文集五十一卷附録一卷，浙江巡撫採進本。宋陳傅良撰。傅良有春秋後傳，已著録。此集爲其門人曹叔遠所編，前後各有叔遠序一篇。所取斷自乾道丁亥，訖於嘉泰癸亥，凡乾道以前之少作盡削不存。其去取特爲精審。末爲附録一卷，爲樓鑰所作神道碑，蔡幼學所作墓誌，葉適所作行狀，案：蔡作行狀，葉作墓誌，此互易之誤。而

〔一〕底本「不」下有「得」字，「得」衍，徑删。

又有雜文八篇，綴於其後，不知誰所續入。據弘治乙丑王瓚序，稱澤州張璡欲掇拾遺逸以爲外集，其璡重刊所附入歟？自周行己傳程子之學，永嘉遂自爲一派，而傅良及葉適尤其巨擘。本傳稱永嘉鄭伯熊、薛季宣皆以學行聞。伯熊於古人經制治法討論尤精，傅良皆師事之，而得季宣之學爲多。及入太學，與廣漢張栻、東萊吕祖謙友善。祖謙爲言本朝文獻相承，而主敬、集義之功得於栻爲多。然傅良之學終以通知成敗、諳練掌故爲長，不專於坐談心性，故本傳又稱傅良爲學，自三代、秦、漢以下靡不研究，一事一物必稽於實而後已，蓋記其實也。當寧宗即位之初，朱子以趙汝愚薦内召，既汝愚與韓侂胄忤，内批與朱子在外宫觀。傅良爲中書舍人，持不肯下。其於朱子亦不薄。然葉紹翁四朝聞見録稱：「考亭先生晚注毛詩，盡去序文，以彤管爲淫奔之具，以城闕爲偷期之所。止齋陳氏得其説而病之，謂『以千七百年女史之彤管與三代之學校，以爲淫奔之具，偷期之所，竊有所未安。』獨藏其説不與考亭先生辨。考亭微知其然，嘗移書求其詩説，止齋答以『公近與陸子静互辨無極，又與陳同甫爭論王霸矣。且某未嘗注詩，所以説詩者，不過與同人爲舉子講義，今皆毁棄之矣。』蓋不欲滋朱之辨也」云云。則傅良雖與講學者游，而不涉植黨之私，曲相附和，亦不涉爭名之見，顯立異同。在宋儒之中，可稱篤實。故集中多切於實用之文，而密栗堅峭，自然高雅，亦無南渡末流冗遝腐濫之氣。蓋有本之言，固迥不同矣。

荊溪林下偶談二：文字有江湖之思，起於楚辭「嫋嫋兮秋風，洞庭波兮木葉下。」模想無窮之趣，如在目前。後人多仿之者，杜子美云：「蒹葭離披去，天水相與永。」意近似而語亦老。陳止齋送葉正則赴吳幕云：「秋水能隔人，白蘋況連空。」意尤遠而語加活。 三：淳熙間，歐文盛行，陳君舉、陳同甫尤宗之。水心云：「君舉初學歐不成，後乃學張文潛，而文潛亦未易到。」 四：止齋送陳益之詩甚工，且有理致。首云：「論事不欲如戎兵，欲如衣冠佩玉嚴整案：止齋文集二載此詩，作「嚴重」。而和平；作文不欲如組繡，欲如疏林茂麓窈窕而敷榮。」陳益之年正盛，論事豪勇，而作文喜爲詰屈聱牙，故以此勉之。又詩云：「楨幹盍亦煩繩墨，風止齋文集作「滋」。味何如餘典則。」末云：「君看風雅詩三百，亦有初章三歎息。」皆有深長之意，學者所當思也。益之自負用世才幹，而脱略邊幅不羈，故又以繩墨典則規之。 止齋之文，初則工巧綺麗，後則平淡優游，委蛇宛轉無一毫少年作之態；其詩意深義精而語尤高。後學但知其時文，罕有識此者。蔡行之亦録其集於三山，但水心取其學，取其詩，不甚取其文，蓋其文頗失之孱，始初時文氣終消磨不盡也。

方回瀛奎律髓十三：陳止齋用韻詠雪簡湘中諸友：「夾湘而往一塵無，不在瑶池在石渠。氣蓋松篁誰與競，令行螟螣自相屠。山光際水天無間，夜色通朝月不如。中有一翁須皓白，蕭然野鶴亦乘車。」陳止齋傅良，字君舉，漕湖南時，作詠雪詩，今選二首入冬日，亦足以見乾淳以來一時文獻之盛。止齋雖專有文名，而詩亦健浪如此。十五：陳止齋月夜書懷：「送客門初掩，收書室更虚。新篁高過瓦，涼月下臨除。婦病才扶杖，兒饞或饋魚。今朝吾已過，莫問夜何如。」尾句高不可言。二十三：陳止齋止齋即事：「性已耐岑寂，老應忘隱憂。齊年雙白髮，盡日一蒼頭。竹閉緘門鑰，蒲團數漏籌。未知庭廡下，還有雀羅不。閉字音，弟四聲。」「教子時開卷，逢人强整襟。最貧看晚節。多病得初心。地僻芰蓮好，山低竹樹深。寄聲同燕社，明日又秋砧。」君舉以時文鳴，此二詩高古，緣才高也。

宋翔鳳過庭録十六：黄山谷品茶詞云：「鳳舞團團餅，恨分破教孤令。」見漁隱叢話。孤令，單獨也。今俗作「孤另」，非。又陳傅良止齋文集赴桂陽軍擬奏事札子第二云：「所謂湊額、纙本、降本、折帛、坊場淨利借給吏禄之類，令項起發者，不可勝數。」其謂「令項」，即今俗語之「另項」也。

案：蔡文懿作止齋行狀云：「制誥集五卷，文集三十卷。」此止齋没後家藏稿本。其刊本行於世者，陳氏書録解題載有二本，一本五十二卷，今本書録解題作五十三卷，通考所引不誤。即曹文肅所編，徐鳳刊於永嘉郡齋者。正德本曹跋後有「嘉定壬申郡文學徐鳳鋟板於永嘉郡齋」一行。一三山本五十卷，據吴氏林下偶談，蓋蔡行之所刊者。兩本同出一時，未知孰先孰後。考讀書附志上載周禮説，舊刊於止齋文集中，曹叔遠别爲一書而刻之，則三山本疑出曹本之前。然曹氏後叙則云：「文集舊未成編，裒搜衆録，參别唯久，至嘉定戊辰始就緒。郡博士徐公鳳乃與前吏部侍郎蔡公幼學更加訂定。」則似曹編以前止齋集别無刊本，且曹本亦經蔡氏訂定。倘蔡刻在前，曹氏叙跋尤不宜絶無一語及之，良所未喻。至曹編删除少作，以乾道丁亥以後所作爲始，體例謹嚴，尤得止齋之意。其卷十二跋御書所進嘉邸生辰詩後記云：「右此跋真跡，久尋不獲，故前跋賜金札子深致歎息之意。而參政樓公復追記所見以紀之。樓鑰恭題賜陳傅良宸翰，其文見攻媿集六十九，此集亦附刻於跋後。又此集附録樓作神道碑亦云「訪求此稿不可復得，猶記其略」云。先生子師轍，歲辛未二月，始於故書中得之，今附於此。」則增入者亦復有之，固非徒矜删汰。至詩文間有附注，如卷一歌辭暮之春篇注云：「先生有堂曰暮春，御翰扁榜。」卷九擬進御制孝宗皇帝挽詞：「九廟威靈遠」句注云：「『遠』一作『重』。」卷三十九選德殿記注云：「原稿今藏沈仲一家。」仲一名體仁，瑞安人，止齋門人。水心文集十七有墓誌銘。蓋亦文肅所加也。自明以後，惟連江陳氏世善堂書目下載有止齋集五十卷，則三山本其時尚有流傳，此後則不復有著録者。惟曹編本，王文定公瓚從秘閣録出，温州同知林長繁爲刻之。後書肆别有小字本，與林刊同，惟併爲二十八卷，所謂安正堂本也。安正堂本末卷林跋後題「辛卯年孟冬月安正堂新刊行」，家大人曰：「辛卯爲嘉靖十年，夫王文定作序時二十六年，安正堂蓋當時書肆名耳。」詒讓案：安正堂本，板式與麻沙本相似，疑亦建陽書林也。其書以正德本弟一卷至五十卷併爲二十五卷，又以五十

一、五十二及附録一卷爲二十六、二十七、二十八三卷，亦有王序及林跋，書中缺字並與正德本同。國朝乾隆丙寅，瑞安林上梓又以正德本重編刊行，爲陳文節公詩五卷，文集十九卷，附録一卷，遂大失宋本面目。癸巳其板燬於火。道光甲午，新城陳侍郎用光，又以林本覆刊。明槧傳播浸希，學者多不獲睹曹編之舊，可慨也。

城南集 曹叔遠止齋文集跋

佚。

案：葉水心寶謨閣待制中書舍人陳公墓誌銘：「公初講城南茶院時，諸老先生傳科舉舊學，摩蕩鼓舞，受教者無異辭。公未三十，心思挺出，陳編宿説，披剥潰敗，奇意芽甲，新語懋長；士蘇醒起立，駭未曾有，皆相號召，雷動從之；雖縻他師，亦籍名陳氏。」城南集蓋即茶院授徒時作，曹文肅序止齋文集，謂「執經户外，方屨闐集，肇於隆興之癸未。」考止齋卒於嘉泰三年，年六十七，則隆興癸未年方二十有七，故曹跋指爲幼作，編文集時悉置不録也。

待遇集 荆溪林下偶談四、文獻通考三十二

佚。

荆溪林下偶談四：止齋年近三十，聚徒於城南茶院，其徒數百人，文名大震。初赴補試，纔抵浙江亭，未脱草屨，方外士及太學諸生迓而求見者如雲。既入學，芮祭酒即差爲太學舉録，令二子拜之齋序，止齋辭不敢當。徑遯之天台山國清寺，士友紛然從之者數月。其時止齋有待遇集板行，人爭誦之。既登第後，盡焚其舊槀，獨從鄭景望講義理之學，從薛常州講經制之學，其後止齋文學日進，大與曩時異。

案：文獻通考三十二：「自韓侂胄指道學爲僞學，葉翥上言，士狃於僞學，專習語録詭誕之説，中庸、大學之書，以文其非，有葉適進卷、陳傅良待遇集，士人傳誦其文，每用輒效，請内自太學〔一〕，外自州軍學，各以月試合格前三名程文，上御史臺考察，其有舊習不改，則坐學官提學司之罪。」據此，則止齋待遇集蓋皆制舉文字，若今所傳奥論之類，其時科舉之士爭相傳習，遂成宗派。慶元廢黜道學，遂至見之彈章，縣爲厲禁，曹文肅所謂「片言落筆，傳誦震響，場屋相師，而紹興之文丕變」者也。

〔一〕「太」，底本誤作「大」，據文獻通考改。

陳止齋先生論祖五卷。四庫全書總目一百七十四

存。翰林院儲明刊本、遜學齋藏鈔本。

四庫全書總目一百七十四：止齋論祖五卷，浙江鮑士恭家藏本。宋陳傅良撰。傅良有春秋傳，已著録。初，傅良講學城南茶院時，以科舉舊學，人無異辭，於是芟除宿説，標發新穎，學者翕然從之。此論五卷，蓋即爲應舉而作也。首列作論要訣八章，中分四書、諸子、通鑑、君臣、時務五門，凡爲論九十二篇，考止齋文集卷末附録雜文數首，編内守令、文章、民論三篇存焉，餘皆削而不録。疑傅良當日自悔其少作，故其門人編次之時不以入集，特別録此本私存，爲程試之用耳。

項喬舉業詳説：善作舉業論者，莫如予永嘉止齋先生。先生嘗謂作論莫先於體認題意，故見題目，必詳觀其出處上下文，及細玩其題中有要緊字，方可立意。蓋看上下文，則識其本原而立意不差；知其要切字，則方可就上面着工夫，此最作論之關鍵也。立意既當，造語又工，則萬選萬中矣。甌東私録三〔一〕

〔一〕「三」，底本誤作「二」，徑改。

案：止齋論祖皆當時場屋程文，樓鑰寶謨閣待制贈通議大夫陳公神道碑：「公自爲舉子業，其所論著如六經論等文，所在流播，幾於家有其書，蜀中文學最盛，讀之者無不動色，文體爲公一變。」攻媿所謂六經論者，蓋即此論四書題諸篇，無他經者或傳刻佚之。止齋時未有四書之目，此本卷一雖題「四書」，核其篇目實不出論語、孟子兩經，蓋後人所加。其書宋時盛行於世，如聖人之於天道論，晦庵大全集三十一答張敬夫孟子説疑義書亦嘗及之。正德本止齋文集附録載此論，文章、守令、收民心三篇，並題曰策，誤也。集本附録所采此論文，凡四篇，其民論，亦題爲論。四庫提要作三篇，誤。

又案：通志、府、縣志經籍門並載止齋論祖四卷，止齋論訣一卷。考此書明刊本實五卷，論訣止八條，附刊卷首，不別爲卷，舊志所載殊誤，今據明槧及四庫提要考定著録。

止齋先生奥論

八卷。千頃堂書目二十九、宋史藝文志補並作「十卷」，今依明刊本。

存。遜學齋藏明刊本

申時行序。隆慶辛未。賜閒堂集不載，文亦淺陋，蓋出書賈僞託，今不録。

劉壎隱居通議二十六：陳止齋論有曰：「昔司馬子長論李將軍爲將，其言哀痛反覆，深悲其無成，至論霍去病無他美，獨天幸不至乏絶。予按衛青傳云：諸宿將所將士馬兵不如驃騎，即去病。驃騎所將常選，然亦敢深入，常與壯騎先其大將軍，軍亦有天幸，未嘗困絶也。然而諸宿將常坐留落不過，由是驃騎日以親貴，比大將軍。」今觀此語，又似以大將軍衛青爲有天幸。不然，則須以「常與壯騎先其大將軍」爲句絶乃稱。

案：止齋奧論，明刊本卷首題：永嘉陳傅良著述，嚴陵方逢辰批點。前六卷皆論，篇數與論祖同，惟不分四書、諸子諸目，編次先後亦小異。每篇皆有評注圈點，其所標篇法、句法，與明以來評選經義無異。間有逢辰改定，亦一一注明。第七卷爲札狀等十三篇，卷端題附刊止齋奏議、狀、序，第八卷爲序、記等十四篇，而附以蔡幼學行狀，題新刻止齋先生文奧，卷之八無評注圈點，文中間有缺字，亦與正德本止齋集同，疑書肆所加，非方氏原本也。

又案：四庫全書總目載：宋刊，十先生奧論四十卷，以宋人論十五家分類編之内，亦有止齋作，則奧論之名由來已久，此本編自何人，雖不可考，然方氏既有評點，當亦宋人所爲，疑在明刊論祖之前，故方氏改定數處，論祖本並同。然誌、狀並未箸其目，曹文肅叙止齋集謂「詭題叢帙，布滿遐陬」，此類是矣。

温州經籍志卷二十一

集部

別集類

宋

陳氏謙易庵文集 續文獻通考一百八十

佚。

葉適朝請大夫提舉江州太平興國宮陳公墓誌銘：初，隆興、乾道中，浙東儒學特盛，以名字擅海内數十人，惟公才最高，其在易庵集文最勝。然公未嘗〔一〕自異於輩流，輩流亦不

〔一〕「嘗」，水心集作「常」。

知異公也。水心文集二十五

萬姓統譜一百十八：薛高字寧仲，永嘉人。任蓮丞簿，棄官而隱，讀書作文，至老不休。家有讀書樓，郡守樓鑰爲之記，陳謙贈之詩，有「萬卷編鈔高似屋，一門師友重如山」之句。

薛氏叔似薛文節文集雍正浙江通志二百四十八。萬曆温州府志十七、乾隆永嘉縣志二十三並作「文節公集」。

佚。

案：薛文節集，見通志及萬曆府志。考宋史三百九十七本傳載：「叔似謚恭翼。」萬姓統譜一百十八載作「謚文節」。萬曆府志人物傳則云「謚文節，改恭翼」，不知何據。又宋史本傳云「有稿二十卷」，各志載文集亦無卷數，疑有差牾也。

蔡氏幼學育德堂集

五十卷。宋史藝文志七

佚。

文懿公集萬曆温州府志十七

佚。

西垣集萬曆温州府志十七佚。

葉氏適水心先生文集二十八卷。直齋書録解題十八、讀書附志下、文獻通考二百四十一、宋史藝文志七。四庫全書總目一百六作「二十九卷」。

闕。遜學齋藏明正統戊辰黎諒重編二十九卷本、重刊黎編本、乾隆乙亥温州刊本。

拾遺一卷。直齋書録解題十八、文獻通考二百四十一。

佚。

備衆文名一家言者，在唐始著，前不多見也。先生之作，從壯至老，由今並古，日邁月超，神心窮天地，偉刻動海嶽，翼然如登明堂，入清廟，黻冕崇麗，金奏而玉應，其光耀變化，如驪龍翔而慶雲隨也，盛矣哉其於文乎！粹矣哉其於道乎！蓋周典、孔籍之奥不傳，左册、馬書之妙不續，詩迄韋、張，騷降景、宋，華與質始判，正與奇始分，道失其統緒久矣。世遂以文爲可玩之物，爭慕趨之，騁馳以其力，雕鎪以其巧，彰施以其色，暢達以其才，無不自託於文，而道益離矣，豈能言易知言難歟？或者反之，則曰：「吾亦有道焉爾，文奚爲哉？」夫子不云乎：「言之不文，行之不遠。」六藝非萬世之文乎？以詞爲經，以藻爲緯，文人之文也；以事爲經，以法爲緯，史氏之文也；以理爲經，以言爲緯，聖哲之文也；本之聖哲而參之史，先生之文也，乃所謂大成也。欲植傑木，必豐其根；欲瀦巨澤，必濬其源。文，其澤、木也，學，其根、源也；學與文相爲無窮也，是果專在筆墨間乎？集起淳熙壬寅，更三朝四十餘年中，期運通塞，人物散聚，政化隆替，策慮安危，往往發之於文，讀之者可以感慨矣！故一用編年，庶有考也。昔歐陽公獨擅碑銘，其於世道消長進退，與其當時賢卿大夫功行，以及閭巷山巖樸儒幽士隱晦未光者，皆述焉，輔史而行，其意深矣。此先生之志也。門人大梁趙汝譡序。

昔宋盛時，以文章名家，有廬陵、南豐、眉山、臨川數公者，窮聖賢之奥，究道德之微，故其爲文足以繼漢、唐之盛，天下皆師尊之。南渡以來，作者猶〔一〕衆，葉水心先生其一也。

〔一〕「猶」，底本誤作「尤」，據水心集改。

先生之學，浩乎沛然，蓋無所不窺，而才氣之卓越，又足以發之。然先生之心，思行道於當時而見之功業，不但爲文而已也。觀其議論謀猷，本於民彝物則之常，欲以正人心，明天理。至於求賢、審官、訓兵、理財，一切施諸政事之間，可以隆國體，濟時艱。然未至於大用而道不盛行，今之所見，惟其文而已，豈非可惜哉？其論林栗一書，有功於斯道甚大。時栗唱道學之説，欲竄逐文公，善人君子皆惴懼，先生獨上書天子，論栗姦邪，請加摧折，以扶善類。國家之本，莫大於是。先生正直剛明，嚴於善惡之辯如此。今去已遠而其言存，是亦可以不朽矣。章貢黎諒，字公允，蚤得先生之文讀之，固已起敬起慕，然恨不得見其全。及爲處州府推官，乃先生鄉郡，常行縣訪之士大夫，得奏議、記、敘等作八百餘篇，手自讎校，分爲二十九卷，鋟梓以傳，而屬直爲序。於乎！先生之文，豈直所能知，而亦豈待序而傳哉？念今之仕者，於其分所當爲，上之人之所督責，猶有不能盡其職而挂於吏議，若非其所當急，則怠廢可知矣。公允於此文，非其所急也，而知之深，好之篤，勤敏足以有爲，從容於政事之餘，收輯而刊布之，使前之諸公有以繼，後之爲士者有所視法而興起，尚賢與善之意厚矣，是可嘉也。故爲序而道之。景泰二年三月朔日，榮禄大夫、太子太保兼吏部尚書泰和王直書。明正統本序

余幼時，先君東皋處士以遺書一帙名曰策場標準集授諒，謂是書乃水心葉先生適在

宋時所著也。其忠君愛國之誠，藹然溢於言意之表，惜乎前後亡缺脱落，有不可讀者。嘗慕求全集，竟不可得。及余領鄉薦，授官括郡。先生乃郡邑龍泉人也，後徙居温之瑞安。嘗因公事詣邑，訪求遺本，無有存者，間或得一二篇或數十篇，歷八載始克備。有曰文粹、曰葉學士文集、曰水心文集，及余幼時所讀標準集者，其總目有四，惟標準一集十亡其七八，公暇躬自讐録。其各集中所作札、狀、奏議、記、序、詩、銘並雜箸，成篇章者得八百餘篇，編集彙次，分爲二十九卷，其所箸經傳子史，編爲後集，總名曰水心先生文集，繡梓以永其傳，與四方同志共覽焉。集中字義脱落無可考者，不敢僭補，姑虚以待後之君子而正之。正統十三年戊辰歲孟春望日，處州府推官章項黎諒謹識。明正統本序

余甲戌校士至東甌，乃得水心先生文集而讀之，歎其峻潔淳雅，足爲學者程式。惜缺十之二三，蓋其後裔僅守此殘編也久矣。余屬郡學博士王君執玉慫恿重刊，從武林藏書家覓全本以補綴之。越一年，余再至，則剞劂已竣，校讎亦審，爰進學者而語之曰：「讀先生文，非徒學其文也，其學爲有用之學而非無本而然，探源於經訓，沿流於史籍，而切劘於師友，近則陳止齋，遠則朱文公，往復辨析，資陶冶焉。以陳同甫之豪氣，心折於文公與先生，則先生之本末可思矣。其事功之大者，在贊趙汝愚請嘉王代光宗執喪，而宗社獲安。事出非常，以一言爲國家定大計，惜乎不克竟其用也。當先生爲太學博士時，上疏論林栗

言朱子非是。蓋義理素明，而氣足以勝之，故其發爲文章，不可磨滅如此。其贈答碑版，亦有牽率應酬之作，讀先生文，又當知其大者也。其後裔竭力襄事，無遏前人光彌，當思所踵武。且是集流播遠邇，聞風興起，其裨益更曷有涯哉！乾隆乙亥年季秋月，兩浙督學使者後學雷鋐敬題。乾隆刊本序

葉水心先生文集，趙氏郡齋讀書附志載二十八卷，馬氏通考二十八卷，外載有拾遺一卷，别集十六卷，今所存二十九卷，則明正統間章貢黎氏另爲蒐輯編次以傳之者。其拾遺、别集是否彙而爲一，舊本失傳，無從考正，先生裔孫賓上，守其先集，肄業東山書院，黎本二十九卷，又復佚去二三。乾隆甲戌，學使者副都御史寧化雷公按部至甌，搜求先賢遺集，從書院得之，惜其殘闕，命教授王君執玉，於錢塘吴氏購得全書，謀重梓焉。郡之俊髦及葉氏後人，咸歡然出貲相佽，未克竣工，教授因太守俞侯以請，曰：「東山書院荷公樂育久，每自解俸錢佐膏火，有羨倘移爲繡梓費用成厥功，即令板藏院中，俾諸生識有本之學，發爲文章，不可磨滅，庶幾一動足、一啟口，皆知於身心性命間，的然求其向方而不致猝然入於不可知之域，非特爲文字楷模而已也。一郡成人、小子，以是望公久矣。」余欣然從之，曰：「是余之素志也夫。」書成，丏余爲序，爰述重鐫之緣起以爲多士勸。若夫先生立朝之本末，文章之根柢，學使雷公言之矣，余何辭焉！乾隆乙亥仲冬，浙江分巡温處道後學

朱椿謹識。乾隆刊本序

俞文漪跋乾隆二十年。乾隆刊本。不録。

王鳴盛跋：獨孤及至之毗陵集有正議大夫右散騎常侍贈禮部尚書李公墓誌銘，至之作誌、尚書右丞長樂賈至幼鄰作銘；蘇許公環墓碑，盧藏用作序、張説作銘；華嶽廟述聖頌，達奚珣作序，吕向作頌；皆一文而兩人共爲之。水心作陳同甫王道甫墓誌銘，兩人共一銘，真希元跋永嘉葉公著作正字二劉公志銘，二劉亦同一銘者，此文章之變例，王止仲所未及舉也。西莊始存稿三十二。案：箸作正字二劉公墓誌銘亦水心作，見黎編文集十六，此轉據真西山跋，誤。

讀書附志下：水心先生文集二十八卷，右葉適字正則之文也，門人趙汝鐺案：當作「讜」。序而刻之。水心其自號云。

四庫全書總目一百六十：水心集二十九卷，編修朱筠家藏本。宋葉適撰。適有習學記言，已著録。其文集之目見於陳振孫書録解題、趙希弁讀書附志者皆二十八卷，又有拾遺一卷，別集十六卷，則獨載於書録解題，且稱淮東本無拾遺，編次亦不同。別集前九卷爲制科、進卷；後六卷號外稿，皆論時事；末卷號總集，案：當作「後總」。專論買田贍兵。讀書附志則但紀其集爲門人趙汝鐺案：當作「讜」。序刻，而不詳其體例。此本爲明正統中處州推官黎諒所編，前有自識，稱「少讀適策場標準，慕其文，至括郡訪求八年，得札、狀、奏議等八百餘篇，因裒輯彙次，合爲一編。」蓋已非宋本之舊，惟趙汝鐺原序尚存。然汝鐺實用編年之法，諒不加深考，以意排纂，遂至盡失其原次。其間如財總論、田計諸篇，多論時事，當即別集佚篇，不在原集二十八卷之内，諒亦不能辨别也。適文章雄贍，才氣奔逸，在南渡卓然爲一大宗。其碑版之作，簡質厚重，尤可追配作者。適嘗自言：「譬如人家觴客，雖或金銀器照座，然不免出於假借，惟自家羅列者，即僅甆缶瓦杯，然都是自家物色。」其命意如此，故能脱化町畦，獨運杼軸，韓愈所謂「文必己出」者，殆於無忝。吴子良荆溪林下偶談稱：「水心作汪勃墓誌有云：『佐佑執政，共持國論。』執政乃秦檜同時者。汪之孫綱不樂，請改，水心答書不從。會水心卒，趙蹈中方刊文集未就，門下有受汪囑者，竟爲除去『佐佑執政』四字。」今考集中汪勃誌文，已改爲「居紀綱地，共持國論」，則子良所紀爲足信，而適作文之不苟，亦可以概見矣。

黄震慈溪黄氏日鈔六十八：讀葉水心文集奏議、淳熙上殿札子、應詔條奏六事。愚謹按：上殿當孝宗臨御二十六年，應詔當光宗受禪初年。辯兵部郎官朱元晦札子，此晦翁爲林栗所劾，而水心辨之者。按：栗時爲法從，水心非言官，又所學與晦翁不相下，非平昔相黨友者。一旦不忍其誣，出位抗言，廷斥不少恕，此當與汲長孺面責公孫弘、張湯者同科。嗚呼壯哉！然晦翁初不以此重輕，而水心則由此與之重矣。屯田畫一申請狀、真州於瓜步、滁州於定山、和州於楊林石跋三處並量築堡塢，此外深入第二層差。大學講義，前後接續，皆講禮器，公蓋欲以禮爲治者。所講率明白，而「釋回增美質」一語，講之尤粹。若曰「私欲頗僻，所謂回也。禮與之周旋而同其作止，使之陰自消弭，如冰之於水，春風之被物，所謂釋回也。禮之所加，猶玉之山，龍其文，猶素之藻，繢其章也，豈不焕乎其愈明哉！所謂增美質也。」辭雖不免於文，而理則善矣。至講下文「如竹箭之有筠也，如松柏之有心也」，則謂「禮之於人，可學而至，非如竹箭松柏之本有而無待乎人」。愚意此公自有所見，而經意未必然也。松、竹之有筠、有心，正以比君子之有禮，豈顧二之而反謂其非如也哉！然公之所以運連其講者，實歸宿於末章，欲稱財而爲禮，不雜於人欲之流放，以禮從天下而帝王之統緒接也。嗚呼！後世之取財於民，視古百十倍，而用益不足。民窮到骨，朘削愈甚。此禮之不立，而財愈多愈乏使然也。公尚禮學，而尤精究財賦本末，欲起而救之至切也。講義其微意所在乎！第恐講道天子之學，猶有本領在，而此又其節焉爾。表、啟，文平意順，水心大手筆也。四六語如此，近世雕鏤自以爲工者何如也？卷六、卷七皆古詩，如超然、北齋、虎丘，皆水心爲浙西憲司幹官時作也。記漢陽、新修學記歷叙江漢古今材質，文有節奏，可觀。煙霏樓記，公守蘄時所作，寫景狀物，佳。温公祠堂記謂公猶常人爾，充實積久，爲宋元臣。此最善言公者。醉樂亭記末及古今政教，尤佳。白石經藏記記少年游歷，可觀；末以其成先志而記之，亦得體。龜山祠堂記記文優緩而理趣高。平陽縣代納坊場錢記，記文載敗闕坊名錢之擾甚切。敬亭後記謂程氏誨學者先以敬爲非，當先復禮，蓋水心之學然也。愚按乾淳間，正國家一昌明之會，諸儒彬彬輩出而説各不同。晦庵本大學致知格物以極於治國平天下，工夫細密；而象山斥其支離，直謂「即心是道」；陳同甫修皇帝王霸之學，欲前承後續，力拄乾坤成事業，而不問純駁；至陳傅良則又精史學，欲專修漢、唐制度、吏治之功；其餘亦各紛紛而大要不出此四者。不歸朱，則歸陸；不陸則又二陳之歸。雖精粗高下，難一律齊，而皆能自白其説，皆足以使人易知。獨水心混然於四者之間，總言統緒，病學者之言心而不及性，則似不滿於陸，又以功利之説爲卑，則似不滿於二陳，至於朱則忘言焉，水心豈欲集諸儒之大成者乎？然未嘗明言統緒果爲何物，令人曉然易知，如諸儒者嘗略窺其所指爲統緒者，似以禮爲主，故其言曰學必始於復禮，禮復而敬立矣。安上治民，莫善於禮，若然則又似專言推行於文物制度之禮，以防民之非者也，非吾夫子所指根本於吾心內之禮，使克去己私而復之者也。禮不先於克己，禮將何自而復？學不先於敬己，私又何自而克？己且未知所以復禮，又何以使民俗之復禮？而公之言統緒又將何所從始耶？且功利之學不必問也，義理之學不容不辯也。公於義理，獨不滿於陸，而不及朱，似於朱無忤者。然朱之學正主程，而程之學專主敬，乃反以程子之言敬爲非，又何耶？且敬也者，堯、舜、禹、湯、文、武、周公、孔子以來相傳之説，非程子自爲之説也。蘇子瞻千古奇材，獨以輕薄讎程子，終身思所以破其敬之説，尚終其身不能，而水心欲破之，宜其説之不能自白也。序巽巖集，序略曰：「自有文字以來，名世數十，大抵以筆勢縱放，淩厲馳騁爲極功，風霆怒而江河流，六驥調而八音和，春輝秋明而海澄嶽靜也。公未嘗藻繳琢鏤以媚俗爲意，曾點之瑟方希，化人之酒欲清，又非以聲色臭味自怡悦也。」愚謂水心此言亦寫胸中之所自得者歟？翁靈舒詩集序云：「起魏、晉，歷齊、梁，士之通塞，無不以詩，而唐尤甚。彼區區一生窮其術而不悔者，固將以求達也。如必待達而後工，工而無益於用舍之數，則奚賴焉！君頭髮大半白。旁縣田一頃，蛙鳴聒他姓。城隅之館，水石粗足，而不能居也。」愚觀靈舒，四靈之一也，水心所以斥罵者如此。而世以晚唐詩名者，尚遥拜之爲宗師，可歎也已！宗紀序謂「佛學入中國，其書具在。有胡僧教以盡棄舊書不用。畔佛之學而自爲學，倒佛之言而自爲言，皆自以爲己即佛，而甚者至以爲過於佛也。」呂子陽老子説序謂「每歎六經、孔、孟，舉世共習。其魁俊偉特者，乃或去爲佛、老、莊、列之説，怪神靈水心集二十九作「虚」。霍，相與眩亂。甚至山棲絶俗，木食澗飲，以守其言，異哉！」愚按此兩序識到理明，尤水心文之絶特者，可以成誦，故表出之。墓誌銘：樞密汪勃，徽州人，紹興二年登進士。十三年和親，擇不與趙、張同好惡者，佐佑執政，勃遂爲監察御史，其賢不肖，可知也。乃云爲檜所忌，欲蓋而彰矣。然檜於一時同惡，既借官爵啖之以盡其力，位逼則斥去如奴隸。勃之見忌，亦非公曲筆，蓋紀實而是非自見者也。處州陳葵，字叔向，魏益之教以盡棄所懷，獨立於物之初。忽大悟，遂以師道歸益之，反陋朱、吕之學，水心辨以「一造而盡獲莊、佛氏之妄也。」語簡而精，然猶委曲其文曰：「昔孔子稱憤啟悱發，舉一而返三，而孟子亦言充其四端至於能保四海，往往牽借，而所指亦近於今世之所謂悟者。」愚謂待其憤而後啟之，待其悱而後發之，舉一反三，使以類推，此孔子欲學者自盡其力，而不徒師之恃耳，非悟也；充其四端至於能保四海，此修身以至平天下，堯、舜、三代已試之，效具在，皆實理也，非悟也。胡崇禮誌云：「初，朱元晦、吕伯恭以道學教閩、浙士；有陸子靜後出，號稱徑要簡捷，諸生或立語已感動悟入。以故越人爲其學尤衆，雨併笠，夜續燈，聚崇禮之家，皆澄坐内觀。」蓋譏之尤深也，然亦工矣。平陽林善補及第，葬其母陳氏鹽亭山，爲光孝寺冒爭，逾二年乃克葬。水心誌云：「嗚呼！有是哉！夫貲不足以買山而葬於官荒之山。此譽士之窮，王政所必矜也；遁耕織之勞，而欲擅山海之富。此異端之横，王法所必誅也。銘曰：徂徠躬耕葬百喪，使皆如此訟何當。藁椌而掩孰在亡，夫人之歸天與岡。」愚按：水心此筆氣直語壯，愧死當時符移紛紛之有司矣。水心能力排老莊，正矣，乃并譏程伊川，則異論也；能力主恢復正矣，乃反斥張魏公，則大言也；能力詆本朝兵財靡弊天下以至於弱，正矣，乃欲割兩淮、江南、荆湖棄諸人，以免養兵，獨以兩浙爲守，又欲抑三等户代兵，兹又靡弊削弱之尤者也。水心之見稱於世者，獨其銘、誌、序、跋筆力橫肆爾。近世自號得水心文法者，乃以陰寓譏罵爲能。愚觀水心文，雖間譏罵，實皆顯白。如曰：「旁縣田一頃，蛙鳴聒他姓。」此顯斥翁靈舒廢家業，而工晚唐詩，直以爲世戒，非陰寓也。如曰：「蛛絲委架詩書愠，鷺羽空陂菡萏愁。」此明言陳益謙不讀書而冒儒衣冠，不得已爲作詩，非陰寓也。如曰：「丁村未嘗有此，其村民不學而崛起未可知。惟數花須，嗅松葉，世傳狀鮑清卿爲猴精。」此爲譏諷，然他日誌其妻劉氏，直舉龐蘊夫婦棄家學佛，至賣漉籬，此其偏好，自有取輕者，終篇述其治行甚褒，瑕瑜不相揜也。借曰水心時一以文爲譏，可盡以例其餘耶？學之者不於其横肆而獨於其戲者耶？嗚呼！水心之傳世者僅此，而學之者又辱之，且關學者心術，故爲之辯。

案：永嘉之學，與洛閩同源異委，水心之譏伊川，亦如東坡、象山諸人意見偶殊，無害其學也。至張魏公先附汪、黄，後主恢復，富平之敗，喪師蹙國，豈無可議者？宋人以南軒講學，朱子又作魏公行狀之故，遂不敢斥其罪，本偏袒之見。東發之學，尚非姝姝暖暖依附門户者，亦爲此論何也？至水心之欲分兩淮、江南、荆湖爲四鎮，以駐扎兵，委之財賦，皆得自用，蓋欲重方鎮之權，以救宋之弱，未嘗非識時務之言，東發乃謂水心欲割四鎮棄諸人，毋乃欲文致其罪乎？

吳子良林下偶談二：水心少與陳龍川游，龍川才高而學未粹，氣豪而心未平，水心每案：疑當作「不」。以爲然也，作抱膝軒詩鐫誚規責，切中其病。是時水心初起，而龍川已有盛名，龍川雖不樂，亦不怒，垂死猶託銘於水心，曰：「銘或不信，吾當虛空中與子辨。」故水心祭龍川文云：「子不余謬，懸俾余銘；且曰必信，視我如生。疇昔之言，余豈敢苟。哀哉此酒，能復飲否？」水心既嘗爲銘，而病耗失之後，乃爲集序，精峭卓特，歎其才不爲世所知；世所知者科目耳。又謂「同甫之學，惟東萊知之，晦庵不予，又不能奪。而予猶不曉，皆所得必信者。」後諸子再求銘，水心遂以陳同甫、王道甫合爲一銘，蓋用太史公老子、韓非及魯連、鄒陽同傳之意。老子非韓非之比，然異端箸書則同；魯連非鄒陽之比，然慷慨言事則同；陳同甫之視王道甫雖差有高下，而有志復讎，不畏權倖則同。其言大義大慮大節，以爲春秋、戰國之材無是，稱揚同甫至矣。末後微寓抑揚，其論尤正，又與昌黎評柳子厚略相類。水心於龍川自少至老，自生至死，只守一説，而後輩不知本末，或以爲疑，此要當爲知者道也。水心於歐公四六暗誦如流，而所作亦甚似之。顧其簡淡朴素，無一豪嫵媚之態，行於自然，無用事用句之癖，尤世俗所難識也。水心送王成叟姪云：「林黃橘柚重，渚白兼葭輕。」意含蓄而語不費。水心作汪參政勃墓誌銘有云：「佐佑執政，共持國論。」執政蓋與秦檜同時也。汪之孫、浙東憲綱不樂，請改。水心答云：「凡秦檜時，執政某未有言其善者，獨以先正厚德，故勉爲此。自謂已極稱揚，不知盛意猶未足也。」汪請益力，終不從。未幾，水心死，趙蹈中方刊文集未就，門下有受汪囑者竟爲除去「佐佑執政」四字，碑本亦除之，非水心意也。水心答書，惜不見集中。水心爲質窗集序末云：「趨捨一心之信，否臧百世之公。」此兩句最有味，學文者宜思焉。自古文字如韓、歐、蘇，猶間有無益之言。如説酒、説婦人或諧謔之類，惟水心篇篇法言，句句莊語。水心文本用編年法，自淳熙後，道學興廢，立君用兵始末，國勢汙隆，君子小人離合消長，歷歷可見，後之爲史者當資焉。

三：「水心與質窗論文、至夜半，曰四十年前曾與吕丈説。」吕丈東萊也。因問質窗：某文如何？時案上置牡丹數瓶，質窗曰：「譬如此牡丹花，他人只一種，先生能數十百種，蓋極文章之變者。」水心曰：「此安敢當，但譬之人家觴客，或雖金銀器照座，然不免出於假借，自家羅列僅甆缶瓦杯，然卻是自家物色。」水心蓋謂不蹈襲前人耳！甆瓦雖謙辭，不蹈襲則實語也。四時異景，萬卉殊態，乃見化工之妙；肥瘠各稱，妍淡曲盡，乃見畫工之妙。水心爲諸人墓誌，廊廟者赫奕，州縣者艱勤，經行者粹醇，辭華者秀穎，馳騁者奇崛，隱遁者幽深，抑鬱者悲愴，隨其資質，與之形貌，可以見文章之妙。銘詩之工者，昌黎、六一、水心爲最。四：水心詩蚤已精嚴，晚尤高遠。古調好爲七言八句，語不多而味甚長。其間與少陵爭衡者非一，而義理尤過之，難以全篇概舉，姑舉其近體成聯者：「花傳春色枝枝到，雨遞秋聲點點分。」案：黎編水心集佚此篇。此分量不同，周匝無際也。「江當闊處水新漲，春到極頭花倍添。」案：此詩亦佚。〔一〕此地位已到，功力倍進也。「萬卉有情風暖後，一筇無伴月明邊。」案：丁少明挽詩。此惠和夷清氣象也。「包容花竹春留巷，謝遣蒲荷雪滿涯。」案：題王叔范自耕圖。此陽舒陰慘規模也。「隔垣孤響度，別井暗泉通。」案：贈蔡茂才貫之子與。此感通處，無限斷也。「舉世聲中動，浮生胥〔二〕帶來。」案：贈聽聲歐陽承務。此真實處，非安排也。「峙巖橋畔船辭柁，冷水觀邊花發枝。」案：陳待制挽詞。此往而復來也。「有兒有女後應好，同穴同時今奈何。」案：岷江愁挽陳持中知府郎中嫂恭人第二首。此哀而不傷也。「此日深探應徹底，他時直上自〔三〕摩空。」案：贈縣尉。此高下本一體，特有等級也。「蓍蔡義前識，簫韶舜後音。」案：此詩亦佚。〔四〕此古今同一機，初無起止也。所謂關於義理者

〔一〕此詩見水心集八送潘德久，孫誤注。
〔二〕「胥」，水心集作「骨」。
〔三〕「自」，水心集作「定」。
〔四〕此詩見水心集七施翔公掌教長沙，孫誤注。

如此，雖少陵未必能追攀。至於「因上岧嶢覽吴越，遂從開闢數羲皇。」案：次韻喻叔奇九日。此等境界，此等襟度，想像無窮極，則惟子美能之。他如「驛梅吹凍蘂，柁雨送春聲。」案：此詩亦佚。〔一〕「緑圍齊長柳，紅糝半含桃。聽雞催謁駕，立馬待紬書。」案：並何參政挽詞。「野影晨迷樹，天文夜照城。」案：贈高竹友外姪。「曬書天象切，浴硯海光翻。」案：沈氏書堂。「地深湘渚浪，天遠桂陽城。」案：送周子靖。置杜集中，何以别？乃若「遺臘冰千筯，勾春柳一絲。」案：此詩亦佚。〔二〕「燐迷王弼宅，蒿長孟郊墳。」案：薛子舒墓。「帆色挂曉月，艣音穿夕煙。」案：送鄧諫從制幹。「門邀百客醉，囊諱一金存。」案：趙清叔挽詞。「難招古渡外，空老夕陽濱。」案：林處士挽詞。又特其細者。水心之門趙師秀紫芝、徐照道暉、璣致中、翁卷靈舒，工爲唐律，專以賈島、姚合、劉得仁爲法，其徒尊爲四靈，翕然效之，有八俊之目。水心廣納後輩，頗加稱獎，其詳見徐道暉墓誌。而末乃云：案：此處有奪字。「尚以年，不及乎開元、元和之盛，而君既死。」蓋雖不没其所長而亦終不滿也。後爲王木叔詩序謂木叔不喜唐詩，聞者皆以爲疑。夫爭妍鬬巧，極外物之意態，唐人所長也；及要其終，不足以定其志之所守，唐人所短也。

〔一〕此詩見水心集七送謝希孟，孫誤注。
〔二〕此詩見水心集七贈勝上人，孫誤注。

木叔之評，其可忽諸！又跋劉潛夫詩卷謂「謝顯道稱『不如流連光景之詩』。此論既行，而詩因以廢矣。潛夫能以謝公所薄者自鑒，而進於古人不已，參雅、頌、軼風、騷可也。何必四靈哉！」此跋既出，爲唐律者頗怨，而後人不知，反以爲水心崇尚晚唐者，誤也。水心稱當時詩人可以獨步者李季章、趙蹈中耳。近時學者歆豔四靈，剽竊模仿，愈陋愈下，可歎也哉！

四朝聞見録甲：水心先生之文，精詣處有韓、柳所不及，可謂集本朝文之大成者矣。乙：水心先生爲周述墓，則以周南廷對策論皇極人才數百言冠之誌首。蓋周自爲教官，至給札中秘書，皆未嘗見之行事，故水心特序所對策以表之。近時真文忠公撰徐玉堂鳳墓碣，亦詳述其給札時言山東事，蓋祖水心文法也。水心先生序龍川之文，乃謂同父使不以進士第一人及第，則誠狼疾人矣。龍川獄事蓋爲父也。天意佑之，而諸公競全活之。水心先生不當以是冠篇首，龍川雖不爲進士第一人，其所上皐陵三書，詎可泯乎？或謂水心先生微時，蓋亦頓挫流滯，故因龍川之序而自道耳，水心進士第二人也。

澗泉日記下：葉正則文字不苟作，所惜削繩刻墨尚露爾，要是究見根柢，用意至到。

陳昉潁川語小下：邵氏聞見録：「有叵羅，不知何物。」考證案：「叵羅，酒器也。」見北史祖珽傳，又李白詩、岑參詩，此似未考。葉文定公端午詩云：「立瓶叵羅銀價踴。」詒讓案：此詩見水心集六，題作

「永嘉端午行」。水心謚，宋史本傳作「忠定」，東甌詩集二作「文定」，以此證之，則宋史誤也。是直以沙羅爲叵羅。沙羅者，今之盥，古之洗也。當俟博古者。瑞安葉文定公，族本龍泉，凡公所題號皆曰龍泉葉某，後居永嘉水心寺側，水心，寺名也。趙蹈中序公遺文，直目爲水心集，當爲公辨之。

無名氏愛日齋叢鈔二：水心集劉正字墓誌云：「居室尤陋不改，予問過之，及門而下，建翁逡巡出迎中街。笑云：『自二父在[一]而四方之過莆者無不造於庭。蓋今之轎大於舊矣，乃世變也。』予亦笑曰：『轎雖大不數寸，公門扉無乃本狹乎？而不知變耶。』」二父者，賓之夙、復之朔。建翁名起晦，復之子。潛夫，尚書諸祖父。葉公之對雖似謔，實賢其不變於俗也。謝上蔡之孫曰：「偕其子無衣食，替人承符，引養老母。黄子耕守天台，修郡志訪求故家得之，請見，抗賓主禮，給冠帶田宅。楊龜山之家既賣其宅，四世孫子復病之，爭訴紛然，余景瞻守南劍，曰：「有司用交易法耳，安能空手以得。」自至郡，列券百餘萬，謝不取，因贖以歸之，修補其漏闕。又職子復於學，以廩之。見葉正則所爲祠記。三：陳同甫治園池，爲柏屋三間，名曰抱膝齋，葉正則爲作抱膝吟二首，同甫復因書求題詠於文

〔一〕「在」，水心集作「生」。

公，有云：「正則爲作抱膝吟二首，君舉作一首，詞語甚工。」文公曰：「二公詩皆甚高，而正則之摹寫尤工，卒章致意尤篤，令人歎息，惜不曾向頂門上下一針，猶落第二義也。」四：近世葉正則集中，存和李季章參政一曲，亦云：「素不曉度曲，故所次者一篇而止。」文人能靳爲之。流俗强所短於無益者何哉？案：和李參政曲，黎本誤入二十九卷雜箸内，自跋亦無「素不曉度曲」二語。

劉壎隱居通議一：水心文集中稱朱文公或曰新安先生朱公、或曰朱公元晦。又嘗謄章爲文公力辨林黄中之劾，其於陳止齋、吕東萊亦屢稱之，獨不及於象山，心嘗疑焉。以爲此時號爲儒宗者有四，曰：朱、張、吕、陸，何獨見遺？惟於胡崇禮墓誌中一寓其辭曰：「朱元晦、吕伯恭以道學教閩浙士，有陸子靜後出，號稱徑要簡捷，諸生或立語已感動悟入矣。以故越人爲其學尤衆，雨併笠，夜續燈，聚崇禮之家，皆澄坐内觀。」以上皆水心語，然無靳辭，似亦有取於陸者，特謂之後出則非。嘗觀象山與晦庵往來書，俱各稱兄；及勉東萊勿於喪服中聚徒講授，書中言詞峻切止如平交；陳止齋專書致幣於象山勤矣，而回書亦惟稱止齋曰兄。止齋之於水心，蓋前輩也，象山視如平交，則不得謂之後出矣。水心輕視，竊未所諭。水心公誌陳叔向之墓有曰：「君既與魏益之游，每恨志慮昏而無所明，記憶煩而不足賴，益之因教以盡棄所懷，獨立於物之初。未久，忽大悟，洪纖大小，高下曲直，皆仿佛若有見焉。自是以斯道歸益之，且疑吕伯恭讀書徒多，朱元晦修方不療。時吕公已下世矣。朱公雖論未合，然重其讜直無隱，士有比君所者，必使往從之，曰：『可以寡過也。』昔孔子稱『啟發憤悱，舉一反三，』而孟子亦言『充其四端，至於能保四海，』往往近於今之所謂悟者。然仁必有方，道必有等，未有一造而盡獲也。一造而盡獲，莊、佛氏之妄也。叔向掊包蒙之梏，游於廣大，而常自言用功益難，進道逾遠，古人今人皆未可輕議，其厲志勇猛，蓋不以悟自足也。而益之不然，獨守其悟，而百聖之户庭虚矣。然則叔向之所以異於其師者，益之未暇詳也。」以上皆誌中語，予嘗記乾、淳間有魏掞之者，嘗以直諫膺主，眷而未知益之名諱爵里，與夫所學傳承也。夫以悟爲則固未足以盡道，然誠妙悟則亦幾於見道矣。朗徹瀓瑩，纖翳不留，高出萬象之表，與太初鄰，其視蘿頭故紙，迷溺訓詁，而卒無益於自得者，不差勝乎？水心之論，雖有抑揚，顧窺其微旨則亦有取，豈非泥於時好，艱於顯露，亦正言似反者歟？不然則「讀書徒多，修方不療」二語正當斥絶，豈宜表而出之邪？或謂此語蓋有激而云，然亦至論。案：陳氏蓋溺於心學者，故水心譏之。劉氏論學亦喜象山，故不以水心之論爲然。水心作宗記序述永嘉鮑壄删擇禪宗要語，定箸百篇。有曰：「予嘗問壄：『儒之於佛，强者愠，弱者眩，皆莫之睨，子以何道知之？』壄曰：『無道也，悟而已矣。』其爲是宗者，亦曰：『無道也，悟而已矣。』予聞而逾悲。夫『不憤不啟，不悱不發，』故曰：『亦可以弗畔矣。』夫今悟而遂畔之，庸知非迷之大乎！雖然，考之於其書，則信悟矣。」觀此序，則水心固未嘗以佛家之悟爲是也。徐侍郎諱誼，水心誌其墓，有曰：「諸儒雖爭爲性命之學，然而固滯於語言，播流於篇末，多芒昧影響而已。及公以悟爲宗，懸解昭徹，近取日用之内，爲學者開示。修證所緣，至於形廢心死，神視氣聽，如靜中震霆，冥外朗日，無不洗然自以爲有得也。」參玩茲語，似亦近禪，而當時諸儒學術亦因可見。徐公卒於嘉定初元，時閩浙諸老存者寡矣。越之新昌，黄仲山名仁靜，有子名度，登朝顯宦，年八十七卒。自言見性命真處，如水中鹽味，非無如有，其説深矣。病中嘗曰：「除世俗塵事易，除心中情想難。吾用力於此久矣，然葉脱枝生，不知其幾，今真斷矣，故樂也。」臨絶視度而笑，度指其心曰：「得非能於此洞然乎？」公應曰：「然。」遂殁。以上載水心誌中，詳其爲人，豈亦融會儒、釋之學者歟？水心論佛學云：「予在荆州，無吏責，讀浮屠書盡數千卷。於其義類，粗若該涉。夫西戎僻阻，無有忠信禮義之教，彼浮屠者，直以人身喜怒哀樂之間，披析解剥，别其真妄，究其始終，爲聖狂、賢不肖之分，蓋世外奇偉廣博之論也，與中國之學較然殊異，豈可同哉？世儒不知淺深，猥欲强爲攘斥，其於道鮮矣。蜀人范東叔，自云：『在學省時，晨朝必誦楞嚴。』陳君舉與鄰省，問：『念佛者誰？』東叔拱而後對。君舉戲曰：『吾以爲老兵所課爾。』東叔言：『誦此書三十年矣。』予問東叔：『楞嚴要義安在？』東叔沉思久之，曰：『如雞倏鳴，顧瞻東方，已有精色。此是逼撲到緊切處也。』余聞而歎息。夫不讀者固不能知，而讀者知之止於如是。」以上皆水心先生語，味其旨若斬之者。又嘗稱「天台端信師兼習諸宗，性義融徹，詞辨峰起。援據今古，中其機要，咸曰：『信書廚，不可與爭也！』闔户長年，人莫識面，惟教其徒，令速趨西方空寂，以此自終。予每病學佛者徒守一悟而不知悟本，或外示超俗而實墮俗紛，若師，庶幾免矣！」觀此論則先生所指悟本者未知所在。二：「初周恭叔首聞程、吕氏微言，放新經，黜舊疏，挈其儔倫，退而自求，是千載之已絶，霍然如醉忽醒、夢方覺也。頗益衰歇，而鄭景望出，明見天理，身暢氣怡，篤信固守，言與行應，而後知今人之心可印於古人之心。故永嘉之學，必兢省以御物欲者，周作於前、鄭承於後也。薛士龍奮發昭曠，獨究體統，帝王遠大之制，叔末寡陋之術，不隨毀譽，必摭故實，如有用我，療復之方安在！至陳君舉尤號精密，民病某政，國厭某法，銖稱鎰數，各到根穴，而後知古人之治可措於今人之治矣。故永嘉之學，必彌綸以通世變者，薛經其始、陳緯其終也。四人，鄉之哲人也。」此葉氏所箸温州學記之説。予按：水心公誌止齋墓有云「從公四十年」，似有師弟子之分矣，而每字之；薛尤前輩，止齋所師，而亦字之，未嘗曰先生也。然水心行狀止云「少詣吕太史」，不言止齋，豈於止齋惟平交歟？計其行輩，即止齋實先達矣。永嘉有言「洛學起而文字壞」，此語當有爲而發。聞之雲臥吴先生曰：「近時水心一家，欲合周、程、歐、蘇之裂。」十七：後村集中有云：「予少時讀龍泉所作陳仲石誌，高雅如檀弓、穀梁，修啚如荀卿，予至今猶不忘。」憶昔嘗與雲畬趙史君論水心文字，止取其銘之佳，而未及其誌也。後村翁推尊極至，念不可泯，因録於此。案此誌見黎編水心集十三〔一〕，文繁不録。識者更共評如何？然不讀誌，亦不知銘之妙。昔開慶己未歲，嘗選取水心文之絶出者，手鈔成帙以備觀覽。時年甫二十耳，智識未到而輕於去取，嘗疑必謬。今者仕閩五載，不讀此文久矣。歸來暇日，重閲全集，欲採所遺而亦無逾於前所選，豈七十八翁知識不加于二十時耶？因記雲畬趙史君曾與余論筆法，引水心公所序徐致中語極有味，余乃遺之，今日因見，即八法結搆之論也，謾録於後。蓋雲畬翁亦喜讀水心文者，俊穎超卓，廣記博辨，當劇談快意時，輒索予同聲背誦晉元帝廟記、司馬温公祠堂記、陳同甫、王道甫、周子及、徐靈淵等諸誌銘，抱膝齋詩、朱娘曲諸篇以爲樂。噫！久無是契，今之友朋會是意者寡矣！舊集蓄藏，歲久濕漏腐壞，懼成灰塵，故亟鈔而存之。延祐丁巳四月三日。送徐致中序曰：「徐致中在零陵，得單秉文筆法，以自書論語、大學諸篇遺予。予得之驚喜，爲作詩云：『歐、虞兼褚、薛，字遠筆爲塵。今日睹來翰，如親見古人。盡歸嚴號令，富

〔一〕「三」，底本誤作「二」，徑改。

有活精神。碑版荒唐久，遄看走四鄰。』然致中書暴進，而予素不知書，恐見者嗤侮，遂不敢出此。因其赴龍溪丞，謾書以别。致中云：『今人字不用法，隨帖摹寫，止取形似，雖有巧拙，豈足評論。』予問：『當用何法？』致中言：『王逸少則不可知。凡書皆一法，如匠造屋，主人位置裝折不同，木之分寸必應繩墨。故分爲點畫，合而爲字，無妄施者。』致中所造如此，當遂名家，更須歸日驗之。」案：此序劉氏全録其文，而黎編水心集不載，今亦附録之，以補黎本之闕。　十九：嘗記水心先生文中有曰：「豬苓、桔梗，時而爲帝，無不按節赴之。」或者疑其自作議論，不知出南華經徐無鬼篇，其言曰：「藥也，其實堇也。桔梗也，雞廱也，豕零也。是時爲帝者也，何可勝言？」郭象曰：「當其所須則無賤，非其時則無貴，貴賤有時，誰能常也。」此論大概喻人無貴賤，觀所遇之時何如？故用則爲虎，不用則爲鼠。又俗謂可貴賤，皆此意也。

梅磵詩話上：吾鄉地瀕具區故郡，以湖名，葉水心爲趙守希蒼作勝賞樓記，有「四水會於霅溪，鏡波藍浪」等語。

陳櫟隨録：水心自建康帥閫病歸，不復出，大肆力於碑、銘、記文，四方甚重之。陳筠窗耆卿、吴荆溪子良，皆宗水心爲文，雖奔走其後而追之，終莫能繼。定宇文集八

案：水心葉文定公，雄文博辯，爲永嘉諸儒之冠。同時吴荆溪、韓澗泉、真西山、黄東發、劉漫塘諸人，交口推許無異詞。至於碑版之文，照耀一世，幾與韓、歐諸家埒。今所傳集雖非完帙，然鴻篇巨製，猶見梗概，誌、狀百五十餘篇，幾居全集之半，嘉言懿行，多足與

史傳相參證。其爲温州人作者碑誌、行狀，凡四十五篇，婦女之誌尚不與焉，信吾鄉文獻之淵椒也。全集在宋代凡二本，一爲水心歿後，門人趙汝讜蹈中所刊，即書録解題、讀書附志所著録者，其本凡正集二十八卷，拾遺一卷，别集二十六卷；一爲淮東本，不知何人所編，書録解題稱其無拾遺，編次亦不同，至明而正集二本並佚，惟别集僅存於世。正統間，處州推官章貢黎諒，乃蒐緝遺佚，編爲二十九卷。自序稱所得殘本有曰策場標準集者，有曰水心文粹者、有曰葉學士文集者、有曰水心先生文集者，不知孰爲趙本，孰爲淮東本也。今世通行者，大抵皆黎本，其卷數雖與趙本同，然掇拾之餘，奪佚淆亂，非復宋本之舊。如卷八送劉晉卿，乃七言古詩，而黎本編入七言律詩之末，卷二十九和李參政乃曲也，而[一]黎誤編入雜箸，且佚其自跋。詳前愛日齋叢鈔下。又如黄氏日鈔六十八所引水心屯田畫一申請狀、大學講義、送徐致中序、翁靈舒詩集序；梅礀詩話中所引潘轉庵詩集序諸篇，黎本並缺，别集今世傳本首尾完具，而黎編本財計下、外論三、外論四，三篇並缺，則搜羅亦未賅備。然今距黎氏編集之時又數百年，不惟宋刊兩本不復可得，即黎氏所見殘本四種亦盡

[一]「本其卷數雖與趙本同然掇拾之餘奪佚淆亂非復宋本之舊如卷八送劉晉卿乃七言古詩，而黎本編入七言律詩之末卷二十九和李參政乃曲也而黎」底本脱，據校勘記補。

散佚。水心遺文終賴其編刻而存，未可以疏舛置之也。乾隆乙亥，温州重刊黎本舛誤尤多，碑誌諸卷更多竄亂，今不備論。

又案：黄氏日鈔讀葉水心文一卷，雖撮録大要，不能備載，而即其所録目次，以校黎本，異者十九，原鈔不著何本，觀其有別集而無拾遺，蓋淮東本矣。今録日鈔所載目於此，并附識黎本之同異於下，庶後人有所考焉。奏議：日鈔所載標目，下倣此。今黎本弟一卷標曰奏札，凡八篇，弟二卷標曰狀表，凡狀八篇、表十二篇、牋二篇，弟三、弟四、弟五三卷，統標曰奏議，凡財計〔一〕總論等四十四篇，皆見別集，黎誤編入。淮東本奏札及狀並統編曰奏議，而表則與啟自爲一類，見下卷。牋當與表同。淳熙上殿札子、黎本亦弟一卷弟一，題曰上孝宗皇帝札子，日鈔所載目與別集十五合。別集惟此篇及應詔條奏六事與正集複。應詔條奏六事、黎本亦一卷弟二，題曰上光宗皇帝札子，別集十五所載與此同。又上執政薦士、黎本「士」下有「書」字，編入二十七卷書啟類中。辯兵部郎官朱元晦札子、黎本札子作狀，二卷弟五。淮西論鐵錢五事、黎本「事」下有「狀」字，二卷弟六。嘉泰上殿三札、黎本一卷弟三、弟四、弟五，題曰上寧宗皇帝札子，下注云「嘉泰三年」。開禧上殿札、黎本一卷弟六、弟七、弟八，題曰上寧宗皇帝札子，下注云「開禧二年」。安集兩淮申省狀、黎本二卷弟一。屯田一申請狀、黎本佚。續陳堡塢利害狀。黎本二卷弟二，題曰定山瓜步石跋三

〔一〕「財計」，校勘記疑爲「法度」之誤。

堡塢狀。　大學講義。黎本佚。案：黎氏自序云其所著經、史、子、集〔一〕，編爲後集，總名曰水心文集。今所行二十九卷本，每卷首行水心先生文集卷若干，下皆有「前集」二字，而後集則未之見，疑當時未付刊矣。所云「經史子集」，當即別集、易、書、詩、春秋、管子、老子、孔子家語、莊子、楊雄太玄、左氏春秋、戰國策、史記、三國志、五代史諸篇，大學亦經也。講義，疑黎本改編入後集，故正集佚之耳。　表啟：黎本表在弟二卷，與狀爲一類，啟與書爲一類，別在二十七卷，凡書十二篇、啟十篇。　卷六、卷七皆古詩。黎本卷六古詩七十七篇，卷七古詩七十一篇，五言律詩九十五篇，卷八七言律詩五十篇，七言絶句八十四篇。　記：黎本卷九、卷十、卷十一皆記，共五十三篇。　漢陽新修學記、黎本九卷弟三，「陽」下原有「軍」字。　煙霏樓記、黎本九卷弟五。　温〔二〕公祠堂記、黎本九卷第七。　樂清三賢祠、黎本樂清縣學三賢祠堂記九卷弟十。　醉樂亭記、黎本九卷弟十一。　石洞書院記、黎本九卷弟十四。　千佛閣記、黎本九卷弟十五，題上有「温州開元寺」五字。　白石經藏記、黎本九卷弟一，「白石」下有「淨慧院」三字。　龜山祠堂記、黎本十卷弟一，「山」下有「楊先生」三字。　平陽縣代納坊場錢記、黎本十卷弟二。　敬亭後記、黎本十卷弟四。　上蔡祠堂記、黎本十卷弟六，「蔡」下有「先生」二字。　瑞安修學記、黎本十卷弟九，「瑞安」下有「縣重」二字，「修」下亦有「縣」字。　北村記、黎本十卷弟十二。　葉嶺書房記、黎本十卷弟十五。　風雩堂、黎本風雩堂記十卷弟十六。　温州修學

〔一〕「經史子集」，校勘記疑爲「經傳子史」之誤。

〔二〕「温」上黎本有「司馬」二字。

記、黎本十卷弟十七「州」下有「新」字。紹興諸暨二莊、黎本紹興府新置二莊記十卷弟十九。郭氏種德庵記、黎本十一卷弟一。温州社稷記、黎本十一卷弟四。季子廟記、黎本十一卷弟五。南安軍三先生祠堂記、黎本十一卷第九。宣興修學記、黎本十一卷弟十一，「興」下原有「縣」字。寶婺觀、黎本寶婺觀記十一卷弟十。連州開楞伽峽記、黎本十一卷弟十三。湖州勝賞樓。黎本湖州勝賞樓記十一卷弟十六。序：黎本卷十二，凡序三十四篇。石庵蔡瑞藏書、黎本石庵藏書目序十二卷弟二。陰陽精義序、黎本十二卷弟五。紀年備遺、黎本紀年備遺序十二卷弟八。徐致中論書法、黎本佚此篇，劉塤隱居通議十七載水心送徐致中序一篇，即此水心佚文，惟此篇首尾完具，當鈔入黎本，以補其闕。巽巖集序、黎本十二卷弟十。周會卿詩序、黎本十二卷弟十三。松廬集序、黎本十二卷弟十八。歸愚翁文集序、黎本十二卷弟二十。翁靈舒詩集序、黎本佚此篇，西巖集、葦碧軒集亦並不載。周南仲後序、黎本十二卷弟二十三，「仲」下原有「文集」二字。黃文叔周禮序、黎本十二卷弟二十四。法明寺教藏記、黎本十二卷弟二十七，「記」當作「序」。宗紀序、黎本十二卷弟二十八，「紀」作「記」。呂子陽老子説序、黎本二十九卷弟二十七，誤編入雜箸內，題曰呂子陽老子支離説。胡尚書序、黎本十二卷弟二十九，「尚書」下有「奏議」二字。題跋：黎本編入二十九卷，統題曰雜箸，共五十五篇。題畫婆須密女、黎本二十九卷弟九。河豚雖毒而人能啖之、此題歐公書梅聖俞河豚詩後語，黎本二十九卷弟十一，日鈔舊本與題畫婆須密女誤合爲一條。石月硯屏、黎本題石月硯屏後，二十九卷第十三。戴肖望病詣王大受、此題拙齋詩稿語，黎本二十九卷弟三十四。潘彥庶輕鄙舉子學、黎本題潘彥庶群書辨正二十九卷弟二。題劉潛夫南嶽詩、黎本二十九卷弟四十四，「詩」下有「稿」字。　題義役〔一〕。黎本二十九卷弟五十四。　題周簡之文、黎本二十九卷弟四十五，「文」下有「集」字。　祭文：黎本二十八卷皆祭文，共五十三篇。　澗底之松山上之苗、此祭韓子師尚書文語，黎本二十八卷弟六。　髣髴。此祭王木叔秘監文末二字，黎本二十八卷弟三十八。　墓誌銘：黎本卷十三至卷二十五凡十三卷，皆墓誌銘，共百四十八篇。　徐誼待制、黎本寶謨閣待制知隆興府徐公墓誌銘二十一卷弟二。　蔡必勝、黎本蔡知閤墓誌銘十七卷弟一。　陳傅良墓誌、黎本寶謨閣待制中書舍人墓誌銘十六卷弟三。　著作正字二劉公墓誌銘、黎本十六卷弟九。　寶謨劉公潁、黎本寶謨閣直學士贈光禄大夫劉公墓誌銘二十卷弟二。　曾侍郎漸、黎本中奉大夫尚書工部侍郎曾公墓誌銘二十一卷弟四。　薛待制弼、黎本故知廣州敷文閣待制薛公墓誌銘二十二卷弟三。　黄尚書度、黎本故禮部尚書龍圖閣學士黄公墓誌銘二十卷弟六。　陳謙、黎本朝請大夫提舉江州太平興國宮陳公墓誌銘二十五卷弟九。　祭酒李祥、黎本國子祭酒贈寶謨閣待制李公墓誌銘二十四卷弟三。　陳同甫王道甫墓誌銘、黎本二十四卷弟八〔二〕。　趙彦橚、黎本故寶謨閣待制知平江府趙公墓誌銘二十三卷弟四。　王柟木叔、黎本朝議大夫秘書少監王公墓誌銘二十三卷第八。　蔡行之、黎本兵部尚書蔡公墓誌銘二十三卷第一。　趙師羼、黎本兵部尚書徽猷閣學士趙公墓誌銘二十四卷弟五。　乾隆重刊本删之，蓋以宋史言師羼佞韓侂胄也。　然以葉紹翁四朝聞見録戊，及周密齊東野語三所載考之，則師羼犬吠事，乃鄭斗所造以報撻武學士之憤者，宋史誤取之也。　施師點、黎

〔一〕「題」，黎本作「跋」。

〔二〕「八」，底本誤作「七」，徑改。

本故知樞密院事資政殿大學士施公墓誌銘二十四卷第八。樞密汪勃、黎本故樞密參政汪公墓誌銘二十四卷弟六。荆溪林下偶談謂「水心作汪參政勃墓誌」有云：「佐佑執政，共持國論。」汪之孫綱不樂，請改，水心終不從。水心死，趙蹈中方刊文集，未就，門下有受汪囑者，竟爲除去「佐佑執政」四字。案：今黎本「佐佑執政」作「居紀綱地」，蓋即門下所改。黄氏所録，仍作「佐佑執政」，則其所據者爲淮東本無疑矣。劉彌正、黎本故吏部侍郎劉公墓誌銘二十卷弟三。周淳中、黎本故朝散大夫主管建甯府武夷山沖佑觀周先生墓誌銘十三卷弟十。詹體仁、黎本司農卿湖廣總領詹公墓誌銘十五卷弟九。狀元姚潁、黎本宋故宣教郎通判平江府姚君墓誌銘十三卷弟五。丘文定公母臧氏、黎本故太碩人臧氏墓誌銘十三卷弟十一。池州貴池縣葉氏、黎本葉君墓誌銘十三卷弟十二。醫痊王大受、黎本翰林醫痊王君墓誌銘十三卷弟十四。東陽郭氏、黎本郭處士墓誌銘十三卷弟十六。徐定、黎本徐德操墓誌銘十四卷弟三。載陳傅良妻張令人、黎本張令人墓誌銘十四卷第十。〔一〕鮑潚、黎本朝散大夫主管沖佑觀鮑公墓誌銘十六卷弟一。餘姚孫椿年、黎本孫永叔墓誌銘十六卷弟七〔二〕。永嘉林正仲、黎本林正仲墓誌銘十六卷弟八〔三〕。王聞詩、王聞禮、黎本提刑檢詳王公墓誌銘十六卷弟七〔四〕，運使直閣郎中王公墓誌銘十七卷弟三。徐道暉

〔一〕「十」，底本誤作「九」，徑改。
〔二〕「七」，底本誤作「六」，徑改。
〔三〕「八」，底本誤作「七」，徑改。
〔四〕「十」，底本誤作「八」，徑改。

誌、黎本十七卷弟二，題曰：徐道暉墓誌銘。邵叔豹墓誌、黎本十五卷弟三，題曰：宋武翼郎新製造御前軍器所監造官邵君墓誌銘。鄭耕老、黎本奉議郎鄭公墓誌銘十五卷弟五。錢之望、黎本華文閣待制知廬州錢公墓誌銘十八卷弟二。省元錢易直、黎本箸作佐郎錢君墓誌銘十八卷弟四。劉起晦、黎本劉建翁墓誌銘十八卷弟五。知處州蔣行簡、黎本朝議大夫知處州蔣公墓誌銘十八卷弟六。侍郎陳景思、黎本朝請大夫主管沖佑觀煥章閣侍郎陳公墓誌銘十八卷弟十。吴興李浹、黎本太府少卿福建運判直寶謨閣李公墓誌銘十九卷弟一。臨海周子及、黎本國子監主簿周公墓誌銘十九卷弟三。處州陳葵、黎本陳叔向墓誌銘十七卷弟四。黄茴、黎本黄子耕墓誌銘十七卷弟五。劉子怡、黎本劉子怡墓誌銘十七卷弟八。龐蘊夫婦破家從禪、此劉夫人墓誌銘語，黎本十七卷弟九。周南仲、黎本文林郎前秘書省正字周君墓誌銘二十卷弟一〔一〕。胡崇禮、黎本胡崇禮墓誌銘十七卷弟十一。虞夫人、黎本虞夫人墓誌銘二十卷弟五。徐文淵、黎本徐文淵墓誌銘二十一卷弟六。平陽林善補及第葬其母陳氏、黎本夫人陳氏墓誌銘〔二〕二十一卷弟八。楊愿、黎本資政殿學士參政樞密楊公墓誌銘二十三卷弟十二。鄭景元、黎本鄭景元墓誌銘二十一卷弟十。陳民表、黎本陳民表墓誌銘二十五卷弟十。孟猷良甫、孟導達甫、皆從水心。黎本故運副龍圖侍郎孟公墓誌銘二十二卷弟五、孟達甫墓誌銘二十五卷弟四。唐氏、黎本太孺人〔三〕

〔一〕「一」，底本誤作「九」，徑改。

〔二〕底本「夫」上有「林」字，「林」衍，徑删。

〔三〕底本「太」上有「王」字，「王」衍，徑删。

唐氏墓誌銘二十二卷弟六。史漸進翁、黎本史進翁墓誌銘二十二卷弟十。長潭王公誌、黎本二十四卷弟六，作長潭王氏墓誌銘。陳少南、黎本陳少南墓誌銘十三卷弟一。崇國趙公不息行狀、黎本行狀編在二十六卷，與謚議、銘、青詞、疏文爲一類，凡行狀三篇，謚議四篇，銘八篇，青詞六篇，疏文十五篇。故昭慶軍承宣使知大宗正事贈開府儀同三司崇國趙公行狀弟一。張季樗行狀。黎本宋故中散大夫提舉武夷山沖佑觀張公行狀二十六卷弟三。

右黄氏所摘水心文凡一百二十五目，蓋首爲奏議、表啟，次爲詩，又次爲記、序、題跋、祭文，而以墓誌銘、行狀殿焉。皆淮東本水心集原次也。今黎本文尚存四百七十六篇，黄氏所摘雖不足考其全，然其略亦可見矣。

水心先生别集

十六卷。直齋書録解題十八、文獻通考二百四十一。國史經籍志五作「十七卷」，誤。存。遜學齋藏鈔本、同治辛未新刊本。

淳熙乙巳，余將自姑蘇入都，私念明天子方早夜求治，而今日之治，其條目纖悉至多，非言之盡不能知，非知之盡不能行也。萬一由此備下列於朝，恐或有所問質，輒稿屬四十餘篇。既而獲對孝宗，至光宗初又應詔條六事。然無復詰難，遂篋藏不出矣。慶元己未，始得異疾，六年不自分死生，筆墨之道廢。嘉泰甲子，若稍蘇而未愈也。取而讀之，恍然不啻如隔世事。嗟乎！余既沈痼且老，不勝先人之喪，懼即殞滅，而此書雖與一世之論絶異，然其上考前世興壞之變，接乎今日利害之實，未嘗特立意見，創爲新説也。」惜其粗有益於治道，因稍比次而繫以二疏於後，他日以授寀、宓焉。十月□□日，龍泉葉適。外稿自跋

直齋書録解題十八：水心集二十八卷、拾遺一卷、別集十六卷，吏部侍郎永嘉葉適正則撰。淮東本無拾遺，編次亦不同。外集者，前九卷爲制科進卷，後六卷號外稿，皆論時事；末卷號後總，專論買田贍兵。

張金吾愛日精廬藏書志三十一：水心先生別集十六卷，鈔本，從子謙姪藏舊鈔本影寫。宋葉適撰。適有水心文集二十八卷、拾遺一卷、別集十六卷，俱著録直齋書録解題。此即別集十六卷也。陳振孫曰：「別集前九卷爲制科進卷，後六卷號外稿，皆論時事；末卷號後總，專論買田贍兵。」均與此合，其爲原本無疑。明正統中，處州推官黎諒重編適集二十九卷，今世行本是也。其自識曰：「嘗求全書竟不可得。」又曰：「訪求遺本無有存者，則原集之佚久矣。」更四百年，原本復出，豈書之顯晦有時耶？抑適之精靈實有以呵護之也！

慈溪黃氏日鈔六十八：水心外集治勢三篇，謂「人主當以身爲天下之勢，今天下之勢，因治久忘戰，而女真自恣。天子方御征伐，又十餘年，天下始習兵革敢戰，而天子已厭武。紹興之末，青、鄆、亳、宋之間，豪傑響應，或號三十萬，而天下終以不振，習安難變乃其勢

然。今天下之士，惟嗜利桀行者，乃或叩閽言邊，而明見利害之人則皆深念根本。然則天下之勢，固不可使之盡變也。」愚按：此論平實，而意若陰不滿於陳同甫諸人。　國本三篇，「國本者，祖宗所以立國之意也。我朝大意有二，曰：隆禮以御其臣；恤刑以愛其民也。此二事，天下安之久矣，不顧而變，安危必自此始。」愚按：此深識我朝立國之意者也。我朝立國以仁，盡去秦、漢後不道之事，而此二事爲箸。　民事三篇，謂：「今授田之制亡，儒者欲復井田，既時異不可行，而俗吏抑兼并之説，則人主既未能自養小民，富人者小民所賴，不可豫置疾惡破壞之也。隨時立制，使無甚富、甚貧，其庶乎？」愚按：此諳練之説也。特未知所以立制者，何如而可無甚富甚貧耳？或者董仲舒限田之説乎？　財計三篇，謂「理財與聚斂異，今言理財者聚斂而已，故君子避理財之名，而小人執理財之權。自古聖賢無不理財，必也如父共子之財，而權天下之有餘不足可也。柰何君子不理而諉之小人哉？自楮幣行而錢隱物窮，設法以消天下之利莫甚於此。官兵吏之宂食者多，而不知退考其原。」愚按：此天下之名言，而宂費則不止官、兵、吏三者而已也。所謂「泉府必周公法」，恐又信周禮太過。　官法三篇，謂「漢宣帝號責實而徒課細碎爲失實，今治不過若漢宣帝，且舉以群臣百僚爲不足用而上自用也。謂宂官始魏、晉。自文武分，而昔之侍衛用文者，今武士宦官專之。自官吏分，而昔之所辟曹掾，今吏胥專之。此選舉甚狹而官猥多也。謂患其穴者，抑之以法，此當甄別，使賢者能者堪之，奈何操利天下之權而反以抑也。」愚按：三説皆考訂之言，但力辨古人非事簡，而力言古人之事爲多，亦似信周禮太過。士學二篇，謂「孔孟守三代之説於春秋、戰國之世，迂闊之名自此始。今必得真迂闊者而用之，其庶乎！古者養士而後取，今不養而取之。當因今之學以取士，而務養其心。」愚按：此乾、淳間議論也。然不知養其心者，當何如耶？兵權二篇，謂兵必用詐自孫武始。今其氣焰興起，若將與聖賢並稱，而右科武學，又使之讀誦其書，是徒以不仁之心相授，況今淮以北皆吾之民，方當流涕以對之，尚安用武之術？必也不多殺，邦本不摇，無暴徵橫斂，而將得人，則兵可用。愚謂言兵若此，斯儒者矣。視老泉輩平生師孫子之學霄壤矣。外論四篇，謂「中國之待夷狄，有義、有名、有權，契丹更六聖百二十年無敗盟，而約女真共滅其國，在前日爲失義。女真吾仇也，今日請和，尤爲無名，視其所以來而權之，必有先勝之形，變困重難舉而使輕利易，爲此在朝廷大政。紀綱憲度之際，而乃略淮以守江，守江以安閩、浙，此其去中原也遠矣。」其言慷慨激發，讀之使人痛憤。愚謂果守江，果安閩、浙，機至事成，中原亦非遠，正恐江自爲守，而人未嘗守江，閩、浙百蠻所仰，又未必其能安，而人自安於閩、浙耳。詩，謂「言周人之最詳者莫如詩。聖人養天下以中，發人心以和，蓋詩之道至周而後備。雖其怨刺，猶深厚憤發而不忍。」愚按：此亦言詩者之常談，特水心長於文，其形容有過人者。春秋，謂「治人之道，人能自正於心者，雖聖人不能加也；行之事矣折而從仁義禮樂者，則治之也。佚是其次也。聞人之是己非己爲喜懼，因其喜懼而治之，是又其次。不以是非爲喜懼，而必待賞罰。聖人之治人至是止矣。春秋之作，又所以治夫仁義、禮樂，是非賞罰，之所不能治者也。」愚按：世謂春秋爲賞罰之書，而賞罰必斷之理，此不過兩言已足。然人人能言之。今其模寫次第，多爲曲折，則水心之文法然爾。周禮，謂「周禮之書一用而反至於亂者，古者天子自治止一國，又有聖賢爲之臣，久於官而不去。其爲地狹，爲民寡，治之者衆，行之以誠，故米鹽靡密無不盡。今也包夷貊之外以爲域，事雖毫髮，一自上出，法嚴令具，不得摇手。無聖賢爲之臣，不久於其官，而又有苟簡詐僞之心，乃欲靡密無不盡，以求合周禮，此人情不安而至於亂也。」愚按：歸之世變不同，而謂周禮不可行於後世，此則善爲周禮解嘲，蓋未有過水心者也。管子，謂「王政之壞，始於管仲而成於鞅、斯。若桑弘羊之於漢，又管仲、商鞅所不忍爲。至唐之衰，取民無所不盡，又有弘羊所不屑爲。壞之也非一人之力，則復之也必非一人之功。聖人不千歲而一起，聖人不繼世而皆遇，故夫陋俗之與論王政終不合矣。」其言哀痛切至。嗚呼悲夫！孔子家語，謂「家語、左傳、禮記皆近聖人之世，而所載皆不能知其言。後世若荀卿、司馬遷、揚雄，亦皆不足以知聖賢之言。今世之知言者，談性命，而聖賢之實猶未著。」愚謂此借家語以排世之談性命者，謂均之不知聖言爾。莊子，謂「莊周知聖人最深，而玩聖人最甚。不得志於當世，而放意狂言，其怨憤之切，異於屈原者鮮矣。然而人道之倫顛錯而不叙，事物之情遺落而不理，以養生送死，饑食渴飲之大節而付之儻蕩不羈之人，小足以亡身，大足以亡天下。流患蓋未已也。」愚謂此論理義之精到，文辭之警切，前無古人，後無作者。自古明天下之正道，無出於晦翁大學中庸章句序；斥天下之非道，無出於韓文公原道。今而此論，又足爲原道之配。但謂其知聖人及以屈原爲比未然爾。崔寔，謂「寔勸其君以嚴刑爲無術。」此長者之言也。蘇綽，謂「商鞅以後，皆謂古治爲不可復行，綽佐宇文泰，方高氏扼關而攻，西人凜不自保，乃猶用古人治國之常道，卒并齊滅梁，益無敵於天下。」愚謂唐太宗之治，多宇文之遺。而水心之論，即魏徵所以斥封德彝者也。廷對，答前代道仁禮樂，皆雅淡不事華藻；答當時事多明白，謂宰相失職，專限資格，助吏部行有司之事。謂諫官不諫諍，反侵御史之事。兩制、侍從不講大政，而弊精神於微文，責儒臣太備。而獨當前世養兵之患，不能寬橫斂而裕民力。及復讎在堅決信任其人，大抵純淨，非近世排仗語爲多者此也。息虚論二篇，其一論「親征」，斥萊公爲無識之甚。嘻！甚矣。其二論「待時」，謂「越二十年之内，日夜所爲皆報吴，然後可言待。」則正論也。實謀一篇，謂「四總領爲户部之害，經總制、折帛錢爲諸州之害，版帳、月椿爲諸縣之害，此財以多爲累也。四屯駐大軍耗總領之財，廂禁、土兵耗州縣之財，是兵以多爲累也。法度以密爲累，而治道不舉。紀綱以專爲患，而國威不立。」皆熟於治體之言也。

財總論二篇，謂「邊一有警，賦斂輒增，既增之後，不可復減。祖宗盛時所入，比漢、唐一再倍；熙寧、元豐以後，隨處之封椿，役錢之寬剩，青苗之結息，比治平以前數倍；蔡京變鈔法以後，比熙寧又再倍。渡江以至於今，視宣和又再倍。」此精於財用本末之言也。

經總制錢，「李憲經始熙河，始有所謂經制財用，童貫繼之亦曰經制。蓋措畫以足一方之用。方臘殘破東南，陳亨伯以大漕兼經制使，減役錢，除頭子，賣糟酵以相補。靖康召募，翁彦國以知江寧兼總制，强括民財數百萬。維揚駐蹕，吕頤浩、葉夢得總財事，議用陳亨伯所收經制錢者。酒税、頭子所取猶止一二百萬。其後户部、轉運使，動添窠名，所收之多至千七百萬。截取以畀總領所之外，户部經用，十八出於經制。於是州縣之誅求者，江、湖爲月椿，兩浙、福建爲版帳。向之士大夫，猶有知其不善。今新進者矜奮，視兩税爲何物，而况遠及貢賦之法乎？故經總制錢不除，則縣以版帳、月椿無失乎郡之經常爲無罪，郡以經總制錢無失乎户部之經費爲有能，而人才日衰。昔之號爲壯縣、富州者，今所在皆不可舉手；齊民中産僅足者，今轉徙爲盜賊凍餓而生民日困，左右望而羅其細碎，而國用日乏。」愚按水心之言，懇切哀痛，經總制錢誠所當除也。而錢之末易除者，兵之未省也。水心此言，爲兵張本也。

薦舉，謂「多其考，累其任，使其積日計月無過者，循至京官；則士之稍自重者知有常途，不汲汲焉卑身卑體以求舉，而舉人者亦不困於求者之多，真能舉賢以報上。」愚謂此今世第一當務之急也。夫人主所與共治理天下者，人才耳。今顧困於三薦關升、五薦改官之弊例，而人才淪胥以敗矣。所與共治天下者將誰屬邪？水心積日計月，循至京官之説，雖猶不免於賢愚同滯，然猶愈於今之賢者以不求而困，不肖者反以肆求而達也。

任子，謂「員郎非甚重之官，常調至此者，可勿復與。若從官宰執子弟，則以今所與員郎者與之可也。」愚謂水心之議是矣。然行之一家，必自出於賢士大夫之意；行之天下，必自出於人主之意；必建議者行之，則韓、范嘗朝奏而夕斥矣。嗚呼！

科舉，謂「一預鄉貢錫之官，蓋藝祖憫天下士有更五代困場屋者，因爲之賜。」愚按邵氏聞見録載「富鄭公以私故交段希元等耳，今謂藝祖。」當考。

吏胥，謂「今世號『公人世界，官無封建而吏有封建』，天下事立成書而付之，吏得知而官不得知，胡不使新進士及任子之應仕者更疊爲之，受財鬻獄必大減，且因以習士大夫。使有材，一利也；無根固窟穴，二利也；稍去冗官，爭奪伺候之風漸息，三利也。」愚謂水心此議固善，更合考漢世辟掾事其長之禮何若？若必拜立左右，恐今世習驕成俗，爲新進士、任子者不屑爾。

紀綱，謂「紀綱、法度，一事也；法度其細，紀綱其大。本朝細大俱失。」愚聞先儒謂本朝大綱正，萬目亦不甚舉，蓋指三綱關天理人心者也。水心有取於秦、漢之强，而不滿於本朝之弱。蓋他有所謂紀綱矣，豈有激之言乎？終論三、四，謂「兀朮來江南，空千里無當之者，未嘗與之戰敗，且彼所欲得河北、河東耳。山東、河南之地，先以與張邦昌，後以與劉豫，後又以歸我。我不能守，彼方據之。自紹興十一年之後，不惟我之所欲在和，其女真亦以和爲利。其事在一大戰而勝之耳。」愚觀水心論虜事情甚悉，然欲一大戰，必有句踐苦心實政乃可，非可以議論爲也。上殿札子論乘機待時，四難五不可。已見正集。淳熙十四年，孝宗之二十六年也。應詔條奏六事，光宗初即位時所上也。六事謂國勢也、士也、民也、兵也、財也、紀綱法度也。大概欲寬賦省兵，振弱爲强。此水心憂國愛君之志。其謂「國家有休兵之實，過於文景；而天下被用兵之害，甚於武帝。」此言頗切事情，亦已見正集。後總，水心別集，水心論治之書也。別集後總，又其救世之策也。極論本朝兵以多而弱，財以多而乏，任法而不任人，一事以上盡出專制，而天下之勢至牽縮而不可爲，爲之激烈憤痛，開闔數萬言，蓋能言之士莫之能尚也。然論治猶未善，論已壞之證易，而求必效之方難。水心始論歷詆本朝先正大臣無一知治體，而要其究極，乃謂不能如秦之强；始論必欲取幽燕，守關塞，然後可以立國，而要其究極，乃欲於東南一隅，更裂兩淮、江南、荆湖而授之人；始論欲盡省養兵之費以寬民，而要其究極，乃欲買官田召民租佃如私家以贍兵食，買官田果必效之方否耶？ 世降俗漓，法密文弊，民之不可一日與官接，猶羊之不可與虎群也。 顧欲官買田，而民佃之耶？ 今觀水心先以水心温州一郡爲準，欲繞城三十里内，買其田一中，此字疑誤。校者案：元刊本作「半」。 計穀九萬八千一百二十五扛，以養兵二千七百二十二人，官吏卒掌之者七十六人，鄉官及保甲督催之者七十人，作米者百二十人，出納期會下至畚箕苕帚之費，無不會計曲盡。 水心自謂可以永免擾民矣。 然今世官取斛面，往往倍正斛，是温州盡三十里所出，不足以供租入之半也，其奈何！ 今世納官租之費，石不下三數貫，是既盡三十里所出，又須别營錢以資納也，其奈何！ 今世吏卒催租，雞犬爲盡，徒虧官額以飽私囊。 是三十里倍錢納租之外，又將不勝其横擾，且虧官也，其奈何！ 且其立法之細亦多難久者，如監官廳，予月支錢二貫，二貫果足以贍其養者乎？ 催租甲頭，歲支穀一扛，一扛果足以償其勞者乎？ 腳子三十名無請給，無請給而有家食官作者乎？ 大抵人情之於剥民，如蚊虱吮血，苟有其隙，不約胥會，所謂監官一員，必且增監門，必且增斗面，必且以機疑當爲「譏」。 察提督江湖乞丐之靡，必且幹勢要挾闞書，求爲司門，求爲敖口，求爲催租官，況於吏卒，何可預防。 數之一者必且增而十，數之十者必且增而百，況其私取，何可預限！ 官，租之贏既倍，而吏卒之擾又煩。 正恐佃户逃而追業主，業主逃而追親屬。 不特繞城三十里地荒民散，四境亦蕭然矣。

水心乃曰：「所行止傳城，而數百千里不預聞焉。」豈但思其利而不暇思其害者乎？景定三年甲子春，後學黄震謹書。

鶴林玉露七：宣和中，大盜方臘擾浙中，王師討之，命陳亨伯以發運使經制東南七路財賦。因建議如賣酒、鬻糟、商税、牙税與夫頭子錢、樓店錢皆少增其數，别歴收繫，謂之經制錢。其後盧宗原頗附益之，至翁彦國爲總制使，倣其法又收贏焉，謂之總制錢。靖康之初，嘗詔罷之。軍興，議者再請施行，色目寖廣，視宣和有加焉。以迄於今，爲州縣大患。葉正則作外稿，謂必盡去經總錢，而後天下乃可爲，治平乃可望。然中興百年，非無聖君賢相，未聞有議及此者，是獨何也。

四朝聞見録甲：胡紘論水心先生所著進策君德論以爲無君。嘉定間，未嘗詔罷詞學，有司望風承意太過，每遇郡一作「群」。試，必摘其微疵，僅從申省。水心先生著爲進卷外稿，其論宏詞曰：「宏詞之興，其最貴者四六之文，然其文最爲陋而無用。士大夫以對偶親切、用事精的相夸，至有以一聯之工而遂擅終身之官爵者。此風熾而不可遏，七八十年矣；前後居卿相顯人，祖父、子孫相望於要地者，率詞科之人也。既已爲詞科，則其人已自絶於道性命之本統，以爲天下之所能者盡於區區之曲藝；則其患又不止於舉朝廷高爵厚禄以予之而已。蓋進士等科，其法猶有可議而損益之，至宏詞則直罷之而已矣。」先生外稿，蓋草於淳熙自姑蘇入都之時。是書流傳則盛於嘉定間，雖先生本無意於嫉視詞科，亦異於望風承意者，然適值其時，若有所爲。乙：孝宗方造券以便民用，金華陳天祐時爲侍從，力抗疏以爲不及五十年必大壞極敝而不可收拾。水心葉先生進策亦謂不數年間，將交執空券而無所售。時上意士論猶未信其然，至於今日驗矣。

案：水心別集弟一卷爲序發一篇，次君德二篇、治勢三篇，弟二卷爲國本、民事、財計各三篇，弟三卷爲官法三篇、士學二篇，弟四卷爲兵權二篇、外論四篇，弟五卷爲總義及易、書、詩、春秋、周禮各一篇，弟六卷爲管子、老子、家語、莊子、太玄、左氏春秋、戰國策、史記、三國志、五代史各一篇，弟七卷爲總述、皇極、大學、中庸各一篇，弟八卷爲傳説、崔寔、諸葛亮、蘇綽、王通各一篇，以上爲進卷八卷。弟九卷爲廷對，弟十卷爲始議二篇、取燕三篇、息虛論二篇，其子目曰親征、曰待時。實謀一篇，弟十一卷爲財總論及經總制錢各二篇、和買、折帛、茶鹽各一篇，兵總論二篇，弟十二卷爲四屯駐大兵、廂禁軍、弓手、土兵各一篇，法度總論三篇、資格、銓選各一篇，弟十三卷爲薦舉、任子、科舉、學校、制科、宏詞、役法各一篇，弟十四卷爲新書、吏胥、監司各一篇、紀綱四篇，弟十五卷爲終論七篇，後附淳熙十四年上殿札子及應詔條奏六事，以上外稿六卷。弟十六卷爲後總。其進卷即今所傳賢良進卷、外稿據自跋，蓋淳熙乙巳所作，將進之孝宗以備乙覽者。後十九年爲嘉泰甲子，乃自爲編定，而附以奏札二篇，然其書迄未奏進，故東甌詩集三載趙汝回呈水心先生詩，有「外稿定於何日上，中興只在十年間」之句。其後總一卷，自跋未及。考孫之宏習學記言叙云：「先生常追恨唐初務廣地，而兆夷狄内侵之禍，中世廢府兵而縣官受養兵之患。本朝承平未遑悛定，矧以舊虜垂亡，邊方數警，筆墨將絶，遂爲後總，特秘而未傳。」是後總乃水心絶筆之作。三書本各自爲卷帙，水心卒後，門人乃合編爲一集耳。水心負經世之略，晚年制置江淮，雖爲時不久，而經畫卓然，故此集論治諸篇反覆暢明，切中時弊，文獻通考各門録之幾盡。其文筆雄偉，尤非掇拾陳言者可比。其後總專論買田、贍兵，黄東發頗論其不可行。然治無成法，在乎其人，苟行之不善，則封建、井田，聖人之大經，驟舉之亦足以厲民而兆禍。水心買田之議，亦視行之何如耳，未可遽議其疏也。

賢良進卷

八卷。季滄葦藏書目。研經室外集四作「四卷」。

存。歸安陸氏儀顧堂藏鈔本

阮元研經室外集四，賢良進卷四卷提要：宋寳文閣學士，龍泉葉適撰。按：適有水心文集二十九卷，四庫全書已著録。宋人賢良進卷甚多，如孫深賢良進卷十卷、錢公輔賢良進卷十卷，均載郡齋讀書志，而適書獨不存，唯前明葉盛菉竹堂書目經濟門有葉正則賢良進卷二册，即此書也。萬曆温州府志載水心文集之外，有制科進卷九卷，外稿六卷，疑此與外稿實係一種。案：外稿與進卷非一種，此誤。故黄震讀文集日鈔於適正集外，復著水心外集，其篇目摘要與此卷脗合。按宋史孝宗本紀，淳熙十一年六月，詔在内尚書侍郎、兩省諫議大夫以上，御史中丞、學士待制，在外守臣、監司，不限科舉年分，各舉賢良方正能直言極諫一人。適此卷即于其時所進，蓋適抱匡時之用，故初年輪對，即以經世之説進，且觀其上西府書，及執政薦士書，所舉陳傅良以下三十四人，如劉清之、陸九淵、章穎、吕祖謙、楊簡、項安世，皆一時賢傑，洵屬有心當世之士。即以文體而論，亦筆力横肆，足以振刷浮靡。唯持論閒有不純，如陳振孫譏其所作習學記言，歷詆百家而篤信子華子，推崇之以爲真。黄震亦辨其行官田，不能無害，則踳駁處正復不免。故朱子亦嘗移書與之辨論文體，至日鈔推尊别集，以爲論治之書，極論天下之勢，牽縮而不可爲開闔數萬言，蓋能言之士莫能尚也。

潁川語小下：句法有呼有應。葉文定公制科進卷君德篇有云：「其於事天地，尊宗廟也。真見其肅恭誠一而不敢懈，而神祇祖考之格也，非貌爲之敬而意其不吾享也。而況於簡慢廢缺而不畏也。」此段用「真見其」三字凡十，其下句必兩用「也」字爲之應，昔無此體。

案：水心賢良進卷五十篇，蓋水心少時所作，以備制科之舉者。文獻通考三十三：「高宗紹興元年下詔復賢良方正能直言極諫科，先具詞業策論共五十篇繳送兩省侍從參考之。又淳熙四年，監察御史潘緯言制科進卷，率皆宿箸，是進卷定制五十篇，且皆豫撰，以備應舉之證。水心舉淳熙戊戌進士，未嘗試制科，然此書在當時盛行於世。慶元禁僞學，與陳止齋待遇集並見於彈章。見文獻通考三十二，詳前卷。元白珽湛淵靜語二載韓侂胄爲相，嘗招致水心葉適，已在坐，忽門外有以漫刺求謁者，題曰水心葉適候見。坐中怳然。胄以禮接之，歷舉水心進卷中語，其客皆曰某少作，後改之，每誦改本，精好逾之。則當時無人不誦是書也。

又案：是書宋志未著録，季氏書目載：「宋板，賢良進卷八卷。」余所見陸氏鈔本及水心別集所載，並與季目同。研經室外集作四卷，疑所見別一本也。余嘗以鈔本與別集所載進卷校對，其字句無甚異同，惟後四卷，每卷子目之前，各有總目。如第五卷總義篇前題讀經五首，第六卷管子篇前題讀子五首，左氏春秋篇前題讀史五首，第七卷總述篇前題述學三首，第八卷題叙臣五首，別集本皆無之，惟此標題小異耳。

水心文粹 黎諒水心文集叙

佚。

策場標準集 水心文集叙

佚。

案：水心文粹及策場標準集，蓋皆宋時所行水心文選本，其書今並未見，不知何人所定。標準則似書肆采別集中文編之以射利者。又宋末麗水吴思齊有集陳亮葉適二家文選，見宋景濂吴思齊傳宋文憲集四十八。其書明以後久佚〔一〕，季滄葦藏書目亦載水心文鈔二本，注云「宋鈔」，今亦未見傳本。其較吴本或前或後，均未可定也。國朝淳安方棨如〔二〕別有水心文鈔十卷，凡文二百八十四篇，桐鄉葉良球爲刻之，其書傳本甚夥，今不箸於録，謹附識於此。方鈔首有盧文弨叙，末有葉良球跋。

〔一〕孫詒讓謂宋末麗水吴思齊，有集陳亮、葉適二家文選，其書明以後久佚。今臺北中央圖書館藏宋嘉定間刊宋饒輝編圈點龍川水心二先生文粹四十一卷，清趙稚農手校，爲水心文粹留至今日唯一宋刊本。

〔二〕「棨」，底本誤作「棨」，徑改。

佚。

翁氏□松廬集水心文集十二

葉適序：杜甫送楊六判官使西蕃詩：「直下無冒子，始末只一意。」貫枯刻劖，皮草皆盡，而語出卓特，非常情可測。由文人家並論，則劉向所謂「太史公辨而不華，質而不俚」者也。雖子美無詩不工，要其完重成就，不以巧拙分節奏如此篇者，自爲少爾。今翁常之諸詩，實頗似之。然常之與余論詩，乃未嘗及此，豈其平生得法處偶合故耶？常之每言：「下句當如秤星船矴，緦畫既定，不可移改。」袖手風騷之壇，所厭服多矣。吟詠者自知之。水心文集十二

案：翁常之，名無考〔一〕。水心集八有挽詞，其弟二首云：「秀峰插天下回溪，曾送郴州路久迷。更欲扶衰爲公往，葛陂龍化的盧嘶。」蓋郴州通判忱之兄弟也。忱，字誠之，樂清人。水心文集十五有墓誌銘。

〔一〕翁常之名慥。據袋球翁氏宗譜，載翁舜陟生二子：忱、慥。四靈中徐照、徐璣與翁氏兄弟多有倡和。如徐璣奉酬翁松廬，可知其號松廬，故集名松廬集。

温州經籍志卷二十二

集部

别集類

宋

王氏綽王誠叟文集萬曆温州府志十七

佚。

王氏自中厚軒集萬曆温州府志十七作「厚軒文集」，今從宋元學案五十六。

五卷。宋元學案五十六

佚。

戴氏溪岷隱文集萬曆温州府志十七

佚。

陳氏峴東齋集

三十卷。西山文集四十四

佚。

東齋表奏〔一〕

二卷。宋史藝文志七

佚

〔一〕卷八奏議類已著録，此復出，當删。

戴氏厚橫蕩類稿　十卷。攻媿集一百七

佚。

潘氏檉轉庵集　一卷。直齋書録解題二十、文獻通考二百四十五。

佚。

鶴林玉露二：姜堯章自號白石道人，潘德久贈詩云：「世間官職似樗蒲，采到枯松亦大夫。白石道人新拜號，斷無繳駮任稱呼。」

瀛奎律髓三：潘德久題釣臺：「蟬冠未必似羊裘，出處當時已熟籌。但得諸公依日月，不妨老子臥林邱。英雄陳跡千年在，香火空山萬木秋。自笑黄塵吹鬢客，愛來祠下繫孤舟。」轉庵潘檉，字德久，永嘉人。葉水心快稱其詩，競謂永嘉四靈之徒凡言詩者，皆本德久。父〔一〕任右職閤門，福建兵鈐卒。

二十八：潘德久過虞美人墓：「樽前一曲奈何歌，千古英雄恨不磨。女子在軍

〔一〕「父」，據梅磵詩話应作「用父賞」。

今莫問，君王愎諫向來多。最憐秋雨添狐穴，誰與春醪酹棘窠。一朽何須論異域，寄聲青塚太嬋娟。」此奉使時詩，亦有議論。

梅磵詩話中：永嘉潘檉，字德久，號轉庵，水心先生序其詩集。案：黎編水心文集佚此序。言：「德久十五六，詩律已就；永嘉言詩皆本德久。讀書評文，得古人深處。舉進士，不中第，用父賞，授右職，爲閤門舍人。」題釣臺一聯云：「但得諸公依日月，不妨老子臥林丘。」爲人傳誦。嘗從使節出疆，有北征往來所賦上龜山寺一首云：「菜花開處認遺基，荒屋殘僧未忍離。寺付丙丁應有數，岸分南北最堪悲。金鈴塔上如相語，鐵佛風前亦斂眉。野匠不知行客意，競磨濃墨打頑碑。」或未喻「金鈴塔上如相語」之句，余按晉書佛圖澄傳：澄能聽鈴音以知吉凶。往投石勒，及劉曜攻洛陽，勒將救之，其群下咸諫以爲不可。勒以訪澄，澄曰：「相輪鈴音云：『秀支替戾岡，僕谷劬禿當。』此羯語也。秀支，軍也；替戾岡，出也；僕谷，劉曜胡位也；劬禿當，捉也。此言軍出捉得曜也。」勒遂擒曜。德久用此事，不無深意。

萬姓統譜二十五：潘檉平生喜爲詩，下筆立成，聲名籍甚，人莫能儔。永嘉言唐詩，自檉始。有轉庵集。

案：轉庵潘鈐轄檉，萬曆温州府志文學傳、雍正浙江通志、乾隆永嘉縣志文苑傳並有傳。

周氏學古周會卿文集萬曆温州府志十七

佚。

詩集萬曆温州府志十七

佚。

葉適序：周會卿詩，本與潘德久齊稱，盤摺生語，有若天設，德久甚畏之。德久漫浪江湖，吟號不擇地，故所至有聲。會卿常閉門，里巷不相識，居謝池坊，窟山宅水，自成深致，知者獨輩行舊人爾。宗夷遺余家什，零落十數紙，恨早失怙，收次不多。一幹之蘭，芳香出林，豈紛然桃李能限斷哉！水心文集十二

案：周處士學古，萬曆温州府志文學傳、雍正浙江通志、乾隆永嘉縣志文苑傳並有傳。

薛氏仲庚覆瓿集水心文集十二

未見。

葉適序：初，薛子長從余貢院崇德，愛其靜而敏，文過於輩流而已，未鉅怪也。來姑蘇葑門，出老翁賦、續通鑑論，始駭然異之。蓋神馬汗血，尾鬣不掉而行流無疆，累名駿數百，豈得望塵焉！自魏晉曹、陸，江左顏、任，唐陳、李，宋黄、秦、晁、張，皆莫進也，然亦有疑而未忍言。至錢塘仙林，復出士風論，則疑愈甚。自爾子長歲必一再過余，間或見他文，必爲之殷勤歎息，然猶未忍言也。及余往長沙而子長死，未忍言者終不言矣。悲夫！悲夫！是余之罪也夫！或謂子長負絶世筆墨，而區區名第乃不與常人比，故多怒譏，誠然哉？子長自護若處女，常藿食水飲，欲利不挂絲髮，奚取奚慕而以是動其心？殆見事太明，量人太盡而然歟！雖然，使讀者剖幽析微，深刺腧髓，渠不開其智！洞前燭後，了至日月，渠不新其學！長鋪廣引，浩絶河漢，渠不起其辯！規賢矩聖，皎逾雪霜，渠不范其廉！其有益於世固多矣，又曹、陸以下不能擬其藩也。水心文集十二

曹氏叔遠蘧徑[一]集 岐海瑣譚集五

佚。

[一]「徑」，底本誤作「經」，據岐海瑣譚及本志卷五諸經要解條改。

徐氏照集

三卷。直齋書録解題二十、文獻通考二百四十五。

存。影宋鈔永嘉四靈詩本

案：山民徐處士照，萬曆温州府志文學傳、雍正浙江通志、乾隆永嘉縣志文苑傳並有傳。其集書録解題所載凡三卷，無集名，蓋即宋本永嘉四靈詩見二十二卷總集類。所刊本也。其本較顧氏南宋群賢小集所刊芳蘭軒集多詩一百四十三首，惟第三卷樂府末，宋本尚有缺葉，故芳蘭軒集所載莫愁曲、三峽吟、李夫人、廢車行、何所歸五篇並不存。又周密絶妙好詞一，選靈暉詞三闋，靈暉别無詞集，疑亦編附樂府之後，惜宋槧不完，無由考核也。又水心文集八徐師亙廣行家集定價三百詩云：「徐照名齊賈浪仙，未多詩卷少人看。惜錢嫌貴不催買，忽到雞林要倍難。」據此是靈暉詩集，其家有單刊本，今則久無傳帙，藏書家插架大抵皆顧本也。

芳蘭軒集千頃堂書目二十九、宋史藝文志補「集」並作「詩」，今從四庫全書總目一百六十二。

一卷。四庫全書總目一百六十二。千頃堂書目二十九、宋史藝文志補並作「五卷」。

存。石門顧修南宋群賢小集刊本

四庫全書總目一百六十二：芳蘭軒集一卷，浙江鮑士恭家藏本。宋徐照撰。照字道暉，一字靈暉，永嘉人。與徐璣、翁卷、趙師秀號曰「永嘉四靈」，照即四靈之首也。嘗自號曰「山民」，故其集又曰山民集。趙師秀清苑齋集有哀山民詩，可以爲證。陳振孫書録解題獨稱照自號天民，未知何據，當屬傳刻之訛也。葉適作照墓誌，稱其「詩數百，琢思尤奇，皆横絶欻起，冰懸雪跨，使讀者變踔憀慄，肯首吟歎，不能自已。然無異語，皆人所知也，人不能道耳。」所以推奬之者甚至。而吴子良荆溪林下偶談則謂適雖不没其所長，而亦終不滿之，故其跋劉潛夫詩卷，又有「進乎古人而不已，何必四靈」之語。後人不知，以爲水心宗晚唐者，誤也。蓋四靈之詩，雖鏤心鉥腎，刻意雕琢，而取徑太狹，終不免破碎尖酸之病。照在諸家中尤爲清瘦，如其寄翁靈舒詩中「樓高望見船」句，方回以爲「眼前事道著便新」。又冬日書事詩中「梅遲思閏月，楓遠誤春花」，方回亦以爲「思」字、「誤」字，當是推敲不一乃得之。是皆集中所稱佳句，要其清雋者在此，其卑靡者亦即在此。風會升降之際，固有不能自知者矣。照集原本三卷，此本祇一卷，不知何人所并。又從瀛奎律髓得詩六首，東甌詩集得詩二首，東甌續集得詩一首，并爲補遺，附之於後焉。

四庫全書簡明目録十六：芳蘭軒集一卷，宋徐照撰。照字靈淵，永嘉四靈之一也。其詩源出武功，取境太狹，然清瘦不俗，故亦能自成邱壑。

葉適徐道暉墓誌銘：徐照，自號山民。有詩數百，斲思尤奇，皆橫絶欻起，冰懸雪跨，使讀者變踔憀慄，肯首吟歎不自已；然無異語，皆人所知也，人不能道爾！惜其不尚以年，不及臻乎開元、元和之盛。而君既死，同爲唐詩者，徐璣字文淵，翁卷字靈舒，趙師秀字紫芝。水心文集十七

鶴林玉露十四：楊誠齋自秘書監將漕江東，年未七十，退休南溪之上，老屋一區，僅庇風雨，長鬚赤腳，纔三四人。徐靈暉贈詩云：「清得門如水，貧唯帶有金。」蓋紀實也。案：全本芳蘭軒集無此詩，而徐璣二薇亭集有之，瀛奎律髓四十二載此詩，亦題徐靈淵。此疑誤。

瀛奎律髓三：徐道暉題釣臺：「當時廊廟去，此地也成空。草木多年換，兒孫近代窮。無言傷末俗，久立慕高風。梅福神仙者，新知是婦翁。」尾句自來無人道。十三：徐道暉和翁靈舒冬日書事三首：「石縫敲冰水，淩寒自煮茶。梅遲思閏月，楓遠誤春花。貧喜苗新長，吟憐鬢已華。城中尋小屋，歲晚欲移家。」「思」字、「誤」字當是推敲不一乃得之。二、三兩篇方氏無評語，今不録。二十三：徐道暉題翁卷山居：「空山無一人，君此寄閑身。水上花來遠，風前樹動頻。蟲行黏壁字，茶煮落巢薪。若有高人至，何妨不裹巾。」此詩真不減晚唐。山中：「世事已無營，翛然物外形。野蔬僧飯潔，山葛道衣輕。掃葉燒茶鼎，標題記藥瓶。敲門舊賓客，稚子會相迎。」中四句工。貧居：「既與世不合，當令人事疏。引泉魚走石，掃徑葉平蔬。誰

念交情淺，難如識面初。榮途多寵辱，未敢怨貧居。」四靈詩專力於中四句用工，尾句不甚著力。今如此乃可喜也。　二十八：徐道暉光武廟：「帳閉爐煙聚，山龍帝者衣。真人元有道，社鬼忽無威。晝剥金猶在，碑平字半非。鼓鳴村犬吠，祭罷數翁歸。」五、六妙，但是廟俱可用。　三十：徐道暉送翁靈舒游邊：「孤劍色磨青，深謀秘鬼靈。離山春值雪，憂國夜觀星。奏凱邊人悦，翻營戰地腥。期君歸幕下，何石可書名。」第四句新甚。　四十二：徐道暉永州寄翁靈舒：「古郡百蠻邊，蒼梧九點煙。去家疑萬里，歸計在明年。風順眠聽角，樓高望見船。筠州當半道，長得秀詩篇。」第六句好，眼前事，但道著便新。　寄筠州趙紫芝推官：「府後巖巒衆，何時訪古仙。井甘鄰室共，鍾遠雪風傳。病去茶難廢，詩多石可鐫。蜀江春未動，猶得緩歸船。」三四好。　四十七：徐道暉題江心寺詩：「兩寺今爲一，僧多外國人。流來天際水，截斷世間塵。鵶宿腥林徑，龍歸損塔輪。郤宜成片石，曾坐謝心身。」予甲寅、乙卯間至永嘉，游江心寺，見此詩刊楣間，良佳，今三十年矣。　四十八：徐道暉贈不食姑：「衣以青爲色，謂如天骨青。近年全不食，飲水自通靈。心信生狂語，清羸改俗形。半空仙樂奏，曾向静中聽。」第六句好。

梅磵詩話中：永嘉徐照題子陵釣臺詩云：「梅福神仙者，新知是婦翁。」王實齋詩云：「梅公先□巖公婿，出處同時道不同。」子陵爲梅公婿，傳記所不載，意二公詩必有所本。

案：芳蘭軒集一卷，首爲樂府古詩，次律詩，次截句，總詩一百單五首。顧刻謂「依明潘是仁宋詩選，見群賢小集凡例。然潘本實四卷，與顧本不同，或傳鈔所并也。潘氏刻四靈詩，余僅得翁靈舒，二家徐詩，未見，此據顧修彙刻書目。是集蓋後人選本，詳三十二卷。以宋本永嘉四靈詩校之，律詩尚存大半，長律及古詩、樂府删汰幾盡。如游雁蕩山八首，宋本有總題如是。此集選壽昌道中、能仁寺、大龍湫、瀑布、靈峰五詩，而能仁寺詩，別編於後，與前三詩不相附。又如未回車及采蘭曲，宋本并入樂府，而此集一附五律，一入截句，體例亦未允當，疑選録時隨手增益，故失其舊。弟別有補遺詩十二首，宋本並有。亦顧氏輯補，較閣本補遺增和翁靈舒冬日書事第一第二三首。其楊柳截句，即集中之柳葉詞，顧氏誤仞爲佚詩，殊失之不考。閣本補遺無此詩。至宋槧足本，顧氏未見，故所補僅此也。

天民集〔一〕東甌詩集二作「山民集」，今從萬曆温州府志十七。

三卷。萬曆温州府志十七

佚。

〔一〕天民集即山民集，「山」訛爲「天」，爲徐照集之又名而已。葉適徐道暉墓誌銘載：「徐照自號山民，有詩數百。」四庫提要亦云：「故其集又曰山民集」，與已著録之徐照集三卷，卷數合，當爲一書，不必另外著録，故此條可删。

徐氏璣集

二卷。直齋書録解題二十、文獻通考二百四十五。

闕。影宋鈔永嘉四靈詩本

案：徐長泰璣，雍正浙江通志、乾隆温州府志、乾隆永嘉縣志文苑傳並有傳。書録解題載其集二卷，余家所藏按即影鈔本。永嘉四靈詩本廑存上卷，以校顧刻二薇亭集，得遺詩五十九篇。又顧本有而此缺者三十九篇，互相補苴，共存詩一百六十三篇，所佚蓋不多矣。四靈詩派出於晚唐，故最工律句，而他體則不甚擅場，此集長律數篇頗有曠遠清逸之致，古詩聯句諸篇亦澹雅不俗。二薇亭集大半不載，可惜也。至五律内十日、溪上兩篇，語句略同，實係一詩，疑屬草時別寫改本，編録者不復細覈，遂兩存之。二薇亭集廑存溪上一篇，則較爲精審矣。

泉山詩稿東甌詩集二、厲鶚宋詩紀事六十三，並作「泉山集」，今從宋史藝文志七。

一卷。宋史藝文志七。萬曆温州府志十七、雍正浙江通志二百四十八別載泉山集三卷，誤。

佚。

二薇亭集千頃堂書目二十九、宋史藝文志補「集」並作「詩」，今從四庫全書總目一百六十二。一卷。四庫全書總目一百六十二。千頃堂書目二十九、宋史藝文志補並作「四卷」。

存。南宋群賢小集本

四庫全書總目一百六十二：二薇亭集一卷，浙江鮑士恭家藏本。宋徐璣撰。璣字文淵，一字致中，號靈淵，趙師秀集作「靈囦」，「囦」字即古淵字，蓋偶以别體書之，永嘉四靈之二也。宋元詩會載璣官建安主簿，龍游丞，武當、長泰令，嘉定七年卒，年五十九。而陳振孫書録解題則曰：「四人者惟師秀嘗登科改官。」意謂三人皆未嘗出仕。曹學佺亦謂二徐皆隱居不仕。今觀此卷中，璣有監造御茶五言古詩，蓋爲主簿時作，其贈趙師秀詩有「游宦歸來幾度春」之句，七言絶句又有移官南浦一首，則陳振孫所言偶然失考，學佺又誤因之也。書録解題載璣集一卷，與此本相符。其名二薇亭集，則通考未載，或亦偶遺也。集後有補遺三首，從瀛奎律髓、東甌詩集、東甌續集中鈔出。厲鶚宋詩紀事載璣又有泉山集，今未之見，或東甌詩集所載爲泉山集中詩歟？

四庫全書簡明目録十六：二薇亭詩一卷，宋徐璣撰。璣字靈淵，永嘉四靈之二也。其詩與徐照如出一手，蓋四靈同一機軸，而二人才分尤相近。

葉適徐文淵墓誌銘：初，唐詩廢久，君與其友徐照、翁卷、趙師秀議曰：「昔人以浮聲切響、單字雙句計巧拙，蓋風騷之至精也。近世乃連篇累牘，汗漫而無禁，豈能名家哉！」四人之語遂極其工，而唐詩由此復行矣。水心文集二十一

瀛奎律髓十一：徐致中夏日懷友：「流水階除靜，孤眠得自由。月生林欲曉，雨過夜如秋。遠憶荷花浦，誰憐杜若洲？良宵恐無夢，有夢即俱游。」第四句好，蓋是夏夜詩，細味之十字皆好。夏夜同靈暉有作，即奉寄翁、趙二友：「齋居惟少睡，露坐得論文。涼夜如清水，明河似白雲。宿禽翻樹覺，幽磬度溪聞。欲識他鄉思，斯時共憶君。」五六工。夏初游謝公巖：「又取紗衣換，天時超細風。清陰花落後，長日鳥啼中。水國乘舟樂，巖扉有路通。州民多到此，猶自憶髯公。」徐靈困名璣，字致中，予許其詩在四靈中當居丁位，學者細考之，則信予言。夏日湖上訪隱士：「煩暑何能避，孤舟訪隱人。水鄉菱藕熟，晴野稻苗新。爲學師前輩，談空誤宿身。鏡湖三百頃，不似此湖濱。」第三句新。又寄：「庭深自無暑，苔徑復縈紆。賓客不長到，兒童自可娱。荷花晴帶粉，蒲葉晚凝珠。與爾城闉隔，茲歡想不殊。」第六句稍生。十四：徐致中六月歸途：「星明殘點數峰晴，夜靜微聞水有聲。六月行人須早起，一天涼露濕衣輕。宦情每向途中薄，詩句多於馬上成。故里諸公應念我，稻花香裏計歸程。」第四句良是，第六句亦佳。二十三：徐致中山居：「柳竹藏花塢，茅茨接草池。開門驚燕子，汲水得魚兒。地僻春猶靜，人間日自遲。山禽啼忽住，飛走有相隨。」近乎爛熟，然亦不可棄也。四十二：徐

文淵投楊誠齋：「名高身又貴，自住小村深。清得門如水，貧惟帶有金。養生非藥餌，常語盡規箴。四海爲儒者，相逢問信音。」三、四佳。四十七：徐致中登横碧軒繼趙昌甫作：「步陟高高寺，徐行不用扶。青天晴又雨，山色有還無。句向閑中覓，茶因醉後呼。所懷論未足，何乃又征途。」第四句佳，但亦本歐公。四十八：徐致中不食姑：「惟誦天童咒，飲泉能不饑。只緣多自譽，番以致人疑。賦質全如鶴，謀生卻似龜。緑華通籍後，會報女仙知。」「全如」、「卻似」四字下得不甚好。三、四頗有評論。唐張司業有此題，四靈皆倣之也。

案：二薇亭集，凡詩一百單二篇，編次與芳蘭軒集同，亦選本也。以永嘉四靈詩所載徐集殘本核之，如次韻劉明遠移家詩，本三首，此僅録其二，其采擇頗爲不苟，且四靈詩宋本缺下卷，其佚詩轉藉此存其一二，惟送翁巴陵之官詩，前四句與四靈詩所載大異，不知所據別爲一本，抑選者有所點竄也。至於字句異同尤不可枚舉，題語亦多小異。如別趙黄中詩，宋本「趙」下有「汝鬯」二字，此無之，則不知黄中之名。張主簿經過相尋率爾贈別詩，宋本題耑有「年家生」三字，此本亦無之，則詩首「上世喜同登」之句不知爲何語，皆不若四靈詩之詳備。蓋選詩者所重在聲病格律，於題字不無節省也。

翁氏卷集

一卷。直齋書録解題二十、文獻通考二百四十五。

佚。

西巖集

一卷。四庫全書總目一百六十二。萬曆温州府志十七、雍正浙江通志二百四十八並作「二卷」，誤。

存。遜學齋藏鈔本

四庫全書總目一百六十二：西巖集一卷，浙江鮑士恭家藏本。宋翁卷撰。卷字續古，一字靈舒，永嘉四靈之三也。嘗登淳祐癸卯鄉薦，終於布衣。葉適序其詩，稱爲白吐性情，靡所依傍。詒讓案：今所見文瀾閣傳鈔本西巖集無此序，明本水心集亦無之。然其目實見於黄氏日鈔六十八，蓋黎諒重編時佚之也。此不知何從得之。劉克莊後村集亦有贈卷詩云：「非止擅唐風，尤於選體工。有時千載事，只在一聯中。」張端義貴耳集曰：「翁卷，四靈也。有曉對詩云：『梅花分地落，井氣隔簾生。』瀑布詩云：『千年流不盡，六月地長寒。』春日云：『一階春草碧，幾片落花輕。』游寺云：『分石同僧坐，看松見鶴來。』吾廬云：『移花連舊土，買石帶新苔。』其所取者，大抵尖新刻畫之詞，蓋一時風氣所趨，四靈如出一手也。」卷别有葦碧軒集，今未見其本。厲鶚宋詩紀事載卷詩四首，皆注「出葦碧軒集。」以校此集，惟寄遠一首不載，餘皆相同，可知二集之詩，實互相出入。至張端義所舉五聯，鶚但列之逸句中，不能得其全篇，是又在葦碧軒集之外。殆當時所刊原非一本，尚不止此二集歟。

四庫全書簡明目録十六：西巖集一卷，宋翁卷撰。卷字靈舒，永嘉四靈之三也。其詩較二徐稍秀潤，如「移花連舊土，買石帶新苔」之類，尚有姚合風致。

案：西巖翁鄉貢卷，萬曆温州府志文學傳、雍正浙江通志、道光樂清縣志文苑傳並有傳。鈔本西巖集，存詩一百二十五首，以葦碧軒集校之，多贈某先生七言律詩、尋僧五言絶句，共二篇，顧刻葦碧軒集補遺未載。及顧輯補遺十五篇，而別少寄沈洞主、寄遠人、寄山友徐靈暉、處州蒼嶺春雪、題王法師房、送劉成道舟行、寄趙端行、以上並五言律詩。馮公嶺山雨、寄山人徐靈暉、東湖行鄉村、四月以上並七言絶句。等詩凡十三篇，蓋二集皆非全書也。其間篇弟先後字句異同殊夥，如贈張韓伯詩，潘、顧各本，「伯」並誤「相」。韓伯，張弋字。見貴耳集上。藉此可以正之。雖較之今本溢出之詩無多，然未始非校讎之助也。

葦碧軒詩集千頃堂書目二十九。宋史藝文志補無「集」字，南宋群賢小集本無「詩」字，今從潘是仁宋元名家詩集本。四卷。千頃堂書目二十九、宋史藝文志補。南宋群賢小集本一卷。存。宋元名家詩集本、南宋群賢小集本。

張端義貴耳集上：翁卷字靈舒，四靈也。有曉對詩：「梅花分地落，井氣隔簾生。」瀑布云：「千年流不盡，六月地長寒。」春日云：「一階春草碧，幾片落花輕。」游寺云：「分石同僧坐，看松見鶴來。」吾廬云：「移花連舊土，買石帶新苔。」

瀛奎律髓十三：翁續古冬日登富覽亭：「未委海潮水，往來何不閑？輕煙分近郭，積雪蓋遥山。漁舸汀鴻外，僧廊島樹間。晚寒難獨立，吟竟小詩還。」翁靈舒學晚唐。中四句工，但俱詠景物而已；尾句亦只説寒難獨立，吟詩而還，無遠味也。　二十三：翁靈舒幽居：「蓬户掩還開，幽居稱不才。移松連嶠土，買石帶溪苔。藥信仙方服，衣從古樣裁。本無官可棄，安用賦歸來。」案：中四句，方氏加點。夢回：「一枕莊生夢，回來日未斜。自煎砂井水，更煮嶽僧茶。宿雨消花氣，驚雷長荻芽。故山滄海角，遥念在春華。」案：六、七兩句，方氏加圈。隱者所居：「百事已無機，空林不掩扉。蜂沾朝露出，鶴帶晚雲歸。石老苔爲貌，松寒薜作衣。山翁與溪友，相過轉依依。」案：六、七兩句，方氏加點。春日和劉明遠：「不奈滴簷聲，風回昨夜晴。一階春草碧，幾片落花輕。知分貧堪樂，無營夢亦清。看君話幽隱，如我願逃名。」四靈中翁獨後死，然未能考其没在何年。此四詩圈點處十分佳也。案：此詩中四句，方氏加點。　二十四：翁續古送陳郎中棟知嚴州：「頻年經虎害，人望使君來。地重分旌節，官清管釣臺。涼天星象動，吉日印符開。帝擢平津策，曾知有用才。」「頻年經虎害」，太淺露。指前太守？或一切官吏乎？須要分曉，不可波及無辜。只有「官清管釣臺」一句佳。上一句言係節度州，又似不切，大都皆然。 二十九：翁靈舒宿鄔子寨下：「已謁龍君廟，明朝早過湖。傍沙船盡泊，經火地多枯。秋至昏星易，空長楚月孤。蕭條村戍闊，更點有如無。」第五句新。泊舟龍游：「未得橋開鎖，去船難自由。渚禽飛入竹，山葉下隨流。忽見秋風喜，還成歲早愁。臥聞篙子説，明日到衢州。」三、四乃一句法。閩中秋思：「客愁無定跡，幾處冒風埃？逢得家鄉便，憑將資訊回。海煙蠻樹濕，秋雨瘴花開。舊日越王國，吾今身再來。」五、六似張司業。旅泊：「幾日溪篷下，低垂困水程。喜因山縣泊，路向岸汀行。聞笛生羈思，看松減宦情。遥知此夜月，必照故山明。」第六句新美。 三十三：翁靈舒壽昌道中：「清游從此起，過處必須看。背日山梅瘦，隨潮海鴨寒。平途迷望闊，峻嶺疾行難。聽得居人説，今年冬又殘。」此游雁山詩也。石門庵：「山到極深處，石門爲地名。嵐蒸空寺壞，雪壓小庵清。果落群猴拾，林昏獨虎行。一僧何所得？高坐若無情。」游雁宕山中，選此二首，此一首不減唐人。 四十八：翁靈舒不食姑：「嫁時衣尚著，忽自欲尋仙。終日常持咒，經年只飲泉。瘦形非是病，怪語卻如顛。金母還知爾，招邀歸洞天。」四靈皆有此詩，亦一時怪人也。不食何所爲乎？ 題玉隆宫周道士足軒：「貪得無厭者，應難向此居。爐中姹女藥，案上老君書。花竹庭階潔，風煙户牖虚。道人隨分外，安坐不求餘。」起句好，尾句好，中四句平，亦近套。 書岳麓宫道房：「借問今行處，群仙第幾家？晴簷鳴雪滴，虛砌影梅花。香爇何年柏？芽煎未社茶。道人三四輩，相對誦南華。」此詩只似宋人詩，不入唐味。尾句好。

案：潘刊葦碧軒詩集第一卷，爲五言古詩十二篇，七言古詩三篇；第二卷爲五言律詩七十七篇；第三卷爲七言律詩十一篇；第四卷爲七言絶句十八篇。雖分四卷，而詩較西巖集轉少四篇，疑非宋時選本之舊。潘刊四靈詩卷數皆視宋本較多，疑並潘氏所析也。石門顧氏刊本所載詩與潘本同。惟并四卷爲一卷，又增補遺詩十五篇。其夢回詩，宋詩紀事六十三載。葦碧軒集有之，而潘、顧二本並缺。疑潘刊不無删削，厲太鴻所見猶其完本也。

又案：貴耳集所舉靈舒詩五聯，宋詩紀事並列之逸句。考曉對、春日二詩並已見集中。吾廬詩，此集無，而西巖集有之。惟題作幽居，又作：「移松連嶠土，買石帶溪苔。」與張所見小異。東甌詩集二又載作徐靈淵詩，徐集各本並不載，顧氏於徐、翁二集補遺，兩收之。其目作吾廬，與貴耳集合。而上句作「移荷憐故土」則又不同。此句甚不類，必字誤也。至瀑布一聯，此集及西巖集並無，而永嘉四靈詩徐道暉詩上石門瀑布詩正有此二句。芳蘭軒集同。又劉克莊後村千家詩十五載徐道暉泉詩亦同。其目蓋書肆所改，不足據也。游寺一聯則各集並未見，今所傳四靈集並殘缺失次，張氏所舉果係翁作與否，無可考也。

趙氏師秀集

一卷。直齋書録解題二十、文獻通考二百四十五。

佚。

天樂堂集一卷。直齋書録解題二十、文獻通考二百四十五。

佚。

直齋書録解題二十：趙師秀集二卷、别本天樂堂集一卷，趙師秀紫芝撰。四人者，號「永嘉四靈」，此蒙上二徐、翁卷集故云四人。皆爲晚唐體者也。惟師秀嘗登科改官，亦不顯。

清苑齋詩集千頃堂書目二十九、宋史藝文志補並無「集」字。四庫全書總目一百六十二無「詩」字。今從宋元名家詩集本。

四〔一〕卷。千頃堂書目二十九、宋史藝文志補。四庫全書總目一百六十二作「一卷」。

存。宋元名家詩集本。南宋群賢小集本一卷。

〔一〕「四」，底本誤作「一」，徑改。

四庫全書總目一百六十二：清苑齋集一卷，浙江鮑士恭家藏本。宋趙師秀撰。師秀字紫芝，號靈秀，永嘉人。太祖八世孫。紹熙元年進士。浮沉州縣，終於高安推官。永嘉四靈之四也。其詩亦學晚唐，然大抵多得於武功一派，專以煉句爲工，而句法又以煉字爲要，如詩人玉屑載師秀冷泉夜坐詩「樓鐘晴更響，池水夜知深」一聯，後改「更」字爲「聽」字，改「知」字爲「觀」字；病起詩「朝客偶知承送藥，野僧相保爲持經」一聯，後改「承」字爲「親」字，「爲」字爲「密」字，可以知其門徑矣。又梅磵詩話：杜小山問句法於師秀，答曰：「但能飽吃梅花數斗，胸次玲瓏，自能作詩。」云云。故其詩主於野逸清瘦，以矯江西之失，而開寶遺風則不復沿溯也。陳振孫書録解題載師秀集二卷，別本天樂堂集一卷，今皆未見。此本僅一卷，而題曰清苑齋集，未審爲即天樂堂集之別名否。趙與虤娛書堂詩話載送謝耘游淮詩二句，又東甌續集載師秀詩五首，瀛奎律髓載師秀詩四首，今並附録集末，題曰拾遺，似乎別有天樂堂集。而詩人玉屑所論冷泉夜坐及病起二首稱曰「天樂」者，今皆載此集中，似乎又即天樂堂集。今未能盡睹其全，莫之詳也。厲鶚宋詩紀事稱師秀有清苑齋集，有天樂堂集，分爲二種，而所録皆此集之詩，則鶚亦未見天樂堂集矣。古書散佚，闕所不知可也。

四庫全書簡明目録十六：清苑齋集一卷，宋趙師秀撰。師秀號靈秀，永嘉四靈之四也。四靈皆以煉字爲宗，而師秀才力稍富健，其詩如「樓鐘時聽響，池水夜觀深。」「朝客偶知親送藥，野僧相保密持經。」爲徐照等所能。如「野水多於地，春山半是雲。」「輔嗣易行無漢學，元暉詩變有唐風。」則徐照等弗能也。

鶴林玉露九：近時趙紫芝詩云：「一瓶茶外無祇待，同上西樓看晚山。」世以爲佳。然杜少陵云：「莫嫌野外無供給，乘興還來看藥欄。」即此意也。紫芝又有詩云：「野水多於地，春山半似雲。」世尤以爲佳。然余讀文苑英華所載唐詩，兩句皆有之，但不作一處耳。作詩者豈故欲竊古人之語以爲已語哉？景意所觸自有偶然而同者。

貴耳集上：趙天樂、葉水心四靈之友也，名師秀，字紫芝。作晚唐詩。「野水多於地，春山半是雲。」白石巖云：「起來閑把青衣袖，裏得闌干一片雲。」又云：「有約不來過夜半，獨敲棋子落燈花。」移居云：「筍從壞砌甎中出，山在鄰家樹上青。」呈二友云：「禽翻竹葉霜初下，人立梅花月正高。」又云：「一片葉初落，數聯詩已清。」再移居云：「地僻傳聞新事少，路遥牽率故人多。」

潁川小語下：桂，爾雅名梫木，斫卻月中桂，以月中之影似之；木犀乃巖桂。詩人便引木犀作月中桂，誤矣。趙紫芝詩「巖前未有桂花開」，卻下得好。

詩人玉屑十九：趙天樂冷泉夜坐詩云：「樓鐘晴更響，池水夜知深。」後改「更」爲

「聽」，改「知」爲「觀」。病起詩云：「朝客偶知承送藥，野僧相保爲持經。」後改「承」作「親」，改「爲」作「密」。二聯改此四字，精神頓異，真如光弼入子儀軍矣。玉林。天樂送真玉堂詩云：「每於言事際，便作去朝心。」用唐人林寬語也。林寬送惠補闕云：「長因抗疏日，便作去朝心。」寄趙昌父詩云：「憶就江樓別，雪晴江月圓。」用無可語也。無可同劉升宿云：「憶就西池宿，月圓松竹深。」贈孔道士詩云：「生來還姓孔，何不戴儒冠？」用姚合語也。姚合贈傅山人云：「悲君還姓傅，獨不夢高宗。」寶冠寺詩云：「流來橋下水，半是洞中雲。」用于武陵語也。武陵贈王隱人云：「飛來南浦水，半是華山雲。」瓜廬詩云：「野水多於地，春山半是雲。」亦用姚合語也。姚合送宋慎言云：「驛路多連水，州城半在雲。」此類甚多，姑舉一二，蓋讀唐詩既多，下筆自然相似，非蹈襲也。其間又有青於藍者，識者自能辨之。玉林。天樂詩：「黄梅時節家家雨，青草池塘處處蛙。約客不來過夜半，閑敲棋子落燈花。」意雖腐而語新。柳溪。杜小山詩：「尋常一様窗前月，纔有梅花便不同。」蘇召叟詩：「人家一様垂楊柳，種在宫牆自不同。」二聯一意。任斯庵詩：「了無公事釣簾坐，一樹冬青落細花。」趙紫芝詩：「滿地緑苔看不見，細花如雪落冬青。」意亦相似，不知孰先孰後？其優劣必有能辨之者。玉林。

趙與虤娱書堂詩話下：荆公「繅成白雪桑重緑，割盡黄雲稻正青」之句，今古傳誦。宗人紫芝送謝耘游淮詩有云：「柘空淮繭白，梅近楚秧青。」蓋模倣此。

瀛奎律髓三：趙師秀徐孺子宅：「今識高眠處，滄波是切鄰。已知難即鹿，惟有獨潛鱗。苹長過荷葉，藤深失樹身。閒思昔徵子，猶自得稱仁。」五、六似不切。徐孺子宅異乎「西日照窗深」，然亦工密。 六：趙師秀秋日偶書：「官事何曾曉，閒名苦要簽。大書公吏恐，直語衆人嫌。俸少貧如故，醫慵病卻添。秋風牆下菊，相對憶陶潛。」詩亦平妥，但三、四俗，五、六有樂天語意。筠州推官時作。 十五：趙師秀冷泉夜坐：「衆境碧沈沈，前峰月正臨。樓鐘晴聽響，池水夜觀深。清淨非人世，虛空見佛心。卻尋來處宿，風起古松林。」三、四下一字是眼，中一字是眼之來脈。作詩當如是秤停。 秋夜偶書：「此生謾與蠹魚同，白髮難收紙上功。輔嗣易行無漢學，玄暉詩變有唐風。夜長燈燼挑頻落，秋老蟲聲聽不窮。多少故人天祿貴，猶將寂寞歎揚雄。」三、四有議論，卻不可以晚唐詩一例看。若如此推去儘高。 呈蔣薛二友：「中夜清寒入縕袍，一杯山茗當香醪。禽翻竹葉霜初下，人立梅花月正高。無欲自然心似水，有營何止事如毛。春來擬約蕭閒客，同上天台看海濤。」此等詩平正，近世人甚誇之，乃深甫〔一〕乾淳以前所作耳。然尾句高灑。 二十三：趙師秀移居謝友人見過：「賃得民居亦自清，病身於此寄飄零。筍從壞砌磚中出，山在鄰家樹上青。有井極甘便試茗，無花可插任空瓶。巷南巷北相知少，感爾詩人遠

〔一〕「乃」，底本誤作「不」，「甫」闕，據瀛奎律髓改補。

叩扃。」小巧有餘。　二十九：趙師秀簡同行翁靈舒：「久晴灘磧眔，舟楫後先行。終日不相見，與君如各程。水禽多雪色，野笛忽秋聲。若有新成句，溪流合讓清。」五、六伶俐，然猶不甚高遠。德安道中：「餐餘行數步，稍覺一身和。蠶月人家閉，春山瀑布多。鶯啼聲出樹，花落片隨波。前路東林近，慚因捧檄過。」此乃江州德安縣，所以云「前路東林近」。尾句妥婉。十里：「烏紗巾上是黄塵，落日荒原更恐人。竹裏怪禽啼似鬼，道傍枯木祭爲神。亦知遠役能添老，無奈高眠不救貧。此地到城惟十里，明朝難得自由身。」此乃赴高安推官時詩，未至郡十里所作。中四句皆可喜。　三十三：趙師秀潤陂山上作：「一山大半皆櫧葉，絶頂閑尋得徑微。無日謾勞攜紙扇，有風猶怯去綿衣。野花可愛移難活，啼鳥多情望即飛。惟與寺僧居漸熟，煮茶深院待人歸。」此詩三、四見得是山上作，五、六亦活動。　三十五：趙師秀薛氏瓜廬：「不作封侯念，悠然遠世紛。惟應種瓜事，猶被讀書分。野水多於地，春山半是雲。吾生嫌已老，學圃未如君。」「人家半在船，野水多於地。」本樂天仄韻古詩。今换一句爲對，亦佳。陳水雲與造物游之樓：「何處飛來縹緲中，人間惟有畫圖同。兩層簾幕垂無地，一片笙簫起半空。峰竹低添秋水碧，渚蓮平接夕陽紅。游人未達蒙莊旨，虛倚闌干面面風。」此樓在永嘉近城。兩層、一片頗俗，五、六亦可觀。三十九：趙師秀孤山寒食：「三月芳菲在水邊，旅人消困亦隨緣。晴舒蝶羽初匀粉，雨壓楊花未放綿。有句自題閑處壁，無錢難上貴時船。最怜隱者高眠地，日日春風是管弦。」

趙紫芝之戀戀西湖以終其生，錢塘詩人大率如此。當時昇平，看人富貴，以一身混其中，亦不爲大無聊也。四十二：趙師秀寄趙昌父：「逃名逃未得，幾載住章泉。便是重承詔，多應不議邊。高風時所繫，新集世方傳。憶就江樓別，雪晴江月圓。」末句全犯無可「憶就西湖宿，月圓松竹深。」然亦可喜。贈賣書陳秀才：「四圍皆古今，永日坐中心。門對官河水，簷依柳樹陰。每留名士飲，屢索老夫吟。最感春燒盡，時容借檢尋。」陳起字宗之，睦親坊賣書開肆。予丁未至行在所，至辛亥年，凡五年，猶識其人，且識其子。今近四十年，肆毁人亡，不可見矣。寄新吴友人：「每於樓上立，遠遠望新吴。春至山疑長，江空雨似無。懷才人盡愛，多病體常癯。若治東游策，舟行與子俱。」三、四佳。四十四：趙紫芝病起：「身如瘦鶴已伶俜，一臥兼旬更有零。朝客偶知親送藥，野僧相保密持經。力微尚覺衣裳重，才退難徵筆硯靈。惟有巖花心未已，遍分黄菊插空瓶。」此詩三、四先云：「朝士偶知來送藥，野僧相保爲持經。」後乃改下「親」字，亦詩法所當然也。但「更有零」三字不佳。四靈學姚合、賈島詩而不至，七言律大率皆弱格，不高致也。四十七：趙師秀雁蕩寶冠寺：「行向石欄立，清寒不可云。流來橋下水，疑是洞中雲。欲住逢年盡，因吟過夜分。蕩陰當絶頂，一雁未曾聞。」杜荀鶴：「祇應松上鶴，便是洞中人。」此三、四亦相犯。五、六有味。桃花寺：「舊有桃花樹，人呼寺故云。石幽秋鷺上，灘遠夜僧聞。汲井連黄葉，登臺散白雲。燒丹句漏令，無處不逢君。」四靈詩，趙紫芝爲冠。大抵中四句鍛煉磨瑩爲工。以題考之，首尾略如題意，而中四句亦可他人，不必切於題也。贈源長老歸自湘中：「白髮半頭寒未剃，形容清瘦異於常。爲人作畫衣添黑，對客圍棋爪甚長。不染世間如菡萏，只留胸次箸瀟湘。住山亦自年來懶，竹閣門前借一房。」滑稽之中亦新巧，第六句佳。四十八：趙師秀一真姑：「忽然能不食，飲水度中年。此事知難僞，令人信有仙。形容無血色，衣服有香煙。聽説瑶池路，猶如在目前。」四靈學晚唐詩，故題目亦倣之。四人之中紫芝最熟而有餘味云。桐柏觀：「山深地忽平，縹緲見殊庭。瀑近春風濕，松多曉日清。石壇遺鶴羽，粉壁剥龍形。道士王靈寶，輕强滿百齡。」五、六佳。延禧觀：「寂寞古仙宫，松林常有風。鶴毛兼葉下，井氣與雲同。背日苔磚紫，多年粉壁紅。相傳陶縣令，曾住此山中。」平熟妥帖。

梅磵詩話中：趙紫芝天樂呈蔣薛二友詩云：「中夜清寒入緼袍，一杯山茗當香醪。禽翻竹葉霜初下，人立梅花月正高。無欲自然心似水，有營何止事如毛。春來擬約蕭閑伴，同上天台看海濤。」全篇有蕭灑自適之趣，第三句尤佳。惠崇池上詩云：「禽還時動竹」，亦此意。蓋霜落則禽寒，寒則翻身，寫物之妙可見矣。

惠棟易漢學叙：王輔嗣以假像説易，根本黄老，而漢經師之義蕩然無復有存者矣。故宋人趙紫芝有詩云：「輔嗣易行無漢學，玄暉詩變有唐風。」蓋實録也。

案：趙推官師秀，萬曆温州府志文學傳、雍正浙江通志、乾隆永嘉縣志文苑傳並有傳。潘刊清苑齋詩集第一卷爲五言古詩十一篇，第二卷爲五言律詩八十四篇，第三卷爲七言律詩二十八篇，第四卷爲七言絶句十篇，編次與芳蘭軒集同，亦選本也。顧木并爲一卷。吴本五言律詩内送蔣節推赴岳陽詩一篇重見，顧刊删之，餘詩兩刻並同。顧本别有補遺十首，然貴耳集所舉再移居詩，娱書堂詩話所載送謝耘游淮詩，並已不存，蓋其佚者多矣。

潘氏次鳳潘應韶文集乾隆平陽縣志十九

佚。

案：潘静海次鳳，萬曆温州府志、乾隆平陽縣志宦業傳並有傳。

薛氏師石瓜廬詩東甌詩集二作「瓜廬集」，今從四庫全書總目一百六十二。

一卷。四庫全書總目一百六十二

存。江湖群賢小集本

晉宋詩稱陶、謝，唐稱韋、杜，當其時，人人皆工詩，詩非不盛也。而四人者，獨首稱，豈非侯鯖爽口，不若不致之羹；鄭聲悦耳，不若遺音之瑟哉？唐風不競，派沿江西，此道蝕滅盡矣。永嘉徐照、翁卷、徐璣、趙師秀，乃始以開元、元和作者自期，冶擇淬煉，字字玉響，雜之姚、賈中，人不能辨也。水心先生既嘖嘖歎賞之，於是四靈之名天下莫不聞。而瓜廬翁薛景石每與聚吟，獨主古淡，融狹爲廣，夷鏤爲素，神悟意到，自然清空，如秋天迥潔，風過而成聲，雲出而成文。間謂四靈君爲姚、賈，吾於陶、謝、韋、杜何如也。夫古詩三百，不過比興，然上下數千年間，騷人文士望知其難，擬之而弗似矣。四靈陋晚唐，不爲語不驚人不止，而後生常則其步趨謦欬，揚揚以晚唐誇人，此人所不悟也。然則景石脱穎而出，自成一家，真知幾之士哉！景石，名家子，多讀書，通八陣八門之變，乃心物外，至忘形骸，築廬會昌湖西，灌瓜貼樹，篘醇擊鮮，日爲文會，論切闓析，恐不人人陶、謝、韋、杜也。情真氣和，庶幾乎有道者，而年五十一死矣。死後，人士無遠近爭致其詩，其子弟手鈔不能給，於是相與刻之。嗚呼！使景石健至今，詩又止是乎？嘉熙元年清明日，東閣趙汝回序。

青門隱趣也，隱而廬焉，趣成矣。景石悟簡恬於群動，續雅正於千古，聲調所寄，不假斧鑿。世評其詩，如陶彭澤、梅都官。蓋人品同，夷澹同，所發者自不能異也。諸兒既廣篇帙，流播海内，且各以功名文字自見，期昌翁詩，景石亡猶生矣。世固有琅琅之音迭出、源源之脈隨泯者，生猶其亡乎！此予於瓜廬編加敬。西里趙希迈題。

竊歎古今知名士，非文字言語固無以垂後，而後之人乃以其人之賢與否而定去取之目，則所重者，蓋不特文字言語間也。陶靖節之潔操絶俗，杜工部之忠悋愛君，李太白、白樂天皆先頌其人而後及其詩。若瓜廬耕釣於會昌湖上，隱然古君子，融液群書，於世味澹無所羨，故於詩多肥遯之辭，舒性情之正，得象外之趣，酌繩尺之嚴，想其人晉宋人也；讀其詩，止於唐可乎？交道寥落，無所統盟，拊卷重感。嘉熙二年立夏日，荆山劉植。

余蚤游東嘉，於瓜廬君投分最密。是集所銓次，非晤語所及，則書題所緘寄也。掩卷俯仰，遂成千古。悲哉！然君最愛劉長卿詩，余一日偶問姚、賈如何？則曰：「某自愛此，何論姚、賈。」後十年，復過之，則手翻口誦，一以杜老爲師矣。且時時爲余言詩，惟恐其不空遠，空易到，遠難及。余洒然識其所謂。今是集所編，大概趣極澹，意極玄，句法極精妥，霜松、雪柏，雖不以葩卉自命，然虬枝直上，勢摩霄漢，人不得不仰而視也。信矣，其名家哉！余猶記其游雁山有「半洞容千佛，諸峰共一雲」，石橋有「泉湧龍頻躍，山靈鳥不來」之句，而是編乃獨逸，何邪？暇日更當從趙東閣評之。東谷王汶。

予讀四靈詩，愛其清而不枯，淡而有味。及觀瓜廬詩，則清而又清，淡而益淡。始看若易，而意味深長，自成一家，不入四靈隊也。蓋四靈詩雖擺脱塵滓，然其或仕、或客，未免與世接，猶未純乎淡也。若瓜廬則終身隱約，不求人知。其所謂詩，若淳音淡泊，自有餘韻，其分數又高矣。此水心先生之所稱賞，而諸靈之所推遜而待以别席也。瓜廬没後，其詩始出，而求者益衆。平生所爲詩不多，其子峻輩始收拾，僅得幾篇，旋鋟諸板以應好事者之求。峻以明經進士爲常德郡博士，亦喜吟哦，工字畫，雅有父風，而出處異矣。淳祐丙午夏五，東甽老人曹豳題。

四庫全書總目一百六十二：瓜廬詩一卷，編修勵守謙家藏本。宋薛師石撰。師石字景石，永嘉人。隱居不仕，築屋會昌湖西，題曰「瓜廬」。趙師秀詩「野水多於地，春山半是雲」之句，即爲瓜廬作也。是集卷末有王綽所作墓誌，述其始末甚詳。卷首有趙汝回序，稱其每與四靈聚吟，獨主古淡，融狹爲廣，夷鏤爲素，神悟意到，自然清空。今觀其詩，語多本色，不似四靈以尖新字句爲工，所謂「夷鏤爲素」者殆於近之。至於邊幅太窄，興象太近，則與四靈同一門徑，所謂「融狹爲廣」者殊未見其然。蓋才地視四靈稍弱，而耕釣優游，以詩自適，意思蕭散，不似四靈之一字一句刻意苦吟，故所就大同而小異也。荆山劉植跋稱其多肥遯之詞，斯言諒矣。

王綽薛瓜廬墓誌銘：永嘉之作唐詩者首四靈；繼靈之後，則有劉詠道、戴文子、張直翁、潘幼明、趙幾道、劉成道、盧次夔、趙叔魯、趙端行、陳叔方者作；而鼓舞倡率，從容指論，則又有瓜廬隱君薛景石者焉；繼諸家後又有徐太古、陳居端、胡象德、高竹友之倫，風流相沿，用意益篤，永嘉視昔之江西幾似矣，豈不盛哉？景石有瓜廬集若干卷。瓜廬詩附録

案：瓜廬薛處士師石，雍正浙江通志、乾隆温州府志、乾隆永嘉縣志文苑傳並有傳。

瓜廬學詩於徐道暉。水心文集八，有薛景石兄弟問師於徐道暉請使行質以子錢界之詩。而其所作，乃與四靈體格小異，在永嘉詩派中與趙東閣皆能別闢蹊徑者。所著詩集一卷，見宋本江湖群賢小集。據趙東閣叙，及曹東畊跋，則瓜廬歿後，其子峻等有單刊本，今未之見，不知天壤内尚有流傳否。小集本詩凡一百十二篇，東甌詩集所録詩四篇，並在其内。宋刻卷末附四靈留題瓜廬詩各一首，又趙師秀寄贈詩二首，趙希迈、薛美詩各一首，前後叙跋亦並完具，或即從家本覆刊也。

盧氏祖皋蒲江詩稿孫應時燭湖集十佚。

孫應時序：東嘉盧申之妙年取進士第，辭藻逸發，如水湧山出，見予於吴中，不鄙定交。申之喜爲樂府，余曰：「不如詩之愈也。」申之即大肆其力於詩。居三年，寄蒲江詩一編，讀之，郁然其春，若時禽之高下，而衆芳之雜襲也；灑然其秋，若風露之清高，而山川之寥廓也。澹兮如幽人處士，自足於塵垢之外；儼兮如王孫公子，相命於禮樂之間也。窈兮其思之深，悠兮其味之長也。蓋申之天分自高，而用心尤苦。洞視古今，作者神交而力角之，不愜其意不止，非餘子碌碌新有詩聲者比也。申之猶以質於余，余固未嘗工詩，而何以進申之於此哉？雖然，詩至於是可以止矣。作詩正如飲酒，酒所以養人，勿以病人；詩所以足性，勿以害性。老坡所謂「可寓意，不可留意」者也。或曰：「子曩力進申之於詩，今之言不疑於相戾乎？」曰：「惟申之知予可言而言，子勿慮。」燭湖集十

張端義貴耳集上：蒲江盧申之祖皋，曾爲玉堂有感詩云：「兩山風雨故留寒，九陌香泥苦未乾。開到海棠春爛漫，擔頭時得數枝看。」有舟中獨酌詩：「山川似舊客懷老，天地何言春事深。」松江别詩：「明月垂虹幾度秋，短篷長是繫人愁。暮煙疏雨分攜地，更上松江百尺樓。」余領先生詞外之旨。

梅磵詩話中：蒲江盧祖皋申之廟山道中詩：「粉黄蛺蝶繞疏籬，山崦人家挂酒旗。細雨嫩寒衫袖薄，客中知是菊花時。」語意清新，頗能模寫村居景趣。

曹氏豳玉泉集

二十卷。乾隆温州府志二十七

佚。

陳世崇隨隱漫録五：宋坦齋謂曹東畝案：當作「畎」。曰：「君生永嘉，案：元誤「壽」，今改。詩學江西。」曰：「興到何拘江、浙。」然則四靈不足學歟？曰：「四靈詩如啖玉腴，雖爽不飽；

江西詩如百寶頭羹，充口適腹。」

梅磵詩話下：括蒼馮公嶺，延袤數十里，其高插天，山之顛有半山庵，乃往來駐足之地，壁間留題甚多。東甽曹西士豳布衣時經過，題兩絶於壁云：「平蕪十里緑迢迢，水宿山行好耐勞。最是愁人最奇崛，馮公之巘浙江濤。」「村南村北梧桐樹，山後山前白菜花。莫向杜鵑啼處宿，楚鄉寒食客思家。」後西士出藩入從，仕路通顯，庵僧模字鋟板，揭之楣間。

案：東甽曹文恭〔一〕公豳，教授逢時子，宋史四百十六、萬曆温州府志宦業傳、雍正浙江通志、嘉慶瑞安縣志名臣傳並有傳。

佚。

婁氏鑄潛山集浣川集十

戴栩婁南伯墓誌銘：南伯名鑄。君既卒，有潛山集若干卷，孤穀所纂次也。介其狀，請銘。余讀之曰：文之體不相沿，其究一爾，且吟詠以情性，論箸以理義，古人未有越此者，世所同知。而或不能自通於古人，以其情性否而理義闇也。君詩用元祐律，雖繪組故

〔一〕「文恭」，底本誤作「文肅」，據宋史本傳改。

事以就聲韻，而高睨物表，自爲開闔，不失性情之正，其他文倫紀條通，勸戒森列，往往有益世教。若駢儷則君集中居大半。夫四六本法，不過句偶，按昔字辭，運今意調，隨其分量，可以稱工尤者絶出矣。君割裂糅合，理義默貫，然而則君之文無牗細，非苟應俗者。此朋友所以悲君生五十二年，而湮汨以死也。君之先，繇長谿徙永嘉。伯祖監察御史寅亮者，自譜其系，距唐納言十四世爾。浣川集十

戴氏栩浣川集萬曆温州府志十七作「戴博士集」。十八卷。千頃堂書目二十九、國史經籍志五。四庫全書總目一百六十二，存十卷。

闕。遜學齋藏重輯十卷鈔本

四庫全書總目一百六十二：浣川集十卷，永樂大典本。宋戴栩撰。栩字文子，朱彝尊經義考引王瓚説作字立子，未知孰是也。永嘉人。登嘉定元年進士。爲太學博士，遷秘書郎，出知臨江軍，不赴，後復起爲湖南安撫司參議官。焦竑國史經籍志載所箸浣川集十八卷。按栩有絶句云：「近來萬境心如洗，笑改斜川作浣州。」蓋其罷官後所自號，因以名集也。外間久無傳本，今從永樂大典採掇編次，釐爲十卷。栩與徐照、徐璣、翁卷、趙紫芝等同里，故其詩派去四靈爲近。然其命詞琢句，多以鏤刻爲工，與四靈之專主清瘦者氣格稍殊。蓋同源

異流，各得其性之所近。至其文章法度，則本爲葉適之弟子，一一守其師傳。故研煉生新，與水心集尤爲酷似。中如論聖學、論邊備諸札子，亦復敷陳剴切，在永嘉末派可云尚有典型。經義考載栩所著有五經説，注曰「已佚」。今考其説，惟謂周禮特周公大約之書，當時未必盡行，其立論頗爲有識。至於謂詩壞於衛宏之序，春秋誤於公羊之傳，易由於三聖繫爻象象之互入，書失於孔壁序傳編簡之相亂，大抵南宋諸人輕詆漢儒之餘唾，雖不存可也。

案：浣川集，永樂大典本存詩三卷，文七卷。浣川學於水心，此集二〔一〕題吴明輔文集後敘云：「頗憶從水心游，每遇佳題，輒令同賦。」是浣川於水心文法，親得其指授，故此集所存文奇警恣肆，雜之水心集中，幾不可辨。詩則與水心倡和者尤夥，律詩頗近四靈而工麗過之，如勸耕題正覺寺云：「地形緣水盡，潮勢挾山來。」又云：「巖溜無時滴，松風盡日來。」題石龍云：「鱗甲從人看，莓苔自舊青。」題方干墓云：「葬地不封秋樹死，詩壇空在暮山平。」送胡夢昱貶象州云：「此愁欲别柳邊雨，明日初程桂外人。」並佳句也。

朱氏景淵詩集 浣川集九

〔一〕「二」，底本誤作「一」，徑改。

佚。

戴栩跋：余舊友彫謝，或散而他游，其在者以余衰病不相往來，間以事請余，力不能應，重拂其情，俯仰愧懼而已。獨南蕩朱君景淵，出必見，見無他故，必示以詩，余與詩絶久矣，而君勤勤如此，所謂不以榮枯二其心者歟？君詩婉麗清密，如萬舞九奏笙磬間，發聽者忘倦，而何待余之刻畫其不可不言者，則君之行誼是已。君蒲江先生之南容也，當蒲江在時，賙贈無虚日，君亦哀窮悼屈，隨手散盡，館於戚里，毅然不干以私，無纖粟累其意，徙他館亦然，以故貴人多愛敬之。君通詩、書、禮，及韜略之學，倦游場屋，而以膏馥沾丐取榮名者無德色也。斯不亦行誼過人，當世之奇男子歟？讀君集，因書其末。浣川集九

案：朱景淵事蹟無考，據戴序，蓋盧直院祖臯兄〔一〕婿也。

劉氏植漁屋集江湖後集十四

闕。江湖後集十四

江湖後集十四：劉植字成道，永嘉人，安上曾孫。有漁屋集。

〔一〕「兄」，底本無，據孫衣言甌海軼聞二十八云：「朱蓋次夔之兄婿。」「南容」當以兄婿爲是。故補。

案：劉成道，號漁屋。見東甌詩集四。薛仲止嘗爲作漁屋詩，見雲泉詩。其集宋以來久無傳帙，永樂大典本、江湖後集十四，存詩二十四首，蓋當時臨安書肆固有刊本也。王成叟薛瓜廬墓誌數永嘉之作唐詩者，成道亦其一。今存詩雖不多，而清詞雋語，猶足見四靈詩派。東甌詩集四載成道詩二篇，其鳳凰臺一篇爲江湖後集所無，可以據補，此外佚篇剩句無可搜摭矣。

楊氏休南渚集雍正浙江通志二百四十八

佚。

江西通志六十二：楊林字山立，温州人。咸淳中，攝南豐令。時邑遭寇毁，林殲其渠魁，掃其巢穴，招集流離，葺理廛市，百廢具興。諸臺奏最，有旨再任，士民安之。「休」作「林」誤。

乾隆温州府志十九：宋嘉定武科楊休，平陽人，南豐宰，閤門舍人。

周氏端朝周子静集萬曆温州府志十七

佚。

陳氏埴潛室文集萬曆温州府志十七

佚。

趙氏汝回東閣吟稿江湖後集七。萬曆温州府志十七、雍正浙江通志二百四十八、乾隆永嘉縣志二十三並作「趙幾道詩集」。

闕。江湖後集本

江湖後集七：趙汝回字幾道，浚儀人。宋南渡後，宗室散處南方，猶題浚儀人，示不忘汴也，故此仍之。太宗八世孫，嘉定七年進士，主管進奏院，有東閣吟稿。

東甌詩集三：趙汝回字幾道，永嘉人，號東閣，登嘉定第，授忠州判官。詠橘花詩：「春風過後雪初白，夜雨晴時水亦香。」詠水仙花詩：「屈原一點沈湘恨，李白三更捉月魂。」是皆奇句，惜無全集。

萬姓統譜八十三：趙汝回名重一時，苦吟興致高邁，自成一家，詠橘花云：「春風過後雪初白，夜雨晴時水亦香。」詠水仙云：「屈原一點沈湘恨，李白三生捉月身。」皆爲詩人所珍，從其學者多知名。

案：東閣趙管院汝回，萬曆温州府志文學傳、雍正浙江通志、乾隆永嘉縣志文苑傳並有傳。江湖後集載有東閣吟稿，蓋猶原本標題。王成叟薛瓜廬墓誌銘，以東閣爲四靈派，然其作瓜廬、雲泉兩詩叙，於四靈頗致不滿。東甌詩集二載宋慶之哭趙東閣詩亦云：「往年失四靈，詩道微一髮。縞素革織組，宫徵[一]節亂聒。力排唐末陋，意與風雅軋。」則東閣論詩不取晚唐，與四靈雖同而實異矣。江湖後集所録詩凡三十一篇，其古詩九篇，奇警清逸，非復晚唐格調，亦足徵其非專學四靈詩者也。東甌詩集二亦録幾道詩十首，其八不見於後集，又詩集注所舉詠橘花、水仙花二首，後集亦並未載，然則幾道詩散佚者多矣。

趙氏汝迕趙叔午詩集 萬曆温州府志十七

佚。

萬姓統譜八十三：趙汝迕字叔午，以詩知名，登嘉定第。騤騤進用，因「夜雨梧桐王子府，春風楊柳相公橋」之句，觸時相怒，謫官淪落，不得志而卒。

案：寒泉趙進士汝迕，萬曆温州府志文學傳、雍正浙江通志、道光樂清縣志文苑傳並有傳。萬姓統譜載其以「夜雨梧桐王子府，春風楊柳相公橋」之句，謫官。通志、府、縣志

〔一〕「徵」，底本誤作「商」，據東甌詩集改。

並同其説。考瀛奎律髓二十，劉潛夫落梅詩注云：「潛夫有南岳五稿，當寶慶初史彌遠廢立之際，錢塘書肆陳起宗之能詩，刊江湖集，南岳五稿與焉。宗之賦詩有云：『秋雨梧桐皇子府，春風楊柳相公橋。』哀濟邸而誚彌遠，本改劉屏山句也。敖臞庵器之爲太學生時，以詩痛趙忠定丞相之死，韓侂胄下史逮捕亡命，韓敗乃始登第，致仕而老矣。或嫁秋雨、春風之句爲器之所作，言者併潛夫梅花詩論列，劈江湖集板，二人皆坐罪。」又鶴林玉露十：「寶紹間中興江湖集出，劉潛夫詩云：『不是朱三能跋扈，只緣鄭五欠經綸。』敖器之詩云：『梧桐秋雨何王府，楊柳春風彼相橋。』」此詩與瀛奎律髓小異，未知孰是。當國者見而惡之，並行貶斥。周密齊東野語十六：「寶慶間李知孝爲言官，與曾極景建有隙，每欲尋釁以報之。適極有春詩云：『九十日春晴景少，百千年事亂時多。』刊之江湖集中，因復改劉子翬汴京紀事第一聯爲極詩云：『秋雨梧桐皇子宅，春風楊柳相公橋。』以爲指巴陵及史丞相。及劉潛夫黄巢戰場詩，皆指爲謗訕，押歸聽讀。同時被累者如敖陶孫、周文璞、趙師秀及刊詩陳起，皆不得免焉。」寶慶詩禍，羅方目睹其事，雖諸書所載互異，然並不云趙叔午作。周草窗所載同時被累諸人亦無叔午，統譜所載未足據也。

鄭氏泌梅麓斐稿　三十卷。萬曆温州府志十七佚。

乾隆平陽縣志十三：宋武科，嘉定丁丑朱嗣宗榜進士，鄭泌有才名，召對嘉之，特賜文科。知安豐軍。

趙氏希迈西里詩稿宋詩紀事八十五。東甌詩存八作「西里集」。

佚。

東甌詩集四：趙希迈，樂清人，號西里。

宋詩紀事八十五：宗室希邁，字端行，號西里，永嘉人，太祖九世孫。有西里詩稿。

案：趙西里希迈，迈字，字書所無，他書或作「邁」，疑俗書萬爲「万」，遂亦書「邁」爲「迈」也。然宋本瓜廬詩跋及前賢小集拾遺三、東甌詩集四並作「迈」，今姑從之。〔一〕嘉定庚辰進士。官至知柳州。通志選舉作「趙汝迂」，府、縣志選舉作「趙汝迈」，均誤。趙諫東甌續集叙云：「於文獻大家，訪求得西里、石渠、栗齋暨昆陽文獻等集。」是此集傳本，趙尚見之，故續集於西里詩選録獨多也。

〔一〕「迈」字，見玉篇：「防罔切，急行也。」作「邁」、「迂」均誤。永樂大典七千三百二十四，引吳泳鶴林集有起希迈特授朝奉郎制云：「島夷不恭，干我王略。爾丞郡紱，暫握機籌，討擊招降，備殫畫諸。坐滌蠻方之瘴，以寬南顧之憂。晉之二階，庸勸郡東。」「起」當爲「趙」之誤。此可略見其事跡。

黄氏漢章茶坡小稿萬曆温州府志十七

佚。

乾隆温州府志十九：宋進士，嘉定庚辰劉渭榜，黄漢章，平陽人，提刑〔一〕秘閣運副。著有茶坡集。

湯氏建藝堂文集萬曆温州府志十七

佚。

劉氏天益�坡集雍正浙江通志二百四十八誤題「陳天益」，今從萬曆温州府志十七。

佚。

乾隆平陽縣志十五：劉天益，生平邃于理學，文尤高古警拔，所著有筍坡集行世。

案：筍坡劉賢良天益，處士軫子，乾隆平陽縣志孝友傳有傳。

〔一〕校勘記云：「檢乾隆府志，秘閣上有『歷官』二字，而無『提刑』二字，而『提刑』二字則别見於東甌詩集也。」

賈氏孝櫄焦尾集蒙川遺稿四

佚。

鏡馳集蒙川遺稿四

佚。

劉澂賈鎔鏡墓誌銘：鎔鏡先生，諱孝櫄，字季華。幼有異質，群書一覽，習聲律。屢舉不就，弗以愠。通歷代史記、雜家律曆、浮屠書，致思沖邈，一毫户外事不入耳，而於唐人詩尤工，自號鎔鏡。凡宇宙之廣，山川之奇，水石草木之秀，盡歸陶寫。古風樂府，迅逸灑落，而近體律紆積茂最。融風煽變，家藏且毁，於是緝其所追省者，曰焦尾集。寄跡大父挂冠之地，海棠叢植，慕徐常侍結巢意，又自號海棠巢。喜賓友，岸幘迎笑，商榷古今，竟日無倦〔一〕容。援筆成詩，不爲推敲態，而奇正變化，渾然天成〔二〕，□是掇其所晚得者，曰鏡馳集。注西漢紀則有□□□文，編府郡典故則有聯璧事鑑，取東坡互注重□□因二十卷成誦馬□□□□人，猶

〔一〕「倦」，底本闕，據文意補。

〔二〕「成」，底本闕，據文意補。

自念庭闈□□□然增慨，而題其卷□□□闈，悲岵屺也。先生□□□文勁氣横騖，隘視□□，□門友若資講陳公南一、少卿趙公崇暉、正言陳公求魯，折節視先生，不敢友□〔一〕。淳祐八年，年七十有五而卒。賈氏繇閩徙温之樂清。蒙川遺稿四

案：賈鎔鏡，舊府、縣志無傳，焦尾、鏡馳兩集，亦未著録。蒙川所作墓誌見余家所藏舊鈔遺稿卷末，缺字甚夥，後半竟不可讀。文瀾閣本遂删之，非舊本尚存，幾無從得其姓氏，亦鎔鏡之不幸也。誌中載其著述尚有注西漢紀、聯璧事鑑，舊本此處無缺字，然書名似未全。東坡互注重□此不知何書，疑注東坡詩矣。鈔本重字下缺二字，宋槧書多有纂圖、互注、重言、重意之目，重下疑缺一「言」字。二十卷，因書名缺奪，無從校補，今不復分析著録，附識於此，竢見善本再爲補入。

〔一〕「□」，底本闕，據文意補。

温州經籍志卷二十三

集部

别集類

宋

周氏元龜蒼巖雜箸八十卷。萬曆温州府志十七

佚。

盧氏方春盧柳南小簡一卷。百川書志十八

温州經籍志卷二十三

存。遜學齋藏群公小簡鈔本

四庫全書總目一百九十二：群公小簡六卷，不著編輯者名氏。前有成化乙未徐傳序，稱蘇文忠、方秋崖、趙清曠、盧柳南、孫仲益五先生之所著。

東甌詩集三：盧方春號柳南，永嘉人，登嘉熙進士。

萬曆温州府志十：宋進士，嘉熙戊戌周坦榜，盧方春，永嘉人，省元，工詩。案：文獻通考選舉考五，載嘉熙二年省元繆烈，非盧方春，志疑誤。

案：盧柳南小簡七十三首，刻在嘉靖壬辰慎獨齋所刊群公小簡第四卷，皆瑣屑酬應書札，語多淺俗，蓋宋元間書肆所編刻也。後又附二十六首，據原注本趙清曠小簡，因其體似盧作，遂移入此卷，殊無塙據，疑亦書賈所爲矣。

徐氏儼夫桃渚集雍正浙江通志二百四十八

佚。

案：桃渚徐侍郎儼夫，萬曆温州府志文學傳、雍正浙江通志義行傳、乾隆平陽縣志介節傳並有傳。

戴氏仔開治堂集七十二卷。萬曆温州府志十七

佚。

萬曆温州府志十七：開治堂集七十二卷，亦曰居業集，戴仔撰。

項氏桂發皇華集乾隆温州府志二十七

佚。

乾隆平陽縣志十三〔一〕：宋武科淳祐甲辰項桂發榜，項桂發，居項橋，知循州、雷州，擢護駕防禦使，帶禦器械，詔授同知樞密院事。案：宋史宰輔表副樞無項桂發。萬曆温州府志選舉門載桂發官亦止云知雷州。此疑不足據。〔二〕

應氏節嚴平坡集萬曆温州府志十七。乾隆温州府志二十七「坡」作「陂」誤。

〔一〕「三」，底本誤作「一」，徑改。

〔二〕據石本項桂發爲禦營統兵護駕防禦使帶禦器械節制皇城司兼司兼管轄内侍省提督親衛軍務事制，其官不止知雷州。

佚。

林景熙故待制吏部侍郎應公墓誌銘：公爲文精實詣理，有補世教，自號「平坡居士」。霽山集五

案：平坡應侍郎節嚴，萬曆温州府志宦業傳、乾隆平陽縣志名臣傳並有傳。

侯氏畐霜崖集宋史二百十三。續文獻通考一百八十、萬曆温州府志十七〔一〕「崖」作「厓」。

佚。

緱山侯氏譜：八一府君畐，字道子，號霜厓。事在宋史忠義傳中，所著有雪厓集，博士陳松龍序之，大略謂「府君人文霜潔厓峻，已而，府君果以全節表百世」云。八二府君諱萬，字恭子，號石厓，霜厓公之仲弟，升國子上舍，未命卒。是時吾侯文儒振矣，霜厓公爲之倡，有憶思齊叔、送弟恭子讀書嚴瀨二詩，載集中。二谷山人集一

案：侯節毅公畐，宋史忠義傳八、雍正浙江通志忠臣傳、道光樂清縣志忠烈傳並有傳。

〔一〕「萬曆温州府志十七」，底本脱，據校勘記補。

潘氏希白柳塘集萬曆温州府志十七

佚。

萬姓統譜二十五：潘希白蚤學詩於趙汝回，既而與樂府駢儷俱著稱於時。卜築柳塘，一時文會，名流咸集。

案：漁莊潘檢閲希白，萬曆温州府志文學傳、雍正浙江通志、乾隆永嘉縣志文苑傳並有傳。江湖後集七載趙汝回奉歸柳塘潘希白詩稿詩云：「織柳縫花雅道衰，將題錦卷復敲推。夜寒吟苦冰澌合，境寂心融造化來。斸石崑崙攜玉下，乘槎河海到天迴。今時古調何人愛，東野長江在夜臺。」則漁莊詩蓋學孟、賈者。

李氏君錫李宗禹雜稿萬曆温州府志十七

佚。

案：李常丞君錫，萬曆温州府志文學傳、雍正浙江通志、乾隆永嘉縣志文苑傳並有傳。

蘇氏景璐文集

十二卷。千頃堂書目二十九、宋史藝文志補。俞希魯至順鎮江志十九作「十卷」。

未見。

千頃堂書目二十九：蘇景暐文集十二卷，永嘉人，遷丹徒，宋寶祐四年進士，入元不仕。案：景瑞，平陽人，此云永嘉人者，宋時温州人多自署永嘉，用晉郡名也。

寶祐四年登科録：第四甲第八十人，蘇景瑞，字國珍，小名□□、小字□□、第六十三，具慶下，年四十八，八月二十三日子時生，外氏項。治書，二舉，兄弟三人。娶□□。曾祖世良，迪功郎；祖誼，父文焕。本貫温州平陽縣親仁鄉，父爲户。

至順鎮江志十九：蘇景瑞字國珍，永嘉人，徙居京口。宋國學内舍生，寶祐四年登進士第，授迪功郎、萬安軍軍學教授，官至朝奉郎，太府寺丞。歸附後，杜門不仕，自號芝山逸人，卒年六十六。有文集十卷。

案：蘇景瑞，寶祐丙辰文天祥榜進士。千頃堂書目、宋史藝文補及雍正通志、乾隆府志並作蘇景暐，非也。萬曆府志、乾隆平陽縣志選舉門並不誤。阮元兩浙金石志十三，載江湖偉觀，咸淳八年六月銓試叙拜題名，亦有蘇景瑞，足與登科録及鎮江志相證矣。

薛氏嵎雲泉詩一卷。四庫全書總目一百六十五

存。江湖群賢小集本

近世論詩，有選體、有唐體、唐之晚爲崑體，本朝有江西體，江西起於變崑，崑不足道也。而江西以力勝，少涵泳之旨，獨選體近古，然無律詩，故唐詩最著。世之病唐詩者，其短近不過景物，無一言及理。此大不然，詩未有不託物，而理未有出於物之外，古人句在此而意在彼，今觀三百篇大抵鳥獸草木之間，不可以是訾也。而人之於詩，其心術之邪正，志趣之高下，氣習之厚薄，隨其所作無不呈露。如少陵之詩而得其爲忠，太白之詩而得其爲豪，郊、島之詩寒苦，而其器必隘，韋、白之詩藴藉，而其情必遠，自然而然，初非因想而生見者。昔坡公論六家書，謂「小人書字雖工，而其神情終有旴睢側媚之態」，非獨作字爲然，雖文皆然也。故作詩貴識體，尤在養性，不養性則無本，不識體則無法。永嘉自四靈爲唐詩，一時水心首見賞異。四人之體略同，而道暉、紫芝，其山林閨閤之氣，各不能掩。雲泉薛君仲止，以詩名於時，本用唐體，而物與理稱，更成一家。其人蕭散之際，自有繩尺，始而色其貌若生，久而旨其味益洽，恬靖不求，本於天性，未易以矯揉學者。雖其詩示足以盡其人，然必有是人而後有是詩，讀者當自得於言語之外云。淳祐己酉五月日，東閣趙汝回序。

四庫全書總目一百六十五：雲泉詩一卷，編修汪如藻家藏本。宋薛嵎撰。嵎字仲止，一字賓日，永嘉人，寶祐四年進士，官長溪簿。宋承五代之後，其詩數變，一變而西崑，再變而元祐，三變而江西。江西一派，由北宋以逮南宋，其行最久。久而弊生，於是永嘉一派以晚唐體矯之，而四靈出焉。然四靈名爲晚唐，其所宗實止姚合一家，所謂武功體者是也。其法以新切爲宗，而寫景細瑣，邊幅太狹，遂爲宋末江湖之濫觴。葉適以鄉曲之故，初力推之，久而亦覺其偏，始稍異論。吴子良林下偶談述之頗悉。嵎之所作，皆出入四靈之間，不免局於門户，然尚永嘉之初派，非永嘉之末派。録之亦足備一格也。

寶祐四年登科録：第五甲第三十八人，薛嵎字賓日，小名峽，小字仲止，第萬三，永感下，年四十五，六月十日巳時生，外氏陳，治書，三舉，兄弟三人，娶林氏。曾祖良逢，祖紹，中奉大夫；父師武，承議郎。本貫温州永嘉縣，在城梯雲坊。

案：雲泉詩，見宋本江湖群賢小集，凡詩二百七十餘篇。其詩派出於四靈，然在同時諸家，獨爲後出，故王松臺薛瓜廬墓誌銘未舉其名。今集中所存詩，多與宋飲冰、劉荆山、趙東閣、潘漁莊諸人酬酢，並永嘉勝流也。又趙東閣别選雲泉與宋飲冰詩，合名雙玉集，今亦不傳。雙玉集，二十五卷别著録。

耕樂集萬曆温州府志十七

佚。

清醒小稿萬曆溫州府志十七

佚。

王氏埴北山稿萬曆溫州府志十七。乾隆永嘉縣志二十三作「北山游集」。

佚。

盛氏烈峴窗浪語江湖後集十一

佚。

江湖後集十一：盛烈，永嘉人，有峴窗浪語。

案：盛烈事蹟，舊府、縣志無考，東甌詩集及厲鶚宋詩紀事亦並無其詩，惟江湖後集載其詩十六首，而題詠西湖者居其半，疑永嘉人之僑寓臨安者。

林氏公一梅南集

三十卷。雍正浙江通志二百四十八

佚。

林氏千之雲根癡庵稿萬曆温州府志十七。續文獻通考一百八十「根」作「林」，雍正浙江通志二百四十八「稿」作「集」。

佚。

案：林知州千之，萬曆温州府志文學傳、雍正浙江通志、乾隆平陽縣志文苑傳並有傳。

劉氏黻蒙川先生遺稿宋史本傳、東甌詩集三、續文獻通考一百八十、千頃堂書目二十九、宋史藝文志補並作「蒙川集」，四庫全書總目一百六十四作「蒙川遺稿」，今從舊鈔本。

十卷。千頃堂書目二十九、宋史藝文志補。四庫全書總目一百六十四作「四卷」。

闕。遜學齋藏明阮存編四卷鈔本、樂清劉氏擺印本、同治癸酉新刊本。

先伯氏蒙川先生，少有志操，刻勵清苦，以成其學。而惟孝惟忠，雖流離顛沛中，亦未嘗忘於言，其立身大節，雖没齒無愧怍也。平〔一〕生無他嗜好，惟殫精畢思於文字間。凡所

〔一〕據校勘記此脱「平字寫本無」注。

著述，與諫坡奏牘、薇垣制稿、經帷納獻擺本作「獻納」，此依寫本。若干卷，悉以自隨，今皆散落不復見矣。可哀也！寫本此下有「耶」字。若夫廬室爲毁，幸而讀書之朝陽閣，巋然於蒼梧翠竹間，亦天也耶？喜而爲謁記，求當代之鴻師碩儒，晨星稀矣。惟息堂先生鄭公，又赴蒲輪之召，應奎遂有請焉，乃蒙念同年之舊，思獻納之暇，摭其實而其文炳如也。寫本此下有「耶」字。奎每追念先生，「奎」字寫本無。不無遺憾，乃於鉛槧散失之餘，或得之斷簡殘篇，自「鉛」字至「或」字，寫本空九字，今依擺本補。或得之朋友記識，若文若詩，裒聚僅十卷，擺本作「四卷」，此依寫本與宋史本傳合。爲蒙川先生遺稿。以應奎年之既衰，「既衰」寫本作「記襄」，以聲形近而誤。擺本「年之既衰」作「之年力就衰」，疑後人所改。朝露行晞，何能廣索冥搜，姑鋟諸梓，以示〔一〕子若孫，而朝陽閣記雖已刻於閣之楣矣，今并入十卷之首。擺本作「并入之卷首」，妄人所改。夫文載道者也，文雖不能盡得，苟能僅存，則道亦與之俱存，庶乎不與龍門草木俱腐焉爾。大德辛丑歲上元日，弟應奎端拜謹書。

有節義之士，有文章之士。節義之士不必以文章著，而性情所流露，往往非雕章繪句者所能及，蓋清明剛大之氣有以植其本也。吾樂當南宋時，名儒輩出，而梅溪王詹事爲稱

〔一〕據校勘記此脱「寫本有若字」注。

首。集中諸奏疏，彈劾權臣，指陳時政，迄今凜凜有生氣，文章本於節義，不信然耶？後八十年而蒙川劉先生出焉，節義不讓梅溪，而境之艱阻有甚焉者。蓋宋自寧宗後，宗社大事，一壞於韓，再壞於史，三壞於鄭安晚之再相，四壞於丁大全之專權。一時狡險之徒，方附影希風，牴排善類，累朝養士之澤，銷磨殆盡矣。先生以太學生伏闕數上書，痛哭流涕而言之，略無畏沮，卒之身遭貶謫，屏跡南安，其始境之艱如此，厥後晛出霰消，賜環歸國，中年通籍，時事日非，雖嘗出領郡符，入司銓柄，而半間堂氣焰方張，終不得少行其志。迨奉諱還鄉，讀祭禮未終，宋社已屋，毅然赴國難，間關數千里，扶持幼君，崎嶇嶺海間，遂賫志以歿。其晚境之艱又如此。後之人因先生之境而考其詩文，由先生之詩文而觀其節義，有杜老之悲吟，而此字今補。寓諸香山之諷諭，有宣公之懇摯，而濟以南豐之和平，非學養兼至，其孰能與於斯？椿嘗伏讀史書，竊歎寶祐六君子以直諫得名，其始終一節，事事與此舉相稱者，獨有先生。不幸遭時之危，忘身殉國，學問閎而未發，經猷鬱而不光。平生著作僅有流傳，然皆掇拾於秦灰楚焰之餘，存什一於千百，以視梅溪之所遭，夷險有不同，而顯晦因之矣。梅溪集屢經梓行，而蒙川遺稿十卷板已久佚，邑竹嶼劉君樂亭永沛、同叔璞嶼希琅、兄校亭永渠、弟心田永潤、獻之永涵、葭湄永汸；與同族大橋頭西山廣益等，謀付梓人，樂亭、心田恂恂儒雅，於蒙川爲賢子孫，於樂邑爲名茂才，可於此舉徵之，而西山之勤贊其成，亦有足稱者。椿軨材膚學，獲與校訂，因葺先生年譜，并疏當日立朝大節，弁諸簡端，俾讀先生書者，知其節義發爲文章，益信其清明剛大之氣與梅溪有同揆也，是亦知人論世之一端也。時咸豐七年丁巳季夏月，邑後學林大椿恒軒拜手撰。活字本卷耑

四庫全書總目一百六十四：蒙川遺稿四卷，浙江鮑士恭家藏本。宋劉黻撰。黻字聲伯，號質翁，樂清人，淳祐初以試入太學，伏闕上書攻丁大全，送南安軍安置，大全敗後召還。廷試又以對策忤賈似道，復爲所抑。後由昭慶軍節度掌書記除學官，擢御史，累官至吏部尚書。遭母喪，解官，遂不復起。會宋亡，二王航海，黻追從入廣，至羅浮而卒，謚忠肅。所著諫坡奏牘、薇垣制稿、經帷納獻諸書，航海時挾以自隨，遂散落不存。此詩文殘稿四卷，乃其弟應奎所裒集也。黻危言勁氣，屢觸權姦，當國家板蕩之時，瑣尾流離，抱節以死，忠義已足不朽。其詩亦淳古淡泊，雖艱於風會，格律未純，而人品既高，神思自別，下視方回諸人，如鳳凰之翔千仞矣。惟傳鈔既久，文多訛脱，更無別本可校，爲足惜耳！卷首有應奎序，作於元大德中，又有鄭滁孫朝陽閣記一篇，閣爲黻山中讀書之地，黻歿後舊宅盡毀，惟是閣尚存，故應奎屬滁孫爲之記云。

四庫全書簡明目録十六：蒙川遺稿四卷，宋劉黼詒讓謹案：忠肅之名，中興館閣續録九千頃堂書目二十九、補宋史藝文志並作「黼」，此亦沿其誤。撰，其弟應奎編，黼觸忤權姦，再遭挫折，卒以追隨

故主，身隕海濱。所著作散落鯨波，不可復得。惟此殘稿僅存，其詩多規仿陳子昂體，雖格律未純而人品既高，神思自別，下視方回輩背主求榮，如鳳凰之翔千仞矣。

案：蒙川遺稿，據忠肅弟應奎序，本十卷，宋史本傳、千頃堂書目、補宋史藝文志所載並同。今所見舊鈔本四卷，卷首有「弟山中劉應奎成伯校正，後學阮存存畊編次」二行，阮存，萬曆温州府志宦業傳有傳，載其字曰以禮，存畊或其別號也。蓋明人所删。經義考七十一載忠肅太極説篇，又一百六十一載忠肅中庸大學説二篇，並注載蒙川集，又二百十三載蒙川集目録中有濂溪論語序文「濂溪論語」實「濂洛論語」之誤，辨詳十四〔一〕卷濂洛論語下。今本並未見，則其佚者多矣。至文瀾閣傳鈔本，與舊鈔本又小不同。如於各卷首葉删校正、編次兩行，而別題宋劉某撰，遂使明人重編之跡不可復辨，字句異同尤不可枚數。樂清劉氏別有擺本，大致與閣本同。末有補遺，凡文六篇：爲望雲寮記、論經界自實疏、上理宗皇帝書、乞罷言職狀、諫游幸疏、慶元府勸農文，此篇原注黄原泉録至。則舊鈔本及閣本所無，而鈔本卷四從姑劉氏墓誌後，尚有賈鎔鏡墓誌銘一篇，卷末題蒙川先生遺稿四卷。終一行後又有殘字六行，奪佚過半，不可句讀，大約似釋蒙川之義，閣本及擺本又復無之。明代舊槧今既未見，各本

〔一〕「四」，底本誤作「三」，徑改。

違異之故所未詳也。

又案：遺稿一〔一〕：哭藝堂湯先生詩注「即今縣中湯鈔本缺二字。祖，從祀鄉賢祠。」又游興教寺詩「滿亭燦燦木芙蓉，疑是〔二〕萊柏鄧栟櫚。」注：「栟櫚事用誤，東坡謫惠陽寓嘉祐寺種樅樹耳。」案：鄧肅號栟櫚，有栟櫚先生文集二十五卷，今存。其事蹟見宋史三百七十五，此注乃以不誤爲誤。並非忠肅自注，疑即阮存畊所加也。

問梅集續文獻通考一百八十〔三〕

佚。

陳氏供及春稿清潁一源集一

佚。

清潁一源集一：陳供字居敬，號杏所，隱居不仕。著有詩集曰及春稿。

〔一〕「一」，底本誤作「三」，徑改。

〔二〕「是」，底本原作「即」，據鈔本、四庫本改。

〔三〕底本原作「雍正浙江通志二百四十八」，據刻本改。

孔氏夢斗愚齋集乾隆温州府志二十七〔一〕

佚。

宋氏慶之飲冰集東甌詩集二作「飲冰詩集」，萬姓統譜九十二作「飲冰文集」，今從雍正浙江通志二百四十八。萬曆温州府志十七作「飲水文集，朱慶之撰」，誤。

十四卷。萬姓統譜九十二

佚。

林氏一龍石室文集續文獻通考一百八十

佚。

萬姓統譜六十九：項公悦字無欲，永嘉人，知侯官縣。會歲旱禱雨，瑞澤潭在萬山頂，披棘徒行烈日中數十里，下山驟雨，隨往兩晝夜，歲稔，而公悦病暍矣。病革，家人環泣，問以身後，不應，再問，瞪目曰：「某囚疑未判，某事未能圓。」一語不及私。林石室銘之

〔一〕民國平陽縣志五十著録，作「五十卷」，並注云：「乾隆府志無卷數，據孔譜補。」

曰：「以死救民，誰則有此？循吏之傳，執筆孰書？」

案：石室林秘書一龍，萬曆温州府志文學傳、雍正浙江通志、乾隆永嘉縣志文苑傳並有傳。

薛氏魁祥荷渚詠史集乾隆平陽縣志十九。雍正浙江通志二百四十八、乾隆温州府志二十七並無「詠史」二字。佚。

蘇大年後序：士大夫學聖賢之學，以天下事任之於己，其存心立志，何嘗一日一時忘天下生民也哉！雖世有治亂，時有否泰，士有遇有不遇，而其志則確然不可移也已。此忠臣義士所以樹立人極，扶持世教者然也。豈以世有治亂，時有否泰，身有遇有〔一〕不遇，而變易其初心哉！嗚呼！士不幸而生於季世，天命窮矣，世運去矣，國祚終矣，人心離矣。煢煢一身，望洋四顧，將如之何？獨有撫膺悲慟，含哀茹苦，以自摧感而已。於戲！可哀也夫！宋進士永嘉薛壯行先生，出王龍澤榜下登第，晚與權臣不合，獨居鄉里，坐視宗社化爲丘墟而不能救，其悲憤怨苦無聊之懷，鬱積而不能發，遂爲詠史詩若干首，以寫

〔一〕原依乾隆平陽縣志無「有」字，據刻本補。

其平生耿耿之萬一，蓋其心未嘗一日一時忘天下生民故也。先生學造精微，豈不知空言何益於世事，而卒不能默默忘情於言者，蓋不甘與草木同歸於腐朽，與異類同流於澌盡，而無補於人極世教故云爾。然則觀其詩者，又可以章句篇什、體製高下美惡論之乎？且聞文山文忠公蹈海時過永嘉，與先生相見，握手痛哭而別，先生之心概可知矣。嗚呼先生！今已矣夫！至正二十有一年，會其湖〔一〕陽宗孫鮫川山長元宰於海上，以吾友鄭君天趣、鄭君季明詠史詩二序出示予，從予游者再月，請予爲後序。予何人斯，其敢不爲先生一言以開豁先生心胸之未白者乎？故述所見以爲序。乾隆平陽縣志十九

案：薛連江魁祥，萬曆温州府志隱逸傳、乾隆平陽縣志介節傳並有傳。萬曆温州府志、雍正通志、乾隆縣志選舉門〔二〕並作「陳魁祥」，縣志人物門亦同，未知孰是？

林氏逢龍草塘集續文獻通考一百八十一「塘」作「堂」。二十卷。萬曆温州府志十七。乾隆平陽縣志十九作「二十八卷」，續文獻通考一百八十一無卷數。

〔一〕「湖」，底本闕，據乾隆平陽縣志補。

〔二〕校勘記云：「今檢乾隆志選舉門及人物門並不作陳魁祥。」

佚。

古論一卷。萬曆温州府志十七。萬曆温州府志十二作「一十卷」，雍正浙江通志二百五十七作「十卷」。

佚。

案：草塘林太學逢龍，萬曆温州府志忠節傳、雍正浙江通志、乾隆平陽縣志忠臣傳並有傳。

鄭氏樸翁續古雜著二卷。霽山集五、續文獻通考一百七十九、千頃堂書目二十九、宋史藝文志補。雍正浙江通志二百四十八、乾隆温州府志二十七、乾隆平陽縣志十九並作「三卷」。

佚。

厚倫詩乾隆温州府志二十七「詩」作「書」，誤。今從霽山集五、續文獻通考一百八十三、千頃堂書目二十九、宋史藝文志補。

一卷。霽山集五、千頃堂書目二十九、宋史藝文志補。

佚。

初心齋集萬曆温州府志十七。乾隆温州府志二十七「集」作「詩」。

佚。

宋氏缺名宋景元詩集霽山集五

佚。

林景熙序：文有緒，宋氏自學稼公嗜古而文苗焉。其子潛室秀於鄉，至雲海少師乃碩其獲。厥後平齋、西塵諸老，茂學摛詞，不以水旱輟耕，繇是先疇日益闢。今芹渚翁字景元，則其九傳也。僕解褐歸，往謝渭陽族，楹連桷比，皆弦誦聲。翁在諸舅中，意氣疏爽，與僕上下議論，一何壯也。陵谷後十年復見，翁兩鬢蕭颼，道舊事如夢，問弦誦之地，則葵麥離離矣。或謂翁熏鑠憂患，必且卑貌孫言，求與時偶，而翁固不然。暇日出詩示僕，曰：「此十年間感慨之作也。意所欲宣，伸紙縱筆，不復有所揀避。子爲我評之。」僕端讀盡卷，毛骨起立，而知翁方寸之耿耿者亡恙，然則詩中有史，固不使石壕吏、

蘆〔一〕子闢等作得以獨雄千古也。文之緒有自來矣。齊門好竽，楚國多狗，其卷而懷之，以俟有千載心者。霽山集五

案：宋芹渚，名無考。蓋宋侍郎之才後人。雲海即侍郎別號，林叙稱爲少師，或追贈之官，然無可考。平齋、西塵諸老，亦無所見。

林氏景熙白石稿

十卷。呂洪霽山文集叙

闕。霽山文集本存二卷。

白石樵唱

六卷。章祖程白石樵唱注叙

存。霽山文集本併爲三卷。

霽山林德暘，蛟峰集四雁蕩林霽山詩集序作「陽」，下同。前釋褐蛟蜂集無此二字。進士也。壯年英

〔一〕「蘆」，底本原依霽山集作「盧」，據杜詩改。

華果鋭之氣，無所依託，如水發洪源，木梗石捍，而借詩以鳴之。有蛟峰集以上十六字作「王裔瑰玉佩，大放厥辭，吟卷」十字。一編屬朋友胡汲古二字蛟峰集作「天放」。轉致石峽山中請予評。此下蛟峰集有「之」字。予惟詩所以道性情，此三字蛟峰集作「言志」二字。蓋直洩其中之藴，而無待乎外者。然而騷人文士之蛟峰集作「於」。得意處，每日神助，殆思與景遇，而草木禽魚，皆吾性情所寄以發。以上十八字，蛟峰集作「蓋光風霽月有以發之。然後勃勃有奇氣」十六字。唐此下蛟峰集有「人謂」二字。張燕公守岳陽而詩益悽惋，此下蛟峰集有「蓋」字。得江山助也。德暘自雁蕩游會稽，禹窆荒寒，雲愁木愴，憑高西望，蛟峰集無此十二字，有「而」字。錢塘潮汐之呑吐，吴山煙霏之舒卷，紛感互發，凡以寫我鬱陶者何限。蛟峰集以上九字作「瞻望兮恖，縹緲兮餘懷，所以觸其情發其感者，朝朝暮暮，無日無之」二十七字。故其詩蛟峰集無此字。悽惋而悠以博，微以章，蛟峰集無「而」字，「悠以博」作「夷以遠」，「微」作「暗」。宛然六義之遺音，非湖海嘯吟風月而已。以上十六字，蛟峰集作「率有古意，非湖海吟笑而已矣」十二字。於詩家門户，當放一頭。因書卷端以歸之。蛟峰居士方逢辰君錫序。

何夢桂序[一]：永嘉舊同舍郎林德暘不遠數百里，寄詩册屬嚴陵潛齋何某商略近詩，三復唱歎。竊於詩之變而有感焉。方庠序群居，高談闊論，不過頌「猗那」，歌清廟，誦魚

[一] 何夢桂序，底本原僅有提示録：「永嘉至日序。潛齋文集五永嘉林霽山詩序。」内容據刻本補。

麗、天保，鳧鷖、既醉之什，變風變雅，不忍言之矣。況復齒及魏、晉、陳、梁以下窮苦愁怨等語，如細夫寠人、羈旅寡婦之爲者。相望十年間，而士大夫聲詩，率一變而爲窮苦愁怨之語，而吾霽山詩亦若此。世喪文邪？文喪世耶？古今以杜少陵詩爲詩史，至其長篇短章横騖逸出者，多在流離奔走失意中得之。霽山詩僅見三十篇，其辭意皆婉娩悽惻，使人讀之如異代遺黎。及見渭南銅盤、長安金爵，有不動其心者哉！夜半壑舟，有力者負之以去，飛鴻印雪，爪距儼然。吾是以重有感於霽山之詩也，吾是以重有感於詩之變也。時至元丙戌夏五望前三日序。潛齋文集五永嘉林霽山詩序

霽山先生集

五卷。四庫全書總目一百六十五、國史經籍志五。千頃堂書目二十九、宋史藝文志補並作「十卷」。

存。康熙癸酉汪士鋐刊本、鮑氏知不足齋叢書本。

予平陽素稱文獻之邦，騷人墨客，義士忠臣，無代無之。宋淳祐壬寅，挺生林先生，諱景熙，字德暘，號霽山。居州治後白石巷，别墅在城西趙奧馬鞍山之麓。予今所卜築，即其故址也。咸淳辛未，先生上舍釋褐，授泉州教官，歷禮部架閣，轉從政郎。適元勝宋，遂不復仕。恒與同舍生邑人鄭樸翁輩私相嗟悼，以不能死國難報君恩爲愧。丙子，元兵破

杭，有楊總統盡發越上宋諸陵墓，棄其遺骸於草莽中，人莫敢收。先生在越，痛憤不已，乃與樸翁佯爲采藥，偕行陵上，以草囊拾之，盛以二函，託言佛經，埋瘞越山，植冬青樹以志之，而哭之以詩。既而返於故鄉，隱居别墅，研窮經史，摛繪文章，教授學徒。其忠義之懷，每形諸言辭間。道德之士，聞其風者，罔不敬仰，識與不識，咸稱霽山先生。時爲會稽王監簿延致，與尋歲晏之盟，於是往來吴越殆廿餘年。戊申歲歸自武林，感疾，迨庚戌冬卒於家，享年六十有九。所著文十卷曰白石稿，詩六卷曰白石樵唱。一皆本於忠義之所發越，傳誦江湖，膾炙人口。歷歲滋久，頗多散亡。乃者致政大尹葉公衡，出示先生白石樵唱，始末俱全。予又於元音中得先生讀文山集一詩，仍檢閲家藏舊書，僅得先生白石稿中記序賦銘而下，凡若干篇。其他製作，迄無尋究。予懼歲月愈久，散亡愈多，輒敢僭踰，正其亥豕，釐爲五卷，總爲一帙，題曰霽山先生文集。將鋟諸梓，以廣其傳，俾人人得以誦習詳玩，庶幾先生忠肝義膽，耿耿不磨也。竊嘗思之，予不幸而生於先生百年之後，勿克睹其容儀，親炙其教誨；猶幸而嗣居先生藏修之地，得以仰其高節，覽其遺文。此於逸稿，予不得不爲先生輯也。若其詩句之高古，文辭之典麗，自有諸先正之首引暨夫知言者之評論，有不待予贅辭。姑序其出處作述大略云。時大明天順七年癸未春三月下浣穀旦，賜進士、文林郎、廣東道監察御史後學吕洪書。

霽山林先生，宋度宗咸淳辛未太學釋褐，温之平陽人也。官止禮部架閣，轉從政郎。時宋爲蒙古侵逼，狩閩海已不可爲國，先生遂引歸。晚與會稽胡汲古輩尋歲晏盟，終於武林。是集其所著者也。舊名白石樵唱，梓行者表以今名，欲觀者見其名，即知爲先生著也。先生爲詩文，刻意尚志，要不徒作。方蛟峰諸先生品評已有定論，兹不復贅。按先生當宋帝昺祥興元年，蒙古以西僧楊璉真珈總攝江南釋教，於是年十二月入紹興，利宋攢宫金玉，盡發諸陵及大臣塚墓，凡一百一所。又欲裒諸陵骨，雜牛馬枯骼，爲鎮南浮屠。先生與嘗所交會稽唐珏，初不相謀，各私痛忿。貨家具，行貸得白金，爲酒食，陰召諸惡少，泣曰：「爾輩皆宋人，豈忍陵骨暴露？已造六石函，各記年一字爲號，自思陵以下，欲以他骨收殯。」衆咸感諾，攜函如言收取，葬蘭亭山。移宋故宫冬青樹，植以爲識。此元陶九成輟耕録、今續編綱目及史會編諸書備載可信。但綱目、會編獨采唐事而遺先生，而輟耕録則又唐、林具載而加詳，蓋九成去唐、林稍近，且悉有所本。又按九成載唐事間有詩，而篇少於林，恐唐於葬後嘗誦林詩於相知，故聞而述之者遂以爲唐之詩耳。嘗别考皇明文衡所載張孟兼唐珏傳，言葬骨初不及詩，此亦一證也。始予藏書頗多，先生集殊未之見。江陵東墅居士毛秀未仕時，嘗得舊刻本，甚重先生高義，間有手批注，遺予乞重梓行，以表暴於世。予額而快閲之，並旁考諸書，見其高義，真有出於千古之上者，乃撫卷歎曰：「嗚呼！宋室何以養士，致既亡而獲忠義之報至枯骨耶！」由宋而上，而唐、而漢、而三代季世，僅寥寥一見者也。先生真千古之大義士哉！安得顯微闡幽，執衮鉞之筆，以先生及唐義士之事建白於時，崇獎大義，封之高爵，比之祭法，遍立祠於帝王園陵所在，歲時崇祀，以爲大義之勸，用代宋諸陵銜德無窮之報歟！嗚呼！曠世相感，聖明之朝主張名教者，佈滿在列，必有起而爲之表著者矣。因序其集，姑書以俟。嘉靖七年歲舍戊子冬十一月朔，遼藩光澤王書於博文堂之梅南深處。明遼藩光澤王刊本

張寰序：昔劉夢得序柳柳州集，謂「八音與政通，文章與時高下」，其信然哉！然世有特立之士，其時所遭，雖沉淪拂鬱，而其氣與詞，則矯然有以自見，斯又係其人之所養，有不可以例觀者。宋自熙、豐以及元祐，天下不可謂爲盛治，要之綱維振挈，禮法修明，海宇號爲寧輯。當時忠賢輩起，相與伸其正議，以傾乎黨比，其治弛而復起，渢渢乎〔一〕大音斯振，文詞宛然爲一王法。逮于宣和、靖康，國事日非，其文遂不復如往時之盛。南渡偏安，乾、淳、紹、嘉之間，顧道明於下，而經世之文出，然所謂以文爲專業者，已兆繁蕪琢削之病，淪胥於咸淳、德祐而極矣。蓋權儉嗣政，而勢與國爲存亡，椓天下之元氣而消靡之。

〔一〕「乎」，底本脱，據乾隆平陽縣志補。

士之懦者失其守，矯厲者決於遯，昌詞廢而私論作，文烏得而不降哉？而雕繪鍛煉之餘，尖新巧怪之習成。譬之年不順成，布帛穀菽之資乏，絺纖海錯彙然而前陳。宋末之文類如此，而終有不可廢者。噫！是孰使之然哉？其間如禮部架閣霽山先生林德暘氏者，當孤窮擯棄之日，斂其蘊蓄，而從事乎文，夷然自放，不怨不尤，往來平陽、陶山之〔一〕間，自託宋之遺民。他日結客舉義，潛易諸陵遺骼，俾脱裔戎之禍。噫！先生真烈士哉！吾嘗讀其冬青諸作，未嘗不泫然而悲之，而壯先生之行也。己丑冬，予奉使永嘉，知先生爲郡之平陽人，欲遍索其文以觀。邑人葉舜華以家藏章祖程集注先生舊刻遺稿以獻，予得而卒業焉。蓋雅健清嚴，具合矩度，一洗當時之習尚，殆有盛際之風，而所謂「冬青」之句僅見耳。又怪先生所值之時下，而其氣與文，顧獨完厚如此，是難能也。詩凡若干首，文若干篇〔二〕，總之爲十卷，視舊刻加精焉。郡守丁侯點白謂走不可無言於簡首，而令尹馮君用先乃復欣然承命，捐俸入梓，予因之重有感焉。嗚呼！忠義之士，其氣概徹穹昊，貫金石，言之行世，愈遠常新，單詞半簡，如金晶犀貝，世皆得寶愛之，豈患其不傳耶？先生之

〔一〕「之」，底本脱，據乾隆平陽縣志補。

〔二〕「篇」，底本原作「首」，據乾隆平陽縣志改。

文是已，然必舉其文盡行之，於以見宋季之未嘗無士。先生之詞，非徒工於悽惋之作，文固有不以時勢爲高下者，亦足以發論文者之端，此刻者之意也。顧今有司非職令所及者，鮮加之意，而一時守令之賢，其景賢右文之志如二君者，斯可謂賢也已。時嘉靖庚寅，吴下張寰書〔一〕。乾隆平陽縣志十九

馮彬序：西涯翁擬古樂府詞，載霽山氏夢中絶、冬青詩，悽惋悲慨，予讀而哀之，恨不得覩其全帙爲歉。己丑竊官平陽，道出縉雲，適石川張先生奉使返自永嘉，邂逅間進予曰：「君知平陽，平陽有義士林德暘者，宋陵遭毁，糾義收瘞，節可嘉也。文詞雅正，不事雕刓，學可録也。闡停沉鬱，爲日已久，闡而揚之，有司責也。」余曰：「特非夢中諸作乎？余高其人久矣，夫何辭。」既抵治，閱月即訪其稿，得善本於民間，因鳌正梓之，而石川君亦寄其所録者至。嗚呼！霽山氏其尚不泯哉！宋當易命，元政方殷，頑鄙庸遯者，尚復希進。目故都猶傳舍，誰復顧〔二〕之。霽山氏痛國淪夷，求無死所，遂逃名當世，依託山水間，以詩文自況，甘爲宋室遺民無悔言者。既而寢園遭禍，即奮身糾義，託名採藥，收遺骸而

〔一〕「吴下張寰書」，底本無，據乾隆平陽縣志補。
〔二〕「顧」，底本作「過」，據乾隆平陽縣志改。

葬諸，樹以冬青，作詩紀之，其忠義爲何如？ 昔淵明不仕宋，綱目大書，彰世教也。 及觀淵明諸作，託情述志，掇雅摛騷，達天知命之詞多，悼國懷君之念少，後世推評至重，亦尚夫其人耳。 若霽山氏命詞得句，不忘宋室，體裁格韻，兼致風雅，正綱常，辨夷夏，吐心志，傷今懷古，達諸黍離無愧焉。 余敢妄評其人，行義類豫讓，而時則違之；晦跡似淵明，而忠則著焉；悲憤似離騷，行不傷於激，而貞可教焉，其亦聞首陽之風而興起者歟！ 惜乎生於極浙，行實少著於天下，故史氏失傳，而人鮮有知者。 余今承乏是邑，敢以庸鄙自委而没霽山之節哉？ 用是重刊斯集，俾傳廣於天下，使後世有史筆繼綱目者出，當必爲霽山氏表揚矣。 書以俟。 嘉靖辛卯春三月，海康馮彬書〔一〕。乾隆平陽縣志十九

宋林霽山先生白石樵唱，方蛟峰謂「詩家門户，當放一頭」。 曩從遺民録讀其選本，慨然想見其爲人。 歲壬申春，從余邑大令武密靳公處得其全編，公欲授梓，屬爲校讎。 會刺史固原，限期敦迫，不果鋟行，遂以鈔本見貽，攜其全帙以往。 今年春，五鹽沈君天士移書相告，以宛陵梅君雪坪手授此集，將從事於剞劂，郵詩相示，有「五體願投床下拜，野夫甘作老頭陀」之語，予爲之心動。 適仲秋有事石城，與友人吴子綺園東岩刻之白下，沈君手

〔一〕「海康馮彬書」，底本無，據乾隆平陽縣志補。

自校定。會梅君雪坪亦至，爲言街南吴先生向有同志，因請兩君並序之。書成，將寄高平靳使君，見吾黨有心人不乏也。沈君爲崑銅先生難弟，有五鹽嵩集行世。康熙癸酉，古歙後學汪士鋐識。汪士鋐重刊本序

按遂昌鄭元祐書林義士事蹟云：霽山當楊總統發陵時，故爲杭丐者，背竹籮，手持竹夾，遇物即以夾投籮中，林鑄銀作兩小牌賄西番僧曰：「余不敢望收其骨，得高家孝家斯足矣。」番僧左右之，果得高、孝兩朝骨，爲兩函貯之，歸葬於東嘉。其詩有夢中作十首，僅得其三，曰：「一坏未築珠宫土，雙匣親傳竺國經。只有東風知此意，年年杜宇泣冬青。」「空山急雨洗岩花，金粟堆寒起暮鴉。水到蘭亭更嗚咽，不知真帖落誰家？」「喬山弓劍未成灰，玉匣珠襦一夜開。猶記去年寒食日，天家一騎捧香來。」詩在當時，已亡其七，而白石稿中，尚存其十之四，多寡不符，字句復異，是當時傳之者固已訛矣。其冬青花一首，即今集中詩也。又一首曰：「君不記羊之年，馬之月，霹靂一聲山石裂。」而羅雲溪所爲唐義士傳則專以瘞骸屬之唐珏而不及先生，且載入夢中四絶句，與白石樵唱所載一字不易，何耶？又有冬青行二首，結云：「君不見犬之年，羊之月，霹靂一聲天地裂」，三句又與林大同小異。安有一人之詩，林傳其三，唐傳其四耶？又安有一題之作，於唐爲結句，於林爲全章耶？陶九成輟耕録引羅、鄭二家之説，唐、林互載，各不相蒙。余按：唐珏初無詩集

可據，而宋遺民録及金華張孟兼撰珏傳，亦未嘗言珏有聲於詩；惟林集中有答唐玉潛七律一首，則珏亦能詩者，世固不之傳也。夫當時玉步初更，唐與林或各行其志，或合謀其事，必皆潛匿不肯明言，而當世道其事者，因並傳其詩，或逸其半於殘篇斷簡之中，或隱其名於鄉里傳誦之口，故以林詩而入唐傳，容或有之。而明憲宗時續編資治綱目，遂獨載唐事，絶無一字及林。余甚惜林君以千古之義士，發爲詩歌，而後人即借其詩以屬他人，至使名儒忠憤之事，反晦於傳疑者之手，不深可悲乎哉！今年春，武密靳公出其全帙，屬予授梓，遂與沈君天士、吴君晴岩、梅君雪坪、汪君栗亭、閔君賓連，及予姪瞻泰相與讎訂，因旁搜往帙，附載鄭遂昌事跡一則、陶九成輟耕録一則、孔希普詩跋一則，以補原集之缺，而並使先生之節概，不爲唐君所掩，亦庶幾闡揚之一端也夫。康熙癸酉，歙州吴菘識。

汪士鋐重刊本序

霽山先生，宋末名儒，爲詩沉雄悽惋，忠憤之氣，無所於託，而即物比興，以洩其胸中之藴，固不徒以騷人文士目之也。賀裳載酒園詩話云：「嘗歎詩法壞而宋衰，宋垂亡詩道反振。讀林詩，真令人心眼一開。」可謂知林詩者已。元統間，章和父爲之補注，而詩益傳。元明以來，屢經剞劂，多所發明。後有毛君秀槧本，經百餘年復散佚。余從諸君校訂其詩，而因有疑於其事者四焉。按元世祖紀，至元二十一年九月，以江南總攝楊璉真珈發宋塚，所收金銀寶器修天衣寺。續資治綱目載唐珏收葬陵骨事，分注於宋帝㬎祥興元年戊寅十二月下。考之編年甲子，至元二十一年爲甲申，非戊寅；而宋祥興元年戊寅，則至元十五年也。羅有開唐義士傳載爲戊寅十二月十有二日，楊璉真珈帥徒役頓蕭山，發趙氏諸陵寢，其載唐珏詩曰：「犬之年，羊之月，霹靂一聲天地裂。」而鄭元祐書林義士事蹟載林詩又曰：「羊之年，馬之月，霹靂一聲山石裂。」合兩詩觀之，與戊寅不合。又考周密癸辛雜識云：「知君種年星在尾。」注：「星在尾者，歲在寅也。」其爲戊寅無疑。謝翺冬青樹引至元二十二年乙酉八月，楊髠發寧宗、理宗、度宗、楊后四陵，劫取寶玉極多。至十一月，復發徽、欽、高、孝、光五帝陵，孟、韋、吴、謝四后陵，而宋金華文集則亦載爲乙酉正月。其歲月之不同如此，疑一。羅有開、張孟兼著唐珏傳，皆言唐貨家具，招里中少年往收遺骸。鄭元祐則言林爲杭丐者，鑄小銀牌賄西僧，收高、孝兩朝骨，爲兩函葬之。章祖程注白石樵唱又云：「楊總統盡發越上宋諸帝山陵，取其骨渡浙江，築塔於宋内朝舊址。其餘骸骨棄草莽中，人莫敢收。適先生與同舍生鄭樸翁等數人，相率爲採藥者，至陵上，以草囊拾而收之。」考輟耕録，唐、林互載，各不相蒙。惟明初孔希普跋謝翺冬青引有云：「林嘗與唐珏收宋遺骸於山陰，種冬青樹其上，刻誌有『丙之年，子之月，冬青花，不可説』之句。」唐、林合稱，自孔君始，亦不知其何所據也。又謂先生乃王修竹門客，與珏所爲，王蓋與知之。

似乎王與唐、林共謀。而元人張丁跋冬青引，謂聞之黄文獻曰：「楊總統發宋攢宫，越中王修竹出金帛與諸惡少，夜往收貯遺骨。」是又專屬之王監簿矣。會稽楊維楨弔謝翺文有曰：「異日楊璉發陵事，翺有陰移冥轉之功。」則似翺亦與其謀。惟癸辛雜識載「楊髡發陵，起於天長寺僧聞，成於演福寺僧澤。掘時，有中官陵使羅銑者，守陵不去，方爭，爲澤痛箠，以刃逐之。遂先啟寧、理、度及楊后四陵。理宗陵初啟時，有白氣貫天。理宗之尸如生，其下皆藉以錦，錦下承以竹絲細簟。一小廝攫取擲地有聲，乃金絲所成。或云含珠有夜明者，乃倒懸其尸樹間，瀝出水銀，三日竟失其首。事竟，羅陵使買棺製衣收斂，大慟垂絶。至十一月，復發徽、欽、高、孝、光五帝及孟、韋、吴、謝四后陵。徽、欽二帝皆空無一物，徽陵有松本一段，欽陵有木燈一枚而已。高陵骨髮盡化，止存錫器端硯，硯爲澤所得，孝陵亦脱化無餘，止頂骨小片，内有玉爐瓶一副，古銅鬲一隻。若光陵與諸后，宛然如生。羅陵使亦如前棺斂，後悉從火化。」又無所謂唐與林者。其收葬人名不同如此，疑一。張孟兼傳，唐珏收葬蘭亭山。鄭元祐事蹟則爲林歸葬東嘉。地不同，疑三。且唐造石函六，刻紀年一字爲號，自思陵以下，隨號收殯。林則止收高、孝兩朝骨，有「雙匣親傳竺國經」之句。而周密雜識，則紀帝后陵共十有三，其數不同，疑四。然而唐、林合謀，則確有可信者。予則徵之冬青以爲證。夫使唐與林各行其志，何以樹冬青爲識，不謀而合？且雲溪爲唐傳，有冬青行二首，林集亦有冬青花一首，謝翺晞髮集有冬青樹引别玉潛詩；而林集亦有酬謝皋父見寄詩，末云：「余哀散林木，此意誰能知？夜夢繞句越，落日冬青枝。」數人之詩，皆託冬青以見意，如出一手。蓋當時林與唐、與謝，皆忠義之儔，相友善，而王修竹又招致賢士，爲歲晏之盟。此數人者，必同與斯謀，而潛踪畏禍，皆不自言，故當時傳之者往往不同。至於詩歌，感慨激昂，則有不能掩者。若以林詩而入唐傳，且並林事而遺之，以爲信史，豈不使乾坤正氣之士，埋滅於荒榛蔓草中乎？余故序其疑，復核其信，以俟博古者采而論列之云。康熙癸酉，新安吳瞻泰謹識。汪士鋐重刊本序

霽山先生以忠義之氣，發爲詞章，聲情綿邈，音節悲涼，足以淒金石而泣鬼神。元統甲戌，崑陽章祖程爲之評注，頗能得其用意所在。明天順間，鄉人吕洪綴緝墜亡，編詩若文爲五卷，始大行於世。迄今垂五百餘年，代有傳刻，殆天留以續屈子離騷、杜陵詩史，豈偶然哉？惜嘉靖中遼藩光澤王重刊，删除章注殆盡。同時馮彬亦有刊本，則又任意割裂，失其本真，幸章注賴以獲全，是亦不爲無補耳。至我朝吾鄉汪士鋐復據遼藩本開雕，而世漸不知有章注矣。予祖通介老人嘗讀而病之，暇時盡出藏本，命正言參校，刻入叢書。既竣，謂正言曰：「先生孤忠亮節，自在天地間，不必以詩傳；即詩亦何必藉我以傳，所以區區爲此者，庶幾崑陽之注，或由此不致泯没爾。卷後補遺詩文四首，乾隆庚辰，永

嘉張潛哉先生鈔贈。潛哉以平陽久無其書，從予家鈔録以歸，將壽諸梓。别後不復相聞，忽忽已五十餘年矣。汝其均爲我識之。」鮑正言承命謹誌。時嘉慶十五年歲次庚午七夕。

鮑廷博刊本跋

宋林霽山先生詩文集五卷，明天順間鄉先生監察吕公洪所刻，歲久版已散失。璠幸生霽山舊里，復後吕公居趙奥别業遺址，寤寐流風，夙欲重鐫其集，蒐輯彙載，廑始成編，又苦無善本可覆校，迄未授梓。今秋至武林，聞歙西鮑渌飲先生彙刻霽山集於知不足齋叢書，因急買舟訪先生於青堆寓廬，索書見示，則已裒然成帙矣。紬擷之下，竊歎先生以番番黄髮，猶復好古不勌，而璠蓄志有年，仍瞠乎先生之後，爲可愧也。卷末有先生文孫跋，言「乾隆庚辰有永嘉張潛哉先生，曾以平陽久無霽山集，從先生家鈔録以歸，將壽諸梓」之語。璠讀次，因語先生，潛哉名綦毋〔一〕，平陽明經，非永嘉人也。生平好古，工吟詠，今歿已久，所鈔録霽山集亦散佚無存矣。相與歎息久之。遂語璠云：「余於是書，五十年前曾於潛哉有重刻之約，今書適成，而子於千里之外復不期而會，且皆霽山鄉人，足見文字因緣。子盍爲紀其事？」璠自念有志未逮，今幸覩是刻之成，霽山忠義之氣既不墜於

〔一〕「毋」，底本誤作「母」，徑改。

地，而璠之夙志亦藉以償矣。因不辭固陋，謹述一時欣歎之懷，而爲之跋。嘉慶十有五年八月望後日，後學蘇璠謹誌。鮑廷博刊本跋

四庫全書總目一百六十五：林霽山集五卷，浙江巡撫採進本。宋林景熙撰。景熙一作景曦，字德暘，温州平陽人。咸淳七年太學釋褐，官禮部架閣，轉從政郎。宋亡不仕。會札木揚喇勒智原作楊璉真伽，今改正。發宋諸陵，以遺骨建鎮南塔，景熙以計易真骨葬之，其忠義感動百世。然諸書或以其事歸唐珏。今考此集載夢中作四詩，與諸書所載珏作同。珏他詩不概見，而此四詩詞格實與景熙他詩相類。且「雙匣親傳竺國經」句，與景熙葬高、孝兩陵之説合，與珏同葬諸陵之説不合。考集中有和唐玉潛一詩，玉潛即珏之字，則二人本屬舊友，或當時景熙與珏共謀此舉，其事秘密，傳聞異詞，遂譌以爲珏作也。所著有白石稿十卷，皆其雜文。又有白石樵唱六卷，皆諸體詩。元統甲戌，崑山章祖程爲其詩集箋注，傳本僅存，其文集遂就散佚。此本乃明天順癸未其鄉人監察御史吕洪所編，以章祖程所注詩集併爲三卷，增以元音所録讀文山集詩一篇；又捃摭遺文，得記十四篇、傳一篇、説一篇、文一篇、序十三篇、墓誌六篇、銘一篇，釐爲二卷。嘉靖戊子，遼藩光澤王得江陵毛秀校本重刊，附以秀辨證一篇，於白石樵唱題卷一、卷二、卷三，白石稿題卷四、卷五。書名各別，而卷數相屬，驟閲之，似白石稿佚其前三卷者，殊不了了。國朝康熙癸酉，歙縣汪士

鋐等重刊，乃總題曰林霽山集，較有體例，今用以繕録焉。

四庫全書簡明目録十六：林霽山集五卷，宋林景熙撰。原本殘缺，此本乃明天順中吕洪所編。凡詩集三卷，附以元章祖程注，猶白石樵唱之舊本；文集二卷，則白石稿散佚之後掇拾而成也。景熙收宋陵遺骨，忠義之風震耀百世，其詩文風骨高秀，亦宋末所稀。

鄭元祐遂昌山人雜録：宋太學生東嘉林景曦，案：「曦」當作「熙」。字霽山。當時楊總統發掘諸陵寢時，林故爲杭丐者，背竹籮，手持竹夾，遇物即以夾投籮中。林鑄銀作兩許小牌百十，繫腰間，賄西番僧曰：「餘不敢望收其骨，得高宗、孝宗骨斯足矣。」番僧左右之，果得高、孝兩廟骨，爲兩函貯之，歸葬於東嘉。其詩有夢中作十首，其一絶曰：「一坏未築珠宫土，雙匣親傳竺國經。只有春風知此意，年年杜宇哭冬青。」又曰：「空山急雨洗岩花，金粟堆寒起暮鴉。水到蘭亭更哽咽，不知真帖落誰家。」又曰：「橋山弓劍未成灰，玉匣珠襦一夜開。猶記去年寒食日，天家一騎捧香來。」七首猶悽然則忘之。葬後，林於宋常朝殿前，掘冬青樹一株，植於兩函土堆上。又有冬青花一首曰：「冬青花，冬青花，花時一日腸九折。隔江風雨晴影空，五月深山落微雪。移來此種非人間，曾識萬年觴底月。」後忘之。又一首有曰：「君不記羊之年，馬之月，霹靂一聲山石裂。」聞其事甚異，不欲書。若林霽山者，亦可謂義士也已。

東甌詩集五：林景熙字德陽，號霽山，平陽人。元兵發宋諸陵，棄其遺骨，人莫敢收。先生在越，佯爲采藥，以草囊拾之。又聞理宗顱骨爲北軍投湖中，以錢購漁者舉網而得之，乃盛二函，託佛經葬於越山，植冬青樹志之，而忠憤形諸賦詠。所著有白石樵唱集。

案：霽山林架閣景熙，萬曆温州府志忠節傳、雍正浙江通志義行傳、乾隆平陽縣志忠臣傳並有傳。所著雜文曰白石稿，明時已不存；惟詩六卷曰白石樵唱者尚有傳本。天順癸未，平陽呂洪輯其佚文，并白石樵唱，釐爲五卷刊之。後遼藩光澤王及國朝汪士鋐皆爲覆梓。嘉靖庚寅，邑令馮彬又別編定爲十卷，焦氏經籍志及千頃堂書目所載，殆即其本。國朝鮑廷博復以各本合校付刊，其本最爲精備，後附補遺詩文六篇，則平陽張歲貢綦毋所鈔補也。霽山風節冠世，其詩格律高秀，尤足洗宋末江湖詩派之淺俗。其拾宋陵遺骨事，章祖程白石樵唱注及鄭元祐遂昌雜録所載甚詳。羅有開唐義士傳、陶宗儀輟耕録四。張孟兼唐珏傳明文衡五十九。並屬之會稽唐珏。吴瞻泰跋據集中與唐玉潛詩定爲霽山與唐同爲之事，最爲精塙。至遂昌雜録載霽山夢中作詩十首而亡其七，又有冬青花二首。考此集三夢中作詩實止四首；又冬青花詩一首，則與鄭所紀前一首略同，此集冬青花詩較鄭録多四句，文亦小異。而無所謂第二首者。至羅傳則云夢中作四首，此所紀篇數與霽山集合。及冬青花兩詩並係珏作。張傳所載事跡與羅傳同，惟不載三詩，蓋疑而缺之。厲氏宋詩紀事七十五，亦謂「夢中詩係唐玉潛作，云景熙作者非。」考今所傳集中詩三卷，即章宜竹所注白石樵唱。宜竹親及霽山之門，其注本斷不至誤收他人之作，至鄭所紀冬青花兩詩，使果出霽山手，則章本尤不宜遺之，參互校論，蓋夢中作四詩，及鄭録冬青花第一詩的爲霽山作無疑。至冬青花第二首，則又自係唐作，與林作絕不相蒙。徒以其事隱秘，傳聞異詞，記者因唐、林二公同事，遂并其詩牽合爲出一手，記唐事者並屬之唐，記林事者又並屬之林，不復能區別，倘非茲集尚存，則此重詩讞，無由決其是非矣。至於葬骨之地，諸書復多差互，章氏夢中作詩注，謂「葬於越山」，張傳謂「葬蘭亭山」，鄭録又謂「歸葬東嘉」。以夢中作第三詩「水到蘭亭轉嗚咽，不知真帖落誰家」之句推之，則葬於越山無疑，宜竹詩注及張傳所言並不謬也。謝翺晞髮集七山陰道中呈鄭正樸翁詩云：「越樹夜啼鳥，禹陵冬落花。」亦足爲陵骨葬越山之證。鄭亦與林、唐二公同拾陵骨者也。拾陵骨事，爲宋末遺老奇節之一，紀載齟齬，明陶宗儀諸人辨之，並不得其要領，今因録先生遺集，附訂其一二，其他小小異同，則不復論焉。

曹氏稽孫龍源普渡紀勝詩霽山集五

佚。

林景熙序：橫舟真人霽山集二送橫舟真士游茅山詩，注：「任真，平陽人，姓林氏。」名注丹臺，神游碧落，乃甲辰下元，主龍源普度大齋。九虎閽高，緑章夜扣，三泉錮魄，盡使昭蘇，厥功偉矣。笙鶴朝回，環而觀者，心竦毛豎。許山曹君爲詩美之，金春玉應，鉅帙粲然。豈以異教同源，吾儒抱濟川之具，不及拯人於生，而翻羨師之拯人於死歟？雖然，天堂無則已，有則君子登；地獄無則已，有則小人入。向使彝教修明，天下皆君子之歸，而小人之棄生順死，寧如晝夜之有經，正不知何罪可度也。惟君子少而小人多，既自喪其所以生之理，又不幸以兵死，以刑死，以水火盜賊死，失其正命，卒墮沉冥。此荒幻之説興，普度所以有功，而吾道之不行於世，其亦重可慨也！故爲併序而書之。霽山集五

章祖程白石樵唱注：曹許山諱稽孫，瑞安人。父侍郎松廬先生，暮年手植七十五松於庭，夾徑蔚然，其後因有「老松舊隱」之署。霽山集二

顧氏力行小慚稿霽山集五。雍正浙江通志二百四十八、乾隆温州府志二十七、乾隆平陽縣志十九「稿」作「集」，誤。

佚。

林景熙序：予曩識顧君近仁於稠人中，老鶴雞群，風格振整，已心敬之。先伯氏主鄉校，月有書，近仁每先諸子鳴，予因從旁擊節，則又識其文矣，而未識其詩也。壬寅冬，近仁攜小慚稿過予，虞廷遺音，一鳴吾耳，乃併與其詩識之。蓋詩如其文，文如其人也。近

世剽竊聲響，竅蚓爭喧，自謂能詩，而不本於吾文以文其所不能，至裂詩文爲二途而不知歸一也。豈有拙於文而不拙於詩哉？近仁辭語渾雄，而發之以華藻；氣骨〔一〕蒼勁，而節之以聲律，全體互宣，參唐歷選，不解而及於古。於是近仁春秋高矣，而稿以「小慚」名也何居？予自二十已學於詩，星霜冉冉，學不加進，每視舊作，愧中汗外，幾欲盡删乃已。而人方許之以爲工，洟忍復存，終不意滿。昔人謂小慚人小好之，大慚人大好之，兹稿得毋類是乎？故爲序其卷端以歸。霽山集五

陳高愚翁墓誌銘：温平陽鳳江之南曰夏較里，顧氏世居焉。紹興初，錢塘主簿岡、潭州監嶽碩，連翩出仕。寶慶間，主簿之從兄任知横州，從曾孫翼夫，通判隆興，皆由進士顯著一時。横州之從弟諱大齋，學優而仕，不偶，生子晏，以明經教授鄉里，爲碩儒，生四子俱有聲場屋，其第三子諱力行，才特俊邁，學者宗之，號南江先生。遭宋革命，文運未興，齎志以没，有詩萬餘篇，曰小慚集。尤工駢麗，語多爲人所傳誦。其弟諱某，號牧坡先生，爲詩文亦清麗，伯仲間聲譽藉藉。不繫舟漁集十三

案：南江顧處士力行，乾隆平陽縣志介節傳有傳。志作「顧近仁字力行」，誤。

〔一〕「骨」，底本原作「節」，據霽山集改。

陳子上謂「小蘄集，有詩萬餘篇」，其篇什之富，蓋不下劍南，然今無傳者，可惜也。

繆氏主一天隱集續文獻通考一百八十、萬曆温州府志十七

佚。

胡氏一桂人齋存稿萬曆温州府志十七

佚。

乾隆永嘉縣志二十三：胡一桂人齋存稿，林千之序〔一〕。

王氏奕王子陵文集萬曆温州府志十七

佚。

〔一〕弘治温州府志十八著録：「古周禮補正一百卷、四書提綱、孝經傳贊、子義口義講議、人齋存稿，胡一桂撰。補正，林千之序。」林序古周禮補正，非序人齋存稿。乾隆永嘉縣志誤。

陳氏兼善無悶稿清潁一源集一

佚。

清潁一源集一：陳兼善字達則，號簡軒，竹所長子。于宋淳祐癸卯發解，著有集曰無悶稿。

陳氏養浩嶺南清嘯集清潁一源集一

佚。

清潁一源集一：陳養浩字敏則，號直軒，竹所三子。紹定間爲廣州都巡，再任臨皋縣尉。所著有嶺南清嘯集。

案：陳簡軒、陳直軒，並爲陳竹所子，竹所名無考，清潁一源集亦無詩。簡軒、直軒詩，一源集編于陳則翁前，則翁爲杏所處士供子，疑竹所乃杏所兄也。〔一〕

陳氏則翁滄浪興清潁一源集一

〔一〕閣巷陳氏大宗譜四：「陳圓，閣巷大宗派靜公長子，字居方，號竹所。紹熙甲寅年生，至景炎丁丑年卒。男長兼善，次大翁，三善浩，四光猷。陳供，靜公四子，字居敬，號杏所，男四：長養惠，次則翁，三維翁，四齊善。」圓名可補孫氏無考之缺；圓、供爲兄弟，可證孫氏推測之確。

佚。

清潁一源集一：陳則翁字仁則，號瑞洲，杏所次子。宋咸淳戊辰試登學究科，繼登宏詞科，歷仕至廣東副使。因厓山之變，棄官歸里。遷居柏橋，建集善院，奉宋主龍牌，朝夕哭奠，日與林德陽、裴季昌、林旻淵、曹許山輩以詩文往來，私相痛悼，作爲詩歌，離黍之悲，溢於言外。所著集曰滄浪興。

吴氏枋滄江集　雍正浙江通志二百四十八。乾隆温州府志二十七題「吴昉」。

嘉慶瑞安縣志七：宋國子薦吴枋，兵鈐司幹。

佚。

曹氏晏聽泉集　嘉慶瑞安縣志九

嘉慶瑞安縣志七〔一〕：舊志薦辟補遺，有曹晏，官校書郎。

佚。

〔一〕「七」，底本誤作「十」，徑改。

蔡氏卓石雲詩集萬曆温州府志十七

佚。

謝氏雋伯和樵集東甌詩集五

佚。

東甌詩集五：謝雋伯字長父〔一〕，永嘉鶴陽人，號偕山。所著有和樵集。

〔一〕鶴陽謝氏家集小傳云：「八世謝雋伯，字茂良，號偕山，一號淳翁。宋末隱居鶴陽山，著有和樵稿、梅花百詠詩行世。」顧嗣立元詩選癸集戊上小傳云：「雋伯字長文。」文、父形近而誤。

温州經籍志卷二十四

集部

别集類[一]

元

曹氏積孫合齋文集萬曆温州府志十七。嘉慶瑞安縣志九作「合溪文集」。

佚。

萬姓統譜三十二[二]：曹積孫自少工舉子業，下筆閎肆，諸老成咸器之。母舅兩科林

〔一〕底本「類」字下有「五」字，「五」衍，徑删。

〔二〕「三十二」，底本誤作「二十二」，據萬姓統譜改。

雍誨以文法，宜多采左氏及戰國語，嘗自謂曰：「作文譬如立萬人場中，非劃〔一〕然大嚻而鳴，人肯聽我乎？」宋亡，室廬毁於兵，遂寓平陽梅溪，以古文及詩自娱，凡一篇出，人輒傳誦。

案：合齋曹鄉貢積孫，萬曆温州府志文學傳、雍正浙江通志、嘉慶瑞安縣志文苑傳並有傳。

宋氏眉年存稿　萬曆温州府志十七

佚。

案：蜀翁宋縣簿眉年，永嘉人。萬曆温州府志文學傳有傳。

葉氏貫道甕天集　萬曆温州府志十七

佚。

案：茂林葉處士貫道，萬曆温州府志、雍正浙江通志義行傳，嘉慶瑞安縣志孝友傳並

〔一〕「劃」，底本誤作「訓」，據萬姓統譜改。

有傳。

湯氏元善草堂詩集乾隆温州府志二十七。乾隆平陽縣志十九「集」作「稿」。

佚。

案：湯元善，萬曆温州府志、雍正浙江通志、乾隆平陽縣志義行傳並有傳。而均作宋人，惟顧嗣立元詩選癸集戊以爲元人。考雍正通志、乾隆府志及平陽縣志義行傳别有元湯中山，居白沙。而縣志人物補遺又有元湯元善，字長卿，亦居白沙。與宋湯元善，字明善者，名同字異。參合考之，湯元善當即湯中山，亦即湯長卿。縣志所據書稱述偶異，遂分爲數人耳。今依顧選，定爲元人，而附訂其異同於此。〔一〕

章氏嘉春谷集萬曆温州府志十七〔二〕

佚。

〔一〕乾隆平陽縣志十九作「元人」。所謂宋人，蓋生於宋，卒於元也。中山，實湯之郡望，非其名也。

〔二〕「七」，底本誤作「八」，徑改。

薛氏漢薛象峰詩集元史藝文志四作「薛漢詩集」，元詩選二集己作「宗海集」，今從潘是仁宋元名家詩集。二卷。元史藝文志四無卷數，今從宋元名家詩集。

存。宋元名家詩集本

元詩選二集己：薛助教漢，字宗海，於古今制度名物，創作變易，年考月究，無或有爽。趙文敏公號爲鴻識，得古遺器書畫，必宗海辨之乃定。魯子翬誌其墓，稱其詩律書楷嚴縝有法，而愼慤不矜，非雅交莫克知也。

案：薛助教漢，雍正浙江通志、乾隆温州府志、乾隆永嘉縣志文苑傳並有傳。象峰詩集明潘訒叔宋元詩集所刻雖分二卷，實止寥寥五葉，存詩僅十六篇，以顧氏元詩選校之，惟上卷擬古二篇，爲顧本所無，餘詩均已入選，而顧本所有、吴本不載者，乃多至三十二篇，孫存吾皇元風雅二載宗海詩十五篇，吴本亦止録閑閑真人吴本作「宗師」，顧同。生朝、鹽車圖、吴本作「雪山盤車圖」，顧同。夜歸三篇。餘均不載，蓋吴氏偶據殘本録入，非其完帙也。惟象峰詩集之名，爲他書所未見，則賴吴刻以傳耳。

章氏祖程白石樵唱注六卷。自叙。吕洪編竇山集并爲三卷。

存。霽山集本

先生諱景熙，字德暘，姓林氏，温之平陽人也。宋咸淳辛未太學釋褐，授泉州教官，歷禮部架閣，轉從政郎。時異事殊，遂不復仕。乃棲隱故山，以詩書自娱。既而會稽王監簿移書屈致，與尋歲晏之盟。於是先生往來吴越間殆二十餘年。戊申歲歸自武林，感疾；迨庚戌冬，終於家，時年六十有九。先生少工舉業，有場屋聲，時文既廢，倡爲古文，發爲騷章，往往尤臻其奥。晚年所著，雜文十卷外，有詩六卷，題曰白石樵唱，行於世。愚嘗熟玩其詩，大抵皆託物比興，而所以明出處，繫人倫，感世變而懷舊俗者至矣。卷首數篇，尤爲親切。其他題詠酬唱，雖有不同，然而是意亦未嘗不行乎其間。讀者倘參是求之，則庶乎不失其本領，而有以知其詩不苟作也。至於造語之妙，用字之精，法度之整而嚴，格力之清而健，又未易以名言。今輒爲之注釋云。崑陽後學章祖程和父題。

詩自三百篇、楚辭以降，作者不知幾人，求其關國家之盛衰，繫風教之得失，而有合乎六義之旨者，殆寥乎其鮮聞也。惟陶淵明以義熙爲心，杜子美以天寶興感，爲得詩人忠愛遺意。霽山先生之詩，蓋祖陶而宗杜者也，熟味之可見矣。抑嘗思之，詩固出於人之性情，然非發之以句法之清英，諧之以音節之和暢，融之以氣味之悠遠，則以枯淡淺促，而不能以入妙，寧保其不使人玩之易厭，索之而易竭也哉！善乎先生之爲詩也，本義理以爲元氣，假景物以爲形質，濯冰雪以爲精神，翦雲煙以爲態度，朱弦疏越而有遺音，太羹玄酒而有遺味，其真詩家之雄傑歟！予嘗伏讀而竊愛之，沉潛反復，蓋亦有年。於是童課之暇，不揆僭踰，爰輯舊聞，爲下注腳。間有見其意之所指，義之所在，亦輒爲之發揮而不敢隱焉。第胸無積學，家無儲書，其間援據尚有未盡明者，姑冀講問以備其全。一日，子安、儀中二友生請曰：「夫注草堂詩者數百家，注雪堂詩者亦不下百餘家，迨今猶不能無遺憾，而況以一人之見乎？盍缺之以俟後賢。」予嘉其言，因出此稿，俾録以示初學，固未敢傳諸作者。惟博雅君子訂其舛訛，補其疏略，使霽翁之詩久而不墜，則於風雅亦未必無少助云。元統甲戌暢月，後學章祖程謹書。

吾鄉霽山林先生，前朝遺老，履和蹈貞。晚年英氣，詘所爲詩，其立言命意，欲厲風節，蓋仿佛草堂翁忠愛之遺思也。今宜竹章君和父，獨喜其詩，爲之箋注，誠以其所作有關世教民彝，非特尚其融液句度之清妍，亦非自示其掇擥故實之贍詳而已。昔李善輯注文選，援據賅博，而無其義，子邕能補其缺。章君所注，辭義兼得，而其學識之正，尤有可觀者。曩年君嘗與予翰札，辨〔一〕論河洛圖書，往復數四。予固已知其學有根柢。别後久

〔一〕「辨」，底本脱，據校勘記補。

客湖海，齒載侵〔一〕尋，彊與少年爭一資半級於端簪澤笏中〔二〕，每用自愧。念欲東歸，與君行輩追逐雲泉，襄羊文字之樂，何可得也！重念鄉山寥泬，文物睽孤，章君乃獨能慨慕前修之流風，發揮遺稿之芳韻，必使光塵遠暢，有永以傳，等而上之，復將有大著述以迪後儁，余又當拭目云。至元元年歲在乙亥十月一日，鄭僖書於赤霞城。

案：宜竹章處士祖程，乾隆平陽縣志文苑傳有傳。霽山先生身丁國難，䖍遯以終，感事憂時，悉形篇什，而痛懷故國，未敢訟言，樵唱一編，辭多隱託。宜竹親及霽山之門，見聞最悉，其白石樵唱注，疏通證明，多得霽山微旨；至於詩中本事，考核尤詳。如避寇海濱詩注，載庚寅山寇發，霽山避地仙口；哭德和伯氏詩注，載霽山有季弟字德淵先逝；王修竹監簿名樓曰與造物游詩注，載霽山游越，多居王氏莊子上，並卷一。并足考見霽山平生蹤跡。又宋末遺民與霽山往還唱和者，如薛監簿名肩夔，永嘉人；柴主簿名傑，周計院名埏，並卷一。曹許山名稽孫，並瑞安人；卷二。曹近山名告春，字問農，平陽人。卷三。諸人皆府、縣志所未詳，而此注並能詳其籍貫事跡。雖陶山十詠，原題和鄧牧心，卷二。注不知牧心

〔一〕「載侵」，底本脱，據校勘記補。
〔二〕「中」，底本脱，據校勘記補。

爲鄧牧字；又懷葉鄧二友詩，集三。注不知葉爲葉林，與鄧牧同爲洞霄宮道士，以上二條，鮑廷博刊本並據鄧牧洞霄圖志補注。亦偶有疏漏。然全書無元元本本，精審居多，霽山詩之有是編，亦如山谷詩之有任淵注，荆公詩之有李壁注矣。

陳氏昌時雞肋集清潁一源集一

佚。

清潁一源集一：陳昌時字少垣，號物吾，一諱文昌，一諱天囿，瑞洲之長子。案：瑞洲名則翁，見二十三〔一〕卷。自少穎悟，博學強記，爲文雄深高古，由宏詞科任廉州路教授。所著有雞肋集行世。資靜蔡先生芳修府志時，讀公集乃書其後云：「章圓如丸珠，句奇如鈎棘，語麗如長春芙蓉，韻古如黃鍾大呂，非尋常步驟所可仿佛也。」其詩之豪歟！

陳氏文尹澤畔吟清潁一源集一

佚。

〔一〕「二十三」，底本誤作「十八」，徑改。

清潁一源集一：陳文尹字端友，號春塘，一諱希尹，簡軒猶子。案：簡軒名兼善，見二十三〔一〕卷。著有集曰澤畔吟。

陳氏得時潁西清嘯集 清潁一源集一

佚。

清潁一源集一：陳得時字少成，號老吾，瑞洲之仲子。由郡庠貢士任常州無錫縣教諭。所著有潁西清嘯集。

陳氏允文靖安居士吟稿 清潁一源集一

佚。

陳與時南康寄陳允文詩注：同里人，所著有靖安居士吟稿。允文集有送陳少方赴南康詩二首，案：少方，與時字。有云：「江邊亦有同庚友，獨把漁竿寄隱淪。」清潁一源集一

案：靖安陳處士允文，萬曆温州府志、嘉慶瑞安縣志隱逸傳並有傳。

〔一〕「二十三」，底本誤作「十八」，徑改。

林氏正漁隱集東甌續集四

佚。

東甌續集四：林正字浩淵，號一齋，有漁隱集藏於家。

案：一齋林處士正，乾隆平陽縣志文苑傳有傳。

裴氏庚井西秋嘯集乾隆平陽縣志十九〔一〕

佚。

乾隆平陽縣志十六：元裴庚注三體唐詩，有井西秋嘯集。

案：東甌續集四，載林正寄裴雲山詩：「雲山」清穎一源集自叙作「芸山」。「南山高且深，竹松帶流水。先生廬其中，迥若崆峒子。雪髮覆兩肩，深悟造化理。手注三體詩，名滿四海耳。時以詩名家，亦來質疑似。我本浪得名，長掛春風齒。乃識先生心，非非還是是。」林氏稱其以詩名家，然佚篇今無存者，三體詩注，明以來亦久佚，惟所選閭巷陳氏詩名清穎一源集者，尚有傳本耳。

〔一〕「十九」，底本誤作「九」，徑改。

汪氏鼎新桐陽小稿

二卷。東嘉先哲録二十

佚。

東嘉先哲録二十：汪鼎新少孤自樹立，明尚書、周易，尤長於詩文，有桐陽小稿二卷。

原注：見平陽州志。

案：桐陽汪教授鼎新，萬曆温州府志文學傳、雍正浙江通志、乾隆平陽縣志文苑傳並有傳。桐陽學行文章爲温儒宗，見蘇平仲集十四孔教授夫人汪氏墓誌。與林霽山以詩相唱和。霽山集二有雜詠十首酬汪鎮卿。章祖程注：汪名鼎，號桐陽，平陽人。案：章注載桐陽名鼎，疑有奪誤。鎮卿，東嘉先哲録、通志、府、縣志皆作「進卿」，當據霽山集正之。其弟五章云：「子有憂世心，蒿然見眉睫。崇文擬昔人，西風寄三疊。作詩非雕鎪，要與六義涉。」足覘其品學矣。

李氏孝光五峰集續文獻通考一百八十作「五峰文集」，千頃堂書目二十九、補遼金元藝文志並作「雁峰文集」。今從四庫全書總目一百六十七、元史藝文志四。

二十卷。續文獻通考一百八十、千頃堂書目二十九、補遼金藝文志、元史藝文志四。四庫全書總目一百六十七作「六卷」，孝慈堂書目作「五卷」，今所見明錢杲編本不分卷。

闕。四庫全書本、遜學齋藏舊鈔本。

予未登仕時，嘗讀元詩體要，至五峰李季和先生之作，愛其風采豪邁，不染指於脂韋靡麗之場，不掉鞅於鬼斧蛇神之域。震奮如雷霆，動運如日月，變幻如鬼神；從容如長江大河，一瀉千里；奔放如洪濤巨浸，揭日掀天；清圓如柘彈銅丸，迅飛霄漢；心與之競而不暇焉，雄哉先生之文也！第以僅十餘篇而止，不得其全集爲恨。嗚呼！是心也，非獨予爲然，而天下士莫不皆然。予嘗試春官，會天下士於京師，或論詩家風格，未始不以五峰首稱，而以未見全集爲歉。比詮曹擢予知樂清，拜命之日，私竊自慶，以爲樂清乃五峰先生所自出之地，全集必有珍藏於士大夫之篋笥者，則是行實與先生有厚遇焉。到官初，謁先聖先師，因詣鄉賢祠，見諸先正，而先生牌位未立，故補次於龜齡王先生之左。案牘稍暇，訪厥遺稿於士林，或得其斷簡，或得其殘編，而其全集又未克即睹。嗚呼！文章之顯晦，氣運盛衰之所關，今天下風氣醇醲，先生之文，其必乘時以顯，未必終晦也。居無何，儒生周綸，以其所藏於篋笥者獻於庭，予驟得之，不啻獲拱璧夜光，喜不自寐者凡幾日。綸亦知詩士也，遂命之編其類次。於是捐俸以繡諸梓，將與天下共焉。夫詩之近體莫盛於唐，而唐之盛莫盛於天寶，其間亦未免有大而肆夏、小而流離之失，先生無是也。矧先生顧德重望，膺元聘，起爲秘書閣，以文章見高一世，史稱先生非先秦、西漢語不道，則先生之文，取重於當時，見稱於後世，非一日矣。良金美玉，自有定價，豈區區一日用心，爲先生增重耶！雖然，使先生之文而有傳耶，於先生固無所增加；使先生而無傳耶，先生亦無所增損。赫赫之光，與日月同垂於不朽者，固自若也。不曰先生之文傳不傳，於吾邦風氣之美不美繫耶！晚生末學之幸不幸繫耶！集成，僭書以爲天下想望先生之文者告。時弘治甲子歲菊節，鄉進士知樂清縣事、鳳陽懷遠慎齋錢杲書於忠愛堂。明錢杲刻本卷耑序

四庫全書總目一百六十七：五峰集六卷，編修汪如藻家藏本。元李孝光撰。孝光字季和，樂清人。隱居教授，白野泰哈布哈原注：原作泰不華，今改正。嘗師事之。至正七年，詔徵隱士，以秘書監著作郎召。明年陞文林郎秘書監丞。所著詩文，歲久散佚，是編乃弘治甲子，懷遠錢杲爲樂清令，訪求遺稿，得全集於儒生周綸家，因俾綸編次刊版，杲自爲之序，乃以五峰集爲名。其詩文不分卷帙，但以各體分編，今定以樂府四言詩爲一卷、五七言古詩爲一卷、五言律詩爲一卷、七言律詩爲一卷、絶句爲一卷、雜文爲一卷。卷首别有逸文目四篇：曰南村草堂記、曰郭翼遷善齋記、曰姚文焕書聲齋記、曰孝善坊記，皆有録無書，蓋傳寫復佚，今亦闕之。元詩綺靡者多，孝光獨風骨遒上，力欲排突古人。樂府古體皆刻意奮厲，不作庸音；近體五言疏秀有唐調；七言頗出入江西派中，而俊偉之氣自不可遏。中間如贈潘九霞絶句，所云：「道士自稱潘九霞，身騎黄鶴大如車。借我北窗眠一夜，酒醒

共喫白丹砂。」失之麤獷者亦間有之，然不害其風格也。雜文凡二十首，皆矯矯無凡語。楊維禎作陳樵集序，舉元代作者四人，以孝光與姚燧、吴澄、虞集並稱，亦不虚矣。末附題朱澤民畫一首，蓋古樂府之末章，誤編於文集，今仍移附樂府末云。

顧瑛玉山草堂詩雅集一：李孝光詩文自成一家，爲東南碩儒。

元史儒學傳二：孝光以文章負名當世，其文一取法古人，而不趨世尚，非先秦、兩漢語，弗以措辭。有文集二十卷。

楊維楨東維子集序：孔孟而下，人樂傳其文者，屈原、荀況、董仲舒、司馬遷，及其次王通、韓愈、歐陽修、周敦頤、蘇洵父子。逮乎我朝姚公燧、虞公集、吴公澄、李公孝光，若此十數君子，其言皆高而尚，其義皆奥而通也。鄭韶詩序：我元之詩，求之於永嘉李孝光、錢塘張天雨、天台丁復、項炯、毗陵吴恭、倪瓚，蓋亦有本者也。季和放乎六朝，而歸準老杜。東維子集

葉盛水東日記二十三〔一〕：李五峰如秦漢間人，語言嶄絶而頓挫。

胡應麟詩藪外編六〔一〕：李孝光古詩歌行豪邁奇逸，如驚蛇跳駿，不避危險。當時語

〔一〕「二十三」，底本闕，據水東日記補。

云：「前有虞、范，後有李、楊。」謂廉夫也。〔二〕至近體多拗澀，短長得失，正與楊同，大抵〔三〕視前人瑰奇過之，雅正則遠遜。〔四〕

元詩選二集戊：按五峰集向來失傳，僅得曹侍郎秋岳編輯鈔本。癸未春，朱檢討竹垞從樂清搜得弘治甲子樂清令懷遠錢杲慎齋所刊本，合之，允稱大備。近體五言，如雁山作云：「山空猿自語，雲暖鶴初醒。」鍾山云：「井沈龍虎氣，岡斷鳳凰形。」贈建禪師云：「茶香鄰屋借，芋熟騎童分。」次王宣政園亭云：「池開搖倒影，木落見孤根。」七言如送叔夏云：「來日燕翻芹雨暖，別時人趁稻風凉。」和王修竹時思庵韻云：「移來怪石欺僧瘦，種得新松共鶴長。」雲林清遠圖云：「風高碧入金莖露，月出青回玉樹煙。」客孤山云：「江山有待詩應老，天地無情客謾狂。」三益堂芙蓉云：「守宫血暖娥池曉，翡翠巢香玉井寒。」送趙岐山云：「北風吹黑貂裘領，明月磨青寶劍花。」戲簡王季行云：「蒲萄釀酒澆鸚鵡，桐葉題詩詠鳳凰。」呈兀澤云：「酒無著處紅生面，老欲來時白上頭。」皆極新警之句也。附摘於此。

〔一〕「外編六」，底本闕，據詩藪補。
〔二〕「李楊謂廉夫也」，底本作「楊李楊廉夫也」，據詩藪改。。
〔三〕「抵」，詩藪作「概」。
〔四〕「遠遜」，詩藪作「遠」。

案：五峰集二十卷本，明時已佚。今所傳者，明錢杲重輯本，不分卷，然槧本亦不多覯。余家所藏則從錢刻傳録者，凡文十三首，古樂府四十五首，五言律詩四十四首，五言絶句十九首，七言古詩三十首，七言近體五十五首，七言絶句二百十九首，共分七卷。四庫本釐爲六卷，其本今未之見。提要偁雜文二十篇，則與鈔本不合，未知明槧原本果何如也。錢本於詩摎采頗夥，然如宿魏仲遠宅詩，見魏弜所輯敦交集。（此集傳本頗少，余家有舊鈔本。）梅魂詩見東甌詩集五，（元詩選録此詩作「梅魄」。）越鄉次舊韻、白沙早程、樂成、辛亥玉川問歸、丙子泛舟登奥、次晚春韻、東林廢寺七詩，見東甌續集四，錢本並未收。顧氏元詩選自稱合曹侍郎溶編輯鈔本選之。今用互相校覈，其多出之詩，亦六十餘首，則采輯未爲完備。又七言絶句題蘭、題菊一詩兩收，而易其題。其七言近體内雁蕩山詩，顧選注雁山志作「吴學禮」。今檢萬曆雁山志，顧説信然。（萬曆雁山志四録此詩，題作游雁山能仁寺，與集本小異。）則重復舛互之病均所不免。然百餘年來，曹本不知存佚，藏書家展轉傳鈔，大氐皆祖錢槧，則欲讀五峰遺詩者，終以此爲古本矣。至所録雜文，自雁山十記外，寥寥無幾。其王貞婦傳目下注嵊縣志。考阮元兩浙金石志十八，載紹興府學所存元石刻本作清風嶺王烈婦祠碑，今覈五峰原文，亦有「會稽嵊丞徐瑞爲起石屋，樹碑廟中以旌其鬼」之語，則其爲祠記無疑。錢氏據嵊志題爲傳，亦失之不考。

又案：明潘是仁宋元名家詩集内亦刊有李五峰詩集二卷，上卷七言古詩六篇，大星、北風、茅山謡、江山圖、越上、送方叔高。下卷七言律詩七篇，宿巢縣、送王伯循、送朶兒只國王、郊祀慶成、和宋學士、送閣學士赴上都、送陳杏林赴潮州。七言絶句五篇，寄達兼善、古長信秋詞二首，吴王納凉圖、題柯博士畫竹。以錢本及顧選校之，惟絶句内古長信秋詞第一篇，及寄達兼善、題柯博士畫二首，爲兩本所無，餘詩大都已收入。卷帙無多，不能分別著録，謹附存其目於此。〔一〕

孔氏暘潔庵集

十二卷。元史藝文志四

佚。

蘇伯衡序：潔庵集詩文若干首，平陽孔子升先生之所作，門人同邑林與直敬伯之所彙次也。敬伯以告余曰：「先生志於立德者也，立功且非其志，而況於言乎？然而先生由進士科出身，雖不蘄以文辭名世，而求文辭者，則固以先生爲首矣。則先生雖欲不述作，烏得而不述作？嘗聞諸先生，文章非應用，應用非文章，此至論也。凡吾之所作，亦應用云

〔一〕此又案條底本無，據刻本補。

爾。吾敢自謂文哉，以故先生雖爲文，未嘗留稿，子弟門人間私録之，亦不多也。先生既棄代，其子源屬與直類稡爲八卷，附以詩四卷，因先生自號，題曰潔庵集。一二同志將鏤版以永其傳，敢請爲之序。」余取而讀之，理到矣，氣昌矣，意精矣，辭達矣。典則而嚴謹，温純而整峻，該洽而非綴輯，明白而非淺近，不粉飾而華彩，不鍛煉而光輝，古之有德必有言者蓋如此，尚論文章，何以加諸。至於詩則出於性情，而不窘於畦町，有優游詠歎之思，風雅、騷些之遺，而先生自視埳然何哉？豈不以世之爲文者，於學無所聞，於道無所得，險澁其語以爲奇，僻怪其字以爲古，隱晦其意以爲深，突兀其體以爲高，而流俗之所尚也。先生則不出乎是，自意不足以追世好而云然也歟！嗟乎！文辭之陋，未有甚於彼者也。曾謂先生而爲之乎？人固有卻菽粟而進蜆蛤者，亦有舍布帛而取罽毯者，苟弗貴先生之文，而惟流俗之所謂文是貴，則與是何以異乎？夫蜆蛤可適口而不可療饑，罽毯可悦目而不可禦寒，養生則必以菽粟而不以蜆蛤也，卒歲則必以布帛而不以罽毯也。先生之文，布帛也，菽粟也，世之所不可無，人亦不得而弗之貴也。敬伯拳拳於其遺稿，可謂知所貴者矣。然則先生之有敬伯，不猶揚子雲之有侯芭也歟！先生世系爵里行業，詳見墓碑，此不重出。蘇平仲文集五

蘇伯衡故元温州路同知平陽州事孔公墓誌銘：至正末，方國珍據台、慶、温，用名士以收人心。而其於公也不得而用之，亦不得而禍之。國初，胡仲淵鎮括，將進公於朝，公返

其書幣，謂使者曰：「吾父年垂九十，不可頃刻去左右，參軍奈何欲使之胥爲不忠孝人耶？」仲淵愧其言而止。洪武元年，按察僉事趙壽求賢浙東，得公於温以應詔，公終辭不起，士益以是高之。公至正元年薦於鄉，登二年進士第，擢衢州路録事，階將仕郎。九年轉從仕郎、處州路慶元縣尹，代歸。十九年授温州路同知平陽州事。三歲，丁母憂解官。明年，州人以版圖上于職方，公與陳子上者慨然有浮海之志，顧父判府公在堂，子上入閩，公羈孤無儔，卻掃一室，名曰潔庵，情有所觸，俯仰書空而已。後三年，而判府公捐館。又十六年公以疾不起，洪武壬戌七月也，年七十有九。諱暘，字子升，平生所爲詩文總十二卷，曰潔庵集，藏於家。蘇平仲文集十三

陳氏秀民寄情稿千頃堂書目十七、元詩選三集庚。元史藝文志四作「寄情集」，雍正浙江通志二百四十八、乾隆温州府志二十七、乾隆永嘉縣志二十三並作「寄亭集」〔一〕。

未見。

〔一〕檇李詩繫四寄亭棲老陳秀民：「秀民字庶子，四明人，寓居嘉興感化里。至正間官武岡城步巡檢，知常熟州。張氏時爲參軍。入明不仕，自號棲老。所著有寄亭集。」據此作寄亭集是。

列朝詩集甲集前編十：陳學士秀民，入國朝，未詳所終。周玄初鶴林集載庶子作來鶴詩，在洪武己巳二十二年。

案：寄亭陳學士秀民，乾隆温州府志、乾隆永嘉縣志文苑傳並有傳。學士嘗仕張氏，遂居嘉興。千頃堂書目以爲嘉興人，非也。寄情稿明以來久無著録，然元詩選三集采其詩三十九首，又似從原集選録者，或天壤内尚有傳本也。

曹氏睿獨叟集 雍正浙江通志二百四十八

佚。

王逢題戴崧先府君蒼山處士小像詩序：歲己亥，兵薄栝時，弟洺將處士竄溪南山，處士謂同難者曰：「吾一褐以老，未嘗爲垢，與其與蔓草同穢，不如滄浪清之獨也。」徑投於溪。崧繪處士小像，託前進士顔守仁徵挽章，永嘉曹新民教授有曰：「菊帶晉愁香不改，松輕秦爵老猶青。」梧溪集四上

列朝詩集甲集前編七下：曹睿字新民，永嘉人，壯年游浙西，詩文皆清新。

趙氏次誠雪谿集 千頃堂書目十七

佚。

陳氏剛潛齋文集萬曆温州府志十七

佚。

史氏伯璿牖巖史先生遺稿千頃堂書目二十九。補遼金元藝文志、元史藝文志四並無「史先生」三字。

佚。

青華集

二卷。乾隆平陽縣志十九

佚。〔一〕

乾隆平陽縣志十四：史伯璿雜文二卷，曰青華集。

〔一〕上海圖書館藏青華集一卷，清佚名校。温州市圖書館藏舊鈔本（一册），又藏玉海樓鈔本（缺上卷）、敬鄉樓鈔本、鄉著會鈔本。民國平陽縣志五十經籍志，對玉海樓藏舊鈔本間加考辨，認爲集中詩文有經後人增竄。

鄭氏昂密庵集　千頃堂書目十七。萬曆温州府志十七，作「鄭處抑詩集」。

佚。

陳高鄭處抑行狀：先生諱昂，讀書爲文，尤長於歌詩。晚年始爲學，而篤於自信，所守確然，不爲外物奪。所爲詩，老益工，非得驚人語，不苟操筆，有稿若干藏於家。不繫舟漁集十三

案：密庵鄭處士昂，萬曆温州府志、雍正浙江通志、乾隆平陽縣志隱逸傳並有傳。

高氏明柔克齋集

二十卷。千頃堂書目十七

未見。

詩自跋：此余往日在越中録寄倪君仲權之詩，今十餘年矣。意其不投之苦海，則亦當供醬蒙矣。仲權乃裝潢爲卷帙，列之於諸名勝間，矧當時事轇轕，世方以斯文束高閣，而仲權於朋友之片言隻字亦無遺棄，亦可見其好尚之清，交道之厚，而不爲世變所移者也。惜也！予之學問名位，視往日不少加進，徒負故人期待之意耳。展卷一覽，慨歎不已，因書于左方以自警云。永嘉高明。元詩選三集庚

陶宗儀輟耕録三：岳武穆王飛墓在杭棲霞嶺下，名人佳士多有詩弔之，其最膾炙人口者，如高則誠先生明云：「莫向中州歎黍離，英雄生死繫安危。内廷不下班師詔，絶漠全收大將旗。父子一門甘伏節，山河萬里竟分支。孤臣尚有埋身地，二帝游魂更可悲。」 十三：永嘉高則誠明烏寶傳，雖曰以文爲戲，要亦有關於世教。

清穎一源集二：陳挺弔高則誠詩注，先生所著柔克齋集，遺板亡失，予方塘叔祖，案：方塘名鏴，見二十七〔一〕卷。嘗於其家得二十餘片以歸，甚喜。既而視之，册葉多不相續，始知無用，後因兵火并失之。

元詩選三集庚：高相掾明字則誠，所著有柔克齋集，詞章斐然，東海趙汸稱其學博而深，才高而贍云。 靜志居詩話：顧仲瑛輯元耆舊詩爲玉山雅集，中録高則誠作，稱其長才碩學，爲時名流，可知則誠不專以詞曲擅美也。世傳琵琶記爲薄幸王四而作，此殆不然，陸務觀詩云：「斜陽古柳趙家莊，負鼓盲翁正作場。死後是非誰管得，滿村聽説蔡中郎。」是南渡日已演作小説矣。明詩綜十一

案：高都事明，萬曆温州府志文學傳、雍正浙江通志、嘉慶瑞安縣志文苑傳並有傳。

〔一〕「七」，底本誤作「一」，徑改。

其集久無著録，據陳挺詩注，則明中葉時已無傳本。顧氏元詩選三集庚，選都事詩一卷，亦題柔克齋集，疑從他書轉録，非果見原集也。

佚。

高氏暘鄭璞集元史藝文志四

蘇伯衡序：安固高君賓叔，才甚優，學甚邃，長余二十餘年，其伯兄則誠甫，又先左司僚友，高君於余父執也，而辱與爲忘年友，今三十年矣。歲之正月，會於平陽，出其詩文曰鄭璞集者，俾爲之序。高君之文，根柢六經，出入子史，詩則淵源風、雅，沉浸騷、選，莫不理到而辭達，氣充而韻勝，味雋而光潔，余素知而愛慕焉。今觀凡在集者，粹然大玉夷玉之質也，炳然琬琰珪璧之輝也，鏘然璜珩琚瑀之音也。謂之未理之玉，人猶疑焉；況譬諸已腊之鼠，又孰信之？而名其集曰「鄭璞」，何與？思而不得，則以問諸高君。高君曰：「彼以腊鼠與璞玉同稱，亦惟自負太高而已。自高故詞誇，詞誇故實不副，實不副故始聞之，意其玉也，而欲與之市；終見之則鼠也，謝而去焉，無足怪矣。古人之文章，大抵出於道德明備之後，是以言立而人信之。今世之士，屬辭聲韻稍協則曰我能詩，言語布寘成章則曰我能文。此其自大，不猶鄭人之於鼠乎？人之視之，其有不猶周人之視鄭人之所謂璞乎？吾嘗以爲戒，而不敢不務其實，此吾集之所以名也，而又何疑焉？」余於是益歎高君非獨文詞，人未易及，其處己取名，尤人之所不敢望。先文忠公曰：「古之君子，其處己也厚，其取名也廉，故實浮於名，而人誦其美。」高君之謂矣。然則高君之鄉，爲文辭者固多，可傳誦者亦衆。而人人獨購求高君之文，得其片言隻字，心滿志〔一〕愜而去，豈偶然乎？夫文章如良金美玉，自有定價，固非人所得而輕重，然持金玉而欲市者，持錢而求市金玉者，必有足爲輕重之人居其間，而後欲市者與求市者信而無疑焉。今高君求序其詩文，不就可以輕重之人，而顧以及余，余官位學行無足動人，是非可否無足取信，將何以塞請。念辱交之久也，不敢終辭，姑述其名集之意以爲序。覽余序者，可無異高君而有所自警矣。蘇平仲文集五

案：賓叔爲則誠弟，元史藝文志及舊府、縣志載高賓叔鄭璞集，而不知其名。考蘇平仲文集三金貞婦高傳：「貞婦儒家女，龍江書院山長高暘賓叔，其父也。」是賓叔名暘，與則誠名明，偏旁相應。「明」本從月、囧聲，此就隸變作「明」論之。吴論崇儒高氏家編、附裴庾清穎一源集卷末。萬姓統譜三十二，並謂則誠，別有弟名誠，字則明，明以來府、縣志因之，殆無稽之説也。

〔一〕「志」，底本誤作「意」，據蘇平仲文集改。

陳氏岡谿堂稿 清潁一源集一

佚。

清潁一源集一：陳岡字士原，號石池，物吾之長子。晚寓後谿別業，又號谿堂居士。所著有谿堂稿。

陳氏高不繫舟漁集 千頃堂書目二十九、補遼金元藝文志並作「詩集」，今從四庫全書總目一百六十八、元史藝文志四。十五卷附録一卷。 四庫全書總目一百六十八。千頃堂書目二十九、補遼金元文志、元史藝文志四並作「十二卷」。

存。 遜學齋藏舊鈔本

至正癸卯十二月廿七日，平陽失守。余時在郡城，回至州南聞變，倉卒同江浙行省都事王銓伯衡，夜尋山徑，泥塗中崎嶇行六十餘里，至麥城，得漁舟浮海達安固，不及與家人別。明年正月朔，至南塘，二月至樂清之玉環，迤邐道途，隨處留寓。念余以布衣舉進士，辭禄歸隱已八年矣，守拙耕田，將以終老，而罹此變，間關遁逃，非有所爲也，求無愧於心而已矣。困厄顛沛之餘，觸物興感，率爾成詩，聊筆諸簡册，以示不忘，間有應俗所作詩文，亦并録之，其妍醜不暇擇也。至正二十四年春三月乙丑朔旦書。卷末自識子上陳君既没之十有八年，余過其里，從其子訪其遺稿，得詩文總若干首，詩爲四言，爲五言、爲七言、爲古、爲樂府、爲律、爲絶，凡若干卷，文爲記、爲叙、爲銘、爲贊、爲箴、爲跋，凡若干首，加銓次焉，釐爲若干卷，題曰陳子上存稿，俾藏於家。叙曰：夫所貴乎文辭者，非以言之工而貴之也，當理之言斯貴矣。其言當理，雖其人無足取，君子獨（蘇平仲集五、陳子上存稿序作「猶」。）不以人廢言而使之泯没也。況其人若子上者，抗特操於亂世，臨患難死生禍福而不易其志，不污其身，可謂賢矣。而其言也，揆諸往哲而有合，傳之來世而無愧，可使泯没而無聞乎？此予於其遺稿所以不能已其情也。六藝百氏之言，子上無不（平仲集作「弗」。）學，而以求道爲急，凡詩文未嘗苟作，要其歸，不當於理者（平仲集此下有「蓋」字，愛日精廬藏書志三十四同。）鮮矣。自爲舉子時，其所作已爲流輩推重，金華胡仲申先生以古學名，嘗傲視一世人，于文章靳許可，獨敬愛子上而稱之曰能。其擢進士也，朝之名公鉅人，若翰林歐公、太常張公、禮部貢公、御史吴公、助教程公，僉謂子上之文，宜用之朝廷，施諸（平仲集作「之」。）典册，相與論（愛日精廬藏書志作「復」。）薦之。而子上以親老，顧取慶元路録事南還，赴上（愛日精廬藏書志作「任」。）。未二年，度時不可爲，輒（平仲集此下有「自」字，愛日精廬藏書志同。）免去。擅兵柄而倔强州郡間者，爭欲子上用之。（平仲集作「爭欲致子上用之」，愛日精廬藏書志作「多欲子上用之」。）而子上終不爲其用，周流東西，（平仲集下有「所在」二字。）常使人不知所至，未嘗終月淹也。最後總戎其州者，必欲脅致之，子上遂棄妻子，南至於閩，又北至於懷慶，尋以疾卒。（平仲集下有「于懷慶」三字。）既卒，而其文亦無能爲收拾者，以故平生所作，存者止此云。嗚呼！得其材於天，成其學於己，不獲措諸事業，而徒託之述作，君子之不幸也。至於述作又多放失，不幸抑何甚耶！藉非子上所操自足以暴於世，則天下之於子上何從而知之？何從而信之？此予之所以重有（愛日精廬藏書志作「爲」。）慨也。其友謝復元氏，欲率同志鏤版以永其傳，力雖不逮，而未嘗忘之。其（愛日精廬藏書志無此字。）豈不猶予之情與？豫章揭先生伯防，（案：揭伯防，揭汯也。附録有所作墓誌銘。愛日精廬藏書志作「伯陽」，誤。）稱子上之文，上本遷、固，下獵諸子；詩上遡漢、魏，而齊、梁以下勿（平仲集作「弗」。）論，可謂知言矣，復何所庸吾喙哉！前翰林編修、眉山蘇伯衡序。

予任監察御史時，因嗣居霽山林景熙先生藏修之地，乃爲收拾所作詩若干首，所存文若干篇，既鏤版以廣其傳矣。尋陞按察副使，便道歸省，有鄉儒張君明夫、葉君元鼎，各出所藏先正陳子上詩文告於予曰：「子刊行林霽山之集，俾人得以觀誦，不惟見林之錦心繡口，吐露其忠肝義膽，抑亦知子之景行先哲，能發其潛德幽光也。且吾邑之繼林者，又有陳先生子上，其忠貞狷介，亦非尋常可及，矧其爲文上本遷、固，下獵諸子，爲詩上遡漢、魏，而齊、梁以下勿論。曩者秘書監丞揭公伯防稱之如此，人皆以爲知言，既而國史編修蘇公伯衡訪其詩文，放失之外得若干卷，題曰存稿，特爲序而付其友謝復元輩鋟梓未就。存者反失，終竟厥事，非子而誰？」予是時本未知先生詩文之詳，乃以事冗禄薄爲辭，及閱其所序近山軒燕集詩，謂至正十二年四月有八日，會于張思誠之軒，時孔正夫、吕敬中與高十人，皆能文之士。酒酣，正夫曰：「兹集不可無紀。」於是分韻賦詩十首。所謂敬中者，乃予曾伯祖州判府君，在元任行中書省照磨也。又閱其所識：「至正癸卯十二月二十七日，自郡城回至州南，聞平陽失守，倉卒同江浙行省都事王銓，間尋山徑，泥塗中崎嶇逃遁。」所謂銓者，即予曾祖母王安人之父也。由是而觀，則知先生與予先世嘗有通家之好，存稿之所刊，烏得而辭哉？於是具紙墨，命學童一一録出，屬眷兄徐君以敬，會友人陳君存謙、張君思廣，重加訂正，次爲卷帙；予則捐俸命工鏤板印行，將與海内能詩文之君子，共觀覽之，庶俾先生之文不泯於歿世。若有放失之稿，倘有得者，收綴以爲别集，則有望於將來焉。先生之陳，世爲平陽金舟鄉鉅族。諱高，子上其字也。棄家遁世，旅〔一〕寓他鄉，因自號不繫舟漁者。凡其出處行實，其詳見於蘇、揭諸公之序誌云。時成化元年龍集乙酉，冬十月吉日，賜進士、中憲大夫、雲南按察司

〔一〕「旅」，底本誤作「族」，據不繫舟漁集改。

副使、同邑後學呂洪書。

千頃堂書目二十九：陳高不繫舟漁詩集十二卷，明裔孫、順天府尹一元梓其詩行世。一作「十六卷」。

四庫全書總目一百六十八：不繫舟漁集十五卷附録一卷，兩淮馬裕家藏本。元陳高撰。高字子上，温州平陽人。至正十四年進士，授慶元路録事。未三年，輒自免去。平陽陷，棄妻子往來閩浙間，自號不繫舟漁者。至正十六年，浮海過山東，謁河南王庫庫特穆爾原作「擴廓鐵木兒」，今改正。於懷慶，密論江南虛實。庫庫特穆爾欲官之，會疾作卒。蓋當國祚阽危，猶力謀匡復。明太祖稱王保保真男子，即庫庫特穆爾。如高者，事雖不就，其志亦不愧王保保矣，不但詩之足傳也。明洪武初，蘇伯衡訪其遺集，釐定成編，題曰子上存稿。此本題不繫舟漁集，不知何人所改。文格頗雅潔，詩惟七言古體不擅場，絶句亦不甚經意；其五言古體，源出陶潛，近體律詩，格從杜甫，面目稍別，而神思不遠，亦元季之錚錚者矣。元又有嘉定僧祖柏，其詩亦名不繫舟集，見顧嗣立元詩選集中有題倪瓚芝秀圖詩，蓋與高同時。然其詩不及高遠甚，今未見其本，以集名相亂，附著其異於此，庶來者無疑焉。

浙江采集遺書總録壬：陳子上存稿六卷，刊本。案：蘇伯衡所編本，題陳子上存稿，呂洪刊本雖題不繫舟漁集，而卷端載蘇序，標題猶仍其舊，故此即稱陳子上存稿也。至所云六卷，與四庫總目不合，疑六上奪「十」字矣。〔一〕平陽陳高撰，眉山蘇伯衡序。

元詩選初集庚：初，陳録事高，明初眉山蘇伯衡訪其詩文，得若干首，詮次成帙，題曰子上存稿，八世孫一元重校而刻之。揭汯陳子上先生墓誌銘：「先生爲文，上本遷、固，下獵諸子；先生爲詩，上遡漢、魏，而齊、梁以下勿論也。先生爲行，潔己而不同於俗，抗節而不屈於物。意所與惓惓焉不能舍，赴其急水火不避也；所不與，欲其一語一字不可得。所至合則留，不可則去，自號不繫舟漁者。」不繫舟漁集附録

案：陳縣尹高，萬曆温州府志隱逸傳、雍正浙江通志、乾隆平陽縣志文苑傳並有傳。不繫舟漁集十五，與張仲舉祭酒書云：「遭時多故，衆醉獨醒，棄官歸田，今五十矣。或徜徉乎山谷之間，或浮游乎江湖之上，任情自適，無所繫留，當道者雖欲牽挽而不能羈縶，因自號爲『不繫舟漁』。初非敢爲高也，揣己之無能，處俗之不偶，故以是而託其名焉耳。」考子上自跋，其避方明善之亂，在至正二十三年十二月，而揭汯誌墓，記子上之卒在至正二十七年，年五十三。則其以「不繫舟漁」自號，當在避地入閩之後矣。集本金華蘇伯衡編

〔一〕據紅雨樓題跋陳子上存稿云「詩文總六卷」，可見原陳子上存稿當爲六卷，至不繫舟漁集時才增爲十六卷。孫説誤。

定，成化乙酉，平陽吕洪始爲刊行。今所見本卷耑亦有吕叙，而每卷首葉並題「八世孫俟官一元較」。檢乾隆平陽縣志選舉門，明萬曆辛丑進士有陳一元，應天府丞。又人物傳載，陳志其先戍籍福州，子一元，辛丑進士，爲大京兆。千頃堂書目亦稱一元爲順天府尹，此是也。選舉門云「應天府丞」，蓋誤。其人在吕後百餘年，蓋一元又以吕本覆刊也。集凡詩九卷，文五卷，附録一卷，則墓誌、祭文之屬。千頃堂書目稱詩集十二卷，又謂一元梓其詩行世，殊爲失考。今本文五卷，首葉並有「一元較」一行，則一元所梓不徒詩集矣。子上之舉進士，出張翥之門，又與揭汯、蘇伯衡、胡翰諸人爲友，今覈其全集，雖文采不及五峰諸老，而耳濡目染，終有典型，不僅亮節清風，足厲百世也。

釋〔一〕益栯堂山居詩 王聞遠孝慈堂書目五。千頃堂書目三十九、補遼金元藝文志作「僧栯堂集」。

未見。〔二〕

元詩選二集壬：栯堂禪師益，字栯堂，温州人，大慧杲四世法嗣，得法於淨慈隱公，住

〔一〕底本「釋」之下有「氏」字，「氏」衍，徑删。

〔二〕是集今存清汪氏摛藻堂鈔本，作元岳林栯堂禪師山居詩一卷，上海圖書館藏。

慶元奉化岳林寺。世傳山居詩一編，蘖庵黄僧游廣陵，得於東隱精舍，爲元時舊刻。如「春暖鹿眠三徑草，夜寒雁叫一天霜。」「椶鞵踏凍石梯滑，松帚掃霜山徑陰。」「相韓卿趙禪中虱，霸楚王吴檻内猨。」「灌蔬月下擔寒浪，移石雲邊接斷橋。」「一火燒畬春採蕨，半蓑披雨曉鉏園。」「黄狖林中偷果去，翠禽籬下引雛飛。」格律在皎然、無本之間，當不徒賞其山居高致已也。

案：栯堂，舊府、縣志仙釋無傳，惟陳子上不繫舟漁集五，有送益上人詩云：「一雨新秋爽，千山細路遥。林泉歸此日，天地颯驚飈。訪鶴穿松樹，觀魚俯石橋。幽棲輸爾樂，高隱肯予招。」則栯堂與子上同時。山居詩乾隆初猶存，蓮涇王氏孝慈堂書目、婁東金氏文瑞樓書目均有鈔本，附釋德淨山林清氣集後，今則未見集本。詩以山居爲題，凡七律四十首，今所見者，止顧氏元詩選二集所録十四首，後附題徑山詩一首，則顧氏又從徑山志録出者。東甌續集六選山居詩十首，改其題爲閒居偶成，誤也。續集載栯堂名，作「僧益侑」，亦誤。

高氏守奎荼薺齋集 雍正浙江通志二百四十八。萬曆温州府志十七無「齋」字。

佚。

案：高處士守奎，萬曆温州府志文學傳、雍正浙江通志、乾隆永嘉縣志文苑傳並有傳。

張氏天英石渠集千頃堂書目十八。元詩選三集庚作「石渠居士集」。

未見。

元詩選三集庚：張助教天英，游浙西，多居吴下，與玉山主人相友善。凡有所作，必郵寄草堂，玉山稱其放肆爲詩章，尤善古樂府，皆馳驟二李間。自號石渠居士。

案：石渠張助教天英，雍正浙江通志、乾隆温州府志、乾隆永嘉縣志文苑傳並有傳。

無名氏素翁集〔一〕雍正浙江通志二百四十八

佚。

萬曆温州府志十二：素翁，姓氏不傳。所著有素翁集，記載所經變亂之詳，志悲而辭暢。

朱氏希晦雲松巢集萬曆温州府志十七無「巢」字。

三卷。補遼金元藝文志、四庫全書總目二百六十八、元史藝文志四。列朝詩集甲集前編十一作「二卷」，千頃堂

〔一〕無名氏素翁録，卷八雜史類已著録。嘉靖瑞安縣志作「素翁録」，此作「集」，本係一書，記載偶異，此當删。

書目十七無卷數。

存。遜學齋藏舊鈔本、文瀾閣傳鈔本。

初，予在樂清，咨訪故老，得瑶川朱先生希晦，而惜其死矣。先生當元季，有詩名在士夫間，而行檢尤峻絶可重。時秉使節下甌越者，如僉憲宋公、學士貢公，皆願見儀範以厲士風。入國朝，先生鬚髮皓白，動合軌度，幅巾短策，徐行林壑，望者以爲神仙中人。郡邑始行鄉飲酒禮，求齒德崇高，名實相副，足充大賓者，而先生居首選。予嘗廁翰林修撰趙君彦銘客席，得見梅灣詩八首，而楮尾先生自署姓名惟謹。予奉誦再四，不能去手，因揚搉於衆曰：「古人謂名下無虚士，信然也。」而每欲見其諸子，求先生全集以觀，未能也。間嘗道經瑶奥，瞻先生舊第在叢林間，而菀裘有曰永春庵者，輒式焉。永樂五年秋，予自京師還龍鳴山中，而先生之子豳袖出雲松巢詩集謁予，言曰：「豳先子平生之志，發於詠歌者盡在是編。願序以垂諸遠。」予謂：詩自三百篇以後，惟唐爲盛，唐人以詩名者千餘家，而李、杜最著。以故後世言詩者率以李、杜爲大家，數而宗之。今觀是集，其飄逸放曠者宗於李歟？其典雅雄壯者宗於杜歟？先生可謂善於學詩者矣！惜予不得親見先生以談詩家利病，而又慶其有子能守先生之家學也。序而載名其上。永樂五年十月晦日，迪功郎、伊府紀善、天台鮑原宏撰。

雲松巢集者，樂清朱先生希晦所賦詠也。先生家瑶川，世有令德。自幼嗜學勵行，有志於古人。元季遭海内亂，遂囊括不仕，益閉户讀書以究其業。下筆才思泉湧，而於詩尤工。故因物寄情，傷時感事，凡有觸於外而動於中，一於歌焉發之。日增月積，多至千餘篇，扁其室曰雲松巢，而稿因以名焉。自先生没，迄今五六十載，而瑰詞藻句，往往傳誦於世，予每見而竊歎之，且以未獲睹其全集爲恨。正統庚申，其玄孫美，從予讀書空明山中，間嘗捧先生遺稿示予，請爲之序。予發而視之，但見其思致精深，詞意豐贍，滔滔汩汩，如驚濤怒瀾，蛟鼉出没，而可駭可愕，要其所至，多有得於唐人大方家之心法，而無雕琢委靡之氣，故沉潛反覆，累日不厭焉。嘗因是推之，先生以有爲之才，不幸生於季世，故形於言者，澹然無求於時，而怡然有安貧樂道之志，往往自放於山顛水涯以寄其興，而模寫雲林泉石之幽以及草木昆蟲之變，雖所寓不同，而皆曲盡其妙。至於閔時病俗，婉詞諷刺，又有得於風騷之遺意焉。故玩其詞，想其人，而知先生之不遇爲可歎也。使其生於明時，而出其所有以鳴國家之盛，豈不偉哉！雖然，先生之志固不獲自見於世，而其可以傳世垂後者未必不在乎是。矧其諸孫咸有志於繼述，而美方以俊乂選爲郡庠生，異時業成名就，以昭先生之德者尚有待也。若然，則是集之傳，將彌久而彌彰矣，奚待序而顯哉？然美之請甚勤，有不容於終默者，因書以歸之。正統六年歲在辛酉四月初吉，賜進士出身、行在禮部主事、台郡章陬撰。

雲松先生，諫七世祖也。家大人曰：「按侯二谷近稿五朱靈谷墓誌謂『自雲松翁至靈谷十二世，靈谷名守宣，蕩南先生子。』則蕩南當爲雲松十一世孫，此必誤合十一爲七耳。」〔一〕以詩名於元季，與四明吴主一、簫臺趙彦銘先生游詠雁山中，時稱爲「雁山三老」。先生之詩，清麗簡亮，不事纖巧，感慨詠歎而有餘思，元人多尚辭而意或不足，以是興趣漠然，而音節無聞。先生以不求仕進，故得專心肆力所謂清麗簡亮者，鏘鏘乎可以振唐人之遺響而下視元季之萎弱者矣。先生爲人，甘貧樂隱，遭亂避地，所至多與文士交，名山勝境游覽殆遍，自梅溪西，轉永嘉之柯村，羈旅數年。至國初，四方底定然後歸，時已老矣。有司嘗以姓名著薦剡，不及領朝命而卒。平生不事生業，田止數十畝，僅供飦粥，臨終，令悉入祠堂以奉祭祀。雖有五子，而分寸無所預。以所作雲松巢詩集一册，端硯一方，古本文選一帙付諸子曰：「汝可守此，無忘我素志。」詩各體凡數千首，不能盡刻録。噫！子孫若諫者，愚騃不肖，安能盡探先生之所藴而去取之哉？姑舉其易知而易習者，以訓吾宗之子孫而已耳！然多清麗簡亮而有

〔一〕朱諫重修瑶川朱氏族譜序云：「閲十六世雲松公博洽材也，際元季諸雄紛擾，梓里邱墟，乃避居賦詩以見志焉。」下題二十三世孫諫撰。其爲雲松七世孫明矣。

格力，自可以入大方家而名於後世矣。諫不肖，不敢以愚騃辭，謹輯成集，復序於末云。嘉靖七年秋九月朔旦，七世孫諫謹序。後序

百川書志十五：雲松巢先生詩集三卷，樂清故老朱希晦撰。其七世孫玄〔一〕諫選古近體精粹者，凡百八十五首。

四庫全書總目一百六十八：雲松巢集三卷，浙江鮑士恭家藏本。元朱希晦撰。希晦，樂清人，至正末隱居瑶川。與四明吴主一、簫臺趙彦銘游詠雁山之中，稱雁山三老。明初有薦於朝者，朝命未至而卒。是集乃其子爾所編，天台鮑原宏爲之序。正統中，其玄孫玄諫刊版。章陬又爲之序。原宏序稱其飄逸放曠宗於李，典雅雄壯宗於杜；陬序稱其思致精深，詞意豐贍，滔滔汩汩如驚濤怒瀾，蛟鼉出没，而可駭可愕。今觀其詩，五言詩氣格頗清，而邊幅少狹，興象未深，數首以外，詞旨略同；七言稍爲振拔，古體又勝於近體，溯其宗派，蓋瓣香於劍南一集，原序所稱，未爲篤論也。

列朝詩集甲集前編十一：朱朝列希晦，樂清人，元季有詩名，與四明吴主一、簫臺趙彦銘，稱雁山三老。國初召至京師，授朝列大夫，不受歸。幅巾短策，游詠林壑間，有先代遺

〔一〕朱諫，字君佐，無「玄諫」之名。「玄」，疑衍，下同。

民之風，有雲松巢詩二卷。

靜志居詩話：處士集爲七世孫玄諫刊行。其夏日書懷云：「白髮生涯人已老，緑陰時節雨偏多。」寄友云：「煙色春歸楊柳底，雨香紅入杏花初。」傷時云：「城邊向晚黄狐立，海外何年白雉來。」自歎云：「家貧觕具千金帚，國難曾無一箭書。」訪僧云：「松陰夜靜鶴初警，花院日長僧未還。」皆佳句也。明詩綜十五下，朱希晦雲松巢集

元詩選二集辛：朱處士希晦，樂清人，以詩名于元季，隱居瑶川，所居曰雲松巢，集因以名焉。嘉靖間七世孫玄諫選輯行世，集中佳句，如春日云：「日陰團碧樹，風暖韻黄鸝。」寫懷云：「水滿魚兒出，泥香燕子來。」夏日書懷云：「白髮生涯人已老，緑陰時節雨偏多。」次竹隱二弟韻云：「兩袖秋風停野騎，半篙秋水漾魚舠。」幽居云：「竹吹緑霧沾書帙，花發紅雲映藥欄。」所謂清麗簡亮，可振唐人遺響也。

案：雲松朱處士希晦，萬曆温州府志、雍正浙江通志、道光樂清縣志隱逸傳並有傳。雲松巢集今所見文瀾閣傳鈔本三卷，第一卷：五言絶句四首，六言絶句六首，七言絶句二十三首，五言律詩三十一首；第二卷：七言律詩五十四首；第三卷：古選原目如此，皆五言古詩。四十五首，古風七言古詩。十首，五言長律五首，總詩二百八十九首。百川書志作「百八十五首」。據朱諫後序，謂「詩各體凡數千首，不能盡刻録」，「姑舉其易知而易習者，以訓吾宗之子孫

而已耳」。然則此本即諫所删定者，所存蓋不及十一，故鮑叙所舉梅灣詩八首，今已無之。而東甌詩集七選希晦詩五首，其二不見於此集，內倚韻自況呈金敬德一首，元詩選二集亦録之，蓋即據東甌詩集采入也。蓋皆諫所删也。至四庫提要謂是集爲希晦子幽所編，則殊不然。鮑原宏爲幽作此集序，雖不言篇數，而正統中章剛叙所述尚千餘篇，則幽所藏本必不止此百餘首可知矣。提要謂正統中，其玄孫玄諫刊版，章剛又爲之序，亦非也。章叙乃應希晦玄孫美之請爲之，其作在正統辛酉，朱諫刊版在嘉靖戊子，相距八十七年。

又案：此集别有舊鈔本，不分卷，其五言律詩末較閣本多詩六首，餘詩與閣本同。卷首題雲松巢詩集，閣本無「詩」字。贈朝列大夫瑶川朱希晦撰。明槧，今未見，不知孰爲舊本也。

葉氏葵鏡清紀拙忠貞録一

佚。

隨寓吟稿忠貞録一

佚。

白石陶詠忠貞録一

佚。

鄭氏洪素軒集

一卷。元史藝文志四

未見。

靜志居詩話：鄭君舉詩一卷，曹侍郎古林藏本。侍郎題是永嘉人，而鮮于伯幾書趙子固水仙卷稱：「元貞二年正月，同餘杭盛元臣、三衢鄭君舉，觀於困學齋。」初疑君舉乃三衢人，然考周玄初來鶴詩有永嘉鄭洪君舉之作，見鶴林類集，則君舉爲永嘉人無疑。來鶴事，一在至正十七年，一在十八年，一在洪武十四年，一在十五年，一在二十七年。明詩綜十五下

元詩選二集辛：鄭洪字君舉，號素軒，有詩一卷，爲秀水曹侍郎溶家藏本，題其簡端，云是永嘉人。蓋本諸賴良大雅集也。而朱檢討彝尊云：「嘗見鮮于伯機題趙子固水仙卷稱元貞二年正月，同餘杭盛元仁、三衢鄭君舉，觀於困學齋。」則君舉乃三衢人也。未詳孰是，俟更考之。

案：素軒鄭洪事蹟無考。賴良大雅集録其詩，題爲永嘉人。其周玄初來鶴詩下注曰「洪

武己巳」，而朱竹垞則據鮮于伯機書趙子固水仙卷元貞二年鄭君舉題名，定爲三衢人。顧氏元詩選兩存其説而不能決。家大人曰：「君舉集感興詩二首，其次篇云：『關陝雄藩未歃盟，江淮豪傑已鏖兵。』此指李思齊、張良弼搆怨相攻，乃明祖起兵事。又吳山白塔寺詩云：『江山襟帶尚依然，王氣消沈已百年。八葉龍孫東渡海，六宮綵女北歸燕。』則君舉入明已久。宋亡於己卯，至明洪武十一年戊午乃得百年。且元貞二年，元興甫十七年，至洪武二十二年己巳，君舉已逾百歲，伯機元貞二年題名，恐不足信。」

孔氏克烈雁山樵唱詩集元史藝文志四。萬曆温州府志十七無「詩」字。

佚。

蘇伯衡序：言之精者之謂文，詩又文之精者也，夫豈易爲哉？然古詩三百篇，有出於小夫婦人，小夫婦人而可與能，則又若無難者，是何與？大序不云乎，詩者志之所之也。在心爲志，發言爲詩，有是志則有是詩。譬如天地之間，形氣相軋而聲出焉，蓋莫之爲而爲者，夫何難之有？自古詩變而爲選，選變而爲律，天下之爲詩者，不必皆本乎志，騖於茫昧之域，窘於聲偶研揣之間，取聲之韻，合言之文，斯不易矣。又況不能積歲月之勞，極其材力之所至，而徒類比以爲工，而欲馳騁以盡夫人情物理之妙，宜其愈難哉！是故知詩之作在言其志，則可謂善爲詩者矣。孔君顯夫持所謂雁山樵唱徵爲之序，余閱之累日，合古今體八百首，託物以造端，比事以見義，屬辭以致意，發吟風弄月之趣於聲嗟氣歎之間，大篇短韻，雜然並陳，鏗鏘振發，而曲折窅如也。余乃爲之歎曰：美哉！顯夫之詩也。不研揣，不模擬，不類比，不費辭，而及乎形容之妙、比興之微，人之所難，而顯夫獨無難焉。若是者何自而能之？蓋顯夫自幼明乎六藝之學，兩舉校官，皆辭不就，其志直欲取世科以濟世美。年二十四，得瞶疾，既不可有爲於時，而又申之以變故患難，則其平生之情，歡愉咈悱，憂思慷慨，觸於物者宜有以昌其詩而發焉，則豈非所謂本於志哉？人固有困於疾而名於世者，若張籍之於詩是已。今顯夫雖以瞶而志不獲申，其詩豈遂泯滅而不傳乎？是用語顯夫曰：「子無自附於樵唱，世將有來而陳之者矣。」顯夫名克烈，先聖五十五代孫，今居平陽，平陽有山曰南雁碭，顯夫嘗隱其間，故以名其集云。蘇平仲文集五

案：孔克烈字顯夫，元史藝文志四作「顯道」誤。其事蹟無考〔一〕，據蘇叙雁山樵唱集，凡詩古、近體八百首，可謂富矣。然顧氏元詩選及東甌詩集、續集乃無一篇，可惜也。

〔一〕嘉靖瑞安縣志職官：「明縣丞孔克烈，洪武年間至。」可見其由元入明。

考槃集乾隆平陽縣志十九

佚。

劉氏清寫懷存稿千頃堂書目十七

佚。

陳氏宏磬惺惺詩稿萬曆温州府志十七、雍正浙江通志二百四十八並無「詩」字，今從嘉慶瑞安縣志八。一卷。嘉慶瑞安縣志八

佚。

嘉慶瑞安縣志八：陳宏磬，年十七，讀書樓居，終日危坐無惰容，一日讀楊時及張栻語録，豁然有得，自號惺惺子。著惺惺詩稿一卷，皆言道體化機之妙。

案：陳處士宏磬，萬曆温州府志義行傳、嘉慶瑞安縣志儒林傳並有傳。其名縣志作「宏罄」，未知孰是。〔一〕

〔一〕弘治温州府志十八著録惺惺稿陳宏罄撰。同書十二則作「宏磬」，當爲「磬」是。

吴氏子美怡情集乾隆温州府志二十七

佚。

萬曆温州府志十三：吴子美尤善吟詠，所著有怡情集，多出於性情之正，其詠史諸作，卓有監戒。

案：吴處士子美，萬曆温州府志、嘉慶瑞安縣志隱逸傳、雍正泰順縣志鄉逸傳並有傳。

潘氏養頤潘正卿文集萬曆温州府志十七

佚。

案：潘處士養頤，萬曆温州府志、乾隆永嘉縣志隱逸傳並有傳。

翁氏葵漁唱集東甌詩集六

佚。

東甌詩集六：翁葵字景陽，樂清柳川人，有漁唱集。

黄氏震皇華紀行集乾隆温州府志二十七

佚。

乾隆平陽縣志十三：元薦舉，黄震，居龍江，工部員外。

案：黄震與宋慈溪黄文潔公同名。平陽縣志載其官爲工部員外。考蘇平仲集十三，許處士墓誌有「其子份奉前中書兵部員外郎黄震之狀」云云，則震乃兵部員外郎，非工部也。許處士名此翁，卒於至正丙申，則震爲元末人，其他事蹟則無可考。

方氏軒釣叟集道光樂清縣志十一

佚。

道光樂清縣志八：方軒雅量高致，隱居自娱，稱瀫川山人，有釣叟集。

釋道衡半間集九靈山房集十三

佚。

戴良禪海集叙：道衡最善作詩，有所謂「半間集傳諸學者」云。九靈山房集十三

徐氏允澤天石橋集萬曆温州府志十七

佚。

案：徐允澤事蹟無考〔一〕，其集萬曆府志藝文門列於元明諸集間。

〔一〕列朝詩集甲集前編：「徐淮，字原澤，永嘉人。」永嘉楓林徐氏統譜作：「元澤，號天石。」可見爲同一人。

温州經籍志卷二十五

集部

別集類[一]

明

項氏昕竹齋小稿千頃堂書目十七佚。

戴良抱一翁傳：翁喜辭章，善音律。所著有竹齋小稿。九靈山房集十九

[一] 底本「類」下有「六」字，「六」衍，徑删。

佚。

林氏温栗齋集千頃堂書目十七。東嘉先哲録二十作「栗齋文集」，萬曆温州府志十七作「詩集」。

宋濂林伯恭詩集序：詩，心之聲也，聲因於氣，皆隨其人而著形焉。是故凝重之人，其詩典以則；俊逸之人，其詩藻而麗；躁易之人，其詩浮以靡；苛刻之人，其詩峭厲而不平；嚴莊温雅之人，其詩自然從容而超乎事物之表。如斯者蓋不能盡數之也。嗚呼！風霆流形，而神化運行於上；河嶽融峙，而物變滋殖於下。千態萬狀，沈冥發舒，皆一氣貫通使然。必有穎悟絶特之資，而濟以該博宏偉之學，察乎古今天人之變，而通其洪纖動植之情，然後足以憑藉是氣之靈。彼局乎一才，滯乎一藝，雖欲捷騁橫騖以追于古人，前之而愈卻，培之而愈低，幾何不墮於鄙陋之歸？此濂於伯恭之詩，不能無感焉。伯恭博極群經，而尤長於春秋，嘗應書鄉闈，實冠多士。伯恭年始二十餘，一旦名動海内。自時厥後，學益加修，遂擢至正甲午進士第。歷佐省、憲二府，正色直言，百壬畏慴。時出奇計，翦〔一〕三逆豎如烹狐兔，則其所養之充，是氣浩然，弗撓弗屈。故其發於詩也，沈鬱頓挫，渾厚超越，大雅奏而黄鍾獨鳴也，武庫開而五兵森列也，洪濤怒張而魚龍出没也。一展卷間，呈

〔一〕「翦」，底本原作「剪」，據文憲集改。

珍獻異，可欣可愕，精神爲之震眩。濂前所謂「聲因於氣，皆隨其人而著形」者，豈非然耶？豈非然耶？世之學詩者衆矣，不知氣充言雄之旨，往往局於蟲魚草木之微，求工於一聯隻字間，真若蒼蠅之聲，出於蚯蚓之竅而已。詩云乎哉？永嘉舊傳四靈詩，識趣凡近，而音調卑促。近代或以爲清新者，竟競摹倣之。濂每謂人曰：「誤江南學子者，此詩也。」聞者且疑而且信焉。今吾伯恭之詩出，一洗習俗之陋，信知豪傑之士自有其人也。故敢執筆直題於首簡，世有知言者，必深有取焉。伯恭名温，姓林氏，温之永嘉人。鑾坡別集二

東甌詩集七：林温與弟伯庸，俱以詩名，所著有栗齋集。

案：栗齋林教授温，萬曆温州府志文學傳、雍正浙江通志、乾隆永嘉縣志文苑傳並有傳。

林氏常夷齋集千頃堂書目十七

佚。

千頃堂書目十七：林常夷齋集。字伯庸，永嘉人，本府儒學教授。

佚。

余氏堯臣菜薖集　千頃堂書目十七

列朝詩集甲集前編十一：余左司堯臣，早以文學著，客居會稽，無意仕進，於越之桐柱里治圃結茅，署曰菜薖。已而入吳，居北郭，與高啟、張羽爲北郭十友，即所謂「十才子」也。啟送唐肅序曰：「余世居吳北郭，同里交善者，惟王止仲一人。十餘年來，徐幼文自毗陵、高士敏自河南、唐處敬自會稽、余唐卿自永嘉、張來儀自潯陽，各以故來居吳，而皆與余鄰，於是北郭之文物遂盛矣。」羽續懷友詩序曰：「予在吳城圍中，與余唐卿諸君游，皆落魄不任事，故得留連詩酒。」吳亡之後，與楊基、徐賁同被徵謫濠，洪武二年放還，授新鄭丞。此見於高啟答詩者也。曰司馬、又曰左司，必東越鎮將版授之職銜，而今不可考矣。

靜志居詩話：高季迪春日懷十友詩，於余司馬堯臣云：「列戟衛嚴關，應無休沐暇。」夜餘余左司宅云：「燈銷月窺闌，角警霜委砌。」答余左司沈別駕元夕會飲城南詩云：「故人念我有二子，省内郎官府中佐。」徐幼文菜薖詩，題爲永嘉余唐卿左司賦，然則左司之稱，本於越鎮將版授，而司馬之銜，疑唐卿曾仕於淮張也。明詩綜十

案：菜薖余縣丞堯臣，雍正浙江通志、乾隆温州府志、乾隆永嘉縣志文苑傳並有傳。

王氏份玉雪臺集千頃堂書目十七

佚。

東甌詩集七：王份字仲質，永嘉人。有玉雪臺集。

案：王仲質事蹟無考，〔一〕東甌詩集七，次於南堯民前。續集六，次陳高前，疑誤。千頃堂書目十七，亦列其集於洪武時。東甌詩存十七載虞環庵原璩王從質客死潘山輓詩有「吾鄉儒術久凋零，幸爾斯文尚典刑」之句，從、仲聲近，王從質疑即王仲質也。

南氏堯民梅雪窩集千頃堂書目十七

佚。

東甌詩集七：南堯民字思尹，樂清雁塔人，洪武初徵不起。有梅雪窩集傳於家。

劉氏南金壺山行雲集千頃堂書目十七。萬曆溫州府志十七、雍正浙江通志二百四十九「集」並作「稿」。

〔一〕劉觀於永樂五年時爲王玄溥東山堂集序云：「從兄如洞、仲質先生，皆以文名當世。」又豐湖王氏譜藝文鈔略：「王份字仲質，號竹石，別號芙蓉外史。」有其撰芙蓉外史自傳一篇，可見事蹟。

佚。

徐氏興祖徐橫陽文集東嘉先哲録十

佚。

東嘉先哲録十：徐興祖嘗受書於鄭伯玉，受詩於周可仁，受易於史文璣，盡得其學，故於義理尤極精粹，至於子史百氏，亦靡不研究，遂以其學行爲一時賢士大夫所譽愛，因其所居，稱之曰橫陽先生。文稿若干卷，藏於家。原注：胡祭酒文集。

案：徐橫陽文集、府、縣志未載，今亦未見傳本，惟東嘉先哲録十，張學正謙下引其文一條。見卷一張謙易本義集説下。其卷帙，今無可考。

王氏𧗠蓮塘集千頃堂書目十七。萬曆温州府志十七、雍正浙江通志二百四十九、乾隆永嘉縣志二十三「集」並作「稿」。

佚。

𧗠自撰壙志：年二十執詩經，登蒼岩先生蔣公文質之門，棄去科舉文，取歷代史及唐宋諸大家文讀之，與鄉中諸老高公應文、陳公叔晉、孔公正夫、陳公子上，相與切磋，所著文稿四十卷，詩稿十卷。瑞安王氏録本

張氏著永嘉集十二卷。愛日精廬藏書志三十四

存。

海虞自言叔氏北游聖門，名著四科，故代稱爲文學里。元至正中，永嘉張先生暨昆陽鉅儒鄭東季明、鄭采季亮避地來居，同以經術文詞鳴，於是吾邑文學益盛於一時矣。天朝底定九有，洪武庚戌，肇設科舉以取士，時二鄭既没，先生以易經起家，與邑人鄒立誠九思、黄著昭夫、唐溥彦博，偕中鄉闈，而先生名在後列，授膚施令，陞臨江别駕以終。訥生後，弗克親接緒論，蚤歲即交先生嗣子規運生，得睹遺稿而私淑之。先生之學，根柢乎六經，旁及乎子史群書，故理明氣昌，爲文紆徐曲折，或約或豐，而動合矩度，至其發於聲詩，亦克備兼衆體，□□□□，或雅贍而舂容，或流麗而俊逸，賦景寫情，曲盡其妙，故訥每獲誦之，未嘗不深歎而敬服也。今年衹命出按江浙，道過鄉邑，運生彙次先生之集，屬爲序引。嗚呼！先生之〔一〕敢憶昔讀書田里，嘗訪鄉之前言往行，庸致景仰之私，若鄭之昆季，及鄒、黄、唐氏，家率泯絶無聞，獨先生克有賢子，保藏遺稿，自非積德之深，詎能然哉？

〔一〕「先生之」，底本闕，據永嘉集補。

先生之没，運生時始垂髫，迨今年逾六秩，隱居教授，子孫詵詵，世守先業，故訥重其請，輒忘固陋，僭序卷端，使讀者既知先生之學之美，而又知其德澤有以垂裕厥後也。先生名著，字則民，履歷之詳，俱載同年鄉貢進士廬陵周渠仲方所爲傳，兹弗贅。宣德二年歲在丁未八月朔，監察御史同邑後學吴訥序。

永嘉集者，張先生則明所著也。先生始家平陽，自少研窮經史，欲以見於世。元末游學至姑蘇，以兵亂道梗，遂家常熟。常熟學者爭師之，舉爲州學訓導，未幾，轉淮安路學教授。天下大亂，乃棄官歸，日與諸生講聖賢之道，大肆力於文章。國朝受命，海宇寧一，洪武庚戌，始設科取士。先生領鄉薦，在高等，將會試禮部，而朝廷急於用人，遣使者賫敕命至家，授膚施知縣。時兵荒之後，閭井蕭然，先生招輯流亡，勸課農業，撫循勞來，出於至誠，由是邑以完復。既三年，用績最陞臨江府同知，有善政及人，既没人猶思之。事具前侍儀使廬陵周仲方所爲傳。蓋先生學問明正，而操行淳潔，故所立如此。平生詩文甚富，經亂不存，其子規收拾於散軼之餘，得若干篇，皆姑蘇時所作，既彙次成帙，因大理寺正嚴君志道求予序之。予謂先生之學，將以行之也。不幸少不得行，於是託於文章以自見。使先生早遇聖明，以所學施於用，其功業有以及人，則文章未必如是之美也。自古賢人君子，於文章、事業往往患其難兼，如漢賈誼、董仲舒、黄霸、龔遂，其人誠偉矣，然皆不能兩得。而先生兼有之，豈非難哉？先生之詩取法唐人，皆清遠有思致，所爲古文必本於經傳，其義正，其辭確，蓋鑿鑿乎有用之言也。後之君子讀其文章而考其事業，則先生之賢〔一〕可知矣。故爲序其首簡。宣德三年八月望日，奉政大夫、右春坊右庶子兼翰林侍讀學士、同知制誥修國史泰和王直行儉序。

愛日精廬藏書志三十四：永嘉集十二卷，鈔本，從韻溪兄藏舊鈔本傳録。明張著撰，嗣子規同弟矩敬集。著字則明，自號永嘉子，世居温之平陽縣。元末避兵吾邑，邑人招致邑庠，爲弟子師，遂家焉。洪武三年，領鄉薦，授膚施令，擢臨江府同知，卒於官。明初吾邑有三張先生者，俱以行誼重鄉里，先生爲北張，止庵先生爲東張，金吾十四世祖觀復先生則南張也。先生自平陽來虞，即主吾家，與觀復先生爲道義交。所著有易經精義、永嘉集、長安倡和集等書，今惟永嘉集存，凡詩九卷，文三卷，合十二卷，先生子規字運生所編也。

長安倡和集愛日精廬藏書志三十四

佚。

〔一〕「生之賢」，底本闕，據永嘉集補。

趙氏新行素稿千頃堂書目十七

佚。

止軒詩文集東甌詩集七

佚。

千頃堂書目十七：趙新行素稿，東甌詩集作「止軒集」。

陳氏謙擊壤集乾隆平陽縣志十九

佚。

乾隆平陽縣志十三：洪武五年薦辟，陳謙，字益仲，由明經授良鄉丞。

案：陳益仲與宋陳益之同名，宋景濂嘗爲作耘軒銘，見宋文憲集十八。載其官與平陽志同。

項氏伯文雲林集乾隆平陽縣志十九

佚。

案：雲林項巡檢伯文，乾隆平陽縣志隱逸傳有傳。

黄氏性靜庵集

八卷。程敏政明文衡七十七

佚。

楊士奇封榮禄大夫少保户部尚書兼武英殿大學士黄公神道碑銘：公諱性，字思恭。自幼穎悟不凡。蚤喪父，祖母劉躬自撫育，遣從學明師，時已卓然有立志，讀書必尋究大義。十五，鄉長老試所業，命賦新竹，大見賞異，而操行清潔。元季兵亂，方國珍竊據温、台，署官屬，或勸公仕，正色叱之，遂裹足不出。公於學自幼至老不倦，閒居潛心載籍，喜爲詩，不事雕琢，以理勝，遇名人制作，有會意者，手自鈔録。晚亦喜譚道學，嘗書邵子安樂窩吟置齋壁，時諷詠以自適。永樂十年，以子淮貴，封奉政大夫右春坊大學士。洪熙初，進封榮禄大夫少保户部尚書兼武英殿大學士。公性簡澹，無他嗜好，所畜惟經籍、法書、名畫及古器物，所作詩文有靜庵集八卷藏於家。逝年九十有二。明文衡七十七

季氏應祁〔一〕菌翁集千頃堂書目十七。萬曆温州府志十七作「恥庵集」。

〔一〕「祁」，底本誤作「期」，徑改。

佚。

鹿岩樵唱李階月泉詩派

佚。

樊莊稿月泉詩派、元詩選癸集辛下。乾隆温州府志二十七「稿」作「集」。

佚。

月泉詩派：季應祁字君壽，號恥庵，别號困翁，有詩曰鹿岩樵唱、樊莊稿。〔一〕

乾隆温州府志二十七：菌翁集，季應祈著。按萬曆志作「恥庵集」，又名樊莊集」。

案：恥庵季明經應祁，萬曆温州府志理學傳、雍正浙江通志、嘉慶瑞安縣志儒林傳並有傳。其名東甌續集六、千頃堂書目十七、元詩選癸集辛下原注：一作「祁」。及雍正浙江通志並作「期」，萬曆温州府志又作「旗」，惟明李階所輯季氏月泉詩派作「祁」，當得其實，今

〔一〕底本原僅有補録提示：「月泉詩派季至稿。」内容據刻本補。又仙源季氏大族譜：「應祈，字均饒，號恥庵，又號菌翁。」字號與月泉詩派異。考「君」、「均」音同，應祈之兄名應祖，字均壽，號堯夫。月泉詩派誤將兄之字作弟之字，又將「菌」誤作「困」。

從之。又詩派載恥庵別號困翁，而黃目載其集題「菌翁」，「菌」、「困」字形相近，未知孰是。

吴氏荃隱游小稿萬曆温州府志十七

佚。

東甌續集四：吴荃字次修，號隱游，瑞安人。

卓氏敬卓氏遺書萬曆温州府志十七、嘉慶瑞安縣志九並作「卓忠貞文集」，乾隆温州府志二十七作「卓忠貞文集、詩集」，今從明史藝文志四、千頃堂書目十八。

五十卷。〔一〕明史藝文志四、千頃堂書目十八。千頃堂書目十複出作「二卷」，文瑞樓書目三同。劉球卓忠貞傳作「遺書十卷、詩文五十卷」。

佚。二卷本未見

文瑞樓書目三：卓氏遺書二卷，明仁和卓發之輯。

〔一〕據卓發之卓氏遺書序，遺書僅二卷。

卓公遺稿一卷。孝慈堂書目五

未見。

顧問引〔一〕：乾坤清淑之氣，鍾而爲人文，上之華國家，下之試鄉里。生有益於時，死有聞於後。其吐詞舉足既已不群，則愛而傳之，非人心之所同然乎？右瑞安卓公者，真其人也。公之忠誠，人皆知之。至其篇章清新粹美，用意獨至，造語無前，若嚼冰雪而出之絶煙火而住蓬萊者，豈易得哉？見鳳一毛，窺豹一斑，亦可以知其全體，況耿耿炳炳，亦無隱乎爾！梓之以免湮没，良有司可謂識所先務矣。嘉靖癸丑閏月望後，蘄陽顧問書於東甌公署之聽松軒。

傅珮序〔二〕：瑞安卓公之忠烈，固已載之紀傳，無容贅矣。公尤邃學問，根極義理，其緒餘發爲文辭，夐出人意表，竟不少概見者，何哉？嗚呼！遘遇靡常，族類殄絶，門生故吏，畏罪遠去，誰復能存之。近觀文學之士，道誼弗師，雕篆徒襲，小有一得，嘵嘵自鳴，其

〔一〕底本原僅有補録提示：「顧問引：乾坤清淑至聽松軒。忠貞録」，内容據刻本補。

〔二〕傅珮序，底本原無，全文據刻本補。

視公之制作，反泯滅殆盡，可不惜哉！嘉靖辛亥歲，羽泉劉侯令兹土，爰睹時艱俗敝，雅尚節義，三之日拜公祠下，喟然歎曰：「公之忠著矣而文不傳，闕典之大者，孰踰此哉！」迺諮生儒，詢耆俊，窮搜遠索，再歷歲月，始得公序文二篇，詩十六章，皆清純簡逸，體格自成。譬若嶺梅海鶴，塵土俱蜕，其真出於性情者乎可以垂式矣！侯迺白於少參日巖顧公，公曰：「是吾志也。發潛德之幽光者，其在兹乎，勿可失也。」時憲副聚庵谷公、郡守鴻洲龔公，咸以爲然，遂鋟諸梓。珮惟成祖靖難之後，閱今百五十餘年，世遠人湮，典籍散逸，孰知公有制作哉？惟侯獨秉遠識，鋭志旁求，雖更寒暑，懇切勿替，詎非精神意氣若相孚契者歟？故能收輯遺編，復光簡册，公之神爽，如覿平生，可不謂之大快哉！矧今世變日趨，士習萎靡，得公之稿而誦讀之、反復之，其忠義之心有不油然生者乎？是侯有功於名教非小補也。侯出名臣文恭公之裔，登嘉靖庚戌科進士，清才美政，治行爲一時之冠云。仁和虚巖山人傅珮撰。

劉繼跋〔一〕：辛亥之秋，繼承乏浙之瑞安，適岳伯蘄顧公入賀聖壽，駐節都下，繼幸爲屬吏，馳往謁之。辱公不棄，面命懃懇。瀕行且語之曰：「瑞有先達卓公，遺文散逸不傳，有司之責也，盍往圖之？」繼因憶少時於紀傳中，獲睹卓公立朝大節，嘗想見其爲人，迺今

〔一〕原僅有補録提示：「劉繼跋：辛亥之秋至長洲劉繼撰。忠貞録」，内容據刻本補。

竊禄茲土，叨與有司之責，且重以岳伯之命，敢不敬承。未幾，抵瑞邑，得拜公遺像於祠下，即博訪其遺稿於里中，緣公遭赤族，而門人黄潮光者，家復衰替，其稿湮没已久。訪之踰年，僅得其詩文若干首於邑之弟子員，隨以質諸岳伯公。公曰：「是亦足以傳矣。采薇一歌尚垂不朽，而況如公數之首乎？」因題其簡端以授纖。時憲伯豐潤谷公、郡伯濮陽龔公，方涖茲土，咸以敦教化、崇節義爲首務，因復質諸二公，僉以爲然。纖遂承命録其稿，并傳刻之邑齋。俾邑之士民，誦公之言、考公之行者，時興仰止之思焉，而於風教將必大有所補也。或謂公事當諱，纖竊以爲不然。仲虺之誥無損於成湯；叩馬之諫不失爲姬武。古有之矣，矧成祖嘗曰：「不負其君，惟卓敬耳！」使公尚在，固將大用之也，又何諱焉？遜志齋全集刊行久矣，纖方惜公之集未獲見其全也，而況可諱乎？凡我同志尚求公之全集而續梓之，庶乎不虚三公表暴之意，而且以逭纖有司之責，茲固纖之所深望也。因感纖之先生於公有同事者，其事足相發明，敬附録於後，以備參考。嘉靖癸丑閏月望後，賜進士第、文林郎知瑞安縣事吴門後學劉纖跋。

王侹跋〔一〕：我祖成皇靖難時，卓公大節尚矣。先文定往時嘗游平陽，獲公像及劉忠

〔一〕王侹跋，底本原無，全文據刻本補。

愍所爲傳於村學究故笥中，蠹蝕四旁，惟公像巋然存，若有神物護持焉者。獨遺不能多見，侹竊恨之。比來伏遇太岳伯日巖顧公奉命浙藩，分陝東土，首訪獲公詩文若干首及前像、傳，遂俾安固令尹劉公刻以傳。嗟乎！公之精忠大烈，既炳若日星，不可泯滅已。今又幸誦其詩，讀其書，存什一於千百，慨然想見其爲人，有弗感激自樹者非夫也！夫劉公爲安固令，政日有聲，已三膺薦剡，今刻是編，又附録其先世之蹟以備參考，則其爲政務舉其大有裨風化者，此亦可見其一端云。嘉靖癸丑季夏朔旦，南京工部郎中、同郡後學王侹跋。

王諍跋〔一〕：予童子時，則聞長老談卓公憑虎事，又聞公死節事，心竊奇偉之，獨未能論其世耳。嘉靖癸丑秋，入公鄉縣，瞻拜祠下，爲之於邑良其風軌有足懷者。時同年羽泉劉兄，實爲邑長，勤敷德政，百廢聿新，抑於公之忠孝有臭味焉，蓋嘗旁搜公之遺文詩傳，彙爲帙以示予。予讀之盡，而三復公傳，直一言一淚也。凡予童子時所奇偉而未能論其世者，至是有以得其概矣。嗚呼！公之時如公者幾人？公之後繼公者又何人？後學永嘉王諍頓首拜書遺稿後。〔二〕

〔一〕「跋」，底本原作「後序」，據刻本改。
〔二〕「後學永嘉王諍頓首拜書遺稿後」，底本原作「永嘉王諍。忠貞録」，據刻本改。

王閩遠孝慈堂書目五：卓公遺稿卓敬惟恭一卷，顧問等序，劉畿校，一册。

未見。

卓忠毅公遺稿瑞安林從炯編三卷。惲敬大雲山房文稿二集二

惲敬書後：瑞安林監州從炯，蒐次卓忠毅公遺稿，并附各文及詩之傷忠毅者，爲三卷刻之，而徵辭於敬。敬以名與忠毅同，不敢附於篇末。監州謂：「古者既葬而諱，恐傷生者之心耳，非如字之尊名，後世不達此指，以不斥名爲禮，傎矣！又諱必及其世，今已去忠毅四百餘年，且非臨文之義。」敬遂不敢辭，謹按忠毅授命於建文四年，其生平經濟氣節，前人已表章之，如日月之著矣。敬所惜者，劉忠愍所作原傳，載忠毅著述有遺書十卷，詩文五十卷，今止存數十首。忠毅門人黄潮光所作年譜、行狀，今悉不存。夫古之大人，具蓋世之氣，全不世出之節者，其生平無不謹小慎微，事事得其所處。若跅弛之士，感激一旦，竟成其名。史書及府、縣志紀録則有之，必不能千百年之後，人人變色動容。有一百折不屈之人，如在其心，如出其口，若忠毅、方學士、鐵尚書者也。故敬嘗喜於詩文集，求古人性情之所在；年譜、行狀，求其瑣屑不經意之事，以觀其學問之所至，而惜乎忠毅之竟

歸散落也。李將軍名將，子長記其被獲臥兩馬間；張都督百戰保江淮，退之記其不忘名姓；段太尉手擊朱泚，子厚記其鬻馬償債，皆其人精神意氣流露於不及覺者，故可以爲觀人之法。忠毅本學宋儒，其言行必精密有步驟，而竟無可考證，豈不重可惜哉！然忠毅遺文、遺蹟雖散落，幸有此數十首，及忠愍所作原傳，讀者能一一推之，未嘗不可以測忠毅。此後監州其益蒐次之，或更有所得，則益幸也。大雲山房文稿二集二

陳氏敏雪溪集千頃堂書目十八

佚。

黄淮山西行太僕寺少卿陳公墓碑銘：公諱敏，允政其字也。居楠溪，年十八，選入郡庠，充弟子員。洪武丁卯，應鄉貢，會試奏名在乙榜，遂有宜興之命。學校廢弛日久，公申畫條約以振綱紀，闡明禮義以淑人心。丁外艱，服闋，擢建陽縣令。莅政一以惠愛廉慎爲本，而濟之以明決，四境之内，頌聲盈耳。徵拜監察御史，巡歷雲南，邊夷震悚。鎮守北京，强宗屏息。平反理枉，囹圄空虛。秩滿書最，擢任湖廣按察司僉事。又九年，除山西行太僕寺少卿。宣德辛亥終於官舍，壽七十有一。所著詩文有雪溪集。黄介庵集十

楊氏景衡三山稿嘉慶瑞安縣志九

佚。

在朝稿黄介庵集十三

佚。

紫微清暇集黄介庵集十三

佚。

致事清歡集黄介庵集十三

佚。

歸田樂事集黄介庵集十三

佚。

黄淮參政致仕楊公墓誌銘：公諱南，字景衡，以字行。少從伯父滄州先生學春秋，既而滄州應博學薦，公卒業於前進士秦府長史栗齋林先生，刻志爲文，濡毫伸紙，滔滔不汩，先生器重之。所作詩文有在朝稿及紫微清暇、致事清歡、歸田樂事諸集若干卷。黄介庵集十三

案：曲江楊參政景衡，萬曆温州府志宦業傳、雍正浙江通志循吏傳、嘉慶瑞安縣志介節傳並有傳。其集名，縣志經籍門所載曰三山稿，乾隆府志經籍門作「三山集」。而黄文簡所作墓誌則云有在朝稿及紫微清暇、致事清歡、歸田樂事諸集。考東甌續集六，楊景衡號三山道人，疑三山稿乃其全集之名，在朝稿以下則其分題之目，猶文簡退直、歸田、入覲三稿，總題介庵集也。

徐氏懷玉雲庵詩集黄介庵集十一

佚。

黄淮建寧府儒學訓導致仕徐公墓誌銘：公諱懷玉，字文玉。其先淮海人，宋有曰瑄者，宦轍至永嘉，子孫遂家焉。公天資穎敏，童丱選爲郡學生，從景方木先生受書經。木陞國子助教，復從蒼巖蔣先生終其業。洪武庚午，領浙江鄉貢，會試中乙榜，除贛州府興國縣儒學教諭。丁外艱，起復，調除沛縣儒學。考滿，以言事陞山東都司斷事，審刑、鞫獄

咸得其情。尋改除湖廣都司經歷，後以詿誤謫戍玉田，四十餘載，歷涉艱苦，而所守未嘗改節。洪熙改元，會求賢，授建寧府儒學訓導。幸遂歸田之願，日與高朋雅士登臨觴詠，託雲庵自號，以寓出而知還之意，因以名其詩集。黄介庵集十一

金氏原祺梅窗稿黄介庵集十

佚。

黄淮梅窗先生金公墓誌銘：公諱祺，字原祺，以字行。公篤於孝友，領癸酉鄉薦，會試奏名在乙科，除吉安永豐教諭，升襄陽府教授。丁内艱，起復改常州，被召赴文淵閣點永樂大典。凡三受聘幣，典文衡，教授考最，陞紀善，數以言論抗直，不得遂其志。會丁外艱，解任而歸。祖居在郡城雁湖之濱，遷居南禪湖上，額其室曰「還林書屋」。雅好梅，環居植梅數本，別號「梅窗」，從游者皆以梅窗先生稱之。公之著述，有詩文若干卷此下疑奪「曰」字。梅窗稿藏於家。黄介庵集十

潘氏文奎愚莊集

一卷。千頃堂書目十八、國史經籍志五。

佚。

萬姓統譜二十五：潘文奎字景昭，浙江永嘉人。宣德初，由左春坊司直郎陞府同知。清慎寬厚，有豈弟之德。其文章詞翰爲當時所重，修國史，七秉文衡，陞福建布政司參議。

東甌續集六：潘文奎字景昭，號愚莊，永嘉人。登進士，官至湖廣參議。

吴氏亨竹庵集黄介庵集十一

佚。

黄淮竹庵處士吴公墓誌銘：處士學易於鄉先生張公時彦，爻象大旨，得其要領，旁及群書，沈潛玩索，其於聖賢格言，必反求諸己，以故立身制行，罔敢自逸。晚年家務悉委諸子，構一室扁曰「西湖書隱」，植竹百餘挺，日吟詠婆娑[一]於其間。謂人曰：「植竹而不雜以他卉者，以其虚心勁節，與區區之志，若有合焉。」因其號曰竹庵處士。所作詩若干篇，名曰竹庵集，藏於家。黄介庵集十一

案：竹庵吴處士亨，永嘉人，萬曆温州府志義行傳有傳。

〔一〕「娑」，底本誤作「婆」，徑改。

范氏觀一齋集四卷。黄介庵集十

佚。

杜詩三百篇注黄介庵集十

佚。

陳氏銓自怡集黄介庵集十二

佚。

黄淮愚庵處士陳公墓誌銘：處士諱銓，字叔權，愚庵其别號也。居永嘉清政里。生而秀穎不凡，蚤失怙恃，世父竹庵訓育之。稍長遣從時鳴張先生學，涉獵經史，尤精算數法，持身端謹，孝友慈祥，人無間言。甫成童，世父殁，治喪無違制。暮年欲脱略塵累，築别墅於泰清鄉，葛巾藜杖，布襪青鞋，放情泉石間，遇有所得，形諸歌詠，名其集曰自怡。黄介庵集十二黄氏淮黄文簡公介庵集十五卷。四庫全書總目一百七十五作「十一卷」，今從刻本。闕。翰林院儲明槧本、遜學齋藏影明寫本，並缺四卷。

四庫全書總目一百七十五：黄介庵集十一卷，浙江汪啟淑家藏本。明黄淮撰。淮有省愆集已著録。案：千頃堂書目載淮所著，有介庵集、歸田稿，均不著卷數。此本總名介庵集，而分退直、入覲、歸田三稿，疑黄虞稷未見此本，但據傳聞載入也。據目録本十二卷，今第七卷已佚，故以十一卷著録焉。

浙江采集遺書總録癸集上：黄介庵集六卷，案：此疑有誤。省愆集二卷，刊本。右明户部尚書永嘉黄淮撰。有介庵、歸田、省愆等集。省愆集者，成祖北征時留輔太孫，漢庶人中以蜚語，繫詔獄十年，遂以名集。

陳敬宗明故榮禄大夫少保户部尚書兼武英殿大學士謚文簡黄公墓誌銘：公所著文有介庵集、歸田稿藏於家。明文衡八十九

王世貞藝苑卮言五：文章之最達者無過宋文憲濂、楊文貞士奇、李文正東陽、王文成守仁。楊尚法源出歐陽公，以簡澹和易爲主，而乏充拓之功，至今貴之，曰臺閣體。胡光大、楊勉仁、金幼孜、黄宗豫、曾子啟、王行儉諸公，皆廬陵之羽翼也。

案：黄文簡介庵集，世間流傳絶少。焦氏國史經籍志五、明史藝文志四，所著録者並止省愆一集，朱錫鬯、黄虞部，廣蒐明代別集，而明詩綜十七及千頃堂書目十八，所紀文簡集並以介庵集、歸田稿並列，此本明文衡陳敬宗所作墓誌，疑介庵集初刻止録退直稿，其歸田、入覲兩稿，本別爲編，文簡卒後，乃併入也。通志及府、縣志並同。知亦未見其書。同治辛未，余以應試入都，叚得翰林院所儲明刻小字本，驗其册面印記，即乾隆三十八年浙江巡撫三寶所進汪啟淑家藏本也。既迻録其副，復精勘一過，乃知明刻本十五卷，缺第四至第七四卷，進本經書賈移易竄改，以十四卷爲第四卷，十五卷爲第五卷，十三卷爲第六卷，又撤去前後叙跋，及所缺四卷之目，以泯其跡。故四庫提要遂以十一卷著録，而以爲僅缺第七一卷，幸其每卷魚尾下所記卷第，及目録葉數，尚未盡改，重爲排比，尚可見明槧本舊式也。印本每卷首行題「黄文簡公介庵集」，其刊刻當在文簡卒後，叙跋既亡，今亦無從考覈。卷一至卷三爲退直稿，皆永樂間在都所作；卷八至十三爲歸田稿，皆宣德六年以疾乞休以後所作；卷十四至十五爲入覲稿，則宣德壬子文簡父性卒賜葬、詣闕謝時所作。明史本傳載時值燈時，賜游西苑，詔乘輿登萬歲山。比辭歸，餞之太液池。此集卷十四有賜游西苑詩序，記其事甚詳。又有賜游太液池觀荷詩二首，即辭歸賜餞時所作，足與本傳互證。至永樂十二年，文簡以漢王高煦譖，繫獄十年，其間所作詩詞，則別爲省愆集，故不入此三稿，其所缺四卷，目録亡失，其仍爲退直稿抑已爲歸田稿，未能臆定也。文簡詩文和平雅正，不愧王元美所謂臺閣體者。惟取材稍隘，故其文數首以後，詞旨每多緟復，較之東里諸集蓋稍亞焉。

省愆集

二卷。明史藝文志四、四庫全書總目一百七十、千頃堂書目十八。存。遜學齋藏明槧本

君子之於詩，貴適性情之正而已，蓋人生穹壤間，喜愉憂鬱，安佚困窮，其事非一也。凡有感於其中，往往於詩焉發之，苟非出於性情之正，其得謂之善於詩者哉！觀予友少保户部尚書兼武英殿大學士黄公宗豫省愆集之作，其殆所謂吟詠性情而得其正者歟？公洪武間登進士，擢中書舍人。太宗皇帝入正大統，首選入翰林院爲編修，累拜春坊大學士，以職事被譴，居幽十餘年，仁宗皇帝嗣立，即釋復任，又累升今官。公居幽時，感時觸事，形於賦詠，積累成編，名之曰省愆，其志可尚也。惟國家戡除暴亂，而開大一統文明之運，人才彙興，大音復完，自洪武迄今，鴻儒碩彦，彬彬濟濟，相與詠歌太平之盛者，後先相望。公以高才懿學，夙膺遭遇，黼黻皇猷，鋪張至化，與世之君子頡頏振奮於詞翰之場者多矣。此蓋特其一時幽寓之作，而愛親忠君之念，咎己自悼之懷，藹然溢於言表。真和而

平，温而厚，怨而不傷，而得夫性情之正者也。於乎韙哉！公間出是集，屬題其端，誼不可辭，遂序之如此，以俟觀者。宣德八年春二月既望，榮禄大夫、少傅、工部尚書兼謹身殿大學士、知制誥、國史總裁建安楊榮序。

予嘗讀歐陽永叔序梅聖俞詩，謂詩「必窮而後工」，蓋嘗疑焉。及讀今少保户部尚書兼武英殿大學士黄公宗豫省愆集，而後知永叔之言爲然。夫詩者所以宣人言，詠性情，豈待窮而後工乎？然其所以工者，必窮居索處，羈愁感憤之情，鬱於中而不能暢。故其發也，憂深思遠，慷慨激切，有非平時得意者之可比也。公在洪武間，以名進士授中書舍人，太宗皇帝入正大統，首膺拔擢，由翰林編修，歷遷右春坊大學士。嘗被命輔皇太子監國，朝夕左右，付託隆重。久之以事去職，遂居幽十餘載。仁宗皇帝自東宫嗣登宸極，思惟舊人，再拔用公，又累轉今官。公在館閣時，予寔與同事，凡四方萬國制命之下，日不下數十，固未暇於詩。雖間有所作，不過黽勉酬應，亦不暇於求工也。是集蓋公居幽時之作，凡愛君念親，感時書事，憂鬱自適之懷，悉於是發之。其言正而無邪，哀而不傷，詠歎而自懲，紆徐委備，卒本於忠厚惻怛，其情藹如也。殆窮而後工者歟？雖然，聖俞在當時低徊小官，志不得奮見於事業，徒於詩有稱耳。若公以宏才碩學，遭遇聖明，垂三十年，聲光著於海内，其見於此者，特以一時寓於羈蹇岑寂之中而發之，視聖俞之終身屈抑以窮而老者可同日語耶？公方以疾得告南歸，間出其集示予，屬爲之序。予閲之再三，見公之於此，畏天祇命，志愈堅而操愈篤，藹然忠臣孝子之思備見於情詞之間者，予無以議爲矣，然去此而休也。吾知公怡愉恬適，氣益和，體益夷，奉親之暇，與賓客故人時時作爲詩歌，更倡迭和，以頌聖天子太平熙洽之盛，則其和平盛大之音，又非前幽鬱之時之可比矣。予日望公，尚有以賜教哉！是爲序。資善大夫、太子少保、禮部尚書兼武英殿大學士、臨江金幼孜書。

世自太師之職廢，而閭里歌謡，訖無所采。所謂詩者，則皆出於一時能言之士，去風、雅亦以遠矣。然其有關名教者，恒見重於世。今少保户部尚書兼武英殿大學士永嘉黄公，洪武中由進士官禁近，太宗皇帝入正大統，擢居翰林，日侍左右。公以宏達有爲之才，盡心殫慮以奉其職，大見信用，復俾兼宫僚。及車駕幸北京，皇太子監國，公以春坊大學士輔導，久之以職務被繫者若干年。時其尊府封少保公及母夫人皆在堂，公深自克責，念君親之恩，惟圖存庶報稱於萬一，乃託之詩歌，以舒其抑鬱憔悴之懷。故凡風景之接乎目而感乎情者，皆發之於詩。久而成卷，名曰省愆集。仁宗皇帝即位，首釋公，復其官，未幾進位師保，人皆謂公忠孝之心無間於夷險，而卒獲其報也。間嘗屬予序其集，嗚呼！觀公名集之義，豈徒詩云乎哉？古之人孝莫如舜，忠莫如周公，世未嘗以舜之孝、周公之忠爲有餘，則凡臣子之所以自處者當何如哉？公蓋有見於是也。夫人心之天，不爲事變所移易，則足以昭世教，士君子取重于世者以其信道也，豈徒詩云乎哉？是爲序。宣德七年，龍集壬子，春正月哉生明，嘉議大夫、太常卿兼翰林學士南郡楊溥序。

惟我太宗文皇帝蒞阼之初，誕興文治，規致太平，慎簡儒臣，設内閣以處之，俾職論思，典内外制，參預機要，而臣淮猥以末學，忝與列焉。永樂己丑，車駕巡狩北京，今上皇帝居春宫監國，臣淮偕一二輔臣，承朝命俾侍左右。癸巳再巡狩亦如之，受命兢惕，不遑夙夜，罄竭駑鈍，圖惟報稱。然而質素愚戇，以故處事乖方，有不副上意旨者。明年秋，逮詣北京，自分當被顯辟，乃復蒙恩矜恤，但寘之獄，俾自省過，一何幸也。在獄逾十年，纍艾之餘，他無所事，凡觸於目而感於心者，一皆形於詩。甲辰秋，伏遇今上皇帝即位，覃恩肆赦，臣淮獲全喘息，復從諸大夫後。退食之暇，紬繹腹稿，得詩、賦、詞、曲合若干篇，彙次成帙，名之曰省愆集，志不忘也。嗚呼！先儒論詩以爲窮而後工，近古以來，若李白、杜甫、柳子厚、劉禹錫諸名公，其述作皆盛於困頓鬱抑之餘，至今膾炙人口。淮也才不逮古人，處困日久，而囹圄禁且嚴，目不睹編簡，手不親筆札，口不接賓客之談，舊學日益耗落，氣愈昏而趣愈卑，志愈窮而辭愈拙，深可愧也。然而篇什所載，或追想平昔見聞以鋪張朝廷盛美，或懷恩戀闕以致願報之私，或顧望咨嗟以興庭闈之念。至於逢時遇景，遣興怡神，一皆出於至情，蓋亦不可廢也。是用藏之巾笥以貽子孫，俾覽者知予處困之大略，工拙云乎哉！是年九月朔日，介庵居士黄淮序。

讀吾友少保黄公永樂中所作省愆詩集，至於一再，蓋幾於痛定思痛，不能不太息流涕於往事焉。初，太宗皇帝將巡北京，召吏部尚書兼詹事蹇義、兵部尚書兼詹事金忠、右春坊大學士兼翰林侍讀黄淮、左春坊左諭德兼翰林侍講楊士奇，諭之曰：「居守事重，今文臣中簡留汝四人，輔導監國。昔唐太宗簡輔監國，必付房玄齡。汝等宜識朕此意，敬共無怠。」四臣皆拜稽受命。其後凡下璽書諭幾務，必四臣與聞。時仁宗皇帝在東宫，所以禮遇四臣甚厚，而支庶有留京邸潛志奪嫡者，日夜窺伺間隙，從而張虚駕妄，以爲監國之過。又結嬖近助於内，賴上聖明，終不爲惑。然爲宫臣者胥懔懔㕒䯓，數見頌繫，雖四臣不免，或浹旬，或累月，惟淮一滯十年，善鄒孟氏所謂「莫之致而至」者也。夫莫之致而至，君子何容心哉！亦反求諸己耳！此省愆之所以著志也。嗟乎！四臣者，今蹇、黄二公及予幸尚在，去險即夷，皆二聖之賜，而古人安不忘危之戒，君子反躬修省之誠，在吾徒不可一日而忽之也。故謹書於集後以歸黄公，亦以自儆云耳。宣德癸丑四月庚子，榮禄大夫、少傅、兵部尚書兼華蓋大學士廬陵楊士奇題。

廬陵歐陽文忠公序薛簡肅之文，謂君子之學，施之事業，見於文章，常患其難兼，蓋歎其窮達所志不同，而兼之者之罕遇也。若夫少保户部尚書兼武英殿大學士永嘉黄先生，負光明俊偉之資，際重熙累洽之世，事業顯於朝廷，文章播於寰宇，受知聖主，輔導春宫，雄才碩學，足以掌宣帝制，潤色鴻業者，海内之士類能傳誦之。至若居幽處獨，發之於心，形之於言，聯篇累牘，珠光玉潔，無憂愁鬱抑之氣，有反躬自咎之心，而忠君愛親之念，未嘗有斯須而替，可謂得乎性情之正。自非忠孝兩全，文章事業兼備者，疇克爾耶？邇者行部是郡，先生出示兹集，捧誦數四，何其精純而浩博也。因請於先生曰：「是集不可以不傳。」先生固辭，力請乃許，遂捐俸鍥諸文梓以惠後學，賦詩詞總四百有奇，而以省愆名之。噫！荆山之玉，豐城之劍，豈窮山枯壤所能久於沉埋哉？將必有卞張者，出而知其爲希世之珍也。知言之士，幸共寶之。正統八年二月朔旦，中憲大夫、浙江等處提刑按察司副使京口王豫謹書。

百川書志十六：省愆集二卷，少保户部尚書兼武英殿大學士永嘉黄淮宗豫撰，詩詞四百有奇。

四庫全書總目一百七十：省愆集二卷，江西巡撫採進本。明黄淮撰。淮字宗豫，永嘉人，洪武丁丑進士，除中書舍人。燕王篡位，命入直文淵閣，陞翰林院編修，累進右春坊大學士，輔皇太子監國。爲漢王高煦所譖，坐繫詔獄十年。洪熙初復官，授武英殿大學士，累加少保，卒謚文簡。事蹟具明史本傳。淮當革除之際，身事兩朝，不免爲白圭之玷，史又言淮性頗隘，同列有小過，輒以聞。解縉之死，淮有力焉。人品亦不甚醇。然通達治體，多所獻替，其輔導仁宗，從容調護，尤爲有功。雖以是被謗獲罪，而賜環以後，復躋禁近。迨至引年歸里，受三朝寵遇者又數十年。遭際之隆，幾與三楊相埒。其文章舂容安雅，亦與三楊體格略同。此集乃其繫獄時所作，故以省愆爲名。當患難幽憂之日，而和平温厚，無所怨尤，可謂不失風人之旨，故特存之，以見其著作之梗概。至其退直、入覲、歸田三稿同編爲介庵集者，門徑與三楊不異。東里諸集，既已著録，則是可姑置焉。

陳敬宗明故榮禄大夫少保户部尚書兼武英殿大學士謚文簡黄公墓誌銘：永樂癸巳，車駕再巡狩，公留守，時漢王譖蓄奪嫡之志，忌公獨深，日夜窺伺間隙，流言監國之過，公遂不免，一滯十年，處困中惟日賦詩以自遣，形於詩者，無非引咎責躬之言，名曰省愆集。明文衡八十九

鄭曉吾學編：黄淮，永樂十二年坐奉表迎上不敬，逮詔獄，凡十年。在獄中有省愆集二卷。

周天錫慎江詩類二：邵少文曰：「黄宗豫有省愆集，五言古頗簡潔。」

静志居詩話：長陵北征，留文簡輔皇太孫，漢庶人中以蜚語，繫詔獄十年，遂以省愆名集，集中詩所云：「寶劍薶豐城，斕斑土花碧。」又云：「十年頓足圜扉間，時向牆頭看柳

色。」是也。因是受知宣廟特深，當其入朝，賜游西苑，肩輿登萬歲山，宴太液池，親灑宸翰贈行，有云：「朝旭光升紫殿清，相對清言良慰情。留之累月不盡意，歸心又欲東南征。雁宕峰高高不極，中有謝公舊游蹟。采芝斸苓可長年，應在天南憶天北。」君臣相悦，可謂千載一時。明詩綜十七

案：省愆集二卷，皆文簡永樂十二年閏九月，以漢王高煦譖，繫獄十年，獄中所作詩文。上卷爲賦二首及四言、五言、七言、古詩長短句、五言律詩，下卷爲七言律詩、排律、五言、六言、七言絶句，而以詞二十四闋附焉。陳敬宗作墓誌，述此集止云詩，蓋撮舉其多者耳。集中五言古詩，頗饒古韻，餘體則長短互見，蓋身處憂患，抑鬱無聊，藉此以自排遣，本無意於求工。至朱竹垞所舉「寶劍埋豐城」一聯，今見五言擬古詩第二首，「十年頓足圜扉間」一聯，見長短句柳絲長篇，亦非集中佳句也。其詞、高儒百川書志析著其目曰省愆詞，實即此本。辨詳三十三[一]卷詞曲類省愆詞下。

劉氏觀拄笏軒集千頃堂書目十七

[一]「三十三」，底本誤作「二十五」，徑改。

佚。

佚。

劉氏現劉編修文集 黄介庵集三

黄淮後序：右詩文集凡若干卷，余友劉君朝紳所撰也。朝紳卒之又明年，其伯氏朝縉來典京闈文衡，既竣事，謁余官舍，因出詩集徵余序。余童丱時，與靖安教諭徐君叔鉉暨朝紳相繼入邑庠爲弟子員，年均而志同，氣合而情篤，朝夕聚處，未嘗違離。披經閲史，交相問難，必求至當，每一文之成，轉相傳誦，是是非非，具道其實，切磋琢磨之益固不少矣。間於燈窗論及出處大節，朝紳昌言曰：「他日宦游四方，苟得同官同事，誠爲至幸，蓋不敢必也。」未幾叔鉉由鄉貢除教職，余亦竊禄於朝，遐想朝紳之言，慨然興歎。洪武庚辰春，策試天下士子，余忝充彌封官，朝紳對策合格，除翰林編修，按：現，實建文庚辰胡廣榜進士，文簡此叙作於革除以後，故仍以洪武紀年。余亦以是年轉翰林侍書，獲遂疇昔之願。然所恨者叔鉉先已物故，不得與此樂耳。余不自揆，竊與朝紳相期以遠大事業，孰謂朝紳嬰疾而歸，遂成永訣！今所存者徒託空言而已，良可悲夫！雖然，人生世間，窮通壽夭各有定分。没而無聞，雖壽何益？没而不朽，雖夭亦壽。顔淵非不夭也，百世之下，五尺童子皆知亞聖；賈誼非不夭也，雄詞大篇，照映千古，讀者莫不敬慕。蓋顔以德行稱，賈以文章著，所存雖有不同，而其播遺芳、揚令譽於後世者，未始有異也。朝紳天資純篤，操履端方，德之所蘊固厚矣。乃父貢禹先生，嘗爲郡學訓導，粹於理而長於文。朝紳循循雅飾，克紹文業，父子兄弟，自相師友。朝紳積之久、資之深，發之於述作，若金之在鎔，隨範而成器；水之赴壑，沛然莫之能禦。嗚呼！朝紳之德行文章兼優而並美若此，何患泯滅無聞乎？昔歐陽公序其友蘇子美之文嘗曰：「斯文金玉也，其見遺於當時，必有收而寶之於後者。」若吾朝紳之文，豈徒金玉云乎哉？然其功業未著，賫志以没，是乃天之所命，非人所能爲，亦復何憾？九原有知，必以余言爲然。黄介庵集三

雲露集千頃堂書目十八

未見。

自序：聖人之言，本諸道者也。故六經傳之萬世而無弊，下此雖以子雲之多才博識，而覆瓿之譏不免焉。然則後世徒廢精神於筆墨間者，無益也，此集不可作也。以吾之得於心也必慎而弗矜，其形於辭也若流而不塞，夫豈無一言之幾於道乎？有一言之幾於道，亦君子之所不棄也，故書以俟之。慎江文徵三十三

案：劉編修現，訓導南金子。乾隆温州府志介節傳、咸豐永嘉縣志宦業傳並有傳。李

象坤洏庵集書劉受䍐所鐫報國録後謂：「雲露集爲編修兄覯與楊文貞士奇、金文靖幼孜共裒梓，盡削去觚棱之作。」詳卷九報國録下。蓋已非全稿。然明刊本久佚，報國録今亦未見傳本，亦編修之不幸也。

劉氏觀睍窩集千頃堂書目十七

佚。

乾隆溫州府志二十七：睍窩集，永嘉劉觀，字顒叟著。

案：劉顒叟事跡無考，千頃堂書目列其集于洪武時，疑亦劉編修現昆弟行也。

曹氏介棄攬集乾隆溫州府志二十七

佚。

東甌詩集七：曹介字子直，永嘉人，官至監察御史。東甌詩存十五作「洪武中監察御史」。

嘉慶瑞安縣志七：曹介，秀才，監察御史，善詩文。萬曆溫州府志十作「永嘉人」，與東甌詩集同。

潘氏畿槫庵集乾隆永嘉縣志二十

佚。

乾隆永嘉縣志二十：洪武歲貢潘畿，字民止，翰林院典籍，修洪武實録、永樂大典成，陞檢討〔一〕。質敏性孝，有樗庵集。

孔氏希直希古集乾隆温州府志二十七

佚。

王氏宗遠肅庵集千頃堂書目十七、雍正浙江通志二百四十九、乾隆温州府志二十七並作「泠齋集」，今從乾隆平陽縣志十九。

十卷。乾隆平陽縣志十九

佚。

案：肅庵王副憲宗遠，萬曆温州府志宦業傳〔二〕、乾隆平陽縣志名臣傳並有傳。

〔一〕明實録：「檢討潘畿爲副總裁。」則任永樂大典副總裁時已陞檢討。縣志有誤。

〔二〕萬曆温州府志宦業傳，原作「乾隆温州府志介節傳」，據刻本改。

王氏宗彦水軒集乾隆温州府志二十七

佚。

案：王治中宗彦，副憲宗遠弟。乾隆平陽縣志宦業傳有傳。

王氏宗祥冷齋集乾隆平陽縣志十九。千頃堂書目十七、雍正浙江通志二百四十九、乾隆温州府志二十七並作「王宗遠撰」。

佚。

乾隆平陽縣志十五：王宗彦弟宗祥，名璲，授鳳陽府教授。著冷齋集，翰林學士吕升銘其墓。

章氏功懋雪舟吟稿千頃堂書目十七

佚。

千頃堂書目十七：章功懋雪舟吟稿。字子勉，平陽人。

乾隆平陽縣志十三：洪武十三年薦辟，章功懋，居白沙，授興山丞。

方氏子深葺巢集乾隆温州府志二十七

佚。

乾隆平陽縣志十五：方子深所著葺巢等集，皆亡於寇亂。

案：果庵方郎中子深，乾隆平陽縣志忠臣傳有傳。

林氏文莊觀光集萬曆温州府志十七題「林文光」，誤。

一卷。乾隆平陽縣志十九

佚。〔一〕

乾隆平陽縣志十三：洪武十五年薦辟，林文莊，居林家埠，由人才授興山教諭。

東甌詩集七：林文莊，平陽宋步人，景英孫，興山教諭。

梅氏頤蘇庵集千頃堂書目十七。萬曆温州府志十七作「梅昌年集」，東甌詩存十六作「蘇闇存稿」。

〔一〕温州市圖書館藏清漱藝堂鈔本、玉海樓鈔本、鄉著會鈔本。民國平陽縣志五十經籍志著録：案鈔本題「林碁文莊著」，則知碁名，文莊字也。

未見。

東甌詩存十六：梅頤著有蘇闇存稿。

案：東甌詩存十六，於蘇闇存稿下，云録詩二十首。考曾書例，凡集佚者曰存詩若干首，存者曰録詩若干首，則存稿舊本，曾氏固嘗見之，今不知尚可搜訪否。「闇」即「菴」本字。書無逸「高宗梁闇」，詩商頌疏引鄭注：「楣，謂之梁，闇，謂廬也。」後世展轉訛謬，昧其本始。闇廬之闇，遂別作「庵」、「菴」二字。「庵」始見漢劉熙釋名、魏張揖廣雅。「菴」見漢書司馬相如傳，爲菴蔄，草名。菴廬之意，始見後漢書皇甫規傳、三國志諸葛亮傳裴松之注，並説文所無，明初人猶有知此字當爲闇者。黄介庵集三，有六合史某蓼莪闇詩文序，可證。東甌詩集詳十五卷養正蒙求下。及千頃堂書目並作「菴」，從俗寫也。

王氏毓槐陰集千頃堂書目十九

一卷。永嘉王氏録本。千頃堂書目十九無卷數。

存。永嘉王氏録本

序：詩者，志之所發也，故曰「詩言志」。志有不同，而辭亦隨之。通顯之人，其辭侈；困厄之人，其辭抑；隱逸之人，其辭適；曠達之人，其辭放，皆所以攄其志也。永嘉之俗，昔稱鄒魯，比染胡元遺習，華宗巨族，率上氣勢豪俠，視行誼文學左甚。惟處士王尹成氏，拔於流俗，讀書學古，樂於賢士君子游，好揚榷古今人物得失，尤善於詩歌，不事險澁，不求奇巧，惟心所適，矢口成章，而興致高遠，可謂隱逸曠達之辭矣。即其存稿自題曰槐陰集，屬予序。予託交於處士，稔其行仗義疏財，能周人急，倜儻軒豁，素以豪傑自命，而著作翩翩，情瀾湧發，又能寫其隱居之樂，信爲一世之高士也已。槐陰名集，王之業其將與槐而俱萌哉！處士名毓，號樵雲，尹成其字也，世居永嘉之英橋里。邑人金原祺撰。

王叔果書後：先四世祖樵雲翁，著詩三百餘篇、樂府二十六闋，蔚然成家，先正章恭毅公校而序之，族祖夢竹公刻置家塾，歲久散亡過半。比族子如珪出示家所藏舊本，果喜不自勝，隨命兒輩校録重刻，以示子姓。夫翁當草昧之餘，幹蠱貽燕，日不暇給，顧寄興林泉，研精翰墨，即其感遇紀述，不惟想見襟度曠夷，志識軒卓，而生平履歷因可概徵，後之人誦其詩，論其世，仁孝之心，不油然生哉！槐陰名集，翁託意微遠，樹德發祥，開先有自，斌斌藝文，又其緒餘焉爾矣。半山藏稿

王世貞王樵雲公傳：樵雲公者，王氏，諱毓，字尹成，温之永嘉人。嘗葬其父珍矣，而不忍去也。廬其傍，扁曰樵雲。而公又好詩，多與其社中人唱和，社中人亦遂呼之曰樵雲公云。自先世居永嘉之華蓋鄉英橋里，俱有隱德，以壽考終，而俱單傳，至公乃遂

有七子。公少侍其父珍謹甚，恒韋韝而治饔膳，既成則衣冠而薦之，偶睨竟餐，覆器乃退，不者屏營不自容，亦竟遜匕箸矣。間小失父意，長跪謝過，非强之起不起也。公又好施予，以軀赴人之急，比鄰火，數十百家皆燼，公指廩而予之，俾稱力自取給。其它孤寠，毋論疏戚，以指計衣食，視公若庫庾也。公一言而取成者，奉以爲符節毋爽矣。弇州山人四部稿八十四

咸豐永嘉縣志二十：案叔果作家傳，稱樵雲翁善詩歌，所著有槐陰集、蛙鳴鼓吹，尚書章恭毅公序之，梓藏家塾。蛙鳴鼓吹當即叔杲書後所云樂府二十六闋之集名，叔果得舊本校録重刊，即附刻槐陰集之後，故書後不言及蛙鳴鼓吹之名，今亦從其例，不別標目焉。

林氏失名東愚集乾隆温州府志二十七

佚。

乾隆平陽縣志十六：明林東愚，居南湖。

案：東甌續集五，有林東愚秋興詩一篇，序次在高明後，不詳其籍貫、時代，其詩有「落日江城動鼓鼙，江山千里轉逶邐」之句，似以避地流寓他鄉者。續集以林東愚爲姓名，然

不宜以名題集，當是字與别號。東甌詩集、續集所載誤以字號爲名者甚多。今姑闕之。〔一〕

陳氏塤白雲集　乾隆温州府志二十七

佚。

乾隆平陽縣志十六：明陳塤字允和，居仙居，號白雲友。

案：東甌續集六，載陳允和詩二首，注云平陽人。顧氏元詩選癸集戊上亦載之。

陳氏仲能鼓缶集　乾隆温州府志二十七

佚。

東甌續集六：陳仲能，平陽人。

案：東甌續集六，録陳仲能詩二首，次潘文奎後。

〔一〕東甌詩存五，宋詩有林東愚秋興詩，卷二有林東嶼野色詩，此詩又見元陳世隆宋詩拾遺。「愚」、「嶼」音近，又同爲平陽人，疑即同一人，當爲宋人。

張氏壚恒庵集乾隆温州府志二十七。乾隆平陽縣志十九「集」作「稿」。

佚。

乾隆平陽縣志十六：明張壚字季常，居南山，號恒庵。

案：東甌續集七，載張壚詩一首，注云平陽人。東甌詩存十五同。元詩選癸集戊上，亦載之，當即恒庵也。温州府志作「盧」，平陽縣志作「壚」，並形聲相近而誤，今據續集及元詩選正之。

又案：自林東愚以下四人，時代並無可考。陳塤、張壚二人，顧氏收入元詩選殊無塙證，東甌續集叙次先後，亦漫無義例，未足依據。惟續集爲趙諫所編，東愚諸人詩既經采録，其人當必在弘治以前。疑以傳疑，姑附之明初諸人之末，以俟續考。

王氏宏節庵詩集萬曆温州府志十七

佚。

王氏鏦筠軒詩集萬曆温州府志十七

佚。

乾隆温州府志二十七：筠軒詩集，永嘉王鏦著。

案：王宏、王鏦，時代事蹟並無考。〔一〕所著詩集，載萬曆温州府志藝文門，廁于明初諸人著述間，今亦附於此。

吴氏致文恕庵集乾隆平陽縣志十九

佚。

吴翰林集乾隆温州府志二十七

佚。

案：恕庵吴知府致文，乾隆温州府志介節傳、乾隆平陽縣志宦業傳並有傳。

〔一〕弘治温州府志十八著録：「節庵詩集，王宏撰，黄淮序。」「筠軒詩集，王鏦撰，周旋序。」吟州王氏宗譜：「希遠公諱宏，號節庵，西野公次子。洪武初重薦辟，有司交章以薦，力辭勿起。日以琴書觴詠爲樂。所著有感懲集、汙目稿、節庵詩集，少保黄文簡公爲之序。享壽七十有八。」「筠軒公諱鏦，字秉存，節庵公次子。光明磊落，慷慨風流，善詩。著有筠軒詩集。壽八十有四。生子三，俱有文望，長瑞，登天順壬午鄉薦。」可見其爲明初時人。

方氏祖安燕石稿千頃堂書目十八。萬曆温州府志十七「燕」作「蒸」。

佚。

乾隆温州府志十：明永樂辛卯舉人方祖安，永嘉人，任刑科給事中。

方氏以正藏山名世集千頃堂書目十八。乾隆温州府志二十七作「藏名山詩集」，誤。

佚。

陳氏端陳執中文集乾隆平陽縣志十九

佚。

案：陳通判端，乾隆平陽縣志宦業傳有傳。

張氏真錦屏集千頃堂書目十八

佚。

萬曆温州府志十：明永樂乙未陳循榜進士張真，平陽人，任太常博士。

東甌詩存十七：張真字行素，平陽人，永樂乙未進士，官安陸州判官。

戴氏時雨錦舟集千頃堂書目十八

佚。

東甌續集七：戴時雨字伯時，號錦舟，永嘉人，由舉人任訓導。

乾隆温州府志十九：明永樂甲午舉人戴時雨，永嘉人，崇仁訓導。

鄭氏夏迪齋詩文集乾隆温州府志二十七

佚。

案：迪齋鄭御史夏，乾隆温州府志仕績傳、道光樂清縣志介節傳並有傳。

陳氏聳陳光言集千頃堂書目十八

佚。

東甌續集七：陳聳字光言，永嘉人，中解元，登進士，授知縣。

萬曆温州府志十：明永樂辛丑曾鶴齡榜進士陳聳，永嘉人，會魁，任内江縣知縣。

范氏霖就正稿千頃堂書目十九

佚。

宧游稿千頃堂書目十九

佚。

皇華集千頃堂書目十九

佚。

柏臺稿千頃堂書目十九

佚。

松月集雍正浙江通志二百四十九

佚。

案：范御史霖，一齋處士覲子，萬曆温州府志宧業傳、雍正浙江通志介節傳、道光樂清縣志名臣傳並有傳。

孔氏鐸循庵稿乾隆温州府志二十七。乾隆平陽縣志十九「稿」作「集」。

佚。〔一〕

乾隆平陽縣志十二：永樂癸卯舉人，孔鐸字公循，性淳篤，福安教諭，陞國子助教，翰林院檢討。

虞氏原祐宜齋吟稿環庵遺稿十

佚。

虞書詠蔡節婦詩附識：此書從七世祖宜齋公之所作也。爲吾環祖兄，諱原祐，號宜齋。博聞强記，亦善吟詠，嘗與環祖唱和，有宜齋吟稿，今散佚無存，僅遺此詩。環庵遺稿十

虞氏原璩環庵先生遺稿千頃堂書目十八作「環庵集」，今從鈔本。

十卷。嘉慶瑞安縣志九。千頃堂書目十八無卷數。

存。遜學齋藏鈔本

〔一〕今存敬鄉樓鈔本，作循庵詩存，一卷，温州市圖書館藏。

余自童子時，習聞雙橋里有虞環庵先生，以布衣而友縉紳，雖名公郡守，亦折節下交，意先生何修得此？頃閱先生耳孫紫山丈輯先生遺稿，附録諸公挽詩、奠章類籍，内有前郡守行在少司寇廣昌何東園公奠文，道當時政事，多所裨助。少保黄介庵公志墓稱先生言語文皇徵修大典，事竣將授官不拜，以母老乞歸養，中途聞訃，幾隕絶。洎抵家，即杜門著述，吟詠以自適。乃知先生學邃而行修，道明而詣遠，故東園公陟名卿、上京國猶懷故誼；介庵公以名輔操史椽闡揚盛美，不一而足，皆鑿鑿有明證也。迄今百數十年，讀二公□，諷詠先生遺詩，猶肅然興，欿然伏，求爲執鞭而不可得，矧在當時，親聆謦欬炙先範者，有不愛且敬焉者也。紫山丈任不緇身，孝不忘祖，其勵行、其著述，奉揚先生遺韻，自投紱歸林壑，即搜拾故篋，購求逸稿，得先生諸體若干篇，與父老子姓共繡諸梓，使月旦評騭，風雅遺音，將爲論世尚友者典刑，盛意哉！盛意哉！因役余序，後生未學，詎敢置一喙？紫山丈比居，日過囑，不容已，爰揭數言於簡端，分鼎臠，窺豹斑，余何幸而與名與斯刻！

萬曆甲申上元日，後學懷東林萬梅頓首拜序。〔一〕

是爲虞徵君環庵翁詩刻也。徵君臨世濯足，邁跡一邱，王公大人不能器之，炳炳叙

〔一〕底本原殘缺不全，據雙橋虞氏宗譜補全。

傳中矣，奚鄙言爲？顧其遺稿，大雅希聲，散佚二百年逾。耳孫君師中父，殷念墜緒，兩任遂辭養歸，延訪裒輯，更數寒暑，始就兹帙，俾後之作者，頌詩以知其人，匪徵君佑啟俟之哉！古鼎銘云：「君子論撰其先祖之美，而明著之後世，以比其身。」先祖「有善而弗知，不明也；知而弗傳，不仁也。」案：此祭統語，非鼎銘，此蓋因祭統載孔悝鼎銘，而誤憶也。藉使耳孫君明弗足以見，仁弗足以與，則雖有志斯帙，其如莫慰乎哉！故曰：俟之俟之，是祖是孫，其不朽者遠乎！君與余莫逆，謂余贊厥成，不可無紀，爰忘固陋，僭穢佛頂，爲當代大書徵君者引玉焉。萬曆癸未菊月冬日，後學亦山人陳大訓頓首拜書於沙堤懷古草堂。

余讀環庵虞聘君詩，論其世，未嘗不泫然三復流涕也。聘君茂膺徵命，纂修國典，而卒辭榮歸隱，何心哉？噫！聘君革除年之遺黎也，行卓而不群，德深而不露，世罕知之。其奇氣勁節，往往見於吟詠間，松棚章，絶命辭，可睹也。至與三山翁、雪齋翁諸篇，再三往復不厭，而省愆公獨靳靳然。雖當時重誼樂聚，或不容默默，而是編咸削而不存，至鐫碑之作，三致意焉，此其心不較著耶？夫革除諸君〔一〕子，説者稱殷之頑民，曷故哉！元

〔一〕「革除諸君」，底本原作「第□□□」，據雙橋虞氏宗譜改補。

季綱常蝕滅澌盡矣，我皇祖起而培〔一〕之，廼克復三五醇沕，以故仁人節士，駢首蹈鼎鑊不顧，而深□□□□□□□遠害，而不激且隨焉。昭代人心風俗，胡郅隆也。是編也，氣運之厚，教化之醇，人〔二〕品之度越，咸可觀已，詎可以常調麗詞而漫視之哉！耳孫紫山君書〔三〕□□□□□莊皇帝□□□□□□以直道左遷淮南參軍，積學富文，尤善吟詠，與余有通家之雅，兹謝政家居，首輯是稿，屬余校訂，余惟聘君實瑞文獻翹楚，承學輩敢輕置喙哉！第下問縷縷，誼不容辭，因翻閱是稿之編，或溷而未真，或類而未粹，輒忘膚陋，僭爲評騭，削繁瑣，刊重複，芟不類，俾一歸於馴雅，間有事關國典，誼切民彝，雖拗唐韻，亦表而存之，又竊以己意時爲詮釋刊正者，懼失真也，詎敢曰後世之子雲耶？萬曆辛巳九日，末學仲山林尚春頓首謹序。案：慎江文徵三十六，載此叙删改過半，今不備校。

書幼閲邑志書，其所載書目俱有環庵集，下注係雙橋虞原璩撰，因遍訪士林中，鮮有存其本者，繼又訪之郡藏宿胥，彼云：「初入藏時，尚見數板，今蠹無存矣。」嘉靖癸丑，書始詣雙橋展謁祠墓，見羅南、羅齋二先叔，手付環祖晚年親筆草稿，又鈔稿，又原刻集目録各

〔一〕「皇祖起而培」，底本原作「聖祖□□□」，據雙橋虞氏宗譜改補。
〔二〕「氣運之厚教化之醇人」，底本原僅存「運」字，據雙橋虞氏宗譜補。
〔三〕「耳孫紫山君書」，底本闕，據雙橋虞氏宗譜補。

一帙，書拜受而歸。時方縻於經生業，閲竟而珍藏之，不遑料理也。迄今幾三十年，中經回禄，書籍散亡過半，而此稿獨存無恙，若吾〔一〕祖之陰靈有以護之者。萬曆己卯，書謝事淮南，歸隱峴峰。明農之暇，輒爲〔二〕謄輯成卷，得各體詩約五百餘首，乃懇亦山陳丈校之，芟其逸字句者百餘首〔三〕，復懇仲山林丈覆校之，又芟其贋複者近百首，存詩僅二百七十餘首，略加評隲，且〔四〕惠以後序。書廼分體類從，析爲九卷，末輯附録一卷，其通計共十卷，適與少保〔五〕黄文簡公所誌卷數脗合，繕寫成帙，陳丈因題之曰環庵先生遺稿，遂謀繡梓，緣工費不足，朞月未成。適我少尹麻城龍〔六〕溪周侯語及，欣然〔七〕給俸金助梓，以癸未冬日訖工。文〔八〕簡召父母南昌應川齊公柯同祭〔九〕，稽查鄉賢壞失□位，慨然復我祖祀。

〔一〕「無恙若吾」，底本闕，據雙橋虞氏宗譜補。
〔二〕「明農之暇輒爲」，底本闕，據雙橋虞氏宗譜補。
〔三〕「芟其逸字句者百餘首」，底本原作「□其逸□□□□□日」，據雙橋虞氏宗譜補改。
〔四〕「二百七十餘首略加評隲且」，底本原僅存「七十餘」三字，據雙橋虞氏宗譜補。
〔五〕「一卷其通計共十卷適與少保」，底本原僅存「其通計」三字，據雙橋虞氏宗譜補。
〔六〕「城龍」，底本闕，據雙橋虞氏宗譜補。
〔七〕「然」，底本脱，據雙橋虞氏宗譜補。
〔八〕「文」，底本原作「先」，據雙橋虞氏宗譜改。
〔九〕「齊公柯同祭」，底本原作「□□□因祭」，據雙橋虞氏宗譜補改。

懿哉二侯。其善成人之美者與！第恨書譾陋鮮聞，陸沉闕析，罔克闡揚先烈，所幸手澤尚存，輒妄爲之修輯。此心惓惓，如狂如醉，恒廢寢食，端有類於蓮池季氏彦良之所爲者矣。尚冀好古博雅君子，或嘗傳拾吾祖之遺文、遺墨者，惠然見示，以成完集，以竟鄙志，則書没齒傾心，自幸無涯矣。用識輯梓之歲月於卷末如此。萬曆十一年歲舍癸未冬十月吉旦，恩選徵仕郎、淮南參軍礽孫書謹跋。

尤性序：吾邑環庵虞先生，學古而識博，有温柔端厚之德以和其氣，有直方樸雅之操以正其情〔一〕，是發而爲詩，咸極深致。自年十二三時，賦詩便有驚人語，比其季年所作尤善〔二〕。沁園春、松棚等篇，蓋易簀前數日賦也，談者謂得風雅遺旨。平生著述甚富，有文集〔三〕九卷，禮記稽疑一卷，古稀稿一卷，詩蓋其一也。遺稿十附録。原注：右見峴峰尤性詩集序。案蓋初刻詩集之序，虞書重輯已殘缺不全，故僅録其略也。今亦附載於此。

黄淮環庵先生墓誌銘：先生爲文嚴密峻整而新意迭出，詩思雲蒸泉湧，援筆立就。所著詩文集凡十卷，藏於家。遺稿十附録，介庵集缺。

〔一〕「情」，底本闕，據雙橋虞氏宗譜補。

〔二〕「作尤善」，底本闕，據雙橋虞氏宗譜補。

〔三〕「平生著述甚富有文集」，底本闕，據雙橋虞氏宗譜補。

然，悉根極理要，詩律古雅。所著顓蒙録、聚樂稿、環庵集，凡若干卷，藏於家。遺稿十附録

鄭鍧虞徵士傳：徵士閉户研究六經，及濂、洛、關、閩諸子百家之書，發爲文辭，下筆沛

案：黄文簡作環庵墓誌云「詩文集十卷」，其本明萬曆中已無完帙，後遂不傳。今所見遺稿，乃其六世孫淮安衛經歷書采輯手稿及初刻殘本編成，林尚春爲之删定，仍爲十卷。前九卷凡各體詩二百七十餘篇，附以詩餘四篇，末卷爲誌銘、别傳、祭文、挽詩之屬。其卷數雖與黄誌同，然剟拾於殘缺之餘，詩即廑存梗概，文則無復一字，若所作括蒼嶺卻金館記，但節存數語於附録中，蓋其佚者多矣。環庵爲革除遺老，雖嘗應修永樂大典之聘，卒不受官，其志節足與龔詡諸人埒，至於行誼粹篤，尤爲知府何文淵所推。惟詩文直抒胸臆，不甚擅場。然人品既高，神思自遠，此集所存，雖不能方軌高、楊，以視明季山人，曼聲側調，以詩文爲交通聲氣之具者，不啻天壤矣。書所編輯亦尚詳審，如題蔡節婦卷、遺稿一。題孫雪齋梅花圖、題沈惟貞畊牧圖並遺稿二。諸詩，並從故家所藏手蹟録入，又送高廷璧指揮使征括寇詩，則注見浙音會略，遺稿二。挽金伯遜詩，則注見昆陽江南文獻，遺稿六。皆一一揭其援據，至弟八卷附奉送郡守何東園公應召赴京二十韻詩，詩亡而亦附存其目，足徵珍重手澤之意，惟書中間存陳大訓、林尚春評語，則爲明以來編刻詩集之陋習耳。

顓蒙録環庵遺稿十。嘉慶瑞安縣志九「顓」作「潁」。〔一〕

佚。

聚樂稿環庵遺稿十，嘉慶瑞安縣志九作「聚樂堂稿」。〔二〕

佚。

倪氏寅觀光集千頃堂書目十九。萬曆温州府志十七「集」作「稿」。〔三〕

佚。

案：澹庵倪明經寅，萬曆温州府志、嘉慶瑞安縣志隱逸傳並有傳。虞原璩環庵遺稿六和澹庵倪子賓韻詩後，附載倪氏原詩，虞書注云：「澹庵詩集題云有懷虞梅軒兼奉環庵先生」。所謂澹庵詩集，當即此書也。

〔一〕「嘉慶瑞安縣志九顓作潁」，底本原無，據刻本補。雙橋虞氏宗譜作「二卷」。

〔二〕雙橋虞氏宗譜作「五卷」。

〔三〕「萬曆温州府志十七集作稿」，底本原無，據刻本補。

季氏德基蘭坡初編稿三卷。月泉詩派。千頃堂書目十七作「蘭坡遺集」，萬曆温州府志十七作「蘭坡遺稿」，並無卷數。

佚。

續稿五卷。月泉詩派

佚。

擬進時務策一卷。月泉詩派

佚。

黄淮季蘭坡墓誌銘：先生文章贍蔚俊偉，而更善詩，尤喜作排律，五六十韻操觚立就。有蘭坡初此下疑奪「編」字。稿五卷、擬進時務策一卷藏於家。月泉詩派，黄介庵集缺。

月泉詩派：季德幾字武抑，恥庵子也。有蘭坡初編稿三卷、續稿五卷。〔一〕

〔一〕從「黄淮季蘭坡墓誌銘」起，底本原無，據刻本補。

案：蘭坡季處士德基，萬曆温州府志義行傳〔一〕、嘉慶瑞安縣志隱逸傳並有傳。其名東甌續集六、千頃堂書目十七、東甌詩存十八並作「德璣」，月泉詩派作「德幾」。黄文簡所作墓誌同，萬曆府志藝文門亦作「幾」，與人物門異。〔二〕以其字武抑推之，則府、縣志不誤。乾隆温州府志經籍門別載竹所翁集，亦云德基撰。嘉慶瑞安縣志隱逸傳誤同。蓋誤以季正中〔三〕集屬之蘭坡也。

季氏德珍竹所翁集月泉詩派作「季德琦竹所集」〔四〕、乾隆温州府志二十七作「季德基撰」，誤。今從千頃堂書目十八。〔五〕

一卷。月泉詩派。千頃堂書目十八無卷數。〔六〕

佚。

〔一〕萬曆温州府志義行傳，底本原作「乾隆温州府志」，據刻本改。

〔二〕从「月泉詩派」起，底本原無，據刻本補。

〔三〕「正中」，底本原作「德珍」，據刻本改。

〔四〕月泉詩派作「季德琦竹所集」，底本原作「千頃堂書目十七」，據刻本改。

〔五〕「今從千頃堂書目十八」，底本原無，據刻本補。

〔六〕此條底本原無，據刻本補。

東甌續集六：季德珍字正中，號竹所，德璣弟。

月泉詩派：季德琦字正中，號竹所，居仙源，蘭坡弟也。有竹所集一卷。〔一〕

佚。

金氏軒集蓼生稿乾隆平陽縣志十九。乾隆温州府志二十七「稿」作「集」，東甌詩存十七作「蓼生詩集」，誤。

王朝佐序：嗚呼！此金先生之文也。先生逝矣，而其餘稿尚存，予得備讀之，然後知先生之爲人，有懸崖裂石之操，有寵辱俱忘之樂，有大庇天下之仁，故其爲文，明白縝密，温潤從容，大篇短章，出入百家，放逸馳騁，而卒歸之正。雖其悽愴鬱抑之意較多，而不害其爲和平雅淡之音也。予自髫齔時，聞鄉先生論吾邑國初人物，必以屬之先生，初莫知爲誰何。既而讀其文，論其世，不覺斂衽起敬，惜其不一用於世，以見諸施行爲可恨也。先生名軒，字伯遜，平陽之金舟人。洪武初，詔起山林遺逸，郡邑以先生應聘，幣走其門者五六，先生以母老辭不起，自號集蓼，以示隱居若淡之志。然當是時武人崛强，聚斂頗急，民或不聊其生，先生雖處山林而心憂焉。永樂初，太宗登極，勵精太平，乃爲書萬言上之，其

〔一〕此條底本原無，據刻本補。據仙源季氏大族譜季德琦爲德基從弟，有竹所吟稿六卷。

目曰「尚治道，廣招賢，選守令，興武學，擇掌印，輕賦税，整旌善，行家禮」，大概以天下之治，宜躋之以仁義禮樂，而守成之與創業，微有不同，當少損益之。其言鑿鑿，皆實切中時病，上下其章，適朝議不合，竟困頓以死。嗚呼悲夫！先生之不遇也。朝廷今治安百有餘年，中間斟酌損益，禮樂法度，粲然備舉，視先生所陳無不脗合。豈先生既歿之後，其言亦略施行之乎？先生於書無所不讀，尤精於易，每布蓍定爻，吉凶休咎，其應如響，故遠近士大夫，無問識不識，皆知先生，皆爲先生惜。正統間纂修邑乘，嘗採其概，近續修者，乃或削之，予重歎先生之不遇也。雖然，先生之言雖不合于一時，而卒行於後日，作史者固當大書特書，豈止一邑乘而已乎？然則先生亦未爲終不遇焉耳。先生之孫元奎，從事京師，讀書好義，克世其業，手鈔先生遺稿，詩凡若干首，文若干首，懼其久而泯也，將刻諸梓以藏於家，俾予序。嗚呼！晚學小生何敢以序先生之文，然元奎與予交，且佐又邑人也，景仰有素，誼不可辭，遂僭書以俟。乾隆平陽縣志十九

案：金處士軒，一名伯遜，乾隆平陽縣志文苑傳有傳。東甌續集七載其詩作「金伯遜」。

陳氏文朴庵集東甌續集七。萬曆温州府志十七作「朴庵歸休稿」。

佚。

東甌續集七：陳文字彦章，號朴庵。官至都指揮，致仕，有朴庵集。

案：陳朴庵時代無考[一]，東甌續集載其詩三首，在金伯遜後，今附於此。

蔡氏鼎西巖集　乾隆温州府志二十七。嘉慶瑞安縣志九「集」作「稿」。

佚。

嘉慶瑞安縣志七：明蔫辟蔡鼎，幼童。大理寺副，疏乞終養，事父敬嚴，壽至九十七。

案：雍正泰順縣志八，載元吴子美教授生徒，講論理學，瑞安大理寺副蔡鼎少師之。又萬曆温州府志十二[二]任道遜傳亦載與吴祚、蔡鼎結清樂會，倡和吟詠，則鼎蓋洪武、永樂間人也。

任氏道遜集雲山樵文集　嘉慶瑞安縣志九

佚。

[一] 明張寧方洲集二十三昭勇將軍浙江都指揮僉事陳公神道碑載其事蹟甚詳，爲正統天順間人。

[二] 萬曆温州府志十二，底本原作「乾隆温州府志二十」，據刻本改。

竹亭稿 嘉慶瑞安縣志九

佚。

歸田百詠 乾隆温州府志二十七

佚。

雅鳴集 嘉慶瑞安縣志九

佚。

匏翁家藏集 嘉慶瑞安縣志八〔一〕

佚。

坦然子集 萬曆温州府志十七

〔一〕「八」，底本誤作「九」，徑改。

佚。

感興詩嘉慶瑞安縣志八〔一〕

佚。

〔一〕「八」，底本誤作「九」，徑改。

温州經籍志卷二十六

集部

別集類

明

林氏補遯志集千頃堂書目十九

佚。

案：林編修補，乾隆温州府志、乾隆永嘉縣志儒林傳並有傳。

鮑氏輝金臺嘯稿乾隆温州府志二十七

佚。

案：鮑給事輝，萬曆温州府志宦業傳、雍正浙江通志、乾隆平陽縣志忠臣傳並有傳。

周氏旋畏庵集明史藝文志四作「周旋文集」，今從國史經籍志五、四庫全書總目一百七十九、千頃堂書目十九。十卷。明史藝文志四、四庫全書總目一百七十九、千頃堂書目十九、國史經籍志五、雍正浙江通志二百四十九並作「二卷」，乾隆永嘉縣志二十三作「四十卷」。

存。成化壬寅劉遜刊本

故翰林侍講兼春坊左庶子永嘉周先生旋，著文若干卷、詩若干卷、廷對策一卷、建言時事一卷，今大尹安成劉侯遜將編録成集，命工鋟梓以傳於後，又命先生之子、府學生纓來求予序。於乎！文豈易言哉？文，言之精者，所以足言；詩，又文之精者，所以言志。皆所謂載道之器，出乎心而本乎道，足以關世教之勸懲，繫風俗之美刺，斯爲知道之言，而垂法於天下後世者也。易、書、春秋、禮、樂之文，國風、雅、頌之詩，論、孟、庸、學之書，莫非聖賢心智神明，妙契斯道，故發而爲言，皆天經地義，經天緯地之文，亘萬古而不磨，與天地、四時、日月，相爲悠久以道鳴者也。下至屈、宋之騷，賈、董之策，遷、固、彪、曄之史，班、左、張、楊之賦，蘇、陶、謝、李、杜、元、白、歐、蘇、曾、黄、虞、楊、范、揭諸公之詩，韓、柳、歐、蘇、王、曾、陳、胡、姚、袁、程、馬、劉、蘇、宋、方諸公之文，及他諸作之顯者，不能盡舉。

蓋皆大家名公，文章正宗之顯〔一〕於天下後世，皆寓乎道而鳴者。譬如名山大川，五嶽四瀆之流峙於海内，爲四方千載之望，卓卓乎不可及也。若夫關、閩、伊、洛、周、程、温、邵、張、朱諸君子，遠繼魯、鄒、洙、泗之絶統，直與孔、曾、思、孟性理之學相與表裏，以道鳴於天下後世，又非漢、唐諸儒文章之比，文豈易言哉？天下四方之善爲詩文者多矣。若吾温郡有王景山、周行己、劉安節、宋之才、許景衡、葉味道、章仕堯、史伯璿諸先生，皆得伊洛之學，以道而寓諸文。戴述、張煇、張闡、陳鵬飛、王十朋、徐履、木待問、薛叔似、蔡幼學、葉適，以至李孝光、孔克表、黄淮諸先生，皆得學術之醇，以詩文而本乎道。若今繼黄之後，則周旋先生矣。先生字中規，自少游郡庠，篤志於學，登名浙闈甲榜，禮部廷對第一，蓋得乎道而發爲文者。初授翰林修撰，陞侍講，兼左春坊左庶子。侍從宫廷，出入禁掖，或承詔出使，或承恩省祭，以及宴會餞送，游觀贈别，皆形之詠歌，製爲序記等文，悉皆典雅閑淡，適情遺興，如行雲流水，不假雕琢，而足以膾炙人口，矜式後學，蓋皆出乎道，而無愧乎前輩者知道之言也。故爲之序。成化壬寅春二月，賜進士、正議大夫、資治尹南京禮部左侍郎致仕、樂清章綸序。

〔一〕「顯」，底本脱，據刻本補。

永嘉周先生旋，字中規，明書經，登正統改元進士第一，累官左春坊左庶子。博覽百家，鋭志史業，尤工於詩文詞賦，類成四十餘卷，辭理純雅，不事浮夸，自題曰畏菴集，蓋畏菴，其別號也。景泰初，極言時政，多所建明，既而以疾卒於官。天下人皆以爵位未隆，而所存未盡施於當時惜先生也。成化庚子，遜奉命來官，得閲是集，玩辭探志，喜慰寔深，將欲板行，然以其不出親書，未免魯魚之謬，而弗敢全録也。間因抽其不謬者，類爲十卷，請少宗伯致政欒清章公序其首，賃工鋟梓以傳於世。餘還諸乃子藏之，以俟後來將復有爲之校正而全録者。嗚呼！是集先生德言之所寓也，德言既傳於後世，則其所存者，由此亦庶乎可盡施矣。彼爵位之在天、在人者不隆於當時，亦奚足爲先生惜哉？僭題此於末簡，以爲有識者道云。後二年癸卯秋七月丁酉，安成劉遜識於公署味菜亭中。

姚希孟序：常聞至人如松柏，節磊於中，則文榮於外。其人端者，其文懿以素；其人亮者，其文裁以決。若夫縱横詭譎，淫千萬言，而無一言之旨乎道，此其人藤蘿不剪者耳。永嘉周畏庵先生，褎褎懊懊，爲當世大儒，射明廷策得第一，徘徊史局，晉陟宫僚，常有治國安民畝，救時急務，慷慨發抒，大類董仲舒、劉子政之風。其他歌什撰著，大略追鑣於歐、蘇，弭節於解、宋，而馳騁性靈以上下其間，往往去濫而還約，鋤華而敷實，卒澤於道德炳如也。夫文以成章爲斐，以可蹈爲真，以貴我爲宗，以簡物爲尚，先生之文兼此四美，乃余所慨然興慕低徊而想見其人者。念史臣簪筆禁林，雍容都雅，蒿目時艱，深中難吐，其誰能志切於拔茅，慮眕於徹桑，犯樹恩翹識之嫌而不恤，嚮使當年迎駕之議得行，誰能攘南城爲己力哉！夫文章之道，使天下後世曉之何足貴，貴在人主曉之，而後經國大業庶可無忝。上林、長楊，雕蟲小技，其神化所至，習能所伏，猶且輸天地獮葩煜靡之氣以自通於人主，乃救世之文，多抑而不見用。仲舒、子政且然，何況後人？然以救世爲文者，可以有功於文，而以文救世者，并可以有功於世。先生固非詹詹立言，乃三不朽差具矣。先生之後人憲副君應期，承家學而光其傳，欲新先生之集，而問序於余。夫序先生者則有章恭毅公在矣。恭毅公直節矯矯，生平慎許可，獨矜慎先生，爲弁其集，此亦貞松茂柏，自然德鄰之理也。憲副君之繩武先生不必言，而今之恭毅爲誰？余之低徊想見者，豈獨先生在乎？即序先生文，亦澳焉泚筆而難爲下矣。咸豐永嘉縣志二十七。成化本無。

周應期後序：先太史畏庵公集，原録四十卷，前令尹安成劉公簡而刻矣。汰三存一，鄉先生章恭毅公爲叙。其首，凡天人之奏對，宮陛之獻納，親友之贈貽，觀覽之哦詠具在矣。應期爲兒時侍先大父，嘗口授贈章秀才詩，私心津津，竊嚮往焉。稍長，從家嚴學，日課有暇，輒命讀公廷對及時務諸策，沈思三復，若有所得，然於他什概未遑也。己未之役，徼公靈幸售南宮，奉使歸省，乃始開函拂蠹，捧公全集細讀之，大率以立誠豫修詞之本，主敬盡聖學之原，義憤激發於時危，昌言必中於事窾，彬彬乎質有其章，而非藻繪鞶帨爲貴者，手澤儼然，陟降不遠矣。惟是篇章善泐，認鴻乙而多疑，鋟梓弗工，辨豕魚而悉舛，是用親爲讎較，授之副墨，購良梓再刻焉。凡卷帙序次，悉依其舊，不能訪求遺佚，有所埤益，秖釐葺其斷悞而已。嗚呼！右軍墨妙，用開智永之書；必簡詩工，大啟少陵之詠，應期譾陋，深用恧焉。顧吾祖、吾父垂訓之盛心，尤當引伸於無窮者，烏可無述？敬書之末簡，以志不忘耳。乾隆永嘉縣志二十三。成化本無。

四庫全書總目一百七十五：畏庵集十卷，兩淮馬裕家藏本。明周旋撰。旋字中規，別號畏庵，永嘉人。正統丙辰進士第一，官至左春坊左庶子。是集凡詩賦五卷，雜文五卷，樂清章綸爲之序，稱其典雅閒淡，然在當時猶馳驅於流輩之中，未能自闢蹊徑。

案：畏庵周庶子旋，萬曆温州府志宦業傳、雍正浙江通志、乾隆永嘉縣志文苑傳並有傳。所著畏庵集，稿本凡四十卷，成化庚子縣令安成劉遜選録付梓。凡廷試策及表啟一卷，賦一卷，詩三卷，雜文五卷，而附以挽詩、序及像贊，即今所傳十卷本也。後崇禎間裔孫應期，又以劉本重刊，後序稱「卷帙、序次，悉依其舊，不能訪求遺佚，有所埤益」。則原稿明末時已散佚。今以東甌續集及東甌詩存十八所録詩，與集本對校，惟續集七載送義士朱叔寬南旋五言古詩〔一〕一首，詩存十八載游玄妙觀墨池七言律詩二首，爲劉本所未録，蓋集外詩之存者尠矣。

周氏順德過庭集鄒維璉達觀樓集二十二。花萼樓集「集」作「草」。

佚。

鄒維璉明故誥封奉直大夫周公諱尚文先生墓誌銘：其先閩之赤岸人，徙居永嘉松臺里。宋有行己，仕博士；厥孫學古，應漕舉；學古之孫如堅，登慶元右科，官合浦令；從合浦四傳入國朝，有朴庵公者，抱隱德；再傳而生畏庵公旋，以正統進士第一，官左春坊左庶子；次恕庵公順德，博洽能詩，著有過庭集。達觀樓集二十二

周天錫訪甬東故居詩注：先祖恕庵公，著過庭草，今佚不傳。花萼樓集

方氏增質直翁集乾隆溫州府志二十七

佚。

〔一〕「古詩」，底本誤作「絶句」，據東甌續集改。

扣舷集乾隆温州府志二十七

佚。

乾隆平陽縣志十六：明人物補遺，方增字士宜，居白沙，自號質直翁。

案：方士宜，時代無可考，東甌續集七載方士宜詩一首，注：平陽人。序次在周畏庵後，今附於此。

陳氏鈍宦游集千頃堂書目十九

佚。

全歸集雍正浙江通志二百四十九

佚。

案：壽齋陳郎中鈍，萬曆温州府志宦業傳、雍正浙江通志、道光樂清縣志介節傳並有傳。

章氏洪平園稿謝鐸桃谿淨稿十二。萬曆温州府志十七作「吳文洪平園遺稿」，道光樂清縣志十一〔一〕作「吳文洪平園遺稿」。

〔一〕底本「一」下有「並」字，「並」衍，徑刪。

佚。

謝鐸平園處士章公墓表：公德清掌史廷元公之曾孫，少宗伯大經公之季父，而黄門玄應君之從祖也。章故吴姓，其後章則自德清公始。公諱洪，字叔濛，少聰穎有大志。永樂初，嘗與范御史霖、鄭御史夏爲邑庠友。既病免，則代伯兄侍郎爲戍卒，未幾坐逮繫，同行無一得生者，公復委身援出之，遂度故居之西曰「平園」，以爲游息燕翼之所，因自號曰「平園耕樂」，示志也。公生洪武辛未，以成化庚子三月卒，年九十。所著有平園稿，藏於家。桃谿淨稿十二

案：平園章處士洪，恭毅公綸之季父，舊府、縣志經籍門作「吴文洪」，蓋章朝鳳復姓後追改也。今據桃谿淨稿正之。

章氏綸恭毅文集萬曆温州府志十七作「恭毅公文集」。

二十七卷。甌乘補十八。萬曆温州府志十七無卷數。

未見。〔一〕

〔一〕温州市圖書館藏清嘉慶年間鈔本詩集十三卷，殘存五卷，又藏敬鄉樓、鄉著會鈔本，據玉海樓藏鈔本謄寫作十三卷，印入敬鄉樓叢書第四輯，稱章恭毅公集，附詩集目録一卷。

張詡序：天眷皇明，錫以骨鯁忠貞之臣，俾之用以贊治化、匡社稷、扶綱常、隆世道於當時，而餘芳遺烈，足以起頑立懦於千百世之下。若南京禮部左侍郎、贈尚書、謚恭毅章公，蓋其人也。公在景泰初爲儀制郎中，即抗疏論太平致治十六事，次論禦戎，次論鈔法、次論幸寺、次論恤民、次論時政、次論朝貢、次論科舉，最後論修德。方在一司，秩五品，非秉鈞軸當言路也。五歲中，疏入者八九，皆國家大計，言人所不能言者也。其修德中言朝上皇，復儲位，事關王體國是尤大，言人所不敢言者也。疏一上，舉世韙之，而公坐是得禍矣。首尾困縲絏七年，考訊無完膚，繼受大杖一百，瀕死者亦屢矣。我英宗皇帝復辟之初，首釋公。是夜索公疏讀之，猝不可得，隨聞之内侍口誦，以手擊節歎曰：「好臣子！」明日擢公禮部右侍郎，蓋簡在帝心久矣。公下獄也，天大風，黄沙四塞，人心杌隉；釋囚之日也，連日陰霾，至是開豁，京城男婦聚觀如堵，有泣下者；擢官之日也，中外臣僚，下至衛士，以及行路之人，莫不舉首相賀。一時骨鯁之名，忠貞之節，掀天揭地，雷震於四方矣。由是觀之，公危言讜論一發雖不盡用，而於治化社稷增重多矣。至於殊榮大辱之加，綱常世道又因之而振肅焉。千百世之下，聞其風者，頑可起而懦可立，豈誣也哉？謂非天錫不可也，惜乎公以公輔之器，而沉於下僚，後雖任以卿佐，尋改南都，未衰乞骸去矣。其素所蘊蓄，容有未究其用者，故往往於文章焉發之。平生所爲詩文甚富，雖一時應酬之作，亦皆本於性道節義，該乎人倫物理，不爲無益之空談。故雖不屑屑求中於文士詩人之榘度，而精誠貫金石，光焰奪星斗，非有本者能如是耶？竊嘗妄評公之詩，如關雲長直取顔良頭於百萬軍中，而陣伍有不必設焉者矣，豈尋常將帥敢爲哉？蓋詩如其文而文如其人如此。公薨之二十二年，冢嗣方伯玄應始編次成集，凡二十有七卷，詩文若干首，刻梓以傳，屬詡序其端。噫！詡何人？敢以不腆之辭辱公之文哉？顧仰慕公在山斗之地非一日矣，重以方伯孝思之意不可孤也，敢論述其關繫於天人之大者，以見公所以取重於世者有在也，是亦論世之意也。公名綸，字大經，浙之樂清人。有年譜、奏議、進思録、困志集已梓行於世矣。方伯才猷茂著而有文，所以濟公之美者未艾也。甌乘補十七

拙稿千頃堂書目十九

佚。

困志集千頃堂書目十九、續文獻通考一百八十三

未見。〔一〕

南氏昱宜齋稿千頃堂書目十九

佚。

案：宜齋南寺副昱，萬曆温州府志宦業傳、道光樂清縣志循吏傳並有傳。

吕氏洪晉齋集乾隆平陽縣志十九

佚。

鳳山詩乾隆平陽縣志十九

佚。

案：晉齋吕副使洪，萬曆温州府志宦業傳、乾隆平陽縣志名臣傳並有傳。

〔一〕臺北「中央圖書館」藏明成化十七年樂清章氏家刊、嘉靖三十七年增刊本。温州市圖書館藏敬鄉樓鈔本、敬鄉樓叢書第四輯本。

葉氏挺尚志翁稿千頃堂書目十九

佚。

張氏慶恒齋集道光樂清縣志十一

佚。

案：恒齋張教諭慶，萬曆温州府志宦業傳、道光樂清縣志循吏傳並有傳。

方氏燧方齋文稿十卷。乾隆平陽縣志十九

佚。

季氏廷珪怡雲小隱集月泉詩派。萬曆温州府志十七「雲」作「情」。

佚。

月泉詩派：季廷珪字景温，號粟然，蘭坡翁子。居蓮池，游邑庠，卒年三十九。詩文有

怡雲小隱集。〔一〕

朱氏美白龍山人集萬曆温州府志十七

佚。

東甌續集八：朱美字從輝，樂清瑶川人，號白龍山主人。

案：朱從輝爲雲松處士希晦玄孫，正統間以俊乂選爲郡庠生。嘗從黄巖章陬讀書空明山中。奉雲松巢詩請章爲序，詳卷二十四雲松巢集章序。蓋能不墜其家學者。

葉氏衡宜休居士集千頃堂書目十九

佚。

案：葉知縣衡，萬曆温州府志、雍正浙江通志循吏傳、乾隆平陽縣志宦業傳並有傳。

夏氏存芝雲集千頃堂書目十九。董斿羅陽詩始一「雲」作「靈」。

〔一〕底本原有案而無此條，從刻本。

佚。

案：夏處士存，雍正泰順縣志鄉逸傳有傳。

林氏裕六一集千頃堂書目十九

佚。

案：林處士裕，雍正泰順縣志鄉逸傳有傳。

劉氏濬井蛙集千頃堂書目十九

佚。

吴氏祚成趣齋稿乾隆温州府志二十七。嘉慶瑞安縣志九，「齋」作「亭」。

佚。

案：吴通判祚，萬曆温州府志宦業傳、雍正浙江通志、嘉慶瑞安縣志循吏傳並有傳。

徐氏吉湖山秋月吟乾隆平陽縣志十九

佚。

乾隆平陽縣志十二：景泰歲貢徐吉，字惠卿。南康通判，民德之，居坊郭。

陳氏善味澮稿乾隆平陽縣志十九

佚。

乾隆平陽縣志十二：景泰歲貢陳善，居東田。

朱氏失名西爽集二谷山人近稿五

佚。

案：侯二谷朱孝子傳述孝子之子寧曰：「家世詩派，自先曾祖西爽、先祖侍菊，皆有集。」惜不著其名字。

項氏旻病餘稿桃谿淨稿十二。千頃堂書目十二作「龍山稿」，萬曆温州府志十七、雍正浙江通志二百四十九、嘉慶瑞安縣志九並作「隆山稿」。

佚。

謝鐸建陽知縣項君崇仁墓誌銘：崇仁未成童，輒操筆爲文，盤摺硬語，儼然有奇氣如老成人。既壯，益大究於學，開口論當世事，侃侃若無以當其意者。既謝病，更號隆山病叟。有病餘稿若干卷，藏於家。桃谿淨稿十二

案：項建陽旻，萬曆温州府志宦業傳、嘉慶瑞安縣志循吏傳並有傳。

鄭氏繹豫齋文集

二卷。乾隆温州府志二十七

佚。

雍正浙江通志一百八十二：鄭繹潛心濂洛諸書，爲文期臻秦漢，而詩宗李杜，有詩、文二集。

案：豫齋鄭通判繹，雍正浙江通志、乾隆温州府志、道光樂清縣志文苑傳並有傳。府、縣志經籍門並題「陳繹」，誤。

謝氏暹萬山稿千頃堂書目十九。乾隆温州府志二十七「稿」作「集」。

佚。

乾隆永嘉縣志二十：天順壬午舉人謝暹，應天中式，臨武教諭。

林氏顗定庵集千頃堂書目十九

佚。

乾隆永嘉縣志二十：天順府學歲貢林顗，訓導〔一〕。

王氏鏊效顰集千頃堂書目十九

佚。

萬曆溫州府志十二：王由，景泰間樂清章恭毅公疏諫易儲，逮詔獄，由適以陰陽正術就選京師，力爲周旋。由工詩詞，所著有效顰集，與父毓槐陰集，皆恭毅公序之。〔二〕

案：夢竹王正術鏊，王由，號夢竹，爲陰陽正術，見東甌續集八。通志、府、縣志並不載。樵雲處士毓子，萬曆溫州府志、雍正浙江通志、乾隆永嘉縣志義行傳並有傳。書其名作「由」，東甌續

〔一〕「訓導」，底本誤作「教諭」，據乾隆永嘉縣志改。

〔二〕底本原作「乾隆溫州府志二十：王由所著有效顰集，與父毓槐陰集，俱章恭毅公序之」，據刻本改。

集八、千頃堂書目十九、東甌詩存十九並同。考王世貞樵雲公傳：七子環、瓓、瑀、珙、璩、璺、瑊，見弇州山人四部稿八四，璺，刻本誤「𤪡」，字書所無，今據説文正之。無所謂「由」者，説文玉部：「璺，遺玉也。」朱翱音，以周切。廣韻平聲十八尤，「璺」與「由」同紐。則夢竹之名當爲「璺」字，無疑。其字秉璠，亦與遺玉之義相應。淺人不識「璺」字，但聞其聲，輒書爲「由」，遂至重惟貤繆，莫可究詰。今據弇州四部稿考正之。〔一〕

黄氏璧鑒湖集萬曆温州府志十七

佚。

東甌續集七：黄璧字藴圭，號鑒湖，永嘉人。

案：黄鑒湖事蹟無考。陳敬宗黄文簡墓誌銘載文簡孫男五：琦、瑜、瑞、珪、璨。明文衡八十九。並以玉部字偏旁聯名，而東甌續集八載黄璨，字藴和，上一字亦與鑒湖同，互相斠覈，當即文簡諸從孫也。

〔一〕弘治温州府志十八著録：「效顰集，王由撰，桑悦序。」又據英橋王氏族譜載夢竹翁傳及章玄應撰墓誌銘云：「公諱璺，改『由』字，字秉瑞。」可見「由」非書之誤，爲改名之字。集今存玉介園附集鈔本，爲不足本，温州市圖書館藏。

杜氏整杜文貞集千頃堂書目二十

佚。

幼童集千頃堂書目二十

佚。

乾隆平陽縣志十五：杜整六歲通音律，能賦詩，有幼童集。

案：敬庵杜布政整，乾隆温州府志介節傳、乾隆平陽縣志宦業傳並有傳。

陳氏宣潛齋集千頃堂書目二十。乾隆温州府志二十七、乾隆平陽縣志十一「集」並作「稿」〔一〕。

佚。

章氏玄應雁蕩山樵詩集

十五卷。千頃堂書目二十、天一閣書目四之一。東甌詩存十九作「雁山樵集」，誤。

〔一〕乾隆平陽縣志無此語，「乾隆平陽縣志十一」及「並」當刪。

未見。〔一〕

天一閣書目四之一：雁蕩山樵詩集十五卷，刊本。明廣東布政東甌吴玄應撰，福建僉事孫吴朝鳳輯，閩游居敬校。序稱曼亭諱玄應，字順德，初襲章姓，至南岡君疏復吴姓。東甌樂清人，成化乙未進士。授南京禮科給事，歷湖廣少參、陝西大參，至方伯。正德初年卒。其父爲尚書恭毅公綸，在景泰年間有奇節。而公屢陳論諫，有乃考風。其猷烈載志乘，晚又號雁蕩山樵，故以名集。

曼亭集東甌詩存十九。雍正浙江通志二百四十九「集」作「稿」。

佚。

道光樂清縣志十一：章玄應詩集十五卷。按隆慶志作「曼亭稿」，康熙志作「雁山樵集」，天一閣書目作「雁蕩山樵集」。

〔一〕臺北「中央圖書館」藏明嘉靖三十五年樂清章氏家刊本。温州市圖書館藏敬鄉樓鈔明嘉靖章氏鈔本。

徐氏守臣菊泉稿萬曆温州府志十七

佚。

萬曆温州府志十：成化辛卯舉人徐守臣，任學正，永嘉人。

黄氏禄芝山稿千頃堂書目二十

佚。

案：黄學正禄，萬曆温州府志、乾隆永嘉縣志孝友傳並有傳。

陳氏斐嗚困稿

二十卷。千頃堂書目二十二

佚。

案：陳舉人斐，萬曆温州府志、道光樂清縣志孝友傳並有傳。嗚困稿，道光樂清縣志經籍門不著録，而别載高友璣嗚困稿，卷數亦同，疑誤。

柳氏文斐進修集萬曆温州府志十七。乾隆温州府志二十七「集」作「稿」。〔一〕

佚。

李東陽明贈徵仕郎中書舍人柳公合葬墓誌銘：瑞安柳公諱信，字尚孚，以子楷貴，贈中書舍人。子四，長相，後以字行，曰文斐，陰陽術訓。石本。懷麓堂集不載。

柳氏楷擊缶集萬曆温州府志十七

佚。

東甌續集八：柳楷字文範，號萬松山人，瑞安人。由神童官至中書舍人。

韓昂續圖繪寶鑒：柳楷字文範，號萬竹山人，永嘉人。與姜廷憲官直内閣，詩、文、書、畫並皆佳妙。案：此以楷爲永嘉人，誤。

案：徐延明畫録亦作「號萬竹山人」。〔二〕

〔一〕底本原無此注，據刻本補。

〔二〕萬松在瑞安，其號當以「萬松」爲是。

黄氏鍾松月軒集乾隆温州府志二十七

佚。

案：黄處士鍾，永嘉人，萬曆温州府志孝友傳有傳。

李氏龍西峰集萬曆温州府志十七

佚。

道光樂清縣志八：李龍，諤子。少穎慧，日誦數千言，文思敏捷，御史陳川試浙省，擬拔第一，竟不遇。著有西峰集。〔一〕案：萬曆温州府志選舉門天順四年進士李諤，任肇慶府知府。府、縣志並誤作「鍔」。

陳氏紀頤庵集萬曆温州府志十七

佚。

東甌續集七：陳紀，平陽人，任訓導。〔二〕

〔一〕道光樂清縣志八無此語，見光緒樂清縣志八。

〔二〕「訓導」，底本誤作「令」，據乾隆温州府志改。

乾隆温州府志十九：明成化平陽歲貢陳紀，壽寧訓導〔二〕。

陳氏寵短檠清夜集清潁一源集二

佚。

清潁一源集二：陳寵字敏顯，號慥慥齋，庠生。成化九年癸巳貢太學，任分宜縣訓導。著有集曰短檠清夜。

陳氏大木雲清趣清潁一源集二

佚。

清潁一源集二：陳大字洪魁，號潡南。所著有木雲清趣。

鮑氏瑋山亭稿萬曆温州府志十七

佚。

京華稿嘉慶瑞安縣志九。縣志八文苑傳「稿」作「集」。

佚。

案：鮑歲貢瑋，嘉慶瑞安縣志文苑傳有傳。東甌續集八作「鮑偉」，萬曆温州府志藝文門復出鮑偉山亭稿，並誤。

季氏蒙靜學集一卷。月泉詩派

佚。

月泉詩派：季蒙字彦亨，號靜學，居仙源，敬齋姪也。案：敬齋名佾，爲季栗然廷珪從子，亦見月泉詩派。靜學，蓋栗然從孫也。工醫博學，善吟詠，所居有浸月池、臨清樓、萬荷亭、南巢庵，時與詩社胡竹南輩游息焉。卒年五十五。有靜學集一卷，已失。

董氏鑒京華録羅陽詩始一。雍正泰順縣志八「録」作「集」。

佚。

吟情稿羅陽詩始一

佚。

案：訥齋董縣丞鑒，雍正泰順縣志宦業傳有傳。

高氏友璣南屏遺稿東甌詩存十九。道光樂清縣志十一作「鳴困稿二十卷」，誤。

佚。

案：南屏高襄簡公友璣，萬曆温州府志宦業傳、雍正浙江通志、道光樂清縣志名臣傳並有傳。

童氏器東川集千頃堂書目二十一

佚。

王氏朝佐蛟川集千頃堂書目二十一。乾隆平陽縣志十九作「蛟川文集」。

佚。

蛟川詩稿

二卷。乾隆平陽縣志十九

佚。

錢鉞王虞部詩集跋：虞部員外郎王公廷望，清介絶俗，予家食時已聞其名，見其製作，恨未之識耳。正德丙寅春，予承乏工部幕，始獲接公於朝夕，相與益深，公暇輒賡唱以爲樂，而夙願爲少償焉。頃以平居所作詩凡若干篇出示余曰：「子素知我，盍爲評之？」余不敢以蕪陋辭。嘗聞先正有曰：「詩者，譬如釀花之蜂，必渣滓盡化，芳潤融液，而後貯於脾者皆成密。又如食葉之蠶，必内養既熟，通身明瑩，而後吐於口者皆成絲。」公之辭氣從容，音律清雅，殆亦是歟？自非才兼衆善、博極群書者，其孰能與於此哉？誠詩豪也。竊不自揆，僭評于左，使讀公之詩者知所重云。正德二年龍集丁卯九月既望。乾隆平陽縣志十九

案：王廷望蛟川集，乾隆温州府志經籍門注：一作「蛟川詩稿」，平陽縣志經籍門則分文集、詩稿爲二書。今依著録，亦寧詳無闕之意也。

王氏瓚甌濱集千頃堂書目二十一

佚。〔一〕

游江心寺詩一卷。千頃堂書目八

未見。〔二〕

朱氏諫蕩南集四卷。千頃堂書目二十一作「一卷」，文瑞樓書目九作「二卷」，今從擺印本。

存。樂清朱氏擺印本

詩稱窮而後工，否也諒乎！夫苔巷蓬門之士，行高遇絀，俯仰無與爲伍，則其憂悰鬱抱必寄之詩歌，一字之奇，沉吟欲絶，往往出於塵世之所不道，然而深思苦辭，幾遠天巧，非工之至也。乃若道際通顯，志養恬愉，青山結社，白雲同趣，當其神與景會，快然有得，

〔一〕温州市圖書館藏玉海樓鈔本（孫詒讓校）、鄉著會鈔本。作甌濱文集一卷。

〔二〕甌濱摘稿由明方繼學删選。温州市圖書館藏敬鄉樓鈔本，附江心寺詩，印入敬鄉樓叢書第四輯，作甌濱摘稿一卷，補遺一卷，附録一卷。

矢口吟詠，皆成宫商，如元籟鳴空，流泉觸石，有自然之奏，不假雕飾，斯乃天巧，豈人力歟？余持斯論久矣。近從吾友暘谷王君所，讀東甌朱蕩南先生詩，其命毫構意，蓋無心於工而獨抒性靈者也。既往來三復，見其意象超越，音奏清遠，有似於木居草茹者之所爲言，則又疑之。最後觀王君所傳先生事，始知先生爲人，自少即負穎特資，夐出俗表。中歲官郎署，翱翔五馬，可謂貴顯矣。仕稍不得意，輒棄去，恣情林壑，興來則盡日忘返，所至攜箋筒自隨，遇有索篇什爲贈者，即累牘弗厭。其所詠題，迨遍乎越中矣。東甌故饒佳山，先生日處其間，探玄抉勝，不交世氛；而獨契溟涬，故其發諸聲律，飄揚遒逸，泠泠有神仙之氣，至於浩肆婉轉，則古歌行爲益奇。近體敦厚渾成，弗事雕琢，下及微吟短調〔一〕，率爾爲之，皆媚麗有佳致。蓋先生詩出入往匠，鎔以己見，而尤慕謫仙。謫仙早游金馬，蒙人主榮遇，晚而縱神宇宙，凡諸號名區大觀，攀陟或滿，用是多暢飲豪吟之句。先生棲止台雁間，登覽之什溢於集中，跡其所向，幾似近之，匪直其言稱同調也。先生既不欲俯首竟仕宦業，退而以詩自悦，而曾不效刻苦敲研之狀，要在陶寫性情，歸之風雅。先生真寄適天地，倐然物外者矣。設謂詩意必邁古，語必驚俗，始可言工，則三百篇具在，豈詰屈云

〔一〕「調」，底本原作「律」，據擺印本改。

爾哉！先生每有作，隨削其稿，故未行於世。王君從故嘗與先生游者，搜得之，彙爲帙，凡若干卷。既成，請余序。予乃稍論次其略，而因以復於王君。君將謂予知言也夫！諸大綬撰。案：諸大綬，山陰人，官至吏部侍郎，見萬姓統譜八。擺本「諸」誤「儲」，今正之。

吾友朱西園，爲蕩南先生胞弟兩溪公之十世孫，持其從弟平衡君手鈔先生集欲付鋟，屬余校讎。謹案：先生諱諫，字君佐，家雁蕩南之瑶川，故自號曰「蕩南」。前明弘治丙辰進士，出守贛，遷吉安，有政聲。侯二谷方伯爲立傳。注李青蓮詩及詩評、學庸圖說、宋史辨疑等書，載兩浙名賢録與省、府志。至蕩南詩集凡四卷，爲之序者有諸大綬，外如朱竹垞明詩綜引俞汝成語：「君佐詩多自得之趣，不規規於聲調格律。」靜志居詩話：「蕩南近體，足自名家。」然則先生之詩，前人論之詳已，陽何敢復贅一詞。第傳鈔既久，烏焉難免，西園能於二百年後蒐羅什襲，嗣守勿替，可謂賢子孫矣。因得伏而讀之，使人凜然起敬，想見其卓然自立，而流風遺韻足傳於世者豈徒然哉？爰不揣弇陋，訂其謬誤，補其闕略，三復太息，因敬書其後，以致仰止鄉先賢之意云。道光癸巳仲秋，邑後學葉正陽謹跋。

案：洪覺山李詩選注叙，謂蕩南詩有別刻，則明時已有刻本，然今未見。余家所藏者，道光癸巳，其裔孫世翰等擺印之本，凡四卷，與千頃堂書目所載一卷者不同。通志、府、縣志並同。然此本凡二厚册，必非一卷所能賅，疑黃氏所見乃初刻選本，此本乃蕩南卒後諸子編定之帙。惟東甌詩存十九載蕩南詩十九首，其聞笛、題畫、書陳君便面三篇，此本並無之，曾氏未見此集，曾書例，凡集未見者，姓名下注存其若干首，以此知之。其所録詩亦未注所據何書，然其體格與集中詩不異，且自此三篇外，其餘詩亦並見集中，塙非僞作，蓋此本卷數雖較黄目所載爲多，亦仍非足本也。侯二谷謂「蕩南詩宗李」，見二谷山人近稿五朱孝子傳。朱竹垞亦謂「其近體足自名家」，今以此集覈之，其古詩之多，幾居全集之半，五言寄託遥深，迴殊浮響；七言亦極踔厲縱横之致，雖間傷粗獷，要爲瑜多於瑕，蓋匪僅以近體擅長矣。

李詩選注千頃堂書目三十二作「李太白詩注」，今從明刊本。十三卷。千頃堂書目三十二無卷數，今從明刊本。

存。遜學齋藏明刊本

李詩辨疑二卷。

存。遜學齋藏明刊本

蕩南先生既罷吉安之守，致政居家，放意山水，多所吟賞，考論古今詩人，爲李詩選注十三卷，辨疑二卷。將終之日，厥子仕都下，乃躬手封識，遺教俾守掌焉，蓋平生所注意在此也。先生姓朱，諱諫，字君佐，居雁蕩山之南，號蕩南。厥子名守宣，别號靈谷。靈谷先生聞父喪，奔回奉書號隕，日思所以闡幽繼志，經紀弗遑。及嘉靖乙巳，出守郴州，積俸閲歲，召工鐫梨，既成爲丙午之夏，心以罪謫適至，請得遍讀之，乃爲之序。序曰：心嘗讀古人書，見漆園吏、謫仙人、東城翁之文，如天馬行空，不可施以羈勒，信天才所到，非學力可及也。莊、蘇以論辨，李以詩，宋人評子瞻，有「詩不迨古人」之語，然則三代而下，語詩才惟白一人而已。其曰大雅不作，正聲微茫，志在删述，而希聖獲麟，則其識見過人遠甚。高視千古，蕭然物表，真如秋水芙蓉，不假雕飾，其胸度曠逸有如此者。夫識見過人則託意深遠，胸度曠逸則情興自然，復有天才罕并，則其辭駿發而超邁，格變化而典刑。朱子獨稱白聖於詩，雖子美不與焉，其諸謂此歟？顧其集中多雜以他人之作，嘗考范傳正李翰林新墓碑，載文集二十卷，得之文士與其宗族，編輯斷簡，至曾子固序白詩集二十卷，舊七百若干篇，今九百若干篇，宋敏求次道之所廣也。傳正元和十二年作碑，去白死纔五十七年爾，既云編輯斷簡，則已不能無誤，況次道去傳正又二百餘年，更五代亂，所廣二百餘篇，安在必爲白作無疑也？吾意泛采雜收，當不止二李之作而已。及取諸家注覽之，類旁引曲證，少所發明，而是非真僞往往莫能辯正，每執卷而歎，世無有如紫陽考證韓文者一辯正之，而快我心而垂後學。今觀先生所爲選注，如朱子釋經例，先解文義，次述興意，微辭奧旨，燦然明白。其辯疑則取舛悖卑陋煩複，如遠别離、夜坐吟諸篇，指摘疵纇，皆前人所未發，真能曲暢立言者之本意，而雪洗其贋誣之辱心也。往時疑惑一朝披釋，不覺泠然快足，而信其嘉惠後學者遠也。吾故謂韓文有文公考異而韓文始信，李詩有先生選注、辯疑而李詩始信。或曰選注聞命矣，辨疑何從質之？心曰：未易言也。心聞昔人之相馬也，告於君曰：「臣得千里馬，牝而驪。」既至，則牡而黄，然馬果千里也。是固有得於牝牡、驪黄之外者，非心與子之所及也。時皇明嘉靖歲旃蒙大荒落，月應夷則，末伏日，賜進士、前兵部主事、同知郴州事、後學天長王心撰。

詩也者，其樂之權輿與？樂之相宣貴情也，是故詩以情出，而情以義正。夫其正者，教之成也；其情出者，性之根也。非性根則其教也弗行矣，其爲樂也弗可聽矣。夫子所選三百篇者，非教乎？然於夫婦閨門之始，父母家室之慶，兄弟宴飲之樂，朋友攜持之分，温切獨至焉。聖人非不欲離其欲而遠人之私，然而有所不可也。故曰國風好色而不淫，小雅怨誹而不亂，正者不可復得，能得其變而與之，此亦君子設教之心。太史公蓋庶乎知之，其蕩南朱先生李詩選注、辨疑之謂與？昔王定國與顔長道游泗水，登桓山，鳴笛飲酒，乘月而歸，東坡亦置酒黄樓上以待之曰：「李太白死，世無此樂三百年矣！」予老矣，不復作詩，蓋白以曠世天才，神游物外，腐視妃子、永王璘輩如淖中孤鴻，不足以污吾躬，故能大肆厥詞而工於言，非愛其工於言，爲其工於情也。情至而言出，轉喉觸腭，不離自性，豪而不放，淡而愈真，不遠夫婦、兄弟、朋友之常，而古今興亡得失之慨，湮於中而能達。出者無心而聽者乃自得其心於天機之外，故其出也超然，其聽而感也暢然。三百年下，風韻如故，器亡人存，蓋託之好色悲怨而能不淫以及於亂，是變風雅之遺也。其不足爲教與？晦翁嘗評之曰：「李白詩無法度，乃從容於法度之中，以爲聖於詩者。」是故里巷之語，忌病不聞，溢其真矣。士君子之言，文之理義，飾其美矣。東坡雅好白詩，讀之以意，而酷似其人。先生謹身砥行，與白之狂肆不似，而雅好其詩，選而注之以義，謂其猶有國風里巷之情，蓋欲因情飾美以爲教，非謂三百年無此樂，乃謂數百年無此真也。真之感人也，其非教之本與？然而不主於漢、魏何也？蘇、李、曹、劉得其正始，世所知也。宋、齊以降，浮淫流佚之聲不可采矣。其不及杜，何也？體格森然，寖寖乎後世之法律生矣。語曰：「絲不如竹，竹不如肉。」蓋肉漸近人，而肉之真，近乎人之心也；律漸遠情，而情之反遠乎人之心也。夫人心之生，與樂聲相爲應感，其感者不可知，而其感於人也不可知，亦以其情之真者同耳。苟得其真而調之，則雖絲竹一偏之音，不成於樂，亦足以暢人心而解其邪思，此宗工之善也。白之詩，其絲竹矣。昔歐陽永叔論韓退之聽琴詩爲聽琵琶之作，東坡疑之，而曲取證於義海，且曰：「世有深於琴者，乃能下之。」詩疑可無辨乎？予不敢然，予亦不敢以爲不然。予故善先生，先生詩有别刻，今從子瑶山公攜是卷刻於郡齋，郡大夫暘谷崔公、蘭窗黨公、鵬海郭公三先生復愛而校之，其亦宗工緣真立教之意，世方以爲知樂云。時皇明隆慶歲次壬申，秋七月吉日，書於紫陽書院，賜進士、中憲大夫、知温州府、前監察御史、婺覺山洪垣撰。

古風小序：古風者，效古風人之體而爲之辭者也。夫十三國之詩爲國風，謂之風者，如物因風之動而有聲，而其聲又足以動物也。删後無詩，風變爲騷，漢有五言，繼騷而作，以其〔一〕近古，故曰古風。晉魏再變，則又有七言、九言，或至十一言者，及效古、擬古等作，支離雖異，本原則一。中唐以下，乃以古風爲古選，七言爲古風，而又有長、短句之不齊。曰選者，以文選之所集者而言也。殊不知選之所集者正古風也，七言其餘裔耳。安得轉以古風之名，而獨加於七言乎？體製不明，名義乖舛，耳目所膠，莫之能究。李詩所謂古風者止五十九章。美刺褒貶，感發懲創，得古風人之意，章皆五言，從古體也。其歌吟辭謡多七言者，不與焉。李詩選注一

〔一〕「其」，刻本作「定」。

古樂府小序：詩與樂非二道也，形於辭者謂之詩，被於聲者謂之樂，故曰詩言志，歌永言，聲依永，律和聲，八音克諧，無相奪倫，神人以和，唐、虞、三代之樂尚矣。及周之衰，王者之跡熄而詩亡，詩亡則樂散矣。歷春秋、戰國漸至湮没，暴秦焚書，載籍殘缺，樂之本末，無所於考。漢初雖因秦雅入以制樂，其鹵莽滅裂想亦甚矣。孝惠二年，始立樂府，以夏侯寬爲樂府令，寬之學術未聞有所授受，惠帝又不久於在位，是以制作無聞焉。武帝定郊祀之禮，欲爲新聲，不用舊樂，乃仍立樂府，舉司馬相如等爲歌詩，使李延年協諸律吕而弦歌之，故其所歌之辭曲號曰樂府，於是樂府之名始著。去古雖遠，其音調節奏必有諧於律吕者，非徒以其辭也。若徒以辭，詩焉而已，樂云乎哉？故古詩與樂府，析之則二，合之則一。古之樂府，以古曲之名爲標題，而所詠者則在於他事。李白樂府，辭固美矣，未免泥題，稍離古作，恐不能依合聲調，欲以被管弦，諧律吕，似亦難矣。世衰道微，古樂不作，不可以是而求於白之一人。且古之樂府，如天馬等歌，則有三言、五言或七言，體製不一，後人效之者，則有四言、五言，或七言，如魏武帝之短歌行、文帝之善哉行、燕歌行，與陳思王箜篌引、美女篇皆是也。白則爲三言、五言、七言，以至九言，或十一言，又因古體而通變之，所以尤不一也。其所詠者古今之治亂，人物之賢否，與夫燕飲之情，游觀之樂，皆假樂府之目以發之，譏刺諷美，意各有所存也。體製備而辭義精，白之樂府可謂集詩家之大成者矣。或疑杜子無樂府，謂其少貶於白者。曰：杜子剛毅之氣有餘，而婉柔之辭或不足，抑亦深知律呂之難諧，不敢輕易捏合以强爲耳！在杜子必有定見，要之不可以是，遂多此而少彼也，又安知其少者之不爲多乎？李詩選注二

辯疑小序：或曰：「何以知李詩之可疑者而爲之辯耶？」曰：「詩有一代之體製，人有各人之學識，其精神心思之所存，議論之所著，材力之大小，音響、節奏之洪細，與夫明暗剛柔之不齊，或相倍蓰而十百千萬，不可强而比之，使之一二而盡同也。矧夫李白材由天授，氣雄萬夫，膽略疏闊，迥出塵表，故其見於文辭者，廓然如太清，皎然如皓月，若風雲之變，若江河之流，觸之即動，感之即應，不假思維，而從容駿發，在當時無不知有李白而願睹其眉宇者。雖杜子美、韓退之之賢且才者，亦相推而相遜焉。唐人之言詩者，必以李、杜爲首，稱李有草堂集二十卷，唐李陽冰所録。散落人間，人或罕傳，遂至紛紜舛錯，真僞淆溷，自東坡以下，雖略有議論，未暇一一而校正之。故李白之名雖在，而李白之實未甚昭晰。噫！文章如白者，可以妄擬而想像之乎？舊説晚唐李益尚書嘗爲翰林學士，其詩亦曰李翰林；李赤廁鬼小有所作，亦曰李詩，二者混於白集，故多可疑。以今觀之，其用事頗有典故，而鋪叙堆疊，格調卑劣者，必益之詩也；其鄙俚顛狂，放肆而無倫者，赤之詩也。赤真爲廁鬼哉！安敢比跡於謫仙乎？二者皆可精察而類別之也，乃作李詩辯疑附於卷

末，以俟知者再詳焉。題與題解俱仍其舊。

案：蕩南李詩選注，箋釋文義，大抵以楊齊賢、蕭士贇分類補注爲藍本，而删其詞意淺俗，不類白作，及雖係白作而出於不經意者，以其不全録原本，故名選注。其注徵引故實，兼及意旨，詳簡得中，頗便省覽。惟每篇必傅以六義，則未脱宋以來講學家説詩窠臼，其考釋亦間有疏漏，如竄夜郎於烏江留别宗十六璟詩注謂：白上裴安州長史書云「許相公家見招，妻以孫女」，而此詩云「令姊忝齊眉」，則白之所娶者，爲宗氏女非許也。明刊本誤作「裴」，今正。疑上裴安州書，非白之作，或好事者爲之耳。選注九。不知魏顥李翰林集叙明云：「始娶於許，又合於劉，終娶於宗。」魏叙見宋臨川晏處善本，李太白集一。「宗」，宋本誤作「宋」，當據此詩正之。此詩與上裴安州書並無違盭，又辨疑小叙謂草堂集二十卷，唐李陽冰所録，不知李陽冰所纂草堂集止十卷，宋樂史别收歌詩十卷，排爲二十卷。史李翰林别集叙所述甚明。樂叙亦見宋本李太白集一。以李編草堂集爲二十卷，其説始於新唐書藝文志四，蕩南蓋沿其誤。然其糾正舊注者，亦復不少。如古風第四十五首，「峨峨横三川」注引西都賦，謂三川爲河與涇渭，駁舊説以爲河與伊洛之誤。選注一。上皇西巡南京歌「天子一行遺聖跡」注謂：一行猶一游一豫，駁舊注以爲「僧一行」之誤。選注五。其辯證亦不爲無功，固足與楊、蕭注同行也。辯疑二卷，録選注所删詩二百二十六篇，以爲多他人作羼入李集，每篇皆略摘其疵纇，以明其删削之旨。如辨僧伽歌引紀聞録，謂僧伽死於景福三年，太白贈歌當在天寶十一二年間被召在京時，僧伽之死已四十餘年，太白安得復與相見？辨疑上。辨過彭蠡湖詩，謂與入彭蠡經松門觀石鏡緬懷謝康樂詩本是一詩，傳寫者有詳略不同，辨疑下。其鑒别亦尚精審。其他如辨長干行據黄山谷説，辨笑歌行、悲歌行、贈懷素草書歌三詩據東坡説，並見胡仔苕溪漁隱叢話前集五。辨猛虎行據楊齊賢説，辨鳴皋歌、答王十二寒夜獨酌有懷二詩據蕭士贇説，楊、蕭説並見補注。亦非盡出創論。然篇數既多，評議不必盡當，且好斷某詩爲李益作，某詩爲李赤[一]作，專輒之弊亦不能免。讀李詩者分别觀之可耳。

又案：此書明刊本，首載王心叔作於嘉靖丙午，云：「蕩南子守宣刻於郴州」。又載洪垣叙作於隆慶壬申，則云：「蕩南從子守行刻於徽州郡齋。」洪叙稱蕩南從子瑶山公，即守行别號也。隆慶壬申距嘉靖丙午二十六年，蓋蕩南卒後守宣始以稿本刊行，守行又依初刻覆梓。今所見本每卷有「徽州府知府崔孔昕重校」一行，又有「同知黨馨、通判朱守行、推官郭宗磐同校」三行，是其證也。明本弟十三卷末葉又有「姪守探、外甥周瀾清同書」一行，附識於此。

〔一〕「赤」，底本誤作「黑」，據刻本改。

朱氏失名侍菊集二谷山人近稿五

佚。

侯一元朱孝子傳：孝子慕不已，則曰：「我父之號侍菊，以大父愛菊也。」乃册謁名人闡揚之，於是伯父蕩南公序之曰：「有懷二人，我殆不如也。」曼亭吴公詩曰：「羡子羊棗情，耿耿同天地。」鶴泉王公詩曰：「更看奕葉后，植木有兒孫。」珠玉煒然，而孝子之不朽其親於是在矣。孝子之季子子宁謂余曰：「家世詩派，自先曾祖西爽、先祖侍菊，皆有集。」二谷山人近稿五

案：朱侍菊爲朱孝子守駕之父。孝子，舊通志、府、縣志並無傳，事蹟俱詳後。蕩南集二，亦有爲侍菊弟書贈林耕樂詩，其與蕩南族屬，親疏無可考。

章氏玄梅千峰堂集千頃堂書目二十一。萬曆温州府志十七、雍正浙江通志二百五十「集」並作「稿」，道光樂清縣志十一作「千峰漫稿」。

佚。

侯一元章千峰墓表：先生别號千峰道人，其詩密緻精煉，至與少陵相上下。兄石山君，弟青陽君，皆能詩。先生則構三荆堂，兄弟宴集賡和其中。正德丁丑授湖口令，請骸

骨歸，有詩云：「人憐薄俸官中盡，天與殘生亂後歸。」蓋紀實也。既歸，弟青陽君尚無恙，而同年蕩南先生朱公諫居止獨近，詩名亦與先生相埒，因結雁山三老社。道光樂清縣志十六

章氏玄春青陽稿道光樂清縣志十一

佚。

廣雁蕩山志十三：章玄春，千峰從弟，幼聰穎，八歲諸客會閣中，召試之，時新秋，命「落葉」爲題，玄春繞樹行三匝，即吟曰：「一夜霜華降，千林忽變衰。蕭蕭鳴曠野，片片墮疏籬。赴壑如辭樹，回風若戀枝。何人怨摇落，還有緑陰時。」後以詩鳴，隱居不仕。

案：章青陽爲千峰之弟，與朱蕩南諸人倡和甚多。蕩山集一有寄詩云：「青陽好吟詩，詩格入清婉。夷猶情思間，風光與流轉。」其推挹甚至，然其詩今無傳者，可惜也。

李氏經敕後峰稿道光樂清縣志十一

佚。

何白李後峰先生傳：先生雅不好博士家言，一擯於試，遂棄去，而發古文辭，先秦、兩漢騷賦諸體，降及唐李、杜諸家集，無不綜博精研，務得其旨。退而議擬爲詩歌，匠心獨

苦。時南閣章公玄梅，風節詞翰，標暎一時，詩宗少陵，得其神骨。一日偶於他許見先生詩，極口賞激不置。乃命季子宗孔招先生入社，一見定忘年交，公問從容語先生曰：「吾鄉名能文章當吾前者，唯元李著作孝光五峰公，後公而起者其在子乎！」因呼之曰後峰子。既没，所著集尋亦散落，廑有存者。嘗聞鄉先生趙方伯公廷松、朱太守公諫，招諸詩人集臥雲莊，先生亦與焉，共賦暮春載酒詩，用「歸」字韻，先生先成，中有「園林變色櫻桃熟，時序無言燕子歸」之句，咸爲閣筆。汲古堂集二十六

案：後峰李處士經敕，道光樂清縣志文苑傳有傳。

張氏孚敬太師張文忠公集萬曆温州府志十七作「羅山文集」，今從明刊本。十九卷。四庫全書總目一百七十六。文瑞樓書目九作「十八卷」誤。存。遜學齋藏明刊本、道光辛丑永嘉張氏刊文集六卷本。

國家謚法以文爲首，其義凡十有一，初未嘗重辭章，即翰林院諸公不可無辭章，而立身行己、輔世長民，自有本末。洪武初，罷丞相不設，用翰院史官備顧問，或爲殿閣學士。歲久積資洊登三孤八座，一切章奏出其擬旨。於是閣臣權若真相，而相非翰院不得入，文非翰院不得謚矣。世宗踐祚，永嘉張文忠公以留曹郎言大禮，稱上意，向後言聽計從，不

數年入閣，位首揆，官少師，三四出入，生而尊寵，没而贈恤，非諸臣所敢望。不佞讀其遺集，而知公之謚文有以也。周公監二代，制禮作樂，以致太平，郁郁斌斌，天地之精藴至是焕發昌熾，故號文公。去周千餘年，而世宗朝自郊丘宗廟，文祖文考，先聖先賢，親耕親蠶，造士取士，大者兵戎祭祀，小者冠服品式，革今之陋，行古之道，比跡成周，而率自公贊之，公之所以爲文也，按其集燦然具矣。嘗考謚文之義，所云「經天緯地」、「修治班制」二者，惟世宗足以當之，公實咸有一德。至今言者，謂相不誼專用翰院，翰院不宜專謚文，必以公爲臣鵠焉。然謚文諸臣其名雖同，實則有差。取於勤學好問者一百三十許人，敏而好學者四十許人，忠信接禮者六人，施而中禮者一人，若家户所有耳。惟劉文成爲修治班制，王文節、徐文貞爲道德博聞，最稱優異。以公相業與新建僅取勤學好問，何也？公遺文奏議十九，他著作不及十一，所專精用力，文之大者，豈雕蟲小技所可挈較短長哉？繼公而興，閣臣有江陵，與公姓同，謚文忠同，相少主同，鋭意任事同，公得君誠專，爲衆所側目，隉〔一〕抗不安，身後七十餘年，名乃愈彰，其以危身奉上稱忠，與江陵又同。江陵没而遘禍，謚追奪，家見籍，近日商丘相公始行其遺文爲之序，而後進亦有訟言其功者，人情薄，

〔一〕「隉」，底本誤作「揑」，據刻本改。

公論晦，較嘉靖時懸殊，要之兩文忠易地則皆然也。余友周君繼昌，分部東甌，表章先哲，行公全集，屬楨序。楨三復之公所爲文，其援引討論，審諦今古也；其是非利害，究徹始終也；其敷陳委悉，辭指顯見也；其反覆辨難，意氣勃發也；其據執堅定，怨謗不避也；非辭章家可同日語。即謚文之義，於公殊覺未盡。傖父管中窺豹，才見一斑，安能以序爲公重，聊致嚮慕感歎之私云爾。京山後學李維楨撰。

洪惟世宗肅皇帝入嗣大統，勵精化理，湔濯海内之觀聽。而總挈乾綱，杜旁落，清政本，摧左貂之恣睢，褫而歸之。日闢經筵，親業耕蠶，揆文奮武，而按覈邊鎮，以修安攘，網羅才實，輒出京朝。官柄文章，至於達孝尊親，明聖亶於述作，漢宋抉其謬盭，藚藚然稽古禮文，取次釐毖，嚴郊社朝夕之祀，定先師稱號之宜。十餘年間，樞機品式，靡不備具，赫然中興之烈，此寧獨主德茂哉？則臣與有勞焉。維時太師張文忠公，翊神明之孝思，躬格衆之曠覽，建白典禮，睿志允諧，成進士六年而登樞輔，擁躡風雲，託契魚水，明興一人而已。嘉靖初，一切創罷表章，軼往憲來，雖宸斷天啟，而籌帷造膝，實公翊贊其間，具在公奏疏中。予嘗反覆讀之，彼其以孤踪抗群啾，發明倫之偉辨，擴不匱之大孝，其功卓矣。然且上酌褒崇，不黨諛於入廟之請；下理忤逐〔一〕，

〔一〕「逐」，底本誤作「遂」，據萬曆本改。

乞曠恩於異己之儔。論捄首揆楊公，至再益力，竟能霽天威以全寬假；論脱侯延齡之族罪，寧批鱗觸怒，而不忍世廟傷昭聖之心。此豈庸庸者有哉？蓋其矯矯諤諤，氣足以發其辯，而剴然動於忠篤誠懇之思，則有獨至者。所以結主知而光聖德，弼成嘉靖初元之治也。逮其清操峻節，屹然砥柱，瑩然冰雪，世紛外慕，舉不足以動其中，殆超立於埃壒表矣。昔賈誼才亞伊管，慨然請興禮更制，乃不見售於謙讓之主而卒以自窮；公孫弘年六十，奏對合上意，不數年而拜相，然曲學誚於轅固，多詐暴於汲直，而難朔方，商鹽鐵，議屈於桑、孔、買臣，相業闇然；惟温國文正公，嘗異韓、歐濮議，天下義之，而入相元祐，遂標旋乾轉坤之績。今觀之公以新進議禮，立談取相，有賈之通達而量則過，有弘之寵遇而業則宏，方之文正，寔相伯仲。顧蘇長公則謂温公進之速、用之盡，而歸於神宗知公之深。然則公之所受知世廟者，豈其微哉！孟子曰：「五百年必有王者興，其間必有名世者。」蓋天祚我明而世皇出以顯中興；若公者，天爲世皇而生，以名當世，兩遇相得，非偶然也。臨軒側席，四歸四召，簡注始卒不衰，訃聞震悼，輟朝三日，贈賚有加。世廟之所爲知公者豈其微哉！予以防汛過東甌，父老能道公始末。其居第樓院皆官爲闢治，所自治者猶然儒素，迄今稱清白子孫，益信公之相業彪炳固有本也。公之孫中書君汝綱、汝紀、汝經，出公集乞序，余景企有年，不敢辭，故既讀而論著之如此。萬曆五年孟冬吉旦，賜進士出身、通議大夫、兵部右侍郎兼都察院右僉都御史、奉敕提督軍務、巡撫浙江等處地方、前工部右侍郎、巡撫江西右副都御史、湖廣提督學政副使、監察御史後學姑蘇徐栻謹撰。

永嘉張文忠公，遇主甚奇，成進士六年而拜相甚速，旋去旋召，進公孤，賜更名，賜銀印記，賜游南城西苑，賜手調藥，賜居第書院額，非出宸翰，則出獻皇帝御書，其前後寵賚，於廷臣無兩，皆謂公以大禮一事中上意而驟貴，而實非也。肅皇帝性好三代禮樂，述作天縱，顧盼廷臣，鮮所當旨。夫禮者，文人憚以爲細；而英雄豪傑，又笑以爲麤。大臣之學問能麤細俱入，則當顧問，遇盤錯直迎刃而解耳。公教授姚溪，精於三禮，讀書長嘯，以山中宰相自負，一旦遇時遘會，能理奪明主之心，而以辨才杜三事大夫之口，衆目睽睽，談笑自若，即使不言大禮，其議論之快心，精神之透骨，世誰得而抹殺之？所謂豪士如玉山，千人亦見，萬人亦見矣。初，公抗議時，桂公萼、方公獻夫、夏公言、霍公韜，不過緣飾公説以就功名，而舍大禮外，如農蠶有議，祭服有議，禮器有議，樂舞有議，郊社之分合，日月之配享，孔子之易王而師，易像而主，諸君子能創一言否？試之少司馬，汰邊方之債帥，裁冒濫之冗官；試之總憲，決大誣之冤獄，彈不職之屬吏；試之内閣，革鎮守之宦官，平潞州之劇盜，定大同之叛兵，諸君子又能創一言否？上禁中不時出片紙，敕小黄門立索回奏，非勢切疾雷，則幾難終日。公援筆隨答，刻期取辦，同官不及謀，外曹不及聞，古典不及考，肅皇帝由藩服入繼大統，此君之變局也；公以一書生，抵掌而取相印若寄，又相之變局也。君相之局變，則朝局自不覺與之俱變，議論必更新，制度必更始，非特禮官又不能違，即君且不能違也；非特君不能違，即天且不能違也。時也，亦勢也。易卦革之後繼之以鼎，鼎之後繼之以震，當鼎革震動之初，老臣宿儒，齦齦焉執已陳之死局，或可或否，以摇上心，賴公援引書史，反覆迭難，廷議屈，相權重，而少主之威亦伸。孔子得子路而惡言不聞，劉裕失穆之而謂人輕我。肅皇帝不倚公，誰倚哉？說者謂公一言取相類范睢、公孫弘，余獨否否。公孫弘當會議，開陳兩端，使人主自擇，不如公之强直自遂；范睢甫入秦，秦太后、穰侯得罪去；而公救解昌國公張鶴齡兄弟，終昭聖皇太后之世，竟得長繫者，皆公力也。公五十不治生産近清，禁絶私交近正，功成名遂身退近智，而要公相業不在是。鮑叔之薦管仲曰：「其爲人也，能不失國柄。」韓魏公平生未嘗以膽許人。是二者惟公足以當之。蓋大臣之事君，威福之柄不可有，是非之柄不可無，後世避威福并避是非，膽不足而國柄與之俱失矣。若張公者，非特肅皇帝救時之宰相，抑亦萬世救宰相之藥石也。而世以「議禮」一事盡公，其得公者膚耳。此公之奏議不可不讀也。萬曆甲寅孟夏既望，後學楚人楊鶴謹題。案：此叙明本諭對録卷首亦載之，與此對校異同頗夥，故並録之。

然。張文忠公當肅皇帝朝，以言禮稱上意，六年而首端揆，遇合甚奇，恩寵甚渥，勳猷爛然。去今七十餘載，孫太守君始輯其遺文，類而録之。初諭對録，列宸章睿藻於前，附公條答於後，一諭一對如相賡載；次奏對録，則自上手疏封事，不復列聖諭矣。并及其平日應酬贈送、序記諸篇，今總爲一書，敷奏之文，仍前奏對而稍增補，詩與文特始加詳，有奉敕撰者，有恭和御製者，洋洋纚纚，靡不備載，概公生平撰著，盡在是矣。屬不佞叙之。不佞莊誦諭、奏二録，諸所以序公備矣。或以公爲言禮驟貴，或以爲非盡繇言禮貴，或奇其投合之易，或稱其不避是非之難，或以公爲能不失相之柄，又或著其相才之高、相業之盛，令不佞搦管揚言，何能有加？然諸序中，直侈公當日事耳。請言其文，絺章繪句，繡飾聲帨者，經生之文也；黼黻皇猷，鋪張治道者，宰相之文也；經緯天地，炳蔚帝王者，天子之文也。天子之文不與臣下同，宰相之文不與經生同；而公之所爲文又不與他相同。凡公所遭逢之事非朝家恒有之事也，故公所撰著之文非文章家恒有之文也。自古名卿鴻儒負經綸述作之才，立朝之章疏，名山之副藏，鉅篇短裁，集而成帙，皆謂之文。然儒者博極群書，追秦擬漢，孕宋苞唐，綱羅雖富，組織雖工，不過勒成一家，蘄以不朽自命，非必盡關乎朝廷國家之故。子大夫竭忠攄悃，感時憤事，如賈太傅之策，晁太常之論，陸宣公之議，蘇文忠以之策略、策别，能於廟謨國是有裨，或以條奏，或以進呈，第出於臣下一時之意見，未必上心之所欲詢。其言或用或不用，或聽或不聽，皆積日夜熟思預擬而成之，而後以效之上，非能取奏於咄嗟俄頃間，上驟問而下猝應也。夫主臣相驩，召見面議，上世有之，至勤天子之筆札，連章累牘，反覆諭對，御書之下逮，讜論之上陳，稱爵字别號而不名，自古及今，未之嘗聞。惟公之身履之，亦惟公集中見之，他文章家曾有是否？公初登用於正德之季，時年已五十矣。肅皇帝以茂齡繇藩邸入登寶位，繼嗣繼統之議未定，新主尚少，舊臣恃恩，往往執刊定之成禮以膠父子兄弟之轍，主心不能無孤，公雖新進，宿學老成，能據禮援經以與之衡，而關三事大夫之口，天子倚之，自是遂復用公。爰立之命出於帝賚，外不繇廷臣之推，内不緣中涓之口，爲中興置相弟一盛事。故凡上欲有所爲而未就，或有所疑而未決，輒下手札，非時遣小黄門齎以問公，立索回奏，而公援筆隨應。如議農蠶，議郊祀日月，議禮器、樂舞、先師廟號之類，事無鉅細，制無豐約，必俟公商確而後定，而公遂發舒其所爲文如此也。仲尼序列古帝王，不以文章與虞、夏、殷、周之聖人，而歸之如天之堯，盛稱其文爲焕，豈他聖人盡皆無文哉？君猶天也，君之文乃天之文也。堯之文思，開天闢地，敬授人時，其君咨命，其臣陳謨，而其大者，乃在於禪受揖遜之交通，父子、君臣之轉局，而不失父子、君臣之正局；成勳、華之協首，開萬古文明之秘，故仲尼焕而天之。肅皇帝以天之文爲文，公以肅皇帝之文爲文，大位公若禪受，不以世及拘也；温旨藹若都俞，不以簾陛隔也。國統以正，系統以明，治隆而化洽，禮備而樂和，天地官而百昌序，此文之至也。夫惟有王者之興，然後有名世之從，能議非常之禮，而焕未有之文。漢文帝新自代入，周絳侯爲相，重厚少文，問之錢穀刑獄，不能置對，安知文章？洛陽生通達國體，文能應之，而少年喜事，不中機宜，卒莫能移謙讓不遑之志，其言後亦卒驗，直至再世而後行，此猶經生之文耳。天子嗣統，依稀代來，好興三代禮樂，不與謙讓者媲。公通達遠過洛陽，而遭時遘會勝之，功名著於當身，文采表於後世，真所謂宰相之文哉！如其證今鄒故，掞藻摛辭，則文家之剩技耳，非所以盡公也。萬曆乙卯季春既望，温陵後學丘應和頓首撰。

夫常人而常事也則世共安之。若以非常之才創非常之業，其始未不駭且疑者。故自古豪傑出身任事，不變色於山摧，不瞬目於鹿走，而一家一國天下之非皆不暇顧，然後得以抒其獨見，究其宏施，而與天地俱蔽，非苟而已也。我朝肅皇帝龍奮湖湘，河魁手握，廓然與天下更始，而恥言守府，爲不世出之君。文忠公以孤生末寮，一言悟主，其際風雲，其誼魚水，用能託肺腑而竭股肱，爲不世出之相。金之礪，舟楫之濟，鹽梅之調，雖不乏人，要於史所稱公折姦倖，屏苞苴，明主威，蕩國蠹，卓然救時名相，何減元元〔一〕之所欣欣願執

〔一〕「元」，底本誤作「之」，據文意改。

鞭焉？揭[一]來甌越，因得伏謁祠宇，徘徊故址，若或見之。而公孫太守公適裒公遺稿而梓焉，且徵予言。語曰：「讀其書，知其人。」今之知公者，遇主奇耳，結主深耳，而不知其首倡大倫，力排群喙，張膽明目，不獨置身榮辱外，置身是非外，而始成其爲公也。蓋當大禮創議，新都而下，攘臂相角，文襄諸公，後勁未起，公挺隻身，掉寸舌，縷縷乎，纚纚乎，隨駁隨應，玄黄其戰。使少慴衆寡之形，色沮氣奪，而退一步地，幾無處所矣，故曰置身榮辱外也。且其時爭者，皆老臣名流，排闥叩閽，在彼爲批鱗，在此爲承頤，儻顧惜小嫌，而身名難徇，不將呼吸而是非亂耶！公之言曰：「大孝明於天下後世，臣死不憾。」究之明倫典成，至今雖不没諸公之戇，而終不能易公之是，故曰置身是非外也。去公幾百年，而爲今之國是人心，真有如牛渚之浮沉，而阿閃之變幻然者，徒令輩上君子，攢眉仰屋，跋前疐後，而扼腕於其難。噫！安得置身榮辱是非外如公者起而任之哉？縱觀集中，如策虜策倭、革鎮守、議宗室、重守令，種種經濟，皆今日所受之病，而當日已試之方，第俞跗之術傳，而束手於割解，戴人之書在，而咋舌於汗湧，則榮辱是非不能脱然胸次，有以掣醫國者之手耳！予備員史局，讀肅皇帝實録，其世紀簡嚴，諸大臣生平行履裁削幾盡，而公獨爲

〔一〕「揭」，底本誤作「竭」，據文意改。

典覈，則江陵張公筆也。無亦其才略器業有足相當，而苟可以尊主庇民，安國定家，不妨違俗而堅持，負謗而獨信，一時不免於駭且疑，天下久而安之，微有契合然者。因讀公集，而不能不寄思於兩文忠也。浙東備兵使者、前國史編修、廣陵後學李思誠頓首拜撰。

張文忠公舊有諭對録，鹺臺楚楊公選刻之爲奏對稿。公詩文稿至多，未入梓，寘敕建貞義書院中。曩島夷内訌，毁於兵燹矣。公孫太守公，出入中外，苦心捃拾，得其餘賸，釐爲十一卷，附之奏議，而公集稱全。於是祉也受讀卒業，歎曰：嗚呼！大塊之載河嶽，太極之載大塊，皆氣爲之也。坳堂涓滴，芥舟已膠，氣不屬矣。故士起壟畝，卒受朝寄，或授之百室之聚，而眩瞀震掉，不知所以裁之；或遂肩宇宙，補天地，如其所素習然，氣之纖巨異也。公東南數千里孤生，華顛帖括，當大禮議起，與公異論者，咸挾泰山之重，以壓公卵，公旦夕糜碎耳。摧而不折，挺而愈伸，不自知危也。比其結主知，當爰立數載之間，穹爵極貴，屈旃廈之尊，講布衣好，時師時友，俯在廷之耆宿，而據其上，不自知崇也。清累代腹肢之蠹，收先朝倒授之柄，百廢振，百利興，令巖廊海宇熙然整然，還高皇帝絜法之源，敬皇帝雍皐之盛，不自知功也。位震主，功蓋世，而靡卓錐之土，把握之珍，足用遺子孫者，而不自知高也。蓋公魁壘俊傑之氣，浩然獨秉受之天者獨也正矣。率其心所謂是，理所謂可，奮然孤往，不沮不疑，而又將之以深識，證之以奧學，故其措之辭者，凡禮樂、兵刑，國是、朝典，他人窮年濡首而不白、偏工獨詣而不至者，公猝語之，旁該之，其洞窾達綮〔一〕如疆敏家督而譚其家之有無多寡也。其應機合節，如人舉其手，爲其身而癢搔痛拊，所向如意也。乃其詞氣直達精懇，腕有餘力，舌有餘津，尤宋人所稱「玩其語致，足折衝萬里」者，公浩然之氣一吐於此，此其摧囂群喙，結契一人，創無前之勳，爲救時之相者矣。竊嘗謂公之俊德〔二〕偉傑，善斷大事，褆身貞潔，不爲私圖似寇萊公，而其不屑屑矜細行避物議亦如之。論事之文精覈詳辯似李伯紀。然萊公不學少文，不足自表見於後；伯紀文似公矣，而所遘非雄主，齎其志於千載之下。公之材品，兼有兩公，其遇合勳伐，則十萊公而百伯紀也。公文正大舂容，視之奏議，魯、衛之政；詩抗勁宏亮，得杜陵之概，骨幹巉然。大約偉挺自立，不爲腴詞僞體諂人耳目，雖非公之所自見重，與後來之所以重公。然公魁壘偉傑之氣，不與其身往，而與其文留者，此其神情語笑之姿矣。或乃謂公前之議呲人主親親之心爲易合，後之功受人主特達之知爲易建，是又大謬不然。夫昭聖挾數十年母后之重，手挈大寶授之六尺之孤，佐之論者又先代著蔡之臣，盈廷高名之士，公能必幼主之

〔一〕「綮」，底本誤作「係」，據刻本改。

〔二〕「德」，底本誤作「往」，據文意改。

奮然敢行其志乎？能無紆意授受之恩，而少屈莫解之念乎？能無内懷莫解，而稍需壯益明習而後伸其獨乎？即稍需，公之身不已血異論者之吻乎？而謂公逆探其必勝，而取其捷得也。夫君猶天也，和風震霆，其來莫測，動之爲仇爲郭，輔之爲夏爲嚴，不朝受肺肝，夕碎腰膂哉！自非公之率心任理，獨往不疑，而其無私之氣，正大之詞，傾九重之心而使之信，而能無言不酬，有爲必效也。故公之品爲必不磨之品，公之文爲必傳之業。噫！當斯時也，而有如公之人，讀公之書，處公之地，其猶庶幾也夫！萬曆戊午中秋日，賜進士出身、承德郎、兵部車駕司主事、同邑後學劉康祉拜手謹撰題。文稿後序

先太師奏疏，在日已刻傳布海内矣。歲久湮滅，屢欲重梓，以力絀未遑也。頃鹺台弱水楊公按部東甌，乃索全稿，手自校選，極其精覈，釐爲十卷，附以雜文二卷。邑侯寧宇莊公力任剞劂，題曰選張文忠奏對稿。其中如郊祀議，復於諭對録内選出先太師建議後奉答御札、論配享從祀樂服諸禮，刻之在前；及孔子祀典議不録全章，儻未便觀覽耳。汝紀載閲諭對録及未刻稿内有關國家大體者，增補之，仍附先太師遺疏，及先大夫繳御札、謝恤典、請改葬諸疏於後。萬曆戊午仲春朔，孫汝紀薰沐拜手謹書。奏疏跋

先太師所撰禮記章句及諸文稿，俱未授梓，舊藏於瑶溪敕建貞義書院之御書樓。先大夫弱冠之官尚寶，以左右諫臣，獲譴權相左遷。一日肅皇帝特問張少師子安在？遂得

量移太僕。南北驅馳之暇，因先以禮記章句付梓，諸文稿未及校刻。越嘉靖戊午，樓毁於倭，稿亦煨燼。庚申之歲，先大夫亦棄養宦邸。至萬曆癸未，汝紀筮仕京師，於諸公署碑記暨諸刻中，録得奉敕謝恩諸撰，迨予告侍養歸里，命子姪國瑞輩，遍於親族中求索十餘年，僅得九十餘篇，蓋先太師生平深於經學，故其所論著，皆軍國大議、宗社至計，足以扶植綱常而維挽世道，至若藻帨辭華之文，非所屑也，故亦不甚存録。然汝紀竊懼先世手澤日就散逸，乃不辭攟采之勤，聊備全集云。萬曆戊午仲春朔，孫汝紀薰沐拜手謹書。文稿跋

先太師舞象時輒能詩，口占立就，嘗爲族兄題便面，居然臺閣體裁，識者以爲宰輔之器。及刻詩稿，此篇以少作不録，今再翻棗，乃以此篇冠諸首。又於别稿中檢得應制、恭和、題詠、詩賦數十餘章，皆當時所遺者，盡欲增入，恐於編年次序有失，故再彙爲一帙，續之卷後，以廣其傳云。萬曆戊午仲春朔，孫汝紀薰沐拜手謹書。詩稿續跋

夫建非常之業者，必有非常之識與非常之才，而後發一議，成一書，卓然不磨，度越千古，非曲學腐儒所能窺見也。前明三大案，後人每多疑義，大禮議爲尤甚，當時張文忠公主其事。今其裔孫一慎，余之書院門人也，願將公之集重刊，而求跋於余。余讀其集，皆記序之文，而奏疏不載焉。今案明史列傳，公於正德十六年登第，年四十七，時世宗初踐祚，議追崇所生興獻王。廷臣持議三上三卻，公乃入告曰：「廷議執漢定陶王、宋濮王故

事，謂爲人後者爲人子，不得顧私親；漢哀帝、宋英宗固定陶、濮王子，然成帝、仁宗皆預立爲嗣，養之宮中。今武宗無嗣，大臣遵倫序迎立，直曰興獻王長子，且興獻王祇生帝一人，不能因爲人後而自絶其父母之義，且迎養聖母若稱王叔母，則當以君臣禮見，恐子無臣母之義。今日宜立聖考廟於京師，使得隆尊親之孝。」疏入，帝大喜。麟案：興獻王立廟於京師，而不入祖宗之廟，定昭穆之序，敦父子之恩，仁至義盡，與禮經脗合。厥後廷臣攻訐，至欲毆於朝堂，此皆明季習氣。張江陵相業卓卓，而吴、趙諸公彈劾無虚日，又何論於公哉？ 後數年，佞臣有請興獻王入太廟者，公力阻之乃止。公之大議煌煌，亦足以見其才識之特立矣。傳略內，内閣書目有奏議七卷，澹生堂書目有奏疏稿十二卷，皆未載。他日後人搜羅散失，於貞義書院所藏續葺之，則公之罷鎮守宦官、汰緹騎禄秩、清戚畹莊田、平潞州劇盜、定大同叛軍，大經濟，大議論，補史册之所未載，是則後人之大快事也夫！ 賜進士出身、誥授中憲大夫浙江杭嘉湖道、元和陳鍾麟頓首拜撰。 道光辛丑永嘉張氏單刊文集六卷本，卷耑叙

楊鶴序。 萬曆甲寅明刊本卷耑，與諭對録序文同，字句小異。不録。

張一慎跋。 道光辛丑永嘉張氏單刊文集六卷本，卷末。不録。

四庫全書總目一百七十六：張文忠集十九卷，浙江巡撫採進本。 明張孚敬撰。孚敬有諭

對録，已著録。是集凡奏疏八卷、詩稿四卷、續稿一卷、文稿六卷。孚敬以議禮得君，故其著述强半皆考禮之詞，不惟議興獻王禮、而且議郊祀禮、議孔廟禮；不惟撰明倫大典，而且撰禮記章句。自謂有明一主持禮教之人，其間所論未必百無一當。然穿鑿附會以遷就時局者，比比然也。

案：張文忠集，其孫汝綱、汝紀、汝經等所編。凡奏疏八卷、文稿六卷、詩稿四卷、詩稿續一卷，首有小像及御贊詩、國史本傳。其奏疏初刻單行本七卷，此增嘉靖十年致仕以後所上疏，及張遜業疏三篇，别爲一卷。詩初刻本三卷，詳下。此補輯爲四卷，又拾所遺爲續一卷。其文稿向無刊本，稿藏貞義書院，又毁於倭寇，此本乃汝綱等所輯，蓋不無散佚矣。文忠以議禮得君，其相業功過蓋不相掩。此集奏議自大禮諸疏外，若救張延齡議、大同兵變諸疏，皆關涉當時大政，足與史傳互證。惟詩文多率意抒寫，不甚擅場，汝經等編輯務盈卷帙，尤漫無抉擇，如詩稿一，題族兄便面，乃文忠十三歲時作，初刻本已删之，此重爲編入；文稿五，王處士墓誌銘，即王竹房墓表，原槧已注「誤重」。一卷之中前後緟復，皆非文忠意也。

又案：是集别有道光辛丑裔孫一慎刊本，即以全集内文稿六卷録出單刊，後附葩經全旨三十章，乃以駢儷之文，櫽括詩經篇名者，前有小引云：「奉敕所撰。」然明刻全集未收，文亦淺陋，疑一慎等據家諜增入，其真僞蓋不可考。今附識於此，不復分著其目也。

張文忠詩集國史經籍志五作「文忠集」，明史藝文志四作「張孚敬詩集」，雍正浙江通志二百五十、乾隆永嘉縣志二十三，並作「蘿峰集」。乾隆温州府志二十七作「羅峰集」，今從千頃堂書目二十二。

三卷。國史經籍志五、明史藝文志四、千頃堂書目二十二

未見。〔一〕

案：文忠詩集，有手定刊本，見張汝紀張文忠集詩稿跋，各目所載三卷本，蓋即此刻。天一閣書目四之二，載羅山詩稿三卷，不著撰人名氏，疑亦即此書。張文忠集所編詩稿較此多一卷，又有續一卷，皆汝紀等所增輯，與初刻本不同。梁章鉅浪跡續談五載羅山全集，内羅峰詩存〔二〕八卷，又不知何人編本，今亦不分別著録，以省繁冗。

羅山全集

一百二十卷。梁章鉅浪跡續談五

未見。

〔一〕清華大學圖書館、中山大學圖書館藏明刊本，作羅山詩稿三卷。

〔二〕「詩」，誤爲「文」，據刻本改。

浪跡續談五：余家中有前代靈峰山巢書目，中載羅山全集一百二十卷，明永嘉張孚敬撰。其子目列：禮記章句八卷、周禮注疏十二卷、儀禮注疏五卷、壁經講章五卷、杜律訓解六卷、寶綸樓和御製詩四卷、羅峰文存八卷、羅峰詩存八卷、奏疏八卷、論對録三十五卷、貞義書院雜著數十卷，可謂富矣。乃余至温州訪之，無一存者，惟略聞其家中尚存有敕諭録三卷，欽明大獄録、靈雪編各二卷，大禮要略二卷，貞義書院詩稿文稿、葩經全旨賦各數卷，及託人確訪之，又不可得。

杜詩訓解千頃堂書目三十二「詩」作「律」，今從張文忠集四。二卷。千頃堂書目三十二。浪跡續談五作「六卷」。

佚。

進杜詩訓解疏：臣竊謂古詩自三百篇以後，其存忠君愛國之心者，惟唐杜甫之詩。而甫詩之尤精者，惟七言律詩。臣昔年於書院中，嘗因注家多失其意，愚不自揣，略爲訓解，近託梓刻，以便鈔謄。兹敢裝潢成册進呈，或備萬幾之暇垂覽。張文忠集奏疏四

自序：杜少陵詩，代稱「詩史」而後三百篇者也。注家引證多妄，釋意非淺則鑿，其本旨遠矣。夫少陵爲詩，句中藏字，字中藏意，其引用故事，翻騰點化，故王介甫嘗謂「諸密

思深，觀者苟不能臻其閫奥，未易識其妙處。」斯言信矣。愚竊於是詩，諷詠涵濡，精以審察，然後乃見其立言之意，雖抑揚發斂，變態無常，而句句字字，自有躍如者在也。敢取七言近體以訓解之，蓋有不得不爲少陵辯者，學者肯因而加詳焉，則全詩其庶幾乎？再識：是編元張伯成注，誤傳爲伯生虞氏。夫生於千百載之下，而欲得作者之志於千百載之上，不亦難哉！唯孟軻氏有曰：「以意逆志，是爲得之。」愚覺舊釋過贅，遂大削之，能者觀焉，則又不如盡削也。張文忠集文稿一

寶綸樓和御製詩

四卷。浪跡續談五

未見。

季氏元東郊集

一卷。月泉詩派

佚。

月泉詩派：季元字夷明，號東郊野人，靜學姪也。居仙源，善草書、詩畫。宅畔種竹一

林，菊花數十本，構亭其中，日與林友蘭諸友爲詩會，卒年四十三。有東郊集一卷。〔一〕

〔一〕仙源季氏宗譜處士東郊公墓誌銘：「公諱善元，字希明，别號東郊。善楷書，草、篆、隸皆得其妙，旁及繪畫。東郊之叔靜學嘗與任太常、胡竹南、林拙齋諸公結爲安陽詩社。月凡一再會於名山勝跡，而東郊亦與焉。有東郊集一卷行世。生於景泰甲戌，卒於弘治己未，得年四十有六。」其名、字、享年與月泉詩派異，當以墓誌銘爲是。

温州經籍志卷二十七

集部

别集類

明

葉氏幼學雪坡集半山藏稿

佚。

王叔果序：雪坡葉先生，博學好古，隱居授徒，用薦辟起家，爲翰林院待詔，以纂修功晉侍書，尋引年乞歸，其遭遇誠奇矣。余與先生同里閈，髫年聞先生名，私心嚮慕之，顧未獲操几杖聆謦欬也。頃就先生季子思舜得先生所著雪堂訓義及詩文存稿讀之，則憬然興思曰：「先生所造詣、所藴負恢奇有若兹者，其遭遇豈偶然哉？」蓋先生邃於經學，旁通百家，究極精微，而歸於實際。故其發爲詩文，力追作者，如布帛菽粟，咀之有味，服之有斁，賅〔一〕物理而關世風。就其大者論之，見弼贊之猷焉，見出處之經焉，見交際之恪焉，見規儆之切焉，見經濟之略焉，見素履之貞焉。文與道俱，學由心得，非徒藻繪爲工，剿襲爲富，漫焉隨世而譁詡者矣。宰薦明經，制稱博雅，曠遭稽古之榮，不負求志之學，庶幾古君子之流亞歟？余三復遺編，重有感於先生始終之際，而欲致夫名實之核。漫綴鄙言，庶幾後世有知子雲者。半山藏稿

明史選舉志三：嘉靖中，永嘉儒士葉幼學，以薦授翰林院待詔。

朱氏文簡墨溪集千頃堂書目二十一

佚。

葉氏聽九斗山人集千頃堂書目二十

佚。

〔一〕「賅」，底本誤作「賤」，據校勘記改。

兩京挹勝稿甌乘補十二。乾隆温州府志二十七無「兩京」二字。〔一〕

佚。

日鈔稿甌乘補十二〔二〕

佚。

千頃堂書目二十：葉聰九斗山人集，字又明，東甌詩存十九作「文明」。永嘉人。以子式貴，贈翰林院編修。

林氏彦拙齋集東甌續集八

佚。

東甌續集八：林彦字性斐，號拙齋，瑞安人。有拙齋集行於世。

案：東甌續集載彦詩有贈趙東山用朱蕩南韻一篇，蓋弘治、正德間人也。

〔一〕此條底本原作「挹勝稿乾隆温州府志二十七」，據刻本改。

〔二〕此條底本無，據刻本補。

林氏亭吸川子稿萬曆温州府志十七

佚。

東甌續集八：林亭字性端，號吸川子，瑞安人。邑庠生。

陳氏祐石崖集乾隆温州府志二十七。嘉慶瑞安縣志九「集」作「稿」。

佚。

嘉慶瑞安縣志七：弘治丁巳歲貢陳祐。

董氏約省齋吟稿羅陽詩始一

佚。

案：董廪生約，雍正泰順縣志隱逸傳有傳。

林氏天爵滄浪集東甌續集七

佚。

東甌續集七：林天爵號樂善，平陽宋步人，文莊曾孫。有滄浪集藏於家。

案：樂善林處士天爵，雍正浙江通志、乾隆温州府志、乾隆平陽縣志義行傳並有傳。

方氏繼學西堂會稿

三十二卷。清潁一源集二

佚。

清潁一源集二：陳挺書西堂會稿後詩注：「西堂會稿，凡三十二卷，方處士繼學著也。其近體詩二卷，門人中白王先生爲之先繡諸梓。」

胡氏晟松亭吟稿乾隆温州府志二十七

佚。

胡氏錝懷竹軒稿嘉慶瑞安縣志九。乾隆温州府志二十七「稿」作「集」。

佚。

東甌詩存十九：胡錝，瑞安人，弘治間徵辟。

嘉慶瑞安縣志七：明薦辟胡錝，徵直文華殿。 九：松亭吟稿，胡晟撰，懷竹軒稿，胡鑰撰。胡藥園濬曰：「吾家世居豐湖，先鴻盧疑「臚」誤。公有松亭吟稿，溪莊公有懷竹軒稿。」

案：胡晟、胡鑰事蹟並無考，以瑞安縣志經籍門所引胡濬語推之，晟蓋鑰之尊行，故並附於此。〔一〕

陳氏璿看山塹稿清潁一源集二

佚。

清潁一源集二：陳璿字大喆，號古崖。所著有看山塹稿。

陳氏鑑方塘遺稿清潁一源集二

佚。

清潁一源集二：陳鑑字明選，號方塘。所著有方塘遺稿。

〔一〕胡氏家集三松亭存稿，胡晟孔暘撰，有送弟孔彥南歸次王太史甌濱韻。家集四濱莊存稿，胡鑰孔鳴撰，有修志呈甌濱先生，可知其參與修弘治温州府志，二人均有弘治辛酉時詩作，又其字從孔，二人爲昆弟行。

陳氏瑶草堂吟清穎一源集二

佚。

清穎一源集二：陳瑶字大輝，號草堂。著有草堂吟。

王氏激文江集千頃堂書目二十三

未見。

項喬書後：文江集者，喬同年羅達夫集予師王子揚先生令文江時所作也。先生舉業足以早發甲科，而晚方登第；詞章足以晉儲翰苑，而出令外邑；其才行足以穩步天衢，而其時爲舅氏張羅山在内閣，且先生體貌端莊，似負氣岸，又疾惡過嚴，不相知厚者類以其人銓曹陟祭酒似藉羅翁得之者。喬不暇别論，姑以其令文江徵之斯集者概觀之，其爲政能鋤强擊暴而吏畏民懷，能剸劇理繁而風清弊絶，能篤好古道而不妨時務，能修舉廢墜而不蠹民財，能不避嫌疑而無玷名節，能不急科督而不緩國徵，能不逞聲色而無情者不得盡其辭説。三歲之間，率多鳴琴談道，以度白日，故其漫興巧思，所至逸發，不覺其文之成集者如此。間讀一二詩詞，清飄雅逸，似絶無纖毫煙火塵埃之氣，想之若有仙風道骨者。嗚呼！此其人豈可使久在人下者哉！桂見山閣老識其賢，薦而進之，而羅翁素知所畏敬，亦樂與相親。及其入朝，於羅翁商榷國事，言不易發，發必中機宜，而多有調和夾正之力，人不之知，先生亦不以示人也。喬與羅翁猶子、今令東鄉張純者，俱從先生游，獨知先生有益於羅山，而功名才行一時或反爲羅山勢位所蔽蓋，是則可慨耳！然先生素有希聖之志，又得與陽明高第徐公日仁、朱公守忠、蔡公希顔、高公汝白、應公邦升，及與王定齋、許杞山諸公素相友善切磨，宜其翺翔諸中而彪諸外，自有不可掩之實也。先生同年東沙張公惟静，極見器重於先生。先生逝且久，而東沙歷顯仕，常寄聲其子太學生王叔懋，盡取先生諸作，欲梓之以傳，而屢索不獲。喬過文江，恐此集亦或易於埋没也，因取其板至廣東，欲載之以歸，時掌吉水縣節推劉先生修己，亦珍重人物而雅好詩文者，謂先生遺愛在人者日深，不若留之，使吏民永見甘棠也。因刷百餘本而還之，姑書此於卷末，以見先生文之有本也如此。若文之品格與觀文而有得與否，則達夫兄已道之矣，予豈能復贊一辭哉？達夫乃先生場屋所取士，亦足以見先生具目云。甌東私録二

案：鶴山王祭酒激，參議澈弟。萬曆温州府志宦業傳、乾隆永嘉縣志文苑傳並有傳。文江集，據項甌東跋，蓋祭酒令吉水時所作詩文，門人羅文恭洪先爲編輯刊行者。文恭字達夫，吉水人，傳見明史二百八十三。文江即吉文水，在吉水縣東北十里，故集以爲名。其書今未見傳本，永嘉王氏録本鶴山集所存文，在吉水作者居其半，詩雖多不著年月，然可考者亦十

餘首，蓋鶴山子叔懋編録時，此册已全收入矣。

鶴山詩文

二卷。千頃堂書目二十三。東甌詩存二十作「鶴山集」。

存。永嘉王氏家藏鈔本、遜學齋藏鈔本。

鶴山先生者，永嘉王子揚氏也。少負奇質，於書無所不讀。方頭未角也，而聘鶩藝林，傲睨宇内，學士先生已心下之矣。正德丁卯，發解有司，已乃五絀春官，衆咸異之。嘉靖癸未始舉進士。諸閣部元僚以至俊髦新進咸動色相慶曰：「王生其遇乎！」時余甫弱冠，未有聞也。一日公騎馬過之曰：「子知所以來？激平生無汎交，若殷近夫、朱守忠、許台仲、高汝白、應邦升，則所嘗與出肺腑者也，自餘蓋指不多屈矣。今衆中望見吾子非碌碌者，特來定交耳。」余遜謝不敢當，自是數相過從，翼所未至而恤其私，即雷、陳不啻也。而公乃出令吉水，謂余曰：「余仕且有禄，而子猶窶困，奈何？」則爲貸金於潘亭甫氏以佐炊賃，又盡捐衣服器用畀之。曰：「爲不足君所，非以相溷也。」已余守南禮曹，數以尺牘相勞苦，且曰：「潘金已償，可無念也。」乃公以治行高等擢天官郎，欲引與俱北，余固謝非願，輒復推轂爲江西提學副使。余恃盛年勁氣，鋭于舉職，頗多所批繩，遂以爲姤者所中，皇恐待罪。公曰：「無傷也。奏黄鐘者無緩節，馳千里者無安行，亦行子之志而已。」已，余蹶而復奮，期以不負知己，而公遂不禄矣。嗚呼！罕生逝而國子悲，鍾期死而牙絃絶，余復何心，能不悲乎？昔宣尼疾無稱於没世，穆叔談三立爲不朽，公之偉義曠度，既不得長生範世，而玄言懿撰，猶往往流於人間，輯而傳之，非吾後死者之責哉！不然，又何稱乎石交也？乃兹得遺稿於令子叔懋，披誦久之。蓋存者半而佚者半。夫公方爲白衣，而所與游者，非尊貴人則海内名流也。此其風概豈易哉！暨其解褐，涉膴處要，豈其不宜，無謂有因緣於寵戚，其然乎？觀公詩文以萬物爲芻狗，以生死爲幻化，以富貴爲牢籠，以山林爲樂國，彼岸先登，緇塵不染，視彼娖娖名利，據腐鼠以嚇鳳，上舐痔而在多車者，何如哉！公嘗自言曰：「鶴山之勝，煙霞在户，松栝流蔭於尊前，鶯燕弄聲於几上，繁花雜卉，四時不歇，游斯息斯，可以忘老。」每下第歸，則倒橐中金，買鶴揚州以歸，蒼頭報至，乃翁未之見也，輒曰：「吾兒又載鶴來乎？」故自號白鶴山人，因題某集曰王鶴山集云。詩凡若干篇，文若干篇，要之體物陳方，紓旨通意，非刻腎雕腸，與騷墨長雄者比也，覽者當自得之。公由選部郎轉右通政，終國子祭酒。明州張時徹撰。

案：永嘉王氏録本鶴山集，上卷凡文四十一篇，下卷詩九十五篇，詩餘六篇，卷數與千頃堂書目所載鶴山詩文同，或即一書。卷首有張時徹叙，云：「得遺稿於祭酒子，蓋存者半而佚者半。」今本又有佚奪，故東甌詩存二十所選祭酒詩凡二十六篇，其見此集者惟十篇，蓋已非明時舊本矣。祭酒之學，私淑陽明，又與姚江高第徐愛、蔡宗兗、朱節諸人游，此集所存徐古真先生記，即爲愛父作。愛之卒也，又哭之以詩，深致悼惜。其愛榴先生傳贊亦自謂：「平生師友皆在越。」蓋其生平篤於講學。故此集中雜文，雖格律未高，而析理精眇，卓然儒者之作。羅念庵、張東沙諸人相踵編録，非偶然也。

李氏顯臺南集千頃堂書目二十二

佚。

案：李大理顯，萬曆温州府志宦業傳、雍正浙江通志武功傳、道光樂清縣志名臣傳並有傳。

鄭氏文夫東江集乾隆温州府志二十七

佚。

北游漫詠乾隆平陽縣志十九。乾隆温州府志二十七「詠」作「稿」。

佚。

案：鄭舉人文夫，乾隆平陽縣志孝友傳有傳。

佚。

侯氏廷訓筆山小稿千頃堂書目二十二

侯一元先僉事公行略：先君所著有筆山小稿，爲文務在根據理道，剴切世務，平正暢達，往往臻其妙。董公天錫序之曰：「侯君之文，正直忠厚，脱去一種效顰學步之陋習，有昌黎風，殆未易爲俗爲言也。」二谷山人集九

佚。

陳氏猷困學集千頃堂書目二十二。雍正浙江通志二百五十、乾隆温州府志二十七、道光樂清縣志十一「困」並作「田」。

道光樂清縣志八：陳璋長子猷，號順齋。文行卓越，年二十領正德丙子鄉薦，明經有師法，學者多從之。未仕卒。

佚。

葉氏式瑞峰集千頃堂書目二十二。乾隆永嘉縣志題「葉適」，誤。

佚。

案：瑞峰葉副使式，萬曆温州府志宦業傳、乾隆永嘉縣志仕績傳並有傳。瑞峰集今無傳本。國史經籍志五，有葉石瑞峰稿一卷。石、式音近，疑即瑞峰集也。

項氏喬甌東私録

十卷。

存。瑞安項氏藏明刊本、遜學齋藏鈔本。

夫言之不文，行之不遠，文固學者不能無也。予學未能文，然見能文者必讓之，間有見其或減換字樣，棘口聱牙，使人不能句；或談天雕龍，弄花説鳥，於義理無所當；或千篇一律，惟依樣而畫葫蘆；或一篇一套，惟專事輪轅之飾，則又不敢以爲是也。書曰：「詩言志。」孔子曰：「辭達而已矣。」故凡有撰述，惟求達自家意志而已。若以規格繩之，則舛錯多矣。又不自見而必録之，則以内有一二得意處，亦或可訓兒曹焉耳。初在漳南上杭，已刻過半，今續刻於五羊官署，篇章多寡不倫，卷帙先後互異，如雜著一篇，則尤敝帚而千金者，總其目三百六十三條，難以釘成一卷，即欲以類相從，分爲上下，則舊刻業已成矣。故不得已分爲内外篇，其外篇附之八卷家訓之後，以八卷篇數頗少，與諸卷不同乃附之，非以其中事理真有内外之別也。且所著旋悟旋書，原無倫次，甚不當予心。若類附而改梓之，則在兒曹而已。初刻窗友張滄江純校正于蘇、常聯艇之時，續刻校正于張君天叙、傅君陽明、林君章三教諭，而張君天叙規正處良多，不直魯魚豕亥之更定而已。此皆不可以不書者，因并記其原于録後云。嘉靖辛亥秋七月望前二日，永嘉九曲山人項喬書于嶺南退省亭。甌東私録記原

夫人者，天地之心也。天地之心，普萬物而無心者也。唯人得天地之心以爲心，故萬物皆備於我焉。大人之所以爲大者，亦唯〔一〕不失乎此焉耳。記曰：「唯天下至誠，爲能盡其性；能盡其性，則能盡人之性；能盡人之性，則能盡物之性；能盡物之性，則可以贊天地之化育；可以贊天地之化育，則可以與天地參矣。」夫唯盡人物之性，至於〔二〕贊化育而參天地，然後爲能盡其性也。盡其性〔三〕者盡其心也，此天下至誠之功用也。若〔四〕甌東先生項氏，其殆若人之徒與！先生之學以存誠爲主本，早年汎濫於百家，已盡棄去。潛心於德性，而刊落其枝葉，醇如也。間嘗示余私録十册，余得三〔五〕復而卒業焉。不覺歎曰：先生

〔一〕「大者亦唯」，底本闕，據甌東私録補。
〔二〕「物之性至於」，底本闕，據甌東私録補。
〔三〕「其性也盡其性」，底本闕，據甌東私録補。
〔四〕「功用也若」，底本原作「理□□□」，據甌東私録補。
〔五〕「三」，底本原作「得之」，據甌東私録改。

之所藴一至是乎！詳哉其言之也！可以見天人之際矣，可以見性命之微矣，可以見風義利之辨矣，可以見體用之原矣，可以見天下國家之略〔一〕矣，可以見天地鬼神之奥矣。今海内斯學之宗盟，若吉〔二〕州之鄒東郭、羅念庵，毗陵之唐荆川，及吾〔三〕廣之黄泰泉、王青蘿數君子，尤號傑然者〔四〕。先生所至，往往切問而近思，即聞一善言〔五〕，見一善行，罔不虚受而實踐。若不知其爲〔六〕，在人在我者，故涵育并包，淵澄静定。取之〔七〕吾心者不可窮，而發之文章者不可禦。概乎其於辭，浩乎其於氣，而沛乎其於道也。雖然，先生之學，夫豈徒言之哉！嘉靖之初，上宰羅峰張公素知先生，或謂稍通夙昔，崇顯可立致。先生不惟視若無有，而又數勸以敬畏謙恭之言，人多難之。已而司憲於楚，藩國弗靖，無或言者，先生啟之善道焉。尋〔八〕楚蹶，群小質其言

〔一〕「略」，底本闕，據甌東私録補。
〔二〕「斯學之宗盟若吉」，底本闕，據甌東私録補。
〔三〕「之唐荆川及吾」，底本闕，據甌東私録補。
〔四〕「子尤號傑然者」，底本闕，據甌東私録補。
〔五〕「近思即聞一善言」，底本闕，據甌東私録補。
〔六〕「若不知其爲」，底本闕，據甌東私録補。
〔七〕「定取之」，底本闕，據甌東私録補。
〔八〕「啟之善道焉尋」，底本闕，據甌東私録補。

如著蔡，此豈人所易及〔一〕哉！夫死生禍福之際亦大矣。平日談理道〔二〕者，雖絲髮之微，不能不怵心而變色。先生被〔三〕誣逮詔獄，瀕於危亡，而一無所動，其中他何有〔四〕哉？惟日皇皇，如有所不足者，亦惟恐一人不得其所，一物不遂其生，則於吾性有未盡，則不能無忝於所生云耳！此固先生之心也。余嘗讀書至禹、稷、伊尹之謨、訓，禹思天下有溺者，猶己溺之也；稷思天下有飢者，猶己飢之也；伊尹思天下有不被堯舜之澤者，若己推而納之溝中也。當是之時，豈無一人之溺之飢，與不被其澤者，而三聖人必引而歸之己，若是乎其急者何耶？今〔五〕誦其言，猶想見其心於千載之上有遺則〔六〕焉。先生之心，又何以異於三聖之心哉！故〔七〕始吾於先生也，聽其言而觀其行；今吾於先生也，聽其言而信其行。讀是録者，以此〔八〕

〔一〕「蔡此豈人所易及」，底本闕，據甌東私録補。
〔二〕「矣平日談理道」，底本闕，據甌東私録補。
〔三〕「怵心而變色先生被」，底本闕，據甌東私録補。
〔四〕「其中他何有」，底本闕，據甌東私録補。
〔五〕「急者何耶今」，底本闕，據甌東私録補。
〔六〕「千載之上有遺則」，底本闕，據甌東私録補。
〔七〕「三聖之心哉故」，底本闕，據甌東私録補。
〔八〕「讀是録者以此」，底本闕，據甌東私録補。

意求之，而不以文爲則，思過半矣。〔一〕時嘉靖辛亥孟秋望後五日。賜進士出身、中議大夫、都察院右僉都御史、前奉敕巡撫貴州等處地方，治生三洲李義壯稚大甫拜書。

恒言不出户而知天下者，非載籍奚以哉？蓋道以經明，事由史著，子書吕而道始析，稗官顯而事交疑，是故太玄假易以成體，中説準經以遺辭，於道弗尊而未畔也。然時好蓋淺，而僭讟深矣。後世乃有援佛以脂儒者，詎不出於疊屋下耶？左氏、國語、司馬傳志，固世史之良也，而浮夸譎略之姍，已不噤唐、宋諸賢之吻；魏、蜀二史，亦一代之成書，而孰穢孰謗，復不能遁乎千載嘖嘖之煩。嗣是叢談漫語，顧欲擅瑜瑕於曲筆，誣斯人而誤後世，豈不深可慨耶？故曰：「立言而朽，君子不由也。」予晚得甌東先生所著私録者，肆閲其全而感焉，固以贊其邃於學、練於才，精於識而貫於理矣。夫録卷凡十，而群裁悉焉。文之經經緯史，窮辭極辨，而不詭於聖人，以求性理之流者，原乎道也。文之瑋麗而流暢，以播韻語之芳者，薄乎雅也。文之昭玄闡秘，廣博而典則，以協著述之規者，宗乎經也。夫聖之謂作，才之謂述，建白文告，宣上達下，植良而芟竊，以統治理之蹟者，綜乎政也。先生蓋由署而郡，而藩而臬，由兩畿而閩而廣，而遍於湘湖，歘歷且十餘年，中録具見焉。

〔一〕「過半矣」，底本闕，據甌東私録補。

遭左次，再阽危構，色不懾，志彌勵而業愈工，介石之節其可擬耶？夫文章乃匡濟之器，藩臬爲鼎鉉之階，而德義則極人倫之表也。其運樞開泰，樹鴻伐於海宇，即吾人不爲徒學爾。嘉靖辛亥臘月吉日，賜進士出身、通議大夫、兵部右侍郎致仕、前都察院右副都御史、巡撫雲南湖廣地方、兼贊理軍務、工部右侍郎、兼右僉都御史、總督四川湖廣貴州木政、南海黄衷撰。

案：甌東私録初刻本十卷，第一卷至三卷爲詩文，第四卷至八卷爲雜著筆記，第九卷十卷爲歷官公牘。據自叙，蓋甌東爲福建按察僉事時刻文集四册於漳州，題曰甌東稿略。詳十五卷儒家類。後遷廣東參政，又於廣州補刻成十卷，乃彙爲此本。後又别刻私録六卷於南雄，則專編講學之語。其詩文别爲文録，公牘别爲政録。今惟私録六卷本尚有流傳，文録、政録則並未見，賴此初刻本存其大概。甌東學宗姚江，而不流於狂禪，故其講學頗多精語。詩文則大都簡質，不甚修飾篇幅。其歷官文移雖足徵殫心治術，然入之文集，於體例頗傷煩冗，不若分編三録之允當也。

甌東文録千頃堂書目二十三

未見。〔一〕

徐氏祺東涯文集乾隆温州府志二十七

佚。

乾隆平陽縣志十二：明正德己卯舉人徐祺，字天錫，寶應知縣，生平孝友和易，號東涯。

王氏湖樗散稿千頃堂書目二十六。東甌詩存二十「稿」作「集」。

佚。

林氏謙元峰集千頃堂書目二十二

佚。

〔一〕臺北「中央圖書館」藏明嘉靖三十一年後裔修補本，五卷。温州市圖書館藏敬鄉樓鈔本。依嘉業堂藏嘉靖三十一年刊本作五卷。據項喬嘉靖三十一年甌東私録自序略謂：「壬子至南雄以示推官劉僖，僖請類爲文録、政録。予是之，遂以篇章斷續增減，分而爲三，似便觀覽。」由此可證此書有三種結集。

乾隆温州府志十九：永嘉縣學正德歲貢生林謙，府經歷，著元峰集。

案：林謙元峰集，千頃堂書目誤作「陳謙」，通志、府、縣志經籍門亦同，惟府、縣志選舉門所載不誤，今正之。

陳氏洽荆西集千頃堂書目二十一。乾隆温州府志二十七作「荆谿集」。

佚。

甘露詩一卷。乾隆温州府志二十七

佚。

乾隆平陽縣志十六：陳洽高才博古，入太學。撰承制甘露詩百律，張文忠公稱賞之，著有荆西集。

案：陳選貢洽，乾隆平陽縣志文苑傳有傳。

董氏瑨布鼓集千頃堂書目十七

佚。

千頃堂書目十七：董瑠布鼓集，字仲石，平陽人。

乾隆平陽縣志十二：正德歲貢董瑠，刑部主事。

佚。

章氏可象天游子集萬曆温州府志十七。乾隆温州府志二十七「集」作「録」，誤。

東甌續[一]集八：章可象字九儀，樂清人，號天游，恭毅公之孫，方伯玄應之子，年十五即能詩，未二十而卒，人咸惜之。

萬曆雁山志四：吴九儀，號天游子，庠生，布政長子。

案：章九儀，雁山志、乾隆温州府志並作「吴九儀」，蓋吴朝鳳復姓名後追改也。今仍依東甌續[二]集及萬曆府志作「章」，從其朔也。

〔一〕「續」，底本誤作「詩」，據校勘記正。

〔二〕「續」，底本誤作「詩」，據校勘記正。

鮑氏嘉蘊樗庵集嘉慶瑞安縣志九

佚。

吳氏宗孔濟偉集乾隆温州府志二十七

佚。

吴山人詩四卷。二谷山人近稿一

佚。

侯一元序：吴山人者，雁山人也。徙居鹿城，號鹿山。少穎博學，嘗爲舉子業，棄去，獨以詩名台、雁間。詩凡四卷，五七言、古近體、絶句、六言、詩餘合若干首。自其尊人千峰先生，則爲詩冠吾鄉而宗杜，故山人之詩亦似杜，爲吾甌詩人大家云。友人東越張子愛其詩，將刻之，而曰：「知山人者，二谷子也，必子序之。」嗟乎！余何足知山人哉？雖然，余知山人之心，又知古之君子之心，又知友人張子之心。夫古之君子，所以名垂至今者，豈不以言乎？然而非得已也。故或以美刺，或以贈處，或以陳戒，或以揚詡，其歸在宣己而喻人而已，非以爲名高也。而殉名者往往失之，於是達士笑之曰：「與其得身後名，何如當時一杯酒。」言名之無用也，夫山人之心亦若是而已矣。乃張子則必欲序而傳之者何哉？殆亦有不得已者乎？蓋井渫不食則行惻，和璞不剖則刖且不息，如山人之詩，讀之犁然詩史，接少陵六義，遡三百篇，而能不美之乎哉！美斯愛，愛斯傳，固其理也。且宇宙之人如彼其衆也。而伯牙獨絶絃於鍾子，揚雄乃有待於後世子雲，知人豈易乎？若張子則可謂知山人，抑余亦其次矣。故古之人不蘄知，不能不知也；不蘄立言，不能不立也；不蘄不朽，不能朽也。若山人者，以德則不愧鄉賢之子，以功則不仕，而以言則富矣。余懼觀者疑山人之蘄知於後，有若杜元凱之沉碑然者，故序以釋之。時萬曆戊寅菊月甲子。二谷山人近稿一

侯一元章千峰墓表：生宗孟、先卒；宗孔，其行廉直，詩清峭，庶幾不愧先生者。道光樂清縣志十六

案：二谷吴山人詩序不著其名，考章千峰墓表，載千峰二子，長宗孟，先卒，則吴鹿山必千峰季子宗孔無疑。舊府志、縣志經籍門别載宗孔濟偉集，與二谷所序詩集是否一書，今無可考，謹並存之，用俟覈定。

林氏彩蚓竅集嘉慶瑞安縣志九

佚。

嘉慶瑞安縣志九：蚓竅集，亭子彩撰。

案：林亭吸川子稿，前已著録，乾隆温州府志二十七作「高子彩撰」，誤。

朱氏守鴛碧川漫吟二谷山人近稿五

佚。

裒珍集二谷山人近稿五

佚。

聚靈集二谷山人近稿五

佚。

紀變集二谷山人近稿五

佚。

侯一元朱孝子傳：孝子者，樂清人，名守駕，字彦臣，别號碧川。幼有至性，叔父石溪司教博平，乃遠攜之官。居半歲所，忽一夕心動，即棄業馳歸，至則父病垂絶，子孫滿前，問顧命，皆不答，第曰：「吾俟阿三。」阿三者，彦臣行也。既前，開目視之曰：「吾兒吾兒。」遂瞑。自是孝子終其身，語及輒號慟如初喪焉。吁亦異矣哉！養母林，備甘旨，每得一味，必躬致之。孝子知書，以疾不成，則一肆其力於詩。吾樂先有兩詩翁：一宗李，蕩南公是也；一宗杜，千峰吴公是也。傳蕩南公者朱川東，傳吴者即孝子。不惟傳其詩，并傳其字及其爲人盡似之。故千峰公序孝子之詩云：「迫真子美，獨探源頭，亶然哉！」孝子之季子子寧蓋謂余曰：「家世詩派，自先曾祖西爽、先祖侍菊，皆有集，先人則有碧川漫吟、哀珍、聚靈、紀變等集，而傳先人者，則仲兄子定也。」然則孝子固詩人已。二谷山人近稿五

許氏失名〔一〕存齋集十二卷。二谷山人近稿二

佚。

〔一〕許名崇化，樂清人。嘉靖間貢生。見光緒樂清縣志。當補。

侯一元序：外史氏曰：嗟乎！人子之於親也，詎不至哉！封樹深矣，肸蠁邈矣，則欲立其所言，貌之榮名，斯固無隄之至情也。長此安窮，雖然，亦訖之於力之所能而止矣。存齋集十二卷，太學許先生之所遺也。先生余同年東華王君師也。王君功烈光宇内，蓋得之先生，嘗涉江踰河，往哭其師，不見時貴，聞者動色。自正德間劉五清公來爲督學，則稱許生之文珠璣也。嘉靖間，萬五溪公繼之，所奇浙士僅二人，來生、許生也。無何，菲泉取進士第二人，而先生乃以久次入太學，又不得官而遂卒。雖然，兩督學及東華皆一時名人，而先生以爲師，若所爲師，即微十二卷固不朽矣。余自少從宦返舍，即辱先生爲忘年交，先生之妹壻王果齋，又余之婦兄也。及余出仕倦而歸，則先生、果齋咸徂謝久矣。一日先生之子器甫君，手先生是集，一拜一泣，欲余序而傳之，斯非其孝歟？顧子淵已逝，伯魚伶傳，又貧儒也，當如斯集何哉？器甫君曰：「吾之志則然，旦夕對此，則先君子洋洋乎存焉。」悲夫！吾迺今日而知許先生之於不朽、不死也，蓋兼之矣。序之俾他日仰河汾者，無疑於郊時之言。時萬曆癸未七月望後三日。二谷山人近稿二

趙氏廷松潄帚集千頃堂書目二十三

佚。〔一〕

案：俟齋趙布政廷松，萬曆温州府志宦業傳、雍正浙江通志循吏傳、道光樂清縣志名臣傳並有傳。㴂帚集，今未見。慎江文徵四十二載俟齋與張東沙書，有「臨別承命，欲盡呈拙稿求教，蠅蚓故吾，無一當意，謹以入蜀鄙言，録塵高覽」云云。其稱入蜀鄙言，是否即詩文稿之標目？今無可考，謹附識於此。

張氏純思問集千頃堂書目二十三

佚。

紀遇集千頃堂書目二十三

佚。

東鄉集

〔一〕馬叙倫東京旬日讀書録：「明趙廷松㴂帚集，明刊初本，有嘉靖四十一年趙訥序。訥，廷松門人。廷松字俟齋，東甌人。其文略有其鄉哲葉水心、陳止齋之風概，詩長於五七古體，詞拗淺不足稱也。書藏日本上野圖書館。」

一册。甌東私録二。千頃堂書目二十三無册數。

未見。

項喬序：東鄉集者，予友滄江張純氏令東鄉時所集文稿也。東鄉新設，邑小事繁，民窮易爲盜，官其土者雖能吏，日不暇給。張子以六事治民獲上，乃有餘力及翰墨如此，可不謂難得耶！初，正德癸酉，予與張子及玄谷周子感，偕邑之諸生二百餘輩進試於提學徐公蕃，徐已撥予三人温庠矣。時教諭張先生邦穀特請改入永嘉縣庠。既而予以己卯，周以乙酉，張以戊子，相繼發科，人遂稱教諭真有鑒衡者。顧予資地視二子頗後，而登科第視二子獨先。周不禄，張亦不第甲科，予幸獨躋膴仕；予文未猶人，而周子之文酷似左傳，若今集張子之文，不礙於煩障，則又酷似庖丁解牛，遇大窾卻而游刃自有餘地者，要皆發自情性，因緣職守，關繫理法，而不爲徒作者，予愧矣！予愧矣！嘉靖己酉，予由東廣參議，將副憲河南，而張子由東鄉入覲，邂逅於蘇，聯舟賦詩，至淮安分袂。未幾，予乃以任丘壬人驟坐詔獄，死且不測，張傍徨追逐，觸景傷情，如集中過天津有感、東昌遠望、徐州感懷七首，實皆爲予發也。張以予子文言室其女，手録一册教之。予適又由河南陞東廣參政，抵家披對前作，不覺涕泣沾衣，深幸天王之聖明，乃獲得見此集也。因令予子梓之，且以見張子之饒爲東鄉令，而不爲徒作有如此者。雖然，抑有本也。張子羅山閣老愛姪也，羅老炙手〔一〕可勢之時，渠無獻子之家，不少作風波，於今世宜冰炭，概不入其胸中，綽然割雞於牛刀，游情於翰墨也。因并序之，見張子非獨能文之士云。甌東私録二

王氏健鶴泉集

八卷。文瑞樓書目九。千頃堂書目二十三無卷數。

闕。〔二〕永嘉王氏録本

今之學士大夫，曷嘗不貴夫吐辭潤世，以彰遜信後也哉？往往以情緯文，鮮達其本，君子無取焉。若夫剽竊前人之糟粕以自矜飾，究其胸中，悾然無所得，而又其最下者耳。吾友鶴泉王子，雅工文辭，興至即懸軛苦思，終日不出户，雖甚寒暑不廢。其爲儀制時，薦紳中爭邀致其著作，至不能辭避，自是雖有不廢，蓋其性固有所不厭也。然卒以是知名，

〔一〕「手」，底本誤作「火」，據校勘記改。

〔二〕校勘記：「適園叢書刊本。千頃堂書目二十三，亦分卷。」此據玉海樓鈔本。孫昭刊於河南本，孫氏未見。今臺北「中央圖書館」藏嘉靖三十五年孫昭洛陽刊本。明刊殘本，中科院圖書館、南京圖書館藏。舊鈔本有明鶴泉書舍鈔本，清聚英齋鈔本，瑞安玉海樓藏。温州市圖書館藏清同治十二年隱泉草堂鈔本、孫鏘鳴校玉海樓傳録永嘉王氏録本、敬鄉樓、鄉著會鈔本，俱爲不全之本。

爲海内聞人。雖然，鶴泉豈徒爲文人者哉？今其文具載集中，篇各異趣，人各殊贈，總其大旨，率不詭于聖人。曾與予辯論良知，往復至再，時時特出新見。其于陽明先生之學，多所發明。其作爲詩歌，音節瀏亮，渾然成一家言，進之徐迪功、何大復之場，當不多讓。詩曰：「維其有之，是以似之。」若鶴泉者，謂之達本者非耶？今其亡之七年，予每悼念之不置，數數形于夢寐。今删次其序爲八卷，屬方伯蔡山鄭君刻之，成，歸其本于乃嗣禎、祐二子。二子泣拜曰：「辱先生不寡于先人，甚大惠也。非先人意，將若之何？」予曰：「唯唯否否。」第藏之家塾，以識予不忘之忱，仍以俾史乘，續吾甌乾、淳之絶學者采焉。時嘉靖丙辰冬十一月，賜進士出身、文林郎、巡按河南監察御史、同邑斗城孫昭撰。

語云：「不知其人視其友。」詎不信哉！或乃曠歲齊軌，異地合符，神者尸之，而不知其所以然。嘉靖丙辰，余受官之粱，道謁侍御斗城孫公，而見鶴泉王先生之集，感而欷歔者久之，曰：「嗟乎！志士哉！」夫事未有不竟其志者也，故曰志燕而燕，志越而越。自余髫時，從先大人留都，已聞宗伯甌濱翁有令子，其季即鶴泉子也。後六年，則鶴泉子果以易學冠畿甸士。又十年，試春官，對上廷，咸上第，而余末學，亦獲茹連，爲同年小友。時從通家大人縱譚六藝，揚榷今古，上下周、秦、漢、魏、江左、李唐之際，間請王子所安，乃王子則獨愛好粱人空同先生之撰，每爲余言「史遷、杜甫而下，最高者空同子。空同子，今之還、甫也。」其意津津然嚮慕範硎之。然鶴泉子故清癯，日疲精於揣摩步趨之間，靡間寒暑晝夜，其爲人潔廉好修，期爲無詬訾。人士無賢愚雅俗，汲汲與交歡。一時被容接者，咸稱鶴泉子，當今金玉追琢君子也。以故名日益起，身亦日益瘁，無何，竟感羸疾以卒，余竊嗟傷之。夫士絶甘忍耆，内支柴柵，怵心焦思，壹志墳典，豈不欲附離青雲，廁足藝文之囿，聲施不朽哉！而今轉盼之間，影滅響絶，不亦痛乎！如鶴泉子崛起海澨，不安一曲，慨然思企中州之豪，迺其述造温醇整潔，矩矱自命，亦既入室空同，胥如其志矣，今没則未有表著傳述之者也。余念欲振之而未有路，蓋後七年，而值侍御公按梁，集卒刻於梁，叙傳之者，又梁人賢豪縉紳也。斯殆亦有神感哉？令逝者有知，吾知其地下和游空同相樂矣。雖然，鶴泉子非獨文也。觀其與侍御公書，交相勖以良知之學，將師陽明，遡象山，以希周、程之緒，使天假之年，克見其止，則庶幾哉大人之業！夫雕蟲篆刻，又曷足稱於聖儒之門哉？尋其言以求其志，斯重可悲也已！蓋延州心許，帶千金於丘墓；巨卿寤感，駐丹旐於素車。死生之際，可以觀人矣。斯集之刻也，以敦故存友，興厲世風，不其邵二谷山人集五作「劭」。乎！因卒業三歎而爲之序。是歲十二月二十日，賜進士出身、順天大夫、河南按察司副使二谷山人侯一元撰。

嗚呼！此予友光禄少卿鶴泉王子之遺文也。予何忍讀之，而又何忍而不讀之！鶴泉子，予爲莫逆交，自少有文名，每與予論古文辭，鑿鑿乎以史漢爲的，若詩則惟宗盛唐，餘非所向往。視當世作者，自李空同、何大復、康對山、徐迪功數子之外，一不入目。惜乎！天靳之年，未見其止，而所遺僅若斯，亦可以傳矣！予同年侍御斗城孫子，爲刻諸洛中，予愧心藏焉而未暇者。若夫風流蘊藉，傾動一時，即雖酸鹹異視者，罔不一見醉心，樂有薰滌，則又論世者之所共屬也。君子曰：「斯文也，其有德之言乎？」督學函峰阮公特進之鄉賢，聞者謂足以風世，乃其伯子工部郎中中白君，則尤倜儻，素有高誼，詩若文率可傳，人稱爲二難。其二子嘉禎、嘉祐，又皆純純雅飭，敏而能文，考祥者謂文定公之有後云。昔孔北海寘虎賁於座右，尚謂蔡中郎之不亡，矧珠玉累累出自胸臆者乎？秋聲瑟瑟，夜光溶溶，展卷兀坐，爲之潸然出涕者久之。嘉靖己未秋八月，賜進士出身、朝議大夫、廣西布政司左參議、同郡年生吴朝鳳識。

余嘗聞魏文帝與吴質書而悵然有感於友道云：夫魏文之與陳、徐、應、劉，友也。悲其長逝，繾綣興懷，乃寓書于質，蓋弗忘故舊之意耳！且曰：「頃撰其遺文，都爲一集，觀其姓名，已爲鬼録，追念昔游，猶在心目。」而霣涕汍瀾，不能自已。嗚呼！此伯牙之琴，竟絶弦于鍾子；而山陽之笛，爰感賦于向期也。鶴泉集八卷，故南京光禄少卿永嘉王公所著，其友侍御斗城孫公之按河南也，攜之行笥，政暇時一展玩，如覿顔面，間語藩臬諸君子曰：「鶴泉子，吾友也。雅好古文詞，篤志力學，靡輟寒暑，卒以苦心遘疾，年未五十而歿，良可痛悼。今其遺文固在，盍梓之以傳？」于是方伯蔡山鄭公、會溪扈公，乃枉駕敝廬，屬有言以序之。余披覽浹旬，則見其詩文諸體，咸典則雅馴，情志深而弗詭于道，藹然有德者之言。竊惟人才之在天下，必本諸時與地，然亦數夫鄉先達之流風餘韻，薰染漸摩，而後可以名世。明興垂二百年，列聖右文，德教洋溢，育養振作，才雋輩出。而東嘉之爲郡也，負山瞷海，形勝聞于天下，江海炳靈，鍾爲彦哲。是故道德文章之士，後先接踵，不絶于時。其最著者，若周恭叔、鮑商霖、劉元承、元禮皆走洛師程氏，得其心傳。而王忠文龜齡、陳文節君舉、葉文定正則、戴文端少望，皆宗工鉅儒也。其所著梅溪、止齋、水心、岷隱諸集，海內攻文者率〔一〕樂誦之。所謂巋然一世之望非耶！語曰：「魯無君子者，斯焉取斯。」鶴泉子生逢景運，復産獻邦，而又有諸先達以爲之倡，三者備矣。宜其德器完粹，而斐然成章也。使天假之以年，則造詣將益深以邃，學問將益充以大，其所著述當不止是，惜乎！凌雲之木摧于震雷；千里之車忽焉折軸，豈非命哉！余嘗慕古之人篤于友誼者，不以存亡異其心，恤其家，保其妻子，刊其文，不使之湮没。其高風義概，天下仰之。若吾

〔一〕「率」，底本脱，據鶴泉集補。

斗城公蓋其人也，詎不可以立世軌邪？鶴泉子，名健，字偉純，贈禮部尚書甌濱先生之子，起家戊戌進士，永嘉之西山有鶴泉焉，因取之以爲别號，遂以名其集云。嘉靖二十有五年，歲丙辰十月，賜進士出身、奉政大夫、山西提刑按察司僉事致仕大梁李濂撰。

右鶴泉遺集一册，永嘉王健偉純著。按孫斗城侍御序，當有八卷，乃侍御按梁時所刻，今佚不見。兹從張小磬得永場王氏家譜中鈔出奏疏三首、表三首、論一首、贈序二十四首、跋一首、傳一首、碑銘五首、行狀一首、祭文十首、詩九十八首，不過三卷之數，蓋譜牒所採，勢不能多。而且編排失次，誤脱魯魚，紛紛滿目，然其文皆典則温潤，不爲浮靡詭僻之詞，古詩宗法選體，近律亦可與七子抗行，雖所傳不多，亦足以知金鼎之味矣。至論學恪守姚江而不至潰決，志稱爲「金玉君子」，非溢美也。故亟録其副而藏之。時同治壬申十月四日，止叟孫某跋於隱泉草堂。仲父止庵先生跋

案：鶴泉王少卿健，文定公瓚子。萬曆温州府志宦業傳、雍正浙江通志、乾隆永嘉縣志文苑傳並有傳。文集八卷，孫御史昭刊於河南，其本今未見。永嘉王氏别有録本一册，不分卷，凡文四十九篇，詩九十八篇，非其完書也。

應制録千頃堂書目二十三

佚。

張氏遜志靜修子集千頃堂書目二十四

佚。

父孚敬叙：吾兒遜志弗禄，命也。生奉敕命，殁列祀鄉賢，及遺文諸奠章，南提學御史聞人君已編傳矣。兹惟家庭紀聞内載：「上以選妃嬪，廣儲嗣，令公明本奏請，公即於是日夜齋心，忽命子姪輩具香燭，冠服束帶，露禱於天，遂寫疏上奏。」夫紀聞所録，雖非一事，以選妃嬪、廣儲嗣爲極大。今日聖天子嗣續蕃衍，國本永固，誠吾兒所心願也。張文忠集文稿一

張孚敬長兒中書遜志墓誌：兒盡棄科舉業，專讀五經，旁及史書、李、杜、韓、柳詩文，予見其送舅氏諸作皆類古，情思深遠。一日檢兒書籍，有白册，題曰家庭紀聞，凡予與國家大議皆紀之，而所論張延齡獄并大同事亦備載，文意古雅，皆史筆也。兒卒年僅二十有四。自號靜修。有靜修子集行於世。張文忠集文稿五

案：張舍人遜志，文忠公孚敬伯子。萬曆温州府志宦業傳、乾隆永嘉縣志仕績傳並有傳。墓誌稱靜修所記録有家庭紀聞一册，以集叙覈之，蓋已編入集内，今不復分別著録，謹附識於此。

張氏遜業鳴玉集一卷。天一閣書目四之二。千頃堂書目二十四無卷數。

未見。〔一〕

天一閣書目四之二：鳴玉集一卷，刊本。永嘉張遜業著，松陽徐夢易校并序。

使郢集千頃堂書目二十四

佚。

甌江集二卷。千頃堂書目二十四

未見。

侯一元太僕甌江張先生墓表：君力學，自少則爲初唐詩、六朝文賦，懷素行草，咸酷似。二谷山人近稿五

〔一〕臺北「中央圖書館」藏明嘉靖松陽徐夢易校刊本。

案：甌江張寺丞遜業，文忠公孚敬仲子。萬曆温州府志宦業傳、乾隆永嘉縣志仕績傳並有傳。

佚。

項氏文焕自貴軒稿乾隆温州府志二十七

歸有光項思堯文集叙：永嘉項思堯與余遇京師，出所爲詩文若干卷，使余叙之。思堯懷奇未試，而志于古之文，其爲書可傳誦也，蓋今世之所謂文者難言矣。未始爲古人之學，而苟得一二妄庸人爲之巨子，爭附和之以詆排前人。韓文公云：「李杜文章在，光焰萬丈長。不知群兒愚，那用故謗傷。蚍蜉撼大樹，可笑不自量。」文章至于宋元諸名家，其力足以追數千載之上，而與之頡頏，而世直以蚍蜉撼之，可悲也！無乃一二妄庸人爲之巨子以倡道之歟？思堯之文，固無俟于余言。顧今之爲思堯者少，而知思堯者尤少。余謂文章天地之元氣，得之者其氣直與天地同流。雖彼其權足以榮辱毀譽其人，而不能以與于吾文章之事，而爲文章者，亦不能自制其榮辱毀譽之權于己，兩者背戾而不一也久矣！故人知之，過于吾所自知者，不能自得也。己知之，過于人之所知，其爲自得也，方且追古人于數千載之上。太音之聲，何期于折楊皇華之一笑。吾與思堯言自得之道如此，思堯

果以爲然，其造于古也必遠矣。震川集二

驚鴻集 乾隆温州府志二十七

佚。

案：二谷山人近稿九，追和項爲齋曲池草堂詩六首，其末章云：「憶昨驚鴻遭海頭，湛浮灝氣隘寰州。尚遺六律驚人語，池上依然起白鷗。」注：「君有驚鴻集。」又送項伯紹謁選京師詩云：「河東三鳳出群才，鴻羽驚摧世所哀。君在四夔推第一，黄金應自待燕臺。」注：「伯紹父爲齋君，叔秀溪、華林，皆負俊才。甌東私録七，母太宜人婁氏壙志：「孫男文焕、文蔚、文言，喬出。」文蔚、文言，當即秀溪、華林二人也。君因遭謗，所著有驚鴻集。」二谷所云「爲齋遭謗」，不詳其事，今無可考。

侯氏一元少谷集

十六卷。國史經籍志五、明史藝文志四、千頃堂書目二十三。

未見。

二谷山人集 雍正浙江通志二百五十無「山人」二字，今從明刊本。

二十卷。雍正浙江通志二百五十。明刊本不分卷。

闕。遜學齋藏明刊本

文尚先秦、西漢舊矣，豈非以其近古哉？稽古者斷自唐、虞、三代，典謨訓誥，具有成法，藝文氏之所折衷也。秦、漢文爾雅閎深，樸厚雋永，往往得於聲口，故曰近古。然即其言論其世，準之帝王之精純鮮矣。此又何也？百家殊方，旨意攸分，得其文未得其道也。故得其道者，文莫尚已。以余觀於二谷先生集，文不在兹乎！先生靈稟玄解，家學淵源，故發爲言也，其氣渾，其旨遠，其音希簡，不求文而文妙天下。至論時事，有味哉斯言，是在其中矣。視諸秦、漢，雖無一語襲，莫不知秦、漢文，就而一以道揆，則未有能臻微言若斯者也。吁！至矣！先生以斯文效實於畜庸，帝王精純。夫既有試，夫文章家宗賈、董，亦以道言之爾。論者曰：近緩近激。廼予固未暇，夷考其時，宜不若先生。先生方際休明，攄所學以致主成化，即唐、虞、三代可幾也，匪直文之古爾也，然則過賈、董遠矣。體齋王應辰撰。

侯季子曰：余讀吾兄比部先生之文，廼余心卑卑焉若未游其藩，睹其行則使余懼然而服膺，惘然念己之不中。若是則言純則，行純師，可不謂大備哉！蓋伯牙遇鍾子而鼓琴，郢人令匠石而揮斤，卞和獻玉，師曠調鍾音，知我者希，所從來遠矣。歷遡往牒，若屈子離憂之篇，司馬名山之藏，歸文者百世，然訥忠乖乎中庸，是非謬於聖人，故學者非姬孔則莫爲程矣。世之君子，立言修己，豈必蹈其位，體其經，步步趨趨，然後謂之似哉！期於隨象方員，因形裁割，規矩長短，各有云設，要在不失先民之意而已。今耳目末曹之見，類安習俗，以爲任質而矯卓行，剽掇六經而排漢秦，則是書契棼結繩之約，彖辭殽卦畫之玄，而誠之者終不可以自然。余幸承父兄之誨，距躍咫聞亦有日矣，竊獨有味夫子之言：「我欲載之空言，不如見之行事之深切著明也。」余以是觀先生之文，優之柔之，揆之度之，自索之，自得之，而知其所以立言大較，因事陳辭，事極辭止，不爲竅言，故與之論治，則事稽於上古，言切乎當世，其地淳薄而匡失俗，其時穰飢而救民敝，不出期會簿書，而有禮義科指。論人則進仁厚而退虛僄，先孝忠而後雄豪，羞勢位而崇孤高，辭義所加，頑懦變易。論文則上希六經，下酌唐宋、中述漢秦，諸子百氏，條貫畢盡，要其歸趣，咸不詭於聖人。若隱約其辭，玩之有餘，博洽其文，多而不厭，取類玄而顯，稱文直而婉，樸而實郁，近而實遠，爾雅渾厚，温潤深潔。迺若心之精微，言之浩眇，事之終始，著之於文，不隱不逸，不猥不并，施之則實核，行之則有功，所謂見之行事者非耶？至其馴行出於天性，則余嘗聞家庭言，先生髫齔外傅，聰明絶類，授經知旨，授者不能對其疑義。年十三，則遭先大人以言禮逮治。先生煢煢數千里，守闕上書，達情天子。已而先大人待罪泗上，而御史復希指，指詷以他事下獄。先生即又上書，匍匐自列，先大人徒以直道不容，奈何用微文傷正直名？言至痛哭。而今冢宰唐公時爲都御史，得書則大歎服，持視排擠者曰：「有子如此，庸可隙乎？」久之竟白，出先大人。先大人正言直行，蒙難數矣。而先生常周旋竭力，未嘗去左右。平時承顔，温恭肫實，具曾閔之質，居則嚴然先覺，有志聖業。及仕法曹，守仁平憲，生者不恨，死者不怨，持己合謙謙君子，儉約廉潔，則羔羊退食之節，童年夙悟，長而有述，終、賈揚聲，甘、奇顯設，兄無讓焉。我伯兄鳳山先生，哀然競爽，惟余小子無所似，斯日邁月征，所以興慨也。余既底厲，深惟入孝出弟，而以其餘羨學文，間亦持視諸先進君子，諸君子亦多過譽余者。先大人以此一日命麟曰：「汝能文乎？吾侯世業儒，以忠義顯，先人行事多軼而弗載，而吾與汝母宜人，砥節苦艱，宜人即世，亦未有傳也，我甚恨之。汝即有述，則毋忘吾所欲傳誌矣。」麟對曰：「諾。」於是退而作侯氏大傳，草創未成，會遭大故，追念先大人之命，逡巡未酬，若有所墜失。先生時在留都，再疏乞養，待報久之，竟從訃歸，至則哀毁踰制，葬祭以禮。倚廬之暇，既整齊其家政，小大謐如。迺即抆涕論次先大人、先宜人之行事視余小子，余小子拜稽顙曰：「兄之事親，仁人矣哉！不爲誣善，而家傳整齊略備，麟異日者有以下報先大人矣。」夫古今稱誦周公者，以其論歌文武之悳而通之禮樂也。今先生嚴父於寧神，盡禮於致憂，孝友於施政，亮章於厥文，庶幾哉可稱繼述，斯善誦法姬孔者已。麟聞炳燭之明不已，猶有所詣，乃先生則日出之時，馴斯以往，人文其有興乎？集詩若干卷，文若干卷，古詩逼漢、魏，近體酷似王維，具論洪大夫序中，以故弗論。而許大夫序文已，余故并闡人行所先，切於世者，以俟躬行君子。四谷山人一麟撰。

董傳策序：昔者孔子歎才之難，而顔氏子自謂既竭吾才，至孟軻氏論性，猶以不能盡其才爲病。蓋自孔門，由、求善政事，偃、商善文學，賜、予善言語，各局偏長，未幾大道，雖雍之居敬，騫之孝，猶不與傳道焉。故堯舜之道孝弟，而士猶以稱宗黨者爲次；古學爲已，而君子猶疾没世不稱名。名非有聞於人之謂，謂名教所恃以有立者，蓋古今之通義，文獻之與世爲楷者也，斯殆至道流形之妙。幾德之爲德，而裁成之爲才，其立之教爲名，是以善務學者，日孳孳罔暇逸焉。雖在大聖人，猶云：「發憤忘食，好古敏以求之。」況下者乎？後世才、德離而三立分，世儒矯偏之説，若以爲由心應務，亡假問學，傳者復淆其指，至謂士可無讀古書，雖文辭並屬玩物。嗟乎！君子博學于文，言之無文，行之不遠。士非患博學也，患其徒多學而識也。何也？博者心精其義，多而識者，襲其辭又苦猥瑣也。士非患文也，患其文不適用也。子曰：「公旦之才之美，使驕且吝，其餘不足觀。」此病爲才使者也，非病才也。且夫化機活潑，人心靡感不應，即使士不讀古書，孳孳務學適世用，將遂繆悠木彊而後爲愉快乎！世之談理學者，其意見常與文士相左。余以爲局偏長，岐素業，以言乎失道則均焉。樂清侯二谷公，今諸先生中負才名者也。其所著讀書記，炳然大義數十，大都闡發微言，剖析疑義，要之咸澤於道。故其爲文若詩，雖鈎左、馬之元，采選、騷之雋，然皆湛思淵默，自運樞機，其匠意讜而其醜物逼肖，其指屬，其辭工，其鋒淬而不露，斯藝苑之矯矯者也，端可謂博雅君子矣。余久服高聞，靡緣晤覯，比公以行部訪余戍所，一見歡若平生。遽辱以集屬校，余固謝不敏，公且欲然屢誘掖之也。已復貽書曰：「方今朋友泛應，靡假繩削，鄙心悵悵，如瞽不忘視。」嗟乎！公所爲虛衷若此，其殆不爲才使者與？聞公少敦孝行，尤雅好潔修，所至咸有聲績可紀，今其文適世用又若此，行且竭其才，當軸齗齗爲時重哉！如公者其非鶩虛譚、局局拾瀋者流審矣。會公轉轄汴藩，復以書見屬，而余縻縶尺伍，道阻且長，亡繇請益，重虛長者教命，僭傅不倫之辭，誠知無當公集，特有概慮，兼資假之抽臆就正云爾。安得更從公上下其議論，追聖哲之模，考皇王之略，折衷今古人才，稱一快焉！雖然，斯特爲公經世者設也，余且將繆悠木疆以逃矣。道光樂清縣志十一。明刊本無。

殷從儉序：余始通籍時，聞樂清二谷先生侯公以文雄兩浙，騰譽縉紳間，余私識之。既逡巡郎署，出僉粵東，聞公嘗先余參藩，甘棠遺愛，尚繫父老之思，余又私識之。未幾得告家居，公適奉命總憲吾粵，下車之初，慨然以澄清自許，斤斤其明，赫赫其令，振法紀以繩宗人，一時豪貴斂手避之，吏戢民懷，境内敉寧，則歎曰：「公其神明之吏乎？」久之，公不謂余謇拙，屢顧敝廬，間示以所刻集，余受而讀之，恍然自失。夫自風雅而降，世以詩鳴者何限？自秦漢而下，世以文稱者何限？大都騁浮豔，肆雕鏤，求其讀之於口而犁然當心者，蓋不數數也。今讀公之詩，率陶寫性靈，清勁古雅，鏗鏘可玩，如張咸韶於洞庭之野，聽者樂而忘倦焉。讀公之文，淵涵閎邃，視先秦、兩漢，靡少軒輊，而風致過之。如太阿在匣，不露鋒鍔，隱然射人焉。則又歎曰：「公其名世之才乎？」嗚呼！韓、富不見於文章，劉、柳無稱於功業，二者兼得，自古難之。廼今於公睹其盛，行將翊贊皇猷，爲時鉅棟，功業之書於司勳，紀在太常者，余無容贅矣。第讀公之集，竊窺公之藴，殆非無本者，聞公年甫十三，即上書白先大夫按察公之冤，爲冢宰唐公所器重，名由此起。及壯掇巍科，歷中外，皭然冰蘗之操，一介不苟取與，輿人誦焉。謂公古豪傑非耶？昌黎子有言：「根之茂者其實遂，膏之沃者其光曄。」公既砥礪名節，不隨時低昂，廼區區字句之工，與操觚染翰者角疵醇哉！顧襟臆所存，真得夫淩霄越俗之趣，而以摛以灑，其采擇自有不可秘者。是集也，謂不足窺公有本之學，且徵昭代人文之盛矣乎！余愧不文，因讀其集，姑叙生平向往之意云。道光樂清縣志十一。明刊本無。

王世貞中順大夫江西承宣布政使司左布政使二谷侯公墓表：所著詩文集，爲卷凡二十，舉子業爲卷二，皆時所珍惜。稱詩必建安、天寶，文必匠西京、昌黎。弇州山人四部續稿十六

茅坤江西左布政使司二谷侯先生墓誌銘：所著詩、文、詞、賦、傳記、論、贊、誌、述，共

若干什，晁太史瑮嘗序而傳之以行於世。鹿門文集二十四

甌中紀逸：侯方伯一元，少負奇質，學復廣涉，文筆雋古，詩格翩翩，諸體具稱，蓋至是吾郡文知有漢，詩知有選、有盛唐，實此君爲之前茅。所著有二谷山人集，厥弟一麐，紬繹餘緒，亦自斐然。

侯二谷前不逮李、何，後不交七子，師古獨運，迴絶流輩，一代之傑也。

公爲人謙抑，獨於藝林無所推讓，似於楊用修折節，讀升庵集詩曰：「展卷紛詰奇，子雲定不死。行行窮副墨，好去入疑始。」又送人之滇曰：「滇南流寓不堪聞，寂寞邊陲老子雲。君到定知頻倒屣，爲傳芭也好玄文。」乾隆溫州府志三十

道光樂清縣志十一：少谷集十六卷，侯一元撰。府志作二谷集二十卷，又有大名稿、家園稿、近稿二十册，乾隆間郡守李琬重訂梓行。

案：余家所藏二谷集，凡三本：一爲二谷山人集十册：一爲詩集四册：一爲近稿六册，皆明刻本。近稿後別著録。二谷山人集首有目録，各體類編，不分卷帙，以册面所存舊印標目推之，蓋二谷手定，即爲十册。首册爲緱山侯氏譜；二册爲賦及記碑；三、四、五三册，並爲序；六册爲書疏、雜著、頌、贊；七、八二册爲讀書記；十五〔一〕卷儒家別著録。九册爲

〔一〕「五」，底本誤作「一」，徑改。

誌、誄、祭文；十册爲四六。其文篇自爲葉，各體之中又復雜出集名，以十干爲次，甲爲南署集、皆二谷嘉靖戊戌登進士，補南京刑部主事遷員外郎郎中時作。乙爲越吟集、亦在南京時所作。丙爲素琴集、二谷丁父憂歸里時所作。丁爲雁蕩集、除喪後在里中所作。戊爲武林集、除喪將謁選至省復移疾歸時作。己爲天台集、庚爲閒居集、辛爲適園集、皆在里中所作。壬爲北征集、癸爲懷舊集。皆謁選得南京刑部郎中時作。又別有嶺南集爲子、爲廣東布政司右參議時作。天雄集爲丑，遷河南按察副使飭兵大名時作。則以十二支爲次。惟無寅以下，蓋初刻本分各集，後因篇目猥多，涉於繁碎，復改爲分體，攙合排次，而版刻既定，難乎修改，故雖已彙編，仍存舊題也。詩集四册，板式與文集同，亦分十集，惟無嶺南、天雄二集。各集皆分體編次，首古詩、次律詩、次絶句，乃未經合編之本。余所藏本，每集絶句並缺，非完帙也。據文集侯四谷叙，詩文並舉，則原本詩文本相附屬，今所見文集乃佚其詩耳。至此集刊于何時，原叙未載。據侯四谷叙，稱二谷爲比部先生，似當爲二谷官刑部時所刻。然嶺南、天雄兩集所收文兼載外補以後之作，則此本編定當又在四谷作叙之後。考近稿八，柬晁春陵書云：「以暇日命子弟悉蒐舊草，爲十四帙，詩六文八，間有觸時妄發，缺而勿存。」是書自注：「嘉靖丁巳作。」而此集天雄集、北畿歲考録叙五册即丁巳在大名時所作，則此册疑即是時槧本。然彼書云「詩六文八」，今所見詩非完帙，不足論；而文則篇目完具，實爲十册，與彼又異，是否一刻莫能明也。二谷文章爾雅，真率之中，時露奇崛，雖體格未高，而終無俗語。其詩朱竹垞亦推其有真趣，此集蔡白石郎署集叙三册謂：「古文渾樸雅厚，繁簡各適，語盡而有餘聲。間者，名士刻意古文，句摩字揣，久之無所得，稍稍厭去，則更爲末世枝葉。」又論詩謂：「今人固有爲六朝者，皆得其似而遺其真，吾知其不能爲唐矣。」其持論最爲精篤，蓋明自嘉、隆以降，李、何、王、李壇坫代興，復古之論，流爲摹擬，矯之者又復肆爲野言，破度而敗律，二谷能爲此論，宜其不隨波而靡矣。

又案：二谷集本甚多，諸目各就所見本著録，故多齟齬不合。通志、府志經籍志所載二谷集卷數，與王元美所作墓表合，然與所見明槧，不知異同若何？茅鹿門所作墓誌稱：「二谷詩文，晁瑮嘗叙而傳之。」然明槧亦無晁叙，不知茅所言又指何本也？二谷山人集侯四谷叙稱有洪、許二叙，今本亦未見。至少谷集十六卷，見於焦氏經籍志，其著録最先，然二谷近稿五，亡兒舉人壙志云：「兒名化邦，以父二谷山人也，因私號少谷」云。是少谷，乃二谷子化邦之别號，不應自以題集。焦志鈔刻各本，訛誤甚多，疑不足據。惟明志、黃目所載並同，疑以傳疑，姑並存之。至南署、越吟等十二集，雖明本標題間出，而既已彙編爲全集，則毋庸分著其目，謹附識於此。

大名稿乾隆温州府志二十七

未見。

家園稿乾隆温州府志二十七

未見。

二谷山人近稿

十卷。

存。遜學齋藏明刊本

序曰：余小子不敏，蓋晚而知多言之弊也。學不加益，而言則日滋，憶在河魏時有帙八，在西江有四，在家園有二，兹又有六。案：此集十卷，而曰六帙者，蓋以册計之。何多也？悔之矣，而復存之何居？則余有畏於天也，有蘄於人也。蓋余以人之有言也，猶衆籟也，氣至而鳴，鳴而有善不善，皆天也。易曰：「修辭立其誠。」故贈處則欲有裨也，記誌則欲有垂也，論著則欲有明也，箴頌則欲不渝也，書問則欲有喻也，詩歌則欲有風有刺也，皆誠之著而天之爲也。今夫雝雝喈喈之與躍躍嚶嚶也，奚啻霄壤哉！而均之天之所與也，各得焉而已矣。若揣摩以冀膏脂，炙轂以眩奇，絶命以抵巇，滑稽以解頤，是以天聰明爲綸餌，矛刃俳優也，斯文之厄而天之漓也。夫敝帚遼豕，既以自多；役智無涯，又以自少；皆吾之所不敢也，故兢兢焉畏而存之。且人非堯舜，孰能無過？過則彰之，莫如言焉。故曰：「言心聲也。」古之觀人自觀，皆是物也。春秋之彦，賦古詩猶可以明志，矧其自爲者乎？蓋良玉表瑕以受錯，維摩示疾以全性，俞扁聆聲而進藥，藥進則病去而聲諧，孰與護疾滅身哉？是以孔門思益友，孟孫貴惡石，是余所蘄於人者也。雖然，余誠願得夫匠石氏之斤，總此二十章之斷而斲之，去其青黄，以歸於樸，即三語可咨嗟，而一言可升堂矣。嗚呼！是余之志也。庸題其端，以須我友。時萬曆九年六月之朔，東嘉侯一元。

靜志居詩話：二谷詩雖率易，然有真趣。明詩綜四十五

案：二谷近稿爲晚年手定之本，凡文八卷，詩二卷，自叙題萬曆九年辛巳，然以文尾所記年月覈之，尚有萬曆壬午、癸未、甲申諸作，蓋刻成後，又有增補也。集内詩文較之少作，漸趨質樸，平議亦多精邃。如尚書論疑古文之僞近稿四。足與梅鷟考異並傳，雜著六十八條，卷四。多講學語，蓋以補讀書記之遺。其柬茅鹿門書卷七。云：「年衰氣減，百事灰心，乃更追思道術，甘作一腐儒以老。顧今終南之徑，乃有取捷於講學者，此則賤子所掩耳而不忍聞也。」其持論如此，足覘其所養矣。

又案：二谷自叙云：「在河魏有帙八，在西江有四，近稿八束芳洲洪公書云：「舊稿八帙，曾已奉寄，江右四帙，謹再瀆上。」即指此二稿。在家園有二。」河魏八帙，疑即大名稿嘉靖丁巳東晁春陵書云：「詩六、文八。」此云有帙八，疑偶不數詩也。家園二帙，即家園稿；惟西江所刻，不知名何稿？府志經籍門載大名、家園、近稿共二十册，與自叙所述帙數合。不數西江四帙。樂清縣志謂乾隆間太守李琬重訂刊行，然今未見其本，不知猶三稿原帙否也。

侯氏一麐龍門集

二十卷。文瑞樓書目九。千頃堂書目二十四無卷數。

未見。〔一〕

侯一元序：夫士豈不在文與行哉？而文有奇峭、有平易，行亦如之，兩者皆性也。其始有近有不近，從所近而習之，其究也不能相爲，猶之追琢金錫圭璧也。非周文衛武，其孰能兩體而兼稱之哉？余早歲則嘗有志於是，晚而無成，然余有所歆豔而不能者二焉，而余弟舜昭則皆能之，非其性近歟？蓋余以文莫若西京，西京莫若遷，而固其次也。余

〔一〕美國哈佛大學圖書館藏明隆慶刻本。

覽班馬異同，固猶驥也，遷則天馬矣，殫十駕之勤，亦至固而止矣。而弟獨好遷，所爲酷似，知文者往往目之太史公，故余雖比歲矢不爲文，有不得已，輒以屬弟，弟亦輒依太史公，一也。士節至東京而峻，徐孺非力不食，閔周飲水而已，余非不慕之也。而常浮沈市里，以爲人道委蛇而可矣。而弟則堅持之，其居貧不受絲粟於人，而於寒餓，顧時有解推，敝衣穿履，攻苦茹淡，而其貌日腴，其詩日平，非其有得然哉！二也。然則爲士若弟者可矣。雖然，可以爲難矣。夫文成一家，行有轍跡，不可以語大。六經、語、孟，弟之師也。周文衞武，士之的也。文在是，行亦在是。吾老矣，弟其勖之哉！弟其勖之哉！讀龍門集，因序以進之。二谷山人近稿一

明詩綜四十五：侯一麐，字舜昭，一元弟。有龍門集。

孫詒讓全集

温州經籍志

第四册

潘猛補　點校

中華書局

温州經籍志卷二十八

集部

别集類

明

康氏從理二雁山人集千頃堂書目二十四

未見。〔一〕

〔一〕温州市圖書館藏二雁山人詩集二卷附録一卷，清鈔本；國家圖書館藏明刊盛明百家詩收康裕卿集一卷。臺北「中央圖書館」藏盛明百家詩後編收康裕卿集一卷，明隆慶間刊本。温州市圖書館又藏敬鄉樓鈔本，印入敬鄉樓叢書第一輯。

侯一元序：二雁山人集者，詩人康君之所著也。蓋雁蕩山者，吾温名山也。而南復有一雁蕩，競爽離立，而君乃生其間，庸詎偶然哉？余早歲則識君余弟舜昭所，雖知其長者，未知其詩也。已君北游，盡友當世豪俊，則詩名大起，而同里參知王君者尤知君，君詩所稱「舉火家貧恃晏君」者是也。君之游雖多公卿隆隆乎，而其貧乃如故，不隳其守也。所傾蓋輒膠漆，賓館有魚，而常越吟，思歸不忘故也。已而竟歸，棲永嘉山水間，而其詩益精。每一篇出，詩人爭傳之，咸品君第一。人方爲君多之，而君乃以疾卒，年五十八矣。士友既甚痛君，將永君於千載，會有吴中曹君者，詩人巨擘也，正來求君，後之僅數日，乃哀哭君，而遂删定其詩爲若干卷，總若干首，而君之外兄少尹王君者，亦詩人也，相與戮力，君不朽之事寧有遺憾乎哉？吾知君之目固瞑矣！瞑矣！序曰：君之詩高者乃優入盛唐閫域，下者亦敻出流輩，是其傳無疑也。乃余因君詩而上下於古今詩人之際，大率其自爲言也常合，其爲人言也常離。三百篇、漢、魏，皆自爲言者也。六朝侈靡，則爲人之歆豔之也。唐以取士，士無不爲詩，而詩亦多爲律者，則以人之富貴之也。蓋兩者參半焉，而工拙始分矣。君生於休明，其取士以經義不以詩，而君乃癖詩，無禄利之望，以詩贅人，人輻輳歸之，無不願爲君役者，而君乃不以牟利，竟以窮終其身。故君之於詩也，猶饑渴之於食飲也。快意當前，其孰不爲工？而工亦安取人憐哉！然則詩之本君得之矣，則宜其絶衆流而蹐於岸也。夫所謂永君於千載者，非名耶？名，儒者不近也。雖二氏之學亦無名欲，顧君子之所以能相敝天壤者，獨心焉耳。故讀君之詩，則知君固窮之心與諸君子斷金如蘭之心。是爲序。時萬曆辛巳孟秋既望。二谷山人近稿一

千頃堂書目二十四：康從理二雁山人集，字裕卿，永嘉人。任俠能詩，與曹子念爲死友，子念刻其遺詩。

胡應麟詩藪十四〔一〕：康裕卿詩尤長近體，七言律閎壯豪麗，翩翩布衣之雄，爲人爽朗俠烈，片諾〔二〕可寄死生，兩琅琊皆酷重之，今尤不易得也。

甌中紀逸：康山人從理，字裕卿，遨游兩都，聲名藉甚。所著二雁集止獵三唐，未窺六代，故酬應頗工，寄興甚淺。其人負俠任真，雖名動公卿，而家徒四壁，故足重也。乾隆温州府志三十

靜志居詩話：裕卿任俠談兵，間關戎幕。劉將軍子高建纛毗陵，病革，裕卿馳赴與訣，經紀其喪，扶其柩至武林〔三〕，遠近皆義之。居燕，偕黎惟敬輩游西山，其倡和詩僅存，餘多散佚，太倉曹子念收而刻之。明詩綜四十九

〔一〕「十四」，底本闕，據詩藪補。
〔二〕「諾」，底本原作「言」，據詩藪改。
〔三〕「林」，底本誤作「陵」，據明詩綜改。

案：曉山康處士從理，雍正浙江通志、乾隆温州府志、乾隆永嘉縣志文苑傳並有傳。曹子念名昌先，一字以新，太倉人，王世貞甥，著有快然閣集十卷。見明詩綜六十三，及千頃堂書目二十四，其所刊裕卿詩，今未見傳本。

王氏失名晚翠軒稿二谷山人近稿二

佚。

侯一元序：外史氏曰：夫詩其難言哉！其有分於道也，猶之耳目鼻口皆心之達也，猶之戚之呻而適之笑也。有所以然，昧者爲之，則或至於嘔心擢肝而不已。長吉、玉樓，知其非正命也已。吾郡之詩，當以華白山人爲冠；其在吴者，有王大夫序矣。已而彌工又彌多，爰有兹集焉。余非知玉者，烏能辨其孚尹肉好哉？蓋山人嘗爲余言童子嗚之善詩也，一日持是稿及童詩視余，良然。詩曰：「惟其有之，是以似之。」顧山人高潔亦類童，童没而吴之君子有傳其詩者，故可貴也。今吾郡知山人者衆矣，勤校讎而樂出鋟者誰哉？毋令吴之君子郭公！我也雖窶，願負弩以先之。是爲序。時萬曆癸未七月下澣。二谷山人近稿二

案：晚翠軒稿，舊府、縣志未著録，二谷作序，亦不言其姓名。惟二谷近稿九，有和王

華白八菊詩二首，知其姓王，然其名終無可考。

金氏翮文峰集千頃堂書目二十三

佚。

非非稿千頃堂書目二十三

佚。

案：文峰金通判翮，萬曆温州府志宧業傳、道光樂清縣志介節傳並有傳。

王氏叔果半山藏稿

二十卷。明史藝文志四、千頃堂書目二十四。

未見。〔一〕

〔一〕天津圖書館藏明萬曆年間刊本，爲海内孤本。後印入該館孤本秘笈叢書。温州市圖書館藏明刊殘本，存卷十八至二十；又藏敬鄉樓、王氏我屋鈔本，印入敬鄉樓叢書第四輯。

茅坤序：余同年廣東觀察王公德，數稱「從兄西華並暘谷，風神藻雅，當於晉之王逸少、唐之白香山無以異者」，余竊嚮往之，數獲締交」云。已而西華先生没，其子甯國使君光藴，遣使函先生詩文稿二十卷屬余序。余再拜稽首而誦之，颺言曰：大較先生濬宕不群，故其發爲詩歌文章之什，雖第進士，軒冕仕路，而其心固已泠然游于丹山緑水紫芝瑶草之間，古所稱物外司馬是也。其所首可考見者半山賦，賦之所次，湛天池，浴日月，羅巖岫，珍泉石，與夫盤桓謝朓，清嘯孫登，即其中所醖釀處，故其珥筆抽毫，所響燦然。戛金石，掉雲霞，鏗黄鍾，鳴大吕，令人讀之若將入少室、終南之宫，而與甪里、綺季相與揖讓其間，他雜著上下兩卷，尤爲卓犖倜儻，可謂碣石、蓬島之邃，而與世之游氛浮埃，杳不相及。嗟乎！兹固當與日月俱遠，傳之無斁者已。是爲序。

湯賓尹序：富貴、壽考、文章、功業之類，物之美者，人爭取之矣。夫美物必有神焉司之，物忌完，取忌多，天之數也，人之情也。孤庸之子，憤其獨立，爭之旦暮之間，於數者偶取一焉，而沉頓歲年，剉刻筋力，精已耗矣，遑及其餘，故欲嘗易足，而取於天〔一〕者嘗寡。開敏賢智之士，饒姿才，廣方略，其意氣無所不之，造物之内，苟有以爲美者，則高才先之

〔一〕底本「天」下有「下」字，「下」衍，據半山藏稿明刊本删。

矣。且世開敏之士，多世族焉出也，富貴所自有矣。宮廬、服輿、食飲、聲色之奉，皆有以過人，孰非天之寵歟？既已飽此，又侵彼焉，生人之情，曷有已乎？與者忘少，取者忘多，不讓人以赢，而留鬼神以餘，所得滋多，其損也滋甚。夫貴官顯爵，殊功偉伐，高才能文章，名譽驚絶，皆造物之忌也，有道者之所不兼取也。博物多才，美詞華，剽剥今古，又文章之忌也，作者之所不出也。蘇子瞻云：「揚雄好以艱深之詞，文淺近之説。」夫揚氏之學，亦復不淺矣。露文白意，淺而出之，即子瞻亦當引心，自負奇博，不肯捨置，千載而下，猶未免爲人所窺誚。才勝而不能降，學博而不能割，斯亦多取之報也。郡大夫王君，刻其尊人西華先生藏集於衙齋，余得以觀焉。所爲詩若文，大要惟靈發之，嚴於矩尺，絶無虚華蕩肆之態，似代之爭工於形似者。初，先生投稿篋中曰：「吾無意於文，何以示人？」夫古之論文，非能爲之工，乃不能不爲之工。而弇州之銘先生也，亦曰：「幾不盡秘，乃有文言。」深於先生之意，可以知文矣。先生連代爲貴人，世其學，登第四十年，居官僅八歲，退而老於半山，故所讀書處，蔬食布衣，吟誦不廢。若諸生先生之取於世，蓋多所不盡之思也。郡大夫爲廉吏，一介不取，王氏之長，此物此志爾。衆之論先生也以行以文，余之論先生也以意。夫意有所不盡取者，君子之所以還造物而詒後人也。咸豐永嘉縣志二十七

子光藴跋：先中憲公潛心嗜學，不以寢食廢，林居長年，日惟研析經傳，旁及諸史，簡端

札記，類以赫蹏積之累帙矣。所爲詩若文，出於酬應紀遇，投稿篋中，未集也。孤間請録，公曰：「方今作者如林，藻潔佗於海内，吾無意於文，何以示人哉？孺子且休矣，藉令假我歲月，得於山中理故業，或稍稍次而藏之可也。」卒卒未得閒，而公謝世，孤發遺篋視之，泫〔一〕然不能讀，既而戚然思曰：「前稿存者多補綴，日且脱落，久之能無逸乎？」深以懼，乃手鈔得賦二首，詩六百四十首，按歲編不爲類；文二百首，次以類，合之凡二十卷。公家食時，嘗讀書半山，迨歸老日從燕憩，蓋聚精游神於兹山也。集成，將歸之山中藏室，因題曰半山藏稿。夫韋公之經，傳於玄成，楊氏之學，世於長孺。孤蹇淺寡昧，愧紹家聞，感竹素之存，而抱蓼莪之憾，何忍於校録哉？惟公學行不詭先民，籍手是編，以之丐言於名家，庶以識羹牆而圖不朽云爾。若違公夙命，而以示人，則孤之罪也夫！孤之罪也夫！ 咸豐永嘉縣志二十七

甌中紀逸：嘉、隆以來，王憲使叔果敦素嗜學，淳古君子也。厥弟參政公叔杲負經濟才，厥子郡丞公光蘊垂清白聲，一門父子兄弟並有文集，當世名家序述彰彰盛矣。 乾隆温州府志三十〔二〕

〔一〕「泫」，底本誤作「泣」，據半山藏稿明刊本改。

〔二〕此條底本無，據刻本補。

孫氏昭西行集千頃堂書目二十三作「西行稿」，無卷數；二十四重出，作「西行集二卷」，今從之。

二卷。千頃堂書目二十四

佚。

斗城集

佚。

案：斗城孫御史昭，萬曆温州府志宦業傳、雍正浙江通志循吏傳、乾隆永嘉縣志仕績傳並有傳。

黄氏一鵬編苕集千頃堂書目二十三

佚。

侯一元序：編苕集若干卷，南華黄子之所製也。黄子自其爲諸生時，即以詩翰擅名吾郡，已廼明經擢第，爲令江西，以儒飾吏，詩故不廢也。頃之謝事歸，益昌其詩，又雅好奕，則日與其里之詩人、奕者爲橘中之會，靡會而不詩，故其詩益多。且黄子自少鵲起，從鼓篋擢桂，牽絲解黽，名與實馳，桴答景隨，人之以詩翰來請者踵相接，黄子酬之無倦色。其爲人穎而實，其屬思〔一〕專確而綿密；其爲詩也，類其爲人，六義駢列，綺語間發，意在詞先，不爲虚綴。余嘗評其詩，如入岐豳之墟，所見皆蠶絲玉粒；又如陟崑丘、游琪圃，步步蹠實，而希世之寶，往往而有。余目方熒之，應接不暇，而黄子顧撝其謙，俾差擇之。詩不云乎：「威儀棣棣，不可選也。」辭謝不獲，則爲叙而傳之。曰：余廼於今黄子之詩，而益徵夫道術之一也。夫人不能無思，思不能無言，詩則言之精者也。古之舉以詩賦，則言揚也。自變而經義以來，士慮以詩賦妨工，常輟不爲，而耽詩者即又往往荒於舉業，蓋二業相詘久矣，至黄子而兼爲之。然黄子卒不廢其明經擢第，爲吏而政埤焉，莫令劇也，類以簿牒辨治否耳，何暇及詩。而黄子居官，時時嘯詠，習池峴山之風，黄子優爲之，而亦不廢爲良吏。宦成來歸，則或衰於氣，怠於志。黄子内則灌園樹藝，外則應事酬物，暇則飲博歌呼，是其於詩也宜不暇，而其多且精廼如是，即閉門覃思者有不逮也。而黄子亦不廢其樹藝酬應，飲博歌呼。夫左畫方而右畫圓，人所不能也，而黄子常兼能之。何哉？誠以其實也。譬之水焉，惟其實有是源也。故瀵之則爲泉，流之則爲川，止之則爲沼，滙之則爲澤，疏而引之則爲溝洫，奚所不可哉？故道一而已矣。道術之裂也，人自裂之；詩之亡

〔一〕「思」，底本誤作「意」，據二谷山人近稿改。

也，人自亡之，而詩道自若也。是故觀於黄子之詩者，觀其實焉可也。二谷山人近稿一

周天錫跋：己丑之春，鄰人有以殘書數種來易穀者，而先生諸卷在焉。蓋鈔本也，已從錫擔中得先生編茗集，方知有刻本云。今九月先生之聞孫卓，知余采輯鄉先哲之遺逸者，乃以先生藏稿見示，蓋與余曩所得鈔本原一帙而兩分之，第不知何繇散失耳。卷中字法端楷，塗乙改竄者再，先輩用心精細如此，因以歸之。簡編如昨，手澤猶新，璧合珠聯，似有神物擁護者，黄氏子孫永寶哉！辛丑十月。花萼樓集

東甌詩存二十：黄一鵬字文振，號南華，永嘉人。嘉靖庚子舉人，除武寧令。

案：南華黄知縣一鵬，處士鍾子。

王氏叔杲玉介園存稿千頃堂書目二十四作「玉介園集」，明史藝文志四作「玉介園稿」，今從録本。二十卷。明史藝文志四、千頃堂書目二十四。

闕。永嘉王氏録本

詩者，緣情之物也，三百篇尚矣。漢魏而來，作者林立，人各其體，吾獨取於陶韋，則以其情之所之異耳。彭澤不爲五斗折腰，飄然引去；蘇州鮮食寡欲，所至焚香掃地而坐，二公者並有糠粃世塵、芥視六合之致，即令抽黄對白之士，與之分曹而奏，雕龍繡虎，亦自

斐然，乃若抒性真而洩道要，求一言之幾於二公，曷可得也？以觀於今之作者，吾師暘谷王公，其庶幾乎！公自幼時舉於鄉，即刻意詞賦，不上南宫。既久之，乃成進士，爲夏官郎，二千石，歷外臺，參行省。一日致其仕而去，嘯詠於水石花竹之間，意恬如也。余少爲諸生，以舉子業從公天雄郡齋，見其一日之間，三時酧應，三時燕閒，每坐晚香堂中，蒔菊澆竹，嘯傲其傍，或引三五童冠，授經講業，一詠一觴，蕭然自遠以爲常。既遷去，不久竟掛冠歸。由是觀之，公之用情，固自加常人一等矣。今觀其詩，長言短韻，殊其體；行役林居，殊其時。乃清曠閒適，脱然於埃土盍之外，洩道要而抒性真，比於彭澤、蘇州，有過之無不及也。語曰：「詩可以觀，不其信歟？」雖然，二公獨韻致勝耳，功業無聞焉。公守吾郡，察吏安民，興賢造士，種種積效，至今在閭閻之口。其後於吴、於閩，治兵參藩，所至有聲，藉甚士林，大業未竟，人尚惜之。於今相徉林壑，行年八十，猶有嬰兒之色，具三立，備五福，有古今詞人所不敢望者，何論陶、韋！乃益知公之所爲不朽大矣。公有文若干卷，淵源理學，高雅如其詩，并集之，題曰玉介園存稿。同門魏懋忠氏屬余校刻，輒爲識其大都如此，庶幾後之覽者得以論其世云。萬曆己亥仲春，門人李化龍謹序。

暘谷先生以詩文起甌東，若曰玉介園存稿，則先生自命云。先生庚午、辛未間守吾郡，其治行如漢良二千石，載在口碑，今廿餘年矣。復獲讀先生存稿，其詩興遠而逸，調古而雅，泉石花木，居其大半，即懷鄉贈友諸篇，亦渢渢乎招隱之高致，崇德之彝訓也。其爲文則尤根據體要，雖應酧、移檄之作，罔不真切正大，使人讀之忘倦，謂可比美歐、蘇，以視侈華而鬬浮者霄壤矣。夫先生治行在郡，行誼在鄉，而詩文復如此，三不朽不全得之乎！貞兄弟從先生久，即智不足以知先生，亦不至阿其所好，因序而傳之。門人魏允貞序。

余弱齡好吟，甫弱冠，與兄姪輩讀書山中，故多山中之作。時方治經生業，惟對景適興，不暇求工也。及壯游金陵，與一時作者相賡詠，始稍稍屬意，故稿中惟金陵諸作稍可觀。既濫仕籍，宰邑治郡，日與俗吏相對，則又悉置去矣。間於游覽、答贈輒復一作，積數十年，所存詩文稿成數帙，治兵吴中時，王長公元善爲序之，欲余付梓，余恐貽笑大方，收之一篋，置書室中。甲午除夕，值回禄，倉皇不及持出，悉付煨燼。一僕少掌書記，間以所草詩稿蓄之家，偶檢得之，兒輩復纂寫成帙，僅存十之二三。曩余守魏博時，與南樂魏氏諸昆投文字知，今長君中丞撫晉陽，以所刻詩草并仲子詩見寄，且索余遺稿曰：「子雲太玄可能付侯芭否？」余重違中丞雅意，命兒輩録寄覽之，僅可覆醬瓿耳。萬曆丙申秋日，陽湖八十老翁叔杲書。

先參知公爲諸生時，偕伯叔西華公讀書大羅山中，討論之暇，不廢詠歌，洞壑探奇，塤篪疊奏，稍稍累成卷，及成進士，歷敭仕路者若干年，而撰結日積。始令吴中，入爲武部郎，出守魏博，所至興學，群俊彦而躬課其藝文，公餘則與客吟嘯，忘其身之在官也。及治兵三吴時，牘檄旁午，公左右籌畫，綽有游刃，時拉高勝之士品泉鬭芳，命觴探韻，江左傳爲美談。無何，以議漕事迕當路意，遂飄然投傳歸。公素志山水，日惟徜徉華麗陽湖園墅間，與二三知契，攬勝賦詩，餘二十稔，懷況不減疇昔。蓋公夙抱經濟略，恒不勝其高蹈沖夷之趣，而意旨所屬，率本之自得，而歸之實用，故於文辭不事菁藻，乃當代宗匠，亦或許爲一家言。萬曆歲，不肖孤美懼其久而逸也，乃次爲集，詩以歲編；文曰叙，曰記，曰傳，曰尺牘，曰誌銘、誄辭，曰雜著類，凡如干卷。往乞弇山王先生爲之序，因請公欲鋟之。公笑曰：「是予敝帚，無足當作者，盍已諸？」尋不戒，盡付煨燼。越六年，公春秋八十有四矣，不肖復從掌記檢收遺稿，得十之四五，復請於公，公首頷曰：「無已，則付之梓人，以藏家塾可耳。」輯未成而公遘疾捐館賓客。於乎！痛忍言哉！痛忍言哉！孤椎魯寡昧，無足以光融先德，書不云乎：「厥父菑，厥子乃弗肯播。」是則孤之罪也。用是大懼，乃於苫次茹哀校葺，始就布棗，敢飲淚敬書諸末簡。萬曆二十九年辛丑秋日，不肖男光美百拜敬書。

朱氏玉芸窗雜著東甌詩存二十三

佚。

東甌詩存二十三：朱玉字必聘，永嘉人，嘉靖乙卯舉人，任太平令。有芸窗雜著。

案：芸窗雜著，舊府、縣志未載，東甌詩存録老秀才行一首，注：姜氏隨筆：「永嘉朱必聘，在謫時，上官以老秀才見誚，因感而賦。」姜氏隨筆不知何書？朱氏被謫事亦不可考。

朱氏體信賓暘稿乾隆温州府志二十七

佚。

案：朱舉人體信，萬曆温州府志、乾隆永嘉縣志義行傳並有傳。

張氏鳴鸞宜陽四六千頃堂書目二十四

佚。

東越手柬〔一〕千頃堂書目二十四

佚。

〔一〕潘士藻闇然堂類纂六引爲張東越手記。

張氏鳴鶴鈎元集東甌詩存二十三。乾隆温州府志二十七「鈎」作「鈞」，誤。

佚。

東甌詩存二十三：張鳴鶴字仲皋，純仲子，嘉靖例貢，任淇縣丞，著有鈎元集。

朱氏廷謚藁城稿乾隆温州府志二十七

佚。

木氏參魯庵稿萬曆温州府志十七

佚。

鍾氏以白平素集萬曆温州府志十七

佚。

高氏悦梅軒稿萬曆温州府志十七

佚。

黄氏穎貧樂集萬曆温州府志十七

佚。

黄氏汝紘蘭室稿萬曆温州府志十七

佚。

曾氏謹潛壑集萬曆温州府志十七

佚。

項氏敏伉對竹軒漫稿萬曆温州府志十七

佚。

案：木參、鍾以白、高悦、黄穎、黄汝紘、曾謹、項敏伉，時代、事蹟皆無考，其集並著録萬曆府志藝文門，則其人當在王季宣前，今姑彙録於此，以俟考定，再爲排次。〔一〕

〔一〕木參、鍾以白、高悦、黄穎、黄汝紘等人著述，見弘治温州府志十八書目，可見其人當在弘治以前。曾謹，萬曆温州府志文學傳有傳，孫氏失檢。傳云：「曾謹、曾敬，樂清人，兄弟俱擅文名，天順間人稱二曾。」

王氏光蘊太玉洞齋近草千頃堂書目二十四作「太玉洞齋稿」，今從大泌山房集一百四。十卷。大泌山房集一百四

佚。〔一〕

李維楨寧國郡丞王公墓表：西華公卒，公哀之，毁，廬墓不忍歸，嘗以月明攀宰樹，仿佛若見公然，涕泣雨下，左右皆爲沾襟，歌而當哭，有「月明兮兒在此，荷葉田田，白石齒齒」語，人傳誦之。於書涉獵極博，詩宗盛唐大曆，文則韓、歐及本朝晉江、江北、〔二〕毗陵諸公。所著太玉洞齋近草十卷藏於家。大泌山房集一百四

案：王季宣集，李本寧墓表作太玉洞齋近草，千頃堂書目作太玉洞齋稿。季宣，萬曆温州府志藝文門自載其集，與黄目同，疑初名太玉洞齋稿，晚年定本乃改爲近草也。

葉氏世德拙齋稿千頃堂書目二十四。萬曆温州府志十七「稿」作「集」。

佚。

〔一〕温州市圖書館藏敬鄉樓、鄉著會鈔本，作太玉洞天藏稿。從玉介園附集中鈔出，爲不足本。孫延釗校云：「檢家藏鈔本玉介園附集中載玉洞公詩六十一首、文四篇，名玉洞集。」

〔二〕「北」，底本脱，據大泌山房集補。

江右稿千頃堂書目二十四

佚。

案：文溪葉長史世德，萬曆温州府志宧業傳、雍正浙江通志、道光樂清縣志循吏傳並有傳。

杜氏克遜秦游集

四卷。千頃堂書目二十三

佚。

乾隆平陽縣志十五：杜克遜，歷陝西行太僕簿，陞開城監正，轉廣西雍城令，即浩然賦詩而歸，有「五畝桑麻陶令宅，一犁春雨杜陵田」之句。所著有秦游集四卷。

案：杜雍城克遜，乾隆温州府志循吏傳、乾隆平陽縣志宧業傳並有傳。

婁氏恪青山集東甌詩存二十二

佚。

東甌詩存二十二：婁恪，永嘉人，嘉靖歲貢，任太倉州訓導，著有青山集。

王氏應辰簡淡集乾隆温州府志二十七

佚。

正情集

三卷。千頃堂書目二十六

未見。

甌中紀逸：王貢士所著正情集，古樸雅素，但邊幅稍窘，諸名詩家甚重之，門庭蕭寂，有名士風。乾隆温州府志三十

杜氏德基象罔樵隱集乾隆温州府志二十七

佚。

杜氏大年漁樵稿乾隆平陽縣志十九

佚。

案：杜處士大年，德基弟。乾隆平陽縣志義行傳有傳。

王氏一夔浦東集千頃堂書目二十二、雍正浙江通志二百五十、乾隆永嘉縣志二十三並題「王一鵬」，誤。今從乾隆温州府志二十七。

佚。

案：王知州一夔，萬曆温州府志循吏傳、乾隆永嘉縣志仕績傳並有傳。

邱氏一龍雨川詩集嘉慶瑞安縣志九

佚。

何白邱雨川先生傳：雨川邱先生，世爲沙園所百户，生有異質。及長，折節讀書，一入目即能成誦，間操筆爲詩歌，輒立就，而意氣激昂，才力矯捷，滚滚累數百言不竭。及弱襲世官，東吴定山袁公以部使者飭兵甌栝，先生以裨校隸中堅，聞先生能詩歌，間命奏一篇，未嘗不灑然稱善也。忌者或言先生使酒難近，不使效一障之寄，是以益拓落無所遇，詩道日益昌，間有侘傺不平抑塞磊塊之氣，壹以詩發之。後洋山淩公，秉憲駐東甌，時先生尚從事注蹞間，雅聞先生善詩，公一日出祖他監司，鹵簿駐江心寺，四山積雪，倒影空江如玉壺。公登高命題，限「江」字，先生即矢口成篇以進。頷聯有「一天雪意雲連海，兩岸梅花春渡江」之句，公擊節賞其奇警。更奏數篇，瑰怪益甚。先生將及耆，乃以世職授長君。先生久以旗牌官，逐逐班行中，心甚厭苦之。乃白某觀察公，請以兒代，觀察未之許也。先生請之堅，觀察命題一律，每句以八音一字冠諸首，詩成方聽遂其志。先生俄頃獻詩曰：「金風吹破舊團花，石屋分泉自煮茶。絲盡已知蠶欲老，竹殘還喜筍初芽。匏瓜霜後終難繫，土偶春深未足誇。革故鼎新身合退，木奴洲畔繫歸艖。」觀察歎賞久之，乃聽解職。後以老病終於家，而世竟無知先生者。其所著篇什亦散逸不存，悲夫！汲古堂集二十六

甌中紀逸：衛千户邱一龍，號雨川，工詩。余猶愛其「一天雪意雲連海，兩岸梅花春渡江。」又「踏破洞雲龍未覺，坐移松照鶴歸遲。」乾隆温州府志三十

案：雨川邱百户一龍，乾隆平陽縣志文苑傳有傳。案：明史地理志五：「瑞安縣東南，有沙園守禦千户所。」雨川世爲沙園所百户，則當爲瑞安人。平陽志人物傳載之，誤。〔一〕

朱氏悦竹川稿 乾隆温州府志二十七

嘉慶瑞安縣志七：嘉靖乙未歲貢朱悦，長樂訓導。性耿直，優理學。

佚。

〔一〕民國平陽縣志六十補遺云：「邱一龍雨川詩集，顧清標睡餘吟稿有邱指揮詩序云：『指揮明季之金鄉人也。善詩，稿失，今尚有能誦其佳句者。老友李某許以録本見示，不數日李卒，邱稿竟不傳，可喟也夫！』詩未録其感事詩即世所傳八音體者，舊志不載其集，蓋其佚久矣。考其世居金鄉，而官沙園，故入平陽籍。」

彭氏時望江皋遺稿半山藏稿

佚。

王叔果跋：江皋彭先生歿且三紀，乃嗣茂才君珍輯其所遺詩文，間出以示予，讀之憮然曰：先生蚤歲以文學擅場，而所撰著乃僅僅止此，豈散逸邪？抑志在經濟，不欲以藝名邪？載稽先生明經起家，授倅永平，甫數月即引疾乞歸，如太阿出匣，未試剸割，善韜而藏之，其於經濟又何適邪？予侍先生也晚，嘗仰風猷，參士論，知其爲金玉君子也。蓋先生内宣朗而外檢飭，惟恐一置其身於玷闕，故見幾勇退，不俟終日。其深衷殆未易測者。然則經綸文采雖不盡著，而本實既茂，即枝葉又何算焉？夫閱錦尺幅知爲美繪，嘗鼎一臠識爲珍味。先生篇什不多遺而藻思概見，矧雅馴有矩矱與其行符，美而傳可必也。茂才君能世其家，論者謂先生有子，則志業所未竟，維其肇之，庶其述之矣。半山藏稿

案：彭通判時望，道光樂清縣循吏傳有傳。

趙氏濮規東厓集千頃堂書目二十。道光樂清縣志十一「厓」作「崖」。

佚。

案：東厓趙教諭濮規，萬曆温州府志、道光樂清縣志孝友傳並有傳。

徐氏世鏕東山集萬曆温州府志十七

佚。

案：東山徐歲貢世鏕，道光樂清縣志文苑傳有傳。

戴氏賞歸田稿二谷山人近稿五

佚。

見聞雜著二谷山人近稿五

佚。

方氏召羅山稿乾隆温州府志二十七

佚。

東甌詩存二十三：方召字蕩雲，樂清人。嘉靖歲貢，任萬年教諭。

案：二谷山人近稿三，有蕩雲小隱記云：「蕩雲先生方君，家乎雁蕩山之下，經明行修，以貢上京師，天子使教江右之萬年，萬年之士化之，無何棄去。性尤癖學，左圖右書，口誦手鈔，藩溷置筆，夜分不輟，雖伏生之九十明經，衛公之耄期稱道，無以加也。」二谷之述蕩雲如此，蓋亦嘉、隆間篤學老儒也。

虞氏世暘方樓彙稿千頃堂書目二十六

佚。

案：虞處士世暘，萬曆温州府志、乾隆永嘉縣志義行傳並有傳。

王氏價撫松集千頃堂書目二十六

佚。

案：王卿賓價，萬曆温州府志、乾隆永嘉縣志義行傳並有傳。

屠氏希曾魁峰集千頃堂書目二十六

佚。

案：魁峰屠教授希曾，萬曆温州府志、道光樂清縣志義行傳並有傳。

佚。

陳氏彦生兩巖文稿〔一〕甌東私録二。乾隆温州府志二十七、乾隆平陽縣志十九並作「雨巖集」。

項喬序：平陽陳先生瀾，及彦生乃弟，予師王子揚公高弟也。公平生少許可，嘗稱其兄弟謹嚴博雅，異日當以春秋齊鳴。既而皆困於命，乃兄分教無錫，陞山東某學教諭，謝病歸，足跡不入城市，予敬之、愛之。適乃弟分教漳州府庠，而予以福建憲僉歸省，遣子姪一經、一言秀才至永嘉，投書示予規切之義。及予過昆陽，乃子姪又迎予前倉搖動巖山下，予觀其兄弟、子姪、父子間，和氣流通，情愛懇切，視世之隔形骸而分爾汝者，不啻庭逕，此可見其學問淵源矣。既又見良弼先生所爲文，如測海集、觀光録、居閩稿者，平易雅淡，類皆發其胸中自得之趣，而所作舉子業，猶能雅合體裁，而不徒逞浮華，世有以教名官，而試之舉業，非臭腐不可聞，即窘塞不能句。問之詩文，益茫然不知所謂者多矣。能如兩巖子種種出群哉！先遣其弟子馬蒼錫者求予爲之序，予以視篆漳南，不暇及也。今

〔一〕東昆仰止録曰：「公名彦生，字良弼，世所稱百歲翁雨巖先生也。有觀光録、測海録、居閩、歸田諸集。箱盈案積，多發前人所未發。至如補邑乘，剖别六曹吏治民隱如指諸掌。」其各集據項序均歸於文稿，故不當别著録。其所撰續平陽縣志已著録於卷十地理類，云「雨巖陳教授彦生」，而此處卻爲「兩巖」，前後失應。書名人號，當以「雨巖」爲是。

及瓜而馬子復來請，夫學先器識而後文藝可傳也。陳子所宗得師，而家學有素，所謂有本者如是，是之取爾。且馬生亦器識度人，而明於理學者。予又重違其請，故爲類諸作，總題之曰兩巖文稿，而書此以弁其首云。甌東私録二

測海集甌東私録二

佚。

觀光録甌東私録二

佚。

居閩稿甌東私録二，乾隆温州府志二十七「稿」作「集」。

佚。

歸田集乾隆温州府志二十七

佚。

陳氏玭古山集乾隆温州府志二十七

佚。

蔡氏瓚詩集二卷。乾隆平陽縣志十九

佚。

文集四卷。乾隆平陽縣志十九

佚。

蔡氏鳳松月山房遺稿東甌詩存二十五作「蔡子鳳」，誤。

佚。

陳氏演卿效颦録清潁一源集二

佚。

清穎一源集二：陳演卿字彥弼，號撫松，著有效顰録。

陳氏天復釋耕遺録 清穎一源集二

佚。

清穎一源集二：陳天復字孔備，號僕齋，方塘猶子。案：方塘，陳鏹字，見二十七卷。所著有釋耕遺録。

劉氏懋功紫芝館集 東甌詩存二十三

佚。

慎江詩類三：邵少文曰：「劉揮使懋功字忠父，恥列武弁，寄悰藝苑，才頗老蒼，古體歌行，矯勁有氣。余嘗愛其一聯：『余慚談舊事，人莫問初心。』」乾隆温州府志三十引甌中紀逸同。

東甌詩存二十三：劉懋功字忠父，永嘉人。著有紫芝館集。

案：劉忠父與何丹邱白鹿詩社，蓋武人而工詩者，其事蹟他無可考。〔一〕據汲古堂集十

〔一〕此書李維楨大泌山房集有序，言其事蹟甚詳。

五有哭忠父詩，其年當長於丹邱也。

洪氏孝先雁池集　乾隆温州府志二十七

佚。

霍山集　乾隆温州府志二十七

佚。

操舟稿　東甌詩存二十四「稿」作「集」，今從天一閣書目四之三。

一卷。　天一閣書目四之三

未見。

天一閣書目四之三：操舟稿一卷，刊本。明東甌洪孝先著，譙國曹昌先校。

甲乙稿　東甌詩存二十

佚。

李維楨洪從周詩序：不佞初舉進士，則張文忠已爲少保，方有登等之寵，而獨永嘉山人洪從周，自文忠官太史時相善，分庭抗禮，饒狂奴故態。其時四明余丙仲、沈肩吾兩人皆太史，與從周倡和，嚴重之，而不佞以肩吾同館，故得從從周游。從周出其詩視不佞，不佞瞶瞶，莫知其美也，而其里人康裕卿者亦山人，負意氣，長安學士甚稱其詩。不佞游裕卿較從周稍稔，裕卿兄事山人，莫敢雁行。亡何，從周還永嘉，而不佞外補。數年裕卿歿，家落，子復不振，已文忠没。丙仲拜相至一品，復没。又十餘年，肩吾亦拜相，不佞爲外吏，二十餘年不調，行年五十始衰，而從周猶無恙也。門人郝仲輿令永嘉，屬問從周動定，而從周里人後進方子謙、何無咎兩山人者，又以仲輿得交不佞，談從周狀具悉。從周故善詩，其書畫復有聲，潤筆賣賦金日多，家具日饒，而齒最長。故時五侯七貴之交，宰木都拱，而少年輩不能如裕卿事從周盡禮，從周嘿嘿不自得。顧屬子謙寄聲不佞爲序其詩。曰：「不幸而先朝露，後世讀李君叙者，即洪生列傳也。」意良可悲已。不佞既恨往者不能與從周論詩，而從周自還山，所著詩益鮮少，然其集中於文忠父子三致意焉。文忠敗，而門生故吏竄姓名，絶往來，甚者操戈入室，而從周不爲諱。丙仲雖没，肩吾顯庸未艾，不附離以章聲價，而崎嶔歷落可笑如不佞者，乃汲汲欲得其言爲重，此從周之所爲度越時流也，其不合於少年新進固宜。從周詩大氐自見其志，不必盡與今人古人合，而不佞生平所見布衣蒯屨之士，以詩重縉紳間，退而筆耕舌織，累千金産，子孫修其業而息之，而身且幾大耋，受享無替，如從周者罕矣。因爲叙而俾子謙歸之，使後之人緣詩以知其人，蓋所重在彼不在此也。大泌山房集二十一

案：霍山洪處士孝先，乾隆温州府志、乾隆永嘉縣志文苑傳並有傳。所著操舟稿，曹子念所校，甬上范氏有藏本，兵後不知存佚。李本寧所作洪從周詩叙，未著集名，不知即操舟稿叙否也。又東甌詩存二下載：黄一鵬讀洪霍山甲乙稿有贈詩云：「識君英妙日，一别十年餘。歸路祇憑馬，滄江欲老漁。交情推白社，詩思逼黄初。惠我雲中集，時賢判不如。」則霍山詩集又有甲乙稿之目，今據補録如右。〔一〕

王氏光美雁山集

一卷。

闕。永嘉王氏録本

雁山紀游序：永嘉山水，率多名勝，以王、謝稱，而雁山則稱最勝云。不佞將與白鹿社

〔一〕陳文燭二酉園續集有佩壺詩序，洪孝先詩集又有佩壺稿之目。

諸子訂游，王生季中謂不佞曰：「鄉丙戌歲，業已偕何生游，甚奇。」且出所爲記眎不佞。不佞卒業，信雁山之爲奇。及偕劉生忠父、何生無咎、梁生進父游，而益奇季中之所爲文若詩也。夫天下之物，有與目遇者，有與神遇者，神與目兩相遇，而遇始奇。始吾讀季中文，毋論氣呑雲物，字挾煙霞，而其磊落磐崟，岩嶙谽谺，如所稱天窗、龍湫，嫚鸞、五老及石梁、靈峰諸洞，恍若置之几席而成臥游。迨夫杖策捫蘿，憑虛縱目，則所應接不暇者，悉爲王生涵濡毫楮間，描寫殆盡，按圖選勝，若左券然。命酒誦季中詩，如片月千峰「重雲萬壑初落眩，冰玉半灑落蒼煙」諸語，令人神飛，卒難爲和，詎不稱奇哉？昔李供奉登太華，謂恨不攜謝朓驚人句「搔首問青天」，乃吾得季中文若詩，以佐勝游，神與目遇，目與神遇，奇矣！奇矣！嘻吁！山水名勝，游者不知何幾，而能操觚染翰爲山靈重者，十不一二覯，乃若肆力詞章，耽情丘壑，如右軍、康樂，並剖竹東嘉，而曾不於此中一託跡焉，則山靈之不遇也。今雁山得王生以張大其勝，王生得雁山以含咀其華，此又兩相遇哉！益奇甚矣！予游亦有紀，與劉、何二生各得詩若干，亦以是游爲生平一奇，王生則其嚆矢也。時萬曆己丑秋日，武陵龍膺君善撰。

湖上草

一卷。乾隆永嘉縣志二十三

佚。〔一〕

何白序：余汲古堂集二十三作「予」。友季中王君，刊落游閒紈綺汲古堂集作「素」。之習，而勝情遠寄，風藻遐鶱，豈不翩翩韶令名士哉？汲古堂集有「季中」二字。先大參公治別業於陽湖，湖光晶淼，雲物蕩潏，此二句汲古堂集作「當三〔二〕溪之滙，天空水闊，松古雲寒」。季中暇則刺艇菰蒲，此二字汲古堂集作「藕花蒲叢中」。沿逗於煙波沙嶼之際，汲古堂集作「陼」。左摩彝鼎，右披圖書，焚香煮茗，翛然人外，望者擬之趙孟堅、米元章汲古堂集作「海嶽」。書畫舫，日吸其靈爽蔥蒨汲古堂集作「清寒」。之氣，汲古堂集作「趣」。發爲觚翰，合音赴節，若抽汲古堂集作「繹」。儲、孟諸人秘汲古堂集作「逸」。思雋響也。其取境傳情，清暉映汲古堂集作「暎」。發，又如攬華子岡輞水淪汲古堂集作「漣」。漪，與月上下，濯濯挹人，清沁膚骨。汲古堂集作「清徹毛膽」。余汲古堂集作「予」，下同。弱冠交季中，時余豪於酒，藉以銷汲古堂集作「消」。其坎壈侘傺，此下汲古堂集有「之氣」二字。酒酣汲古堂集作「被酒」。耳熱，仰天烏烏，矢口放歌，纚纚累數十百言不得休，季中亟規余汲古堂集作

〔一〕温州市圖書館藏敬鄉樓鈔本，從玉介園附集中鈔謄存詩六十餘首，似爲全帙。玉海樓、敬鄉樓鈔本，卷首俱無何白序。

〔二〕「三」，底本誤作「山」，據汲古堂集改。

「予」。曰：「子所不足非才也，大而無當，往而不反。汲古堂集「法於何有」。所謂居龍不汲古堂集作「無」。用，不如履豨，玉卮墼折，寧寶康瓠，子盍抑之以嚴於法乎？」蓋其著論若此，汲古堂集作「子其取法於古則古幾已」。余故此二字，汲古堂集作「予未嘗不」。心折其論。每被酒汲古堂集作「間酒酣」。又復汲古堂集作「輒」。汪汲古堂集作「洸」。洋跳盪，行意自若也。今駸駸齒此字汲古堂集無。過壯，精銷識進，汲古堂集作「精氣銷亡」。每汲古堂集作「間一」。諷季中湖上詩汲古堂集作「草」。未嘗不汲古堂集無此三字。覺我形穢，悔其少作。比卜一廛渚浦山中，去陽湖廛隔一衣帶，時時以琴酒相過從。靈爽幽勝，竊與季中共之。汲古堂集此三十四字在「精氣銷亡」句下，又「渚浦」作「東浦」，「廛隔一衣帶」作「若衣帶」，又「酒」作「琴酒」，「靈爽幽勝」作「奇詭高勝之事」，「竊」作「得」。倡余和汝，汲古堂集無此四字。或可汲古堂集作「今且」。從事於汲古堂集無此字。季中疇昔之規，汲古堂集作「言」。庶幾若裴迪自附右丞，汲古堂集作「中允」。取信來世，不識季中爲我僂一指否？季中篇什尚多，茲湖上其一汲古堂集下有「種」字。云。萬曆壬寅，社弟何白撰。

松鶴齋草

一卷。乾隆永嘉縣志二十三

闕。永嘉王氏録本

王子季中闢燕息之齋於居第之右方，緗帙牙籤，聯牀充棟，幾與鄴侯埒。齋畔古松數株，白鶴一雙，境寂趣幽，翛然塵外，得暇即展卷而呻吟焉；倦則徙倚流盼，盤桓於松陰鶴跡間，意泊如也。王子雅善詩，詩凡若干卷，題曰松鶴齋草，持以視余，且屬余序其端。序曰：心惟靈機，竅爲聲詩。夫聲從竅生，有待而無待者也。不觀之松與鶴乎？夫松亭亭秀挺，偃鬱扶疏，大風撼之則波濤，小風和之而笙竽。夫鶴俯而飲啄，蹁躚而舞，引吭長鳴，振林木而徹寥廓，兹二物非善聲者哉！其籟應乎天，其響因乎性，因應乍息，響籟俱無，吾知其然，夫詩亦若是矣。兹集長歌短詠，大言小言，雖種種不同，大都和平澹雅，竅於天倪，往往寫其自得之趣，而清曠絶俗，瀟灑不群，泠然戛然之韻，若霜晨月夕，寒松老鶴，互答於空谷九皋之間，豈二者爲之助耶？夫王氏世多聞人，先參知暘谷先生尤邃於著作，趨庭之訓，王子之所得深矣。由斯以譚，其學方益進，其於詩也，蓋未止也歟？時萬曆癸卯，吴光翰憲甫撰。

友聲草

一卷。乾隆永嘉縣志二十三

闕。永嘉王氏録本

夫山響丁丁，寄幽情於伐木；谷馨馥馥，託芳草於握蘭。□□千秋，班、尹陶陶之詠；纏綿九地，范、張款款之懷。況至路隔山陂，望白雲而停思；目窮煙水，睹落月以興悲。異域傷離，蘇、李之詩並駕；他鄉惜别，元、白之詠同聲。友聲草者，王季中與吴翁晉唱和之什也。季中甌郡異材，天藻發雁山之秀；翁晉吴興俊物，文瀾滙苕水之源。高齋下榻，同夢草於西堂；勝地盍簪，數揚舲於北渚。登吹臺而懷古，恍聽子晉之笙；躡太玉而采真，結想容成之室。池上觀荷，披香風而颯爽；湖頭泛月，坐空水以澄鮮。或晤言齋閣，流連桂醑蘭膏；或隨喜名藍，徙倚松寮竹院。顧盼成篇，競才情於七步；咄嗟得句，騁捷給於八叉。季中則格律森和，煦之以清曠；翁晉則聲華瀏亮，濟之以沈雄。妙矣同心之調，如奏塤篪；居然敵手之棋，無分主客。勒石崖巔，則山靈爭寶；沈碑水底，則川后知珍者矣。季中家有湖山之勝，臺榭甲於寰中；胸藏琬琰之奇，氣韻標於物外。余也十年夢寐，託尺〔一〕牘而神交；一旦參承，脱形骸而心賞。願保白駒之詠，再賡黄鳥之詩。娑羅道人屠隆緯真甫纂。

〔一〕「尺」，底本闕，據刻本補。

游燕草一卷

闕。永嘉王氏録本

舫齋草一卷。

闕。永嘉王氏録本

季中王君刻所謂詩若干篇，舫齋草其一也。乃屬叙於不佞，不佞烏足言詩？則第請□。夫齋奚以舫稱也？季中君之言曰：「吾晨起窺牖而嘯，據梧而唫，環堵咫尺，渺然有江湖萬里之想焉。故句欄綺疏，夫孰非雲颿蘭槳之適；華榱藻井，夫孰非烟汀霧嶼之觀。時乎梁燕交舞，則檣烏彩鷁之沈浮也；時乎庭鶴相和，則菱歌蓮唱之互答也。俯檻猶之推篷，步屧擬於擊檝。吾視地猶水，視齋猶舫，吾以寄吾趣，聊以名吾詩。」余聞之渠軒而作曰：「有是哉！兹殆所謂陸沈者耶？不然，何波及其居也？」徐取其詩讀之，觸境而發，會意而宣，峨峨洋洋，豈形象之所能拘，而方隅之所能囿哉！蓋季中君胸次瀟灑，氣度恬夷，世席豐腴，時多暇裕，故其爲詩盡洗去牢騷抑塞之態，令聆之者齒欲粲而眉欲舒，鋭氣平而機心息。夫固擊壤之逸響，而滄浪之餘韻也。且其寄跡於齋，而寓言於舫，庶幾哉！□□而游玄同之宇已，或謂竺乾氏以山河大地盡屬泡影，君豈習聞其説耶？若然，則齋舫一微塵，是草亦綺障耳！余曰唯唯否否。君不滯於齋，不滯於舫，而亦不滯於詩，故其言曰「吾以寄吾趣，聊以名吾詩」而已。即如來旨，則蓮花貝葉之藏，彼何獨不盡廢耳？吾固知是草之當存也。社友邵建章撰。

白鹿社草

一卷。乾隆永嘉縣志二十三

闕。永嘉王氏録本

赤城草

一卷。

闕。永嘉王氏録本

今春三月，予過永嘉，爲姨母王夫人壽，表兄季中，驩然道故，酒間出所謂赤城草者見示，蓋游天台、雁蕩兩山詩也。兩山瑰奇秀異，雄於震旦。天台僅有興公一賦，而雁蕩紀載缺然。即康樂好奇，當其出守永嘉，伐山翦□，雖石門、緑嶂小勝，皆見諸標詠，獨不能竟兩山之勝，而收之屐底，而置之筆端，他又何論？今季中一游而兼兩山，且皆有詩，一何奇也。大都季中之詩，才清而思幽，格正而調雅，居然不失輞川家法，而間得儲、韋之致，且性耽泉石，無游閒氣，故其生平爲詩無所不工，而於登臨乃有獨致。夫名山與名士兩相待者也，士非搜奇探勝，無以消其胸中嵚奇磊塊之氣；山非奇篇數語，無以寫其林巒洞壑奇詭拔異之狀。今域中豈乏名山，乃霜蒙霧翳於荒榛斷莽，爲樵青牧豎所攀踐，而不得勝侶一品目，亦豈乏名士，塵心未冥，才媒利禄，酬獻則長，臨眺則短，不然亦徒噪於飛觥騰爵，而工爲螓蛾挑寄調謔之語，求其深情獨往，盡抉山靈之秘，而山靈亦不惜抉其秘以畀其口吻，如季中之於天台、雁蕩者無幾也。余時甫從燕歸，篋中攜有北征草，季中亦亟請觀。第游於酒人，雖多悲歌慷慨蕭蕭易水之致，而先世累仕，多通好，勢不能盡謝纓弁，車塵飄瞥，目精尚翳，視季中之寓詠山水，油然自足，余有媿多矣，余將焚茲草矣。萬曆甲辰，吴興吴稼蹬撰。

趨庭草一卷。乾隆永嘉縣志二十三

佚。

曾氏志思養集道光樂清縣志九

佚。

案：曾處士志，道光樂清縣志孝友傳有傳。經籍志載此書，作「曾忞」，未知孰是。〔一〕

王氏繼明偶然稿自序

未見。〔二〕

自序：余初學時文不能工，幸叨一第，輒芻狗視之，若古文則絶未嘗學也。已而，奔馳於外十餘年，更置筆硯弗事。迨壬辰丙申，疊遭二人大故，前後讀禮家居幾七年，緣吾鄉寡縉紳文士，偶有就予索贈言者，則操筆一作，或亦爲長牘、爲奠辭、爲雜説，大都率意而談，不

〔一〕隆慶樂清縣志人物傳作「曾忞，字文勉」。書目作「曾文心」，當爲「忞」字二分之誤。道光志又誤作「志」。陳肆校光緒志時，已考定「志」字誤。當以「忞」字爲是。

〔二〕温州市圖書館藏玉海樓玉介園附集本有王省庵遺詩文一卷，爲偶然稿之佚篇。王繼明字用晦，號慎軒，萬曆甲戌二年進士，光緒永嘉縣志十五人物志有傳。

蹈繩尺，不務藻繢，每奏成一篇，其稿或存或毁，不復省。己亥夏，奉命守姑孰，束裝戒行，於敝篋中見存稿百餘篇，汙漫殘缺，艱於收拾，乃擇其稍工者，得十之四五，念係一時神情所注，不能舍，遂載入行李，暇時出與婿戴生共覽，戴生因請曰：「斯稿工弗工，曙雲弗敢言。然析理揆事，頗多中窾，且直抒胸臆，無少回護雕琢之態，觀斯稿亦足以見志矣。盍付之剞劂，貽諸同志，以資商榷，不亦可乎？」余始弗許，既而笑謂曰：「當世作者握珠抱璞，固不乏人，然災木覆瓿亦不少矣。苟可用以就正，吾奚必藏拙？」於是仍汰其無當事理者十之三四，僅得如干首梓焉。以其偶然作之，偶然存之，而偶然梓之也，題曰偶然稿。永嘉王氏録本

陳氏鳴鳳鍾吾集千頃堂書目二十五

佚。

荆溪集千頃堂書目二十五

佚。

乾隆永嘉縣志二十：隆慶歲貢陳鳴鳳，荆溪教授，博學力行，卓犖負氣節，好奬掖寒士，富於著述，有鍾吾、荆溪諸集。

東甌詩存二十三：陳鳴鳳，號觀溟。嘉靖歲貢，授荆溪教授。著有鍾吾、荆溪等集。

虞氏書紫山文稿 嘉慶瑞安縣志九

佚。

紫山吟稿 東甌詩存二十四

佚。

東甌詩存二十四：虞書字師中，瑞安人。隆慶歲貢，任淮安經歷。著有紫山吟稿。

嘉慶瑞安縣志十一：隆慶丁卯恩貢虞書，婺源丞，轉淮安衛經歷。

案：紫山虞經歷書，環庵處士原璩礽孫，環庵遺稿即其所輯。林尚春跋稱其以直道左遷淮南參軍，積學富文，尤善吟詠。其他事蹟無可考。

吴氏朝鍵鷗谿集 道光樂清縣志十一

佚。

案：吴朝鍵，舊府、縣志無考，以樂清吴氏聯名行第推之，蓋恭毅公綸曾孫行，參議朝鳳諸昆弟也。章朝鳳，復姓吴氏，詳八卷進思録。

陳氏挺筠川類稿 清潁一源集二

佚。〔一〕

蔡氏立身星山遁叟文集

八卷。千頃堂書目二十五

佚。

邵氏倬雲屏樓詩集 千頃堂書目二十五

佚。

〔一〕閣巷陳氏大宗譜五：「挺字佳傳，號筠川。嘉靖己丑八月生。性敏捷，博學多才，安貧守道，不爲名繮所繫，故雖沉淪困約，躬耕而食，晏如也。所著詩集曰筠川小稿，清瘦富麗，兼而有之。晚年詩益壯，有松柏淩霄、鸞凰入雲之致，會族重刻清潁一源，附詩一百五首。又同族叔北澗公重編譜系，釐爲五卷，洵我族賢祖也。」清潁一源集二，録存其詩尚得一百餘首，可編爲一書。

東甌詩存二十五：邵倬字必明，永嘉人，萬曆丙子舉人。任金鄉教諭，以子建策，贈工部主事。

侯氏傅邦草茆集乾隆温州府志二十七

佚。

侯君霖詩集乾隆温州府志二十七

佚。

案：侯君霖詩集、舊府、縣志經籍門，與侯君霖疏草並題侯應賓撰，誤也。辯詳卷八侯君霖疏草下。

劉氏康祉識匡齋文集千頃堂書目二十六

佚。〔一〕

〔一〕天津圖書館藏順治甲午馮如京刻本，作識匡齋全集十六卷。今印入四庫禁毀叢刊。

案：劉布政康祉，雍正浙江通志、乾隆温州府志文苑傳、乾隆永嘉縣志仕績傳並有傳。

劉氏康社劉幼安集乾隆温州府志二十七

佚。

案：劉處士康社，乾隆温州府志、乾隆永嘉縣志隱逸傳並有傳。

張氏天麟松臺山房集千頃堂書目二十七

佚。

案：松臺張巡撫天麟，乾隆温州府志名臣傳、乾隆永嘉縣志仕績傳並有傳。

王氏瑞栴集〔一〕乾隆永嘉縣志二十三

佚。

李光春序：夫士之能振當時垂後世者，莫不由乎其識，而濟之以才，全之以節，平居有

〔一〕光緒永嘉縣志二十九藝文著録：王太僕集。乾隆縣志無集名，據序稱太僕王公，當爲王太僕集。明史、府志均作「王瑞栴」，小腆紀年作「王瑞楠」。作「栴」是。

深沉貞毅之守，臨事有燭幾應變之能，此蓋氣運之所鍾，豈特一鄉一國之光已哉！吾甌代產偉人，若宋若元，誌於乘者彬彬矣。至明而指蓋不勝屈，理學節義，功業文章，嶙峋接踵，最後而太僕王公以起。公之前顯於宋者，若儒志先生，倡理學於濂洛之先，從祀聖廟，與天壤不敝。遞傳而上，柱國諱聖，修撰諱益大，理宗朝，上平寇十策，亦既輝煌前史。有諱淵者，登明洪武三年進士，亦以理學著。公生爲霞岡公諱約之子，世修令德，當篤降之始，霞岡公已有厥祥，取名瑞枬，負英姿，爲秀才時，輒以天下自任。天啟甲子舉於鄉，明年成進士，初授江南蘇州司李。吴爲十四郡首，最難理，賦重役煩，奸富者射其徭賦於平民，貴戚家之黠奴狎客，素爲民病，俗好訟，譎張不可究詰。公至，有要津弟不法，如法治之，由是勢豪咸懾服。會有漕兑之役，部使鹽税藉手於公以觀成，公廉正率下，漕卒毋得厲里民，里民不致稽漕兑，歲省無名費三萬，由是漕、里皆感服，漕院勒其法於石，以永爲令。尋吴淞悍卒數萬，脱巾大譁，當事者難之。公匹馬往諭，遂散去。由是才略遠振，漕操撫各院皆委重焉。司李雖專刑名，而錢穀諸務鮮不藉其稽核，有重牘及他郡疑難事，悉屬之。案蝟集，公發無留行，且於讞決暇，輒課士拔其尤，如蔣棻、時敏、歸啟先、宋學洙。丁卯分闈取士如張士楚、陶開虞、張來、華廷獻，一時名彦多出其門。理吴五載，臺剡數十薦，爲忌者銜，投劾歸，吴之人攀轅號泣如失怙。創去思祠，未久而朝廷聞其賢，起公理河間，公一以理吴者理瀛。期年，擢水部，尋調武選，上疏陳：集民心、任賢良、勤政事、選將才、練營伍、修屯田、厲甲兵、嚴紀律、儲芻糧、募士著等十一事。轉職方郎，凡關塞之堅瑕，士馬之强弱，將吏之能否，皆熟籌深計，以贊大司馬之政，一一有所建明。至崇禎十年，楚地告急，以公備兵鄖襄，時張獻忠猖獗，公募兵繕餉，誓必殲賊，賊屯穀城乞撫，公力言於理院熊文燦，謂「撫之權惟我操則可，不宜委其權於賊。賊以撫愚我，我豈可以撫自愚？」所言皆洞中機宜。熊恚，以公撓撫局，公儼然曰：「非撓撫，實濟撫也。方今楚帥左良玉能辦賊，而南漳賈一選、光化周士鳳合之，四面分防盡勍旅，頓兵於穀之近郊，示之以能剿之勢，賊懼而降，然後心折不敢貳。若倉卒受撫，盡鄖襄皆賊藪，民安所容，將何以善其後？」熊不從，公預恐事機一失，必至鴟張，乃復陳從征、歸農、解散三策，又不從，公頓足曰：「天下事可知矣！」適公以太夫人訃徒跣歸，中途猶上兩院牘，惓惓謂獻賊逼處心腹，急宜隄防。嗟嗟！當事者不能從公於共事之日，尚肯從公於謝事之後哉？公歸未半載，而獻忠叛矣，鄖襄破矣，全楚危矣，公之言不幸而應矣！唐明皇早能從張曲江之説，奚至有天寶之亂哉？公居廬不忘國步，甲申闖變，金陵擁立，以公聲震二楚，擬推楚節鉞，公力辭，授冏寺少卿。及唐、魯二藩立，召以原官課浙東事例。公曰：「此時遑問事例，惟盡我涓埃，效西山木石耳！」迨明亡，丁亥孟春上元日，公生辰，先期屬家人治酒，集親朋，整冠裳，望闕拜畢，辭家廟，舉觴酬諸賓，已而入内，命二嗣君款客，少頃不出，亟排闥進，公顔色如生，蓋已解所佩尺組自盡矣。公二子，俱負才名，長家琦，飲泣苫塊間，無何而卒；次家琛，放浪屏跡，以詩詞著，卒賫志以殁。今讀公兹集，其所以籌軍國之大計，慮變於幾先者，洵乎識之至深，而濟之以才、全之以節也。然則後世必有史官書之者，非區區此序之所能悉也夫。乾隆永嘉縣志二十三

巡襄存牘 芻庵集選 佚。

李象坤序：嗟夫！予讀王太僕巡襄存牘，不禁廢書三歎也。天降喪亂，因降戡亂之才，使人地相值，弭患淡災，宜矣。乃故弗遂其用，扼挐糾軋，若僅以深其悲憤瘨憂之志，亦獨何哉？後之人手其遺編，幾致憾於造物之不仁，而委之於氣數，乃其當日戡亂之才之志，亦昭然可指，則其人原不虚生也。生當末造，所以見其才者，不過如是耳。武侯不以綿竹之潰，咎漢鼎之自我而淪；信國不以崖山之沈，憾宋室之及躬而滅。譬諸欲曙而爍長庚，當霜而榮梅萼，偏以甚其孤敻皎冽之概於兩大間，猗歟盛已！公以崇禎丙子，谿樞曹出領荆襄兵備，時獻賊方創於左鎮，奔穀城乞撫，當事主其議，公獨陳賊應剿與可剿狀，

邊滇兵八千駐襄，號生力軍，公趣戰甚力，弗聽。公曰：「今撫之易耳。顧渠於諸賊中推最黠，偶創而附人，猶之饑鷹，斷非羈縶間物，失此不剿，後必有欲剿不可得者，毋謂某言之晚。」語急，至齧指以請，卒不聽。乃條解散、從征、歸農三款，議析其衆，移鄖西曠漭地，悉格不行。公乃率所屬繕城守，釐士卒，練鄉屯，嚴保甲，晝夜毖防，蓋逆知獻之必變。未幾奉太夫人諱歸，不數月，荆襄告陷矣。夫域中大勢，北則關隴，南則襄樊，其扼要如人之項脅。晉之滅吴也，浮漢江而下；德祐幼主，亦失襄樊而國覆。公以獻之就撫於襄，其殪之，則天以獻授我也。否則且以襄資獻，故旁皇激烈，大聲疾呼，詳譬曲喻，而總無捄於聾瞶，卒之獻陷荆襄，而闖亦控關隴。天降二孽於南北之二阨，而明之鍾簴移矣。嗟乎！誰實爲之乎？公之殉國，大節炳若星嶽，而襄中力排撫獻一事，僅見於遺聞編中。因從嗣君繙其遺牘，稍加詮次，以語諸後。異日讀是編者，豈僅想像公執持之概，而湘南一段信史，亦差備於此矣。粥庵集選

案：王少卿瑞栴，明史二百七十六、雍正浙江通志、乾隆温州府志、乾隆永嘉縣志忠臣傳並有傳。

周氏文穎尋樂齋集東甌詩存二十六

佚。

乾隆温州府志十九：萬曆己酉舉人周文潁，永嘉人。新淦令，慈惠不事鞭朴，七年遷衡府長史，邑爲搆去思亭。

東甌詩存二十六：周文潁字孺子，永嘉人。萬曆己酉舉人，任新淦令，著有録樂齋集。〔一〕

林氏增志玉署初編嘉慶瑞安縣志九

佚。

案：法幢林詹事增志，乾隆温州府志、嘉慶瑞安縣志循吏傳並有傳。

周氏應期二東小草千頃堂書目二十六。乾隆温州府志二十七「草」作「稿」。

佚。

〔一〕以上兩條底本俱删，據刻本補。

李氏維樾督漕行草乾隆温州府志二十七

佚。

獨峰倡和乾隆温州府志二十七。嘉慶瑞安縣志九「倡」作「唱」。

佚。

陳氏堯言留垣草乾隆温州府志二十七。雍正浙江通志二百五十二作「留垣諫草」。

佚。

案：陳參議留省焚餘，卷八詔令奏議類已著録。留垣草，通志作「留垣諫草」，乾隆温州府志名臣傳又作「焚餘草」。疑留垣草與留省焚餘，本係一書，記載偶異耳。然通志經籍門亦以留省焚餘及留垣諫草並收，今姑仍之。

温州經籍志卷二十九

集部

別集類

明

趙氏士楨東事剩言一卷。千頃堂書目二十六

未見。

續草一卷。千頃堂書目二十六

未見。

佚。

陳氏瑶石屋先生詩汲古堂集二十三

何白序：今人稱詩者，無論五都之市，即十家之聚，亦不乏人，莫不沾沾家寶火齊而櫝珍木難，標樹靈蛇而品目繡虎。首簡不必授之見解，論列不必見之精覈，卒多游詞，無規有頌，以序求詩弗得也，以詩求人弗得也，兹道於是不競矣。余自弱冠游海内，海内人士操詩者雲興霞蔚，類多標擷菁藻，步趨時好。即之非不雕繢華縟，於古法未有合也。犂然當於余心者，抑何寥寥？彼其鶩於外境，故不足於内，天機淺，人欲深，其不鵠於古宜也。余鄉陳石屋先生，少負清操，授徒里中，垂四十年，幾令華陰成市，而玄散高勝之韻，超然物表。昔人所謂宅不彌畝而志忽九州，形居塵俗而心棲天外，隱不違親，貞不絶俗，則先生其人也。故其所撰結，多清華蕭曠，語瀏而不浮，沉而有致，境真趣遠，出自胸臆，不假議擬。即象天隨意匠有餘，生動不匱，讀之如吸雪山酥酪，如嚼哀梨瓊蕊，快當何如！先生雖浮沉閭右乎，吾知其詘於今而贏於來世也必矣。若彼操技取償目前者，以先生眡之，直蠛蠓耳。先生當不以此易彼，居其實不居其華，蓋先生得之柱下之旨云。汲古堂集二十三胡汝寧雁山志四：陳瑶，號石屋，儒士，樂清人。

道光樂清縣志八：陳瑶，少聰穎，好山水，所至有題詠，稱石屋山人。

項氏守祖潛蓬集乾隆温州府志二十七

佚。

曼衍集乾隆温州府志二十七

佚。

東甌詩存二十八：項守祖，字叔定，永嘉人。

項氏敬祖季輿稿乾隆温州府志二十七

佚。

何白項季輿傳：項季輿，名敬祖，鄉先賢大參甌東先生孫，爲齋公之季子也。季輿少負跅弛之才，少年豪甚，雅不喜以一丘一壑自多，乃攜孥僦居金陵。季輿名家子，而又善詩賦、投壺、六博，是以交知遍宇内，類皆有重名當世者。在括蒼則李鐵城旭山、何賓巖、鄭昆巖諸公善，在永康則王衛尉、左史伯仲善，在蘭陰則胡元瑞父子相得甚驩，在武林則施虎泉、李岣嶁善，在檇李則同宗項少溪、墨林、玄池善，在金閶則周幼海、王百谷、俞安期及三張諸人善，嘗一再過弇園，訪鳳洲、麟洲二先生。二先生雅與季興尊公爲文字友，深喜季興能以詞翰世其家。在金陵則陳横巖、姚秋澗、張白門、邢雉山善，時莆中方仞庵爲水部郎，雅詩豪酒，乃拉季興及周雁山諸君結白門社，日以奇語險韻相角爲快也。里中大老二谷、四谷侯公，暘谷王公，皆季興父執，時引季興爲忘年交，其投贈寄懷諸作，悉具季興家集中。汲古堂集二十六

姚氏虛煥山居稿咸豐永嘉縣志二十七。乾隆温州府志二十七題「張虛煥」，誤。

佚。

東甌詩存二十九：姚虛煥字龍文，永嘉人。

咸豐永嘉縣志二十七：姚虛煥山居稿，府志云：永嘉張虛煥著，而康熙縣志作「姚虛煥」，從之。

案：姚龍文亦何丹邱詩友，汲古堂集十八壽姚龍文詩第一首云：「詞林弱冠共論文，跋扈飛揚總不群。名後八廚難借客，禮先一飯獨推君。」則龍文年長於丹邱；又第二首

云：「南皮賦客秦公子，北面門生漢小侯。」注：龍文爲壽寧侯西席，是龍文又嘗爲張鶴齡館客。東甌詩存二十八，載邵青門讀姚龍文集有感詩云：「曾記同傾老瓦盆，品題今古語猶存。土花時泣秋原鬼，野草難招夜月魂。茅屋誰尋盧處士，錦囊空惜李王孫。淒涼莫抱千秋恨，邱壑由來道自尊。」蓋龍文老於布衣也。

何氏白汲古堂集列朝詩集丁集十五作「汲古閣集」，誤，今從千頃堂書目二十六。

二十八卷。千頃堂書目二十六

存。遜學齋藏明刊本、乾隆癸未永嘉高氏刊本。

予往爲何无咎序山雨閣詩，大泌山房集十三作「余往序何无咎詩」。以吴越布衣中無輩，諸人口譁而大泌山房集無此字。心服者半；已，无咎游楚登玄嶽，諸賦記出，讀者服十九；比无咎游秦，覽百二山河，按行諸塞，文益富且奇，於是有汲古堂集，而後人大泌山房集作「人人」。誦服，以予言非妄。予於古未深窺，第以唐論，唐詩推李、杜，文推韓、柳，四君子皆六代後人也。六代詩文，纖靡俳偶，風流結習四百餘年，李、杜、韓、柳，歸於大雅，成一家言。人知四君子之不受變於大泌山房集無此字。六代，而大泌山房集無此字。不知四君子之善用六代也。詩文大指有四端：言事、言理、言情、言景，盡之矣。六代而前，二唐而後，同此宇宙，爲詩文者，大泌山房集無此四字。寧能外事理情景而大泌山房集無此字。立言。惟夫大泌山房集無此字。理與情有强造，事與景有附會，誇多鬬妍於字句間，而纖靡俳偶之病生焉。四君子於六代得其藴蓄，采其精華，詩去纖靡，文去俳偶，故臭腐化爲神奇，而笑罵皆成大泌山房集此十二字作「撥亂反正之功，與開物成務者相似」十四字。文章。无咎大泌山房集無此四字。詩宗李、杜，文宗韓、柳，其所損益因革，擇之精，守之不變，故四君子超六代，而无咎踵武四君子以此。夫李杜不足於文，韓柳不足於詩，无咎兼之，又善用四君子者也。或曰无咎以汲古名堂，唐人寧足盡古？陸士衡不云乎：大泌山房集無「不」字、「乎」字。「世閲人而爲世，人冉冉而行暮。」人何世而弗新？世何人而弗故？四君子掃除六代蹊徑，於唐若大泌山房集無此字。自爲古，无咎别立三唐閫奥於今，若大泌山房集無此字。自爲古，其致一耳。後之視今，猶今之視古，必不以予兩喜、多溢美之言矣。萬曆歲在乙卯，大泌山人李維楨撰。

永嘉何无咎先生，别三十六年，往矣百尺樓上客，半已化作晨星，獨无咎詩境文境，氣吞千秋，名走四裔。真魯國之靈光，陳留之耆舊也。先生雅好奇游，嘗賦兩京，溯三楚，高陽池畔，天柱峰頭，流杯尚旋，題名未蘚，已而入潼關，搜訪秦宫漢闕，復從大將軍出獵沙磧中，眼閃電光，弓鳴霹靂，擁紫貂裘，啖蒲萄酒，醉草軍書露布數十通，名王解辮於前，小隊擁歌於後，洵豪舉矣。歸而偃息於東渚之上，草堂花嶼，映帶林坰。宵竹鏁而月淡，曉松沉而霧黄。笙發子晉之臺，丹留宏景之窟。芙蓉負扆，雁瀑跳珠。不以籬落據之，井竈役之，則以勝情勝具收之，異人異書享之，將迎既謝，簡傲日休，鵬運殊勞，龍臥乃適。收視聽於亡羊之境，弢鋒鏑於逐鹿之場。屋住兩頭，榻穿雙膝。箋仲長樂志論，詠謝朓驚人詩。精麗沉雄，迥絶時輩。昔何萬倫養志衡門，耑以著述爲業；何子平敦厲名行，暗室如接大賓。小山兄弟，都無宦情；通夫衣冠，悉復古制。方之无咎，非特蔭映東甌，抑亦摠持先覺，玄根難朽，英彩群飛。可謂竹樹繞鐘球之音，猨鶴披鵷鸞之色矣。自來隱人游士，蹊徑不同，苦樂亦異。彼談天騖地，炙轂智囊。絮言詬語，沸於蜩螗之鳴；戀秩仰芻，渴於牛馬之走。不知荷蓧抱甕者，早倚一邱而睥睨之。惟无咎早年悟道，故晚歲得遂沉冥。燕語鶯啼，無非談道；蠕言螘動，即是教兒。傳家積等身之書，垂世有副山之草。日與孝廉君父子相師，文行相砥，皆王、謝後不死人也。予終日垂簾讀易，身如繭蛾，無復飛動意。今寘汲古集一卷於案頭，裹以異錦，薰以名香，覺大羅、太玉與望衡對宇相似，豈必絆野客青鞋，從无咎爲台、蕩碧落之游哉？友弟陳繼儒頓首撰。

吾甌諸前哲之有集者，自宋迄明凡四百餘家，今存者十無一二，計此四百餘家，即不盡可傳，披沙揀金，拔十得五，豈無可以追配前良者，乃皆灰飛煙滅，并姓氏亦在明晦之間，則豈非文人相輕，不甚愛惜。如歐公所云：「草木榮華之飄風，鳥獸好音之過耳，而又無好事者爲之肩任以永其傳而致然歟！」何无咎先生汲古堂集二十八卷，梓行甚久，據陳眉公簡云：「汲古出自手選。」則此集爲先生自定無疑，而李本寧所序山雨閣詩，原刻今已無傳，意必并入此集矣。第流傳未廣，板已漫漶不全，先君子嗜學古先，嘗欲重刻而未暇也。方今聖天子追賡歌喜起之盛，以詩教廣厲學官，一時揚扢風雅者，開文選之樓，慮無不家玉海而户珠林，選跧伏衡茅，無能爲役。竊以爲維桑維梓，必恭敬止。先生擅名隆、萬間，觀其與王伯度書，則其生平宗趣可知。乃遺集具在，使聽其日就湮没，承學者之恥也。顧及今不廣其傳，則亦與前所稱四百餘集者等。因捐資重付梨棗，自癸未仲春，迄甲申孟夏而告竣。匪敢自功，抑以承先志耳。至於詩家例有年譜，先生既不自輯，而亦無他紀載可以約略，未免遺憾，姑俟之博雅者。時乾隆二十有九年，歲在閼逢涒灘，後學高朝選謹識。乾隆永嘉重刊本跋

王錫瓚序。道光十六年永嘉重印本。不録。

何白自序：武陵楊修齡侍御，巡鹽至甌，索平日著作，令縣尹莊以鹽法羡金刻之，凡二十八卷，名汲古堂集，續稿稱是。道光樂清縣志八

静志居詩話：汲古堂集原亦出於七子，頗與俞羡長相近。明詩綜六十三

案：丹邱何處士白，雍正浙江通志隱逸傳、乾隆温州府志、道光樂清縣志文苑傳並有傳。所著汲古堂集，凡詩一千五百單二篇，雜文一百十一篇。其詩才華富麗，雖師法李、何，而尚無摹擬膚廓之弊。且其生平游跡遍天下，所與酬酢，如王世貞、胡應麟、梅鼎祚、俞安期、王穉登諸人，多一時勝流。晚年歸隱梅嶼，以詩酒終老，故其意境超曠，亦無明季山人猥薾之習。集中與王伯度書，論有明一代詩派，謂高季迪、楊孟載、劉伯温、徐幼文諸子，無不矩矱全唐，獨運胸臆；近體不無中晚纖弱之調，尚沿元季餘風，至北地、信陽，擱然爭雄，斯道爲之一振。何、李骨力雖較矯勁，究其深詣，未必遠勝高、楊諸子。嘉、隆之際，作者七人，嗣後宗派既雜，旁流潰出，弇州主大，直欲體具百家，苞括今古，或云太貴富贍，詞多填實，求其風雅相宣，情境互暢，較之唐人有間矣。濟南以高華嘹喨取勝，第語過清空，意少變化，一時尋聲附響，靡然從風，無不速肖。於是詞家徒知厭薄，摽剥輩又漫不知宗旨所在，乃各立壇坫，務標一幟，此道不復歸一，無論古法，即何、李宗派亦不可續矣。然則丹邱論詩，固非專宗七子者。

續集

闕。樂清董氏藏鈔本

山雨閣詩李維楨汲古堂集叙。乾隆温州府志十七、道光樂清縣志十一并作「煙雨閣集」。

未見。

李維楨何无咎詩序：今山人稱詩者在所不乏。余或不識其人，即識其人，或故爲博士弟子員，或入太學上舍，於山人名義不類。而交游中若吴人王承父、葉茂長、曹子念、方仲美、俞羨長，皆布衣崛起，無所因藉，稱山人殊當，而又皆善詩，以爲吴多才，天下寡二。晚得永嘉何无咎，其爲山人與五君同，而詩奄有五君之勝而成一家言〔一〕。余讀之竟〔二〕日而後卒業，乃大歎咤曰：「子越人？何子之詩之似越也！方越棲於會稽，至迫阨矣，而卒能沼吴而有之。子之身貌中人耳，濱於東海之陂，而鼃黽之與同堵，撊然起而與吴作者爭雄，其英概同也。越十年生聚，十年教訓，田野闢，府倉實，居有三年之食，而後能舉事。子上下今古，三百篇之温厚和平，離騷之悽惻篤至，兩京之渾樸，建安之高華，六朝之工麗，唐人之秀朗，靡不饜飫而枕籍之。於以發之觚翰，鋭若干將，豔若館娃，瓌異若金閶，殷賑若長洲之苑，峻拔浩瀚若洞庭、太湖之高深，其蓄積同也。越早朝宴罷，臥薪嘗膽，填

〔一〕「有而成一家言」，底本無，據明刊本補。

〔二〕「竟」，底本依明刊本作「累」。

左闔以土，側席坐而不掃，其趨時猶救火追亡人，蹶而赴之，唯恐不及。子之爲詩也，自爲童子，而已極力篆刻鑽研，晝夜忘寢食，冬夏忘爐扇，妻子忘饑寒，九天之上，六合之外，何所不馳騖焉。魂悦惘而若亡，體疲薾而如槁，其刻厲同也。越將有事於吴，三徙舍，五布令，而斬有罪以徇，汰其筋力不勝甲兵、志行不足行命者，而中分其師以爲左右軍，以其私卒君子六千人爲中軍，故衡行江表，莫能與抗。子之詩氣不欲沉，格不欲卑，語不欲凡，韻不欲乖，大小不奪倫，始終不錯度，繁而有法，逸而有制，大曆以下，郤屏而不得御，其精整同也。子誠越人哉！何詩之似越也。」而客有爲吴左袒者，曰：「君奚隆於越？夫吴五君亦勍敵矣。承父天才絶出，超忽飛動，不可端倪；子念、茂長，興象風神，格調音律，種種具足；仲美好深沉之思，調若方而意則圓，景若淡而致實濃；羨長閎大雄奇，如淮陰用兵，多多益善，是寧易與耶？」余曰：「不然。无咎善用吴者也。吴自弇州集詩道之大成，而諸君羽翼之。諸君於无咎，禮先一飯，如茂長者，業已爲古人矣。无咎年甫三十，日力暇給，而柯則不遠，五言古風不茂長，七言歌行不承父，五言近體不子念、仲美，長律不羨長，必不以其樸示人，宜五君之爲无咎有也。夫不聞孫承祐之宴客乎？一旦而得西粟、東蝦魚、南蝤蛑、北紅羊，小有四海矣。就山人而論，无咎之奄有吴，亦猶是也。吴何病？」越客則又起而譟曰：「越亦大矣，無論他郡，永嘉不腆，山人而稱詩，有康裕卿、洪從周，亦君之所知也。奚隆於无咎？」余曰：「不然。永嘉美山水，以謝康樂之篤嗜，爲守且久，游遍諸邑，所至爲詩詠，而雁蕩不與焉。懷素亦言『自古圖牒未嘗齒及雁蕩。』雁蕩晚出，而名踞永嘉諸山水上，凡物之成名也，先後各有時，安得謂古人必勝今人，今人必遜古人耶？」客唯唯。无咎避席而謝曰：「先生過譽白，白何足以當諸君？請得畢狗馬之力從事於斯，以無負先生今日之言。」大泌山房集二十四

道光樂清縣志十一：何白始刊煙雨閣集，又有汲古堂續集，未梓行。

案：山雨閣詩，蓋丹邱少年所定詩集。汲古堂集二十七，答鄒吏部孚如書云：「辱索近稿，繕寫未遑，謹以淮肥拙刻一種呈上。」不知即此集否。舊府、縣志作「煙雨閣集」，誤。汲古堂集三有山雨閣詩。

榆中草　湯成烈縉雲文徵十四

未見。

鄭汝璧序：永嘉何无咎，善詩而不有其詩，詩膾炙人口，紙爲貴，而无咎自眎欿然，人齒及其詩，輒遜謝何有也。曰：「余方逃虛而未能爲虛，安所事此詡余乎？」一日余邀至榆林，索全稿付剛氏，固弗許。然時爲詩得若干首，靡不雄渾奇麗，駸駸風雅，余爲梓焉，非

其意也。余卒業而歎焉！夫詩道性情，虚也而境實，以虚傳實，實亦虚爾！百竅號而泠然濟也，風於何有？三百篇間出於巷歌閨詠，莫知其所以然而然，歷千億禩而可繹思，則實以虚永耳。世人藻繪其詞，即意得色滿，以有徇之而莫覺，亦未審於虚之妙矣。无咎能詩而中虚，不自有其詩，所謂進於技者非耶？余不能詩，而間爲詩，无咎輒賞之，從臾災棗，余亦聽之。夫聽之者，以爲非詩而不有焉者也，其致一也。余游倦矣，足跡大半天下，他無論，論浙之東偏，永嘉清淑，九斗、二雁、孤嶼之勝，甲於寰中，即下邑仙都，碧水丹山，奇峭自謂過之。无咎歸，余且取次往，相與結方外之緣，花晨月夕，其有言耶？無言耶？所不敢知，而實際於虚，以毋忘今日之盟，則願與无咎勖之爾矣。因題數語簡端，證之它日。縉雲文徵十四

案：道光樂清縣志人物傳引丹邱自叙稱膺縉雲鄭昆巖中丞聘校由庚堂全集，鄭開府榆林，與四明金伯庚同修榆志，暇則校獵大磧中，刺肥割鮮，極燕集之盛。以汲古堂集考之，蓋萬曆甲辰間事，榆林草，即其時所作。鄭刊本今未見，其詩散見汲古堂集各卷，蓋編定時已全部收入矣。

柯氏榮歌宜室集汲古堂續集

未見。〔一〕

何白序：余少孤露，年十六七，輒能操筆爲詩歌，刻燭累千餘言，淋漓自喜，所稱畏友者，則必歸之茂倩。茂倩髫齡負絶世之姿，天慧夙成，時里中諸子集爲詩社，茂倩間出一篇，奇語輒驚人，余每爲之心折，退然自廢。余既自傷士轗軻失職，徒託詩酒洗腆以自豪，適足取譏流俗，乃爲書規切以抵茂倩，若謂居今之世，不從制科肄業以自媒〔二〕，即抱〔三〕屈宋、淵雲之才，冀以逢世，難矣。以君之才，亦將託詩酒以爲豪耶！且母氏在堂，顧非禄養無足〔四〕以佐太夫人歡，茂倩憬然悟，即下帷覃精時義，而義輒工，每試冠多士。時大梁劉公以侍御史出守東甌，雅好士，引君爲上賓，政暇則賦詩爲樂。嗣晉江陳公，寵禮尤異，敦請入郡閣，命二子北面受經，時時爲太夫人具甘膬，君日有餘晷，以十五課經義，十三修古文辭，部使者與郡守相有所撰結，必得君言而後稱善。君屢赴棘闈輒罷歸，今且需〔五〕貢

〔一〕温州市圖書館藏崇禎刊本，又藏敬鄉樓鈔本、鄉著會鈔本。

〔二〕「以自媒」，底本闕，據明刊本補。

〔三〕「抱」，底本無，據明刊本補。

〔四〕「足」，底本無，據明刊本補。

〔五〕「需」，底本無，據明刊本補。

澤宮，駸駸及艾矣。乃裒其前後所著詩若文，將授剞劂氏，函以示余曰：「昔人有言，早知窮達有命，悔不十年讀書，使我不矻矻窮年作老博士，庸詎知不與子齊軫並驅，角逐中原，以割千秋之聲乎？子〔一〕曩規我，我能受子之規，而不能讎子之望。今所就止是，子幸爲我序之。」予卒業，樂府渾質清遒，上遡漢、魏以逮六季〔二〕，間記時事，綜以古辭，居然太上風謡；古選整栗清蔚，出入黄初、永徽之際，純如也；歌行近體，豪蕩奔放，高華巨麗；絶句翩翩風致，置之青蓮、江寧〔三〕，未易甲乙；古賦則潘、陸之亞；雜著取材既博，摛藻特精，固已苞括衆美，力追作者之奥。余精日銷亡，所著不逮茂倩遠甚，則退然自廢如故也。頃今上闢門攬儁，超格用人，君抱素藴，入對大廷，則金馬、石渠之列，若取諸寄。昔公孫弘以晼〔四〕晚遇主而身都卿相，矧君年力方壯，持粱齧肥，兹其時哉！若然，則余請得爲鄒長倩卒書寄以爲君規，竊附於〔五〕古人窮交之誼，君將無脱粟而飯餉故人耶？茂倩爲囅然，遂録其語以〔六〕

〔一〕「子」，底本無，據明刊本補。
〔二〕「以逮六季」，底本無，據明刊本補。
〔三〕「江寧」，底本無，據明刊本補。
〔四〕「晼」，底本闕，據敬鄉樓本補。
〔五〕「於」，底本無，據明刊本補。
〔六〕「以」，底本無，據明刊本補。

爲引。汲古堂續集

東甌詩存二十六：柯榮字茂倩，永嘉人。著有歌宜室集。甌乘補六：望江樓，甌劉郡伯建，據一郡之勝。柯茂倩集詩云：「南國棠陰幾樹秋，里人猶説舊諸侯。風流何處留遺跡，一帶清江數倚樓。」原注：柯榮歌宜室集。按劉郡伯爲誰？集中又不載其名，維時温太守有劉芳譽，或即其人與否？俟考。謝康樂舊游處，臺榭無復存者，張比部爲構水亭，疏流累石遍植花木，有小臺前對華蓋山，城内外緑墅清流，盡入目中，柯茂倩有游謝池亭臺寄張比部詩序，同上。按張比部爲誰？集中亦不載其名。

呂氏仲璞碧澄閣集乾隆温州府志二十七〔一〕

佚。

北游集汲古堂續集。乾隆温州府志二十七「集」作「草」。

佚。

〔一〕呂仲璞，字元暉，平陽人。著有呂元暉詩、呂元暉近稿諸集，劉康祉爲之序。

何白叙：昆陽當宋季，則有太學林德陽先生，以詩倡東南。先生宋之遺臣，故其所感，忠憤侘傺，紬思則極九歌之悲激，取格則體三唐之委婉。越三百餘年，則有吾友元輝呂君接武而興，若旦暮遇之也。元輝弱冠游太學，聲藉藉於六館間，家本素封，心游物表，不以溫蠖嬰懷，乃於邑之東偏，構碧澄閣，掛葛嶺於簷楹，浮湖光於几席，釣磯曲廊，出没點綴於煙波中。元輝日下帷，雋飫醇酣，發於篇章，類皆瞻蔚、玄暢、清真，境與趣融，物隨心會，妙詣開元、大曆之奥，以吉劉駕部業已爲序而傳之通都。兹北游集，則元輝以今上改元之歲，浪拽北征，憑軾金陵，以達燕邸，登高弔古，感慨興懷，一以寓之篇詠，不無勃鬱牢騷、慷慨悲歌之氣。譬若四時之序，春華秋實，相嬗於前，景以時遷，聲亦繫之者矣。夫元輝生當休明之代，含毫掞藻，亦足以備柏梁登歌之副，顧時無楊意，遂令咫尺天門，不得一發明主淩雲之歎，識者或惜其才而傷其遇。雖然，當漢方事匈奴，卜式輸財助邊，卒能馴致公孤，顯名當時，及至封禪，終以不文見貶。今以元輝眎之，直一賈監子耳！然元輝□篇具在，未能上遡□□，至若氣挾風霜，音諧金石，與德陽分路揚鑣，未易軒輊，則元輝所得不已多乎？余固不能窺元輝，謬爲元輝所推，敢爲論列如此，不識元輝以爲然否？汲古堂續集

邵氏建章維寶堂集千頃堂書目二十八。東甌詩存二十八作「詩集」。

未見。

何白序：余弱冠稱詩，竊自幸與吾友邵少文生同時，居同里，聚首歡慳靡間也垂五十年。少文奪於功令者十三，余奪於旅食者亦十三，間晤輒亟索所爲詩一再諷，未嘗不氣索。歸發吾篋，直土苴耳。已又持其勝氣，思一當壇坫，往往得自奮〔一〕以濟其孅，是則少文夾持之力居多。少文少具異質，於書無不讀，聲詩之道，尤入玄解。跡其所撰結，五言古選，匠神建安；游矚之什，時時闌入顏、謝；七言歌行，若飲馬長城、脱鞋、從軍、流螢諸作，足與子安、延清分路揚鑣；若征兵行、雙蚓歌、送余之榆林、鴻門，蒼麗悲壯，杜拾遺、岑嘉州兼長矣。諸體各臻妙境，尤令人莫可窺測。顧少文久困諸生，生長一隅，高簡肮髒，雅不善游，即聞少文名，欲亟索少文詩，了不可得。余屢諷少文，龍泉太阿，貫斗燭天，世稱茂先誰耶？安能必俟異代子雲！少文則逌然弗屑也。李太史本寧，偶見半石齋稿，亟爲序其端而傳之；少文絶不以示人，蓋其韜耀不炫如此。茲少文兩甥某，私以授梓，題曰維寶堂集。諸詩具在，當知余語不佞矣。慎江文徵三十八，汲古堂集不載。〔二〕

〔一〕「奮」，底本誤作「奪」，據汲古堂續集改。

〔二〕汲古堂續集所載與此頗異。

劉康祉邵少文詩序：吾友邵少文，奇雅特立人也。頹然人中，沉思遐想，口角哦聲，一縷欲絶，與人不相接，接之而非神契所向，雖華膴人猶不以接也。然而無刻厲怒張之氣，一與神投捉臂傾倒，經史仙佛之旨，風騷山水之趣，洞抉靈秘，振落吻齒，不復期期艾艾，鬚眉襟袂，皆餘潤拂人矣，其於詩也亦爾。少文成諸生即厭諸生，胸中萬卷書，情鎔性治，悉歸之於詩。夫古本選，律本唐，不謂少文不稟於是，而采摭入之，腑肺出之，語必典，事必愜，韻必諧，清綺圓潤，真至調馴，如西子湖中，雖非溟渤動摇天倪，神鼇抃摇三山之洶怒，而春林朝霽，秋月獨懸，林鳥一聲，水面縠起，袪桃縞李，荷香桂馥，視聽無主，兀傲光氣中，可仍謂人間境乎！故恒謂少文詩絶似六家選唐詩，无咎不謂然也。以少文五七言古，有直逼選體者，唐人不能籠也。夫合符千古，正以其大者耳。一二迮順，何足以判合圭璋哉？无咎首肯，少文亦意饜矣。噫！少文特立人也。今其年逾達夫詩成之日無幾，而五十年來操觚之士，無不與神交席接者，然少文不步趨偕之也。其前者競爲歷下、婁江之重儓，傳寫八代三唐之似，而不自叩其性靈。少文詩在其中，愉笑戚欷，舉體皆真，不爲乾啼濕哭，錯足僞體。今也盡背八代三唐之矩，即真合者亦諱避之，而市詠塗詈，攘臂以趨。少文詩在其中，絲諧肉叶，芳蘭竟體，漢官威儀，見者喜以泣矣。昔景山大雅，奢於建安而儉於景龍，時變而特揉不變故爾，少文大雅正如是乎？千秋之後，有築臺以蒐

明詩者必少文，卓然自爲一家詩。慎江文徵三十七

東甌詩存二十八：邵建章字少文，號青門，永嘉諸生。著有維寶堂詩集。

案：邵青門詩，最爲何丹邱所推。今所傳汲古堂集中，賡和之作甚夥。丹邱所叙維寶堂集，則未見傳本。惟東甌詩存載其詩四十三篇，然何叙中所述七言歌行諸篇，則並無存者，可惜也。何叙又稱青門詩本名半石齋稿，李本寧爲之叙，今檢大泌山房集未見，所未詳也。〔一〕

王氏至言笙鶴軒詩集東甌詩存二十七〔二〕

佚。

笙鶴軒雜著大泌山房集十三

佚。

〔一〕李維楨所撰爲跋，非序。

〔二〕劉康祉爲王至言詩集序，作「笙鶴軒草叙」。

李維楨序：永嘉王氏，闕閲冠雲霄，而優者龍鳳爲昭文文學。余見其時義古文辭，無不合作。然觚墨士流，猶可庶幾，至於雜著，則學識過人遠矣。其論人事，惜季札不踐兄弟繼立之約，病卞和獻玉躁進辱身；寺人孟子爲詩自名，不欲使人受疑似嫁禍；范少伯爲有道之士；淮陰侯誤蒯通邪謀，殺歷下已降卒，受陰報以反誅；平津侯爲救時相，未可盡非；直信侯不能知同舍郎，失定交信友之道；諸葛孔明獨以關壯繆，與吕蒙相持，不爲後繼，又失於馬謖、姜維。蓋按據事理，不隨人口吻軒輊，其論學術，則以老子與吾儒相出入。特其憤世疾俗，詞或有過，而以申、韓之刑名，蘇、張之捭闔，與養生服食家所附會，皆失老子初指；論王文成良知之説，本於孟子，識其體，而瞬養息存，虚明寂照，晝夜如一，内外兩忘，足以括攝老之玄、釋之覺，而超乎涅槃常樂、化形而仙之上。士不必諱好名，春秋褒貶，非名而何？是厲世之術也。至於戒忌崇謙，美許武之友兄弟、楊伯起以清白吏貽子孫，范希文義田，蘇子瞻還宅，乃其家法，世德同符，古人所服習，殆非一日。謂桑國僑鐵硯，志士當如是。謂韓昌黎原本六經，創以己意，扶衰濟弱，有功於文事爲大。是則昭文所自道，而其學識遠過人有由然矣。其自叙曰：「古之君子，得志則以其所行者紀載之；不得志則以其所欲行者著明之。」夫昭文年與志俱未艾，苟有用我，執是以往耳。易之潛龍曰：「君子學以聚之」，「日可見之行」，「見龍在田，時舍也。」然而天下文明在焉。昭文

勖哉！潛見可無論已。大泌山房集十三

論草一卷。甌乘補十二

佚。

甌乘補十二：論草一卷，湯睡庵序，王昭文著。

李維楨寧國郡丞王公墓表：公名光蘊，子男五人，長至言，廩生，入太學。大泌山房集一百四

乾隆温州府志二十：王光蘊子至言，萬曆庚子副榜，以纂修玉牒，授太常典簿。

東甌詩存二十七：王至言字昭文，叔果孫。萬曆副貢，任太常典簿。著有笙鶴軒詩集。

案：王昭文笙鶴軒雜箸據李本寧叙，蓋皆論古之文。甌乘補所載論草，疑即雜著之一種，〔一〕今並散佚，惟平津侯、寺人孟子、季札三論，見周氏愼江文徵五十三，餘則不可考矣。

〔一〕據梅守箕王昭文論草序，論草爲一專著，孫氏疑爲笙鶴軒雜著之一種，不確。

劉氏思祖之罘山房集東甌詩存二十七

佚。

東甌詩存二十七：劉思祖，字長孫，永嘉人，任江西參將。著有之罘山房集。

案：何丹邱汲古堂集，有送劉長孫都閫之官南昌詩，十八。又有送劉長孫將軍守備三江序，二十三。稱長孫爲劉將軍恒山先生子，恒山名無考。〔一〕髫年有異質，日記誦萬言，既勝冠，襲爵服世官，藻思閎贍，綽有父風。洎從事主衛篆則衛事效，主芻粟則漕事效，當事薦剡婁上，遂擢楚三江守備，則長孫蓋詩人而爲武官者，亦劉揮使懋功之流亞也。

金氏錫敦大若山房詩稿東甌詩存二十八

佚。

東甌詩存二十八：金錫敦，字師厚，永嘉人。著有大若山房詩稿。

案：金錫敦事跡，別無所見。東甌詩存二十八録其詩，有送項懋德副使之廣西、懋德，

〔一〕徐氏紅雨樓書目著録爲：「劉思祖之罘山房草四卷。字長孫，永嘉人，官福建參將。」孫云「恒山名無考」。今考劉懋功字忠父，號衡山，見前。「衡」、「恒」同音。而其字忠父，其子名爲思祖義合。思祖「綽有父風」，忠父有詩集行世，同何白有交。劉恒山爲懋功之號明矣。

項維聰字，詳十一〔一〕高淳縣志下。送劉以吉駕部北上、以吉，劉康祉字。同劉長孫舟宿江心寺、「寺」字疑衍，此非永嘉孤嶼。時將抵錢塘諸作，當爲萬曆、天啟間人也。

蔡氏汝修函虛齋近稿東甌詩存二十四。嘉慶瑞安縣志九作「涵虛齋稿」。

佚。

東甌詩存二十四：蔡汝修字宇德，瑞安人，諸生。著有函虛齋近稿。

案：蔡汝修事跡無考，東甌詩存所録詩，有秦慎齋契丈膺薦北上慎齋，秦激別號，萬曆歲貢，詳卷十一〔二〕瑞安縣志備遺下。及利市仙圖爲中白王丈題中白，王侹字。詳卷十三〔三〕洲課條例下。諸作，則亦天啟以前人也。

王氏明揚榆枋草

一册。王祚昌珠樹堂集一。

〔一〕「十一」，底本誤作「九」，徑改。
〔二〕「十一」，底本誤作「九」，徑改。
〔三〕「十三」，底本誤作「十一」，徑改。

未見。

子祚昌書後：右先子榆枋詩草一册，始於萬曆戊寅，時二十四歲也。編年或存或缺，蓋散佚多矣。悟真寺書舍、龍背朱氏墓廬，爲先子讀書處，蘆江及鹿芝書屋，則二三子所從問業也。鹿芝書屋，祚昌偕伯兄侍側，其在蘆江時尚幼，曾有詩勖祚昌兄弟。憶起語云：「我去課人兒，我兒誰與課？永夜自思之，輾轉不能臥。」自今讀之，方知其語之切也。乃并其簡失去，趙簡子棄而不録，殆其謂乎？先子於古文詞，好李于鱗、王弇州諸家作法，於詩獨不好王、李，以爲詩者，我之志、我之學、我之時與遇存焉。有不可以倣古得者，嘗書卷首云：「潘邠老有言：七言詩第五字要響，如『返炤入江翻石壁，歸雲擁樹失山村』是也。五言詩第三字要響，如『圓荷浮小葉，細麥落輕花』是也。」余竊以字字活則字字響，故先子之詩，其音清以越，其氣夷以卓，其旨近而遠，其體雅而風，其法正而游於自然。至無字不活無字不響，則尤其大凡也。然而讀先子詩者，又不當獨論詩，先子當萬曆初載，海宇寧謐，畜厚力强，不一刻忘黼黻鴻業，鼓吹休明之志，故其詩曰：「翩翩南陌已鳴珂。」及其屢蹶武陵，睽違初志，則引命自安，嘗慨然諷白樂天「爲龍未必勝爲魚」語以自慰，故其詩曰：「天池亦恐難爲水。」讀書談道，樂以忘貧，故其詩曰：「明朝行拾穗，甘與野人群。」信步聽天，不尤不怨，故其詩曰：「整理秧田日來暵。」見利思義，一介不苟，故其詩曰：「千里毫釐只此歧。」一體萬物，痛□無我，故其詩曰：「萬井同時一磬懸。」又曰：「乾坤胞與意，豈我獨□然。」「若夫瑟御寫幽閒」，周南之旨也。「吁嗟藐爾雀，曷以珠彈之」，蓼草句也。「喜看桃李長新陰」，藉之有咸也。碧峙清流，嘗膽成霸，「情深一隙駒」，河汾之教也。「八平其處錞善下」，猶龍氏遺旨乎？望川亭，其飲泉知源乎？感物詠走馬鐙也，其獻賦不偶乎？「君即不知情欲盡」，孤鴻切慕，哀朔風黯淡天，一摧靡靡濁世盡錐刀，其友誼乎？「天地神明未可瞞」，其有感於育才館之一碣乎？其心跡光明，犯而不校者乎？人倫大端，哀樂正旨，感時託物，正容罕譬，則無詩非趨庭之訓焉。至於孺慕之誠，永言之思，有「步吟慚謝雪，清夢入慈闈。荆花映彩斑，百歲並潘輿」等句，而梅隴瞻謁詩，無歲不見，此猶終身如一日者乎？壬子癸丑，悉病瘖時作，讀之無一雉噫聲。嘗云：「何如椒山廷杖時。」於時手録王陽明先生語，及朱子晚年定論等書以自娱。嘗稱陽明先生與門人云「病物亦難格」，以爲至玅。蓋先子斯時，於天根月窟、青山緑樹之旨證悟深矣。「一輪明月印蒼苔」，豈非徹上徹下、有始有卒語乎？詩草嚮名榆枋，至病中書懷詩結句云「抉起榆枋聽鶚秋」，復特作七圈□絶筆然者。嗚呼！乃遂成逍遥曳杖歌矣。豈非天哉？祚昌闡述先子易學於永嘉荷華池院，以諱日歸簡原稿，蒙翳蠹蝕，不可復讀，敬重録一册，將時覽焉。以見先子之志，亦庶幾愾然如聞瘖歎之聲云爾。如曰「退而學詩」，痛已

晚矣。珠樹堂集一

周氏一奎據梧齋集乾隆温州府志二十七

佚。

陳氏謙壽半隱齋稿乾隆温州府志二十七

佚。

少南詩草乾隆温州府志二十七

佚。

林氏宗志覆瓿集東甌詩序二十七

佚。

東甌詩存二十七：林宗志，字學海，永嘉人。萬曆歲貢，官處州教授。著有覆瓿集。

應氏德成怡真堂文集乾隆温州府志二十七

佚。

怡真堂居越山人踦履詩稿乾隆平陽縣志十九作「踦履集」，今從鈔本。

一册。

闕。〔一〕

周氏文美周才甫詩集

佚。

甌中紀逸：康裕卿同時布衣有張昂、洪孝先、周才甫俱以詩名，俱有集。乾隆温州府志三十

東甌詩存二十五：周文美，字才甫，號雁川，永嘉人。

〔一〕民國平陽縣志經籍志著録，應德成怡真堂文集、踦履集、居越山人遺稿三卷輯存鈔本，案語云：「此遺稿，即怡真、踦履兩集之散佚輯存者，温州經籍志所得本，即并三目，題爲怡真堂居越山人踦履詩稿，殊不辭。今不從。」

案：周文美爲何丹邱詩社中人，汲古堂集所載唱和詩甚多，慎江詩類載王世貞、黄姬水並有贈詩，王詩在卷三，黄詩在卷四。蓋亦萬曆、天啟間詩人也。〔一〕

黄氏國信拙遲集咸豐永嘉縣志二十七。乾隆温州府志二十七題「黄信」，誤。

佚。

合缶齋集咸豐永嘉縣志二十七。乾隆温州府志二十七題「黄信」，誤。

佚。

東甌詩存二十七：黄國信字道元，永嘉人。

案：黄道元事跡，舊府、縣志無考，惟萬曆温州府志卷端載同纂人姓名有儒士黄國信，當即道元也〔二〕。東甌詩存二十七，載有雁山大觀師有興復古刹之志詩，考大觀於雁山能仁寺説楞嚴玄義，見汲古堂集五。則道元與何丹邱同時人也。

〔一〕朱孟震河上楮談三記周事甚詳，云周才甫，字文美，永嘉人。嘉靖中以詩鳴。孫氏以周文美字才甫，萬曆、天啟間詩人，名字、生年均誤。

〔二〕此書徐氏紅雨樓書目著録爲：「黄國信拙心草一卷。字道元，號四如，永嘉人。」

陳氏應聘半寰集乾隆温州府志二十七。府志二十隱逸傳、乾隆永嘉縣志二十一並作「中寰集」。

佚。

萃山集東甌詩存二十七。乾隆永嘉縣志二十三「萃」作「莘」。

佚。

案：陳處士應聘，乾隆温州府志、乾隆永嘉縣志隱逸傳並有傳。

陳氏立政無聲弦詩集東甌詩存二十七

佚。

東甌詩存二十七：陳立政字廷益，永嘉人，天啟丁卯舉人，著有無聲弦詩集。

張氏中美饑軀草慎江文徵三十八

佚。

陳立政序：饑之一字，乃彼蒼從膏粱醉夢外，特簡以旌吾輩者，非其人不可倖得，即得之弗能守也。古來善饑者指不勝屈，乃若桑牖蓬樞，并日而食，披裘帶索，拾穗未充，以至絶吭禁寒食之烟，僵臥閉元日之户，要皆獨立孤往，仰副天心。淺人不悟，去之惟恐不速。豈知饑者有骨性，有器量，又有學問，足當此數語，惟陶處士一人而已。吾友張汝闇兄，讀其乞食詩：「饑來驅我去，不知竟何之。」躍然撫掌，以爲千秋同志，遂取以名其近詩。夫汝闇非饑者也，而能爲饑，荷钁沼圃，抱甕灌園，悠然有山氣夕佳、飛鳥與還之意，素與同社董虞雲爲貧賤交。及虞雲守濱州，馳書見招，謂「昔我之饑君也同，非我莫有饑君之饑者也。今濱之饑我也獨，非君莫有饑我之饑者也」。汝闇擲簡，欣然就道，余壯其行，作長句以送之，非壯其爲饑所驅也，壯其能驅而之饑也。以近所聞，太山之傍，日脯人肝，千里一望，青烟斷炊，白骨撐野，此何世界？而裹埃嚼風，遠入鳩鵠之國，抵渤海未匝月，太守以設糜給饑者，觸穢染病遂不治，百緒孔結，上官之檄，如雨如星，下走之呼，如蚊如蚋，能以隻勞獨瘁，左支右吾，又復崇祀荒原，歸櫬險道。嗟乎！虞雲饑渤海之饑，雖爲若敖，猶祀也。汝闇饑虞雲之饑，以視古素車白馬之誼，殆將過焉。余愧之，余愧之。蓋惟其篤摯堅忍，其骨性然；疏遠曠爽，其氣量然；而優閑鎮定，其學問又然。非汝闇何敢爲饑所驅，饑亦不屑驅之矣！若夫生平癖嗜山水，雙屐所經，幾半寰宇，著有蔽席軒游草，何无咎先生亟加稱賞，爲叙次其簡首甚詳。兹余所贅論，特其自題饑驅一什，試觀贈答諸篇，洎哭亡友與秦臺放歌，字字血濺，使饌玉炊金人讀之不解，正使啜藜含糗人讀之，亦復不解，安得起柴桑先生爲誦「才華不隱世」之句，殷勤投我汝闇，於以昌大其詩名，一券天心，俾海内同鐖者有所恃以無恐也哉！慎江文徵三十八

蔽席軒游草慎江文徵三十八。乾隆温州府志二十七無「游」字。

佚。

案：張汝闇事跡，舊府、縣志無考。陳氏鐖驅草叙，稱蔽席軒游草，何无咎嘗爲叙次其簡首。今所傳汲古堂集亦未見。

陳氏鳴鳳陳來儀詩集乾隆平陽縣志十九

佚。

案：陳鳴贊鳴鳳，乾隆平陽縣志宦業傳有傳。

王氏至兗竹居集乾隆温州府志二十七

佚。

自怡集乾隆温州府志二十七〔一〕

佚。

案：王太學至兖，乾隆温州府志、乾隆永嘉縣志義行傳並有傳。

馬氏一騰南詢稿乾隆温州府志二十七

佚。〔二〕

吴氏鳳起世篤忠貞集乾隆平陽縣志十九。乾隆温州府志二十七「篤」作「德」。

佚。

乾隆平陽縣志十五：吴鳳起，賓秀子。父以拒璫罹禍，而起亦以拂閹罷職，後先濟美，

〔一〕據乾隆温州府志義行傳：「王至兖子詠、孫澐，俱以詩名，有竹居集、自怡集諸刻。」又鈔本玉介園附集有竹居集，注曰「王詠著」，又録澐孫詩首注曰：「王自怡，所著有自怡集。」是則志傳所云蓋稱至兖子孫各有詩集，非謂至兖自所著作也。此沿府志經籍門之誤，此二目及案語當削去。王川子竹居集，長雲自怡集並已見卷三十著録矣。

〔二〕温州市圖書館藏敬鄉樓鈔本，作馬居士南詢草一册，印光法師校。

鄉里榮之。有世篤忠貞集，都憲易應昌爲之序。〔一〕

案：吴員外鳳起，乾隆温州府志介節傳、乾隆平陽縣志宦業傳並有傳。

周氏宗璧隨緣集千頃堂書目二十七。乾隆温州府志二十七題「周宗碧」，誤。

佚。

乾隆温州府志十九：明崇禎癸酉舉人周宗璧，永嘉人，工部主事。

劉氏士焜劉孝廉集乾隆温州府志二十七

佚。

〔一〕此書永嘉區鄉著會鄉先哲遺書目著録爲衡陽惺台公忠烈遺蹤，清吴文煥輯。今温州市圖書館藏康熙辛卯刻本、鄉著會鈔本。據民國平陽縣志六十三考異：「集爲鳳起所著，而鄉人榮其世德而名之耳。吴承志志稿謂『鳳起哀其父遺著，其弟又哀鳳起遺著附之，爲世篤忠貞集』，未免臆撰，又謂『吴文煥編忠烈遺蹤集』亦誤。」六十正誤：「吴寶秀忠烈遺蹤集，按此乃寶秀子鳳起編次其父事狀及贈挽諸作以成書，如胡夢昱象臺首末之類，應編入史部傳記類名人之屬，入此殊誤。此處題應改『吴鳳起忠烈遺蹤集』，舉編書者姓名，方合例也。知爲鳳起編者，考何白哀江頭篇：『爲吴公而作，託爲其孤致詞。』可見闡揚忠烈必出其子所爲無疑。」

文餘慎江文徵三十九

佚。

自序：劉生自言其詩曰：「此吾文之餘也，而吾公車文之餘也。」夫劉生得已乎哉？既肆其才矣，而又束之，既束其才矣，而又不能不肆之。如劉生者得已乎哉？裒近所作五七言諸體爲一帙，名之曰文餘，而以小賦數首及他有韻之文附焉。慎江文徵三十九

張氏暘昶和熊堂集東甌詩存三十。乾隆温州府志二十七作「張日永詩集」。

佚。

海上草乾隆温州府志十九

佚。

渡江詩乾隆温州府志十九

佚。

劉士焜張日永詩序：日永以詩自豪，余耳其名於十年前，乃今得讀其詩，交其人。星

懸箕籔，有辨亦俠。日永生處大海之東復東，蛟鼉所窟宅，島夷所淩軼，雕戈組甲，樓船鼙鼓，靡日不甯。家故功臣萬户，雖食貧，其耳目聞見足以觸胸中貞悍古傲之氣，以故詩才獨壯，於公車業，直以餘力赴之。若余則發憤著書求自見於世者。然余敝裘多日永十年，日永贏得豪名矣。日永益豪，余益憤，斯則余之爲余夫。慎江文徵三十九

東甌詩存三十：張暘昶字日永，樂清人。著有和熊堂集。

乾隆温州府志十九：明樂清縣辟用張暘昶，薦舉授中書舍人，負氣節，能詩，有和熊堂集、海上草、渡江詩諸刻。二十七：張日永詩集，永嘉人，見匊庵集。按日永，樂清人，此不得其人，又誤其籍貫。

佚。

劉氏宗重梅花墅集匊庵集選。乾隆温州府志二十七題「劉彝伯」。

李象坤序：梅花墅者，予友劉受韜嗣君彝伯，哀其詩若文而顔之也。受韜君湛深經術，僅一舉於鄉化去，有「梅花如我我如梅」之句，彝伯以遷鼎年青其衿，不堪賈哈緣領，奉母氏屏居荒村塢中，於是有斯製。予讀之，冷香寒玉，毫不雜穠桃豔李色，洵匪梅弗肖也。花鄉一記掩前人醉睡兩篇，海棠至昌州而香，號海棠香國，花事如許，那得不以鄉名。吾老是鄉矣，不更覓中山千日酒，栩栩作華胥游也。然彝伯年甫弱冠，和陶諸詩，似太早悟。

憶予交受韜君時，偶手録五柳先生涓貧士傳，君呵斥謂不祥，今則宜然耶？彝伯早悟，前予十年。然實非彝伯應有，予向往在十年前。今始同彝伯齧冰雪梅花，招折腰令而揖之。噫嘻！安得起受韜君於芙蓉城，一訊梅花真消息哉！匊庵集選

東甌詩存二十九：劉宗重字彝伯，永嘉人。

鄒氏寅鄒公亮詩集　乾隆温州府志二十七

佚。

乾隆温州府志二十：鄒寅能詩善奕，嘗自壽有云：「苦吟未免逋詩債，賣藥差能辨酒錢。」易白樓中丞謫永嘉，與之昕夕倡和。所著詩多散失，間有藏其稿者。

案：鄒處士寅，乾隆温州府志、乾隆永嘉縣志方技傳並有傳。其字東甌詩存三十作「雲亮」，府、縣志作「公亮」，府志經籍門又作「雲亮」〔一〕；匊庵集選有玉娘歌爲鄒公亮作，則府、縣志方技傳〔二〕得之。今據改正。

〔一〕「府志經籍門又作雲亮」，底本無，據刻本補。

〔二〕「方技傳」，底本無，據刻本補。

陳氏一球松石亭集乾隆温州府志二十七

佚。

施元孚陳蝶庵傳：一球爲人義俠，以氣節自許，顧數奇不偶者二十餘年。牢騷之氣發爲詩歌及蝴蝶夢、松石亭諸篇，感憤解悟，一時併集，令讀者欲哭欲笑。釋耒集三

孫氏林安攘三策乾隆永嘉縣志二十

佚。

越吟草汲古堂續集

佚。

何白序：吾黨孫太室先生，弱齡治制科業，負儁異聲，鴻藻鋒穎之燄，若可攝於百步之外，讀之令人人自廢。屢試省棘輒報罷。間有先鳴者，咸以前躐去華爲媿，爲之扼腕不自得，乃先生益發憤，於五經外，盡紬異書逸興，靡所不淹綜，融爲古文賦，沉雄儁朗，淩轢三唐而軼晉魏。踰壯賓於王庭，流覽上都，登高弔古，感事興懷，一發於詩。及謁選人，司鐸於越。先生咱然曰：「昔子長上會稽，探禹穴，或謂得游之助，而況余奄有大越，環百里内，

長川大谷，皆效靈吾几席之下，寧有不足吾所耶？」及之越郡，諸名士横經談秇，暇共相討宛委、石匱、金簡、玉書之藏，間尋吼山、蘭亭諸勝，皆被之詞章，摐金戛石，與千巖萬壑競秀爭奇。庚午之役，以學使者薦入闈，格於博士，寘乙榜，以先生束箭之勁，可洞七札而貫重鎧，乃竟絀於魯縞，使歐冶神物不賞於風胡，夷光絶代不登於響屧。豈非千古之慨哉？夫古者攬俊之門闢，蒐賢之塗廣，士不以一技名，比衡以科目，士不繇斯而登，即才可掞天，法必程古，固無可而託足也。然先生神凝氣足，頓轡騷雅之埸，爲日既久，使之得時而駕，雍容侍從之班，頫仰論思之地，高文大册，淹不腐毫，飛檄勒銘，捷可磨盾，豈不足以黼黻昌明之代，而乃淹於掌故，浮沉下寮，寧不重可惜耶？昔君家明復，教授泰山，而相國富公、范公交薦於朝，講幄賜緋，遂極師儒之選。兹當聖主右文章，宰執翹材之日，寧無泣血相明，獨任其責者乎？余姑序其大都，且幾幾以竢之耳！汲古堂續集

王氏至彪玄對草花萼樓集「草」作「集」，今從鈔本。

二卷。

闕。永嘉王氏録本、遜學齋藏鈔本。

周天錫序：積石先生所作詩若干卷，名曰玄對，誌志也。余既竟讀，則拜手序曰：詩

曷爲宗唐也？曰：宗其體也。唐以詩賦選士，舉天下之畸才異智，鉥肝劌腎於其中。如射之赴的，木之就繩。上而朝廟宫庭之什，下而邊塞閨閣之吟。音必諧，句必煉，體格必峻整，詞旨必明鬯，匪是非詩也，舍是弗學也，宋元毋論。弘正間，信陽、北郡，樹騷壇赤幟，嗣而七子代興，葩振藻，號稱極盛。自竟陵出，務爲幽深孤峭之調，時流靡然從之，詩以大變。近虞山持論，則又俎豆高、楊，弁冕劉、宋，推爲渾融博大，卑鄶以下爲不足道。華亭又起而非之，豈非時屢易，而矩矱自尊，世遞遷而高曾彌重乎？先生之詩，前後一準於唐，而靈心巧手，獨出爐鞴，清遠似錢，婉雋似韋，描寫情景似摩詰，至睠懷宗國，悼歎家園，又與杜陵天寶諸作，同其沉痛，蓋思致盡而詩之能事亦於是盡矣。議者以攬擷既多，酬應亦費，間有字句之累，猶之索騏驥於一毛，别鸞鳳以片羽，要不足爲先生病也。先生曠才績學，富厚無所攖，塵坌無所雜，俯仰天光，湛然自得，寄興遥而託志遠，豈區區詞章之末，足測其涯涘哉？西闈之役，先生已得復失，乃風塵潦倒垂四十年，迄以詩豪海内，造物若厄之而實昌之，固在此不在彼也。花萼樓集。原題玄對集序。

東甌詩存二十八：王至彪字文虎，號積石，永嘉人。崇禎戊辰選貢，授南平令。

案：王文虎爲西華副使暘谷參政族孫，明季遁跡不仕，齎志而終。玄對草二卷，永嘉王氏有寫本，凡詩一百四十篇，東甌詩存選文虎詩十一篇，其晤與萊姪、送楊雨公之任惠陽兼訊與萊姪、五日過虎邱三詩，録本並不存。周樗庵花萼樓集有此集叙，此亦無之；疑尚有缺佚也。文虎詩多黍離、麥秀之感，雖選詞屬語不事彫琢，而古直悲涼，自足覘其志節。同時樂清章陟瞻一焯恭毅公綸裔孫，乾隆温州府志忠臣傳、道光樂清縣志忠烈傳並有傳。甲申國變後，以不肯薙髮，沈水死。舊志以有所諱而不敢詳。此集下有挽詩十章，繫以小叙，載其殉節始末甚悉。則又足補地志之荒略，不僅書以人重也。

鄭氏□□〔一〕西爽齋稿汲古堂續集

佚。

何白序：昔楊子雲稱相如賦，神化所至，不從人間來。一經一緯，包括天地，則詩與賦，顧非迴薄千秋，淩轢百氏，綜覈名物，未易游其藩也。夫以太白天才神逸，猶假林棲十稔，下帷覃精，而後横絶當代，今人朝事吾伊，夕希撰結，襲掇唾餘，剽剥餖飣，輒嚣然欲據藝苑尤席，徒滋自欺而已。鄭君可貞石，隱陽湖之上，閉户讀書垂二十年，銜漱群籍，旁攻六書，久之腹笥既奥，意象益融，發爲詩文，標勝撮奇，深詣獨創，未嘗以一語寄人籬廡下。

〔一〕光緒永嘉縣志二十九藝文志著録爲明鄭可貞撰。據何白序云「鄭君可貞石」，其名當爲鄭石。

故文成一家，詩具衆體，類皆精煉新警，蔥蒨幽玄。當其運思沈摯，兀若拘株，以雪車冰柱爲清寒，以月脅天心爲神巧，風期清暢，高操幽貞。乃與季輿項君，雅協隱志，連衡對宇。余家亦僅隔數十百武，余每相過，可貞必先漉濁醪，次擷菜甲，相與箕踞長泉間，清言竟日，僊僊乎世外之致。余每笑曰：「此事事可傳入高士、逸民，第世乏良史如蔚宗、士安輩耳。」可貞尤耐居貧，環堵晏如，羹藜飰糗，若終身焉。比以金吾鄭次公聘書三至，次公爲左司馬昆巖公仲子也，淵博善辭令，夙與可貞有車笠之盟，可貞强起一應之。瀕行，以所著題曰西爽齋稿命余曰：「曹臨淄有言，後世誰復相知定吾文者，子盍爲我序其大都？」余曰：「往太白初至長安，賀知章一見絶歎，以謫仙人呼之，一日名滿天下。君其請俟今之賀監，余言無足以爲君重也。」雖然，余曩有成言矣，乃追論列於首簡。汲古堂續集

佚。

杜氏汝意茗溪新詠東甌詩存二十九

佚。

北窗文集乾隆温州府志二十七

佚。

乾隆平陽縣志十五：杜汝意，所著有苕溪新詠、北窗語録、文集。

案：北窗杜訓導汝意，乾隆平陽縣志宦業傳有傳。載所著有北窗語録、文集，然經籍門無語録之目，今不補録。

杜氏汝恕餘閒堂集乾隆温州府志二十七作「餘閒堂吏集」，誤，今從乾隆平陽縣志十九。四卷。乾隆温州府志二十七

佚。

王氏平世猗蘭草東甌詩存三十。乾隆温州府志二十七「蘭」作「園」。

佚。

東甌詩存三十：王平世，樂清人，崇禎歲貢。著有猗蘭草。

乾隆温州府志十九：崇禎樂清歲貢王平世，性端方，負氣節，博學工詩。著有猗園草。

王氏欽彝硯北草東甌詩存三十

佚。〔一〕

東甌詩存三十：王欽彝字予性，號蹇翁，永嘉諸生。著有硯北草。

案：東甌詩存録蹇翁詩，有題與謙弟蠹游閣之作。與謙爲海野處士欽豫字，見府、縣志隱逸傳。則蹇翁爲海野兄也。

王氏欽豫一笑集東甌詩存三十

佚。〔二〕

史氏君實蘭齋小言乾隆温州府志二十七

佚。

王氏一柱燕餘集乾隆温州府志二十七

〔一〕温州市圖書館藏玉海樓鈔玉介園附集本，有硯北草一卷。

〔二〕温州市圖書館藏手稿本，作一笑録。又藏鄉著會鈔本、龍泉精舍鈔本。王欽豫著有翼正初編諸書，已著録於子部。本書爲作者自撰年譜，書中有詠明末甌中三烈歌等，言之沉痛，足見志節。應改入史部傳記。

佚。

案：王處士一柱，乾隆温州府志、道光樂清縣志孝友傳並有傳。

徐氏時春名山藏草乾隆平陽縣志十六

佚。

黄氏宗揚坦園詩集乾隆温州府志二十七

佚。

案：坦園黄生員宗揚，乾隆温州府志、乾隆永嘉縣志隱逸傳並有傳。

林氏懋功壺山詩稿東甌詩存二十四

佚。

東甌詩存二十四：林懋功字君凱，永嘉人，著有壺山詩稿。

案：林君凱，時代無考，詩存三十。别有林懋德，字君藩，永嘉人，崇禎歲貢。當是其兄弟，故附於此。

盧氏景旭逸叟集道光樂清縣志八

佚。

道光樂清縣志八：盧景旭著逸叟集，有「向志惟耽靜，守愚卻類樗」之句，因自號曰「樗庵」。

案：樗庵盧處士景旭，道光樂清縣志隱逸傳有傳，不詳其時代，今無可考。〔一〕

梅氏應時一解集慎江文徵三十六

佚。

自序：余爲是集，蓋歷三四時乃成云。客問曰：「是奚名？」余方持螯引滿，漫答曰：「一解。」一解者，陶學士語也。陶聞見蹙，故詳問；余愧陶，故亦詳言也。昔余不有松窗半豹、青牛心印諸篇乎？於身心神髓頗饒詮解；今老矣，兹集也，衹足供燕間之餘暇，銷晷敵睡，譬彼飫珍錯者不廢蓼葵云爾。豈非所謂一解不如一解者耶？而偶名之，而確中

〔一〕康熙樂清縣志隱逸傳盧景旭列何白傳下云：「字克敞，生平醇厚，尤能濟急扶危，其于名利泊如也。居雁麓，好山水，登陟弗倦，年未五十，足跡不逾里外，壽至古稀，不識城市公庭爲何地，以詩書課子孫，著逸叟集。」當爲明末遺民。

之，遂書爲敘。慎江文徵三十六

案：以下諸人，時代並不可考。

姜氏應果抱膝閒詠東甌詩存二十九。乾隆温州府志二十七作「姜應采抱雪閒吟」。

佚。

東甌詩存二十九：姜應果，永嘉人，字叔毅。著有抱膝閒詠。

林氏會率真集咸豐永嘉縣志二十七〔一〕

佚。

陳氏伯彰漫游草乾隆温州府志二十七

佚。

〔一〕羅浮林氏宗譜：「林會字時亨，號松坡，從公次子，壽九十。著有率真集行世。」其次子林宗志爲萬曆辛卯副榜，當列萬曆前。

乾隆温州府志二十七：漫游草，永嘉陳伯彰撰。

吴氏璠勉齋集　乾隆温州府志二十七

佚。

案：吴勉齋集亦見嘉慶瑞安縣志經籍門，又注：府志作「吴瑶」。檢府志實亦作吴璠。瑞安志蓋偶誤。〔一〕

趙氏景旻鳳南集　乾隆温州府志二十七

佚。

道光樂清縣志八人物補遺：趙景旻以詩著名。

周氏祥拙默翁詩　乾隆平陽縣志十九。乾隆温州府志作「周祚拙默翁詩集」。

〔一〕吴氏家乘云：「璠字弘猷，天順間庠生。從金華章懋學易，讀書奮勵，以期大用，孰知一病不起，享年三十一歲。」

佚。

乾隆平陽縣志十六明人物補遺：周祥字伯善，居白沙，自號拙默翁。

陳氏敦樂耕野人集乾隆温州府志二十七

佚。

乾隆平陽縣志十六：陳敦字克厚，居東田，號樂耕野人。

孫氏溥拙翁集乾隆温州府志二十七。乾隆平陽縣志十九「集」作「稿」。

佚。

乾隆平陽縣志十六：孫溥字允周，居白沙，號拙翁。

林氏嘉著遁生稿乾隆温州府志二十七。乾隆平陽縣志十九「稿」作「集」。

佚。

乾隆平陽縣志十六：林嘉字公彦，居楊隄，號著遯生。

吴氏迪存耕野人集乾隆温州府志二十七

佚。

乾隆平陽縣志十六：吴迪字惟吉，居夏口，號存耕野人。

董氏靖清隱稿雍正泰順縣志八

佚。

雍正泰順縣志八：董靖長於吟詠，隨所倡和，多關世教，有清隱稿。

案：董處士靖，雍正泰順縣志鄉逸傳有傳。

張氏琚雙溪集雍正泰順縣志八

佚。

雍正泰順縣志八：張琚隱居雙溪，以吟詠自適，有雙溪集。

案：張處士琚，雍正泰順縣志鄉逸傳有傳。

潘氏世惠烹茗齋詩集雍正泰順縣志八

佚。

雍正泰順縣志八：潘世惠彙選古文一百卷，編爲十六字全書，又著烹茗齋詩集，膾炙人口。

案：潘廩生世惠，雍正泰順縣志鄉逸傳有傳。稱其編十六字全書一百卷，其書今未見，以名推之，似係取僞古文大禹謨「人心惟危」四語，宋儒所謂「十六字心傳」者，推衍其義。彙選古文，則不宜冠以此名。泰順志故多謬誤，此書名尤不雅馴，故雖裒然巨帙，未敢決其真僞，附辨於此，不復分著其目於總集焉。

董氏天樂溪東精舍小集羅陽詩始一

佚。

羅陽詩始一：董天樂字汝智，號霞南處士，有溪東精舍小集。

董氏大臣古栝山房稿羅陽詩始一

佚。

羅陽詩始一：董大臣字希道，號慕南處士。有古栝山房稿。

王氏應元敝帚集乾隆温州府志二十七

佚。

案：王應元，籍貫、時代並無考。〔一〕

釋靈基倣寒草

二卷。東甌詩存四十五

佚。

東甌詩存四十五：靈基字慧目，永嘉人，住瑞安雲頂院。有倣寒草二卷。

潘氏叩機集東甌詩存四十六〔二〕

佚。

東甌詩存四十六：潘氏瑞安諸生趙裕室，著有叩機集。

〔一〕王世懋王太常集有敝帚齋稿叙，可见其爲萬曆間永嘉人。

〔二〕潘氏爲弘治間人。岐海瑣談六録叩機集詩近二十首，並記述其事甚詳。其云：弘治間瑞安邑庠生趙裕妻潘氏，潘爲邑雙峰故族。趙後從事於金鄉衛掾，潘留在家養姑，前後詠詩凡七十餘首，名曰叩機集。

温州經籍志卷三十

集部

别集類〔一〕

國朝

周氏家偉水中雁字詩羅陽詩始一。乾隆温州府志二十「詩」下有「集」字。一卷。乾隆温州府志二十七〔二〕

未見。

〔一〕底本「類」下有「九」字，「九」衍，徑删。
〔二〕「一卷。乾隆温州府志二十七」底本脱，據校勘記補。

乾隆温州府志二十：周家偉生平多〔一〕著作，因兵燹散失，今僅存水中雁字詩集行世。羅陽詩始一：周主政舉於鄉後五年，而明社遂屋，所著有水中雁字詩三十首，其音哀以思，蓋亦亡國之遺響也。

案：周主事家偉，雍正泰順縣志宦業傳有傳。

梅氏調元霽月軒集花萼樓集。乾隆温州府志二十七作「詩集」。

佚。〔二〕

金陵游草花萼樓集

佚。

周天錫梅贊臣墓誌銘：神廟戊午，城南有七子社，七子者：建侯、明止、善長、若沖、玄抱、某某及贊臣也。贊臣所著有霽月軒集、金陵游草行世。花萼樓集

〔一〕底本「多」下有「所」字，「所」衍，據校勘記删。
〔二〕校勘記：「檢家藏有傳録康熙庚子刻本八卷，題梅贊臣先生集，蓋王詠、林占春共取霽月軒集及金陵游草合選編訂者。」今瑞安玉海樓藏。

案：梅訓導調元，乾隆温州府志、乾隆永嘉縣志文苑傳並有傳。贊臣爲順治辛卯貢士，見墓誌。府、縣志選舉門作「康熙歲貢」，誤也。其得貢在林雪庵、夏逸民後。雪庵爲弘光乙酉貢生，亦見周樗庵所作墓誌。府、縣志選舉門附崇禎末，誤。然據周誌，則贊臣在天啟初已以詩名，於雪庵實爲先輩，故移著林前，庶論世者可考焉。

林氏占春合山詩集 花萼樓集。東甌詩存三十一作「雪庵詩集」。

佚。

甌江詩選 花萼樓集〔一〕

佚。

花間集 乾隆温州府志二十七

佚。

〔一〕此書據周茂源序，題爲東甌詩人選，爲集温州詩人作品，當入總集。甌乘補著録爲十二卷。

周天錫林梅生墓誌：永嘉以詩名者，天啟初則陳子建侯、張子明止、梅子贇臣，余同時則林子梅生、王子篤蕃、李子穎少、林子弱仙、家弟炤如，而贇臣、梅生爲最。贇臣體備三唐，而一以清真出之，華而不靡，宛而不匱，學者推正始焉，則繼贇臣而建騷壇旗鼓者，其梅生乎！梅生之詩，醇雅秀整，堅古沉鬱，稱名廣而用物弘，取資平而原本厚，其研深説慮，朝誦夕吟，蓋五十年於茲，宜其韻叶宫商，步中繩矩，無毫髮遺恨也。所著合山詩集、甌江詩選若干卷，藏於家。花萼樓集

夏氏大輝〔一〕閒園詩草羅陽詩始一

未見。

羅陽詩始一：夏大輝，字逸民，弘光副貢。著有閒園詩草。

陳氏光前吹蘭集乾隆温州府志二十七

佚。

〔一〕「輝」，底本誤作「揮」，據羅陽詩始改。

包氏文愷致遠軒集東甌詩存三十二。甌乘補八「集」作「選」。

未見。

甌乘補八：祥積寺、竺隱庵、大定庵、古竹林院，並見包文愷致遠軒詩選。

案：包零陵文愷，永嘉人。乾隆温州府志仕績傳有傳。

王氏祚昌珠樹堂文集

一册。

闕。遜學齋藏鈔本

案：王玄翼珠樹堂集，原稿不知若干册，今所見殘本一帙，詩文皆編年彙次，厪存崇禎庚辰至癸未四年之作，其入國朝以後詩文，並已散佚。册首題「易庵學人王祚昌玄翼父著，門人周天鏡炤如父録」，蓋周非臺所編寫也。易庵在明季頗擅文名，李素園維樾、周恥庵應期諸人，交相推重，今集中尚存與素園往還書柬，及代恥庵所作文數篇，然其文皆喜爲疏快，隨意所如，多傷淺易，詩亦粗厲，無復白鹿詩社之遺響。蓋易庵講學頗近李贄一派，詩文非所留意，此集又係拉雜稿本，未經删定，故合作殊尟也。

謝氏包京兩雁山人集十二卷。謝天埴先考坦齋府君行略

未見。

列仙詠乾隆永嘉縣志二十三

佚。

案：謝陽武包京，雍正浙江通志、乾隆温州府志、乾隆永嘉縣志義行傳並有傳。

陳氏邦紀星聚〔一〕堂集東甌詩存三十二

佚。

案：陳諸城邦紀，乾隆温州府志、乾隆永嘉縣志循吏傳並有傳。

支氏時英燕謀集乾隆温州府志二十七

〔一〕冒廣生校云：「星聚」當作「聚星」。

佚。

道光樂清縣志十：順治府學歲貢支時英。

王氏會昌榴夢草東甌詩存三十一。乾隆温州府志二十七、嘉慶瑞安縣志九「榴」並作「籀」〔一〕。

佚。

東甌詩存三十一：王會昌字玄錫，祚昌弟，順治歲貢。著有榴夢草。

趙氏紹鼎薄游詩稿花萼樓集〔二〕

佚。

周天錫趙雲汾墓誌銘：君歿，方子廷芬哭之慟。君雅慕古文詩歌，文宗韓、柳，詩仿佛長吉、玉川，所撰著不自珍惜，廷芬從其敝簏中葺之，而薄游詩稿百十首竟不存。花萼樓集

案：雲汾趙歲貢紹鼎，乾隆温州府志、乾隆永嘉縣志文苑傳並有傳。

〔一〕明楊文驄爲是集作序，據楊序當以「籀」字爲是。

〔二〕「集」，底本誤作「稿」，徑改。

王氏乾亨澹寧居集乾隆温州府志二十七

佚。

案：王處士乾亨，乾隆温州府志、乾隆永嘉縣志義行傳並有傳。

侯氏思炳漁村詩集東甌詩存三十五。乾隆温州府志二十七作「侯嗣宗詩集」。

未見。

乾隆温州府志二十：侯思炳卜築漁村以居，顔曰「漁村小隱」。没後韓令君則愈梓其遺書傳於世。

甌乘補七：侯嗣宗，樂清詩人，著漁村詩集。嗣宗死，貧不能具棺殮，其家人持一硯鬻於市，冀有售之者，楊衡子聞而哀之，爲之畢喪事。詩文書畫，皆卓然可傳，獨以性不諧俗，多爲人所怪，卒至於無所遇而貧病以死，哀哉！原注：韓則愈漁村集序

案：漁村侯處士思炳，乾隆温州府志、乾隆永嘉縣志隱逸傳並有傳。

王氏爾椒岳心堂集乾隆温州府志十九

佚。

乾隆温州府志十九：萬曆庚子舉人王昌祚，永嘉人，海陽令。子爾椒，名士，有岳心堂集。

二十：梅調元與林占春、李元發、王爾椒、林健，號永嘉五子。

東甌詩存三十二：王爾椒字篤蕃，號忝生，永嘉人，五子之一。

張氏采齊塘上草 乾隆温州府志二十七

佚。

東甌詩存三十一：張采齊字天根，永嘉人。

案：張天根事蹟無考[一]，詩存載其詩有冬日晤王篤蕃一篇，則其人與王爾椒同時，今附於此。

林氏健冰壺閣草 乾隆温州府志二十七

佚。

〔一〕永嘉普門張氏家集：「五派大房九世采齊字叔心，别字夏友，號天根，郡庠生，治詩經。生萬曆丙辰二月四日，卒順治丙申三月廿一日。著有塘上草。」

湖上草花蕚樓集

佚。

周天錫林弱仙墓誌銘：君諱健，字弱仙，世居永嘉巾子河。九歲能讀書，十六入郡庠，二十食廩，既，聲名噪黌序間。晚游西湖，著湖上草。歸而病膈，自知不起，乃命門人寫所爲詩稿遺余。花蕚樓集

東甌詩存三十二：林健字子强，永嘉人，五子之一。

釋彬遠村居以後詩甌乘補七。〔一〕東甌詩存四十五作「村居詩」。

三卷。甌乘補七〔二〕

未見。〔三〕

〔一〕「甌乘補七」，底本脱，據刻本補。

〔二〕「七」，底本誤作「六」，徑改。

〔三〕是集上海圖書館今藏二種：一爲清康熙刻本，作永嘉嘯翁彬遠和尚村居以後詩三卷，清釋顯鵬撰；一爲清錢塘吴氏繡穀亭鈔本，吴城校並跋。顯鵬生年不詳，卒於康熙四十七年。字彬遠，佛號顯鵬，一字秋蟾，號嘯翁，浙江永嘉人。杭州棲禪院僧。所著詩集，光緒杭州府志直稱村居詩，丁文衡選。冒廣生永嘉高僧碑傳集云：「永嘉縣志，彬遠作彬教。」

徐逢吉清波小志上：學士橋側有笑隱庵，老僧笑魯者居之。予童時及見其人，自言從董宗伯其昌、陳徵君繼儒游，其徒彬遠、奕是俱能詩。彬遠別字秋蟾，詩尤超縱，大有青蓮、長吉風味。

兩浙輶軒録三十九〔一〕：彬遠字秋蟾，號嘯翁，永嘉人，杭州東郊棲禪院僧。

甌乘補七：按碧溪詩話：「嘯翁所著詩刻以流傳者，有村居以後詩三卷。」

佚。

楊氏兆岳春草詩集乾隆温州府志二十七。乾隆永嘉縣志二十三作「梅兆岳春草堂詩集」，誤。

佚。

閑園文稿乾隆永嘉縣志二十三題「梅兆岳」。

佚。

東甌詩存三十二：楊兆岳字鍾五，永嘉人。

案：楊鍾五事蹟無考。〔二〕東甌詩存載有送法幢大師之大梅并游台宕詩，法幢爲林詹

〔一〕「三十九」，底本闕，據兩浙輶軒録補。

〔二〕康熙永嘉縣志九文學傳云：「年十三爲諸生，淹通典籍，文藻泓涵，每下筆，立就千萬言，爲人豁達慷慨，當道及縉紳咸器重之。晚憩丘壑，自號閑園。著有春草堂詩集、閑園文稿。」可見乾隆縣志作「春草堂詩集」不誤，「梅兆岳」誤。

事增志法號，則鍾五蓋順治間人。

林氏齊鉉荻齋集東甌詩存三十二

佚。〔一〕

東甌詩存三十二：林齊鉉字覺侯，瑞安諸生。著有荻齋集。

案：林覺侯事蹟無考。乾隆温州府志二十，載林詹事增志子齊鐸，州同知，則覺侯疑亦詹事諸子行也。徐丞子泉村集選亦有林覺侯招飲崎巖寺詩。

李氏敷半齋紀游詩草東甌詩存三十三

佚。

東甌詩存三十三：李敷字長陽，瑞安諸生。著有半齋紀游詩草。

〔一〕民國瑞安縣志稿二十四經籍門著録，略謂齊鉉字覺侯，爲林增志第三子，邑諸生。此書刊於康熙間，首有許煥序，並云：覺侯之學得於母教爲多，時值國變，而增志遁跡空門，故覺侯詩亦頗多與緇流往還，及游山釣水之作。是集又名荻齋初集，浙江圖書館藏影鈔瑞安林衍桐家藏本，作「六卷」。温州市圖書館藏鈔本二種：一爲舊鈔本，一爲鄉著會鈔本，俱作「一卷」。

案：李半齋事蹟無考，東甌詩存三十二載林覺侯有寄李長陽年兄詩，今附於此。

徐氏凝泉村集選東甌詩存三十三作「泉村集」，乾隆温州府志二十七作「泉村詩集」，今從刊本。一卷。存。康熙乙丑刊本

家丞子兄，少聰悟，生而知，學六經，探百氏，刻苦性行，與古爲徒，研幾聖人之道，卓然自得，好秉高節，軒髯瞥目，意無可一世。早負詩名，能自闢其門户，精神心腕，既恣其俯仰磅礴，極奇崛雄險奔放之致，觸於山川、日星、雷雨、草木、鳥獸之變，激昂頓挫，發而爲言，峥嶸歷落，不可名狀。晚年窮益奇，詩益豪，操益堅，煨破釜於敗屋之間，甘惡衣食，造次不移其守，惜乎未果其志，而天奪之壽。余思古今人傑，遇與不遇，有數存焉。擬其所存，得與少陵、長吉輩頡頏上下，或不磨滅，故向兄之廢篚中，出其生平所著，商確什以一，而付之梓，使後世知吾家有抱道苦節、能詩得風人之旨者如此，即兄不遇而遇也。康熙乙丑仲冬朔日，弟日久頓首書於一涉園中。

予嘗與周子懋寵論詩，謂不當僅作七律，即七律矣，亦不當僅平庸穩貼，仿謦咳於五夜漏聲，否則盧玉川月蝕詩不應登唐人之席，懋寵頗許予言。今讀徐子幼發詩，益快然於

衷也，徐子家奇貧，遇極艱，顧遘絶世姿作配，川原盜起，懷中揣所著詩，而約其婦於背，宛轉伏匿山谷中，婦竟困躓以病，偎香煖玉，罹荀令慽，乃益罄其悲憤於詩，以故篇中奇詭恣肆，長吉鬼、青蓮仙，合併而出，讀者舌咋矣。夫詩盛於唐耳，非唐可概詩也。奉高曾，遵矩矱，於高廷禮諸人，遂若舍唐無詩，舍七律無唐，幾令得天獨厚者，頫囟而就束縛，稍騁則訶以中晚，詆以宋元，吾願亟取唐大家全集餌之、藥之，正不必遠舉漢魏騷、選、三百篇矣。予持此説，要以人各有才，既注於詩，則當盡其才於詩，不當復有所恡，令詩與才，各餘一分際，千載以還，有肯盡其才者，必將出吾之上，則文士之峰頂弗登。噫嘻！非周、徐二子誰與歸？時康熙戊申重陽前一日，社弟李象坤頓首拜撰。

乾隆温州府志二十：徐凝生平多著作，以家貧乏嗣，散佚不可勝紀，所存者僅得一百五十篇，名泉村集，雄博研練，體極蒼老。

案：泉村徐處士凝，乾隆温州府志、乾隆永嘉縣志文苑傳並有傳。泉村集選，徐日久所選梓。日久字子長，集中有早秋集一涉園贈子長弟詩。凡古今體詩百四十九篇，府志文苑傳謂「一百五十篇」，誤。據日久叙，蓋廑原稿之十一耳。泉村身丁革代，備歷艱苦，此編篇什不多，而憂時傷亂之言居其大半。然其詩格頗高，無明季佻薄之習，樂府古詩，託事興懷，導原風雅，迥異摹擬塗澤；律詩風骨高秀，頗近盛唐。秋懷七律十首，尤爲絶唱。國初吾鄉諸詩人，莫能埒也。

王氏詠竹居集花萼樓集。東甌詩存三十四作「竹居詩集」。

未見。〔一〕

周天錫題詞：川子豐神似逸少，而詩句又似右丞，一種清新秀逸之氣，撲人眉宇，由其襟懷灑落，絶無人世齷齪腆倨之態，故發而爲詩，如清泉潘石，如秋月映潭，唯其有之，是以似之也。夫清新俊逸，成一家言，是矣，猶非其至。曷至乎？曰真、曰澹、曰玅、曰玄。

花萼樓集

乾隆温州府志二十：王至兗子詠，邑庠生；孫澐孫，國學生，俱以詩名。有竹居集、自怡集諸刻。

東甌詩存三十四：王詠字川子，永嘉諸生。著有竹居詩集。

案：泉村集選有答王川子詩。〔二〕

〔一〕温州市圖書館藏玉介園附集鈔本，作一卷，存詩一百廿六首。又藏敬鄉樓鈔本。

〔二〕底本無此案語，據校勘記補。

釋超䫌小若巖集十卷。阮元兩浙輶軒録

未見。

鋤餘草花萼樓集

佚。

周天錫引：蓋余讀漢劉章傳異之，得四句偈：「朱虚行酒太后前，拔劍誅吕歌耕田。立苗欲稀非種去，更於何處覓安禪。」偶閲眉光鋤餘草，悠然有會，遂書以歸之。花萼樓集

兩浙輶軒録三十九〔一〕：超䫌字眉光，號閒庵，永嘉僧。著有小若巖集十卷。

曾氏鳳翔閒吟集東甌詩存三十一

未見。

東甌詩存三十一：曾鳳翔字梧生，號篤倫，子傚季子，諸生。著有閒吟集。

〔一〕「三十九」，底本闕，據兩浙輶軒録補。

案：曾子儆，明永嘉諸生，東甌詩存二十七，有詩。

翁氏應春益齋存稿乾隆温州府志二十七

佚。

詅癡符乾隆温州府志二十

佚。

乾隆温州府志二十：翁應春，宋詩人靈舒之後，博學能文，尤長於詩詞，著蚩泠符，諸體咸備，爲劫火煨燼，僅餘益齋存稿，與靈舒西巖集彙刻一編，王思任爲之叙。

案：益齋翁歲貢應春，乾隆温州府志、乾隆永嘉縣志文苑傳並有傳。詅癡符，府、縣志並誤作蚩泠符，今據顔氏家訓文章篇正之。

李氏世瑞甑山遺稿花萼樓集。乾隆温州府志十九作「子甑子集」。

佚。

周天錫李文五墓誌銘：文五系自閩赤岸徙楠溪，再徙外沙。好學善談論，雅負意氣，多怪少可。唐王王闓，手疏千餘言，指斥時事，擬伏闕上之，聞徽寧陷，則頓足曰：「不可爲矣！」遽取原稿燒之，歸而放情篇什。順治戊戌貢京師。君諱世瑞，所著有甑山遺稿，李寧侯序而傳之。花萼樓集

乾隆温州府志十九：康熙永嘉歲貢李世瑞，博學能文，著子甑子集。

案：李文五甑山遺稿，見周㮟庵所作墓誌。乾隆温州府志選舉門作子甑子集，然經籍門集部不載，而子部別載子甑子，彼此歧誤，未喻其故。今花萼樓集著録，而附識其異於此。

周氏天錫花萼樓集東甌詩存三十六〔一〕作「花萼樓詩文集」，甌乘補十二作「華萼樓詩稿」，今從鈔本。存。遜學齋藏鈔本

瞿溪草𥶡庵集選作「集」。者，予友㮟庵𥶡庵集選作「周子懋寵」。廬墓時筆也。㮟庵𥶡庵集選作「周子」。至性過人，侍中丞公里居十九年，中丞𥶡庵集選下有「公」字。堅小樓之節，㮟庵𥶡庵集選作「懋寵與其仲熠如」。幹𥶡庵集選作「周」。旋門内外事，備極艱瘁。及𥶡庵集選作「迨」。奉中丞𥶡庵集選下有「公」字。諱，哀

〔一〕「六」，底本誤作「二」，徑改。

毁骨立，廬墓三年，絅庵集選作「比葬，廬於墓所」。下又有「間或暫省慈闈，衣袂間悉松楸白雲氣，不知者或以慶弔苛懋寵，不置辯也。懋寵既屏跡山居」三十六字。悲酸辛楚。絅庵集選「辛」在「酸」上。一其精靈神智，於先公松楸間，絅庵集選「靈」作「英」，「智」作「氣」，「松楸」作「丘隴」，下又有「林木欲白，發爲韻語，抒寫鬱咿」十二字。或登歷荒祠廢塚，與村氓野衲訊晉、唐絅庵集選有「已前」二字。舊蹟，感慨繫之，故其詩絅庵集選下有「無顯人爵里」五字。幽懣悲憤，讀之神魂悸慄。絅庵集選作「神悸魂慄」。如淒風楚雨，陡集於神蘩鬼窟，絅庵集選下有「間」字。而生其森戟。嗟夫！詩蓋難言哉！絅庵集選作「矣」。夫詩三百篇具在，皆忠臣、孝子、思婦、勞人之作，故宣尼絅庵集選作「聖人」。筆之爲經，繼此則湘蘭沅芷，忠不忘君焉。故曰詩人、曰騷客，尊所祖也。邇絅庵集選作「今」。之作者何如乎？既不根柢絅庵集選作「極」。忠孝，以植其至性，而情之所發，震蕩流溢，風雲月露之篇，金勒玉人之句，止多一綺語障耳。絅庵集選此下有「他若從戎出塞，結客於椎埋擊筑之林，蠟屐登□，選勝於貝闕珠宮之際，一丘一壑，自謂過之，聽鳥看花，致足樂也。猶是寄其染翰濡毫之興，而一充饋贈，則貢諛獻媚風斯下矣。」故詩無定質也，絅庵集選無此字。亦無定品也，廟必敬墓心哀，情傳之也。方成珪，員成璧，境寓焉也。樗庵絅庵集選作「懋寵」。他集天才奔放濤驚浪駛不可方物，而兹編絅庵集選作「此集」。獨不然。余於此益加珍敬，絅庵集選「余」作「予」〔一〕，「益」下無「加」字。羨樗

〔一〕「余作予」，底本誤作「予作余」，徑改。

庵窳庵集選作「懋寵」。之爲完人也。嗟乎！慈烏夜哺，白兔晝馴，今將窳庵集選作「今懋寵」。即吉矣。諷蓼莪之詩，摘援琴之禮，猶若窳庵集選無此字。有欒棘之戚，浸其眉宇窳庵集選下有「間」。者，此余序瞿溪草而不禁掩卷三嘆也夫。窳庵集選「余」作「予」，「序」作「讀」，「草」作「集」，句末無「夫」字。康熙窳庵集選無此二字。丙午冬日，年家世社弟李象坤，窳庵集選無此八字。映雪書於西青之窳庵。

甌乘補十二：花萼樓詩稿陸圻〔一〕序，周子炤著。

周氏天鏡半隱齋集東甌詩存三十七。乾隆温州府志二十〔二〕、乾隆永嘉縣志二十一「集」並作「稿」。

佚。

案：非臺周居士天鏡，乾隆温州府志、乾隆永嘉縣志隱逸傳並有傳。

朱氏鴻瞻竹園類輯周起辛宣平司訓默齋朱公墓誌銘作「竹園文集」，東甌詩存三十六作「竹園集」，乾隆温州府志二

〔一〕「圻」，底本誤作「岓」，據校勘記改。

〔二〕「二十」，底本誤作「二十七」，徑改。

十七作「菉竹園文集」，今從嘉慶瑞安縣志九。

十卷。

存。瑞安朱氏刊本

余成進士，初筮仕，歲戊辰出宰浙之宣平。是年學博訓導余子濡以計典去。越明年己巳，章安朱公來除是官，挾一子一力視事，余得以交公，公年已登七十矣，髮蒼蒼，視茫茫，步履亦微艱，扣其所以，知非爲慕禄而來者，及歷覘其行己教士，與飲食動靜間，循循然務遵先正矩矱。細行大德，冥冥昭昭，皆如霽月光風，而獨行不媿影，獨寐不媿衾。余於公信無間然，既而出竹園類輯，見其論斷也，不狃於俗，務衷於理；見其詩賦也，感物而形，都存真趣；其誌誄序傳也，各本其人之生平，不肯諛墓，不肯附炎，直筆溢於言辭之表；其闡明濂、洛、關、閩諸先儒也，不墮陸子之僻，必擯陽明之謬，是猶唐之昌黎、元之魯齋、明之文清，而毅然爲吾道之藩籬也。惜當遲暮之年，莫遂講學之志。余於是歲冬丁先大夫艱，庚午仲春歸里，公亦於庚午八月告休去宣，聞返丘不久，隨捐館舍。噫嘻！學如公，品如公，文章如公，而弗克早售，弗克大用，天也！公之學可以指迷，公之品可以礪俗，公之文章可以起衰人也。昔蘇子瞻作昌黎廟碑，謂其所能者，天也；其所不能者，人也。余於公以爲所能者，人也；其所不能者，天也。詩曰：「無競維人，四方其訓之；有覺德行，四國順之。」則公之壽世而嘉惠於來學者，正不在區區文字語言間也。甲申余奉命督學此邦，公之子庠生士輔，捧公集求弁言於余。余喜其能讀父書，能紹先志，公可謂有子矣，公可謂不歿矣！是以樂爲之序。若云太沖三都，假元晏而始重，則吾豈敢？康熙四十三年秋九月望後二日，提督浙江學政中州靳讓拜手撰。

文自六經而後，諸子百家率多畔道矣。然雖畔道如莊、列、荀、揚，而其書猶爲後世所不廢，何也？曰：「三代而下，儒學不醇，士各就其所見之偏，發而爲文，彼亦卓然自命，内不欺己，外不欺人，故其文猶令人曉然共見其失而存其詞。若使託乎道而僞焉，斯君子惡之矣。予自武林來庖瑞邑，側聞邑故有東南「小鄒魯」之稱，亟思得人，而獲交於表民朱氏，初讀其所著太極圖淺説，則扶幽而張渺也。既得四書詳説，爲梓字解，則羽經而翼傳也。兹其門人復爲之梓詩文十卷，編類蒐輯，不遺餘力，予爲即其所編類目之名，而循名以求其實，無一不如其名之所命，曰理學、曰典禮，則發明竅要，豁人雙眸也。曰政治、曰風教，則起可施行，洵有裨益也。曰史斷，則論定千古，法戒具昭也。曰孝慈，則藹乎至誠，而惻怛也。曰慶唁，則與人不苟，言皆不妄也。然則表民朱氏之文，其不爲託而僞也的矣。抑不唯不僞而已，且不安於所見之偏而畔乎道，殆足以排百家而衛六經矣。昌黎所謂必傳於後無疑者，人情忽近而貴遠，未足知之。予慶得人，於斯爲盛，而其弟子輯録之勤，亦賢矣哉！　時康熙丁卯仲夏，襄平年家弟宋鴻念蓼父題。

吾鄉東澄朱先生，理學名家也。默齋、素存兩君爲先生二難，而默齋尤稱白眉。崇禎己卯，偕試婺，予與默齋同蘭譜，厥後緑芸締社，多士校藝，摛藻敷華，人人自許，惟默齋爲文不蹈時谿，窺程、朱堂奥而發其義藴，東澄先生理學一燈得薪傳矣。康熙壬子，默齋廷試回，斂跡竹園，旁搜博考，凡性理大全、典禮時政，靡不研精極慮，爲之敷文衍義，出其獨見，誠前賢之羽翼，後學之津梁也。然圖説、字解，予得與聞參訂，而未嘗一語及詩。兹乃竹園詩集出，予讀之，不覺瞿然興曰：「文人之不可測也如是夫！」予與默齋交有年，向亦謬有著輯，而聲律一途，尤屬羊棗，何默齋之珍秘乃爾，反覆諷詠，見其諸所題詠，皆有關切，又不作謫仙酒人之況，然則默齋豈僅爲訓詁家言，遂曰理學云爾耶？　邑長宋襄平已序默齋諸刻，予獨於其詩集弁數言於簡端。　時康熙戊辰上元節，眷同學弟陸象震拜書。

吾師默齋朱先生，僦屋邑西南隅，蒔緑竹日茂，取有斐及睿聖髦而好學之義，顔其門曰「緑竹書院」。吾同門友從先生游者，相與講習其中，往還不倦，始自順治甲午，至於今歷三十餘年，先生詩文日積益富，然先生未嘗自爲區類，詮經評史之章，或藏篋笥，其他序記誌銘之類，付之於人，亦未嘗自勤輯録也。　康熙丁卯，邑大夫纂修邑志，先生暨同志珥筆館中，以藝文志自唐宋至今，美不勝收，爰立類以限之。　若理學、若政治、若風教，悉屏浮麗，而有裨於邑人之觀省。吾黨從旁窺竊觀，嘆曰：「是其爲類，非我先生文足以實之哉！」雖然，先生文豈能一二盡哉？於是相與謀取先生詩文，自壽梨棗，編法倣新志而損益其類，請於先生，强而後可。區類者、蒐輯者，同門各職乃事云。門人錢肅梧謹識。

譜年詩集引：予於詩未學也，漫集之，聊以譜年耳。譜年、年以詩著，抑譜年詩、亦以年著，何也？凡詩之作必論其世，考其事，方知之。予生萬曆戊午之秋，由今遡昔，有治日焉，有亂日焉。譜以年而詩之，序與傳即在其中。雖然，今之詩學，非古之學也。孔子教弟子以學詩，興觀群怨焉而已，事父、事君多識焉而已。戒伯魚不學，曰「無以言」而已。今則不然，殫智竭能於風雲月露之場，辨體審音，句摩字戛，與謝、陸、沈、宋之儔，較其毫釐尺寸，童而習之，溺於其中，白首不得出，紫陽先生之言曰：「俗儒詞章之習，其功倍於小學而無用。」蓋謂此也。予之未學，雖以不敏故，然奉教於君子，即安然自畫勿恤也。康熙乙卯，時閩難方殷，姪士晟懼予詩之軼也，請集之。予曰：「尚俟吾究所學而去取焉，未晚也。」至是而請者再，乃次以歲月，不事去取，亦不究所學云。丁卯夏日識。竹園類輯十

城南蓀竹書院，先六世伯祖默齋公講學之所，公門牆極盛，鄉先達林公青雲、林公上梓，皆著録稱弟子。先六世祖范庵府君以康熙癸酉舉於鄉，受業最久。國初人材蔚起，士之以文藝鳴者，群從事於高華綺麗一途。公獨潛心理學，篤信程、朱，闡發微言，羽翼經

傳，著有四書知新講文詳説三十卷，篇帙浩繁，未及梓，已梓者竹園類輯十卷、太極圖淺説二卷。公晚年以明經就銓，授處州宣平司訓，有宣庠遺鐸一書，案：宣庠遺鐸即四書詳説備文梓本標題，見霍維騰講文叙。宣人士猶能道之，鄉人未及見也。今去公之時二百餘年，類輯、淺説兩書，蠹簡殘脱，十存四五。昔先君在時屢欲補板印行以廣流傳，而有志未逮，諄諄以命鼎兄弟，鼎不幸先父、先兄相繼見背，抱恨終天，顧念遺命不敢忘，謹將類輯一書，先補缺板八十二頁，爲字二萬五千零，用誌先業於弗墜，先人志也。刊成附誌數語於末。淺説遺板，失倍於存，蒐補之責弗敢辭，請以俟之異日。同治十二年歲在癸酉仲夏月，六世孫鼎謹識。

案：朱默齋竹園類輯，其門人錢肅榗等編次，凡分十類：曰理學、曰典禮、曰政治、曰風教、曰史斷、曰時變、曰孝慈、曰慶唁、曰雜著、曰詩類。考詩集分類，始於宋本東坡詩注；文集分類，則此爲創見，前所未有也。默齋潛心宋五子之學，又生於明季，目睹啟、禎之亂，故此編所載文，於禮制、政教之失，齗齗辨正，最爲痛切。其史斷類，於明代大事，各爲著論，平議亦多精塙，其所作雖未能淹貫經史，方軌唐宋〔一〕，然大都樸實明白，不沿明季

〔一〕「唐宋」，刻本作「古人」。

佻薄之習，較之王元翼、李寧侯固當勝之。其詩類即所著譜年詩集，以作之先後編年排次，於國初兵事頗詳，足資考覈。惟安陽辭、鹿城行二詩，别入時變類，空竈辭詩别入政治類，葬殤宜詩宜，默齋子士肇女。别入孝慈類，與文相厠，則於例殊不純。末附詩續爲括游草及賦二篇，皆康熙己巳爲宣平訓導時所作，蓋刻成後所增入也。

王氏演霈甕城草乾隆温州府志二十七

佚。

白石草乾隆温州府志二十七

佚。

乾隆永嘉縣志二十：康熙壬子選貢王演霈，奉化教諭。著甕城、白石詩草。

林氏青雲竹園詩初集竹園類輯九。朱鴻增孝廉澮我林公墓誌銘作「竹園詩前後集」，東甌詩存三十四作「竹園詩集」，乾隆温州府志二十七作「竹園集」。

佚。

朱鴻瞻序：余不能詩，恒喜人之爲詩。我竹園林子龍友、家弟長任頗優爲之，每有作，余取讀，輒擊節稱快。東坡曰：「他人得藥，我爲之體輕；他人困於酒，我爲之酣適。」意蓋與之相類云。至若花晨月夕，少長序立，杯茗罍酒，並坐論文，長歌短詠，請屬和必以不敏辭，兩人私相語曰：「詩厄於宋，宋多道學故也。詩盛於唐，然韓、柳雄於文，詩則遜。李、杜以詩名，文無稱焉。伸此縮彼，殆亦有故。」余聞之笑曰：「如子言，不能詩反賢於能詩耶？」是不然，天之生人，其材各有限，如子輩既工制舉業，其揣摩與學詩甚相左，乃子醉後酣歌，曷嘗不自詡曰：「昌黎、杜陵合爲一人哉！」且宋儒道學，亦未嘗不幾年埋首也，能厄爾詩否耶？若予則人各有能有不能爾。雖然，古人之故，未易輕擬也。吟風弄月，明道歸自濂溪，寧乏騷人風致，而石鼎聯句，文人筆墨，神物供其役使，理學文章一能則無所不能，子當更論之。康熙丁卯八月既望，龍友竹園詩初集編成，余述其平日燕喜之言，及所爲論詩者，書以爲序。竹園類輯九

朱鴻增孝廉澹我林公墓志銘：先生諱青雲，字某，澹我其别號也。余從伯兄默齋夫子游，而先生亦執經門下，五上春官不第，就銓得令。庚寅春，部檄謁選，偶爾微疴，遂捐賓客。先生性狷傲，每有所觸，託之謳吟，和平爾雅，登作者之堂，古風、樂府直淩陶、謝，大曆而下勿論也。所著有竹園前後集。瑞安朱氏録本

東甌詩存三十四：林青雲字龍友，號澹我，瑞安人，康熙甲子舉人。著有竹園詩集。

佚。

李氏象坤因名集絅庵集選

劉士焜序：觀人詩者，觀其所感而已。荒臺弔古，馬首懷人，謂之一無所感可也。吾黨砥礪，所在以惜聰明、惜歲月、惜交游爲急務，猝爾倡酬之作，亦當如誥、如誓、如箴、如銘，寧爲勞歌，毋爲齊還，以此不媿風雅其可耳。不然，騷壇之客，多於澤蒲，豈少此數行墨瀋哉？發吾覆者，寧侯兄也。壬午閏月十日，識於因名集之左方，社弟劉士焜。絅庵集選卷耑

粲花齋集絅庵集選

佚。

周天錫序：天下之得抒吾胸臆者，唯文章而已。世人動稱摹古，於文則漢，於詩則唐，毋論摹必不似，即摹而似，亦豈得爲吾之文、吾之詩乎哉？予友寧侯，博學工文章，而品騖今古，與予同。一日出詩文若干卷俾予序。予爲著論曰：寧侯詩不必摹唐，而興端託

緒，落紙皆馨，賦物懷人，注情獨渺，何在非唐？ 文不盡摹漢，而矯顧怒步，徑欲已開，琢冰跨虹，色非外設，何在非漢？ 若夫倫理所伸，無歡不聚；山水所值，無險不酬。 此又寧侯發筆墨於性情，吐煙雲於意氣，未可以文章概也。 或曰：寧侯古詩逾律，五言古逾歌行，古文詞碑傳紺序記，大篇詘小品，予不復辯。 夫銖而較，寸而合，是未知寧侯者也。 即區區以詩文知寧侯，又豈真知寧侯者哉？ 予知之，故序之，以見寧侯所重在彼不在此也。己亥浴佛日，竺隱周天錫拜手題。 匊庵集選卷耑

陳國球序：予客甌良久，名慚驚座，賦擬登樓，惟與甌士大夫把臂論交，差破岑寂，若大中丞李生翁仲君寧侯，於予尤稱莫逆。 寧侯具淵邃靜穆之養，挾沉雄博贍之才，自髫年振藻，名噪詞壇者已廿餘載矣。 甌之宿望時髦，及吴、楚、燕、齊諸名流，咸以壇坫相奉。視李先生之於寧侯，猶陸幼節之有士衡，蘇明允之有子瞻也。 寧侯性簡放，於世罕所許可，居恒常與予論甌人物，於宋則推梅溪，於元則推五峰，於明則推蕩南。 之三先生者，皆産樂成，識者謂雁宕龍湫之勝，沐簫玉甑之奇，靈氣蟠結，代有異才，良非偶也。 然三先生皆起自寒素，發憤力學，寧侯以貴公子負才，深自貶抑，下帷不倦，於以著子建繡虎之稱，擅超宗鳳毛之譽，行將藏之名山，傳之通邑，即起三先生於今日，亦動積薪之嘆，寧爲過哉！ 今春予促裝東歸，寧侯攜奚奴負秘笈，出所藏集若干卷，請予弁言。 予得竟而讀之，

其近體則方軌高、岑，古風則追廑顏、謝，至如傳、序、記、疏諸篇，或如奇峰插漢，或如駭浪拍空，令人目炫神移，五色無主。至其體裁章法，則又浸淫於唐宋大家之中，直神似非形似也。予向讀寧侯諸作，非從群公箋上，即於他友案間，僅所謂桂林一枝，吉光片羽耳。今如游季倫園，珍奇畢集，如入薄后廟，佳麗盈前，較向所得，不愈大愉快哉！昔桓譚知子雲之必傳於後，人謂知言。他日寧侯文重海内，與三先生並壽千古，不將以予爲桓譚耶？辛丑二月，清淵社盟弟陳國球頓首拜題并書。（匊庵集選卷耑）

佚。

西青集（匊庵集選）

周天錫序：予（花萼樓集作「余」，下並同。〔一〕）與（花萼樓集此下有「李子」二字。）寧侯意氣、出處蓋相類云。寧侯以迂，予以拙則類；寧侯性（花萼樓集無此字。）好懶，鮮所應酬，予閉室耑愚，時多暇日則類；寧侯善著述，月可盈咫，予雖不逮，而貯瘿瓢，置陶甓（花萼樓集作「壁筒」）。者頗不乏則類；寧侯持論，文章須己出，不欲以三唐兩漢埋没性靈，衆人怪之，予可之則類；寧侯喜録

〔一〕此注底本原在下「鮮所應酬，予」後，據校勘記改。

桑梓事，予輯文逸、史逸、文徵、獻徵諸書，互相出入，互相訂正則類；寧侯愼交游，而予之所友寧侯之友，寧侯之友即予之友則又類。至於世道滄桑，人情毁譽，室家憂喜，或歌或泣、或絀或伸，予之視寧侯猶寧侯之視予，無乎不類也。而不類者，寧侯善飲，予不過三蕉；寧侯藏書萬卷，竹千竿，梅百株，菜畦十畝，此三句花蕚樓集作「有水一池、有竹千竿」。予環堵蕭然，琴書寥寂爲差花蕚樓集作「獨」。異耳。然予坐寧侯西青齋中，尊酒與娱，奇文共賞，興酣意適，嗒爾忘歸，竟不知寧侯爲我、我爲寧侯者，則予之不類者跡，而類者神也；類者真，而不類者反假也。類不類又烏乎測之哉？寧侯詩文日富，西青稿其一耳，幽奇韶麗，堅貴古雅，卓乎可傳。予業已著論，兹特爲叙兩人寤寐之情，與十花蕚樓集作「卅」。年道義之誼，聯之以意氣，符之以出處，俾讀斯集者，知予與寧侯果能砥礪有成，而非阿私所好者也。倘謂珠玉在旁，笑予爲魚目碔砆之類，則予且甘之矣。同邑社弟周天錫撰。匊庵集選卷耑

匊庵集選東甌詩存三十一作「匊庵詩文集」，乾隆温州府志二十七作「匊庵集」，今從鈔本。〔一〕

四册。

〔一〕「乾隆温州府志二十七作『匊庵集』，今從鈔本」，原作「今從乾隆温州府志二十七」，據校勘記改。

存。遜學齋藏鈔本

李氏象震慕庵集花蕚樓集

未見。

周天錫序：夫詩未有不本性情者也，而音節生焉，詞采著焉，而身世之顯晦寓焉。是故宣幽導滯，則背踵皆靈；貸色徇聲，即須眉亦假。由其興會所屆，歎唱淫佚，有己所不能，人所不及知者。昔人以饗天親，協朝廟，諧金石，格鳥獸，此物此志也。厥後新聲飈起，大雅云亡，劃顏割謝則虁，抛霆擲霰則齾，繪紅翦綵則纖，調鶯籠燕則褻，牛鬼蛇妖則誕，傖吟村語則鄙，詩之道遂棼淪不可致詰矣。余友青侯之爲詩也，沖和宛濬，簡貴名通，其大者瞻依怙恃之間，次不越韡鄂嚶鳴之外。一彈再唱，悱惻纏綿，讀之令人動孝友之思，篤交游之誼，謂非性情之極致，風雅之遺規乎？青侯名卿之子，博學能文章，乃以掞天賦日之才，轉而爲白足赤髭之行。視世事若空花，等功名於幻泡。長齋禮佛，掃室翻經。人謂青侯之逃於禪，余謂青侯之進於道也。攬彼冰心，攄爲慧業。龍門之聲價逾高，供奉之風流不墜，洵乎可歌可詠也已。余既與朱子於王點次之，復以弁言見屬，余才謝義山，貢詞漫叟，得無爲佛頭之穢乎哉！花蕚樓集東甌詩存三十六：李象震字青侯，寧侯弟，諸生。著有慕庵集。

林氏必登羅浮紀勝花萼樓集。乾隆温州府志二十七作「林翰先羅浮紀勝詩集」。

佚。

周天錫書後：昔人謂雒陽園亭興廢覘天下之盛衰，顧興廢何常，只賒得名園一記耳。摛辭掞藻，雲虌霞蒸，即無問當年玉宇金庭，朱樓碧沼也。山川有盡，唯文章爲不朽。讀翰仙兹編益信。花萼樓集

東甌詩存三十三：林必登字翰仙，永嘉人。

湯氏應宸畊心集道光樂清縣志十

佚。

道光樂清縣志十：康熙歲貢湯應宸，處州府訓導。著畊心集。

朱氏霖緑芸集嘉慶瑞安縣志九。乾隆温州府志二十七「芸」作「雲」。

佚。

案：朱處士霖，默齋訓導鴻瞻族弟。乾隆温州府志、嘉慶瑞安縣志文苑傳並有傳。默齋嘗與同人締緑芸社，見竹園類輯陸象震序及類輯十譜年詩集。處士蓋亦與焉，故集以爲名。府志經籍門作「緑雲集」，誤也。

鄭氏應曾懷瑜集 東甌詩存三十四

佚。

僅餘稿 乾隆温州府志二十七

佚。

東甌詩存三十四：鄭應曾字孝先，號亦魯，永嘉人，康熙歲貢。著有懷瑜集。

李氏棟喬梺集 東甌詩存三十四

佚。

東甌詩存三十四：李棟，號喬梺，樂清人，康熙歲貢。著有喬梺集。

林氏兆斗南竽初集乾隆温州府志二十。東甌詩存三十七作「南竽集」。

未見。

續集乾隆温州府志二十

未見。

乾隆温州府志二十：林兆斗性穎慧好古，其制義及古文詞，無不淹博精貫，著作甚富，崑山徐健庵序其詩，謂「不在大曆下」。兼工書翰，雅有三絶之稱。所著有南竽初集、續集行世。

案：九山林選貢兆斗，乾隆温州府志、乾隆永嘉縣志文苑傳並有傳。

鄭氏如夔怡堂藏稿乾隆温州府志二十

佚。

西園文集乾隆温州府志二十

佚。

案：怡堂鄭教授如夔，乾隆温州府志文苑傳有傳。道光樂清縣志文苑傳附傳。

董氏永孚記游草羅陽詩始一

未見。

案：恒庵董教諭永孚，乾隆温州府志義行傳、雍正泰順縣志孝義傳並有傳。

梁氏祉池上編詩集東甌詩存三十八。甌乘補七「集」作「鈔」，乾隆温州府志二十七、道光樂清縣志十一並無「詩集」二字。

未見。〔一〕

東甌詩存三十八：梁祉字介繁，樂清人，康熙歲貢。著有池上編。

甌乘補七：梁祉字介繁，樂清貢生，遭閩寇之亂，蒼皇逃竄，流寓三江，稽遲閩越，晚乃歸南郭之池上。時邑令徐公化民欲與之交，常避匿不與見。公後獨攜一僕造之，讙然談詩，終日而去。原注：趙翊照梁介繁池上篇詩鈔叙。

〔一〕温州市圖書館藏咸豐壬子二年刻本，作池上集六卷，又藏敬鄉樓、鄉著會鈔本二種。

案：梁歲貢祉，道光樂清縣志文苑傳並有傳。

謝氏天埴謝坦齋集

存。永嘉謝氏藏鈔本

家大人跋：先生名天埴，字亦潛，永嘉人，康熙庚辰進士，官終河南杞令，陽武〔一〕令包京之孫也。郡志循吏傳稱天埴爲文如行雲流水，而不言其有坦齋集。包京兩雁山人集及天埴子立與可自怡集，郡志經籍皆著録，亦無坦齋集。予頃以蒐採鄉先輩書，徐君茝生從其友張君閬仙〔二〕處得此本，凡詩、古文及令杞時宦牘文字，都爲一帙。末有事實一篇，載其在杞政績，而邑人去思碑附焉。集中文多近俗，詩亦未爲深詣，而沖和真樸處，乃有似元次山、白樂天者。志所謂「行雲流水」，殆指其詩而言歟？然予觀去思碑所稱，先是治杞者箕斂則有私派，徵糧則有重耗，供官則有行户，行市則有雜税，詞訟則有請託，糧額則有欺隱。公愀然曰：「民瘠矣！我不忍踵此以自肥也。」用是一切禁絶。而志亦稱其丁外

〔一〕「陽武」，底本誤作「武陽」，徑改。

〔二〕「閬仙」，底本脱，據刻本補。

艱歸卒，門下士至不遠數千里來祭，然則先生豈欲以詩文名者哉？碑又言其祖兩雁，以名進士宰陽武，多惠政，邑人爲立祠五柳集，其後復入河南名宦祠，而今郡志兩雁顧列義行傳，不言其宰陽武事，則志乘之所遺者多矣。兩雁集、自怡集，今皆未得見，僅於徐君得見此本，亦殘蠹損矣。因爲擇其雅潔可誦者，別爲一編，録而存之。先生詩文，雖非其至，而祖孫先後，繼爲循吏，有惠澤於民如此，則其文字不尤可寶貴也哉！此本題曰謝坦齋集，而去思碑言先生號尋齋，皆郡志所未載也。同治丁卯二月，城南寓廬。

案：坦齋謝知縣天埴，陽武知縣包京孫。乾隆温州府志循吏傳、乾隆永嘉縣志仕績傳並有傳。

呂氏弘諧葛溪詩集乾隆温州府志二十七。乾隆平陽縣志十九作「葛溪詩文集」。

佚。

邵氏失名蓮塘詩稿乾隆温州府志二十七題「邵古帆」。

佚。

乾隆温州府志二十七：蓮塘詩稿，邵古帆著，永嘉人。

案：邵古帆蓮塘詩稿，見府志經籍門。考東甌詩存三十八，載胡此齋璜，有贈虎溪古帆邵丈詩，則古帆當爲字與别號，府志失其名耳。胡詩有「上友無須書甲子，素心聊爾守庚申」之句，疑古帆爲明末遺民，入國朝遯跡不仕者。虎溪地無可考。〔一〕徐泉村集亦有秋夜同古帆物先素心諸公翠微院分韻詩，疑亦即此人。

胡氏璜此齋詩稿東甌詩存三十八

佚。

朱氏鴻增半霞樓詩稿嘉慶瑞安縣志九

佚。

乾隆温州府志二十：朱鴻瞻弟鴻增，與邑人林青雲同受業於瞻，登康熙癸酉經魁，爲一時名士。

東甌詩存三十七：朱鴻增字長任，號范庵，瑞安人，康熙癸酉舉人。

〔一〕仙巖寺志：「虎溪環繞聖壽寺前，一名錦溪，又名東溪。其水來自梅雨潭，注入塘河。」古帆亦見仙巖寺志，有古帆居士之詩。

張氏晉岳蒿庵集乾隆温州府志二十七題「張牧友」。

佚。

乾隆温州府志十九：康熙府學歲貢張晉岳。

東甌詩存三十七：張晉岳字牧友，永嘉諸生。

薛氏英春曉園詩文集乾隆温州府志二十七。二十文苑傳作「春曉園雪堂詩文集」，道光樂清縣志八同。

佚。

林氏上梓乙丙集乾隆温州府志二十七

未見。

林慕橋詩

四卷。嘉慶瑞安縣志九

未見。〔一〕

〔一〕温州市圖書館藏慕橋詩集五卷，乾隆己巳十四年刻本，又藏玉海樓鈔本，作慕橋詩稿五卷。

雙清軒集〔一〕嘉慶瑞安縣志九

未見。

調鶴軒集嘉慶瑞安縣志九

未見。

瀹雪軒集嘉慶瑞安縣志九

未見。

嘉慶瑞安縣志九：林慕橋詩四卷，林上梓撰，有乙丙、雙清軒、調鶴軒、瀹雪軒等集。

案：慕橋林嘉定上梓，乾隆温州府志、嘉慶瑞安縣志循吏傳並有傳。

陳氏王綬留燕雜詠乾隆温州府志二十七

佚。

〔一〕「清」，底本誤作「林」，據嘉慶瑞安縣志改。下同。

續詠乾隆温州府志二十

佚。

案：陳南陽王綬，明參議堯言曾孫，處士遴子。乾隆温州府志循吏傳、乾隆永嘉縣志仕績傳並有傳。

胡氏時霖水鏡亭稿嘉慶瑞安縣志九。乾隆温州府志二十「稿」作「集」，嘉慶瑞安縣志八同。

佚。

案：三峰胡訓導時霖，乾隆温州府志、嘉慶瑞安縣志仕績傳並有傳。

柴氏楫青西高秋集句

一卷。

存。康熙丁酉刊本

丁亥花朝，予養疴緑竹園中，杜門謝客，維時文杏半開，海棠欲蕊，危坐紙窗，忽覺涼飈颯然，披拂几席，因檢閱案頭，得岸公西高秋集句，諷讀數過，真不啻置身天津河鼓間，泠露瀼瀼，沁人肌骨也。昔劉褒作雲漢圖，見者自然覺熱，及作北風圖，熱者復覺涼。詩畫一理，又何疑焉？ 至若集翠爲裘，天衣無縫，此則存乎天姿學力，如大冶之鑄巨鐘，當其浸淫鎔液時，五金雜投，無所不化，曾何足爲岸公異！ 社弟朱鴻增拜題。岸公者吾家阿咸也，自其曾大父繼於柴，遂爲柴。 岸公之角丱時，便有了了之稱。 比長，肆力鉛槧，不屑屑束縛時藝，沉酣於詩賦古文詞，每有著作，亦多可觀。 至集句則其所長，一旦出其友人所慫恿授梓西高秋五言律詩三十韻，請評騭於予。 予讀之，覺金風景況雖惡猶酣，客子情懷善樂不苦，言言如出己手，語語恰在箇中，力能役使古人，不爲古人所役使，其尚有支吾湊泊，留鍼綫痕於狐腋乎？ 見者當勿與災梨禍棗同嗤。 梅崗主人董曾約如氏題。

此昔者岸公客尖山時所集唐句也，意頗自得，壬辰花朝游鳳川，袖以告余曰：「同人趣授梓，願叔父評騭可否之。 或惠弁言。」續雖謀諸剞劂氏，尚未有成書。 曾幾何時，廼變也忽焉。 王子敬中捐，人琴俱痛；蔡中郎無後，鬼餒堪悲。 何有於遺楮殘篇？ 遂束庋高閣，不幾供賣菜傭覆醬瓿乎？ 幸契友唐馥若於經紀後事後，又念其嘔出心血，獨在文章。 隴西客去，忍令其古錦囊同没乎？ 將凡所著作，皆代什襲而藏，每吟詠於知己之前，墓草宿矣，猶聞空山慟哭聲。 茲姻家林伯安、伯俊賢昆季，感念生平，追尋風雨，哀其無聞，補其夙願，共捐橐金重鋟，爰檢原稿付之。 光氣如生，呼之欲出，恍覺當年之聲音猶有可追，獨惜其人與骨則已朽矣。嘻！世情乃爾，誰與死者作緣？三君子獨憐才懷舊，詩賴以傳，存殁之誼甚深，吾爲之快然。既而思杜少陵云：「千秋萬歲名，寂寞身後事。」又不禁爲岸公泣數行下。康熙丁酉花朝前八日，蘭谷老人曾再跋。

柴君董穆，一時豪士也。六藝皆能涉獵，自少遠游吴會、荆湖間，歷名山，訪奇士，磊落不羈，慷慨自許，有不可一世之慨。游方壯，念感白雲，一朝治裝，别朋賓，歸省其親，生事死葬，誠無不竭。夫以放曠之士，能篤天性，彼拘謹畏縮者，寧不望而生愧哉！余向未與君交，其行事不可熟識。康熙甲午春，民饑，邑有施粥之舉，相與共事粥場，睹其區畫，具有條理，經濟宏才，已於此窺見一斑矣。顧自負壯懷弗獲一展，中塗捐棄，曙後星孤，豈造物忌才，偏有以厄之耶！然猶賴有曹川林氏伯安、伯俊兩昆季，夙負奇氣，與君甚相得，繼訂姻誼，既經紀其後事，復刊其所著西高秋集古三十律。雖餘藝不能盡布，而睹此足想見其生平，誠可藏名山而垂不朽也。誰謂君竟湮没弗彰哉？康熙丁酉元正，同邑陳毓聲鶴皋氏跋。

自引。〔一〕不録

〔一〕底本原録自引，據刻本删。

李誼椿跋。〔一〕不録

案：柴岸公字董穆〔二〕，瑞安東山人，事蹟無考。據朱鴻增等祭文附刊詩末有「甫當弱冠，軫念民窮，上書言事，名震鉅公，議行而蹶，未遘其成」之語，蓋亦倜儻卓躒之士也。今所見集唐詩三十首，以西高秋爲目，每韻爲五言律一篇，組織工雅，如自己出。自注客尖山時所作，首有小引，不著年月，屬語佻淺，尚沿明季才士之習，不及其詩也。刻本據董曾、陳毓聲跋，謂林伯安、伯俊昆季所刊，册尾附林聖恭祭文，伯安或即聖恭，伯俊名則無可考。〔三〕

黄氏朝珪仙山集花萼樓集。乾隆温州府志二十七題「黄信侯」，誤。

佚。

周天錫序：詩殆難言哉！嘉、隆之季，單取聲詞，而或訾其襲；竟陵代起，耑攻幽峭，而或病其纖。近虞山論出，則遠推國初之渾融正大，下斥慶曆於不道，太倉又或非之，迄

〔一〕底本原録李誼椿跋，據刻本删。

〔二〕「字董穆」，底本脱，據刻本補。

〔三〕「伯俊名則無可考」，底本脱，據刻本補。

今未有定也。詩殆難言哉！夫古詩昉自晉魏，近體備自三唐，倘流連興會，必拾餖飣、竊膏瀋以自潤，摹擬者固失矣。若鈎隱索渺，淪入鬼怪蛇妖，又豈性情之正乎？信侯黄子之爲詩也，其音沖以和，其節秀以達，軌而不膠，鮮而不窕，辟彼朱弦疏越，綽有餘閒；又如麈尾玄譚，都無俗響。繇其恃己者貴，故外不得而奪之；取物者宏，故中不得而隘之也。異哉黄子，深乎詩矣！黄子負異姿，讀書慕古，作制舉業，名噪膠庠間，鳳彩鸞章，羽儀當世，行且歌鹿鳴而賡天保，此特其嚆矢耳！雖然，尤異焉。坦園先生爲詩壇宗匠，篇帙流傳，學士家奉爲矩矱，而芃若、浪有兩翁，長篇短什，掞藻揚葩，即黄子之祖若父、若叔也。珠聯玉綴，聚自一門，家乘國書，侈爲盛事。余序仙山集，因及其貽燕之相承，塤篪之遞和，用志嚮往。又以知黄子之沉心厚力，卓乎成一家言，而非隨風會之升降爲遷流也。花萼樓集

東甌詩存三十四：黄朝珪字信侯，永嘉人。

案：黄信侯事蹟無考。據周樗庵叙，蓋坦園生員宗揚之孫。宗揚有坦園詩集，前卷已著録。芃若歲貢芳少之子也。東甌詩存三十四。黄芳卿字芃若，永嘉人。康熙歲貢。惟周叙所稱，信侯叔浪有，無考。〔一〕

〔一〕甌海軼聞引詩存云：「黄驤字閬有，當即浪有也。」而周茂源贈黄浪有序云：「芃若持其弟芳名字浪有者六律來。」其名當爲「芳名」。

佚。

章氏□□蓮花居集　匊庵集選

李象坤敍：士之負瑰異者，類必不可一世，視宙合如樊籠，苦衣冠如桎梏，即或偶向人間作寒温語，亦必如李北海塞鼻寫碑文，止見其不堪處，赤城霞起而建標。大奇大奇，生平曾見此異人哉！以故貯爲胸臆，必五嶽可蟠，不爲石圍瓦壓也。深爲學問，必乾竺古先生，或函關老子，不必盡尼山聖人也。發爲詩文，必游僊招隱，飲聖詩禪，不必盡詞壇藻繪也。恣爲廣爲交游，必簪薙高流，或青樓殊艷，以迨擊筑、椎埋、屠釣之俠，不必盡文人學士也。譚論，必嘯咤不平之事，劍僊奇鬼，資其談啁，流速如管公明，旗鼓枝葉，不必盡徐吟緩咳也。是當於尋常流品外，別設一位署置之。今吾所交起陽章君，非其人耶？起陽幼而任俠，千金在手，可一夕散去。已而與黄冠者游，得房中鉛汞之術，晚乃親近金粟費，雲踪鶴影，莫可方物。嘗修煉於飛霞山，又嘗五遇吕祖，坐松陰瀑下，聆起陽緒論，覺煙雲冉冉從衣袂中出。當代顯人以及知名士爭傾慕執鞭，起陽亦姑頷之，如蜾蠃之與螟蛉也。蓮花居稿爲起陽裒所作詩若文共若干卷，予讀邵水部序，謂起陽能詩，水部故不知。及得所蓄稿讀之，乃始擊節驚嘆，幾疑有兩起陽。復援蘇長公幾失毛澤民事以自釋。噫嘻！是何足異！夫詩與文皆所謂世間文字也，彼得道真僊與西域化人，何知有世間文字，而特應真此中，故遂即中華所有文字以發抒之耳。謂僊佛猶拾此間墨瀋可乎！然而起陽之未以能詩名，非不詩也，詩貯臆中耳！迨起陽之竟以能詩名，非今而後詩也，詩落紙上耳。今此稿具在，鏤雲斵日，濯露鈒霞，即群當世知名士嘔心肝以敵之，亦必辟易三舍，起陽洵異人哉！吾甌精二氏之學者，若無相親覯曹溪，其證道歌、永嘉集盛傳於世，而吾甌有唐文字亦僅止此。林侍宸、夏西城最顯於宋，所著青牛歌、悟真篇俱閟不傳。存則人，亡則書，文亦烏可少哉！白石生云：「天上無不識字僊人，則學僊人者，又何可不識字？」予故次而序之，欲其副在人間，不僅緘之飛霞片石也。粥庵集選

張氏元彪燕吟東甌詩存四十

存。永嘉張氏藏鈔本

吴吟東甌詩存四十

存。永喜張氏藏鈔本

粤吟東甌詩存四十

存。永嘉張氏藏鈔本

甌吟東甌詩存四十

存。永嘉張氏藏鈔本

哀思百鳥吟

存。永嘉張氏藏鈔本

家大人跋張虎文父文詩集後：松濤閣詩，曰甌吟、吴吟、燕吟、粤吟、哀思百鳥吟者，凡五種，永嘉張元彪虎文著。柿園詩一册，不分卷數，則虎文子正宰所爲也。虎文詩有張芸墅、王西莊、侯夷門諸序跋，而正宰詩，錢唐袁簡齋爲之論定，皆有推許語。蓋虎文父子，當時固以能詩名者矣。予考郡志循吏傳，言虎文所著，尚有家鑒，而百鳥吟顧無之，柿園集則郡志亦未著録，殆修志時，正宰集尚未出歟？張芸墅序稱「虎文詩假途漢魏，接跡漢唐」，誠爲過譽。獨西莊言「以性靈勝」，則近之矣。而柿園集予亦恨其詞勝於意，蓋於詩皆未爲詣極。然循吏傳稱「元彪父式雷，素多病，湯藥必躬調以進，父患齒血出，百治不效，元彪呼天請代，即夕而愈。」及其以拔貢爲海康知縣，抵官日，於城外飲陸公泉，賦詩勵志。颶風爲災，元彪請發倉廪及軍需銀以賑，府持不可，元彪奮曰：「必待報可而後賑，則我民轉溝壑矣。專擅之咎，某任之，不以累公。」即賑如法，所活數萬人。尋以親老乞歸。父臥病，不解衣帶者彌月。父卒，哀毁成膈疾。然則虎文固孝子而良吏也。嗚呼！天下文學之士，務自繪飾爲名聲，及其施之事爲，往往顛倒錯亂而無足觀，而汩没於貨利以自喪其守者皆是也。至於門内之行，求其誠篤而無憾，蓋益少矣。如虎文之行有本末，又何必以文重，而其文顧不愈重哉？張氏永嘉望族，而虎文世居郡城松臺里。郡選舉志有康熙壬午舉人張式霈，式霈子有乾隆丙辰舉人張元旭、甲子舉人張元觀。元觀嘗爲國子助教，亦能詩，有顒齋集，王西莊嘗爲之序，而今不可見矣。虎文於顒齋爲從兄，而虎文爲雍正己酉拔貢，子正宰副貢、正𪄳拔貢，蓋百年以來永嘉人士，能以讀書科第世其家者，甚可慕也。同治丁卯二月。

案：張海康元彪，乾隆温州府志循吏傳、乾隆永嘉縣志仕績傳並有傳。

陳氏敦讓南雁山人集東甌詩存四十一。乾隆温州府志二十七、乾隆平陽縣志十九並作「雁南詩集」。

未見。

漱芳文集乾隆平陽縣志十二

佚。

案：陳長寧敦讓，乾隆温州府志仕績傳有傳。

徐氏炯文春秋韻語 乾隆温州府志二十七

存。 樂清徐氏藏本

周長發序：予友樂清徐子炯文，經明行修士也。歲乙酉，以手纂三經彙解質予，薈萃群言，折衷至理，粹然爲儒者之言。其邃於經也，予蓋知之稔矣。今復以春秋三傳中列辟群工，綜覈二百四十年間時事，獨出偉論，作爲古風，以判廢興而别邪正，斯益精矣。夫詩之教，温柔敦厚，春秋之教，比事屬辭，或者疑古聖垂訓之意，各有專旨，非可以强而合之也。然獨不聞「詩亡然後春秋作」乎？詩之作也，有美有刺，緇衣以示勸，巷伯以示懲，此其義亦大彰明較著已。春秋一魯史也，一字之褒，榮於華衮，一字之貶，嚴於斧鉞，非體詩人勸懲之意，而凜然大義之不可假易乎！則以春秋繼詩之亡，何不可以詩繹春秋之義也？蓋春秋自左氏、公、穀而外，有鄒、夾二氏，其書皆不傳。漢興，胡母生、董仲舒並治公羊春秋，一時弟子如蘭陵褚大、東平嬴公輩，皆能不失師法，瑕丘江公受穀梁春秋及詩於魯申公，厥後魯榮廣、皓星公、蔡千秋、梁周慶，受而卒業焉。左氏作傳，以授曾申，閲數傳至漢張蒼、賈誼，均祖其説。迨劉歆、王朗、何休、鄭康成諸儒之説出，而左氏到今衍其義，春秋之學，亦既詳哉言之矣。徐子取材三傳，而論斷俱準胡文定，故其沉鬱頓挫，一似胚胎少陵，而其磊落光明，又絶類君鄉梅溪王公。嗚呼！汲古如徐子，可謂好學深思，宏

雅博物君子矣。安得吾黨之士，起而師其意以肆其力於經，而知詩與春秋之意，皆殊塗而同歸也。道光樂清縣志十一

李氏國選青崑詩集乾隆温州府志二十七

佚。

案：青巖李知縣國選，廩生君城子。乾隆温州府志、道光樂清縣志仕績傳並有傳。

林氏元炯愛日樓詩嘉慶瑞安縣志九

佚。

對松哦嘉慶瑞安縣志九

佚。〔一〕

乾隆温州府志二十：林上梓子元炯，選貢，沅陵丞。

〔一〕温州市圖書館藏愛日樓詩一卷，對松哦一卷，乾隆乙亥二十年刻本，又藏敬鄉樓鈔本。

東甌詩存四十一：林元炯字謙光，瑞安人，雍正乙卯選貢，官沅陵丞。

周氏天履殘稿乾隆温州府志二十七

佚。

案：周處士天履，乾隆温州府志、道光樂清縣志義行傳並有傳。

黄氏雲岫靜觀樓詩集東甌詩存四十一

未見。〔一〕

案：黄國學雲岫，乾隆温州府志、乾隆平陽縣志文苑傳並有傳。

蔡氏宏勛雪齋詩外集東甌詩存四十一

未見。〔二〕

〔一〕温州市圖書館藏乾隆丙辰元年刻本，又藏鄉著會鈔本，作一卷。

〔二〕温州市圖書館藏乾隆乙丑十年刻本，又藏鄉著會鈔本，作二卷。

案：雪齋蔡處士宏勛，乾隆温州府志、乾隆永嘉縣志文苑傳並有傳。

林氏文朗靜齋小草東甌詩存三十九。乾隆温州府志二十七、道光樂清縣志十一並作「靜齋集陶小草」。

未見。〔一〕

東甌詩存三十九：林文朗字季融，樂清諸生，著有靜齋小草。

乾隆温州府志二十七：靜齋集陶小草，林文朗著，彭啟豐有叙。

案：以下七人，事跡並無考，其集並載乾隆温州府志經籍門，當係雍正以前人，今彙附於此。

林氏文焕博笑集東甌詩存三十九

未見。〔二〕

東甌詩存三十九：林文焕字友斐，樂清諸生。著有博笑集。

〔一〕林文朗，康熙十二年創辦龍山書塾。孫延釗校云：「頃鈔得一本四卷，惟彭叙未見。」兩浙輶軒續録二十五作靜齋吟草、集陶纂草，並節録彭序。温州市圖書館藏鄉著會鈔本，作二卷。

〔二〕林文焕，爲林文朗之兄弟，字友斐，樂清芙蓉村人。乾隆間諸生。所著有雁山即目、博笑集。温州市圖書館藏鄉著會鈔本。

何氏應溥修閒居士集乾隆溫州府志二十七

未見。

東甌詩存三十九：何應溥字天如，永嘉諸生。

案：天如子愈楷，乾隆歲貢。見東甌詩存四十三。

王氏之揮存誠齋集乾隆溫州府志二十七

佚。

案：以下五人，籍貫並無考。〔一〕

永氏公亮不孤齋集乾隆溫州府志二十七

佚。

陳氏日堯酣叫集乾隆溫州府志二十七

〔一〕乾隆溫州府志文苑王之揮有傳。云：「字君飛，泰順人。博極群書，善屬文。所著有存誠齋集。以明經終。」孫氏失檢。

佚。

釋霽崙〔一〕深雪草堂集乾隆温州府志二十七

佚。

釋素心〔二〕羅峰集乾隆温州府志二十七

佚。

胡氏濬約園詩集東甌詩存三十四。嘉慶瑞安縣志九「約」作「藥」。〔三〕

佚。

東甌詩存三十四：胡濬字維深，瑞安諸生。著有約園詩集。

〔一〕康熙仙巖寺志：「釋昭永字霽崙，住上海深雪。」

〔二〕康熙仙巖寺志：「釋實遂字素心，住翠微院。」「翠微禪隱即天王寺，在海潭嶴底，我師開法之處，法孫素心禪師繼席。」徐凝有秋夜同古帆素心清公翠微院分韻詩，當爲康熙間永嘉僧。

〔三〕嘉慶瑞安縣志七有「胡藥園濬」之語，藥園當爲胡濬號，故書名當以藥園詩集爲是。

案：以下四人事跡並無考，東甌詩存録其詩，次康熙、雍正諸人間，今附於此，俟更考定。

王氏澐孫自怡集東甌詩存三十四

未見。

東甌詩存三十四：王澐孫字長雲，詠子，著有自怡集。〔一〕

梅氏占魁磨玷齋集東甌詩存三十九

未見。

東甌詩存三十九：梅占魁字亦九，號溪庵，永嘉諸生。著有磨玷齋集。

釋一覺鋤餘集東甌詩存四十五

佚。

東甌詩存四十五：一覺字悟生，號筠軒，瑞安人，九峰寺僧。著有鋤餘集。

〔一〕温州市圖書館藏玉介園附集中有其詩。王氏家録續刻云：「澐孫，康熙四年入監。」

謝氏鳳才梧岡集乾隆温州府志二十七

佚。

乾隆永嘉縣志二十：乾隆府學歲貢謝鳳才，家貧好學，工詩文。

案：謝歲貢鳳才，字聖遷。見陳鏡帆東甌文存目録。

朱氏鏡物東村遺稿東甌詩存四十二

未見。〔一〕

東甌詩存四十二：朱鏡物字鑒凡，永嘉人，乾隆歲貢。有東村遺稿。

延緑堂游仙詩選甌乘補十二。乾隆永嘉縣志二十作「延録堂詩集」。

未見。〔二〕

〔一〕温州市圖書館藏乾隆年間刊本。

〔二〕温州市圖書館藏鄉著會鈔本，作「延緑堂詩集」。孫延釗云：「檢家藏有鈔本題甌江朱東村遺稿録存小游仙詩一百二十九首。」卷端有馬世俊、王執玉二序，可見東甌詩存所云東村遺稿即甌乘補所稱游仙詩選，初非有二書也。

陳遇春東甌文存：東村先生素有文名，明經馬茶圃刻其遺稿小游仙詩七絶句一百餘首，讀之清空一氣，皆天籟也。

甌乘補十二：延緑堂游仙詩選，王執玉序，永嘉朱鏡物著。

余氏學禮文航漫録二卷。嘉慶瑞安縣志八

未見。

嘉慶瑞安縣志八：余學禮著有姓名箋林四卷及詩二卷，待刻。九：文航漫録，余學禮撰。

曹氏川印浦詩文稿甌乘補十二

未見。

甌乘補十二：印浦詩文稿，曹川著，未刻。

乾隆平陽縣志十二：乾隆拔貢曹川，居府城，考選教習。

孫氏希旦求放心齋詩文集家大人敬軒先生行狀。嘉慶瑞安縣志九作「孫編修文集三十卷」。

佚。

子涑敬軒府君行述：所著文集約三十卷。瑞安孫氏録本

家大人敬軒先生行狀：著有求放心齋詩文集若干卷，而詩尤清遠，有王維、孟浩然之風。今他文多散軼，而詩特爲世所傳誦。

林氏露杞巖詩集東甌詩存四十三

未見。

案：杞巖林郿城露，嘉慶瑞安縣志文苑傳有傳。

余氏永森濟麓齋詩集東甌詩存四十三

未見。〔一〕

東甌詩存四十三：余永森字庭樹，號蓉谷，國光子。乾隆甲午舉人。著有濟麓齋

〔一〕温州市圖書館藏敬鄉樓、鄉著會鈔本，作「濟麓齋彙草二卷」。

詩集。

張氏天樹旅中草羅陽詩始一

未見。

羅陽詩始一：張天樹字兼木，一字文麓，邑諸生，所著有旅中草。

周氏啟邠葵園雜詠羅陽詩始一

未見。

羅陽詩始一：周啟邠字公居，號聖村，貢生。所著有葵園雜詠。

案：張兼木〔一〕、周公居，二人時代未詳。羅陽詩始録其詩在曾復齋前，今録於此。

曾氏鏞復齋文集

二十一卷。

〔一〕泰順分疆録：「張天樹，邑廩生，博學能詩文，爲方侍郎苞所識，延訓子弟，間代筆札，名用一時。」

存。嘉慶庚辰刊本

文所以載道，五經四子書載道之文盡焉矣。後世著述代出，凡在通儒，類各有說，顧經書之文，得後儒之説而其道益明，亦有經後儒之説而其道轉晦者。凡以泛言夫聖賢之道，説者殆日精；細語夫經書之文，説者難皆確也。此其間或出一時之見，或承師説之訛，學者讀聖賢書，信道期篤，而見聞貴多，亦闕所疑殆焉斯可也。何事窮其説，而必自爲之説，嫌於入吾室、操吾戈之所爲哉！雖然五經四子書，斯道之規矩權衡，猶生人之於布帛菽粟也。其道不可一日離，其説斯不容毫釐差。愚以爲欲求聖賢之道，莫若還理聖賢之書；欲正經書之説，莫若還從經書之文。竊嘗持此意以矻矻窮年，而衆説之紛歧於此辨，即經書之真贋亦自此分，今此首且皓然白矣。雖從俗宦，每夕當公退之餘，一燈獨坐，率手展一編，反復涵泳，久之終覺不得不自爲之説，有更無庸多讓者。因取向所得之火中幾首經説，并追述所未録，補作所未詳，以付剞劂。至於生平所閱歷，若問答、記、序之文，於政教、彝倫之道，或小有關，亦附集焉，通計共若干卷。後之學者，其亦有尊信之者乎？則所幸者，豈直此生甘苦，不至與身俱没，當亦五經四子書所樂得有是説哉！時嘉慶二十五年歲在庚辰七月丙子，曾鏞序。

古今之治術，古今之學術爲之也。而要可一言以蔽之曰：簡。易曰：「易簡而天下之理得。」惟易故簡。簡，内聖外王之要道也。古之聖人皆以簡自治以治其民。自治簡，則主一而心不雜，所以執其中而無不敬；治民簡，則主静而民不擾，所以建其中而無不平。此唐、虞、三代所爲以學術爲治術，而天下悉相安於易知易從之理也。降至夫子，不獲以治術行其學術，不得已乃傳其道於六經，其書雖多，而其旨則一，無非以至簡之道爲天下後世告耳。顧自漢以來解經者，非失之淺陋，則失之支離，至今不下數千家，其言愈煩，其經愈晦，學術不明，治術因之，而其蔽則皆由不簡，豈知聖人之道至簡而賅。是以聖人之言亦至簡而文，今乃舉其直捷者而迂曲之，其渾淪者而破碎之，非不盡其精微，毋乃傷於廣大，無怪乎自漢以來，學術之日晦，而治術因之亦紛矣。愚竊以爲六經之旨，本自昌明，如日月之經天也；本自貫通，如江河之行地也。特爲之説者障之以雲霧，而使之不明；塞之以沙礫，而使之不通。所以六經之書，亡於秦火者其半，而亡於諸儒之訓詁者其全也。今欲掃雲霧而除沙礫，則莫如盡置漢以來之訓詁，而惟讀本經。若此身親列聖門，然乃不知有漢，無論其他。於是即以本經注本經，而昌明者復昌明，貫通者復貫通，自有以豁然見聖人之學至簡而易知易從，初非如爲之説者之煩而難盡也。以爲學術則簡而明，一言可行以終身；以爲治術則簡而決，無爲可登於郅治。惜乎自漢以來，未有以此治經而治民者。子曾子生乎數千載之後，悼經學之日晦於諸儒，而慨然念聖人之學之不傳也，獨以聖人之經注聖人之經，其爲説也，乃始舉自漢以來訓詁之説而一空之，第沉潛乎本文之義，而經旨自出，一爲之去其障，而其光炯然仍如日月之經天；一爲之開其塞，而其流汩然仍如江河之行地。於虖偉矣！自有六經以來，天不生吾師，萬古如長夜也；天既生吾師，萬古開群蒙也。而要其爲説，可一言以蔽之曰：簡。言簡而六經之理得矣。不寧惟是，子曾子之於簡，學術然，治術亦然。今讀其文集，所論自治之術，剛以制心，恕以濟物，惟簡也，是真學問也。所著詩古文詞，氣浩而直，骨高以峻，惟簡也，是真文章也。所答問政之書，貫徹古今，切中時弊，惟簡也，是真經濟也。少壯以簡之道讀群經，以踐之於身，力學復古，獨得於心，人罕知之，惟以文名一時，亦復深自韜晦，不求人知。及其司鐸浙水，上之人有廉其學之達時務者，爰薦之於朝，來令東安，廉而明，仁而恕，民感之，爲德政歌榜於四衢，於是人皆知其爲循吏也。而皆不知子曾子之所以治東安者，特學術之見於治術者之小試，而其學術之獨得於簡者，固爲自漢以來諸儒之所不逮，而獨有以接乎數千年不傳之傳，其爲功於聖門者，初非人之所及知也。然而其治東安者簡之爲效，已可見矣。昔子周子起北宋時，人見其樂山水也，則以爲高人；見其決疑獄也，則以爲良吏。獨子程子之父有以知之，後乃得子程子之表章之而其學遂傳。子曾子之門，章不知其孰爲程氏者，顧其學之必傳，則天理有必不容没，而聖人之靈有必爲之佑也。不然，其家災於祝融，火炎昆岡，玉石具焚矣，而此集乃巋然獨存，非天之理於是在，而聖人之靈陰有以呵護之，有不爲灰燼者乎？章不敏，以丙子春主講泉陵，得謁子曾子於行館，謬以爲小子可教而納之門牆，乃始以生平所自晦之學而盡洩之於章，章亦何幸而得聞夫子之至論也哉！其素所著述多散軼無存者，燼餘之文裒成此集。曰：「吾將藏之名山傳之其人久矣，子其人也，勉之哉！」章聞而媿汗，竊勸夫子付之剞劂氏，以俟後之君子。子曰：「可。」刊既竣，章乃敬讀而跋之，後之學者，其亦可以知聖人之道矣。嘉慶二十二年丁丑，十月二十有五日，弟子武陵楊大章敬跋。

案：曾知縣鏞，研究理學，宗法洛、閩，以拔貢爲湯谿教諭，俸滿保薦，擢湖南東安知縣，治尚廉恕，民感其德。儀徵阮太傅元、桐城汪總督志伊、無錫秦侍郎瀛，咸器重之。所著文集爲卷二十有一，然雜文廑五卷，餘皆經説也。集中若答秦觀察論防海事宜、答汪中丞論治二書，並見集十八。及代某人擬海塘疏，十九。諳達利弊，足覘經世之學，其他文亦簡樸有法，精於譚理。惟甄綜未博，考證間有疏舛。如仁説，謂心之德謂之仁，猶果實之心亦謂之仁。不知宋元以前，本草、方書，果實之仁並作「人」也。金泰和刊本草皆作「人」，明成化重刊，乃改作「仁」，説詳段玉裁説文注八上。地大何如説，謂「地大如月，月大如日」，不知天算家謂「日大於地，地大於月」，有實測可諭也。並集十七。其經説大指，主於涵泳經文，推求塙詁，其間如據漢志證洛書，即洪範初一至初九之文，是數非圖，正宋以來圖學之誤。集四。據春秋公、穀二傳，及荀子、史記，證子糾爲齊桓公兄，正杜預左傳集解及朱子論語集注以桓公爲兄，子糾爲弟之誤。七。據史記索隱證左傳穆陵爲楚境，正杜解以爲齊境之誤。八。據左傳晉有中軍尉、上軍尉，國語晉有元尉、輿尉，證月令太尉非秦官名。十一。據鄭康成定中庸「蒲盧」爲「蜾蠃」，正集注引沈括説之誤。十五。若此諸條，亦略涉漢唐舊詁。至於辨先後天圖爲丹學，集二。今文尚書二十八篇古文妄分爲三十三，三。笙詩非無辭，五。論語犬馬皆能有養，犬馬非斥父母。十四。大學無錯簡缺文，在親民當從古本十五。之類，亦能不囿於宋學之門户。惟其中多論虚理，往往憑臆窺測，又在喜譚文法，尤非詁經之體，至其獨標心得，自矜創獲者，又多儒先所已言。如論易「尊酒簋貳用缶」，當讀貳字句斷，則不知王弼、陸德明已有此讀。集二。論詩騶虞叶韻之誤，亦未考陳第、顧炎武諸人之説，則信手成篇，不甚考覈之弊也。至於易説三十三篇，乃其生平所最愜心者，然其易爻五。説謂爻即變卦，一卦之變，凡六十有三，六十四卦，實四千三十有二爻，今爻辭三百八十四非完書，則執焦贛易林之例，疑文周之經。易象説二篇又皆漢儒之陳言，連篇累牘，徒費簡札，其餘亦尟精論。蓋復齋之治經，其長在於獨抒所見，絶不依附前人；其短在於自信太過，不復博稽古訓，瑕瑜固兩不相掩也。

復齋詩集四卷。〔一〕

存。嘉慶庚辰刊本

余嚮爲集生平舊詩草，曾記以詩，皆實情也。既小成拙集，即以此爲自序可矣。其終篇云：「豈有他可取，一真堪自怡。」謂不堪持贈人也。夫真耳，何爲又堪自怡乎哉？雖然，真亦焉敢易言也！嘗觀詩三百篇，自受釐陳戒，與凡主文譎諫之作，其寄託愈無端，其辭情愈真摯。凡所爲正得失、動天地、感鬼神，莫近於詩者，非真何以哉！至於五言肇自漢京，若蘇、李贈答，與無名氏十九首，其纏綿忠厚，惝怳浩歌，所以遠出後人者，則以其觸發之真，有非後人可得而倣者在爾。他如陶靖節胸次浩然，天真絶俗，無意爲詩，而其詩之不可及亦即在真。杜少陵胸次闊闊，天姿惇厚，説者謂其詩都從一副血誠流出，亦惟直然也。竊嘗謂學者凡爲詩文，莫要於真。論風骨非真不峻，言旨趣非真不永，辭不真斯濫，情不真斯誣，真又易事乎哉！自惟鈍拙，非情到萬難已，未始有詩，其鳴出自不得已。故其辭雖鄙俚不足觀，而此身之所閱歷與此心之所感發，即事過境遷越數十載，但取舊作

〔一〕「四」，底本誤作「三」，徑改。

試自長吟，不勝猶自有永歌不足、有味乎言之者。惟於當日事情，此生甘苦，未嘗少有所虛假，故以爲一真堪自怡云爾。抑未知無幾拙集以云理性情，亦少有可采焉否邪？時嘉慶庚辰午八月癸巳，曾鏞序。

羅陽詩始二：曾鏞字在東，一字鯨堂，晚號復齋，乾隆丁酉選拔貢生，官湖南東安縣知縣。有復齋詩集。先生詩不事琢煉，純以氣行。

案：復齋古今體詩四卷，總百九十五篇，別有首末二卷，首卷爲箴銘之屬、有韻之文，末卷爲試帖詩。其編次體例，爲古所未有。其古詩清健，間近蘇、陸，律體瓣香元、白，多質直流易之作，然終嫌拙率，未臻超詣。董霞樵謂其「不事琢煉，純以氣行」，則塙評也。

曾氏儒璋依緑園詩草　東甌詩存四十四

未見。〔一〕

曾鏞家瓊圃吟草序：詩者，發於情者也。胸次不同，託興亦異，古之以詩傳者，雖工拙雜陳，大率視此。故情苟不囿乎俗，皆能有以通其意，而自鳴以詩。而說者輒以爲詩有別

〔一〕温州市圖書館藏鄉著會鈔本，作「依緑園詩鈔」。

腸，陋矣！余同族兄瓊圃，向以處於遠，不獲熟悉其情。戊戌夏，得見於京邸，倒屣相迎，下榻對語，豁如也，今且六數年矣。所以得諸性情者既真，而遞觀諸倫常政事交游間者亦深且悉，未嘗不歎夫人聰明志略，師其意而爲之。所謂繩削不煩而自合者，蓋其胸次固倜乎遠也，而於詩何有耶？公退之暇，嘗試與擊鉢立韻，初不必刻意求工，而天機所到，雖宗工哲匠，無〔一〕多讓焉。余苦不工詩，而天假之以窮，行將愁其心腸，棼其意緒，俾得以一青氈發之。而瓊圃輒自以其邇年吟草，屬鄙言以序之。嘻！詩亦何足以見瓊圃，瓊圃亦何事以詩見！方今聖天子親簡群工，特以觀風宣化之任任瓊圃，瓊圃誠篤其性情，以答揚休命，潤鴻猷以大雅，覃粉澤於遐方，使天下四方知盛朝文治之隆，不必在經帳提衡之職，憲府廉明之治，不少媿詩人忠厚之風，則凡俊髦之絃誦，童叟之嬉游，與夫野夫游女之沐浴膏澤，詠歌勤苦，凡所以和其聲而使之共鳴國家之盛者，彬彬乎皆瓊圃吟草也。瓊圃何必詩？雖然，詩發於情者也。昔人誦老圃秋容之句，知魏公晚節即此見焉。余復瓊圃詩，余亦有以知瓊圃之不負天子使，而非直爲宗人光也。故於其行也，謀所以贈之言者，因綴以爲序。復齋文集十九

〔一〕「無」，底本脱，據復齋詩集補。

曾鏞復齋詩集三：家瓊圃名儒璋，官刑部郎中。方予留都時，愛好特甚。甲辰〔一〕出任興泉永道，不數月而卒。

東甌詩存四十四：曾儒璋字玉西，號瓊圃，永嘉人。歷官部郎，出爲福建興泉永道。著有依緑園詩草。

余氏國鼎西峰山人詩録〔二〕嘉慶瑞安縣志九

未見。

嘉慶瑞安縣志七：乾隆辛亥府學歲貢余國鼎。　九：西峰山人詩録，余國鼎撰，永嘉張元觀序。

李氏錫齡燕山吟草道光樂清縣志十一

一卷。〔三〕

〔一〕「辰」，底本誤作「戌」，據復齋詩集改。

〔二〕「西」，底本作「兩」，誤，據温州市圖書館藏玉海樓鈔本、鄉著會鈔本改。

〔三〕「一卷」，底本脱，據刻本補。

佚。

道光樂清縣志十：乾隆壬子科，舉人李錫齡，由優貢舉順天鄉試，義烏訓導。

張氏元觀顒齋集王鳴盛松濤閣詩序

未見。

張氏正宰柹園詩草〔一〕

一〔二〕册。

存。永嘉張氏藏鈔本

乾隆温州府志十九：乾隆癸酉府學副貢張正宰，元彪子。

施氏元孚釋耒集王傑葆淳閣集四作「釋耒小草」，今從道光樂清縣志十一。

〔一〕「草」，底本脱，據刻本補。

〔二〕「一」，底本誤作「二」，徑改。

四卷。

存。樂清施氏刊本

釋耒集者，樂成半畊堂居人之所作也。居人姓施氏，其所居之村曰蟾河，河有六洲，故自號六洲生。安居食貧，傭工藝殖，春畊緑疇，秋刈黄稻，取其禾韋粒以供王税，擷園蔬以充庖，醖秫酒以泛觴，漁釣河濱，擊鱻膾鯉，晨夕自如，以度歲月。性儜愚不諳世事，不慕繁華，惟於文章，嗜之不斁。居常隨興荷鋤，行吟隴畔，所見景物瑰奇，人事變遷，有觸於中，必寫以文。故凡陰晴雨雪之朝，星霜月露之夕，起居酬接歡愉悲憤之際，釋耒鋤，輒搦管咿唔，不計工拙，意之所趨，即煩楮墨，略無容心也。故其文如村霞，如野緑，如古木翹出而瘦曲，如山石肖物而欹缺不周，如幽澗出泉自流而自鳴，蕭淡無華，簡率不莊，田野之態也。每畊耘暇，披卷繙閲，有見而嬉笑者，有見而慚愧悲戚交集者，有見而怒目切齒者，作之情不一致，故文不一致也；文不一致，故閲之之情亦不一致也。然不敢誇於衆，惟良朋至，則出而示之，相與飀瓜酌酒，究其是否，有教則改之不吝。故稿多塗注，如此者若而年，積爲文若干首，有數十言成章者，有多至百千言成章者，俱裒而藏之，名之曰釋耒集。或曰而文既集之矣，無序，盍請於大人先生？居人復之曰：「物之急於用者，非先容無路。故卞和一盼，璞玉珍奇。孫陽裹足，騮蹄淹棄。若斯文也，方且寫曲野之閒情，譚

幽人之細事，不敢問世，奚邀靈於孫、卞耶？乃研墨拂楮，自書其故於簡首。自序

山水之與文章，交相益者也。宇内名勝，不經文人之筆舌則不顯，而文章瑰奇，尤山水之助居多焉，然亦有不能兼焉者。葆淳閣集四，無「焉」字。嘗見處城市者，起高臺飛觀，瞻遥山之寸碧，俯遠水之一泓。且鳩石尋丘，穴溝借瀦，流連嘯詠而不自已。至於家在深山，聽泉倚石，無輪飢蹄渴之苦，往往以爲寥戾岑寂而去之，蓋其領會有不同者矣。樂清東南山水窟也，施子生長其間，巖居川觀之暇，懷鉛握槧，積成卷帙，持以質正葆淳閣集作「求序」。於余，余將何以益施子哉？然余家西秦，當龍門華嶽之間，又嘗歷燕、趙、韓、魏、齊、魯、吴、楚、閩、越之郊，山川風土，時往來於懷，且屢膺衡文之任，則文章又余分内事也。因取其釋耒草覽之，其紀游者居十之三四，至辯論、書序諸篇，俱有法度。不爲輕佻纖嗇，以虧其正氣也；不爲牛鬼蛇神，以肆其誕幻也。較之古人，未知何如？而其不事剽竊，不詭正理，如峰之出雲，水之興波，大抵非務爲文言以華世者，庶幾不背於古之作者與？矧夫龍湫雁蕩，謝公屐齒所不到，其渾樸元氣未經發洩，則施子之文，未必非山水爲之也。余按試浙東，天氣漸寒，木葉微脱，迫於官程，未及遍探奇奥，所過佳山水，未嘗不停車流覽，見壽藤古樹，杈枒蟠結於幽巖絶壑中，時時仿佛施子之文。施子昔曾志雁山矣，今雖老，神明未衰，尚其益肆力於文，而以其鄉之山水，一一志之，并即寄余，以供余之臥游也夫。乾

隆三十八年癸巳初冬，督學使者韓城王杰書於甌江試院。

昔太史公周覽宇内名山大川，以胸中之奇氣，與山水之奇相遇，遂發爲宏肆沈雄空前絶後之大文章，故余嘗謂天地間之奇山水即天地間之大文章，吾人苟有得乎山水之趣，則奇山水即在胸中，而大文章自在吾筆下矣，今於施子六洲益信。余家居時，已聞樂清有施子，曠達士也。少年鏖戰場屋不得志，遂放浪於山水間，借筆墨以自鳴。及余秉鐸樂庠，施子於癸巳後三月，持其所著釋未集示余，余受而讀之，嶔崎歷落，渾脱瀏漓，既非臺閣之癡肥，亦異山林之寒瘦，三復後，恍置我於盤岡復嶂、流水懸泉之間。施子非有得於山水之趣，亦何能濡毫吮墨，爲是文章以自表見哉？余因之有感矣，樂成故多佳山水，而雁蕩龍湫之勝甲於天下。施子每游其間，輒留連旬月而返，凡幽隱詭怪之境，爲山僧野叟足跡所不及者，無不一一搜剔。故嘗著有雁蕩山誌，爲當時名公鉅儒所識賞，一披覽焉，則知名山如五岳，與夫神幻之峨眉，秀麗之武當，曠蕩之終南，嶮峭之三峽，以至匡廬、武夷、天台、羅浮、太行、五臺諸名勝；水則黄河之迅急，長江之洶湧，錢塘之怒激，洞庭、彭蠡、震澤之浩淼，其天然雄偉工巧，無復有過於雁蕩者，而施子浸淫其中，領略其妙，是舉天下之山水，何一不納諸方寸中，又何必如太史公之周覽名山大川，然後激發其奇氣哉？昔謝靈運癖於山水，靡所不至，獨失一雁蕩，千古憾之；今施子於雁蕩如是，可無遺憾，則施子之有斯文宜矣。持此以告施子，施子其以爲然乎？即以此弁於篇首可也。時乾隆三十九年，歲在甲午，仲春中浣三日，龍岡張淩霄頓首拜撰。

雁游二十八記序：山，我取奥也；書，我取奥衍也；汲古也，游也，入其奥，取獨也。我至焉，人亦至焉，人與我同嗜焉，非奥也。有奥者焉，畏不敢入也，足參不能入也，易與爾，不求入也。謂之不讀古不游爾矣！不讀古，不能游也；不游，不能讀古也。雁山者，奥區也。六洲施生能游焉，其游無徒也。窮山沍寒，沉思獨往，變幻喜愕，端倪呈露，生所入奥之奥者也。游而記之，如其游也。無畏，無蹬，無易心爾，生可謂能汲古矣。其游乾隆癸亥冬也。以紀游質余，丙寅秋也。五載矣，余弗暇評騭，生請之五載矣，評而歸之，庚午十月三十日也。學山金洪銓。釋耒集卷首

案：施六洲釋耒集，凡文八十四篇，游記殆居其半，册首附金知府洪銓雁游二十八記叙，然集中所載游雁山記實止二十三篇，殆編集時有删併也。此記初稿蓋欲單行，故金爲之叙，今既無别本，且篇數又復有删併，故不復著其目於地理類，而附録金叙於此。記文奇崛，足與五峰十記並傳。他文亦清矯無俗語，惟取材少狹，故往往工於小品，而窘於鉅篇，尚未能頡頏古人耳。

馬氏世俊夾鏡亭詩草東甌詩存四十三。甌乘補十二「草」作「集」。

未見。〔一〕

東甌詩存四十三：馬世俊字挺秀，永嘉人，貢生。著有夾鏡亭詩草。

甌乘補十二：夾鏡亭詩集，金甡序，永嘉馬世俊著。

王氏涵清輝齋藏稿東甌詩存四十四

佚。

東甌詩存四十四：王涵字南永，號龍川，永嘉人，乾隆歲貢。著有清輝齋藏稿。

張氏綦毋船屯漁唱甌乘補九〔二〕

一卷。〔三〕

〔一〕温州市圖書館藏乾隆壬午二十七年刻本，又藏玉海樓、敬鄉樓、鄉著會等三種鈔本，作夾鏡亭吟草。

〔二〕「九」，底本誤作「八」，徑改。

〔三〕「一卷」，底本脱，據刻本補。

未見。〔一〕

甌乘補九：張潛齋綦毋曰：「平陽故横嶼船屯也。志創於元初，後代有增修，其軼乃時時見於他説，泛覽之暇，并及謡傳，綴爲韻語一百首，敢附采風之作，聊備榜人之歌云爾。」原注：船屯漁唱序。

案：張潛齋亦字潛哉，平陽明經，嘗從鮑淥飲廷博鈔林霽山集。蘇璠霽山集跋稱其「好古，工吟詠」。詳二十二卷林霽山集下。

謝氏立自怡集乾隆温州府志二十七

佚。

乾隆温州府志二十：謝天埴子立，詩翰亦韶秀。著自怡集。任白水令。

東甌詩存四十二：謝立字與可，天埴子。任白水令。

徐氏邦垓慕南文集道光樂清縣志十一

〔一〕温州市圖書館藏玉海樓鈔本。

存。樂清徐氏藏鈔本

道光樂清縣志八：徐邦垓，居縣城，邑庠生，號慕南，研究理學。著有慕南文集，冠以操存録。永嘉陳之恕謂可與儒志編並傳。

趙氏屺中和集東甌詩存四十二

未見。

東甌詩存四十二：趙屺，樂清諸生。著有中和集。

案：以下七人事跡並無考，其詩並見東甌詩存，當係乾隆以前人，今附於此。

潘氏青元橘園集東甌詩存四十二

未見。

東甌詩存四十二：潘青元字越几，永嘉人。著有橘園集。

陳氏之恕稻園雜詠東甌詩存四十三

未見。

東甌詩存四十三：陳之恕字道源，永嘉廩生。著有稻園雜詠。

曾氏立勳隨意消遣集甌乘補十二

未見。

甌乘補十二：隨意消遣集，曾丹橋立勳著，未刻。

東甌詩存四十三：曾立勳字銀川，號丹橋，永嘉諸生。

周氏京齡噗沼詩草東甌詩存四十三

未見。

東甌詩存四十三：周京齡字静山，永嘉廩生。著有噗沼詩草。

唐氏嗣益東園詩稿嘉慶瑞安縣志九

佚。

東甌詩存四十四：唐嗣益字象謙，瑞安人，廩膳生。

釋宗相耕餘集東甌詩存四十五

未見。

東甌詩存四十五：宗相字卓仁，永嘉張氏子，住漈溪。著有耕餘集。

温州經籍志卷三十一

集部

別集類

國朝

高氏溥柏園詩稿甌乘補十二

未見。〔一〕

〔一〕温州市圖書館藏楊園詩録鄉著會鈔本，收柏園詩草一卷。嘉慶丙辰歲貢高溥，字坤涵，號博泉，浦江訓導，著有柏園詩稿。校勘記云：「嘗見永嘉梅氏勁風閣藏一鈔本，録詩五十餘首，後有陳汝採序，言『爲李石農觀察評定者，柏園全集甚夥，猶未及十之一』云。時其弟楚帆詩十四首，及楚帆之父巢珊詩四首，汝採子雨穀著有曲水餘吟，梅氏亦有其遺詩鈔本一小册。楚帆名沄，字春涵。巢珊名朝遴，乾隆三十一年青浦知縣。又延釗近收得趙灌松、邵沚雪、高博泉、高楚帆四家詩合鈔一册，存趙詩三十七首，邵詩十五首，博泉詩六首，惟楚帆詩十四首，與梅本同。」

咸豐永嘉縣志十三：嘉慶元年丙辰歲貢高溥，浦江訓導。

趙氏貽瑄存修齋詩集道光樂清縣志十一

佚。〔一〕

道光樂清縣志十六：趙貽瑄號灌松，少而聾，善醫，好詠嘲。晚年精於詩律，有十聲詩，爲李石農中丞所賞。石農先生贈詩云：「生也清苑裔，家學力振之。讀生有聲畫，侑我無盡巵。」又曰：「兩耳久重聽，對面語不知。我以筆代舌，生以手支頤。相視忽大笑，促坐能忘疲。」蓋録實也。年八十餘卒，著有存修齋詩集。古體如出塞云：「寶弓三石强，寶劍三尺長。亦知臨戰陣，不死必痍傷。驅馬又駐馬，下山復上山。豈不憚艱險，身在戎行間。」近體如玉壺山道中云：「鄉思日以遠，崎嶇客路長。怒流能轉石，高嶂易斜陽。雲物自秋色，衣襟生晚涼。羨他天際雁，千里一迴翔。」秋杪楠溪道中云：「寒流清淺漾溪沙，高下山樓八九家。一夜西風吹落葉，柏林千樹誤梅花。」佳句如過仙巖寺：「半壁來飛雨，千峰自夕陽。」寒月云：「宵征千里雁，夜色一庭霜。」山行云：「失計十年仍作客，行程三日飽

〔一〕温州市圖書館藏鄉著會鈔本，作存修齋詩草一卷。卷首有作者自序，及林露等題詞多篇。

看山。」風格頗似雲松、蕩南兩先生。

案：趙灌松，樂清人。乾隆戊申，與高博泉聯淩雲社，有菊影酬唱，見甌乘補十，詳三十三卷總集類。今附於此。

陳氏舜咨茶話軒詩集二卷。

存。樂清董氏刊本

昔人云：「得一知己，可以不憾。」士之樂有知己也如此。然古來才人著作多湮没失傳，是其平生豈盡無知己哉？然則知之於當時，固不如傳之於後世也。吾師陳春堤先生，少負雋才，未冠籍於庠，名重一時。秋闈屢蹶，壯歲膺拔萃科，遂以明經老。當時如阮芸臺、劉信芳兩宗師，秦小峴、朱滄湄、李石農三觀察，莫不歎賞其詩文。李公知之尤深，羅致幕中，凡撰著必屬商訂，陳臬滇南，挈之偕行，主賓相視莫逆，雖牛奇章之於樊川，范石湖之於放翁，不是過也。越數年，睠懷桑梓，俶裝東歸，偕二三老友，徜徉松臺、華蓋間，既而渡江，而北講學吾樂梅溪、金鼇兩書院，東望雁蕩，西攬玉虹，而簫臺、丹霞諸山，羅列几案，顧而樂之，有終焉之志。日及門下士把酒賦詩，翛然自得，人或以抱才不遇惜之，坦如也。先生工書畫，善古文，尤長於詩，沈酣古籍，擷其精英，平生懷人感事，牢騷不平之概，皆於詩發之。晚年手寫茶話軒詩文，定稿，授其婿董茂才福疇。福疇好學能文，其配陳孺人，亦讀書知大義，相與保守遺編，兢兢不敢廢墜，節衣約食爲剞劂之資，雖遘疾彌留時，猶以此諄託福疇。逾年福疇校詩集竟，釐爲兩卷，先授之梓。余思才如先生，又得知己如李公爲之延譽，宜可以翔步木天，和聲以鳴國家之盛，而竟至終老牖下，僅留此數卷遺墨，掩閟篋衍中，倘無人焉爲之表章，更數十年蟫蝕鼠穿，煙銷塵滅，將不可復問矣。昔昌黎詩文賴李南紀而傳，蔡中郎遺書亦由其女文姬誦述以顯於世。福疇惓惓於婦翁遺集，雖風鶴訛言，未嘗中懈，視南紀之從容編輯爲尤難，而陳孺人繫念先集臨没不忘，方之文姬，何多讓焉。余既喜先生詩之得傳，又念東甌多文學士，其間才如先生而不得知己，得知己而終不遇者，往往而有。安得爲之戚友者，盡如福疇之用心蒐訪其著述，次第刊行，俾文人靈奇光怪之氣而不至湮没而不彰，此非後死者責耶？濡筆及此，爲之悄然，敢以諗吾郡之有心文獻者。咸豐丙辰三月上巳日，門生林啟亨，拜序於吉亥堂，時年八十有五。

甌乘補九：吾温陳春堤，名舜咨，詩文拔萃。觀察李石農調擢滇藩，聘往掌文。歸里後，杖履優游。爲人樂易，平生嗜茶，及老病惟啖餅，故有「蕭閒長説餅，多病但看茶」之句。原注：鄭星舟雙槐軒暇筆。

咸豐永嘉縣志十三：嘉慶六年辛酉拔貢陳舜咨。

葉氏嘉掄仰止集寳香山館集十七

未見。

卧游百詠寳香山館集十七

未見。

案：鮑石芝輓葉篔林先生詩注云：「聞卧游百詠，尚少一首未續。」一粟軒詩集二則篔林歿時，此書尚未脱稿也。

舞鶴閒吟寳香山館集十七

未見。

尚志堂詩文集寳香山館集十七

未見。

還珠亭口課寶香山館集十七

未見。

晚園小稿寶香山館集十七

未見。〔一〕

潘氏宗耀五棋一研齋詩抄

六卷。

〔一〕以上著録葉嘉棆詩文别集達六種，皆謂「未見」。今温州市圖書館藏尚志堂文集鈔存一卷，詩鈔一卷，葉篔林詩篇一卷，均爲玉海樓鈔本；又藏葉嘉棆文稿，爲瑞安項氏水仙亭鈔本；又藏尚志堂詩稿一卷，仰止集一卷，仰止集之餘一卷，臥游百詠一卷，敬鄉樓鈔本，作二册，鄉著會鈔本，作一册；又藏還珠亭日課二卷，光緒三十三年平陽葉氏印本。由此可見，温州市圖書館藏葉氏别集庶幾全備矣。又還珠亭日課爲「窮理入性」之著述，應改入子部儒家。

存。永嘉潘氏刊本

永嘉當閩浙之要衝，控山海之雄勝，僊都、石門爲之輔，甌江、雁蕩萃其奇，蜃樓噓氣而霏霞，龍湫噴瀑以垂練，此詩境也。其俗則邑居隱賑，海錯駢蕃，方空機絞之勤，茹蘆染湅之巧，柑金色以騰采，茶珠顆而涵腴，此詩材也。吾友虹橋，少長是邦，延攬名勝，以識與學之博，綜境與材之全，故其詩能疏瀹性靈，屏除緣飾，重以舉能邑宰，需次河壖。挽粟飛芻，聲邪許以盈耳；垂虹偃月，工隄埝以關心。與夫春漲桃花，秋風瓠子，牲空沈馬，民且爲魚，憫雁户之流離，禱鯨波之安貼，莫不即所聞見，著爲篇章。夫人當閒適之時，得交游之助，相與騁妍抽秘，送抱推襟者，世多有之。若乃杙桷違其用，枳棘卑其棲，倥偬裝其懷，昏墊接乎目，則亦徒攀江柳，謂此何堪？欲唱渭城，委諸不暇矣！而虹橋鏘英聲於金石，盪逸氣爲雲煙。銅缽敲來，唾壺擊碎。擅賈讓之偉略，處安仁之末僚。借鄭俠之畫圖，成潘閬之題詠。境先後其各異，材彼此而兼收。廉吏可爲，故吾猶是。若此者豈非謝巖陶宅，夙契者深；吴謳越唫，舊音無改。風俗葆其醇茂，山川藴其邃幽。是用聽鼓應官，雖承華縣之檄；餐霞跂石，無愧草堂之靈也乎！道光辛卯仲秋，仁和年愚弟胡敬拜序。

天地間有無之數，在我目能視、口能諷矣乎？目不能長視，期寓之人之目；口不能長諷，期寓之人之口。古今人重襲之病，不知其何以然者矣。天地不以爲有無，而我有無於其間，隊露飄風，忽焉同跡，芳塵委疊，誰與扇之？虹橋少有儁目，長於言情，讀書既富，其志斐然，不肯以側辭自見，雖以余爲谷音之賞，而亦難見其篇。及乎筮仕江淮，職在鞅掌，壯年墨綬，時大可爲，而顧息影長唫，處乎不競，豈其中有不自得者也？聞其撤瑟之晨，齊得喪，一死生，而獨憶春陰之作，登諸篇而後已。嘻！異矣。昔莊周夢爲蝴蝶，栩栩然蝶也。俄而覺，蘧蘧然周也。周耶？蝴蝶耶？是夢是覺，何知其非？春陰也耶？齊得喪，一死生，文字之不相忘，古今至人一跡，以相有無於天地，亦可哀夫！其仲弟小湄致其詩若干曰：爲點定序之。余用以歎虹橋之逝，而以今之目視口諷，寓作者之痛而已。道光丁亥秋杪，青田愚弟端木國瑚拜撰。

夫張皇簿領，樹作吏之準繩；發抒性靈，尚緣情之體製。拘拘目論，鮮不相妨。然而柳惲汀洲，風流絶唱；萊公野渡，飈舉豪情。雖諍訟紛紜，而詩筒響答；職事填委，而文墨芬流。則以花紅玉白之章，寫其目送手揮之趣。詎非雅人之深致，粉澤之别才乎？此吾友虹橋之詩所由著也。夫其生稟岐嶷，少耽唫詠。登高作賦，已裕大夫之材；遇物能名，時增爾雅之注。每當陶舟漾月，謝屐穿雲；覓句鷗邊，注思驢背。盪滄波於眼底，收邱壑於胸中，則有觀海、游山諸作。及其登拔萃科，舉孝廉選，翩翩乎步金門、玨玉堂有日矣。

乃輭紅屢踏，弱水頻回，靈臺之舍徒居，長安之米何索，燕市之酒人易散，杜陵之秋興頗多。被鬼揶揄，衹是送人作郡；爲他作嫁，幾見進士爲官？未嘗不玉碎唾壺，銅敲殘鉢，則有輦下應酬諸作。無何，圯上僑居，河堧試吏，勉襄疏浚之策，躬效胝胼之勤。千里桃花，年年春汛；一方瓠子，歲歲秋風。民何爲而免魚？户何修而聚雁？頭如蓬葆，悟塵夢兮浮生；腸似涫湯，望鄉關兮何處？未免絃間調促，河上歌悲。登黄樓則蘇子酬君，對白雪則梅花寄友，於是有圯上、淮壖、桃濱諸集。洎乎白下蜚聲，丹徒承乏，簽行流水，牘判清風。印床啟而芝泥香，訟庭閑而草色静。但有恢恢之刃，不居赫赫之名，何其卓哉！獨是落度半生，浮沈苦海；攝官三月，茇舍甘棠。單父有掣肘之書，皋蘇無醫勞之藥。一病不起，絶筆春陰，吁其悲矣，於是有江干一集。夫五離九折者，遭遇之奇也；千辟萬灌者，鑄冶之力也。山水之契，雖鞅掌不以喪其真；竹柏之懷，雖脂膏不以易其性。以故裁爲花骨，雜以仙心。豈必三百而傲五陵，千首而輕萬户哉！德頻年歎逝，感彼川流；暇日尋思，迷諸夢寐。慨親朋之凋喪，半是陳人；舉屬對之清新，喜存舊作。相聯花蕚，令弟既撰其遺文；自顧榛蕪，弁言聊酬乎素諾。雅分六集，仿王筠筮仕之編；藉慰九泉，正法虔賞心之作。愚弟周衣德拜序。

余幼喜吟詠，自筮仕南河後，檢存舊作，得詩四五百首。己卯歲，以憂歸里，值鄰人不戒於火，舊所鈔録無一字存者。頻年奔走大江南北，塵俗殆甚，惟以性之所樂，公暇仍不廢此事，一、二年所積，得詩二三百首，因附以舊稿中所記憶者四五十首，並零聯斷句可續而成者，亦將及五十首，綜計得詩四百餘首。余家世居甌之昆陽里，先高祖於軒前植楳五本，因以五楳名軒；續先君子徙居城南，僅攜先世一研自隨，因不忘舊事，遂合併其詞，爲五楳一研之齋，兹取以自名其集云爾。時道光丙戌四月中浣，虹橋潘宗耀自識。

右五楳一研齋詩六卷，先兄虹橋先生遺稿也。先生曾於宦游江左之日手録成編，至丙戌冬疾革時，特命家人扶坐，彊自握管，書春陰一詩，附之卷末，其結習不忘如此。丁亥夏，瀾奉稿質之端木雀田先生，藉爲删定，繼又承胡書農先生益以弁言。數年來屢思梓存，乃力有未及。今秋以試事寓省，始付剞劂，兩閱月而蕆事。噫！自今而後，先生詩可無虞散逸矣。回憶檢韻淮壖，敲聲吴下，事猶在目，而音塵渺不可追。披讀一過，不禁涕泗横集也。爰和淚濡墨，略陳顛末，以志令原之痛。時道光壬辰秋杪展重九日，同懷弟宗瀾謹跋。

咸豐永嘉縣志十三：潘宗耀，號虹橋，嘉慶六年辛酉科拔貢，旋登賢書，歷任江南鎮江、桃源、丹徒知縣，士民咸愛戴之。著有五楳一硯齋詩草。

案：潘知縣宗耀，以拔貢中鄉舉，中年作吏江南，不廢吟詠。所著五楳一研齋詩鈔凡分六集，首爲燼餘集、次輦下集，皆未仕時所作，次圯上集、次淮壖集、次桃濱集、次江干集，則皆作令以後詩。六集總詩四百單七篇，青田端木中書國瑚爲之點定，大都秀雅可誦，文藻亦復斐然，亦近時佳集也。

祝氏聖源嘯軒小草甌乘補十

未見。

甌乘補十：祝聖源，號嘯軒，貧而力學，詩愛李義山、楊鐵崖。中年喪其妻子，只遺一女。詩工雅有奇致，嘉慶戊午歿於女家。有嘯軒小草。季碧山輓以詩云：「嗚呼祝叟！湛然無滓。視死如歸，委世如屣。渺渺雲山，悠悠江水。時捧遺詩，傷心不已。詩苟可傳，叟也不死。歌此短章，永懷知己。」原注：季觀樂圃餘詩草。

季氏觀樂圃餘小草甌乘補十

未見。〔一〕

〔一〕溫州市圖書館藏敬鄉樓、鄉著會鈔本二種，作圃餘詩草二卷，有任一松跋。

甌乘補十：詩有別才，不必盡出於科名。吾甌季碧山種菜，黄巢松充營卒，祝聖源賣茶，梅芳通販魚，計化龍爲梳洗匠，周士華爲鐵工，張丙光冶銀，皆習詩設社，聯吟不輟，一時有「市井七才子」之目。其詩至今尚有膾炙人口者，如季碧山秋夜云：「雲峰猶剩夏，露氣已生秋。薄暑消微颯，新涼動故愁。予懷成渺渺，離思寄悠悠。俯仰無終極，星河澈夜浮。」「默坐思無益，高歌興浩然。秋風起衰草，寒露咽危蟬。清響趨群動，殘釭照獨眠，平生負豪氣，奄忽又經年。」皆楚楚可人。祝聖源鼓兒天詞云：「鼓兒天，詩人夜未眠，茶烹活火品新泉。茶兒熟，鼓兒促，冬冬驚醒鄰兒哭。鄰兒哭，古月生霜照寒屋。」亦覺新穎。碧山名鎮海，字觀樂，永嘉人。著有圃餘小草，平陽華上舍文漪嘗爲立傳。聖源寓宿具瞻樓，嘉慶元年颶災，樓壞幾爲壓斃，亦幸矣。原注：陳鏡帆遇春筆記。

華文漪季碧山傳：季碧山，郡之永嘉人，幼孤苦，藝蔬，鬻之以易米，日或不再食。年二十餘，行經學舍，聞吟誦聲，輒神往，於是遂思讀書。有老儒憐其志，時爲講解，碧山觸類多通，久之益精敏，經子百家皆略通曉，尤熟於史，遂學爲歌詩，學書殫精極思，寒暑不懈，數年書大工，詩古今體俱有法度。乙丑歲來予里，嘗向予縷述半生貧苦狀，次年將復出游，病作不果行，竟死。碧山初名鎮海，後自更曰觀樂。逢原齋文鈔

林氏培厚寶香山館集十九卷。存。瑞安林氏家藏鈔本

林君若衣，裒輯其先祖敏齋先生詩文遺集，將授梓，而問序於余。受而讀之，博大沈雄，卓然先輩典型。不敏後學，何足以贊一詞？而於若衣之刊行是集，因不能無感焉。昔新城王文簡公有言曰：「每見人家子孫，留意祖父著述手澤，往往不易。陸放翁記張子功樞密云：『先人有遺稿滿四篋，字畫極難辨，惟某識之，非某則皆不傳。豈容不急歸邪？』此意今人知者鮮矣。所見葉文莊遺集寫册，興化李映碧别修南唐書，皆有賢子孫，且官通顯，而不及傳，使流通於後世，況其下焉者乎？」嗚呼！文簡之言如此，而能傳其先人之所可傳者，在古昔已爲難得矣。若衣以名諸生，屈志少尹一官，其權祁閶令篆也，方有寇警，軍書旁午，日不暇給，猶能惓惓於先人之著述手澤，而欲傳其所可傳。然則祖父之樂有賢子孫，固不在官之通顯也。集中零章斷句，悉載靡遺，既足見蒐討之勤，間有脱誤，並仍其舊，尤得蓋闕古意。若衣信足以稱賢而無愧矣。因書此歸之。時咸豐九年歲次己未仲春上旬，安徽督學使者、國子監司業、前翰林院編修、國史館纂修、文淵閣校理、鄉後學沈祖懋頓首拜撰。

曩予按試浙東西，遍覽山川名勝之區，東甌之雁蕩甲於浙東諸山，瑞安之寶香山又奄有東甌之勝。夫寶香視雁蕩卷石耳，然其崛起平地，雙峰峭立，東環小浦，南臨平野，面江背郭，亦巨觀也。雙峰之間有寺，吾友林敏齋曾讀書其中，遂以寶香山館名其集焉。敏齋爲余甲子典試所得士，自爲諸生，即以博學多識聞於時。戊辰入詞垣，館課詩賦以及經進文字，一時傳誦。分校春秋闈各一，所得盡知名士。以京察一等出守重慶，再守天津，分巡大順廣，督糧湖北，所至不濫刑，不妄取，不留牘，愛士恤民，頌聲交作。至於禁匪治盜，振災濬渠，河工之險要，漕運之機宜，凡關國計民生，灑灑數千言，上書大府，下令屬吏，立可興利而除弊，故屢以舉最徹宸聰，上方嚮用殷殷，遽卒於通州舟次，不得竟其施，命矣夫！敏齋既没之十年，文孫用光以縣丞來京，搜其遺集，詩文雜著十九卷，乞余爲序。嗚呼！余之始知敏齋以制舉藝也，既而知其爲著作才矣，繼又知其爲循良吏矣。今於是集睹其全，益信其文學、政事兼而有之，其隸事清遒而簡當，其騁辭宏博而偉麗，非東甌淑氣之所鍾而能然歟？余既悲敏齋之未竟其用，而深喜其孫之能述祖德，哀先集以表章於世。異日本家學爲治行，宏此遠謨，則詒厥之力爲多耳。故樂爲序而歸之。道光二十四年甲辰孟冬，吴縣潘世恩撰。

陳官俊叙：余與敏齋林公爲戊辰同年友，又同官詞林，又同寓宣武門外之椿樹頭條衚術，東西相去約百餘步，朝夕過從，得時以詩文相質，兼有陳雲伯、端木子彝諸名流數來公寓，飲酒賦詩，各標新異，有時酒酣耳熱，談議風生，公獨據事證理，歸繁縟於正當。蓋中有真得，故辭無枝葉也。及出守巴渝，本文章爲經濟用政之要，一以愛民爲先務。其觀察大名也，務除暴以安良；其督運荆襄也，務汰弊以恤丁。精詳周密，無微不至，而總以實意流貫於其間，故民無不愛，軍無不感。方冀享遐齡，抒偉略，爲國家造無窮之福，乃天不假年，不克竟其用。嗚呼惜哉！公孫若衣，恪守先澤，編次公遺集，於道光甲辰秋，攜至都，求余識數語於簡端。余視其人温恂有書氣，是能傳家學者，並悉其賢配若眉亦工詩，有琴瑟倡和之雅，益以見公之遺澤孔長。若衣方將試吏吴門，必能殫心職守，克紹祖風，無以不由科目少怠厥志也〔一〕。余於若衣有厚望焉。林用光惜硯録三。鈔本寶香山館集無。

馮芝叙：有真經術斯有真政蹟，有真性情斯有真文章。古人往矣，其精神與日星並朗，殆以是歟？敏齋先生，予戊辰同年，同入詞館，即以根柢相切劘，不屑於鏤月裁雲，儷青配紫也。然敏齋才長性摯，所作詩古文詞，皆有真氣貫注於其間，及爲郡守、爲觀察，又能不負所學，一一見諸行政，方之古人，詎肯多讓。乃未竟其用，賫志以殁，天下莫不惜

〔一〕「也」，底本脱，據惜硯録補。

之，不獨予嗒然若喪也。今文孫若衣裒集遺稿，將以付梓，爰弁數語以畀之，老淚涔涔，幾不知悲之所由來耳。惜硯録三。鈔本寶香山館集無。

張履誥授中憲大夫湖北督糧道林公墓誌銘：公諱培厚，字輝山，一字敏齋。先世自閩遷浙江温州之瑞安。博覽工文。嘉慶九年舉於鄉，十三年成進士，改翰林院庶吉士，明年授編修，歷充國史館纂修，文潁館治河方略提調，文淵閣校理。二十一年補四川重慶府知府，所屬江面遼闊，行舟時被劫略，公以沿江渡船皆盜資，命每十船編爲一號，大刻船主姓名於旁，晝出暮必歸，一船有犯，九船同坐，盜自是衰止。比户習天主邪教，公搜獲其書三十餘種，逐一糾摘繆妄，俾知覺悟。再護川東兵備道，所屬雷波民夷以細故忿爭，有司張皇，遽請發兵，公不許，檄縛其魁至，論如法，事遂平。在蜀三年，丁太恭人憂回籍。道光三年，服闋，補天津府知府。是冬，值大水之後，公遍按行屬邑，籌度振務，凡活饑民四萬八千餘口。先是，公數爲大府，陳士民利病，暨有司賢不肖狀，屠某疑其立異，遂嗾大府劾去公。上以公往年天津辦振之善，疑所劾不實，命來京引見，仍以道員用。明年授湖北督糧道，以將漕最得旨優叙。十年夏，督運抵通州，引疾乞休，甫奉温旨，回籍調理，遽卒於行館，年六十有七。公所爲詩文，高華典則，顧不自珍惜，削稿即爲人持去，其孫用光蒐羅散佚，編爲如干卷，藏於家。

未見。〔一〕

蔡氏敏半醒軒詩稿寶香山館集十六

林培厚序：邑明經余梅川先生精於詩，大指祖陶、韋，而出入於鄉四靈先輩，故其詩沖和澹雅，翛然有遠志。游其門者，類能以詩鳴，而霞陽蔡君遜谷爲尤著。君性倜儻，不喜治家人生産，顧獨致力於詩，每當春秋佳日，茶香酒熟，與二三同志，撚鬚擊缽，聯吟於花南硯北間，意興所至，率爾休暢，造懷指事，雅善新聲，間有以詼諧迂異相嘲笑者，勿顧也。所居距余家不數里，余歸自東川，君廼介其友應君西渠，出半醒軒全稿見示，而索序於余。余謂：造物無盡藏，惟人所取。心聲之興，風會代嬗，其卓然能自樹立者，類皆伐材於古，煉冶於心，性禾自舒，靈牖獨闢。故薪火傳而遞變，景光爍而常新。且夫冶芳絢春而掞天葩者，菊有香而蘭有秀也；豔姿傾國而寫妍態者，燕自瘦而環自肥也。詩至今日，而家握隋珠，人懷和璧，取雋於神韻之外，運奇於格調之中，幾於巧極工錯。文章之道，與時變通，君殆聞風而興起者歟？觀其抒寫性情，孶甲新意，險破鬼膽，妙解人頤，巧而不入纖，質而不近俚，自非冰雪聰明而又沈浸穠郁於陶、謝、韋、孟、香山、放翁諸大家，鎔裁而陶冶

〔一〕温州市圖書館藏道光乙酉聚秀社刻本，又藏鄉著會鈔本，有蔡敏自序。

之，其能吐棄塵腐，擺脱筌蹄若此，而大致與宋之楊誠齋、今之趙甌北兩先生爲尤近。所作筆銘，謂「惟新惟真，兩字汝獨」，蓋庶幾「得失寸心知」者。而昧者猶汩没於塵飯土羹之見，動相訾議，是不知吾法中有廣大教主，而夏蟲不可以語冰也。惜乎梅川先生早歸道山，不獲見君之所造就！余獨嘉君之不忘瓣香，而能獨標新雋，爲可傳也！輒弁數語於簡端，質之西渠，其不以余言爲河漢也夫。寶香山館集十六

張氏泰青小東山草堂文鈔十卷。咸豐永嘉縣志二十七

存。永嘉張氏刊本

文章之有駢格，猶詩之有今體也。貌不同而源則一，周、秦、兩漢以來，若屈平、宋玉、李斯、鄒陽、枚乘、司馬相如、王褒之屬，瓌采奇藻，固已由質而日趨於華。嗣是而體成於東京，沿流於魏晉，極盛於六朝、三唐，至宋乃一變而格稍卑矣。偏解之士，高語起衰，往往薄駢文爲應俗，不知少陵「不廢江河」之説，蓋指四傑文言之。而昌黎作滕王閣記，亦謂名列三王之次，有榮耀焉。此杜、韓於文章流别所得者深，故其持論宏通若此，非若後之人斤斤於駢散體貌間也。夫駢散者，文之外焉者耳，語其精微，則必本之以心靈，運之以

真氣，幹之以風骨，而後修之以雅詞，用能沈博絶麗，淵懿茂美，斥遠凡近，與古文殊途同歸。而區區抽黄媲白，悦時人耳目者，固未足多也。永嘉張孟平同年，嗜古饕奇，出其素藴，發爲詞章，駢四儷六，窮妍極妙於排比襞積之中，能間以疏蕩之氣，望之錦粲霞爛，而其致淵然以清，意不爲辭掩。蓋非僅以抽黄媲白爲能事者，乃復欿然不自足，而以所業見質，且屬爲序。予何足以益孟平哉？顧聞先輩之健於此事者，其持論皆謂與古文相表裏，孟平深造不息，底於大成，將合東京、魏晉、六朝、三唐爲一爐之冶，淵色古音，高格宏旨，上可以潤色鴻業，銘介邱而勒燕然，下亦可吐納英華，發揮情性，如詩之有古今體，皆出於心聲，要爲可傳而已。此一編也，非即大輅之椎輪，增冰之積水乎。道光元年春正望九日，侯官年弟林則徐序。

夫晉、宋麗辭，胎乎漢、魏；韓、柳振起，不薄庾、徐。原其文體，異條共幹，合軌分涂，彦和所謂「奇偶適變，不勞經營」者也。李唐以下，離析廼甚，青絳踰本，金翠綴脛，伋侈剪裁之工，銍務切合之巧。兩宋頹靡，遂無足稱；八代衰弱，輒因啟謗。此則鄭曲雜雅，謬訾縣律之窕槬；醜女效施，并憎巧笑之容態矣。孟平先生，枕葄藝文，顓嫻駢耦，元瑜之騖采臺閣，孟公之蜚英簡翰，植、機之擅能頌贊，蔡、樊之致美序篇，靡不妃青儷白，裁霞製雲，鬱若崑鄧，翕如匏竹，挾伋銍以超乘，溯庾、徐而丐靈。使覽者眩黤夸飾，欲蔑兩宋而方八代。荀卿有言，觀人美辭，麗於黼黻文章，今於孟平信之。余頗同嗜芰，謝能掞華。媿許楊修之定文，竊比元晏之歎慕。有慚喤引，聊志傾誠云爾。道光五年天中節，福州梁章鉅謹序。

咸豐永嘉縣志十二：嘉慶十二年丁卯科舉人張泰青，亞元。

案：張河丞泰青，以舉人入貲得官，需次河堧。工駢體文，所刊行文鈔凡七十四篇，藻采富麗，頗近陳檢討維崧。惟琢句過工，間傷纖靡，未能上溯六朝，下規四傑耳。末二卷，皆乾、嘉間代達官進呈萬壽謁陵詩頌樂府、及謝恩表摺，蓋亦需次河工時所作也。

周氏吾靈山草堂集羅陽詩始二

未見。

羅陽詩始二：周吾字子台，别號穎翁，原名天拱布衣。著有靈山草堂集。

林氏文翰待鋤草羅陽詩始二

未見。

羅陽詩始二：林文翰，字藻文，號心齋，邑諸生。有待鋤草。

周氏晙黄葉山莊集羅陽詩始三

未見。

羅陽詩始三：周晙字子畊，號怡雲。有黄葉山莊集。

曾氏璜松亭遺草羅陽詩始三

未見。

羅陽詩始三：曾璜字寶鎮，號癯甫，邑庠生。有松亭遺草。

案：曾癯甫璜，爲復齋知縣鏞伯子，年十八入邑庠，尋補廩膳生。總督汪志伊撫閩，聘復齋主講正學書院，而延癯甫爲諸子師。嘉慶辛酉應浙江鄉試，卒於杭州，復齋甚悼惜之。其答李生含和書謂「其制行非法不言，非法不行；其事親視於無形，聽於無聲。」復齋文集十八。蓋亦篤行士也。

董氏正揄能不言齋詩文稿羅陽詩始四

未見。

羅陽詩始四：董正揄字引叔，號文竿，晚號泯翁，邑庠生。著有能不言齋詩文稿。

董氏斿人霞山館文集 四卷。

存。 泰順董氏刊本

泰順詩人董霞樵先生卒二十五年，其季子盼，謀於余。門人周禧，始得刻其所輯羅陽詩始四卷。更數年，其女夫盧贊周始刻其所爲湘南集一卷，而盼又裒集先生遺文及詩，屬余删定，與陶薌圃延之、周禧謀續刻文，剞劂甫畢，而盼又卒矣，可慨也！先生未刻之詩，又誰爲竟其緒哉！先生詩沖雅温厚，卓然中唐名家。其爲集富甚，經亂頗散逸，而湘南外尚可得千首，文裁數十篇耳，半多酬應之作，度亦有佚者。然如論泰順利弊書，通達治體，釐正鄉賢議，詞氣嚴正，凜然有不可犯之色；泉山記則婉而多風，退之毛穎、柳州梓人之亞也。文雖不多，彌足珍已。余聞之，昔者李石農方伯之觀察我甌也，以風雅提倡兩郡士，時則青田端木太鶴、永嘉陳春堤、瑞安林石笥、泰順則先生，皆以能詩被寵異。後藩蜀，招先生往，至甫四十日，而方伯遽卒，無子，幕中賓客星散，獨先生留，經紀其喪，力謀於當道，爲立後，並定其詩文集，刻成之乃去。故太鶴贈詩有「書生風義動諸侯」語。蔣礪堂制府，時自浙至蜀，議留先生長錦江書院，以諸生不中例不果。於其歸也，書抵浙大吏，盛稱先生學行，爲浙中人物第一流，推獎甚至。由此主處州蓮城書院者十年。然則先生固不可以詩人盡，遇雖窮而名滿天下矣。泰順在吾郡爲最荒僻，自明景泰置縣後，人文寥落，無大表見於世者。顧乾、嘉以來，曾鯨堂大令以經學古文鳴；董眉伯進士以詩鳴，近者余老友林太沖廣文博學善著述，耄耋不倦，不幸今歲二月亡矣。兹序先生文，固不能無老成凋謝之感，又未嘗不幸其邑小而多賢，而諸老餘風流韻之所被，必將有起而賡續之且恢大之者。又何慮於先生未刻之詩，莫爲竟其緒也哉？是爲序。同治甲戌十月瑞安孫某拜撰。仲父止庵先生序

霞樵先生，有心維持風化君子也。猶憶道光己亥，余年踰冠，應鄉試，時先生已耆，不與試，適僑居武林，余修禮造謁，先生喜誘掖後進，相接以誠，且頻枉顧，談今論古，藹然可親。然於後生跅弛爲豪者，絶不假以辭色，温而厲，和而不流，前輩風規，真覺可敬。忽忽卅四年，而老成凋謝亦二十餘年矣。今春，余擬赴杭，道經甌城，哲嗣少霞四兄將以先生文集授梓，册中先生手蹟祇六篇，餘皆旁人代録，不無亥豕之訛。少霞屬余謄清，展讀之下，髣髴親聆麈譚時也。竊惟先生性情真摯，敦古誼，每歎風氣日下，慨然有挽迴之志，往往形諸坐論，時或流露於筆墨間，然則謦欬雖杳，斯集具存。即伊人宛在，爰略正譌字，并綴數語於末，聊誌典型之感云。同治壬申孟夏月，同邑後學勉之甫林焯謹跋。

太霞山館詩稿

二卷。

存，泰順董氏刊本

湘南游草序：泰順董子霞樵，始獲交於杭州崇福禪院，讀其詩，原本性靈雋永有意味，與往還者久之。後余之江淮、之齊魯、之京師，十餘年不相聞，每與友朋談及，未嘗不念羅陽有詩人焉。霞樵别後，嘗從鯨堂師游東安，復之西蜀，爲李石農方伯商訂詩文，俞學使延之幕中，交游益衆，見聞益廣，江山磅礴之氣，入其胸中，湧其筆下，悉見於詩。癸未歲自四川歸，余適自京師至，把手狂喜，共叙契闊，出其湘南游草屬余爲序。詩不虚作，凡所抒寫，本之以性情，緯之以新色，霞樵之詩於是乎變而益上矣。而余有進焉，以霞樵之學、之才，宜乎見用於世，不但以詩鳴，或和聲鳴盛，與皋飂、夔拊賡歌於廟堂之間，雍容揖讓，鼓吹承平，此其宜也。乃徒託諸弔古懷人之作，自寄其抑鬱無聊之意，激昂慷慨，情見乎辭，余讀其詩，未嘗不望其進也。因序之，他日請念焉。永嘉周衣德再拜。

張氏森仙樓吟稿甌乘補十〔一〕

〔一〕「十」，底本誤作「十一」，徑改。

未見。

甌乘補十〔一〕：温郡學陸曉峰先生，嘗稱張柔木春草詩最綿麗可喜，他詩亦皆警煉。不知柔木爲誰？時馬蔚霞爲余詳述之，始知其名森，字樹之，柔木其號也。平生以冶銀爲業，著有仙樓吟稿。原注：鄭星舟雙槐軒暇筆。張丙光子，名森，字柔木，亦能詩，工雅過於乃父。著有山樓吟稿，泰順董霞樵爲之閱定。原注：陳鏡帆遇春筆記。十二：仙樓吟稿，董霞樵選，張柔木著，未刻。

鮑氏作雨鮑雲樓遺詩 曹應樞茹古堂文集一

未見。〔二〕

曹應樞序：詩文者，聲心者也。藴精葆真，亦含竅納籟，於載籍爲忘形，以古人爲託幹，根荄動達，真氣成色，譬女貞、冬青之林，外貢蒼潤，體操益謐。讀雲樓先生之遺詩，而破觚爲圜，繡悦成藻者，庶知屏焉。五古觴濫唐初，筏源魏晉；其最著者，餘古律則瀼西正

〔一〕「十」，底本誤作「十一」，徑改。

〔二〕温州市圖書館藏六吉齋詩稿不分卷，手稿本，一册；鮑雲樓先生詩稿不分卷，手稿本，一册；六吉齋詩鈔五卷，無名氏評鈔本，一册。中國科學院圖書館藏五卷鈔本一種。

宗，劍南別子，派系所屬，寢饋不忘，亦辭貌其情矣。而唐苑花愁，玉門柳怨，右丞、供奉之技，形諸斷句，非出曼聲。某然燈照心，汲雪漱齒，取是集莊誦，如遇先生於古琴之旁，寒硯之北，相與敦盟正始，滌味稀聲，而攬古會悲，思舊引慟。豈斯人不作，而賞音並遐耶？茹古堂文集一

鮑氏臺一粟軒詩文集六卷。

存。平陽鄭氏刊本

某未冠時，輒聞石芝鮑先生以詩古文鳴甌、閩間，隱居授徒，耄而篤於學，吾郡稱老師宿儒者未之或先，私心慕之。顧自以年少學淺，未敢脩贄求見於門下，而傾倒於先生者，則未嘗一日忘也。歲壬寅，自京師歸，始謁先生於龍湖書院，年八十餘矣，視聽不衰，從容善談論，矍鑠如五六十時，益心異焉。一日過余於陳氏寓，出所著一粟軒詩鈔見示，並命爲之序。某受而讀之，竊謂先生之詩，靈機内運，鍛煉自然，質直之旨，雅近香山，古淡之音，直追韋、孟。而其胸次浩然，性情篤厚，未嘗有感時嫉俗之言，與夫憂老傷貧之意，蓋先生志潔而行芳，質樸而學茂，修道養壽，翛然名利之外，故發而爲詩，沖融淡妙，其拔出

塵俗，不可以道里計也。譾陋如某，何能費一詞於簡末，然先生數函書來京師，督序甚急，其又敢辭？因就平昔傾倒之私心及管窺於先生之詩者，叙其梗概，以質之先生，尤望先生之進而教之，則某之厚幸夫！道光丙午閏夏，同里後學孫某拜書於都門宣南寓廬。仲父止庵先生序

石芝鮑先生，吾鄉宿儒也。少爲諸生，有聲庠序，屢試不第，以明經隱於靈峰瀛水間六十餘年，日及門弟商歌洛誦，齗齗如也。人皆惜其不遇，而先生漠然無介於心，若不知人世間有窮達事者。獨好讀書爲文章，所著詩文，皆裒然成集。歲辛丑，劉明府昆圃聘主龍湖書院，璜不時以詩文進質，追隨杖履，承先生知愛，不以璜爲愚，時以所作見示，益知先生之所得于中甚深且厚，故其發爲詩文，皆和平中正，有裨益於人心，而無愧古作者之意。今已年逾八十，所作既多，往往散佚，璜懼後之學者，慕先生之爲人，而不獲讀先生之書，身爲弟子，不得辭其咎也。雖先生學不自足，不欲出以問世，璜等其敢以自諉乎？爰與方商臣丈謀梓而傳之，使後之慕先生者，有以讀先生之書，見先生之爲人，則先生之心可以少慰。即璜之受知於先生，其亦可以無負也歟！道光丙午季春月，受業門人鄭兆璜謹識。

文字之緣，有默相維持不謀而合者。余於石芝先生，素無傾蓋之歡、撫塵之好，自從桃湖見其詩，推爲逸品，致書於華友菉園，道欽慕意，先生自此樂以所作相質，郵筒往來無

虚月。道光元年，合刻蘭社詩，因得領全詠之勝，瑶臺控鶴，飄飄然有淩雲氣，非學青蓮而神似者不能爲，擊節歎賞久之。有告於余者曰：「先生天性高曠，近又瀏覽邵子先天圖，究其環中之秘，以壹志凝神爲務，於文不多作，偶爲人作傳記、贊序，率臆抒寫，自然成章，非僅僅以聲詩自鳴者。然余與先生交久，先生虚懷若谷，嘗以散體推蘐園，駢語推予，謂非己所長，不肯出以示人，予甚疑之。辛卯春，余至平邑，先生坐則燈對，臥則床連，行則舟隨，路過龍湖義塾，始見其駢體、散文各數十篇，喜甚，爲盥薇讀之。駢語宗法晉、魏，散文摹倣歐、曾，一種芳芬悱惻之意溢於楮墨之外。有才若此，而不以示人，是何異家有尺璧而燕石棄之也。嘗慨合刻六人，迄今凋零過半，獨存余與先生及南村三人，南村官海外，余需次都中，不得與先生見，惟此詩文札牘鈔隨行篋，感意氣而通神明耳。今幸而一粟軒詩前已雕梨，駢、散二種急須付梓，俾後之人誦其詩而知其志，讀其文而知其情，有愈久而彌彰者，當不徒文字之緣，默相維持，不謀而合，與同社諸友，紬繹而欣賞之已也。道光壬辰中秋，愚弟林滋秀識於都門福州新館。

經濟與文章相表裏者也。故儒者爲學，本經濟以發爲文章；國家掄才，即文章以覘其經濟。士有掇巍科，享厚禄，大而秉鈞當軸，霖雨蒼生；小而出職方隅，膏沐草野。其功名赫奕乎當時，其事業流傳乎數世。若是者，人謂經濟之恢宏，吾謂文章之發越也。若夫老師宿儒，閉户潛修，著書爲樂，詩文自娱，議論挽回乎風氣；著述沾丐乎後儒，辭榮守道，積於身而孚於鄉，矩步繩趨，周行示我，使風有自厚，化有自興，其贊助乎治理者，豈猶在人耳目間也，是文章即經濟之見端也，吾故曰經濟與文章，相表裏也。癸卯初夏，余權篆横陽，又攝章安，因公行部一一邑間，竊思夫雁宕龍湫之勝，扶輿藴結之奇，鬱鬱乎氣佳哉！此荆公所謂龍蛇之神，虎豹翬翟之文章，楩楠竹箭之良材，皆由山出，至其淑靈和清之氣，磅礴委積於天地之間，萬物之所不能得者，必屬之於人。吾是以知其中大有人在焉。龍湖掌教鮑石芝先生，有道士也，行年八十，敦行不怠，力學不倦，見余强恕堂文集謬爲許可，因録其平生所作文辭若干卷，乞序於余。余閲其文，權奇倜儻，抒寫性情，動得古人勸勉意，不僅雕鏤組練，極衆人之炫耀爲也。是所謂「本經濟以發爲文章」者非耶？吾於是而知山川清淑之氣之所鍾非偶然矣。因樂而爲之序。時道光癸卯年中秋前二日，中州李道融拜撰。

華文漪故文學鮑敬亭先生墓誌銘：邑有聞人曰鮑石芝者，才高而學博，行安而節和，有聲郡庠。甲戌歲以明經進籍成均。逢原齋文鈔三

案：鮑歲貢臺，號石芝，平陽人，明給事中輝裔孫。見華文漪鮑敬亭墓誌。道光間主講龍湖書院，卒時年逾八十一，時推爲宿儒。其集，門人鄭古漁兆璜所刊，詩二卷，先刻成。家中

父爲叙其首，後又續刻駢文及古文各二卷，合編爲一集。其行款叙次，粗雜無緒，集中所作以詩爲甲，體律修潔，文采亦復可觀，駢文則風格未高，扁跋壽叙累累盈卷，尤非古人所有。古文規模寛博，勝華菉園，而俗調未刊，則不及菉園之尚能軌步八家者也。

華氏文漪逢原齋文鈔四卷。

存。道光丙戌刊本

昔人謂：「作史貴才、學、識三長。」予謂：爲古文何獨不然？蓋古文當以空行以神運，而實從醖釀深醇後得之。學不博則不能善取，又安能善棄？識不精則蔽於古人之成説，而不能迎刃以解；才不大則不能運掉如意，即有學識亦形蹇滯，而不克了然於心手之間。然則襞積餖飣者非古，空疏者尤非古也。顧今人率囿於帖括，即兼治古文矣，而或規規然襲其形貌，作奇崛語，以爲近昌黎；摹頓挫處，以爲宗六一。及覽其篇，率不過弔死問疾，舟游巷飲之作而已，體格卑卑，而漫蘄不朽。嗚呼！是又烏足以不朽哉？吾友華君菉園，自少嗜學，鑽研典籍，晨夕不懈，所爲詩文，皆力遵正軌。余每讀其所作，但覺其一片心靈，精光炯炯，實能出入於前人故册中，而謝華已披，啟秀未振者。予於其文，但有擊節；於詩則時有彈擿，然菉園無不應時改定，以求完善。蓋其心至虚，故能取善於友，其有未得之於友者，則兼能取善於古人，而所成就，遂至於此。余嘗許其於作史之三長，殆無愧焉。世有識者，覽其所著，必有以諒予言之非阿好也。福鼎愚弟林滋秀紉秋氏拜撰。

逢原齋詩鈔

三卷。

存。道光丙戌刊本

嗚呼！此吾菉園先生遺稿也。先生與余素無面晤，第有神交，札牘往來，以詩文共商榷，已十有六稔矣。同堂至契，無以過之。辛巳春，合刻蘭社詩略，客夏囑余代鐫其全集，未蒇事，而先生遽於九月中旬謝世，慟何可言！今幸其集告成，傳播四方，先生雖未及親睹，而生前所欲爲之業於此而就，即余少效微勞，亦得報古人於地下也。悲夫！道光丙戌冬日，滋秀又書。

案：菉園華拔〔一〕貢文漪，平陽人，平生喜爲古文。其與林紉秋孝廉書文鈔二謂「有宋諸

〔一〕「拔」，底本闕，據校勘記補。

大家皆法昌黎，而曾南豐尤爲湛深經術，深厚之氣，絶類漢人，有蘇、王所不能爲者。朱子學之得其神，王遵巖學之得其法。我朝方望谿亦復稱爲能手，諸公既絶塵而奔，某亦欲循途以企」云云。蓋亦能由桐城以上溯八家者，故其所作大率簡要有法，波瀾紆折，亦間似震川。惟專宗南豐，不甚學步蘇、王，故少縱横馳驟之作。鮑石芝答林紉秋書謂：「蒹園文醇正處無可議，嫌邊幅稍狹耳。」一粟軒文鈔六。其所評亦致塙也。詩三卷亦清瘦不俗，其論國朝人詩取宋茘裳、施愚山、王阮亭、朱竹垞、黃莘田，而力斥袁枚爲野調。亦見與林紉秋書。固異於流俗之稍通聲病，即尊隨園集爲鴻寶者矣。

項氏霽且甌集

九卷。

存。

癸丑之夏，瑞安項几山以其仲兄叔明先生遺稿屬爲校定，留寓齋數月，暇輒讀之，客有能詩者，過余與共讀焉。其中多游覽山水之作，客曰：「天台、雁蕩我曹夢想不得一至者，讀叔明詩，恍如置身其間，且得賢主人導以登陟，而歌詠之聲與山水清音相應答也。若叔明者，方諸古人，其謝康樂乎？」余曰：「子誠知詩者，然未知叔明之爲人也。叔明早謝時名，遠聲氣。凡所交游，多積學砥行之士。假令今之郡守有如康樂者，文章雖美，吾知叔明必匿跡不與相見也。」乃出几山所爲仲兄事略以示客，客讀而歎曰：「異哉！叔明伏處之士，於邑之水旱，與其弟私憂竊計以振救之。其視身爲郡守，不關民訟，惟事遨游，及居會稽，屢求決湖爲田，不顧衆利者，誠不侔矣。雖然，叔明專力於詩，弟妹皆秉其教，其家之男子、女子各有能詩聲，以方謝氏，蓋庶幾焉。」余曰：「子之論似矣！猶未知叔明之深也。叔明雖篤嗜於詩，其教人必爲有用之學，廣坐論議，有不合不斷斷辨，徐取書傳之足與所論事理相證明者，指以示人曰：試詳讀之，子弟有過亦然。蓋叔明博覽古籍，於古今興衰治亂之源，民生利害之故，及前言往行之可爲法戒者，必多識而審思之，不徒資以爲詩。此几山所以有望於讀叔明詩者，得其志意之所在，而悲其徒以詩見也。若必求其似於古之詩人，曰某家某家，豈真知叔明者哉？」客曰：「然。」乃論次以爲且甌集序。集凡四卷，此集刻本九卷，此云四卷者，蓋作序時全稿尚未寫定也。古今體詩六百餘篇，起嘉慶戊辰訖道光辛丑。叔明年五十而卒。卒後數年，子瓚、琪所編輯者。叔明諱霽，自號雁湖。咸豐三年歲在癸丑，甘泉鄉人錢泰吉拜識於海昌城東寓齋，立冬後十日謹書。

夫扶輿靈異之氣，鍾之珍怪物及賢人君子，時有符采隱見山澤、星芒、雲色，俾占候者望氣而知當之者之所在。其爲氣或數十年或數百年而間一見，恒人耳目不能得之。士人文章根於性命，其精符所藴亦如怪物畸人。其爲氣也，得之厚而養之深，恒不自彪褬，若隱俟一二同氣者，相與推其人事之精，能有當於造物相須之數，豈偶然哉？山人項君雁湖先生，少沈酣典籍，鍥而不能舍，乃以性情學力之所積，時而見之於詩。樞以姻婭舊交，時得窺其勝概，而每自愧爲未足深知山人也。中翰端木太霍師，與山人有素，丁酉秋自都門歸，山人質以詩一帙，約百餘篇。今春，僕並得見示，因欲即太霍師評别偶未及詳者，爲山人竟言之：五言沈鬱跌宕，具超曠一世之情，無憤嫉於時之意；七言奇俊縱恣，精意所結，不欲矜才炫博，以馳騁其詞；五、七律深情逸旨，循環相生，要其大致，出入李、杜、韓、蘇，並涉意於六朝、中唐，而不欲規撫其形似。麗詞古藻，得之楚騷者亦復不少。君詩篇什富，今所見者五之一而已，卓然可名如此。吾甌南宋時四靈以五言胎體晚唐，清雋自擅，遂以詩學名。元、明時，李五峰、何无咎〔一〕，各以奇峭縱軼之詩才，得以單集行於後。而鄙人管見所及，覺古來大家，真源接衍，異同之旨，如山嶽河海，地脈鈎連，泭流匯合，未嘗不有相去千萬里而遥。後之人吐論之際，風翰之間，淵然於分支别絡内，由其歸趣以得其統宗，則非僅近時中難其人，君能統會詩人之源，而不專一二家之勝，其得傳於後無疑。

〔一〕「何」，底本誤作「胡」，徑改。

吾不能逕謂君之詩於甌中前無古人，而自來甌人之以詩名家者，得有君而不能專美於前，從可知矣。僕少時得君相劘切於詩文，深幸君之得爲傳人，而并願後來從事於此者，相與有以廣君之傳，亦舊時伐木嚶鳴之意也夫！是爲序。道光戊戌閏四月上澣，曹應樞秋槎甫拜撰。〔一〕

張氏振夔介軒文集十八卷。詩鈔十卷、文鈔八卷

存。永嘉張氏刊本

同治丁卯〔二〕，某在杭州既爲磬庵張先生銘墓，而先生之子碩，復以先生所爲介軒文集見寄，求爲之序。予爲訂定其可否，因詳論其辭義之美以示鄉之後進。且曰：「由先生之所作而深求之，則可以漸致於古人而無難。」予豈欺鄉之人哉？蓋予於先生之文盡心焉爾矣。昔宋之南渡，吾永嘉諸先生之學嘗極盛矣。而其文章尤美者曰水心葉氏、止齋陳

〔一〕曹序題爲草堂集序。項霽生乾隆五十七年，卒道光二十一年，字叔明，一字雁湖，瑞安人，諸生。

〔二〕「丁卯」，底本誤作「丙寅」，據孫衣言撰墓誌改。

氏。止齋之學最深於經，而其發爲文章則子長、永叔之流也；水心之學最深於史，而其發爲文章則賈生、蘇氏之流也。二先生之書今猶具存，吾鄉之人能讀其書者鮮矣；讀其書，而能知其意尤鮮矣。至於由止齋而知其可以爲子長、永叔，由水心而知其可以爲賈生、子瞻，又豈可人人而語之哉？蓋鄉曲之士習於所見，驟語之以子長、永叔、賈生、蘇氏，未免畏其難也。引之以水心、止齋之爲學，將有欣然從之者矣。驟語之以水心、止齋，猶未免畏其難也。引之以近時作者，如先生之爲文，則必有奮起追之者矣。夫文章之妙具於人心，而其精深變化之故，皆可以學而能也。遠望數百載以前，而以爲不可幾及；幸而同生鄉里之間，則又以其近而忽之，是亦不學而已矣。故予於先生之文尤盡心焉，而復申其説以爲之序。使鄉人知讀先生之書，而進而不已，即可以爲水心、止齋，亦即可以爲子長、永叔、賈生、蘇氏也。則永嘉諸儒之盛其將復見於今乎！是在勉之而已。先生淡於榮利，生平獨嗜讀書，故所詣之精如此。其歷官行義，已具於銘幽之文者，兹不具書。庚午七月，同郡後學孫某書於金陵。家大人叙

吾郡二百年來，士鮮以功業垂世，至文章卓然可傳者亦不多見，豈學術顧有資勢位哉？跧伏里巷，無所聞見，則志氣衰惰，亦自安於淺陋而已矣。然以衣言所及見，如鮑先生作雨之易注，曹先生應樞、林先生從炯、項先生叔明之詩，方先生成珪、項先生几山之博

雅，皆足以抗衡古人，士亦貴自立耳。今得張先生介軒詩文集既盡讀之，其文則歐、曾也；五七言古詩則韓、杜也；而言行之篤實平正，亦不失爲程、朱之徒。益喜鄉先輩流風遺韻尚有存者。夫以衰惰之志氣而驟進之以程、朱、韓、杜、歐、曾，必且以爲不可及。至如先生，則非鄉之人所望而生畏者也。故就先生之書詳加論定，其精神用意之所在必表出之，務使了然心目，將導後生輩以學先生。能學先生，則必求進於杜、韓、歐、曾，而知程、朱大賢之事，固有所不能自已矣。此亦予不得已之苦心也。讀先生集者，其無以予爲妄哉！

同治六年十一月，瑞安孫某記。家大人叙

永嘉張先生與青田太鶴先生，皆先君子莫逆交。太鶴以女歸我仲兄咸，先生亦以長女妻坤。曩校刊太鶴詩集有疑義，輒以就質先生，頗獎勵之。今先生歸道山又數年，妻弟碩謀刊遺集，攜先生所著介軒詩鈔十卷見示。坤受而讀之，竊謂先生詩固足與太鶴相伯仲，而樸茂醇正尤自肖其爲人。吾里孫琴西方伯亦謂先生古體直逼韓、杜，可決其必傳，趣付梓以問世。坤向既刻太鶴集以成仲兄之志，豈漠視先生詩而無以慰妻弟願耶？剞劂之費，夫何敢辭！獨念先君子既以兩先生爲益友，亦冀坤數數請業，稍得其緒餘足自立也。而坤以下駟之材，迄無所就，兩先生既不久居人世，杳杳儀型，追思若夢，欲再聆其謦欬，徒於遺編賸墨之中想像萬一，而坤亦忽忽殆將老矣。茲迺僅以校訂之役，附名簡末自幸歟？實自恧爾。同治庚午夏五月，瑞安洪坤謹跋。

曹氏應樞茹古堂文集三卷。

存。瑞安〔一〕唐氏刊本

僕來安陽半載矣，罕有以文字交者。往歲重九，登高隆山，斐然有作，傳鈔於外，則有摘其字句，以相嗤笑者，置不辨也。學舍數椽，低窗短榻，修篁玉立，間以叢蕉，牆垣外女貞、冬青之木，孤松、勁柏之株，蓊翳森列。雖蕭辰肅月，而蒼翠之色時盈眉睫，天有微風，刁刁焉，騷騷焉，聲徹空外，意有所會，或詩或文，率於斯時得之。曹秋槎孝廉，青田端木太寉中翰之高弟也，於它處見所作，惠然來，與之論文相合也，論詩相合也。往還既熟，形跡胥捐，則與之縱論千古來治亂成敗之事，九等中人物高下之殊，莫不相合也。嘻！向所不合於人者，兹何以獨合於秋槎也？抑獨合於秋槎者，乃其所以不合於人邪？秋槎閲旬日必來譚藝，必竟日去；或風雨不得談，代以箋獻，歲十日驟寒中人，僕方擁温爐煮苦

〔一〕「瑞安」，底本闕，據校勘記補。

茗，思作冷句以自遣。而秋槎遣一价以文稿至，狂喜亟讀，漏三下不釋手。秋槎之文，其簡練也得柳州意，其峭折也得半山意，其盤屈而恣肆也得韓、蘇意。至於植體於漢魏而不爲艱深之詞，討源於莊、列而自有其宕折之致。沈思獨往，意與古會，則自成其爲秋槎之文。秋槎之論文曰：「於似不構思處見思之深；於不必見才處見才之藴。」夫古今作者，豈能有加於二語外哉？僕將何以益君也？雖然，流播於外，亦安知不有摘其字句以相嗤笑如僕所遭也者。我知秋槎，亦惟有置而不辨也。嗟乎！太寉往矣，誰與共讀秋槎斯文者？是爲叙。道光十八年歲次戊戌孟陬既望，長興朱紫貴拜撰。

右茹古堂文集三卷，合前梓梅雪堂詩集十卷，先業師一生精力畢萃於此。師彌留之際，諄諄以此命，勳大懼負師命而手澤之就湮也，黽勉督促，先後告成，用是竊自慰，而益信師之靈之有以呵護之也。獨念師平居有教無類，齗齗以扶掖後進爲己任。今門下士居顯位、負才名者不少，而區區文字之留貽，乃獨責之垂老淺陋之士，斯則勳所撫編自愧，而誠不能無亥豕魯魚之懼也夫！咸豐五年正月望日，受業内弟唐虞勳銘亭謹識。

陳氏乙鳳研齋詩鈔二卷。一粟軒文集五

未見。〔一〕

鮑臺叙：嘗謂工於詩者，不亟亟以詩自名者也。惟不以詩自名，故瀏覽於諸子百家，閱歷乎人情世故，感觸於山川、風雲、鳥獸、草木、蟲魚之狀類，鬱積久而發之，以陶情而適性，有不蘄工而自工者，吾於陳君藜閣之於詩，得之矣。君蓋不亟亟於詩而工於詩者也。猶憶四十年前，其尊甫南溟翁，嘗稱詩於環橋豐岫間，號召名流，相與唱和，郵筒往來無虛月。適園中鼠姑盛開，賦詩燕飲，預宴者十有餘人，予先君亦與焉。得句云：「可憐西子無雙豔，不落東風第二花。」翁擊節歎賞不置。時君尚幼穉，而夙慧過人，蓋其家學濡染有素矣。迨嘉慶己巳年，余假館於荊山之麓，君以翁命來問業，惟與同社數人以制舉文相鏃勵，文甚工，其年即補博士弟子，每試輒冠其曹。因餘力及於詩，顧不多作，偶出一二皆可喜者。亡何，戰藝於省闈，屢報罷，鬱鬱不得志，遂肆力於詩，以素所蓄積者發之，故於詩遂多。是歲過其鳳研齋，得覽其全帙焉。其言明且清，其音和而雅，其登高懷古諸作，酣嬉淋漓，神與古會，縱橫綺麗中而風神諧暢，情韻不減於骨肉師友，一篇之中尤三致意焉，技至此可云工矣。顧我有感焉，計與君通家二世，於兹數十年矣。風花飄瞥，日月易於

〔一〕温州市圖書館藏道光十七年家刻本，作鳳研齋存稿；又藏稿本及鄉著會鈔本，作鳳研齋詩鈔。

上，顔貌變於下，今余髮種種，君亦鬑鬑有鬚，非復少壯時景象矣。豈真詩之能窮人耶？吾聞之昔高達夫，詩人也，年五十，猶爲人掌書記，厥後節度西蜀，爲時名臣，人固有難於先而易於後者。君其圖之，毋恃其所已能而進於其所未能。他日以揚風扢雅之才，爲清廟明堂之奏，和其聲而鳴，其盛豈不偉歟？余雖老耄，尚將拭目而俟之。一粟軒文集五

鮑臺陳藜閣墓誌銘：君諱乙，字震雯，號藜閣，世居平之豐山。髫齡時風神秀異，穎悟絶人，與弟謨，有「二難」之目。嘉慶己巳年，余假館荆山，君來問業，年方弱冠，其年即補邑博士弟子，旋食餼。其爲文戛戛獨造，不盡遵有司繩尺。大比歲，試輒報罷，由是發憤捨舉子業而從事於詩。與同里黄雲谷茂才居隔一水，往來譚藝，月鍛季煉，不遺餘力。所著鳳研齋詩鈔二卷，雄奇跌宕，恣肆縱横，不專主一家。而於本朝新城王公精華集中獨有神悟，幾於具體而微。予嘗爲之作序，以高達夫期之，初不意其僅□進籍成均，年五旬有一，即賫志而殁也。一粟軒文集六

曾氏賢金石聲齋詩存

一卷。

存。永嘉曾氏刊本〔一〕

曾氏元琳太玉山館今體詩鈔〔二〕一卷。

存。永嘉曾氏刊本

蓋聞馨香奉社，徒寄藩籬；奴僕命騷，不依門户。所由自我作古，語必驚人；對客揮毫，才非罵鬼矣。然十年面壁，豈真詩有别腸；一縷心香，不覺詞臻絶頂。若吾友曾子璘者，枕葄秦、漢，淩轢嚴、徐，有仲洽之才，兼茂先之博。忩泛剽之單慧，脗合心思；靳𠷎費於片詞，昈分舊事。琴歌酒賦，楮尚卿綈其古歡；文律言泉，硯滓妃修其慧業。是以暝寫晨書之暇，庚瓢乙卣之間，奏金石以鏗鏘，忩京都之研煉。一篇跳出，紙醉金迷；數位吟成，珠零錦粲。多多益善，增玉壘之千兵；汩汩其來，湧璇泉之萬斛。官様不輸於鳳閣，才名久重於雞林，非所謂當世伯喈，後來王粲者乎？僕也幸同硯席，叨列金蘭，均幽摯於胡

〔一〕兩浙輶軒續録三十：「曾賢，字翼聖，號竹史，永嘉增貢。著金石聲齋詩存。」當補其傳。

〔二〕「詩」，底本脱，據校勘記補。

叟韋絃，訂新盟於越人車笠。推誠罣罣，日親夷甫玄談；載悦軿軿，時示永明禁體。常疑君有仙骨，修到梅花；每坐我以春風，拾其香草。而乃彦和博學，轉從沈約而獻書；子建多才，偏向仲卿而索序。自慚薄技，敢助引喤，豹窺一斑，鳳析半羽。帙貯邱遲之錦，函團荀令之香。定疑太白重來，孕含千古；合許小紅低唱，傾倒一時。劌目鉥心，深入鍾嶸之室；雕今潤古，誕登表聖之門。固知劈衍波之箋，化仙霞而欲去；搦淩雲之管，書花葉以同清。客有播曲郢中，摘其佳句；予竟舉頭天外，得此大觀。道光壬辰嘉平月祭詩日，愚弟徐培雯拜序於小赤壁山房。

永嘉之曾爲吾郡望族，其先嘗顯宦。往時臺榭花木之勝甲於一方，宗族姻黨歲時聚會，觴詠鼓歌，輿服雍容閒雅甚都，恍然承平故態也。獨子璘、曼琴兩君，皆窮而工詩。子璘天資神悟，博極群書，其爲詩學李太白、黄山谷，而汪洋恣肆，放乎繩尺之外，高才逸氣，傲睨一世，詩愈富而境愈窮，年裁逾五十而死，殆且無子。曼琴則誠篤温克，言笑不苟，詩多名作，而性情真至如其爲人。舉道光乙酉拔萃科，卒亦無所遇，老而授徒於怡園。兩君既殁，其從父竹史先生檢得其遺詩，屬余兄琴西選定之。子璘之詩幾五六千首，猶有散佚未見者，其富如此。余兄痛爲删存，尚得三四百首，近體居十之九。曼琴詩既不多，又不盡留稿，故僅有存者，然亦足以傳曼琴矣。竹翁將謀鋟版而遽下世，哲嗣秋嵋復集貲合刻之，而以其尊人所遺雜著數首附焉。竹翁留意文獻，凡吾郡之善詩、書、畫者，雖殘縑斷簡，皆藏弆唯謹，況其爲一家之集哉！秋嵋善承先志，尤可敬也。子璘負詩名甚盛，余恨不及與之游。而曼琴當咸豐三、四年間，與余相聚於怡園最久，深服其踐履篤實，勤學好善，無愧於古之賢者，詩尚不足爲曼琴重也！竹翁父子間，余亦雅修紀、群之好，故樂斯刻之成，爲題數語於卷端。然而俯仰昔游，不能無宿草之感矣！同治庚午六月，止庵孫某撰。仲父序

林氏大椿求是齋詩鈔

三卷。

存。同治甲戌刊本

自序：南戒一域，大海環之，登山而望，有詩境焉。若夫波濤萬頃，奔騰澎湃，滔星浴日，浩無涯涘，吾見諸少陵、謫仙、昌黎、東坡；魚龍曼衍，寶藏充盈，瑰形詭狀，光怪陸離，吾見諸義山、昌谷、樊川、玉川；風和日麗，水波不興，一艇夷猶，翛然物外，吾見諸香山、放翁；露白葭蒼，風景高潔，爽氣襲人，毛髮皆慄，吾見諸東野、閬仙；島媚山明，泉流花放，渟蓄瀠洄，溯游自適，吾見諸襄陽、摩詰。此天地之奇觀，實文章之偉觀也。若夫溯源

星宿，濫觴崑崙，則漢魏樂府而上及三百篇矣。以此言詩，詩豈易言，然則吾將淺言之。吾家在澗濱，廣不五丈，深半之，可持竿而度也。然一勺之多，觀海者所弗棄。孰謂此瀰瀰者之非水耶？盈科而後進，異日或可至於海，顧其量則淺甚，其諸枝流汊港之稍足泳游者乎？是説也，吾嘗持以評吾詩。諼士林大椿自題。

又序：西越之鄙人，行歌於野，其音渢渢然，如怨如慕，不復知陽春白雪之何以稱焉。薛譚過而聞之曰：「嘻！此何聲耶？」宜倨而句，將墜而抗？節簇之不諧，絲篁之不叶，嘵嘵焉，慭置吾耳，此何聲耶？他日以語秦青，青曰：「是何足異！是山林之野人也。鈞天廣樂之音，清廟明堂之奏，平生所未聞，老身長子所習者下里之詞耳，發而爲歌，夫何足異？且子不見夫春林之黄鳥乎？飛翔乎山梁之上，棲遲乎澗谷之間，頡頏其羽，睍睆其聲，自許其適乎律呂也。謂天下之能鳴者莫之及矣。洎引之以九皋之鶴，高岡之鳳鳥，且自悔其所鳴之小矣。鄙人之歌其類是夫。且物生而有形，即有聲。聲者，天之所賦。賦工則工，賦拙則拙，賦雅則雅，賦鄙則鄙，其工與拙也，其雅與鄙也，順性而然，而無不然，是謂天籟。天籟者，真意之謂也。於鄙人乎何嫌？」譚唯唯而退。乙卯之春，鄉人有徵歌者，客以秦青之言進，航山子方編詩，喜其説之與己合也，遂詮記之以爲自序。

垂涕集二卷。存。同治甲戌刊本

予年十八九，在邑校從城中曹先生秋槎游，學爲時文，其時樂清林君大椿恒軒，亦來從先生學。曹先生雖以時文名，然並治古文辭，故予與恒軒亦時從先生學詩。恒軒年稍長於予，貌寢而氣樸，見人輒闇默無言。在邑中尤不輕與人交，雖予亦不能時相見，往復論議。其後予至樂清，一訪恒軒，始得見恒軒所爲詩，予甚喜其五言古詩，質實有義理，以爲可傳。又十餘年，予自京師歸，復見恒軒於郡城，出示其詩，詩益進，而竊歎恒軒鬚髮半白矣。其後，予官京師久，恒軒不幸遂卒。前年，予在金陵，仲弟書來，言「恒軒詩已得其門弟子刻之，獨俟得兄序」。以事多，久不得爲，而我弟趣爲序不已。蓋予最知恒軒，予誠不可無言也。恒軒善事父母，居鄉恂恂篤謹，常終歲閉門教授，不輕出，獨喜讀書著文，於諸儒書及天官、曆算家言，皆能研精覃思，而書皆未成，獨其詩可以示世。連應鄉舉即不中，以廩生久次貢國子以卒，又無子，以從子爲主後，蓋天之嗇於恒軒如此。然其修身篤學，卒有可見於後世，則恒軒之所以自厚者，天亦無能與也，恒軒可謂無憾矣！昔水心先生記樂清王忠文公及孝廉錢公、司理賈公之祠，以謂天下獨知樂清有王公，而邑人以爲此二公者，亦我地之所有也，而三賢之名遂至於今，未嘗以窮達有所先後。今樂清之士，得名位以才德自見者蓋鮮，然使鄉曲之間，果有如熙載、元範其人者，人亦豈得以無忠文之名位少之哉？恒軒蓋知之矣。吾鄉諸儒，莫盛於南宋，而予尤慕薛文憲、陳文節之爲學，喜讀其書，時時訪求其軼事，每見後生秀士，即欲導以永嘉之學，然苦無有應者。夫永嘉之學之美，豈有它術哉？使郡邑間皆得如恒軒者一二十人，其爲乾、淳之盛無難耳！獨無如知此者鮮也，則於恒軒之詩，予其烏能言也哉！同治甲戌二月二十日，瑞安孫某書於安慶使署。家大人序

曾氏塏雩風草堂詩草

一卷。

存。永嘉曾氏刊本

子璘、曼琴，爲同祖兄弟，於余則同高祖兄弟也。二人皆工詩，而子璘所作尤富。子璘既死，無子，家君急檢其遺詩以歸，分年爲集，蓋子璘所手編也。合古今體詩，凡五六千首。曼琴之詩，不盡自留稿，家君亦於其卒後搜訪得之，故爲數不多。咸豐己未季秋，瑞安孫琴西先生僑寓城南，家君晨夕過從，遂出兩人詩請删定，將謀付梓，而家君棄不孝去

矣！良箴懼吾宗文獻凋落，而且無以成先人之志也，邀集同志，合貲鳩工，刻既成，而以家君所遺雜作數首附於後。摩挲手澤，兼懷昔日花樹之游，不覺淚涔涔下矣！庚午夏日，曾良箴謹跋。〔一〕

曾氏諧小石詩鈔六卷補編一卷。

存。永嘉曾氏刊本

吾友小石，與余齊年生，先後纔兩日，故吾二人稱總角交。小石家松臺山下，有林亭池沼之勝，所謂怡園也。余每詣郡，未嘗不排闥直入，相與賞花觀魚爲樂。小石無裘馬游閑之好，而獨嗜劇飲。少時學爲小詩，輒麗雅可誦。所藏彝古金石、法書、名畫、文籍頗富。小石尤善觀書，率夜踰丙不臥。咸豐初，余自粤西歸，間出其所爲無題詩十首，端陽坐雨感賦四首見示。情詞悱惻，余喜其深得風騷之旨，而又怪其當壯盛之歲，富文史之娱，而乃鬱伊善感，侘傺無聊，無乃非進德養福之方。蓋小石天性肫摯，時連歲遭弟妹喪，

〔一〕兩浙輶軒續録三十一：「曾塏，字曼琴，道光乙酉拔貢。著雩風草堂詩稿。」當補其傳。

怙恃早失，同氣又萎，年四十膝下孑然僅一女，家事填委，漫無訾省，先世豐沃之規日見侵削，門戸冷熱異，人情嚮背隨之。是以身世之感百端，茫茫交集，興寄所至，遂不自知其哀怨之極歟！未幾，鄰郡寇警，挈家浮海歷明、越，僦寓吴門者一年。山川登覽，奇勝在胸，筆力奔赴，詩愈工而境愈窮。歸不三四年，遂賫志以歿，歿又無子，吁可慨已！小石素强健過余，性好善，樂施予，於三族尤有恩，自其先世已然。此於法當得大年美報，而竟如此，尤不可解也。然使小石酣豢於紈綺之中，富厚佚樂終其身，亦不過數十寒暑，奄然與草木同腐耳！孰若使之更涉憂患，困無所之，乃益勤心於文字以求自見於後。古賢人畸士往往出此。今雖起小石而問之，亦必不願以此易彼也。是可無恨於吾小石也已！今其女夫葉蓉樓將刻其遺詩，屬余編定之。刻既成，請序於余，並以小石葬期告余，將謀爲銘幽之文以授其家人。而事跡不可得詳，乃爲撮其平生大略及我兩人游好之舊，序諸簡端，用誌余哀，且使後世之有以知我小石也。同治庚午十二月，瑞安孫某序。仲父止庵先生序

曾小石先生，余弟琮之婦翁也。先生卒後，遺書散亡殆盡，余弟從故篋中得先生詩草數帙持歸。時曾君秋嵋方謀刻其族人子琳、曼琴兩君詩，余謂：「先生之詩過此不刻，久且失墜，是吾弟之責也。」乃請於孫蕖田學士選定之，編爲六卷，余又續得數十首，增入爲補遺一卷，又以針鸝詩社唱和之詩附焉，合之凡八卷。昔謝師厚爲女擇對，見黃山谷詩，異

之曰：「得婿如是足矣。」山谷因求之，遂從受句法，卒爲詩名家。吾弟既刻先生之詩，尤望其能爲山谷也，則先生有知，其心不更慰耶？庚午季冬，姻愚姪葉璋謹跋。〔一〕

翁氏效曾蓉江吟草道光樂清縣志十一

佚。〔二〕

道光樂清縣志八：翁效曾號稚川，居白石，邑廩生。少穎異，能詩文，惜年不永。

〔一〕孫鏘鳴撰墓誌載曾諧字載賡，號小石，永嘉人。生於嘉慶二十七年，卒於同治七年。所作詩多爲自身事，並謂此書有光緒十七年補刻本。當補其傳。

〔二〕温州市圖書館藏咸豐六年甌城刊本、鄉著會鈔本。作蓉江吟草一卷、蓉江遺文一卷。

温州經籍志卷三十二

集部

總集類

宋

戴氏述、迅二戴集 萬曆温州府志十七

佚。

戴栩處州通判戴君墓誌銘：戴姓著於永嘉，垂百七十年矣。知鹽官縣事士先始擢進士第，臨江教授述繼之，與公曾祖中散大夫迅爲伯仲，訂經諏史，文辭大振，鄉人號二戴先生。教授與周博士行己游至款，而狀舍人劉公安節行實，則中散筆也。浣川集十

宋氏之才詞林艮齋浪語集三十四

佚。

陳氏一鶚韓柳釋音橫浦集十九

佚。

王氏十朋王狀元標目集注唐文類百川書志十九作「唐文類稿」，今從季滄葦書目。孝慈堂書目六、天一閣書目四之三並無「集注」二字。

六卷。百川書志十九、季滄葦書目。孝慈堂書目六、天一閣書目四之三並作「十二卷」。

未見。〔一〕

百川書志十九：唐文類稿六卷，王十朋選，□□□□□篇。

楚東酬唱集宋史藝文志八、續文獻通志一百八十三並作「楚東唱酬集」。今從梅溪後集九。

〔一〕北京大學圖書館藏明祁東李氏銅活字印本，作王狀元標目唐文類十二卷，題王十朋輯。寧波天一閣藏殘本。

一卷。宋史藝文志八

佚。

洪邁叙：次韻作詩，於古無有。春秋時列國以百數，聘問相銜於道，拜賜告成，責言葳事，周旋交際，蓋未嘗不賦詩，然所取正在三百篇中，初非抒意作也。蘇、李河梁之別，建安之七子，潘、陸、顔、何，陶、沈、二謝，洞庭、瀟湘之闋，池草、澄江之句，曲水、斜川之集，聯翩迭出，重酬累贈，雙聲疊韻，浮音切響，法度森嚴，圓轉流麗，獨未聞以韻爲工者，高蜀州、嚴鄭公、韋近、閣本注案：韋氏見於杜集最多，可指名者，恒、濟、見素、宙、偃、瀆、班、諷、有夏、之晉、匡、贊、迢等是也。不載名者，尹書記、評事、贊善、司直、郎官、侍御、少府等是也。獨不見有韋近，而諸韋中，惟迢自潭移韶，杜以詩往復者數四，疑「近」乃「迢」字之譌。郭受，來往杜少陵間，有唱必報，率不過和意而已。韓詩三百七十一，唯陸渾山火一篇曰次韻，而與孟東野變化上下者迺四之。閣本注案：韓詩唐李漢編者，三百八十一首。宋五百家注，魏仲舉所集者，三百九十。本朝顧嗣立集注，三百八十七篇，益以集外者爲四百十三。此云三百七十一，恐誤。陸渾山火詩，集作「用韻」。洪興祖云：「作次韻非是。」劉貢父謂用其韻者不必次。然湜此詩不見於世，貢父何所據而云耶？韓、孟聯句見韓集者十篇，尚書有所思、遺興、贈劍客三篇，見於孟集，蓋居酬和諸詩十之四云。十聯句中，使其以工韻爲勝，吾知其神施鬼設，百出而百不窮，磊隗春容，靡紫青而擷膠葛也。自夢得、樂天、微之諸人，茲體稍出，極於東坡、山谷，以一吟一詠，轉相簡答，未嘗不次韻。妍詞秘思，因險見奇，搜羅捷出，爭先得之爲快，潏潏乎舟一葉而航灩澦也，岌岌乎其索驪龍之睡也，盎盎乎朝華之舞春；琅琅乎朱弦之三歎也。翼乎鵾鵬之戛秋空也，淵乎其色傾國也，詩至是極矣。王正德餘師録四。按洪氏文集，今久無傳本，餘師録載此叙，刪節不完。其全文無從核補，姑存之以見其概。

案：楚東酬唱集，今無傳本。以梅谿後集考之，蓋隆興甲申梅谿知饒州時，與何子應、子應之名，集未見。考韓淲澗泉日記上云：「陳恬叔易，何麒爲作誌。」卷下又云：「何子應作陳叔易墓誌甚佳。」據此是子應名麒也。宋詩紀事四十二有何麒，而不載其字與籍貫。後集九有次韻安國讀薦福寺壁間何卿二詩悵然有感詩，自注：「何卿每有歸蜀之念。既死，其子以其喪歸葬於吴。」然則麒蓋蜀人也。王嘉叟、直齋書録解題十八，復齋制表二卷，刑部侍郎王秬嘉叟撰。初寮安中之孫，紹興乾道間名士也。陸放翁與之厚善。陳阜卿、中興館閣録七著作佐郎題名：「陳之茂，字阜卿，毗陵人。張九成榜，同進士出身，紹興三十年四月除，八月除監察御史。洪景盧名邁，鄱陽人。宋史三百七十三有傳。四人唱酬之詩，輯爲此集。後集九，次韻安國張孝祥字安國，烏江人。宋史三百八十九有傳。讀楚東酬唱集詩，所謂「三郡美名俱赫赫，自注：「陳洪州、洪吉州、王興化。」一臺遺墨尚鮮鮮」自注：「何憲。」案：時何麒已先卒，故云遺墨。是也。宋史藝文志載此書作唱酬集，然梅谿後集屢見，並作酬唱，餘師録載洪叙，亦云楚東酬唱叙，無「集」字，疑刊本奪之。宋志蓋偶誤倒也。

又案：梅谿以甲申六月出知饒州，七月至郡。見後集八。後集九，哭何子應詩云：「新編琹未就，楚些又招魂。」自注：「何以二月二十二日行部，方議開楚東酬唱集。」蓋是集編成開版，當在乙酉春矣。又云：「安國讀酬唱集，有『平生我亦詩成癖，卻悔來遲不與編』之句。今欲編後集，得佳作數篇，爲楚東詩社之光。」是是集開版後，又擬重編後集。然宋志止載前集一卷，豈後集終未編成，或編成而未嘗開版耶？梅溪後集十一再讀楚東集用前韻寄景盧嘉叟詩，亦有「詩將後集從前刻，直到番易送別時」之句。

何氏紘桂籍唱和集

一卷。宋史藝文志八

佚。

案：輿地紀勝一百三十五：「福建路興化軍有桂籍堂，崇寧四年建。考皇朝至道以來，郡進士題名刻石置堂上，何文伯以慶元二年知興化軍，嘗新桂籍堂。見福建通志三十。故有唱和集之輯。」宋志著録「桂籍」二字誤倒，今謹據紀勝考正之。〔一〕

〔一〕底本僅有「案輿地紀勝考正之」提示，據定稿補。

佚。

薛氏凝之〔一〕、據二薛先生文集霽山集五

林景熙序：永嘉自許少伊右丞、周恭叔太傅、按太傅「傅」當作「博」，恭叔仕至太學博士。劉元承給事受業程門，爲最先一輩，而義理之學，始於此矣。生而晚者，雖不及成德達材之列，而亦竊聞私淑之教，見知聞知，成功一也。薛氏世學，蓋三百年。最後玉成公學於慈湖楊敬仲，刊華據實，猶程門緒餘。僞學禁興，隻手衛道，著伊洛源流，各爲譜傳，書成而化更。生人之類，不爲夷狄禽獸，吾道力也。又以弓冶授其子。叔容公志弘力毅，負荷千年，念聖遠言〔二〕湮，爲孔子集語二十卷；念國家内外治疏，爲采薇天保末議二卷，念伊、傅、周、召之業不復見，隨世蹇淺，不能登其主於三代，爲宅揆成鑒二十二卷。薦紳剡進，上經乙覽，藏之秘府，以詔厥來。會兵興，君亮區區，收拾於煙埃零落之餘。兩世遺文，其僅存者，泰山毫芒而已。水心嘗曰：「爲學而不接統緒，雖博無益也；爲文而不關世教，雖工無益也。」二先生之學之文，豈徒博而工哉！統緒之的，教化之要，於此〔三〕乎在。君亮早自

〔一〕「凝」，底本誤作「疑」，徑改。
〔二〕「言」，底本誤作「年」，據霽山文集改。
〔三〕「此」，底本誤作「是」，據霽山文集改。

矜飭，懼勿克紹，以貽斯文羞。況當升降絶續之會，世方仇學，而欲壽其世學者，力益難，心益苦。君亮勉之。立言垂世，仁也；繼志述事，孝也。仁且孝，聚於薛氏祖子孫三世。嘻，不亦重可敬夫！霽山集五

翁氏忱岳陽别集二卷。宋史藝文志八

佚。

葉適翁誠之墓誌銘：公諱忱，字誠之，温州樂清人。學不名一家，文字重密，有周、漢體。詩尤得句律。中進士第，歷明州慈溪縣尉，邵州邵陽縣令，知岳州巴陵縣，通判郴州，官累朝奉郎。開禧元年十二月卒於郴州，年六十九。水心文集十五

葉氏適播芳集水心文集十二

佚。

自序：昔人謂「蘇明允不工於詩，歐陽永叔不工於賦，曾子固短於韻語，黄魯直短於散句，蘇子瞻詞如詩，秦少游詩如詞」。此數公者，皆以文字顯名於世，而人猶得以非之，信

矣作文之難也。夫作文之難，固本於人才之不能純美，然亦在夫纂集者之不能去取抉擇，兼收備載，所以致議者之紛紛也。向使略所短而取所長，則數公之文當不容議矣。近世文學視古爲最盛，而議論於今猶未平，良金美玉，自有寶價，豈曰懼天下之議而使之無傳哉！若曰聚天下之文，必備載而無遺，則泛然而無統；若曰各因其人而爲之去取，則尺有所短，寸有所長，尤不可以列論。於是取近世名公之文，擇其意趣之高遠，詞藻之佳麗者而集之，名之曰播芳，命工刊墨以廣其傳，蓋將使天下後世，皆得以玩賞而不容瑕疵云。水心文集十二

徐氏照、璣翁氏卷趙氏師秀永嘉四靈詩四卷。

闕。遜學齋藏影宋鈔本

四靈詩，絳雲樓所藏，已爲六丁取去。裱工陳生，不知何自得其半，亦宋刻善本，今時毛丈斧季。此册乃陳生倩人影鈔者，亦不易得，後人勿以非全書，遂勿視之。康熙辛巳何焯記。影宋鈔本跋

直齋書録解題二十：徐照集三卷，永嘉徐照道暉撰。自號山民。徐璣集二卷，徐璣致

中撰。翁卷集一卷，翁卷靈舒撰。趙師秀集二〔一〕卷，别本天樂堂集一卷，趙師秀紫芝撰。四人者，號永嘉四靈，皆爲晚唐體者也。惟師秀嘗登科，改官亦不顯。

毛扆汲古閣珍藏秘本書目：宋版四靈詩三本，藏經紙面。此書久矣失傳，幸而得此，雖後有缺，實至寶也。

案：景宋本永嘉四靈詩，即從汲古閣所藏宋本傳録。每葉二十行，行十八字，每卷不標卷數，而以十干爲次。此本殘缺，僅存甲乙丙丁四卷，凡徐靈暉詩上中下三卷，徐靈淵詩上一卷，靈暉詩下卷，亦尚有缺葉。宋本叙目已佚，其全帙卷數無考。以書録解題證之，蓋本八卷，今缺其半也。四靈專集並係集名。惟書録解題所載無之，又所紀二徐詩卷數與此本同，故知彼書所載即此本也。此本雖殘缺之餘，以較今世所傳四靈集選本，徐靈暉集多詩一百四十三篇，徐靈淵集多詩五十九篇，其餘篇目字句，異同尤夥。並詳二十二卷。〔二〕蓋自絳雲一炬之後，世所傳四靈詩無復完帙。此四卷者已爲殘缺中之足本，然流傳甚尠，故自汲古書目外絶無著録。乾隆間，鮑渌飲爲石門顧氏校刊四靈詩，廣輯佚篇，亦未見此本，雖翁、趙兩集均已

〔一〕「二」，底本誤作「三」，據霽山文集改。

〔二〕「二十二卷」，底本誤作「十八卷」，徑改。

散失，而舊帙廑存，實詩林之秘笈也。

佚。

四靈詩選 許斐融春小綴

許斐跋：藍田種種玉，蒼林片片香，然玉不擇則不純，香不簡則不妙，水心所以選四靈詩也。選非不多，文伯猶以爲略，復有加焉。嗚呼！斯五百篇出自天成，歸於神識，多而不濫，玉之純、香之妙者歟？芸居不私寶，刊遺天下，後世學者愛之、重之。融春小綴

直齋書録解題二十：隨齋批注：道暉又字靈暉，致中又字靈淵，紫芝又字靈秀，翁卷又字靈舒，是爲四靈。水心爲選詩。

顧修重刊群賢小集凡例：永嘉四靈詩，當時行都坊亦有刻本，今不可得見矣。幸明末潘訒叔宋詩選中尚存五百首之舊，亦附梓以傳，俟得陳刻再爲刊定。

案：四靈詩據許斐跋，乃水心所選，文伯又增其未備，而芸居刊之。文伯不知何人，芸居即錢唐陳起別號，在臨安棚北大街睦親坊開書肆，亦工吟詠。趙紫芝嘗贈以詩。見清苑齋集贈賣書陳秀才詩。嘗刻中興江湖集，其所著芸居乙稿亦在焉。四靈詩選，蓋亦當時所刻。今所傳宋本江湖集已非全帙，故無此書也。明潘是仁宋元名家詩集所刻四靈詩，徐靈暉

芳蘭軒集，詩一百單五篇，徐靈淵二薇亭集，詩一百單四篇，翁靈舒葦碧軒集，詩一百二十一篇，趙靈秀清苑齋集，詩一百三十三篇，合四家詩總四百六十三篇，不足五百篇之數。顧刻謂尚存宋選之舊，未敢信也。

趙氏師秀衆妙集一卷。讀書附志下、四庫全書總目一百八十七、宋史藝文志補。

存。毛晉刊詩詞雜俎本

紫芝與徐璣、徐照、翁卷，號宋末四靈，葉正則稱其同能爲唐詩者。紫芝雖獨登科，官亦不顯，肆力吟事，欲返開元、元和之盛，其所選衆妙集不逐元縝、韋縠諸家。余向覓之未得。丙子秋杪，寒山趙靈均，忽緘此書與馮定遠見寄，云是嘉興屠用明託余刻者。予狂喜彌日，因憶放翁句云「名酒過於求趙璧，異書渾似借荆州。」用明與余未識面，乃不惜荆州之借，真藝林同志，亦公心也。以方之偶獲一帙，秘諸枕中，不肯示人者，相去何如耶？余向彙唐人選唐詩，甚爲海内士所快賞〔一〕，復欲梓宋元人選唐詩以續之，兹集其嚆矢云。海虞毛晉識。

〔一〕「士所快賞」，底本原作「快士所賞」，據校勘記改。

讀書附志下：衆妙集一卷，右汴人趙師秀編按：宋南渡宗室多題汴人，不忘舊都也。汲古閣本卷耑標題正如此，蓋猶宋本之舊。沈佺期、原奪此字，據本書目録補。盧象、王維、孟浩然、錢起、周賀、于武陵、李頻、秦系、劉長卿、李嘉祐、楊巨源、劉得仁、朱慶餘、雍陶、郎士元、崔塗、皇甫曾、皇甫冉、包佶、司空曙、耿緯、嚴維、李端、韓翃、戴叔倫、盧綸、祖詠、綦毋潛、方干、靈一、無可、護國、貫休、岑參、張衆甫、張南史、周朴、張蠙、張祜、李季蘭、許渾、張佐、馬戴、張循之、張繼、章八元、李益、張喬、吕温、于鵠、崔顥、項斯、崔峒、包何、竇常、趙嘏、薛能、劉威、鄭谷、韓偓、羅隱、李群玉、皮日休、杜荀鶴、張籍、任藩、劉商、楊發、處默、戎昱、于良史、王灣、林寬、劉禹錫、王貞白七十六人之作。

四庫全書總目一百八十七：衆妙集一卷，浙江巡撫採進本。宋趙師秀編。師秀有清苑齋集已著録。是集録唐代五七言律詩，起沈佺期，訖王貞白，共七十六人。不甚詮次先後。五言居十之九，七言僅十之一。師秀之詩，大抵沿溯武功一派，意境頗狹，而是集乃以風度流麗爲宗，多近中唐之格。馮氏才調集凡例謂其惟取名句，殆不盡然。陳振孫書録解題不載其名，此本明季出自嘉興屠用明家，寒山趙靈均以授常熟馮班，班寄毛晉刊之，始傳於世。其書晚出，故談藝家罕論及之，然其去取之間，確有法度，不似明人所依託。疑當時偶爾選録，自供吟詠，非有意勒爲一編。故前後無序跋，亦未刊版行世，惟傳其詩法者轉相繕寫，幸留於後耳。觀其有近體而無古體，多五言而少七言，確爲四靈門徑，與其全集可以互相印證，明末作僞之人斷不能細意脗合如是也。

案：衆妙集所録詩，凡七十六家，二百二十八篇。毛氏刻本，序次與讀書附志所載同。據汲古閣珍藏秘本書目，其底本係影宋板精鈔，則是書宋時本有刊板。文淵閣書目十亦有「唐衆妙集一部，一册」，四庫提要謂「當時隨意選録，未刊版行世」，蓋未然也。四靈詩派以晚唐爲宗，此集所選詩乃頗上溯初盛，蓋紫芝在儕輩中，才力較健，其所作亦不專以鏤刻字句見長，故所選詩亦不囿於晚唐諸作也。

二妙集

一卷。讀書附志下

未見。〔一〕

讀書附志下：二妙集一卷，右汴人趙師秀選賈島、姚合詩也。

汲古閣珍藏秘本書目：二妙集一本，影宋板精鈔。

〔一〕國家圖書館藏明鈔本，清何煜跋。

案：四靈詩格宗法姚、賈，紫芝衆妙集録唐詩至備，而獨無姚、賈。此集又專選姚、賈而不及他作，蓋衆妙集所選詩，惟劉長卿多至二十三首，其餘諸家皆不及十首。姚、賈二家所録獨多，故别爲卷帙，不與衆妙集同編也。其書汲古閣書目與衆妙集同有影宋本。然當時未付刊，今遂散失。毛目别有舊鈔段氏二妙集二本，乃金段成己、段克己兄弟詩集，與此不同。段氏二妙集，四庫全書總目著録。

薛氏嵎宋氏慶之雙玉集萬曆温州府志十七

佚。

甌乘補三：趙幾道集薛雲泉及宋飲冰詩，合爲雙玉集，見薛氏譜。

薛氏匡釋本無雲林酬唱薛嵎雲泉詩。甌乘補十二作「雲林唱和詩」。

佚。

案：薛仲止雲泉詩，「本無師與槐逕弟，交游二十年矣。古人謂『百篇詩盡和，一盞酒須分。』余於二公亦云。槐逕既歿，本無編其往來之詩，號曰雲林酬唱，而不著槐逕之名。」考甌乘補十二引永嘉薛氏譜：「薛匡著雲林唱和詩及亦愛山房集、西岑雁蕩紀游三書。黄書所引諸家譜，多謬舛不足據，惟此條所載雲林唱和詩，與雲泉詩所載雲林酬唱合。舊諜相傳，或尚有端緒，故據補其名，其亦愛山房集及西岑雁蕩紀游二書。他書未見，真贋未可知，則不復補録。本無，舊府、縣志仙釋不載其名，雲泉詩又有本無師住甸陽山庵詩，當亦温州詩僧也。

薛氏衆卿薛氏文録乾隆温州府志二十七

佚。

案：薛衆卿事蹟無考。

薛氏峙、鄲、藍南湖集乾隆平陽縣志十九。乾隆温州府志二十七題「薛嵎」，誤。

佚。

乾隆平陽縣志十三：宋武科補遺薛峙、薛鄲、按：疑即「鄲」之誤。薛藍，居南湖。

案：三薛事蹟無考。平陽志注引弘治志俱武舉人。考宋時無文武舉人之目，蓋譜諜僞造，不足信也。

周氏元龜詞科類稿霽山集五

佚。

師友四騷霽山集五

佚。

文苑心嗜霽山集五

佚。

薛氏應子薛氏會芳集

二十卷。乾隆温州府志二十七

佚。

史伯璿序：會芳集者，薛氏諸賢詩林中之所摘秀也。薛氏世居南湖，爲平陽右族，故代常不乏人。自宋迄今，登文武進士者六七十人，高蹈隱逸者五六人，著書立言者三四人，以詩章鳴世者八九人。考諸全墨，曰薛氏文録，薛衆卿輩之所著也。南湖集，薛峙、薛藍、薛鄲之所著也。積累既久，編帙日繁。咸淳元年春，薛君應子在太學，與翰林學士同邑下澇煥武陳君，精選其尤者，别爲二十卷，曰會芳集，未及梓行。至是薛昭文氏出以示伯璿，且求題卷端。予謂詩之爲教，其來尚矣。五經，載道之器也，而詩居一焉。故吾夫子曰「小子何莫學夫詩」，又曰「不學詩，無以言」；而後世有曰「作詩無益於理」，故唐以詩爲首選，而宋不以取科。夫謂詩之無益於理者，乃末唐之世，五季之衰，詞人墨客，嘲風詠月，尋章摘句，外道以爲詩也。曾謂碩儒德士，言必根理，詞關世教，可同日而語哉？今觀會芳集皆百中選一，寬裕温柔之教近乎隆古，忠孝節義之風足洗陋習，且其氣雄詞雅，信乎諸賢之傑作也。而陳君煥武可謂精選，薛文昭氏按前作「薛昭文」，此疑誤倒。可謂知所重，鋟梓以廣傳，庶無伯喈帳中之私。薛氏之家寶，士類之共寶也。乾隆平陽縣志十九

乾隆平陽縣志十九：薛氏會芳集宋薛應子著，翰林陳煥武選。

案：薛應子事蹟無考。陳煥武，平陽人。寶祐癸丑姚勉榜進士，武舉換文，見萬曆温州府志選舉門，未詳其官秩。史敘云翰林學士，不知何據也。〔一〕

〔一〕考景定建康志府學教授下云：「陳煥武兩科，寶祐五年一月到任。」據此，則煥武乃建康府教授。史序所云殊謬，是文可決爲贋作。

無名氏東甌詩林東甌續集叙

佚。

趙諫東甌續集叙：宋之時，雖有東甌詩林，止録當時數家，而不及他代。

元

陳氏失名下瀠陳氏十詠詩乾隆温州府志二十七。乾隆平陽縣志十九作「陳氏十詠」。

佚。

史伯璿序：詩非無爲而作也。發乎性情，本乎道德。譬之植物焉，枝盛則華繁；譬之釀酒焉，醖深則味厚。言不根理，文不載道。譬之畫錦不可衣，摶沙不可食，雖多亦奚以爲？是故詩不貴詞而貴理，文不尚餙而尚實。詠物之詩已非性情之發，而後世十詠之題止於摹寫風月，品題形勝而已，亦何益於理哉？予續集下瀠陳氏□世十詠，則深有取焉。其一曰雁山輝䔥院：蓋言天倫麗澤，科第傳芳也。昉於良翰諸昆，繼於端彦數子。春風化雨，同受業於程朱之門；朝齏暮鹽，共歸尋夫孔孟之緒。雁山之燈窗，長白之山舍也。其二曰鶴浦會恩門：蓋言君臣道合，恩禮優渥也。六位效勞，據干戈之險；九卿陳力，樹社稷之功。玉音本以綸悖而錫扁，會恩卒以兵燹而改觀。鶴浦之新興，即仙壇之古蹟也。

其三曰澤民通水閘〔一〕：夫濟粒食之艱，而季平創於前；念手澤之遺，而子孫修乎後。洩之則洿下，無魚鼈之患；閉之則膏腴，免斥鹵之憂。順水之性而導之，則可以觀智；因民之利而行之，則可以觀仁。題以閘名而義不止於閘也。其四曰要道迴瀾橋：因病民之涉，建於顯德之末；爲繼先之志，整於淳祐之初。要道則當南北之衝，迴瀾則屹中流之柱。經世者當思挽風俗之頽波，行道者不負天下之要地。名由於橋，而義不專於橋也。其五曰靈應昭甌蜀：蓋德誠討賊李順之逆，生當封侯，死當廟食，靈應本敕賜之額，陳充創之於西蜀巴縣，何蒙庀之於東甌平陽。溪藻澗毛有異，邑無異祀。報功之心不約亦自同者，秉彛之良也。其六曰清華署鳳龍：蓋季永符鍾呂之夢，慶在先德，篤生後賢。清華爲藏修之地，易叟啟之於前倉鳳山，師川分之於下滂龍河，有異地而無異名，居業之所昭示不忘者，藏修之道也。其七曰叢桂香南越：夫周有八士而治，苟有八龍而興。下滂賢才華舉而不外一姓，文武登科而不外一第，預青錢之選者十有二人焉。叢桂一名亭也，肇邑之城南者，令尹徐似道；徙居之隴底者，憲使完顔貞。顧名思義，則叢桂非馨，明德惟馨，其在人乎？其八曰聚奎拱北辰：夫國家之用也在賢，賢才之生也應天，有宋五星聚奎，而文運大開；

〔一〕「民」，底本誤作「門」，據乾隆平陽縣志改。

群英聯榜，而江山出色，奪龍門之錦者十有餘人焉。聚奎一書院也，始扁於挂榜之山者邑令薛作霖；後遷於上莆之里者副使高伯元。循名責實，則貴顯非光，道德爲光，其在行乎？其九曰莊嚴新報國：蓋佛老於吾道則相悖也。陳慶重爲之居焉，非崇其教也。痛父死於敵，而誓忠以報國，晝夜焚香，上祝皇圖之鞏固，月朔朝服；遥期聖域於岡陵，所以延國祚而邇天威者，恒於是而有臨焉。其十曰福慧舊藏雲：夫雲之爲物，氣化則澤民也。夢弼雖欲退藏焉，非終於藏也。抱才以濟世，而匿器以待時。舊構精廬，原習明禮教之地；新顔輪奂，今招提釋氏之居。所以時行藏而神變化者，每於雲而有期焉。夫陳氏之遺墨，非詠史之文，蓋紀事之録；諸君之制，非浮華之詞，足爲忠義之勸。題以録事，而道存焉；言以勸忠，而教行焉。且又質而不華，淡而不厭。孟子曰：「言近而旨遠者，如五穀之養人，無芻豢之味；布帛之煖人，無錦繡之華。」予之所取者在是焉。若夫飾章句，擲地金聲，則謂之巧言耳，於世教何補乎？〔一〕乾隆平陽縣志十九

顧氏元龍顧氏文録不繫舟漁集十

〔一〕民國平陽縣志案語云：「序疑皆出於造下澇陳譜者之手，殊不可信。」

佚。

陳高序：顧君仲明，録其先世雜文凡若干篇，編次成帙，題曰顧氏文録，而俾高序其端。序曰：太上立德，其次立功，其次立言。古之君子，死而不死者，有所立也。立德、立功尚矣，而言之可傳於世，夫豈易乎哉？言之不文，則其傳也不遠，此君子所以貴乎文也。文之載乎道者，蓋難言之矣。指事陳詞，摛章摘句，雖若異乎古之立言者，然其稱述論議，往來唱酬，藻思縱横，才華發越，有以誇美於人，而流傳於後，固亦當世之所重也。吾鄉望族，蓋非一姓，而顧氏尤爲時所宗，自他姓而觀，其位固有顯焉者矣，其貲固有厚焉者矣，其子姓支派亦有蕃衍衆多焉者矣。然而文人才士，彬彬輩出，未有盛於顧氏者也。嘗聞之長老，言其在前朝時，試藝場屋者，比肩駢首，策名進士，前後不乏，而通經博古，馳騁詞翰，爲鄉人所推重者，乃至八九十人。然則顧君之所録，特存一二於千百耳。簪纓世族，務以爵位相高，一再傳後，泯没無聞，其有可稱者鮮矣。蓋顯榮於一時者，卒不免於草木同腐，而垂聲後世，則在此而不在彼也。觀文録者，亦可以自勵矣。是編以錢唐主簿君上蕭侍郎書爲首，書中所論朋黨事，著明深切，直氣凜凜，足以廉頑立懦，使讀之者，千載而下猶可以想見其爲人。此又顧君託始垂訓之深意也，豈徒曰文詞云乎哉！不繫舟漁集十

乾隆平陽縣志十六：顧仲明，居下滂，任教授。

案：顧仲明爲宋錢唐主簿岡五世孫，岡，萬曆温州府志義行傳、雍正浙江通志、乾隆平陽縣志介節傳並有傳。見陳子上顧主簿上蕭侍郎書跋。不繫舟漁集十四。余闕青陽集五題宋顧主簿論朋黨書後亦云：「永嘉顧仲明謁選來京師，示余以大宗伯達公所書其先世主簿君與蕭侍郎論朋黨書。」而宋濂鑾坡别集二題顧主簿上蕭侍御當作「郎」。書後則云：「岡五世孫元龍，請白野忠介公繕寫其書成卷。元史一百四十三：「泰不華，初名達普化，文宗〔一〕賜以今名。世居白野山，謚忠介。」此跋白野忠介公，即余跋所云大宗伯達公也。而歐陽文公、黄文獻公、余忠宣公咸爲題識。歐陽玄圭齋集、黄溍黄文獻集並無顧書題跋，蓋編集者佚之。元龍之弟仲華，復來徵濂文不已。」據此是仲明名元龍，陳、余敍跋並偁其字耳。平陽志人物補遺以仲明爲名，疑誤。顧氏文録據陳敍其所録先世文字，即以主簿此書冠首。然文録明以來久佚，主簿書則平陽志文藝門所載尚其全文云。

鄭氏東、采鄭氏聯璧集千頃堂書目二十四、補遼金元藝文志無「鄭氏」二字。今從續文獻通考一百八十一、元史藝文志四、補遼金藝文志。

〔一〕「宗」，底本誤作「字」，據元史改。

十四卷。續文獻通考一百八十一、千頃堂書目二十四、補遼金藝文志。元史藝文志四，無卷數。

未見。

宋濂序：磨勘司令鄭君思先，間謁濂禁林，從容言曰：「伯父杲齋先生，天分絶人，嘗矻矻窮經，再踐場屋，不合主司程度，遂棄去。游浙河之左右，大肆其力於古文辭。久之，思如泉源，滚滚出不休，日試萬言，倚馬可待。大司徒楚國歐陽文公奇其材，欲薦之，會疾作而卒。先子曲全先生，幼喪二親，而賦性狷介，州里不能容。伯父時客授崑山，乃走就之。求四庫書疾讀，雖暑鑠金、寒折膠，不越户限。未幾，下筆爲文，皆循矩度，而不輕於毁譽。然剛毅忤物，人有不善必折之。雖其面頸發赤，弗少貸。晚寓蘇之海虞，竟以坎壈終。惟二父負不世出之才，文名相埒，遭元季兵亂，不沾一命，竟捐館舍，而其遺文將遂零落不傳。此思先日夜痛心而不敢自寧者也。伯父爲文，多不存稿。思先自童丱見輒録之，積二十春秋，得文百篇，古今詩四百八十首。先子之著作雖存，嘗自删焚，僅留三十篇文、百篇詩而已。於是合寫成書，釐爲一十四卷，題之曰鄭氏聯璧集。將鍥文梓以行四方，敢以首簡序文爲請。」濂受而讀之，杲齋之文則氣韻沈雄，如老將帥師，旌旗火鼓，繽紛交錯，咸歸節度。曲全之文則規製峻整，如齊魯大儒，衣冠偉然，出言不煩，曲盡情意，然皆有臺閣弘麗之觀，而無山林枯槁之氣。嗚呼！是亦可謂能言之士乎！昔夏侯湛與潘岳並美姿容，其行止之處，恒同輿而接茵，人謂之聯璧。然不過取人物之明潔耳，初不論其能文也。縱曰能文如温、邢之敏贍，亦生於異鄉，初非出於一姓也。縱出於一姓若二謝之藻麗，初非出於一門也。縱出於一門若二盧之雅逸，則一從焉；若二弘之典嚴，則再從焉。而同胞同氣者，蓋亦鮮矣。嗚呼！有若二先生伯仲並以文鳴，其亦可謂希世之士乎！濂也不敏，幸見杲齋於虎林，而於曲全則未之識也。及官成均，乃與曲全之子司令君爲同僚。司令君善承家學，文光赫然，爲御史，爲部使者，百壬斂跡，又以政事聞。何鄭氏之多賢哉？雖然，不開之於先，後將何繼？不繼之於後，前何以昭？司令君汲汲爲不朽之圖，可謂知所本矣。濂因備書其事，冠諸篇首。知言君子，必有取焉。杲齋諱東，字季明；曲全諱采，字季亮。温之平陽人。洪武八年夏四月望日。鑾坡續集二

蘇伯衡孔教授夫人汪氏墓誌銘：昔杲齋鄭君季明以古文名世而靳許可，閭巷之士，砥名礪行，以其言語文字而借譽取重者彬彬焉。伯衡發其遺文，得孔母汪夫人傳，則克烈母也。傳凡四百七十餘言，以謂〔一〕非惟用勸天下之女婦，亦將使爲士者聞之内愧而自省也。

〔一〕「謂」，底本誤作「爲」，據蘇平仲文集改。

於戲！其推重之至矣。蘇平仲集十四

元詩選三集庚：杲齋先生鄭東，字季明，號杲齋。幼酷嗜書，明春秋，再踐場屋，不合主司程度，遂棄去。大肆其力於古文辭，日試萬言，袞袞不休。弟采，文名相埒。元季兵亂，遺文零落，采子思先，合寫成書，釐爲一十四卷，題曰鄭氏聯璧集。宋濂序之曰：「杲齋之文，氣質沈雄，如老將帥師，旌旗火鼓，繽紛交錯，咸歸節度；曲全之文，規製峻整，如齊魯大儒，衣冠偉然，出言不煩，曲盡情意，然皆有臺閣弘麗之觀，而無山林枯槁之氣。」文憲斯言，深得二鄭之旨趣矣。

案：杲齋鄭處士東、曲全鄭處士采，雍正浙江通志、乾隆温州府志、乾隆平陽縣志文苑傳並有傳。聯璧集，明以來久無著録。然顧氏元詩選三集録杲齋詩三十四首，曲全詩五首，亦題鄭氏聯璧集，或天壤内尚有傳本耶？

裴氏庾三體唐詩注乾隆温州府志二十九

佚。

案：三體唐詩，宋汶陽周弼編。其書今有元釋圓至注，及國朝高士奇補注本。見四庫全書

總目一百八十七。裴雲山注，明以來書目並未載。蓋其佚久矣。〔一〕

閣巷陳氏清潁一源集乾隆温州府志二十七題「陳則翁」，誤。今從嘉慶瑞安縣志九。八卷。

存。道光乙酉瑞安陳氏擺印本、遜學齋藏鈔本。

言之精者爲詩，聲之諧者爲韻。方其未有詩若韻也，豈無言若聲哉！康衢擊壤以逮夫變風續楚，情有感發，流自性真，吟詠歌謳，音節完協，皆農販漁樵之所能道，童兒婦女之所能爲者。及句法之説行，聲病之論出，然後碩師魁士，盡世窮年，殆有不能訓釋其微辭，尋繹其餘潤者。山謠水唱，以俚見遺，雅頌樂章，專門是屬，求其極工最善，時以詩名，則皇甫冉之於曾，竇常之於牟，群庠鞏唐，詩家傳之，學僅如斯，蓋難乎其人矣。杏所陳翁及余先大父以來，世爲結髮交，少常侍典刑簡軒先生授業於家，四方高弟來者如雲，予亦執經以從，因得親炙先生諸伯仲。當是時，士專務舉業，鮮能詩者，一二三大老，六經之暇，徜徉得趣，輒嘯詠成章，夫何相繼奄逝，惜其珍瑰不完於世。故更革之餘，屬方以儒束高

〔一〕增訂四庫簡目標注十九著録。三體唐詩注附録載：「日本刊本，有裴庾注。星詒。」

閣，奚暇禮義哉？陳氏諸公獨拔自流俗中，篤志課子，明經講道，猶子宅相，悉在甄陶。復倡爲詩社，一時英俊，更唱迭和，預其盟者，不啻登龍門之榮，由是詩盛於陳氏之門矣！予不能悉述，各有集行於世，欲爲編次，未遑也。杏所翁之曾孫士原，殆恐源遠末分，後之述者，文獻無徵，輒於視膳之餘，録自乃翁而下若干詩，總而成帙，命予重選。竊即其祖父、昆弟、子孫之所作，聚而爲一家世業之所傳，詩學淵源，軼出唐人之右，行輩莫不爭先快睹，正如入其門，莊椿竇桂，常棣韡韡，玉樹芝蘭，交相輝映，玩者亹亹不厭。人間凡草木奚足觀！予老矣，及見陳氏一門四世之盛，斯文遺澤，綿綿未艾，有嗣而輯之，雖百世可知也。時元延祐三年歲次丙辰八月既望，芸山裴庾敬書。

詩，情之文也。自三百篇降而爲五七言、長短句。情以時遷，文亦體異，要之其必歸於正而趨於古，斯得之，否則淺促卑陋厭之矣，如可觀何？唐以詩取士，厥制獨精，近世之作，亦必唐體是尚，是以鮮能也。瑞邑有詩曰清穎一源者，乃宋副使瑞洲先生之家編也。厥集之名暨乎詩之見乎志典者，予知之素矣。全集予則未之見也。今其耳孫陳寵役吏而侍予側，睹予每公暇心吟詠是適，若將趣焉者。一旦乃以其集告予曰：「是復梓者，敢乞一言以弁。」予讀之，見其辭古而清，意闊而正，有掖民彝，有裨世教，嚴而懔然，暢而釋然，雖出於其祖孫昆弟之所殊，而其音調格律往往不甚相去遠，清穎家法之相授受有如是夫！吁！是詩也，揆諸唐無愧也。今寵再刻之，又欲以其後者續而哀之，拳拳以繼述爲念，其用意固當。抑嘗思之矣，采詩觀風，古列國爲民上者職也。自周衰後，遂不復講。今之郡猶古之國也。予於温也，初以五斗折腰，繼以寸躋佐郡，雖卑秩而素餐，亦既忝從爲民上者之末矣。其政事之得失，閭閻之休戚，惜不得以詩考之，方怏怏如也。寵是舉，予特喜其能也。何則？由一家將以風一國也。東南易治温矣，於序乎何靳？時明隆慶六年歲次壬申十月哉生魄，兩蓮山人區益書。

且言爲心聲，而歌以永言。詩也者，實昉於虞廷之教胄，而爲後世貽謀之祖者也。但自古迄今，作者類皆傑出，專門名家，世難繼起。即間如魏之諸曹、晉之二陸，以及唐宋之五王、三蘇父子兄弟，方軌一門，更相詠歌，已曠千古，又孰有慧業代生，延綿接踵，此唱彼吟，編成家集如陳氏之清穎一源者乎？陳子古農先生爲予晚年契友，一日出其祖遺家編詩集見示，方謀重刻，而問序於予。一讀之，見其中或風流俊雅，穆然有遠神者；或沉鬱蒼茫，超然有高致者，薪傳一脈，異曲同工，大率不離夫直而温，寬而栗，而出於性情之正者，近是一人爲之開其先，數十人爲之繼其後。一人爲一家之言，數十人各爲一家之言，而此數十家之言仍不殊乎一人一家之言之旨，則雖家法相承，淵源有自，而天地清淑之氣鍾毓不窮，伊古以來曾不數覯。第家藏舊版僅存殘缺，兹再付梓，空白頗多。然舉一斑以概全豹，正不止得會什一於千百也，又何憾乎珠玉之沉淵哉？將見剞劂告成，子姓奉爲津梁，士流借作模楷。是集也，謂之垂裕後昆，有關家教也可；謂之樹厥風聲，有關世教也亦可。時大清道光五年歲次乙酉仲春中浣，霞山後學蔡敏頓首拜書。

吾陳氏之先，自唐肅宗時由河南固始縣遷閩之侯官，轉遷括之龍泉，筮仕於温，至雲海公始於宋宣和五年癸卯開基於安固江南崇儒之前里，即今之閣巷也。至第四世祖諱供，號杏所公，淳祐間以詩鳴；其子則翁公，後分居崇儒之後里，即今之柏樹也。當時父子兄弟，猶子宅相，薰陶倡和，遂成家集，名曰清潁一源。元延祐間昆陽裴公庾選刻，至明隆慶壬申同里吴橋吴公論續〔一〕選共二十八公詩，分作八卷重刊。其版藏於柏樹聚遠樓。明季版遭兵燹，印本無存。國朝乾隆己巳歲，族人延明師汪公助天修輯宗譜，庚午汪公從平邑瑶山陳氏，係本族親派，得殘缺印本數卷，其一二兩卷敗壞無存，至第三卷亦多爲脈望所侵，惟四、五、六、七、八等卷字畫雖非魯魚，而紙張鐎爛，不勝指彈。族叔星垣公因其損壞，另紙膳寫，殘缺者仍留空白，將訪求全集以謀重刊，不幸早逝。迨嘉慶戊辰仲秋，三偕族叔曉湖公在柏樹族人舊閣下，偶得原集殘版數十片，幸第一、第二、第三卷，詩十首，其

〔一〕「續」，底本誤作「讀」，徑改。

版雖係梨材，而二百餘年以來，點畫朽腐不堪刷印者多，因照次序鈔録成帙，併作二卷。兹延平邑南監金家瀛、李有宗先生先用聚珍版印成六十餘部，分藏親族。俟後有同志者另行壽之梨棗，永存先人之手澤云。時道光五年歲次乙酉春之吉，杏所十三世孫古農錫三盥沐謹識。

案：陳氏清潁一源集初編于元延祐間，爲陳岡所録，而裴雲山爲之删定者。首爲陳杏所供、簡軒兼善、直軒養浩，並行所之子。瑞洲則翁、麟洲任翁，並杏所子。物吾昌時，瑞洲子。春塘文尹，簡軒從子。老吾得時、懶吾可時、存吾與時、民吾識時，並瑞洲子。曉池昇，懶吾子。石池岡，物吾子。鑒池觀賓，民吾子。濱池禮㟠，老吾子。共四世十五家之詩。續編于明隆慶間，則吴論爲之删定者，首爲陳耕雲畝，春塘曾孫。慥齋寵，耕雲孫。瀫南大，鑒池玄孫。澹庵謀，曉池玄孫。訥齋瓘，杏所七世孫。古崖璿，訥齋猶子。柏亭捁，鑒池五世孫。方塘鏴，柏亭再從弟。南川衍慶，方塘再從弟。草塘瑶，杏所九世孫，訥齋從子。撫松演卿，訥齋孫。樸齋天復，方塘從弟。北澗天寵，澹庵孫。筠川挺，納齋曾孫。共六世十四家之詩。據其每人下所注事跡，大半皆有詩文專集，足見一門之盛。惟書中述陳瑞洲爲宋遺民事跡甚偉，又與林霽山、鄭初心諸人游從，唱酬之作屢見于集。然考之霽山白石樵唱僅有半雲庵一詩，章祖程注云：「瑞安陳瑞洲家庵名。」此外别無投贈之作。又載瑞洲曾登宏詞科，檢王應麟詞學指南亦無其名，殆出譜牒家依附名流，虛張門閥，然官秩事實，雖不免誣僞，而二十八家之詩，則元明以來編刊相踵，遠有耑緒，必非僞造。且明人東甌詩集正續兩編于此集所録詩均未采入，而集中附注明代遺聞尤足以資考證，疑以傳疑，爰詳爲辨證，使後之覽者知所甄擇焉。

又案：此集裴雲山所選者，卷數不可考。明時續刊者，凡八卷，然印本流傳甚尠。道光間陳氏裔孫錫三裒集殘本，以聚珍板重印，併爲二卷，今仍以八卷著于録，從其朔也。原本卷末又附吴論所選崇儒高氏家編，爲元時瑞安高氏遺詩。凡高南軒天錫詩四首，杏所壻。高梅莊彥詩七首，南軒子。高則誠明詩十二首，高則明誠詩一首，並南軒孫。蓋高氏與陳氏世有姻連，其詩舊附此集以行。卷耑有小引云「從殘缺中得詩二十六首，刷印以附于後」云云，則又出于掇拾，非復元刊之舊，故篇帙寥寥。今以明以來總集選録高則誠遺詩校之，缺佚甚多，而則誠別有弟名誠，字則明之妄說，辨見卷二十四高暘鄭璞集下。即出此書，則又不甚可據，今故不別著録，而附識其略于此。〔一〕

謝氏雋伯、夢符、凝謝庭遺稿 萬曆温州府志十七

〔一〕二案語底本僅有浮簽數字提示，據定稿補。

佚。

案：謝凝時代無考。

無名氏東甌遺芳集 元史藝文志四

佚。

趙諫東甌續集叙：元之時，雖有遺芳集，止録趙氏數人而不及他姓。

案：元遺芳集，東甌續集叙所述，無「東甌」二字。錢氏元史藝文志始增題此名，其撰人無考。以專録趙氏詩推之，疑即卓忠貞所叙趙廷暉遺芳集也。其書今無傳本，續集所録，宋時趙氏詩甚夥，內趙師秀、趙希邁有專集者不數。如卷一録趙克非詩二〔一〕十首，注：字志仁，號荷畔老漁。又號尋樂翁。按所録詩有書趙荷畔壁一篇，則荷畔似非克非別號。卷二録趙崇滋詩一首，注：號所竹，永嘉人。趙崇裔詩一首，注：永嘉人，登嘉定癸未進士。卷三録趙處澹詩二十六首，注：號南村，官至知録。趙茗嶼詩十四首，無注。趙肅遠詩八首。注：茗嶼子。按：所録茗嶼詩有在所歎一篇云：「事已如斯可奈何，君王不敢愛山河。獨松嶺上天興敗，漁浦江頭客涕歌。百代衣冠春夢短，一朝禾黍夕陽多。無情猶有西湖

〔一〕此條以上文底本俱闕，據定稿補。

路，隱約梅花照釣蓑。」則茗嶼當爲宋末元初人，而肅遠詩又有中秋西橋飲酒和盧申之韻詩，申之，盧祖皋字，肅遠唱和，則當爲宋寧宗時人。以相參驗，疑肅遠非茗嶼子。內如趙克非、趙處澹諸人事蹟，他書别無所見，而此集所録詩多至數十首，殆即從遺芳集采入邪？

明

趙氏德謙遺芳集萬曆温州府志十七。雍正浙江通志二百五十二題「萬德謙」，誤。

佚。

萬曆温州府志十七：遺芳集，趙德謙録其祖父三世詩。

案：德謙籍貫事蹟無考。

趙氏廷暉趙氏遺芳集忠貞録一

佚。

卓敬序：瑞安峴西趙廷暉氏集鄉之縉紳先生遺其先君子德深甫詩文若干首，及甫殁銘誌鄉人哀悼惜之詞文若干首，帙成，請名於予。予閲之，歆甫之德布而高廷暉氏之爲，因名之曰趙氏遺芳集，又重爲之序云：趙爲宋室之後，南渡去古汴而散處江南。若吾温之永、樂、瑞、平皆郡浚儀，爲秦王派下，至今譜牒班班可考。由深甫以上皆葆光弗耀，信乎奕世之傳，明脈經，稽本草，袪疾活人，其所施者博，而獲濟者廣矣。因是德稱於人，嗟歎不已，而詠歌之，大篇短章，金玉交奏，誦之使人毛骨森竦，恍然見眉宇、挹光霽而不知九京之限也。吁！今不可作矣。見其集尚能使人歆慕，而況當時聆其緒論，沐其德澤，諸君子之有作也宜矣。雖然，自非賢子孫寶輯而類集之，則將爲覆醯醬，穴蟲鼠，如電光泡影之不常，焉能保之以示諸後乎？若廷暉氏之爲，可謂知所務哉！後之人尚當以其心爲心，則遺芳之集傳之愈久有光焉。詩云：「永言孝思，考思維則。」竊敢誦斯語，以爲趙氏遺芳集序。忠貞録一〔一〕

案：趙廷暉事蹟無考。遺芳集名與趙德謙書同。然彼集專録趙氏詩，廷暉此集則録其父德深碑誌及它人贈遺哀挽詩文，與德謙書義例迥異，非一書也。

繆氏珊、連繆氏壎篪集蘇平仲集四。千頃堂書目十七，無「繆氏」二字。

佚。

〔一〕底本僅有「卓敬序瑞安峴西趙廷暉氏至集序。忠貞録一」提示，據定稿補。

蘇伯衡序：古人兄弟俱善文詞，士林未嘗不以爲盛事。故二應之在魏，二陸之在晉，二盧之在唐。當時稱之，後世傳焉。余觀於平陽在元之世，兄弟並以文鳴則有若鄭氏；居今之世兄弟並以詩鳴則有若繆氏。鄭氏兄字季明，弟字季亮，而其文集曰聯璧；繆氏兄字仲琳，弟字仲卣，而其詩集曰壎篪。夫鄭氏一門而能文者同氣二人焉；繆氏一門而能詩者同氣二人焉。此余每覽其聯璧、壎篪集，所以輒歎平陽人物之不可及也。且言之精者爲文，而詩又文之精者也。然而鄭氏兄弟固難能矣，繆氏兄弟豈不愈難能哉？序聯璧者，翰林承旨宋先生也。今仲琳乃以壎篪集請余序其首簡，顧余豈其人乎？雖然，以仲琳爲兄，而有弟若仲卣；以仲卣爲弟，而有兄若仲琳。麗藻交映，逸韻迭發，鏗鏘炳煥，震耀遐邇，固足以使人歆羡。初仲卣膺薦至京師，官之而不拜；後仲琳應詔至京師，官之亦不拜。仲卣之來歸也，縣令程君延爲訓導，欣然而俯就；仲琳之來歸也，縣丞彭君延爲訓導，亦欣然俯就。不汲汲於利達，而切切焉爲國家作人是務。其出處之際若合符節，尤足以起人愛敬。然則仲琳、仲卣之在當今，不猶二盧之在唐、二陸之在晉、二應之在魏，真士林之盛事哉！覽壎篪集者宜何如也？是爲序。蘇平仲集四

案：繆訓導珊及弟訓導連，敬避端慧皇太子諱。乾隆平陽縣志文苑傳有傳。

林氏與直古詩選唐六卷。蘇平仲集四佚。

蘇伯衡序：詩之有風、雅、頌、賦、比、興也，猶樂之有八音、六律、六吕也。八音、八律、六吕，樂之具也；風、雅、頌、賦、比、興，詩之具也。是故樂工之作樂也，以六律、六吕而定八音；詩人之作詩也，以賦、比、興而該風、雅、頌。但詩人作詩之初，因事而發於言，不若樂工作樂之初，先事而爲之制焉耳。於戲！韶箾也，大夏也，大武也，以至於秦、魏、齊諸國其樂之作也，陳之以八音，和之以律吕，未嘗不同也。而其音則未嘗同也，商也，周也，魯也，以至於邶、鄘、衛諸國，其詩之作也。經之以風、雅、頌，緯之以賦、比、興，未嘗不同也，而其音則未嘗同也。樂音之有治有忽，不繫八音、六律、六吕而繫世變；詩音之有正、有變，繫風、雅、頌、賦、比、興，而不繫世變哉！夫惟詩之音繫乎世變也，是以大小雅、十五國風出於文、武、成、康之時者，則謂之正雅、正風；出於夷王以下者，則謂之變雅、變風。雅變而爲騷些，騷些變而爲樂府，爲選爲律，愈變而愈下，不論其世而論其體裁可乎？李唐有天下三百餘年，其世蓋屢變矣。有盛唐焉，有中唐焉，有晚唐焉。晚唐之詩，其體裁非不猶中唐之詩也；中唐之詩，其體裁非不猶盛唐之詩也；然盛唐之詩其音豈中唐之詩可同日語哉？中唐之詩其音豈晚唐之詩可同日語哉？昔襄城楊伯謙選唐詩爲唐音録，蜀郡虞文靖公序之，慨夫聲文之成，繫於世道之升降，而終之以一言曰：「吾於伯謙之録，安得不以夫知言之難也。」蓋不能無憾焉。無他，文之日降，譬如水之日下，有莫之能禦者。故唐不漢，漢不秦，秦不戰國，戰國不春秋，春秋不三代，三代不唐虞。自李唐一代之詩觀之，晚不及中，中不及盛。伯謙以盛唐、中唐、晚唐別之，其豈不以此乎？然而盛時之詩，不謂之正音而謂之始音，衰世之詩，不謂之變音而謂之正音者；又以盛唐、中唐、晚唐並謂之遺響，是以體裁論，而不以世變論也。其亦異乎大小雅、十五國風之所以爲正爲變者矣。詩與樂固一道也，不審音不足以知樂，不審音則何以知詩？伯謙之於音如此，則其於詩也可見矣。此文靖之所以不能無憾也歟！平陽林敬伯，蚤歲誦文靖之序，深有慨乎其衷。及游國學，質諸博士貝廷琚、劉子憲，而知唐音去取出其嗜好也。其爲蒙陰縣簿，暇日乃更選焉。非有風、雅、騷些之遺韻者不取也，得七百六首，隨其世次釐爲六卷。以所選皆五七言古詩，故目爲古詩選唐。敬伯之言曰：「竊聞詩緣情而作者也。」其部則有風、雅、頌，其義則有賦、比、興，其言或三、或四、或五、或六、或七，其篇或長、或短，初曷嘗拘拘於其間哉？又曷嘗曰我爲風、爲雅、爲頌也？因事而作，出於國人者則曰風，出於朝廷者則曰雅，用之宗廟郊社者則曰頌。又曷嘗曰我爲賦、爲比、爲興也？成章之後直陳其事則曰賦，取彼譬此則曰比，託物起意則曰興，如斯而已矣。奈何律詩出，而聲律對偶章句拘拘之甚也。詩之所以爲詩者，至是盡廢矣。故後世之詩，不失古意惟有古詩。而今於唐詩亦惟選古，律以下則置之。而況唐之詩近古而尤渾噩莫若李太白、杜子美。至於韓退之雖材高欲自成家，然其吐辭暗與古合者可勝道哉！而唐音乃皆不之録，今則不敢不録焉。余偉其論之確、識之敻而選之精也，是以備著之。於戲！此詩選勝於唐音遠甚。使文靖復生而見之，寧不快於其意，必有以發揮敬伯之用心者矣。惜乎九原莫作，顧使余序其篇端也！蘇平仲集四

蘇伯衡故梅軒處士林君碣銘：林氏居平陽者非一族，而居嶺門者，爲嶺門林氏。處士諱元彬，孫男二人，長與直，國子生，釋褐授迪功郎、青州府蒙陰縣主簿。蘇平仲集十二

吴氏任、田、穀三鳳集千頃堂書目十七

佚。

蘇伯衡庸齋吴君墓誌銘：平陽吴氏名舉，字子庸，子四：曰任、曰田、曰穀、曰埜。君卒時，諸子皆幼，後皆克修其業，以世其家。任舉明經，爲郎，福建行中書，詳練潔廉，聲稱藉甚。蘇平仲集十四

乾隆平陽縣志十三：洪武二十三年薦辟吴任，字以仁，居夏口。由明經授福建都事，

陞睢州同知。　吴田，任弟，字以耘，授本縣〔一〕訓導。　吴穀，任弟，字以穎，授常熟訓導。

章氏玄應續詠雪唱和一卷。百川書志二十

未見。

百川書志二十：詠雪唱和一卷，明楊一清提學陝西，出巡群縣，往返積雪中記，四十日得詩三十六首，秦藩賓竹道人和之，續詠雪唱和一卷，明秦簡王儁陝西參政樵山章玄應順德次韻遂庵之作也。

蔡氏璞東甌詩集四庫全書總目一百九十二題「趙諫撰」，今從千頃堂書目三十一。七卷。四庫全書總目一百九十二、千頃堂書目三十一。乾隆温州府志二十七、道光樂清縣志十一並作「八卷」，誤。

存。遜學齋藏明刊本

温，古東甌也，兩浙名郡也。郡因人勝，人必因文章事業而後顯。自宋以來，郡中人

〔一〕「縣」，底本誤作「州」，據乾隆平陽縣志改。

才，視古爲最盛，其事業著之當時者不待言矣。其文章垂之後世者，各自成一家言，學者豈能遍觀而盡識？惟善選擇者，取其尤者裒而集之，則一郡之詩文，一覽可知；而一郡之才，亦於是備見矣。集中如梅溪王公、秘書周公、忠簡許公、止齋陳公、水心葉公輩，則又非一郡之才，天下之才也，不表而出之，則何以彰其盛哉？予假守此郡，仰止諸先正。又明年修郡志，凡先正之詩文悉欲採擇且載於志。始得葉水心先生播芳集序一觀，予執序以歎曰：「一郡之文盡在是矣。」既而旁搜博採，未有能傳之者，付之喟焉而已。繼又得樂清儒士蔡廷玉所編東甌集，試一覽觀，其去取決擇不能無可議者。一日，封君趙司訓先生士忠訪予郡齋，予出是集，先生曰：「諫嘗有意於此者，願假以歸，黽勉成之。」越半載集成，求予序之以傳。嗚呼！播芳之集，予不得而見之矣，得見東甌集亦可矣！先生能詩者，老而益壯，得以優游詩社，其去取大非前比矣。方今文運亨嘉，賢才彙出，將必有以詩文名如諸先正者，亦必有鋭意斯文以益其所未集如先生者，姑書以俟。弘治十六年歲次癸亥秋八月既望，賜進士第、中順大夫、温州府知府吉水鄧淮書於鹿城書院。

乾隆温州府志二十七：東甌詩集八卷，樂清蔡璞廷玉輯。弘治癸亥，郡守鄧淮序。

趙氏諫東甌續集千頃堂書目三十一題「蔡璞撰」，誤。今從四庫全書總目一百九十二。

八卷補遺一卷。四庫全書總目一百九十二、千頃堂書目三十一。存。遜學齋藏明刊本

詩本情之所發而形於言者也。夫言乃心之聲，而詩爲言之精者，其人亡，觀諸詩則其人可知矣。吾温自晉至國朝，作詩者雖多名家，惜無好事者爲之裒輯，遂致湮没散亡，是以後世無傳焉。宋之時雖有東甌詩林，止録當時數家，而不及他代。元之時雖有遺芳集，止録趙氏數人，而不及他姓。得於此者，或失於彼，莫能遍舉遠及，不足以傳示永久。成化間樂成蔡君璞，嘗自宋狀元十朋王公爲首暨後之諸家，得數十百首萃爲一帙，名曰東甌集，持以示諫，且欲爲其校正以序其端。予時心雖許之，自分才力弗逮，不敢遽以芻蕘之言冠於諸先達之首。未幾，璞物故，遂因循至今，甚爲平生之憾。弘治初，郡大夫長洲文公宗儒嘗欲刊郡詩文爲文獻集，未久亦故。繼文公者江右鄧公安濟亦嘗以斯文爲己任。一日於郡齋出示是編，即璞舊所録者。因假歸，不揣疏陋，略加删削，固不敢以蠡測之見而没人之善焉。繼復於家藏舊本，及於文獻大家，訪求得西里、石渠、栗齋暨昆陽文獻等集，日夕披味，取其長而棄其短。惟以關於治化及詞之醇正者録之，固不以人之窮達、情之厚薄而容私意其間焉。合而計之，復得若干首，與前集多寡頗類，目之曰東甌續集。不然，吾恐靈芝瑶草，與凡草木同歸於朽腐，豈不重可惜哉？今諫非不欲旁搜博採，使一郡

之詩，萃於一帙，無所遺漏，第以老病侵尋，精神凋落，正如短綆而欲汲深，小管而欲窺大，豈能多及哉！但以己之所知者補璞之未知，餘皆闕之以俟後之知者，補吾之未知焉。茲復僭踰而叙之於首者，無他，蓋將酬昔者不言之許，是即延陵季子掛劍之遺意耳。集既成，鄉之好義者康培十數輩，亦皆爭相出帑在助鋟刻，則其人知所趨向，而非惑於他道者可比矣。是尤不可不書。弘治十六年歲次癸亥秋八月既望，郡人東山歸老趙諫謹序。

詩文之在天下，必有所遇而後傳，固有散漫遺逸於千百世之前，而追亡補遺於千百世之後，是皆關氣運之盛衰，人事之得失。其散也人物替其華，其聚也山川增其彩。蓋一方扶輿清淑之氣，會而泄之於人；人心虛明靈秀之真，又會而泄之於詩。非若珍異奇寶之貨徒足以娱耳目而已。是豈可以不傳邪？言之不文，傳之不遠，捃英摭華，後之學者將取以自淑，又非若商賈售物，儲麄惡以溷盛美而已。傳之不以其精，其可乎？正德丁卯，東甌詩集成，東山先生不寡於激，命鄙言以廁諸簡末。激嘗觀季札來聘於魯，魯人爲之歌國風、雅、頌之詩，因而知風俗之美惡與夫先王德澤之淺深。然則人心有所感而發於情者，其關繫於世故者非小矣。故天下形勝之地，山川河海、貨利器物無不稱雄於一方，使其典籍無存。抗裂膚之寒，則錦繡盈篋不如一褐之温；乘拍天之浪，則蘭桂爲舟不如一瓢之固。然則諸賢之得遇於今日者又豈偶然事邪？知言君子，必能察先生所以用心矣。正

德丁卯孟秋望後三日，東溟王激拜書於鹿城書院。東甌詩集後序

四庫全書總目一百九十二：東甌詩集七卷、補遺一卷、續集八卷，江蘇周厚堉家藏本。明趙諫編。諫字士忠，温州人。初，成化中樂清蔡璞嘗輯温州一郡之詩，自王十朋以下爲七卷，又補遺一卷。諫以其去取爲未善，乃因蔡本而增損之，温州知府趙案：當作「鄧」。〔一〕淮序而刊之。又爲續集八卷，或補人、或補詩，以拾蔡本之遺，諫自序之，並刻於弘治庚案：疑當作「壬」。〔二〕戌。其體例頗雜，不出地志之積習。如張子容本襄陽人，爲樂成尉，故其詩多永嘉所作。子容及孟浩然集中諸詩，班班可考。續集乃以爲永嘉人，然則謝靈運集不當同入此選歟？

東甌詩存十九：趙諫字士忠，號東山，永嘉人。成化歲貢。任光澤訓導，以子式貴，封中書舍人。

案：東甌詩集七卷，自宋王十朋至明黄淮，凡九十八家；續集八卷，自梁陶弘景至明章可象，凡百五十八家；補遺一卷，自李思衍至陳某，凡五十五家。內林霽山、薛緣隱二家有目無

〔一〕底本原無「案當作鄧」，據定稿補。

〔二〕底本原無「案疑當作壬」，據定稿補。

詩，今不數。正集所録詩，於宋元頗詳，而明詩甚少；續集搜其缺漏，收明代詩幾五倍之。互相補茵，自宋至明，一郡作者亦略備矣。其補遺一卷，千頃堂書目繫於續集之後，四庫總目則改附正集。檢明刊本，卷首題東甌續集補遺，則當爲續集編成之後，復採其所遺者，補録成帙，匪僅拾前集之遺，黄目是也。二集採摭頗廣，而踳誤殊夥。如詩集所收蔣文質、六。文質即蔣允汶，詳辨誤。〔一〕鄭洿詩，七。續集所收陶弘景、崔道融、並卷一。以上二人並詳辨誤。馮成詩，二。成，滑州白馬縣人。建炎間扈從至永嘉，遂家焉。見萬曆温州府志忠節傳、乾隆永嘉縣志寓賢傳。〔二〕並以宦游寓公，闌廁鄉獻，不僅提要所舉張子容已也。又正集載陳傅良著木鍾集，一。則合止齋、潛室爲一人。又載僧從瑾詩，誤作惟謹，四。從瑾萬曆温州府志、乾隆永嘉縣志仙釋傳並有傳。〔三〕續集載僧益栯堂山居詩益其名，栯堂其别號。山居詩卷二十四已著録。題爲僧益侑，六。載繆

〔一〕底本原無「蔣文質、六。文質即蔣允汶，詳辨誤」，據定稿補。

〔二〕底本原作「陶弘景、崔道融並見卷一，馮成見卷二。陶崔並詳辨誤。馮成原注不詳籍貫，但云字熙績，官至太師、中書令、魯國勤威公。扈駕來温，居夾嶼，則當爲中原故家，避地永嘉者。」據定稿改。

〔三〕底本原作「原注：惟謹號雪菴，永嘉人。乾淳間僧。考止齋文集四送畫僧法傳詩注『雪菴禪師從瑾之弟子』，艮齋浪語集三十五亦附録鴈蕩山能仁寺住持僧從瑾祭文，則雪菴名從瑾無疑。載蔣蒼巖允汶詩，題爲蔣文質，六。」據定稿改。

〔四〕「珊」，底本誤作「連」，徑改。

仲琳詩而不知其名珊〔四〕，載吴以耘詩而不知其名田，並見前。載方士宜詩而不知其名增，七。載鮑瑋詩，「瑋」誤作「偉」，八。方增、鮑瑋並見前二十六卷。則作者姓名亦譌舛不足據。至其所録詩，有兩集重複者，如續集載許景亮陶隱居祠詩即前集四所收陶隱居丹室詩，趙師秀呈友人詩即前集二所收呈蔣肖韓薛師石詩，翁卷贈滕處士詩則又與正集所收目亦不異。並卷一。有誤收他人作者，如續集載葉適十里詩，一。乃趙師秀作，見瀛奎律髓二十九。今本水心集及清苑齋集並無。又載姜元鼎詩二首，二。並見姜夔白石道人集。若此之類，並未刊正。然永嘉詩派盛於宋元，明時故家遺集，尚多藏弆，匄集匪難。至以明人采明詩，則時代相接，所見尤備。此二集雖不無疵纇，而網羅宏富，固吾鄉徵詩之淵槪矣。補遺一帙，家數無多，而所列作者姓名多類别號，若葛秋崖、劉小山之類。籍貫時代，大半無考，精覈一過，謬盭尤衆。如盧疎齋詩二首，並見顧氏元詩選三集乙盧摯疎齋集。摯，涿州人。舊府、縣志文苑傳以爲永嘉人，非也。詳辨誤。謝草塘玩月有感詩，見謝翺天地間集，原題草堂謝鑰，不云永嘉人。李璧太行山詩，乃眉山李璧季章使金所作，見四朝聞見録戊。原無太行山之目，疑此臆加，詩内字句亦少異。劉克莊春浩行乃詩人玉屑十九所載劉後村趙昭儀春浴行。白湛淵山中懷友詩，見元詩選二集甲白珽湛淵集。珽號湛淵，錢塘人。晁叔用紀愁詩，見晁沖之具茨詩集三。沖之，鉅野人。字叔用。徐淵子自笑詩乃黄巖徐似道詩，見宋詩紀事五十六。趙善思原注：永嘉人。

多景樓詩，見梅磵詩話中，作「趙善倫季思詩」，不云温人。李思衍詩，注：號兩山，永嘉人。而霽山集二，章祖程白石樵唱注云：「兩山李思衍，字昌翁，鄱陽人。」若此之類，並屬誤收。至於卷中所録他詩，與目録或不相應，蓋草草捋輯，即付雕版，不暇精勘，故疏舛至是。然則此卷雖不存可也。

温州經籍志卷三十三

集部

總集類

明

李氏階月泉詩派嘉慶瑞安縣志九題「季復初」，誤。一卷。

存。遜學齋藏鈔本

處士季其姓，彦良其字者，南京吏部文選主事彦文之族兄，捧其始遷祖月泉公詩派一集，丐叙於予。月泉諱復初，宋季自龍游避兵，遷瑞安鳴珂里，抱道自樂，隱於篔簹别墅，吟詠甚富，再傳二子端義、雲谷。雲谷傳其子耻庵，耻庵傳其子蘭坡與從子竹所，蘭坡傳其子栗然，栗然傳其從子敬齋，敬齋傳其從子靜學，靜學又傳從子東郊，派傳八世，凡十人。有鹿岩樵唱、樊莊、蘭坡、竹所、怡雲小隱諸集，其音韻清和，格律高古，皆發乎性情，止乎禮義，可以逼盛唐，追魏晉，而綴三百篇之緒餘，可以鳴國家之盛。然簡編散逸十有八九，有志學詩者所共惜也。彦良爲祖宗手澤痛念尤切，初乞叙及余門者再四。守吏弗將，一日余送客出門，歲將盡矣，彦良褒衣博袖，執温橙爲贄，且跪且拜，詞志哀懇，道爲是詩跋涉江湖，傾橐廣購二十餘年，始有今日。彦文已壽於梓矣，心欲借重傳世，以門第分嚴，不敢率爾。某野人，於分無嫌，故不知諱避如此。因憫而許之。翌日，彦文乃具勤苦事蹟見示，其略云：彦良迂腐固滯，不通世故，年逾三十始知向學，妻兩娶，俱早世弗育，遂歸奩田於妻家，誓不再娶。聞鄉人得其蘭坡全集，即踵門懇購，其人先諾後悔，遂以訟於官，繫獄久之。父母墳塋，手植松千百章於其側，遇忌日，水漿不入口者竟日。少善飲多慾，向學之後即戒酒絶色，食不兼味，立志堅定，至老不衰，蓋亦奇癖之士，能爲人之所難爲者。夫詩以性情爲本，風月花鳥特一時之感觸耳。月泉一派之詩，雖多因景物而發，而性情之正，實寓其中。彦良立身行己之清苦既如彼，于父祖之手澤勤勞盡瘁又如此，可謂之孝矣。性情之正，風俗之盛，孰大於是？蓋非三百篇無以爲月泉之權輿，非彦良又何以知月泉之弓冶乎？於是乎書。弘治甲子春正月既

望，賜進士、通議大夫、南京户部右侍郎、前翰林國史官、國子祭酒兼經筵講官、莆陽鄭紀書。〔一〕

案：月泉詩派皆瑞安季氏一家之詩，卷首題「同郡大羅山人臺南李階編次，翰林院編修王瓚較正，吏部主事七世孫季敩刊行」。其名月泉者，元處士季復初别號也。季氏初著籍龍游，至復初始遷瑞安，故以題集。然李階等編此集，時復初詩文已無存者，僅得其子震孫、孫應祁、曾孫德幾、德琦、玄孫廷珪、來孫佾、雲孫蒙、仍孫元等八人詩而附以應祁妻馮氏逸詩，及德幾雜文二篇。黄淮所作應祁墓誌銘，何文淵祭文，虞原璩挽詩，都爲一帙，刊行於世。月泉身丁元亂，蜚遯以終，弟昆子姓咸有專集。自明以來，各集大都亡佚，僅藉此册以見其梗概。雖卷帙無多，然雅才文譽萃於一門，蓋亦柴氏四隱、段氏二妙之流亞矣。〔二〕

章氏玄梅千家詩注

〔一〕底本僅有「處士季至鄭紀書」提示，據定稿補。
〔二〕底本無此案，據定稿補。

十八卷。道光樂清縣志十一

佚。

案：劉克莊分門纂類唐宋時賢千家詩選二十二卷，今有曹寅刊本。流俗村書，有所謂千家詩二卷者，即從此書鈔出以教學童。千峰所注未見。以卷帙推之，蓋後村元本也。

張氏孚敬詩賦録一卷。浙江採集遺書總録丁

未見。

案：詩賦録原與諭對録、勅諭録合刊。余家所藏廑諭對、勅諭二録，惜無此書。千頃堂書目十七，有世宗肅皇帝宸翰録一卷，御製七言詩賜張孚敬者。其書今亦未見，疑亦文忠家所編刊也。千頃堂書目別有詠和録一卷，嘉靖十年，帝同大學士張孚敬及禮部尚書李時，西苑觀稼，抵先蠶壇位。御製詩，孚敬等和，亦不知何人所編，附識於此。

貞義書院集千頃堂書目八

未見。

千頃堂書目八：張孚敬貞義書院集，在温州。

方氏繼學江南文獻録環庵遺稿六注作「昆陽江南文獻」，千頃堂書目六作「江東文獻集」，今從乾隆平陽縣志十九。十一卷。乾隆平陽縣志十九

佚。

自跋：平陽江南文獻録一十一卷，乃繼學偕陳氏宗陽之所詮次也。先是繼學與宗陽論吾邑文獻，慨然欲併緝之。顧夫墜緒茫茫而力有不逮，乃獨緝其所謂江南者。於乎！吾江南遠薄海陬，向爲窮僻之鄉。然自經正、經邦二陳先生得河南程氏之學，而中原文獻之澤施及後來，尚矣。第氣運升降，盛衰相尋，昔之以衣冠文字蜚英濟美者，一氣澌盡之餘，而微門冷祚不絕如綫，甚至第宅鞠爲榛墟，其喬木故家巋然而獨盛者能幾何哉？所幸殘文遺墨不與海桑俱化，是其氣澤之僅存者耳，惡可使之終淪没耶？陳公南還，謹奉請質，先生欣然與之復序於首。竊惟是編於天下之大，雖未敢必其有所用，是犯兹不韙，蒐羅采摭，得什一於千百，併稽其人物，録之以成是集。會鄉先生大參修者，觀其文，論其世，則流風餘韻，殘膏賸馥，必有所鼓舞而沾溉之，吾知文獻之澤引裨益，而一方之人文，實於是乎寄。他日考觀風俗者亦可以概見，矧俾枌榆晚輩仰止前

而勿替，百載而下又當有同志者續是編也。僭書以俟。弘治癸亥九月既望，敬識於白沙西堂。乾隆平陽縣志十九

乾隆平陽縣志十六：方繼學輯鄉先哲文行爲江南文獻。

案：平陽橫陽江以南濱海諸鄉，俗名江南。方西堂文獻録，蓋專録江南諸鄉先哲遺文，縣志所載自叙甚明。千頃堂書目六作「江東文獻集」，載於金陵諸地志之前，則以爲録江寧文獻，誤也。

浙音會略

十七卷。國史經籍志五、千頃堂書目三十一。

未見。

乾隆平陽縣志十六：方繼學輯兩浙名人詩爲浙音會略。

案：虞環庵集二：送高廷璧揮使征括寇詩，虞書注云：「此詩見浙音會略。」據此則會略蓋彙選浙詩，亦兼收鄉賢名作矣。

侯氏廷訓忠義集〔一〕二谷山人集九

佚。

項氏喬表則

二册。甌東私録二

未見。

自序：初，表則二册，予窗下不次集之以便私閱者。嘉靖丁酉守金斗出示諸生，諸生爭録之。合肥潘尹恕曰：「是可梓也。」予初不以爲信然。戊戌夏六月奔母喪歸，時潘子在鳳陽，遣

〔一〕蒲岐鎮志名人傳略云：「侯敬，字明止，號梅亭，侯宅人。生於明景泰辛未年。年十三進學，考取秀才。以貢入國學，祭酒劉公與之論文，大爲驚奇，羨之爲真儒。弘治十四年辛酉，次子廷誠中舉人；正德十六年辛巳，長子廷訓中進士，敬拜爲壽州判官，復以子官受封。大禮事起，二子復下獄問罪，禍且不測，全家痛哭，敬儆誡家中人道：『勿泣，爲臣死忠，職耳！』侯敬平生自奉儉約而敦義行，凡前後母黨及親鄰在外無歸者，皆給予衣食。居家時，每逢冬寒，特備熱酒于山下井傍，以待冒寒而來汲水之人，人皆感德。壽八十有二。所撰之作，御史李東裒輯，就與節毅侯詩合題侯氏忠義集，尚書沈冬魁、侍郎何孟春諸名賢有頌述成卷，關中薛進士祖學爲撰梅亭逸傳，俱梓行世。」可見此書爲侯畐、侯敬二人之作，書名爲侯氏忠義集，編者爲李東。而侯一元撰其父傳，將此書歸爲其父廷訓，當爲不誤。李氏當爲撰序者或曾出力焉，故誤爲裒輯者。

使追弔於丹陽之滸，謂予前表業已刊矣。予詫曰：「原本未及校正，不貽笑大方耶？」壬寅起復，補河間廬州貳守，周子允偶以是見寄，出示諸生，諸生又爭録之。遂躬校正，捐俸梓之，用爲諸生發身之一助焉耳！若立德、立功、立言之君子，於此固有所不屑也。甌東私録二

舉業詳説：作表要胸中有物，而筆下不俚，平仄要調，對偶要切，用事要精當，考證要明實，破題要該括而不露，氣脈要接續而不斷，稱頌自陳感謝處，俱要竊取題意而不泛，其體有六：曰賀、曰進、曰謝、曰諫、曰請、曰辭，駢儷同而語意異，尤貴流水對，不貴挑水對，若東坡蓋聖於表者也。予昔在燈窗編成表則二册，已刊在廬州河間。甌東私録三

佚。

葉氏嘉慶賢哲遐思録 甌東私録二

項喬序：瑞峰葉太史，吾鄉賢哲也。既没十有六年，乃震器邑庠生嘉慶子餘，哀一時賢哲追思先生者，爲文卷以志哀慕，而囑予爲序。先生長予十年，而同在諸生，予辱先生愛最腆，識先生最真也，不容以不文辭。然必知先生之所以賢哲，而後知賢哲之所以思先生也。先生端慤謙謹，年十六即有志聖賢之學而識其大者。事厥考太學生斗山翁及母劉氏以純孝稱。未第時，凡廩膳及生徒束脩，惟供養無私畜，既而占大魁，授翰林編修，貤封

父母，進修撰，以例出憲南臺，皆月分常俸以備甘旨。丁二艱，終制不就内寢，不與飲〔一〕宴。於外事伯兄程如事師，坐立不少踰禮，産業惟所處分。季弟準未室，鬻産爲之締姻。凡父母襄事宅兆諸費，悉出於己。從嫂志在守節，而貧乏不能存；堂弟貧而鰥，恐絶嗣，曲爲存恤，全其名而完其室，然皆誠心爲之，不市名譽，其厚於父母、兄弟，有如此者。夫堯舜之道，孝弟而已。先生既識其大者矣，故以之守身，不囑託，不受無名之饋，死至無以爲殮；以之居官，則抑奔競，禁勞擾，平反冤獄，雖老法家無出其右者；以之錫類，則三典文衡，所取多行修豪傑，如今方伯林公雲同，其尤著者。其居鄉，後輩會講如彭子時望、黄子一鵬、項子壇、邵生化之，皆駸駸然嚮用於天下矣。而予與周子感、張子純，藉先生誘掖之功亦居多焉，而先生之大道昭矣。若夫胸中富於經史，文章自成一家，翰墨逼近鍾、王者，先生餘事耳。先生身若不勝衣，素不能周旋人事，當時與先生往還者，類或誚其簡而疑其迂矣。今先生蓋棺已久，而賢哲或以詩歌，或以詞賦，或以手札，或以奠文，又莫不仰先生如北斗，而欲起先生於九原，略無間然者，先生何以得此於人哉！親親，仁也；敬長，義也；無他，達之天下也。孝弟之念，天下所同然，而先生先得之，則其聲氣所感，宜有千里

〔一〕「飲」，底本誤作「外」，據甌東私録改。

而丕應、隔世而相求者，況身親見之者乎？令子思親，集此而表章之，可謂孝弟也已。雖然，此孝弟之文也；由先生之誠心，行先生之直道，率諸弟同心同德以揚名於後世，孝弟之實也。此亦賢哲之所願於先生諸子者，予因序而規之。諸子次嘉兆、次嘉善、又次嘉運、與子餘，皆鳳毛已彬彬然明著衣冠云。甌東私録二二十三。

陳氏詔、鳴鳳陳氏傳芳集〔一〕雍正浙江通志二百五十、乾隆温州府志二十七並無「陳氏」二字，今從乾隆永嘉縣志

佚。

雍正浙江通志二百五十二：傳芳集，正德陳詔、陳鳴鳳輯，萬曆時陳紹賢續。

東甌詩存二十五：陳紹賢字丙賢，永嘉人。萬曆歲貢，授益府教授。著有傳芳集。

張氏遜業十二家唐詩雍正浙江通志二百五十二、乾隆温州府志二十七、乾隆永嘉縣志二十三並作「盛唐十二家詩」，誤。今從天一閣書目四之三。

〔一〕康熙永嘉縣志十三著録傳芳集前無「陳氏」二字。又著録續傳芳集陳紹賢。二書當分別著録。卷七又云：「陳紹賢，沈丘教諭，遷益府教授，著知學篇、續傳芳集。」

二十四卷。雍正浙江通志二百五十二、乾隆温州府志二十七、乾隆永嘉縣志二十三並作「四十七卷」，誤，今從刊本。

存。遜學齋藏明黄埻刊本

王勃字子安，絳州龍門人，文中子通之孫。文中二子福時、福郊；勃，福時子也。六歲解屬文，構思無滯詞；九歲得顔師古漢書讀之，作指瑕以摘其失，與兄勔、勮，才藻相類，父友杜易簡嘗稱王氏三珠樹也。未及冠，及第。乾封初，上宸游東嶽頌及乾元殿頌，沛王聞其名，召爲修撰，甚器之。勃戲爲檄英王鬬雞文，高宗覽怒曰：「此是交搆之漸。」即出補虢州參軍，恃才傲物，爲同僚嫉。有官奴犯罪，勃匿之，又懼事泄，乃殺以塞口。事發當誅，會赦除名，時父爲雍州司户參軍，坐勃左遷交趾令。勃省父，道出洪州，都督閻伯嶼宴集滕王閣，命之序，下筆驚人。蓋宿命其婿預成，將舉屬客，必以客讓而及焉，勃適至，不辭也。後渡南海，墜水卒，時年二十八。惜哉！李敬玄尤重四傑，言當顯貴；裴行儉典選，有知人鑒，曰：「士之致遠，先器識，後文藝。勃等雖有文才而浮淺，豈爵録器耶？楊子稍沈靜，應至令長，餘得令終爲幸。」果如言。勃尤好著書，撰周易發揮及次論等書數部，勃亡後並遺失。尤精推步曆算，嘗作大唐千歲曆。有文集三十卷，則未之見，此僅窺一斑云。論曰：王子才富麗徑捷，稱罕一時，賦與七言古詩，可謂獨步。然律及諸作未脱六朝

沿染，而沉思工緻亦未易及也。時嘉靖壬子歲秋日。王勃集叙〔一〕

楊炯，華陰人。幼博學聰慧，揮文宏富，拜校書郎，爲崇文館學士，神童舉也。太常博士蘇知幾，儀鳳中上表，以公卿以下冕服，請別立節文，勅命詳議於有司。炯獻議極詆之，言知幾變之，不經甚矣。由是竟寢知幾所請。炯俄遷詹事司直。則天初，從祖弟神讓犯逆，左轉梓州司法參軍。秩滿，選授盈川令，爲政殘酷，榜殺下吏，輒不爲意，美名多榜亭臺，恥笑動衆，竟卒於官。中宗即位，贈著作郎，以舊僚追及也。平生著作，惟存是帙。三十卷者，惜未之見也。其自評：「吾愧在盧前，恥居王後。」張説以其文思如懸河注水，酌之不竭，既優於盧，亦不減王。恥居王後，信然；愧在盧前，謙也。論曰：炯之賦，詞義明暢，若庖丁解牛，自中肯綮，而渾天考覈，更見沉深，推曆氏今猶擇焉。五言律工緻而得明澹之旨，沈宋肩偕。開元諸人去其纖麗，蓋啟之也。諸作差次之，五言古詩，唐人各自成家，備一代制可也。然以漢魏鏡之，人人懸絶矣。時嘉靖壬子歲秋日。楊炯集叙〔二〕

盧照鄰字昇之，幽州范陽人。歲十餘，就義方之教於曹獻王。善屬文，聞博學，拜典

〔一〕「叙」字，底本脱，徑補。

〔二〕「叙」字，底本脱，徑補。

簽鄧王府職焉，奇重於王，嘗以相如期之，遍與群官謂言。後因底疾，再拜新都尉，疾作竟不能任，得方士玄明膏餌之，處太白山中。遇父喪，嘔丹出，疾益甚，徙居陽翟具茨山，預爲墓掩其中。著釋疾文、五悲等誦，暨沉痼〔一〕攣廢，不堪其苦，與親屬執别，遂投潁水而死，時年四十。文集二十卷，幽憂子三卷，今無可稽，是集足以傳其概矣。論曰：盧作工詞，用意超邁流凡，風騷之旨，或自得之。悲夫！然斯人也才有餘而量不足，志鋭始而力怠終。禮不以節，遂致藥無告救，疾敗沉水，莫能善保，皆過也。且孝子三日而食，教民無以死傷生，毁不滅性，此聖人之政也。又曰：辟踴，哭之至也。有筭，爲之節文也。是雖爲親之至，猶賢者之過之。若其賦病梨與雙槿，以資生之或偏，侏儒之短飽，作五悲，言念榮達，羞恥枯窮，意鄙何至此耶？夫知道者以義安命，富貴死生，處之一也。奮庸遺厄，天實爲之，人也何尤？乃至没没死，非其自速與？窮魚之賦，形容小人態狀，莫此爲切。觀詩者得焉，亦可助抵掌也。時嘉靖壬子秋日。盧照鄰集叙

駱賓王，婺州義烏人。高宗〔二〕末年，爲長安主簿。少負才落魄不羈，呼盧友狎左衽，

〔一〕「痼」，底本原作「涸」，據刻本改。

〔二〕「宗」，底本誤作「宋」，徑改。

時議後坐贓遷臨海丞，意氣局鬱，官從是竟焉。徐敬業起兵稱亂，賓王亦預事，首發軍檄，是代草於賓王也。厥詞忿激，則天雖當震怒間，讀至「一抔之土未乾，六尺之孤安在？」與夫「試觀今日之域中，竟是誰家之天下？」猶拊掌歎曰：「有人如此，而流落不偶，真宰相之過也。」敬業伏誅，或曰賓王遁跡。宋之問題壁靈隱，至「樓觀滄海日」，屬句沉思間，有僧遂曰：「何不以『門對浙江潮』耶？」之問奇之，詰其所歷，遍無知者，蓋實賓王也。賓王避焉，之問稍覺，求不可得，後莫知其所終。則天重其文，遣使求覓〔一〕。郄雲卿，兖州人也，得集十卷，於是盛傳。此唯詩賦耳。論曰：賓王五言律詩，秀麗精絶，不可易及，然帝京篇尤一代絶唱也。夫善爲文而弗克自樹，至黨叛逆，取罪名教。惜哉惜哉！時嘉靖壬子秋日。駱賓王集叙

天一閣書目四之三：十二家唐詩刊本，明嘉靖壬子，永嘉張遜業序首。江都黄埻梓行。題其後曰：「王、楊、盧、駱，沿六朝之習，爲天賦之才，實一代聲律之發硎，自是文運益昌，乃有陳、杜、沈、宋倡於前，王、孟、高、岑繼於後。當時指武德、貞觀爲初唐，天寶、貞元爲盛唐，元和、開成之末曰晚唐。則十二家者，又唐之可法者歟？爰重梓之。

〔一〕「覓」，底本誤作「覽」，據十二家唐詩改。

案：唐十二家詩，卷首題永嘉張遜業校，江都黃埻子篤刊行，其鏤刻頗爲精緻。別有晉安鄭能刊本，不及黃刊之精，余所見者止盧、駱二集，不知家數有無異同也。凡王勃、楊炯、盧照鄰、駱賓王、沈佺期、宋之問、陳伯玉、杜審言、王摩詰、孟浩然、高常侍、岑嘉州集各二卷。天一閣書目四之一別載盈川集五卷，永嘉張遜業校正，誤。自孟、杜、岑三家外，餘九家皆并賦編之，不厓詩也。其四傑集册首並有叙論，各集叙次與單行本多異，篇數亦不及單本之完備。蓋張氏編録，有所删定。然如楊炯集，宋本散佚，明義烏童佩集本，其詩一卷，即據此刻爲藍本，則此集雖未爲精刻，其編輯之功，亦不可没也。通志經籍門引焦氏經籍志，作盛唐十二家詩四十七卷，府、縣志並同。考焦志五所載盛唐十二家詩，並未著何人編輯。千頃堂書目三十一載此書，亦不著撰人。且此編惟王、孟、高、岑四家爲盛唐，其王、楊、盧、駱、沈、陳、杜八家均係初唐文苑，亦不宜概冠以盛唐之目。焦志所載，蓋別爲一書，通志妄爲牽合，殊誤。今依范目改題十二家唐詩，不復區分初盛，庶得其實焉。

徐氏應用昆陽文獻集 乾隆平陽縣志十九

佚。

案：乾隆平陽縣志宦業傳載應用爲竇應知縣祺之孫。祺，正德己卯舉人。然趙東山東甌續集叙作於弘治癸亥，在正德己卯前十有六年。已云於家藏舊本及文獻大家訪求得西里、石渠、栗齋暨昆陽文獻等集，時代齟齬，良所未喻。豈昆陽文獻，草創別出他人，應用特續爲編輯邪？

何氏白鄞詩嫡派 千頃堂書目三十一。乾隆温州府志二十七、道光樂清縣志十一〔一〕「嫡」並作「清」。

四卷。千頃堂書目三十一

未見。

案：何无咎所選鄞詩，今未見傳本。周天錫慎江詩類〔二〕六，載甬上詩山人汪伯機壽何无咎詩後附録李鄴嗣傳叙云：「永嘉何山人无咎，選吾鄉布衣十家詩，前五君曰：呂中父時、盧宗潤澐〔三〕、楊伯翼承鯤、蔡子行學用〔四〕、聞隱鱗龍；後五君曰：薛千仞岡、應仲鵠臯、周農半應辰、李公起埈、汪伯機樞。何无咎謂諸君詩派，俱得鄞江之清。中父如流澌春散，簇起縠紋；宗潤如谷竇決脈，不知所沁；伯翼如灌頂作勢，漉在飛瀑；子行如橫渠露

〔一〕「十一」，底本誤作「九」，徑改。
〔二〕「類」，底本誤作「逸」，徑改。
〔三〕「澐」，底本誤作「濡」，據慎江詩類改。
〔四〕「用」，底本誤作「周」，據慎江詩類改。

氣，凝望之漠漠然；隱鱗如一泓淘汰過，味殊甘洌，此前五君所以清絶也。千仞如飄曳川練，轉折皆趨；仲鵠如波面漣漪，青壁相映帶；農半如靈淵亭育，媚以驪珠；公起如獨澗吹泠，香浮蘭茝；伯機如瀲灩晴溪之傍，躍有蕤賓，此後五君所以清絶也。无咎取人既慎，論詩亦新，非若一時詞家，漫作名目，故并録於此。」據此是无咎所選鄞詩凡十家也。甬上耆舊詩，國朝胡文學輯。其書今亦未見。

佚。

陳氏心源〔一〕聚星堂世集 汲古堂續集

何白陳心源聚星堂序：心源公既輯陳氏聚星堂世集成，郡別駕嶺南車公、鄉薦督學劉公咸有序，且付梓人，藏之家塾矣。復命長君康爽文學，介天一施君徵跋於余。余發而讀之，蓋遡自有宋復庵公以及昭代，凡二十三世，得詩三百餘篇，莫不字挾冰霜，出風入雅，泱泱乎綦盛已。心源公少負瑰異之才，不樂進取，足跡遍天下，好友海内異人，讀異書。先是寄於昆之蒲陽，已覽黌宫之傍，地有鳳山淵水之勝，遂定家焉。汲古堂續集

〔一〕「心源」，底本闕，據定稿補。

無名氏江北文獻集乾隆平陽縣志十九

佚。

乾隆平陽縣志十九：江北文獻集，撰人姓名無考。

案：江北文獻集，蓋録平陽横陽江以北諸鄉先哲遺文，以配方西堂江南文獻録也。其書今未見傳本。

國朝

周氏天錫慎江文徵

六十一卷。

存。永嘉張氏藏手稿、遜學齋藏鈔本。

周天錫曰：以鄉人輯先哲文，該而當者難也。陵谷後四年，錫乃爲此，要以尋幽訪逸，爲事迂焉弗應，即止於耳目所及，直寄焉耳。雖寄而手與眼不能借，而古今人之書，遂爲吾一人之書乎哉！其爲一人之書也，必其奢取之不禁、奢舍之不禁，兹未能然。蓋樊涔六合，魚鳥罔遁，繫矢扣舟，僅獲魴鳧，勢使然也。雖然，未嘗求多也，而取之各適。故山不在嵩華，海不在星瀛，天地無盡，文章亦無盡，吾進其功於道者。進其功於千世者，與一世者，時齊吾意而不懼其遺，時葢吾意而勿參以欺，曚瞍目迷，鼷鼠腹果，分量實然，又何猜焉？夫著書立説，存乎其人，維桑與梓，必恭敬止，非僅文也。惟不以文言文，而後錫也爲此，可以無罪於前，無罪於後。後之讀者亦有以諒我矣，抑有所謂寄焉者乎？自叙

案：周樗庵慎江文徵，所録宋、元、明三朝温州鄉先輩文，凡六十一卷。巨集裒然，其摎輯頗爲賅博，所載明代遺文，多從故家舊稿展轉搨録，尤多罕覯之作。惟其中過求詳富，體例或未盡精嚴。如宋吕大圭，武榮人。程端學春秋本義誤題「永嘉」，詳辨誤。此遂收其春秋五論。卷四十八。及春秋説五十五卷十六則，五十六卷八則，又五十八卷田賦考，及六十卷評左氏二篇，亦並吕氏春秋或問文。元盧摯，涿州人，與永嘉盧處道同姓名，亦詳辨誤。此遂收其文二篇。二十五卷游茅山記、三十一卷郝經神道碑。並爲失考。又所録經説、史論數卷，多他書援引之賸句，如薛季宣春秋解五十五。即春秋經解之佚文；陳梅叟尚書解即尚書説之佚文；陳鵬飛詩解即陳氏詩解之佚文；又五十八淮夷考亦同。陳汲周禮解即周禮辨疑之佚文；徐自明周禮解即禮記説之佚文；此所録徐解三則，並見禮記集説王制編，其爲禮記説之文，無疑。徐〔一〕氏别無周禮解，此誤也。以上並五十六。朱黼史論即紀年總辨之佚文；陳季雅史論即兩漢博議之佚文，並五十七。若此

〔一〕「徐」，底本誤作「陳」，據刻本改。

諸條，並類采輯亡書，違編録總集之例。至如鄭敷文書説，則采其「受福」一段，爲尚書解；五十六。陳潛室木鍾集則采其漢高帝、魯仲連、蕭何、長平之敗、陳勝五條爲論，四十七。又采公孫弘、新學法、宗法、周軍賦、王制建學法五條爲考，五十八。王制、封國南北軍二條爲辨，六十一。鄭節卿太平經國書則采其内外會計、各上下篇。宿衛、大宰、召王、九兩、繫民、五十一。教化、省官、官吏、節財用、税賦十二則爲論，五十二。陳止齋歷代兵制則采其春秋兵制、漢兵制二則爲考；五十八。史文璣管窺外編則采其閏法、晝夜長短二條爲考，五十八。又采火西流一條爲釋，十六。七政違天右轉一條爲辨，六十一。若此諸條，亦不免地志家改易詩文、强加標目之習。其陳峴南海志叙、三十二〔一〕。林尚春環庵遺稿後叙，三十六。校以廣東通志及虞稿所載，字句異者十九。則改竄之弊疑亦不能免。然其網羅宏富，珍文奥策，往往而在。吾鄉徵文之書，自當推爲淵槪，固非後來陳鏡帆諸人徒鈔地志者所能及矣。

又案：此書今所見手稿本，凡六十一卷。而慎江文逸自叙則作七十卷，見下。然手稿首尾完具，其文與總目所列門類亦一一符合，並無缺佚，疑初稿寫定，後因其編卷稍大，欲展爲七十卷，然未及重録，故仍爲六十一卷也。至此集所録文，各體皆備，獨無傳狀、碑誌

〔一〕「二」，底本誤作「一」，徑改。

諸作，則當爲别入慎江獻徵九〔一〕卷傳記類已著録。故此書不復綴録，非其缺略也。

未見。

慎江文逸花蕚樓集

自序：余即輯文徵七十卷，以余蕪陋，冀一當作者，私衷良苦云。今復取郡邑乘所遺，與全集彫耗間見他集者，命曰文逸，匪搰搰自好也，吉光片羽，足占德輝，燕臺朽骨，猶憐神駿，即勞弗恤也。然余之爲此更難矣，家解〔二〕藏書，每向人匃閲，而煤敗楮敗者十之三，焉烏帝虎者十之五，則摭拾之難；屈首受舉子業，既乏通材，至躬攬目購，又不越一鄉一邑，則論列之難；及一稔姓氏如逢故交，偶得一二語，不啻寸珠尺璧，則去舍之難。甚者好思不來，窮鬼相搏，研墨吮筆，率棄去疾走弗顧者再，而風雨疾病不與焉，則記載之難。余之因難而輒已，已而復搰搰不自釋者，又五閲歲矣。況乎烽火頻驚，舊聞放失，江河既逝，老成逶迤。嗚呼！此所爲愈難也與！花蕚樓集

〔一〕「九」，底本誤作「八」，徑改。

〔二〕「解」，刻本誤作「鮮」。

續慎江文逸花萼樓集

未見。

慎江文類花萼樓集

未見。

案：周樗庵慎江文類，稿本今未見。甌乘補十二載包幼白玉石新編、張陽春遐思集兩書，並注慎江文類出，則黄鶴樓尚見其書也。樗庵慎江詩類專收外人詩之涉温州者，文類義例亦當與彼同，蓋文徵、文逸止録鄉先輩遺文，外人之作則别爲文類，三書互相表裏也。

慎江詩逸花萼樓集

未見。

自叙：蓋聞寶鼎芝房之什，黼黻休明；峋嶁宛委之章，鼓吹風雅。故白雲、玄露，太史未進其詞；華黍、由庚，工瞽僅存其目。詩之有逸，所自來矣。夫洪鐘與小缶殊音，伐鼓與叩瓴異節。或傳貴紙，或誚覆瓿，或被管絃，或沈脈望。然而古音寥越，知爲宓瑟媧笙；寶色迷離，望若夏璜周鼎。維精靈夙注，以不容滅者謀篇；斯麗藻朝騫，以不可亡者發響。

呼之或出，如見其人；觸而成聲，將無有似。是用劌心鉥目，遐計冥搜。綴集叢殘，固貽譏於掛漏；網羅放失，實託志於遺忘。聊付雲藍，敢云月旦。花萼樓集

續慎江詩逸花萼樓集

未見。

二續慎江詩逸花萼樓集

未見。

自叙：詩以著代也，代著而其人之詩見焉。有唐之世，初盛之詩昌以華，中晚之詩噍以促，音與時違，氣因世變，厥有由矣。玉步既更，騷雅未墜，即吾鄉言之，一時策名綰綬，摶風乘雲，似宜鼓豫揚休，宣隆鳴盛也。而傷今弔古之吟，憂讒畏譏之什，視淪草莽槁泉石者不啻過之。夫白馬賓王，乃緬懷於殷土；故宫禾黍，始悼歎夫周京。雲霞鬱思，山川灑泣，人所應爾，我亦同然。爰自甲申以後，得若干人，另爲一集。雖風雅不殊，音徽如故，而攬時觀世，抑將有感於此也。花萼樓集

慎江詩類

六卷。

存。瑞安吴氏藏手稿本、遜學齋藏鈔本。

案：周懋寵慎江詩類六卷，始宋謝靈運，終國朝朱彝尊，凡詩四百五十六篇，皆涉温州文獻者，末卷附詩餘七篇，賦一篇。其所采詩明代居十之八，宋、元兩朝詩所録頗少。蓋懋寵生於明季，猶得見天、崇遺老，且時代相接，蒐羅較易。至宋、元遺集，則明時流傳已尟，故甄録未備。至其苦心搜采，要多足資考證。如明宣宗賜謝庭循水亭偶成詩，沈一貫永嘉王復陽山人渡海見訪詩，並卷二。屠隆贈王復陽山人詩，卷三。王穉登送何无咎之靖江詩，又重陽前一日送何无咎歸東嘉詩，文彭闕題詩，卷五。易應昌東甌立春詩，卷六。並從真蹟録入，其他詩亦多采自諸家專集，非徒恃地志以爲漁獵者。又書中間附考注，若明成祖賜都御史王宗遠南還詩，謂「當是洪武末年事」。宣宗賜謝庭循詩謂「御筆存庭循裔進士國京家，題宣德戊申八月朔日」，正舊志作「六〔一〕年十月二十四日」之誤。並卷二。至於題詠之作附注山川，投贈之篇略詳家世，多志乘之所未詳，與所編慎江文徵同爲有功文獻之書也。

〔一〕「六」，底本誤作「八」，據慎江詩類改。

問古文編花蕚樓集

未見。

問古詩編花蕚樓集

闕。瑞安吴氏藏手稿本〔一〕

列朝詩史花蕚樓集

未見。

前朝詩史花蕚樓集

未見。

〔一〕浙江大學圖書館藏玉海樓鈔本，温州市圖書館藏敬鄉樓鈔本、鄉著會鈔本。校勘記云：「檢家藏有手稿本殘帙一册，蓋即吴氏舊弆者。全編八卷，此存卷五至八。卷五，四類，曰陵寢、曰墓城、曰骨塔、曰叢塚；卷六曰遺跡，鄉里基址附；卷七，二類，曰草木、曰祠廟；卷八，二類，曰寺祠觀、曰怪異。蓋是書所輯皆歷朝詩人思古詠懷之作也。」

殊方文娛花萼樓集

未見。

慎江禪藻花萼樓集

未見。

宋元禪藻花萼樓集

未見。

李氏君城蓉江芳烈集道光樂清縣志十一

未見。〔一〕

道光樂清縣志十一：蓉江芳烈集，李應官妻吴氏死節蓉江，其子君城排録弔章付梓，學政張希良序。

〔一〕温州市圖書館藏康熙三十一年樂清李氏家刊本。已破損殘缺。

謝氏夢覽鶴陽家集乾隆温州府志二十七。乾隆永嘉縣志二十三題「謝包京」。十〔一〕卷。

存。

乾隆温州府志十九：康熙永嘉歲貢謝夢覽，博學工文詞。二十七：鶴陽家集，永嘉謝夢覽瑞〔二〕園編。

曾氏唯東甌詩存四十五卷補遺一卷。

存。永嘉曾氏刊本

東甌詩集一書，前明蔡廷玉、趙士忠兩前輩先後編輯。自宋、元迄明成、弘間，所收良

〔一〕底本未注卷數，未署版刻。此書分内外編，十卷，編者謝夢覽，實爲康熙時補輯重刊者，原由謝敬撰於明嘉靖末年編成，隆慶元年由其子恭敬刻成，爲内外二編，不分卷。前有宣宗御製詩，及王叔杲、吴宗孔序。原刊本、補輯重刻本俱已亡失。今永嘉鶴陽謝氏祠藏爲清光緒十一年聚珍版殘本。温州市圖書館藏玉海樓鈔本、敬鄉樓鈔本、鄉著會鈔本，又藏玉海樓選録本。孫鏘鳴爲之跋語。

〔二〕「瑞」，底本闕，據刻本補。

云備矣。顧至今屈指三百餘年，版既無存，書亦罕覯。雖國朝初，鄉先生周天錫輯有慎江詩逸初續集，未經剞劂，亦復就湮，吾甌人之詩不幾泯滅無傳哉？嘗觀郡邑志，載歷朝以詩學名世者，不下數百家，求其殘篇斷簡，僅存什一於千百，遲之又久，豈惟詩亡而其人亦并亡矣！心竊憂之，思欲網羅放失以繼前修，而轉恐耳目有所未周也。聞瑞安余君國光志存風雅，而於詩集輯有成書。丙午至瑞，急訪余君，出所藏卷帙以示，披讀之下，實獲我心。惜詩家不多，篇什簡略，似未足以盡甌詩之大觀。乃歸而檢家中舊録先輩遺稿，并赴會垣，搜覓書林，復廣諮良友，於鹿城則有陳君翼詩、徐君淮，於樂成則有趙君翼照，於横陽則有陳君觀海，於羅陽則有葉君惟挺，協力採訪，歷四寒暑而鴻篇蠹册積案盈箱矣。然後取余君手鈔參酌增訂，薈萃成集，再就正於高陽任君大文暨同邑程君浩，既鑒定，釐爲四十六卷，名曰詩存，以爲存詩也可，以爲存人也可。且存之云者，别於選之謂也。若以爲甌詩盡存於此，則又不然。寡聞淺見，遺漏良多，雅承諸同人裒集之力。慮其久而散佚也，因黽勉捐資鋟板焉。迴憶曩者蔡氏之書成於成化年，趙氏之書成於弘治年，其間相去未遠，接踵授梓，前人留心於文獻何其勤也。後之有心人復起而續輯之，補其所未備，匡其所不逮，是又予之所厚望也夫！　乾隆五十有五年歲次庚戌二月花朝，永嘉曾唯識於依緑園之服膺軒。

高樹勳序。乾隆五十五年。不録。

案：曾近堂東甌詩存，所録宋以來鄉先輩詩，凡九百六十八家，五千三百七十七篇，較之東甌詩集、續集卷帙多至三倍，誠吾鄉徵詩之巨集也。其編録各以人爲次，凡采自原集者，於姓名下注：著有某集，今録詩若干首；其集已不存，或本無專集，從他書轉録者，則注：存詩若干首，義例頗爲明晰。其東甌二集所録姜元鼎、盧摯、劉克莊、真山民、晁叔用、徐淵子、鄭洺等詩，非温州人作者亦皆一一刊削，考證亦尚不苟。惟謝草塘、李璧、白湛淵三人仍未考正。以上東甌詩集、續集誤收諸詩，並詳上本書下。又所增之詩，出蔡、趙二集外者，亦尚有譌舛。如倪濤父徙廣德軍，陳雷父秀民徙居嘉興，並詳辨誤。並非温産，而此仍收其詩。倪詩見卷一，陳詩見卷十二。又黄文雷，盱江人，見中興江湖詩集、黄文雷看雲小集及宋詩紀事六十九。浩然齋雅談中，載其昭君行，誤題永嘉，此遂據録入。卷九。此類亦不免疏舛。然東甌二集止及弘治以前，中葉以後，蕩南醇雅，上溯唐晉，汲古高華，近沿七子，永嘉詩社，莫盛於兹。其大較悉具於此集。〔一〕且所録明代遺集，若梅頤蘇闇存稿十六。洪孝先操舟集二十四。之類，今皆未見，賴此存其一二，至國朝諸集，采輯尤爲賅備，較之周氏慎江文徵，蓋如驂之靳矣。

〔一〕孫氏所云：「汲古高華，近沿七子。」然檢東甌詩存何白詩未見收録。殆汲古堂集當時被列爲禁書，而未敢收録。

高氏溥淩雲社菊影酬唱甌乘補十

未見。

甌乘補十：高博泉溥，列菊置燈，懸紙取影，隨意位置，其疏密濃淡，有無變態，不可思議。因邀同人賞影，唱和成吟，一時知名士如程養齋浩、趙灌松貽瑄、趙秀山廷松、胡小山森桂、周竹仙嵩觀、邵月波南金、高楚帆澐、童郎天中模、張印浦大川、朱白華汝南俱與其會，名其詩曰淩雲社菊影酬唱，邵月波爲之序，此乾隆戊戌〔一〕秋事也。嘉慶己巳，處士陳雨谷汝埰慮其散亡，集而刻之，傳諸不朽。集中詩如邵月波「隱淪踪跡原無定，才子心思自入神。」周竹仙「一秋詩思空如夢，十福溪藤妙入神。」胡小山「是能脱跡同陶令，莫把遺踪比洛神。」自是傳神妙筆。原注：周仙舟學瀛記。

陳氏遇春甌栝文録

十五卷補遺一卷。

存。永嘉陳氏刊本

〔一〕「戊戌」，甌乘補作「戊申」。

日月星辰，天文也；山川草木，地文也。天有文而無義和敬授之命，則天道不顯；地有文而無豎亥算步之才，則地理不著。是則天地之文發以人文，而人之文禮樂、政刑〔一〕、忠孝、節義亦必借人以傳世。知文以人傳，人以文傳，而不知人與文所以並傳，則又有傳其文以人之人在也。余知鏡帆廣文之名久矣，憶昔隨宦東甌，先大大政餘課士中山，每手鏡帆之文以詔示曰：「此能讀書制行者也，此能見義必爲者也。」自是心誌不忘。今年春，鏡帆郵寄所輯甌栝文録見示，並索序于余。余不敏，未冠通籍已三十載，宦游皖、豫、黔、楚，終歲塵勞，不克仰副庭訓，殫心猝志以專所學，不亦對鏡帆而滋愧乎？今閲所録，搜奇考異，發微闡幽，合甌、栝兩郡之大，綜宋、元、明三代之遠，僅得文十五卷補遺一卷，殆顧亭林先生所謂少而盛者耶？且鏡帆秉鐸所至，見義必爲，百廢具舉，又以其餘力表章前賢，垂型後學，發其藴於禮樂、政刑，徵其行於忠孝、節義，其事在文，其義在人，其志在因人以存文，即文以求人，固非徒以文人自命，而僅視古人爲文人者也。至鏡帆自著梧竹山房存稿，計文二十四首，余亦受而讀之，激鬱纏綿，瀏漓渾脱，意在濟世而不自炫耀，宜其享大年，隆後起，爲彼都人士之所景仰也夫！道光十八年歲次戊戌秋日，賜進士出身、

〔一〕「政刑」，底本誤作「刑政」，據刻本改。

兵部侍郎兼都察院右副御史、江南河道總督提督軍務見亭麟慶序。

道光癸巳春，新城少宗伯陳公碩士奉命督學兩浙，四月間按試栝郡，適遇春攝訓櫸山，晉謁之餘，呈所輯東甌文存，皆鄉先生之能文而不遇者。公閲之喜甚。迨試睦州，即寄示弁言，並示乾隆年間睦州有飽學博選青溪先正詩集序，命春推其意而爲之，爲發微闡幽之舉。夫甌栝居浙東僻壤，累代以來遭兵燹水火之災，其文之散佚也久矣。甌之文獻，始於唐而盛於宋、元、明，栝之文獻始於宋而盛於元、明。特是著作雖多，湮没不少，無如上下數百年間，斷簡殘編，人又不收拾，以致稀而又稀矣。公歷舉甌、栝先正，下詢即以採訪是命。春追念先世止齋先生與王梅溪、葉水心諸先生尚有全集，他如龔深父、季元衡、周恭叔、薛士龍諸先生，摭拾群書，略加搜剔，或一人一篇，或一人四五篇，已同吉光片羽。至鄭景望、錢熙載、賈如規諸先生竟一無所見，可慨已！然必求其全而彙集，非旦夕可期，即前明諸名宿，亦屬寥寥，奚怪宋、元之遠而難稽也！春廼得若干篇，合諸龔、季、周、薛之文共五百餘首，分十五册，付諸梨棗。後之讀是編者，庶知其人，知其地，并知其出處也。第甌之始於唐而盛於宋、元、明，原不止此數人；即栝之始於宋而盛於元、明，亦不止此數人。且兩郡志乘所載之文集，皆其人既往而書與之俱往，更僕不能悉數焉。是以公垂念殷殷，不獨制藝發明聖賢義藴，樂與諸生講解，而古文亦所以載道，尤望群相磨礪，彙集成書，使後生小子皆循循以古人爲法度，則士習文風從此蒸蒸日上也。春才學疏淺，不過就一己之聞見，仰副提倡之盛懷，若廣搜遠引，無抱遺珠之歎，則謝不敏焉，敬以俟博學君子。道光甲午十月朔，陳遇春書於梧竹山房。

案：陳氏甌栝先正文録十五卷，凡東甌先正宋文六卷，元文一卷，明文四卷，賦一卷，栝蒼先正宋元文一卷，明文二卷，補遺不分甌、栝，合爲一卷。其文大半從地志録入，所據宋元以來諸家别集，亦止見陳止齋、王梅溪、葉水心三家，其餘若周浮沚、許横塘、二劉左史、給事，及薛艮齋諸集，並未寓目。其采覽頗爲寒窘，其間如王景山文，則節録儒志編二十條；鄭伯謙文則節録太平經國書大宰節財用、九兩繫民二條，而不録經國書自叙；史伯璿文則録管窺外編月星不受日光辨、晝夜長短考二則；鄭元祐文則録遂昌山人雜録林義士事跡二則，亦不捝地志陋習。至於作者小傳所撮載官秩、著作，謬誤尤夥。若劉康祉聖諭六言直解叙，見慎江文徵三十七，而此題爲失名。蓋其勼集散亡，遠不及周氏文徵之博，而考證疏舛乃較周書爲甚。若劉軫世範叙見袁氏世範卷首。鄭師尹劍南詩稿叙，師尹，栝蒼人。見劍南詩稿卷首，此係補刻，目録無。諸文略涉隱秘者，蓋寥寥數篇，不多覯也。

又案：鏡帆别有東甌文存八册，續編二册，皆國朝温州人舉業之文也。文存有學政杜謌、陳用光叙，續編有自叙，今不録其目而附識之於此。

董氏斿羅陽詩始

四卷。

存。泰順董氏刊本

羅陽詩始者，泰順董霞樵先生哀録其邑人之詩。自前明成化洎近已往人所作之有可存者，彙爲是編，而次君耔茯復纂輯修飾以成之者也。憶嘉慶壬申春，余於郡城獲接霞樵先生，敬識其人，愛素好古，尤深於詩，洵惇厚君子也。嗣是先生遠游之日多，余壯歲亦北轅，中或數年不一見，而耔茯昆仲繼起，得以文章氣誼往還無間，紀群之間，交稱莫逆，吾甌他友殆匙其匹焉。道光癸巳，先生遠回，枉過敝廬，因得就讀劍南湘中游集，竊歎不愧中唐詩家，信爲可傳。而先生撝懷，顧嘗惓惓爲述詩始之詩，思得有以傳之者而未暇也。余既已服膺先生之人、之詩，聞之亦爲心往不置。壬寅秋，先生遂歸道山，余重爲老成凋謝之痛，而轉幸先生有可傳之業，即人之須先生以傳者，猶未爲無籍也。耔茯天性過人，以歷試不得志於有司，頻年橐筆遠涉燕、秦、楚、豫之區，求爲升斗之養。歸里甫數月，遽遭大故，居喪盡禮。練後以急事赴郡，道過我，色度深嚴，寡言多嘿，袖中出是編授余。云將謀付梓，復重語相要，丐爲覆審篇什去留，并屬爲之序。余受之，欣然展卷覽誦，見其中學行才藝聲藉一時者，原不乏人，即當日名未出閭里，而所著可入作者之林，與夫名篇佳句，瑕纇錯陳，甚宜需於芟治者，亦復多有。君家皆爲蒐摭裁正，余由是既得以所示意參酌，附留評騭於卷端。置几案數月，兹將以歸之而深有感矣。夫人遠適異域，聞鄉音而神傾，歸軼州閭，見里表而色喜，情類然也。獨至藝能之事，往往震於遠，玩於近，馳心夫冠蓋名譽之場，而膜視於桑梓文學之彦，微論在己少才也。有才而寡情，亦大雅之所不許也。嘗聞霞樵先生尊人繩庵先生，篤嗜於詩，讀編中諸什，蓋自其上世已多開之者，得後之人廣衍其傳。至今秄茯與兄紫濕及群從輩出，固不難如王筠之自稱其家人人有集。況父子後先游歷吴、越、燕、齊、秦、晉、楚、蜀諸邦，名公推轂，延爲上賓，商訂著作，所在而有。而名流逸士，所至互相傾折，觴詠唱酬，爲題襟叙褉之樂。凡耳目所及接，其才技驚異一時，可名於後者，當不僅如是編之爲能愜諸意也。而君家仍於生長之鄉，懃懃焉爲詩學特循所始，不欲當日邑之詩人隱没其所長，并不欲使以累其所長者示人，誠令天下有樹人之責者，皆能志君家父子之志，將必匡直而輔翼之。以己之善及人之善，此其於化民成俗何如邪？記有之：「善歌使人繼其聲，善教使人繼其志。」君之邑人得君家之詩法，從而旁求遠致，證合古人之淵源，則是編之爲功豈不鉅哉！章安與君邑接壤，而宋時瑞安府曾爲郡領屬縣，泰邑建置始於明，我邑與君邑同有羅陽之稱，是余亦猶君閭閈中人也。邑先哲不少能詩者，極欲蒐選其所作，無如散軼者多，遇英年有詩才者，輒樂與相劘切，厚冀其有成，於今覺有起〔一〕色，自審用意與君家無異，而尤深欽裒霞樵先生之樂善不倦，且重幸籽茯之同聲相應，爲能振其家學也。是爲序。道光二十四年歲在甲辰四月既望，瑞安曹應樞秋槎甫拜撰於玉尺講舍。

吾甌自宋以來，人物蔚起。其發爲勳名氣節，道誼文章，彪炳史乘，踵相接也。顧兵燹迭經，欲求其著述之遺存者，不能什一，况於巉巖窮谷潛棲〔二〕苦吟之士，篇殘什斷，其不轉瞬而盪爲飄風墜露者幾希。嗚呼！網羅放失，表章幽懿，此非後死者之責歟？泰順自明景泰間始置縣，地斗入萬山中，於吾郡最爲荒僻。然以余所見，本朝乾、嘉以還，其有專集梓行，如曾復齋之激宕沈雄，董眉伯之清新綺麗，皆視古作者無多讓。則溯而上之，其師友淵源所漸必不乏人，不幸而湮晦無聞者度不少矣。霞樵先生深於詩，尤留心於其邑之文獻，旁搜博羅，編爲羅陽詩始四卷，藏之篋衍有年矣。先生歸道山後，哲嗣紫湶、又

〔一〕「起」，底本誤作「喜」，據羅陽詩始改。
〔二〕「棲」，底本誤作「樓」，據刻本改。

霞昆仲，並以博雅稱，能世其學，而皆坎壈流離，兵興以來相繼死於寇，是書又將在若存若亡之間，今其幼君少霞，幸掇拾於煙燼之餘。余門人周子小樵以其大父之詩在選中，遂力任剞劂費，保先業於幾墜，闡鄉里之遺徽，是皆仁人孝子之用心也。予故樂其成，爲書數語於簡端。同治丁卯夏至後一日，瑞安孫某。仲父止庵先生序

道光庚子歲，先君子奉諱家居，搜輯吾邑先儒之詩，自明迄今，凡五十有四人，編爲四卷，命曰羅陽詩始。蓋爲窮鄉文獻稍存萬一，以開來學，意甚盛也。逾歲書成，將謀付梓，而先君子遽歸道山。咸豐己未，先仲兄又霞應湖北學使俞公襄校之聘，遂攜是書以行，道杭州，歲且盡，蘇、常寇氛日逼，不能前。明年二月，賊突至，城陷，仲兄大罵不屈，死於伍公山下。又明年，次姪中悟赴杭負骨，將歸葬，忽於胡寓樓壁間得是書尚完，急攜歸，過郡以授盼。時不肖等以先人窀穸未畢，家難方殷，平陽會匪又起，闌入郡城，妻子輩遷避，不自意全，閱五寒暑，事漸定，始克挈家旋郡，乃捧是書往商周表姪彥節父子，謀所以成先君子之志者，彥節慨然自任剞劂資，且促盼速開雕。嗚呼！小子盼無狀，摩挲手澤數十載於茲。是書失而復得，尤先人精爽呵護所在，然非得急公好義如彥節者，亦安能藉手以報先靈於地下哉？此盼所爲捧遺書感而繼之以泣也。茲刻既成，謹書始末於後，以誌彥節父子錫類之仁於不朽云。時同治六年歲次丁卯中秋前二日癸巳，季子盼謹識。

周異操跋。同治五年。不録。

案：董霞樵羅陽詩始四卷，始明董鑒，終國朝僧植蘭，凡五十四家，並泰順人詩也。泰順置縣始於明成化，故兹編即託始於明。然明詩亦止十四家，餘皆國朝人作。蓋泰順地界浙閩，萬山環繞，在温州屬邑最爲荒僻，故文獻之盛，亦不及永嘉、瑞安諸縣。此集雖録詩不多，然采摭頗具苦心。至董氏一門群從，悉工吟詠，故此集所録，大都格律雅正，抉擇亦頗不苟，不若地志家裒録詩文，黄茅白葦，漫充卷帙也。

陳氏舜咨甌雅甌乘補九十六卷。林大椿陳春堤小傳

未見。〔一〕

甌乘補九〔二〕：吾温陳春堤，名舜咨，詩文拔萃，觀察李石農調擢滇藩，聘往掌文。歸里後，杖履優游。爲人樂易，平生嗜茶，及老病惟啖餅，故有「蕭閒長説餅，多病但看茶」之

〔一〕温州市圖書館藏敬鄉樓鈔本，作二十六卷。又藏甌雅目録一册，鄉著會鈔本。

〔二〕「九」，底本誤作「八」，據定稿改。

句。嘗謂東甌詩存原選甚濫，手爲删訂，易其名曰甌雅。惜乎！書未成，而先生遽歸道山矣。原注：鄭星舟雙槐軒暇筆。

詩文評類

宋

林氏應龍文説雍正浙江通志二百五十二

佚。

雅詞補義雍正浙江通志二百五十二

佚。

繆氏主一論學軌範續文獻通考二百八十三。萬曆温州府志十七作「論語軌範」，誤。

佚。

元

曹氏理孫杜詩訣〔一〕萬曆温州府志十七

佚。

陳氏秀民東坡文談録一卷。四庫全書總目一百九十七

存。曹溶學海類編本

四庫全書總目一百九十七：東坡文談録一卷，編修程晉芳家藏本。元陳秀民編。秀民字庶子，四明人。初官武岡城步巡檢，擢知常熟州，後爲張士誠參軍，歷浙江行中書省參知政事、翰林學士。是編雜採諸家評論蘇文之語，大抵諸書所習見。又秀民既别有東坡詩話録，而此編又濫及於詩，爲例亦復不純。

案：東坡文談録，明代書目未著録，曹倦圃學海類編始刻之。卷首題：「元四明陳秀

〔一〕嘉靖瑞安縣志著録爲「類編杜詩訣」。

民撰。」秀民實永嘉人，後居嘉興。詳二十四卷寄情稿下。此云四明，蓋曹氏誤題，四庫提要亦未考正，疏也。其書凡六十條，並迻録舊文，全無考證，時代先後，亦漫無義例，與東坡詩話，蓋一手僞作也。

東坡詩話

三卷。四庫全書總目一百九十七

存。學海類編本

四庫全書總目一百九十七：東坡詩話三卷，編修程晉芳家藏本。元陳秀民編。秀民既作東坡文談録，復雜採諸家論蘇詩者，裒爲此書。其排纂後先，既不以本詩之事類爲次第，又不以原書之年代爲次第，殊無體例。又如記仇池石數詩，直書原詩，前後並無引述，如此則全部蘇詩皆可入録矣。至記芙蓉城詩，於題上加一「游」字，舛誤尤甚。胡仔苕溪漁隱叢話所採歷代詩話，蘇詩僅其中之一家，而核其條目，較此尚多大半，則此録之掛漏可知矣。所引諸書，惟燕石齋續一書世罕傳本。然持論頗淺陋，如證「春事闌珊芳草歇」句，引唐劉琮及傳奇女郎王真詩，而不知爲謝靈運語，則其書亦不足重也。又秀民既元人，而書中乃引西湖游覽志一條，是書爲明田汝成作，秀民何自見之？曹溶學海類編喜造僞書，此類亦可疑者也。

案：東坡詩話亦曹氏類編所刻，其書體例與文談録同。末引無名氏燕石齋補，有「余從都元敬出示墨跡」云云，元敬爲明都穆字，作燕石齋補者，既與同時，則亦明人無疑。庶子何以得見其書，與四庫提要所舉西湖游覽志一條，同爲僞託之塙證也。

明

朱氏諫詩評　雍正浙江通志二百五十二

佚。

項氏喬舉業詳説　甌東私録二

闕。　甌東私録二

自序：國家每取士，必三試之，而以初試經義爲要。予曩守渤海，嘗概論舉業以示諸生，於經義猶略也。去歲轉官適楚，公餘課焕、蔚諸兒，乃復論經義之則凡數十條，而選取程文以證之，自覺有裨於初學良切，不獨吾兒所當知也。因捐俸附鋟於舊論之後，總名爲舉業詳説云。嗣是苦心之士見之不當視爲魚兔之筌蹄耶！雖然，文者所以言乎心者也。祖宗以舉業試士，正謂有德者必有言耳！豈料末流之弊，乃至有言者或多未必有德也哉！此則學舉業者之罪，非立法之弊也。予故首以根本爲言，而後始詳爲之説。蓋欲學者篤其實而藝者書之。斯達不離道，而民不失望焉耳。苟無心得之學，徒爲欺世之文，以竊取科第，恣行私臆，則是編也，譬之盜者猶導之路而闢之門也。又豈但吾兒所當戒哉！又豈但吾兒所當戒哉！甌東私録二

案：舉業詳説，單刊本，未見。其附於初刻甌東私録卷三者，凡論舉業根本八條，論舉業體則七十七條，自叙所謂選取程文以證之者，則私録已删去不存矣。其説於明時場屋所行經義表判、賦論之類，皆爲論其體制利病頗爲詳備，其論舉業根本八條，則皆論學、語，兼綜朱、王，尤多精語，後刻私録四，載其請歐陽南野禮侍講學書，稱「喬於陽明之言極知尊信，然於『知行合一』四字，終不敢信。常以陽明之旨，參之四書，似有不能貫通者，故嘗於舉業詳説中，謂知之正所以行之，心之存處即是行也。自撰『知行合一』一段，自謂未必非陽明之意也」云云。蓋甌東篤於講學，故此書雖論舉業，然猶不失因文見道之旨，此志於舉業經義例不收入，以是編論學精到，尚與流俗評文之書不同，故特著之。其義則之專選經義者，則不復録焉。

孫氏昭詩法拾英

一卷。讀書敏求記四、天一閣書目四之四。

未見。

讀書敏求記四：詩法拾英一卷，斗城山人孫昭纂次。

天一閣書目四之四：詩法拾英一卷刊本，孫昭纂并序。

王氏應辰旨茗齋詩話千頃堂書目三十二

佚。

陳氏輅詩林廣記道光樂清縣志十一

佚。

詞曲類

宋

盧氏祖皋蒲江詞萬曆温州府志十七作「盧申之樂府蒲江集」，雍正浙江通志二百五十二作「浦江集」，乾隆永嘉縣志二十三作「蒲江集」，今從四庫全書總目一百九十八。〔一〕

〔一〕注文底本原爲「雍正浙江通志二百五十二作浦江集，乾隆温州府志二十七、乾隆永嘉縣志二十三『詞』並作『集』誤，今從四庫全書總目一百九十八。」據定稿改。

一卷。四庫全書總目一百九十八

存。毛晉宋六十家詞本

盧祖皋字申之，自號蒲江居士，永嘉人，樓大防之甥也。一時永嘉詩人爭學晚唐體，徐照字道暉、徐璣字文淵、翁卷字靈舒、趙師秀字紫芝，稱爲四靈，與申之倡和，莫能伯仲，惜其詩集不傳。黄叔陽謂「其樂府甚工，字字可入律吕，浙人皆唱之。」中興集中幾盡採録，或病其偶句太多，未足驚目，余喜其「柳色津頭泫緑，桃花渡口啼紅」，較之秦七「鶯嘴啄花紅溜，燕尾點波緑皺」，不更鮮秀耶？又「玉簫吹未徹，窗影梅花月。無語只低眉，間拈雙荔枝。」直可步趨南唐「孤枕夢回雞塞遠，小樓吹徹玉笙寒」矣。至如「江涵雁影梅花瘦，花片無聲簾外雨」云云，蓋古樂府佳句也。惜乎！蒲江詞一卷，僅僅二十有五闋耳。古虞毛晉識。

四庫全書總目一百九十八：蒲江詞一卷江蘇巡撫採進本，宋盧祖皋撰。祖皋字申之，又字次夔，號蒲江，永嘉人。登慶元五年進士。嘉定中爲軍器少監，權直學士院。祖皋爲樓鑰之甥，學有淵源，嘗與永嘉四靈以詩相倡和，然詩集不傳。惟貴耳集載其玉堂有感、松江別友二絶句、「舟中獨酌」一聯。梅磵詩話載其廟山道中一絶句。全芳備祖載其酴醾一絶句。僧北磵集附載其讀書、種橘二絶句。東甌詩集載其雨後得月小飲懷趙天樂五言一律而已。貴耳集又稱其「小詞纖雅，曰蒲江集，」然不言卷數。陳振孫書録解題著録一卷，其篇數多寡，亦不可考。此本爲明毛晉所刻，凡二十五闋。今以黄昇花庵詞選相校，則前二十四闋悉詞選之所録，惟最後好事近一闋爲晉所增入。疑原集散佚，晉特鈔撮黄昇所録，以備一家耳。其中字句，與詞選頗有異同。如開卷賀新郎「荒詞誰繼風流後」句，詞選作「荒祠」，水龍吟「帶酒離恨」句，「帶酒」詞選作「帶將」，烏夜啼第三首後闋「昨日幾秋風」句，「昨日」詞選作「昨夜」，並應以詞選爲長，晉蓋未及詳校。惟賀新郎序首「沈案：當作「彭」。〔一〕傳師」字，晉注詞選作「傳師」。然今詞選實作「傳師」，則不知晉所據者何本矣。至鷓鴣天後闋「丁寧須滿玉西東」句，據文應作「玉東西」，而此詞實用東韻，則由祖皋偶然誤用。如黄庭堅之「押秦西巴」爲「巴西」，非校者之誤也。

楊慎升庵詞品四：盧申之名祖皋，邛州人。案：申之别號蒲江，非邛州蒲江縣人也。升庵不考，乃有兹誤。有蒲江詞一卷，樂章甚工，字字可入律吕，彭帥於吴江，作釣雪亭，擅漁人之窟宅，以供詩境也。約趙子野、翁靈舒諸人賦之，惟申之擅場。「江寒雁影梅花瘦，四無塵雪，飛風起，夜窗如畫」其警句也。水龍吟詠荼蘼云：「蕩紅流水無聲，暮烟細草粘天遠。低回倦蝶，往來忙燕，芳期頓嬾。緑霧迷牆，翠虬騰架，雪明香暖。笑依依欲挽，春風教住，還疑是，相逢晚。不似梅裝瘦減，占人間、丰神蕭散。攀條弄蕊，天涯猶記，曲闌小院。老去情

〔一〕「案當作彭」，底本無，據刻本補。

懷，酒邊風味，有時重見。對枕幃空想，東窗舊夢，帶將離怨。」洞仙歌詠茉莉云：「玉肌翠袖，較似酴醾瘦。幾度熏醒夜窗酒。問炎州何事，得許清涼，塵不到，冰壺剪就。晚來庭户悄，贈數流光，細拾芳英黯回首。念日暮江東，偏爲魂銷，人易老，幽韻清標似舊。正簟紋如水帳如煙，更奈向，月明露濃時候。」

案：蒲江詞，毛刻本廑二十五闋，四庫提要疑其從黄氏花庵詞選鈔出。今考周密絶妙好詞一，所録蒲江詞凡十闋，而江城子、清平樂二闋，毛本存一。謁金門凡二闋，毛本别有一闋，與此並異。烏夜啼二闋，毛本存一，别有二闋，亦與此異。五闋，毛本並未載。又趙聞禮陽春白雪所選蒲江詞凡十一闋，而江神子即絶妙好詞所選江城子。右卷一。夜行船、西江月凡二闋，毛本存一。右二。醜奴兒慢。右三。謁金門即絶妙好詞所選第二闋，右四。秋霽。右五。六闋，毛刻亦並未載，則蒲江詞之佚者不少，提要所疑或不誤也。至賀新郎，序首彭傳師，毛校中興詞選作「傅師」，提要謂今詞選，實作「傳師」。考岳珂桯史十五，載彭法傳師爲泗州法曹，即其人也。則詞本與今本詞選並不誤，毛氏所校詞選殆偶據譌本耳。

明

黄氏淮省愆詞

一卷。百川書志十八、明史藝文志四、千頃堂書目三十二。

未見。

案：省愆詞，陳敬宗黄文簡墓誌未載。詳二十五卷省愆集下。而明刊省愆集下，亦附詞二十四闋。高氏百川書志所載疑即由集内析出著録，非真有單行刊本也。高書詩詞析出著録者甚多。然明志及黄目並相沿著録，今姑存之，用備考覈。

國朝

林氏占春雪庵詩餘乾隆温州府志二十七。乾隆永嘉縣志二十三「雪」作「雷」，誤。

佚。〔一〕

右詞集

詞選無

詞話無

詞譜詞韻無

南北曲無

〔一〕以下底本無，據定稿補。

温州經籍志外編卷上[一]

宋

謝氏靈運永嘉記樂史太平寰宇記一百一

佚。

太平寰宇記一百一：建州浦城縣，謝靈運永嘉記云：「有二浦，一曰柘浦，水源出於建安吴興縣。」

案：謝太守靈運，沈約宋書七十七、萬曆温州府志治行志[二]並有傳。永嘉記，隋、唐以來史志書目並未著録。太平寰宇記所引，與白孔六帖六引永嘉郡記「柘林水出建安吴興縣」文同，或即鄭記，樂史誤題謝名。然康樂著述宏富，且雅愛永嘉山水，所著游名山記

〔一〕「卷上」，底本無，據定稿補。

〔二〕「志」，底本誤作「傳」，據萬曆温州府志改。

諸書，亦多述永嘉山川勝蹟，或實有斯記，亦未可臆決。隋唐古籍，百不存一，疑以傳疑，仍存其目，爲吾鄉地志弁冕焉。

鄭氏緝之永嘉郡記太平御覽經史圖書綱目。雍正浙江通志二百五十二、乾隆温州府志二十七「記」並作「志」，誤。

闕。

永嘉郡記者，劉宋鄭緝之之所撰也。時則距太寧郡府之開，未盈百祀；紬永初山川之記，奄稡廿州。鄭君以澹雅之才，斐然有作，吾鄉圖牒，斯其權輿。雖復陸、任地理之鈔，佚而無考；隋、唐經籍之志，闕而未録。然而劉玄靖之箋世説，徵系諜於琅邪；賈高陽之輯農術，紀䉛䈽於竹箭。諏古辨物，咸資取證。是則南北之際，傳播殊廣。凡在閎達，靡不綜涉，故知援據之夥頤，由於紀述之淵雅矣。天水以後，傳帙既亡，地學之儒，甄録尚衆，或稱永嘉地記，或稱永嘉記。「記」亦作「志」，斯並文偶省易，誼相通叚，楬署任情，討覈匪要。其「柘林水」一條，樂史所引，又題謝靈運永嘉記，尋檢它書，悉無兹目。今案謝公以景平踐阼，永嘉作守，覽陟無聞，文藻斯盛。赤石翫勝，帆海標其高詠；地肺撢幽，名山著其游志。若此遺文，每同斯記，則宜黄所述，不爲無徵。或二君並時，各垂纂製；或三寫成誤，繆題甲乙，未可知也。鄭君述造頗多，而名德弗曜，沈書、李史，姓字蓋闕，惟隋志有孝子傳十卷，唐志作「孝子傳讚」。云：宋員外郎鄭緝之撰，官秩所至，略可考見。唐志又載其東陽記一卷。然則其爲二郡作記，或由游宦所至，抑即著籍在兹，編素俄空，尤難臆定已。今讀其書，叙載翔實。雖復散佚之餘，劣存百一；而肇典午之渡江，遝彭城之膺籙。舊聞隊記，猶見搴較揚榷，厥善可得而言：原蠶之禁，著于周官；薦再之訓，徵諸爾雅。自舍人述注，沾二虫之形；丁度撰韻，叚蛇醫之字。異文寖孳，左譣蓋寡。而此記「永嘉八蠶」，厥有蚖珍。岐海方言，既遠符于經誼；逌人代語，復廣證于字書。其善一也。樂成故縣，肇建金行，劉昫唐書別爲「城」字。曩讀李、李吉甫元和郡縣圖志舊寫本及孫氏星衍校栞本並作「城」，聚珍板本則已改作「成」矣。樂樂史太平寰宇記輿地之帙，杜、杜佑通典州郡門馬馬端臨通考輿地考通類之書，昌黎、路應之碑，襄陽、永嘉之什，並相符合，輒有然疑，而此記佚文亦多同劉氏。斯知「成」、「城」兩通，未容專固。例之宛句侯國，不能執太史而斥班書，朐忍縣名，固難信徐鉉而疑闞記。寧康方州之籍，雖云無徵；開運詔定之編，蓋知非誤。孤文未蝕，足讎舊史。其善二也。甌維古國，因水著稱。商漚、周歐，主名無改，而桑、酈古笈，未詳漸水之東；黄、齊今經，靡究漢亭之蹟。綿古茫昧，津逮盱聞，里俗承譌，采聲罔實。遂以栝谿之支委，淆甌江之專名。亦若漢經大別，繆仞翼際之山；沌絶河東，猥引贊皇之水。沿流忘原，誤莫甚焉。此記則云：「甌水出永寧山，行三十餘里，去郡城五里入江。」觴原既顯，流別斯分，砭俗匡違，厥益郅鉅。其善三也。雁蕩靈嶽，雄峙南戒。斤竹越嶺，蓋知康樂之已窺；玉清伐材，廼騰沈括之妄説。而陋儒耳學，競相附和，即有疑難，未得折衷。此記有云：「樂城縣二京亭，是祖送行人之所。其地即今之照膽谿是也。」斯則軷道所出，無殊九達之馗；神秀蚤彰，廼在六朝以上。夢谿之疑，不言可喻。其善四也。至于里聚廢遷，陵谷迻改，誦訓失官，履系句無紀。嶄岑千里，終迷西隗之峰；神淵九回，久沈硯谿之石。多藉兹編，略識名阯，徒以散見群籍，艱于尋覽，俗記剽寫，譌奪百耑。國朝姚安陶珽，蓋嘗略采一二，羼著説郛，此非陶宗儀元本。余于同年生黄巖王君蜺處，見汲古閣寫本説郛七十卷，乃未經增改者，内無永嘉郡記。則爲陶珽所增無疑。其所輯廖廖數條，既不賅備，又不注出處，譌奪甚多，今亦不復備校。既未富于鈎甄，亦罔詳于萌柢，偶涉考覽，輒爲歎息，爰竭謏聞，重爲茜輯，目誦所及，攟摭略備，錐指有得，中證頗衆。所采之書，以宋、元以前爲斷。至明以後書，惟據顧祖禹讀史方輿紀要録「帆游山」一條，以它書别無所見。宛谿精博，必有依據。且王象之輿地紀勝其時尚有完本，宛谿所引，或出彼書也。至於郡縣地志及流俗類書，展轉裨販，悉不足憑。文句異同，亦不復校。凡五十餘條，定著爲一卷，放東陽記也。吾郡文獻寂廖，圖記悠繆。詒讓嘗事研校，刊厥舛牾，覬得舊經，用資參檢。而宋、元諸志隃隊，遂等于丘墳；齊、梁以前暗昏，廼同于巢燧。補闕拾遺，僅此殘賸；碎璧零璣，彌足珍貴。屠維大荒，校集粗竟，藏篋十載，重爲理董，聊付殺青，詒之方來。庶幾神帆仙石，匄絶代之殊

聞；蠣嶼魚倉，備職方之典録云爾。光緒四年，歲陽在著雍，陰在攝提格，厲皋之月望日甲子，瑞安孫詒讓書於江寧之瞻園。〔一〕

章宗源隋經籍志考證史部地理類：永嘉記卷亡，鄭緝之撰，不著録。初學記地部鄭緝之永嘉記曰：「懷化縣有蔣公湖，父老傳云：先代有祭祀祈請者，湖輒下大魚與之。文部硯溪一源中多石硯。」北堂書鈔藝文部同。藝文類聚山部有栢林水，有梧桐水，有桃枝水，並引永嘉郡記，不著撰名。

案：鄭氏永嘉郡記，宋以後久佚，余從世説注諸書輯其逸文爲一卷。記中所載山川鄉亭，最爲詳悉，今多不得其地。如濤山上有大湖。太平御覽九百十二。西隗山東接安固，西接松陽。初學記八。甌水出永寧山。司馬貞史記索隱二十五。案：甌水疑即今楠谿。舊府、縣志並以永寧江爲甌江，非也。永寧江乃惡谿下流，原出處州，與此異派也。栢林水出建安吴興縣。　梧桐水出松陽。桃枝水出東陽長山縣桃林之下。並見白孔六帖六。青田溪發源太湖。御覽一百九十。塵嶼有盧隈。初學記八。樂城縣三州府，江有三洲，對岸有浦名爲菰子。御覽九百七十四。硯谿、初學記二十一。

〔一〕此書輯佚今存三種：陶珽輯宛委山堂刻説郛本，王謨輯漢唐地理書本，孫詒讓輯光緒四年瑞安孫氏家刻本，此本最爲完善。定稿録孫氏同治八年撰書後，刊布時改録書序。據校勘記改。

際湖谿、御覽九百三十七。沐谿野去青田九里。初學記三十。樂成縣新谿口有蠣嶼，御覽九百四十二。君鄣山。御覽七百五十九。樂城縣石堂水口，御覽五百五十一。永寧南漢，賈思勰齊民要術五。固陶村有小山，御覽九百八十七。安固老山，同上。並足裨補地志之缺，附識之以諗後之精于輿地者。

又案：諸書所引永嘉郡記，書名頗多省易，有稱永嘉記者，齊民要術二、藝文類聚八十六、虞世南北堂書鈔一百三十八、初學記七、史記索隱二十五、崔龜圖北户録注上、白孔六帖九十四、太平御覽六十六〔一〕、太平寰宇記九十九、吴淑事類賦二十七、葉廷珪海録碎事二十二、嘉定赤城志三十九、無名氏錦繡萬花谷後集六。有稱永嘉地記者，太平御覽六十六、羅願爾雅翼二十六。有稱永嘉志者。太平御覽五十二。以所引之文互相校覈，實即一書。今附列於此，用袪疑誤。至通志、府志、作永嘉郡志，則諸書所引，悉無此偁，不知何所據。

唐

無名氏永嘉圖經太平御覽經史圖書綱目

佚。

〔一〕「六」，底本誤作「五」，據太平御覽改。下同。

陸羽茶經一：永嘉圖經：「永嘉縣東三百里有白茶山。」

案：永嘉圖經，御覽八百六十七飲食部亦引「縣東有白茶山」一條，與茶經合。又百七十一州郡部，温州下引圖經永嘉，「漢治縣之地。後漢改爲章安。」圖經上不繫「永嘉」二字，不知與飲食部所引是一書否。永嘉於前漢爲回浦，後漢章安即回浦所改。圖經謂漢治縣之地，乃襲司馬彪續漢書郡國志及張勃吴録之誤，説辨詳全祖望鮚埼亭集三十五。

佚。

宋

李氏宗諤祥符温州圖經浣川集五

戴栩永嘉重建三十六坊記：永嘉州郛延袤十八里，較諸雄藩會府雖不及，視列城則過之。在昔民聚未稠，甲乙可數，比緇黄者稱寺觀，目姓氏者兼藝能，大略有以辨識足矣。質而俚，龐而未純者弗計也。後乃文化寖成，藩飾聿至，祥符圖經，坊五十有七，紹聖間楊侯蟠定爲三十六坊，排置均齊，架締堅密，名立義從，各有攸趣。浣川集五

祥符封禪汾陰諸州路圖經。

宋史二百六十五：李昉子宗諤，字昌武，翰林學士，右諫議大夫。嘗預修續通典、大中

案：祥符圖經，見戴文子浣川集，不著撰人。通志、府、縣志亦未著録。考直齋書録解題八，載蘇州圖經六卷，李宗諤撰。景德四年，詔以四方郡縣所上圖經，刊〔一〕修校定，爲一千五百六十六卷。玉海十四作「一千五百六十六卷，附録二卷」〔二〕。以大中祥符四年頒下，今皆散亡，館中僅存九十八卷。余家所有，惟蘇、越、黄三州刻本耳。又載越州圖經九卷、黄州圖經四卷，並李宗諤撰。玉海十四：祥符州縣圖經，中興書目：今存九十八卷，兗州至利州。續書目有圖經七十七卷，台州至筠州。宋史藝文志三，李宗諤圖經九十八卷，又七十七卷。據此，是祥符圖經，即李宗諤所修。其書修成後，頒下各州謹藏。玉海：祥符州縣圖經書成，上之，又詔重修定大圖經，令職方牒諸州謹其藏，每閏依本録進。南渡後，汴都秘笈，盡歸散佚，而諸州頒藏單本，間有存者，浣川所述，即是書也。今依陳録載蘇、越、黄三州圖經之例，補著其目，備北宋地志之一種焉。

無名氏樂清縣圖經艮齋浪語集二

佚。

〔一〕「刊」，底本誤作「重」，據直齋書録解題改。

〔二〕「一千五百六十六卷，附録二卷」，底本誤作「一千五百六十卷，目録一卷」，據玉海改。

薛氏季宜雁蕩山賦注：樂清縣圖經：「雁蕩山三京灣。」按隋圖經云：「溪清如鏡，無所不容，黷之不濁，唐刺史張又新有詩，今名照膽溪」云。艮齋浪語集二

案：三京〔一〕灣，太平御覽七十五引永嘉郡記作「三原〔二〕灣」。古字「京」、「原」通用，據薛賦注則三京〔三〕灣，即今雁蕩山照膽溪。鄭記作于劉宋時，已載其名，則沈括夢溪筆談謂「雁蕩山自古圖牒未言，祥符中造玉清宮，伐木取材，方有人見之」，乃無稽之妄説矣。

周氏澂永嘉志〔四〕

七卷。宋史藝文志三

佚。

嘉定赤城志四十：永寧置縣始漢永建四年，至吴以孫綝爲永寧侯，韓晏爲永寧長，蓋

〔一〕「京」，底本誤作「原」，據刻本改。

〔二〕「原」，底本誤作「京」，據刻本改。

〔三〕「京」，底本誤作「原」，據刻本改。

〔四〕底本原有「乾隆温州府志作永嘉縣志，誤。今從宋史藝文志三」注，據校勘記：「復檢乾隆府志所載書名與宋志同，並無歧誤，此行『志』下注當全删。」

此地也。今永嘉古永寧縣分置，故永嘉志云：晉明帝太寧元年分臨海之嶠南永寧，立永嘉郡。孝武寧康二年，又分永嘉郡之永寧置樂成縣。隋開皇九年平陳郡，廢永寧爲永嘉縣，隸栝州。大業初，郡復，置縣仍屬焉。唐武德五年，以永嘉縣置東嘉州，領永嘉、永寧等縣。正觀元年，州廢，省永寧，隸括州，然則永寧，蓋嘗屬温與處矣。

萬曆温州府志七：宋知温州軍州事周澂，左朝請大夫知。淳熙二年浚河道，政事修舉，委教授徐嘉言編永嘉志。

案：淳熙永嘉志，雍正浙江通志二百五十三、萬曆温州府志十七，並題徐嘉言修。〔一〕蓋周澂爲州守，實主其事，纂輯則出嘉言也。惟宋志已題周澂，今其書又復不傳。嘉定赤城志及方輿勝覽九所引永嘉志，並不著撰人。未敢以地志孤文輒易正史，故仍從宋志題周澂名，用示詳慎。

袁氏采樂清縣志

十卷。直齋書録解題八

〔一〕底本原有「乾隆府志作『永嘉縣志』，殊誤。此郡志，非縣志也」注，據校勘記删。

佚。

直齋書録解題八：樂清志十卷，縣令信安袁采君載撰。

案：袁知縣采，萬曆温州府志治行志、道光樂清縣志名宦傳並有傳。

元

佚。

馮氏復京樂清縣志道光樂清縣志十一

自叙：按周官土地之圖，人民之數，與其山林、川澤、丘陵、墳衍、原隰之名物，皆大司徒之所周知而當會者。四方之志，外史掌之。然則郡縣之有圖志，其來遠矣。任民社之寄，修典禮之常，其敢視爲迂闊〔一〕不切之務哉？洪惟國朝，肇造自西北，包括盡東南，取開闢以來分裂破碎之區宇而混一之。日月所照，霜露所墜，凡有血氣，莫不環嚮而内附，天下之定於一，未有若此其盛。則夫輿地之間，所司之務，土壤之物宜，與夫革命以來所損所益之大政令，皆當刊入志書，以備天子史官之採録，乃臣子職分之當然。而或者以爲

〔一〕「闊」，道光樂清縣志原脱，據刻本補。

非期會簿書之所急，則不敬莫大乎是。余嘗佐州昌國，即以是爲第一事，亦既編摩鋟梓以補是邦之闕文矣。去歲來兹邑，首訪圖經，無復存者。顧於僧司得一摹本，乃淳熙己亥所作，距今百二十餘年。章既漫漶，卷亦殘缺，亟以暇日整葺所存，搜訪其逸。事不關於風教，物不繫於錢穀，詩不發於性情，文不根於義理，皆一切不取，定爲傳信之書，庶非無益之作。境内山川圖諸卷首，抑亦觀民風者之所望於下邑者也。惟區區迂腐，平生所學，志在有用，幸獲備牛馬走於窮山遠海之鄉，濡毫操簡，僅能施諸州縣之乘以爲官常。吁！固可陋已，亦可念已。大德甲辰正月癸丑朔，判樂清縣事馮福京撰。道光樂清縣志卷首

道光樂清縣志七：元知縣馮福京，大德七年。十一：樂清縣志，元大德甲辰邑令馮福京修。

四庫全書總目六十八：馮復京，潼川人，官昌國州判官。

案：馮復京，萬曆温州府志秩官門、雍正浙江通志、道光樂清縣志職官門並作馮福京。考原叙云：「郡縣之有圖志，其來遠矣。余嘗佐州昌國，即以是爲第一事，亦即編摩鋟梓。」云云，而四庫總目載大德昌國州圖志，元馮復京、郭薦同撰。錢氏元史藝文志二同。則馮福京當爲

〔一〕文淵閣書目云：「凡三冊。」洪焕椿浙江方志考云：「本志作者馮福京，曾主修昌國州圖志，四庫總目提要誤作『復京』。明清府、縣志及通志作馮福京，無誤。」

馮復京無疑。樂清志，明以來久無著録，復京事跡無可考，地志展轉修改，遂致姓名譌舛。〔一〕

今謹據總目及自叙考正之。

明

無名氏瑞安縣志千頃堂書目七

佚。

千頃堂書目七：瑞安縣志，永樂乙未修，不知作者。

汪氏循永嘉縣志

十六卷。桃谿淨稿七

未見。

謝鐸序：温在兩浙爲名郡，永嘉又温之巨邑也。蓋自宋以來，儒碩薦紳，項背相望，人益顯而地益勝，幾三五百年於兹矣。邑舊有志，歲久殘缺，且來者無所與續，邦人病焉。弘治戊午，新安汪侯循來宰是邑。既明年，政通人和，乃取舊志而參酌之，總之爲十六卷。既成，以書介予所親章秀才玄縅，來請予序。予與侯有斯文之雅，不得以不能辭。惟古者邦國之志，小史掌之；四方之志，外史掌之。邦國各自爲志，所以紀一方之事，若晉楚之乘與檮杌是也；四方合而爲志，所以紀天下之事，若周之職方氏是也。我朝雖所掌無有恒職，而一統有志，藩省郡邑亦各有志，則猶古之遺制也。然一統志采之天下，作之朝廷，其體重，其勢疏，則其爲志也固在所當略，雖欲詳之亦有不可得而詳者矣。自朝廷而藩省，自藩省而州郡以至於邑，天下之勢蓋於是乎極，則其志之爲體，昔所可略者，於此不得而略，昔所不得詳者，於此不得而不詳。況夫永嘉爲附郭巨邑，郡之體統，亦將於是乎在矣。然則是志也安得而不作，其作之也亦安得而略之而不詳哉？夫志不特紀已往之跡，亦所以垂將來者之監焉。蓋於建置、沿革可以見世代之紛更，於田賦、物産可見世變之升降，於人材、風俗可以見世道之污隆，於詩文、政績可以見世運之興衰。於是而視其善者以爲法，視其不善者以爲戒。則凡生長是邦，與夫臨蒞其地者，皆一舉目可以得之矣，亦奚以他求哉？此汪侯作志之意，亦或古者小史之遺意也。因推而序之，不識以爲何如？桃谿淨稿七

明詩綜二十七下：汪循字進之，休寧人，弘治丙辰進士，官順天府通判。有仁峰文集。

案：汪仁峰永嘉志，今無傳本。王西華嘉靖永嘉縣志序稱「太平謝文肅公有永嘉志序，而未睹其書」，則此書當時疑未刊行也。

國朝

馬氏騰霄平陽縣志八卷。雍正浙江通志二百五十三

未見。〔一〕

自序：在昔太史採詩以觀十五國之風，故土之厚薄，俗之貞淫，備得貢諸天子。已而詩亡，史散於天下，晉乘、楚檮杌、魯春秋，記注不同，而勸懲之旨從同。至漢子長則另出手眼，綜摭古今，自爲一史。至今讀之，山川人物、世家年表、政事文章、貞淫得失，較若列眉，豈非古今著述之一大觀也哉？厥後諸家倣之，自京洛都會，洎海壖巖邑，亦有成書，此平陽縣志所以作也。予自丙戌改元，奉天子簡書吏於兹土。下車清閒，手翻是書，見夫山川人物，世家年表，政事文章，貞淫得失，不異子長。獨其綿世寖邈，簡篇殘落，怏怏久之。亡何遘亂，殫思捍禦，五越年所，廼兹朝食。間繹前書，每念先令王、朱數公不可企及。公能修之於前，予不能踵之於後，所滋愧耳。用是謀諸薦紳，肅請鴻儒陳文謨、杜汝

〔一〕此志現存順治八年刻本，題馬騰霄、陳文謨纂修。南京圖書館藏。浙江大學圖書館藏卷五至卷八。爲孫家故物。

愆、徐有説、孫子詞、徐鏡等，校讎修輯，務爲信史。故前有美而必彰，後有芳而必擷，集思論次，踰年始成。於是攬其山川人物、世家年表、政事文章、貞淫得失，犂然不爽。噫！推斯志也，其與子長爭光日月可也。或曰：「以子長之才之識，孟堅猶且誚之，子胡易言史耶？」予曰〔一〕：「否、否！」夫志與史異。史者褒譏勸懲，其旨顯，其辭嚴；志者有褒無譏，有勸無懲。究之褒勸之功，深於譏懲，故其旨隱，其事備，微同而異，孟堅不得而誚云。後之君子，其詳繹之，不特製錦視成，籍有良書，所謂一道同風，其在斯乎？予敢告諸來者，上之太史，貢諸天子，願敬拜焉。謹序。順治辛卯臘月。乾隆平陽縣志十九

雍正浙江通志二百五十三：平陽縣志八卷，順治辛卯知縣馬騰霄修。

乾隆平陽縣志十九：平陽縣志八卷，國朝順治辛卯，令馬騰霄主修，貢生陳文謨等纂。

案：馬知縣騰霄，乾隆平陽縣志名宦傳有傳。

汪氏爌温州府志

三十二卷。雍正浙江通志二百五十三

〔一〕「曰」，底本誤作「予」，據刻本改。

未見。〔一〕

雍正浙江通志二百五十三：温州府志三十二卷，康熙乙丑汪爌修。

乾隆温州府志十七：知府汪爌，江南婺源人。拔貢。二十三年任修温州府志。

施氏鉉平陽縣志 雍正浙江通志二百五十三

佚。〔二〕

雍正浙江通志二百五十三：平陽縣志，康熙癸丑知縣石金和主修，訓導施鉉編纂。

乾隆平陽縣志十：訓導施鉉，平湖人，康熙九年任。

〔一〕温州市圖書館藏康熙二十四年刻本，題汪爌修，李璋纂。

〔二〕洪焕椿浙江方志考作「十卷」，並云：「康熙十二年修，刊本，科學院收藏。」而吕弘浩康熙平陽縣志十二，按語云：「康熙癸丑，令石金和，貢生馮良弼、管汝卿、宋朝弼，生員吴無震、周鳳朔重纂，未梓。」而臺北成文出版社一九八三年出版中國方志叢書中影印，著録爲「據明朱東光原修，萬民華補遺，清石金和增補，明隆慶五年刊，清康熙間增補鈔本影印。」但有縣丞范文邦「康熙二十二年任」字，可見亦非石氏原本。其書分爲三十三目，即圖、星野、疆域、山川、建置沿革、城池、公署、學校、祠祀、貢賦、屯田、水利、茶法、鹽法、兵防、馬政、帝王、職官、名宦、選舉、人物、孝義、列女、隱逸、流寓、仙釋、風俗、古跡、陵墓、寺觀、祥異、雜記、藝文等。

林氏天楨泰順縣志

四卷。雍正浙江通志二百五十三

未見。

雍正浙江通志二百五十三：泰順縣志四卷，康熙癸丑，知縣林天楨修。

案：林知縣天楨，雍正泰順縣志名宦傳有傳。

劉氏可聘泰順縣志

四卷。雍正浙江通志二百五十三

未見。〔一〕

雍正浙江通志二百五十三：泰順縣志四卷，康熙癸亥，知縣劉可聘修。

雍正泰順縣志六：知縣劉可聘，遼東人。康熙二十一年任，陞四川潼川州知州。

朱氏國源泰順縣志

〔一〕國家圖書館藏清鈔本，不分卷。

十卷。乾隆温州府志二十七

存。雍正己酉刊本

從來志與史異，史並列善惡，嚴褒貶，而志則僅録其善，雖片長不遺焉。然其書之體，首列星野、職方，而户口、賦役、人物、藝文、機祥之屬，以次排纂，與史無異。且由邑而郡、而省各有志，彙以上諸史館，備紀載所採擇。取一善而不善者知勸褒者嚴，而懲創之道抑寓，有關於治化不淺，詎以彈丸之地而忽之哉？余自奉命觀察浙東，環十五城，皆瀕山海之區，土瘠而地偏，思所以振興而拊循之諸固自多方，先必考其山川之宜，參以古今事會之變，乃索兩郡邑志，大都殘闕失次，於中完好足觀者少屈指數，兼處州舊府志，久亦不傳，遍訪未得，每竊擬就兩郡縣成書，芟其煩蕪，掇其精英，益採近今傳聞之信而覈者，補所闕遺，統爲甌栝一志以貽來者而未遑也。頃泰令朱君手其所修纂邑志來謁，取而覽之，條理井井，不必越前人之範圍而不濫不漏，亦犁然有當於作者，可該一邑之大觀矣。夫泰故爲羅陽鎮，前明析瑞、平二縣之近鄉，而設治於斯。西南趾連閩之福安、壽寧，東北毗於青田、景寧，山谷叢箐，皆亘數百里，方域雖不敵古大諸侯，地亦巖邑也。土產唯秔稻，入僅足支一年。舟楫不通，商賈罕至。又山高苦旱，稍不雨，歲輒告歉。民之生其地者亦幾瘁矣。然以僻處蕞爾，人皆重去其鄉，男耕女織，鮮惰窳不力作者，俗固儉嗇，綺羅文繡無出焉。故侈靡之習不長，猶有唐魏風。邑誠小，安在其不可治也。朱君既子斯邑之民，病痛痌癢，關乎一身，所以拊循而振興之者，當不獨志之爲。而即斯志以觀，則相其山川原隰而勞農勸墾以厚其生，因其風土人物而教導鼓舞以正其德，融會乎古今沿革損益之義而布爲政刑，施諸條教，使之家喻户曉焉。蒸蒸然一邑之風氣日臻於上，則信乎聖化之普被於陬澨，而稱其職者之爲良有司也。志之道通於史，而扶善以勵不善，勸懲具舉，其有裨於治化者，又豈獨一邑然哉？是爲序。時雍正歲在己酉孟陬月上澣，賜進士出身、浙江等處提刑提察使司副使、分巡温處道、今調杭嘉湖道加一級、前吏部考功司郎中、翰林院庶吉士、琅琊王斂福撰。

歲甲辰，余奉特命，來守甌郡。郡邑五，而泰順爲末邑。其地介在閩、栝，居萬山之巔，初名羅陽鎮，爲瑞安義翔鄉。景泰壬申，依尚書孫原貞奏，割安固、横陽幽遐之鄉益之，而設爲邑，賜名泰順，此泰順之所由來也。地荒僻而俗簡率，宰是邑者，歷經振興，漸就文物，迄今幾二百餘年，士習民風，蒸然丕變矣。朱君來宰兹邑，淬精勵治，百廢具舉，公餘之暇，搜羅舊志，苦多殘缺，因與老成紳士博考參訂而重修之。今幸告竣而請序於余。余披而閱之，見其庠序、田廬，井然有條；山川、人物，犁然可睹，補舊增新，因名核實。明備之中，可以徵信，纖悉無恨矣。余聞泰志始成於萬曆邑宰王君克家，重修於崇禎邑令涂君鼎鼐，兵燹後鮮有存者，今得朱君更輯之。泰雖巖邑，得兹備志，而所謂士習民風，蒸然丕變者，不更較曩昔而炳蔚可觀也哉！嗟乎！銅墨之長，類皆傳舍其官，簿書之餘，誰復留心邑志，如朱〔一〕君者，能以文章飾吏治，考古傳，勒成鉅典，亦可謂難矣。余閱此志，爲泰人喜，而竊歎朱君之爲功於泰邑洵非淺鮮，更可與王、涂二君後先並傳云。是爲序。雍正己酉之歲孟春月吉，賜進士出身、特授中憲大夫、知浙江温州府事、今陞按察使司副使、分巡温處道芮復傳撰。

今國家混一區宇，荒陬海外罔不率俾。故志修一統，爲前古以來所未有。然統志以下，有郡志、有州志，州郡分之有縣志，猶大宗之有小宗，江海之有支流也。其書較州郡志更賅且悉。昔子朱子令建康，百度未舉，首閱志書，非迂也，良以是書也，一邑之形勝具焉，歷朝之興革備焉，民俗之淳漓載焉，户口稅斂之贏縮詳焉，風土人物之隆替著焉，其他可以供省覽、廣見聞者，又不可屈指可數也。取而閱之，而緩急輕重之間，乃無所施而不當，志之有裨於治也亦大矣哉！甌郡舊縣有四，明景泰間，始割瑞安、平陽地而縣治之。則泰順之爲是也近，非若滄桑幾易之杳乎不可考也。然源承乏〔二〕兹土，廣咨故事，雖章縫

〔一〕「朱」，底本誤作「先」，據刻本改。
〔二〕「乏」，底本誤作「泛」，據刻本改。

耆宿之士亦鮮有能道之者。欲求其志，而遺版盡矣。即間有攜其書至者，非失其前，即闕其後，而存者亦多塵污蠹蝕，魚豕傳訛，莫窺全豹。源遂愀然興感謂泰之有志，至明季已兩修，曾幾何時，而竟若是。則遥遥九十餘年，其湮没而不可考者又可勝道哉？乃於戊申清和吉日，開局於邑之文昌閣，延名獻而續修之。上徵郡志，下逮芻言，訪之惟恐不得，得之又惟恐不真。然而遲之數月，須之又久，而所得者猶覺闕如，則何以故？蓋泰爲兩浙末邑，壤僻民稀，都圖分域，皆峻嶺崇山，嶮巇崛崒。每至一地，所經者必攀藤蘿，步仄徑，熊虎之所游，蛇虺之所蟠，惴惴焉，虞有不測之禍。源年來桑田勸課，嘗策杖而躬歷之。以故民有終身不入城市，至老死不見官長者，則雖有良材懿行，而傳聞不遠，匿跡銷聲，固其宜也。況泰邑力田務本，比户皆然。即士之游學校者，亦盡殫意於農畝之中，而出其餘力以攻帖括、應課試，復何暇留情採輯，作稗官野史，成一家言，以爲異日之文獻哉？故源於是志，遲之雖久，而未免有闕如之憾者此也。然心雖闕如，而還念此志不就，因循歲月，則此塵污蠹蝕，與今之存什一於千百者，將俱與荒煙泠風而皆盡，予懷滋戚矣。故始之闕如者，又不覺轉而躍如也。第此邦之田，歲收一稔，偶遇水旱，即懸磬興嗟。而且商賈絶蹤，桑麻罕植。富而教之，使之樂盈寧而轂士女，慶彙徵而拔連茹，始不負聖天子保惠作人之意。奈源材力譾劣，每兢兢以弗克負荷是懼，故今雖自喜其志之成，而猶未敢須臾少安也。是書也，秉筆而司其成者，家孟廷琦也；其相與討論而增削者，曲阿孫君嵩也；校讎者，瞟城歸君燿；而廣蒐輯共商訂者，則邑之潘君仲溥、包君惟儼、周子奕燈、周子琰、潘子弘壐等諸茂才也。時雍正七年己酉孟冬月之吉日，文林郎知泰順縣事、加一級上海朱國源丹臺撰。

秦炌序。不録。

喬世臣序。雍正己酉。不録。

張坦讓序。雍正己酉。不録。

羅秉禮序。雍正己酉。不録。

李發枝序。雍正己酉。不録。〔一〕

雍正浙江通志二百五十三：泰順縣志十卷，雍正己酉知縣朱國源修。

雍正泰順縣志六：知縣朱國源，號丹臺，上海人，保舉。雍正四年任。

案：雍正泰順縣志分輿地、風俗、營建、祠祀、賦役、官師、選舉、人物、雜志、藝文十門，采摭既爲疏略，又漫無義例。如選舉旁及内官，藝文不載經籍，人物一門蕪濫尤甚。秩

〔一〕底本原有秦炌、喬世臣、張坦讓、羅秉禮、李發枝等序，定稿删。此處文據定稿補。

異、嗇夫，輒標農官之目；年逾中壽，便附人瑞之篇。詭題謬例，展卷皆是。至於吴、陶、包、董諸大族譜牒流傳，往往僞造科名，虚張官閥，亦復不能考正，反據羼補。其凡例自謂分類雖仍舊志，而參互考訂頗具苦心。今以其書覈之，殊不踐其言也。

張氏坦熊玉環志四卷。雍正浙江通志二百五十三

存。雍正壬子刊本

「普天之下，莫非王土。率土之濱，莫非王臣。」故一夫不獲，方隅未化，亦必加之意焉；非徒以廣土衆民已也。宫保尚書李公總制兩浙，痌瘝民瘼，情殷國事，凡省會都邑之地，雖已治已安，罔弗思深而慮遠，至山陬海澨，復殷殷注意。蓋我國家聲教訖於海外，郡臺灣，而邑定海，幅幀既長，鯨鯢靖影，尤必防微杜漸，以圖海疆永固之謀。覘知玉環，横亘海中，爲温台之門户，察其形勢深邃遼闊，易於藏垢納汙，瞿然曰：「其田地肥饒可耕，其山海要害宜守。夫孰非聖子之疆索哉？奚忍以草萊而輕棄之也。」爰請展復於朝，題熊以董其事，如建官設汛，招徠開墾諸大務，一一預定其規模，復區畫指示，面命耳提，詳明周匝。熊於雍正五年三月，委至兹土，率由奉行，宣布皇仁，遍張憲示，首事招徠。先民之

急，相度川原、林麓之區，卜宅授田，開河濬溝，除道成梁，築塘建陡，爲上錯、爲中錯、爲下錯，分三壤以定厥賦，正經界以盡地利。貧而無力者請爲之借種助耕，家有餘粟者又爲之通商惠工。斯民所以相生相養之道，罔弗曲盡而靡遺。於環山之中青，地勢平衍，卜築而城焉，而官舍、而倉廒、而營房、而神祠，次第具備。東西朔南爲臺寨、爲汛防、爲塘鋪、爲快哨，星羅棋布。武則陸路以固其内，水師以蔽其外；文則團練游巡於各口，保長稽查於嶴中。斯墾民之大集，而有以永奠厥居也。至不耕之民，則刮土煎鹽，足資衣食，或以漁爲業，則禁革陋規，止徵塗税。其閩浙淘海船隻，千帆叢集，遍游洋面，奸良混淆，查明進出口址，收其牌照，驗其年貌，俾嶴外之奸匪無由而入，即嶴有奸匪亦無從而出。以故數年來，海宇敉寧，商漁樂業，莫不曰此玉環扼要據衝之所致也。今日者，城垣廛舍翼翼鱗鱗，禾黍桑麻離離彧彧，而又河道天開，舟帆咸利。回憶入山之始滿目荆榛，新附之民鶉衣藿食，一旦出作入息，鼓腹含哺，商賈雲集，行旅載途，共游於光天化日之下，不誠於環海之民有厚幸乎！此皆我皇上仁恩普被，上膺天眷，以故川嶽效靈，萬物各得其所，而制府李公體國經野之碩畫，足以光天壤而昭來許。然而山川風土之宜，小民樂利之源，凡夫風氣初開，新疆景象，不一一爲之編輯，將後之觀風者，亦何所藉以考焉？爰是首刊題奏議，詳圖其星野險要，紀其田賦典制，箋其風物事宜，而以人文附綴於後，爲志四卷，則誠有不容已於縷述者也。是爲序。時雍正十年歲次壬子應鍾月，温台玉環清軍餉捕同知加二級紀録三次張坦熊書。

雍正浙江通志二百五十三：玉環志四卷，雍正辛亥同知張坦熊編輯。

玉環志三：同知張坦熊，字男祥，號郎湖，湖廣漢陽府漢陽縣人。康熙辛卯科舉人。初任浙江嚴州府桐廬縣，於雍正五年三月初一日委辦玉環墾務，於雍正六年六月初九日陞任。

案：玉環山，明以前爲濱海荒島，舊無記載。國朝雍正五年，浙江巡撫李衛奏開其地，始築城，設清軍餉捕同知駐防其地，以桐廬知縣漢陽張坦熊爲之。玉環志四卷，即坦熊所創，其書前無所因，故所載掌故寥寥不能數葉，而奏報、公牘幾居全書之半，輿圖則備繪全浙海口，軍制則詳臚火器形製，皆未免横滋支蔓，務盈卷帙。至於榴嶼舊聞，如初學記五引永嘉郡記所偁「地肺山」，水心集二十一所稱「天富北監，在玉環島上」，及「濮陽李寬知監事」宜人鄭氏墓誌銘之類，並未能旁稽遠討。而末卷所載藝文，乃録坦熊自作詩文，連篇累牘，殊嫌蕪穢，未足備士訓之選也。〔一〕

〔一〕底本有孫衣言眉批：「郡志林幹傳，又陳子上有玉環靈山某寺均未載及。」

章氏昱吴氏慶雲瑞安縣志嘉慶瑞安縣志九

未見。

嘉慶瑞安縣志六：章昱，乾隆八年任瑞訓。瑞志不戒於火，散失殘闕，久無成書，昱修明搜討舊志，即其所輯。九：瑞安縣志一修於乾隆己巳，邑令陳永清延司訓章昱、邑人吴慶雲等修。

案：吴慶雲事蹟無考。〔一〕

齊氏召南汪氏沆〔二〕温州府志

三十卷。

存。乾隆辛巳刊本

乾隆辛巳夏，余以校士赴温州，取道芙蓉村，沿大海而行。數十里間，居民率障海塗爲田，田斥鹵不可治，生計甚嗇。然林木薈蔚中見雁蕩諸峰，峻嶒戍削，泉瀌瀌循澗流。

〔一〕乾隆己巳十四年刻本，國家圖書館藏，作十卷。吴慶雲乾隆温州府志孝友傳有傳：「吴慶雲，字次瞻。雍正癸卯舉人。事親至孝。」孫氏失檢。此書當入正編。有陳永清、章昱、吴慶雲序跋。

〔二〕「沆」，底本誤作「灝」，據温州府志改。

自樂清以南，則土田衍沃，襟谿帶江，望若刻畫，嘉穆垂垂然就熟。比至郡，而城郭樓櫓，雄奇瑰麗，蓋浙東一大都會也。斟城李君來守於兹數年矣，敦厚質實，百廢具舉。其於牧民之道，教士之方，若饑渴之於飲食，蓋其性之所嗜。既而手出一編，曰：「此温郡新乘也。先是漶漫〔一〕已數十稔，今始葺而成之。」受而卒讀，然後版輿之阨塞，户口之登耗，人物之盛衰，風俗之厚薄，及往代名賢文章政績，瞭如指掌，蓋可坐而知也。夫温在漢以前本東甌國，與閩越並屬荒服。自漢徙其民於江淮之間，而奇麗山川僅爲甌脱。逮典午以後，王、謝諸君受而牧之，弦詩肄禮，風氣日上，而山川之孕靈胎，秀積久後發者，亦適會其時，磊磊焉大顯於世。建炎之初，高宗曾一駐蹕，其後洛學南興，而將樂延平之緒，再傳遞衍，遂盛於温，一時號爲「小鄒魯」。嗚呼！豈不以其人哉？今余縱而覽焉，其地萬山翳阻，扼八閩之吭，控明蔽括，偶一蠢動，伏莽如蝟，不可爬梳。又三面距海，自孫、盧以舟師走險，腹蟹璵結，代有氛警。勝國初元，方氏遂欲以閩摇〔二〕自爲，即中葉島裔出没，亦惟温最當其衝。是故海不揚波，則温據土田之利，有山澤之饒，氣清且淑，洵爲樂土。而魁才秀

〔一〕「漫」，底本闕，據温州府志補。
〔二〕「摇」，底本闕，據温州府志補。

士，敦詩説禮者，亦傑出而不窮，如宋以來是已。方今大化翔洽，遐邇同風，温之人之休養生息於堂筵室幾中者百餘年矣。山夷狡窟，溟息沸波，木榴之嶼〔一〕，疆以周索，屹然爲郡巨防。而生齒之數日益蕃，磽確〔二〕之壤日益闢，魚鹽絲枲之利日益滋，非聖天子德教深博無涯涘，而一二三有司又能奉揚仁風，與民休息，其孰克致此乎？夫因勢利導者上之政也，薰德善良者下之化也，今温之山川風物，終古猶是，俗亦弗敝於古。而人材之盛推校闊絶，豈地靈所鍾有時而歇，不可强〔三〕歟？抑教之者無其方，學之者無其術也？予滋恧焉！故覽斯志而不能無望於温之人，慎毋忘宋以來鄉先正之遺風，而思以道德事功一吐山川之奇，則李君拊循教誨之功，且與雁宕諸峰埒矣。爰書以貽李君，而歸其帙。時乾隆二十有六年七月，内閣學士兼禮部侍郎、提督浙江學政晉寧李因培書於永嘉江上之雙溪舟中。

乾隆十六年冬，蒙恩陞擢甌栝。值浙東數郡旱魃爲災，哀鴻遍野，大憲迫余抵任，隨兼程赴甌，督理海運、賑撫各事宜及一切，文教未遑也。次年夏，始葺東山書院而新之，延

〔一〕「嶼」，底本闕，據温州府志補。

〔二〕「確」，底本闕，據温州府志補。

〔三〕「强」，底本闕，據温州府志補。

師課士，其中同時獲雋者三人。然而眚災之後，宵小潛滋，因請於上憲，巡查兩郡十五邑一廳。舟車所至，期年始遍。凡民風土俗，文物山川，以及道里之修短，都邑之沿革，靡不博採諮詢，貯之行笈。蓋雖越澗度溪，羊腸絶巘，向日長吏所足跡未至者，莫不躋險以登；向日按圖考索而不得其準望者，已於今親歷之，詎不甚幸與！獨是今昔異宜，質文遞易，必得參稽志乘，庶幾得所依據，乃披閱各志，半皆殘缺漫漶，因與守令諸君商略釐訂，若處屬各邑亦復漸次修舉。惟甌爲漢古郡，東至於海，南至於閩，北至於雁宕，西至於栝蒼。其間山海交錯，烟户鱗接，匪獨區域之景光，疇曩之藴秘，積焉已棼，而巨人長德之因時間生，鴻章鉅製之應期有作，異見畸聞累累不盡。自非網絡古今，囊括記録，則小司馬所云：「殘缺紕繆，咸拱手而不言，未可爲通學也。」時郡守俞公、永邑崔君皆曰善。乃相與糾集五邑之紳士，各捐費若干，天庥滋至，民慶有年，無小無大，從公於邁。不數月而集費已得若干緡，乃上報大憲，咸曰可。並命延少宗伯次封齊公、徵君西灝汪公總裁其事。於是擇吉具書幣，設局於杭，廣集群彦，分門別類，重爲釐葺，蓋丙子十月事也。嗣余適奉檄兼理鹺鄭，得以時過萬松，與宗伯商訂裁益。閱九月而各門俱竣，惟鹽法、田賦、人物諸門尚須綜覈典要，始成完書。時甌江太守斟城李公甫抵任來謁，余具告所以，太守欣然力任其事，遂以草本畀之。復於戊寅開局於甌，補所未備，期年而工竣。余以丁艱去，不克就緒，然得李公鋭意踵成，既命永學趙廣文主之。復擇紳士之賢者分其任，廩既月給，冠蓋時至。俾余未竟之緒迄用有成。蓋振幽翳，備窺涉，詞覈理舉，則賢太守教民型俗之方於此具見，而大憲修舉廢墜之意亦用是頓慰。其功較始事者而愈烈矣。余因太守以書來請，不揣蕪陋，弁言於端，以誌余之未逮云。乾隆庚辰正月，前任浙東觀察使者婁東朱椿拜撰。

温州府志闕修者，蓋七十餘年。前太守金公議纂輯而難其事。歲丙子，觀察朱公、太守俞公以爲失今不圖，後愈無考，遂奮然舉行，假手當代宗工，設局於會城之萬松書院，成有日矣。而朱公、俞公皆以艱去。予蒞任，復設局讎校。若鹽法、若戰艦、若海運，皆補前志所未備。既訖工，遂著其本末而序之曰：温之爲郡，始於閩君摇助漢封東海王，後雖爲漢縣，介在蠻彝，久矣無聞於中國。自江左偏安，而山川之奇始顯。洎有宋崇儒，而道學之傳聿分。其水土所生，神氣所感，漁鹽蜃蛤，絲枲竹木以及都人士女，簪組閥閱之盛，仡然爲浙東大藩，至於今不替。試按籍而稽，疆域之廣輪，建置之沿革，師田賦役之代更，文物聲名之疊起，節目紛如，而歷世滋久，志之不可缺也明矣！竊嘗論之，温郡前有大海，後阻重山，水陸相錯，走婺、栝，馳明、台，扼八閩之吭而拊其背。元明一統，而海上有事，温郡輒首受其衝。我朝聲靈赫濯，度越前代，薄海内外，罔不率俾，小醜震鄰，不崇朝而底定。百年以來，休養生息，涵濡於德化之深，而又安不忘危，防維嚴密，宿重兵者七萃，備哨巡者百艘，是以桴鼓不驚，海若效順。民生其間，食先疇而服舊德，説禮樂而敦詩書，何其幸也。然而問謠俗之得失，驗物土之盈虚，昔之敦龐淳固者漸且變而嚚陵，昔之碩大蕃滋者漸且虞其耗竭。觀於學校，而子衿城闕，佻達時聞，小鄒魯之風胡不嗣音也？將淳漓樸散，風會必趨？抑節宣而陶冶之者，非其道歟？前事不遠，展卷披圖，當思山川無改於舊，而儲英挹秀何以衰盛殊觀？土田日辟於前，而取多用宏，何以豐歉不一？賈子曰：「此非天之所爲，人之所設也。」繼自今相與講讓型仁，更化善俗，導迎扶輿清淑休和之氣，以無負聖天子一道同風之至意，固守土之責，而亦耆老大夫、縉紳先生之徒，所當倡率而延及齊民者也。若乃探夢草之遺踪，問容成之故蹟，登臨憑弔，僅供摛華掞藻之資，則亦與書肆説鈴等耳，何取乎汲汲修輯也哉！蓋張官置吏原以爲民，而紀事纂言期於垂教。余故因書之成而撮其大端如此。其他徵文考獻之詳略，發凡起例之是非，覽者當自得之，兹不具論。乾隆二十有五年，歲次庚辰正月，東甌太守斟城李琬撰并書。

明山序。乾隆庚辰。不録。

〔一〕底本原有明山、徐綿序，定稿删。此據定稿補。

徐綿序。乾隆庚辰。不録。〔一〕

莊有恭序。乾隆壬午。不録。〔一〕

賀長齡皇朝經世文編姓名總目一：齊召南字次風，號息園。浙江天台人。舉乾隆丙辰博學鴻詞，授檢討，官至禮部侍郎。有寶綸堂集及水道提綱。

案：乾隆温州府志分三十門，曰星野、曰疆域、曰建置、曰山川、曰城池、曰公署、曰學校、曰兵制、曰祠祀、曰田賦、曰鹽法、曰水利、曰關梁、曰風俗、曰物産、曰封爵、曰職官、曰名宦、曰選舉、曰人物、曰寓賢、曰列女、曰古蹟、曰冢墓、曰寺觀、曰仙釋、曰經籍、曰藝文、曰祥異、曰雜記。其書爲齊侍郎召南及汪鴻博沆所定，沆號槐堂，仁和人，乾隆丙辰舉博學鴻詞。據朱、李兩叙，則初定稿本鹽法、田賦、人物諸門，尚未卒業，後李琬別於温州開局補修，乃得成書。今核其記載，大抵以萬曆王志及康熙汪志爲藍本而稍爲訂補，徒以齊、汪初纂，開局遠在杭州，采訪既難，編輯復略。及乎郡中續補，則復任意羼改，漫無義例。書成之後，又未經原纂之人精爲核定，故疏漏舛誤，展卷皆是。家大人著甌海軼聞及詒讓此志隨事辨正，殆不下數百條，茲不詳著。末卷雜記門附息園閒識十六，則爲齊侍郎所記。其論修

〔一〕底本無此條，據定稿補。

志不無遺漏一條，舉宋史袁燮知温州、舒璘知平陽諸事，補舊志之闕，知所補正，亦止職官一門，此外不甚留意。至於名宦載王右軍一條，不知右軍爲永嘉太守，説始見祝穆方輿勝覽〔一〕九。「瑞安府」下儒學之盛一條，於永嘉諸儒在朱門者，誤數南城包顯道、敏道、詳道諸人，顯道名揚，敏道名遜，詳道名約，皆南城人，見宋元學案七十七、儒林宗派十。舊志儒林傳誤以爲永嘉人，故侍郎亦沿其謬。考證亦未精審。蓋侍郎雖號博綜，温州典故非所諳習，宜乎此書不能遠勝舊志矣。

永嘉縣志〔二〕

二十六〔三〕卷。存。乾隆辛巳刊本

嘉於甌爲附郭，邑環山衛海，人物繁夥，夙稱東南冠冕者也。邑令崔君，經術飾治，政通人和，諸廢具舉，以暇修新志若干卷，今且以報最去，而刻適成，乞余序之。余爲之慨然

〔一〕「勝覽」，底本脱，據定稿補。
〔二〕底本無此條，據定稿補。
〔三〕「六」，底本誤作「四」，據温州府志改。

曰：事有不等，於撫字催科之急，而實關風俗人心之不可緩者，志是也。周官外史掌四方之志，其時諸侯亦各有史記。後漢光武始詔南陽撰作風俗，故沛、三輔有耆舊節士之序，魯、廬江有名德先賢之贊，郡國之書由是而作，推其本原皆史類也。夫彰往察來，辨方類族，將經制軌事，裨政庇民，胥於是乎寄，志固可終緩歟！而俗吏多急近功，或藐焉而勿事，或事之而以他撓〔一〕而中止。顧惟斧藻其治，上呼則胥趨，上畫則胥諾。薰心於章程律令，而簡夷乎故實文章、不幾於繭絲乎哉！故嘗謂：令效於其職無緩急也，惟效其職則理，苟身實在其職，而以爲緩者不足爲，則進而丞倅，進而一郡之守，更進而監司，位愈尊則愈易曠，名愈高則愈易諉。嗚呼！又豈有績用之大可見耶！余銜命觀察，承國家累洽重熙之後，朝夕孜孜，以冀宣布聖天子浹髓淪肌之化，心喜崔君之能治其所急，而亦不慢於緩，愈以見緩之無非所急，故樂爲之序且以自勖焉。若夫編耆之精審，文例之謹嚴，則固有目之所共賞，不具贅云爾。乾隆二十六年歲次辛巳秋八月，鐵嶺徐綿書。

永嘉志修自康熙二十一年，閱今歲久，版剥落散失，存者不及十之三，人家亦無完本。余下車以後，即有志重修而未逮。歲乙亥，觀察徐公、郡守李公，雅意修郡志，予得參末

〔一〕「撓」，底本闕，據永嘉縣志補。

議，敦請天台齊少宗伯、錢塘汪徵君西顥主其事，歷再稔而告成。繼有事於縣志，發凡起例，一依郡志，而綱舉目張，徵引典物，根據史傳，要皆科律省志，較舊志爲得體裁。工既竣，展卷循省，幸少魯魚亥豕之訛，夙志藉以伸，而予猶不能無歉然者。志乃史之支流餘裔，求其文贍事核，非殫見洽聞不爲功。昔孔子作春秋，得十二國之寶書，而於老子、郯子，下逮師襄、賓牟賈之屬，無不咨訪，然後文成數萬。至言夏、殷之禮，則惜杞、宋之無徵，是紀事纂言未有舍文獻而能成者。永邑前志，距今八十年，老成凋謝，掌故失傳，經籍所載，自宋以來名人著述夥矣，無一存者。學士大夫家傳、志銘、叢言、脞史之留貽，亦求之而不一得，欲志之美備，其孰從而取之而詳之？嘗考前明宏才碩學接跡，而本朝王阮亭司寇獨取黃才伯廣東通志、李川父河南通志暨舊藏陸鼎儀山東通志，謂皆精審不苟，而惜楊升庵四川續志、馬伯循陝西通志未及見。由司寇之言觀之，志若是其難，何哉？蓋有博而不精者矣，未有精而不本於博者也。今一代著作巨手，才何遽不若前人，乃徵文考獻，而石室名山竟同無字之碣，齒危髮禿不啻無口之匏。不得不據往跡，稍加釐訂，求如史公所謂「網羅散失，放佚舊聞」者，則頭白有期，汗青無日，予又烏能以無憾也哉！雖然，周官外史氏掌四方之志以周知其地域廣輪，將以參乎人風以達其治也。是以王制司徒之官，於廣谷大川異制，民生其間異俗者，詳舉剛柔、輕重、遲速，器械衣服而綜之，以

「修其教，不易其俗；齊其政，不易其宜」。可知志之作，臚其俗宜而重且大者，端在於政與教。永邑素號小鄒魯，理學名臣、孝義節烈，載在前志者班班可考。彼都人士猶能嗣此流風餘韻乎未也？覽斯志而觀感興起，重有責於化導轉移。予承乏八載，簿書期會，鞅掌不遑，於風俗人心滋多愧焉。冀來者改弦更張，而補予之缺憾，是則予亟亟成書之意云爾。旹乾隆二十六年歲在重光大荒落重九日，三韓崔錫謹序。

施廷燦序。乾隆三十年。不録。

李琬序。不録。

黄氏徵乂瑞安縣志

十卷。

存。嘉慶己巳刊本

瑞安志十卷，自乾隆己巳重刊，逮今垂六十稔，多殘缺不可考。邑令張君恐志之漸就湮也，屬司訓黄君修輯之，而請予序之簡端。予惟修志之難有三：上無倡則不能修，下無應則不能修，有倡與應而莫勝其任則不能修。況瑞地瀕海澨，計昔之令是邑者凡幾輩，簿書倥傯紛其志，奔走期會勞其形，問以興一利，除一弊，或未之逮，邑乘之修抑迂闊矣！

乃自張君之來也，濬河道，設陡門，興校士館，新節孝祠，諸廢具舉，而又毅然以修志自任，使遠者數百年，近者數十年，因革損益，忠孝廉節，瞭如指掌，可謂知要也已。抑又思：瑞去郡不百里，其山川文物秀甲他邑，六君子之流風餘韻故有存者，而人材蔚起，今昔殊尚，豈俗爲之歟？抑人爲之歟？文章者，道德之表著也，已往者，後來之借鏡也。誠覽是志而奮然興感，將士習醇而民風厚，其秀彦者勵廉隅，其野處者知禮讓，其鄉鄰之相往來者莫不以孝友睦姻爲勸勉，絃歌載塗，桑麻被徑，奸宄不生，訟獄寢息，相與舞詠聖朝太平之盛以垂之無窮，則邑志之修也豈細故哉！予備兵斯土，願拭目以俟之。嘉慶十有三年歲次戊辰孟冬月，賜進士出身、分巡浙江温處兵備道、前刑科給事中、歷掌河南廣西道監察御史右中允、右贊善、翰林院編修、海康陳昌齊撰。

天下事有分所當爲而不得不急爲之者，有分所當爲似可緩爲之而仍不得不急爲之者。夫可緩而仍不得不急爲之，若邑志之修是已。予於癸丑年始涖瑞邑，諸務次第舉行，獨修志一事，以簿書倥偬，志焉未逮。既而奉檄之永嘉，之諸暨，之蘭谿、餘姚、上虞，又轉餉之滇南。丁卯冬復涖瑞，就其政之急者爲之，而邑志仍有待。將數十年來之沿革損益與夫潛德幽光，不重慮其放失哉！予乃商之廣文黄平浦先生，先生力任其事，又擇邑之同志者職分校焉。於是簡者增，繁者節，陋者删，訛者訂。如人物、藝文志之體例，則酌分合而改正之，學校志之名宦、鄉賢，兵防志之自兵籍以及戰艦、器械則綜古今而備載之。至如職官志中，傳向老曾爲是邑令，則據曾南豐文以補之；陸游非爲是邑簿，則據本傳以辨之。此修志之大凡，亦以見先生之爲功於是志，且以見志之不可不急修也。是役也，始戊辰，迄己巳，期年而刊竣，較舊志抑改觀焉。而或乃歸功於予，謂「自侯之來也，河道濬、陡門築矣，可知養；建校士館、新節孝祠矣，可知教。今又纂修邑志，表彰文獻，非侯之功而誰？」予曰：「否，否。」此特予分所當爲耳。予分所當爲而不爲之，而或緩之，是曠職也；予分所當爲，似可緩爲之，而仍急以爲之，是循分也。夫何功之有？雖然，有賢師儒以總其事，有邑紳士以襄其職，而予得藉以觀其成。俾數十年來之沿革損益與夫潛德幽光，瞭如指掌，仰見我國家重熙累洽、一道同風之治，不遺於海澨下邑，獨非予分所當爲，而竟克遂志所欲爲者與！則修志之顛末，予又烏可以不記。若夫山川之秀，人材之雋，户口之殷，忠孝節義之經，揆文奮武之要，此其體之大者，已於志中詳誌之，故不贅。嘉慶十四年歲次己巳四月，知瑞安縣事、渭南張德標撰并書。

廷鐊序。嘉慶戊辰。不録。〔一〕

〔一〕底本原有廷鐊序，定稿删。此據定稿補。

嘉慶瑞安縣志六：訓導黃徵乂，餘姚人，己酉舉人，嘉慶十年任。

案：嘉慶瑞安縣志訓導黃徵乂平甫所修，邑人與分修者，候選教諭戈鶴翔，候選訓導李錦瀾，拔貢林佩金，廩生余一坤、鮑作雨，生員朱泮、洪守一，凡七人。志爲門十，曰輿地、曰建置、曰祠祀、曰田賦、曰兵制、曰職官、曰選舉、曰人物、曰藝文、曰雜志，而冠以圖，其書義例詳整，繁簡得中，於舊志相沿譌説，如宋主簿有陸游之類，亦能據史傳糾正其失，在吾鄉諸志尚爲佳本。惟人物收陳茂烈，茂烈，明史儒林傳二有傳，云莆田人。此因茂烈祖貫瑞安，誤收之。藝文載陶弘景著述，未免失於斷限。雜志記曹氏譜：宋理宗諭曹豳，「曹字不宜從曲」一條，尤爲委巷之談，則疵累之删除未盡者耳。

右郡縣志

温州經籍志外編卷下〔一〕

宋

無名氏雁蕩山記一卷。通志六十六、國史經籍志三。

佚。

章氏望之雁蕩山記艮齋浪語集三

佚。

薛季宣雁蕩山賦注：走家東甌，有祠祭田在雁蕩山下。隆興初，赴調，因取途焉。愛

〔一〕「温州經籍志外編卷下」，底本無，據定稿補。

其巖谷秀異。歸得建炎間郡丞謝君升俊山圖石本，字多漫滅，已而得樂清洪丞蒧所鑱新圖并賦。歲正月望，始得皇祐校書郎章君望之山記，於是圖籍大備。章望之雁蕩山記：舉山無崖，凡山有名號者蓋純石，土山不與焉。記：太平興國二年丁丑，僧全了始居山之淺者曰芙蓉，今承天寺是也。至己卯，僧行亮、神服，居山之深者，今靈巖寺安禪谷是也。天聖九年辛未，僧文吉得山之盡東而居者，曰碧霄庵，今靈峰院是也。於是有民居矣。皇祐元年己丑，縣尉甄昂乃發蕩陰山水，南閤地是也。記：有禽黄色而差小者，謂之「金雀」；禽有群鳴而聲相抑揚者，謂之「山樂官」；有獸如鹿大，健而能歷險，謂之「山羊」，白者如雪；猿有毛如狨，謂之「金綫」，此鳥獸之異者也。記：鴻雁以時而集，故以名。上多娑羅樹、大箴竹。記：叙水源蕩水南出爲大龍湫，南東會於天柱飛泉，水流東爲照膽溪，會羅漢院水，南入斤竹澗，入於海。大龍湫分流而下，過石門西淩雲之寶冠古塔，水爲長徼原南入於海。石城之東，其水東流，會小龍湫淨名水，入水簾，回峰水南爲白溪，入於海。靈巖之陰，其水由真濟會靈峰及西北五里寶月庵之水，南流於溪，西會白溪，入於海。蕩水北出爲新溪，會寒坑泄上大溪，又會湖南坑、版藏二大溪，東南入於海。記載游山由歷爲詳，今存之。其不見於記者益之。記：山去縣七十里遥，越白沙、武缺、芳林三嶺，達芙蓉驛，逾姚奥嶺，過長徼原，至山之古塔庵，凡庵皆僧廬也。石達之峰，有連珠、靈犀、獅子、仙冠、立戟、石表，其巖羽人，其石招賢。記：入東北十三里，至寶冠庵，以巖名其峰：寶簪、招賢，其水瀑布，其泉清涼，漏巖而下，又有石梁、石鏡。記：東三里，至淩雲庵，以峰名，含珠、朝陽、合翠、芝草、大石門、天柱、梅雨、雙人，雙人峰，相並也。記：東二里至石門院，其峰天冠、伏虎、五靈、雙穴，其巖寶陀，其嶂連霄。記：出石門院，西北過石冢，登連霄，十五里而遥，蕩頂大泉渚焉。此山之甚高目處，而群山層列於左右前後。僧云：「五十里者，多辭云。」四望而及，達必千里。記：石門東五里，至羅漢院。其峰童子、文英、石龜，及兩巒，其嶂朝陽、連雲，其石連生於山腰，長覆其下，曰石行廊。記：東北四里至承天寺。其寺前之峰，聳如卓筆，曰戴仁寺，西曰棲鳳山。又東南隅二峰重沓如屏，曰華陽。西南一山回合若城，曰回巒嶂。東北一山勢若龍游，曰戲龍。北應紫極常雲，西北山曰群鳳，皆連揖相望，如敷連環。合前溪，有大石柱二，相向若筍，曰石門。下一里有龍潭二。照膽溪夾道西流，西南一水，又正南一水，會於寺右，前流翠雲亭。西北一水流寺之左。會照膽溪，流石門、龍潭、斤竹澗，是以九峰四水，叢聚之地，謂山之宗始云。記：西北二里，至普明庵，西渡溪而入，北至天柱庵，山曰紫微。至華嚴院，峰曰陵霞。北至瑞鹿庵，以巖名，其峰師子、石碑、圓蘿、立筍、削玉，其山大者曰翠微屏，其石鵰尾。凡三庵，相去皆二百步而近。記：瑞鹿西一里，谷曰大龍湫，瀑布下流百丈，而入於湫，天樂、宴坐、香爐三峰在南。記：普明折北六里，至飛泉庵，有泉自巖飛而下，爲西龍潭；有山中斷，曰小石門。記：東北三里，至石城嶺，嶺東北三里而長，下嶺道二百步，有峽曰經行。北入十里，兩山壁立以相向如門闕，其石色黄，其中峰巒秀拔，有溪泉瀑布，經行之東，其峰筍石、茶爐，其巖白雨，又有臥龍山，其石虎蹲、覆盂。記：嶺行八里，至灵巖寺，所倚之山曰石屏風，其峰天柱、獨秀、寶印、招賢、師子、卓筆、嶢闕、伏龜、重樓、雙峰，其巖槖籥、柱金，石指、讀書、神跡、楞嚴、龍泉、文會、礪齒、火焰。其嶂平霞，其崖石碑，其湫小龍，其石僧竇，其洞天聰、羅漢，其谷安禪、藏珠，其泉合掌、摩訶。又有石城、石明堂、石魚、石倉、石斛、石龍、西石橋。記：東二里道北。山缺而穴者三，相去百步，曰宴坐巖、虎口巖、石龕。其嶂排雲，在道南；其峰大巧，在道北。東二山相對，道出兩間，曰石門。峰東三里，至淨名庵，其峰天冠。後三峰曰總角、金鼎、蓮花。石神迎陽，其名居士，西小石屏。其谷水簾、新月，簾狀谷也。記：又三里至回峰庵，嶂曰疊疊，谷曰靈珠，以泉名也。又東三里，二山之間，至靈峰院，西方山曰大小石屏，嶂曰凌雲。其峰最高者碧霄，五雲者以數言，其下蓋五老臺云。倚天、鳳皇、超雲、丹桂、香爐、朝天，其下有白雲庵。其峰藥杵、戲師子、石犀、架海、朝陽、靈芝、靈龜、雙巒，其巖西真、神王、石濟、修道、赤石、巾子、侍郎、騰波，其洞龍游、羅漢，其壇曰花，亦曰羅漢，其谷會賢，其石飲羽、觀音、含珠，亦曰神王。又有龍潭、石獮猴、石浮圖、星河橋、石室。記：靈峰之陰一里，有峰曰佛掌。因其下穴而爲庵，與疏雲、面屏、三賢、小高、菡萏、玉筍〔一〕而七。其巖逼日、隱真，又山曰紫翠屏。西北四里至真濟庵，十里而西有石門樓。記：侍郎巖爲胡兵部居之。記：靈峰東一里，謝公嶺，山之東盡於此矣。記：嶺行一里石梁庵，因梁而名。記：東南三里，至白若驛，西北十里外有南、北閣二村，相去十五里。南閣西十五里，有院曰崇德；北閣西北一里，有院曰白巖，相去十里而遥。衆山中惟版藏土多石少，在南閣西七里，蕩陰之最高也。崇德南三里湖南坑，蓋山之罅，接蕩三里，高泉瀉下，大龍潭在焉。其瀑布爲最大，有隱仙巖、蓮花，寶幢、四照，蓋大石相倚也。寒坑泄去北〔二〕閣十五里，其水與台州西界相分，九曲行於石溪，出白巖東，無亂石焉，此水勝於山之處也。有鳥巖，石行〔三〕廊，煉藥爐，仙人之田，王子晉仙橋，散漫遠矣。其深者，去白若五十里而遥，去城迂僻，好事者莫知，故難見也。艮齋浪語集三

輿地碑記目一：雁宕山序云：「樂清縣雁宕諸山在焉，難以殫載，校書郎章望之有記。」

〔一〕「筍」，底本闕，據浪語集補。
〔二〕「北」，底本脱，據浪語集補。
〔三〕「行」，底本誤作「竹」，據浪語集改。

曾唯廣雁蕩山志二十二：按記中所稱開山歲數，皆本薛賦，竟置諸詎那於不問矣。又雁湖在西外谷，大龍湫在西内谷，毫不相涉。以爲蕩水南出爲大龍湫者，俱誤。

宋史文苑傳五：章望之字表民，建州浦城人。初由伯父得象蔭，爲秘書省校書郎，以光禄寺正丞致仕卒。嘗北游齊、趙，泛湖、湘，西至汧、隴，東極吴、會，山水勝處，無所不歷。

案：雁蕩山記最古者，鄭氏通志所載，不著撰人。考鄭氏所録，止於北宋末。章記作於皇祐間，則鄭所見或即章記也。胡汝寧萬曆雁山志附録雁山記一篇，不著姓名，以其文覈之，蓋即依薛艮齋賦注所引章記，掇拾贋作。其所採既多遺漏，又多任臆移竄。記内略附小注，亦未詳備。其「舉山無崖」句注云：「崖，鳥名，似鷹而稍大，生於海崖中，海邊居人謂之曰崖。其色蒼白色，亦謂之白崖。」此説尤爲謬妄。不知章記原文，訓崖爲山邊，說文：「厓，山邊也。」「崖，高邊。」後世二字互用。謂雁山諸峰悉石壁倚天，無邊圻可循，故下繼之曰：「凡山有名號者蓋純石，土山不與焉。」至温方言謂鷲鳥聲如崖者，當爲鷲此字見說文鳥部，後世變爲「鶚」字，宋本說文譌舛，又冒「鳶」字音切，段玉裁、王念孫始正之。聲之轉，崖、鷲音同，屬疑母。胡志既不達章記之旨，又未究俗語傳譌之原，强以爲説，殆可哂也。曾氏廣雁蕩山志亦録此記，題爲袁采，則不知何據。萬曆志一：新溪，在雁山北，蕩水北出爲新溪，東流會於寒坑、版藏，大溪南入於海，亦引袁采記。其「崖」字説解，亦仍明志之誤，至附按以記中所稱開山歲數皆本薛賦，而不知薛賦實本章記，則以舊志所録薛賦注均不全，浪語集傳本又訛，故有兹誤。惟辨蕩水南出爲大龍湫，則目諭之論勝於按圖作記者爾。今采賦注所引逸文，著録於此，使考雁山故實者有所據依，不至如胡、曾諸志之重恎䏕謬也。

明

胡氏汝寧雁山志

四卷。

存。翰林院儲明槧本、遂學齋藏鈔本。

樂邑在浙東南之濱，其山脈自天台走海上，至此則石骨嶙峋，巃嵸嵂崒，奇形怪態，刻削天巧，海内好樂之士爭慕之，即不獲游，亦必索圖志以髣髴睹其山川之勝，然每以刻久字刓，不便觀覽爲恨。余治樂之二年，適兵道唐公出示察院馬公雁山紀勝詩三十韻，命刊入志前，且令考舊志，仍加録明，余遂求先、續二志及近日詩文若干卷，統皆翻刻，以不負唐公之命，而得縱目於騷人詞客之所爲，大都誇詠其瑰崴絶特之狀，登眺臨觀之美，亦云備矣。而新安樸溪潘公一序，獨切切焉慮民疲於供命之艱，先是置之末簡，余竊謂古人之用心果好異乎？昔齊景公欲爲轉附朝儛之觀，而晏子進以興發補不足；范文正公記岳陽樓，以直寫其江湖廊廟之憂，蓋士君子致君澤民之猷，負之素定，誠不以玩物遷也。公之意其在斯歟？其在斯歟？公前樂清令也，余去公遠，不及盡得其當時治樂之所設施，然傳者謂公誠心愛民，靡事炫飾，觀此益信。不然，昔今之令樂者凡幾，而公民有專祀，歲時奔走不懈，豈人力也哉？因移其文弁於山志之首。是役也，博稽精校，蔣生國輔、林生有鳳與有勞焉，得併書之。時萬曆辛巳秋八月之吉，南昌胡汝寧識。

廣雁蕩山志凡例：嘉靖間朱諫輯雁山志四卷，章玄梅、侯一元爲裒續集。至萬曆時，邑侯胡汝寧合刻之，傳其略耳。

萬曆温州府志七：樂清知縣胡汝寧，南昌人，進士，萬曆十一年任，陞吏科給事中。

案：胡知縣雁山志，余從翰林院所儲明刻本傳鈔，四庫全書提要因首載潘潢叙，誤指爲嘉靖朱志。辨詳十卷，朱諫雁山志下。其書合朱、章兩志爲一帙，而删其人物一門，並補正其闕誤。胡氏自叙謂翻刻二志，實不然也。其書首爲山圖，次山名及四谷、山水勝蹟，次寺觀而附以仙釋，次物産、次詩文，其考證頗多疏舛。如薛文憲雁蕩山賦注：陳州商水人，陳覺游山，遇入定僧爲説法。艮齋浪語集三。此書仙釋門載其事，乃以覺爲陳州商。謝靈運石門山、夜宿石門諸詩，乃處州青田石門山，此書以爲即雁山石門而收其詩。至於詩文一卷，裒然巨册，實居全書之半，亦不出地志家廣輯藝文之習，不徒采薛賦注爲無名氏雁蕩山記注釋謬陋而已。詳上，章望之雁蕩山記下。明槧本書首又坿題詠詩二十七葉，爲原目所無，首爲馬象乾雁山紀勝詩三十韻，自叙謂兵道唐某所付刊。此外尚有天啟丙寅督學樊良樞、崇禎元年濟南張延登、崇禎甲戌東蜀喻思恂，及知縣徐待聘諸人詩，覈其年月，並在胡後，非所及見。蓋後人又有增刊，非胡志舊本也。

又案：千頃堂書目八，載蔣國輔重修雁山志無卷數，今未見其書，此志自叙稱：「博稽精校，蔣生國輔、林生有鳳與有勞焉。」疑黃目所載，蔣書即此志，著録家偶誤題耳。然通志、府、縣志並載其目，今仍録於内編，而附識其疑於此。

徐氏待聘雁山志勝 千頃堂書目八作「雁蕩山志」，雍正浙江通志二百五十三又作「徐時聘雁蕩山志」，並誤，今從四庫全書總目七十六。

四卷。 四庫全書總目七十六、千頃堂書目八。

未見。〔一〕

四庫全書總目七十六：雁山志勝四卷，兩淮鹽政採進本。明徐待聘撰。待聘字廷珍，常熟人。萬曆辛丑進士，官至按察使副使。是編乃其官樂清知縣時所撰。卷一爲山之名勝及人物、土産、雜事，二卷、三卷皆佛刹，四卷則所自作詩文也。其凡例有曰：「舊志凡詩賦題

〔一〕臺北「中央圖書館」藏明萬曆間刊殘本二卷，存卷一、卷二附圖。

雁山者，或以臨蒞，或以要津，皆旁搜而詮之，而文之微占於山者亦聚焉。又有欲世識其名者，賂剞劂氏私刻攙入，真贋並收，薰蕕莫辨，山靈有知，定當作嘔。今皆删去」云云。其言可謂深中地志之陋習。然舊作雖已汰除，而又獨録己作一卷，其亦尤而效之矣。

萬曆雁山志一：琴川徐待聘，號紹虹，員外，前樂清知縣。

萬曆温州府志七：樂清縣知縣徐待聘，常熟人，進士，萬曆二十九年任，調繁上虞縣。

李氏燦箕〔一〕仙巖志十卷。

存。瑞安項氏藏明刊本

〔一〕底本原撰者闕，今據温州市圖書館藏明崇禎癸酉六年刻本補之。近人瑞安張揚宋廣仙巖山志：「燦箕字叔玉，仙游人，舉人。明崇禎間知瑞安縣。此志爲燦箕在職時主編。惟每卷另標箋定姓氏：卷一李燦箕著，嚴陵洪公遂孟處糾訛，邑人徐經伯權箋定。卷二邑人蔡一杲子陽箋定。卷三邑人林增志可任箋定。卷四、卷五邑人李維樾蔭昌箋定。卷六邑人毛羽皇儀伯箋定。卷七邑人楊際春泰木箋定。卷八邑人林得楨碩卿箋定。卷九邑人林中敷敬之箋定。卷十邑人陳以新國鼎糾訛，鮑武公翰箋定。首冠圖景，卷一述山水古跡，僅寥寥數則，題爲志略。自二卷至十卷並爲藝文，殊犯末大於本之誚。詩則以體制爲次，上自宋代，下至明，不標采輯出處，與寺志互校，頗有舛異。蓋寺志之詩多經竄改，此尚爲原作，面目未失，固足多也。至作者略歷考詮詳備，尤足資考證。」

今神州赤縣爭詫賞洞天福地爲仙蹤奇閟。東海，故靈區也，瑞邑滙海鍾奇，突有仙巖，稱福地二十六云。夫天台以赤城、國清〔一〕之奇，爲寒山子燒脛〔二〕灶，豐干饒舌，遂動閭邱太守之訪。雁宕則以龍湫著，雷轟雪舞，從空曳濺，諾〔三〕詎那尊者宴坐而收濛濛之雨，作川上觀，抑又奇也。乃縉雲爲軒轅煉鼎處，遂駕火龍而髯化爲草，奇矣，亘稱仙都〔四〕也。仙巖偪天，天口幾不屐〔五〕，即不敢執牛耳，與天台諸勝爭狎長之盟，而懸崖峙笏，飛瀑噴珠，陶隱居之丹蹟，依稀在焉，至今嶺上白雲，衣〔六〕狗飄縱，猶冉冉襲人衣裾也。嘉樹環臺，流觴濚〔七〕坐，蓮沿〔八〕抽芳，可觴可詠，政〔九〕不改蘭亭風致。而通〔十〕立巧玲瓏之洞，翠

〔一〕「城」、「國」，底本闕，據仙巖志補。
〔二〕「脛」，底本闕，據仙巖志補。
〔三〕「諾」，底本闕，據仙巖志補。
〔四〕「亘稱仙都」，底本誤作「百一稱仙」，據仙巖志改。
〔五〕「屐」，底本闕，據仙巖志補。
〔六〕「衣」，底本闕，據仙巖志補。
〔七〕「濚」，底本闕，據仙巖志補。
〔八〕「沿」，底本闕，據仙巖志補。
〔九〕「政」，底本闕，據仙巖志補。
〔十〕「通」，底本闕，據仙巖志補。

微〔一〕紆岧嶤之磴，皇井、帝池與安禪、伏虎遺址，若隱若現於逋雲出卷之塢，遥睇突崖盤曲，則止齋先生讀書臺也。風朝雨夕，松籟虚清，恰吾口〔二〕伊出喉間響焉，蓋亦一大奇島也。繡錯自致，布武可收，錘鑿寡〔三〕謝公之勞，濟勝省玄度〔四〕之具，奇處政在几席之間。恨肥腸熱中，隨緣話笑，不領略此中佳趣。而達宦輶使，自謂丘壑風流，亦且興致開落，竟不能以臨風紗帽輕付之于〔五〕清溪白石，訂奇緣之知己，又可笑〔六〕也。開闢〔七〕以來，地不少奇勝，游自罕奇人耳。雖然，奇固不在佳山水也。斷崖濺沫，疊翠空青，能以鬼斧之變幻，錯而供文人七寸之揮霍，則地奇而句裁其鑠，字琢其珠，以夢花之大筆手腕〔八〕，以繪其骨立怒〔九〕

〔一〕「微」，底本闕，據仙巖志補。
〔二〕「口」，底本闕，據仙巖志補。
〔三〕「寡」，底本闕，據仙巖志補。
〔四〕「濟勝省玄度」，底本闕「濟」闕「度」，據仙巖志補。
〔五〕「于」，底本誤作「前」，據仙巖志改。
〔六〕「笑」，底本闕，據仙巖志補。
〔七〕「闢」，底本闕，據仙巖志補。
〔八〕「腕」，底本誤作「婉」，據仙巖志改。
〔九〕「怒」，底本闕，據仙巖志補。

流之真面目，拳石清漣，自我不朽，則人更奇。是集也，以學博洪〔一〕先生與山人鮑公翰手〔二〕爲訂。先生品地奇特，唐音晉墨，翩翩風雅，前無作者，與山人博致足相賞也。迺搜所經載，復〔三〕裒所未覯，雲續〔四〕霞斐，鬬致競情，無不泠〔五〕然作天際真人想，一披閱焉，睫〔六〕力所經，若晤故友，即屐齒未涉，恍聰鸞笙，齋心煮茗，酹此山靈，其坐領清福，當不數少室〔七〕山人之臥游矣。崇禎癸酉歲〔八〕季穀旦，仙陽九漈李燦箕漫書。

無名氏平陽前倉鳳山志

一卷。述古堂書目三、千頃堂書目八。

〔一〕「洪」，底本闕，據仙巖志補。

〔二〕「鮑公翰手」，底本闕「鮑」闕「手」，據仙巖志補。

〔三〕「復」，底本闕，據仙巖志補。

〔四〕「續」，底本闕，據仙巖志補。

〔五〕「泠」，底本闕，據仙巖志補。

〔六〕「睫」，底本闕，據仙巖志補。

〔七〕「室」，底本闕，據仙巖志補。

〔八〕「歲」，底本闕，據仙巖志補。

未見。

平陽縣鳳浦埭志乾隆平陽縣志十九作「平陽鳳浦埭志」。今從述古堂書目三、千頃堂書目八。

一卷。述古堂書目三、千頃堂書目八。

未見。

千頃堂書目八：平陽縣鳳浦埭志一卷，不著撰人。

國朝

周氏清原游雁蕩山記秦瀛己未詞科録二作「雁蕩山游記」，雍正浙江通志二百五十三、乾隆温州府志二十七並作「游雁蕩記」，今從刊本。

一卷。雍正浙江通志二百五十三

存。吴震方説鈴本、馬俊良龍威秘書本。

雍正浙江通志二百五十三：游雁蕩記一卷，兩浙學使周清原著。

己未詞科録：周清原字雅楫，一字浣初，號且樸，又號蝶園。江南武進人。國學生，由左春坊左中允董訥薦舉，授檢討，歷官至工部侍郎。著有雁蕩山游記。

案：周蓉湖，康熙二十七年以左春坊左贊善督學浙江。見雍正浙江通志一百二十。游雁蕩山記即其按試温州時所作，記止七葉，以所述覈之，蓋廑歷靈巖、大龍湫諸處，未能窮十谷一百二峰之勝也。

釋實行雁山圖志 四庫全書總目七十六

未見。〔一〕

彭維新叙：崑崙之有五色也，蓬萊之有九氣也，華嶽之有三峰也，舉世而知之也無論已。其次則雁蕩、台山，膾炙天下，而台山之勝，清真寂寞，息心養道者之所居也，惟茲雁蕩，嵯峨秀麗，蔚然可觀。余思之、慕之，欲一登臨而不可得者。乙巳歲，奉命視文風於兩浙，次及温州之樂邑，埸事畢，而游觀之興勃然其難遏矣。於是首至能仁，長老主席者，紹興山陰林氏子也，諱實行，字奕庵，得法於台之黄邑瑞崖克文和尚。余觀其氣象雍穆，扣之知爲有道禪人，遂相與莫逆，同游十餘處。見夫奇峰疊出，怪石驚人，雲樹示空中圖畫，烟蘿著域外文章，瀑布作聲，靈禽欲語。余喟然歎曰：「此天設也，地造

〔一〕南京圖書館藏乾隆十九年重刻本。此志原刻于雍正五年。

也。何令人賞之、玩之，徘徊而不忍去也。」余亟索其圖志，奕公曰：「圖志之湮没也久矣。」余曰：「惜哉！」越二年，再任浙藩，奕公以新輯圖志見貽，余細玩之，不啻重游勝景，而千妍萬秀如在目前也。余愛不釋手，奕公曰：「今圖志雖新，不可無一言以傳。」間以其師中興瑞巖碑記爲請，余欣然諾之。嗚呼！山運之有隆替也，亦猶人事之有盛衰也。事有盛衰，得其人而舉之，則一言一行可以垂百世；運有隆替，得其人而傳之，則一邱一壑可以光萬古。是志也，得奕公而傳之，此山不朽矣。愧余不文而弁其首，徒有玷於山靈云爾。廣雁蕩山志二十六

宋鼂叙：昔謝康樂爲永嘉守，癖於山水，搜奇獨失雁蕩。至宋祥符中名始著，豈勝地顯晦亦自有數耶？夫邑有名勝，天地之靈異鍾焉，莫不有魁奇特出之才照耀千古，而人與地而俱傳。故雁蕩顯，而即有王梅溪挺生其間，幾與武夷之有朱晦翁比美無窮焉。而章恭毅之忠正不阿，又其後先相輝映者爾。余三湘九疑人也，未嘗不愛佳山水，適奉命來宰是邑。凡夫城郭、村堡、市井、溝渠屈曲面勢，一一皆當指識以爲治略焉，有名山在望而可漠然遇之者乎？政稍暇，嘗一登其巔，選幽探奇，目不給賞，然後知稱浙中山水之勝者，必以雁山爲美具難并，良不誣也。舊故有雁山圖志，然年遠漫漶，不可測識，因喚匠一爲洗剔重梓而新之，都人士咸問序於予。予惟志之有圖，自宋敏求長安

志始，而雁山圖志之有十八刹，自唐釋一行雁山十八刹序始，將使覽勝者握一卷之書，而如〔一〕歷其境，雖風雨廬中足當臥游，藉以慰風人逸士之思，而且使邑之人爭自濯磨以追蹤前哲，無俾山靈有今不古若之嗟，則勝地之顯賴傑人以不晦，是又守斯土者所厚期也夫！ 廣雁蕩山志二十六

朱椿叙：問嘗考寰宇記，名山皆有志，大都甲乙洞天，品藻巖壑，好奇之士，摹刷流衍，傳移紛博，歲時閲逾，往往鋟板敝竭，墨譌文缺，觀者憾焉。然而事紀景勝，體制別於國乘，有司每以補綴修輯爲後，而圖志或浸廢，理勢固然也。浙東山水甲天下，歸宿結奇獨在雁蕩，其有圖志，由來舊矣。然地濱海嶠，千盤萬仞，世罕有津逮，咸手其一册爲快。相傳山高四十里，上有湖十里，惟雁宿焉。東西内外谷四，古寺十有八，龍湫大小中別爲三，峰百有二，名泉六，巖三十一，奇石三十三，潭十四，古洞十有三，凡溪池峽澗，嶼門屏嶂，譎怪變幻更僕難數。予聞而竊慕之。十六年辛未冬，奉命來甌括，越明年訪俗至樂清，而雁山去縣東鄉九十里，取道得次游覽，東望温嶺，北眺蒼山，其西連左原，南達玉環，誠震旦之奧區，南戒之巨麗。俯仰愕眙，與向所聞合而有加焉。游屐縱未遍歷，亦得放懷大

〔一〕「如」，底本闕，據刻本補。

觀，歎爲奇絶。乃按其舊志，所謂墨譌文缺，漶漫不可揣索，今楚南宋君來署是邑，增修舊志，已於事而竣。披圖考訂，流覽豁如，足以傳觀天下。昔宋樂清尹周郃，以雁蕩圖寄蘇子瞻，一時傳爲美事，愛奇之志與復古之心同耶？不同耶？予述其梗概，俾知浙東靈境歷代詞章，不爲斷簡蟫穴所隱，修輯之功不可謂無補。至於洞天福地，崖壑爭奇，爲士大夫所弭節翺翔，風雅激宕，豪俊弔金碧之廢興，尋緇黄之故躅，甲乙品藻，著爲文辭，前人之述備矣，予不復序云。廣雁蕩山志二十六

俞文漪叙：東甌多佳山水，而雁山爲最。王梅溪産於其鄉，有「雁山五經眼，兹行尤可觀」之句，則知崇岡疊巘，千態萬狀，實有引人入勝者。余守郡三載，曾未一經眼焉。聞有圖志數卷，東、西谷有十八刹，靡不盡繪，以是爲可供吾臥游也。乃板以年深剥蝕，按其字畫，幾如摩娑石鼓，不可測識，豈俗吏終爲山靈所鄙耶？客冬宋君洪川來是邑，公餘取舊志而新之，而全山真面目遂躍躍楮墨間。予披而覽之，如睹瓊臺、天柱諸峰，拔地倚天，而烟霞變幻也。如登飛泉，游淨名，曲徑通幽，霏法雨而注慈雲也。炎節淩歊，身如坐紅爐中，蚊如蠅差小，驅之不去，忽見龍湫瀑布懸崖千尺，恍風颯颯至，濺珠飛雪於几案間也，斯亦奇矣。然余於此重有感焉。古者建邦之土地掌之大司徒，而山經地志，徵文考獻，一方之風土人物繫焉。是志也者，誠涖兹土者所有事也。雁山乃樂邑一隅耳，而通郡名勝

未易更僕數，今山圖固粲然矣，而郡志失修者垂七八十年，其漫漶甚於山志未修時，倘聽其日就湮没，使後之嗜古者無爲考鏡資，謂非守土者之責歟？余用是懼滋甚。若云游也，則昔胡康侯恐妨職事，且望衡嶽而弗登。即山水之癖如謝康樂，而蠟屐所經猶遺雁蕩。矧余乏作賦才，而觀山玩水之急急乎？廣雁蕩山志二十六

四庫全書總目七十六：雁山圖志無卷數，江蘇巡撫採進本。國朝僧實行撰。實行字奕庵，山陰林氏子，居雁山能仁寺。因搜羅名勝，編次成書，首雁山十八刹，皆有圖，次山水諸説，次藝文。

右山川古蹟

宋

汪氏季良平陽會萬曆温州府志十七作「平陽會書」，今從直齋書録解題五。四卷。直齋書録解題五

佚。

葉適序：玉山汪子馴知平陽，守法以便民，不奪所見，不屈所行，慎刑簡役，既去而民思之。思之尤者曰：「能爲民推核其賦之當輸，銖合必實，色第目别，多寡貧富不忘贏縮，

板以付之使自至，民不求吏，官不失賦。又爲之建置所利，縱舍所患，始終汲汲以民爲家。至於學宮縣舍，皆新治焉。不獨有是心，亦其力能行之也。」一縣會計，天下同有也。所以取民，必有正也；取而不得已，必有寬也。有正，義也；有寬，仁也；未有不由仁義而能使民思之者也。觀是書者，可以知其志者矣。水心文集十二

直齋書録解題五：平陽會四卷，通直郎知平陽縣汪季良子駟撰。平陽號難治，爲浙東三陽之冠，季良治有聲。廼以一邑財計，自兩稅而下爲二十一篇，終於歲會，旁通沿革，本末大略備矣。又爲外篇五條，如砧基副本，催科檢放及手除科敷之類，以爲此財用所從出也。

案：汪知縣季良，萬曆温州府志治行志、雍正浙江通志名宦傳並有傳。季良，端明應辰之孫，佳士，且能吏也。得年不永，士論惜之。

明

蔡氏逢時温處海防圖略二卷。四庫全書總目七十五、千頃堂書目八。存。

四庫全書總目七十五：温處海防圖略二卷，浙江汪啟淑家藏本。明蔡逢時撰。逢時字應

期，宣城人。萬曆庚辰進士，官温處兵備副使。温處爲兩浙海疆門户，明季倭寇出没，號曰要衝。逢時此書作於萬曆二十四年，皆據當時文移册籍編次成帙，凡地形、船械以及戰守選練之法，無不畢載。共爲圖四，子目四十有三。

李氏如華温處海防圖略千頃堂書目八題「李汝華」，今從明史藝文志二。

二卷。明史藝文志二、千頃堂書目八。

未見。

案：李如華官秩籍貫，並無考。

無名氏温州水利

四卷。千頃堂書目八。述古堂書目四作「一卷」。

未見。

國朝

沈氏雍平陽學校志乾隆温州府志二十七

未見。

乾隆平陽縣志十一：沈雍，康熙二十六年教諭。課士有方，手輯學校志。

案：沈教諭雍，乾隆温州府志、乾隆平陽縣志名宦傳並有傳。

右經政

明

劉氏球卓忠貞傳千頃堂書目十

存。忠貞録二

明史一百六十二：劉球字廷振，安福人，永樂十九年進士。授禮部主事，王振銜之，下詔獄，屬指揮馬順支解之。景帝憐球忠，贈翰林學士，謚忠愍。

案：劉忠愍卓忠貞傳，見忠貞録二。今所傳寶香騎虎事即出是傳，明史本傳亦全本之。然忠愍子釪編兩谿集乃未載，疑當時革除之禁未開，故有所諱也。

鄧氏淮鹿城書院集四庫全書總目六十一、千頃堂書目八

未見。

自叙：國家尊崇正學，以隆世教，凡儒先與聞斯道者，類爲建祠。則夫程、朱、張子之高弟，常致力於性命道德之懿，而又同出於一郡者，不特舉而專祠之，其何以風勵後哲者哉？夫温之號「小鄒魯」也久矣，鄒魯之後千有餘載，而後程、朱、張子者出，倡明道學，以傳諸其徒，然旁觀列郡少或二三人，多止五六人，蓋未有如温之衆者。今考之在程門者十有一人，朱門亦十一人，南軒之門一人焉。其更相授受，往復之書具在，而其遺言緒論猶有存者。況我朝編輯五經、四書、性理諸書，其語録文集内有發明經注者悉見采録，則其有功於道學亦大矣。故予假守此邦，寤寐諸儒而推本其所師，即欲爲創書院，採摘其行事問答彙爲一帙，而同寅李君增、劉君塘、何君鼎皆韙其事，於是白於侍御陳公秉衡、憲副林公舜舉、趙公栗夫，悉蒙嘉諾，而藩臬諸公無閒言焉。永嘉令汪君循乃相厥費，度材擇良於鹿城，卜吉孟春，不五越月而書院成，尊程、朱、張子四先生，南向，其高弟門人，東西鄉以侑焉。師友一堂，宛然當時氣象，非徒以觀美也。於以闡其淵源之所自，表正學也。於是父老攜杖往觀者，皆嘖嘖歎曰：「自宋以至於今幾三百年而始一見。」後學之入其門，升其堂者，徘徊瞻顧，如諸儒之在前，而其景仰自不能已矣。夫以聖朝學校遍天下，若無俟於書院者然。前賢往跡，風教所關，況程、朱、張子及門之士又非餘子可例論者乎？故書院落成，即採温之有志於學者討論其中，使密邇諸儒，興起其善，則此邦正學之傳，不待外求而自有餘師矣。此書院之所以創也。嗚呼！書院創矣，而諸儒之事行問答未之統一，學者難於遍覽。爰命郡邑諸博士采輯，數月始克成編，復謬加改正，梓示同志，曰鹿城書院集，使皆得以讀其書，思其人，而尚論其世焉。然則書院之集又可已也哉！淮狂僭之罪誠無可逃，然表正學以正人心，則愚於此實拳拳云。乾隆温州府志二十八

王瓚叙：歲重光作噩夏，鹿城書院初成，郡守吉水鄧侯淮，集僚屬潔牲醴以落之，祠宋程、朱、張氏四夫子，以温嘗從學者二十三人侑焉。旁列齋室，將以居邦之願學者，章逢駢趨，衆庶企竦，以爲盛舉。夫嶽麓、應天、石鼓、白鹿，凡以書院名者，悉聚徒肄業，爲闡道植教之地，弗崇祀事也。而今緣祀事而爲之，則其意亦微矣。道具於六經，散載於群〔一〕賢之籍，而實原於吾心，有志者皆可力探而神會之。然人之庸情，必藉風勸而後自振拔，必藉啟掖而後始懋勉以進。程子鳴道於河洛，朱子鳴道於武夷，南軒鳴道於潭、衡之間，孔孟以還，莫斯爲盛。而吾鄉先哲不遠數千里而往從之，爲是道也。是道也，求則賢，舍則愚，先哲所以求者，孰非吾所當求者乎？使時有如四夫子者，吾亦往焉。時微四夫子，則其師徒問答、粹言緒論猶有紀者，吾而誦其書，式其人，想光儀於一堂，以冥挹其授受之謦

〔一〕「群」，底本誤作「郡」，據甌濱文集改。

欬〔一〕，耳如真聞，目如真見，因不二之性靈，究本同之閫要，自獲闖斯道之藩籬而窺其堂室，不待外搜遠覓而聖賢之業存焉。蓋所以恢拓教基，揭示學的，無條約而孚，無言令而喻矣。嗚呼！此鹿城所以有書院也，此表章先哲所以爲後學計也。自慶元迄今幾三百載，才彦之生常常有之。顧其所謂學者役精斲思，鍛煉風物，而自爲雄長，稽式揣似，鋪飾枝蔓，而馳狥時好，言與心攜，心與道貳，河雒、武夷之實學荒落湮鬱，疇克醒悟而還諸舊軌，侯惠我邦，以敦化正俗爲首務，是宜加之意也。樹之津梁而躋於大道，使人有持循嚮往之定志，胥體玩於性命道德之際，而邦之理學，始有勃然中興之機矣。書院既成，爰掇先哲事行問答之概，類爲一帙，侯自爲首序，既詳至矣，而復命某識其後。某鄉後學也，正處誘掖風勸之中者也。觀禮階下，肅容興敬，謹推侯之意以諗諸同志，且以自詔焉。慎江文徵三十三

四庫全書總目六十一：鹿城書院集無卷數，浙江巡撫採進本。明鄧淮撰。淮，吉水人，成化辛丑進士。弘治中，官温州府知府，以南宋時温州之士游二程、張、朱之門者，有周行己等二十三人，乃命永嘉縣汪循即鹿城建書院祀二程、張、朱，而以行己等侑焉。復輯諸人

〔一〕「謦欬」，底本誤作「罄刻」，據甌浜文集改。

志銘、家傳及遺事緒論見於志書、語録中者，彙爲此編。雖亦講學家標榜之書，然永嘉學派頗異新安。淮不分門户於其間，則視黨同伐異者，其公私相去遠矣。

黄氏公瑾地祇上將温太保傳道藏目録詳注三〔一〕

存。道藏本

道藏目録詳注三，「孝」字型大小：地祇上將温太保傳補遺附，黄公瑾述。太保姓温，名瓊，字子玉，乳名卓郎，温州平陽人也。蓋太保威靈顯化傳内甚詳。

案：黄公瑾，時代、籍貫無考。温太保傳收入道藏，今未見其書，以道藏目録所述核之，與宋濂忠靖王廟堂碑所載大異，宋文憲集四十七。未知孰信也。

右人物

宋

韓氏彦直永嘉橘録直齋書録解題十、四庫全書總目一百十五並無「永嘉」二字，今從宋史藝文志四。

〔一〕道藏作「一卷，天一靖牧羊遺豎黄公瑾校正，虚白實養素下士黄公瑾撰集」。

三卷。直齋録解題十、宋史藝文志、四庫全書總目一百十五。

存。左圭百川學海本

橘出温郡，最多種，柑乃其別種。柑自別爲八種，橘又自別爲十四種，橙子之屬類橘者又自別爲五種，合二十有七種，而乳柑推第一。故温人謂乳柑爲真柑，意謂他種皆若假設者，而獨真柑爲柑耳。然橘亦出蘇州、台州，西出荆州，而南出閩、廣，數十州皆木橘耳，已不敢與温橘齒，矧敢與真柑爭高下耶？且温四邑俱種柑，而出泥山者又傑然推第一。泥山蓋平陽一孤嶼，大都塊土不過覆釜，其旁地廣袤只三二里許，無連岡陰壑，非有佳風氣之所淫漬鬱蒸。出三二里外，其香味輒益遠益不逮，夫物理何可考耶？或曰：「温並海，地斥鹵，宜橘與柑，而泥山特斥鹵佳處，物生其中，故獨與他異。」予頗不然其説。夫姑蘇、丹丘與七閩、兩廣之地，往往多並海斥鹵，何獨温而又豈無三二里得斥鹵佳處如泥山者？自屈原、司馬遷、李衡、潘岳、王羲之、謝惠連、韋應物輩，皆嘗言吴、楚間出者，而未嘗及温。温最晚出，晚出而群橘盡廢，物之變化出没，其浩不可考如此。以予意之，温之學者，繇晉、唐間未聞有傑然出而與天下敵者，至國朝始盛，至於今日，尤號爲文物極盛處，豈亦天地光華秀傑不没之氣來鍾此土，其餘英遺液猶被草衣，而泥山偶獨得至美者耶？予北人，平生恨不得見橘著花，然嘗從橘舟市橘，亦未見佳者，又安得所謂泥山者啗之？去年秋把麾此來，得一親見花而再食其實以爲幸。獨故事：太守不得出城從遠游，無因領客入泥山香林中，泛酒其下。而客乃有遺予泥山者，且曰：「橘之美當不減荔子，荔子今有譜，得與牡丹、芍藥花譜並行，而獨未有譜橘者。子愛橘甚，橘若有待於子，不可以辭。」予因爲之譜，且妄欲自附於歐陽公、蔡公之後，亦有以表見温之學者足以夸天下，而不獨在夫橘爾！淳熙五年十月，延安韓彦直序。〔一〕

直齋書録解題十：橘録三卷，知温州延安韓彦直子温撰。世忠長子也。

四庫全書總目一百十五：橘録三卷，浙江鮑士恭家藏本。宋韓彦直撰。彦直字子温，延安人。蘄忠武王世忠之長子，登紹興十八年進士，官至龍圖閣學士，提舉萬壽觀。以光禄大夫致仕，封蘄春郡公。事蹟附見宋史世忠傳。此譜乃淳熙中知温州時所作。宋史藝文志、焦竑國史經籍志俱作永嘉橘録，卷數與此本相合。文獻通考作一卷，蓋字之誤也。彦直有才略，而文學亦優。嘗輯宋朝故事，名水心鏡，凡一百六十餘卷，爲尤袤所稱，今不傳。是録亦頗見條理，上卷載柑品八，橙品一。中卷載橘品十八，以泥山乳柑爲第一。下卷則言種植之法，皆詳贍可觀。陳景沂作全芳備祖引彦直此録，謂其「但知乳柑出於泥

〔一〕韓彦直序全文底本無，據定稿補。

山，而不知出於天台之黃巖。出於泥山者固奇，出於黃巖者尤天下之奇」云云。蓋景沂家本天台，故自夸飾土産，不知彥直是録專記永嘉，不當借材於異地也，其亦昧於著作之體矣。

勞大與甌江逸志：永嘉之土宜樹橘，韓守彥直之譜足徵。

案：韓知州彥直，雍正浙江通志、乾隆温州府志名宦傳並有傳。〔一〕所著橘録，專紀宋時永嘉一郡所産。上卷柑八種，曰真柑、曰生枝柑、曰海紅柑、曰洞庭柑、曰朱柑、曰金柑、曰木柑、曰甜柑，而以橙一種附焉。中卷橘十四種，曰黃橘、曰塌橘、曰包橘、曰綿橘、曰沙橘、曰荔枝橘、曰軟條穿橘、曰油橘、曰緑橘、曰乳橘、曰金橘、曰自然橘、曰早黃橘、曰凍橘，而附以朱欒、香欒、香圓枸橘。自序所謂橙子之屬類橘者五種是也。朱欒以下並非橘屬，提要並數云橘品十八，誤。下卷述種植制蓄之法九篇，曰種治、曰始栽、曰培植、曰去病、曰澆灌、曰採摘、曰收藏、曰制治、曰入藥，紀述最爲詳備。而文筆簡潔，尤有陸疏、嵇狀之遺。自序謂欲附歐陽文忠牡丹記、蔡忠惠荔枝譜之後，殆無愧也。至吾鄉所産橘，種類蕃盛，雖尚甲浙中。而自宋迄今，年代浸遠，物産變遷，此録所載諸品，多不能舉其名狀。此尤譚橘官掌故者所宜稽考矣。

〔一〕以下文字底本無，據定稿補。

右物産

宋

無名氏雁蕩山集

一卷。通志七十

佚。

黄氏仁榮永嘉集

三卷。宋史藝文志八

佚。

直齋書録解題十五：永嘉集三卷，不知何人集。

萬姓統譜四十七：黄仁榮字擇之，浦城人。以恩補承務郎主泰和簿，知金谿縣，累官直秘閣，除度支郎中，改浙東提點刑獄，知秀州，除兩浙轉運副使，加直敷文閣，兩知臨安府，移知贛州卒。

萬曆温州府志七：宋紹興知温州軍州事黄仁榮右朝請大夫知。

李氏知己永嘉集

三卷。宋史藝文志八

佚。

萬曆温州府志八〔一〕：宋教職李知己。

案：李知己任永嘉教官，見郭象睽車志一、萬曆温州府志職官，載於莫沖、劉夙之前，蓋紹興間人也。

又案：宋曾宏父鳳墅法帖卷三，刻有王梅溪書札一帖，末云：「十朋頓首再拜上啟宫使舍人台座。」不知與何人書也。云：「永嘉集首以謝康樂詩，中有楊公濟百詠，亦可以略見敝鄉風物，聊資塗中觀覽」云云。曾帖宋拓殘本，漢陽葉志詵所藏，余未之見，此據葉所鈔釋文録。據此則永嘉集，蓋專收題詠詩詞，梅溪書中不紀編集姓名，其爲黄本、李本無可考矣。〔二〕

無名氏樂清詩集嘉定赤城志四十

〔一〕「八」，底本誤作「十」，徑改。

〔二〕又案全文底本無，據定稿補。

佚。

案：樂清詩集，各史藝文志及諸家書目並未著録，惟陳質窗赤城志四十辨誤門云：「謝靈運游赤石進帆海詩『揚帆采石華，掛席拾海月』。即其地也。是詩已載樂清詩集矣。」知宋時本有是書，不知何人所編也。

唐賢永嘉雜詠 文淵閣書目十

佚。

文淵閣書目十：唐賢永嘉雜詠一部，三册，闕。

案：唐賢永嘉雜詠，文淵閣目不著撰人，當亦宋人所編。周氏慎江詩類一，録唐人詩，不盈一卷。府、縣志藝文門所載尤尠。此書明時所存，亦非完本，然尚三册，足徵撏輯之博。今無傳帙，可惜也。

明

謝氏鐸游雁山詩 桃谿淨稿四

佚。

自序：成化庚子，予以憂解官南歸。越三年，始從吾叔父太守先生與一二布衣陳敬所、郭筠心諸公登方巖，望天台、雁宕。蓋蓬萊三島諸仙人若可招而得，謂極吾山水平生之好將自兹始矣。未幾，復有所掣，不果遂。明年乃游塔山。又明年，謁番易應先生，宿流慶寺。先生曰：「吾老矣，遠不可至，若聖水，諸公能相與一行乎？」又明年，余秋崖存敬聞之，請爲東道主，以遂尋兹約。濱行，忍庵章公遣其子玄楨來邀登雁山，予重違番易之約未果也。既而番易以疾報，遂輟存敬之請，乃從太守先生偕敬所、筠心、嶼南諸公過忍庵所，越宿，度謝公嶺，臨照膽潭，入靈峰洞，過靈巖，觀天柱、卓筆、展旗諸峰，至龍鼻水而止。於是忍庵之從子黄門君來會，既暮，抵能仁寺而止宿焉。明日，還過大龍湫，觀瀑布，望雁湖絶頂，相與咨嗟歎息，以爲天下之奇觀盡矣。遂復由故道過忍庵而宿。又明日乃歸，九月十日也。於乎！雁山在東南，名天下舊矣。吾相去不數十里，而往來於心者已不啻十數年，乃不得一至。暨其至也，復綴聖水之行而後果，豈兹山之遭，亦固自有數邪？夫以數則一山之遭且不易得，然則吾人得以詩酒自娱〔一〕於溪風山月之間，以相與優游太平全盛之世者，可不自賀其遭大幸也哉！雖然，山水之樂，在天地間固取之不窮而得

〔一〕「娱」，底本脱，據刻本補。

之無禁，然極意之所向而過之亦皆足爲害，又豈但富貴利達間哉！吾用是愧無以上酬所遭於萬一，而又懼若兹山之遭，樂而不知所極也。敢質之同游諸公與吾太守先生，不識亦以爲然不。聯句凡若干首，其名氏各著于下方，而凡諸同游者，亦得以次見焉。桃谿淨稿四

佚。

台雁唱酬録 桃谿淨稿六

自序：弘治丁巳秋，敬所陳先生以觀郡志來過予，予方議姻於忍庵章公之子達德，達德之弟，振德先生孫婿也。遂以父兄之命，參決定議，爲來秋之期。及期，敬所至，而達德與其兄慎德以試事未歸，因留以俟。久之，乃請怡雲、止軒二叔父爲偕行，予忝以舊姻故實從其後。既至，而達德猶在杭。忍庵公乃始主盟成禮而退，蓋自敬所之來，後先往復，凡三十有四日，燕笑晤言，感事觸物，心所不能自已者，往往於詩焉發之。予以猥廁其間，而章氏之名能詩者，亦罔不在，蓋已亡慮百數十首。敬所謂宜萃於一卷，以存斯文世講之誼，因取其無大關涉者悉删去之，得一韻四十三首，爲台雁唱酬録。予惟唱酬之義始於賡歌，鹿鳴、天保之作，其來遠矣。蓋非獨漢、唐以下諸詩家之贈處和答然也。然皆以其意而未嘗以韻，韻之次，其宋之末造乎！詩之唱酬而至於次韻，一韻之次而至於累數百首，

詩之變亦於是乎極矣。噫！詩之變化無窮，而人心之妙用亦相與無窮，況夫義理之在天下者而可以有窮求之哉！是詩之韻實始於貞肅公緦山之作，自公之没五六年來，凡大夫士之有事於兹山者，輒用公韻，已不知其幾百首矣，然未有盛於敬所之作者。敬所之至，類必有作，然亦未有如今日之盛者。蓋兹行也，其事專，其留久，故其詩亦特盛云。卷成，遂以歸之慎德諸昆季，俾藏之，亦敬所意也。桃谿淨稿六

明史一百六十三：謝鐸字鳴治，浙江太平人。天順末進士，南京國子祭酒，禮部右侍郎，卒贈禮部尚書，謚文肅。

汪氏循東甌唱和集萬曆温州府志十七〔一〕

佚。

國朝

梁氏章鉅雁蕩詩話

〔一〕「萬曆温州府志十七」，底本誤作「乾隆温州府志二十七」，據改。

二卷。

存。道光戊申刊本

余於客冬就養東甌，甫入郡齋，即作游雁蕩之想，而次兒丁辰由京請假來甌省視，亦急欲侍游。值學使者趙蓉舫先生按試温州，恭兒以提調試事遲至，季春下旬始竣，乃刻期挈同登舟，並約在城衛守備廖菊屏壽彭、幕中客馮芝巖懋，凡五人。菊屏詩人，芝巖畫師也。雁蕩在樂清轄内，樂清令蔡子樹琪，爲蔡柳堂刺史維新之子。刺史本受業於余，故子樹執弟子禮惟謹，且甚樂爲導游主人，遂往來俱寓邑署。阻雨署中者一日，雨未晴而冒雨登山，雖雨而不甚，真貫休詩所稱濛濛者，故於游事無礙。初由芙蓉村踰丹芳嶺，入能仁寺，觀元祐鐵鑊，急尋大龍湫，路滑而險，同人皆易輿而兜，又舍兜而步，余亦勉從之。度馬鞍嶺，由西谷達東谷，歷常雲峰，列仙嶂、履雲闕、鷹嘴峰、紫薇嶂，遂達靈巖、靈峰，圖經所謂二靈也。入安禪谷，觀龍鼻水、小龍湫，憩於淨名寺。次日又歷鳳皇、鬥雞、靈芝、雙筍諸峰，陟羅漢洞，徘徊久之，出洞度謝公嶺，望見老僧巖，順途躡石梁洞，迤邐而至大荆，遂出東外谷，寓大荆行館。又次日過清江渡，遵海而回。蓋在山中實三日，合來往程途共七日。回郡齋後，補作游記一篇、七言長歌一首，適門下士邵陽魏默深刺史源亦爲游雁蕩而來，留住署中者三日，既讀余記與詩，問余：「何不作雁蕩詩話？」余曰：「客冬初到此間，即欲作東甌詩話，居之月餘，知城中難得借書之家，亦無可談藝之友，廢然而止。今若創爲雁蕩詩話，則此山晚出，前人題詠寥寂，恐成書益難。」默深曰：「曷不試爲之？宋人如吕本中之紫薇詩話、周必大之二老堂詩話亦不過數十條成卷，事因難而見巧，物以罕而見珍，以我公爲之，當無不成書之理也。」時適得曾唯所輯廣雁蕩山志，詳贍爲各舊志之冠，蓋游山時，惜未及見者，因即詳翻此志，有與詩事相涉者，披卻導窾，搜沈掇淪，參以旁書，緯以己意，費月餘日之力，次成若干條以示廖菊屏。復爲勘補一過，覆視之，亦自斐然可觀。因付鈔胥録成小帙，或可增導游之助，亦間補志乘之遺，惟默深遠在維揚，不獲與之並几賞析，爲可惜耳！道光二十八年歲次戊申重陽日，福州七十四叟梁章鉅撰於東甌郡署之樹德堂。

莅林前輩以令嗣敬叔太守權篆東甌，迎養至署。去春偕敬叔昆季往探雁蕩之勝，既作紀游數千言，復製長歌一篇，一時和者如雲，琳琅盈篋。蓋公以潞國之年，具少文之興，而繞膝又皆靈運、惠連，悉工吟詠，故靈璈既陳，宫徵疊應，即深閨淑媛，亦奏璠章，固宜佳話爭傳，不徒爲此山增重已。去年余歲試，由温至台，擬同游雁山未果，持節先行，匆匆登眺，不及備攬勝概。今年科試，復至東甌，將乘軺車之便再入雁山，一觀龍湫飛瀑。公因出示雁蕩詩話二卷，不鄙譾陋，屬爲之叙。夫雁山晚出，僻在海隅，名章佳什，唐以前無聞。謝康樂出守永嘉，近在跬步，今全詩具在，惟過斤竹澗一首。澗爲雁山外户，當時蓋未深入一窺堂奥，故無詩。即東谷謝公嶺，或謂爲游屐所經，亦附會無據。至諾具那尊者卓錫開山，而唐貫休有「雁宕經行，龍湫宴坐」之句，實爲此山題詠所自始。所惜者以東坡曠逸之致，僅題周邠雁蕩山圖寄意，曾未得與「匡盧開先」同形篇翰。蓋登山流覽未必皆槖筆之才，即境嘯歌或時少裹糧之興，兩美必合，古今所難。既有其人，復有其詩，若非彙集成編，將愈佚無考。此公所以掇拾畸零，極意搜羅，弗因前賢名作無多而遂已也。此編一出，吾知山水有靈，亦驚知己；古人可作，定許同心。而公之高吟逸致，無負雅游，當與名山共傳不朽已！倚裝披讀，既幸導游之有資，且佩公考訂之精而采摭之廣也。謹書數語篇端，是爲叙。道光己酉四月朔日，昆明趙光書於東甌試院之澄觀堂。

人靈萬物參三才，使光岳山川谷靈淑之氣，無人領其勝，則萬古寂寞而天地爲虚器。東南奇秀山水推黄、廬、台、蕩，再南則武夷、桂林。惟廬山當江湖四達之沖，天台爲仙佛託靈之所，自漢、晉即著名。黄山、雁蕩、武夷則皆至宋始顯，而唐以前闃然寥然。雖以謝客守永嘉，而未闖雁山之庭奥；柳州謫嶺南，桂林其必由之道，而無一語及之。山川顯晦，不以其時哉？然武夷之盛著以朱文公作精舍記及九曲棹歌紀其勝，乾道間士大夫訪朱子者，兼訪武夷，於是名勝與台、廬抗。而雁蕩、黄山、桂林則至今無人能專擅其美，如朱子之於武夷，白、蘇之於廬山，謝、柳之於浙、粵山水者，是則游屐雖通，題泐雖衆，而其人、其文章不足以配山川，則山川亦終不屬其人，寂寞如故也，虛器如故也。吾師長樂梁夫子，生長武夷之鄉，持節桂林，晚又就養温州郡署，皆山水奇絶地，慨雁蕩僻處天末，既題詠之，又輯詩話表章之。於是峰壁洞壑泉石，無不雲滃瀑飛於墨素間，真可臥游而衆山皆響，且生平文學政事軼謝客、柳州而上，他日話東南山水者以武夷屬朱子，以匡廬屬太白、東坡，以雁蕩屬長樂梁公無疑也。獨是桂林山水甲天下，而至今無所專屬，且圖志寂寞，視雁蕩缺憾尤甚，騷人韻士多有欲臥游神往其間而不可得者，吾師駐節數載，盍以補山川千古之憾，亦如雁山遭遇之幸乎？謹書所懷以質左右，蓋又將請益於將來也。道光二十有八載，門下士邵陽魏源謹序。

右藝文

宋

劉氏士英〔一〕永嘉守禦録 水心文集二十九

〔一〕「士英」，宋史作「仕英」。

佚。

葉適跋：右劉教授永嘉守禦録，錢君德載刻於州學。往歲王師北伐，德載與劉平國援此諗其守，謀增陴浚隍，豫儲擬以待非常。既虜復請和，事亦已，然君之念不可誣也。今遂刊布其書，甚善。不惟郡人當安不忘危，且使無寓人，修牆屋，猶知任拒守之責，而況於保障扞禦之臣乎！水心文集二十九

案：劉教授士英，宋史忠義傳七、萬曆温州府志治行志、雍正浙江通志名宦傳並有傳。宣和間，方臘寇温州，士英與郡人石礪等拒守，凡四十餘日。守禦録蓋紀其事也。

黄氏勻顯應集乾隆温州府志二十七題「黄句」。

佚。

乾隆温州府志十七：宋教職黄勻，編顯應集。

案：黄勻，萬曆温州府志秩官門載於徐鳳之後，徐鳳，嘉定間刊止齋集，見正德本止齋集卷末。蓋嘉定以後人。顯應集，蓋紀鬼神靈應。考府志祠祀門永嘉城南廂顯應廟，神張姓，宋宣和間禦方寇陣亡，或即此神也。

國朝

勞氏大與甌江逸志一卷。四庫全書總目七十七存。說鈴本、龍威秘書本。

四庫全書總目七十七：甌江逸志一卷，大學士英廉家藏本。國朝勞大與撰。大與字宜齋，石門人，順治辛卯舉人，官永嘉縣教諭。是編前紀温州舊事，後記其山川、物産，大意欲補郡乘之闕，故命曰逸志。然據拾未富，且皆不著所出，未爲精核。至謂錢玉蓮爲娼女，更齊東之語矣。

案：勞宜齋甌江逸志乾隆平陽縣志雜志門引周坦、周震二條，作「東甌逸志」，誤。凡五十六條。雜記瑣事，而不著所出書，難以依據。其間偶有援證，又多不得其原。如「蠲紙」條引廣輿記，謂吴越時供此紙者蠲其役，故名。而不知五代史何澤傳有唐明宗免户部蠲紙事。「陶弘景永嘉邑居圖」條引郭若虚畫論，而不知郭書本名圖畫見聞志，原作「陶景真〔一〕永嘉屋

〔一〕「真」，底本誤作「明」，據歷代名畫記改。

邑圖」，不云貞白，景真，南齊人。見張彦遠歷代名畫記一。裴孝源貞觀公私畫史一又載作「宗炳」。若此之類，並未詳覈。惟「劉衡山懋功道雷震孔道人」一事引閬然堂類纂，其書爲今所罕覯，劉衡山，永嘉人。此書疑亦温州人所著。〔一〕然亦不著撰人，不足以補志乘之闕也。

孫氏同元永嘉聞見録

二〔二〕卷。

存。

案：孫同元，字雨人，仁和人。嘉慶戊辰舉人。道光中任永嘉教諭。〔三〕

右雜志

〔一〕閬然堂類纂爲潘士藻所著。士藻爲婺源人，明萬曆間爲温州推官，故書中涉温數事。此書四庫提要著録，孫氏失檢。

〔二〕「二」，底本闕，據永嘉聞見録補。

〔三〕案底本無，據定稿補。

温州經籍志辨誤

經　部

葉適周易述釋一卷。胡一桂周易啟蒙翼傳中、宋史藝文志一、經義考三十二。雍正浙江通志二百四十一、乾隆温州府志二十七、嘉慶瑞安縣志九並據宋志收。

宋史藝文志一：葉適習學記言：周易述釋一卷。

咸豐永嘉縣志二十二〔一〕：按直齋書録解題有葉氏易説述釋〔二〕一卷。適爲習學記言，易居其首，門人建安袁聘儒述而釋焉。據此，則易説即習學記言中説經之一，述釋爲聘儒所撰，不得仍被以適名，諸書皆沿宋志之誤。

〔一〕「二十二」，底本誤作「二十」，據校勘記改。

〔二〕葉氏易説述釋，底本誤作「述釋葉氏易説」，據校勘記改。

案：宋元學案五十五〔一〕：「袁聘儒，建安人，紹熙進士，水心之徒，嘗述水心易説。」國史經籍志二〔二〕：「葉正則易説一卷，汀〔三〕人袁聘儒釋。」考今所傳習學記言第一卷至第四卷，皆論易，袁氏述釋止一卷，蓋略詮精要，不全釋也。其書今無傳本。經義考三十二，既載葉適周易述釋，又載袁聘儒述釋葉氏易説，蓋誤分爲兩書。翁方綱經義考補正二謂「宋志云：『葉適習學記言周易述釋一卷，則葉適之書自名述釋。』通考云：『述釋葉氏易説一卷，陳振孫以爲袁聘儒述其師葉正則之書，則袁聘儒之書别名述釋葉氏易説，亦强爲分别，誤與朱同。』」舊志沿宋志之訛，湯氏永嘉縣志藝文録删之，是也。

王十朋泰誓論一篇經義考九十五。道光樂清縣志十一據經義考收，注案：「梅溪集作武王論。」

案：武王論見梅谿前集十二，文止一篇，並非單行著述，經義考之例，凡説經之文見於專集者，雖零篇散句亦所不遺，因此論中辨泰誓序「惟十有一年」之文，遂析出著録，而改其題爲泰誓論。然此在朱考則可，至地志書目本非專考經義，而亦襲其例，則别集中所載

〔一〕「五」，底本誤作「四」，據校勘記改。
〔二〕「二」，底本誤作「一」，據校勘記改。
〔三〕「汀」，底本誤作「閩」，據校勘記改。

之文能盡録其目乎？舊府、縣志此類實多，皆由不知朱考之例，主於蒐羅經義，與他書目不同，遂誤行收入，今並删之。

史浩尚書講義二十二卷宋史藝文志一。乾隆温州府志二十七據宋志收。

案：史浩字直翁，鄞縣人，官至右丞相，宋史三百九十六有傳。尚書講義，淳熙十六年浩爲太傅時所進。見玉海三十七引中興館閣書目，與温州無涉，府志誤收。今删之。

又案：此書雍正浙江通志二百四十一亦著録。浩爲鄞人，通志録全浙經籍，自宜收入，故不在辨例。此後浙中著述，通志所收，非誤題温州人者並不著。謹發其凡於此。

蔣允汶尚書通考乾隆温州府志二十七、乾隆永嘉縣志二十三

案：蒼巖蔣訓導允汶，萬曆温州府志理學傳、乾隆永嘉縣志儒林傳並有傳。考東甌詩集六録蔣文質詩一首，注云：「字彬夫，永嘉人，號蒼巖。」所載字號並與允汶同而名特異。王瀚自撰壙志瑞安王氏録本云：「年二十，執詩經，登蒼巖先生蔣公文質之門，而卒業焉。」則文質即蒼巖無疑，其作允汶，或入明以後所改也。蒼巖籍貫，各志與詩集並云永嘉。然陳高不繫舟漁集十二蒼雪軒記云：「蔣君文質，舊居括之青田，其後僑居永嘉。今年秋予至

三山，訪君於郡庠之寓，君曰自吾去鄉而居温閩，今三十餘年矣」云云。其所述與舊府、縣志稱蒼巖值元季避地閩中踪跡亦復符合，則蒼巖本貫青田，流寓永嘉。所著書即不宜收入此志。萬姓統譜八十六、千頃堂書目三、宋元學案六十五並云：「蔣允汶，永嘉人。」蓋沿萬曆府志之誤，今删其著述，而附考其姓名、籍貫之異，俾後之紀吾鄉人物者，無爲舊志所誤也。〔一〕

何逢原詩通旨乾隆温州府志二十七

案：梅谿後集二十九何提刑墓誌載逢原著述，不言有是書。乾隆永嘉縣志經籍門亦不著録。考浙江通志一百七十七，「何逢原字文瀾，分水人。咸淳中累官中書舍人，至元中薦授福建儒學提舉，辭不赴，卒於家。著有易詩書通旨、四書解説、玉華集若干卷。」據此是作詩通旨之何逢原，乃宋末嚴州人，與永嘉何希深，姓名偶同。府志遂誤認爲一人耳，今删之。

〔一〕孫氏此辨未妥，詳見蔣允汶大學通旨等書下張崟駁論。

俞德鄰佩韋齋輯聞詩説一卷經義考一百十。雍正浙江通志二百四十一、乾隆温州府志二十七並據經義考收。乾隆永嘉縣志二十三作「佩韋齋輯聞四卷」。

案：至順鎮江志十九：「元俞德鄰字宗大，永嘉之平陽人。宋寶祐中，父卓爲廬江令，僑寓京口，因家焉。景定辛酉以書經魁鄉舉。咸淳癸酉以禮記魁浙漕。歸附之初，阿術丞相解爲行省郎中，不就。卒年六十有二。自號太玉山人。有佩韋齋文集十六卷、輯聞四卷，板行於世。」宋學士集三十一俞先生墓碑名希魯，德鄰子。亦云：「先生之先，居温之平陽，大父某爲廬江令，始遷鎮江；父德鄰，鄉貢進士。」據此是德鄰父卓始徙鎮江，德鄰已爲鎮江人。温志即不宜復收其著述。且佩韋齋輯聞四卷，今世尚有傳本，詩説十三條在第二卷内，本非單行之書，朱氏因采經義，故析出著録。舊府志子部不載輯聞，乃收詩説於經部，蓋未睹原書，遂以詩説一卷爲輯聞全帙，所謂重惟貤謬者也。今删之。

鄭伯謙周禮類例義斷二卷五禮通考卷首二引宋史藝文志。通志、府、縣志並未收。

案：宋史藝文志一：鄭伯謙太平經國書統集七卷，鄭氏三禮名義疏五卷，注：不著名。又三禮圖十二卷，江都集禮圖五十卷，三禮圖駁議二十卷，儀禮類例十卷，周禮類例義斷二卷。自鄭氏三禮名義疏以下，並無撰人名氏。秦氏因其蒙上鄭伯謙太平經國書統集，遂亦指爲伯謙作，殊誤。今不據補入。

林椅周禮綱目周禮訂義序目。府、縣志並未收。

周禮訂義序目：永嘉林氏椅，有周禮綱目，於開禧間曾進。

案：直齋書録解題二：「周禮綱目八卷、摭説一卷，紹興府教授，括蒼林椅奇卿撰。」何鏜括蒼彙紀：「林椅字奇卿，麗水人。紹興庚戌進士。以周禮爲周公經世之書，乃隨類條列之，名曰周禮綱目。」據此二書，是椅塙係括蒼人。然東巖籍隸樂清，其所著書不應誤認他郡人爲鄉人，疑椅或本貫永嘉，僑寓麗水，亦未可定。然今無可考證，舊志人物傳及進士題名均無其名，故不據補入。

侯一元深衣辨一篇經義考一百五十。道光樂清縣志十一據經義考收。

案：深衣辨見二谷集〔一〕，經義考析出著録，樂清志收入經籍，於例未協，今删之。

〔一〕校勘記：「深衣辨見二谷山人近稿四。此云二谷集者，以經義考注載二谷集，輒仍之耳。」

王與之祭鼎儀範六卷宋史藝文志三。道光樂清縣志十一據宋志收。

案：宋史禮志七：「徽宗政和三年，用方士魏漢津之説，備百物之象，鑄鼎九，於中太一宫南爲殿奉安之。崇寧四年八月，奉安九鼎。九月朔，百官稱賀於大慶殿，鄭居中言：『亳州太清宫道士王與之進黄帝崇天祀鼎儀訣，皆本於天元玉册九宫太乙，一合於漢津所授上帝錫夏禹隱文，同修爲祭鼎儀範修成鼎書十七卷、宋志五亦有王與之鼎書十七卷。祭鼎儀範六卷。』」是作祭鼎儀範之王與之，乃北宋亳州道士，宋志本有明文。樂清志僅據藝文志之文，誤以爲即王東巖，而不復考禮志，疏舛甚矣。今删之。

薛季宣伊洛遺禮、伊洛禮書補亡萬曆温州府志十七。乾隆温州府志二十七有伊洛遺禮，乾隆永嘉縣志二十三有伊洛禮書補亡。

陳傅良伊洛遺禮、伊洛禮書補亡雍正浙江通志二百四十四、嘉慶瑞安縣志九並據文獻通考收，乾隆温州府志二十七並有。續文獻通考一百七十四有伊洛禮書補亡。

續文獻通考一百七十四：伊洛禮書補亡，永嘉陳傅良著。

雍正浙江通志二百四十四：伊洛禮書補亡，又伊洛遺禮（文獻通考），陳君舉集。

案：兩伊洛遺禮及禮書補亡，陳文節作薛氏行狀、蔡文懿作陳氏行狀，並不載。考陳亮龍川集十四有伊洛禮書補亡序云：「吾友陳傅良君舉，爲余言薛季宣士隆嘗從湖、襄間所謂袁道潔者游。道潔蓋及事伊川，自言得伊洛禮書，欲至蜀以授士隆。士隆往候於蜀，而道潔不果來，道潔死無子，不知其書今在何所。伊川嘗言舊修六禮已及七分，及被召乃止，今更一二年可成，則信有其書矣。道潔之所藏近是，惜其書之散亡而不可見也。因集其遺書中，凡參考禮儀而是正其可行與不可行者，以爲伊洛書補亡禮。」又卷十六有書伊洛遺禮後云：「伊洛遺禮其可見者，惟婚與喪祭，厪存其一二。今以附諸補亡之後。」然則二書皆亮所撰。文獻通考一百八十八録此兩書，亦不題陳、薛二先生撰。舊志蓋因序中述二先生語，遂誤據收入。通志又謂通考云陳君舉集，尤誤。今删之。

陳傅良高士送終禮續文獻通考一百七十六。通志、府、縣志並未收。

案：高士送終禮，蔡氏止齋行狀及史志書目並未見書名，亦疑有奪誤。續考經籍一門，違舛甚夥。此條尤不可信，今不據補入。

呂大圭春秋傳或問五論程端學春秋本義卷首。通志、府、縣志並未收。

春秋本義春秋傳名氏：永嘉呂氏大圭，傳或問、五論。

案：呂氏春秋或問、春秋五論，今並有傳本，成德刻五論叙云：「宋吏部侍郎、知興化軍武榮呂大圭所著。圭叔登淳祐七年進士，德祐初元知漳州軍，屬元兵至，沿海都制置蒲壽庚舉全州降，被害。」又云：「武榮即今泉郡之南安縣，唐嗣聖中嘗以縣爲武榮州，故名。圭叔居縣之樸兜鄉大豐山下，學者因號爲樸鄉先生。」今本春秋或問卷耑題「進士温陵呂大圭撰」，五論卷端題「樸鄉先生温陵呂大圭述」，祝穆方輿勝覽十二，載泉州郡名有温陵。蓋流俗相沿之稱，非古郡名也。與成德叙合，則大圭非永嘉人審矣。王廷望東嘉先哲録十載大圭於名儒。周樗庵慎江文徵亦録五論、四十八。春秋解〔一〕五十五。數條，蓋並爲程氏所誤，今不據補入。

徐定春秋解十二卷萬曆温州府志十七、乾隆温州府志二十七並題「徐德操」。

案：徐知州定，字德操，雍正浙江通志、乾隆温州府志、乾隆永嘉縣志寓賢傳並有傳。府、縣志又互見循吏傳。本泉州晉江人，寓永嘉。萬曆府志宦業傳誤爲立傳，故春秋解亦著於録，然水心文集十四徐德操墓誌銘，載所著書春秋解外，尚有書社問答二卷、禮經疑難一

〔一〕「解」，底本誤作「説」，據校勘記改。

卷，詩文崇孝同參録諸書，則又未載，豈修志者未考水心所作墓誌乎？此志於僑寓名賢未入土著者，著述例不收録，故並删之。〔一〕

孔克表春秋本末三十卷授經圖春秋四，通志、府、縣志並未收。

案：明史藝文志一：「春秋本末三十卷，洪武中，懿文太子命宫臣傅藻等編。千頃堂書目二，略同。不云孔克表著。克表，洪武中與修群經類要，此書或亦同纂，故朱睦㮮誤題其名也。今不據補入。

孔克表群經類要乾隆平陽縣志十九。乾隆温州府志二十七作「群經要領」，誤。

乾隆平陽縣志十九：群經類要，明孔克表奉敕撰，宋濂序。

案：宋濂朝京稿三：恭題御製論語解二章後云：「右解論語二章，乃皇上所親製以賜翰林修撰臣孔克表者，洪武六年乃詔克表及御史中丞臣劉基、秦府紀善臣林温取諸經要

〔一〕校勘記：徐德操墓誌並不載所著書。實見於水心集十二徐德操春秋解序。本文「四」字似當作「二」，「墓誌銘」三字似當作「春秋解序」四字，「春秋解外」四字似當删，「墓誌」似當作「序」。

言，析爲若干類，以恒言釋之，又慮一二儒臣，未達注釋之凡，乃手釋二章以賜克表，俾取則而爲之。克表等承詔釋四書、五經以上，詔賜名曰群經類要。千頃堂書目三、乾隆平陽縣志十六、文苑傳亦載其略。是群經類要乃克表與林温、劉基同奉詔編纂。論語二章又係太祖御製，不得專屬之克表。舊府、縣志收之，殊誤。至平陽志經籍門又謂宋濂序是書，文苑傳亦載宋序，比之孔穎達云。檢宋文憲集並無是叙，而題御製論語解後末云：「昔唐之盛時，太宗有志於教化，而孔氏曰穎達者，實率諸儒爲五經疏，天下至今傳而誦之不廢。今上開物牖民之心過於太宗，而克表復爲諸儒首，孔氏可謂世不乏人矣。他日是書之傳，將與穎達之疏無異。」云云，則彼志所指即係是跋，誤以爲類要叙耳。今删其目，并考正其誤於此。

陳傅良經筵孟子講義經義考二百三十四。嘉慶瑞安縣志九據經義考收。

經義考二百三十四：陳氏傅良經筵孟子講義二篇，存，載止齋集。

案：經筵孟子講義，見止齋文集二十八，蓋慶元初以中書舍人兼侍講時所上。然此非單行著述，瑞安志誤據經義考收，今删之。

劉黻中庸大學説二篇經義考一百六十二。道光樂清縣志十一據經義考收。

經義考一百六十二：劉氏黻中庸大學説二篇，存，載蒙川集。

案：劉忠肅中庸大學説，朱竹垞所見足本蒙川集有之，今所傳蒙川遺稿四卷本已佚其文。然此亦非單行著述，樂清志誤據經義考收，今删之。

劉黻中庸就正録 經義考一百五十二。雍正浙江通志二百四十二、乾隆温州府志二十七、道光樂清縣志十一並據經義考收。

案：宋史四百五劉黻傳及劉應奎蒙川遺稿叙載忠肅所著書，無中庸就正録之目。考四朝聞見録甲云：「考亭解中庸，考亭之門人劉黻，字季文，號静春，乃大不取其師之説，著爲就正録。」萬斯同儒林宗派十，載朱子門人亦有劉黻，注其籍貫曰廬陵。是作就正録者乃廬陵劉静春，其姓名與忠肅偶同耳，且忠肅生宋季，安得親及朱子之門乎？通志及府、縣志誤認爲一人，遂據收入。今删之。

劉黻格物説一卷 經義考一百六十二。雍正浙江通志二百四十二、乾隆温州府志二十七、道光樂清縣志十一並據經義考收。

案：格物説一書，亦不見於宋史本傳及遺稿叙，疑亦劉静春所作，舊府、縣志據經義考收入，殊無塙證。今删之。

吕溥大學疑問千頃堂書目二、補遼金元藝文志、元史藝文志一。府、縣志並未收。

吕洙大學辨疑千頃堂書目二、補遼金元藝文志、元史藝文志一。府、縣志並未收。

千頃堂書目二：吕溥大學疑問、吕洙大學辨疑。永嘉人，從兄弟也，均學於許謙。

案：雍正浙江通志一百七十六：吕溥字公甫，永康人，從許謙講究經旨，悉領其要。嘗注大學疑問、史論，其詩文有竹溪集若干卷；兄洙字宗魯，此以洙爲溥兄，與黄目、倪志不合，未知孰是。亦從許謙游，著有易圖説、大學辨疑。據此，是溥、洙皆永康人。千頃堂書目「康」字偶誤爲「嘉」，倪氏補遼金元藝文志、錢氏元史藝文志並襲其謬，今不據補入。

蔣允汶大學章旨、中庸詳説、四書纂類萬曆温州府志十七、乾隆温州府志二十七、乾隆永嘉縣志二十三。

四書纂類、乾隆府志「類」作「要」。

案：辨見尚書通考下。〔一〕千頃堂書目三，元人書内復出蔣允汶四書類纂，注：永嘉人，誤。又國史經籍志二、千頃堂書目二、經義考一百五十七，並有蔣文質大學通旨一卷。文質，據東甌詩集即允汶。通旨，舊府、縣志未收，疑即「章旨」之誤，謹附識於此。

潘翼爾雅釋、韻補萬曆温州府志十七、雍正浙江通志二百四十二、乾隆温州府志二十七、道光樂清縣志十一

案：潘處士翼，萬曆温州府志文學傳、雍正浙江通志文苑傳、道光樂清縣志寓賢傳並有傳，通志、府志云其先青田徙樂清；樂清志則云青田人，建炎間徙樂清。考梅谿前集一潘岐歌詩叙：「鶴溪先生聚徒於樂清之鹿巖，既久，因家焉。先生名翼，字雄飛。」與樂清志合，通志、府志誤也。然樂清志雖入寓賢傳，而經籍門仍收其著述，則又與通志、府志同誤。今删之。

〔一〕張崟讀四庫簡明目録標注與温州經籍志對此提出反駁，云：撰大學通旨一卷之蔣文質（亦名允汶，字彬夫，號蒼巖，與著四庫書管窺之平陽人史伯璿爲同時學侣），與纂述中庸章次連續説一卷、中庸章句群説一卷之劉清（字惟寅），師弟二人，並貫永嘉，杭州大學圖書館特藏部有明嘉靖四十一年壬戌（一五六二）朝鮮李楨覆弘治會稽胡謐彙刻學庸章句指南本一帙。其正統八年黄淮、成化七年王瑞（並永嘉人）、弘治十七年韓重（山西絳州人）諸序跋，並稱爲永嘉蔣先生，則不第籍隸昭著，且書有傳本，而仲容先生因無緣目驗，遽以萬姓統譜八十六、千頃堂書目三、宋元學案六十五並云「蔣允汶，永嘉人」爲「蓋萬曆府志之誤」，遂斷謂「蒼巖本貫青田，流寓永嘉，所著書即不宜收入此志」，而但「附考其姓名籍貫之異」於卷末「辯誤」。

史部〔一〕

戴仔非國語辨 乾隆永嘉縣志二十三

案：戴守鏞非國語辨一篇，見周樗庵慎江文徵六十一，經義考二百九亦著録。然非單行著述，永嘉志誤收，今删之。

楊譓素王通史 千頃堂書目十。雍正浙江通志一百四十四據黄目收，乾隆温州府志二十七、乾隆平陽縣志十九並有。

案：楊維楨序：楊譓崑山郡志云：崑山州楊才，抱其先人履祥公所著州乘謁余錢塘，曰：「吾子與才係同出浦城文公十葉後，幸惠一言引諸首。」又云：公所著又有帝王圖辨、素王道史、千頃堂書目作「通史」，此作「道史」，疑字誤。姓氏通辨行於時。公諱譓，字履祥，東溪老人其自號云。是楊譓本浦城人，而徙居崑山者。千頃堂書目五楊譓宋蓍龜録注：「本浦城人，明初徙家太倉，與秦玉、袁華爲友。」故今所傳本崑山郡志卷首題浦城楊譓纂也。考乾隆平陽縣志理學傳：

〔一〕「史部」，底本脱，據體例補。

楊譓字克明，居南監，作新婦戒、楊氏族規、蘆江鄉約、發蒙備用，是平陽之楊譓字克明，與浦城之楊譓字履祥者不同。舊府、縣志誤認爲一人，遂將素王通史、姓氏通辨、帝王圖辨〔一〕諸書並爲收入，殊誤。今删之。

陳謙謝修撰墓誌直齋書録解題七。雍正浙江通志二百四十四據書録解題收，乾隆永嘉縣志二十三有。

直齋書録解題七：謝修撰行狀墓誌一卷，昭武謝師稷務本。行狀，里人黄遹景聲撰；墓誌，永嘉陳謙益之撰。

案：謝修撰墓誌爲陳易庵逸文，書録解題因有與黄氏行狀合刻單行本，故著於録。謝氏既非温人，陳志亦非著述，舊志收之，殊誤。今删之。

項喬董子故里志六卷内閣書目、明史藝文志二、千頃堂書目六。雍正浙江通志二百四十四據内閣書目收，乾隆温州府志二十七有。

千頃堂書目六：項喬董子故里志六卷，嘉靖壬寅喬爲景州守修。

〔一〕帝王圖辨，府、縣志未收，孫氏偶誤。

案：天一閣書目二之一：「董子故里志六卷，李廷寶撰並序。」又項氏甌東私録二董子遺事志序略云：「某叨先生故里守，嘗欲繼絶世，修故墓，而苦無端緒，景守李廷寶適志遺蹟遺文及先賢所嘗贊記凡六卷，而以序屬予。予因識其大者，以見羹牆仰止之意。若故里實在景州廣川鎮。」據此，是董子故里志，實景州守李廷寶所作，初名遺事志，後改名故里志，甌東特序其書耳。且甌東嘗爲河間府知府，見李衛畿輔通志五十九，而未嘗爲景州守。內閣書目及明藝文志、千頃堂書目並因甌東作序，誤以爲即其所著，殊爲失考。通志及府、縣志悉沿其誤。今删之。

陳鳴鶴東越文苑傳六卷 明史藝文志三。乾隆温州府志二十七、咸豐永嘉縣志二十四〔一〕並據尤侗明史藝文志稿收。

案：四庫全書總目六十二：「東越文苑無「傳」字。六卷，明陳鳴鶴撰。鳴鶴字汝翔，侯官人，天、崇間諸生。福建通志稱其早棄舉業，與徐熥兄弟共攻聲律。是編紀閩中文人行實，起唐神龍，迄明萬曆，爲四百十一篇。」考乾隆府志十九，明隆慶歲貢有永嘉陳鳴鶴，與

〔一〕「二十四」，底本誤作「二十」，據校勘記改。

佚官之陳鳴鶴不同。舊府、縣志並誤收，今删之。

孔鐸昆陽孔氏世譜乾隆平陽縣志十九

蔡立身上蔡宗譜千頃堂書目十。乾隆温州府志二十七、乾隆平陽縣志十九並有。

案：譜諜一門，史志書目間有著録，各集所載叙引亦甚多，然宋元古帙，今並無傳，鄉曲家乘，修纂分合，不可殫紀，故此志概不收載。舊志所載止此二種，今亦删之。

陳時敏温曆萬曆温州府志十七、乾隆温州府志二十七、嘉慶瑞安縣志九

案：陳復心時敏，萬曆温州府志隱逸傳、嘉慶瑞安縣志方技傳並有傳。縣志載其通經史，嘗玩後天圖，及璿璣玉衡之説，家設一石盤，刻周天度於上，自搆巧法占之，仍於高山平衍處，鑿竹爲圭，冬夏測景，夜則仰觀星辰次舍，雖遲留伏逆之難齊者，推算皆晰，時司天曆法頒行多不驗。閩浙間盡用其曆，稱爲温曆。據志所言，是時敏之書，不過如今世民間通行之歷年選擇書，以其與官曆不同，故謂之温曆，不足以當著述。舊府、縣志收之，殊誤，今删之。

潘翼九域賦萬曆温州府志十七、乾隆温州府志二十七、道光樂清縣志十一

案：辨見前爾雅釋韻補下。

無名氏甌閩傳一卷乾隆温州府志二十七據隋書經籍志收。

案：甌閩傳見隋書經籍志二，舊府志因温州爲古東甌，故收其書。然古之甌越，統今浙東台、温、處三府，南極閩、廣，其地不專温州一府。又太平御覽一百七十，福州下引開元録云，閩州越地，即古東甌，今建州亦其地。太平寰宇記引略同。太平寰宇記一百一建州建安縣，又載郡圖云：「縣東有古甌城，漢吴王世子發兵圍東甌」，即此也。此說誤，余別有辨。據此是唐以前輿地書，又有謂閩爲東甌者，則甌閩傳或即記閩事，亦未可定，府志收之，殊無塙據。今删之。

張叔椿建安志二十四卷萬曆温州府志十七、乾隆永嘉縣志二十三

案：直齋書録解題八：「建安志二十四卷，删定官郡人林光撰。慶元四年郡守永嘉張叔椿，俾僚屬成之。」是此志，本林光所撰，張春卿守建安令僚屬補成之，非出春卿手纂。舊志題張叔椿撰，殆未考書録解題。今删之。

陳傅良長樂志四十卷雍正浙江通志二百四十四、嘉慶瑞安縣志九並據書録解題收，乾隆温州府志二十七有。

案：直齋書録解題八：「長樂志四十卷，府帥清源梁克家叔子撰。淳熙九年序。時永嘉陳傅良君舉，通判州事，大略皆出其手。又卷五長樂財賦志下云：「往在鄞學，訪同官薛師雍子然，几案間有書一編，大略述三山一郡財計，而累朝詔令申明沿革甚詳。問所從得，薛曰：『外舅陳止齋修圖經，欲以爲財賦一門，後緣卷帙多，不果』」。亦即指止齋修長樂志時事。然則止齋雖與編輯之列，而總其成者，實係府帥梁克家，故宋史藝文志三，亦載梁克家長樂志四十卷，不題止齋名也。且此志即所謂淳熙三山志，今世尚有流傳鈔本，其書首載梁氏自序云：「予領郡，暇日訪無諸以來遺蹟、故俗，追維往昔之事不可復記，常以爲恨。乃約諸里居與仕於此者，相與纂集。」則是時纂集者，亦不第止齋一人。曹叔遠敘止齋集備載著述之目，亦不數此書，非遺漏也。舊志誤收。今删之。

陳峴清湘志六卷萬曆温州府志十七、乾隆温州府志二十七、乾隆平陽縣志十九

案：直齋書録解題八：「清湘志六卷，郡守永嘉陳峴壽南俾教授林瀛修。嘉泰二年也。」據此，是清湘志乃林瀛所修，陳東齋時爲郡守，特主其事耳。舊志輒題陳修，殊誤。今删之。

林棐桐汭新志江南通志百十八。通志、府、縣志並未收。

江南通志百十八：林棐，紹定四年知廣德軍，公餘輯桐汭新志二十卷。

案：林棐字功輔，平陽人，宋嘉定戊辰進士。見乾隆府志十九及其子季熹所書壙志。原石在泰順林氏，余見其録本。直齋書録解題八：「桐汭新志二十卷，教授錢塘趙子直撰。紹定五年也，太守林棐序。」是此書爲趙子直所撰，棐特爲作叙耳。江南通志誤以爲棐作。今不據補入。

項公澤玉峰志續文獻通考一百七十八。通志、府、縣志並未收。

續文獻通考一百七十八：玉峰志，項公澤宰崑山修。

案：南坡項郎中公澤，萬曆温州府志宦業傳、嘉慶瑞安縣志循吏傳並有傳。所刊淳祐玉峰志十卷，今有傳鈔本。卷耑題陽羡淩萬頃、陳留邊實撰。末有淳祐壬子公澤跋，亦云直學淩君、掌儀邊君搜訪掇拾，俄及瓜，懼失其傳，姑鋟諸梓以俟方來。是玉峰志編緝悉出淩、邊二人手，公澤特爲刊布耳。續考誤以爲公澤所修，今不據補入。

楊譓帝王圖辨乾隆平陽縣志十九〔一〕

〔一〕乾隆平陽縣志十九有姓名通辨而無帝王圖辨，此條當删。

案：辨見前素王通史下。

何文淵牧民備用三卷萬曆温州府志十七、乾隆温州府志二十七

案：何文淵，江西廣昌人，明史一百八十三附其子喬新傳。宣德五年，用顧佐薦，賜敕知温州府。此書蓋其知温州時所作，明史藝文志二亦載之。三卷，明志作「一卷」。然文淵既係郡守，此書又非紀録温事，志乘不宜載入。今删之。

子部

袁采袁氏世範乾隆温州府志二十七、道光樂清縣志十一

案：四庫全書總目九十二：「袁氏世範三卷，宋袁采撰。」案：衢州府志采字君載，信安人，登進士第三，宰劇邑，以廉明剛直稱，仕至監登聞鼓院。陳振孫書録解題稱「采嘗宰樂清，修縣志十卷」，是編即其在樂清時所作。分睦親、處己、治家三門，題曰訓俗。府判劉鎮爲之序，始更名世範，是采書雖作於樂清，而意存訓俗，本非地理之書。今取原書覈之，亦無一事涉樂清者，舊府、縣志收之殊誤。今删之。

林武朱子語録萬曆温州府志十七、雍正浙江通志二百四十五、乾隆温州府志二十七、乾隆永嘉縣志二十三

包定池州語録雍正浙江通志二百四十五、乾隆温州府志二十七、乾隆永嘉縣志二十三

案：朱子語録，宋代傳本至夥。黎靖德編語類，卷首列記録姓氏，凡九十七家。永嘉諸弟子則葉賀孫、黎注：字味道，括蒼人，居永嘉。辛亥以後所聞，池録七、八、九、十、十一。徐寓、字居父，永嘉人。庚戌以後所聞。池録二十、二十一，饒録四十六。徐容、字仁父，永嘉人。辛亥以後所聞。池録二十四。錢木之、字子山，晉陵人，寓永嘉。丁巳所聞。池録三十六。沈僩、字莊仲，永嘉人。戊午所聞。池録三十八、三十九、四十、四十一。蔡懋字行夫，平陽人。壬子所録。饒録二十三。六人也。黎書采摭詳博，絶無遺漏，而並無林武、包定所記，且池州語録爲嘉定乙亥李道傳所集。道傳，井研人。宋史儒林傳六有傳。黎書載道傳自叙，明白可據，塙非包定所編。此二書皆不足信。舊府、縣志收之，殊爲失考。今删之。

史浩童丱須知三卷乾隆温州府志二十七據宋史藝文志收。

案：四庫全書總目一百五十九：鄮峰真隱漫録五十卷，宋史浩撰。末二卷，爲童丱須知，分三十章，所言皆治家修身之道，而諧以韻語，自署辛丑，爲淳熙八年。蓋其罷官以少

傅侍經筵時所著云。據此，是此書亦史直翁所著，舊志誤收。今删之。

劉黻太極説一篇經義考七十一。道光樂清縣志十一據經義考收。

經義考七十一：劉氏黻太極説一篇，存。載蒙川集。

案：此亦蒙川逸文，今本遺稿不載，與前中庸大學説並非著述，樂清志誤收，今删之。

戴亨近思録補注乾隆温州府志二十七據台海源流收。

案：金賁亨台學源流六：戴蠢翁名亨，字子元，臨海人。所著有太極圖説、人心道心説、近思録補注、朱子詩解、北溪字義辨正。據此是亨乃台州臨海人，與温州無涉。舊府志收其著述殊誤。至所引台海源流，考各家書目，並無其書，蓋亦即台學源流之誤。今考正删之。

陳茂烈克省録、靜思録嘉慶瑞安縣志九

案：陳御史茂烈，明史儒林傳二、嘉慶瑞安縣志儒林傳並有傳。明史作莆田人，瑞安縣志則云：世居嘉嶼鄉大坑山。祖以軍功注籍福建興化衛總旗。父善祥，早卒，茂烈髫年往承父役，其所載似非妄爲牽合，然茂烈祖注福建軍籍，至茂烈已三世，僑寓既久，已爲土著，不當仍繫瑞安，故明史本傳及明儒學案六、儒林宗派十載茂烈籍貫，並云莆田，不云瑞安。舊志收之殊誤。今删之。

陳傅良備邊十策續文獻通考一百七十九。通志、府、縣志並未收。

案：備邊十策，蔡文懿作止齋行狀，紀其著述至詳，然不載是書，宋以來書目亦未見，檢宋史藝文志六，於陳傅良漢兵制一卷下漢兵制即歷代兵制之殘本，詳十三卷史部政書類。附載備邊十策九卷，蓋十策本不出止齋手，宋志附載兵制之後，而失其撰人，王氏遂誤蒙上讀之，以爲亦止齋所著耳，今不據補入。

戴溪會稽兵家術續文獻通考一百七十九。通志、府、縣志並未收。

案：宋藝文志六：有會稽兵術三卷，又會稽兵家術、日月占一卷，並不著撰人。王氏續考所載殆即是書。然以爲戴文端所著則不知何據，各志書目亦並未載，今不據補入。

虞摶方脈發蒙六卷雍正浙江通志二百四十七、乾隆温州府志二十七據萬曆温州府志收。

案：虞摶方脈發蒙，萬曆温州府志藝文門未載。考千頃堂書目十四，虞摶醫學正傳下

注：「字天民，義烏人，能詩，有百字吟、半齋稿。」雍正浙江通志人物門金華府方技傳亦載：「虞摶字天民，攻醫，精於脈理，著有醫學正傳、方脈發蒙行於世。」至經籍門方脈發蒙下，乃引萬曆温州府志，而注中仍作「義烏人」。蓋所引係萬曆金華府志，校録不審，誤書温州耳。乾隆府志不考，輒據著録，可謂疏矣。今删之。

潘翼星圖證驗 萬曆温州府志十七、乾隆温州府志二十七、道光樂清縣志十一

案：辨見前爾雅釋、韻補。

陶弘景刀劍録 嘉慶瑞安縣志九

案：陶弘景，梁書處士傳、南史隱逸傳下並云「丹陽秣陵人」。乾隆温州府志、嘉慶瑞安縣志同。以嘗寓瑞安，故縣志誤收其著述。今删之。東甌詩集一録弘景詩，亦誤。

鄭景望蒙齋筆談 雍正浙江通志二百四十六據焦氏經籍志收，乾隆温州府志二十七、乾隆永嘉縣志二十三〔一〕並有。

〔一〕「乾隆温州府志二十七、咸豐永嘉縣志二十五」，底本誤作「乾隆府志二十七、乾隆永嘉縣志二十三」，據校勘記改。

案：四庫全書總目一百二十七：「蒙齋筆談二卷，舊本題宋鄭景望撰，商濬刻之稗海中。厲鶚宋詩紀事亦曰：『景望，湘山人。生元豐、元祐間，有蒙齋筆談。』案：見宋詩紀事三十一〔一〕。今考其書，乃全録葉夢得巖下放言之文，但删其十分之三四，而顛倒其次序，濬蓋誤刻僞本。」今以商濬稗海所刻本與巖下放言覈之，總目之言良是。舊通志、府、縣志並誤收。今删之。

周達觀誠齋雜記二卷千頃堂書目十二、補遼金元藝文志、元史藝文志三、雍正浙江通志二百四十六據黄目收，乾隆温州府志二十七〔二〕有。

案：四庫總目一百三十一：「誠齋雜記二卷，元史藝文志三作「二十卷」，誤。舊本題『元林坤撰』。前有永嘉周達觀序，稱『坤字載卿，會稽人。曾官翰林，所著書凡十二種，此乃其一。誠齋，坤所自號也。』」考毛晉津逮秘書本誠齋雜記卷首，亦載周序，與總目所稱合。黄、倪、錢三書，因達觀作序，遂誤以爲達觀所著。舊通志、府、縣志並同其謬。今删之。

〔一〕「三」，底本誤作「二」，據校勘記改。
〔二〕底本原有「乾隆永嘉縣志二十三並」字，據校勘記删。

楊譓姓氏通辨雍正浙江通志二百四十四據尤侗明史藝文志收。乾隆温州府志二十七、乾隆平陽縣志十九並有。

案：辨見前素王通史下。

孫希旦校訂玉海二百卷嘉慶瑞安縣志九

案：孫編修所校玉海，乃乾隆間充武英殿分校官時，校寫四庫全書之本，詳家大人敬軒先生行述。與校定刊行之書不同。瑞安志收之殊誤。今删之。

釋有旗重編天台諸文類集十二卷乾隆温州府志二十七

案：雍正浙江通志二百四十六：「重編天台諸文類集十二卷，四明釋如吉編，熙寧四年東嘉釋有旗序。」是作此書者，爲四明釋如吉，有旗特爲作序耳。舊志竟以此書爲有旗編，殊誤。今删之。

釋啟元太初語録乾隆温州府志二十七據萬曆志收，乾隆永嘉縣志二十三作「三卷」。

案：釋啟元，乾隆温州府志仙釋傳有傳。作「啟原」，云「日本人」，吴元年航海入中國，洪武丙寅入安固，抵石山，遂駐錫焉。是啟元乃倭産，舊志收其著述，殊誤。今删之。

釋並學三境圖論乾隆温州府志二十七

案：雍正浙江通志二百四十六，亦載此書，注引徐一夔序云：「釋並學撰，自號無爲子，台磐石人。主杭淨性寺。」據此則並學乃台州人，舊府志收其著述殊誤。今删之。

釋超智語録一卷嘉慶瑞安縣志九據仙巖寺志收。

案：釋超智嘉慶瑞安縣志仙釋傳，引王錫琯天目塔銘，錫琯，永嘉人。乾隆温州府志孝友傳有傳。原作「世琯」誤，今正之。云：「松江青浦李氏子，順治初抵仙巖，住持仙巖寺。」則超智本非温産，其著述不宜收入地志。今删之。

陶弘景真誥二十卷嘉慶瑞安縣志九。萬曆温州府志十七作「真誥集」，誤。

案：辨見前刀劍録下。

集部

崔道融東浮集乾隆温州府志二十七，據文獻通考收。

案：崔道融，雍正浙江通志、乾隆温州府志寓賢傳並有傳。本荆南人，以徵辟爲永嘉令，後避地入閩，依王審知。見吴任臣十國春秋十五，通志、府、縣志所載殊略。直齋書録解題十九載：「東浮集九卷，自稱東甌散人，乾寧乙卯永嘉山齋編成。」文獻通考二百四十三亦載陳録，即府志所據也。蓋道融編寫此集，適在永嘉，其書實與温州無涉，府志收之，殊誤。

又案：東甌續集一，亦録道融詩十篇，注云：「道融，唐人宦游於此，遂爲永嘉人。」據十國春秋，則道融晚年依王審知而卒，並未爲永嘉人，續集所載亦誤。

倪濤玉谿集二十二卷直齋書録解題十七。雍正浙江通志二百四十八、乾隆温州府志二十七、乾隆永嘉縣志二十三並據書録解題收，萬曆温州府志十七有。

直齋書録解題十七：玉溪集二十二卷，左司員外郎永嘉倪濤巨濟撰。其父始徙居廣德。濤，大觀三年進士。燕山之役，誦言其非，以沮軍罷謫衡州茶陵以死，年三十九。吕居仁誌其墓，曾吉父爲作集序。

案：倪濤，王偁東都事略文藝傳下、宋史文苑傳六，並作廣德軍人。蓋其父徙廣德，至巨濟已爲土著。書録解題題「永嘉」者，據其舊貫言之耳。舊志人物傳不載其人，而經籍門仍録玉谿集。王氏東嘉先哲録二十亦載倪濤，與舊志同誤。曾氏東甌詩存一亦録其詩三首，注云

「著有玉谿集」，並爲失考。今删之。

胡哀六檜堂集咸豐永嘉縣志二十六〔一〕

案：胡氏六檜堂集，通志、舊府、縣志並未收。湯氏永嘉志稿藝文録始著於録，又附載黄淮序。其文見明刻黄介庵集九，目作題六檜堂卷。略云：「胡褎，温之永嘉人，當宋運中微，屏處華蓋山中，讀書自娱，忿秦檜之誤國，遂於堂階之下，手植檜六本，揭其扁曰六檜。蓋以六之音與戮同，於以識夫檜之罪當顯戮，冀他日得志酬其素願云耳。後雖一出，竟以奸權妬嫉，僅至滁陽通判而止，徒使空言與國風、楚騷同傳於編簡，良可悲夫！九世孫鏞東甌先正文録八作「鍾」，誤，下同。裒集成卷，鏞之子奥，復求士大夫詩文以彰厥美。」陳氏東甌文録載此文，改爲六檜堂集序，湯氏遂據補入。考慎江文徵三十三，有劉現六檜堂詩序，亦云「趙宋炎、紹之際，勢將興復，秦檜身自虜歸，力主和議，滁州通判永嘉胡君褎，方讀書華蓋山中，乃手植六檜於堂下，日以戮檜爲事，可謂尚志之士矣。其九世孫鏞能紀作堂本末仍以三山陳君叔起所爲圖，廬陵鄒君公瑾所爲篆書，裝潢成卷，學士大夫爭爲詠歌其事」云云。互相校

〔一〕底本原僅有「此處照寫本添胡哀一條」提示，據刻本補。

驗，黄、劉二人所題序者，蓋胡鏞所紀作堂始末，及後人題詠詩文，並非滁州遺集。黄題所云裒集成卷者，集與人一同，非指詩文集也。湯氏未見介庵集，故不知陳録之誤。今删之。

又案：黄文簡題詞劉朝紳詩序並以植六檜名堂爲胡裒事，載其官並云滁州通判。然考止齋集胡少賓墓誌云：「胡氏繇婺徙温，至荆湖制置司幹辦公事君諱裒，通判滁州君諱哀，宗正少卿君諱襄兄弟始箸。滁州君初讀書天慶觀，故相秦公在永嘉聞其名，出不意杖策來覘之，君方讀孟子書，不爲輟也，秦因誦「宋句踐」一章以感諷君，君訖其去如初，旦日且不還謁。秦公再相，有以君爲薦者，曰：「是固以三顧望人者耶？」滁州竟官不達，死幹辦。君以布衣從大將岳飛定群盜，僅得官以死。少卿稍貴，亦坐言者謂胡寅、趙鼎之學，擯十餘年不用。」止齋文集四十七。則裒官湖北制置司幹辦公事，不爲滁州通判。爲滁州通判者，乃裒弟哀也。萬曆温州府志選舉門載宋紹興乙卯汪應辰榜進士胡裒湖北制幹，與止齋集合，而宦業傳又載胡襄，兄裒字仲穎，嘗直言忤秦檜終滁州倅。乾隆温州府志選舉、人物兩門並同。則又與黄跋相同，蓋胡氏昆弟，官物論異，相承已久，然止齋爲胡少賓誌墓當必據其家行狀，足爲徵據。湯氏咸豐永嘉縣志稿藝文録雖誤載六檜堂集，而姓名則不謬，後之重修志乘者，所當據止齋集考正之也。

林湜盤隱類稿十卷 雍正浙江通志二百四十八、乾隆温州府志二十七，並據隆慶平陽縣志收，乾隆平陽縣志十九有。

案：葉適中奉大夫直龍圖閣司農卿林公墓誌銘：「公諱湜，字正甫，福州長谿人。公晚而居平陽松山，温福之間也。」水心文集十九。據此是湜本貫長溪，晚乃僑居平陽，東嘉先哲録五載其事跡。舊志收其著述，殊誤。今删之。

黄希聲看雲詩 浩然齋雅談中。通志、府、縣志並未收。

浩然齋雅談中：黄文雷字希聲，永嘉人，有看雲詩，不行於世。

案：宋詩紀事六十九：「黄文雷，盱江人，有看雲小集。」宋本中興江湖詩集看雲小集卷首，亦題「盱江黄文雷希聲」，即厲氏所本。浩然齋雅談作永嘉人，蓋偶誤憶。東甌詩存據録文雷詩五篇，殊爲失考。今不據補入。

俞德鄰佩韋齋文集十六卷 雍正浙江通志二百四十八、乾隆温州府志二十七、乾隆永嘉縣志二十三

案：辨見前佩韋齋輯聞詩説下。東甌詩存十亦録俞德鄰詩十篇，注云：「有佩韋齋集。」亦沿舊志之誤。

盧摯疏齋集 乾隆永嘉縣志二十三

案：元詩選三集乙：「盧承旨摯，字處道，一字莘老，號疏齋，涿郡人，至元五年進士。博洽有文思，累遷江東道廉訪使，入爲翰林學士，遷承旨卒。所著曰〔一〕疏齋集。」據此是盧疏齋，乃涿州人。乾隆温州府志、乾隆永嘉縣志文苑傳，别載盧摯字處道，永嘉人。善詩文，與高明齊名，其字與疏齋同，疑即一人，志乘相沿誤載耳。慎江文徵二十五亦載盧摯文，蓋亦爲舊志載疏齋集所誤。今删之。

周頤真洞浮老人集 萬曆温州府志十七、雍正浙江通志二百四十八、乾隆温州府志二十七、乾隆永嘉縣志二十三

案：周道士頤真，雍正浙江通志、乾隆温州府志、乾隆永嘉縣志仙釋傳並有傳。其籍貫通志云永嘉人，府、縣志則云閩福清人，至元丙子徙居永嘉，當非無據。其集諸志經籍門並誤收。今删之。

張昌〔二〕存齋文集一卷 雍正浙江通志二百四十八據百川書志收，乾隆温州府志二十七、乾隆平陽縣志十九並有。

〔一〕「所著曰」，底本誤作「著有」，據元詩選改。
〔二〕「昌」，底本脱，據百川書志補。

百川書志十二：存齋文集一卷，平陽張昌〔二〕思廣著。

案：千頃堂書目十七：「張昌存齋〔一〕集一卷，臨汾人，元進士。洪武二年，聘至禮局議禮，授國子監〔二〕助教，授皇太子經，又爲經筵講官，尋致仕。」徐泰皇明風雅詩人名氏亦云「臨汾人」。明史地理志二：「臨汾縣屬山西平陽府。」據此則昌乃山西臨汾人，百川書志題平陽者，臨汾在明爲平陽府屬縣。非温州平陽縣人也。舊志收之，殊爲失考。今删之。

陳雷窳庵集乾隆温州府志二十七、乾隆永嘉縣志二十三

案：列朝詩集甲集前編十：「陳雷字公聲，嘉興人，秀民之子。有窳庵集。」皇明風雅詩人名氏亦作「嘉興人」。蓋秀民僑居嘉興，其子已著籍於彼，温志即不宜收其著述。今删之。東甌詩存十二亦録陳雷詩十首，與府、縣志誤同。

蔣允汶蒼巖先生文集萬曆温州府志十七、乾隆永嘉縣志二十三乾隆温州府志二十七作「蒼巖文集」。

案：辨見前尚書通考下。

〔一〕底本「齋」下有「文」字，衍，據千頃堂書目删。

〔二〕「監」，底本脱，據千頃堂書目補。

季復初月泉稿 乾隆温州府志二十七，據嘉靖通志收。

案：月泉季處士復初，乾隆温州府志、嘉慶瑞安縣志隱逸傳並有傳。本衢州龍游人，避兵遷瑞安，當入流寓傳。舊府、縣志載入人物傳，又收其著述於經籍，殊誤。今删之。

鮑原弘恕庵集 萬曆温州府志十七、乾隆温州府志二十七、道光樂清縣志十一

乾隆温州府志二十七：恕庵集，鮑原弘著。樂清人，徙永嘉。

道光樂清縣志十一案：弘，黄巖人，官樂清訓導。府志稱其居永嘉，未詳所據。

案：朱希晦雲松巢集卷首，載原弘叙，自題「迪功郎伊府紀善天台鮑原弘」。萬姓統譜八〔一〕十四亦載「鮑原弘名仁濟，以字行。洪武間以薦授樂清訓導。永樂初，陞伊府紀善」，與樂清志所載合，舊府志謂樂清人徙永嘉，殊誤。今删之。

高遜志嗇庵遺稿 乾隆温州府志二十七

〔一〕「八」，底本脱，據萬姓統譜補。

案：高侍郎遜志，乾隆温州府志、道光樂清縣志寓賢傳並有傳。本蕭縣人，徙居嘉興。靖難後，死永嘉山中。見明詩綜十六，舊府、縣志本之。列朝詩集甲集十五云：「河南人，元末僑居嘉興，徙吴門。」未知孰是。曝書亭集三十五有高太常嗇庵遺稿序，稱爲太常少卿高先生遜志。府志經籍門誤收其集。今删之。

鄭滂直正齋集乾隆温州府志二十七、道光樂清縣志十一

案：東甌詩存七亦録鄭滂詩二篇，云：「字起深，號直正齋。先黄巖人，被薦任樂清縣學訓導。」明詩綜十四、千頃堂書目十七略同。舊志載直正齋集亦沿詩集之誤。今删之。

姚汝循錦石山齋集二十四卷雍正浙江通志二百五十、乾隆温州府志二十七並據黄目收。乾隆永嘉縣志二十三有。

案：千頃堂書目二十四：「姚汝循，錦石山齋集二十四卷，注：字叙卿，錦衣衛籍，上元人。大名知府，謫嘉州知州。」明詩綜四十四亦云「上元人」。雍正浙江通志經籍門引黄目，作永嘉人〔一〕。蓋所見偶係誤本，遂據著録，府、縣志悉沿其謬。今删之。

〔一〕錦石山齋集，明詩綜作「錦石齋集」。明清進士題名録載其爲「南京錦衣衛，浙江永康人。」通志「康」，誤爲「嘉」。